Rolf W. Brednich (Hg.)

Grundriß der Volkskunde

Einführung in die Forschungsfelder
der Europäischen Ethnologie

Dritte, überarbeitete und erweiterte Auflage

Dietrich Reimer Verlag

Die Deutsche Bibliothek – CIP-Einheitsaufnahme
Ein Titeldatensatz für diese Publikation ist bei
Der Deutschen Bibliothek erhältlich

1. Auflage 1988
2. Auflage 1994
3., überarbeitete und erweiterte Auflage 2001

©   2001 by Dietrich Reimer Verlag GmbH
      Zimmerstraße 26–27
      10969 Berlin

Umschlaggestaltung: Nicola Willam, Berlin

Alle Rechte vorbehalten
Printed in Germany

ISBN 3-496-02705-3

Inhaltsverzeichnis

Vorwort zur dritten Auflage 7

Andreas Hartmann
Die Anfänge der Volkskunde 9

Kai Detlev Sievers
Volkskundliche Fragestellungen im 19. Jahrhundert 31

Utz Jeggle
Volkskunde im 20. Jahrhundert 53

Rolf Wilhelm Brednich
Quellen und Methoden 77

Joachim Friedrich Baumhauer
Hausforschung 101

Ruth-E. Mohrmann
Wohnen und Wirtschaften 133

Hinrich Siuts
Geräteforschung 155

Beate Bickel / Andreas Kuntz
Handwerksforschung 171

Rolf Wilhelm Brednich
Bildforschung 201

Gitta Böth
Kleidungsforschung 221

Ulrich Tolksdorf
Nahrungsforschung 239
Aktualisierung von Brigitte Bönisch-Brednich

Peter Assion
Arbeiterforschung 255
Aktualisierung von Bernd Jürgen Warneken

Paul Hugger
Volkskundliche Gemeinde- und Stadtforschung 291

Andreas C. Bimmer
Familienforschung 311

Carola Lipp
Geschlechterforschung – Frauenforschung 329

Annemie Schenk
Interethnische Forschung 363
Aktualisierung von Heike Müns

Juliana Roth / Klaus Roth
Interkulturelle Kommunikation 391

Herbert Schempf
Rechtliche Volkskunde 423

Andreas C. Bimmer
Brauchforschung 445

Ueli Gyr
Tourismus und Tourismusforschung 469

Christoph Daxelmüller
Volksfrömmigkeit 491

Lutz Röhrich
Erzählforschung 515

Rudolf Schenda
Leser- und Lesestoff-Forschung 543

Heinz Schilling
Medienforschung 563

Wilhelm Schepping
Lied- und Musikforschung 587

Eberhard Wolff
**Volkskundliche Gesundheitsforschung, Medikalkultur-
und »Volksmedizin«-Forschung** 617

Dietz-Rüdiger Moser
Volksschauspielforschung 637

Dieter Kramer
Museumswesen 661

Einführungswerke in die Volkskunde/Europäische Ethnologie ... 685

Kurzbiografien der Autorinnen/Autoren 687

Namenregister 697

Sachregister 710

Vorwort zur dritten Auflage

Ursprünglich verdankt der »Grundriß der Volkskunde« seine Entstehung einem häufig geäußerten Wunsch von Studierenden des Faches nach einer lehrbuchartigen Zusammenfassung des aktuellen Forschungsstandes auf den verschiedenen Arbeitsfeldern der kulturwissenschaftlichen Forschung, in denen die Volkskunde/Europäische Ethnologie zu Hause ist. Hier hat der »Grundriß« in den vergangenen Jahren eine wichtige Aufgabe erfüllt und ist auch weit über die Grenzen der eigenen Disziplin zur Kenntnis genommen worden. Wie dem Herausgeber immer wieder bestätigt wurde, erwies sich dieser Versuch einer Zusammenschau der unterschiedlichen Teilbereiche volkskundlichen Forschens und Lehrens nicht nur als für Anfänger geeignet, sondern vermittelte auch älteren Studierenden und Lehrenden Einblicke in die Entwicklung und den Forschungsstand auf solchen Gebieten, mit denen sie durch eigene Studien nicht ganz so vertraut sind. Angesichts der zunehmenden Diversifizierung der kulturwissenschaftlichen Forschungspraxis ist es heute dem/der einzelnen Forscher/in nur noch schwer möglich, auf allen Gebieten gleichermaßen ausgewiesen zu sein. Aus diesem Grunde konnte der »Grundriß« auch nicht mehr von einer einzelnen Forscherpersönlichkeit verfaßt werden, sondern ist ein Gemeinschaftswerk von Spezialisten aus den verschiedensten Forschungsbereichen an Hochschulen, Instituten, Museen und Forschungsstätten. Eine solche Tendenz machte sich bereits bei einigen früheren Lehrbüchern der Volkskunde bemerkbar, für die ebenfalls eine Gruppe von Wissenschaftlern als Autoren verantwortlich zeichnete. Diese und andere Grundsatzwerke sind am Ende dieses Bandes in einem Verzeichnis zusammengestellt.

Der »Grundriß« will diese Werke nicht ersetzen, sondern auf sinnvolle Weise ergänzen. Er wendet sich vor allem an solche Benutzerinnen und Benutzer, die wissenschaftsgeschichtliches, theoretisches und methodisches Grundlagenwissen erworben haben und dies durch die Begegnung mit konkreten Forschungsaufgaben und Problemstellungen der unterschiedlichen Forschungszweige des Faches erweitern möchten. Ihnen werden durch den »Grundriß« Anhaltspunkte vermittelt, ihre eigenen Interessen in vorhandene Schwerpunkte des Faches einzuordnen und innerhalb derselben eigene Möglichkeiten für selbständige Forschung zu erproben. Die Attraktivität des Faches Volkskunde/Europäische Ethnologie für den Nachwuchs beruht zu einem großen Teil auf der Tatsache, daß hier die Erforschung der eigenen Kultur und Alltagswelt als Auftrag bezeichnet wird und daß innerhalb dieses Rahmens immer neue Segmente des historischen und gegenwärtigen Alltags in die Forschungstätigkeit eingeschlossen werden können.

Insofern ist es stets auch das besondere Anliegen des Herausgebers gewesen, den »Grundriß« für die sich neu entwickelnden Forschungsgebiete offen zu halten. In gleichem Maße, wie diese Arbeitsbereiche innerhalb der Deutschen Gesellschaft für Volkskunde als neue Kommission in Erscheinung treten, dürfen sie auch den Anspruch erheben, im vorliegenden Lehrbuch mit eigenen Beiträgen berücksichtig zu werden. In der dritten Auflage sind daher drei neue Kapitel hinzugekommen: Die *Interkulturelle Kommunikation* (Julia und Klaus Roth), die *Tourismusforschung* (Ueli Gyr) sowie das für Absolventen unseres Faches immer wichtiger werdende Berufsfeld ›Medien‹ durch ein Kapitel zur *Medienforschung* (Heinz Schilling). Der ältere, mehr traditionsorientierte Beitrag zur Volksmedizin wurde gegen eine neuere Entwicklungen einbeziehendes Kapitel *Volkskundliche Gesundheitsforschung* (Eberhard Wolff) ausgetauscht. Allen Autorinnen und Autoren des Bandes war aufgetragen worden, ihre Beiträge aus den Jahren 1989 bzw. 1994 grundlegend zu überarbeiten und das zugehörige Literaturverzeichnis auf den neuesten Stand zu bringen. Fast alle Autorinnen und Autoren haben von dieser Möglichkeit dankenswerterweise Gebrauch gemacht. Paul Hugger hat seinem revidierten Beitrag den neuen Titel *Volkskundliche Gemeinde- und Stadtforschung* gegeben, der Beitrag *Frauenforschung* von Carola Lipp wurde um den Aspekt der *Geschlechterforschung* erweitert und entsprechend umbenannt. Für die Aktualisierung der Beiträge verstorbener Mitarbeiterinnen und Mitarbeiter wurden neue Autorinnen bzw. Autoren gewonnen. So erfuhr die *Nahrungsforschung* eine Überarbeitung durch Brigitte Bönisch-Brednich, die *Arbeiterforschung* wurde von Bernd Jürgen Warneken aktualisiert, und Heike Müns brachte die *Interethnische Forschung* auf den heutigen Erkenntnisstand. Allen Beteiligten möchte ich an dieser Stelle für ihre Mitwirkung meinen herzlichen Dank aussprechen. Dies schließt auch den Verlag und insbesondere Beate Behrens ein, die den neuen »Grundriß« innerhalb einer relativ kurzen Bearbeitungszeit wieder zugänglich gemacht haben.

Wellington/New Zealand, im August 2001   Rolf Wilhelm Brednich

Andreas Hartmann

Die Anfänge der Volkskunde

An Wissenschaftsgeschichte knüpft sich leicht die trügerische Sehnsucht nach einem »Gründungsvater«: Diesen gibt es im Falle der Volkskunde ebensowenig wie einen historischen Fixpunkt, der den Ursprung des Faches markiert. Die Fragen, mit denen sich frühere Forschergenerationen beschäftigten, waren – und das ist heute nicht anders – eingebunden in Erörterungszusammenhänge (Diskurse), die, geprägt durch die unterschiedlichsten Faktoren, ihrerseits in der Geschichte standen. Zugleich aber formten die Diskurse Erkenntnishorizonte vor, welche die späteren Gelehrten aufgriffen, erweiterten, abwandelten, ausgrenzten oder vergaßen.

Ein vordringliches Ziel nicht nur volkskundlicher Wissenschaftsgeschichte ist die Analyse historischer Erörterungszusammenhänge, die Untersuchung der Bedingungen ihres Zustandekommens und ihres Wandels. Eine bloß inventarisierende Aufreihung einzelner Wissenschaftler gäbe darüber noch keinerlei Aufschluß; sie würde vielmehr den Blick auf die diskursiven Verknüpfungen verstellen und liefe Gefahr, statt dessen künstliche, personengebundene »Ketten« von Vorläufern und Nachfolgern zu konstruieren. Weniger aufs Flächendeckende als aufs Exemplarische ausgerichtet, wird deshalb im folgenden auf diejenigen historischen Diskussionsfelder abgehoben, in denen sich eine Art volkskundlicher Fragestellung herauskristallisiert. Gewiß werden auch hierbei die im Fach häufig genannten Namen ein weiteres Mal aufgeführt; allerdings treten einige für die Volkskunde wichtige Gestalten zugunsten anderer ein wenig in den Hintergrund. Insofern bleiben die bereits vorliegenden Übersichten zur Frühgeschichte der Disziplin weiterhin aktuell, auch solche, die schon älteren Datums sind, bei kritischer Lektüre aber durchaus Gewinn versprechen. Aus einem weiten Feld seien etwa herausgegriffen Georg Fischers »Geschichte der deutschen Volkskunde« (1934) oder, die Zeit des Humanismus behandelnd, Erich Schmidts »Deutsche Volkskunde im Zeitalter des Humanismus und der Reformation« (1904).

Geht man in der Geschichte der Volkskunde zurück, hinter das 19. Jahrhundert mit seinen vielfältigen volkskundlichen Aktivitäten und den zum Teil in Überlebensgröße gezeichneten Wegbereitern des Faches, so präsentiert sich auch für den Zeitraum des 18. Jahrhunderts eine Fülle von Publikationen, denen sich ebenfalls die Qualität des »Volkskundlichen« zusprechen läßt. Schreitet man von hier aus weiter in die Vergangenheit, in die Zeit des Barock etwa zu den Werken der

Polyhistoren (vgl. Daxelmüller 1979), zu den Topographien und den Darlegungen der damaligen Dissertanten, oder noch weiter zurück in die Sphäre der Humanisten mit ihren Welt- und Völkerbeschreibungen, stößt man auch dort auf Erörterungen, die in ihren Themen und Beschreibungsweisen eine volkskundliche Spezifik zum Ausdruck zu bringen oder zumindest anzusteuern scheinen.

Wann begann die Volkskunde, wo liegen ihre historischen Wurzeln, gibt es eine Vorgeschichte des Faches? Die Problematik dieser Fragen liegt auf der Hand, neigen sie doch dazu, den Blick in die Historie auf das zu begrenzen, was das jeweils aktuelle fachliche Selbstverständnis ihm vorgibt. Die Suche nach dem Ursprung gestaltet sich somit zugleich als eine Suche nach Bestätigung des gegenwärtigen Forschungshorizontes. Und wie dieser nicht starr, sondern in ständiger Veränderung begriffen ist, so verändern sich auch die Raster, durch die der Volkskundler in die Geschichte seiner Disziplin blickt: Schon insofern ist es wenig sinnvoll, dieser eine »Geburtsstunde« zuzuweisen.

Eine Volkskunde, die sich auch diesen Namen gegeben und sich vor allem einen institutionellen Rahmen geschaffen hätte, gab es im 18. Jahrhundert noch nicht. Die Themen- und Gegenstandsbereiche, denen sich die Autoren zuwandten, wurden demgemäß nicht im Zeichen des ›Volkskundlichen‹ abgehandelt, sondern man brachte sie in anderen Erörterungszusammenhängen zur Sprache: Sie waren eingebunden in Wissenschaftszweige wie die Kameralistik (vgl. Sievers in diesem Band, S. 31–50) oder Staatswissenschaft, in die Geographie oder auch in die Geschichtsphilosophie, die beispielsweise mit *Johann Gottfried Herders* (1744–1803) »Ideen zur Philosophie der Geschichte der Menschheit« (1784) und – einige Zeit früher bereits – mit *Giambattista Vicos* (1668–1744) Buch »Die neue Wissenschaft über die gemeinschaftliche Natur der Völker« (dritte Fassung, posthum 1744), wichtige Beiträge zur kulturwissenschaftlichen Theoriebildung hervorbrachte (vgl. Mühlberg 1984; Burke 1987). Die Textarten erstreckten sich von den Lehrbüchern und »Systematischen Versuchen« über Ortsmonographien und Brauchdarstellungen bis hin zu Reisebeschreibungen, ihr Duktus reichte vom gelehrten Diskurs bis hin zum bewußt rhetorisch eingesetzten Plauderton, den z. B. Justus Möser (1720–1794) gelegentlich in seinen »Patriotischen Phantasien« (1774–1786) anschlug.

Zögernd, eher zufällig und außerdem semantisch diffus, erscheint gegen Ende des 18. Jahrhunderts das Wort *Volkskunde* im zeitgenössischen Vokabular. Sein Auftauchen besagt allerdings nicht, daß nun ein Dachbegriff zur Verfügung gestanden hätte, unter dem die angedeuteten unterschiedlichsten – aus heutiger Sicht durchaus als volkskundlich zu bezeichnenden – Darlegungen schon zum Zeitpunkt ihrer Abfassung zusammengeführt worden wären. Wie Helmut Möller bereits 1964 nachweisen konnte, existierte der Terminus tatsächlich längst vor Riehls (1823–1897) Proklamation der »Volkskunde als Wissenschaft« (1859). Er wurde von den Statistikern der 1820er Jahre im Sinne von »Bevölkerungskunde« verstanden, bei der die Sammlung demographischer Angaben gelegentlich durch ethnographische Befunde erweitert wurde (vgl. Helmut Möller 1964, 221). Eine frühe Nennung von 1787, aus der Feder des in Prag lehrenden Professors für deutsche Reichsgeschichte und Staatenkunde *Joseph Mader* (1754–1815), weist den Begriff ins Feld der Ethnologie (vgl. ebd., 220f.). In die gleiche Richtung zielt auch Gerhard Lutz' Studie über »*Johann Ernst Fabri* und die Anfänge der Volksforschung im ausgehenden 18. Jahrhundert« (Lutz 1973), einen mit Göttinger und Berliner Gelehrten in engem wissenschaftlichem Kontakt stehenden, seit 1805 an der Universität Erlangen lehrenden Geographen und Statistiker. Lutz macht darauf aufmerksam, daß die Frühgeschichte der Volkskunde in einem Ethnologieverständnis wurzelt, welches die Aufspaltung in Völkerkunde auf der einen und Volkskunde auf der anderen Seite noch nicht vorgenommen hatte.

Der detektivische Eifer beim Aufspüren von Erstbelegen für das Wort Volkskunde (vgl. Narr/Bausinger 1964; Kutter 1978) lohnt weniger um seiner selbst als um des diskursiven Umfeldes willen, in dem es auftaucht. So verweisen etwa Dieter Narr und Hermann Bausinger (1964, 236) darauf, daß neben vorromantischen, aufklärerischen ›volkskundlichen‹ Bestrebungen auch die Bezeichnung *Volkskunde* »nicht mehr als romantisch bestimmte – wenngleich vielleicht unabsichtliche – Modifizierung eines aufklärerischen Begriffes zutage tritt«. Vielmehr spiegle sich auch auf der Ebene der Terminologiegeschichte die Eigenständigkeit der Aufklärung und »ihr eigenes Gewicht für die Entwicklung unserer Wissenschaft« (ebd., 236). Dieser Gesichtspunkt sollte allerdings nicht zu hoch veranschlagt werden, denn – wie bereits erwähnt – der Ausdruck »Volkskunde« besaß zu jener Zeit noch allzu unscharfe Konturen, als daß er ein weitgestreutes Spektrum wissenschaftlicher Diskussionen hätte bündeln und eine spezifisch volkskundliche Fragestellung hätte begrifflich herausschälen können: Er war in jenen Jahren noch so amorph, daß z. B. auch ein gefühlsseliger Unterhaltungsroman aus dem Jahre 1795 den gar nicht ironisch gemeinten Untertitel führen konnte: »Ein historischer Beitrag zur Volks- und Menschenkunde« (Albert 1795).

Die ›volkskundliche‹ Produktion des 18. Jahrhunderts ist in den geistes- und kulturgeschichtlichen Rahmen der Aufklärung, in ihre Dialektik (Horkheimer/Adorno ³1975), ihre Dynamik (Horst Möller 1986, 19–40) und ihre Organisation (ebd., 213–280) eingebunden. »Als eine theologische, philosophische, literarische, politische, juristische und gesellschaftliche Bewegung von europäischem Ausmaß ist sie [die Aufklärung] nicht nur in ihren einzelnen Gegenstandsbereichen zu verschiedenen Zeiten unterschiedlich ausgeprägt, sondern auch in den einzelnen Staaten« (Horst Möller 1986, 19). Im Heiligen Römischen Reich deutscher Nation beeinflussen in besonderem Maße zwei Faktoren ihren Gang: die konfessionelle Spaltung sowie die Staatenvielfalt.

Der aufgeklärte Diskurs ist in sich uneinheitlich und voller interner

Kontroversen. Auch konservative Aufklärer wie der Osnabrücker Staatsmann, Historiker und engagierte Beobachter von Zeitströmungen, *Justus Möser*, sind mit ihm verbunden; und so unterschiedliche Kritiker wie der kosmopolitisch orientierte, vielseitige, vom Rationalismus sich abwendende Johann Gottfried Herder oder aber der patriotisch gesonnene Münchner Erforscher des bayerischen Volkslebens *Lorenz Westenrieder* (1748–1829) gewinnen in ihren Positionen gerade vor dem Hintergrund der Aufklärung Kontur: Letzterer beispielsweise, indem er – nicht nur – in seiner »Beschreibung der Haupt- und Residenzstadt München« (1782) von der Haltung aufgeklärter Überlegenheit abrückt und eine eindringliche, parteinehmende Schilderung bayerischer Lebensgewohnheiten vornimmt.

Ein reges Interesse an Land und Leuten formuliert sich innerhalb der Wissenschaftssparte der *Statistik,* als deren zentraler Vertreter *Gottfried Achenwall* (1719–1772) zu nennen ist. Er lehrte an der 1737 gegründeten Georgia Augusta Natur- und Völkerrecht, Politik und Statistik. In seinem »Abriß der neuesten Staatswissenschaft« (Göttingen 1749) präsentiert sich diese Disziplin als strikt praxisbezogen und vom Nützlichkeitsdenken geprägt: Ihr »Endzweck muß einen wahren Nutzen zum Grunde haben«, und deshalb sei es ihre Aufgabe, »Schlüsse zu formieren, wie ein Staat klüglich zu regieren sey, das heißt, um davon eine Anwendung in der Politic zu machen« (Achenwall 1749, 3). Unter dieser Maxime soll über ein uneinheitliches und ungeordnetes Datenmaterial dadurch Überblick geschaffen werden, daß sich die Aufmerksamkeit speziell auf die »Staatsmerkwürdigkeiten« richtet und damit auf die »natürlichen Gaben einer Nation sowie ihre Anwendung« (Achenwall 1749, 11). Das Erkenntnisobjekt der Statistik ist in höchstem Maße vielschichtig, der Staatswissenschaftler verliert darin allzuleicht die Orientierung, und deshalb ist in Achenwalls Augen eine Kategorisierung der Materie dringend notwendig:

»Der erste Anblick der vielen Merkwürdigkeiten eines Reiches, wenn man es an sich selbst betrachtet, kommt mir wie ein Irrgarten vor. Ein jeder, der den rechten Gang nicht weiß, nimmt seine besondere Wege. Herein kommt man leicht: aber wie findet man sich heraus? Man muß alles in zwo Glassen absondern. Ein Reich besteht aus Land und Leuten. Unter diese beyde Begriffe lässet sich alles bringen« (Achenwall 1749, 7).

Im jungen Universitätsfach Statistik kommt deutlich zum Ausdruck, wie eng aufgeklärte Wissenschaft und landesherrliches Verwaltungsinteresse miteinander verflochten sein konnten. Dies allerdings war zur Jahrhundertmitte alles andere als ein Novum: Schon die ältere Kameralistik war den administrativen Belangen verpflichtet. Und bereits *Hermann Conring* (1606–1681) hatte in den 60er Jahren des 17. Jahrhunderts jenes Wissen als Lehrstoff kanonisiert, dessen der praktische Staatsmann (statista) bedurfte: Informationen über »Land und Leute«,

Machtmittel, Staatsverfassung, Religion, Kultur, Geschichte usw. (vgl. Stagl 1980, 354).

Die Kategorie *Land und Leute* stellt das ›Koordinatensystem‹ zur Klassifizierung staatswissenschaftlicher Befunde dar. Achenwall greift hier auf ein längst bekanntes Gliederungsprinzip zurück, das beispielsweise auch in den zwischen dem 16. und 18. Jahrhundert verbreiteten *Apodemiken* Anwendung fand, die sich als Methodenlehren des Reisens verstanden und unter anderem eine Systematik des Beobachtens und des Aufschreibens enthielten (Stagl 1980, 362 f.). In ihren Prämissen, den Stoff zu rastern und zu ordnen, ist die Statistik mit diesem Genre durchaus verwandt, und eine Verbindung mit ihm stellt sich darüber hinaus noch insofern her, als sie ihr Material häufig aus den Reiseberichten bezog, die sich ihrerseits an den Vorgaben der Apodemik orientierten. Hierin zeigt sich, daß die Statistik Achenwalls bezüglich der Frühgeschichte eines zentralen volkskundlichen (aber auch geographischen und ethnographischen) Topos, nämlich dem von Land und Leuten, keineswegs einen Anfangspunkt markiert. Vielmehr bedient sie sich seiner im Rahmen gegenwarts- und praxisorientierter, empiriebezogener, utilitaristisch ausgerichteter Aufklärungswissenschaft, die sich – wie Achenwalls Schüler und Nachfolger *August Ludwig von Schlözer* (1735–1809) schreibt – zur Politik ins gleiche Verhältnis setzt wie die »Kenntnis des menschlichen Körpers« zur »Heilkunst« (vgl. Pasquino 1986, 149).

In einer skizzenhaften, aber wegweisenden Rezension hat Otto Lauffer schon 1932 darauf hingewiesen, daß sich in Achenwalls Nachfolge »die statistischen Zeitschriften, die ›Magazine‹ des ausgehenden 18. Jahrhunderts, mit volkskundlichen Stoffen füllten« und daß sich ebenso »die ›Provinzialberichte‹ in derselben Richtung entwickelten (Lauffer 1932, 185). Achenwall, der Initiator, steht allerdings nicht nur am Beginn einer Kette volkskundlich relevanter Untersuchungen, er repräsentiert zugleich auch den Beginn eines Endes,

> »wenn man bedenkt, daß nur wenige Jahrzehnte nach der Veröffentlichung seiner Schriften der Sinn seines Werkes zu weiten Teilen verloren gegangen ist – ein Schicksal, das es mit jenem systematischen Komplex des Wissens teilt, an dem die Statistik, der Kameralismus und die Polizeiwissenschaft teilhaben, die, aus dem 17. Jh. stammend, im Verlaufe der Aufklärung von der Oberfläche des historischen Bewußtseins verschwunden sind« (Pasquino 1986, 145).

Außerdem enthüllt sich in dem oben genannten Entwurf von den »Staatsmerkwürdigkeiten« ein Empiriebegriff, der für die Analyse soziokultureller Zusammenhänge weder das Unscheinbare noch die verborgenen Details heranzieht, wie dies in der ethnologisch ausgerichteten Forschung des 18. Jahrhunderts zunehmend praktiziert wird.

Statistik, Geographie, Geschichte – diese drei in ihren Erkenntnishorizonten voneinander abhebbaren Disziplinen durchdrangen sich zugleich gegenseitig: Häufig wurden sie von einem Gelehrten in Personalunion vertreten. In Achenwalls »Abriß« fand historisches Denken sichtlich Eingang; sein Nachfolger Schlözer war als Begründer der russischen Geschichtsforschung ein namhafter Historiker, der außerdem eine bedeutende publizistische Aktivität entfaltete, der aber auch in »Vorlesungen über Land- und Seereisen« (Wintersemester 1795/96) lose an die Tradition der Apodemik anknüpfte; der Geschichtsforscher *Johann Christoph Gatterer* (1727–1799) schließlich, der 1764 in Göttingen das erste historische Institut gründete, leistete mit seinem »Abriß der Geographie« (geschrieben Göttingen 1775, erschienen 1778) einen für die Geschichte der Volkskunde beachtenswerten Beitrag:

Nach den Teilen »Grenzkunde«, »Länderkunde« und »Staatenkunde« folgt darin als vierter Teil die »Menschen- und Völkerkunde«, welche unter anderem einen kurzen Absatz zur »Geographie der Kultur« enthält. Darin entwirft Gatterer das Programm einer historisch-geographischen Ethnologie. Ausgehend von dem für die Aufklärung bezeichnenden Geschichtsverständnis, welches den historischen Prozeß als Stufenleiter vom »unaufgeklärten« über den »halbaufgeklärten« bis zum »ganzaufgeklärten« Gesellschaftszustand auffaßte, betrachtet er diese Stadien unter der – geographischen – Perspektive ihres gleichzeitigen Vorkommens und ihrer Verteilung über den Erdball. Auf diese Weise gelangt er zu einem Bild, welches ethnisch-kulturelle Abstufungen, nach Graden der Aufklärung geschieden, kartographisch verzeichnet. Er verlängert dieses »völkerkundliche Atlas-Projekt« nun wiederum in die Geschichte: Sämtliche historischen Epochen sollen in ihrer jeweiligen ethnischen Zusammensetzung sichtbar werden, wobei jedesmal die drei genannten Zivilisationsstufen zum Tragen kommen. Dadurch, daß Gatterer für alle Geschichtsperioden auch »ganzaufgeklärte Völker« postuliert, unterläuft er gewissermaßen das starre Schema jenes Entwurfes, der in der Geschichte nur Vorstufen eines aufgeklärten Zeitalters erblickt (teleologisches Geschichtsbild). Seine Konzeption verbindet die Frage nach dem historischen Prozeß mit dem Gesichtspunkt der kulturellen Vielfalt.

Die Äußerungen des Geographen-Historikers sind nicht nur im Hinblick auf das theoretische Gebäude, sondern ebenso bezüglich der von ihm vorgeschlagenen Arbeitsweise aufschlußreich:

»Geographie der Kultur.
1. Im Altertum   a. Unaufgeklärte Völker
2. Im Mittelalter b. Halbaufgeklärte Völker
3. Heutzutage   c. Ganzaufgeklärte Völker

Jede dieser Hauptzeiten wird in ihre Perioden verteilt, und für jede Periode werden unaufgeklärte, halbaufgeklärte und ganzaufgeklärte Völker auf besonders dazu illuminirten Planigloben, so weit jedesmal die Erdkunde reicht, durch Farben unterschieden.

Außerdem aber gehören hiezu noch Kupferstiche, Zeichnungen und Gemählde, auf denen Gestalt, Kleidung, Wohnung, Lebensart, Religion, Spiele, Heyraths= und Begräbnißgebräuche, auch politische Verfassung einzelner Völker u. s. w. abgebildet zu sehen sind« (Gatterer 1775, XIX).

Die Horizonte verschiedener Disziplinen sind hier miteinander verwoben: Kulturanthropologische Grundsatzüberlegungen finden einen festen Platz im System der Geographie, welches seinerseits in den Erörterungszusammenhang der Geschichtsforschung eintritt. Dieses kleine Beispiel verdeutlicht schlaglichtartig, daß die historischen Wurzeln volkskundlicher Theoriebildung nicht in *einem* wissenschaftlichen Fach zu suchen sind, sondern in der Art des Zusammenspiels und der gegenseitigen Durchdringung unterschiedlicher, nach Sparten getrennter Problemfelder, Gedankengänge, Arbeitstechniken etc. Wie schon die Kameralistik und Statistik fragen die Geographie und Geschichte, jede im Rahmen ihres Selbstverständnisses, nach Kultur und Lebensweise, Land und Leuten. Zäsuren – beispielsweise zwischen Statistik und Völkerkunde – zeichnen sich dabei durchaus ab: etwa dort, wo erstere ihre Untersuchungen programmatisch am Verwaltungsinteresse und der politischen Praxis ausrichtet, während letztere von einer solchen Verkürzung des »ethnologischen Blicks« weniger betroffen ist.

Der Name Gatterer lädt dazu ein, auf ein weiteres, bezeichnendes Beispiel für die angeführten interdisziplinären Verflechtungen aufmerksam zu machen, die einer volkskundlichen Perspektive im 18. Jahrhundert zugrunde liegen. Der Sohn des genannten Göttinger Gelehrten hieß *Christoph Wilhelm Jakob Gatterer* (1759–1838): Er lehrte an der Universität Heidelberg Kameralistik und Technologie, und seine Vorlesungen baute er unter anderem auf das geographische Werk des Vaters auf. Dieser Geographie lesende Kameralist nun verfaßte gleichsam als ein Seitenstück seines Gesamtopus' eine aus fünf Teilen bestehende, umfangreiche »Anleitung den Harz und andere Bergwerke mit Nutzen zu bereisen« (Göttingen usw. 1785–1793), die – zumindest im Titel – an die Tradition der Apodemiken erinnert. Dem Werk ist mit Erscheinungsjahr 1792 eine »Beschreibung des Harzes« integriert, deren erstes Kapitel »Von den Bewohnern des Harzes« (Gatterer 1792, 1–134) handelt.

Schon in den einzelnen Überschriften, die das Kapitel gliedern, wird ein eminent ›volkskundlicher‹ Zugang offensichtlich, wobei sich die Sparten Kleidung, Lebensart, Religion usw. wiederfinden, die der Vater im völkerkundlichen Teil seiner geographischen Systematik unter der Rubrik »Geographie der Kultur« aufführte. Sie schreiten »Von der Sprache der Harzer« über ihre »Anzahl« zu den »Wohnungen« und »der Kleidung der Harzer« fort; die folgenden Abschnitte sind betitelt: »Von dem Haushalte der Harzer«, »Von den Speisen und Getränken der Harzer«, »Von der ehelichen Verfassung und Kinderzucht der Harzer« und »Von der Gesundheitsbeschaffenheit und den Krankheiten der Harzer«. Sodann wendet sich Gatterer den »Eisengranulir=Bädern auf dem Harze, und deren Würkung« zu und kommt in den nachfolgenden Passagen auf die »Religion und kirchliche Verfassung«, auf den »Aberglauben«, den »Karakter« und schließlich auf die »Sitten und Vergnügungen der Harzer« zu sprechen. Das Kapitel endet mit Erörterungen zum »Ackerbaue«, »Gartenbaue«, »Wiesenbaue und [zu] der Viehzucht der Harzer«.

Die Zusammenschau dieser einzelnen Rubriken macht exemplarisch ein Schema sichtbar, nach welchem sich im Rahmen des genannten geographischen Lehrgebäudes der Aspekt »Kultur« und im Rahmen staatswissenschaftlicher Orientierung der Aspekt »Leute« ausdifferenzieren ließ. Viele Darstellungen, auch solche außereuropäischer Völker, ordneten ihr Material nach vergleichbaren Mustern. Gatterers Ausführungen über die Bewohner des Harzes sind unter dieser Perspektive für ihre Zeit nichts Ungewöhnliches, sondern sie sind Ausdruck eines verbreiteten wissenschaftlichen Rasters, dessen man sich bediente, um das vielschichtige Feld der Lebensbedingungen, Lebensverhältnisse und Lebensformen aufzuschlüsseln, zu systematisieren, zu »übersetzen«. Für die Frage nach den Anfängen volkskundlicher Forschung ist es wichtig festzuhalten, daß dieses Raster historisch, kulturell, sozial und ökonomisch bedingt ist: Hinsichtlich des letztgenannten Faktors denke man etwa an die wirtschaftlichen und steuerrechtlichen Interessen, die der Staatsverwaltung zugrunde lagen, in deren Dienst sich die Statistik Achenwalls ausdrücklich stellte.

Die Schlüsselbegriffe des Klassifizierens wie *Land und Leute* sind ebensowenig naturgegeben und überzeitlich wie die Palette ihrer jeweiligen Unterbegriffe. Sie sind geschaffen als *Instrumente,* die innerhalb einer Art von »Übersetzungsvorgang« zum Einsatz kommen. Wissenschaftsgeschichte behandelt nicht allein die Geschichte dieser Instrumente, sondern darüber hinaus die der *Regeln,* denen solche Entzifferungs- und Übersetzungstätigkeiten folgen. Außerdem arbeitet sie die *Instanzen* heraus, mit denen diese Regeln ihrerseits verbunden und an deren Wandel sie beteiligt sind. Die *Instrumente:* das sind die Begriffe, die Kategorien. Die *Regeln:* das sind ihre Ordnung, das wissenschaftliche System, die Methode, die Fragestellung und der Forschungshorizont, die sich darin abzeichnen. Die *Instanzen:* damit ist jener Komplex angesprochen, in welchen das wissenschaftliche System eingebunden ist: das Welt- und Menschenbild, der Wissenschaftsbetrieb und seine Träger, die sozialen, ökonomischen und politischen Faktoren, die damit verbunden sind, und anderes mehr. Es liegt auf der Hand, daß sich Volkskunde nicht en bloc im 18. Jahrhundert wiederfindet, denn die Geschichte des Faches stellt sich auf den Ebenen seines *Instrumentariums,* seiner *Regeln* und der mit ihnen verflochtenen *Instanzen* jeweils unterschiedlich dar. Begriffsgeschichte, Methodengeschichte, Institutionengeschichte etc. bedingen zwar einander, entwickeln aber ihre jeweils eigene historische Dynamik.

Neben den Universitäten, Akademien und anderen gelehrten Gesellschaften, dem Büchermarkt, dem Zeitschriften- und Korrespondenzwesen, den Privatinitiativen einzelner Forscher, Pfarrer, Lehrer usw. – kurz: neben dem gesamten Netz der akademischen Kommunikation oder genauer als ein Teil dieses Netzes, speisten und vervielfältigten die *Reiseberichte* das »volkskundliche« und ethnologische Wissen, förderten sie die kulturwissenschaftliche Theoriebildung dadurch, daß sie den Horizont für vergleichende Untersuchungen enorm erweiterten.

Reiseliteratur gehörte im 18. Jahrhundert zur Lieblingslektüre des zeitgenössischen Lesepublikums, welches die Reisen mit ihren Abenteuern und Schilderungen fremder Völker leidenschaftlich und gefahrlos nachvollzog. Wissenschaftler verschiedenster Disziplinen hingegen befaßten sich damit, den Nachrichten naturkundliche und ethnographische Daten abzugewinnen: Auf komparatistischem Wege überprüften sie die Glaubwürdigkeit der Berichterstattung, wobei die Übereinstimmungen, Abweichungen und Widersprüche zwischen den unterschiedlichen Quellen genau festgestellt wurden. In Rezensionen erging der Appell an die Reiseschriftsteller, auf die vermeintlich unergiebige Beschreibung von Persönlichem, Anekdotischem und Nebensächlichem zu verzichten und statt dessen all jenes akribisch zu vermerken, worüber die bis dato vorhandene Literatur noch keinen Aufschluß gab.

In Sammelwerken und bibliographischen Kompendien wurde die Flut von Reisebeschreibungen für den wissenschaftlichen Gebrauch aufbereitet: vermehrt waren es aber seit der zweiten Jahrhunderthälfte auch die Wissenschaftler selbst, die sich mit gezielten Vorhaben auf Forschungsreise begaben oder für geplante Expeditionen Instruktionen und Fragekataloge ausarbeiteten. Als in seiner Konzeption bahnbrechendes Projekt sollte sich z. B. eine Arabien-Expedition im Jahre 1761 erweisen, die von einer Spezialistengruppe in Angriff genommen wurde: Die Reisenden waren sorgfältigst instruiert, wozu eine Reihe schriftlich fixierter Fragen gehörte, die ein internationales Gelehrtenteam auf Betreiben des Göttinger Orientalisten *Johann David Michaelis* (1717–1791) zusammengestellt hatte (vgl. Eck 1986, 19).

In der Vorrede seiner »Fragen an eine Gesellschaft Gelehrter Männer, die auf Befehl Ihro Majestät des Königes von Dänemark nach Arabien reisen« (Frankfurt 1762), formuliert Michaelis ein Wissenschaftsverständnis, das sich von dem der Kameralisten und Staatswissenschaftler deutlich abhebt:

»Zum Nachteil beider, der Wissenschaften und der Landeseinkünfte sieht man die Wissenschaften zu oft bloß als eine Finanz- oder Kommerziensache an, und fragt zu früh was sie dem Staate wohl eintragen werden? sie werden ihm viel einbringen, allein was es sei, das kann man unmöglich vorher sagen, ehe man die Entdeckungen gemacht hat, die zu machen waren« (Michaelis 1762, Vorrede unpag.).

Die Geschichte des Fragebogens und der systematischen Befragung reicht weit vor das 18. Jahrhundert zurück. Die staatlichen Informationssysteme des Absolutismus bedienten sich ihrer ebenso wie das Korrespondenzwesen der Jesuiten, die eine Fülle landeskundlicher Enquêten durchführten. Bereits im 16. Jahrhundert hatte sich innerhalb des vom Humanismus geprägten Kommunikationsnetzes der »res publica literaria« – der gelehrten Welt – die Möglichkeit einer empirischen Sozialforschung eröffnet, von der nicht zuletzt die oben erwähnten, in jener Zeit entstandenen Apodemiken Zeugnis ablegen (vgl. Stagl

1979). *Sebastian Münsters* (1488–1552) »Cosmographia« von 1544 geht z. B. auf eine schriftliche Umfrage zurück, in welcher er sich an die Kanzleien von Fürsten und Städten mit der Bitte um die Zusendung von Ortsbeschreibungen gewandt hatte. Und als eine in ihrer Genauigkeit, Sensibilität und methodologischen Durchdringung geradezu phänomenale Leistung ist die »Historia general des las cosas de la Nueva España« des Franziskaners *Bernardino de Sahagún* (1499–1590) anzusehen: Wenngleich unter Hinweis auf dieses Werk der europäische Boden verlassen wird und die Neue Welt in den Blick kommt, so kann das Projekt, welches Sahagún seit dem Jahre 1558 verfolgte, selbst heutigen volkskundlichen, auf Befragung basierenden Untersuchungen ein eindrucksvolles Lehrstück bieten (vgl. Todorov 1985, 260–285). Unter aktiver Beteiligung der Gewährsleute arbeitet es »eine Fülle von Informationen über indianische Herrschaftsordnung, soziale Verhältnisse, Religion und Gebräuche« (Bitterli 1976, 38) heraus.

Die Nachrichten über fremde Kulturen nahmen seit der Entdeckung Amerikas schlagartig zu und wurden mit der Durchführung wissenschaftlicher Expeditionen im 18. Jahrhundert systematisch vervollständigt und abgesichert. Neben den Umwälzungen in den Naturwissenschaften, deren Erkenntnisse zu einer grundlegenden Neuordnung des Welt- und Menschenbildes entscheidend beitrugen, war es gerade die Erfahrung der kulturellen Vielfalt und Andersartigkeit, welche auch die eigene Kultur in neuem, ungewohntem Licht erscheinen ließ. Hieraus erfuhr die philosophische Reflexion über die Natur und die Vergesellschaftung des Menschen bedeutende Impulse, die ihrerseits in den Fragestellungen konkreter ethno-anthropologischer Forschungsvorhaben einen Niederschlag fanden (hierzu ausführlich Bitterli 1976): *Michel de Montaigne* (1533–1592), *Charles Montesquieu* (1689–1755), *Jean-Jacques Rousseau* (1612–1778) und *Johann Gottfried Herder* sind einige Namen aus der langen Reihe wichtiger Denker.

Im Jahre 1796 erstellte *Joseph-Marie Degérando* (1772–1842) in Paris als Instruktion für zwei Entdeckungsfahrten einen Fragebogen, der sich zugleich als eine wegweisende theoretische Schrift für die moderne ethnologische Methodologie erweisen sollte. Exakte Beobachtung, Beschreibung, Analyse und Vergleich zielen auf ein Verstehen der fremden Kultur ab, wozu es nach Degérando notwendig sei, sich nicht nur der eigenen Vorurteile, sondern auch der eigenen Denkkategorien zu entledigen (zu Degérando vgl. Moravia 1977, 171–182; Übersetzung des Fragebogens ebd. 219–251). Indem die Herkunft und das Denken des Wissenschaftlers als Problem der Kulturanalyse thematisiert werden und indem somit jede noch so nebensächlich scheinende Wahrnehmung unvermutete Bedeutung annehmen kann, überwindet dieser Fragekatalog den begrifflichen Schematismus, dessen sich Statistik und auch Geographie in ihrer jeweiligen Anverwandlung von *Land und Leuten* bedienten. Solchem Schematismus hatte sich innerhalb des Genres der wissenschaftlichen Reisebeschreibung bereits neben anderen Verfassern auch der junge *Georg Forster* (1754–1794) entzogen, der in seiner berühmt gewordenen »Entdeckungsreise nach Tahiti und in die Südsee 1772–1775« von der zweiten Cook-Expedition berichtet, an der er in Begleitung seines Vaters beteiligt war. Spätestens mit Forster wurde der räsonnierende Reisende auch für die »Wissenschaften vom Menschen« salonfähig.

Im ausgehenden 18. Jahrhundert war der Mensch in der Gesamtheit seiner körperlichen, soziokulturellen und seelischen Verfassung in den Mittelpunkt der Diskussion gerückt, die von einem breiten Spektrum sich einander austauschender Disziplinen getragen wurde. Die Gründe für die unterschiedliche physische und psychische Beschaffenheit der Völker wurden von seiten der Philosophie ebenso gesucht wie von der Anthropologie, als deren herausragender Vertreter *Johann Friedrich Blumenbach* (1752–1840) zu nennen ist. Dabei erörterte man auf den verschiedensten Ebenen in zum Teil verklärender Form die Frage des Volks- oder Nationalcharakters. Im Rahmen einer zu jener Zeit schon lange währenden und leidenschaftlich ausgetragenen Debatte publizierte *August Matthiä* (1769–1835) im Jahre 1802 eine Preisschrift mit dem Titel »Versuch über die Ursachen der Verschiedenheiten in den Nationalcharakteren«. Man habe, so schreibt er,

»deren zweyerley Classen festgesetzt, physische und moralische. Zu den physischen gehören das Klima, und die Natur des Bodens, sowohl in Ansehung der Art seiner Benutzung, wozu er vorzüglich einladet, als auch seiner Ergiebigkeit und seiner äußeren Gestalt und Ansicht. Die moralischen Ursachen liegen in verschiedenen, von den Menschen selbst getroffenen, Einrichtungen, die dem Geiste derer, welche sich ihrer bedienen, eine bestimmte Richtung zu geben vermögen, wie Regierungsform, Religion, Erziehung. Zu diesen möchte ich noch eine dritte Classe von Ursachen hinzufügen, die mehr in zufälligen Ereignissen, in dem Laufe der Geschichte eines Volkes gegründet sind« (Matthiä 1802, 9). Zu letzterem Aspekt fügt Matthiä an anderer Stelle hinzu: »Die meisten der zufälligen Bestimmungsgründe der Nationalcharaktere liegen in der Geschichte jeder Nation. Es kommt schon darauf an, welchen Charakter die Völkerschaften haben, in deren Nähe oder Mitte ein Volk sich zum Staate bildet« (Matthiä 1802, 194).

Der Abhandlung liegen als Quellen philosophische Schriften sowie Reiseberichte zugrunde:

»Montesquieu's beyde Werke, der ésprit des loix und die Considerations sur la grandeur etc. enthalten, sowie Hume's essays, in dieser Rücksicht einzelne scharf sinnige und feine Gedanken; aber die meiste Hülfe fand ich in den Reisebeschreibungen, besonders in denen von Cook, Chardin, Forster, Volney etc. in welchen Bemerkungen nicht nur über die physische Beschaffenheit der Länder, sondern auch über den Charakter der Einwohner enthalten sind« (ebd. VIIf.).

Die kulturtheoretische Pionierarbeit, welche *Herder* in seinen »Ideen zur Philosophie der Geschichte der Menschheit« leistete, wurde von dem Verfasser der Preisschrift zwar ebenfalls zur Kenntnis genommen;

sie erschloß sich ihm aber nicht. Herder suchte unter anderem jene Faktoren der Verschiedenheit, jene »unsichtbaren Kräfte« aufzuspüren, die sich dem »Auge des Zergliederers« (Herder 1985, 177) entzogen. Von hier allerdings war der Weg nicht mehr weit zu der spekulativen Konzeption eines »Volks-« oder »Nationalgeistes«, dessen Widerhall Herder etwa in der Volksdichtung und in Liedern zu vernehmen meinte. Mit dieser Vorstellung verband sich ein Sammeleifer, der im 19. Jahrhundert zunehmend auch eine philologische Ausrichtung erfuhr und in der Nachfolge Herders üppige Blüten trieb.

Die Kategorie des *Volkscharakters* erweist sich als ein zentrales Forum der kultur- und ethnoanthropologischen Diskussion des 18. Jahrhunderts. Sie ist gleichsam ein Treffpunkt interdisziplinär geführter wissenschaftlicher Kontroversen und ein Ort der Vernetzung heterogenster Fragestellungen. Sie stiftet Erörterungszusammenhänge, denen die Geschichte der Volkskunde weit mehr verpflichtet ist als dem ersten Auftauchen des Wortes, das ihr den Namen gab. Lorenz Westenrieders ausgiebige Schilderungen des bayerischen Volkscharakters reihen sich in diese Erörterungszusammenhänge ebenso ein wie z. B. Achenwalls folgende Bemerkungen:

»Wie verschieden sind nicht die Völker in der Farbe, Länge und Stärke! Man hat so gar Krankheiten, die gewissen Nationen eigen sind. Das Clima, Speise und Trank und die harte oder zärtliche Lebensart trägt hiezu das meisten bey [...]. Man bildet die Nationen auch nach ihrem Gemüthe ab. Es ist nicht zu leugnen, daß nachdem die Temperamente verschieden sind, ein Volck mehr Witz oder mehr Tiefsinnigkeit habe, und geschwinder oder langsamer denke, rede und handele. Die Affecten sind ebenso wenig überall einerley, und aus den verschiedenen Neigungen der Wollust, des Ehrgeitzes, der Geldbegierde oder Sorglosigkeit erwachsen besondere Gewohnheiten, welche man die Tugenden oder Laster der Nationen zu nennen pflegt. Sie äussern sich hauptsächlich in Ausübung der Pflichten, sowohl gegen sich selbst, als gegen andere.« Und zur Erläuterung heißt es weiter: »Man sehe nur ihre Lebensart bey Tische, in der Kleidung und in ihren Lustbarkeiten an. Man bemerke, wie sie sich im Ehestande und der Kinderzucht verhalten, wie sie sich gegen ihre Obern und Untern und gegen Fremde aufführen« (Achenwall 1749, 12 f.).

Das aufgeklärte Menschenbild machte in besonderem Maße den Faktor des sozialen Milieus für den Zustand und Grad der Kultur geltend. Von nicht selten selbstgewisser Warte operierend, setzte eine pädagogische Bewegung ein, die den Wilden ebenso wie den Bauern oder das Kind zum Objekt der Erziehung machte. Pädagogische Bestrebungen gingen gelegentlich mit konkreten Reformvorhaben einher, welche die Lage der Betroffenen aufbessern wollten. Exemplarisch sei hier auf den ungarischen Aufklärer und Sozialreformer *Sámuel Tessedik* (1741–1820) hingewiesen, dessen Werk und Bedeutung für die Frühgeschichte der Volkskunde Rolf Wilhelm Brednich gewürdigt hat (Brednich 1986). Tessedik, der in aufgeklärter Wissenschaft geschult war und seit 1763 ein Amt als Dorfpfarrer in Szarvas innehatte, widmete sich ganz der

Verbesserung der sozialen Situation der unteren Schichten. Durch die Gründung einer vielbeachteten *Industrieschule* und ein umfassendes Programm zur Neugestaltung der agrarisch geprägten Lebensverhältnisse suchte er seine Vorstellungen in die Tat umzusetzen. Der von ihm entworfene Plan eines »regulirten Dorfes« orientierte sich bei allen seinen utopischen Zügen an den Prämissen des realistisch Durchführbaren. Wie sehr er für die Belange des gedrückten Bauernstandes auch Partei nahm, so war er doch keineswegs frei von schulmeisternder Aufklärermanier, die bis in alle Lebensbereiche hinein darüber meinte befinden zu können, was dem Landmann nütze und was ihm schädlich sei.

Mit geschärftem Blick für gesellschaftliche Probleme und in der Absicht, Vorschläge zu ihrer Bewältigung zu sammeln, wandten sich in Deutschland um 1800 immer wieder die wissenschaftlichen Akademien mit *Preisfragen* an die aufgeklärte, schreibende Öffentlichkeit: Diese wurde aufgefordert, sich zu Themen wie dem der Armut, der medizinischen Versorgung, der hygienischen Verhältnisse oder der Alterssicherung zu äußern.

Die Einsendungen liefern noch heute ein hervorragendes Quellenmaterial zur volkskundlich relevanten, historischen Diskursanalyse (vgl. Hartmann 1991). Im Archiv der Göttinger Akademie der Wissenschaften etwa findet sich zu den verschiedensten, unser Fach berührenden Fragen jeweils ein ganzes Korpus handschriftlicher Erörterungen. Da sie zum gleichen Zeitpunkt abgefaßt wurden, geben sie nicht nur Aufschluß über zeitgenössische Problemlagen, sondern auch über die Arten, diese Problemlagen in den Blick zu nehmen, sie zu diskutieren und zu Lösungsvorschlägen zu kommen.

Ebenfalls im Dienste des Studiums und der Abhilfe sozialer Mißstände standen z. B. die häufigen und ausgedehnten Reisen des Engländers *John Howard* (1726?–1790). Als High Sheriff der Grafschaft Bedford war er mit der Aufsicht über die Gefängnisse betraut und wurde bald zum Anwalt seiner Schutzbefohlenen. Er begnügte sich nicht damit, die Mängel nur dieser Einrichtungen zu untersuchen und Hilfsmaßnahmen zu ihrer Behebung auszuarbeiten, sondern er dehnte seine Recherchen auch auf andere Institutionen der sozialen Aussonderung aus: auf Hospitäler, Pesthäuser, Lazarette und Quarantäneanstalten. Zwischen 1773 und 1790 führten ihn seine Nachforschungen mehrfach in fast alle Länder Europas: von Schottland bis Malta, von Schweden bis in die Türkei, von Portugal bis tief nach Rußland hinein, wo er 1790 starb, »zu Cherson in der Krimm, als ein Opfer eines beyspiellosen Eifers für die Verminderung des Elendes unter seinen Nebenmenschen« (Posselt 1795, Bd. 1, 119). Diese Würdigung Howards, dessen Leben ebenso wie seine Schriften »Über Gefängnisse und Zuchthäuser« (deutsch Leipzig 1780) und über die »vorzüglichsten Krankenhäuser(n) und Pesthäuser(n) in Europa« (deutsch Leipzig 1791) noch heute Respekt verdienen, findet sich – und damit schließt sich ein Kreis – in einer der späten Apodemiken, in *Franz Posselts* »Apodemik oder die Kunst zu reisen« aus dem Jahre 1795. Der englische Reformer wird darin in direkter Nachbarschaft zu Achenwall als ein Musterbeispiel des »statistischen und politischen« (Posselt 1795, Bd. 1, 113) Reisenden präsentiert. Neben schriftlichen Quellen waren bisweilen auch eigene Beobachtungen die Grundlage der im 17. Jahrhundert bereits verbreiteten und im 18. Jahrhundert weiterhin angefertigten Darstellungen von Bräuchen und anderen Themenbereichen, die bis in die Gegenwart hinein eher klischeehaft »Volkskunde« repräsentieren. *Johann Heinrich Fischer,* der sich an einigen Textstellen seiner »Beschreibung der vorzüglichsten Volksfeste, Unterhaltungen, Spiele und Tänze der meisten Nationen in Europa« (Wien 1799) auch als Augenzeuge ausgibt, schreibt über das Zustandekommen dieser recht bescheidenen Kompilation:

»Ich fing damit an, mir aus meiner Lieblingslektüre, den Reisebeschreibungen hiezu dienliche Auszüge zu machen, und ich war dabey so glücklich, eine ziemliche Ausbeute zu gewinnen« (Fischer 1799, 5).

Was folgt, ist ein Potpourri, in dem unter anderem das »Stiergefecht in Lissabon«, »das Schifferstechen im südlichen Frankreich« und »Der römische Carneval« vorkommen. »Pferderennen«, »Hahnengefecht«, »criketspiel« und »Boxkunst der Engländer« werden ebenso aufgeführt wie »Spiele und Tänze der Schottländer« und das »Schlittschuhlaufen der Holländer«. Des weiteren ist im Spektrum enthalten: »Vormalige Thierhetze in Wien«, »Der Kirchtag in der Brigittenau bey Wien«, »Volksfeste, Unterhaltungen und Spiele der Bayern«, »Die Spinnstuben der Krainer«, »Thyroler-Bauernkomödien«, »Hahnenköpferei in Böhmen«, »Der Frohntanz zu Langenberg bey Gera«, »Das Ringelrennen in Norddeutschland«, »Das Kugelwerfen in den Marschländern«, »Feyerliche Bärenjagd der Lappländer«, »Oeffentliche Lustbarkeiten in Konstantinopel« usw.

In ähnlicher Machart brachte Fischer zwei Jahre später eine »Beschreibung der Heirath= und Hochzeitsgebräuche fast aller Nationen« (Wien 1801) heraus; hier reichte die regionale und ethnische Streuung von Schwaben bis nach China und von den Grönländern über die Hottentotten bis zu den Peruanern. Das erste Kapitel »Probenächte in Schwaben« schrieb der Kompilator – ohne Quellenangabe – unter Weglassung des Anmerkungsapparates aus einer Darlegung seines Namensvetters *Friedrich Christoph Jonathan Fischer* (1750–1797) ab: 1780 hatte dieser aus historischer und ethnologischer Perspektive eine kulturvergleichende Erörterung »Über die Probenächte der teutschen Bauernmädchen« vorgelegt. Sie unterschied sich nicht nur grundsätzlich von den eben genannten Sammelsurien, sondern auch von den zum Teil sehr viel älteren Monographien, die sich des Feldes der Hochzeitsbräuche angenommen hatten: etwa *Michael von Lankischs* (1620–1674) »Neupolierter Mahl=Schatz« (Dresden/Buchissin 1661), der die Verlobungs- und Hochzeitszeremonien sowie die damit verbundenen Requisiten abhandelte, oder *Julius Friedrich Rottmanns* »Rituale Nupturientium, oder:

Beschreibung der Hochzeits=Gebräuche« (Bremen 1715) und andere mehr. Lankisch entnahm seine Zusammenstellung

»Aus Gottes Wort/alter und neuer Kirchen=Lehrer/auch Politic: Philolog: und Philosophorum Schriften« und versah sie »zugleich mit allerhand Historien/Denk= Sprüchen/Sinn=Bildern/Reimen und nachdenklichen Reden und Lehren« (Titel).

Während hier die Autorität des Überlieferten zum Medium der Unterweisung wird, und eine ethnologische, vom Wertesystem der eigenen Kultur abstrahierende Betrachtungsweise ausbleibt, mustert F. C. J. Fischer sein Material zu den »Probenächten« quellenkritisch durch, um es zur umfassenden Rekonstruktion eines – vom eigenen kulturellen Standort unabhängigen – Brauchkomplexes heranzuziehen. Und wie bei Fischer die historischen Quellen einer ethnologischen Analyse zugeführt werden, so dienen sie anderen Autoren als wertvolle Hilfsmittel zur Herleitung noch zu ihrer Zeit gebräuchlicher Verhaltensweisen. *Johann Peter Schmidt* (1708–1790) entschließt sich beispielsweise in seiner »Geschichtsmäßige(n) Untersuchung der Fastel= Abends=Gebräuche in Deutschland« (Rostock ²1752),

»mithin die neue Welt aus der alten zu erläutern/das ist, die Ausübung der noch heutiges Tages vorkommenden Gewohnheiten, aus den Gebräuchen der alten Völcker abzuführen« (Schmidt 1752, Vorrede). Und gerade, weil die meisten Gewohnheiten, »so betrachtungs=unwerth sie auch anfänglich wohl scheinen; doch in die grösseste Staats=Begebenheiten hineinschlagen (ebd. 1 f.), »mag die Beschäftigung nicht vergeblich angewendet heissen, welche auf die Nachforschung der gemeinen Sprüch= Denck= und Scheltwörter; ingleichen der landüblichen Kleidertrachten, und derselben verschiedener Veränderungen; so unter dem weitläufftigen Begriff von Gewohnheit und Gebräuchen nur immer vorkommen mögen, zugebracht wird: sondern handeln rechtschaffene Liebhaber der Gelehrsamkeit vielmehr klüglich, wenn bey allen solchen Vorkommenheiten, sie so wohl deren wesentliche Beschaffenheit erörtern, als auch, so viel möglich, auf ihren ersten Grund, Anlaß und Ursache zurücke gehen, und so ferner, eine nützbahre Anwendung zumachen, sich angelegen seyn lassen« (ebd. 5–20).

Schmidt, dessen Erörterung sich gewissermaßen auf der Oberfläche eines gelehrten Anmerkungsapparates entlangbewegt, erkennt in aller Klarheit, daß es bisweilen aus diversen Gründen nicht möglich ist, die Ursprünge von Bräuchen, Vorstellungen etc. aufzuspüren. Sein Erkenntnisinteresse belegt eindrucksvoll, daß die Fragestellungen der historisch ausgerichteten »romantischen Volkskunde« schon weit vor dem 19. Jahrhundert vorformuliert waren und daß zugleich die mit diesen Fragestellungen verbundene Gefahr einer spekulativen Geschichtsschreibung thematisiert wurde. Es beweist aber auch, daß innerhalb »aufgeklärter Wissenschaft« ein Geschichtsbild möglich war, das sich den »unaufgeklärten« Aspekten des gesellschaftlichen Lebens – z. B. Aberglauben – unvoreingenommen zuwenden konnte.

Vorurteilslos und ohne zu moralisieren befaßte sich bereits Anfang des 18. Jahrhunderts der Altenburger Konrektor *Friedrich Friese* (1668–1721) mit Bräuchen, und zwar mit denen der städtischen Handwerker. Für seine Studien, die er in »Der vornehmsten Künstler und Handwercker Ceremonial-Politica« (1705–1716) an die Öffentlichkeit brachte, schickte er seine Schüler »ins Feld«:

»daß sie diejenige Zeit/welche sonst mit liederlichem Wesen und tumultuiren gemeiniglich passiret wird/lieber zur Besuchung eines und andern Künstlers und Handwerckers anwenden/und sich ihren Werckzeug/wie auch gewöhnliche Kunst= Wörter und Hand=Wercks Gewohnheiten etc. bekant machen solten.« Den Schülern wurden »etliche geheftete und halb gebrochene Bogen Pappier übergeben/auf welchen gewisse Fragen/nach Art derer Inqvisitional-Articul/auff die eine Columne geschrieben gewesen. Solchen Fragen nun gegen über hat der Untergebene [Schüler] bey freundlichem Gespräche/die Aussage und Antwort des Künstlers oder Handwerckers nach seiner Capacität setzen/und bey gehaltener Mahlzeit als eine lustige Materie unsers Tisch-Gespräches laut referiren/auch endlich in die von mir gehaltene Collectanea solcher Ceremonien eintragen müssen« (Friese, Ausgabe 1708, 4 f.).

Die empirische Ausrichtung erweiterte Friese in einer anderen Untersuchung um den Gesichtspunkt des Kulturvergleichs. Schon der Titel dieser Schrift von 1703, die sich mit den Altenburgischen Bauern befaßt, weist programmatisch darauf hin:

»Historische [im Sinne von verbürgte] Nachrichten/von denen Merckwürdigen [im Sinne von bemerkenswerten] Ceremonien derer Altenburgischen Bauern/wie sie es nemlich bey Hochzeiten/Heimführung der Braut/Kindtauffen/Gesinde=miethen/ Beerdigungen/Kleidung und Tracht/wie auch mit ihrer Sprache gemeiniglich zu halten pflegen/Dabey zugleich gewiesen wird/wie einige Ceremonien anderer Völcker mit solchen ziemlich übereinkommen/und was man darbey vor nützliche Meditationes haben könne/durch Frag und Antwort zur Lust vorgetragen« (Leipzig 1703).

Das bäuerliche Leben steht hier im Mittelpunkt eines Interesses, das sich des Bauernspotts ebenso enthält wie der Attitüde der Bauernaufklärung, das aber auch von einer Verklärung des Landlebens weit entfernt ist. Der Text, welcher ausführlich von den Hochzeiten handelt, ist häufig durch sogenannte »Parallel-Historien« unterbrochen, in denen das jeweilige Vergleichsmaterial untergebracht ist. Dadurch wird den Bräuchen der Altenburgischen Bauern der Anstrich des Kuriosen sowie des Singulären genommen, und sie werden statt dessen eingebunden in ein Netz kultureller Analogien und Varietäten. Zu Frieses kulturvergleichenden Quellen gehört unter anderem »Die Ehre des Herzogthums Crain« (Laybach 1689) von *Johann Weichard Valvasor* (1641–1693), ein Werk, das diesen slowenischen Landstrich in umfassender Weise historisch, topographisch und ethnographisch darstellt.

Gut hundert Jahre nach Friese erscheint in zweiter, verbesserter Auflage ein weiteres Buch »Über die Sitten, Kleidertrachten und Gebräuche der Altenburgischen Bauern« (Altenburg ²1806). Es wurde verfaßt von dem Altenburger Maler *Karl Friedrich Kronbiegel,* der sich ausdrücklich nicht an die gelehrte Welt wendet, denn diese »interessirt diese Kleinigkeit nicht«. Vielmehr schreibt er für den,

»welcher in entfernten Landen den Charakter der Nation gerne kennen lernen will, für den, welcher einst bei seiner Durchreise die lebenden Altenburger Bauern sah, und sie nun hier wieder durch die Abbildung seinem Gedächtnisse zurückrufen kann« (Kronbiegel 1806, X).

In seiner überlegten Konzeption, der Detailtreue und Farbigkeit der Schilderung, dem scharfen, wenn auch nicht ungetrübten Blick für soziokulturelle Zusammenhänge sowie für gesellschaftlichen Wandel ist dieses Buch trotz einiger Mängel ein überaus gelungenes Beispiel früher »volkskundlicher« Orientierung. Die Gliederung folgt dem Lebenslaufmuster: Kronbiegel stellt Kindheit und Jugend der Altenburger Bauern im dörflichen Kontext dar, er widmet den Themen Brautwerbung und Hochzeit detaillierte Beschreibungen, und er handelt die Eheführung, das häusliche Wirtschaften, Geburt, Taufe, Konfirmation, Tod und Bestattung ab. Neben Bräuchen, Musik und anderem gilt sein Augenmerk besonders der Kleidung, die er minuziös schildert: unterschieden nach Anlaß, Geschlecht, Alter, Personenstand und anderen Faktoren, von denen das Kleidungsverhalten abhängt. Gegen Schluß seiner Ausführungen befaßt sich Kronbiegel mit der Frage des Volkscharakters, wobei er eine Beziehung zwischen dem »Nationaltanz« und dem »Geist der Nation« konstruiert und im Rahmen der Interpretation einer in Kupfer gestochenen Tanzszene Physiognomie, Temperament und Kultur in einen bizarren Zusammenhang bringt.

Nicht nur das ländliche, auch das städtische Volksleben rückte im ausgehenden 18. Jahrhundert verstärkt ins Blickfeld. Hingewiesen sei noch einmal auf den bereits genannten *Lorenz Westenrieder,* dessen »Beschreibung der Haupt- und Residenzstadt München (im gegenwärtigen Zustande)« (München 1782) eine Art Stadtvolkskunde darstellt, die erste, wie es bei Hans Moser (Moser 1953, 170) heißt. Das Werk geht unter anderem auf Geschichte, Bauten und Statistik der Residenzstadt ein und hebt innerhalb des dritten Teils »Von der allgemeinen Verfassung« auf die folgenden Themenbereiche ab:

»Gefängnisse, Strafen, Belohnungen«; »Leibesübungen; Feyerlichkeiten, Spiele, Vergnügungen«; »Geburt, Hochzeit, Tod«; »Nahrung und Kleidung«; »Höflichkeit und Wohlstand«; »Von dem Ueblichen des Ausdruckes bey heftigen Bewegungen«; »Vom Ueblichen in Sprachen«, »Provincialismen und Sprichwörter«; »Gestalt, Wachstum, Lebensalter der Einwohner«; »Von dem Karakter der Eingebohrnen« (Westenrieder 1782, Inhaltsverzeichnis).

Die Worte, mit denen Westenrieder diesen Teil einleitet, bringen zwei für die Frühgeschichte der Volkskunde zentrale Erörterungszusammenhänge miteinander in Verbindung: denjenigen, der sich um die Ergründung des »Volkscharakters« rankt, sowie den der Statistik:

»Dieser Theil, den selten oder höchstens nur im Vorübergehen, jemand berührt hat, wird dem entfernteren Ausland, und einst der Nachwelt der wichtigste seyn. Was man denen empfiehlt, welche darauf ausgehen, Menschen zu studiren, daß sie selbe nicht aus öffentlichen Handlungen, sondern zu Hause, und in kleinen, dem Schein nach ganz gleichgültigen Dingen beobachten sollen: das habe ich in folgenden Nachrichten darzustellen gesucht, und daher nicht allein die großen Theile, sondern auch die kleinsten, unerheblichsten Züge gesammelt, in deren Zusammensetzung unser Charakter besteht. Und wie sich aus dem, was jemand außer seinem Amte thut, so ziemlich bestimmen läßt, wie er in seinem Amte sich verhalten werde: so läßt sich aus den Vorstellungen, welche ein Volk liebt, aus den Vergnügungen, welchen es nachhängt, aus Gebräuchen, welchen es vorzüglich ergeben ist, seine Verfassung errathen. Und hier liegt unsre Anlage, und die bürgerliche Klugheit, mit der wir dieselbe benutzen. Hier liegt der Grund unserer Gebrechen, und Tugenden, und der gute Rath, jenen abzuhelfen, und diese zu ermuntern; die Kunst, sich unsrer Fähigkeiten auf die beste Art zu bedienen, und die Wissenschaft, die wichtigste und erste, und letzte, derer ein Staatsmann, und Gesätzgeber bedürftig ist, wie man uns behandeln, und anreden, und welcher Vorstellungen und Maaßregeln man sich vorzüglich bedienen soll, um uns mit den mindesten Unkosten zur Anstrengung unsrer Talente zu bewegen, und den kürzesten Weg zur Glückseligkeit zu führen, – wenn anders denen, die nie ein Unglück gefühlt und erfahren haben, daran liegt, daß wir dahin kommen« (Westenrieder 1782, 239f.).

Im gleichen Jahr, als Westenrieder sein Buch herausbringt, erscheint in der zweiten, auf vier Bände erweiterten Auflage *Louis Sébastien Merciers* (1740–1814) »Tableau de Paris«: auch eine, wenngleich ganz anders geartete »Großstadtvolkskunde«, die das »widerspruchsvolle moralische Profil der gigantischen Kapitale« in 1049 sozialkritischen Reportagen zeichnet. In diesen Porträts geht es weniger um *Volkscharakter* als um *Alltagszusammenhang;* und auch das Volksleben präsentiert sich nicht als homogene und zugleich farbenfrohe Existenzweise bestimmter sozialer Gruppen, sondern als ein breites Spektrum täglicher größerer, kleinerer und kleinster »Grabenkämpfe«, an denen alle, mit besseren oder schlechteren Chancen teilhaben.

Eine Veröffentlichung, von der er hellauf begeistert war, wollte Westenrieder »jedem Gelehrten und Rath, jedem Krämer und Bürger in die Hände geben« (Moser 1953, 169): die »Patriotischen Phantasien« von *Justus Möser,* einem Mann, der im Geschichtsbild des Faches gelegentlich den Ehrentitel »Vater der Volkskunde« führt. Diese in ihren Äußerungen schillernde, oft widersprüchliche, aufs Ganze gesehen konservative Persönlichkeit, läßt sich nicht an einzelnen Zitaten festmachen. Wie für andere der aufgeführten Personen gilt Hermann Bausingers Einschätzung besonders für ihn:

Man tue gut daran, Möser danach zu beurteilen, »was er ›in Handlung gebracht‹ hat, und das heißt mit dem Blick auf sein literarisches Werk, ihn nicht in eine abstrakte

Die Anfänge der Volkskunde

Wertskala einzuordnen, sondern in und aus seiner konkreten geschichtlichen und gesellschaftlichen Situation zu begreifen [...]. Er sieht sich als Vermittler zwischen ›Landesregierung und Verfassung‹ einerseits und Bevölkerung andererseits« (Bausinger 1972, 169).

Geht man auf der Suche nach den Anfängen der Volkskunde zurück ins 18. Jahrhundert, so öffnet sich hinter den Namen sogenannter Vorläufer und Väter der Volkskunde ein Fächer leidenschaftlich und kontrovers geführter Diskussionen, die um das Studium des Menschen kreisen. Empirisch orientiert, praxisbezogen, philologisch-historisch und ethnologisch ausgerichtet, entwickeln sie quer durch das Spektrum der damaligen Disziplinen ein Bündel von Fragestellungen, die denen heutiger volkskundlicher Forschung verwandt zu sein scheinen. Doch diese Affinitäten täuschen auch bisweilen. Zum Beispiel können langlebige, stabile Begriffe – Signifikanten – wie etwa *Volk* und seine diversen Komposita bezüglich ihrer Bedeutungen und Konnotationen – ihrer Signifikate – äußerst wechselhaft und heterogen sein. Beim Rückblick in die Geschichte kulturanthropologischer Erörterungen erweisen sich vermeintliche Kontinuitäten nicht selten als diskontinuierlich; umgekehrt kann sich, gewissermaßen unter ihrer Oberfläche, zwischen weitverstreuten Debatten ein Zusammenhang herausbilden, der diese über längere Zeiträume hinweg miteinander verbindet. Obwohl von den kulturwissenschaftlichen Diskursen des 18. Jahrhunderts keine glatten, ungebrochenen Entwicklungslinien zur heutigen Volkskunde führen, bilden sie ein Reservoir, aus dem das Fach noch immer schöpft.

Literaturverzeichnis

Achenwall, Gottfried: Abriß der neuesten Staatswissenschaft der vornehmsten Europäischen Reiche und Republiken zum Gebrauch in seinen Academischen Vorlesungen. Göttingen 1749.
Albert oder Wirkung und Folge menschlicher Leidenschaften und Handlungen. Ein historischer Beitrag zur Volks- und Menschenkunde. Leipzig 1795.
Bausinger, Hermann: Volkskunde. Von der Altertumsforschung zur Kulturanalyse. Darmstadt 1971.
Bausinger, Hermann: Konservative Aufklärung – Justus Möser vom Blickpunkt der Gegenwart. In: Zeitschrift für Volkskunde 68 (1972) 161–178.
Bitterli, Urs: Die »Wilden« und die »Zivilisierten«. Grundzüge einer Geistes- und Kulturgeschichte der europäisch-überseeischen Begegnung. München 1976.
Brednich, Rolf Wilhelm: »Das schöne Bild eines wohlregulirten Dorfes«. Der ungarische Aufklärer und Sozialreformer Sámuel Tessedik (1741–1820). In: Volkskultur in der Moderne. Probleme und Perspektiven empirischer Kulturforschung. Hrsg.: Jeggle, Utz/Korff, Gottfried/Scharfe, Martin/Warnecken, Bernd Jürgen (rowohlts enzyklopädie, 431). Reinbek bei Hamburg 1986, 54–68.
Brückner, Wolfgang: Geschichte der Volkskunde. Versuch einer Annäherung für Franzosen. In: Deutsche Volkskunde – Französische Ethnologie. Zwei Standortbestimmungen. Hrsg.: Chiva, Isac/Jeggle, Utz. Frankfurt/M./New York 1987, 105–127.

Burke, Peter: Vico. Philosoph, Historiker, Denker einer neuen Wissenschaft. Berlin 1987.
Daxelmüller, Christoph: Disputationes Curiosae. Zum »volkskundlichen« Polyhistorismus an den Universitäten des 17. und 18. Jahrhunderts (Veröffentlichungen zur Volkskunde und Kulturgeschichte, 5). Würzburg 1979.
Eck, Reimer: Christlob Mylius und Carsten Niebuhr. Aus den Anfängen der wissenschaftlichen Forschungsreise an der Universität Göttingen. In: Göttinger Jahrbuch 1986, 11–43.
Fischer, Friedrich [Friderich] Christoph Jonathan: Über die Probenächte der teutschen Bauernmädchen. Berlin/Leipzig 1780, Reprint Berg am Starnberger See 1968.
Fischer, Georg: Geschichte der deutschen Volkskunde. In: Adolf Spamer (Hrsg.): Die deutsche Volkskunde Bd. 1, Leipzig 1934, 17–41.
Fischer, Johann Heinrich: Beschreibung der vorzüglichsten Volksfeste, Unterhaltungen, Spiele und Tänze der meisten Nationen in Europa. Wien 1799.
Fischer, Johann Heinrich: Beschreibung der Heirath= und Hochzeitgebräuche fast aller Nationen. Wien 1801.
Forster, Georg: Entdeckungsreise nach Tahiti und in die Südsee 1772–1775. Neu herausgegeben von Hermann Homann. Tübingen/Basel 1979.
Friese, Friedrich: Historische Nachricht/von denen Merckwürdigen Ceremonien derer Altenburgischen Bauern [...]. Leipzig 1703.
Friese, Friedrich: Der vornehmsten Künstler und Handwercker Ceremonial-Politica [...]. Leipzig 1708.
Gatterer, Christoph Wilhelm Jacob: Beschreibung des Harzes. Erster Theil. Nürnberg 1792.
Gatterer, Johann Christoph: Abriß der Geographie. Göttingen 1775 [erschienen 1778].
Hartmann, Andreas: Zur Kulturanalyse des Diskurses – Eine Erkundung. In: Zeitschrift für Volkskunde 87 (1991) 19–28.
Herder, Johann Gottfried: Ideen zur Philosophie der Geschichte der Menschheit. Wiesbaden 1985.
Horkheimer, Max; Adorno, Theodor W.: Dialektik der Aufklärung. Philosophische Fragmente. Frankfurt/M. 1975.
Howard, William (=John): Über Gefängnisse und Zuchthäuser. Ein Auszug aus dem Englischen. Mit Zusätzen und Anmerkungen, und Kupfern, von Gottl. Ludolf Wilhelm Köster. Leipzig 1780.
Howard, John: Nachrichten von den vorzüglichsten Krankenhäusern und Pesthäusern in Europa [...]. Leipzig 1791.
Könenkamp, Wolf-Dieter: Natur und Nationalcharakter. In: Ethnologia Europaea. Journal of European Ethnology 18 (1988) 25–52.
Könenkamp, Wolf-Dieter: Volkskunde und Statistik. Eine wissenschaftliche Korrektur. In: Zeitschrift für Volkskunde 84 (1988) 1–25.
Kronbiegel, Carl Friedrich: Über die Sitten, Kleidertrachten und Gebräuche der Altenburgischen Bauern. Altenburg ²1806.
Kutter, Uli: Volks-Kunde – Ein Beleg von 1782. In: Zeitschrift für Volkskunde 74 (1978) 161–166.
Lankisch, Michael von: Neupolierter Mahl=Schatz [...]. Dresden/Budissin 1661.
Lauffer, Otto: Rezension zu Jungbauer, Gustav: Geschichte der deutschen Volkskunde. Prag 1931. In: Zeitschrift für Volkskunde 41 (1931) 183–187.
Lutz, Gerhard: Johann Ernst Fabri und die Anfänge der Volksforschung im ausgehenden 18. Jahrhundert. In: Zeitschrift für Volkskunde 69 (1973) 19–42.

Matthiä, August: Versuch über die Ursachen der Verschiedenheiten in den Nationalcharakteren. Eine Preisschrift. Leipzig 1802.

Mercier, Louis Sébastien: Mein Bild von Paris. [Frankfurt a. M.] 1979.

Michaelis, Johann David: Fragen an eine Gesellschaft Gelehrter Männer, die auf Befehl Ihro Majestät des Königes von Dänemark nach Arabien reisen. Frankfurt 1762.

Möller, Helmut: Volkskunde, Statistik, Völkerkunde 1787. In: Zeitschrift für Volkskunde 60 (1964) 218–233.

Möller, Horst: Vernunft und Kritik. Deutsche Aufklärung im 17. und 18. Jahrhundert. Frankfurt/M. 1986.

Moravia, Sergio: Beobachtende Vernunft. Philosophie und Anthropologie in der Aufklärung (Anthropologie – Hrsg. von Wolf Lepenies und Henning Ritter). Frankfurt/M./Berlin/Wien 1977.

Moser, Hans: Lorenz Westenrieder und die Volkskunde. In: Bayerisches Jahrbuch für Volkskunde 1953, 159–188.

Moser, Hans: Wege zur Volkskunde als Wissenschaft. Zur 200-Jahr-Feier der Bayerischen Akademie der Wissenschaften. In: Bayerisches Jahrbuch für Volkskunde 1959, 124–158.

Möser, Justus: Patriotische Phantasien I–IV (Justus Mösers Sämtliche Werke. Historisch=kritische Ausgabe in 14 Bänden, 4–7). Oldenburg/Berlin 1943ff.

Mühlberg, Dietrich: Herders Theorie der Kulturgeschichte in ihrer Bedeutung für die Begründung der Kulturwissenschaft. In: Jahrbuch für Volkskunde und Kulturgeschichte 27, NF 12 (1984) 9–26.

Narr, Dieter; Bausinger, Hermann: »Volkskunde« 1788. In: Zeitschrift für Volkskunde 60 (1964) 233–241.

Pasquino, Pasquale: Politisches und historisches Interesse. Statistik und historische Staatslehre bei Gottfried Achenwall (1719–1772). In: Aufklärung und Geschichte. Studien zur deutschen Geschichtswissenschaft im 18. Jahrhundert. Hrsg.: Bödeker, Hans Erich/Iggers, Georg G./Knudsen, Jonathan B./Reill, Peter H. (Veröffentlichungen des Max-Planck-Instituts für Geschichte, 81). Göttingen 1986, 144–168.

[Posselt, Franz]: Apodemik oder die Kunst zu reisen. Ein systematischer Versuch zum Gebrauch junger Reisenden aus den gebildeten Ständen überhaupt und angehender Gelehrten und Künstler insbesondere. 2 Bde. Leipzig 1795.

Rassem, Mohammed; Stagl Justin (Hrsg.): Statistik und Staatsbeschreibung in der Neuzeit vornehmlich im 16.–18. Jahrhundert. Bericht über ein interdisziplinäres Symposion in Wolfenbüttel, 25.–27. September 1978 (Quellen und Abhandlungen zur Geschichte der Staatsbeschreibung und Statistik QASS, 1). Paderborn/München/Wien/Zürich 1980.

Riehl, Wilhelm Heinrich: Die Volkskunde als Wissenschaft. In: Culturstudien aus drei Jahrhunderten. Stuttgart 1859, 205–229.

Rottmann, Julius Friedrich: Rituale Nupturientium, oder: Beschreibung der Hochzeit=Gebräuche [...]. Bremen 1715.

Schmidt, Erich: Deutsche Volkskunde im Zeitalter des Humanismus und der Reformation (Historische Studien, 47). Berlin 1904.

Schmidt, Johann Peter: Geschichtsmäßige Untersuchung der Fastel=Abends= Gebräuche in Deutschland [...]. Rostock ²1752

Schmidt, Leopold: Volkskunde, Gegenreformation, Aufklärung. In: Deutsche Vierteljahrsschrift für Literaturwissenschaft und Geistesgeschichte 16 (1938) 75–94.

Schmidt, Leopold: Geschichte der österreichischen Volkskunde. Wien 1951.

Stagl, Justin: Vom Dialog zum Fragebogen. Miszellen zur Geschichte der Umfrage. In: Kölner Zeitschrift für Soziologie und Sozialpsychologie 31 (1979) 611–638.

Stagl, Justin: Der wohl unterwiesene Passagier. Reisekunst und Gesellschaftsbeschreibung vom 16. bis zum 18. Jahrhundert. In: Reisen und Reisebeschreibungen im 18. und 19. Jahrhundert als Quellen der Kulturbeziehungsforschung. Hrsg.: Krasnobaev, B.I./Robel, Gerd/Zeman, Herbert (Studien zur Geschichte der Kulturbeziehungen in Mittel- und Osteuropa, 6). Berlin 1980, 353–384.

Todorov, Tzvetan: Die Eroberung Amerikas. Das Problem des Anderen (edition suhrkamp. N.F. 213). Frankfurt/M. 1985.

Valvasor, Johann Weichard: Die Ehre Des Hertzogthums Crain […]. Laybach 1689.

Vico, Giambattista: Die Neue Wissenschaft über die gemeinschaftliche Natur der Völker. Nach der Ausgabe von 1744 übersetzt und eingeleitet von Erich Auerbach. München 1924.

Weber-Kellermann, Ingeborg; Bimmer, Andreas C.: Einführung in die Volkskunde/ Europäische Ethnologie. Eine Wissenschaftsgeschichte (Sammlung Metzler, M 79). Stuttgart 1985.

Westenrieder, Lorenz: Beschreibung der Haupt- und Residenzstadt München (im gegenwärtigen Zustande). München 1782.

Kai Detlev Sievers

Volkskundliche Fragestellungen im 19. Jahrhundert

Obgleich die Volkskunde erst gegen Ende des 19. Jahrhunderts zu einer eigenständigen Wissenschaft mit fachspezifischen Erkenntniszielen, Methoden und Institutionen fand, erscheint es sinnvoll, auch jenen vorausgegehenden wissenschaftlichen und vorwissenschaftlichen Fragestellungen nachzugehen, die volkskundlich relevante Zusammenhänge aufgriffen und diskutierten. Vera Deißner hat zwar zu Recht darauf hingewiesen, daß damit noch keine kontinuierliche Wissenschaftsentwicklung der Volkskunde einsetzte. Aber es werden damit doch frühe Ansätze erkennbar, die ein von sehr unterschiedlichen Perspektiven ausgehendes Interesse am Volksleben widerspiegeln. Vor allem zwei geistige Strömungen wirkten auf die Erforschung des Volkslebens im 19. Jahrhundert ein: Die vom Vernunftdenken geprägte, gegenwartsorientierte und pragmatisch ausgerichtete Aufklärung einerseits und die auf den nationalen Volksgeist ausgerichtete, historisch bestimmte und daher gegenwartsferne Romantik andererseits. Beide vertraten weitgehend entgegengesetzte Richtungen. Die *Aufklärung* war die ältere von ihnen, denn sie hatte bereits das 18. Jahrhundert maßgeblich mit ihren Ideen beherrscht und z. B. durch die Propagierung des Naturrechts, d. h. der Gleichheit aller Menschen, zum entscheidensten Ereignis der Epoche beigetragen: der Französischen Revolution. Dagegen stellte die *Romantik*, obschon auf Gedanken des Sturm und Drang zurückgehend, für das 19. Jahrhundert etwas Neues dar, das den Rationalismus nicht nur ablöste, sondern in einen erklärten Gegensatz zu ihm trat. Denn die Romantik richtete den Blick auf eine scheinbar »heile« Vergangenheit und schwor allem Nützlichkeitsdenken ab. Diese beiden offenbar so konträren Denkrichtungen verband dennoch eines, und das war ein ausgesprochenes Interesse für das Volk. Die Beweggründe dafür und die Auffassung von dem, was Volk bedeutete, waren indessen sehr unterschiedlich. Davon unbeschadet begannen sich Fragestellungen zu entwickeln, die – von differenten Standpunkten ausgehend – auf die Zusammenhänge des Volkslebens zielten.

Zur modernen Fachdisziplin in der Aufklärungszeit war die Kameralistik geworden, deren Anfänge im 17. Jahrhundert lagen, als sie der landesherrlichen Verwaltung den Weg zu einer Maximierung der Steuereinkünfte wies, um das Vermögen der fürstlichen »Kammer« zu mehren. Zu diesem Zweck war eine gründliche und umfassende Bestandsaufnahme des Staates und seiner Bewohner nötig (Statistik und Staatenkunde). *August Christian Heinrich Niemann* (1761–1832), Schüler des

Göttinger Hochschullehrers August Ludwig von Schlözer (1735–1809) und Professor an der Universität Kiel, kam als Spätkameralist dieser Aufgabe in umfassender Weise nach. Seine wissenschaftliche Sammeltätigkeit fiel vor allem in die ersten drei Jahrzehnte des 19. Jahrhunderts. In seinen Schriften (Topographische Taschenblätter. Skizze zur Topographie einer Landschaft, 1802; Schleswig-Holsteinische Vaterlandskunde, 2 Stücke 1802 und 1803; Nebenstunden für die innere Statenkunde, 1823) gab er nicht nur detaillierte Anleitungen zu Orts- und Landesbeschreibungen, sondern veröffentlichte auch eine Fülle von Nachrichten über Lebensverhältnisse und Lebensweise der Bevölkerung. Die von ihm gegründeten Schleswig-Holsteinischen Provinzialberichte enthalten gleichfalls eine Menge interessanten volkskundlichen Materials, z. B. über Volkscharakter, Hausbau, Tracht, Nahrung, Fest- und Spiel-, Zunft- und Arbeitsbrauchtum, Volksglaube und Volkslieder. Als Vertreter einer Handlungswissenschaft, die instrumentale Hilfen zur gezielten Wirtschaftsförderung bieten wollte, befaßte sich Niemann aber auch mit gesellschaftspolitisch relevanten Themen seiner Zeit wie Agrarverfassung, Volksbildung und Sozialfürsorge und war selbst sozial tätig, indem er sich z. B. 1793 an der Gründung der »Gesellschaft freiwilliger Armenfreunde in Kiel« beteiligte. Auf diese Weise entstand eine sozial engagierte Volks- und Landeskunde, in der »Lebensweise und Sitten des Volks, der großen arbeitenden Mehrheit, die den Stamm und die Masse der Nation ausmacht« (Niemann 1806, 232) beschrieben wurden.

In der direkten Nachfolge Niemanns stand sein Schüler *Georg Hanssen* (1809–1894), zunächst als Professor der Allgemeinen Nationalökonomie und Statistik in Kiel, später in Göttingen und Berlin. Anders als bei Niemann jedoch beruhte seine wissenschaftliche Arbeitsweise weniger auf der Lektüre von Fachliteratur, als auf der persönlichen Befragung von Landwirten, Kaufleuten, Industriellen sowie Gemeinde- und Staatsbeamten, gegebenenfalls durch eigene Beobachtungen und Aktenstudien ergänzt. Auf diese Weise kamen seine noch ganz in kameralistischer Tradition stehenden Topographien »Historisch-statistische Darstellung der Insel Fehmarn« (1832) und »Das Amt Bordesholm im Herzogthume Holstein« (1842) zustande. Er beschrieb nicht nur die geographische und klimatische Beschaffenheit, die verschiedenen Erwerbszweige der Bevölkerung, die soziale Schichtung, sondern gab auch eine Charakteristik der Bewohner und schilderte Tracht, Hausbau, Essensgewohnheiten und Brauchformen im Lebens- und Jahreslauf. Es ging ihm um das »Detail der erwerblichen Tätigkeiten und geselligen Verhältnisse der Menschen, die auf bloßem Herkommen beruhenden und von der Gesetzgebung und Verwaltung unangetastet gelassenen communalen und sonstigen volksthümlichen Einrichtungen« (Hanssen 1842, IV). Der Schwerpunkt seiner Forschungen verlagerte sich allerdings auf die Geschichte der Landwirtschaft. In seiner zweibändigen Studie »Agrarhistorische Abhandlungen« (1880–1884) lieferte er eine Menge Material über bäuerliche Feldwirtschaft und norddeutsche Gutswirtschaft, aber auch über die dörfliche Rechtsverfassung als Grundlage gruppenhaften ländlichen Zusammenlebens.

Niemann und Hanssen waren keine Theoretiker in ihrem Fach. Sie sahen ihre Aufgabe vielmehr darin, eine Bestandsaufnahme aller Erscheinungsformen des gesellschaftlichen Lebens zu geben und die dabei gewonnenen Erkenntnisse als akademische Lehrer weiter zu vermitteln.

Gleichfalls noch stark der Spätaufklärung verhaftet war der österreichische *Erzherzog Johann* (1782–1859). 1811 gründete er das Museum und die höhere Lehranstalt Johanneum in Graz und regte eine von hier ausgehende Fragebogenaktion an, die Material für eine umfassende innerösterreichische Statistik erbringen sollte. Die Fragen waren z.t. von ihm selbst formuliert und beweisen sein ausgesprochenes Interesse am Volksleben. Einer der Berichte, die daraufhin eingesandt wurden, war der »Versuch einer Statistik vom kameralistischen Bezirk Fohnsdorf im Judenburger Kreise« aus der Steiermark. Er wurde 1813 von dem Kameralverwalter *Johann Felix Knaffl* verfaßt und enthielt zahlreiche Nachrichten über Volksmedizin, Volksglaube, Brauchtum im Jahres- und Lebenslauf, Volksschauspiel, Tänze, Tischsitten, Tracht und Volkscharakter. Diese aufschlußreiche Dokumentation spiegelt nicht nur volkstümliche Lebensweise und Haltung der Bevölkerung wider, sondern auch die zwiespältige Einstellung des Verfassers, der z.B. einerseits strenge Kritik am Überhandnehmen der Feiertage übte, andererseits aber Verständnis für die von den aufgeklärten Behörden verbotenen Krippenspiele zeigte. Hier wird jener Übergang von der Spätaufklärung zur Nationalromantik sichtbar, in dem auch Erzherzog Johann stand, wenn er im Volksliedgesang den Ausdruck »ursprünglicher volkstümlicher Unverdorbenheit« sah und ihn förderte. Eine zweite Umfrage folgte 1836–1842.

In der Tradition der Aufklärung standen auch noch viele Reisebeschreibungen des 19. Jahrhunderts, die dem Leser zuverlässige Beobachtungen von Land und Leuten vermitteln wollten. Ihre Autoren waren oft Schriftsteller und Journalisten wie *Johann Georg Kohl* (1808–1878), der nicht nur ganz Europa bereiste, sondern auch Kanada und die Vereinigten Staaten. In seinem dreibändigen Werk »Die Marschen und Inseln der Herzogthümer Schleswig und Holstein«, das 1846 erschien, behandelte er in sehr anschaulicher Weise die Vielgestaltigkeit dieser Region. Dabei bediente er sich bereits der vergleichenden Methode und zog Verhältnisse in anderen Ländern der Nordseeküste zur Veranschaulichung heran. Seine Schilderungen von der Lebensweise der Bewohner in den Marschen, auf der Geest und den Inseln und Halligen reichen vom nordfriesischen Werbebrauch des Nachtfreiens bis zu den reichhaltigen Sagenüberlieferungen der Westküste. Wenn diese Art von Lektüre auch nicht an die wissenschaftlichen Forschungsberichte heranreichte, wie sie z.B. Alexander v. Humboldt (1769–1859) nach seinen Reisen durch Süd- und Mittelamerika verfaßte, so bot sie doch einen vielseitigen Eindruck von der Volkskultur dieser Zeit und gehört deshalb zu den wichtigen volkskundlichen Quellen des 19. Jahrhunderts.

An die Staats- und Verwaltungswissenschaft aufgeklärter Tradition knüpfte ein Mann an, der für die Wissenschaftsgeschichte der Volkskunde des 19. Jahrhunderts eine wichtige, wenn auch oft überschätzte und jedenfalls umstrittene Rolle spielen sollte: *Wilhelm Heinrich Riehl* (1823–1897), von Haus aus Theologe, seit 1854 in München Professor für Staatswirtschaftslehre und Statistik und seit 1859 für Kulturgeschichte. In seinem umfangreichen literarischen Werk spiegeln sich mannigfache Tendenzen und Strömungen vorangegangener, aber auch gegenwärtiger Zeitauffassungen wider. Zunächst ging Riehl von der Statistik und Staatenkunde der Aufklärungszeit aus, indem er eine Landes- und Volkskunde propagierte, von der er meinte, sie müsse zur »Vorhalle der Staatswissenschaft« (Riehl 1859, 222) werden, allerdings nur im Sinne einer Hilfsdisziplin. Die Einzelerkenntnisse aus seiner »Naturgeschichte des Volkes« sollten für die Weiterbildung des Verfassungs- und Verwaltungswesens nutzbar gemacht und jeder künftige bayerische Staatsbeamte nicht nur über die Geschichte seines Landes, sondern auch über dessen Landes- und Volkskunde examiniert werden. In dieser Richtung war auch die von König Maximilian 1846 initiierte »Inventarisierung« des bayerischen Volkslebens konzipiert, die der Monarch bei seinen Reisen durch das Land als gründlich informierende Lektüre heranziehen wollte und die ihrer Anlage nach durchaus in der Tradition der aufklärerischen Topographien stand. Die Gesamtredaktion des umfangreichen Werkes, das seit 1860 unter dem Titel »Bavaria« erschien, wurde Riehl übertragen. Es zeigte sich nun jedoch, daß dieser gar nicht die Geduld besaß, um ein solches langfristig angelegtes Werk erfolgreich zu leiten. So blieb seine Mitarbeit an der »Landes- und Volkskunde des Königreichs Bayern« denn auch nur fragmentarisch.

Bruchstückhaft blieb auch sein Interesse an der Schaffung einer eigenständigen Fachdisziplin Volkskunde. Zwar hielt Riehl 1858 in München vor einem gebildeten Laienpublikum den programmatischen Vortrag »Die Volkskunde als Wissenschaft«. Aber er wurde damit keineswegs zum Schöpfer einer wissenschaftlichen Volkskunde. Denn einerseits blieb dieser Vortrag ohne Breitenwirkung, und andererseits stellte er keine streng wissenschaftliche Auseinandersetzung mit dem Gegenstand dar. Dennoch wird man sagen müssen, daß hier erstmals der Versuch unternommen wurde, Wesen und Aufgabe der Volkskunde darzustellen. Wichtig waren in diesem Zusammenhang bestimmte Forderungen, die Riehl aufstellte. So sollten bloße Materialsammlungen nicht genügen – viel zitierter Passus war:

»Diese Studien über höchst kindische und widersinnige Sitten und Bräuche, über Haus und Hof, Rock und Kamisol und Küche und Keller sind in der That für sich allein eitler Plunder« (Riehl 1859, 215), vielmehr sei der Stoff bestimmten Kategorien (den vier großen »S«: Stamm, Sitte, Sprache, Siedlung) zuzuordnen. Ferner forderte Riehl eine vergleichende Betrachtung, die nur durch teilnehmende Beobachtung des Forschers ertragreich sein könne. Das bedeutete die Abkehr von einseitiger Heranziehung »abgeleiteter Quellen« aus Bibliotheken, Archiven und statistischen Büros und die Hinwendung zu »unmittelbaren Quellen«, die nur durch »Anschauung des Lebens« erschließbar seien. Damit wies Riehl der Volkskunde die Aufgabe zu, nicht nur historische, sondern auch gegenwartsbezogene Volksforschung zu betreiben.

Schließlich darf nicht übersehen werden, daß Riehl einen Fixpunkt festlegte, um den alle volkskundliche Forschung kreisen sollte: die Idee der Nation, die er wie auch das Volk organologisch begriff, d.h. als einen naturhaften Zustand, dessen Gesetzmäßigkeit es herauszufinden galt. Spätestens hier wird deutlich, wie weit sich Riehl von der aufgeklärten Staatswissenschaft entfernt und romantischen Vorstellungen zugewandt hatte. In seinem Buch »Die Pfälzer« (1857) gelang es ihm, den Zusammenhang von geographischen Verhältnissen, wirtschaftlichen Bedingungen und historischer Entwicklung einer Region aufzuzeigen. Hier erwies er sich als kenntnisreicher Beobachter, der Wandlungen erkannte.

Riehl war aber weniger Wissenschaftler als Sozialpolitiker. Nicht von ungefähr betitelte er seine vier Bücher »Land und Leute« (1854), »Die bürgerliche Gesellschaft« (1851), »Die Familie« (1855) und das »Wanderbuch« (1869) in einer Gesamtausgabe 1869 als »Naturgeschichte des Volkes als Grundlage einer deutschen Social-Politik.« In den Mittelpunkt des sozialen Organismus stellte Riehl die Familie. In ihr sah er den Angelpunkt allen nationalen und sozialen Lebens, eine konstante, unantastbare Größe, und es gehört in diese Vorstellungswelt das Bild von der gottgewollten Unverrückbarkeit der Geschlechterrollen, die jegliche Art von Frauenemanzipation undenkbar machte. Wolfgang Emmerich hat ihn wegen dieser sozialkonservativen Haltung als wichtigsten Propagator einer aufs Kleinbürgertum zugeschnittenen hierarchisch-autoritativen Familienideologie im 19. Jahrhundert bezeichnet.

Wenn Riehl der überlieferten Familienstruktur das Wort redete, dann schloß er darin auch das »ganze Haus« ein, d.h. Verwandte und Gesinde, die im bäuerlichen und handwerklichen Haushalt mit der Familie unter einem Dach zusammenlebten und der Aufsicht des Hausherrn unterstanden. Daß diese traditionsreiche Gemeinschaftsform seit der Mitte des 19. Jahrhunderts zunehmend in Auflösung begriffen war und daher z.B. die Tischordnung zerfiel, die Herrschaft und Gesinde umschlossen hatte, und sich die bäuerliche Familie in die Privatheit zurückzog, während Mägde und Knechte in die Gesindestube abgedrängt wurden, das alles hat Riehl als scharfer Beobachter seiner Zeit sehr wohl wahrgenommen. Aber er versuchte, sich gegen die neuen Entwicklungen zu stemmen, und sein Einfluß auf den bürgerlichen Leser dürfte bei 16 Auflagen, die sein Familienbuch erlebte, nicht eben gering gewesen sein.

Ausgehend von einem derartigen Familienbild entwarf Riehl eine ebenso festgefügte Konzeption von der Gesamtgesellschaft. Er teilte sie in »Mächte des Beharrens« (Bauern und Adel) und »Mächte der Bewegung« (Bürgertum und Vierter Stand) ein. Seiner konservativen Gesellschaftsauffassung entsprach es nun, daß er nicht das Bürgertum als fortschrittliche Kraft anerkannte, sondern vielmehr dem Bauerntum als beharrendem Element besondere Wertschätzung zukommen ließ. Abgesehen davon, daß in einer Zeit mächtiger industrieller Expansion mit Landflucht und Entstehung städtischer Ballungszentren die Bedeutung des agrarischen Sektors in der deutschen Gesellschaft jener Jahre erheblich zurückging und die soziale Realität in zunehmendem Maße von der Verelendung der wachsenden Arbeiterbevölkerung bestimmt wurde, enthielt Riehls sozialpolitisches Programm keinerlei Zukunftsperspektive. Es war lediglich die Verneinung gesellschaftlichen Fortschritts und der Rückzug in eine Vergangenheit, die es so niemals gegeben hatte. Der Bauer als »Zukunft der Nation« wurde in einer Weise idealtypisch hochstilisiert, die in krassem Widerspruch zur Wirklichkeit stand. Es fällt indessen auf, daß Riehl die Lage des Vierten Standes durchaus wahrgenommen hat. Er sah sehr deutlich dessen Entfremdung durch die Bedingungen kapitalistischer Arbeitsweise, aber nicht die Notwendigkeit, das Los der Arbeiterschaft zu erleichtern, wie es viele engagierte Sozialpolitiker seiner Zeit versuchten. Zwar unterschied er zwischen dem »echten« Arbeiter und dem »außerhalb der Ehren der Arbeit« (Riehl 1862, 263) befindlichen Pöbel. Dennoch überließ er den fleißigen, strebsamen Arbeiter seinem Schicksal.

Riehls Gesamtwerk durchzieht eine eigenartige Widersprüchlichkeit: einerseits postulierte er die aufgeklärt-staatswissenschaftlich betriebene Volkskunde als Grundwissenschaft, andererseits entwarf er eine ideologiebefrachtete, romantisch-retrospektive Gesellschaftslehre, die den Anforderungen der Zeit nicht gerecht wurde. Riehl war mit den Maßstäben seiner Zeit gemessen kein exakter Wissenschaftler. Weder erwies er sich als Freund sorgfältiger Materialsammlung und abgesicherter Hypothesenbildung, noch hat er ernstzunehmende Theorieansätze zustande gebracht. Unberührt davon bleibt, daß er z.T. durchaus scharfsinnige Erkenntnisse gewann. Aber der Gründer einer als Wissenschaft zu verstehenden Volkskunde war er nicht.

Ungleich stärker als irgendwelche auch noch so späten Nachklänge rationalen Gedankengutes der Aufklärung wirkten die idealisierenden Vorstellungen der Romantik auf die Anfänge volkskundlicher Fragestellungen im 19. Jahrhundert. Seitdem *Johann Gottfried Herder* (1744– 1803) im Volk eine überindividuelle Persönlichkeit mit schöpferischer Begabung gesehen hatte, die sich am klarsten in der Volksdichtung offenbare, trat in Deutschland neben die statistischen Erhebungen über die Lebensverhältnisse der Bevölkerung in zunehmendem Maße das

Interesse an den Äußerungen des »Volksgeistes«, wie sie in Lied, Märchen, Sage, Glaube und Brauch ausdruckhaft gesehen wurden. Man wurde sich nun der Geschichte des eigenen Volkes bewußt und begann mit wahrem Eifer, die Zeugnisse der tradierten Volkskultur zusammenzutragen. Dabei ging man davon aus, daß das Vergangene das Vollkommene sei und »Nahrung, vielleicht auch der einzige Samen für die Zukunft« (J. Grimm 1881, 320). In dieser Haltung spiegelte sich die Abkehr von einer politischen Gegenwart wider, die für die vorwiegend aus dem Bürgertum stammenden Romantiker wenig Attraktivität besaß. Denn sie war gekennzeichnet von Kleinstaaterei und absolutistischem Ständestaat, von den Auswirkungen gutgemeinter aber in den Folgen oft problematischer gesellschaftlicher Reformen (Bauernbefreiung, Gewerbefreiheit, städtische Selbstverwaltung) und dem Beginn kapitalistischer Wirtschaftsformen, aber auch von den vergeblichen Anstrengungen des deutschen Bürgertums im Anschluß an die Französische Revolution, politische Mitbestimmung zu erreichen. Hinzu kam die als nationale Erniedrigung empfundene Inbesitznahme weiter Teile des Deutschen Reiches durch das napoleonische Frankreich. Vor diesem Hintergrund ist die Sehnsucht nach einer als heil geglaubten Vergangenheit zu sehen, die über das Mittelalter bis ins germanische Altertum reichte und deren historische Größe die ungelösten Probleme des politischen und gesellschaftlichen Alltags kompensieren sollte. So trat an die Stelle des empirischen das historische Denken.

Der Durchbruch des historischen Denkens setzte sich zunächst in der Historischen Schule der Rechtswissenschaften durch. Vertreter dieser neuen Richtung war vor allem der junge Privatdozent Friedrich Carl v. Savigny (1779–1861). Er wurde in Marburg Lehrer und Anreger der *Brüder Grimm* (Jacob 1785–1863, Wilhelm 1786–1859), deren Werk am Anfang neuer volkskundlicher Fragestellungen steht. Vor allem Jacob Grimm zeigte ein umfassendes Interesse an der gesamten Volkskultur. Obgleich er den von Savigny 1816 inszenierten »Berliner Plan für deutsche Geschichte« unterstützte, der neben der Sammlung »geistiger« Überlieferungen auch die der Sachkultur vorsah, widmete er sich in der Praxis doch vorzugsweise den Formen der Volkspoesie. Im Jahre 1812 erschien, herausgegeben von Jacob und Wilhelm Grimm, der erste, 1815 der zweite Band der »Kinder- und Hausmärchen«. Zwar hatten die Brüder, getreu ihrer Devise, die Märchen inhaltlich unverändert zu lassen, nichts dazugedichtet. Aber sie brachten sie doch in einen Sprachstil, der als Märchenton unverwechselbar wurde und der Sammlung Eingang in die bürgerliche Familie und in die Weltliteratur verschaffte. 1816–18 folgten die »Deutschen Sagen« als Gemeinschaftswerk der Brüder Grimm.

Weitere wichtige Quelleneditionen stammen von Jacob Grimm: »Deutsche Rechtsaltertümer« (1828), »Deutsche Mythologie« (1825) und »Weistümer« (1840–1878). Durch seine »Deutsche Grammatik« (1819–1837), die »Geschichte der deutschen Sprache« (1848) und das gemeinsam mit seinem Bruder Wilhelm 1852 gegründete »Deutsche Wörterbuch« stand Jacob Grimm auch am Beginn der historisch-germanischen Sprachforschung.

In ihrer hohen Einschätzung der Volkspoesie gingen die Brüder Grimm so weit, darin eine autonome Schöpfung zu sehen, deren Ursprung in eine unbestimmte ältere Zeit reiche, über der der »Schleier des Geheimnisses gedeckt« liege, »an den man glauben soll« (J. Grimm 1805, 5). Ob es nun Sagen, Märchen, Lieder, Brauchformen oder mythische Überlieferungen waren: alles ging auf eine für herrschaftsfrei gehaltene, organisch gewachsene Ständegemeinschaft in germanischer Frühzeit zurück, die es so niemals gegeben haben konnte und die auch von den Romantikern niemals historisch-kritisch erforscht worden ist. Die Gefahr dieser großartigen Schau lag zum einen darin, daß alles Vergangene schlechthin zum Wertvollen geriet, ohne daß seine Relevanz im einzelnen überprüft wurde. Zum anderen entfernten sich die Romantiker in ihrer Sehnsucht nach dem Vergangenen von der Gegenwart und verloren den Bezug zu den Problemen ihrer Zeit. In eigenartigem Widerspruch zur kritischen Quellenarbeit, die namentlich von Jacob Grimm geleistet wurde, erschien die menschliche Geschichte den allgemeinen Naturgesetzen des Wachsens, Blühens und Vergehens unterworfen. Diese Auffassung führte dazu, daß Geschichte nicht mehr als ein sich ständig fortentwickelnder und verändernder Prozeß verstanden wurde, sondern als Bestandteil eines organisch-wachstümlichen Vorgangs.

Schon vor den Brüdern Grimm hatten die beiden Dichter *Ludwig Achim von Arnim* (1781–1831), dessen Frau *Bettina* (1785–1859) eine der bedeutendsten Frauengestalten der jüngeren Romantik und später der sozialkritischen Bewegung im Vormärz war, und *Clemens Brentano* (1778–1842) 1806–1808 die erste umfassende Sammlung alter und neuer deutscher Volkslieder unter dem Titel »Des Knaben Wunderhorn« veröffentlicht. Sie wurde zum Standardwerk bürgerlichen Liedinteresses und regte zu zahlreichen weiteren Volksliedersammlungen in Deutschland an: Friedrich Karl v. Erlach, Die Volkslieder der Deutschen, 1834–1836; August Heinrich Hoffmann von Fallersleben, Schlesische Volkslieder, 1842; Ludwig Uhland, Alte hoch- und niederdeutsche Lieder, 1844/45; Ludwig Erk, Deutscher Liederhort, 1856. Im Gegensatz zu den »Kinder- und Hausmärchen« der Brüder Grimm veränderten die Herausgeber von »Des Knaben Wunderhorn« die Liedtexte, dichteten sie nach und um, bis sie zu »echten Volksliedern« im »Volksliedton« geworden waren. Dieser Umgang mit dem Liedgut trug ihnen nicht nur von Jacob Grimm Kritik ein, sondern auch von Johann Heinrich Voß (1715–1826), Homerübersetzer und erklärter Gegner des Heidelberger Romantikerkreises. Dessen ungeachtet erfreute sich die Liedersammlung in einer Zeit politischen Machtverfalls in Deutschland zunehmender Beliebtheit, stellte sie doch ein Stück überlieferten deutschen Kulturgutes dar, das das Bewußtsein nationaler Zusammengehörigkeit stärkte.

In diese Richtung zielte auch der Professor für Geschichte und Wegbereiter eines kritischen Journalismus *Joseph Görres* (1776–1848), Herausgeber des Rheinischen Merkurs und Gegner Napoleons. Die von ihm 1807 edierten »Teutschen Volksbücher« waren eine ziemlich heterogene Bibliographie von Historien (z. B. Der barmherzige Samariter, Fortunatus, Herzog Ernst, Die Heymonskinder, Eulenspiegel und Dr. Faust), Bauernpraktiken, Handwerkssprüchen usw., also populäre Lesestoffe aus unterschiedlichen sozialen und zeitlichen Schichten. Aber es kam Görres gar nicht darauf an, das Material nach Gattungen zu ordnen und kritisch zu sichten, sondern es ging ihm um die Wiederbelebung dieser Lektüre, die er für den Ausdruck eines unverbildeten Volksgeistes hielt. Er meinte, die meisten Volksbücher seien aus Sagen hervorgegangene schriftliche Überlieferungen, einst

»frank und frei über die Höhen schweifend, und zutraulich von Zeit zu Zeit zu den Wohnungen des Volkes niederkommend, und von dem freien Leben draußen ihm Kunde bringend« (Görres 1807, 25)

und nicht wie die aufklärerischen Not- und Hilfbüchlein »als eine furchtsame, lindernde Blähung seinen Preßhaftigkeiten aufgelegt.«

Neben den Begriffen des Volksgeistes und der Volkspoesie tauchte in der Romantik auch der des *Volkstums* auf. Sein Schöpfer war der Begründer der deutschen Turnbewegung *Friedrich Ludwig Jahn* (1778–1852), der der napoleonischen Fremdherrschaft die physische und psychische Kraft des deutschen Volkes entgegensetzen wollte. 1810 erschien Jahns Buch »Deutsches Volksthum«. Anknüpfend an das Konzept aufklärerischer Topographien geriet dieses Werk jedoch allzu rasch zu einem Lobgesang auf die deutsche Nation. Volkstümlichkeit und Deutschheit erschienen als identisch, und hinter den Darstellungen von Volkssitten, Volksfesten, Volkstrachten und Volkskunst stand das Bestreben, die Gemeinsamkeit der deutschen Kulturüberlieferungen zu beschwören und für die Erziehung zur nationalen Einheit politisch nutzbar zu machen. Was Volkstum letztlich bedeutet, blieb begrifflich verschwommen, trotz der von Jahn gegebenen Definition: »Es ist das Gemeinsame des Volks, sein innewohnendes Wesen, sein Regen und Leben, seine Wiedererzeugungskraft, seine Fortpflanzungsfähigkeit« (S. 30). Aber Jahn kam es auch gar nicht auf gedankliche Schärfe und inhaltliche Präzision an. Er wollte das »Volkstum« auch nicht in seiner geographischen, sozialen und kulturellen Differenziertheit zeigen wie noch die Statistiker der Aufklärungszeit. Seine Aufgabe sah er vielmehr darin, auf die »Einigungskraft« hinzuweisen, die notwendig war, um zu einem gemeinsamen deutschen Vaterland zu gelangen. Für ihn war es tragisch, daß er nach den Befreiungskriegen als Gegner der Restauration bis 1840 unter Polizeiaufsicht gestellt wurde. Unbeschadet dessen erlangte sein Buch jedoch große Popularität. Seine »Deutsche Volksthumskunde« wurde aber nicht von einer wissenschaftlich betriebenen Volkskunde rezipiert, sondern von nationalistischen Kreisen.

Für die politische Einigung Deutschlands trat sehr vehement auch der Professor für Geschichte *Ernst Moritz Arndt* (1769–1860) ein. Anfangs hatte er in dem »Versuch einer Geschichte der Leibeigenschaft in Pommern und Rügen« (1803) in echt aufgeklärter Manier die negativen Folgen der Bauernbefreiung in seiner Heimat und die Verwerflichkeit des Bauernlegens beschrieben. Aber im Zuge der Deutschen Einheitsbestrebungen wandte er sich vom Vernunftdenken ab und der Bejahung des natürlichen und historischen Rechts der Völker gegenüber der Tyrannenherrschaft zu. Bekannt wurden seine Freiheitslieder (z. B. »Der Gott, der Eisen wachsen ließ«), die während der Befreiungskämpfe zu Volksliedern wurden. Freilich besaß Arndt einen weitergesteckten geistigen Horizont als sein Zeitgenosse Jahn. In seinem 1840 erschienenen »Versuch in vergleichender Völkergeschichte« stellte er nicht nur mehrere europäische Völker in interkulturellem Vergleich nebeneinander, sondern versuchte auch eine Gliederung Deutschlands nach Landschaften und Stämmen.

Zusammenfassend läßt sich über die Romantik in Deutschland sagen, daß sie für die Entwicklung des Interesses am Volksleben von eminenter Bedeutung geworden ist. Hatten Staatenkunde und Statistik ihren Ausgangspunkt vielfach in Beobachtungen auf der Ebene eines begrenzten territorialen Umkreises gesucht, so griffen die Romantiker Fragen auf, die davon losgelöst Phänomene der gesamten Menschheit betrafen, wie Volksseele, Volksgeist, Volkstum. Es ist daher nicht verwunderlich, daß diese ethnopsychologische Ausrichtung eher »geistigen« Überlieferungen der Volkskultur wie Sage, Märchen, Lied, Lesestoffe, Glauben und Brauch galt als Sachgütern. Ferner erweiterten die Romantiker durch ihren historischen Frageansatz den Blick in eine weit zurückliegende Vergangenheit. Sie entdeckten dabei das Mittelalter neu, verloren sich dann allerdings auch in mythischen Vorstellungen von germanischem Altertum, dessen Spuren sie in Volksüberlieferungen der Gegenwart wie Märchen, Sagen, Glauben und Brauch zu erkennen glaubten. Die These von der *Kontinuität* eines dauerhaften unzerstörbaren Volksgeistes, historisch nicht belegbar, erwies sich freilich später für die Volkskunde als schwere Hypothek, die das Fach erst nach dem Zweiten Weltkrieg abgetragen hat.

Jacob Grimms Forschungen zur Volkskultur waren noch keine Begründung einer kontinuierlichen volkskundlichen Wissenschaftsentwicklung. Ebenso wenig bestehen Verbindungslinien zwischen der Germanischen Altertumskunde und Deutschen Mythologie, wie Grimm sie betrieb, und dem späteren Fach Volkskunde. Aber es gerieten doch volkskundliche Sachzusammenhänge in den Blick, die bis heute zum unverzichtbaren Kanon des Faches gehören. Einen Paradigmawechsel vollzog jedoch *Wilhelm Mannhardt* (1831–1880), als er, angeregt durch Jacob Grimms »Deutsche Mythologie«, über dessen Vorstellung von einer seit dem Altertum unveränderten deutschen mythischen Überlieferung hinausgelangte und den Wandel erkannte, der sich im Laufe der Zeiten und über den gesamten indogermanischen Traditionsbereich hin vollzogen hatte. Um dies zu untermauern, entfaltete er eine rege und systematische Sammeltätigkeit und erstrebte parallel zu der 1819 vom Freiherrn vom Stein gegründeten Sammlung mittelalterlicher Quellentexte zur deutschen Geschichte, den Monumenta Germaniae Historica, einen

»Quellenschatz der germanischen Volksüberlieferung, welcher jede einzelne Volkstradition sowohl aus dem lebendigen Volksmunde Gau für Gau, Ort für Ort nach einheitlichen methodischen Plane [...] verfolgt, als auch für ihr früheres Vorhandensein alle erreichbaren historischen Zeugnisse in so hohes Altertum hinauf, als nur immer möglich, aufsucht und zusammenstellt« (Correspondenzblatt 1865, 82).

Dafür wählte er den Namen Monumenta Mythica Germaniae. Sein Ziel war es, die *Mythologie* als positive exakte Wissenschaft zu begründen. Um sich eine breite Materialbasis zu verschaffen, entwickelte er einen Fragebogen – den ersten volkskundlichen –, der die mythischen Gebräuche beim Ackerbau, besonders die Erntebräuche betraf und in etwa 150 000 Exemplaren in Deutschland, Österreich-Ungarn, Polen, Litauen, Skandinavien, Holland, Frankreich und in der Schweiz verschickt wurde. Der Rücklauf war mit circa 2 500 Antworten zwar gering, spiegelte aber dennoch in reichem Maße das Arbeitsleben während der Erntezeit und die damit verbundenen Glaubens- und Brauchvorgänge in der Mitte des 19. Jahrhunderts wider. Mannhardt veröffentlichte das Material in seinem zweibändigen Werk »Wald- und Feldkulte« (1875–78) und gelangte zu dem Schluß, daß magische Anfangs- und Schlußriten (wie die Verehrung der ersten und letzten Garbe auf dem Feld, rituelle Speisefolge beim Erntemahl und die Verehrung des ersten Brotes aus dem neuen Korn) auf Fruchtbarkeitsmagie und Vegetationskult zurückgingen. Vor allem die von ihm angenommene Existenz zahlreicher tierischer Korndämonen (z. B. Roggenwolf, Roggenhund) verleitete ihn zu der Annahme, sie reichten bis in eine ferne Vergangenheit zurück. Dabei reihte er allerdings alle thematisch zusammenhängenden Brauchbelege aneinander, ohne ihre soziale, wirtschaftliche, geographische und historische Bedingtheit zu berücksichtigen, wie dies hundert Jahre später Ingeborg Weber-Kellermann anhand des Mannhardtschen Materials getan hat. In gleicher Weise verfuhr der englische Ethnologe *James George Frazer* (1854–1941), der Mannhardts Erkenntnisse in seinem umfassenden Werk »The golden bough« (1890) adaptierte und verabsolutierte. Erst nach der Jahrhundertwende setzte von schwedischer Seite zunehmend Kritik daran ein.

Aus einer anderen Perspektive als die Mythologen sahen seit der Mitte des 19. Jahrhunderts die *Völkerpsychologen* das Phänomen überlieferter Glaubensvorstellungen. Sie wollten den in Sprache, Mythologie, Religion, Sitte, Recht usw. erkennbaren Elementen und Gesetzen des geistigen Völkerlebens auf die Spur kommen und gingen dabei von der Auffassung aus, alle darin erscheinenden Vorstellungen seien sowohl dem Kollektiv einer Nation immanent als auch vom einzelnen getragen. Diese Annahme war immerhin klarer als die vagen Ansichten der Romantiker vom alles bewegenden Volksgeist. Vom Darwinismus und der naturwissenschaftlichen Methodik des Evolutionismus herkommend, suchte nun der Arzt und Ethnopsychologe *Adolf Bastian* (1826–1905) nach allgemeingültigen Grundvorstellungen der Menschheit (sog. *Elementargedanken*), die ungeachtet räumlicher Entfernung, sozialen Kontextes sowie wirtschaftlicher, politischer und historischer Bedingtheiten in gleicher Weise in den unterschiedlichsten menschlichen Kulturen vorhanden seien, wie z. B. bestimmte Einstellungen und Verhaltensweisen, Glaubensvorstellungen, Märchenmotive usw., und sich in einer Stufenfolge weiterentwickelten. Dagegen protestierte vor allem der Leipziger Geograph Friedrich Ratzel (1844–1904) mit seiner Migrationstheorie und führte gleichartige Phänomene auf Wanderungsvorgänge zurück.

Auf dem Gebiet der Volksglaubenforschung schloß sich der Braunschweiger Geograph und Ethnologe *Richard Andree* (1835–1912) Bastians Lehre an und versuchte, ethnographische Parallelen als über die ganze Erde verbreitete gleichartige Erscheinungen auf dem Gebiet der Orakel, Bauopfer, des Vampyr- und Werwolfglaubens zu indentifizieren, ohne indessen nach sozialer Eingebundenheit und Funktion zu fragen.

Obgleich Riehl 1858 die Volkskunde zur Wissenschaft erklärt hatte, gab es sie noch längst nicht als eigenständige Disziplin. Immerhin bestand aber doch ein Forum, vor dem volkskundliche Fragestellungen zur Diskussion gestellt werden konnten. Das waren die *Geschichts- und Altertumsvereine*. Sie hatten sich seit den 1830er Jahren im Zuge allgemeinen historischen Interesses in Deutschland entwickelt und erreichten um 1844 bereits die Zahl 50. Auf die Initiative des Freiherrn *Hans von und zu Aufseß* (1801–1872) kam es 1852 zur Bildung der Dachorganisation »Gesammtverein der deutschen Geschichts- und Altertumsvereine«, vor dem auch Mannhardt 1854 seine Gedanken zur mythologischen Forschung vortrug. Neben diese zentrale Sozietät trat 1852 das *Germanische Nationalmuseum in Nürnberg* als überregionale Sammelstätte für die Kulturgeschichte des deutschen Volkes. Initiator war wiederum von Aufseß. Zugrunde lag der Gedanke, möglichst viele Zeugnisse der Volkskultur im weitesten Sinne in der Zeit eines sich anbahnenden rasanten sozialen und kulturellen Wandels vor dem Untergang zu bewahren. Der Rettungsgedanke schlug sich auch in dem Plan eines als Quellenarchiv gedachten »Generalrepertoriums« nieder, in dem Sagen und Liedgut neben Aufzeichnungen über Sitten und Gebräuche gesammelt werden sollten.

Eine Anknüpfung an kameralistisch-topographisches Ideengut der Aufklärungszeit ergab sich aus dem Gutachten, das der Kasseler Archivar *Georg Landau* (1807–1865) 1855 über die Möglichkeit von

Gaubeschreibungen erstellte. Sie sollten zu Erkenntnissen über frühere Lebensverhältnisse der Bevölkerung, besonders über das ländliche Wohnen und Wirtschaften führen. Es kam dann zwar nicht zur Durchführung eines so breitangelegten Vorhabens. Aber immerhin lief beim »Correspondenzblatt« des Vereins eine Menge Material über Hausformen ein, das von unschätzbarem Wert für die Forschung wurde.

Allerdings dauerte es noch einige Jahrzehnte, bis die Volkskunde eine organisatorische Form fand, um ihre Interessen als eigenständige Wissenschaft auch nach außen zu vertreten. Zunächst versuchte dies erfolglos der Philologe *Albert Edmund Veckenstedt* mit der 1888 von ihm gegründeten »Zeitschrift für Volkskunde«, der er 1890 eine »Deutsche Gesellschaft für Volkskunde« folgen ließ. Wenig später rief der Germanist *Karl Weinhold* (1832–1901) den »Berliner Verein für Volkskunde« ins Leben. Bis zur Jahrhundertwende folgten weitere regionale Vereinsgründungen, meist verbunden mit der Herausgabe eigener volkskundlicher Zeitschriften. Zentrales Publikationsorgan wurde 1891 im Anschluß an die »Zeitschrift für Völkerpsychologie und Sprachwissenschaft« die von Weinhold herausgegebene »Zeitschrift des Vereins für Volkskunde«. Das darin von Weinhold entworfene Programm stellte hohe Ansprüche. Neben dem äußeren physischen Erscheinungsbild des Volkes sollten auch dessen Lebensverhältnisse – Nahrung, Kleidung, Wohnung – und die Vermittlung normativer Werte in Religion, Recht, Sprache, Poesie, Musik, Tanz und Ästhetik untersucht werden.

Damit wurde das Fach Volkskunde auf eine feste institutionelle Basis gestellt und seine Aufgaben fest umrissen. In den folgenden Jahrzehnten konnten Theorienbildung und Methodologie darauf aufbauen. Daß Karl Weinhold diese Initialzündung gelang, lag zum einen daran, daß er ein renommierter Wissenschaftler war. Zum anderen begünstigte die Sorge vor allgemeinem Sinnverlust und Entfremdung angesichts von industriellem Fortschritt, Landflucht und Urbanisierung einen nationalistisch und illiberal eingefärbten Kulturpessimismus, der im unveränderlichen Volksgeist, wie er sich vor allem im traditionsbewußten Bauerntum zu zeigen schien, nach einem »Ruhepunkt in der Erscheinungen Flucht« suchte.

Geschickt war auch, daß Weinhold auf die Nähe der Volkskunde zu Nachbarwissenschaften hinwies. Zu ihnen zählte er die Geschichts- und Sprachwissenschaften, Anthropologie und Psychologie, aber auch Rechtsgeschichte und die Geschichte der Volkswirtschaft. Vor ihm hatte bereits Riehl wiederholt auf die Berührung der Volkskunde mit anderen Wissenschaften hingewiesen und dabei besonders die Volkswirtschaftslehre genannt, weil sie neuen Boden und Erkenntnisse daraus gewonnen habe, »daß die Gesetze aller Wirthschaft Hand in Hand gehen mit den Naturgesetzen der historischen Volksentwicklung« (Riehl, 1859, 216) und man nun aufgrund von Kulturgeschichte und Volkskunde neue Systeme der *Nationalökonomie* aufzubauen versuche. Tatsächlich hatte sich in der

Wirtschaftswissenschaft unter dem Einfluß der Romantik ein Wandel von der rationalen Betrachtungsweise ökonomischer Prozesse zu einem von der idealistischen Philosophie eines Johann Gottlieb Fichte (1762–1814), Friedrich Wilhelm Joseph Schelling (1755–1854) und Georg Friedrich Hegel (1770–1831) bestimmten Denken vollzogen. Auch der wirtschaftende Mensch wurde nun als Teil einer historisch gewachsenen organischen Gemeinschaft gesehen, die in Staat und Nation ihren höchsten Ausdruck fand. Diese aus den besonderen politischen und wirtschaftlichen Verhältnissen Deutschlands resultierende Strömung idealisierte die mittelalterliche ständische Wirtschafts- und Gesellschaftsverfassung. Einer ihrer Begründer, *Adam Heinrich Müller* (1779–1829), appellierte an die große Kraft der geistigen Überlieferung eines Volkes als wahrer und eigentlicher Quelle des Fortschritts und kritisierte an dem Führer der klassischen englischen Nationalökonomie Adam Smith (1723–1790), daß er in seiner Lehre das reiche historische Volksleben Englands stillschweigend vorausgesetzt habe. Auch *Franz Xaver v. Baader* (1765–1841) vertrat in seiner romantisch bestimmten Wirtschaftslehre einen historischen Standpunkt und versprach sich von einem dem Vorbild des Mittelalters verpflichteten korporativen Ständestaat einen probaten Weg zum Einstieg in das Industriezeitalter. Die tragende Rolle von Gruppen und Gemeinschaften hatte übrigens auch *Friedrich List* (1789–1846) für die Volkswirtschaft erkannt. Allen diesen Lehrmeinungen gemeinsam war ein Weltbild, das die spezifischen, historisch gewachsenen wirtschaftlichen Gegebenheiten einer Nation berücksichtigte.

Seit der Mitte des 19. Jahrhunderts erlangte die Historische Schule der Nationalökonomie in Deutschland die Führung. Sie lehnte die von der englischen Freihandelslehre betriebene Suche nach ökonomischen Gesetzmäßigkeiten entschieden ab und bezog statt dessen die Untersuchung außerwirtschaftlicher Faktoren wie Sitte, Gewohnheit, Rechtstradition usw., soweit sie auf die Wirtschaft einwirkten, in ihre Betrachtungen mit ein. Wirtschaftliche Prozesse wurden nunmehr als Teil eines sozial-organischen Lebensprozesses gesehen und daher historisch erforscht.

Begründer der älteren historischen Schule und zugleich ihr bedeutendster Vertreter war *Wilhelm Georg Friedrich Roscher* (1817–1894). Er sah in der Wirtschaftsordnung den Ausdruck der Volksseele, und es ging ihm darum, mit Hilfe der Erforschung wirtschaftlicher Vorgänge zur Erhellung der Entwicklungsgesetze des Volkslebens beizutragen. Auch *Karl Knies* (1821–1898) vertrat die Auffassung, daß jedes Volk ein historisch gewachsenes Individuum sei und es daher die Aufgabe der Nationalökonomie sein müsse, der historischen Entfaltung seiner Wirtschaft als Teil des Volkslebens nachzugehen.

Seit 1870 spielte in Deutschland die jüngere Historische Schule der Volkswirtschaftslehre eine führende Rolle. Sie erstrebte eine umfassende Theorie auf der Basis wirtschaftshistorischer Spezialuntersuchungen und ging vor allem auf *Gustav Schmoller* (1838–1917) zurück, der den

Zusammenhang von Raum, Zeit und Nationalität im Wirtschaftsleben herausstellte und sich insbesondere der Erforschung der Handwerksgeschichte zuwandte. Bahnbrechend und bis heute unverzichtbar wurde seine Arbeit »Zur Geschichte der deutschen Kleingewerbe« (1870). Mit dem volkskundlich so bedeutsamen Thema Arbeit beschäftigte sich *Karl Bücher* (1847–1930). Sein Interesse galt nicht nur den historisch gewachsenen Formen der Arbeitsteilung von der geschlossenen Hauswirtschaft bis zur Maschinenindustrie, sondern auch den Zusammenhängen von Arbeit und Arbeitstakt (Arbeit und Rhythmus 1876). Auf *Georg Friedrich Knapp* (1842–1926) schließlich gehen Untersuchungen über die Lage der ländlichen Bevölkerung, vor allem der Landarbeiter, in Preußen nach der Bauernbefreiung (von ihm geschöpfter Begriff) zurück, ergänzt von *Max Weber* (1864–1920), der 1892 eine darüber angestellte Enquête veröffentlichte.

So griffen die Nationalökonomen der Historischen Schule manche Themen auf, die dem verwandt sind, was heute zu den Erkenntniszielen der Volkskunde gehört. Bedeutsam ist nun, daß viele deutsche Wirtschaftswissenschaftler sich nicht in der Erforschung der wirtschaftlichen Vorgänge und Zusammenhänge des historischen Volkslebens erschöpften, sondern sich ebenso den aktuellen Lebensbedingungen der Unterschichten zuwandten. Der 1873 ins Leben gerufene *»Verein für Socialpolitik«*, dem überwiegend Gelehrte – Kathedersozialisten genannt – angehörten, setzte sich zum Ziel, dem schrankenlosen Kapitalismus des Manchestertums entgegenzuwirken und den Staat für soziale Reformen zu gewinnen. Dieses von ethisch-moralischer Verantwortung getragene Forum initiierte eine Reihe wichtiger Untersuchungen über die Lebensverhältnisse breiter, der Verelendung ausgesetzter Bevölkerungsschichten, die zu den wertvollsten sozialhistorisch-volkskundlichen Quellen der Kaiserzeit gehören. Sie enthalten sowohl wichtige allgemeine Aufschlüsse über Wohnungsnot, Lebenshaltungskosten in deutschen Großstädten und Auswanderung nach Übersee als auch Fakten über Lebensbedingungen bestimmter Berufsgruppen wie Bauern, Landarbeiter, Industriearbeiter, Hausierer und Hausindustrielle, freie Schriftsteller, Journalisten und bildende Künstler, Angestellte und Seeleute.

Zur Reihe der engagierten Sozialpolitiker zählte der Berliner Pathologe und Hygieniker *Rudolf Virchow* (1821–1902), der schon frühzeitig mit der Verelendung breiter Bevölkerungsschichten während des Krisenjahres 1848 in Berührung gekommen war und eine umfassende *Sozialhygiene* anstrebte. Sein Interesse war jedoch über die sozialen Probleme hinaus weitgespannt und erstreckte sich auf die Gesamtheit der Erscheinungen des Volkslebens. 1869 war er daher an der Gründung der »Berliner Gesellschaft für Anthropologie, Ethnologie und Urgeschichte« führend beteiligt und ebenso 1886 an der Eröffnung des Völkerkundemuseums, 1889 des *»Museums für deutsche Volkstrachten und Erzeugnisse des Hausgewerbes«* in Berlin. Virchow wurde dabei vor allem durch die Sammlungen des »Nordiska Museet« in Stockholm angeregt, die *Arthur Hazelius* (1833–1901) zusammengetragen hatte. Damit erhielten die Sachgüter der deutschen Volkskultur erstmals eine überregionale repräsentative Aufstellung. Virchows persönliches Interesse galt dabei vornehmlich den Hausformen. 1890 widmete er dem Niederdeutschen Fachhallenhaus einen eigenen Beitrag (Vorkommen und Form des sächsischen Hauses in Ost- und Westholstein).

Ganz anders als die Kathedersozialisten sahen *Karl Marx* (1818–1883) und *Friedrich Engels* (1820–1895) die Entstehung der sozialen Probleme und ihrer Lösungsmöglichkeiten. In der von ihnen entwickelten Geschichtstheorie des Historischen Materialismus, die den allgemeinen Entwicklungsgesetzen der Gesellschaft nachging, glaubten sie, in der Geschichte einen gesetzmäßigen Prozeß zu erkennen, der in letzter Instanz von der Entfaltung der materiellen Produktionsweise abhing und eine Folge von Klassenkämpfen darstellte, an deren Ende eine klassenlose Gesellschaft stand.

Im Rahmen dieser komplexen Gesellschaftslehre befaßten sie sich auch mit der Rolle der Kultur und ihrer Weiterentwicklung. Diese beruhte ihrer Ansicht nach auf der Fähigkeit des Menschen, sich aus seinem ursprünglich naturhaften Zustand zu befreien, sich die Natur zu unterwerfen, gesellschaftliche Beziehungen einzugehen und eine immer höhere, differenziertere soziale Stufenfolge aufzubauen. Kulturentwicklung war demnach ein immanenter Wesensbestandteil des allgemeinen Geschichtsprozesses. Kulturgeschichte hatte die Aufgabe, die Leistungen einer Schicht, Klasse oder von Einzelpersonen zu erforschen, die diese in einer bestimmten Epoche und unter bestimmten gesellschaftlichen Bedingungen für die Beherrschung der Natur und zur Bereicherung der menschlichen Beziehungen beigetragen hatten. In diesen Zusammenhängen spielt auch der Volksbegriff bei Marx und Engels eine wichtige Rolle: Volk waren die von den herrschenden Kräften unterdrückten sozialen Schichten der Proletarier, Kleinbauern und Kleinbürger, die als kämpfende Masse Triebkraft aller politischen Bewegung seien. Diese Auffassung stand in diametralem Gegensatz zu der bürgerlicher Kulturwissenschaftler wie Riehl, die in der bäuerlichen Bevölkerung die Mehrheit des Volkes und das beharrende, tradierende Element der Gesellschaft sahen.

Volk wurde von Marx und Engels aber auch als ethnische Kategorie verstanden: als soziale Erscheinung mit nationalen Eigenarten wie Sprache, Alltagskultur, überlieferten Sitten, Gebräuchen usw. von ökonomischer, sozialer und politischer Ausprägung. Innerhalb der einzelnen Ethnien unterschied Engels klassenspezifische Kulturformen, die u. U. in krassem Gegensatz zueinander standen:

»Die Bourgeoisie hat mit allen anderen Nationen der Erde mehr Verwandtes als mit den Arbeitern, die dicht neben ihr wohnen. Die Arbeiter sprechen andere Dialekte, haben andere Ideen und Vorstellungen, andere Sitten und Sittenprinzipien, andere Religion und Politik als die Bourgeois. Es sind zwei ganz verschiedene Völker« (Die Lage der arbeitenden Klasse in England, 1846, MEW 7, 351).

Marx und Engels waren vor allem theoretische Gesellschaftsanalytiker. Dennoch hat Engels auch empirische Untersuchungen angestellt. Sein 1846 erschienenes Buch über »Die Lage der arbeitenden Klasse in England«, das die Mißstände der englischen Industriegesellschaft anprangerte, beruhte größtenteils auf eigenen Beobachtungen. Daß auch Marx den Wert empirischer Erhebungen zu schätzen wußte, erweist sein Entwurf eines Fragebogens, den er 1866 anfertigte und der im Rahmen einer allgemeinen Statistik Aufschlüsse über die Situation der Arbeiterklasse (Löhne, Arbeitszeit, Tätigkeiten, Arbeitsplatzbedingungen, Gesundheit, Moral und Bildung, aber auch Nahrungs- und Wohnungsverhältnisse) erbringen sollte (MEW 17, 192). Hier findet sich jener Bezug zur statistischen Methode der Staatswissenschaften des 18. Jahrhunderts wieder, der das ganze 19. Jahrhundert über von Bedeutung blieb und an den auch Riehl angeknüpft hatte.

Die Auffassung vom gesetzmäßigen Verlauf historischer Prozesse, wie sie von der marxistischen Gesellschaftstheorie angenommen wurde, fand in der deutschen Geschichtsschreibung des 19. Jahrhunderts keine Anhänger. Allenfalls *Karl Lamprecht* (1856–1915), Historiker an den Universitäten Marburg und Leipzig, bildete eine gewisse Ausnahme. Indem er sich vehement gegen die allgemein vorherrschende individualisierend-beschreibende historische Methode wandte, forderte er in seinem Werk »Die kulturhistorische Methode« (1900) eine vergleichende Zusammenschau aller Kulturbereiche einer Epoche, um den »Geist eines Zeitalters« zu erfassen und zur Erkenntnis von Regelmäßigkeiten in der historischen Entwicklung zu gelangen. Im Gegensatz zur marxistischen Geschichtsauffassung glaubte er jedoch nicht an die Geltung von Gesetzen im Geschichtsverlauf. Als handelnde Einheiten der Geschichte sah er die Nationen an, die von eigener Individualität geprägt seien und zyklisch bestimmte Entwicklungsstufen durchliefen. Sie galten ihm als Triebkräfte der nationalen Geschichte und nicht Einzelpersönlichkeiten. Der sich um diesen Standpunkt entfachende Streit unter den Historikern führte in den 1890er Jahren dazu, daß zeitweise eine strukturgeschichtlich orientierte Kulturgeschichte an Bedeutung gewann, die die Entwicklung eines Volkes, seine »physischen und psychischen Organe« als »eigentlichste und wesentlichste Grundlage der gesamten Geschichtswissenschaft« ansah, wie es schon 1856 im ersten Band der »Zeitschrift für deutsche Kulturgeschichte« geheißen hatte. Neben einer fachwissenschaftlich betriebenen Kulturgeschichtsforschung im Sinne von Lamprecht (Deutsches Wirtschaftsleben im Mittelalter, 1886), und Eberhard Gothein (1853–1923, Wirtschaftsgeschichte des Schwarzwaldes und der angrenzenden Landschaften, 1891/92) gab es mehr journalistisch verfaßte kulturhistorische Darstellungen wie z. B. die »Bilder aus der deutschen Vergangenheit« (1859–67) des Schriftstellers Gustav Freytag (1816–1895).

Von sehr viel weiterreichender Bedeutung für die sich allmählich zur wissenschaftlichen Disziplin entfaltende Volkskunde entpuppte sich das

Werk des Kieler Soziologen *Ferdinand Tönnies* (1855–1936) »Gemeinschaft und Gesellschaft« (1887). Darin kennzeichnete dieser die Gemeinschaft als geschichtlich ältere Sozialform, in der der Mensch vor allem von nichtrationalen Beweggründen bestimmt werde. In ihr verhalte er sich »natürlich«, »lebendig«, »kindlich«, »harmonisch«, »organisch«. Damit wollte Tönnies, der dabei an besonders innige Formen sozialer Verbindung wie Mutter-Kind-Beziehung, Ehe, Familie, Verwandtschaft, Freundschaft, Nachbarschaft, aber auch an sachbezogene soziale Gebilde wie Dorf, Allmende, Markgenossenschaft, Stadt und Zunft dachte, jedoch keineswegs die in diesen durchaus vorhandenen sozialen Antagonismen verdecken. Vielmehr ging es ihm darum darzulegen, wie sich in der Gemeinschaft das Soziale aus dem unmittelbaren Lebenszusammenhang heraus vollzieht. Dem stellte er den Sammelbegriff Gesellschaft gegenüber, die er als von abstrakten, rechenhaften Zweck-Mittel-Abwägungen und sachlichen Tausch- und Vertragsbeziehungen bestimmt sah und in denen der Mensch mit nüchtern-rationalem Kalkül handle. Gemeinschaft und Gesellschaft waren keine Antipoden, sondern Teile eines sozialen Prozesses, in dessen Verlauf eine allmähliche Entwicklung von gemeinschaftlichen zu gesellschaftlichen Formen stattfand.

Tönnies ist später von der Volkskunde lange Zeit gründlich mißverstanden worden. Man hat ihn zu jenen Kulturpessimisten gezählt, die die vergangenen Lebensformen positiv aufwerteten und den Fortschritt der Gegenwart einseitig abwerteten. Wohl hat er nicht die »ungeheuren Häßlichkeiten und das grausame Elend des heutigen, zumal großstädtischen Lebens« übersehen und den Verlust »alles Heimatlichen, Trauten, Gemütlichen« durch die Rationalisierung der menschlichen Beziehungen bedauert. Aber das war nicht romantische Vergangenheitsverklärung oder falsch verstandene Heimatsehnsucht, sondern »Selbstaufklärung« der Aufklärung und Mitempfinden mit den Opfern technokratischer Entwicklungen. Harm-Peer Zimmermann spricht deshalb davon, daß Tönnies mit seinem Eintreten gegen romantisch-mythologische Volksseelenvorstellungen und einen konservativ-harmonisierenden Gemeinschaftsbegriff bereits 1887 auf seine Art einen »Abschied vom Volksleben« vollzogen habe (Zimmermann 1992).

So ganz neu waren diese Gedanken freilich nicht. Bereits der Zürcher Staatsrechtler *Johann Kaspar Bluntschli* (1808–1881) hatte 1861 Gemeinschaft als Bezeichnung für die vor- und frühkapitalistische Kultur gewählt und sie mit »Volksbegriff« gleichgesetzt, wohingegen er Gesellschaft als »Drittenstandsbegriff« charakterisierte.

Das Interesse am Volksleben ist im Laufe des 19. Jahrhunderts keineswegs einsträngig verlaufen. Das Erbe des aufgeklärten Kameralismus lebte zunächst noch weiter in Wissenschaftlern wie Niemann und Hanssen. Auch Riehl knüpfte daran an. Aber die diesem Forschungsansatz immanente handlungswissenschaftliche Perspektive wich doch zunehmend dem Ideengut der Romantik. Die großartigen Materialsammlungen der Brüder Grimm und der ihnen Geistesverwandten und die von ihnen angewandte historisch-philologische Methode – so sehr sie auch immer im Widerspruch zu ihrem ahistorisch-organologischen Denken stand – bestimmte schon bald die Beschäftigung mit dem Volk und seinen traditionellen Überlieferungen. Vergessen waren die aufklärerischen Ansätze, die auf Erreichung gesellschaftlichen Fortschritts gezielt hatten und die in einer Wissenschaft vom Volk gerade in einem Jahrhundert so tiefgreifender Umwälzungen notgetan hätten. Unbeachtet blieben auch kritische Auseinandersetzungen mit den herrschenden Verhältnissen: Marx und Engels wurden wegen ihrer revolutionären Zielsetzungen ebensowenig zur Kenntnis genommen wie die sich seit der Reichsgründung mächtig entfaltende Arbeiterbewegung. Schließlich findet sich in volkskundlichen Arbeiten des ausgehenden 19. Jahrhunderts nirgendwo ein Hinweis darauf, daß die aus dem Lager der bürgerlichen Nationalökonomie stammenden empirischen Untersuchungen zur Lage bedürftiger und verarmter Sozialschichten ein Echo gefunden hätten. Zur gleichen Zeit, als die ländliche Hausforschung begann, herrschte auf dem Land wie in den Städten die drückendste Wohnungsnot. Die historisch ausgerichtete Volkskunde nahm davon keine Notiz.

Zusammenfassend läßt sich festhalten, daß die Beschäftigung mit den Lebensverhältnissen breiter Bevölkerungsschichten in Deutschland im Laufe des 19. Jahrhunderts aus sehr unterschiedlichen Motiven erfolgte. Am Anfang stand die Aufklärung des ausgehenden 18. Jahrhunderts, deren Vorstellungen von der Schaffung einer bestmöglichen Gesellschaft im 19. Jahrhundert fortwirkten. Sie implizierten eine genaue Bestandsaufnahme der bestehenden Lebensverhältnisse der Bevölkerung. Es folgte die Romantik mit ihrer Auffassung von der Ungeschichtlichkeit des Volkes, die sich in Märchen und Sage, Lied und Glaube widerspiegelten. Die zweite Hälfte des 19. Jahrhunderts war geprägt von jener Gemengelage von Ideen und Vorstellungen, die im Gefolge der vorangehenden geistigen Strömungen standen, wobei die Sehnsucht nach der heilen Welt einer traditonell-konservativen Lebensgemeinschaft immer stärker in Erscheinung trat, und dies umso mehr, je mehr die Gegenwart von Mechanisierung, Nivellierung und »Vermassung« bedroht erschien. Diese Tendenzen schlugen gegen Ende des Jahrhunderts in Nationalismus, Abwendung vom liberalen Gedanken und in einen aggressiven Kulturpessimismus um. Vor diesem Stimmungshintergrund muß die Institutionalisierung der Volkskunde als einer »bewahrenden« Wissenschaft gesehen werden.

Literaturverzeichnis

* Bausinger, Hermann: Volkskunde. Von der Altertumsforschung zur Kulturanalyse. 2., unv. Aufl. Tübingen 1979.
Boberg, Inger M.: Folkemindeforskningens Historie i Mellem og Nordeuropa (with an English Summary). Kopenhagen 1953.
Boese, Franz: Geschichte des Vereins für Socialpolitik 1872–1932. Berlin 1939.
Correspondenzblatt des Gesammtvereines der deutschen Geschichts- und Altertumsvereine 13 (1865).
Deißner, Vera: Die Volkskunde und ihre Methoden. Perspektiven auf die Geschichte einer »tastend-schreitenden Wissenschaft« bis 1945 (Studien zur Volkskultur in Rheinland-Pfalz, 21). Mainz 1997.
Emmerich, Wolfgang: Zur Kritik der Volkstumsideologie. (es, 502) Frankfurt a.M. 1971.
Geramb, Viktor v. (Hrg.): Die Knaffl-Handschrift, eine obersteirische Volkskunde aus dem Jahre 1813. Berlin u. Leipzig 1928.
Gerndt, Helge: Abschied von Riehl – in allen Ehren. In: Jahrb. f. Vk. N. F. 2 (1979) 77–88.
Görres, Joseph: Die teutschen Volksbücher. Heidelberg 1807 (Neudruck hrsg. v. L. Mackensen, Berlin 1925).
Grimm, Jacob: Ueber den altdeutschen Meistergesang. Göttingen 1811.
Grimm, Jacob: Kleinere Schriften. Bd. 2, Berlin 1881.
Heckscher, Kurt: Die Volkskunde des germanischen Kultur-Kreises. An Hand der Schriften Ernst Moritz Arndts und gleichzeitiger wie neuerer Parallelbelege. Hamburg 1925.
Iggers, Georg G.: Deutsche Geschichtswissenschaft. Eine Kritik der traditionellen Geschichtsauffassung von Herder bis zur Gegenwart. München 1971.
Jacobeit, Wolfgang: Bäuerliche Arbeit und Wirtschaft. Ein Beitrag zur Wissenschaftsgeschichte der deutschen Volkskunde. Berlin 1965.
Katschnig-Fasch, Elisabeth: Der Fragebogen Erzherzog Johanns von 1810 – ein frühes volkskundliches Wagnis. In: Österreichische Zeitschrift für Volkskunde 85 (1982) 362–383.
Könenkamp, Wolf-Dieter: Volkskunde und Statistik. Eine wissenschaftsgeschichtliche Korrektur. In: Zeitschrift für Volkskunde 84 (1988). 1–25.
Könenkamp, Wolf-Dieter: Gescheitert und vergessen: Folgenloses aus der Geschichte der Volkskunde. In: Sievers, Kai Detlev (Hrsg.): Beiträge zur Wissenschaftsgeschichte der Volkskunde im 19. und 20. Jahrhundert (Studien zur Volkskunde und Kulturgeschichte Schleswig-Holsteins, 26). Neumünster 1991, 171–192.
König, René: Soziologie (Fischer Lexikon). Frankfurt a.M. 1958.
Köstlin, Konrad: Anmerkungen zu Riehl. In: Jahrb. f. Vk. 7 (1984) 81–94.
Kretzenbacher, Leopold: Erzherzog Johann und die Volkskunde. In: Erzherzog Johann und die Steiermark (Zeitschrift des Historischen Vereins für Steiermark, Sonderband 4). Graz 1959, 65–69.
Lutz, Gerhard (Hrsg.): Volkskunde. Ein Handbuch zur Geschichte ihrer Probleme. Berlin 1958.
Marx, K. und Engels, F.: Werke, hrsg. v. Institut f. Marxismus-Leninismus beim ZK der SED. 39 Bde., Berlin 1957–1968 (MEW); Bd. 7 (1960), Bd. 17 (1962).
Möller, Helmut: Aus den Anfängen der Volkskunde als Wissenschaft. In: Zeitschr. f. Vk. 60 (1964) 217–233.
Möller, Helmut: Altdeutsch. Ideologie, Stereotyp, Verhalten. In: Hess. Bll. f. Vk. 57 (1966) 9–30.

Moser, Hans: Wilhelm Heinrich Riehl und die Volkskunde. Eine wissenschaftsgeschichtliche Korrektur. In: Jahrb. f. Vk. 1 (1978) 9–66.

Niemann, August Christian Heinrich: Abriß der Statistik und der Statenkunde. Altona 1807.

Riehl, Wilhelm Heinrich: Die Volkskunde als Wissenschaft (1858). In: Kulturstudien aus drei Jahrhunderten. 6. Aufl. Stuttgart/Berlin 1903, 225–251.

Riehl Wilhelm Heinrich: Die deutsche Arbeit. Stuttgart 1862.

Schuppan, Peter: Marx und Engels über Kultur und Kulturentwicklung. Theoretische Grundlagen für eine Gegenstandsbestimmung der marxistisch-leninistischen Kulturgeschichtsschreibung. In: Jahrb. f. Vk. u. Kulturgesch. N.F. 3 (1976) 9–54.

Sievers, Kai Detlev: Volkskultur und Aufklärung im Spiegel der Schleswig-Holsteinischen Provinzialberichte. Neumünster 1970.

Sievers, Kai Detlev: Die historischen Schulen der deutschen Nationalökonomie und ihr Bezug zu volkskundlichen Fragestellungen. In: Sievers, Kai Detlev (Hrsg.): Beiträge zur Wissenschaftsgeschichte der Volkskunde im 19. und 20. Jahrhundert (Studien zur Volkskunde und Kulturgeschichte Schleswig-Holsteins, 26). Neumünster 1991, 157–169.

Strobach, Hermann: Zum Volksbegriff bei Marx und Engels. In: Bll. f. Heimatgeschichte 2 (1985) 47–62.

Weber-Kellermann, Ingeborg: Erntebrauch in der ländlichen Arbeitswelt des 19. Jahrhunderts. Auf Grund des Mannhardtmaterials von 1865. Marburg 1965.

* Weber-Kellermann, Ingeborg; Bimmer, Andreas C.: Einführung in die Volkskunde / Europäische Ethnologie. Stuttgart ²1985.

* Wiegelmann, Günter; Zender, Matthias; Heilfurth, Gerhard: Volkskunde. Eine Einführung. Berlin 1977.

Wiegelmann, Günter: Riehls Stellung in der Wissenschaftsgeschichte der Volkskunde. In: Jahrb. f. Vk. 2 (1979) 89–100.

Winkel, Harald: Die deutsche Nationalökonomie im 19. Jahrhundert. Darmstadt 1977.

Zimmermann, Harm-Peer: Sitte und Konvention. Ferdinand Tönnies Version einer Dichotomie von Überlebenslogik und Herrschaftslogik. In: Zeitschrift für Volkskunde 88 (1992) 67–99; 229–247.

Utz Jeggle

Volkskunde im 20. Jahrhundert

1. *Vorbemerkung*

Wenn wir jetzt am Anfang eines neuen Jahrhunderts auf das Vergangene zurückblicken, so ist zwar immer noch die Wirkungskraft des *Nationalsozialismus* hervorstechend, aber doch nicht mehr so ausschließlich, wie dies noch in der 2. Auflage dieses Bandes dargestellt wurde. Die letzten Kriegsverbrecher werden gerade verurteilt. Es sind senile und demente Gestalten, die von nichts mehr wissen. So gesehen sind sie auch prototypisch; man ist des Erinnerns müde und unfähig geworden, das zeigt sich im Alltagsdialog am Stammtisch, im gelehrten Salon in der Walser-Bubis-Debatte. In der Volkskunde gibt es noch keinen rechten Vormann. Wolfgang Brückner war in vielem konservativ, aber insgesamt doch ein erfrischender Querkopf; und der wissenschaftliche Nachwuchs hütet sich vor den Niederungen des Extremismus. Er behandelt ihn nicht einmal als Thema. Das wird in Überlegungen zu unserem gegenwärtigen Jahrhundert notwendig werden. Aber darüber schreibe ich nicht.

Bei einem derartigen Rückblick auf das vergangene Jahrhundert wird die Zäsur deutlich, die die Epochen trennt. Der Geist der Jahrhundertwende wurde doch nicht nur als Regie-Anweisung für die Akteure behandelt, er hat wirklich eine trennende Kraft, die es erlaubt, Dinge aus einer neuen Perspektive wahrzunehmen. Der Nationalsozialismus hat seine Wucht nicht verloren; aber die Beschäftigung mit ihm lenkt gelegentlich von den verdeckten Fragestellungen unserer Zeit ab. Die Volkskunde hat die Chance, solche Deckerinnerungen zu entdecken, indem sie die Geschichte des populären Wissens, vor allem aber die Geschichte des eigenen Faches aufblättert und analysiert.

Die *Auseinandersetzung mit der NS-Zeit* hat in vielen Bereichen dazu geführt, daß man Nazis aussortiert und den »Quell« unserer »eigentlichen Wissenschaft« ungetrübt vom braunen Dreck fließen sieht. Damit wird eine Scheidung unternommen, die ähnlich wie das alliierte Entnazifizierungsprogramm zwischen verschiedenen Belastungsstufen unterscheidet, aber insgesamt übersieht, wie auch die untadelige Forscherpersönlichkeit von Opportunismus, Schwäche und Versagen angefochten sein kann – und wie vielleicht umgekehrt in den Tätertypen auch anderes außer ihren Verbrechen angelegt ist. Es gibt nicht den klassischen NS-Lebenslauf, es gibt nicht den vom Teufel besessenen Verbrecher, sondern wir müssen damit leben, daß dieser verhunzte »Bruder Hitler«, den Thomas Mann voller Entsetzen beschrieben hat, sich unheimlich auch dort verbirgt, wo wir ihn nicht erwarten. Nur ein Bewußtsein, das mit solchen Untermietern, die ja auch im Keller hausen können, rechnet, kann uns vor Übergriffen schützen. Pauschal gesagt – wenn die Deutschen 1933 besser gewußt hätten, zu was sie fähig sein werden, wären sie den Schlägerkolonnen eben gerade *nicht* hinterhergelaufen. Diese Einsicht hat zweifellos für die Volkskunde in der Gegenwart Bedeutung: es heißt, den Mut zu haben zur Enttäuschung, zunächst über sich selbst, dann aber auch über das Volk, dessen Charakter durch Auswechslung von Terminologie nicht verändert wird. Das Volkstümliche zeigt sich nicht nur in der Gestaltheiligkeit von Geräten, der Poesie von Märchen, sondern auch im Horst Wessel-Lied und den Judenpogromen. Diese beiden Seiten zusammenzuhalten, das ist die Pflicht, die der Nazismus der Volkskunde hinterläßt.

2. *Volkskunde vor 1933*

Im Vorfeld des Jahrhunderts entwickelte sich die *erste große Fachdiskussion,* die vehement, scharfzüngig, aber nicht mit vernichtenden Argumenten geführt wurde und deren intellektuelles Niveau im 20. Jahrhundert erst spät wieder erreicht worden ist. Das damals junge Fach gab sich selbstbewußt und entdeckungsfreudig; es hatte große Ziele und klare Vorstellungen, um diese zu verwirklichen. Die Achsen der Diskussion, die das Jahrhundert – trotz der Verbiegung in der NS-Zeit – bestimmen sollten, sind bereits erkennbar; sie beschäftigen uns zum Teil modifiziert bis heute. Da ist die von Riehl vorgegebene Frage vom Verhältnis zwischen den einzelnen Fakten und ihrem Bedeutungszusammenhang (die »Rock- und Kamisolformel«, s. o. S. 34), das Problem des Kreativen und seiner Genese, oder wie es von Hans Naumann formuliert wird: »Handelt es sich bei jeder noch so geringfügigen Einzelheit um von unten gekommenes primitives Gemeinschaftsgut oder von oben gesunkenes Kulturgut?« (Naumann 1922, 2). Diskutiert wird außerdem die von der Romantik ererbte Frage nach dem Ursprung und davon abhängig, nach der Beziehung zwischen Psychologie und Geschichte. Diese Relation hat wiederum Auswirkungen auf das »eigentliche« Erkenntnisziel; für manchen sind es die Realien des Volkslebens, für andere ist die Erkenntnis nur ein Mittel, und das Ziel bleibt jene *Volksseele.* Am Schluß steht die Frage nach der Ein- und Wertschätzung dieser Seele – oder direkter, dient diese Volkskunde von damals auch der Verklärung des eigenen Volks?

Im folgenden seien drei dieser Achsen beschrieben, zuerst

a) *der nationalistische Akzent.*
Untersucht man die Grundsatzdebatte zu Beginn des Jahrhunderts, so ist man überrascht, wie gering die Rolle nationalistischer Phantasien ist, an denen diese Zeit ja insgesamt nicht arm war. Verzichtete schon die Völkerpsychologie auf Überschätzung des eigenen und Entwertung des

Fremden, so fällt gleichfalls angenehm auf, daß die wissenschaftliche Volkskunde, der L. Steinthal im ersten Heft der Zeitschrift für Volkskunde (1891) sein Erbe gewissermaßen testamentarisch vermacht, nicht nationalistisch gewandet auftritt (Warneken 1999). Die programmatische Erklärung von *Karl Weinhold,* der die Erbschaft resolut antritt, endet – und dieser letzte Satz steht vermutlich nicht zufällig wie eine Art Amen am Schluß der Überlegungen: »Unbefangenheit in allen nationalen Fragen ist unser Grundsatz« (Weinhold 1891, 10).

Diese Haltung zeichnet die Debatte insgesamt aus; sie bildet sich auch in der *Zeitschrift für Volkskunde* ab, mindestens bis 1914; noch der Band des ersten Kriegsjahres bestätigt den Eindruck eines national unbekümmerten Kaleidoskops, ohne rassistische Ausgrenzungen, es wird die Volkskunde Argentiniens ebenso abgehandelt wie das jüdische Zopfgebäck. 1915 sieht das etwas anders aus: Fritz Behrend schreibt den ersten Teil einer sprach- und bedeutungsgeschichtlichen Untersuchung »im Kampf mit dem Erbfeind«, und in einem Grußwort für Max Roediger formuliert der Herausgeber Fritz Boehm – allerdings den Zeitumständen entsprechend eher zurückhaltend – »die ernste Zeit des Weltkriegs ist nicht zu Feiern angetan«, und gegen Ende der Widmung ist von einem ehrenvollen Frieden die Rede – immerhin eine andere Perspektive als ein Sieg-Friede.

Die Volkskundler sind keine Pazifisten, ein Stück weit bewegt sich jede Wissenschaft in ihrer Zeit, auch wo sie konträr dazu denkt. W. Emmerich – der diese Feststellung ebenfalls mit seinem 1971 erschienenen Büchlein belegt – zitiert für die nationalistische Fachrichtung einen Zeugen, der in besagter Diskussion keine Rolle spielt: Hans Meyer, Das Deutsche Volkstum. Auch Hermann Bausinger, der in seiner Analyse innerer Magnetismen zwischen Volkskunde und Nationalsozialismus u. a. den Nationalaspekt aufruft, nicht ohne zuvor darauf hingewiesen zu haben, daß die Ideenproduzenten in »amibitiös halbwissenschaftlichen Kreisen« (Bausinger 1965, 179) zu suchen wären, muß bei den Beispielen passen, keines der Zitate in diesem Abschnitt (ibid. 180f.) stammt aus dem Vorfeld von 1933.

Dieser Befund bedeutet keine Reinwaschung der Volkskunde, er führt uns in die Problematik von Vorgeschichte hinein, die nachher noch eine Rolle spielen wird. Historische Entwicklungslinien scheinen häufig erst Post crimen notwendig ins Ziel zu führen, dabei sind gerade in der Hinneigung zum Nazismus Brüche und scheinbare Diskontinuitäten gar nicht so überraschend: Gottfried Benn war ja auch ein angesehener bürgerlicher Schriftsteller, Martin Heidegger ein anerkannter Philosoph, Arnolt Bronnen mit Brecht befreundet, etc. etc. So wichtig die ideologische Infektion ist, die politische Konstitution darf darüber nicht vergessen werden. Die Freiheit des Denkens schließt auch die Möglichkeit des Irrtums ein. Erst wenn der Irrtum zur Macht kommt, wird es lebensgefährlich.

In Bezug auf den Nationalismus ist grundsätzlich Emmerichs Einschätzung zuzustimmen, »die deutschen Beiträge haben nichts Nationalistisches an sich« (Emmerich 1971, 99). Allerdings trifft auch seine daran anschließende Bemerkung für die Volkskunde zu: »Eine Orientierung wissenschaftlicher Problemstellung an den Nöten und Bedürfnissen der Unterprivilegierten ist nirgends zu bemerken« (ibid.). Die Unbefangenheit in nationalen Fragen korrespondiert mit einer auffallenden Parteinahme in sozialen. Weinhold benennt in seinem Entwurf nicht nur das weite volkskundliche Feld, sondern auch den Feind an dessen Rand, er spricht vom Fortleben bildhafter Ausdrücke, »die seit ältesten Zeiten bis heute noch in dem Volk dort leben, wo sein echtes Denken und Vorstellen noch nicht von falscher Kultur oder von der Sozialdemokratie vernichtet ist« (Weinhold 1891, 6). Diese verblüffend abschätzige, aber im Grund ja auch die Einflußmöglichkeiten der Sozialdemokratie überschätzende Haltung zeigt eine Schwäche im historischen Analysevermögen, als sei die Arbeiterbewegung eine Sintflut, unter deren Druck die Dämme der Tradition brechen könnten. Das leitet uns über zu einer zweiten Achse unserer Betrachtung, die für die damalige Diskussion von Bedeutung war und die heute nach einer Zeit der Ausklammerung wieder an Einfluß gewinnt:

b) *psychologisch versus historisch.*
Die erwachte Volkskunde hatte nicht nur mit der Sozialdemokratie als der politischen Organisationsform der Arbeiterschaft, sondern mit der Industrialisierung insgesamt ihre Probleme. In der Diskussion vor 1933, danach sowieso nicht, spielen industrielle Prozesse und ihre Auswirkungen auf Kultur und Alltagsleben vordergründig keine Rolle. Man sieht allenfalls die Gefahr der Zerstörung des volkskulturellen Kerns; diese Angst geht nun allerdings über den von Emmerich konstatierten Mangel an Solidarität mit den Unterdrückten hinaus, und es gibt zu denken, daß Teile der Realität gar nicht oder nur als Bedrohung registriert werden können.

Die Unfähigkeit, historisch denken zu können, also zeitliche Stufen – noch nicht einmal unbedingt im Sinne einer zivilisatorischen Entwicklung gesehen – unterscheiden zu können, wird nicht durch synchrone Differenzierungen ersetzt, sondern korrespondiert geradezu mit einer Unfähigkeit, psychologisch zu analysieren. Ganz parallel zu der historischen Ursprungssuche zeigt sich auch auf seelischem Terrain eine Vorstellung von Ganzheit, die zumeist Volksseele genannt wird und als kollektive Gemeinsamkeit gedacht wird, die in jenem historischem Ursprung erhalten war und von der Volkskunde in ihrem wissenschaftlichen Bemühen zu rekonstruieren und zu rekonstituieren ist. Diese Einheit unter der Kultur erhält bei Albrecht Dieterich den verräterischen Namen »*Mutterboden der Kulturnation*« (Dieterich 1902, 176), und es braucht wenig psychologischen Scharfsinn, um in dieser Bezeichnung ganz massive regressive Vorstellungen zu dechiffrieren. Die französische Psychoanalytikerin Jeanine Chasseguet-Smirgel hat darauf hingewiesen, daß mit der romantischen Bewegung in Deutschland insgesamt die Befreiung des Unbewußten als Vereinigung mit der Mutter und einem Verdrängen der Welt »des Vaters« einhergeht. In ihr obsiegt der »primäre« Wunsch, »eine Welt wiederzuentdecken, die ohne Hindernisse, ohne Unebenheiten, ohne Unterschiede gänzlich glatt, identifiziert mit einem seiner Inhalte entleerten mütterlichen Schoß ist« (Chasseguet-Smirgel 1986, 58).

Diese Rückkehr-Illusion hat selbst in Weinholds differenziertem Panorama ihren Platz. Es geht auch ihm letztendlich nach der vielfältigen Untersuchung von physischen Erscheinungen, der äußeren und inneren Zustände um die Erkenntnis des Ursprungs. Freilich ist in seinem Programm, durch den Ernst, mit dem er die Untersuchung des materiellen Lebens einfordert, eine wirksame Bremse gegen solche Tendenzen der Enthistorisierung und Depsychologisierung eingebaut. Die Welt der Geräte und der Arbeit ist sicherlich der Bereich, in dem Wirklichkeit – auch wenn ihre industrielle Zuspitzung ausgeblendet wird – als historische Entwicklungsform und an Materialität gebundene Lebenswelt offenkundig werden muß.

Wolfgang Jacobeit hat in seiner wissenschaftsgeschichtlichen Studie »Bäuerliche Arbeit und Wirtschaft« (1965) diese ernüchternde Rolle der Beschreibung der »äußeren Zustände« scharfsinnig erkannt. Seine Kronzeugen, Rudolf Meringer (die Sachstudien dienen dem Zweck, »die Wissenschaft wieder mit dem Leben in nähere Beziehungen zu bringen« [Jacobeit 1965, 83] oder Richard Wossidlo [»je tiefer ich auch in die Kenntnis der ›Sachen‹ eindringe, die ich früher vernachlässigte, desto reicher wird natürlich der Ertrag der Arbeit« [ibid. 83]) und später dann, schon vom Kampf gegen A. Strack und A. Dieterich gezeichnet, Otto Brenner, plädieren allesamt für die Einbeziehung alltäglicher Gewohnheiten: denn »die Einrichtung der Berufsarbeit der Bauern und Handwerker scheint nur des geistigen Inhalts und Interesses zu entbehren« (Jacobeit 1965, 109). Brenner, der – wie Jacobeit hervorhebt – interessanterweise dazu aufgefordert war, Mogks Thesen, die an einem Volksseele-Konzept orientiert waren, vorzustellen, konterkarierte zugleich dessen Ideen: »Wir bewundern noch an Uhlands schönen Sagendeutungen, an Rud. Hildebrands Kinderliederklärungen die poetische Gestaltungskraft, aber wir glauben ihnen nicht mehr wie früher. Das Buch des Nationalökonomen Bücher über ›Arbeit und Rhythmus‹ kann als modernes Gegenstück geradezu als vorbildlich gelten« (Jacobeit 1965, 108). Arbeit und Wirtschaft wurden, wie Jacobeit zeigt, zum Schlüssel in diesem Kampf zwischen Realität und Mythos, Ganzheitswunsch und Stückwerkseinsicht, die von den Herren Volksseelenforschern als Variantenhuberei abgetan wurde.

Die Volksseele wird nicht definitorisch abgegrenzt, sondern zumeist metaphorisch umkreist. Sie ist bei E. Hoffmann-Krayer eine Art »ruhender Pol« (Hoffmann-Krayer 1897, 9), in ihr finden die allgemeinen Anschauungen des Volkes ihren Ausdruck. E. Mogk machte ihren

Grundzug im assoziativen Denken aus: »Die Psychologie gibt uns die Antwort: das eine ist der assoziativen Denkform der Volksseele entsprossen und lebt durch sie fort, das andere dem reflektierenden Verstande. Nur mit den Erzeugnissen der ersteren hat es die Volkskunde zu tun« (Mogk 1907, 3). Er ahnt sogar schon jenen Doppelgänger, der dann im Nazismus so folgenschwer aktiv werden sollte: »In jedem Menschen lebt gleichsam ein Doppelmensch: ein Naturmensch und ein Kulturmensch: dieser zeigt sich durch seine reflektierende und logische Denkweise, jener durch seine assoziative. Unter den Gebildeten überwiegt im gewöhnlichen Leben der Kulturmensch, allein auch er kann in Lagen kommen, wo er in den Bann der assoziativen Denkform gerät« (Mogk 1907, 4).

Es wird mit L. Lévy-Bruhls Begriffen auf die Fachdiskussion zurückgegriffen, die E. Hoffmann-Krayer initiiert hatte, als er über »vulgus in populo« nachdachte. Vulgus hatte in Hoffmann-Krayer eindeutige Assoziationen ausgelöst: »das niedere, primitiv denkende, von wenig Individualitäten durchdrungene Volk.« Hoffmann-Krayer, weitsichtiger als die meisten Deutschen in dieser Debatte, hatte den Einfluß der individualisierenden Zivilisation nicht übersehen und auch nicht als störend eingeschätzt, aber die Aufgabe, sie zu untersuchen, einer anderen Wissenschaft, der Kulturgeschichte zugewiesen; die Volkskunde wurde von ihm zum Spezialisten für das »Generellstagnierende« ernannt, die nicht nur am historischen Material sich abzuarbeiten hat, sondern auch die »mannigfachen Reste alt-volkstümlicher Anschauungen und Bräuche« (Hoffmann-Krayer 1902, 13) im Rahmen der höheren Kultur untersuchen muß. Hoffmann-Krayer hat, so finde ich, eine wichtige Entdeckung weiterentwickelt, daß jene Volksseele eben nicht nur der Quell von kräftigen Mythen und schönen Liedern sei, sondern daß in ihr sich auch jener wilde und primitive Naturmensch auffinden läßt, den es nicht erst in der NS-Zeit zu fürchten galt. War Weinhold der Bewahrer des historischen Prinzips, kann man auf Hoffmann-Krayer die psychologische Illusionslosigkeit zurückführen; beide Tendenzen vereinte dann Otto Lauffer in sich, der über das »Gespenst der Volksseele« spottet – und interessanterweise vom nazistischen Opportunismus unangefochten blieb.

Daß ganzheitliche Vorstellungen wie die Volksseele ideologische Einengungen bedeuten, sah der große Theoretiker der psychologischen Richtung *Adolf Spamer* genau, er verwies darauf, daß nicht im Bauerntum jenes volkskulturelle Moment zu finden sei, wie die Kollegen immer mutmaßten, sondern er sagte: »Wer aber das Wesen der primitiven Geistigkeit studieren will, der wird die Symptome dieses ›prälogischen‹, ›prämoralischen‹, präkulturellen Trieblebens am ehesten bei dem Gegenpol des sozial gebundensten aller Berufe (der Bauern) bei den Asozialen finden, den Verbrechern, Dirnen, den Wandernden und Fahrenden aller Art [...]. Also in jener Menschenschicht, in der sich der Lebenskreis schließt, indem hier letzte Dekadenz wieder in die Vorstellungs- und Gefühlswelt einer ungeregelten Primitivität mündet. Hier zeigt sich am stärksten jene von den naturgegebenen Affekten, von Hunger und Liebe, wie auch deren untrennbaren Kehrseiten, satter Trägheit und Haß, bewegte Geistes- und Lebenshaltung, die die Gattung Mensch gleichsam noch unokuliert von geistig-moralischen Bindungen oder schon wieder ihrer Wirkung abgestorben zeigt« (Spamer 1924, 93). So hat Spamer mit wirklich psychologischer Scharfsicht die Volksseele entzaubert, er sieht als ihren natürlichen Kern die Triebgebundenheit des Menschen, Hunger und Liebe als die Motoren des primären Prozesses – diesem Gedanken könnte Sigmund Freud Pate gestanden sein; denn 1924, als Spamers Stellungnahme gegen Naumann entstand, war die Psychoanalyse bereits eine weltweit beachtete Wissenschaft, die entscheidende Gedanken über das Unbewußte geliefert und damit das Problem Volksseele wissenschaftlich geklärt hatte.

Die Diskussion um Spamer führt uns hinein in die Auseinandersetzung um das Schöpferische im Volksleben, die wir als dritte Achse beschreiben wollen:

c) *Wer ist schöpferisch?*
Wie wir sahen, kreiste auch die Diskussion zwischen Strack und Hoffmann-Krayer schon um die Frage nach der Rolle der Individualität und des Schöpferischen. Die Auseinandersetzung wurde energisch zugespitzt, als 1922 *Hans Naumanns* »Grundzüge der deutschen Volkskunde« erschienen, ein »schlankes aber inhaltsschweres Büchlein«, wie Spamer (1924, 76) hervorhob, das jedoch die Diskussion in den 20er Jahren und darüber hinaus stark erhitzte. Auch Naumann hatte eine Kritik der romantischen Volkskunde, die nach wie vor am Ursprungsdenken orientiert war, entwickelt und ihr gegenüber ein Stufenmodell gestellt, das drei Kulturniveaus unterschied; ihnen ging ein Prolog voraus, der Zustand der absoluten Primitivität, »darin der Mensch noch selbst ein fast unbewußtes Stück der Natur ist«. In der agrarischen Epoche bewahrt sich Psyche und Kultur der Primitiven, diese Phase wird dann abgelöst vom heroischen Zeitalter, das »die erste Blüte der Besonderheit« dargestellt und zu »Eigenanschauungen von Ehre, Glauben und Geschmack gelangt« (Naumann 1922, 3 f.). Schließlich ist das Zeitalter der Individualität ein Höchstpunkt dieser Entwicklung – Renaissance und Humanismus sind für Naumann »Gipfel jeder Kulturentwicklung überhaupt«. Obwohl Naumann die Rückbildung der Elitekultur an den »Wurzelstock der primitiven Gemeinschaft« immer wieder betonte, wurde seine Leithypothese »Volkskultur wird von der Oberschicht gemacht« (ibid. 5) heftig kritisiert; die Schärfe der Vorwürfe weist darauf hin, daß Naumann einen richtigen Nerv getroffen hatte; denn seine Überlegung war schon zuvor von Hoffmann-Krayer im wesentlichen ausgedacht – er hatte es in seiner Formel »Das Volk produziert nicht, es reproduziert« kaum milder ausgedrückt. Naumanns Wirkungsradius war jedoch größer, und seine Vorstellung vom

gesunkenen Kulturgut wurde wie eine Beleidigung aufgenommen – wohl auch, weil der Schöpfer des Gedankens von seiner eigenen elitenhaften Schöpferkraft sichtbar überzeugt war.

Spamer antwortete in einer differenzierten Besprechung, indem er auf die Gebundenheit des Bauerntums hinwies und noch einmal die These vom vulgus in populo verfocht, also die psychoanalytisch mittlerweile geklärte Grundannahme, daß es auch in oberen Sozialschichten Bewußtseinsebenen gibt, die solchen archaischen Relikten verpflichtet sind – und eben nicht nur jener als mütterlich empfundenen Volksseele, sondern auch der Primitivität. Es gibt in Naumanns Darstellung Formulierungen, die Emmerichs Einschätzungen – »nicht nur falsch, sondern auch reaktionär«, »in der Konsequenz antiemanzipatorisch«, »Riehls reaktionäre gesellschaftliche Heilslehre nur fortgesetzt« (Emmerich 1971, 102 f.) verständlich, aber für den historischen Betrachter nicht akzeptabel erscheinen lassen; denn Naumanns Abwendung von der Romantik wird von diesen politischen Einschätzungen mißinterpretiert; diese Kritik am »Mutterboden« hat dem Bonner Germanisten ja auch während der NS-Zeit speziell aus volkskundlicher Ecke Kritik und Feindschaft eingebracht.

Die volkskundliche Diskussion jener Zeit ist auch Vorgeschichte. Einzelne Stränge dieser Diskussion führen mitten hinein in die Weltanschauung des *Nationalsozialismus;* genauso existieren aber andere, die, hätten sie eine Fortsetzung gefunden, unserem Fach vielleicht Jahrzehnte früher die Eigenständigkeit und Souveränität beschert hätten, um die wir uns heute noch immer bemühen. Die Bitterkeit des Nazismus liegt nicht so sehr darin, daß die Volkskundler Wegbereiter waren, sondern daß aus ihnen welche gemacht wurden, daß heißt, daß der Haufen von Ideen im Nationalsozialismus so krud und beliebig war, daß man sowohl an der romantischen Überlieferung wie ihren Widersachern anknüpfen konnte, und daß der ideologische und persönliche Zwang, der vom Nationalsozialismus ausgeübt wurde, so übermächtig war, daß er auch noch jene Biographien befleckte, die sich vor ihm scheuten und den Rückzug versuchten. Weil der Nazismus von jedem durch alltägliche Handlungen Stellungnahme abverlangte, blieb diese auch jenen nicht erspart, die hofften, in der Abgeschiedenheit ihrer wissenschaftlichen Arbeit Anstand bewahren zu können. Die eiskalte Alternative Entweder-Oder, Ja oder Nein, die vom Gruß am Morgen bis zum Eintopfessen reichte, schied auch tendenziell Unbeteiligte in Parteigänger und Gegner. Wen es wundert, daß die Gegner in der Minderzahl waren, kennt – leicht spöttisch möchte man das sagen – den vulgus in populo schlecht. Jetzt wurde offenbar, daß jene Grundsubstanz, die mancher Volksseele zu Recht das Prädikat primitiv verlieh, auch im Gelehrtenstand präsent war, oder wie es Hoffmann-Krayer einmal ausdrückte, daß sich Dummheit und Geheimratstitel nicht ausschließen.

3. Volkskunde im Nazismus

Das Wort Nazismus wurde als Ausgangspunkt der Überlegungen gewählt, um die Spezifik des deutschen Faschismus anzudeuten; er basiert auch auf ökonomischen Interessen, aber seine Ideologie und seine terroristische Praxis, die beide für die Geschichte und Deformierung unseres Fachs relevant sind, haben eine eigene Dimension; die Art, mit der durch den Nationalsozialismus die Menschen, Anhänger wie Gegner »gepackt« wurden, ist durchaus eigenständig und speziell für uns Volkskundler von Interesse (vgl. Gerndt 1987).

Noch einmal zur Vorgeschichte: Keine Bewegung beginnt bei Null; es wird auf *Vorläufer* zurückgegriffen, die Vorgeschichte fortgeführt. Es wäre töricht zu leugnen, daß auch der Nationalsozialismus solche Vorgänger hatte, man braucht nur die unsäglichen Mixturen der Cheftheoretiker anzuschauen, Hitlers »Mein Kampf« oder Rosenbergs »Mythus des 20. Jahrhunderts«, um einen Eindruck von der kompilatorischen Hemmungslosigkeit der Autoren zu erhalten.

Freilich ist die absolut idiotische Rezeption und Umnutzung von Künstlern wie Meister Ekkehard oder Hölderlin, von Philosophen wie Fichte oder Kant auch eine Warnung, die Vorfahren in allzu vordergründigen Erblinien auffinden zu wollen. Bausinger hat in seinem grundlegenden Artikel »Volksideologie und Volksforschung« (Bausinger 1965) schon beides getan, die Linie von den deutschen Humanisten über die Romantik und Riehl gestrichelt, zum anderen aber auch vor solchen historischen Rückschlüssen gewarnt: »So eindringlich eine Ouvertüre sein mag, das Spiel beginnt doch erst, wenn der Vorhang aufgeht« (Bausinger 1965, 179).

Vorgeschichte muß deshalb auch den Eindruck von Unausweichlichkeit vermeiden, und sie muß sehr sorgsam auf Mehrdeutigkeiten achten; für denunziatorische Zwecke ist sie ungeeignet, schließlich geht es um die Wegweiser nach Auschwitz. Überspitzt gesagt sind auch Kain und Abel, die römischen Christenverfolger und die Conquistadores ›Vorgänger‹, gleichwohl ist es legitim, in der deutschen Geschichte jenen Sonderweg topographisch zu bestimmen, der unsere Nation aus dem allgemeinen Gang ausscheren ließ und in einen Vernichtungswahn stürzte, der vielen Millionen das Leben kostete.

Bausinger zählt eine Reihe von *Elementen der Volksideologie* auf, die für diese Spezifik relevant geworden sind. Als erstes erwähnt er den nationalen Akzent, gefolgt vom rassistischen, der gleichfalls vor 1933 seine Spur legte – auch in unserem Fach. Er erwähnt die Gleichsetzung von nordisch und germanisch, die Hochschätzung des Bauernstands, der von Hitler als »Fundament der gesamten Nation« bezeichnet wurde (Mein Kampf, 151). Ein fünfter Punkt ist die »organische Konstruktion einer geschlossenen Volkspersönlichkeit« (Bausinger 1965, 191), der die abenteuerliche Suche nach Sinnbildern zugeordnet wird, die nicht einmal vor kindlichen Rübenköpfen haltmacht und diese der »sonnenbedingten Schau des germanischen Menschen« (ibid. 192) zuordnet. Die Charakteristik beschließen der quasi-religiöse Charakter volkstümlicher Überlieferung und die unbedingte Priorität der Volkstumspraxis, die nicht auf wissenschaftliche Legitimierung ausgerichtet war, sondern einzig und allein auf den politischen Nutzen.

Wilhelm Peßler, als Mitinitiator des Atlas der deutschen Volkskunde (ADV) kein Nobody in unserem Fach, beschloß seinen Einleitungsartikel in dem von ihm herausgegebenem Handbuch sicher nicht ohne Hintersinn mit einer Art Beschwörung und Glaubensbekenntnis: »Möge es solcher Gestalt der deutschen Volkskunde gelingen, allen Volksgenossen das Wesen der Deutschheit zu erschließen und das Herz zu öffnen für ihre Brüder, daß sie, einig im Kampf um Deutschlands Auferstehen, mit uns sprechen: ›Ich bekenne mich zur deutschen Volksgemeinschaft und ich glaube an Deutschlands Unsterblichkeit‹« (Peßler 1935, 7). Der Grundsatzartikel »Der Volkskunde Wert und Wesen, Wirkung und Weite« endet in einer Gebetsformel, die die von Bausinger herausgearbeiteten Ideologiestücke zu einem Extrakt verdichtet, der die Grenze zwischen Wissenschaft und Glaubenssystem auflöst und die Arbeit der Wissenschaftler in die geistige Sturm-Abteilung (SA) einreiht. Peßler ist nur ein Name, er wäre durch Otto Höfler (»politische Wissenschaft von den volkhaften Lebensordnungen«, Schramka 1986, 60) oder durch Eugen Fehrle (Assion 1985) leicht zu ersetzen.

Zentral scheinen mir in diesen »gestaltlosen Konglomeraten«, diesen Ideenbreien, der Verzicht auf wissenschaftliche Methodik, Quellenkritik, Transparenz des Forschungsprozesses und die »Zerstörung der Vernunft«, das Ausblenden des Intellekts, der Abbau wissenschaftlicher Erkenntnissicherung, die Ablehnung des kritischen Diskurses und die Translozierung wissenschaftlicher Vorstellungen in ein Bekenntnissystem, das nicht einmal mehr den Anstrich der Wissenschaftlichkeit braucht. Ich will noch einmal drei Aspekte näher beleuchten, weil in ihnen meines Erachtens diese Verzichterklärung am deutlichsten wird und wir die Möglichkeit bekommen, wissenschaftliche Beharrlichkeit, auch da, wo sie ohnmächtig war, von Opportunismus und Fanatismus zu scheiden.

In der Faschismuskritik (Jacobeit/Lixfeld/Bockhorn 1994) werden ja häufig – verständlicherweise – alle Verhaltensweisen unterhalb des Märtyrers als Mitläufertum oder hilflos eingeordnet; die Identifikation mit den Opfern ist vorgegeben, die Überlegung, daß man unter Umständen auch in der Traditionskette der Täter gestanden hätte, wird durch verschiedene Abwehrformen nicht zugelassen. Dieses Entweder-Oder, das ein wesentliches Movens war, um die Affirmation des Nazismus bei den Nischengängern und Beiseitetretern zu erzwingen, wird sehr häufig von vehementen – von denen besonders – Faschismuskritikern wiederholt. Die Entwertung des hilflosen Antifaschisten (Haug 1967) korrespondiert mit einem Mythos der Heldenhaftigkeit, der wiederum wissenschaftliche Kriterien bei der Bewertung von NS-Karrieren erschwert. Es ist in meinen Augen nicht nur eine Frage der Anständigkeit, ob ich Wissenschaftler wie Fehrle oder Spamer voneinander unterscheide, sondern darin liegt auch eine Dimension von illusionsarmer Einsicht in die Möglichkeiten und Grenzen wissenschaftlicher Haltung, illusionsarm deshalb, weil die Forderung nach Helden nicht wissenschaftlich, sondern auch nur quasi-religiös zu legitimieren ist. Was wir als Wissenschaftler von uns und unseren Kollegen verlangen können, ist, daß sie/wir nicht auf die Regeln der Vernunft verzichten, daß dann noch jemand vom anderen abschreibt oder ein unmöglicher Chef ist, das ist zwar unangenehm, das hat aber nichts mit Nazismus zu tun.

Ich wähle diese drei Aspekte aus, weil ich sie für entscheidend halte und sie sehr eng miteinander verflochten sind: der *Mythos vom Ursprung*, die *Sehnsucht nach Sinn* und ihn vertretende Bilder, schließlich die *Vorstellung von Rasse als wissenschaftlichem Prinzip*. Emmerich beginnt seine Spurensuche nach den Vorfahren des Nationalsozialismus in romantischen Anfängen – »offensichtlich hat Jacob Grimm, wie schon angedeutet, eine vorfeudale, organische, herrschaftsfreie Ständegemeinschaft aus germanischer Frühzeit im Sinn« (Emmerich 1971, 36), und er zitiert auch die hämische Absage, die der junge Marx solchen Ursprungshoffnungen erteilt hat: »Deutschtümler von Blut und Freisinnige von Reflexion, suchen unsere Geschichte der Freiheit jenseits unserer Geschichte in den teutonischen Urwäldern. Wodurch unterscheidet sich aber unsere Freiheitsgeschichte von der Freiheitsgeschichte des Ebers, wenn sie nur in den Wäldern zu finden ist« (Emmerich 1971, 36). Diese Kritik an der Romantik und ihrer inneren Gefährlichkeit findet sich schon – fast prophetisch – bei Heinrich Heine: »Die alten steinernen Götter erheben sich dann aus dem verschollenen Schutt, und reiben sich den tausendjährigen Staub aus den Augen, und Thor mit dem Riesenhammer springt endlich hervor und zerschlägt die gotischen Dome« (Heine 1834, 163), und immer wieder bei Thomas Mann und seinen Warnungen vor dem Nationalsozialismus und seinem »Zelebrieren des Seelendunkels, seinen mütterlich-chthonischen Seiten« (Chasseguet-Smirgel 1986, 67). Diese Ursprungssehnsucht artikuliert sich auch in volkskundlichen Vorstellungen. Der geschichtliche Prozeß, der die Menschen aus der Natur heraustreten heißt, wird durch eine immense Verschmelzungssehnsucht rückgängig zu machen versucht. Die geschichtliche Welt wird der volkstümlichen gegenübergestellt, es wird jedoch nicht gesehen, was dieser Weg aus der Natur heraus auch bedeutet hat. Thomas Mann: »Wenn man aber bedenkt, was es, religionsgeschichtlich, die Menschheit gekostet hat, vom Naturkult, von einer barbarisch raffinierten Gnostik und sexualistischen Gottesausschweifung des Moloch-Baal-Astarte-Dienstes sich zu geistiger Anbetung zu erheben, so staunt man wohl über den leichten Sinn, mit dem solche Überwindungen und Befreiungen heute verleugnet werden« (Th. Mann 1930, 191).

Die Priorität der Gemeinschaft vor dem Individuum wird festgehalten. Fehrle sagt im Jahr 1933, das Individuum sei für ihn immer eine undeutsche Treibhauspflanze gewesen (Bausinger 1965, 192). Oder Peßler: »Der deutschen Wiedergeburt entspricht eine Selbstbesinnung, welche nach den Grundlagen deutschen Wesens forscht. Es gilt heute wieder, die lang verschütteten Kraftquellen deutscher Größe erneut zu erschließen und dauernd lebendig und frisch zu erhalten. Eine der wichtigsten Quellen ist das deutsche Volkstum« (Peßler 1935, 1). Es geht nicht um Entwicklung, Prozeß, Zivilisierung von Kraft, sondern um die Entfesselung der alten Gewalt, die Rückkehr zu jener barbarischen Macht, die vom Bändigungsprozeß der Natur mühsam genug unter Kontrolle gebracht worden war. Das Studium der geschichtlichen Entwicklungslinien würde erweisen, daß es jenen Ursprung nicht gab, er also immer ein Mythos gewesen ist, und daß jene Reinheit der Urgeschichte ein politisch nützlicher Unfug war und ist.

Den methodischen Weg in die Anfänge wies die *Sinnbildforschung*. Sie war die Strickleiter, an der man die Unergründlichkeit der Geschichte hinunterhangeln konnte. Die Sinnbilder waren die Ornamente der Geschichtslosigkeit, die Beweisstücke, daß man auch ohne geschichtliche Stufen zu den Quellen zurückkehren konnte. »Sie [die Sinnbildfrage] wird uns Aufschlüsse geben können über Völkerzusammenhänge, Wanderzüge und zeitenferne Landnahmen, da sich überall die Ausdrucksmittel einer erhabenen Weltanschauung erhalten haben« (Weigel 1936, 904). Brednich zeigt in seinem informativen Aufsatz über Weigel (Brednich 1985), wie diese Methode der volkskundlichen Wissenschaft adäquat war, da es nicht um ein logisches Erkenntnisinteresse ging, brauchte es auch keine quellenkritische Technik; die Dinge sprachen »für sich«, sie erinnerten den Sinn, der ihnen vom NS-Forscher unterlegt wurde. Der Sinnbilddeuter stellt die Einheit zwischen dem Anfang und heute wieder her.

Das dritte Stück, das meines Erachtens fundamental für die religiöse Fundierung der NS-Volkskunde war, ist der *Rassenglaube*. Auch dieser Wahn ist nicht erst 1933 entstanden, und er reicht in ähnliche Einheitsphantasien hinab, die wir schon bei der Enthistorisierungstechnik gesehen haben. Die Rasse ist eine blutsmäßige, biologische Kategorie, um Menschen einzuteilen und andere auszugrenzen. Die Nähe zu Leib und Körper ist augenfällig, es gibt keine Revisionsinstanz, sondern die Zugehörigkeit und Unterscheidung hat Naturcharakter. Auch hier ist jene Verleugnung historischer Welt wiederzufinden, die insgesamt für die NS-Volkskunde fundamental ist. Der lange Entwicklungsgang von den Höhlen der Neandertaler über die Stammeskriege der Völkerwanderung wird negiert und aus der Geschichte getilgt. Es ist – um es auf den Punkt zu bringen – der Sieg des primärprozeßhaften Archaischen über den Intellekt, die Entmachtung des Gesetzes durch das Chaos, die Zerstörung der Tradition, die den kulturellen Prozeß des Menschen ausgemacht haben: »Wer vorwärts will, muß deshalb auch Brücken hinter sich verbrennen. Wer sich auf eine große Wanderung begibt, muß alten

Hausrat liegenlassen. Wer ein Höchstes erstrebt, muß Minderes beugen« (Rosenberg 1930, 2). Die Volkskunde, so könnte man zusammenfassen, war zur Hilfswissenschaft geschrumpft, die den Staat bei der Verfolgung seiner Ziele, der Ausschaltung von Andersdenkenden und Denkenden überhaupt unterstützte: »So wird Wissen vom Volkstum zum Wissen von der Volksgemeinschaft und der Volkskundler wird zum Volkserzieher« (Peßler 1935, 1). Mit dieser hohen und selbstbewußten Einschätzung der eigenen Bedeutung geht jedoch eine auffällige wissenschaftliche Impotenz einher; die Art der staatlichen Unterstützung zeigt, daß die Volkskunde nur von propagandistischem Wert erscheint. Immer wieder – darauf hat schon Emmerich hingewiesen – werden die Volkstumsbarden von Hitler oder Goebbels verspottet, das altgermanische Getue geht ihnen gegen den ideologischen Strich. In einer Presseerklärung vom 23. 10. 35 erklärt das Reichspropagandaministerium (zitiert bei Emmerich 1971, 146): »Die nationalsozialistische Bewegung ist zu wirklichkeits- und lebensnah, als daß sie es nötig hätte, überholte und tote Begriffe aus grauer Vorzeit wieder herauszuholen, die in keiner Weise den harten, politischen Kampf der Gegenwart unterstützen können, sondern ihn im Gegenteil belasten.« Es ging dem Nationalsozialismus nicht um volkskundliche Forschung oder Erkenntnis, sondern das Regime war einzig und allein daran interessiert, daß die Massenbindungskraft durch folkloristische Versatzstücke erhöht wurde. »Letzten Endes entscheidet sich auch die Frage, ob die Volkskunde so oder so auf dem richtigen Wege ist, nicht so sehr durch wissenschaftstheoretische Überlegungen, sondern danach, auf welchem Weg die Volkskunde ihre Aufgabe, zur *Volkwerdung* zu helfen, am besten erfüllen kann« (Becker 1934, 2). Volkwerdung, das ist die Zusammenschweißung aller zu jener stählernen Kugel, über die Hitler angeblich nach Hermann Rauschning wiederholt bei Tisch fasziniert phantasierte. Es geht um einen manipulativen Prozeß, der durchaus umwälzende Ausmaße hat; Volkskunde ist dabei nur Teil der weltanschaulichen Kulisse, sie ist deshalb trotz ihres Ausbaus – die Zahl der universitären Lehrstühle wuchs während der NS-Jahre auf sechs – wissenschaftlich uninteressant. Es ging um die Macht, um Tanks und Maschinen, Kanonen und Stahl.

Trotzdem bleiben die handelnden Subjekte relevant, auch da, wo sie bereits prinzipiell entmachtet sind. Nicht alle Volkskundler ließen sich opportunistisch über den gedeckten Tisch ziehen. Aber sie waren gleichwohl grosso modo in das totalitäre Regime verquickt, sogar die Gegner mußten sich einlassen, war es nicht im Vorwort zur wissenschaftlichen Arbeit, so im Alltag, in den Gefühlen, ja sogar in den Träumen (Beradt 1966). Das Naziregime ließ keinerlei Platz für Rückzugsmöglichkeiten. Auch der Wissenschaftler, der sich als unpolitisch verstand und der seiner Arbeit »in Ruhe« nachgehen wollte, wurde alltäglich zu Bekenntnissen aufgefordert. Es ergaben sich dabei Reaktionen, die wenig heldisch waren, die man aber auch mit einem gewissen

Recht »sehr menschlich« nennt. Die Darstellung und Analysen von *NS-Karrieren* von Wissenschaftlern ist wichtig (so hat Spamer Interesse gefunden [Jacobeit/Mohrmann 1982; Lixfeld 1991, neuerdings John Meier Oesterle 1987]), weil deutlich wird, daß das Leben im NS-System auch in wissenschaftlichen Biographien auf der einen Seite von Widerständigkeit, auf der anderen von Anfechtungen gezeichnet ist. Das ist nicht heroisch, aber es sollte auch nicht kleiner gemacht werden, als es war; hier hat Ingeborg Weber-Kellermann (1985) in ihrer Emmerich-Kritik sicherlich recht. Es ist tragisch zu sehen, wie John Meier vor dem Zugriff durch das Amt Rosenberg in die Nähe des SS-Ahnenerbe »flüchtete« und Spamer in einen gesundheitlichen Zusammenbruch. Zugleich ist das eine naive Vorstellung, wirklich zu glauben, man könne bei der einen NS-Organisation vor der anderen gerettet werden oder man könne 1942 nach Freiburg »entrinnen« (Weber-Kellermann 1985, 110) – als sei das hinter irgendwelchen schützenden Grenzen.

Bei allem Verständnis für die insgesamt schwierige Lage der Wissenschaftler im Nationalsozialismus ist es notwendig, Unterscheidungen zu treffen, die von den Texten und den Taten ausgehen. Dann gilt es den Wagemut mancher Kollegen zu preisen, die Verzagtheit anderer zu bedauern. Erinnert sei an den – nach unseren Vorstellungen – durchaus national orientierten, konservativen Volksmusikforscher *Kurt Huber* (Bausinger 1965, 200f.; Bruckbauer 1991), der aufgrund seiner Zugehörigkeit zur Widerstandsgruppe der Weißen Rose hingerichtet wurde, an *Adolf Reichwein* (Amlung 1991) und an *Will-Erich Peuckert*, deren Haltung durch nichts zu beugen war. Nicht vergessen sei auch der Mut der konfessionellen Volkskundler *Rudolf Kriss* und Prälat *Georg Schreiber* aus Münster. Ihr Denken entspricht nicht in allen Punkten dem meinen, aber ihre Haltung ist auf jeden Fall vorbildhaft. Es ist ein unveräußerliches Kennzeichen wissenschaftlicher Freiheit, daß frei, das heißt unterschiedlich gedacht werden darf und daß es trotz tiefer Überzeugungen keine Missionsstationen und Zwangstaufen gibt.

Für die Nachkriegsgeneration ist es schwer, sich das Leben im Nationalsozialismus vorzustellen. Deshalb ist der Vorwurf des Emphatie-Mangels nicht vorschnell und unethnographisch zurückzuweisen, aber er wird auch benützt, um die Ahnung und Duldung von Mord – und darum geht es – als unumgänglich oder normal auszuweisen. Auf der anderen Seite sollten wir Nachgeborenen nicht glauben, wir hätten allesamt, sofern wir nicht gleich emigriert wären, mindestens die Bombe auf Hitler geworfen. Der historisch und sicherlich auch statistisch häufige Sachverhalt, daß sich Väter und Söhne weniger voneinander unterscheiden, als ihnen lieb ist, ist nicht immer leicht zu ertragen. Diese Einsicht bedeutet Annäherung und ist die Basis für Verstehen; zugleich behindert sie nicht das Eingeständnis, daß auch die Unseren – aus verschiedenen Gründen und mit verschiedener Konsequenz – versagt haben, auch John Meier und Adolf Spamer, und daß dies nicht einfacher dadurch wird, daß alle versagt haben und wir es auch hätten. Verstehen heißt nicht aus der Schuld entlassen.

Freilich bleibt dann die entscheidende Frage – wie war es möglich? Diese trifft weniger brüchige Wissenschaftlerkarrieren als unser Aufgabenfeld insgesamt. Deshalb kann die Aufarbeitung der Wissenschaftsgeschichte in der Epoche des Nationalsozialismus nur *eine* unserer Aufgaben sein. Hand in Hand damit muß eine Ethnographie des Nationalsozialismus vorangetrieben werden, die erst in wenigen Ansätzen versucht wurde. Es gilt, in ihrem Rahmen die Wucht der Propaganda zu studieren, die Bände der SD-Berichte (17 Bände; Boberach 1984) bieten leicht zugängliches Material; dann aber vor allem die Faszination, die der Nationalsozialismus auf die Menschen ausgeübt hat, George L. Mosse hat dies die »politische Liturgie des Faschismus« genannt. Aber es wäre nicht nur die Ästhetik der Massen und ihrer Darstellungsakte zu untersuchen, sondern auch der geplante und umfassende Zugriff des Nationalsozialismus in das tagtägliche Leben hineinzuverfolgen. Konrad Köstlin hat dies am Beispiel des Eintopfkults (1986) exemplarisch geleistet. Zu erinnern wäre auch an Albrecht W. Thöne, das Licht der Arier und die Überlegungen von Silke Wenk zum faschistischen Körperideal.

4. Von 1945 bis heute

Dem militärischen Zusammenbruch des Hitlerreichs entsprach ein moralisches Desaster. Die Volkskundler waren zu sehr selbst davon betroffen, um ihrer ethnographischen Aufgabe, das heißt der Beschreibung und Deutung der Lage, gerecht werden zu können. Der Soziologe *Heinz Maus* redete 1946 einer Auflösung des schwer belasteten Faches das Wort, und es war symptomatisch, daß gegen die Beerbung durch die Anrainer der nach Göttingen berufene Will-Erich Peuckert plädierte. Die Führung des Verbandes der Vereine für Volkskunde blieb bei dem greisen John Meier. Dessen Fazit der zwölf Jahre Terror, »die führenden Kreise der Partei hätten den Verband seine Arbeiten ungestört und ungehemmt fortsetzen lassen« (Meier 1954, 26 f.) ist nicht nur zu wenig, sondern das Zitat zeigt auch, daß die Illusion bestand, sich aus der Mitverantwortung für die Ereignisse davonstehlen zu können. »Schimmelgrün ist das Haus des Vergessens« (Celan). Man war froh, daß 1946 die »Volkskunde der Schweiz« von Richard Weiss erschien; sie stellte von neutralem Boden einen Unbedenklichkeitsbescheid aus, der zudem auf hohem Niveau gedacht und geschrieben war. Man hatte damals andere Sorgen als die Vergangenheit, oder sie war so bedrückend, daß man sich vor ihr in die Gegenwart flüchtete.

Ein Schwerpunkt der Nachkriegsforschung war die *Volkskunde der Heimatvertriebenen*, mit deren Schicksal man sich so intensiv beschäftigte, daß einem zeitlich distanzierten Betrachter der Gedanke kommt, daß damit »unsere Opfer« dokumentiert werden sollten. Denn die Schicksale der anderen Flüchtlinge blieben unbehandelt, keine Publikation über die herumirrenden Überlebenden aus den KZ oder die nicht repatriierten DPs. Es war und blieb eine »Deutsche« Volkskunde. Daher rückte auch nicht der Nationalsozialismus als Forschungsgegenstand ins Blickfeld. Die Desillusionierung über das geliebte Volk (und sich selbst) hätte man sicherlich nicht ausgehalten. Die feinsinnigen, aber eher literarischen Andeutungen im Werk von Richard Weiss – »denn aus Gemeinem ist der Mensch gemacht und Gewohnheit nennt er seine Amme« (Wallenstein) blendete man aus.

Die *Entnazifizierung* der belasteten Fachkollegen verlief wie die deutsche Trauerarbeit insgesamt im Schatten des westlichen Antikommunismus. Der ehemalige Tübinger Institutsleiter, Gustav Bebermeyer, wurde nach einer gewissen Anstandspause wieder als Altgermanist an der Universität tätig und später regelrecht emeritiert; Eugen Fehrle konnte wieder publizieren, auch ihm wurde im Entnazifizierungsverfahren wenig Leid zugefügt. Man muß als Heutiger sehr vorsichtig sein, daß man seine Rachegelüste nicht mit historischer Gerechtigkeit verwechselt – aber es ist doch nicht ohne Bewegung zu sehen, wie ungeschoren man die Täter ließ und wie wenig man sich für die Opfer verantwortlich fühlte.

Die Entnazifizierung das Faches fand an anderer Stelle und ohne großen Aplomb durch emsige Arbeit statt. Die *Münchner Schule,* von Hans Moser (1954) und Karl-S. Kramer (1961) begründet und belebt, räumte mit dem mythischen Kram in der Volkskunde säuberlich auf. Mit strenger Quellenkritik wurde vor allem methodisch den Ursprünglichkeits- und Ewigkeitsvorstellungen der traditionellen Volkskunde der Giftzahn gezogen. Das Volksleben in einem abgegrenzten Raum wurde in seiner zeitlichen Gebundenheit beschrieben, der Einfluß von wirtschaftlichen und rechtlichen Gegebenheiten wurde angemessen in Betracht gezogen, daß Volkstum zeigte sich nicht mehr als das Gegenüber der Geschichte, sondern als Teil von ihr, ihren Bewegungen untergeordnet und eingefügt. Diese Arbeit hat auf vielen Feldern des Faches Enttäuschung und dadurch entfachte Aggression bedeutet, die Sinnhuberei vieler Dilettanten, die in Bräuchen noch immer die Anfänge wesen hörten und sahen, wurde empfindlich gestört, als man anfing, nicht mehr in Jahrtausenden, sondern in Jahrzehnten zu rechnen. Hans Moser hat diese Reaktion wohl vorausgeahnt und ist ihr offensiv begegnet, indem er beherzt die Diskussion über den *Folklorismus* (1962) eröffnete, die scharfsinnige Analyse der Volkskultur aus zweiter Hand hatte gleichfalls einen antinazistischen Effekt, wenn es auch um mehr ging. Aber die Nazis waren es ja vor allem, die jene Pseudo-Volkskultur erfunden, eingesetzt und betrieben hatten, ganz nach ihrem Belieben und politischem Verlangen. Mosers Verdikt über solche Talmikultur war ein wichtiger Anstoß, der das Fach aus seiner Verquickung in kulturpolitische Zusammenhänge löste und eine theoretische Diskussion über die Fragen des Folklorismus ermöglichte, die vielleicht nicht so sehr durch die Ergebnisse als durch ihre Methode von bleibender Bedeutung sein wird.

Der dritte Pfeiler, der eine Distanzierung von der Fachtradition und einen Neuanfang ermöglichte, war eine konsequente *Öffnung für Gegenwartsfragen,* wie sie u. a. in den Arbeiten des Tübinger Ludwig-Uhland-Instituts sichtbar wurde. Die Bemühungen, *Volkskunde als empirische Alltagswissenschaft* zu installieren, war ebenfalls eine Basis, um ideologische Behauptungen und gesellschaftliche Verschönerungspraxis von sozialer Realität zu unterscheiden lernen. Was in der Volkskunde unter-, um nicht zu sagen unentwickelt war, die analytische Fähigkeit, das soziale Leben von Kulturen und Teilkulturen zu beobachten, beschreiben und zu interpretieren, wurde zunehmend intensiver und extensiver entwickelt.

Einen anderen Weg war die *Volkskunde in der DDR* gegangen (Martischnig 1990); nachdem der von schwerer Krankheit gezeichnete Adolf Spamer den Akademieplatz bekam, den ihm die Nazis verweigert hatten, konnte sich in der DDR die Volkskunde als selbständiges und geachtetes historisches Fach etablieren. Das ist nicht zuletzt auf die Arbeiten und das Ansehen von Wolfgang Steinitz zurückzuführen, der vor allem die plebejischen Elemente in der Volkskultur untersuchte, die von den Gemeinschaftidcologen immer wieder übersehen oder geleugnet wurden. Die Untersuchungen der »Volkslieder demokratischen Charakters« (Steinitz 1954, 1962) sind für die gesamtdeutsche Volkskunde wissenschaftliche Marksteine geworden, die nicht nur in der DDR für die Forschungspraxis Vorbildcharakter hatten. Insgesamt steht eine endgültige Bewertung der Leistungen und Versäumnisse der wissenschaftlichen Volkskunde noch aus. Aber es zeichnet sich ab, daß es auch da neben der couragierten Haltung Einzelner wiederum mehr Nischensteher und offiziell agierende Linientreue gab (Mühlberg 1991).

Marxistische Anregungen, allerdings gefiltert durch die Ansichten der Frankfurter Schule, waren von großer Bedeutung für die Fortentwicklung der westdeutschen Volkskunde der 60er Jahre. Das allmähliche Bewußtwerden der NS-Verbrechen, die Einsicht, daß das eigene Fach und seine führenden Vertreter davon betroffen waren und nie darüber Rechenschaft abgelegt hatten, vereinten sich mit anderen Strömungen der Zeit, der Kritik am Vietnamkrieg der westlichen Vormacht USA, Unbehagen an einer überalterten Herrschafts- und Traditionsstruktur der deutschen Universität, die auch nicht flexibel genug war, um sich mit den Fragen und Vorwürfen der Studierenden offensiv auseinanderzusetzen. Es formierte sich die sogenannte *Studentenbewegung,* die sich politisch erklärtermaßen als links verstand, deren Argumentationsformen allerdings außerordentlich agitatorisch und wenig zimperlich im Umgang mit Gegnern waren. Auch die Volkskunde hatte in gemäßigter Form ihre studentische Revolte. Diese kam vor allem auf dem Kongreß in Detmold (1969) zum Ausbruch und sorgte für eine Polarisierung der Volkskundler, die fast zum Bruch zwischen den einzelnen Richtungen geführt hätte. Die Spannungen zeigten sich in der sogenannten Namensdebatte, die davon ausging, daß durch die Geschichte und ihre Zuspitzung durch die NS-Zeit die Kategorie Volk als wissenschaftlicher Begriff, der auch noch das Dach eines Faches bildet, ausrangiert werden müsse. Es wurden in der Diskussion verschiedene Namen vorgeschlagen, vor allem auf der hitzigen und intensiven Falkensteiner Tagung (1970) wurden die Wünsche diskutiert; man konnte sich auf keine gemeinsame Lösung verpflichten. So ist bis heute die Lage der Volkskunde namensmäßig durch babylonische Verhältnisse gekennzeichnet: Europäische Ethnologie, Kulturanthropologie, Empirische Kulturwissenschaft, daneben aber auch noch Volkskunde, zeigen an, daß die zentrifugalen Kräfte nach wie vor stark sind. Auch das ist ein Schatten der NS-Geschichte: nachdem man sich damals nach Einheit und Verschmelzung sehnte, ist es sicherlich eine adäquate Gegenbewegung, wenn man mit Einheit vorsichtiger geworden ist und lokale Besonderheiten und Sonderformen ohne Bekehrungsgestik hinzunehmen weiß. Immerhin existiert das gemeinsame Dach der DGV und ihrer Organe, die auf Kongressen und Tagungen zeigen, daß man sich trotz aller Entfernung zwischen den einzelnen Ansätzen noch immer verbunden weiß, sonst würde man die Auseinandersetzung nicht suchen. Dabei haben sich vielfältige Traditionen entwickelt, die zum Teil an institutionellen Vorgaben anhaften wie die *Enzyklopädie des Märchens* das Göttinger Institut zu einem Hort moderner Erzählforschung machte oder das *Deutsche Volksliedarchiv* einen Freiburger Forschungsschwerpunkt prägte. Ähnliches läßt sich von Bonn sagen, dort ruht der Schatz des *Atlas der Deutschen Volkskunde,* dessen letzte Lieferung 1985 erschien. Trotz dieses vorläufigen Abbruchs, ist, so eine Einschätzung von Klaus Beitl, »der ADV die Leitgestalt der wissenschaftlichen Kartographie der europäischen Volkskunde geblieben«.

Zum anderen haben einzelne Forscherpersönlichkeiten Schwerpunkte in Instituten gesetzt, die für die jeweils aktuelle Entwicklung des Faches von Bedeutung wurden. Bemerkenswert ist jedoch nicht nur die Fortführung und Weiterentwicklung überlieferter Forschungsterrains, sondern auch die Entwicklung neuer Konzepte. Die meisten sind an anderer Stelle in diesem Band vorgestellt, so sei nur auf die Ethnographie komplexer Institutionen hingewiesen, die nicht nur eine neue Thematik entwickelte, sondern auch methodisches Neuland betrat (Warneken/Wittel 1997). Zu nennen wären Gerhard Heilfurth und Ingeborg Weber-Kellermann, die in den 60er Jahren den sozialgeschichtlichen Anschluß suchten und beim Kongreß 1965 die Kategorie Arbeit ins Zentrum der Überlegungen rückten. Die einzelnen Beiträge zeigen allerdings dem heutigen Betrachter, daß da erst vom Anfang einer Modernisierung die Rede sein kann und mancher Ballast aus der engen Tradition des Faches noch spürbar ist. Zum Vorort einer eher von den Traditionen der materiellen Volkskultur geprägten Forschung wurde Münster, dort gab es mit den Arbeiten von Günter Wiegelmann und Hinrich Siuts eine anspruchsvolle Fortführung einer zentralen volkskundlichen Forschungsachse. Ganz neue Wege, bis an die Grenzen des Faches ging schließlich Ina-Maria Greverus, die in Frankfurt konsequent eine zeitgemäße Kulturanthropologie durchsetzte, die den Horizont des Faches für die Vielfalt der Kulturen und die Vielfältigkeit des Kulturellen öffnete (Greverus 1978, 1980).

An dieser Stelle wäre auf das Tübinger Ludwig-Uhland-Institut für Empirische Kulturwissenschaft zu verweisen, das wie kein zweites neue Wege auskundschaftete und auch nach der Emeritierung von Hermann Bausinger innovativ und richtungsweisend operierte. Zu nennen wäre Gottfried Korff, der einer der angesehensten deutschen Museologen ist und der ein interpretatorisches Instrumentarium zur volkskundlichen Einbettung von ikonologischem Wissen geschaffen hat, und Bernd Jürgen Warneken, der originelle Wege in der Arbeiterkulturforschung und der Unternehmensethnographie einschlug und damit auch neue Pfade einer modernen Feldforschung fand und entwickelte. Aber Eigenlob riecht, deshalb will ich hier nicht auch noch auf Uli Linke, Gudrun König und Friedemann Schmoll eingehen.

Diesen neuen Ansätzen ist ein Effet gemeinsam, der des Unteren und Niederen, das sowohl sozial, wie kulturell als auch psychologisch beleuchtet wird. Damit ist ein Gegenpol zur sozialhistorischen Ausrichtung des Faches gefunden und verankert. Diese hat nicht ausgedient, sondern sie hat neue Argumentationskraft gewonnen. Damit sei noch einmal an die Münchner Schule angeknüpft. Sie hat die Volkskunde aus der ideologischen Verstrickung in eine verantwortungsschwache Enthistorisierung befreit und zentrale Bereiche wie Brauchgeschichte, Volkskunstforschung, aber auch Volksfrömmigkeit aus dem Banne der Ursprungsgedanken erlöst und in eine quellenorientierte kritische Sozialforschung übergeleitet. Diese strenge, methodisch gesicherte und historisch fundierte Forschungspraxis erlaubt es auch, ja macht es erforderlich, selbstreflexive, subjektorientierte, für das Unbewußte offene Fragen zu stellen. Für die Antworten bleibt ein Jahrhundert Zeit.

Zum Abschluß möchte ich drei Wege andeuten, die in Zukunft relevant werden mögen. Die *Auseinandersetzung mit der Sozialgeschichte* hat ja bereits begonnen und ist an vielen Universitätsinstituten, aber auch Museen richtungsweisend geworden. Hier sehe ich mittlerweile schon soviel Annäherung, daß die Grenzziehung gelegentlich Schwierigkeiten macht. Nun ist es im Grunde im modernen Wissenschaftsbetrieb wenig sinnvoll, durch Grenzwälle das eigene Territorium sichern zu wollen, aber es wäre zu überlegen, ob nicht durch die berechtigte Angst vor der Sinnhuberei der NS-Zeit mittlerweile bestimmte, sich langsam verändernde Schichten in der Geschichte übersehen werden. Es ist zwar richtig, daß vieles, was alt erscheint – vom Fachwerk bis zum Maibaum – Geschichte vorlügt, aber zugleich ist es unbestreitbar, daß es auch kulturelle Elemente gibt, wie die Sprache, die Religion oder die Kunst, die trotz vieler Modifikationen und epochaler Neuerungen auch eine Spur durch die Geschichte legen, die in Jahrzehnten schlecht zu messen ist. Mentalitätsforschung heißt ja im französischen Vorbild, die drei Tempi des historischen Procedere zusammen zu bestimmen; der Nationalsozialismus hat unter anderem gelehrt, daß der archaische Barbar uns noch immer nicht abhanden gekommen ist und daß ein Zusammenspiel verschiedener gefährlicher historischer Kräfte seine Entfesselung möglich machte – und vermutlich wieder machen könnte. Die Verkürzung der Geschichte auf eine überschaubare Zeit verhindert auch, menschlichen Möglichkeiten, die in der NS-Zeit mörderisch zutage traten, angstlos ins Auge zu schauen – und sie so beherrschen zu lernen. Es geht nicht darum, das Irrationale in der Geschichte und im Leben zu verleugnen, sondern es mit der zugegebenermaßen schwachen Kaft der Vernunft zu begreifen, um so damit umgehen lernen zu können.

Diese zweite Spur in der Zukunft unseres Faches würde also eine neue Aufmerksamkeit für *Kontinuität* bedeuten, Kontinuität freilich nicht als die Basis des Faches, sondern als eine Variante in der Geschichte und im geschichtlichen Prozeß.

Schließlich wäre als drittes zu hoffen, daß eine intensivere *Auseinandersetzung mit der Ethnologie* möglich wird, denn die Gefahr der volkskundlichen Blickverengung bei der stetigen Analyse eigener kultureller Probleme ist nicht zu übersehen. Die Gegenwart ist von kulturellen Bereicherungen durch Fremdheit gekennzeichnet, vor denen wir uns auf abenteuerliche Weise zu schützen versuchen. Die Ethnologie lehrt nicht die Idealisierung des Fremden, verbunden mit einer Entwertung des Eigenen, sie zeigt, daß alle kulturellen Probleme verschiedene Lösungsmöglichkeiten haben (Hauschild / Nixdorff 1984) und daß der Ethnozentrismus, der die Volkskunde lange Zeit beherrscht hat, eine Kultur nicht nur gefährlicher, sondern auch ärmer macht.

Literaturverzeichnis

Amlung, Ullrich: Adolf Reichwein 1898–1944. Ein Lebensbild des politischen Pädagogen, Volkskundlers und Widerstandskämpfers. 2 Bde. Frankfurt a.M. 1991.

Assion, Peter: »Was Mythos unseres Volkes ist«. Zum Werden und Wirken des NS-Volkskundlers Eugen Fehrle. In: Zeitschrift für Volkskunde 81(1985) 220–244.

Atlas der deutschen Volkskunde. Neue Folge aufgrund der von 1929–1935 durchgeführten Sammlungen im Auftrag der Deutschen Forschungsgemeinschaft in Zusammenarbeit mit H. L. Cox, Gerda Grober-Glück und Günter Wiegelmann hrsg. von Matthias Zender. Erläuterungen. Marburg 1985.

Bausinger, Hermann: Volksideologie und Volksforschung. Zur nationalsozialistischen Volkskunde. In: Zeitschrift für Volkskunde 61 (1965) 177–204.

Bausinger, Hermann: Traditionale Welten. Kontinuität und Wandel in der Volkskultur. In: Zeitschrift für Volkskunde 81 (1985) 173–191.

Becker, Horst: Was ist Volkskunde? Stuttgart 1934.

Beradt, Charlotte: Das Dritte Reich des Traums. München 1966.

Behrend, Fritz: Im Kampf mit dem Erbfeind. In: Zeitschrift für Volkskunde 25 (1915) 6–17.

Boberach, Heinz (Hrsg.): Meldungen aus dem Reich. Die geheimen Lageberichte des Sicherheitsdiensts der SS. 17 Bde. Herrsching 1984.

Brednich, Rolf Wilhelm: Das Weigelsche Sinnbildarchiv in Göttingen. Ein Beitrag zur Geschichte und Ideologiekritik der nationalsozialistischen Volkskunde. In: Zeitschrift für Volkskunde 81(1985) 22–39.

Bruck, Andreas: Vergangenheitsbewältigung?! Kritische Anmerkungen zur Aufarbeitung der nationalsozialistischen Vergangenheit in der Volkskunde. In: Zeitschrift für Volkskunde 86 (1990) 177–202.

Bruckbauer, Maria: »...und sei es gegen eine Welt von Feinden!« Kurt Hubers Volksliedsammlung und -pflege in Bayern (Bayerische Schriften zur Volkskunde, 2). München 1991.

Chasseguet-Smirgel, Jeanine: Das Paradoxon der Freudschen Methode. In: Materialien aus dem Sigmund-Freud-Institut 3 (1986) 52–75.

Dieterich, Albert: Über Wesen und Ziele der Volkskunde. In: Hess. Blätter für Volkskunde 1 (1902) 169–194.

Emmerich, Wolfgang: Zur Kritik der Volkstumsideologie (es, 502). Frankfurt/M. 1971.

Gerndt, Helge: Volkskunde und Nationalsozialismus. Referate und Diskussionen einer Tagung (Münchner Beiträge zur Volkskunde, 7). München 1987.

Greverus, Ina-Maria: Das Institut für Kulturanthropologie und Europäische Ethnologie in Frankfurt. Retrospektive und Prospektive. In: Notizen 10 (1980) 5–17.

Greverus, Ina-Maria: Kultur und Alltagswelt. Eine Einführung in Fragen der Kulturanthropologie (Beckse Schwarze Reihe, 182). München 1978.

Haug, Wolfgang Fritz: Der hilflose Antifaschismus. Frankfurt/M. 1967.

Hauschild, Thomas; Nixdorff, Heide (Hrsg.): Europäische Ethnologie. Berlin 1984.

Heilfurth, Gerhard; Weber-Kellermann, Ingeborg (Hrsg.): Arbeit und Volksleben. Deutscher Volkskundekongreß 1965 in Marburg. Göttingen 1967.

Heine, Heinrich: Zur Geschichte der Religion und Philosophie in Deutschland. In: Werke Bd. 4, Frankfurt/M. 1968, 44–165.

Hoffmann-Krayer, Eduard: Zur Einführung. In: Schweizerisches Archiv für Volkskunde 1 (1897) 1–12.

Hoffmann-Krayer Eduard: Die Volkskunde als Wissenschaft. Zürich 1902.

Hoffmann-Krayer, Eduard: Naturgesetz im Volksleben? In: Hess. Blätter für Volkskunde 2 (1903) 57–64.

Jacobeit, Wolfgang: Bäuerliche Arbeit und Wirtschaft. Ein Beitrag zur Wissenschaftsgeschichte der deutschen Volkskunde. Berlin 1965.
Jacobeit, Wolfgang; Lixfeld, Hannjost; Bockhorn, Olaf (Hrsg.): Völkische Wissenschaft. Gestalten und Tendenzen der deutschen und österreichischen Volkskunde in der ersten Hälfte des 20. Jahrhunderts. Wien/Köln/Weimar 1994.
Jacobeit, Wolfgang; Mohrmann, Ute: Zur Geschichte der volkskundlichen Lehre unter Adolf Spamer an der Berliner Universität (1933–1945). In: Ethnographisch-Archäologische Zeitschrift 23 (1982) 283–298.
Köstlin, Konrad: Der Eintopf der Deutschen. Das Zusammengekochte als Kultessen. In: Tübinger Beiträge zur Volkskultur. Tübingen 1986, 220–241.
Kramer, Karl-Sigismund: Volksleben im Fürstentum Ansbach und seinen Nachbargebieten (1500–1800). Würzburg 1961.
Lixfeld, Hannjost: Adolf Spamers Rolle als Wegbereiter einer nationalsozialistischen Volkskundewissenschaft. In: Beiträge zur Wissenschaftsgeschichte der Volkskunde des 19. und 20. Jahrhunderts, hrsg. von Kai Detlev Sievers. Neumünster 1991, 91–119.
Lutz, Gerhard: Volkskunde. Ein Handbuch zur Geschichte ihrer Probleme. Berlin 1958.
Mann, Thomas: Deutsche Ansprache: Ein Appell an die Vernunft (1930). In: Politische Schriften und Reden, 2. Frankfurt/M. 1968, 185–200.
Martischnig, Michael (Bearb.): Volkskundler in der Deutschen Demokratischen Republik heute (Mitteilungen des Instituts für Gegenwartsvolkskunde, Sonderband 4; Veröffentlichungen des Österreichischen Museums für Volkskunde, 25). Wien 1990.
Maus, Heinz: Zur Situation der deutschen Volkskunde. In: Die Umschau 1 (1946) 349–353.
Meier, John; Schmidt-Ebhausen, Friedrich: 50 Jahre Verband der Vereine für Volkskunde 1905–54. Stuttgart 1954.
Mogk, Eugen: Wesen und Aufgabe der Volkskunde. In: Mitteilungen des Verbandes deutscher Vereine für Volkskunde 6 (1907) 1–9.
Moser, Hans: Gedanken zur heutigen Volkskunde. Ihre Situation, ihre Problematik, ihre Aufgaben. In: Bayerisches Jahrbuch für Volkskunde 1954, 208–234. Wiederabdruck bei Helge Gerndt (Hrsg.): Fach und Begriff »Volkskunde« in der Diskussion (Wege der Forschung, 641). Darmstadt 1988, 92–157.
Moser, Hans: Vom Folklorismus in unserer Zeit. In: Zeitschrift für Volkskunde 58 (1967) 177–209.
Mühlberg, Dietrich: Kulturelle Ursachen für das Scheitern des Staatssozialismus in der DDR. In: Mitteilungen aus der kulturwissenschaftlichen Forschung 29 (Nov. 1991) 19–35.
Naumann, Hans: Grundzüge der deutschen Volkskunde. Leipzig 1922.
Oesterle, Anka: Anpassung und Widerstand. Zur Biographie John Meiers. Magisterarbeit Tübingen 1987.
Peuckert, Will-Erich: Zur Situation der Volkskunde. In: Die Nachbarn. Jahrbuch für vergleichende Volkskunde 1 (1948) 130–135.
Peßler, Wilhelm: Handbuch der deutschen Volkskunde. 2 Bde. Potsdam o.J.
Peuckert, Will-Erich; Lauffer, Otto (Hrsg.): Volkskunde. Quellen und Forschungen seit 1930 (Wiss. Forschungsberichte. Geisteswiss. Reihe, 14). Bern 1951.
Rosenberg, Alfred: Der Mythus des 20. Jahrhunderts. München 1930.
Schramka, Carmen: Mundartenkunde und Germanische Religionsgeschichte. Zur Tätigkeit von Otto Maußer und Otto Höfler. In: Volkskunde an der Münchner Universität 1933–1945. München 1986, 43–64.

Spamer, Adolf (Hrsg.): Die deutsche Volkskunde. 2 Bde. Leipzig 1934/35.
Spamer, Adolf: Um die Prinzipien der Volkskunde. In: Hess. Blätter für Volkskunde 23 (1924) 67–108.
* Steinitz, Wolfgang: Deutsche Volkslieder demokratischen Charakters aus sechs Jahrhunderten. 2 Bde. Berlin/Ost 1954–1962. Neudruck in 1 Bd. Berlin/West 1979.
Steinthal, G.: An die Leser. In: Zeitschrift für Volkskunde 1 (1891) 10–17.
Thöne, Albrecht: Das Licht der Arier. München 1979.
Warneken, Bernd Jürgen: »Völkisch nicht beschränkte Volkskunde«. Eine Erinnerung an die Gründungsphase des Fachs vor 100 Jahren. In: Zeitschrift für Volkskunde 95 (1999) 169–196.
Warneken, Bernd Jürgen; Wittel, Andreas: Die neue Angst vor dem Feld. Ethnographisches *Research up* am Beispiel der Unternehmensforschung. In: Zeitschrift für Volkskunde 93 (1997) 1–16.
Weber-Kellermann, Ingeborg; Bimmer, Andreas C.: Einführung in die Volkskunde/Europäische Ethnologie. Eine Wissenschaftsgeschichte (Slg. Metzler, 79). Stuttgart 1985.
Weigel, Karl Theodor: Runen am deutschen Hause I und II. In: NS-Monatshefte 7 (1936) 163–165, 900–904.
Weinhold, Karl: Zur Einleitung: In Zeitschrift für Volkskunde 1 (1891) 1–9.
Weiss, Richard: Volkskunde der Schweiz. Erlenbach-Zürich 1946.
Wenk, Silke: Aufgerichtet weibliche Körper als Bilder der Ordnung. In: Die Inszenierung der Macht. Ästhetische Faszination im Faschismus, Berlin 1987.

Rolf Wilhelm Brednich

Quellen und Methoden

1. *Die Quellen volkskundlicher Forschung*

1.1 *Grundsätzliches*

Die folgende Darstellung der Quellen volkskundlicher Forschung und der Vorgehensweisen bei der Erhebung, Ordnung und Auswertung dieser Quellen soll den Studienanfängern vor allem einen Überblick über das Handwerkszeug vermitteln, mit dem der/die Volkskundler/in arbeitet. Was bei einer solchen ersten Annäherung an die differenzierte Methodik kulturwissenschaftlichen Arbeitens nicht geleistet werden kann, ist die Einbindung der zur Sprache kommenden Arbeitstechniken in konkrete Forschungszusammenhänge und damit in die volkskundliche Theoriebildung. Über die Theorien der Volkskunde/Europäischen Ethnologie informieren die im Anhang genannten Grundsatzwerke und Lehrbücher; Einblicke in die Anwendung der verschiedenen Methoden gewinnt der/die Studierende am besten durch die Lektüre von neueren volkskundlichen Monographien aus den einzelnen Arbeitsfeldern, die in Auswahl im vorliegenden Beitrag selbst, vor allem aber in den Einzelbeiträgen dieses »Grundrisses« genannt sind.

Nach theoretischen Auseinandersetzungen mit Fragen der Vorgehensweise und Arbeitstechniken und somit dem Zustandekommen wissenschaftlicher Erkenntnisse wird man in der älteren volkskundlichen Literatur vergeblich suchen. Die Volkskunde hatte in der Vergangenheit ein nur sehr gering ausgeprägtes Methodenbewußtsein; im Mittelpunkt standen mehr als einhalb Jahrhunderte lang vielmehr die Objekte der Forschung, ihre Sammlung, Rettung und Bewahrung. Soweit zur Dokumentation ihrer Quellen spezielle Methoden notwendig waren, bediente man sich der in den Nachbarwissenschaften entwickelten Vorgehensweisen. Die ersten Handbücher zur Volkskunde aus den 1930er Jahren verzichten fast völlig auf Methodenkapitel, und noch das »Wörterbuch der deutschen Volkskunde« von R. Beitl (^{3}1974) führt zwar Hunderte von Sachartikeln über die Quellen der Volkskunde auf, nicht jedoch das Stichwort »Methode«. Auch die letzte handbuchartige Zusammenfassung des Forschungsstandes in den einzelnen Forschungsgebieten, veröffentlicht 1962 in der »Deutschen Philologie im Aufriß«, versteht unter »Methoden« die Adaption von Vorgehensweisen aus benachbarten Disziplinen: Die *historisch-philologische Methode* als Erbe der engen Verbindung der Volkskunde im 19. Jahrhundert zur deutschen Philologie, die *geographische Methode,* die aus der Kulturraumforschung übernommen wurde und bei der Herausgabe der Volkskunde-Atlanten

Pate stand, *die psychologische Methode,* die in A. Spamer mit seiner Vorstellung von den Gruppengeistigkeiten einen bedeutenden Vertreter besaß, schließlich die *soziologisch-funktionalistische Methode* mit der Betonung der Bedeutung der Überlieferungen im Lebenszusammenhang, wie sie vor allen Julius Schwietering und Richard Weiss vertraten (Hain 1962). Was damals unter »Methode« verstanden wurde, waren im Grunde lediglich verschiedene Betrachtungsweisen oder Forschungsrichtungen, die nicht den Anspruch erheben können, insgesamt eine systematische oder homogene Methodenlehre der Volkskunde zu bilden.

Noch in einer jüngeren Gesamtdarstellung der Volkskunde wird ein verschwommenes Bild ihrer Arbeitsmethoden entwickelt:

»Das Fach arbeitet mit einer ineinandergreifenden Methodenpluralität, die zwar theoretisch gegliedert erscheint, vor allem in historisch-philologische, topographische, soziologische und psychologische Gesichtspunkte, praktisch aber weithin unsystematisch in der Art elementarer Empirie operiert und sich vielfach auf bloße Deskription beschränkt, jedenfalls innerhalb jener breiten Zone mehr oder weniger dilettantischer Arbeiten, die den wissenschaftlichen Kern des Faches umlagert und im allgemeinen sein Image in der öffentlichen Meinung dahingehend beeinflußt, als ob hier nichts anderes als ein ›Sammelsurium von Kuriositäten‹ erfaßt werde. Von der wissenschaftlichen Leistung her ist dieses negative Urteil nicht gerechtfertigt. Positiv gesehen geht es hier um die Bewältigung einer überquellenden vielgestaltigen Faktenfülle, die sich jeweils als Gegenstand darbietet. Darin liegt der Anreiz des Faches, darin ist aber auch seine Problematik begründet« (G. Heilfurth in König 1973/74, Bd. 4, 165).

Kritik an dieser mangelnden Reflexion der Volkskunde über ihre Methoden wurde zunächst in den Nachbarwissenschaften, besonders in den Sozialwissenschaften laut. René König z. B. hat darauf hingewiesen, daß sich in fast allen sozialwissenschaftlichen Forschungsberichten eingehende Diskussionen über die Art und Weise finden, wie deren Ergebnisse erzielt wurden, um dann fortzufahren: »Das unterscheidet ja in wesentlicher Weise die empirische Soziologie von der Volkskunde, der naiven Soziographie und auch von verschiedenen Scheinformen soziologischer Forschung, welche gerade diese elementare Regel der Forschung nicht zu berücksichtigen pflegen« (König 1972, 338). Aber auch im Fach selbst brach sich die Erkenntnis Bahn, daß die Volkskunde nicht nur ein Methodenbewußtsein, sondern noch konkreter ein »Wissen um ihre Methoden« benötige (Gerndt 1972, 195).

Hier ist mittlerweile ein bedeutsamer Wandel vor sich gegangen. Mit der seit Mitte der 1960er Jahre einsetzenden Neuorientierung der Volkskunde von der traditionsbelasteten Altertumswissenschaft zur kritischen Kulturanalyse und empirischen Erforschung des Alltagslebens ging ein Wandel im Methodenbereich einher. Die früher bevorzugten Vorgehensweisen bei der Datenerhebung (Offenheit, Einfühlung und die schon von Jacob Grimm gepriesene »Andacht zum Unbedeutenden«, vor allem aber das sog. Gewährsmannprinzip) erfuhren die längst fällige Kritik (Scharfe 1969). Die bestehenden methodischen Defizite wurden zunächst durch Übernahme der Methoden der empirischen Sozialforschung kompensiert. Die Abgrenzung von der mangelnden methodischen Exaktheit älterer volkskundlicher Arbeiten mit ihrer Neigung zur unkritischen Anhäufung von Materialbergen fand in dem von Tübinger Autoren bestrittenen Band »Abschied vom Volksleben« (1970) ihren Niederschlag. Überhaupt läßt sich nach über drei Jahrzehnten im Rückblick durchaus sagen, daß die gesamte Diskussion jener Zeit um die Neubestimmung der Inhalte des Faches im wesentlichen auch eine Diskussion um die Methoden der Volkskunde gewesen ist. Als Ergebnis des Umdenkungsprozesses, der u. a. die Umbenennung des Faches in »Empirische Kulturwissenschaft« in Tübingen zur Folge hatte, kann festgehalten werden, daß es seitdem auch zum Standard volkskundlicher Forschungsbeiträge gehört, in einem Methodenteil Auskunft über den Weg zu geben, auf dem die Ergebnisse erzielt worden sind: »[…] im einzelnen Forschungsfall muß zur kritisch offengelegten Quellengrundlage und zu den aspektreich auf gefächerten Betrachtungsweisen noch die präzis beschriebene Vorgehensweise hinzukommen« (Gerndt 1980, 34).

Die Methodendiskussion fand darüber hinaus bis zur Gegenwart eine Fortsetzung. Sie konzentrierte sich angesichts des wachsenden Unbehagens der Sozialwissenschaftler an ihren eigenen Untersuchungsinstrumenten (vgl. Girtler 1988; siehe dazu auch 4.3 Interview) auf die Entwicklung von eigenen Forschungsstrategien für bestimmte Forschungsfelder wie z. B. die Probleme der volkskundlichen Gemeindeforschung (Matter 1978) oder die Untersuchung ethnischer Gruppen und Minderheiten (Brednich 1977). Vor allem wurde die Frage nach der »Spezifik volkskundlicher Arbeit« gestellt, und bei der Antwort, die z. B. H. Bausinger (1980, 17) darauf gefunden hat, spielt auch der Hinweis auf die in der volkskundlichen Arbeit bewährten Methoden eine wichtige Rolle. Im Gegensatz zu den »harten« Vorgehensweisen der Sozialwissenschaftler erscheint ihm für die Volkskunde die Bevorzugung »*weicher Methoden*« als adäquater. Weich bedeutet in diesem Zusammenhang nicht schwach, sondern eher behutsam, anschmiegsam, flexibel, teilnehmend und damit lebensnäher. »Die Verwendung weicherer Methoden erlaubt es dem Forscher wahrscheinlich doch eher, das Forschungsinteresse und das Interesse der Erforschten wenn nicht zur Deckung zu bringen, so doch einander anzunähern« (Bausinger 1980, 20).

Dieses Plädoyer für qualitative anstelle von quantitativen Vorgehensweisen ist kein Rückfall in die Zeit der geringen Methodenreflexion, sondern vielmehr Ausdruck der Besinnung des Volkskundlers auf das innere Ziel seiner Forschungstätigkeit: humane Wissenschaft. Er sieht im Prozeß der Datenerhebung den Vorgang einer zwischenmenschlichen und wechselseitigen Kommunikation; das Forschungsfeld versteht er als Lernfeld, welches durch intensive Interaktion zwischen Forschendem und zu Erforschendem gekennzeichnet ist. Selbst bei Forschungsprojekten, für die ausschließlich historische Quellen zur Analyse ausgewählt werden, sollte das Bemühen des Volkskundlers vorwiegend auf qualitative Erkenntnisse, d.h. hier auf die Rekonstruktion vergangener Lebenswirklichkeit aus den Quellen gerichtet sein. In diesem Sinne spricht H. Bausinger (1977, 8) auch von der Notwendigkeit weicher historischer Methoden (»soft historical methods«) in der Volkskunde.

Im Blick auf die Europäische Ethnologie hat H. Gerndt (1977/78) die *vergleichende Methode* als Schwerpunkt ethnologischer Forschungstätigkeit behandelt und die Prinzipien für ein vergleichendes Vorgehen postuliert. Nicht jedes In-Beziehung-Setzen von Objekten im bestimmten Kontext mit anderen Objekt/Kontext-Konstellationen erfüllt nach Gerndt eo ipso die Grundbedingungen einer vergleichenden Methode. Nur unter der Voraussetzung, daß die Objekte aus ihrem sozial-historischen Kontext heraus interpretiert werden und daß entweder die Objekte selbst oder zumindest die Kontexte vergleichbar sind, ist eine vergleichende Methode sinnvoll. Je nach vorherrschendem Erkenntnisinteresse wählt der Volkskundler entweder
- die *Vergleichung im Raum* (Kulturraumforschung),
- die *Vergleichung in der Zeit* (Kulturgeschichtsforschung),
- die *Vergleichung im sozialen Feld* (Gruppenkultur-Forschung) oder
- die *Vergleichung im psychischen Feld* (kulturelle Verhaltensforschung, Kulturethologie) (Gerndt 1977/78, 19).

Nach ihren unterschiedlichen Ansätzen im Objektbereich sind dabei drei Ebenen des vergleichenden Vorgehens denkbar:
- *Historische Vergleichung* ist dort möglich, wo wir vergleichbare Objekte in vergleichbaren kulturellen Kontexten betrachten.
- *Typologische Vergleichung* ist dort möglich, wo zwar die Objekte selbst, nicht aber ihr kultureller Kontext als vergleichbar angesehen werden können.
- *Symbolische Vergleichung* schließlich ist dort sinnvoll, wo wir unterschiedliche Objekte in vergleichbaren kulturellen Kontexten erblicken (Gerndt 1977/78, 24 f.).

Bisher haben wir den Begriff »Objekte« volkstümlicher Forschung noch nicht näher differenziert. Es gilt nunmehr, den Blick auf die speziellen Verfahrensweisen der Datenerhebung und -verarbeitung zu lenken.

Quellen und Methoden 81

2. Objektanalyse

Auf allen volkskundlichen Forschungsfeldern stehen die kulturellen Objektivationen in ihren Wechselbeziehungen zum Menschen im Vordergrund des Interesses. Sie sind als gegenständliche oder Sachzeugen zunächst isolierte Mosaiksteine aus Handlungskomplexen, die erst durch die Berücksichtigung ihrer Rolle im kulturellen Vollzug als Quelle zur Erklärung menschlichen Verhaltens dienen können. In den einzelnen Arbeitsgebieten hat es der Forscher mit jeweils spezifischen Objektbereichen zu tun, die entweder immobil (Häuser, Höfe, Kirchen, Kapellen, Denkmäler, Fabriken etc.) oder mobil sein können. Zu den nicht ortsgebundenen Sachzeugen gehört der gesamte Bereich der sog. volkstümlichen Sachkultur, wie er von den kulturhistorischen und volkskundlichen Museen gesammelt wird (vom Arbeitsgerät über Möbel und Hausrat zur Kleidung und bis hin zu den verschiedensten Formen der »Volkskunst« aus den Materialien Textil, Papier, Keramik, Holz, Metall, Stein usw.). Eine Systematisierung der Sachgüter und ihrer Beziehungen zu den Lebensformen des Mittelalters und der Neuzeit hat D. W. H. Schwarz (1970) vorgenommen.

Ziel der volkskundlichen Sachkulturforschung ist es, die entsprechenden Objekte aus ihren jetzigen und historischen Verwendungszusammenhängen heraus zu verstehen und über die Objekte auf die Realität des kulturellen Lebens zu schließen. In den Sachgütern im weitesten Sinne sieht die Volkskunde heute Indikatoren (beobachtbare Merkmale) von kulturellen Prozessen und gesellschaftlichen Zusammenhängen, d.h. sie werden nicht um ihrer selbst willen (als l'art pour l'art, als Objekte ästhetischer Wahrnehmung) untersucht, sondern als möglicher Zugang zum Verständnis sozio-ökonomischer bzw. sozio-kultureller Entwicklungen (vgl. Gerndt 1981, 117–126 am Beispiel der Kleidung als Indikator).

In älteren volkskundlichen Darstellungen wurde empfohlen, die Erscheinungsformen der »Volkskultur« nach Erscheinung, Geschichte und Funktion zu untersuchen (z.B. L. Schmidt 1948, 28). Dies genügt uns heute im allgemeinen nicht mehr. Ein umfassenderer Zugriff muß sich vielmehr darum bemühen, die Objekte der Forschung als Teile von Kommunikations- und Überlieferungsprozessen zu verstehen und möglichst alle Stadien dieses Prozesses in die Betrachtung einzubeziehen: Dazu gehören Ursprung, Entstehung, Herstellung und Entwicklung der Objekte ebenso wie ihre Verbreitung, ihre Veränderungen und Anpassungen, schließlich die Rezeption, die Weitergabe und Weiterentwicklung. Am Ende steht dann eine Vorstellung von der Bedeutung des Objektes im komplexen Lebenszusammenhang der an seiner Tradierung beteiligten Menschen (was man früher als »Sitz im Leben« bezeichnete).

Ein solches Kommunikationsmodell würde sich etwa am Beispiel der Keramikforschung folgendermaßen darstellen:

- die Ausgangsmaterialien: Ton, Tongruben, Abbau, Aufbereitung, Schürfrechte, Brennstoffe etc.
- die Produktion: der Töpfer, seine Werkstatt, Drehscheibe, Brennofen etc.
- das Produkt: Formen, Techniken, Dekore und Glasuren, Alltagsgut und Prestigeobjekte etc.
- der Vertrieb: Werkstattverkauf, Besuch von Märkten und Messen, Verkauf durch Geschirrträger und Wanderhändler, in Kaufhäusern etc.
- die Rezeption: Käufer und Kaufbedürfnisse, Verwendung der Keramik, Funktion und Bedeutung, Bedeutungsverlust und Funktionsäquivalente (Metall, Plastik).
- die wirtschaftlichen und sozialen Rahmenbedingungen: Familie, Lehrlinge und Gesellen, Zunftorganisation, Löhne und Preise, Absatzmöglichkeiten und Verkehrsverbindungen.

Als eine Monographie, die in mustergültiger Weise diese und weitere Gesichtspunkte einer umfassenden Sachkulturforschung berücksichtigt, ist die Arbeit über Töpfer und Töpferleben in der Eifel (Kerkhoff-Hader 1980) zu nennen. Ähnliche Modelle lassen sich praktisch für alle Gegenstandsbereiche der materiellen Kulturforschung aufstellen.

Eine unabdingbare Voraussetzung für jede Objektanalyse ist die *Datenerhebung*. Wenn der Analyse nur ein einzelnes Objekt zugrunde gelegt wird, hat die betreffende Detailstudie quasi den Charakter eines Pretestes. Im allgemeinen wird bei Analysen ein *Sample* von Objekten herangezogen, bei dessen Zusammenstellung die Prinzipien des *Auswahlverfahrens* (Atteslander 1975, 237 ff.) zu beachten sind. An die Datenerhebung schließt sich der Vorgang der *Dokumentation* der erhobenen Objekte an. Auf dieser Ebene der Inventarisierung des zu Untersuchenden werden (in der Regel mit Hilfe von Karteikarten oder Datenbanken) alle Daten zusammengetragen, die für die Beschreibung und Einordnung des betreffenden Objektbereiches wichtig sind. Meist wird sich hier auch eine fotografische Dokumentation als unentbehrlich erweisen. Eine weitere Möglichkeit der visuellen Dokumentation – vor allem in den Bereichen Landwirtschaft und Handwerk – ist der wissenschaftliche Film. Die abgeschlossene Dokumentation aller relevanten Aspekte des bearbeiteten Samples ist schließlich Grundlage der Auswertung oder *Analyse*. In verschiedenen volkskundlichen Forschungsbereichen Werden z.T. spezielle Dokumentationsweisen angewendet, z. B. die Dendrochronologie zur Altersbestimmung von Bauhölzern in der Hausforschung (siehe dazu den Beitrag von J. F. Baumhauer im vorliegenden Band).

Generelle Angaben über Art und Ziel dieser Analysen können hier nicht gemacht werden, da die Bearbeitung der Objekte jeweils in spezielle Fragestellungen oder theoretische Konzepte eingebunden ist. Hierfür sei auf die Einzelbeiträge dieses Bandes hingewiesen, die für die verschiedenen Felder der speziellen Kulturanalyse Aussagen über die jeweiligen Erkenntnisinteressen machen.

Legt man bei dem Begriff »Objekte volkskundlicher Forschung« einen umfassenderen Objektbegriff an, der über den Dingbereich hinaus etwa alle *sprachlichen Überlieferungsgüter* aus dem Umkreis der *Volksdichtung* einbezieht, so wären unter Objektanalyse auch die Probleme der Gewinnung, Systematisierung und Auswertung der Daten aus der Erzählforschung und der Liedforschung abzuhandeln. In diesen beiden Forschungsgebieten sind jedoch fast von Anbeginn an eigene methodische Überlegungen angestellt und spezifische Vorgehensweisen der Dokumentation und Quellenanalyse entwickelt worden, so daß hier auf die Beiträge von Lutz Röhrich und Wilhelm Schepping im vorliegenden »Grundriß« verwiesen werden kann.

3. Dokumentenanalyse

Die empirische Sozialforschung versteht unter »Dokument« alle gegenständlichen Zeugnisse, die als Quelle zur Erklärung menschlichen Verhaltens dienen können, also auch dreidimensionale Objekte, Sachzeugen usw. (Atteslander 1975, 62). Im Gegensatz zu diesem erweiterten Begriff des Dokuments benutzen wir für die vorliegende Systematisierung der Quellen und Methoden volkskundlicher Forschung einen engeren Begriff und verstehen darunter schriftliche Zeugnisse in geschriebener und gedruckter Form, die der Forscher vorfindet und an deren Zustandekommen er keinerlei Anteil hat. Die zugehörigen Verfahren der Analyse vorhandener Quellen nennt die empirische Sozialforschung *nonreaktive Verfahren*.

Schwierigkeiten der Zuordnung ergeben sich durch die Trennung in Objekte und Dokumente in bezug auf *Bilder,* die beiden Bereichen zugehörig erscheinen. In ihrer Eigenschaft z. B. als Votivtafel, Taufbriefe, gemalte Schützenscheiben u. ä. wären Bilder mehr dem Objektbereich zuzurechnen, wohingegen Bilder als Abbild und Illustration von Wirklichkeit in Gestalt z. B. von Bilderbogen, Trachtengrafik, Fotografie etc. eher als Dokumente angesehen werden können. Die Unterscheidung besitzt jedoch nur geringe Relevanz. Im Mittelpunkt der Dokumentenanalyse steht jedenfalls die Papier gewordene Überlieferung der Vergangenheit in allen denkbaren Erscheinungsformen. Ohne die Aussagekraft gedruckter literarischer Quellen geringer veranschlagen zu wollen, versprechen ungedruckte und wissenschaftlich noch nicht ausgewertete Handschriftendokumente die originelleren Ergebnisse. Daher beschränken wir die folgenden Ausführungen auf *handschriftliche Quellen.* Zu den Bildquellen ist der Beitrag »Bildforschung« im vorliegenden Band zu vergleichen.

Eine erste Gliederung dieses zunächst unübersehbar großen Quellenkomplexes kann nach dem Gesichtspunkt erfolgen, ob die Zeugnisse sich in öffentlichem oder privatem Besitz befinden. Geschriebene Quellen im öffentlichen Besitz sind hauptsächlich die vielfältigen Archivalien, während zu den Zeugnissen vorwiegend privater Provenienz die lebensgeschichtlichen Quellen (life history documents) wie Tagebücher, Briefe, Lebenserinnerungen, Familienchroniken, Anschreibe-, Koch- und Rezeptbücher, Stammbücher, Poesiealben etc. zählen. In ähnlicher Weise unterscheidet die ältere historische Forschung zwischen *Überresten*, d. h. jenen Quellen, die unmittelbar von Ereignissen übriggeblieben sind, und *Traditionen*, d. h. mittelbar von den Begebenheiten überlieferte und durch menschliche Auffassung hindurchgegangene und von ihnen geprägte Quellen (Kramer 1968, 14). Die »Überreste« dürfen mehr objektiven Zeugniswert für sich in Anspruch nehmen, während die »Traditionen« eher als subjektive Quellen bezeichnet werden können.

3.1 Historisch-archivalische Methode

Unter dieser Überschrift wird in der Volkskunde eine Forschungsrichtung zusammengefaßt, die auch als die »Münchner Schule« bekanntgeworden ist. Ihre Hauptvertreter sind Hans Moser und Karl-Sigismund Kramer. Nach ihren Plänen entstand seit den 30er Jahren an der Bayerischen Landesstelle für Volkskunde in München eine Dokumentation volkskundlicher Tatbestände aus bayerischen und fränkischen Archivalien. Durch den Krieg erfuhren diese Arbeiten eine Unterbrechung. Nach dem Ende der Naziherrschaft hat H. Moser für den Wiederaufbau des Faches Volkskunde in einem grundlegenden Beitrag 1954 die »exakte Geschichtsschreibung der Volkskultur« gefordert, »die stofflich unbegrenzt das Große und das Kleinste zu erfassen hat«. Für diese exakte Methode sei eine Beschränkung auf überschaubare geographische Räume und auf die quellenreiche Zeit seit ca. 1500 erforderlich (Moser 1954, 218 ff.). H. Moser hat die in München entwickelte volkskundliche Archivforschung vor allem auf die minutiöse Erforschung der Bräuche angewendet (vgl. H. Moser 1985), während K.-S. Kramer die erarbeitete Quellenbasis für eine aus drei Bänden bestehende fränkische Volkskunde aufgrund archivalischer Quellen verwertete. Letzterer hat die Arbeiten später in Schleswig-Holstein fortgesetzt (Kramer 1987). Über die Arbeitsweise dieser Schule hat sich Kramer in einem theoretischen Aufsatz geäußert (Kramer 1968). Ihm zufolge sind auf dem Gebiet der Archivquellen für die volkskundliche Dokumentenanalyse die beiden folgenden Überlieferungsbereiche von besonderer Wichtigkeit:

a) *Rechtssatzungen:* die sog. Volksrechte, mittelalterliche Rechtsbücher, die territoriale Gesetzgebung, städtische und ländliche Rechtsquellen, Kirchenordnungen, Polizeiordnungen, Sittenmandate etc.

b) *Archivalische Quellen:* Rechnungsbestände, Gerichts-, Verwaltungs-, Visitations- und sonstige Protokolle, Hof- und Güterbeschreibungen, Hinterlassenschaftsverzeichnisse, Übergabebriefe, Inventare, Pfarrbücher, Kirchenbücher, Stiftungsurkunden etc. (vgl. Kramer 1968, 14 f.).

Die wichtigste Voraussetzung für eine Beschäftigung mit diesen Quellen ist die Befähigung des/der Volkskundlers/in, die älteren Schriftdokumente zu lesen. Anstöße dazu können zwar in Proseminaren und Praktika vermittelt werden, für den mühelosen Umgang mit Archivalien ist jedoch längere Praxis erforderlich. In keinem Fall dürfen die bei bestimmten Forschungsproblemen herangezogenen Quellen ohne *Quellenkritik* interpretiert werden. Die Beurteilung des Zeugniswertes einer Quelle fragt u. a. danach, ob das verwendete Dokument falsch oder echt ist, ob es sich um ein zeitgenössisches Original oder um eine spätere Bearbeitung handelt. Der nächste Schritt ist die *kritische Ordnung des Materials*, die den Forscher in die Lage versetzt, Aussagen über Ort, Zeit und soziale Umwelt zu treffen, aus denen das Dokument stammt, ferner über die beschriebenen Vorgänge und ihre Funktion.

Mit diesen Fragen ist man bereits bei der *Interpretation* der erschlossenen Quellen angelangt. Diese beginnt als sog. *interne Analyse* oder *pragmatische Interpretation* bei dem Aussagegehalt der Quelle(n) selbst. In der empirischen Sozialforschung wird diese intensive, persönliche Auseinandersetzung mit einer Quelle als »klassische Methode« bezeichnet (Atteslander 1975, 76 f.), in der Literaturwissenschaft als qualifizierend hermeneutische Textinterpretation. Darauf baut die *externe Analyse* auf, sie zieht weitere Faktoren wie den sozio-ökonomischen Kontext, die psychologische Situation der Entstehung der Quelle, die Frage nach den bewegenden sittlichen, religiösen und politischen Kräften u. a. in die Analyse mit ein. Es gibt zweifellos viele volkskundliche Schriften, die bei der Interpretation von historischen Quellen auf einer eingeschränkten pragmatischen Ebene verharren und Antworten auf die schwierigen Fragen der Einbindung der Archivalien in die Entwicklung der historischen Volkskultur schuldig bleiben. Übergeordnetes Ziel historisch-archivalischer Methode ist es jedoch, ein möglichst präzises, auf verläßlichen Quellen basierendes Bild von der Vergangenheit zu entwerfen und dabei die einzelnen Quellenbelege durch dichte Staffelung zu einer flächenhaften Darstellung zu verbinden. Aber auch einzelne Mosaiksteine sind für eine solche Rekonstruktion des historischen Volkslebens in seiner ganzen Erscheinungsfülle wichtig und willkommen, denn auch vom Einzelfall ist der Schluß auf das Allgemeine und Typische möglich und sinnvoll.

3.2 Quantitative archivalische Verfahrensweisen

Was die Überlieferungsgeschichte von Archivalien anbelangt, so kann unter günstigen Umständen der Fall eintreten, daß von bestimmten Quellentypen eine sowohl zahlenmäßig und räumlich dichte als auch zeitlich kontinuierliche Dokumentation vorliegt, so daß anstelle qualitativer Auswertungsverfahren quantitative gewählt werden können. Zu solchen seriellen und historischen Massenquellen zählen z. B. Kirchenbücher, Rechnungsbücher, Testamente, Hinterlassenschaftsverzeichnisse, Brautschatzakten, Inventare und Steckbriefe, die für manche Landschaften Mitteleuropas, aber auch Skandinaviens in großer Menge zur Verfügung stehen. Methodisch am weitesten vorangeschritten ist die Auswertung von *Inventaren* mit ihren oft reichen Aussagen zur historischen Sachkultur (Mannheims-Roth 1984). In einem volkskundlichen Projekt der Universität Münster sind die seriellen Quellen in übergreifende Konzepte der Diffusions- und Novationsforschung eingebunden worden. Klaus Roth, ein früherer Mitarbeiter an diesem Forschungsvorhaben, bezeichnet es als Ziel einer explizit quantifizierenden, »harten« Methode, die implizit quantitativen und vagen Verallgemeinerungen der volkskundlich-historischen Forschung der Vergangenheit mit ihren vielfach intuitiven Schlüssen und Schätzungen »durch möglichst präzise, auf breiter Quellenbasis abgesicherte und intersubjektiv überprüfbare Aussagen zu ergänzen oder zu ersetzen« (Roth 1980, 39). Da im vorliegenden Band eine frühere Mitarbeiterin des Münsteraner Forschungsprojektes mit einem Beitrag zu Wort kommt, kann hier der Einfachheit halber auf dieses Kapitel verwiesen werden (s. Mohrmann S. 133 –153).

3.3 Inhaltsanalyse

Zur Ergänzung und Abrundung des Spektrums der Dokumentenanalyse soll hier noch das vor allem in den Sozialwissenschaften beheimatete, Inhaltsanalyse (content analysis), auch Aussagenanalyse, Text- oder Bedeutungsanalyse genannte Verfahren kurz erwähnt werden. Nach der klassisch gewordenen Definition von B. Berelson und P. L. Lazarsfeld von 1948 handelt es sich bei der Inhaltsanalyse um eine »Verfahrenstechnik für die objektive, systematische und quantitative Beschreibung manifester Inhalte von Kommunikation«. Nach neuerer Begriffsdefinition bezeichnet Inhaltsanalyse »eine Methode zur Erhebung sozialer Wirklichkeit, bei der von Merkmalen eines manifesten Textes auf Merkmale eines nichtmanifesten Kontextes geschlossen wird« (Merten 1983, 15 f.), in der Regel von Inhalten der Massenkommunikation auf Intentionen des Kommunikators, auf die Kommunikationssituation oder auf die Wirkungen beim Rezipienten. In der volkskundlichen Lehre werden Übungen zur Inhaltsanalyse selten angeboten, entsprechend selten wird das Verfahren der Messung und Bewertung von Inhalten der Kommunikationsmittel im Fach bisher angewendet. Dabei bietet sich der gesamte Bereich der historischen und gegenwärtigen Lesestoffe sowie der Bildmedien vom Flugblatt über die Bilderbogen bis zum Fernsehen für einen systematischen Zugriff auch der Volkskunde an. Hierzu liegen einige volkskundliche Dissertationen vor, die sich z. B. bei der Analyse von Kioskromanen (Davids 1969; Geiger 1974) oder von Bildergeschichten (Schwibbe 1988) mit Erfolg der exakten sozialwissenschaftlichen Vorgehensweise bedient haben.

4. Volkskundliche Feldforschung
4.1 Grundsätzliches

Im Gegensatz zu den bisher behandelten Forschungsmethoden geht es bei der volkskundlichen Feldarbeit (field work) nicht um die Analyse vorhandener bzw. vorgefundener Objekte und Materialien, sondern um die planmäßige Erhebung von eigenen Daten an Ort und Stelle ihres Vorkommens, d. h. in der Regel in der Begegnung mit Menschen oder Gruppen von Menschen. Wir sprechen daher im folgenden von den sog. *reaktiven* oder *empirischen Verfahrensweisen*. Sie stellen den methodischen Zugang vor allem zur *Gegenwartsvolkskunde* dar.

Historische und empirische Vorgehensweise ergänzen sich. In der Diskussion der 1960er Jahre wurden sie zeitweise gegeneinander ausgespielt, die Notwendigkeit für empirische Gegenwartsstudien schien größer als für traditionsorientierte historische Studien (vgl. Bausinger 1970). Inzwischen hat sich das Pendel wieder zu historischen Studien zurückbewegt, ohne daß Gegenwartsprobleme aus dem Auge verloren würden. So wie das Fach Volkskunde/Europäische Ethnologie sich als eine historisch-empirische Kulturwissenschaft darstellt, wird bei zahlreichen Forschungsprojekten eine Kombination von historischen und empirischen Methoden angewendet. Deshalb gehört zu einer guten Ausbildung eines/r Volkskundlers/in die Vertrautheit mit beiden Möglichkeiten der Datengewinnung und -auswertung. Für junge Wissenschaftler ist es deshalb wichtig, daß sie möglichst frühzeitig durch Feldforschungspraktika an die empirische Arbeit herangeführt werden.

Für den/die Ethnologen/in, gleich ob er/sie innerhalb oder außerhalb Europas tätig werden will, ist »Feldforschung« auch heute immer noch ein gewisses Zauber- oder Reizwort. Es ruft Assoziationen wie Abenteuer, Entdeckungsfahrten, Erlebnisse archaischen Kulturverhaltens u. ä. hervor. Ein langer Feldaufenthalt mit anschließend publiziertem Forschungsbericht gilt vielfach als das Gesellenstück des/r Fachethnologen/in, an das der kritische Maßstab der großen Monographien bedeutender Feldforscher angelegt wird (B. Malinowski, M. Mead, C. Lévi-Strauss), denen fast die Rolle von Kultbüchern zukommt (vgl. Fischer 1985, 7). Die Bewunderung für diese Zelebritäten hat aber mittlerweile abgenommen, wir wissen von ihnen, daß auch sie im Feld nur »mit Wasser gekocht« haben und nicht freizusprechen sind von Irrtümern, Verfälschungen und Vorurteilen. Wir sehen heute in der Feldforschung nicht mehr ausschließlich das Initiationsritual für den/die Einzelgänger/in, auch nicht mehr die rätselhafte Sphinx (Jeggle 1984), die ihre Geheimnisse nur dem/der Eingeweihten mitteilt, aber sicher nach wie vor eine Herausforderung an dem/der Ethnologen/in, der er/sie sich stellen muß. Feldforschung ist für ihn/sie ein Feld der Erprobung und Bewährung, des Reussierens oder möglicherweise auch des Scheiterns (vgl. Huber 1989), in jedem Falle ein wichtiges Lernfeld. Letzteres gilt für Forschende wie für Erforschte gleichermaßen. Zu den

Grundsätzen ethnologischer Feldarbeit gehört die Forderung, nichts zu unternehmen, was in irgendeiner Weise zuungunsten der Informanten ausschlagen könnte. Daraus ergibt sich die weitergehende Forderung, Forschungsprojekte möglichst zusammen mit den »Betroffenen« zu konzipieren und die zur Durchführung erforderlichen Erhebungsmethoden an den alltäglichen Kommunikationsgewohnheiten der Menschen zu orientieren. Mit Menschen zu leben, von ihnen zu lernen, stellt sich als der einfachste und überzeugendste Weg dar, die Situation und das Denken sozialer Gruppen von innen heraus kennenzulernen (Berger 1980, 205). Das kann u. U. so weit führen, daß die Interessen des Forschers und des Feldes zur Deckung gelangen und gemeinsam Lösungsmöglichkeiten für aktuelle Problemstellungen entwickelt werden (Brednich 1980). Allerdings sind Beispiele für engagierte Teilnahme oder solidarische Interaktion im Sinne anthropologischer oder soziologischer *Aktionsforschung* (Klüver-Krüger 1975) in der Volkskunde bisher eher selten. Vielfach ungelöst ist das Problem, den Untersuchten nach Abschluß des Forschungsprojektes die Untersuchungsergebnisse in einer Form zugänglich zu machen, die von ihnen verstanden werden kann (vgl. Ballhaus 1985).

Grundsätzlich kann gelten, daß die früher sorgsam beachtete vermeintliche *Objektivität* und Neutralität in der Feldforschung (vgl. dazu Zupfer 1972, 47; Berger 1980, 12 u. ö.) heute keine Bedeutung mehr hat. Vom Feldforscher/der Feldforscherin wird erwartet, daß er/sie sich nicht von vorneherein bei der Erhebung und Bewertung von Sachverhalten von seinen eigenen Wertprämissen leiten läßt. Feldarbeit kann möglicherweise auch zur Infragestellung des eigenen Wertesystems führen und so etwas wie einen sekundären Sozialisationsprozeß (Berger 1980, 207) in Gang setzen. *Subjektivität* wird nicht mehr ausgeklammert und als Störfaktor betrachtet. G. Devereux verdanken wir die wichtige Einsicht, daß Angst und Subjektivität in jedem Forschungsprozeß immanent vorhanden sind. Nach seiner Erfahrung fallen im Feld drei Arten von Daten an: solche über das Verhalten des »Objektes«, »Störungen«, die durch die Existenz und Tätigkeit des Beobachters hervorgerufen werden, schließlich Daten in bezug auf das Verhalten des Beobachters, seine Ängste, Abwehrmanöver und Forschungsstrategien (Devereux 1967, 20). Feldforschung beginnt demnach beim Feldforscher/der Feldforscherin selbst, denn nur der, der sich selbst kennt, kann andere erforschen. Die Rückeroberung der Subjektivität (Schiek 1982; Kutzschenbach 1982) stellt eine Voraussetzung für »gelungene« Feldforschung dar; nicht Distanz zum Feld ist vonnöten, sondern das Einbringen der Persönlichkeit, die »Präsentation der eigenen Identität« (Lindner 1981, 65). Feldprojekte müssen daher nicht notwendigerweise ihren Niederschlag in Büchern oder gedruckten Forschungsberichten finden; wenn aber berichtet wird, dann möglichst unter Einschluß von Auskünften über persönliche Erfahrungen, Schwierigkeiten, über daraus folgende Änderungen des Konzeptes, über Konfrontationen, Konflikte, Kompromisse etc.

Die beiden amerikanischen Anthropologen R. A. Georges und M. O. Jones haben eine Anthologie bezeichnender Passagen aus der amerikanischen Feldforschungsliteratur herausgegeben und kommentiert (1980), die jedem/r angehenden Ethnologen-Feldforscher/in zur Lektüre empfohlen sei.

4.2 Gewährsmannprinzip

Das Aufspüren und die Gewinnung von Daten mit Hilfe von kompetenten Gewährspersonen gilt seit den Anfängen der Erhebungstätigkeit im frühen 19. Jahrhundert als wichtige Voraussetzung volkskundlicher Dokumentationstätigkeit (Wossidlo 1906). Die enge und oft langanhaltende Kooperation von Volkskundlern mit ihren Informanten führte zu den großen Materialsammlungen vor allem der Erzähl- und Liedforschung, wovon die Standardausgaben der europäischen Volksdichtung ebenso zeugen wie die großen Folklorearchive (z.B. in Helsinki, Dublin, Stockholm, Kopenhagen, Athen, Freiburg, Marburg oder Göttingen). Im Vordergrund des Interesses standen lange Zeit die bei den »Experten« erhobenen Texte von Volksglaubensvorstellungen, Märchen, Sagen, Legenden, Schwänken, Witzen, Sprichwörtern usw., wobei sich die Sammler vielfach im Umgang mit dem Material große Freiheiten der Veränderung und Umgestaltung des ursprünglichen Wortlautes in Richtung auf einen einheitlichen, fiktiven Stil der Volksdichtung nahmen. Die Lebensumstände der Erzähler und Sänger, die Funktion der Texte in der Gruppe und die Problematik der Aufnahmesituation spielten dagegen in den Aufzeichnungen eine wesentlich geringere Rolle. Der heutige Standard verlangt dagegen vom Feldforscher/der Feldforscherin bei der Kooperation mit Gewährspersonen die möglichst authentische Aufzeichnung von Überlieferungen und die Berücksichtigung von Biographie, Gesamtrepertoire, Situation, Performanz und Funktion der Traditionen (Goldstein 1964; Wehse 1984). Zu den erfolgreichsten Sammlerpersönlichkeiten im deutschsprachigen Bereich in den letzten Jahrzehnten zählen *Johann Künzig*, der bei der Edition von authentischen Märchen und Liedern die Methode der kommentierten Schallplattendokumentation entwickelte, und *Alfred Cammann,* der über seine subjektiv geprägte Form der Feldforschung Rechenschaft abgelegt hat (Cammann 1972).

4.3 Interview

In der empirischen Sozialforschung galt das Interview lange Zeit als der »Königsweg« (König 1974, 9), entsprechend intensiv wurde dort die Auseinandersetzung mit diesem Instrument, seinen verschiedenen Formen, Problemen und Anwendungsmöglichkeiten geführt. Unter Interview versteht die Sozialforschung »ein planmäßiges Vorgehen mit wissenschaftlicher Zielsetzung, bei dem die Versuchsperson durch eine Reihe gezielter Fragen oder mitgeteilter Stimuli zu verbalen Informationen veranlaßt werden soll« (E. K. Scheuch in: König 1972, Bd. 2, 70f.). In der Phase der Neuorientierung der Volkskunde wurde noch vor 30 Jahren auch im Fach Volkskunde die Anwendung der in den Sozialwissenschaften bewährten Interviewformen als das Heilmittel für die eigenen methodischen Defizite angesehen. Mittlerweile ist der einstige Königsweg in seinen hochstandardisierten Erscheinungsformen selbst in den Nachbarwissenschaften nicht mehr unumstritten. In einer sich als emanzipatorisch verstehenden Sozialwissenschaft wuchs das Unbehagen besonders an den harten Formen der Interviewtechnik, an dem Anspruch strenger Objektivität der Datenermittlung und der damit einhergehenden Instrumentalisierung der Informanten zu Datenlieferanten. Ein Ausdruck dieser Schwierigkeiten sind die dauernden Rollenkonflikte der Befrager/innen. Gegen die Herabwürdigung der Interviewpartner/innen zu Objekten der Forschung richtet sich die Forderung, »daß die untersuchten Subjekte als gleichwertige Interaktionspartner einer Untersuchung zu gelten haben« und daß dem »Befragten Gelegenheit zur Entfaltung und Differenzierung seiner Auffassung zu bestimmten Themen« gegeben werden soll (Berger 1980, 80; 95). Für eine Ethnologie, die sich um die »Rückgewinnung der ethnographischen Dimension« (Jeggle 1984, 13) bemüht, hat das sozialwissenschaftliche Instrument Interview viel von seiner Faszination verloren. Standardisierte Interviews oder gar demoskopische Umfragen sind von Volkskundlern/innen in der Vergangenheit ohnehin selten benutzt worden (vgl. z. B. Schwedt 1977).

Als Alternative zu den harten Vorgehensweisen erscheint in der Volkskunde das *narrative Interview* (auch offenes, unstrukturiertes, themenzentriertes oder fokussiertes Interview), das sich an gewohnte Kommunikationsweisen und alltägliche Gesprächsformen annähert (Merton; Kendall 1979; Girtler 1988, 149–169; Glinka 1998). Es sollte allenfalls mit Hilfe eines flexiblen Interviewleitfadens gesteuert werden oder noch besser vom »thematischen Bewußtsein« des Fragenden (Berger 1980, 179). In günstigen Fällen kann diese Interviewform auch als *Intensiv-* oder *Tiefeninterview* durchgeführt werden. Die Dokumentation des Gesprächsverlaufes durch Tonbandmitschnitt ist wünschenswert, aber oft nicht ohne Störungen durchführbar. Gedächtnisprotokolle sollten möglichst im unmittelbaren Anschluß an das Gespräch niedergeschrieben werden.

4.4 Das biographische Interview

Eine Sonderform des narrativen Interviews stellt das Erheben von Lebensgeschichten dar (vgl. Lehmann 1979/80; Heidrich 1991). Die Aufnahme erzählter Autobiographien kann jedoch nie Selbstzweck sein, sondern ist in komplexeren Forschungsprojekten eine Möglichkeit, die erzielten Einsichten in die Kultur und Lebenswelt von untersuchten Gruppen anhand der Lebensgeschichte eines ausgewählten Mitglieds der Gruppe zu ergänzen und zu vertiefen (Brednich 1979; 1982). So hat beispielsweise A. Lehmann auf der Grundlage von biographischen Erhebungen bei Hamburger Arbeitern wichtige theoretische Aufschlüsse über die Strukturen lebensgeschichtlichen Erzählens gewinnen können (1983), und durch die Bündelung inhaltlicher Aussagen seiner Informanten zu Krieg und Gefangenschaft entstand die Materialgrundlage für sein Buch über »Gefangenschaft und Heimkehr« (1986). Rudolf Schenda hat ältere Schweizer Mitbürger durch Aufrufe dazu veranlassen können, ihre Lebenserinnerungen selbst zu Papier zu bringen (1982). Beim biographischen Interview entscheidet allein der Informant über Verlauf und Inhalt des Gesprächs, Eingriffe von seiten des Interviewers sollten nach Möglichkeit unterbleiben. Während in der Volkskunde/ Europäischen Ethnologie, besonders in der Erzählforschung, eine biographische Orientierung schon früh einsetzte (vgl. z.B. Asadowskij 1926; Henßen 1951), hat die empirische Sozialforschung die von William I. Thomas und Florian Znaniecki (The Polish Peasant in Europe and America, 2 Bde., Neuausg. New York 1958) erhaltenen Anstöße zu lebensgeschichtlicher Forschung (Szczepanski 1974) erst neuerdings wieder aufgenommen und weiterentwickelt (Fuchs 1984; Voges 1987).

4.5 Oral History

Unter dieser Bezeichnung hat in den vergangenen Jahren vor allem in die Geschichtswissenschaft ein Verfahren Eingang gefunden, bei welchem es um die Einbeziehung subjektiver Erfahrung und um die Verarbeitung historischer Ereignisse und Vorgänge durch einzelne Individuen oder eine ausgewählte Gruppe von Menschen geht. Oral History ist eigentlich ein Verlegenheitsbegriff und läßt sich nicht einfach mit »Mündliche Geschichte« eindeutschen, denn dies könnte leicht zu dem Mißverständnis führen, in dieser Forschungseinrichtung ginge es ausschließlich um Oralität, d.h. um die Gewinnung mündlicher Geschichtsquellen. Als deutsche Alternativbegriffe sind u.a. »Erinnerte Geschichte« (Vorländer 1990, 7) oder »Erfahrungsgeschichte« (v. Plato 1991, 98) ins Gespräch gebracht worden, und die Vertreter dieser alltagsgeschichtlich orientierten Forschungsrichtung haben betont, daß die bei Oral-History-Projekten erhobenen Interviews stets in Kombination mit schriftlichen Quellen (z.B. Briefen, Tagebüchern, Autobiographien etc.) verwendet werden und wie diese der Quellenkritik unterliegen. Den vom Forscher hervorgerufenen oder vorgefundenen subjektiven Geschichtsquellen ist gemeinsam, daß sie durch den Prozeß von »*Erinnern und Vergessen*« hindurchgegangen sind, ein Problemfeld, dem die Deutsche Gesellschaft für Volkskunde 1989 ihren 27. Kongreß gewidmet hat (vgl. Bönisch-Brednich; Brednich; Gerndt 1991).

Im Gegensatz zum unter 4.4 behandelten biographischen Interview stehen bei Oral-History-Erhebungen bestimmte Ausschnitte oder Ereignisse der jüngeren Zeitgeschichte im Mittelpunkt der Dokumentation. Als Themen kommen z. B. in Betracht: Erinnerungen an die Zeit der Weimarer Republik, Faschismuserfahrungen, Kriegserlebnisse, Gefangenschaft, Flucht und Vertreibung, Nachkriegszeit etc., aber auch speziellere kultursoziologische Fragestellungen wie Kindheit, Arbeitswelt, Reisen und Auslandserfahrungen, Auswanderung u. ä. Abweichend von den Anfängen der Oral-History in England und den USA geht es bei ethnologisch-volkskundlichen Zeitzeugenbefragungen nicht nur um Prominente, sondern um Angehörige aller sozialen Schichten, deren Geschichtserlebnisse und -erinnerungen in der traditionellen Historiographie bisher kaum einen Platz gefunden haben. Die Vertreter der Oral-History in der Geschichtswissenschaft verstehen ihre Forschungsrichtung daher als Beitrag zur Demokratisierung und Humanisierung der Forschung (Niethammer 1980). Anwendungsbeispiele für das erfolgreiche Operieren mit Oral History-Erhebungen in der Volkskunde finden sich in der Gemeinde- (Althaus 1982) und Regionalforschung (Thieme/Kapfhammer 1982). Eine überzeugende Einbindung der Oral-History in die gleichzeitige Analyse historischer Dokumentation ist Albrecht Lehmann mit seinem Buch über die Schicksale der deutschen Flüchtlinge nach 1945 gelungen (Lehmann 1991). Als exemplarisch kann auch die von Andreas Wojak (1992) vorgelegte geschichtswissenschaftliche Dissertation über die ostfriesische Moorkolonie Moordorf empfohlen werden. Kritiker des Verfahrens bemängeln oft die geringe Zuverlässigkeit und die Subjektivität der Ergebnisse. Was dem Historiker als Schwäche der Oral History erscheint, zählt der Ethnologe zu ihren Stärken: die Möglichkeit, Zugang zu gewinnen zur Alltagswelt, zu den subjektiven Erfahrungen, den Wünschen und Bedürfnissen der Menschen, »ihrer Widerstandskraft, ihrem schöpferischen Vermögen, ihren Leiden« (Niethammer 1980, 9; Brednich 2000).

4.6 Die schriftliche Befragung

Von Jacob Grimms Wiener »Circular wegen Aufsammlung der Volkspoesie« von 1815 über Wilhelm Mannhardts Befragung zu den Erntebräuchen (1865) bis zur Umfrage von Elard Hugo Meyer, Friedrich Kluge und Fridrich Pfaff zur badischen Volkskunde (1894/95) reicht der Bogen der historischen Erhebungen in der Volkskunde. Im 20. Jahrhundert haben sich vor allem die großen europäischen Atlasunternehmen der schriftlichen Befragung von Korrespondenten bedient, wofür der Atlas der deutschen Volkskunde (ADV) in den 30er Jahren die methodischen Konzepte entwickelt hat. Auch in der Nachkriegszeit sind postalische Umfragen mit detaillierten Fragebogen in der volkskundlichen Forschung wiederholt zur Anwendung gelangt, haben aber wegen der den indirekten Verfahren allgemein innewohnenden Lebensferne, der oft unbefriedigenden Rücklaufquote und der schwer zu überprüfenden Zuverlässigkeit der Angaben nie die Bedeutung erlangt wie in den Sozialwissenschaften, allenfalls zur Gewinnung eines allgemeinen Rahmens für die anschließende intensive Erforschung eines Problemfeldes. Am leistungsfähigsten erscheint das Verfahren der schriftlichen Datenerhebung noch bei der von einigen volkskundlichen Landesstellen geübten Praxis der Anforderung schriftlicher Berichte zu vorgegebenen Themen aus dem Alltagsleben. Was für den Interviewleitfaden beim narrativen Interview (s. o.) gilt, muß auch bei der Verwendung von Fragebogen beachtet werden: die Forschungsmittel sind integraler Bestandteil des jeweiligen Projektes und müssen in den Forschungsberichten zum Abdruck gebracht werden. Über die Lehre von der Frage und vom Fragebogen unterrichtet die sozialwissenschaftliche Literatur (E. K. Scheuch in König 1973/74, Bd. 2, 90–95).

4.7 Die Beobachtung

Im Unterschied zu den verschiedenen Formen der Befragung werden bei der Beobachtung nicht Meinungen, Haltungen, Einstellungen oder Attitüden erforscht, sondern das konkrete Verhalten von Menschen in bestimmten Situationen. Obgleich in der Volkskunde kaum theoretische Erörterungen zur Beobachtung als Forschungsmethode vorliegen, kann dieses Mittel zur Datengewinnung als unabdingbare methodische Kategorie, ja geradezu als *ethnologisches Basisverhalten* (vgl. Dechmann 1978; Girtler 1988, 43–149) bezeichnet werden. Als Kronzeuge für die Bedeutung von Beobachtungen kann Wilhelm Heinrich Riehl ins Feld geführt werden, allerdings ist seine Einschätzung volkskundlicher Beobachtungstätigkeit heute alles andere als vorbildlich, wenn er sagt:

»Man hat mich öfters belobt, daß ich scharf zu beobachten wisse, was sich mir bietet: ich fand solches Lob immer zweideutig. Denn mit dem scharfen Beobachten dessen, was sich gerade bietet, ist wenig gethan. Zu beobachten, was man findet, ist leicht, aber das zu finden, was man beobachten will, das ist die feinere Kunst« (Handwerksgeheimnisse des Volksstudiums; in: Riehl 1892, 12 f.; vgl. auch Lehmann 1988).

Im Gegensatz zu solcher Forschung und Beobachtung mit vorgefaßten Meinungen erblickt die Volkskunde im Teilnehmen und Beobachten die intensivste und wirksamste, wenngleich schwierigste Methode der Feldarbeit. Sie setzt intensive vorbereitende Auseinandersetzung mit der

Geschichte und den Lebensbedingungen der Bevölkerungsgruppe voraus, der das Beobachtungsinteresse gilt. Außerdem ist das Beobachtungsverfahren zweifellos das zeitaufwendigste und anspruchsvollste Mittel der Dokumentation. Zur Schulung des »ethnographischen Blicks« eignen sich z. B. die öffentlich zugänglichen Teile von Festen und Bräuchen, aber mit den konkret sichtbaren Manifestationen erfaßt man in der Regel nur die repräsentative Schauseite traditioneller Vorgänge. Erst die längerfristige Teilnahme an den Aktivitäten selbst würde durch die Beobachtung allmählich erlauben, die Antriebe für die Durchführung von Bräuchen, die Rollen der Beteiligten und die Bedeutung der Handlungen für die beobachtete Gruppe zu bestimmen. Wissenschaftliche Beobachtung in der Ethnologie, die mehr zutage fördern möchte als rudimentäre Einblicke, setzt also die Bereitschaft zu intensiver Teilhabe und Kommunikation mit der untersuchten Gruppe voraus. Je höher der Partizipationsgrad ist, um so tiefere Einsichten wird der/die Forscher/in gewinnen können. Gleichzeitig wachsen mit den Einsichten in das Feld aber auch die ethischen Probleme: die größere soziale Nähe zum Beobachtungsfeld stellt hohe Anforderungen an das Rollenverhalten des Forschers/der Forscherin und an seine/ihre Verantwortung bei der Auswertung und Veröffentlichung der gewonnenen Einblicke und Erfahrungen. Konflikte zwischen der Forscherrolle und der Rolle als Teilnehmer an Aktivitäten der untersuchten Gruppe sind häufig. Beobachter, die sich nach einer gewissen Zeit völlig mit der beobachteten Gruppe identifizieren, sind z. B. kaum noch in der Lage, als wissenschaftliche Beobachter zu fungieren (»over rapport«).

Die Anleitungen der empirischen Sozialforschung zum wissenschaftlichen Beobachten mit ihrer Unterscheidung der verschiedenen Beobachtungsarten und -techniken (direkte/indirekte, teilnehmende/nichtteilnehmende, offene/verdeckte, unstrukturierte/strukturierte Beobachtungen etc.; vgl. König 1973/74, Bd. 2, 1–65) sind für den Ethnologen/die Ethnologin wenig hilfreich, da seine/ihre Forschungstätigkeit auf besseres Verstehen anderer sozialer Gruppen oder Kulturen gerichtet ist, nicht auf bessere Lenkbarkeit und Manipulation von Menschen. Das »ehrlichste« Verfahren im Sinne humanitärer, emanzipatorischer Sozial- und Kulturforschung ist die direkte teilnehmende, offene Beobachtung mit hohem Partizipationsgrad, ggf. mit parallel dazu vorgenommenen Tiefeninterviews.

Als klassischer Vertreter einer engagierten sozialwissenschaftlichen Beobachtung in der Großstadtforschung kann der Amerikaner William F. Whyte mit seinem noch immer lesenswerten Buch »The Street Corner Society. The social structure of an Italian slum« (Chicago 1943) gelten. Über die teilnehmende Beobachtung in kleinen Gemeinden aus der Sicht einer Frau informiert Florence Kluckhohn (1972). Als Klassiker der anthropologischen Gemeindeforschung ist Laurence Wylie zu nennen, dessen Monographie über das Alltagsleben in einem Dorf der südfranzösischen Vaucluse (dt. 1969) auf langer Teilnahme und Beobachtung basiert.

Im allgemeinen bedürfen Beobachtungen außer dem Protokollbuch keiner technischen Hilfsmittel. Jedoch kann auch die *Foto- und Filmkamera als Beobachtungsinstrument* wichtige Dienste leisten. Darüberhinaus gewinnt die Diskussion um die Rolle der visuellen Medien in der Volkskunde immer mehr an Bedeutung. Davon zeugen zahlreiche Publikationen, Arbeitstagungen und Zeitschriften, die sich mit dem Medium Fotografie beschäftigen. Auch im Rahmen der volkskundlichen Lehre nimmt die Fotografie als Forschungs- und Dokumentationsmittel einen zunehmend breiteren Raum ein. Das Beobachten mit der Filmkamera hat sich in der ethnologischen Praxis allerdings als ein sehr problematisches Instrument erwiesen, weil die Filmarbeit – selbst wenn sie im Einmannbetrieb und unter völliger Billigung durch die Gefilmten vorgenommen wird – infolge des technischen Aufwandes stets viele Störfaktoren produziert und darüber hinaus immer selektiv bleiben muß. Mehr und mehr wird daher an vielen »klassischen« ethnologischen Filmen, z. B. der im Göttinger Institut für den Wissenschaftlichen Film herausgegebenen »Encyclopedia Cinematographica«, Kritik geübt, weil sie einzelne Vorgänge (landwirtschaftliche Arbeiten, Herstellung von Gegenständen, Durchführung von Bräuchen etc.) im Film isolieren und weil auf die Einbettung in die soziale Wirklichkeit verzichtet wird. Ein neues Konzept der teilnehmenden Forschung, bei der das Filmprojekt das Ergebnis längerer Beobachtungstätigkeit darstellt, hat der schweizerische Filmethnologe Hans-Ulrich Schlumpf entwickelt. Sein Film »Guber. Die Arbeit im Stein« (vgl. Hugger 1979) kann als ein überzeugendes Beispiel für engagierte Feldarbeit gelten, die eine ganzheitliche Sicht der dargestellten Arbeitswelt anstrebt und für die Beobachteten Partei ergreift.

Die im Jahre 1988 neubegründete »Kommission für den volkskundlichen Film« in der DGV hat durch regelmäßige Arbeitstagungen wichtige Impulse für die Intensivierung der wissenschaftlichen Filmarbeit im Fach vermittelt. Inzwischen sind auch aus der Filmarbeit am Göttinger Seminar für Volkskunde und aus dem im Jahre 1989 eingerichteten Curriculum »Visuelle Anthropologie« eine Reihe Videoproduktionen hervorgegangenen, die wesentlich zur Begründung eines neues Filmgenres, des *narrativen Dokumentationsfilmes,* beigetragen haben (vgl. Ballhaus/Engelbrecht 1995; Ballhaus 2001).

5. Ausblick

In der klassischen volkstümlichen Feldforschung des 19. und 20. Jahrhunderts war der Blick des Forschers/der Forscherin in aller Regel auf die Kultur und Alltagswelt von mittleren und unteren sozialen Schichten gerichtet. Die Neuorientierung des Faches mit Falkenstein brachte ein verstärktes Engagement für Randgruppen und Minderheiten in der Gesellschaft mit sich. Die diesbezüglichen Studien lassen sich unter dem Begriff der Research-down-Projekte zusammenfassen. Seit dem ausgehenden 20. Jahrhundert spielen im Gegensatz dazu neue Projektorientierungen, die sich mit statusgleichen oder statushöheren Interview- und Interaktionspartnern/innen befassen, eine immer größere Rolle. So öffnen sich z. B. im Bereich der sog. Unternehmenskultur neue volkskundliche Forschungsfelder (Götz 1997; Götz/Wittel 2000; vgl. auch das Kapitel »Interkulturelle Kommunikation« im vorliegenden Band). Diese neue Form der assymetriachen Konstellation im Verhältnis von Forschern und Erforschten stellt neue Anforderungen an die Forschenden und erzeugt gleichzeitig neue Ängste vor dem Feld (Warneken/Wittel 1997). In der Konfrontation mit Personen, die eine Überlegenheit an ökonomischen, sozialen oder kulturellem Kapital besitzen, kann das Gegenüber neben seinen alltagsweltlichen Erfahrungen auch sein Fachwissen dem/der Forschenden entgegensetzen. Als Folge dieser oft ungewohnten Disproportion kann es zu Gefühlen der Ohnmacht oder Erniedrigung im Feld kommen, denen von seiten der Forschenden mit Strategien der Unterwerfung, der Mystifizierung, der Distanzierung oder der Rache begegnet wird. Insgesamt zeichnet sich hier eine Wendung volkskundlicher Feldforschung zu neuen Aufgaben und Perspektiven ab, denen sich die neue Generation des wissenschaftlichen Nachwuchses in unserem Fach zu stellen haben wird.

Literaturverzeichnis

Althaus, Hans-Joachim, u. a.: Da ist nirgends nichts gewesen außer hier. Das »rote Mössingen« im Generalstreik gegen Hitler. Geschichte eines schwäbischen Arbeiterdorfes (Rotbuch, 242). Berlin 1982.
Asadowskij, Mark: Eine sibirische Märchenerzählerin (FFCommunication, 68). Helsinki 1926.
Atteslander, Peter: Methoden der empirischen Sozialforschung (Sammlung Göschen, 2100). 4. Aufl. Berlin/New York 1975.
Ballhaus, Edmund: Dorfentwicklung im Spiegel der Fotografie und im Bewußtsein der Bewohner, am Beispiel Echte. Wiesbaden 1985.
Ballhaus, Edmund; Engelbrecht, Beate (Hrsg.): Der ethnographische Film. Einführung in die Methoden und Praxis. Berlin 1995.
Ballhaus, Edmund (Hrsg.): Kulturwissenschaft, Film und Öffentlichkeit. Münster u. a. 2001.
Bausinger, Hermann: Zur Problematik historischer Volkskunde. In: Abschied vom Volksleben. Tübingen 1970, 155–172.
Bausinger, Hermann: The renascence of soft methods: being ahead by waiting. In: Folklore Forum 10:3 (1977) 1–8.
Bausinger, Hermann: Zur Spezifik volkskundlicher Arbeit. In: Zeitschrift für Volkskunde 76 (1980) 1–21.
Berger, Hartwig: Untersuchungsmethode und soziale Wirklichkeit. Eine Kritik an

Interview und Einstellungsforschung in der Sozialforschung. 2. Aufl. Frankfurt a.M. 1980.
Bönisch-Brednich, Brigitte; Brednich, Rolf W.; Gerndt, Helge (Hrsg.): Erinnern und Vergessen. Vorträge des 27. Deutschen Volkskundekongresses Göttingen 1989 (Schriftenreihe der Volkskundlichen Kommission für Niedersachsen, 6). Göttingen 1991.
Brednich, Rolf Wilhelm: Projekt Saskatchewan. Neue Aufgaben und Möglichkeiten volkskundlicher Empirie. In: Zeitschrift für Volkskunde 73 (1977) 24–41.
Brednich, Rolf Wilhelm: Zur Anwendung der biographischen Methode in der volkskundlichen Forschung. In: Jahrbuch für ostdeutsche Volkskunde 22 (1979) 279–329.
Brednich, Rolf Wilhelm: Bedrohte Erholungslandschaft Schwarzwald. Volkskundliche Feldforschung auf neuen Wegen. In: Badische Heimat 60 (1980) 83–94.
Brednich, Rolf Wilhelm: Zum Stellenwert erzählter Lebensgeschichten in komplexen volkskundlichen Feldprojekten. In: Ders. (u. a. Hrsg.): Lebenslauf und Lebenszusammenhang. Autobiographische Materialien in der volkskundlichen Forschung. Freiburg i. Br. 1982, 46–70.
Brednich, Rolf Wilhelm: Oral History. In: Enzyklopädie des Märchens 10:1 (2000) 312–321.
Cammann, Alfred: Probleme und Methoden der Feldforschung mit Beispielen aus der Bestandsaufnahme ostdeutscher Volkskunde in der Gegenwart. In: Jahrbuch für ostdeutsche Volkskunde 15 (1972) 278–407.
Davids, Jens-Ulrich: Das Wildwest-Romanheft in der Bundesrepublik. Ursprünge und Strukturen (Untersuchungen des Ludwig-Uhland-Instituts der Universität Tübingen, 24). Tübingen 1969.
Dechmann, Manfred D.: Teilnahme und Beobachtung als soziologisches Basisverhalten (Uni-Taschenbücher, 698). Bern/Stuttgart 1978.
Devereux, Georges: Angst und Methode in den Verhaltenswissenschaften. München 1967.
Fischer, Hans (Hrsg.): Feldforschungen. Berichte zur Einführung in Probleme und Methoden (Ethnologische Paperbacks). Berlin 1985.
Fuchs, Werner: Biographische Forschung. Eine Einführung in Praxis und Methoden (WV Studium, 127). Opladen 1984.
Geiger, Klaus F.: Kriegsromane in der BRD. Inhalte und Funktionen (Untersuchungen des Ludwig-Uhland-Instituts der Universität Tübingen, 35). Tübingen 1974.
Georges, Robert A.; Jones, Michael O.: People studying People. The Human Element in Fieldwork. Berkeley/Los Angeles/London 1980.
Gerndt, Helge: Vergleichende Volkskunde. Zur Bedeutung des Vergleichs in der volkskundlichen Methodik. In: Zeitschrift für Volkskunde 68 (1972) 179–195.
Gerndt, Helge: Die Anwendung der vergleichenden Methode in der Europäischen Ethnologie. In: Ethnologia Europaea 10:1 (1977/78) 2–32.
Gerndt, Helge: Zur Perspektive volkskundlicher Forschung. In: Zeitschrift für Volkskunde 76 (1980) 22–36.
Gerndt, Helge: Kultur als Forschungsfeld. Über volkskundliches Denken und Arbeiten. München 1981.
Girtler, Roland: Methoden der qualitativen Sozialforschung. Anleitung zur Feldarbeit. Wien/Köln/Graz 1988.
Glinka, Hans-Jürgen: Das narrative Interview. Eine Einführung für Sozialpädagogen. Weinheim u. a. 1998.
Götz, Irene: Unternehmenskultur (Münchner Beiträge zur Volkskunde, 19). Münster u. a. 1997.

Götz, Irene; Wittel, Andreas: Arbeitskulturen im Umbruch. Münster u. a. 2000.
Goldstein, Kenneth S.: A Guide for Field Workers in Folklore. Hatboro, Pa. 1964.
Hain, Mathilde: Die Volkskunde und ihre Methoden. In: Deutsche Philologie im Aufriß Bd. 3. Berlin 1962, 2547–2570.
Heidrich, Hermann (Hrsg.): Biographieforschung (Schriften und Kataloge des Fränkischen Freilandmuseums, 14). Bad Windsheim 1991.
Heilfurth, Gerhard: Volkskunde. In: René König (Hrsg.): Handbuch der empirischen Sozialforschung Bd. 4. Stuttgart ³1974, 162–226.
Henßen, Gottfried: Überlieferung und Persönlichkeit. Die Erzählungen und Lieder des Egbert Gerrits (Schriften des Volkskunde-Archivs Marburg, 1). Münster 1951.
Huber, Friedrich: Fuente Palmera – eine gescheiterte Feldforschung: Methodenkritische Überlegungen zu einer Gemeindeforschung in Andalusien (Forschungen zu Spanien, 2). Saarbrücken/Fort Lauderdale 1989.
Hugger, Paul: Guber oder Die Arbeit des Steinmachers (Altes Handwerk, 46). Basel 1979.
Jeggle, Utz (Hrsg.): Feldforschung. Qualitative Methoden in der Kulturanalyse (Untersuchungen des Ludwig-Uhland-Instituts der Universität Tübingen, 62). Tübingen 1984.
Kerkhoff-Hader, Bärbel: Lebens- und Arbeitsformen der Töpfer in der Südwesteifel. Ein Beitrag zur Steinzeugforschung im Rheinland (Rheinisches Archiv, 110). Bonn 1980.
Klüver, Jürgen; Krüger, Helge: Aktionsforschung und soziologische Theorien. In: Fritz Haag (u. a. Hrsg): Aktionsforschung. 2. Aufl. München 1975, 76–99.
Kluckhohn, Florence: Die Methode der teilnehmenden Beobachtung in kleinen Gemeinden. In: René König (Hrsg.): Beobachtung und Experiment in der Sozialforschung (Praktische Sozialforschung, 2). 8. Aufl. Köln 1972, 97–128.
König, René (Hrsg.): Beobachtung und Experiment in der Sozialforschung (Praktische Sozialforschung, 2). 8. Aufl. Köln 1972.
König, René: Das Interview. Formen – Technik – Auswertung (Praktische Sozialforschung, 1) 9. Aufl. Köln 1974.
König, René (Hrsg.): Handbuch der empirischen Sozialforschung. 4 Bde. (dtv. Wiss. Reihe, 4235–39) 3. Aufl. Stuttgart/München 1973/74.
Kramer, Karl-S.: Zur Erforschung der historischen Volkskultur. In: Rheinisches Jahrbuch für Volkskunde 19 (1968) 7–41. Nachdruck Würzburg/München 1978 (Ethnologia Bavarica, 7).
Kramer, Karl-S.: Volksleben in Holstein (1550–1800). Eine Volkskunde auf Grund archivalischer Quellen. Kiel 1987.
Kutzschenbach, Gerhard von: Feldforschung als subjektiver Prozeß. Ein handlungstheoretischer Beitrag zu seiner Analyse und Systematisierung. Berlin 1982.
Lehmann, Albrecht: Autobiographische Methoden. Verfahren und Möglichkeiten. In: Ethnologia Europaea 11(1979/80) 36–54.
Lehmann, Albrecht: Erzählstruktur und Lebenslauf. Autobiographische Untersuchungen. Frankfurt a. M./New York 1983.
Lehmann, Albrecht: Gefangenschaft und Heimkehr. Deutsche Kriegsgefangene in der Sowjetunion. München 1986.
Lehmann, Albrecht: Volkskundliche Feldforschung und Riehl-Kritik. Methodologische Anmerkungen zur neuen Riehl-Diskussion. In: ders.; Andreas Kuntz (Hrsg.): Sichtweisen der Volkskunde. Zur Geschichte und Forschungspraxis einer Disziplin (Lebensformen, 3). Berlin/Hamburg 1988, 85–101.
Lehmann, Albrecht: Im Fremden ungewollt zu Haus. Flüchtlinge und Vertriebene in Westdeutschland. München 1991.

Lindner, Rolf: Die Angst des Forschers vor dem Feld. Überlegungen zur teilnehmenden Beobachtung als Interaktionsprozeß. In: Zeitschrift für Volkskunde 77 (1981) 51–66.

Mannheims, Hildegard; Roth, Klaus: Nachlaßverzeichnisse. Internationale Bibliographie (Beiträge zur Volkskultur in Nordwestdeutschland, 39). Münster 1984.

Matter, Max: Gedanken zur ethnologischen Gemeindeforschung und den dafür notwendigen Datenverarbeitungsverfahren. In: Rheinisches Jahrbuch für Volkskunde 22:2 (1978) 283–311.

Merten, Klaus: Inhaltsanalyse. Einführung und Theorie, Methode und Praxis. Opladen 1983.

Merton, Robert K.; Kendall, Patricia L.: Das fokussierte Interview. In: Christel Hopf und Elmar Weingarten (Hrsg.): Qualitative Sozialforschung. Stuttgart 1979, 171–204.

Moser, Hans: Gedanken zur heutigen Volkskunde. In: Bayerisches Jahrbuch für Volkskunde 1954, 208–234.

Moser, Hans: Volksbräuche im geschichtlichen Wandel. Ergebnisse aus fünfzig Jahren volkskundlicher Quellenforschung. München 1985.

Musikologische Feldforschung. Aufgaben, Erfahrungen, Techniken. Hrsg. von der Deutschen Gesellschaft für Musik des Orients (Beiträge zur Ethnomusikologie, 9). Hamburg 1981.

Niethammer, Lutz (Hrsg.): Lebenserfahrung und kollektives Gedächtnis. Die Praxis der »Oral History«. Frankfurt a. M. 1980.

Niethammer, Lutz: Fragen – Antworten – Fragen. Methodische Erfahrungen und Erwägungen zur Oral History. In: ders.; Alexander von Plato: »Wir kriegen jetzt andere Zeiten«. Auf der Suche nach der Erfahrung des Volkes in nachfaschistischen Ländern. Berlin/Bonn 1985, 392–445.

Nixdorff, Heide; Hauschild, Thomas (Hrsg.): Europäische Ethnologie. Theorie- und Methodendiskussion aus ethnologischer und volkskundlicher Sicht. Berlin 1982.

Plato, Alexander von: Oral History als Erfahrungswissenschaft. Zum Stand der »mündlichen Geschichte« in Deutschland. In: BIOS 4:1 (1991) 97–119.

Riehl, Wilhelm Heinrich: Wanderbuch. 3. Aufl. Stuttgart 1892.

Roth, Klaus: Historische Volkskunde und Quantifizierung. In: Zeitschrift für Volkskunde 76 (1980) 37–57.

Scharfe, Martin: Dokumentation und Feldforschung. In: Zeitschrift für Volkskunde 65 (1969) 224–231.

Schenda, Rudolf: Lebzeiten. Autobiographien der Pro Senectude-Aktion. Zürich 1982.

Schiek, Gudrun: Rückeroberung der Subjektivität. Der selbstreflexive Ansatz in der Ausbildung von Sozialwissenschaftlern (Campus Forschung, 254). Frankfurt a. M./New York 1982.

Schmidt, Leopold: Volkskunde als Geisteswissenschaft. In: Handbuch der Geisteswissenschaften Bd. 2. Wien 1948, 1–128.

Schwarz, Dietrich W. H.: Sachgüter und Lebensformen. Einführung in die materielle Kulturgeschichte des Mittelalters und der Neuzeit (Grundlagen der Germanistik, 11). Berlin 1970.

Schwedt, Herbert (Hrsg.): Analyse eines Stadtfestes. Die Mainzer Fastnacht (Mainzer Studien zur Sprach- und Volksforschung, 1). Wiesbaden 1977.

Schwibbe, Michael H.: Das Bild der Frau bei Wilhelm Busch. Ein inhaltsanalytischer Vergleich zu Bilderromanen, Schwänken, Märchen und Sagen. Diss. Göttingen 1988

Szczepanski, Jan: Die biographische Methode. in: René König (Hrsg.): Handbuch der empirischen Sozialforschung Bd.4, Stuttgart ^{3}1974, 226–252.

Thieme, Hans; Kapfhammer, Günther (Hrsg.): Erfragte Zeitgeschichte. Zur »Oral-History« in Bayerisch-Schwaben. Augsburg 1982.
Voges, Wolfgang: Methoden der Biographie- und Lebenslaufforschung (Biographie und Gesellschaft, 1). Opladen 1987.
Vorländer, Herwart (Hrsg.): Oral History. Mündlich erfragte Geschichte (Kleine Vandenhoeck-Reihe, 1552). Göttingen 1990.
Warneken, Bernd-Jürgen; Wittel, Andreas: Die neue Angst vor dem Feld. Ethnographisches *research up* am Beispiel der Unternehmensforschung. In: Zeitschrift für Volkskunde 93 (1997) 1–16.
Wehse, Rainer: Feldforschung. In: Enzyklopädie des Märchens Bd. 4. Berlin/New York 1984, 991–1005.
Whyte, William Foote: The Street Corner Society. The Social Structure of an Italian Slum. Chicago 1943. Dt. Ausgabe Berlin 1996.
Wojak, Andreas: Moordorf. Dichtungen und Wahrheiten über ein ungewöhnliches Dorf. Bremen 1992.
Wossidlo, Richard: Über die Technik des Sammelns volkstümlicher Überlieferungen. In: Zeitschrift des Vereins für Volkskunde 16 (1906) 1–24.
Wylie, Laurence: Dorf in der Vaucluse. Der Alltag einer französischen Gemeinde. Frankfurt a.M. 1969.
Zupfer, Wolf Dieter: Gegen eine scheinbar problemlose Feldforschung. In: Österreichische Zeitschrift für Volkskunde 75, N.S. 26 (1972) 41–49.

Joachim Friedrich Baumhauer

Hausforschung

1. Gegenstand

Häuser besitzen unter unseren klimatischen und kulturellen Bedingungen zentrale Bedeutung. Sie erfüllen eine Reihe von Funktionen: Schutz vor Witterung, Tieren, anderen Menschen; Wohnen und Wirtschaften; Repräsentieren. Sowohl Gebäudetypen als auch individuelle Gebäude als relativ langlebige Objekte sind, veränderten Bedingungen und Ansprüchen folgend, einem Wandel unterworfen. »Im Wandel des Hausbaus spielen sich gesellschaftliche Prozesse gleichsam dinglich-materiell wider« (Bedal 1978, 1). Hausforschung wurde und wird von der Volkskunde, Kunstgeschichte, Geographie, Vor- und Frühgeschichte und Architektur betrieben, ein eigenständiges universitäres Fach Hausforschung oder Baugeschichte ist bisher noch nicht vorhanden. Hausforschung unter modernen Gesichtspunkten setzt dabei in der Praxis »das Zusammenwirken unterschiedlicher Forschungsdisziplinen mit voneinander abweichenden Ansätzen« voraus, »das einzelne Haus bedarf der Untersuchung durch den Bauhistoriker, den wir nicht der Kunstgeschichte, der Volkskunde oder der Architektur zuordnen wollen. [...] Hinzu kommen die Fachgebiete der Archäologie, Geschichte, Sozialgeschichte, Geographie sowie Naturwissenschaften. Hier sind es neben der Geologie u. a. die Chemie (Materialanalysen), die Biologie (Paläo-Ethnobotanik) und als Sonderbereich die Dendrochronologie zur Datierung des Holzes. [...] Der Archäologie als Ergänzung zur ›oberirdischen‹ Hausforschung kommt [...] ein besonderes Gewicht zu« (Großmann 1986, 8 f.).

Hauskunde, wie sie im folgenden betrachtet wird, läßt sich als Teil der volkskundlichen Forschung auffassen, sie widmet sich den Gegenständen *Haus* und *Hausinventar* und den zugehörigen Tätigkeiten *Bauen* und *Wohnen*. Die volkskundliche Hausforschung ist vorwiegend historisch orientiert. Den Zielsetzungen dieses Faches gemäß befaßt sie sich mit dem *privaten* und *profanen* (in Abgrenzung zum sakralen und öffentlichen) Bauwesen, also dem Bauen und Wohnen breitester Schichten, der großen Masse der Bevölkerung. Als traditionelle Arbeitsgebiete der Hausforschung galten im Kontext der Fachgeschichte *Bauernhaus* und *Bürgerhaus,* wobei der Untersuchungsgegenstand der Volkskunde auf das Bauernhaus reduziert erschien. Eine solche Schematisierung ist beim gegenwärtigen Kenntnisstand nicht mehr ausreichend. Sowohl der ländliche Bereich war gesellschaftlich differenziert in bäuerliche und unterbäuerliche Schichten als auch der städtische Bereich, wo schon vor

der Industrialisierung neben »bürgerlichen« Kaufleuten und Handwerkern untere soziale Schichten lebten. Eine gewisse Berechtigung zur Konzentration auf dörfliche Bauten ergibt sich allerdings aus der agrarischen Prägung unserer Gesellschaft bis weit in das 19. Jahrhundert hinein.
Der Untersuchungszeitraum der volkskundlichen Hausforschung in Mitteleuropa ist bestimmt vom erhaltenen Baubestand. Die Vor- und Frühgeschichte erforscht zeitlich frühere Überreste von Gebäuden im Boden. Die ältesten in Deutschland erhaltenen profanen Steinhäuser stammen nach derzeitigem Forschungsstand aus dem 12., Fachwerkhäuser aus dem 13. Jahrhundert. Gegenwärtig konzentriert man sich noch auf Spätmittelalter und frühe Neuzeit, die Periode, in der sich viele der regionalen Hausformen herausgebildet haben, wobei sich die »klassische« Hausforschung bevorzugt mit dem neuzeitlichen Bauernhaus beschäftigte, die neuere Forschung mehr mit dem städtischen Bauwesen des Spätmittelalters. Der Blick auf veränderte Bautypen im Gefolge der Industrialisierung ist neu. Bis jetzt besteht eine weitgehend regionale Ausrichtung, eine übergreifende, möglicherweise europäische Forschung erst im Ansatz. Der *Arbeitskreis für Hausforschung,* gegründet 1949 als Arbeitskreis für deutsche Hausforschung, ist ein Zusammenschluß mitteleuropäischer und vor allem deutschsprachiger Hausforscher. In der DDR wurde 1962 der Arbeitskreis für Haus- und Siedlungsforschung gegründet, der sich nach der Vereinigung Deutschlands zugunsten zweier ostdeutscher Regionalverbände aufgelöst hat.

2. Geschichte

Als Vorläufer der wissenschaftlichen Hausforschung kann man die spätaufklärerischen Bemühungen des ausgehenden 18. und frühen 19. Jahrhunderts im Rahmen der *Kameralistik* und *Ökonomik* ansehen. Die funktionalistisch ausgerichtete Forschung jener Zeit, die sich in Statistik, Topographie, medizinischem Bericht und Reisebericht manifestiert, befaßte sich weniger mit dem Haus, dafür mehr mit dem Wohnen. Viel zitiert wird in diesem Zusammenhang die Schilderung des »westphälischen Bauernhauses« durch Justus Möser. Als Begründer der wissenschaftlichen Hausforschung gilt Georg Landau mit seinem Versuch von 1855, durch die Betrachtung des »Bauernhofes« Einblicke in die »germanische Zeit« zu gewinnen. Der an die Ziele der Brüder Grimm anschließende *Stammesgedanke* (Deutung des Hauses als Ausdruck eines Stammes oder Volkes) beherrschte dann die Hausforschung bis zum Ende des Jahrhunderts und wirkte lange nach. Dazu beschäftigte die frühe Hausforschung die von der Sprachforschung beeinflußte Suche nach dem »*Urhaus*«. Daneben hatte mit von Architekten verfaßten Beiträgen zum Holzhaus auch eine konstruktiv-technische Forschung begonnen. Praktische Auswirkung zeigte die Hausforschung erstmals in der *Freilichtmuseumsbewegung.* »Nationalromantisch verklärte Vorstellungen über ein vom Wandel bedrohtes Bauerntum« (Zippelius 1974, 26 f.) hatten die erste große Gründerzeit der europäischen Freilichtmuseen um die Jahrhundertwende zur Folge, zum ersten Mal wurden translozierte Gebäude 1891 in Skansen bei Stockholm präsentiert.

Die Forschung dieser Periode stellte sich noch wesentlich als objektorientierte Wissenschaft dar, in der es um ›Haus‹ und ›Haustypen‹ ging. Der Stammesgedanke hat die verschiedenen Richtungen der Hausforschung bis weit in das 20. Jahrhundert hinein beeinflußt, die *philologisch-germanistische* (R. Henning), die *(kultur-)geographische* (A. Meitzen, W. Peßler) und die *bautechnische* (C. Schäfer). In der Zeit um 1900 war das gesammelte Material stark angewachsen, und die jetzt erfolgende Ausweitung führte zu einer »übernationalen ethnographisch-europäischen Grundhaltung« (Bedal 1978, 8). Über die Sprachgrenzen hinweg arbeiteten österreichische Forscher; dem Prinzip »Wörter und Sachen« (Zeitschriftentitel) verpflichtet, rückten sie dabei auch den *Hausrat* in den Blickpunkt (R. Meringer, K. Rhamm).

Nach dem Ersten Weltkrieg erfolgte eine gewisse Institutionalisierung in der Hausforschung; volkskundliche Sachforscher erhielten Dozentenstellen: O. Lauffer 1919 in Hamburg, V. von Geramb 1931 in Graz, B. Schier 1934 in Leipzig. In dieser Zeit verblich in der Hausforschung allmählich der Stammesgedanke, wenn auch die ›ethnische‹ Grundhaltung weiter eine Rolle spielen sollte. Die *kulturräumlich* ausgerichtete Hausforschung untersuchte die Diffusion einzelner Elemente aus dem komplexen Gesamtbereich des Hauses (F. Steinbach). Die »Auflösung des Hauses in seine Teile« ist vor allem mit dem Namen von B. Schier verbunden. Hier vollzog sich auch ein neuer Schritt: man arbeitete mit Hilfe geographischer Methoden die Landschafts- und Sozialgebundenheit der historischen Haustypen heraus, wobei allerdings noch der einzelne Bewohner »nur beiläufig beachtet« wurde, »in aller Regel kam die Kategorie des Wohnens gegenüber der des Bauens zu kurz« (Assion/Brednich 1984, 10).

Aus der von Architekten begründeten konstruktiven Richtung erwuchs in den 1930er Jahren die *Gefügeforschung,* die kleinräumig-intensiv betrieben wurde. Über die Haustypen und -grundrisse hinaus betrachtete man nun die Räumlichkeit und den individuellen Charakter der Häuser. Der »Münstersche Arbeitskreis« von J. Trier und J. Schepers orientierte sich am konstruktiv offenen Charakter des niederdeutschen Hallenhauses. Durch die Gefügeforschung wurde es möglich, den Erbauungszustand des Hauses – insbesondere des Fachwerkhauses – auf Grund bautechnischer Aspekte zu rekonstruieren und annähernd zu datieren. Unter der Herrschaft des Nationalsozialismus schob sich neben die bestehende volkskundliche Hausforschung eine ideologiekonforme Hauskunde, betrieben von den beiden konkurrierenden Organisationen »Ahnenerbe« der SS und »Amt Rosenberg«. Unter rassistischen Prämissen behauptete man die »ungebrochene Kontinuität der Bauweise germanischer Volksstämme mit den überkommenen Bauernhäusern Deutschlands und benachbarter Völker« (Freckmann 1982, 177), um damit expansive Übergriffe nach Osten und Süden zu rechtfertigen. Nach dem Zweiten Weltkrieg führten vor allem J. Schepers, G. Eitzen, K. Baumgarten und H. Winter durch ihre Gefügeforschung die Hauskunde zu einer auf exakten Daten aufhauenden historischen Wissenschaft. Gebäude stellten jetzt nicht mehr länger nur zeitlose Typen dar, sondern individuelle, als historische Quelle dienende Objekte. Damit konnte auch die Trennung zwischen »oberschichtlichen« und »gewöhnlichen« Bauten überwunden werden. »Die Gefügekunde erlangte so große Bedeutung als Voraussetzung jeder weiteren Betrachtung des Hauses, daß sie weitergehende Fragestellungen in den Hintergrund drängte und manchmal vergessen ließ. Dies hat zu Widerspruch in der Volkskunde geführt« (Großmann 1986, 7). In seiner funktionalistischen Ausrichtung forderte R. Weiss eine über die alleinige Darstellung der konstuktiven Beschaffenheit des Hauses hinausgehende synthetische Betrachtungsweise der wirtschaftlichen und gesellschaftlichen Verhältnisse und des Wohnens, die »Erfassung der Kulturlandschaft als Lebenseinheit, wobei die Häuser als Leitmerkmal dienen« (Weiss 1959, 15 f.). Weitere volkskundliche Anstöße in eine Richtung weg von der Gefügeforschung wiesen dem Haus seine Rolle als »geistiges Kraftfeld« mit der Haus- und Familiengemeinschaft in Zentrum zu, bestimmten »Recht, Kult und Ordnung« zum Gegenstand volkskundlicher Hausforschung (Kramer 1964). »Damit wurde [...] in ein anderes Extrem verfallen und das Mißverständnis erzeugt, die architektonische, die geographische und die volkskundliche Hausforschung könnten unabhängig voneinander existieren, und die Volkskunde sei nur dazu da, der »eigentlichen« Hausforschung bestimmte Details am Haus rechts- und religionsgeschichtlich zu erklären« (Assion/Brednich 1984, 11). K. Bedal sieht als Aufgabe gegenwärtiger Hausforschung den *ganzheitlichen Ansatz,* man habe »die Geschichte des Profanbauwesens auf Grund des erhaltenen Baubestandes und mit Hilfe schriftlicher Quellen zu erforschen« und »vor allem das Wohnhaus als Indikator wirtschaftlicher Verhältnisse, sozialer und kultureller Beziehungen« aufzufassen (Bedal 1978, 10) – eine Meinung, der sich wohl die meisten gegenwärtigen Forscher anschließen.

3. Methoden

Vor der Betrachtung der – durch unterschiedliche Quellengattungen bestimmten – speziellen methodischen Zugänge zur Hausforschung soll hier zunächst ein Blick auf allgemeinere methodische Ansätze geworfen werden. In der *Typologie* sind eine Vielzahl von individuellen Häusern nach ihrer Form untersucht und erscheinen in abstrahierter Form als

Modelle, durch die sich charakteristische Züge vereinfacht und verallgemeinernd darstellen lassen. Die Typologie kann sowohl Haus- und Hoftypen als auch deren Einzelteile umfassen (Gefügetypen, Wandtypen, Dachtypen, Typen von Wohnräumen). Die *statistische Auswertung* des Materials gibt dann Auskunft über die zahlenmäßige Bedeutung der in der Typologie erfaßten Formen. Quantifizierbare Daten sind für weit zurückliegende Zeiten schwer zu gewinnen, dagegen erleichtern die im 19. Jahrhundert einsetzenden Statistiken die Datenerfassung im Zusammenhang von Haus und Wohnen, so daß moderne Datenverarbeitung angewendet werden kann.

Durch die Betrachtung des Hauses in geographischen Zusammenhängen, die *Hausgeographie,* kommt eine weitere Dimension zur Geltung. Die räumliche Verbreitung der an Landschaften oder andere Faktoren gebundenen Haus- und Hoftypen wird aufgenommen und kartiert. So läßt sich ein »Zusammenklang von Landschaft und Bauernhaus« als »Folge einer jahrhundertelangen gemeinsamen Entwicklung« (Ellenberg 1990) ablesen. Allerdings enthalten »Hauslandschaften«, je großflächiger sie angelegt sind, »eine ziemliche Verzerrung der Wirklichkeit [...], so daß ihr Erkenntniswert gering ist« (Bedal 1978, 12). Vorzuziehen ist daher eine regional kleinräumige Hauskartographie mit thematischen, zeitlichen und sozialen Eingrenzungen. In eine neue Dimension tritt die Hausforschung mit der *»Hausgeschichte«* ein, in der eine zeitliche Ordnung gewonnen wird. Die *Stratigraphie* (Schichtenforschung) erfaßt das periodische Nacheinander der Haus- und Bauschichten sowohl in einem individuellem Bau als auch in einer typologischen Reihung. Damit ist zunächst eine *relative Chronologie* erstellt, die durch den Bezug auf unsere Zeitrechnung zur *absoluten Chronologie* erweitert werden kann. Zu der historisch-stratigraphischen Richtung in der Hausforschung trägt vor allem die Gefügeforschung bei, die bei Holzbauten die Rekonstruktion und Datierung einzelner Zeitschichten ermöglicht. Als dritte, die Hausformen bestimmende Dimension neben der räumlichen und zeitlichen läßt sich die »soziale« Dimension auffassen. Gesellschaftliche Schichtungen können in Haustypologien Ausdruck finden, vor allem in Gebieten mit starken sozialen Unterschieden. Die Betrachtung sozialer Zusammenhänge in der Hausforschung schließt das Verhältnis des Menschen als Bauausführender oder Baunutzender zum Haus ein, sie sieht die Summe der sozialkulturellen Handlungen im Zusammenhang des Hauses.

Der methodische Ansatz von J. Hähnel, der vorschlug, typologische wie geographische Gliederungen »nicht nach Hausformen schlechthin, sondern nur nach Baugefüge-, Raumgefüge- und Funktionsgefügeformen des Hauses« vorzunehmen (Hähnel 1969, 54), ist durch K. Bedal erweitert worden. Bedal nimmt eine komplexe strukturelle Betrachtung des Hauses vor, das Augenmerk gilt neben der *Bau- und Raumstruktur* als der »materiellen Seite« des Hauses auch der *Funktions- und Sozialstruktur.* Die Baustruktur schließt Baustoffe und Bauweisen, Konstruktionstechniken ein, während die Raumstruktur sich mit dem Nebeneinander und Übereinander von Räumen befaßt. Mit der Funktionsstruktur ist die funktionale Seite der Raumstruktur ausgedrückt, wobei unter Funktion die Nutzung, die Verwendung des Hausganzen und seiner Teile verstanden werden soll. Die Sozialstruktur schließlich bezieht u. a. die innerhäusliche soziale Gliederung ein. Funktions- und Sozialstruktur werden selten aus der baulichen Erscheinung ablesbar, es sind vielmehr Handlungen, die aus bestimmten Merkmalen am Bau erschlossen werden können.

4. Quellen

Die Hausforschung kann aus einer ganzen Reihe von verschiedenartigen Quellengruppen schöpfen. Dabei steht die Forschung am Baubestand an erster Stelle. Diese Arbeit am Objekt selbst besteht aus mehreren Schritten, die logisch aufeinanderfolgen, in dieser Reihenfolge in der Praxis aber häufig nicht unternommen werden können. In der systematischen *Inventarisation* wird der Baubestand in einem fest umrissenen Gebiet aufgenommen, dabei eine Vielzahl von Objekten unter vorher festgelegten Kriterien erfaßt. Auf diese Weise kann »die Bedeutung, die Dominanz und Varianz der verschiedenen Erscheinungsformen, ihre Besonderheit als Einzelobjekt und ihre Stellung als »Massenobjekt« erkennbar« werden (Bedal 1978, 15). Seit ca. 1880 betreiben staatliche Denkmalämter die Inventarisation von Bau- und Kunstdenkmälern, wobei sie sich zunächst selten den alltäglichen, profanen Bauten widmeten. Eine vollständige Aufnahme sämtlicher Gebäude ist nur innerhalb sehr kleiner Gebiete möglich (Dorfinventarisation, Stadtinventarisation), eine großräumigere Aufnahme bedarf einer thematischen Eingrenzung, z. B. werden dann nur Fachwerkbauten oder nur Bauten einer bestimmten Periode erfaßt.

In der *Dokumentation* folgt die wissenschaftliche Aufnahme und Bearbeitung der Bauobjekte. Zu der ausführlichen Dokumentation eines Gebäudes gehören maßstäbliche Zeichnungen, fotografische Aufnahmen von Gesamt- und Einzelansichten sowie eine gründliche Beschreibung. Das *Aufmaß* ist die maßstäbliche Abbildung eines Gebäudes in Ansichten, Schnitten, Grundrissen und Details, in der Geschichte der Hausforschung zumeist von Architekten durchgeführt. In der Gefügeforschung erlangte das Aufmaß schließlich seine zentrale Bedeutung. Durch das Beobachten und Aufnehmen der Gefügeformen entstand die historische Sichtweise, in der einzelne Bauphasen und das Nebeneinander der primären und sekundären Bauelemente in einem Bau erkannt werden können. Das Aufmaß erfolgt in aller Regel in Handmessung, mit Hilfe von Bandmaß und Zollstock. Die ermittelten Werte werden auf Papier im Maßstab 1:50, bei Details 1:20 oder 1:10 übertragen. Genügt zum Erkennen konstruktiver Eigenheiten ein solches einfaches Aufmaß, so ist vor einer Restaurierung oder Sanierung, bei komplizierter Baugeschichte und bei Massivbauten ein *verformungsgetreues Aufmaß* nötig, bei dem der Bau nivelliert und in ein dreidimensionales Raster eingebunden wird (siehe Beispiel). Dadurch lassen sich Änderungen, die im Lauf der Zeit am Baukörper entstanden sind, erfassen, etwa Verformungen im Holzgerüst und Bauschäden.

Neben der Handmessung existieren weitere Verfahren: In der *Photogrammetrie* werden fotografische Aufnahmen vollständig entzerrt; dadurch können vor allem feingliedrige Fassaden, aber auch Innenräume von genügender Größe aufgemessen werden. Das Verfahren ist kompliziert und kostenaufwendig, es bedarf der Ergänzung und Überarbeitung »von Hand«. Die *Infrarotfotografie* läßt sich zur Erkennung verputzten Fachwerks anwenden.

Durch das Aufmaß kann man die Rekonstruktion älterer Bauzustände eines Gebäudes erhalten. Historische Bauten wurden in der Regel mehrfach umgebaut und bestehen aus mehreren aufeinanderfolgenden Bauschichten, die durch die Stratigraphie erfaßt werden. Das Aufmaß kann neben dem vorgefundenen Zustand, dem *Befund,* also eine zusätzliche Interpretation, die *Rekonstruktion,* enthalten, die einen bestimmten historischen Zustand des Gebäudes abbildet, so jeweils eine Umbauphase dokumentiert. Befund und Rekonstuktion sollten sorgfältig auseinandergehalten werden, etwa in zwei Zeichnungen oder mit einer zeichnerischen (farblichen) Unterscheidung innerhalb einer Zeichnung. Steinbauten lassen sich schwieriger rekonstruieren als Holzbauten, denn nur in der letzteren Bauweise erhalten sich fast immer Spuren älterer Zustände (Holznägel, Zapflöcher usw.). Das Aufmaß sollte auf jeden Fall ergänzt werden durch weitere Hinweise zur Baugeschichte, z. B. Datierungen einzelner Bauteile, Putzstrukturen, Anstriche, Bemalungen, Tapeten. Auch Details (Fenster, Türen, Beschläge usw.) sind stratigraphisch wichtig.

Fast jedes historische Gebäude ist durch spätere Um- und Anbauten geprägt. Eine *Datierung* erfolgte früher meist nur vom ältesten Bauteil, dabei läßt sich das Alter jeder Bauphase einzeln bestimmen. Bauten kann man datieren aus Inschriften mit Jahreszahlen, wobei überprüft werden muß, ob sie für das ganze Gebäude oder einen Teil gelten, aus Dokumenten, die u. U. Auskunft über Bauzeit geben, allerdings erst seit der Mitte des 19. Jahrhunderts regelmäßig vorhanden sind, aus einem kunsthistorisch-stilistischen Vergleich der Zierformen am Bau, schließlich aus einem konstruktiven Vergleich der Gefügeformen bei Holzbauten und der Mauerverbände bei Steinbauten. Zu diesen kulturwissenschaftlichen Verfahren tritt die naturwissenschaftliche Methode der *Dendrochronologie.* Dies ist ein seit der Jahrhundertwende zur Altersbestimmung von Holz bekanntes Verfahren, das aber erst in den letzten Jahren verstärkt zur Anwendung gekommen ist. Hier wird der Fällungszeitpunkt des Bauholzes ermittelt durch die Analyse der Abfolge der Jahresringe des Holzes, die klimatisch bedingt unterschiedlich breit sind. Verschiedene Holzarten, bislang vor allem Eiche, Nadelhölzer erst in Anfängen, erhielten durch serielle Untersuchungen Standardkurven, die durch die speziellen klimatischen Bedingungen in geographisch begrenzten Gebieten gültig sind. Die Kurve der Jahresringfolge der Holzprobe wird mit der Standardkurve des Gebiets verglichen, und durch Überlagerungen kann die Fällzeit des betreffenden Holzes und damit die oft kurz darauf folgende Verwendung als Bauholz bestimmt werden. Eine jahrgenaue Datierung der Fällung ist möglich, wenn sich am Bauholz noch die Waldkante befindet. Die Proben bestehen aus abgesägten Balkenscheiben oder häufiger aus zylindrischen, mit Hilfe eines Hohlkernbohrers entnommenen Holzstücken. Dendrochronologische Untersuchungen werden in privaten und Universitätsinstituten durchgeführt. Bei der Entnahme von Proben muß man sich darüber im klaren sein, ob das Holz vom Erbauungszustand, von späteren Reparaturhölzern oder Holz in Zweitverwendung untersucht werden soll, daher ist eine genaue Bauuntersuchung mit Aufmaß notwendig.

In der letzten Zeit ist die Auswertung und Analyse *archivalischer Quellen* auch innerhalb der Sachkulturforschung in der Volkskunde üblich geworden. Generell sollte man bei der Nutzung archivalischer Quellen beachten, daß es sich hier um die obrigkeitliche, amtliche Sichtweise handelt, die einer Quellenkritik bedarf. Einige dieser Quellen sind geeignet für quantitative Analysen, die eine Ergänzung zu den aus (möglicherweise dezimiert) vorhandenen Baubestand gewonnenen Daten bilden können. Zum Bauen und Wohnen im Mittelalter lassen sich die *Volksrechte* des 7-10. Jahrhunderts, die *Weistümer* spätestens seit dem 16. Jahrhundert und die *Urkunden* der Städte auswerten. Eher in der Neuzeit angesiedelt sind *Grundbücher*, die vor allem zu steuerlichen oder besitzrechtlichen Zwecken dienten (Salbücher, Erdbücher, Heberegister, seit dem 18. Jahrhundert Kataster). Diese Quellen können Angaben zum Hausbestand enthalten, dagegen bieten *Inventare* oft wertvolle Angaben zu Mobiliar und Gerätschaften aus dem Besitz privater Haushalte. Solche Inventare wurden etwa seit dem 15. Jahrhundert bei Sterbefällen, in Erbangelegenheiten, bei Verkäufen, Verschuldungsangelegenheiten angelegt und bieten u. U. Beschreibungen des Gebäudes und Auflistungen der vorgefundenen beweglichen und unbeweglichen Gegenstände, entweder nach Sachgruppen oder der Anordnung in den Räumen folgend. Besonders Aussagen über den Standort und damit oft zugleich über die Funktion der einzelnen Gegenstände sind wertvoll. Weitere bauhistorisch bedeutsame Quellen finden sich im Zusammenhang behördlicher Baugenehmigungs- und Bauaufsichtsverfahren. *Bauanschläge* (Kostenanschläge) und *Baupläne*, die bei Neu- und Umbauten einzureichen waren, sind bei profanen Privatbauten seit der Mitte des 19. Jahrhunderts, bei öffentlichen Bauten wesentlich früher gebräuchlich. Zahlreiche *Bauvorschriften* dienten der Reglementierung des städtischen und (später) des ländlichen Bauwesens. Zu erwähnen sind hier die *Feuerverordnungen*, die Einfluß auf Lage der Gebäude zueinander und Dachdeckung nehmen sollten. Wie die Grund-

Hausforschung

bücher ebenfalls aus fiskalischen Motiven angelegt, wurden *Flur-* bzw. *Katasterpläne* seit der Mitte des 19. Jahrhunderts überall üblich. Sie sind besonders hinsichtlich der Veränderungen von Hofanlagen aufschlußreich. Zu den *literarischen Quellen,* die sich zum Teil nicht von den archivalischen Quellen abgrenzen lassen, gehören historische *Topographien* des 18. und 19. Jahrhunderts. Diese von Statistikern erstellten Landesbeschreibungen waren vom Nützlichkeitsdenken des absolutistischen Staates bestimmt. Durch Beschreibung der Landesbeschaffenheit und Lebensformen der Untertanen wollte man Handhaben für das praktisch-politische Vorgehen gewinnen. *Medizinalberichte* erfaßten Wohnverhältnisse breiter Schichten, um von staatlicher Seite auf die Gesundheit Einfluß nehmen zu können. Die »*Bauliteratur*« richtete sich mit nützlichen Ratschlägen an den Bauherren; auch sie diente z.T. dem Zweck, ungesunde Bauweisen anzuprangern und hygienischere Wohnweisen zu propagieren. Fachbücher sollten dem Handwerker Spezialkenntnisse vermitteln. In *Reisebeschreibungen,* die mit der Verbesserung der Verkehrsverhältnisse im Aufklärungszeitalter in großer Zahl erschienen, sind zuweilen hauskundlich auswertbare Schilderungen enthalten. Auch in der *Heimatliteratur,* in Dorfromanen und Bauernnovellen kann man in dieser Hinsicht fündig werden. Darüber hinaus bieten *Autobiographien, Familien-* oder *Dorfchroniken* manchmal Hinweise auf Bauen und Wohnen. Schließlich können auch *Bildquellen* der Hausforschung nützlich werden. Das Volksleben illustrierten seit dem Mittelalter Tafelbilder, Holzschnitte, Zeichnungen, Druckgrafiken usw., bei deren Analyse allerdings kritische Fragen nach möglicherweise die Wirklichkeit überhöhenden, idealisierenden Darstellungsweisen zu stellen sind. Stärkeren dokumentarischen Charakter besitzen historische Fotografien, die Gebäude zeigen, häufig deren Außen-, selten Innenansichten. *Befragung* zum Thema Haus ist sicherlich ein schwieriges Unterfangen, da, vom gegenwärtigen Zeitpunkt ausgehend, höchstens die Zeit bis 1920 erfaßt werden kann. Fragen zu technisch-konstruktiven Einzelheiten sind weniger ergiebig, eher Fragen zum Wohnen und Wirtschaften.

5. Begriffe

Die *Terminologie* der Hausforschung ist weitgehend durch konstruktiv-technische Gegebenheiten bedingt, sie ist noch nicht einheitlich festgelegt und z.T. von der wissenschaftlichen Herkunft der Hausforscher abhängig. Es gibt landschaftlich unterschiedliche Benennungen. Hier sollen zunächst Begriffe im Zusammenhang der Bau- und Raumstruktur erläutert werden. Grundsätzlich lassen sich zwei Gruppen von Bauweisen unterscheiden, die durch unterschiedliche Baustoffe bestimmt sind: *Holzbau* und *Massivbau.* Eine solche Unterscheidung meint in der Praxis allerdings immer nur das Überwiegen einer der beiden Baustoffe, dabei ist die Bauart der Wand gegenüber der des Daches maßgeblich.

Die Holzbauweise läßt sich wiederum in zwei Gruppen trennen: in den primär mit waagrechten Hölzern arbeitenden *Blockbau* und in den *Ständerbau*, bei dem senkrechte Hölzer, die *Ständer*, tragende Funktion besitzen. Der Ständerbau ist eine Bauweise, in der die Hölzer oberirdisch ansetzen; in die Erde eingegrabene senkrechte Hölzer frühgeschichtlicher Häuser, die nur archäologisch erschlossen werden können, bezeichnet man in der Hausforschung als *Pfosten*. Wie Pfostenbauten besitzen Gebäude mit Flechtwänden im heutigen Hausbestand Mitteleuropas keine Bedeutung mehr.

Unter den Holzbauten erscheinen die Ständerbauten, also Gebäude mit tragenden Holzgerippen, am vielgestaltigsten und am weitesten verbreitet. Allgemein bekannt ist der *Fachwerkbau,* gedanklicher Unterbegriff zum Ständerbau, daneben existieren *offene* und *verbretterte Holzgerüste* z.B. in Schuppen oder Hütten, der *Ständerbohlenbau*, bei dem die Wände zwischen den Ständern mit Bohlen geschlossen wurden, und der *ausgeblockte Ständerbau* mit Blockfüllung zwischen den Ständern. Das Fachwerk ist allerdings die wesentlichste Wandform des Ständerbaus in der Neuzeit. Die Ausfüllung der *Gefache* bzw. Fache (Gerüstfelder) erfolgte (selten) durch einfaches luftiges Flechtwerk, in der Regel durch Holzflechtwerk und Lehmbewurf, regional auch durch Bruchsteine, verschiedentlich durch ungebrannte Lehmsteine und spätestens seit der Mitte des 19. Jahrhunderts durch Ziegel.

Der konstruktive Aufbau der Ständerbauten ist bestimmt durch das tragende *Gerüst* und das *Gefüge*, die Verbindung der Gerüsthölzer, gewissermaßen die Feinstruktur des Gerüstes. Die senkrechten Hölzer des Gerüstes sind die *Ständer,* die entweder auf der Erde, auf Steinen oder auf einer hölzernen Schwelle stehen. Die obere waagrechte Verbindung der Ständer bilden die *Rähme* und *Balken.* Mit Rähm bezeichnet man vor allem die in Längsrichtung laufenden oberen Abschlußhölzer einer Wand oder einer Ständerreihe, die Balken sind waagrecht liegende Deckenhölzer, die Wände oder Ständer quer verbinden. Als *Riegel* bezeichnet man die die Fache unterteilenden waagrechten Hölzer zwischen Schwelle und Rähm bzw. Balken, etwa als Brust- und Sturzriegel unter- bzw. oberhalb der Fenster. Die Fußriegel oder Kopfriegel können als kurze Stücke zwischen den Ständern Schwelle oder Rähm ersetzen. Verschiedene Formen von diagonal angeordneten *Verstrebungen* schließlich dienen der Aussteifung des Gerüstes; Schmuckformen der Verstrebung können darüber hinaus repräsentativ wirken. Das Gefüge als Feinstruktur des Gerüstes betrifft die Verbindung der Hölzer, die Verzimmerungsart. Zu den wichtigsten Arten der *Holzverbindung* gehören die *Verzapfung* und die *Verblattung*. Bei ersterer wird der Zapfen eines Holzes in das Zapfenloch des anderen Holzes gesteckt, beim zweiten Verfahren haben beide Hölzer Ausnehmungen und werden bündig übereinandergesetzt. In beiden Fällen dienen zur Befestigung Holznägel.

Je nachdem, auf welchen Teilen des Gerüstes die Last des Daches ruht, spricht man vom *Wandgerüst,* bei dem die Wände tragen, oder vom *Innengerüst,* bei dem – von außen nicht sichtbar – die Ständerreihen bzw. Innenwände tragen. Die Dachlast kann natürlich auch auf Innen- und Außenwänden gleichzeitig liegen. Bauten mit einer mittleren, bis in den Dachfirst reichenden, das Dach tragenden Ständerreihe sind *Firstständerbauten,* bei denen Wand- und Dachwerk konstruktiv verbunden sind. Reliktformen dieser altartigen Bauweise sind im Süden Deutschlands zu finden. Das am weitesten im ländlichen und kleinstädtischen Raum Norddeutschlands verbreitete Gerüstsystem besteht aus zwei parallelen dachtragenden inneren Ständerreihen. Zumeist ist das Dach über die Ständerreihen weitergeführt und mit einer (nicht tragenden) niedrigen Wand abgeschlossen, so daß zusätzliche Seitenräume in Längsrichtung entstehen, das Gebäude also *mehrschiffig* ist. Ruht die Last des Dachgerüstes auf den beiden äußeren Längswänden, haben wir es mit einem *Wandständerbau* zu tun.

Der Aufbau des Hauses erfolgt entweder durch Aufstellen der *Gebinde,* d. h. der gegenüberliegenden, durch einen Deckenbalken verbundenen Ständer (Jochbindung), oder durch Aufbau der als Einheit gezimmerten Ständerreihen bzw. (Längs-)Wände (Reihenbindung) (Schepers 1943; Baumgarten 1961). Im ersten Fall bildet das Rähm den oberen Abschluß über dem Querbalken; diese Bauart nennt sich *Oberrähmkonstruktion* (bei eingetieften Balken *Hochrähmkonstruktion).* Im zweiten Fall liegt das Rähm unmittelbar auf den Ständern auf, die in das Rähm eingezapft sind. Die Querbalken werden danach auf die Wände gelegt; dies ist eine *Unterrähmkonstruktion* (Eitzen 1954). Die Querbalken werden als *Ankerbalken* bezeichnet, wenn sie die Seitenwände zusammenzuhalten haben, die Sparren des Daches aber nicht auf ihnen ruhen (bei Ober- und Hochrähmkonstruktionen, Aufrichtung nach Gebinden). Stehen dagegen die Dachsparren (bei Unterrähmkonstruktionen, wandweiser Aufrichtung bzw. Aufrichtung in Reihen) auf den Querbalken, heißen diese *Dachbalken* (Schepers 1943).

Bisher sprachen wir über die weitverbreiteten Zweiständerbauten. Im niederdeutschen Bereich sind dies durch die Abseiten die dreischiffigen Konstruktionen der Fachhallenhäuser. Es existieren hier darüber hinaus *Drei-* und *Vierständerbauten,* bei denen das Dach auf entsprechend vielen Ständerreihen ruht; sie können durch Anbauten wiederum weiter gegliedert und ausgeweitet sein. Neben diese Erweiterungsmöglichkeit in die Breite tritt die in die Höhe gehende. Mehrgeschossige Häuser besitzen entweder einzeln abgezimmerte, mit eigenen Decken versehene, aufeinandergestellte *Stockwerke* oder ein Gesamtgerüst, das durch Geschoßbalken, also durch eingehängte Decken, in *Geschosse* unterteilt wird. Diese Schichtung in Stockwerke oder in Geschosse tritt vor allem im städtischen Bereich, im süd- und südwestdeutschen Raum auch im bäuerlichen Bereich auf.

Wie zu sehen war, sind Wand und Dach von der Konstruktion her nicht immer zu trennen. Das Dachgerüst ist als Holzkonstruktion auch bei Steinbauten der gefügekundlichen Analyse zugänglich. Man unterscheidet zwei Gerüstsysteme, das *Sparrendach* (Kehlbalkendach) und das *Pfettendach* (Rofendach). *Sparren* sind Träger-Haupthölzer, die paarweise angeordnet am First miteinander verbunden sind, sie stehen auf einem gemeinsamen Dachbalken oder seltener auf einer Dachschwelle. *Pfetten* dagegen sind firstparallele Hölzer, an denen die schrägliegenden *Rofen* befestigt sind, die also im Gegensatz zu den Sparren nicht stehen, sondern hängen und keine versteifende Funktion besitzen, sondern eines Dachstuhls bedürfen. Die in Mitteleuropa im sakralen und profanen Bauwesen weit verbreiteten Sparrendächer lassen wesentlich steilere Dachneigungen zu als das Pfettendach. Das *Dachgerüst* trägt die *Dachhaut*. Bei der Dachdeckung werden *weiche* Materialien wie Stroh, Reet, Bretter, Schindel und *harte* Materialien wie Stein, Schiefer, Ziegel, Metall unterschieden.

Der *Blockbau* hat im Gegensatz zum Ständerbau in Mitteleuropa keine so weitreichende, in den Städten kaum Bedeutung gehabt. Im allgemeinen liegt das Verbreitungsgebiet des Blockbaus in Deutschland südlich von dem des Fachwerkbaus im Alpenraum, daneben in Ost-, Südost- und Nordeuropa. Die Blockbauweise drückt sich vor allem in kleineren abgeschlossenen Gebäuden aus. Gefügekundliche Analysen sind bei den waagrechten Hölzern der Blockbauten an sich nur an den Verbindungen der an den Ecken kreuzweise übereinanderliegenden Balken möglich. Man unterscheidet grundsätzlich *verkämmte* Eckverbindungen mit vorstehenden Balkenköpfen von wandbündigen *verzinkten* Eckverbindungen.

Holzbauweisen sind einer Strukturanalyse leichter zugänglich als Massivbauweisen. Diese lassen sich nach dem Baumaterial einteilen in die *Erdbauweisen* Lehmbau, Backstein- bzw. Ziegelbau und die *Steinbauweisen* Bruchstein- bzw. Feldsteinbau und Haustein- bzw. Quaderbau. Massivbauweisen spielten, regional und schichtenspezifisch unterschiedlich, schon seit dem Mittelalter eine gewichtige Rolle, schließlich verdrängten sie im 19. Jahrhundert (als Wandbauweise) den Holzbau. Besonders zu erwähnen ist der *Ziegelbau,* der im Mittelalter den städtischen Bereich vor allem im norddeutschen Raum prägte und dann mit der Industrialisierung auch auf das Land drang. Die volkskundlich-historische Hausforschung beschäftigte sich vornehmlich mit Holzbauweisen, eine Folge der Wissenschaftsgeschichte, denn der vermeintlich oberschichtliche und künstlerisch anspruchsvollere Steinbau galt als Aufgabengebiet der Kunstgeschichte. Dies ist zum Teil durch das Überwiegen hölzerner Privatbauten erklärlich, bedeutet jedoch ein Forschungsdefizit. Auch das Technisch-Konstruktive beim Mauerbau, das »Mauergefüge«, läßt sich strukturell erfassen, eine Altersbestimmung z. B. am verwendeten Steinformat und dem Verband vornehmen.

Ging es bisher um Begriffe aus dem Zusammenhang der Bau- und Raumstruktur, so sollen nun solche aus der Funktions- und Sozialstruktur betrachtet werden. Soziale Zusammenhänge betreffen das Verhältnis vom Menschen zum Haus; dieser kann als Produzent, etwa als Bauhandwerker oder Konsument, als Hausbesitzer, -bewohner, auftreten. Dem Leben und Arbeiten von *Bauhandwerkern*, in erster Linie den Zimmerleuten, die bis ins 20. Jahrhundert im ländlichen Bauwesen maßgeblich waren, den Maurern und Steinmetzen, schließlich den spezialisierten Gewerken, die im Gefolge der Industrialisierung aufkommen, gilt die volkskundliche Betrachtung, aber auch dem Bauen in Eigenleistung und in *Nachbarschaftshilfe*. Die soziale Schichtung der Bevölkerung kann sich in einer Abstufung von Hausformen, in einer »sozialen Hierarchie der Häuser« (Bedal 1978, 84) ausdrücken, Wohnen ist im Schloß, Kaufmannshaus, Bauernhaus, Handwerkerhaus ebenso möglich wie in der Tagelöhnerkate, im Hinter- und Armenhaus. Auch das Zur-Miete-Wohnen, das nicht *nur* in den Städten seit dem Mittelalter, sondern auch auf dem Lande üblich war, bildet einen Gegenstand der Hausforschung.

»Wer macht was wo?« diese Frage führt zu den sozialen Funktionen des Hauses, zu den Bereichen *Wohnen und Wirtschaften*. Über den Begriff des Wohnens ist viel diskutiert worden. Über die von der früheren Forschung darunter verstandenen Grundbedürfnisse Kochen und Essen, Hausen und Schlafen, die man den Raumtypen Küche, Stube, Kammer zuordnete, hinausgehend versteht man heute unter Wohnen die Summe der alltäglichen Verrichtungen und Interaktionen: »das Aufstehen und Ankleiden, das Frühstücken und Mittagessen, das Abendessen und Zubettgehen, die Essenbereitung für Mensch und Tier, das Tischgebet und die Tischordnung, das Reinigen und Spülen, das Heizen und Kühlen, die Vorratshaltung, das Nähen und Ausbessern, das Spinnen und Weben, das Spulen und Haspeln, das Stricken und Färben, das Flechten und Schnitzen« (Assion/Brednich 1984, 10). Daran schließt sich der Wirtschaftsbereich an, landwirtschaftliches oder handwerklich-bürgerliches Arbeiten.

Wohnen beinhaltet aber auch die unterschiedliche Nutzung der Häuser und Räume durch Einzelpersonen oder Personengruppen. Dazu gehörten der Arbeitsbereich der Hausfrau, die *Sitzordnung* bei Tisch, die Unterbringung des Gesindes, der Kinder, der Alten, das *Altenteil*. Die Funktionen einzelner Räume lassen sich – mit den Mitteln des Historikers – aus spezifischen Raumeinrichtung erschließen, aus unbeweglichen Einrichtungen, etwa aus der Feuerstätte (Herd, Ofen, Backofen) sowie aus beweglichen Objekten. Hier ist besonders das *Möbel* zu nennen, ein wichtiger Forschungsgegenstand der Sachvolkskunde. Die Funktionen einzelner Gebäude können durchaus unterschiedlich sein, das alte bäuerliche *Haupthaus* z. B. in Niederdeutschland diente dem Wohnen und Wirtschaften, bestimmte Spezialfunktionen waren *Nebengebäuden* zugeordnet: Scheune, Speicher, Stall, Schuppen, Backhaus. In der *Hofanlage* mehr oder weniger vielgebäudiger Gehöfte ist schließlich ein funktioneller Komplex zusammengefaßt.

6. Themen

Abschließend sollen einige der »traditionellen« und neuen Themen der Hausforschung vorgestellt werden. Seit den Anfängen konzentrierte sich das Interesse auf das *Hallenhaus* (Fachhallenhaus), meist mit dem Zusatz »niederdeutsch« versehen, um diese regionale, ländliche Hausform von bürgerlich-städtischen Hallenhausformen anderer Gebiete abzugrenzen. Sein Verbreitungsgebiet reicht von den östlichen Provinzen der Niederlande bis in das frühere Hinterpommern und Ostpreußen. Das Hallenhaus findet in der frühen Neuzeit seine Ausprägung. Seine Entstehung aus frühgeschichtlichen Formen wirft noch Fragen auf. Im 19. Jahrhundert verliert dieser Haustyp an Bedeutung. Kennzeichnend für das Hallenhaus ist seine Mehrfunktionalität, es stellt ein *Einheitshaus* dar, das gleichzeitig Wohnung, Stall und Erntebergungsraum unter einem Dach vereinigt.

Von der Konstruktion her ist das Innengerüst ausschlaggebend; am weitesten verbreitet sind Zweiständer-, besonders in Westfalen und im südlichen Niedersachsen auch Drei- bzw. Vierständer-Hallenhäuser (zu Gefügeformen und Zimmerungsarten siehe unter »Begriffe«). Das Hallenhaus erscheint also in der Regel dreischiffig, es ist giebelseitig aufgeschlossen, das Tor in der Hausmitte ermöglichte die Einfahrt des Erntewagens in die (Längs-)Diele. Die Seitenschiffe fungierten als Ställe für das Vieh, das mit dem Kopf zur Diele stand, die also auch als Futtergang diente. Von der Diele aus wurde der Dachraum mit ungedroschenem Erntegetreide und Heu beladen. Schließlich fungierte sie auch als Raum für das Dreschen mit Flegeln. Ohne Begrenzung geht dieser Wirtschaftsteil in den querliegenden Wohnteil, das *Flett*, über, wobei sich die charakteristische T-Form im Grundriß der Diele ergibt. Zum Flett gehören die offenen, mit Fenstern und Türen versehenen Seitenräume, die *Luchten*. Am rückwärtigen Ende des Mittelschiffs befand sich die offene Herdstelle. Bis zum Ersatz des Strohdachs durch das Ziegeldach und dem Anlegen von Kaminen im 19. Jahrhundert durchzog der Rauch das gesamte Haus (»Rauchhaus«) und konnte seine konservierende und Ungeziefer abhaltende, aber auch die menschliche Gesundheit beeinträchtigende Wirkung entfalten. Geschlossene rauchfreie Wohnräume bot vor allem das an das Flett anschließende *Kammerfach,* das mehrere *Kammern* und meist eine vom Flett aus (mit Hilfe eines Hinterladerofens) beheizbare *Stube* beinhaltete.

Der heizbare, rauchfreie Wohnraum, die Stube, spielt auch im Hallenhaus eine Rolle, bildete jedoch in der Forschung als »oberdeutsche« Stube hauptsächlich ein süddeutsches Thema, dabei eines der wichtigsten in der Geschichte der Hausforschung. »Die Stube ist [...] eine der bedeutsamsten und folgenreichsten ›Erfindungen‹ für die mitteleuropäische Wohnkultur, auf der auch die heutigen Wohnformen beruhen« (Bedal 1978, 119). Alter und Herkunft der Stube beschäftigte die Forschung, die überregional arbeitete und philologischen sowie allgemein kulturhistorischen Fragestellungen nachging. In letzter Zeit befaßte man sich zunehmend mit schriftlichen Quellen des Mittelalters. Zu den Funktionen der oberdeutschen Stube gehören Essen und Kochen, Arbeiten und Schlafen, Feiern, Repräsentieren, Andacht halten. Kennzeichen dieser rauchfreien Stube ist der *Ofen,* der hier nach neueren Forschungen nicht nur als Wärme-, sondern auch als Kochofen, z.T. Backofen diente. Diagonal gegenüber dem fest eingebauten Ofen finden sich im Fenstereck Tisch und Bänke. Hier ist in katholischen Gegenden auch der »*Herrgottswinkel*« angebracht. Die Analyse von Verlassenschaftsinventaren ergab allerdings abweichend von früheren Ansichten, daß sich der Herrgottswinkel kaum vor dem Ende des 17. Jahrhunderts nachweisen läßt.

Seit geraumer Zeit bildet der städtische *Hausbau des Mittelalters* einen Schwerpunkt der Hausforschung. Diese Beschäftigung ist indirekt eine Folge der Baupolitik. Nach den Zeiten wirtschaftlicher Hochkonjunktur, in der man Altstädte nur als Spekulationsgebiet und günstigen Bauplatz ansah, und nach der Abbruchphase in den 1950/60er Jahren waren die 70er Jahre gekennzeichnet von der Weltwirtschaftskrise, aber auch von dem entstehenden ökologischen Bewußtsein und dem steigenden Unbehagen über die bebaute Umwelt. Es folgte die Sanierungsphase, die einzelne Gebäude oder ganze Altstadtteile betraf. Verschiedene Methoden der Modernisierung und Restaurierung wurden angewandt, häufig das »Entkernen«, bei dem das Innere des Hauses entfernt, nur das Holzgerippe bzw. die Fassade belassen wird. Dies ist sicherlich eine kritikwürdige Methode, da sie Zerstörung historischen Materials bedeutet, aber erst dadurch können konstruktive Merkmale, ursprüngliche Raumordnung und Details des Baus sichtbar werden. Mit Hilfe archäologischer, stratigraphischer Methoden und in interdisziplinärer Kooperation von geistes- und naturwissenschaftlichen Fächern wurden Probleme der städtischen Bebauung, des Strukturwandels und der Sozialtopographie im frühen und hohen Mittelalter behandelt.

Ein weiteres, relativ neues Thema der Hausforschung ist das der *Farbe am Bau*, sowohl an Außen- wie Innenwänden. Auch hier kann eine Sanierung den Anstoß geben, bei der freigelegte Wände eine Analyse ermöglichen. Farbuntersuchungen vermitteln wesentliche Erkenntnisse über die Nutzung der einzelnen Räume, und durch sie läßt sich – bei mehreren Farbschichten – eine relative Chronologie erhalten. So gibt die Anzahl übereinanderliegender Farbfassungen einen Hinweis auf die Bedeutung des Raums. Entgegen landläufiger Meinung sind häufig die Fassaden von historischen Fachwerk- und Steinbauten, von Bauern- und Bürgerhäusern farbig gefaßt gewesen, eine Erkenntnis der 70er Jahre.

Wichtig wurde in letzter Zeit auch das von der Sozial- und Wirtschaftsgeschichte beeinflußte Thema Wohnen im Zuge der *Industrialisierung*. In Deutschland erfolgte nach 1850 eine verstärkte Urbanisierung der bisher vorwiegend agrarisch orientierten Gesellschaft. Der massenhafte Zuzug in die Städte bedeutete eine radikale Veränderung jahrhundertelang vertrauter Haus- und Wohnformen. Das moderne städtische Dasein war bestimmt durch teils in spekulativer Absicht erbaute Massenwohnquartiere. Dem Wohnungselend der Unterschichten in »Mietskasernen« und engen Hinterhöfen mit hoher Bevölkerungsdichte, mangelnder Hygiene, Überbelegung der Räume und den sozialen Folgen wie Krankheiten, Alkoholismus usw. gilt das Augenmerk der Forschung. Noch recht wenig untersucht ist das Bauen und Wohnen im Industriezeitalter auf dem Lande.

Schließlich ist noch hinzuweisen auf das Verhältnis der Hausforschung zur *Baudenkmalpflege,* das eine wechselseitige Beeinflussung beinhaltet. Dies ist schon durch die wissenschaftliche Herkunft der Denkmalpfleger bedingt, die in der Regel Bauhistoriker sind. Die Hauskunde liefert der Denkmalpflege die wissenschaftliche Grundlage, andererseits wird durch die Schutzbestrebungen der Denkmalpflege oft erst eine wissenschaftliche Untersuchung von Gebäuden möglich gemacht, die sonst u. U. verlorengegangen wären. Ziel der Denkmalpflege ist die Erfassung und Erhaltung denkmalwürdiger Bausubstanz in Stadt und Land; unkontrollierte Abbrüche und möglicherweise zwar verkehrsgerechte und wirtschaftsfördernde, aber Ästhetik und gewachsene Strukturen außer acht lassende Veränderungen im Baubestand sind Gegenstand kritischer denkmalpflegerischer Betrachtungen. Dazu gehören neben dem historischen Einzelgebäude oder Gebäudegruppen auch Details: neue sprossenlose Fenster, moderne Glastüren mit Leichtmetallgriffen, einförmig kunststoffverkleidete Fassaden, »pflegeleichte« Vorgärten usw. In die Kritik gerieten auch die Dorferneuerungsmaßnahmen der 50er bis 70er Jahre. Die Frage lautet jetzt: »Muß unser Dorf so häßlich werden?«, schließlich stünden sich »zwei Welten« gegenüber: »Einmal Leben in der Gemeinschaft, das andere Mal im Planquadrat. Die Vielfalt weicht der Einfalt, die Harmonie der Monotonie, die Kurve dem rechten Winkel, die Phantasie dem Paragraphen« (Wieland 1978, 13). Wahrscheinlich kann die Hausforschung zur Erhaltung von Altbauten in einem würdigen Zustand beitragen, möglicherweise kann sie sogar auf ästhetisch und funktional bessere Neubauten einwirken und schließlich durch Erinnerung an heute noch sinnvoll anzuwendende historische Bautechniken und Gebäudestrukturen Altbewährtem neben Neuerschlossenem wieder Achtung verschaffen.

7. *Hausforschung und Freilichtmuseum*

Von Anfang an waren Freilichtmuseen (auch Freilandmuseen genannt) Stätten des Bewahrens von ländlicher, seltener auch städtischer historischer Bausubstanz. Gleichzeitig stellten sie Zentren der Haus- und Sachkulturforschung dar. Vorläufer der Freilichtmuseen waren die »ethnographischen Dörfer«, etwa das deutsche Dorf auf der Weltausstellung in Chicago 1872. Hier handelte es sich um neu errichtete Kopien von Bauernhäusern. »Skansen« bei Stockholm, eine Gründung von 1891, gilt als Urmutter der Freilichtmuseen. Das Museum präsentierte translozierte Häuser, die ohne Andeutung ihres früheren Umfelds in eine stadtnahe Parklandschaft umgesetzt worden waren. Ähnliche Museen folgten, vor allem in den skandinavischen Ländern. Das Freilichtmuseum Cloppenburg, 1934 gegründet und damit ältestes deutsches Freilichtmuseum, bedeutet ein Beispiel für die seitdem veränderte Sichtweise. Die Bauten des »Museumsdorfs« zeigten sich in die jeweilige Siedlungsform und das Landschaftsambiente eingebunden. Mittlerweile hatten wirtschafts- und sozialhistorische Fragestellungen zunehmend an Bedeutung gewonnen, eine Professionalisierung und Verwissenschaftlichung der Freilichtmuseen war erfolgt (Köstlin 1986).

Vor allem nach dem Zweiten Weltkrieg erlangte der ganzheitliche Anspruch Geltung, wie er etwa 1972 in der Satzung des Verbandes Europäischer Freilichtmuseen definiert wurde: »Unter Freilichtmuseen werden wissenschaftlich geführte oder unter wissenschaftlicher Aufsicht stehende Sammlungen ganzheitlich dargestellter Siedlungs-, Bau-, Wohn- und Wirtschaftsformen in freiem Gelände verstanden.« Die Aufgaben der modernen Freilichtmuseen umfaßten nun verschiedene Bereiche: neben der Umsetzung von Bauten die Erforschung der in Museumsbesitz befindlichen Objekte, die Dokumentation des traditionellen Gebäude- und Sachgüterbestandes der Region, das Eindringen auch in die nichtgegenständlichen Bereiche des kulturellen Lebens, etwa der Brauchformen, aber auch in die Entwicklung der Natur- und Kulturlandschaften.

Seit etwa 20 Jahren sind in den bestehenden und den neuen Freilichtmuseen eine Reihe von Veränderungen in der Präsentation historischer Bauten zu verzeichnen. Man rekonstruiert nicht mehr nur auf den Urzustand eines Hauses, sondern auf einen ganz bestimmten Zeitschnitt, der vom Baulichen und der Einrichtung stimmig sein muß. Dabei ist man sich zweier Dinge bewußt: Das Haus war einem ständigen Wandel unterworfen und: Jedes Haus besitzt eine eigene Geschichte. Man präsentiert daher heute weniger das »Typische« eines Hauses, sondern das »Individuelle«. Die Tendenz führt zur Darstellung auch jüngerer Bauten. Beim Translozieren werden ganze Hofstellen bevorzugt. Die Versetzung des Hauses erfolgt vorzugsweise in größeren Teilen: Wände, Decken, Geschosse, kleinere Gebäude sogar als Ganzes (Kreilinger 1992). Dazu haben sich die Methoden der Dokumentation stetig verbessert. Verformungsgetreue Bauaufmaße, bauhistorische Befundung und Fotodokumentation sind ebenso Standard wie die Inventarisierung der Einrichtung und des weiteren Umfeldes des Hauses. Archivalienforschung, Befragungen von Zeitzeugen und eventuell archäologische Grabungen vervollständigen das Bild.

In den Freilichtmuseen genießt heute die Darstellung des Lebens und Arbeitens einen hohen Stellenwert. Die pädagogisch-didaktische Vermittlung gestaltet sich dabei nach wie vor schwierig. Die Objekte sprechen – wie auch bei anderen Museumsformen – keineswegs für sich, sondern bedürfen der ergänzenden Erläuterung. Es gibt dazu verschiedene, den besonderen Gegebenheiten der Freilichtmuseen angepaßte Möglichkeiten (Könenkamp 1986; Handschuh 1990). Trotzdem bleibt es schwer, im Freilichtmuseum etwa zeitliche Abläufe oder authentische Arbeitsbedingungen darzustellen.

Vor der Umsetzung von Gebäuden stellen sich den Verantwortlichen eine Reihe von Fragen. Ist der Translozierung ins Freilichtmuseum – die immer einen Schwund der Substanz bedeutet – nicht eine Erhaltung am Ort (»in situ«) als Baudenkmal vorzuziehen? Allerdings ist dies auch nicht immer die beste aller Lösungen, wird doch auch das am Ort verbliebene Baudenkmal durch die neue Nutzung (auch als Heimatmuseum o. ä.) stark verändert, allzuoft bleibt lediglich die Fassade erhalten. Gibt es auch die Möglichkeit der musealen Nutzung des unveränderten Bauwerks, etwa als Außenstelle des Freilichtmuseums? Dies ist in der ehemaligen DDR verwirklicht worden, wo Teile von Dörfern in situ musealisiert wurden. Wird transloziert, sollte man sich bei jeder hinzukommenden Baugruppe überlegen, »welchen inhaltlichen Stellenwert sie im Gesamtmuseum bekommt, wie sie mit Gerät und Mobiliar eingerichtet, wie sie mit Informationsmaterial bestückt wird. [...] Ist es sinnvoll, das Objekt im vorgefundenen Zustand zu bewahren, lohnt die Rekonstruktion des Erbauungszustandes, sollen die baulichen Entwicklungen des Hauses im Lauf der Jahrhunderte deutlich gemacht werden? Ähnliche Fragen stellen sich bei der Innengestaltung: Wie authentisch, realistisch können Stuben und Kammern eingerichtet werden, welche Zeitepoche soll dargestellt werden, wieviel Verfremdung verträgt die Baugruppe, wie ausführlich darf erläutert, informiert, belehrt werden?« (Mehl 1989, 67 f.)

Nach wie vor haben Freilichtmuseen Schwierigkeiten, ihren Stellenwert »zwischen Nostalgie und historischer Wirklichkeit« (Löbert 1984) zu finden. Gefährlich erscheint den Kritikern ihre Nähe zu Vergnügungsparks (Korff 1985; Köstlin 1985; Mehl 1992). Das ist begreiflich, stellen Freilichtmuseen doch häufig Prestigeobjekte profilierungssuchender Politiker dar. Dazu sind die Freilichtmuseen mit ihrem hohen Freizeitwert attraktiv für ein großes Publikum, das sonst kaum Museen besucht und bei dem der Wunsch nach Erholung im Vordergrund steht. Allzuleicht, so die Kritiker, werde in den Freilichtmuseen das »Idyllische« des scheinbar konfliktfreien Landlebens überbetont, durch Handwerksvorführungen und Landwirtschaftstage »Museumsfolklore« betrieben, schließlich werde die letzte Authentizität der – durch den Massenansturm dem permanenten Verschleiß ausgesetzten – Bauten geopfert.

8. Aktualisierung

Das vergangene Jahrzehnt hat in der Hausforschung des deutschen Sprachraums keine grundsätzlichen Wandlungen oder Innovationen gebracht. Im wesentlichen konnte man an die vorausgegangenen Forschungen und Fragestellungen anknüpfen, wobei jedoch eine Intensivierung und Vertiefung festzustellen ist, die zu neuen Ansätzen und Ergebnissen geführt hat. Den bisher letzten und wissenschaftsgeschichtlich verspäteten Versuch einer Zusammenschau des ländlichen Hausbaus im gesamten deutschen Sprachraum hat der Biologe Heinz Ellenberg mit seinem 1990 erschienenen Buch »Bauernhaus und Landschaft« unternommen. Ellenberg arbeitete bereits in den 1930er Jahren an dem Konzept zu diesem Buch, wurde aber an der Weiterverfolgung des Plans von Wilhelm Peßler gehindert. Dieses Alterswerk Ellenbergs hat vor allem wegen seiner Methode der kartographischen Erfassung von Hausmerkmalen aus dem fahrenden Auto in der Fachwelt Kritik gefunden, und auch darüber hinaus hat das Buch in Fachkreisen eine Diskussion ausgelöst, die in der Rheinisch-westfälischen Zeitschrift für Volkskunde 38 (1993) 15–60 dokumentiert ist.

Deutlich ist in der jüngeren Hausforschung demgegenüber eine Tendenz zu weiterer Regionalisierung zu erkennen, damit zur kleinräumigen Forschung und gezielten Auseinandersetzung mit dem Einzelobjekt. So haben sich – teilweise unter dem Dach des Arbeitskreises für Hausforschung und in Kooperation mit anderen Gruppierungen – mehrere regionale Organisationen gebildet, die jeweils eigene Treffen und Tagungen ausrichten: der Freundeskreis Freilichtmuseum Südbayern e.V., die Regionalgruppe Bayern, die Regionalgruppe Pfalz, die Arbeitsgemeinschaft für Stadtgeschichtsforschung, Stadtsoziologie und städtische Denkmalpflege e.V. (Esslingen), der Arbeitskreis für Hausforschung Baden-Württemberg, der Arbeitskreis für Hausforschung im Rheinland, die Arbeitsgemeinschaft für Haus- und Gefügeforschung Nordostdeutschland (die Reihenfolge ist willkürlich und ohne Anspruch auf Vollständigkeit). Aus diesen Regionalgruppen sind zum Teil eigene Sammelbände hervorgegangen (Freundeskreis-Blätter, div. Jahrgänge; Südwestdeutsche Beiträge zur historischen Bauforschung 1997; Ländlicher Hausbau in Norddeutschland und den Niederlanden 1996; Zur Bauforschung im Rheinland 1998).

Mit dem einzelnen Objekt setzt man sich besonders in den Freilichtmuseen auseinander, wo allgemein eine Abkehr von dem ursprünglichen »typologischen« Konzept propagiert und angestrebt wird. Allerdings ist eine solche Kehrtwende angesichts des vorhandenen musealen Gebäudebestands schwierig. Zeitgemäßen Konzepten tragen Translozierungen ganzer Bauteile und Einrichten, aber auch die Einbeziehung von (jüngeren) Exponaten der Handwerks-, Land- und Bautechnik Rechnung (vgl. Stiewe 1995; 2000). Die kritische Überprüfung älterer, unter anderen Gesichtspunkten vorgenommener hauskundlicher Forschung stellt ebenfalls einen zeitgemäßen Ansatz dar (Klages 2001).

Neben der Forschungsarbeit der Freilichtmuseen sind den deutlich angewachsenen bauhistorischen Studien der Institute für Denkmalpflege zahlreiche aktuelle Ergebnisse zu verdanken. So hat man versucht, den Baubestand einiger Regionen einer wissenschaftlichen vertiefenden Inventarisation und Untersuchung zugänglich zu machen (z. B. Gläntzer 2000a, b; Wenz/Rüther 2001). Auch sind zuletzt wieder einige eingehende Dokumentationen des Baubestands einzelner Städte herausgekommen (z. B. Maschmeyer 1995; Bock 1996; Stiewe 1996; Großmann 2000). Durch die stärkere Beachtung innerer Zustände von Gebäuden seitens der Denkmalpflege treten heute vielfach Befunde zutage, die sich bei der früheren Praxis dem Zugriff entzogen. Dies gilt für Einrichtungen und Raumgestaltung sowie für ältere Kerne und Spuren von Vorgängerbauten. In der Denkmalpflege sind zudem die Anforderungen an Dokumentation und Aufmaß-Techniken deutlich gewachsen. Heute ist es in besonderen Fällen sogar möglich geworden, umgesetzten Gebäuden den Denkmalschutz zu erhalten. Auch Einzelprobleme wie die Erforschung (ländlicher) Nebengebäude, wird von der Denkmalpflege mit Interesse verfolgt und gefördert. So ist es unverständlich, wenn auf der anderen Seite heutzutage in Schwyz um ein Wohnhaus von 1170 gekämpft werden muß (Furrer 2000) – an ähnlich gelagerten Fällen in Deutschland und Österreich mangelt es leider nicht.

Auch der zeitliche Rahmen der Hausforschung in Deutschland hat sich erweitert. Mit dem Auffinden sehr alter Gebäudereste vor allem im städtischen Bereich wurde die Grenze zur Spatenforschung überschritten: ein heimlicher Wunschtraum der Hausforschung. Auch läßt sich ein stärkeres Zugehen der Archäologen auf die Hausforscher verzeichnen. Für erstere schließt sich damit allmählich die problematische Lücke zwischen dem Bodenbefund und dem »Aufgehenden« (nicht erhaltene oberirdische Bauteile). Für die Hausforschung wiederum lassen sich rezente Baubefunde gelegentlich als Relikte frühgeschichtlicher Zustände einordnen (Zimmermann 1998). Daß Wissen, das als längst bekannt eingestuft wurde, sich durch eine dezidierte Methoden und neue Sichtweisen überraschend erweitern kann, zeigen z. B. die Untersuchungen von Eisen in mittelalterlichen Dachstühlen (Fischer-Kohnert 1999).

In die andere Richtung, in das ausgehende 19. und frühe 20. Jahrhundert, führt die verstärkte Orientierung der Hausforschung am »archivalischen Befund«. Hausforschung erweitert sich damit zunehmend zur Bau- und Sozialforschung. In diesen Zusammenhang gehört die Untersuchung von Baugewerkschulen sowie einzelner Handwerks- und Baubetriebe (Kokkelink/Lemke-Kokkelink 1998, Dahms/Wiese/Wiese 1999, Hansen/Tillmann 1990, Schyia 2000). Auf den Vorstoß in eine noch »jüngere« Zeit weist der Titel einer Jahrestagung des Arbeitskreises für Hausforschung: »Ländliches und kleinstädtisches Bauen und Wohnen im 20. Jahrhundert« (Jahrbuch für Hausforschung 1999), womit an die Forschungen des Arbeitskreises für Haus- und Siedlungsforschung der ehemaligen DDR angeknüpft wurde (Berichte zur Haus- und Bauforschung 1991). Mit dieser Nähe zur Gegenwart rücken zunehmend soziale Aspekte des Wohnens und ökonomische Gesichtspunkte des Bauen ins Gesichtsfeld, was sich wiederum auf die Beurteilung älterer Zustände auswirkt. So beschäftigte sich die Tagung der Arbeitsgemeinschaft für Haus- und Gefügeforschung in Nordwestdeutschland 2001 mit dem »Historischen Bau- und Ausstattungsgewerbe« vom Spätmittelalter bis ins 20. Jahrhundert. Ein umfangreicher Forschungskomplex zeichnet sich in den Bereichen Handwerksbetrieb, Bautechnik und Baumaterial (Beschaffung, Transport, Vermarktung) ab. Dabei tritt neben die Dokumentation der Befunde zunehmend die Archivforschung.

Oft bieten Archivalien die Grundlage von Aussagen über soziale Aspekte des Bauens und Wohnens. Die Wohnverhältnisse unterer Schichten der Bevölkerung in Stadt und Land lassen sich – da ihre Bauten nur selten oder in Spuren erhalten geblieben sind –, meist nur nach zeitgenössischen Berichten und Registern nachvollziehen (Klages 2000). Hochrangige bzw. oberschichtliche Gebäude haben bessere Erhaltungs-Chancen. Doch auch bei diesen ergeben sich immer wieder über den Baubefund herausreichende Fragen, so nach Auftraggebern, Bauhandwerkern, der Genehmigungspraxis. Diese Fragen können oft nur durch eine Zusammenarbeit von Bauforschern und Historikern befriedigend beantwortet werden (Spohn 2000).

9. Beispiel: Ein transloziertes Gebäude im Freilichtmuseum

Haupthaus der Anbauerstelle Nr. 33, Eschede, Kreis Celle (Niedersachsen).

Dieses Haus eines Kleinbauern wurde 1844/45 errichtet. Es konnte am Ort nicht erhalten werden und wurde dem Landwirtschaftsmuseum Lüneburger Heide in Hösseringen, Kreis Uelzen, einem regionalen Freilichtmuseum, angeboten. Man beschloß, das Haus zu übernehmen; der Transport ins Museum erfolgte 1989 in großen Teilen, um die Originalsubstanz, Wände, Decken usw. zu erhalten. Am neuen Standort ergänzt das Haus den vorhandenen Gebäudebestand des Museums, u. a. ein in den Anfangsjahren des Museums als »Idealtyp« errichtetes Kötnerhaus und einen auf den Erbauungszustand des 17. Jahrhunderts rekonstruierten repräsentativen Vollhof (»Brümmerhof«).

Eine neuartige Entwicklung stellte für das Freilichtmuseum die bei diesem Objekt durchgeführte Ganzteiltranslozierung dar sowie die vorgesehene Präsentation eines an sich »alltäglichen«, bauhistorisch vielleicht weniger »wertvollen« Gebäudes im letzten, dem vorgefundenen Zustand. Eine größere bauliche Veränderung erfolgte zuletzt 1908, als ein neuer Schornstein eingebaut wurde. Den Wert für das Museum macht besonders die Tatsache aus, daß die Inneneinrichtung nahezu komplett übernommen werden konnte. Stilistisch liegt das Schwergewicht dieser Inneneinrichtung auf den 1940er Jahren, einige Details stammen aus den 1970er Jahren. Der Zeitschnitt, der vom Baulichen und der Einrichtung her im Museum präsentiert werden. soll, ist der Zustand von 1950. Die Bewohner des Hauses waren zu dieser Zeit ein Ehepaar mit zwei Kindern sowie ihre Großmutter. Das Mobiliar der Jahrhundertwende stammt vermutlich aus deren Aussteuer, spätere Möbel von den Eltern. 1951 verstarb die Großmutter, ihre zwei Zimmer wurden zusammengelegt und zum Kinderzimmer gemacht (ein späterer Zeitschnitt hätte dies zu berücksichtigen).

Grundriß und Längsschnitt des verformungsgetreuen Aufmaßes zeigen, daß es sich um ein relativ kleines niederdeutsches Hallenhaus handelt, einen eingeschossigen traufenständigen Bau (Dachtraufe *zur* Straßenseite hin); die von der linken Giebelseite erschlossene kurze Diele ist von dem Flett abgetrennt, dieses erscheint geteilt in eine kleine Stube und einen von der straßenseitigen Traufe erschlossenen Flur, der in einer Nische einen gemauerten Herd mit offenem Rauchfang und Schornsteinanschluß enthält. Das Gebäude zeigt also gegenüber dem »klassischen« Fachhallenhaus eine neue Entwicklung: Diele und Flett sind getrennt, das Flett untergliedert; das Haus ist von Anfang an kein Rauchhaus mehr und möglicherweise mit Pflannen statt mit Stroh gedeckt gewesen. Zu der Hofanlage gehören ein Schuppen und zwei Bienenzäune; von 1865 bis 1965 waren die Besitzer dieses Hauses Berufsimker.

Die Analyse unterschiedlicher Quellen, u. a. privater Archivalien, ergab zahlreiche Details (Manuskript Wendler 1989). Eine solche Dokumentation ergänzt einerseits die hauskundlichen Befunde, zum anderen läßt sie Rückschlüsse auf die Sozialgeschichte der Bewohner des Gebäudes zu. Bei diesem Beispiel handelt es sich um eine sog. »Abbauerstelle«, eine kleinbäuerliche Neuansiedlung, die auf dem Grund und Boden eines alteingessenen Bauern erfolgte, eines »Vollhöfners«. Solche neuen Stellen wurden verstärkt nach den Agrarreformen des 19. Jahrhunderts eingerichtet. Es war ein pensionierter Postillion, Sohn eines Schäfers, der 1843/44 das kleine Grundstück, ehemaliges Gartenland erwarb und darauf sein Haus errichtete, das von Anfang an nicht mehr mit Stroh, sondern »mit Ziegeln in Kalk gedeckt« wurde, eine Bedachungsform, die sich um die Mitte des 19. Jahrhunderts allgemein durchsetzte. Zu dem Grundstück gehörten zwei Morgen Acker, was eine für Abbauer übliche Größe war und die auf die Landwirtschaft als Nebenerwerb hinweist; Abbauer waren im Hauptberuf meist als Handwerker tätig, deren Produktionskraft in der zweiten Hälfte des 19. Jahrhunderts auf dem Land immer wichtiger wurde (Baumhauer 1993).

Der Sohn des Erbauers war den Akten nach als Bahnhofsarbeiter tätig – ein Hinweis auf die um 1850 beginnende Bedeutung der Eisenbahn, die sowohl die Wirtschaftsweise der Bevölkerung als auch den Hausbau (durch die Möglichkeiten des Materialtransports) von Grund

Hausforschung

auf veränderte. 1865 verkaufte der Besitzer das Haus an einen Imker, der das Haus an seinen älteren Sohn vererbte, ebenfalls ein Imker. Dieser erweiterte die Stelle durch Landkauf und nahm verschiedene Modernisierungen am Haus vor. Er war verheiratet mit einer ehemaligen Dienstmagd, die in der Überlieferung als besonders sparsam beschrieben wird. Deren Sohn, Imker in der dritten Generation, diente im Ersten Weltkrieg im Niedersächsischen Feldartillerie-Regiment Nr. 46. Seine Frau, der Beschreibung nach »fromm und gut«, brachte eine große Aussteuer mit ins Haus, u. a. Möbel und Leinen.

Im Zweiten Weltkrieg wurde das Haus durch die Explosion eines Munitionszuges auf dem Escheder Bahnhof beschädigt. Der damalige Besitzer des Hauses war der letzte Berufsimker im Ort. Als er 1965 verstarb, war seine Mutter die letzte der Familie, die das Haus bewohnte (siehe das Foto von 1963, Abb. 6). Nach ihrem Tod 1980 stand das Gebäude bis zum Transport ins Museum leer. Ist auch die Familiengeschichte, die hinter dem Haus steht, individuell geprägt – die Dokumentation der Geschichte des Hauses und seiner Bewohner ist für die Dörfer der Lüneburger Heide charakteristisch, und sie wird in Grundzügen auch in anderen Regionen ähnlich gewesen sein.

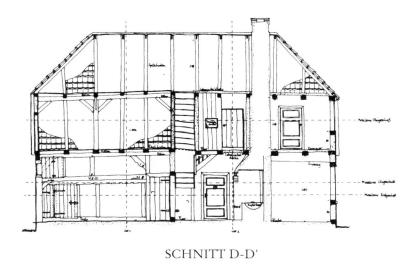

SCHNITT D-D'

Abb. 1: Verformungsgetreues Aufmaß: Frank Braun, 1985 im Auftrag des Landwirtschaftsmuseums, im Original 1 : 50

Abb. 2: Am alten Standort. Foto um 1965, in Privatbesitz.

Hausforschung

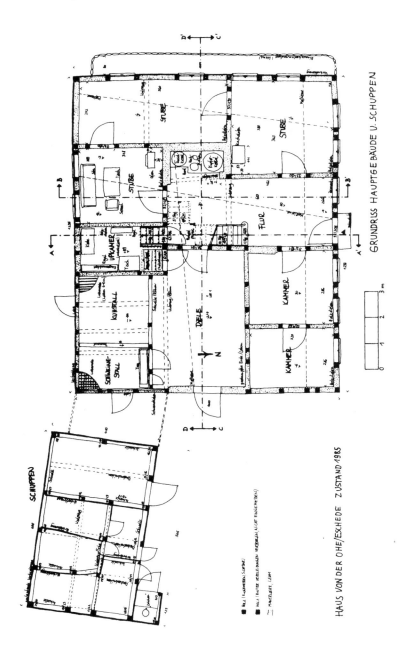

Abb. 4: Museale Realität: Vorgefundener Zustand der Speisekammer 1985 nach Auszug des letzten »Bewohners« des Hauses, eines Landstreichers.
Foto: Löbert/Landwirtschaftsmuseum

Abb. 5: Ganzheitliche Translozierung: Beim Transport des Obergeschosses auf dem Tieflader 1989, in der Ortsdurchfahrt Hösseringen. Foto: Pietsch/Kreisbildstelle Uelzen

Hausforschung 127

Abb. 6: Erna (gest. 1980) mit ihrem Enkel Christian von der Ohe (geb. 1957) in der kleinen Stube des Abbauernhauses in Eschede, Kr. Celle. Foto von ca. 1963. Quelle: Landwirtschaftsmuseum Hösseringen.

Literaturverzeichnis

Arbeitskreis für Hausforschung (Hrsg.): Berichte zur Haus- und Bauforschung Bd. 2: Aus den Forschungen des Arbeitskreises für Haus- und Siedlungsforschung. Bd. 4: Ländlicher Hausbau in Norddeutschland und den Niederlanden. Marburg 1996. Bd. 5: Zur Bauforschung im Rheinland. Marburg 1998

Assion, Peter; Brednich, Rolf Wilhelm: Bauen und Wohnen im deutschen Südwesten. Dörfliche Kultur vom 15. bis zum 19. Jahrhundert. Stuttgart 1984.

Aus den Forschungen des Arbeitskreises für Haus- und Siedlungsforschung (Berichte zur Haus- und Bauforschung, 2). Marburg 1991.

Das Bauernhaus im Deutschen Reiche und in seinen Grenzgebieten, hrsg. vom Verbande deutscher Architekten- und Ingenieur-Vereine. Dresden 1906. Neudruck Hannover 1974.

Baumgarten, Karl: Zimmermannswerk in Mecklenburg – die Scheune. Berlin 1961.

Baumgarten, Karl: Das deutsche Bauernhaus. Eine Einführung in die Geschichte vom 9. bis zum 19. Jahrhundert. 2. Aufl. Neumünster 1985.

Baumhauer, Joachim F.: Dörflicher Wandel in der Lüneburger Heide. Hösseringen 1850–1950 (Veröffentlichungen des Landwirtschaftsmuseum Lüneburger Heide, 5). Bremen 1993.

* Bedal, Konrad: Historische Hausforschung. Eine Einführung in Arbeitsweise, Begriffe und Literatur (Beiträge zur Volkskultur in Nordwestdeutschland, 8). Münster 1978. 2. Aufl. Bad Windsheim 1995.

Binding, Günther (Hrsg.): Fachterminologie für den historischen Holzbau Fachwerk-Dachwerk. Köln 1990.

Bock, Sabine: Schwerin. Die Altstadt. Stadtplanung und Hausbestand im 20. Jahrhundert. Schwerin 1996.

Cramer, Johannes: Handbuch der Bauaufnahme. Aufmaß und Befund. Stuttgart 1984.

Dahms, Geerd; Wiese, Gisela; Wiese, Rolf (Hrsg.): Stein auf Stein. Ländliches Bauen zwischen 1870 und 1930. Hamburg-Harburg 1999.

Dörfler, Wolfgang; Klages, Ulrich; Turner, Hans-Joachim: Die Schafställe der Nordheide (Arbeitshefte zur Denkmalpflege in Niedersachsen 10; Schriften zur Volkskunde und Kunstgeschichte des Landkreises Harburg, 3). Hameln 1994.

Ein Bauernhaus aus dem Mittelalter (Schriften und Kataloge des Fränkischen Freilandmuseums, 9). Bad Windsheim 1987.

Eitzen, Gerhard: Die älteren Hallenhausgefüge in Niedersachsen. In: Zeitschrift für Volkskunde 51(1954) 37–76.

Eitzen, Gerhard: Deutsche Hausforschung in den Jahren 1953–1962. In: Zeitschrift für Agrargeschichte und Agrarsoziologie 11(1963) 213–233.

Ellenberg, Heinz: Bauernhaus und Landschaft in ökologischer und historischer Sicht. Stuttgart 1990.

Fischer-Kohnert, Barbara: Das mittelalterliche Dach als Quelle zu Bau- und Kunstgeschichte. Dominikanerkirche, Minoritenkirche, Dom, Rathaus und Alte Kapelle in Regensburg. Petersberg 1999.

Freckmann, Klaus: Hausforschung im Dritten Reich. In: Zeitschrift für Volkskunde 78 (1982) 169–186.

Furrer, Benno: Des einen Uhl – des andern Nachtigall. Seilziehen um ein Wohnhaus von 1170 in Schwyz. In: AHF-Mitteilungen 56 (Dez. 2000) 20–21.

Gebhard, Torsten: Alte Bauernhäuser. Von den Halligen bis zu den Alpen. 2. Aufl. München 1979.

Gebhard, Torsten: Wegweiser zur Bauernhausforschung in Bayern. München-Pasing 1957.

Gläntzer, Volker: Ländliches Wohnen in Deutschland vor der Industrialisierung (Beiträge zur Volkskultur in Nordwestdeutschland, 12). Münster 1980.

Gläntzer, Volker: Forschungsprojekt Kulturraum Oberweser. In: AHF-Mitteilungen 56 (Dez. 2000a) 24.

Gläntzer, Volker: Kulturraum Oberweser. Ländlicher Hausbau, Wirtschaftsgeschichte und Denkmalpflege im »Braunschweiger Weserdistrikt«. Ein Forschungsprojekt für die beiden nächsten Jahre. In: Berichte zur Denkmalpflege in Niedersachsen (2000b):3, 126–129.

Großmann, G. Ulrich: Der Fachwerkbau. Das historische Fachwerkhaus, seine Entstehung, Farbgebung, Nutzung und Restaurierung. Köln 1986.

Großmann, G. Ulrich: Höxter und Corvey. Führer des Arbeitskreises Hausforschung. Petersberg 2000.

Hähnel, Joachim: Zur Methodik der hauskundlichen Gefügeforschung. In: Rhein.-westfäl. Zeitschrift für Volkskunde 16 (1969) 51–69.

Hähnel, Joachim: Hauskundliche Bibliographie (Beiträge zur Hausforschung, Beiheft-Reihe). Münster/Detmold u. a. 1972 ff.

Handschuh, Gerhard: Freilandmuseum – Zwischen Idylle und Aufklärung. In: Heimat. Analysen, Themen, Perspektiven (Bundeszentrale für politische Bildung. Schriftenreihe 294/1). Bonn 1990, 781–828.

Hansen, Nils; Tillmann, Doris: Dorferneuerung um 1900 (Dithmarsche Schriftenreihe zur Landeskunde). Heide 1990.

Henning, Rudolf: Das deutsche Haus in seiner historischen Entwicklung (Quellen und Forschungen zur Sprach- und Kulturgeschichte der germanischen Völker, 67). Straßburg 1882.

Jahrbuch für Hausforschung. Wechselnde Erscheinungsorte 1950 ff.

Jahrbuch für Hausforschung Bd. 46: Ländliches und kleinstädtisches Bauen und Wohnen im 20. Jahrhundert. Marburg 1999.

Klages, Ulrich: Wohngebäude »unterbäuerlicher« Bevölkerungsgruppen des 16. bis 18. Jahrhunderts im Lüneburgisch-Harburgischen Landgebiet. In: Harburger Jahrbuch 21 (2000) 25–318.

Klages, Ulrich: Das ältere Bauernhaus im Flotwedel und seinen Nachbargebieten (Beiträge zur Kulturgeschichte der Lüneburger Heide, 3). Hösseringen 2001.

Kokkelink, Günther; Lemke-Kokkelink, Monika: Baukunst in Norddeutschland. Architektur und Kunsthandwerk der Hannoverschen Schule 1850–1900. Hannover 1998.

Korff, Gottfried: Geschichte im Präsens? Notizen zum Problem der »Verlebendigung« von Freilichtmuseen. In: Ottenjann, Helmut (Hrsg.): Kulturgeschichte und Sozialgeschichte im Freilichtmuseum. Historische Realität und Konstruktion des Geschichtlichen in historischen Museen. Referate der 6. Arbeitstagung der Arbeitsgruppe »Kulturhistorische Museen« im Museumsdorf Cloppenburg. Cloppenburg 1985, 43–54.

Könenkamp, Wolf-Dieter: Zur Praxis der Vermittlung sozialhistorischer Erkenntnisse im Museum. In: Bedal, Konrad und Hermann Heidrich (Hrsg.): Freilichtmuseum und Sozialgeschichte. Referate des Symposiums am Fränkischen Freilandmuseum vom 7. bis 8. November 1985. Bad Windsheim 1986, 42–56.

Köstlin, Konrad: En passant – Sozialgeschichte. In: Bedal, Konrad und Hermann Heidrich (Hrsg.): Freilichtmuseum und Sozialgeschichte. Referate des Symposiums am Fränkischen Freilandmuseum vom 7. bis 8. November 1985. Bad Windsheim 1986, 11–24.

Köstlin, Konrad: Freilichtmuseums-Folklore. In: Ottenjann, Helmut (Hrsg.): Kulturgeschichte und Sozialgeschichte im Freilichtmuseum. Historische Realität und

Konstruktion des Geschichtlichen in historischen Museen. Referate der 6. Arbeitstagung der Arbeitsgruppe »Kulturhistorische Museen« im Museumsdorf Cloppenburg. Cloppenburg 1985, 55–70.

Kramer, Karl-S.: Das Haus als geistiges Kraftfeld im Gefüge der alten Volkskultur. In: Rhein.-westfäl. Zeitschrift für Volkskunde 11 (1964) 30–42.

Kreilinger, Kilian: Wirklichkeit im Freilichtmuseum. In: Abel, Susanne (Hrsg.): Rekonstruktion von Wirklichkeit im Museum. Tagungsbeiträge der Arbeitsgruppe »Kulturhistorische Museen« in der Deutschen Gesellschaft für Volkskunde, Hildesheim, 3–5. Oktober 1990 (Mitteilungen aus dem Roemer-Museum Hildesheim Neue Folge 3), Hildesheim 1992, 85–90.

Löbert, Horst W.: Freilichtmuseum zwischen Nostalgie und historischer Wirklichkeit. In: Mitteilungsblatt Museumsverband für Niedersachsen und Bremen e.V., 1984, 22–27.

Maschmeyer, Dietrich: Steingewordene Geschichte. Das gebaute Schüttorf. Eine Geschichte des Schüttorfer Stadtbildes in Einzelbildern. In: 700 Jahre Schüttorf. Beiträge zur Geschichte 1295–1995 (Das Bentheimer Land, 134). Schüttorf 1995, 89–166.

Mehl, Heinrich: Hohenloher Freilandmuseum 1979–1989. Ein Bericht. In: Hohenloher Freilandmuseum Mitteilungen 10 (Schwäbisch Hall 1989).

Mehl, Heinrich: Museum für Volkskultur in Schleswig-Holstein. Theorie und Praxis eines Landesprojekts. In: Abel, Susanne (Hrsg.): Rekonstruktion von Wirklichkeit im Museum. Tagungsbeiträge der Arbeitsgruppe »Kulturhistorische Museen« in der Deutschen Gesellschaft für Volkskunde, Hildesheim, 3.–5. Oktober 1990 (Mitteilungen aus dem Roemer-Museum Hildesheim Neue Folge 3), Hildesheim 1992, 66–84.

Meitzen, August: Das deutsche Haus in seinen volkstümlichen Formen. Berlin 1882.

Meringer, Rudolf: Das deutsche Haus und sein Hausrat (Aus Natur und Geisteswelt, 116). Leipzig/Berlin 1906.

Peßler, Willi: Das altsächsische Bauernhaus in seiner geographischen Verbreitung. Ein Beitrag zur deutschen Landes- und Volkskunde. Braunschweig 1906. Neudruck Hildesheim 1978.

Rach, Hans-Jürgen: Bauernhaus, Landarbeiterkaten und Schnitterkaserne. Zur Geschichte von Bauen und Wohnen der ländlichen Agrarproduzenten in der Magdeburger Börde des 19. Jahrhunderts (Veröffentlichungen zur Volkskunde und Kulturgeschichte, 58). Berlin 1974.

Rach, Hans-Jürgen (Hrsg.): Vom Bauen und Wohnen. 20 Jahre Arbeitskreis für Haus- und Siedlungsforschung in der DDR. Berlin 1982.

Rhamm, Karl: Ethnographische Beiträge zur germanisch-slavischen Altertumskunde 11/1: Vorzeitliche Bauernhöfe im germanisch-slavischen Waldgebiet. Braunschweig 1908.

Riepshoff, Heinz: Speicher und Backhäuser in der Grafschaft Hoya. Hrsg.: Interessengemeinschaft Bauernhaus e.V. Lilienthal o.J.

Schäfer, Carl: Die Holzarchitektur Deutschlands vom 14. bis 18. Jahrhundert. Berlin 1883–88. Neudruck Hannover 1981.

Schepers, Josef: Das Bauernhaus in Nordwestdeutschland (Schriften der Volkskundlichen Kommission, 7). Münster 1943.

Schepers, Josef: Haus und Hof westfälischer Bauern. 3. Aufl. Münster 1960.

Schier, Bruno: Hauslandschaften und Kulturbewegungen im östlichen Mitteleuropa. Reichenberg 1932. 2. Aufl. Göttingen 1966.

Schilli, Hermann: Das Schwarzwaldhaus. 4. Aufl. Stuttgart 1982.

Schyia, Lothar: Gut Brand! Der Siegeszug des Ringofens. Friedrich Eduard Hoffmann 1818–1900 – Nestor der Ziegelindustrie. Hösseringen 2000.

Sommer, Kurt Alexander: Bauernhof-Bibliographie. Leipzig 1944.

Spohn, Thomas (Hrsg.): Pfarrhäuser in Nordwestdeutschland (Beiträge zur Volkskultur in Nordwestdeutschland, 100). Münster u. a. 2000.

Steinbach, Franz: Studien zur westdeutschen Stammes- und Volksgeschichte. Jena 1926.

Stiewe, Heinrich: Lippische Bauernhöfe des 16–19. Jahrhunderts (Schriften des Lippischen Landesmuseums, 1). Detmold 1985.

Stiewe, Heinrich: Zehntscheune oder Meierhaus. Neue Erkenntnisse und Datierungen zur Baugeschichte des Haupthauses auf dem »Lippischen Meierhof«. In: Beiträge zur Volkskunde und Hausforschung 7 (Detmold 1995) 195–208.

Stiewe, Heinrich: Hausbau und Sozialstruktur einer niederdeutschen Kleinstadt – Blomberg zwischen 1450 und 1650 (Schriften des Westfälischen Freilichtmuseums Detmold – Landesmuseum für Volkskunde, 13). Detmold 1996.

Stiewe, Heinrich: Ländlicher Hausbau und Leinenhandel. Zwei frühe Wohn- und Geschäftshäuser aus der Grafschaft Lippe und ihre Besitzer. In Carstensen, Jan; Kleinmanns, Joachim (Hrsg.): Freilichtmuseum und Sachkultur. Münster u. a. 2000, 61–81.

Terlau, Karoline; Kaspar, Fred (Bearb.): Bauernhäuser aus Mitteleuropa. Aufmaße und Publikationen von Gerhard Eitzen (Schriften des Arbeitskreises für Hausforschung). Sobernheim/Bad Windsheim 1984.

Terlau, Karoline; Kaspar, Fred: Städtisches Bauen im Spannungsfeld zwischen Bautechnik, Baugesetzen und Parzellen-Zuschnitt. Zur Frühgeschichte des Wohnhauses in Nordwestdeutschland. In: Stadt im Wandel. Ausstellungskatalog Landesausstellung Niedersachsen 1985. Bd. 3. Stuttgart-Bad Cannstatt 1985, 469–511.

Teuteberg, Hans J.; Wischermann, Clemens: Wohnalltag in Deutschland 1850–1914. Bilder – Daten – Dokumente (Studien zur Geschichte des Alltags, 3). Münster 1985.

Trier, Jost: Das Gefüge des bäuerlichen Hauses im deutschen Nordwesten. In: Westfälische Forschungen 1 (1938) 36–50.

Wendler, Ulf: Manuskript im Archiv des Landwirtschaftsmuseums Hössingen.

Wenz, Martin; Rüther, Wolfgang: OIKOLOG. Qualifizierung in der Denkmalpflege. In: Berichte zur Denkmalpflege in Niedersachsen 20001:1, 36–37.

Weiss, Richard: Häuser und Landschaften der Schweiz. Erlenbach–Zürich 1959.

Wieland, Dieter: Bauen und Bewahren auf dem Lande. Stuttgart 1978.

Winter, Heinrich: Das Bürgerhaus zwischen Rhein, Main und Neckar. Tübingen 1961.

Zimmermann, W. Haio: Pfosten, Ständer und Schwelle und der Übergang vom Pfosten- zum Ständerbau. Eine Studie zu Innovation und Beharrung im Hausbau. Zur Konstruktion und Haltbarkeit prähistorischer bis neuzeitlicher Holzbauten von den Nord- und Ostseeländern bis zu den Alpen. In: Probleme der Küstenforschung im südlichen Nordseegebiet 25 (Oldenburg 1998) 9–241.

Zippelius, Adelhart: Handbuch der europäischen Freilichtmuseen (Führer und Schriften des Rheinischen Freilichtmuseums Kommern, 7). Köln

Ruth-E. Mohrmann

Wohnen und Wirtschaften

1. Der interdisziplinäre Kontext

Die Zahl der Wissenschaftsdisziplinen, die sich mit dem Thema »Wohnen und Wirtschaften« befaßt, ist recht hoch, und entsprechend groß und unübersichtlich ist die einschlägige Literatur. Wer sich von volkskundlicher Seite her dem Thema nähert, kommt aber nicht umhin, sich auch mit den Fragestellungen und *Ergebnissen anderer Fächer* auseinanderzusetzen, soweit sie sich aus der Sicht ihrer Disziplin mit »Wohnen und Wirtschaften« beschäftigen. Der Bogen reicht hierbei von der Philosophie bis zur Rechtsgeschichte, von der Sprachwissenschaft bis zur Soziologie, von der Kunstgeschichte bis zur Archäologie u. a. m.

Sieht man einmal von der interdisziplinär ausgerichteten Hausforschung ab, die mit einer Fülle gerade auch jüngerer volkskundlicher Arbeiten sich am engsten mit dem Themenkomplex »Wohnen und Wirtschaften« auseinandersetzt (vgl. Baumhauer in diesem Band), so sind die meisten einschlägigen Arbeiten in jüngerer Zeit in der *Sozial- und Wirtschaftsgeschichte* entstanden. Nicht zuletzt das enorm angeschwollene Interesse am Alltag, an der Geschichte der Alltagskultur hat auch zu einer intensiven Beschäftigung mit der Geschichte des Wohnens geführt (Kuczynski 1980ff.; Braudel 1985; Teuteberg 1985; Teuteberg/Wischermann 1985; Dülmen 1990). Dort, wo sich die Alltagsgeschichte zu einer »Geschichte von unten« verengte, trat besonders das Wohnen der Arbeiter in den Vordergrund. So sind die »Wohnungsfrage« des 19. Jahrhunderts und die Wohnverhältnisse vor allem der Arbeiter in den schnell wachsenden Industriestädten von sozialhistorischer Seite recht gut erforscht (vgl. Assion in diesem Band). Auch den Fragen der Wohnungsfürsorge und genossenschaftlichen Selbsthilfe sowie der Wohnungspolitik ist inzwischen in zahlreichen sozialhistorischen Untersuchungen nachgegangen worden (Wischermann 1983; Teuteberg 1985; Wonen 1987). Der Themenkomplex der Wohnverhältnisse und Wohnausstattungen, der Mietpreise und Wohnversorgung ist besonders in jüngeren Arbeiten zum Lebensstandard, vor allem der vorindustriellen Zeit, behandelt (Dirlmeier 1978; Sandgruber 1982).

Trotz der großen Fülle sozialhistorischer Arbeiten zum Wohnen bleibt festzuhalten, daß es von dieser Seite bis heute sowohl an einer generellen *Theorie* als auch an einer umfassenden Geschichte des Wohnens mangelt. Die detaillierten Einzelanalysen harren noch einer allgemeinen Zusammenfassung. Dieser steht nicht zuletzt hinderlich im

Wege, daß der Begriff des Wohnens noch immer nicht verbindlich definiert worden ist. Wohnen gehört wie die Sicherung von Nahrung und Bekleidung zu den »sozialen Totalphänomenen« (Marcel Mauss), zu den alltäglich wiederkehrenden und Befriedigung verlangenden Bedürfnissen, die mit fast allen anderen Lebensbereichen des Menschen in direkter oder indirekter Verbindung stehen. Teuteberg, der sich zuletzt mit dem Versuch einer Systematisierung der »sozialen Wohnverfassung« und den bisherigen Definitionsbemühungen auseinandergesetzt hat, kommt zu dem Schluß, daß Einigkeit lediglich darin bestehe, »daß das Wohnen im Gegensatz zur Wohnung und Wohnungseinrichtung als eine Form des soziokulturellen Handelns begriffen werden muß, das nach Handlungsträgern, Handlungsräumen und Handlungszeiten differenziert werden kann, auf die dann überindividuelle Normen bzw. psychisch-subjektive Werthaltungen einwirken« (Teuteberg 1985, 2). Als Ziel sozialhistorischer Wohnforschung sieht Teuteberg deshalb weniger die bisher im Vordergrund stehende Analyse der gebauten Wohnumwelt und des Wohninventars, der Raumaneignung sowie der Raumgestaltung und -ausstattung als vielmehr die »psychosoziale bzw. soziokulturelle Raumbezogenheit des Individuums«. Wichtiger als die Wohnung und die materiellen Wohnungsgegenstände sei das dadurch bedingte Sozialverhalten der Wohnenden (Teuteberg 1985, 21).

Arbeiten zum sozial determinierten Wohnverhalten sind auch von der *Soziologie* zu erwarten. Allerdings haben sich die einschlägigen Teildisziplinen der Wohnungs- und der Stadtsoziologie wie auch der Kultursoziologie weitgehend auf die Gegenwartsforschung beschränkt. Für das subjektive Wohnempfinden und die erlebte Wohnwirklichkeit sozialer Gruppen liegt somit zwar eine Anzahl wichtiger soziologischer Arbeiten vor, die in ihren Ergebnissen auf historische Wohnverhältnisse aber kaum übertragbar erscheinen (Silbermann 1966). Einer der wichtigsten Beiträge der neueren soziologischen Forschung zum Wohnen, der allerdings in seinen weit ausgreifenden philosophischen Bezügen und auch in seiner empirischen Basis über den Komplex des Wohnens erheblich hinausgeht, ist zweifellos das monumentale Werk des französischen Kultursoziologen Pierre Bourdieu (frz. 1979; dt. 1982). Seine auch und gerade im Bereich des Wohnens akribisch aufgespürten »feinen Unterschiede«, die er zu seinen breit fundierten Lebensstil- und Habitus-Analysen nutzt, stützen sich zwar ebenfalls auf empirische Gegenwartsbeschreibungen, sollten aber von ihren Fragestellungen und Ergebnissen her auch verstärkt Eingang in historische Wohnanalysen finden. Auch die Lebensstildiskussion, wie sie in der Kulturanthropologie geführt worden ist, kann hierbei mit Nutzen herangezogen werden.

Während die sozialhistorische und soziologische Beschäftigung mit dem Wohnen sich vorrangig auf schriftliche Quellen bzw. empirisch erhobene Daten stützt, stehen in einer Reihe weiterer mit dem Themenkomplex befaßter Wissenschaftsdisziplinen stärker die Objekte selbst im Vordergrund. Dies gilt einmal für die *Kunstgeschichte,* wobei Fragen der architektonischen Wohngestaltung hier außer acht bleiben können. Vor allem dem Wohninventar, dem Mobiliar, aber auch allen weiteren Groß- und Kleinobjekten der Wohnumwelt, von Wanddekorationen bis zu Uhren und Beleuchtungskörpern, von Öfen bis zu Schmuckgefäßen, sind zahlreiche kunsthistorische Untersuchungen gewidmet. Allerdings befassen sie sich fast ausschließlich mit Objekten oberschichtlicher Wohnkultur, soweit sie den strengen ästhetischen Ansprüchen kunsthistorischer Betrachtung genügen können. Möbel sind hier in erster Linie »schöne Möbel«, und ihrer stilkritischen Betrachtung sowie den Fragen ihrer Herstellungstechnik und Verbreitungswege, ihrer stilistischen Abhängigkeiten und Formentwicklung gilt zumeist das Hauptaugenmerk (Hinz 1976; Feulner 1980; Kreisel 1981 ff.). Wohnen als soziokultureller Prozeß ist hierbei höchstens auf der Ebene einer tonangebenden höfischen oder Adelskultur thematisiert, und der handelnde Mensch, wie er für die volkskundliche Forschung so zentral ist, kommt in der kunsthistorischen Möbelforschung lediglich als Produzent künstlerisch hochwertiger Wohnobjekte oder als stilbildend wirkender Auftraggeber vor. Dennoch bleibt festzuhalten, daß die kunsthistorischen Arbeiten zum Mobiliar und zu Wohnausstattungen wichtige Teilaspekte volkskundlicher Wohnforschung abzudecken helfen. Darüber hinaus ist die Kunstgeschichte überall dort mit zu Rate zu ziehen, wo es darum geht, Bildquellen für die Erforschung historischer Wohnformen und Wirtschaftsweisen heranzuziehen.

In diesem Zusammenhang ist auf die Ergebnisse und Forschungsaktivitäten eines interdisziplinär arbeitenden Instituts zu verweisen, das sich in hervorragender Weise mit der umfassenden Erforschung von Realien befaßt. Das *Institut für Realienkunde des Mittelalters und der frühen Neuzeit* in Krems hat in seinen seit der Mitte der 70er Jahre kontinuierlich publizierten Tagungsberichten und den Publikationen seiner Mitarbeiter eine Fülle von quellengesättigten Untersuchungen vorgelegt, die auch und gerade den Themenkomplex Wohnen und Wirtschaften in vielfältiger Weise abdecken. Zwar ist die zeitliche Beschränkung auf das Mittelalter und die frühe Neuzeit und die räumliche auf Österreich für die institutseigenen Arbeiten der Quellenerfassung weitgehend verbindlich, doch bieten die Ergebnisse zentrale Einblicke auch in die *europäische* Alltagskultur des Mittelalters (Kühnel 1984). Richtungweisend sind die Arbeiten des Kremser Instituts nicht nur dank ihres weitgespannten Quellenbegriffs – Schrift-, Bild- und Sachquellen werden gleichermaßen erfaßt –, sondern auch wegen ihrer methodisch anspruchsvollen EDV-unterstützten Arbeitsweise. Vor allem aber verdient ihr komplexer Sachkulturbegriff Beachtung, der zum Maßstab ihrer alltagshistorischen Vorgehensweise geworden ist und von einer volkskundlichen Erforschung des Wohnens und Wirtschaftens nicht unbeachtet gelassen werden darf. Der Begriff »Sachkultur« meint nach H. Kühnel keineswegs die »materielle Kultur« im Gegensatz zur »geistigen Kultur«. Vielmehr sei darunter die gesamte »Vielfalt der

Lebensäußerungen und -ausformungen in ihrem unmittelbaren Konnex mit den wirtschaftlichen und sozialen Strukturen, mit den geltenden Wert- und Normensystemen zu verstehen«. Es seien gleichsam die Grundfragen menschlichen Verhaltens gegenüber einer sich stets wandelnden Umwelt, die es zu beantworten gelte (Kühnel 1984, 7; Dirlmeier 1989). Ein derart weit umrissener Sachkulturbegriff ist allerdings auch in der Volkskunde nicht ohne Vorläufer. Erinnert sei nur an Karl-S. Kramers und Günter Wiegelmanns Überlegungen zur »materiellen« und »geistigen« Kultur, die jeweils eindringlich vor Polarisierungen warnten.

Das große Interesse, das der beispielhaft vom Kremser Institut betriebenen mittelalterlichen Realienkunde entgegengebracht wird, ist gewiß auch der hohen Aufmerksamkeit mit zu verdanken, die derzeit generell dem *Mittelalter* gilt. Auch die historisch ausgerichtete Volkskunde hat ihre oft selbst gesetzte Periodengrenze um 1500 in jüngster Zeit stärker ins Mittelalter zurückverlegt (Wiegelmann 1987). Für Fragen der Wirtschaftsweisen galt die selbst auferlegte Zeitbeschränkung ohnehin nicht, für den Themenkomplex historischer Wohnformen aber geht die volkskundliche Forschung erst in jüngerer Zeit auch ins Mittelalter zurück. Auf diese Weise werden wiederum Nachbarwissenschaften für die Volkskunde wichtig, die ihr hier in der Grundlagenforschung wesentliche Erkenntnisse zu bieten vermögen. Zu nennen ist hier vor allem die Ur- und Frühgeschichte mit ihrer Teildisziplin der *Mittelalterarchäologie*. Diese hat in den letzten Jahrzehnten mit ihren Grabungen vor allem in mittelalterlichen Stadtkernen eine Fülle bedeutsamer Ergebnisse zu mittelalterlichen Wohn- und Wirtschaftsweisen erbracht, die für die volkskundliche Forschung oft fruchtbare Anknüpfungsmöglichkeiten bot und ihr zu größerer historischer Tiefe verhalf (Fehring 1987).

Die Reihe der Wissenschaftsdisziplinen, die mit ihren je eigenen Fragestellungen sich dem Themenbereich Wohnen und Wirtschaften widmen, ist damit keineswegs erschöpft. Zu nennen ist vor allem noch die *Sprachwissenschaft,* die sich verstärkt wieder mit »Wörtern und Sachen« befaßt und in diesem schwierigen Terrain der Volkskunde neue Maßstäbe setzt (Schmidt-Wiegand 1980). Zu nennen ist auch die *Handwerksgeschichte,* die mit ihrer Erforschung der Produzenten des Wohninventars bzw. der Wirtschaftsgeräte, mit ihrer Analyse des Wechselspiels von handwerklichem Angebot und Marktnachfrage u. a. m. auch der volkskundlichen Wohnforschung wesentliche Impulse liefert. Zu denken ist ganz besonders auch an die *Agrargeschichte,* die in ihrer Erforschung bäuerlicher Wirtschaftsweisen vielfältig mit volkskundlichen Fragestellungen verschränkt ist (Rösener 1985).

Der Tour d'horizon unter den Nachbarwissenschaften sei hiermit beendet. Deutlich dürfte geworden sein, daß die außerordentlich hohe, mit Wohnen und Wirtschaften befaßte Anzahl von Fächern sich nicht nur mit eigenen Fragestellungen, sondern auch mit eigenen Methoden und Quellen dem Themenbereich nähert. Zu fragen wird deshalb im folgenden auch sein, wo der spezifisch volkskundliche Ansatz in der Erforschung des Wohnens und Wirtschaftens liegt.

2. *Volkskundliche Forschungsgeschichte*

Auch von Seiten anderer Disziplinen wird gesehen und anerkannt, daß es gerade die Volkskunde ist, die auf dem Gebiet historischen Wohnens und Wirtschaftens bisher am intensivsten gearbeitet hat (Teuteberg 1985, 11). Dies hat seinen Grund weniger in der *Wissenschaftsgeschichte* – das auf die Sammlung geistiger Überlieferung ausgerichtete 19. Jahrhundert war derart »materiellen« Themen gegenüber eher reserviert – als vielmehr in der Ausrichtung ihres traditionellen Fächerkanons. Kulturelle Phänomene, die mit der Befriedigung alltäglicher menschlicher Grundbedürfnisse in Zusammenhang stehen, waren der Volkskunde, auch ohne daß sie den Alltag und die Alltagskultur eigens zum Thema erhoben hatte, ein originäres Forschungsanliegen. Die Erforschung bäuerlichen Lebens, die lange Zeit im Vordergrund volkskundlichen Forschens stand, geriet ihr jedoch häufig zur bloßen Bauernhausforschung. Die vorrangig auf das Objekt bezogene Forschung, sei es das Haus oder das Mobiliar, das Wirtschafts- und Hausgerät, hatte dabei häufig die in und mit den Objekten ablaufenden soziokulturellen Prozesse in den Hintergrund gedrängt.

Ein knapper Abriß der bisherigen Beschäftigung mit dem Themenkomplex Wohnen und Wirtschaften innerhalb der Volkskunde setzt sinnvollerweise mit den Staatswissenschaften der *Aufklärung* ein. Die nüchternen Bestandsaufnahmen, die die Statistiker der Aufklärungszeit vom Volksleben ihrer Gegenwart machten, galten thematisch gerade auch dem Wohnen und Wirtschaften ihrer Landsleute. Von den detaillierten Darstellungen bäuerlichen Wohnens ist vor allem die des Osnabrücker Juristen und »konservativen Aufklärers« (Hermann Bausinger) *Justus Möser* über das niederdeutsche Hallenhaus berühmt geworden. Doch auch die landeskundlichen und medizinischen Topographien sowie die Landwirtschaftsberichte enthalten eine Fülle einschlägigen Materials (vgl. dazu Glántzer 1980). Justus Mösers Verherrlichung der Vorzüge des niederdeutschen Bauernhauses war als Replik auf Voltaires sarkastische Bemerkungen über Westfalen und seine Hütten, die man Häuser nennt, in denen man Tiere sehe, die man Menschen nennt, entstanden. Möser hob bewußt auf die funktionalen Aspekte bäuerlichen Wohnens und Wirtschaftens ab, die seiner Ansicht nach die Vortrefflichkeit eben dieser besonderen Bauernhausanlage ausmachten.

»Der Herd ist fast in der Mitte des Hauses und so angelegt, daß die Frau, welche bei demselben sitzt, zu gleicher Zeit alles übersehen kann. Ein so großer und bequemer Gesichtspunkt ist in keiner andern Art von Gebäuden. Ohne von ihrem Stuhle aufzustehen, übersieht sie zu gleicher Zeit drei Türen, dankt denen, die hereinkommen, heißt solche bei sich niedersitzen, behält ihre Kinder und Gesinde, ihre Pferde und Kühe im Auge, hütet Keller und Kammer, spinnet immerfort und kocht dabei. Ihre Schlafstelle ist hinter diesem Feuer; und sie behält aus derselben eben diese große Aussicht, sieht ihr Gesinde zur Arbeit aufstehen und sich niederlegen, das Feuer anbrennen und verlöschen und alle Türen auf- und zugehen, höret ihr Vieh fressen, die Weberin schlagen und beachtet wiederum Keller, Boden und Kammer. Wenn sie im Kindbette liegt, kann sie noch einen Teil dieser häuslichen Pflichten aus dieser ihrer Schlafstelle wahrnehmen. Jede zufällige Arbeit bleibt ebenfalls in der Kette der übrigen. Sowie das Vieh gefüttert und die Dresche gewandt ist, kann sie hinter ihrem Spinnrade ausruhen, anstatt daß an anderen Orten, wo die Leute in Stuben sitzen, sooft die Haustür offengeht, jemand aus der Stube dem Fremden entgegengehen, ihn wieder aus dem Hause führen und seine Arbeit so lange versäumen muß. Der Platz bei dem Herde ist der Schönste unter allen. Und wer den Herd der Feuersgefahr halber von der Aussicht auf die Deele absondert, beraubt sich unendlicher Vorteile. Er kann sodenn nicht sehen, was der Knecht schneidet und die Magd füttert. Er hört die Stimme seines Viehes nicht mehr. Die Einfurt wird ein Schleichloch des Gesindes; seine ganze Aussicht vom Stuhle hinterm Rade am Feuer geht verloren. Und wer vollends seine Pferde in einem besondern Stalle, seine Kühe in einem andern und seine Schweine im dritten hat und in einem eignen Gebäude drischt, der hat zehnmal soviel Wände und Dächer zu unterhalten und muß den ganzen Tag mit Besichtigen und Aufsichthaben zubringen.

Ein ringsumher niedriges Strohdach schützt hier die allezeit schwachen Wände, hält den Lehm trocken, wärmt Haus und Vieh und wird mit leichter Mühe von dem Wirte selbst gebessert. Ein großes Vordach schützt das Haus nach Westen und deckt zugleich die Schweinekoben, und, um endlich nichts zu verlieren, liegt der Mistfal vor der Ausfahrt, wo angespannet wird. Kein Vitruv ist imstande, mehrere Vorteile zu vereinigen« (Möser, Patriotische Phantasien III, Nr. 37. Erstdruck 1774–1778).

Der Umstand, daß die volkskundlichen Bemühungen des 19. Jahrhunderts sich stärker der »geistigen« Volkskultur, den Sagen, Märchen und Liedern zuwandten und erst die Sammelaufrufe der neu gegründeten Museen und Vereine zumindest die verdinglichte Seite von Wohnen und Wirtschaften in den Vordergrund rückten (Jacobeit 1965), lassen die wissenschaftliche Beschäftigung mit dem Themenkomplex erst wieder am Ende des 19. Jahrhunderts einsetzen. Aus dem weiten Kreis der primär *kulturgeschichtlichen Arbeiten* sind hier in erster Linie Moriz Heyne sowie Troels-Lund zu nennen, die sich aber vor allem auf ein pittoresk verklärtes Spätmittelalter konzentrierten. Dank ihrer Detailversessenheit sind sie als materialgesättigte Arbeiten noch immer zu Rate zu ziehen, in ihrer positivistischen Darstellungsweise aber jeweils kritisch zu benutzen (Heyne 1899; Troels-Lund 1882; Schultz 1903). Was die Volkunde im engeren Sinne betrifft, so ist hier vor allem der österreichische Sprachwissenschaftler Rudolf Meringer anzuführen. Sein Konzept – und seine gleichnamige Zeitschrift – der *»Wörter und Sachen«*, das sprachwissenschaftliche Studien mit intensiver Sachkulturforschung verband, galt besonders dem Haus und dem Hausrat. Seine inzwischen viel zitierten Forderungen nach einer funktionalistischen, den Menschen einbeziehenden Betrachtungsweise sollten der Haus-

Wohnen und Wirtschaften

und Wohnforschung seiner Zeit den Weg weisen, sind aber über Jahrzehnte ohne Nachhall geblieben.

»Was heute noch am meisten Noth thut und woran es noch am meisten fehlt, sind genaue und verläßliche Schilderungen des häuslichen Lebens im Bauernhaus. Es genügt nicht, dass man bloss Grundrisse und einige Aufrisse zeichnet – das war der Zustand der Forschung vor einigen Jahren noch – oder dass man darüber hinausgehend auch den Hausinhalt und Hausrath beschreibt – soweit halten wir jetzt – sondern es ist nöthig, dass der Bewohner überall in der Darstellung in den Vordergrund gerückt wird. Wir müssen wissen, was jede einzelne Person vom Morgen bis zum Abend schafft und thut, wo sie sich aufhält, welches Geräthe sie benützt. Jeder Raum wird erst begreiflich, wenn man weiß, welcher Theil des häuslichen Lebens sich in ihm abspielt, das Geräthe muss erst in seiner Verwendung klar werden« (Meringer 1896, 265f.; vgl. auch Gläntzer 1980, 7f.; Assion/Brednich 1984, 10f.).

Diese gerade heute im Zeichen einer alltägliches Wohnen untersuchenden Forschung noch immer modern anmutenden Forderungen sind auch von Meringer selbst nur ansatzweise verwirklicht worden. Richtungweisend aber blieb sein Wirken für die mit ihm einsetzende »Grazer Schule« der Sachkulturforschung, für die – in chronologischer Reihung – die Namen Viktor von Geramb, Hanns Koren und Oskar Moser stehen. Die Hausforschung aber und mit ihr die Möglichkeit, Wohnen und Wirtschaften in funktionalistischer Betrachtungsweise zu untersuchen, ging über Jahrzehnte hinweg andere Wege (Gläntzer 1980, 1ff.). Erst mit den Arbeiten der *Schwietering-Schule* in den 30er Jahren und ihrer historisch-soziologischen Ausrichtung wurde unter neuen Aspekten auch das Wohnen wieder zum Forschungsgegenstand. Nicht mehr die Objekte selbst in ihrer Vereinzelung bzw. als Kettenglieder stammestheoretischer Überlegungen standen im Vordergrund, sondern ihre Rolle im sozialen System bäuerlicher Gemeinschaften war zum eigentlichen Thema dieser Untersuchungen geworden (Hagemann 1931).

Vorrangig aber blieb seinerzeit eine auf die Objekte bezogene Forschung. Der hauskundliche Kreis in Münster um Jost Trier und Josef Schepers begann damals mit seinen bis in die Gegenwart nachwirkenden Forschungen (vgl. die Arbeit der Trier-Schülerin Rörig 1940 und Baumhauer in diesem Band), und Wilhelm Bomanns in erster Auflage 1927 erschienenes Opus über das bäuerliche *Hauswesen und Tagewerk* im alten Niedersachsen wurde zum vorbildgebenden Standardwerk einer regionalen objektbezogenen Erforschung bäuerlicher Wohn- und Wirtschaftsweisen (vgl. Siuts in diesem Band). Daß weniger die Objekte selbst als vielmehr der Mensch als der sie Schaffende und sie Nutzende, daß sein Umgang mit den Sachen zentrales Anliegen volkskundlicher Sachforschung sein müsse, ist dann erst wieder von dem Schweizer Richard Weiss zum Programm und zur Richtschnur seiner eigenen Arbeiten erhoben worden. Seine auf den *funktionalen Charakter* der Dinge gerichtete Betrachtungsweise, die nicht die »Bauten und Wohnungen«, sondern »Bauen und Wohnen« und – analog dazu – nicht

Geräte, Nahrung und Tracht, sondern Arbeiten und Wirtschaften, Essen und sich Kleiden usw. in den Mittelpunkt stellte, hat seinerzeit fruchtbaren Niederschlag auch in den deutschen Forschungen gefunden. In diesem Zusammenhang sind hier vor allem die Arbeiten von Ernst Schlee und Karl Baumgarten zur Tisch- und Sitzordnung und zum Wohnen zu nennen. Schlees Differenzierung ideeller Raumzonen unterschiedlicher Bedeutsamkeit sowie beider Interpretation der konkreten sich wandelnden Tisch- und Sitzordnung in mecklenburgischen und niederdeutschen Bauernhäusern als Spiegelbild patriarchalischer Ordnung bäuerlichen Lebens zeigten die Ergiebigkeit der funktionalistischen Betrachtungsweise auf (Schlee 1971, 1976; Baumgarten 1965). Verpflichtet waren beide aber auch Gustav Ränks umfangreichen und anregenden Untersuchungen über die Raumeinteilung der Stube bzw. des Hauptwohnraumes bei den nordeurasischen Völkern. Seine Struktur- und Funktionsanalysen ergaben deutliche Differenzierungen nach der jeweiligen Nutzung bei Arbeit, Ruhe und Fest, nach der unterschiedlichen Zuweisung an Männer bzw. Frauen, an Alte und Kinder, sie wiesen Hemmzonen für Fremde und für Gäste nach und zeigten die gedankliche Ausdeutung der Raumeinheiten in ihrer unterschiedlichen Wertschätzung und ihrer Bedeutung in Glaube und Kult auf (Ränk 1949–1951).

3. Quellen und Methoden

Den Einschnitt zwischen dem Abriß der bisherigen volkskundlichen Wohnforschung und dem Überblick über den gegenwärtigen Forschungsstand gerade hier zu legen, hat mehrere Gründe. Zum einen ist mit dem Durchbruch zur funktionalistischen Betrachtungsweise nach dem Zweiten Weltkrieg ein Forschungsstandard erreicht worden, der für die seitherigen Forschungen zum Wohnen und Wirtschaften in vielem verbindlich geblieben ist. So werden zwar die Mängel einer rein funktionsbezogenen Analyse gesehen und inzwischen durch den Einbezug zahlreicher weiterer Aspekte aufgewogen. Dabei hat vor allem die Öffnung der Volkskunde zu den Sozialwissenschaften hin die Beachtung bis dahin vernachlässigter Faktoren erbracht. Zum anderen verweist die zuletzt angeführte Untersuchung des estnisch-schwedischen Ethnologen Gustav Ränk auf die internationalen Einflüsse, die in der Wohnforschung wirksam geworden und bis heute von zentraler Bedeutung geblieben sind. Trotz oft sehr kleiner lokaler und regionaler Untersuchungseinheiten gehen die Bestrebungen heute zu europaweiten Vergleichen.

Versucht man zunächst, sich einen Überblick über die *Quellen und Methoden* der gegenwärtigen Wohnforschung zu verschaffen, so ist festzustellen, daß in der Volkskunde noch immer die auf die Objekte des Wohnens und Wirtschaftens gerichteten Forschungsaktivitäten das

Schwergewicht bilden. Von der Geräteforschung kann hier abgesehen werden, da ihr ein eigener Beitrag in diesem Band gewidmet ist (vgl. Siuts), doch die *Möbelforschung* ist hier etwas genauer zu betrachten. Der Stand der volkskundlichen Möbelforschung ist in den einzelnen Regionen höchst unterschiedlich. Neben traditionell sehr gut erforschten Landschaften wie dem gesamten süddeutschen und alpenländischen Raum (vgl. Deneke 1969; Lipp 1986) stehen in Mittel- und Norddeutschland Regionen, deren Möbelproduktion und rezenter Möbelbestand erst ansatzweise untersucht worden sind (vgl. Daxelmüller 1984). Doch gerade in Nord-, genauer in Nordwestdeutschland sind mit den vom Museumsdorf Cloppenburg aus betriebenen flächendeckenden Dokumentationen des gesamten Möbelbestandes einzelner Regionen Wege beschritten worden, die in der Bereitstellung und Aufarbeitung des Quellenmaterials Pionierarbeit geleistet haben (Dettmer 1982, 1986). Allerdings kommen derartige Thesauri stärker der objektbezogenen Möbel- und Handwerksforschung als der auf soziale Prozesse zielenden historischen Wohnforschung zugute. Doch ohne das solide fundierte Wissen über das Wohninventar fehlen der Wohnforschung entscheidende Grundlagen.

Noch immer gilt allerdings, daß das ländliche Mobiliar weitaus besser erforscht und dokumentiert ist als das städtisch-bürgerliche. Daß noch immer Bezeichnungen wie volkstümliche Möbel und Bauernmöbel üblich sind und erst ansatzweise durch wertneutrale Begriffe ersetzt werden, zeigt, welch weiter Weg auch in der Erforschung des Wohninventars noch zu gehen ist. Dabei haben neuere Forschungen zur Möbelproduktion und zum Möbelhandel inzwischen gezeigt, daß Polarisierungen wie städtisch – ländlich, bürgerlich – bäuerlich gerade beim Möbel selbst nicht greifen. Ländliche Möbeltischler haben auch für städtische Kunden produziert wie umgekehrt Landbewohner sich auch auf dem städtischen Markt mit Wohninventar versorgten (Ottenjann 1982; Benker 1984; Seidel 1986). Allerdings, dessen sind sich auch die Möbelforscher selbst bewußt, steht eine auf die konkrete Wohnausstattung bezogene Möbelforschung lediglich im Vorfeld einer sozialhistorisch orientierten Geschichte des Wohnens und Wirtschaftens. Die Möbel selbst in den Kontext einer historischen Wohnforschung einzubinden, bedeutet deshalb notwendigerweise, sie mit anderen Quellenarten kombiniert zu analysieren, sie in das Umfeld ihrer Zeit und ihres Raumes einzubetten und damit zum Sachzeugen der Geschichte zu machen.

Eine Quellengruppe, deren Aussagekraft für historische Wohnformen schon in vielerlei Richtung erprobt worden ist, sind die *Bildquellen.* Zweifellos sind ihre quellenkritischen Probleme groß, und von der spätmittelalterlichen Tafelmalerei bis hin zur Gegenwartsfotografie sind die Fragen des Realitätsgehaltes jeweils immer neu zu stellen und kritisch zu prüfen. Doch anders als die erhaltenen Objekte der Wohnausstattungen, deren Position und Handhabung im jeweiligen Wohnfeld nur bedingt erschlossen werden können, bieten Bildquellen, vor allem soweit sie dokumentarischen Charakters sind, gerade hierfür oft hervorragendes Material. Ein mustergültiges Beispiel für höchst aussagekräftiges Bildmaterial bieten etwa die Kalenderminiaturen der spätmittelalterlichen Stundenbücher, die von Wilhelm Hansen sachkundig ediert und interpretiert worden sind (Hansen 1984). Im Zuge von Altstadtsanierungen sind im Vorfeld Fotodokumentationen entstanden (Plath 1972), und auch private Fotoserien enthalten oft höchst aussagekräftiges Quellenmaterial (Jaspers/Ottenjann 1982). Daß auch der professionellen Fotografie ein wichtiger Quellenwert zukommt, sei nur am Rande erwähnt (vgl. z. B. Koelbl 1980).

Während den Sach- und Bildquellen ein hoher Grad sinnlich erfahrbarer Anschaulichkeit eignet, aus der sie nicht zuletzt ihre Attraktivität beziehen, geht diese plastische Lebendigkeit den eher spröden *Schriftquellen* zumeist ab. Auch die eindringlichste Beschreibung von Wohnformen und Wohnverhältnissen vermag die durch die Objekte vermittelte Anschaulichkeit nicht zu erreichen, wie allerdings umgekehrt die Dinge ihrerseits ohne den Kontext des aktiven Lebensvollzugs des Menschen und seines Umgangs mit den Sachen nur stumme Zeugen einstiger Handlungsmuster sind. Diese aber lassen sich für die Vergangenheit am ehesten mit Hilfe schriftlicher Quellen erschließen. Daß die statistischen *Topographien* der Aufklärungszeit hervorragendes Quellenmaterial gerade zum Themenkomplex Wohnen und Wirtschaften enthalten, war schon oben angesprochen worden. Seiner darauf fußenden, umfassenden Analyse des ländlichen Wohnens um 1800 hat Volker Gläntzer nun auch die Analyse städtischen Wohnens zur Seite gestellt (Gläntzer 1980, 1985). Während diese landeskundlichen Topographien in ihrem Zeugniswert und ihrer Quellenproblematik den eben angeführten Fotodokumentationen vergleichbar sind, bieten die *literarischen Quellen* ungleich größere Probleme. So verdanken wir zwar den Reiseberichten und Autobiographien eine Fülle eindringlicher Schilderungen historischer Wohnverhältnisse, müssen aber in sehr hohem Maße mit fortgeschriebenen Topoi oder Schönfärberei sowie bewußten Verfälschungen rechnen. Dennoch sind dies wesentliche und oft auch recht ergiebige Quellen, die aus dem persönlichem Erleben des einzelnen ihre Authentizität erhalten (Schlichting 1985; Teuteberg/Wischermann 1985). Fragen der Wohnzufriedenheit und des Wohnerlebnisses sowie des subjektiven Wohnempfindens lassen sich gerade aus autobiographischen Quellen für historische Zeiten noch am ehesten beantworten.

Anders als diese oft anschaulich erzählenden literarischen Quellen bieten die *archivalischen Quellen* zumeist eher trockene Informationen. Sie besitzen jedoch den Vorteil größerer Objektivität und sind zudem in derartiger Fülle vorhanden, daß sie repräsentativ angelegten Untersuchungen und exakt umrissenen Problemstellungen zugrundegelegt werden können (Mohrmann 1980). Zu nennen sind für den Bereich des Wohnens und Wirtschaftens vor allem die Quellengruppen der Testamente und der Nachlaßverzeichnisse bzw. Inventare. Testamente bieten für die Erforschung des Wohnens vor allem Auskünfte über den Objektbestand und seine Wertschätzung durch die Besitzer und haben dabei den Vorzug sehr großer, ins Mittelalter zurückreichender Quellendichte (Hasse 1979; Wurmbach 1932; Schmidt 1962). Vergleichbares gilt für die Quellengruppe der Inventare, die jedoch gegenüber den Testamenten ihrer Intention nach auf die Erfassung aller Objekte eines Haushaltes oder Hofes, einer Familie oder einer Einzelperson hin ausgerichtet sind. Allerdings wird eine derartige Vollständigkeit nur im Idealfall von den Inventaren erreicht, so daß die vorher zu lösenden quellenkritischen Probleme über mögliche »Fehlstellen« groß sind. Dennoch bietet diese Quelle hervorragende Möglichkeiten zur Rekonstruktion historischer Wohn- und Wirtschaftsformen, die inzwischen in einer Vielzahl von Untersuchungen genutzt worden sind und noch immer genutzt werden (Roche 1981; Wijsenbeek-Olthuis 1987; Weatherill 1988; Schuurman 1989; Mohrmann 1990). Charakteristisch für die methodische Auswertung von Inventaren ist, daß sie in fast allen Projekten quantifizierend mit Hilfe EDV-unterstützter statistischer Methoden analysiert werden. Die immense Informationsfülle dieser Quelle ist erst im Zeitalter des Computers voll auszuschöpfen (van der Woude/ Schuurman 1980), was allerdings nicht heißt, daß nicht auch schon vorher wichtige Arbeiten zum Wohnen und Wirtschaften diese Quelle gewinnbringend genutzt haben (Mannheims/Roth 1984; Stengel 1958).

Relativ groß ist die Zahl volkskundlicher Arbeiten zum Wohnen, die auf *empirischen Gegenwartsuntersuchungen* fußen, sei es daß sie mit Hilfe von Interviews und Befragungen älterer Gewährsleute einstiges Wohnen darstellen und den Wandel der Wohnformen zu erfassen suchen (Schmeling 1973; Wohnen 1977; Klocke 1980) oder aber in teilnehmender Beobachtung die Besonderheiten gegenwärtiger Wohnsituationen in interethnischen Verhältnissen oder z. B. die türkischer Binnenemigranten untersuchen (Schenk 1984; Schöning-Kalender 1985). Auch den Wohnverhältnissen unterschiedlicher Sozialgruppen in verschiedenen städtischen Quartieren bzw. dem Wandel von Wohnbedingungen von Frauen bzw. Kindern in dörflichen Verhältnissen wird dabei nachgegangen (Hävernick 1979; Hangen 1980; Katschnig-Fasch 1985). Die Methoden sind hierbei zumeist »weich« und tendieren eher dazu, Besonderheiten von Einzelfällen in exemplarischer Analyse herauszustellen, bedienen sich aber zum Teil auch standardisierter Fragebögen und statistischer Auswertungen.

Überblickt man die in jüngeren volkskundlichen Arbeiten zum Wohnen und Wirtschaften herangezogenen Quellen und *Methoden,* so ist zu konstatieren, daß es speziell volkskundliche Quellen und Methoden im eigentlichen Sinne hierzu nicht gibt. Gewiß ist das traditionell als volkstümlich klassifizierte Möbel originärer Forschungsgegenstand der Volkskunde und insofern auch die mit ihm verwirklichten Wohnformen und Wohnmuster. Doch eben diese zu erforschen, ist durch die Objektforschung allein nicht zu leisten, sondern bedarf aller zur Verfügung stehenden Quellenarten in kombinierter Analyse. Die Untersuchungsmethoden sind dabei je nach Quellenart und Problemstellung den Methoden der empirischen Sozialforschung bzw. dem weiten Feld historischer Methoden entlehnt und entsprechend modifiziert worden. Die Methoden ethnologischer Feldforschung sind dabei vor allem den im Ausland betriebenen Gegenwartsuntersuchungen zugute gekommen. Neuland und noch in ständiger Überprüfung und Verbesserung sind zudem die seriellen Analysemethoden, die in Inventaruntersuchungen zum Wohnen herangezogen werden. Die Spezifik volkskundlichen Arbeitens zeigt sich somit weniger in den zugrundegelegten Quellen und Methoden als vielmehr in der Art und Weise des Fragens und Herangehens an den Themenkomplex.

4. Aktuelle Problemfelder und Aufgaben

Sucht man die *aktuellen Fragestellungen und Problemfelder* zusammenzufassen, zu denen die volkskundliche Wohnforschung derzeit Beiträge leistet, so sind zunächst die generellen Bemühungen um das Wohnen herauszustellen. Noch immer zählt Margot Tränkles Arbeit über Wohnkultur und Wohnweisen zu den grundsätzlichen *Definitionsbemühungen*, der sich andere Arbeiten verpflichtet zeigen (Tränkle 1972). Nach Tränkle gehören zum Wohnen

»bestimmte traditionell und gewohnheitsmäßig geübte Verhaltensweisen, die Wohnbräuche; ebenso gehört der sinnvoll und schön gestaltete Objektbereich dazu; darüber hinaus regeln Normen und Werte das Wohnverhalten, für das symbolische Darstellungsformen entwickelt werden, zu denen auch unter anderem die Einrichtungsobjekte zählen« (Tränkle 1972, 14).

Stärker noch als die Wohndefinition Margot Tränkles haben die Definitionsbemühungen Volker Gläntzers nachgewirkt. Gläntzer bezeichnet als »Wohnen« die

»Struktur der nicht zur Arbeit (im Sinne von Erwerbstätigkeit) zählenden sozialkulturellen Handlungen, die in zur privaten Nutzung bestimmten Räumen realisiert werden. Diesen Handlungen ist stets ein spezifisches Inventar zugeordnet, mit dessen Hilfe sie verwirklicht, durch die sie aber auch bestimmt werden« (Gläntzer 1980, 21).

In Anlehnung an strukturalistische Theorien zerlegt Gläntzer die Struktur des Wohnens in Einzelfunktionen und sachliche Konstituenten. Hiernach wird der Handlungsinhalt des Wohnens einerseits durch das Handlungsobjekt bestimmt, andererseits durch die jeweilige Handlungssituation bzw. -dimension, die ihrerseits wieder durch Material, Technik, Zeit sowie Handlungsraum und Handlungsgruppe determiniert werden. Diese letzteren beggnen als Realisierung der Werte, die sie in der jeweiligen Gesellschaft besitzen (Gläntzer 1980, 22). Gläntzers Definition ist nicht nur von zahlreichen volkskundlichen, sondern auch von sozialhistorischen Autoren rezipiert worden. Zu Recht ist Gläntzer allerdings der Ausschluß aller auf die Erwerbstätigkeit gerichteten Handlungen im Wohnbereich vorgehalten worden, der etwa die spezifischen Wohnverhältnisse von Handwerkern nicht adäquat zu erfassen vermag (Teuteberg 1985, 4 f.).

Die Problemfelder, denen sich die volkskundliche Forschung zum Wohnen und Wirtschaften über die generellen Wohndefinitionen hinaus widmet, sind häufig Fragenkomplexe, die auch mit Hilfe anderer Untersuchungsgegenstände erforscht werden. Wohnen und Wirtschaften sind dabei nicht unbedingt das jeweilige genuine Forschungsanliegen, sondern sie stehen auch für größere kulturelle Prozesse, sind Indikatoren für ihre Vermittlungswege und Bedingungen. Vier große Forschungsfelder schälen sich bei den jüngeren und gegenwärtigen Untersuchungen heraus, wobei etliche Arbeiten und Projekte auch mehrere Untersuchungsziele haben.

Ein schon immer, aber auch weiterhin im Mittelpunkt volkskundlicher Forschungsanliegen stehendes Interesse ist die Frage nach der *regionalen Differenzierung*. Ist auch auf mehreren Tagungen des Faches die Relevanz kultureller Regionalanalysen verschiedentlich verneint worden, so bleibt doch unbestritten, daß die lokale bzw. regionale Verankerung weiterhin konstitutiv für zahlreiche volkskundliche Forschungsfragen ist. Gerade der in seiner Forschungsgeschichte so eng mit der Hausforschung verknüpfte Themenkomplex des Wohnens und Wirtschaftens hat deshalb bis heute zu seinem Vorteil den Regionalbezug behalten. Hierbei ist vor allem auf die Arbeiten von Ottenjann und seinen Mitarbeitern, von Assion und Brednich sowie Hermann Heidrich zu verweisen, aber auch Karl-S. Kramers Arbeiten bieten in ihrer regionalspezifischen Lebensnähe oft wichtiges Material (Kaiser 1980; Kramer 1982; Assion/Brednich 1984; Heidrich 1984). Speziellere Untersuchungen galten hierbei den Stadt-Land-Beziehungen und den Nord-Süd-Unterschieden. Das Phänomen stadtnaher Reliktgebiete hat nicht nur im Sonderfall der Hamburger Vierlande gerade im Bereich des Wohninventars detaillierte Untersuchungen erfahren (Bauche 1965; Wiegelmann 1978, 1985; Roth 1978; Mohrmann 1978).

Stark verschränkt waren diese Untersuchungen häufig mit den Fragen nach den *sozialen Unterschieden* im Wohnen und Wirtschaften. Diese sind dabei zum Teil für die verschiedenen ländlichen Sozialgruppen von der »nichtbäuerlichen ländlichen Oberschicht« (Helmut Ottenjann) bis hinunter zum Heuerling und Tagelöhner untersucht worden oder wurden auch im Hinblick auf die gesamte Sozialskala städtischer Bevölkerungsgruppen behandelt (Roth 1979; Mohrmann 1979, 1985). Andere Arbeiten wiederum beschränkten sich auf die unteren Sozialschichten und befaßten sich ausschließlich mit den Wohnverhältnissen städtischer bzw. ländlicher Arbeiter (Assion in diesem Band).

Der größte Komplex volkskundlicher Arbeiten zum Wohnen und Wirtschaften läßt sich dem weiten Problemfeld des *historischen Wandels* zuordnen. Die spezielleren Fragen, denen sich hierbei die historische Wohnforschung widmet, heben dabei auf unterschiedliche Hypothesen und Theorien ab, sei es die Kulturfixierungstheorie oder Norbert Elias' Zivilisationstheorie, seien es Wilhelm Abels Depressionsthesen für das 16. Jahrhundert oder die durch die Konsumorientierung begleiteten Modernisierungsschübe der Neuzeit. Gerade die größere historische Zeiträume umfassenden Arbeiten bemühen sich darum, über die zeitliche Differenzierung und Periodisierung hinaus auch die sozialen Unterschiede zu erfassen (Bedal 1972; Kaspar 1985). Die auf der Quellengruppe von Inventaren fußenden Arbeiten haben auch die in den raumzeitlichen und sozialen Dimensionen ablaufenden Innovations- und Diffusionsprozesse in der Wohnkultur analysiert (Roth 1978; Meiners 1985; Höher 1987; Voskuil 1987; Mohrmann 1990). Allerdings steht Wandel hierbei nicht allein für Veränderungen der Wohn- und Wirtschaftsweisen, der Wohnmuster und des Wohnverhaltens. Vielmehr geht es ebenso um den Wandel der dahinterstehenden Wertmuster und Normen, der mentalen Einstellungen und Interessendominanzen. Die Objekte des Wohnens und Wirtschaftens werden damit zu Zeichen, die es zu dekodieren gilt.

Wichtige Vorarbeiten zu den *»Dingen als Zeichen«* waren vor allem Helge Gerndts Aufsatz über Möbel als kultureller Wert, in dem er die Möbel als Gebrauchsobjekte, als Zeichen und als Indikatoren kultureller Prozesse analysierte (Gerndt 1981, 126 ff.), und Tamás Hofers Überlegungen zu »Grundfragen der mikroanalytischen Sachforschung«, die er 1977 auf dem Braunschweiger Volkskundekongreß über Gegenstände im dörflichen und städtischen Milieu anstellte (Hofer 1979, 113 ff.). Die außerordentlich anregenden und von zahlreichen Sachkulturforschungen rezipierten Betrachtungen des ungarischen Ethnologen fußten u. a. auch auf seinen großen, gemeinsam mit Edit Fél erarbeiteten Átány-Studien, die eindringlich das Wohnen und Wirtschaften als sozialen und kulturellen Prozeß analysierten und die als das Standardwerk über bäuerliches Wirtschaften in vorindustrieller Zeit bezeichnet werden dürfen (Fél/Hofer 1972).

Wichtige Arbeiten zu diesem Themenkomplex, die den Wandel der Wohnformen und zeichenhaften Bedeutung der Dinge aber stärker hinsichtlich der Veränderungen des familiären Lebens analysieren, hat vor allem die schwedische Forschung, namentlich Orvar Löfgren, vorgelegt (Löfgren 1983).

Fragt man abschließend nach den *Aufgaben,* die der volkskundlichen Erforschung des Wohnens und Wirtschaftens bleiben, so sollte im bisher am besten erforschten Bereich, in der Möbelforschung, der Akzent stärker von den Objekten wegführen zur Untersuchung der Produzenten und der Konsumenten (vgl. dazu Brückner 1987). Hier ist auch mit bisher wenig genutzten Quellen wie Anschreibebüchern von Handwerkern und Tischlerwerkstätten noch viel Neuland zu bearbeiten (Forkel 1987). Zum Prozeß des Wohnens, zu den Handlungsmustern des Wohnens fehlen noch zahlreiche mikroanalytische Untersuchungen, sowohl historisch als auch gegenwartsbezogen, die die bisher erst sporadisch angesetzten Forschungen weiter absichern. Vor allem für die unteren städtischen Sozialgruppen mangeln derartige Arbeiten noch. Ebenso müssen die Veränderungen, die sich in jüngster Zeit im ländlichen Wohnen und Wirtschaften vollziehen, stärker beobachtet werden. Die bisherigen Vorarbeiten erlauben inzwischen eine großräumigere Zusammenschau, die auch zeitlich tiefer reicht und die europäischen Bezüge mit abdeckt.

Literaturverzeichnis

Ariès, Philippe; Duby, Georges (Hrsg.): Geschichte des privaten Lebens. 5 Bde. Frankfurt a.M. 1991/1992.

Assion, Peter; Brednich, Rolf Wilhelm: Bauen und Wohnen im deutschen Südwesten. Dörfliche Kultur vom 15. bis zum 19. Jahrhundert. Stuttgart/Berlin/Köln/Mainz 1984.

Bauche, Ulrich: Landtischler, Tischlerwerk und Intarsienkunst in den Vierlanden. Hamburg 1965.

Baulant, Micheline; Schuurman, Anton J.; Servais, Paul (Hrsg.): Inventaires après-décès et ventes de meubles. Apports à une histoire de la vie économique et quotidienne (XIVe–XIXe siècle). Louvain-la-Neuve 1988.

Baumgarten, Karl: Die Tischordnung im alten mecklenburgischen Bauernhaus. In: Deutsches Jahrbuch für Volkskunde 11(1965) 5–15.

Bedal, Konrad: Ofen und Herd im Bauernhaus Nordostbayerns. München 1972.

Bellwald, Waltraud: Wohnen und Wohnkultur. Wandel von Produktion und Konsum in der Deutschschweiz (Zürcher Beiträge zur Alltagskultur, 1). Zürich 1996.

Benker, Gertrud: Bürgerliches Wohnen. Städtische Wohnkultur in Mitteleuropa von der Gotik bis zum Jugendstil. München 1984.

Bourdieu, Pierre: Die feinen Unterschiede. Kritik der gesellschaftlichen Urteilskraft (Orginalausgabe: La distinction. Critique social du jugement, Paris 1979). Frankfurt 1982.

Braudel Fernand: Sozialgeschichte des 15. und 18. Jahrhunderts. Der Alltag. München 1985.

Brückner, Wolfgang: Kulturgeschichtliche Möbelforschung. VW-Symposium in Würzburg vom 16.–19. 10. 1986. In: Bayerische Blätter für Volkskunde 14 (1987) 1–18.

Daxelmüller, Christoph: Möbel, Mobiliar und Alltag. Anmerkungen zu Aufgaben und Zielen volkskundlicher Möbelforschung. In: Rheinisch-westfälische Zeitschrift für Volkskunde 29 (1984) 89–106.

Deneke, Bernward: Bauernmöbel. Ein Handbuch für Sammler und Liebhaber. München 1969.

Dettmer, Hermann: Volkstümliche Möbel aus dem Artland und den angrenzenden Gebieten (Materialien zur Volkskultur nordwestliches Niedersachsens 6, 7, 11). Cloppenburg 1982, 1986.

Dirlmeier, Ulf: Untersuchungen zu Einkommensverhältnissen und Lebenshaltungskosten in oberdeutschen Städten des Spätmittelalters (Abhandlungen der Heidelberger Akademie der Wissenschaften, phil-hist. Kl. 1978/I). Heidelberg 1978.

Dirlmeier, Ulf; Fouquer, Gerhard (Hrsg.): Menschen, Dinge und Umwelt in der Geschichte. Neue Fragen der Geschichtswissenschaft an die Vergangenheit. St. Katharinen 1989.

Dröge, Kurt: Das ländliche Bett. Zur Geschichte des Schlafmöbels in Westfalen (Schriften des Westfälischen Freilichtmuseums Detmold, Landesmuseum fur Volkskunde, 18). Detmold 1999.

Dülmen, Richard van: Kultur und Alltag in der Frühen Neuzeit. 1. Bd.: Das Haus und seine Menschen. 16.–18. Jahrhundert. München 1990.

Dünninger, Josef: Hauswesen und Tagewerk. In: Deutsche Philologie im Aufriß Bd. 3. Berlin ²1962, 2781–2884.

Ein Haus in Europa. Schillerpromenade 27, 12049 Berlin. Zum Wandel der Großstadtkultur am Beispiel eines Berliner Mietshauses. Oplanden 1996.

Fehring, Günter P.: Einführung in die Archäologie des Mittelalters. Darmstadt 1987.

Fél, Edit; Hofer, Tamás: Bäuerliche Denkweise in Wirtschaft und Haushalt. Eine ethnographische Untersuchung über das ungarische Dorf Átány. Göttingen 1972.

Feulner, Adolf: Kunstgeschichte des Möbels. Bearbeitet und mit einem Beitrag von Dieter Alfter (Propyläen Kunstgeschichte, Sonderbd.). Berlin 1980.

Forkel, Martina: Die Werkstattbücher der Schreinerei Ruckdeschel in Wunsiedel ab 1874. Würzburg 1987.

Gerndt, Helge: Möbel als kultureller Wert. In: Helge Gerndt: Kultur als Forschungsfeld. Über volkskundliches Denken und Arbeiten. München 1981, 126–132.

Giedion, Sigfried: Die Herrschaft der Mechanisierung. Ein Beitrag zur anonymen Geschichte. Mir einem Nachwort von Stanislaus von Moos (Titel der Orginalausgabe: Mechanization takes command, New York 1948). Frankfurt a.M. 1982.

* Glänzter, Volker: Ländliches Wohnen vor der Industrialisierung (Beiträge zur Volkskultur in Nordwestdeutschland, 12). Münster 1980.

Glänzter, Volker: Nord-Süd-Unterschiede städtischen Wohnens um 1800 im Spiegel der zeitgenössischen Literatur. In: Wiegelmann 1985, 73–88.

Hagemann, Gustav: Bäuerliche Gemeinschaftskultur in Nordravensberg. Münster 1931.

Hähnel, Joachim: Stube. Wort- und sachgeschichtliche Beiträge zur historischen Hausforschung. Münster 1975.

Hävernick, Walter: Wohnung und Lebensweise einer Hamburger Familie des oberen Mittelstandes 1910–1917. In: Beiträge zur deutschen Volks- und Altertumskunde 18 (1979) 67–92.

Hangen, Hedwig: Tom im Kinnertied. Zum Wandel ländlicher Wohn- und Lebensbedingungen von Kindern im 20. Jahrhundert. Untersuchungen in einem ostfriesischen Dorf. Leer 1981.

Hansen, Wilhelm: Kalenderminiaturen der Stundenbücher. Mittelalterliches Leben im Jahreslauf. München 1984.

Haspel, Jörg: Ulmer Arbeiterwohnungen in der Industrialisierung. Architekturhistorische Studien zur Wohnreform in Württemberg (Forschungen zur Geschichte der Stadt Ulm, 22). Ulm 1991.

Hasse, Max: Neues Hausgerät, neue Häuser, neue Kleider – eine Betrachtung der städtischen Kultur im 13. und 14. Jahrhundert sowie ein Katalog der metallenen Hausgeräte. In: Zeitschrift für Archäologie des Mittelalters 7 (1979) 7–83.

Heidrich, Hermann: Wohnen auf dem Lande. Am Beispiel der Region Tölz im 18.

und frühen 19. Jahrhundert (Miscellanea Bavaria Monacensia, 128). München 1984.
Heyne, Moriz: Das deutsche Wohnungswesen von den ältesten geschichtlichen Zeiten bis zum 16. Jahrhundert (Fünf Bücher deutscher Hausaltertümer, 1). Leipzig 1899, Nachdruck Meerbusch bei Düsseldorf 1985.
Hinz, Sigrid: Innenraum und Möbel. Von der Antike bis in die Gegenwart. Berlin 1976.
Hofer, Tamás: Gegenstände im dörflichen und städtischen Milieu. Zu einigen Grundfragen der mikroanalytischen Sachforschung. In: Wiegelmann 1979, 113–135.
Höher, Peter: Konstanz und Wandel in Wohnausstattung und Hauswirtschaft (1630–1899). Das Beispiel Nürtingen am Neckar. In: Wiegelmann 1987, 309–331.
Immenkamp, Andreas: Haus und Wohnen von Textilarbeitern. Untersuchungen über Textilarbeitersiedlungen des westlichen Münsterlandes (Beiträge zur Volkskultur in Nordwestdeutschland, 65). Münster 1989.
Jacobeit, Wolfgang: Bäuerliche Arbeit und Wirtschaft. Ein Beitrag zur Wissenschaftsgeschichte der deutschen Volkskunde. Berlin 1965.
Jaspers, Friedrich-W.; Ottenjann, Helmut: Volkstümliche Möbel aus dem Ammerland (Materialien zur Volkskultur nordwestliches Niedersachsen 4, 5). Cloppenburg 1982.
Kaiser, Hermann: Herdfeuer und Herdgerät im Rauchhaus. Wohnen damals. Mit einem Beitrag von Dieter Zoller: Herd und Herdstelle aus archäologischer Sicht (Materialien zur Volkskultur nordwestliches Niedersachsen, 2). Cloppenburg 1980.
Kaspar, Fred: Bauen und Wohnen in einer alten Hansestadt. Zur Nutzung von Wohnbauten zwischen dem 16. und 19. Jahrhundert, dargestellt am Beispiel der Stadt Lemgo (Schriften der Volkskundlichen Kommission für Westfalen, 28). Münster 1985.
Kartschnig-Fasch, Elisabeth: Wohnen im städtischen Bereich. Bericht eines Projektes zu Wohnkultur und Wohnweisen der Gegenwart in drei Grazer Wohngebieten. In: Probleme der Gegenwartsvolkskunde. Referate der Österreichischen Volkskundetagung 1983 in Mattersburg (Burgenland). Wien 1985, 321–346.
Kilian, Ruth; Neukum, Michaela; Sangl, Sigrid; Ulman, Bettina: Schreinerhandwerk in Franken. Studien zu Bamberg, Coburg und Kitzingen. Würzburg 1988.
Klocke, Bernhard: Häuser und Mobiliar in einem westfälischen Dorf (Beiträge zur Volkskultur in Nordwestdeutschland, 20). Münster 1980.
Koelbl, Herlinde (Fotografie); Sack, Manfred (Text): Das deutsche Wohnzimmer. Mit einem Beitrag von Alexander Mitscherlich. Luzern/Frankfurt a. M. 1980.
Korff, Gottfried: Einige Bemerkungen zum Wandel des Bettes. In: Zeitschrift für Volkskunde 77 (1981) 1–16.
Köstlin, Konrad; Bausinger, Hermann (Hrsg.): Umgang mit Sachen. Zur Kulturgeschichte des Dinggebrauchs. 23. Deutscher Volkskunde-Kongreß in Regensburg vom 6.–11. Oktober 1981 (Regensburger Schriften zur Volkskunde, 1). Regensburg 1983.
Kramer, Karl-S.: Häusliches Leben. Nach archivalischen Quellen. In: Kieler Blätter zur Volkskunde 14 (1982) 5–76.
Kreisel, Heinrich; Himmelheber, Georg: Die Kunst des deutschen Möbels. Möbel und Vertäfelungen des deutschen Sprachraums von den Anfängen bis zum Jugendstil. 3 Bde. 2. neu bearb. Aufl. München 1981, 1983.
Kuczynski, Jürgen: Geschichte des Alltags des deutschen Volkes 1600 bis 1945. Studien. 5 Bde. Köln 1980–1982.
Kühnel, Harry (Hrsg.): Alltag im Spätmittelalter. Unter Mitarbeit von Helmut Hundsbichler, Gerhard Jaritz u. Elisabeth Vavra. Graz 1984.

Kühnel, Harry (Hrsg.): Europäische Sachkultur des Mittelalters. Gedenkschrift aus Anlaß des zehnjährigen Bestehens des Instituts für mittelalterliche Realienkunde Österreichs (Veröff. des Instituts f. mittelalterliche Realienkunde, 4). Wien 1980.

Lipp, Franz C.: Oberösterreichische Bauernmöbel. Wien / Rosenheim 1986.

Löfgren, Orvar: The Sweetness of Home: Trautes Heim. Veränderungen des Familienideals in Schweden während des 20. Jahrhunderts. In: Borscheid, Peter; Teuteberg, Hans J. (Hrsg.): Ehe, Liebe, Tod. Zum Wandel der Familie, der Geschlechts- und Generationsbeziehungen in der Neuzeit (Studien zur Geschichte des Alltags, 1). Münster 1983, 80–96.

Mannheims, Hildegard; Roth, Klaus: Nachlaßverzeichnisse. Internationale Bibliographie (Beiträge zur Volkskultur in Nordwestdeutschland, 39). Münster 1984.

Mannheims, Hildegard; Möller, Reiner; Vorpahl, Arno; Die Bauernhäuser der Landschaft Stapelholm Bd. 1: Archivalische Studien (Studien zur Volkskunde und Kulturgeschichte Schleswig-Holsteins, 34). Neumünster 1997.

Meiners, Uwe: Wohnkultur in süddeutschen Kleinstädten vom 17. bis zum 19. Jahrhundert. Soziale Unterschiede und Wertestrukturen. In: Wiegelmann 1985, 157–221.

Mensch und Objekt im Mittelalter und in der frühen Neuzeit. Leben – Alltag – Kultur. Internat. Kongreß Krems an der Donau 27. bis 30. September 1988 (Veröffentlichungen des Instituts für Realienkunde des Mittelalters und der frühen Neuzeit, 13 = Sb. Akad. Wiss., phil-hist. Kl. 568). Wien 1990.

Meringer, Rudolf: Das oberdeutsche Bauernhaus und seine Geräte. In: Zeitschrift für österreichische Volkskunde 2 (1896) 257–267.

Mohrmann, Ruth-E.: Alltagswelt im Land Braunschweig. Städtische und ländliche Wohnkultur vom 16. bis zum frühen 20. Jahrhundert (Beiträge zur Volkskultur in Nordwestdeutschland, 56). Münster 1990.

Mohrmann, Ruth-E.: Archivalische Quellen zur Sachkultur. In: Wiegelmann 1980, 69–86.

Mohrmann, Ruth-E.: Die Eingliederung städtischen Mobiliars in braunschweigischen Dörfern, nach Inventaren des 18. und 19. Jahrhunderts. In: Wiegelmann 1978, 297–337.

Mohrmann, Ruth-E.: Ländliches Wohnverhalten im südlichen Niedersachsen von der Mitte des 19. Jahrhunderts bis um 1930. In: Archiv für Sozialgeschichte 19 (1979) 425–457.

Mohrmann, Ruth-E.: Städtische Wohnkultur in Nordwestdeutschland vom 17. bis zum 19. Jahrhundert. In: Wiegelmann 1985, 89–155.

Mohrmann, Ute: Untersuchungen zur Entwicklung der Wohnweise und Wohnkultur in den Dörfern der DDR. Aufgabenstellung, Methoden, Beispiele. In: Jacobeit, Wolfgang; Nedo, Paul (Hrsg.): Probleme und Methoden volkskundlicher Gegenwartsforschung (Veröff. d. Instituts f. Deutsche Volkskunde, 51). Berlin 1969, 145–155.

Niethammer, Lutz (Hrsg.): Wohnen im Wandel. Beiträge zur Geschichte des Alltags in der bürgerlichen Gesellschaft. Wuppertal 1979.

Ottenjann, Helmut: Buchführungssysteme ländlicher Werkstätten. Zum Biedermeiertrend in der Möbelkultur des Osnabrücker Artlandes. In: Ottenjann, Helmut; Wiegelmann, Günter (Hrsg.): Alte Tagebücher und Anschreibebücher. Quellen zum Alltag der ländlichen Bevölkerung in Nordwesteuropa (Beiträge zur Volkskultur in Nordwestdeutschland, 33). Münster 1982, 151–204.

Pardailhé-Galabrun, Annik: La Naissance de l'Intime. 3000 foyers parisiens XVIIe–XVIIIe siécles. Paris 1988.

Plath, Helmut: Elendswohnungen in der Altstadt Hannover um 1933. In: Zeitschrift für Volkskunde 68 (1972) 61–89.
Ränk, Gustav: Das System der Raumeinteilung in den Behausungen der nordeurasischen Völker. 2 Bde. Stockholm 1949, 1951.
Roche, Daniel: Le Peuple de Paris. Essai sur la culture populaire au XVIIIe siècle. Paris 1981.
Rörig, Maria: Haus und Wohnen in einem sauerländischen Dorfe. Münster 1940.
Rösener, Werner: Bauern im Mittelalter. München 1985.
Roth, Klaus: Die Eingliederung neuen Mobiliars und Hausrats im südlichen Münsterland im 17. und 19. Jahrhundert. In: Wiegelmann 1978, 249–296.
Roth, Klaus: Ländliches Wohninventar im Münsterland um 1800. In: Archiv für Sozialgeschichte 19 (1979) 389–423.
Ruess, Karl-Heinz: Kommunaler Wohnungsbau für Arbeiter. Maßnahmen zur Verbesserung der sozialen Lage der Arbeiterschaft vor dem Ersten Weltkrieg am Beispiel der Stadt Ulm (Untersuchungen des Ludwig-Uhland-Instituts, 74). Tübingen 1989.
Saldern, Adelheid von: Häuserleben. Zur Geschichte städtischen Arbeiterwohnens vom Kaiserreich bis heute (Forschungsinstitut der Friedrich-Ebert-Stiftung. Reihe Politik- und Gesellschaftsgeschichte, 38). Bonn 1995.
Sandgruber, Roman: Die Anfänge der Konsumgesellschaft. Konsumgüterverbrauch, Lebensstandard und Alltagskultur in Österreich im 18. und 19. Jahrhundert. Wien 1982.
Schenk, Annemie: Familie und Wohnen in Stolzenburg. Eine Untersuchung bei Sachsen und Rumänen in einem siebenbürgischen Dorf. Köln/Wien 1984.
Schlee, Ernst: Das Wohnen in volkskundlicher und kulturhistorischer Sicht. In: Spies, Gerd (Hrsg.): Wohnen – Realität und museale Präsentation. Hannover 1971, 9–16.
Schlee, Ernst: Sitzordnung beim bäuerlichen Mittagsmahl. In: Kieler Blätter zur Volkskunde 8 (1976) 5–19.
Schlichting, Frank: Haus und Wohnen in Schleswig-Holstein. Literarische Zeugnisse des 18. und 19. Jahrhunderts und die Frage ihres Realitätsgehaltes (Studien zur Volkskunde und Kulturgeschichte Schleswig-Holsteins, 15). Neumünster 1985.
Schmeling, Hans Georg: Wohnen und Arbeiten im ländlichen Wohnhaus des mittleren Rheinlandes. Bonn 1973.
Schmidt, Maria: Das Wohnungswesen der Stadt Münster im 17. Jahrhundert. Münster 1962.
Schmidt-Wiegand, Ruth (Hrsg.): Wörter und Sachen im Lichte der Bezeichnungsforschung (Arbeiten zur Frühmittelalterforschung, 1). Berlin/New York 1981.
Schöning-Kalender, Claudia: Mobilität und Mobiliar. Binnenmigranten in Istanbul (Untersuchungen des Ludwig-Uhland Instituts, 60). Tübingen 1985.
Schrutka-Rechtenstamm, Adelheid: Kultureller Wandel im 20. Jahrhundert. Am Beispiel »Wohnen« in einer ländlichen Gemeinde (Tragöß/Steiermark). Bonn ²1988.
Schultz, Alwin: Das häusliche Leben der europäischen Kulturvölker vom Mittelalter bis zur zweiten Hälfte des XVIII. Jahrhunderts. Berlin 1903.
Schuurman, Anton J.: Materiële Cultuur en Levensstijl. Een onderzoek naar de taal der dingen op het Nederlandse platteland in de 19e eeuw: de Zaanstreek, Oost-Groningen, Oost-Brabant (A. A. G. Bijdragen, 30 = HES Studia Historica XVII). Wageningen/Utrecht 1989.
Seibert, Elke: Wohn- und Möbelkultur im Münsterland zur Zeit des Klassizismus. Die Kunsttischlerfamilie Budde aus Warendorf (Quellen und Forschungen zur Geschichte des Kreises Warendorf, 34). Warendorf 1997.

Seidel, Joachim: Möbelherstellung und Möbelhandel 1850–1914 mit Ausblicken auf Unterfranken (Veröff. zur Volkskunde und Kulturgeschichte, 21). Würzburg 1986.

Silbermann, Alphons: Vom Wohnen der Deutschen. Eine soziologische Studie über das Wohnerlebnis. Frankfurt/Hamburg 1966.

Stengel, Walter: Alte Wohnkultur in Berlin und in der Mark im Spiegel der Quellen des 16.–19. Jahrhunderts. Berlin 1958.

Stiewe, Heinrich: Hausbau und Sozialstruktur einer niederdeutschen Kleinstadt. Blomberg zwischen 1450 und 1870 (Schriften des Westfälischen Freilichtmuseums Detmold – Landesmuseum fur Volkskunde, 13). Detmold 1996

Teuteberg, Hans J.: Betrachtungen zu einer Geschichte des Wohnens. In: Hans J. Teuteberg (Hrsg.): Homo habitans. Zur Sozialgeschichte des ländlichen und städtischen Wohnens in der Neuzeit (Studien zur Geschichte des Alltags, 4). Münster 1985, 1–23.

Teuteberg, Hans J.; Wischermann, Clemens: Wohnalltag in Deutschland 1850–1914. Bilder – Daten – Dokumente (Studien zur Geschichte des Alltags, 3). Münster 1985.

Thornton, Peter: Seventeenth-Century Interior Decoration in England, France and Holland. New Haven/London 1981.

Tränkle, Margret: Wohnkultur und Wohnweisen (Untersuchungen des Ludwig-Uhland-Instituts, 32). Tübingen 1972.

Troels-Lund: Das tägliche Leben in Skandinavien während des 16. Jahrhunderts. Eine kulturhistorische Studie über die Entwicklung und Einrichtung der Wohnungen. Kopenhagen 1882.

van der Woude, Ad; Schuurman, Anton (Hrsg.): Probate Inventories. A new source for the historical study of wealth, material culture and agricultural development. Papers presented at the Leeuwenborch Conference (Wageningen, 5–7 May 1980) (A.A.G. Bijdragen, 23). Wageningen 1980.

Volkskundig Bulletin. Themanummer boedelinventaries. P. J. Meertens-Instituut van de Koninklike Nederlandse Akademie van Wetenschappen 9,1, Amsterdam 1983.

Voskuil, J-J.: Innovationen und Mentalitätsgeschichte in den Niederlanden. In: Wiegelmann 1987, 251–274.

Weatherill, Lorna: Consumer behaviour and material Culture in Britain 1660–1760. London/New York 1988.

Wiegelmann, Günter (Hrsg.): Gemeinde im Wandel. Volkskundliche Gemeindestudien in Europa. Beiträge des 21. Deutschen Volkskunde-Kongresses in Braunschweig (5.–9. Sept. 1977) (Beiträge zur Volkskultur in Nordwestdeutschland, 13). Münster 1979.

Wiegelmann, Günter (Hrsg.): Geschichte der Alltagskultur. Aufgaben und neue Ansätze (Beiträge zur Volkskultur in Nordwestdeutschland, 21). Münster 1980.

Wiegelmann, Günter (Hrsg.): Kulturelle Stadt-Land-Beziehungen in der Neuzeit (Beiträge zur Volkskultur in Nordwestdeutschland, 9). Münster 1978.

Wiegelmann, Günter (Hrsg.): Nord-Süd-Unterschiede in der städtischen und ländlichen Kultur Mitteleuropas (Beiträge zur Volkskultur in Nordwestdeutschland, 40). Münster 1985.

Wiegelmann, Günter (Hrsg.): Wandel der Alltagskultur seit dem Mittelalter. Phasen – Epochen – Zäsuren (Beiträge zur Volkskultur in Nordwestdeutschland, 55). Münster 1987.

Wijsenbeek-Olthuis, Thera: Achter de gevels van Delft. Bezit en bestaan van rijk en arm in een periode van achteruitgang (1700–1800) (Amsterdamse historische Reeks, Grote Serie 3). Hilversum 1987.

Wischermann, Clemens: Wohnen in Hamburg vor dem ersten Weltkrieg (Studien zur Geschichte des Alltags, 2). Münster 1983.
Wohnen. Zusammengestellt und redigiert von Max Matter. Rheinisches Jahrbuch für Volkskunde, Bonn 1977.
Wonen in het Verleden. 17e–20e Eeuw. Economie, politiek, volkshuisvesting, cultur en bibliografie. Onder redactie van P. M. M. Klep, J. Th. Linsblad, A.J. Schuurman u. a. Amsterdam 1987.
Wüstenrot Stiftung (Hrsg.): Geschichte des Wohnens. Bd. 1: 5000 vor Chr. – 500 n. Chr. Vorgeschichte – Frühgeschichte – Antike. Autoren: Bradley Ault, Gunnar Brands, Jens A. Dickmann u. a. Stuttgart 1999. Bd. 2: 500–1800. Mittelalter bis Aufklärung. Hausen – Wohnen – Residieren. Autoren: Imma Kilian, Antje Kluge-Pinsker, Fritz Dirlmeier, Gerhard Fouquet, Jens Friedhoff. Hrsg.: F. Dirlmeier. 1998. Bd. 3: 1800–1918. Das bürgerliche Zeitalter. Autoren: Jürgen Reulecke, Adelheid von Saldern, Clemens Zimmermann, Clemens Wischermann, Frank Zadach-Buchmeier. Hrsg. J. Reulecke. 1997. Bd. 4: 1918–1945. Reform – Reaktion – Zerstörung. Autoren: Thomas Hafner, Kristina Hartmann, Gerd Kähler u. a. Hrsg.: G. Kähler. 1996. Bd. 5: Von 1945–2000. Aufbau – Neubau – Umbau. Autoren: Michael Andritzky, Klaus von Beyme, Werner Durth. Hrsg.: Ingeborg von Flagge. 1999.
Wurmbach, Edith: Das Wohnungs- und Kleidungswesen des Kölner Bürgertums um die Wende des Mittelalters. Bonn 1932.

Hinrich Siuts

Geräteforschung

1. Aufgabenstellung und Geschichte

Die Geräteforschung ist eine Forschungsrichtung, die in der Volkskunde eigentlich erst im 20. Jahrhundert Bedeutung erlangte und weiterentwickelt wurde – vornehmlich zunächst zur Erforschung der bäuerlichen Arbeitsgeräte. So geht sie vor allem auf Forschungen in den Landwirtschaftswissenschaften im Rahmen der Disziplinen Landarbeitslehre und Agrargeschichte und später auch im Bereich der Technikgeschichte zurück. Sie bietet über die Untersuchung der Produktionsmittel einen wesentlichen Zugang zur Geschichte der Arbeitswelt, der Produktion und der Lebensformen der Bauern, Landarbeiter, Fischer, Handwerker und ähnlicher Berufe.

An Stelle von Geräteforschung wird mitunter der Begriff *Ergologie* gebraucht. Häufig versteht man darunter aber fast ausschließlich die Lehre von der Form und Anwendung der Arbeitsgeräte, doch geben ihr manche Forscher auch sehr viele weitere Aufgabenstellungen (vgl. Jacobeit 1965, 20; Hirschberg/Janata 1980, 5). *Ergonomie* ist die Lehre von den wechselseitigen Beziehungen zwischen den Menschen und ihrer Umwelt, wozu vor allem auch die Anpassung der Arbeit durch Arbeitserleichterungen an die Möglichkeiten des Menschen gehört. *Technologie* ist schließlich die Lehre von der Gewinnung und Verarbeitung von Roh- und Werkstoffen, während man unter *Technik* die Kenntnis und Beherrschung der Mittel zur Ausübung von Tätigkeiten versteht, mit denen die Kräfte und Stoffe der Natur den Menschen nutzbar gemacht werden.

Entsprechend dem Ziel dieses Grundrisses und dem zur Verfügung stehenden Raum kann im folgenden nur auf Grundzüge und besonders wichtige Probleme und Aufgabenstellungen kurz eingegangen werden, unter häufigem Verweis auf weiterführende jüngere Literatur. Die Geschichte der Geräteforschung in der Volkskunde ist eingebettet in die Erforschung der sogenannten materiellen Volkskultur oder Sachkultur, die sich nach einigen Ansätzen im ausgehenden 18. allmählich im 19. Jahrhundert vor allem in den Bereichen Haus-, Tracht- und Volkskunstforschung unter den Aspekten von Kontinuität und ethnischer Zuordnung entwickelte (vgl. dazu Wiegelmann/Zender/Heilfurth 1977, 11–38, 97–105; vor allem Jacobeit 1965). Wichtige Anregungen erhielt sie aus Arbeiten zur Agrargeschichte, germanischen Altertumskunde,

Landeskunde, Philologie (speziell der Forschungsrichtung »Wörter und Sachen«) und Völkerkunde (Jacobeit 1965, 49–77). Doch gab es in den dreißiger Jahren unseres Jahrhunderts im deutschsprachigen Raum eigentlich nur zwei Möglichkeiten, sich zusammenfassend über Vorkommen und Verbreitung von bäuerlichen Arbeitsgeräten zu orientieren, den kurzen Beitrag des Agrarwissenschaftlers W. Seedorf über »Arbeitsbräuche in der Landwirtschaft« in W. Peßlers Handbuch der deutschen Volkskunde und W. Bomanns berühmte Darstellung bäuerlichen Hauswesens und Tagewerks im alten Niedersachsen, die allerdings nur die Lüneburger Heide behandelte.

Nach dem Zweiten Weltkrieg erlangte die volkskundliche Geräteforschung für den Bereich der Landwirtschaft eine größere Bedeutung, beginnend mit den Arbeiten der Peuckert-Schüler W. Jacobeit und A. Lühning, schwerpunktmäßig in der DDR (z. B. W. Jacobeit, R. Peesch, U. Bentzien, R. Weinhold) und in der Bundesrepublik Deutschland (z. B. A. Lühning, T. Gebhard, W. Hansen, G. Wiegelmann) mit jeweils unterschiedlichen Zielsetzungen (vgl. Wiegelmann/Zender/Heilfurth 1977, 104/105; Jacobeit 1965) und eingebunden in die internationale Geräteforschung (vgl. die Lit. bei Siuts 1988, 395 f., 417 unter c und folgend). Diese war in anderen Ländern – vor allem in Skandinavien (vgl. auch die dort herausgegebene Zeitschrift »Tools and Tillage«) – schon länger führend. Neben monographischen Arbeiten zu einzelnen Themen, auf die weiter unten z. T. noch exemplarisch hinzuweisen ist, und Sammlungsprojekten einzelner Museen sei besonders die raumdeckende Nacherhebung des Atlas der deutschen Volkskunde in der zweiten Hälfte der sechziger Jahre hervorgehoben, die gezielt nach bäuerlichen Sachgütern und Arbeitsverfahren fragte (Wiegelmann 1969; Cox 1983, 1592 f.).

Die Geräteforschung dient heute in der Volkskunde als wesentlicher Zugang zur Arbeits- und Lebenswelt der Angehörigen vieler Berufe und trägt damit wesentlich bei zur Erhellung der Geschichte der Volkskultur in ihren sozialen und regionalen Ausprägungen. Diesen Zielen entsprechend muß auch bei der Dokumentation, Analyse und Interpretation verfahren werden. Aus Gründen der Übersichtlichkeit werden im folgenden wesentliche methodische Schritte und Gesichtspunkte der Geräteforschung für den Bereich der Landwirtschaft und den Bereich des Handwerks getrennt skizziert, auch wenn das methodische Vorgehen im Prinzip in beiden Fällen gleich ist.

2. *Landwirtschaft*

Beginnen wir mit den Geräten in der *Landwirtschaft*. Nach der traditionellen Geräteforschung, die im wesentlichen von den Möglichkeiten der Museen ausgeht (so paradigmatisch z. B. A. Lühning in Schleswig), ist alles beachtenswert und zu sammeln, »was dem vorindustriellen,

Geräteforschung

handwerklich geprägten Zeitalter entstammt, Erzeugnisse einer überregionalen Industrie dagegen nur so weit, als sie den Prototyp (z.B. die erste Mähmaschine oder die erste Milchzentrifuge) einer neuen Ära, des Maschinenzeitalters, in einer Landschaft repräsentieren. Was danach kommt, alles was die weitere Entwicklung der Landwirtschaft bis zu dem gegenwärtigen Zustand der Vollmechanisierung verkörpert, betrachten wir dagegen als nicht mehr in den Aufgaben- und Sammelbereich der volkskundlichen Abteilung gehörig, überlassen es darum anderen, überregional orientierten landbautechnischen Museen« (Lühning 1969, 74). Diese Ausgrenzung von Fabrikware ist für die meisten Forschungsansätze für das ausgehende 19. und das 20. Jahrhundert jedoch nicht akzeptabel, da die Menschen in ihren Arbeitsbereichen sowohl mit alten als auch von großen Fabriken bezogenen neuen Geräten und Maschinen arbeiteten. Diese müssen folglich in vereinfachter Dokumentation (z.B. über Abbildungen in Firmenkatalogen, Prospekten, Reparaturanleitungen etc.) je nach dem Forschungsziel miterhoben werden. Wichtig ist schließlich, daß die Geräteforschung sich volkskundlich nicht ausschließlich auf die Geräte beschränken darf, sondern daß sie stets die damit verrichtete Arbeit mitberücksichtigt. Arbeit und Gerät gehören untrennbar zusammen.

Man sollte mit der *Dokumentation* eines Einzelgeräts (z.B. eines Spatens oder Pflugs) oder der Geräte für einen Arbeitsbereich (z.B. der Feldbestellung oder Ernte) beginnen und sich zunächst, soweit es möglich ist, über Literatur oder Befragung wenigstens in Grundzügen orientieren, wie mit den Geräten was gearbeitet wurde und welches die zur Arbeit wichtigsten Teile des Gerätes sind. Ohne eine derartige Kenntnis ist die Aufnahme eines aus vielen Teilen zusammengesetzten Gerätes wie z.B. des Pfluges nicht sinnvoll; vor allem nicht bei später ergänzenden Erhebungen, bei denen man gegebenenfalls mit einer Art Kurzinventarisation auskommt, die sich jeweils auf das Wesentliche des Objektes beschränkt.

Auf jeden Fall sollte man das erste Objekt so genau wie möglich aufnehmen. Das geschieht am besten zunächst durch eine Skizze mit in sie einzutragenden Maßen der Einzelteile. Dazu sollten Fotos des Geräts aus verschiedenen Perspektiven treten, die alles Wichtige zeigen. Danach ist eine Zeichnung anzufertigen – ggf. auch mit mehreren Detailausschnitten –, aus der sich die Konstruktion eindeutig ablesen läßt (z.B. Siuts 1988, 31, T. 11). Relativ einfach ist es für den Ungeübten, nach einem Foto auf Transparentpapier zu zeichnen. Häufig lernt man erst hierbei das Gerät richtig kennen und kann aus manchen Stellen ersehen, daß dort im Laufe des Gebrauchs am Objekt eine Veränderung vorgenommen wurde, was bei einfachen hölzernen Geräten mit Reparaturen und Sekundärverwendungen nicht selten vorkommt. Hinzu tritt eine Beschreibung des Objekts hinsichtlich der Materialien, des Alters und Beobachtungen, die man bei der Aufnahme machte und die sich nicht aus der Abbildung ergeben.

Alsdann sind die Bezeichnung des Geräts und ggf. auch seiner Einzelteile zu erfragen. Hierbei besteht heute die generelle Schwierigkeit, daß mit den alten, vorindustriell gearbeiteten Geräten im Museum oder einer Ecke der Scheune der Befragte meistens selbst nicht mehr gearbeitet hat. Er kann dann nur Auskünfte aus zweiter Hand erteilen, die auch nicht immer richtig sein müssen. Doch ist zunächst das zu notieren, was man erfährt und was man später durch Kennenlernen weiteren Materials eventuell rektifizieren oder falsifizieren kann.

Die Bezeichnung des Objekts und seiner Einzelteile kann später bei der Auswertung mitunter Rückschlüsse auf seine Herkunft, Vorformen und Verbreitung erlauben, da Wort und Sache zusammengehören. Das bedeutet allerdings gerade in früheren Zeiten nicht, daß eine Sache auch überall gleich benannt wurde. Hier kann es schon in kleinen Regionen starke Unterschiede geben. In Westfalen wurden z. B. Schaufel und Spaten teilweise mit den gleichen niederdeutschen Worten benannt (Siuts 1988, 16), und auch bei den Pflügen besagte allein der plattdeutsche Name nichts über den Typus oder die Form des Pfluges. Zu diesen Problemen, vor allem aber auch zu den Möglichkeiten, über die Wortformen zu Erkenntnissen über die Geschichte der Sachen zu kommen, hat die nach der Zeitschrift »Wörter und Sachen« benannte sprachwissenschaftliche Richtung eine Fülle wichtiger Arbeiten vorgelegt (vgl. Schmidt-Wiegand 1981).

Sehr wichtig ist ferner die Erforschung der *Funktion* des Geräts und seines Arbeitsvorganges. Für die reale Anwendung an einem Ort kann nicht immer von der Form allein ausgegangen werden. So gibt es beispielsweise beim Haubergspflug und dem alten hölzernen Beetpflug (mit liegender doppelseitiger Schar) einen Wandel von der Primärfunktion des Pflügens zur Sekundärfunktion des Häufelns und Rodens von Kartoffeln wie auch bei der alpenländischen Pflugform der Arl. Bei der Sense sollte eigentlich ein langes schmales Blatt für das Mähen von Getreide und ein kürzeres und breiteres Blatt für Gras verwendet werden. Doch hat man sich durchaus nicht immer daran gehalten, wobei dann gleichfalls nach dem Grund zu suchen wäre.

Der *Arbeitsvorgang* ist mitunter für einen Außenstehenden nur schwer in Erfahrung zu bringen und noch schwieriger allgemeinverständlich darzustellen. Gerade bei schon lange aufgegebenen Arbeiten werden im mündlichen Bericht oft einige Stadien oder im Endeffekt doch sehr wichtige Einzelheiten vergessen. Ganz sicher ist man nur, wenn der Vorgang z. B. für einen Film wiederholt werden kann. Entsprechende Filme sind vor allem von A. Lühning, P. Hugger und G. Simons gedreht worden (zit. bei Siuts 1988, 395). Bei diesen Arbeitsvorgängen spielt auch die Tradierung von Arbeitserfahrungen (Peesch 1966) eine wesentliche Rolle.

Wichtig ist weiter, wieviel eine Person oder eine Arbeitsgemeinschaft mit diesem Gerät bei einer bestimmten Arbeit schaffen konnte. Im Oldenburgischen (Ammerland) bestand z. B. Ende des 19. Jahrhunderts ein Tagewerk Torfgraben von zwei Personen – dem Gräber und dem Abschieber – aus 8400 Soden Torf. Als ein Tagewerk Pflügen galten sechs Scheffelsaat, wobei ein Scheffelsaat 851 Quadratmeter betrug. Beim Roggenmähen mit der Sense und einer Hilfsperson zum Aufnehmen wurden sechs Scheffelsaat, beim Roggenmähen mit Sichte und Ablegehaken drei Scheffelsaat als Tagewerk berechnet. Ein Tagewerk Grasmähen für einen Mann waren etwa zwei Morgen. Auch beim Verkauf des Heus wurde nach Tagewerken gerechnet. – Vielen Frauenarbeiten legte man ebenfalls das Tagewerk als Maß zugrunde. Beim Braken, dem Brechen des Flachses, galten einigerorts 40 Bunde als ein Tagewerk. Beim Flachsspinnen mußte mancherorts eine Magd täglich mit einem zweifluchtigen Spinnrad vier Stück Garn, mit einem einfluchtigen zwei Stück liefern. Ein Stück Garn waren zehn Bind, ein Bind 100 »Rundum« (Umdrehungen) auf der Garnhaspel. – Diese Festlegung der Arbeitsleistungen nach Tagewerken differierte in den einzelnen Ortschaften aufgrund verschiedener Böden oder Arbeitsgeräte, aber sie ermöglichte einen Austausch von Arbeitskräften zu den verschiedensten Arbeiten. So konnten z. B. drei Tagwerke Torfgraben durch drei Tagwerke Grasmähen abgegolten werden.

Weiter ist nach der *sozialen und der geschlechtsspezifischen Einordnung* zu fragen. Milchwirtschaft war in vielen Gegenden vornehmlich Frauenarbeit. Kleinbauern hatten oftmals angeblich kleinere Geräte als Großbauern. Bestimmte Geräte wurden nur von Tagelöhnern, andere nur von den Knechten und Bauern benutzt. Schließlich fielen bestimmte Arbeiten auch nur zu festen Jahreszeiten an.

Wichtig ist dann die Frage nach der *Herstellung* des Geräts. Ist es vom Bauern oder bei ihm Arbeitenden selbst hergestellt (z. B. Holzgabeln, hölzerne Harken, Stiele für Geräte) oder repariert (z. B. hölzerne Eggen) worden? Hat man es von einem holzverarbeitenden Handwerker (Stellmacher, Tischler, Zimmermann), dem Schmied oder einem anderen Handwerker im Dorf oder einem entfernten Ort bezogen oder bei Wanderhändlern vor der Haustür (z. B. Körbe, Sensen) oder auf großen Viehmärkten etc. gekauft?

Weiter gibt oder gab es noch wesentliche Beziehungen der Menschen zu den Geräten, vor allem zu denen, mit denen man ausschließlich allein arbeitete, da sie einem besonders gut in der Hand lagen oder einen besonderen Wert hatten (als Geschenk, durch ein Ereignis). Diese und weitere Beziehungen haben E. Fél und T. Hofer (deutsche Ausgaben 1972, 1974) in ihren langjährigen Untersuchungen eines ungarischen Dorfes hervorragend herausgearbeitet. Darüber hinaus gibt es mitunter noch eine dem Gerät durch seine Form innewohnende Bedeutung (z. B. die erotische von Wetzstein und Kumpf), wofür L. Schmidt in einem größeren Zusammenhang die religionswissenschaftlichen termini Gestaltheiligkeit und Stoffheiligkeit vorgeschlagen hatte, an deren Stelle K.-S. Kramer (zuletzt 1990) den wohl besseren Begriff der Dingbedeutsamkeit setzte, der aber über das Objekt hinaus auch dessen wechselseitige Beziehungen zu den Menschen mitumfaßt. Letztlich geht es hier ja um eines der Hauptanliegen der Volkskunde, nämlich den Menschen durch die Dinge und seine Beziehungen zu den Dingen zu erkennen. Schließlich ist noch wichtig, wann – soweit man es in Erfahrung bringen kann – das Gerät aufgekommen und wann es zugunsten eines anderen Geräts oder einer Maschine aufgegeben wurde. Hierbei ist auch auf die wirtschafts- und sozialgeschichtlichen Auswirkungen zu achten. Erinnert sei nur an die Umwälzungen, die durch den Übergang vom Hand- zum Maschinendrusch und vom Hand- zum Maschinenweben bewirkt wurden. Neben dem dadurch hervorgerufenen bitteren Arbeitsverlust für viele Menschen ist aber auch die Arbeitsersparnis zu beachten, auch wenn sie mitunter die heute Arbeitenden noch stärker belastet als früher. Ein Idealbeispiel (real sieht es je nach Region, Größe des Betriebes und Getreideart – sowie seiner Ertragssteigerung – jeweils unterschiedlich aus) besagt, daß man um 1850 ohne jede Maschinenhilfe vom Mähen bis zum Ablagern des gedroschenen Getreides und Strohs auf dem Dachboden für den Ertrag von einem Hektar 240 Arbeitsstunden benötigte, wozu heute bei einer Vollmechanisierung nur noch elf Arbeitsstunden erforderlich sind. Weiter ist auch zu berücksichtigen, daß sehr urtümlich wirkende Geräte und Arbeitstechniken wie z. B. das Dreschen in Form des Ausschlagens der Garben an einer Leiter oder mit einem Knüppel nicht alt sein müssen. Nicht selten sind sie erst aufgekommen, als man die wirklich alten Geräte der Dreschflegel nicht mehr zu bedienen wußte, da man nur noch mit Maschinen arbeitete. Lohnte sich in Anbetracht der zu verarbeitenden kleinen Menge deren Aufstellung nicht, gebrauchte man eine simple Technik, die vor allem auch in Notsituationen in vielen Arbeitsbereichen begegnet. Hiermit sind die wichtigsten Fragen zu den Geräten und ihren Zusammenhang mit der Arbeit angeführt. Sicher wird man nach dem in den fünfziger und sechziger Jahren unseres Jahrhunderts erfolgten Umbruch auf viele Fragen keine Antworten mehr erhalten, doch sollte es zumindest versucht werden.

Je nach dem Forschungsziel ist dann das Material hinsichtlich seiner Verbreitung, seinen mitunter mehrfachen Verwendungsmöglichkeiten und seiner Geschichte zu ergänzen. Auszugehen ist von den Realien in den Museen (oft schlecht bis falsch oder gar nicht dokumentiert), größeren Privatsammlungen (problematisch ist hier vor allem die Herkunftsfrage) und vor allem auf den Höfen. Hier kann man eventuell noch Gewährspersonen finden, die über ein Gerät und seinen Einsatz Auskünfte geben können. Eine präzise Auskunft erhält man aber nur, wenn man schon selbst das Gerät und seine Arbeitsweise einigermaßen versteht. Antworten auf Fragen nach nicht mehr vorhandenen Geräten aufgrund von Abbildungsmaterial sind kritisch auszuwerten, da mitunter die Abbildung nicht genau genug erkannt wird und auch nicht völlig dem eigenen Objekt entspricht. Die begrenzte Zeit eines Interviews sollte an seinem Ende nicht zu selbst angebotenen Antworten des Interviewers führen. Wichtig ist bei dieser Gelegenheit vor allem die Möglichkeit, sich nach der Verbreitung eines Geräts zu erkundigen: wurde es nur auf diesem Hof oder auch im ganzen Ort oder auch der Umgebung gebraucht? Die Erinnerungsfähigkeit für den Wandel ist bei Personen, die ihr ganzes Leben auf einem Hof gewirtschaftet haben, schlechter als bei denen, die etwa mit 18 Jahren den Hof verließen und später nur noch zu Besuchen dorthin kamen. – Exakte Daten über die Einführung neuer Maschinen sind in der Regel ohne schriftliche Betriebsunterlagen nicht zu erhalten. Hier kommen besonders in Frage Anschreibebücher (Ottenjann/Wiegelmann 1982) und Inventare (Mannheims/Roth 1984), bei denen aber eine Reihe von Schwächen (für die Inventare vgl. Homoet/Sauermann/Schepers 1982) zu berücksichtigen sind, sowie als sehr wichtige Quelle alte Fotos. Nach derartigen Unterlagen sollte stets gesucht werden, da sie zum einen gegebenenfalls noch Auskunft über die Zeit vor dem Leben der Gewährsperson geben und da nur sie eine Kontrolle der mündlichen Berichte ermöglichen, die sonst für viele Fragen wegen mangelnder Erinnerung keine verwertbaren Resultate liefern. – Je nach dem Forschungsziel können eventuell auch noch Fragebogenerhebungen durchgeführt werden (zu den Möglichkeiten und Schwierigkeiten vgl. u. a. Siuts 1988, 1–9), oder es kann – je nach der Region – auf ältere Erhebungen (Hansen 1969, vor allem 157 ff.) zurückgegriffen werden. Ihre Materialien sind in der Regel aber nur im Rahmen der einmal vorgegebenen Fragestellung auswertbar. Weiter zurückführende Quellen bieten neben dem Material der Vor-, Früh- und Mittelaltergeschichte Abbildungen in mittelalterlichen Büchern (vgl. z. B. Hansen 1984) und späteren Darstellungen, die Hausväter-Literatur, Enzyklopädien und Handbücher zur Landwirtschaft des 19. Jahrhunderts (eine Zusammenstellung bei Siuts 1988, 396 f. unter e und f) sowie die regionalen Landwirtschaftszeitungen.

Es bieten sich nun verschiedene Arbeiten an. Zum einen können Monographien zu einzelnen Geräten (Kornfege/Meiners 1983), auch in regionaler Beschränkung (Haken und Pflug; Bentzien 1969), erstellt werden, die über die Geschichte und Verbreitung des Objekts hinaus hervorragende Einblicke in das Arbeits- und Wirtschaftsleben sowie die kulturelle Entwicklung bieten können. Für den Anfänger bietet die knappe Darstellung von H. L. Cox (1983–85) über die präindustriellen Pflüge und Haken in der Rheinprovinz eine gute Anregung. Weiter sind – unter günstigen Umständen – historisch ausgerichtete regionale Darstellungen aller Geräte zu einem Arbeitsprozeß wie der Torfgewinnung (Carstensen 1985) für viele Fragen sehr erhellend. Daneben treten regionale Erhebungen des rezenten Gerätebestandes (Hansen 1982; Siuts 1982; Mestemacher 1985), die leider nur für sehr wenige Regionen vorliegen. Hierzu gehören auch gut dokumentierte Gerätesammlungen in überregionalen oder regionalen Museen, unter denen wegen der hervorragenden Dokumentation die von A. Lühning aufgebaute volkskundliche Gerätesammlung des Schleswig-Holsteinischen Landesmuseums in Schleswig an erster Stelle zu nennen ist.

Auf diesen Arbeiten baut dann die historisch ausgerichtete *Kulturraumforschung* auf, die u. a. Innovationszentren, Kulturströmungen und Reliktgebiete für verschiedene Zeiten aufzeigt, in interdisziplinärer Zusammenarbeit begründet und damit Kulturprozesse deutlich machen kann. Diese Forschungen hat in den letzten Jahrzehnten vor allem G. Wiegelmann unter Verwendung vieler Indikatoren vorangetrieben. Über diese und andere Arbeiten orientiert P. Assion in seinem Beitrag über die Nord-Süd-Unterschiede in der ländlichen Arbeits- und Gerätekultur (1985). – Länderübergreifende Forschungen zum Gerätebestand Europas sind – abgesehen von Monographien – heute u. a. in der Zeitschrift Ethnologia Europaea zu finden.

Neben diese Arbeiten sollten aber noch *Mikroanalysen* im Rahmen eines Ortes oder auch nur eines Hofes treten. Ob sie heute noch mit so reichen Ergebnissen rechnen können, wie sie die Arbeiten von E. Fél und T. Hofer (1972, 1974) sowie K. Gaál (1969) erbrachten, ist zu bezweifeln. Dennoch sollte es – ggf. mit verminderten Ansprüchen – aus mehreren Gründen versucht werden. Zum einen bieten die meisten auf Übersichtserhebungen basierenden großen Studien ein falsches Bild, wenn z. B. nur von vier Pflugtypen oder zwei Sensenstielformen ausgegangen wird. Die Realität ist wesentlich vielfältiger. Gerade das lokal und auch personell differenzierte Arbeitsleben mit dem Nebeneinander oft vieler alter und neuer Geräte zu den unterschiedlichsten Arbeiten kann aus großräumigen Untersuchungen nicht abgelesen werden. Und ebensowenig zeigen sie die Bedeutung des Wandels der Geräte und Arbeitsmethoden für den einzelnen Hof und die dort arbeitenden Menschen. Denn nicht jedes neue Gerät oder jede neue Maschine brachte wirklich die Verbesserung des Arbeitslebens, die ihr zunächst einfach aufgrund der Neuerung zugeschrieben wurde. Eine entsprechende Untersuchung hat B. Klocke (1984) für Ostfriesland durchgeführt.

Abschließend seien als wichtige Übersichtsliteratur für bäuerliches Arbeitsgerät hervorgehoben: Die wissenschaftsgeschichtliche Darstellung W. Jacobeits (1965), U. Bentziens historische Darstellung der landwirtschaftlichen Arbeitsgeräte und -verfahren bis 1800 (1980) und neben W. Bomann (1927) und der ihm verpflichteten Darstellung W. Hansens (1982), die auch Haus- und Küchengerät bietet, H. Siuts (1988) wegen der Angabe weiterführender Literatur, unter der auch wichtige ausländische Arbeiten zu finden sind. Schließlich sei hier noch auf das Ordnungssystem der Systematik kulturhistorischer Sachgüter von W. Trachsler (1981) hingewiesen.

3. Handwerk

Der Vollständigkeit halber soll kurz auf die *handwerkliche Geräteforschung* eingegangen werden, vor allem unter dem Gesichtspunkt, Studierenden Hilfen zu bieten, wenn sie sich mit Handwerksgerät beschäftigen. Ein Überblick über die volkskundliche Forschungsgeschichte des Handwerks zeigt, daß die meisten Arbeiten sich vor allem mit den Rechts- und Lebensformen der Zünfte, der Zunft- und Verbandsgeschichte, doch recht wenig mit der Arbeitswelt der in den Zünften zusammengeschlossenen Handwerker beschäftigen. Man vergleiche dazu auch die beiden jüngsten Forschungsübersichten (Kuntz 1982/83, Matter 1983). Eine wirtschafts- und sozialgeschichtliche Einbindung spielt erst in den letzten Jahrzehnten eine größere Rolle. Zu Handwerken und ihren Geräten hat die Sprachwissenschaft vor allem im Bereich der Wortforschung manches Wichtige erarbeitet (vgl. Schmidt-Wiegand 1980; 1983; von Hahn 1979). Führend ist seit Jahrzehnten dagegen die Handwerksgeräteforschung im englischen Sprachraum (z. B. Salaman 1975, Goodman 1967), wo auch eine eigene Zeitschrift (Tools & Trades) herausgegeben wird. Auch im niederländisch-flämischen Raum gibt es hervorragende Untersuchungen (z. B. Theuwissen 1969). An deutschsprachigen ergologischen oder handwerksgeschichtlichen Arbeiten zu einzelnen Geräten sind hervorzuheben die Darstellungen von G. Reissinger (1959) zur Axt und J. M. Greber (1956) zum Hobel, dem wesentlichen Gerät der Tischler, dessen Geschichte kultur- und handwerksgeschichtlich ungemein erhellend ist. Es ist bedauerlich, daß gerade der wichtige Zugang zum Handwerk über Arbeit und Arbeitsgerät fast nie beschritten wurde, wenn man einmal von den Arbeiten von Eugen Weiß, U. Bauche und J. Naumann absieht. Es liegt wohl mit daran, daß den Volkskundler häufig die Fülle der Geräte abschreckte, die ihm auch heute noch hinsichtlich ihrer Bezeichnung und oft auch der Funktion große Mühe bereiten, und daß er im Handwerk selten Regionaltypisches entdecken konnte.

Beim Handwerk unterscheidet man gemeinhin (aufgrund des Standortes, aus früheren rechtlichen Gründen – Zunftzugehörigkeit – und wegen der unterschiedlichen Produktionspaletten) zwischen Handwerk und Landhandwerk. Nach der heute geltenden Handwerksordnung gibt es eine Trennung zwischen A Handwerk und B handwerksähnlichen Berufen. So gehört z. B. der Maurer zu A, der Fuger zu B. Bei der letzten Novellierung 1975 wurde eine ganze Reihe von Berufen von A nach B gesetzt, z. B. auch die Holzschuhmacher. Diese arbeiteten schon früher sowohl haupt- als nebenberuflich. Dieses Nebeneinander gibt es bei der Herstellung mancher Produkte, wobei im Nebenberuf mitunter auch einfachere Geräte verwendet wurden, so z. B. in der bäuerlich betriebenen Seilerei und bei den westfälischen Spinnradmachern (im Gegensatz zu den Drechslern). Diese »nebenerwerblichen« Tätigkeiten dienten dem Bedarf des eigenen Hofes oder Hauses (z. B. bei Saisonarbeitern wie den Maurern) mitunter auch des Dorfes und seiner weiteren Umgebung. Sie werden mitunter auch unter der Bezeichnung »Bäuerliches Handwerk« geführt, zu dem es für einzelne Tätigkeiten und Produkte vor allem aus dem süddeutschen, schweizerischen und österreichischen Raum inzwischen doch eine Fülle – leider recht verstreut erschienener – kleinerer Darstellungen gibt.

Unter der Prämisse, daß die Erforschung der Handwerksgeräte einen wesentlichen Zugang zum Arbeitsleben der Handwerker bietet, dürfen wiederum nicht die Geräte allein im Mittelpunkt des Interesses stehen, sondern es gehören dazu auch Fragen nach Art und Rhythmus der Arbeit, Rohstoffbeschaffung, Produkten und deren Abnehmern. Es gibt heute wohl vor allem zwei Zugänge zum Handwerksgerät, zum einen die Aufarbeitung und Dokumentation musealer Sammlungen und zum andern von mehr oder minder vollständigen Beständen in Werkstätten, zu denen noch Gewährspersonen für eine Befragung zur Verfügung stehen.

Bei der Aufarbeitung im Museum ist in der Regel aufgrund sehr unvollständiger Dokumentation zunächst eine Bestimmung der Objekte notwendig. Im Prinzip sollte cum grano salis so verfahren werden wie bei bäuerlichem Arbeitsgerät. Nützliche Nachschlagewerke sind neben Siuts Darstellung für Westfalen, die die wesentlichsten Landhandwerke und zu ihnen weiterführende Literatur bietet, die Darstellung von A. Velter und M. J. Lamothe (1979), die bereits oben angeführte Arbeit von R. A. Salaman (1975), das Bildwörterbuch des Großen Duden (1958) sowie ein Bildband von D. Pesch (1981). Für Fabrikware eignen sich Wathner's Eisenwaarenkenner (1883–1885) und das Lehrbuch vom Handwerkszeug von E. Losacker (1964). Hingewiesen sei neben einer sehr nützlichen Literaturübersicht für Südwestdeutschland von P. Assion (1978) noch auf eine neue große Darstellung des Zimmermannsgeräts (Schadwinkel u. a. 1986).

Wichtige Erkenntnisse werden aber häufig erst Firmen- und Sortimenterkataloge sowie die zeitlich vorangehenden Musterbücher des 19. Jahrhunderts erbringen. Sie bieten nicht nur zur Bestimmung von Material, sondern auch darüber hinaus eine gute Quelle zur Beantwortung von vielen Fragen sowohl für den handwerklichen als auch für den bäuerlichen Bereich (vgl. Siuts 1984 sowie den Sammelband, in dem dieser Aufsatz erschien). Eine weitere nützliche Quelle für das 19. Jahrhundert sind auch die in Esslingen in mehreren Auflagen erschienenen Schreiberschen Bildwerke (Schreiber 1883).

Ältere Bildquellen führen teilweise bis in das Mittelalter zurück, z. B. das Hausbuch der Mendelschen Zwölfbrüderstiftung (vgl. dazu die entsprechenden Angaben zum bäuerlichen Arbeitsgerät und Siuts 1982, 409–411. II, la, II, 2a). Sie bieten oftmals erste Belege von Objekten, die bis dahin eventuell nur über Wortbelege oder gar nicht bekannt sind. Die Entwicklung führt in der Neuzeit über die Ständeabbildungen von J. Amann (1568), Jan Luiken (1694), D. Chodowiecki (1774) und

Geräteforschung

barocke Geschäftskarten zu den berühmten Darstellungen in den französischen und deutschen technologischen Encyclopädien (z. B. Diderot, d'Alembert und Krünitz) und Werken des 18. und frühen 19. Jahrhunderts. Nützlich sind ferner Lehrbücher für die einzelnen Handwerke (vgl. Deneke 1985; Siuts 1982) und für intensivere Forschungen auch die jeweiligen Verbandszeitschriften, die gerade für das Aufkommen von Neuerungen wichtig sind, da sie wahrscheinlich mit deren erster Vorstellung zumindest einen terminus Post quem setzen.

Bei der Aufnahme von Material aus Sammlungen und Museen sollte man u. a. versuchen, die Geräte einzelnen Werkstätten zuzuordnen, soweit es die Unterlagen ermöglichen. Angeblich vollständig überführte Werkstätten sind häufig erst mehrere Jahre oder doch Monate nach dem Tod des letzten Handwerkers übernommen, nach dem ihr die Angehörigen schon manches allgemein nützliche Kleingerät wie Hämmer und Zangen entnommen haben, und manches nicht mehr reparierte Gerät wurde bei der Übernahme liegengelassen. Außerdem haben manche Handwerker für bestimmte und eventuell nur einige Jahre anfallende Arbeiten individuelle Hilfsgeräte entwickelt, die nach dem Entfallen dieser Arbeiten auf dem Boden landeten und nach 20 Jahren auch dem Erfinder selbst bereits unbekannt sein können und deswegen ebenfalls nicht beachtet wurden.

Kommen wir nun zur Feld- oder Stadtforschung eines in situ vorhandenen Betriebes, bei dem noch eine Direktbefragung möglich ist, die ggf. die Lücken bei der Aufnahme von Museumsmaterial wenigstens in Teilen schließen kann. Auch hier sind mit den durch die andere Arbeit gebotenen Einschränkungen etwa die gleichen Punkte wie beim bäuerlichen Gerät zu beachten. So gilt ebenfalls, je mehr altes Gerät noch vorhanden ist, desto besser, da wiederum Fragen nach nicht mehr vorhandenem Werkzeug anhand von Abbildungen nicht immer eindeutig Ergebnisse erbringen. Wichtig sind auch die Böden, auf denen nicht mehr genutztes Gerät lagert, sowie Abfallmaterial, aus dem sich bisweilen noch ergeben kann, was einmal produziert wurde. Zu der Aufnahme der Geräte, deren bis ins einzelne gehende Totalaufnahme des öfteren wegen der Masse nicht möglich sein wird, erweist sich als nützlich ein offenes Interview anhand eines Interviewerleitfadens (z. B. Siuts 1982, Anm. 1126) mit Fragen nach den Geräten, Arbeitsweisen, Strukturierung der Arbeit, Rohstoffbezug, Produkten, Abnehmern etc. Die Antworten bedürfen einer Kontrolle durch Anschreibebücher, Rechnungen, Schablonen und Zeichnungen, alte Fotos, Werkstattgröße etc., da die Erinnerungsfähigkeit der Befragten auch hier für den Zeitpunkt der Anschaffung von Neuerungen gering und generell für frühere Zeiten oft zu ungenau ist. Ferner ist zu berücksichtigen, daß sie Schwierigkeiten haben, den Hintergrund der Fragen von Außenstehenden zu verstehen, so wie diese mitunter die Bedeutung einzelner Aussagen nicht richtig gewichten können. Für die Dokumentation von Arbeitsvorgängen sind auch hier Filme oder Diaserien der sicherste Weg, wobei man aber bedenken muß, daß hier nur der entsprechende Arbeitsvorgang eines Handwerkers oder eines Betriebes gezeigt wird, der weder in allen seinen Schritten allgemein üblich noch absolut perfekt sein muß. Es wird mitunter die Meinung vertreten, daß man alle diese Dinge viel besser aus den alten Berufslehrbüchern entnehmen könne. Dabei wird verkannt, daß diese sozusagen einen Soll-Zustand mit den jeweils neuesten Standards bieten, dem der Ist-Zustand einzelner Betriebe aufgrund ihrer wirtschaftlichen Lage nicht entsprechen konnte, zumal auch ihre Produktionspalette sich nach dem gegebenen Kundenkreis und dessen Wünschen zu richten hatte. Es ist in diesem Zusammenhang weiter vom Mythos des Interviews (Kuntz 1982/83) gesprochen worden, wobei wohl übersehen wird, daß erstens die Ergebnisse der Interviews durch die Realien und die Betriebsarchivalien kontrolliert werden müssen und daß zweitens für viele Bereiche seit dem Ende des 19. Jahrhunderts die Lage der Archivalien so schlecht ist, daß sie allein keine Aussagen mehr zu volkskundlichen Fragestellungen ermöglichen, häufig auch nicht zu den Geräten.

Wichtig erscheinen heute vor allem drei Aufgabenbereiche. Zum einen sollten entsprechend dem von O. Kettemann – aufgrund der von A. Lühning zusammengebrachten Sammlungen – in Schleswig durchgeführten Projekt »Ländliche Handwerke und Gewerbe in Schleswig-Holstein im 19. und frühen 20. Jahrhunderts« mehr regionale Sammlungen aufgearbeitet und über Findbücher erschlossen werden, damit eine brauchbarere Materialbasis für vergleichende Untersuchungen geschaffen wird. Bei kleineren Museen würde eine der Präsentation vorausgehende Erforschung des ausgestellten Handwerksgeräts häufig zu richtigeren und besseren Lösungen führen. Zweitens sollte die Geräteforschung als Teil der Erforschung des Handwerks sich trotz mancher Warnrufe weiter mit dem nach einer Publikations- und Filmreihe von P. Hugger (1967 ff.) benannten sterbenden Handwerk beschäftigen, da wir dadurch noch Wichtiges erfahren können über das alte traditionelle Handwerk, von dem wir zu wesentlichen Gesichtspunkten des Arbeits- und Alltagslebens zu wenig wissen. In Anbetracht der desolaten Forschungslage sind Mikroanalysen zur Zeit sinnvoller als Makroanalysen, die außerdem im Rahmen unseres Erkenntnisinteresses auch schwer zu erstellen sind. Schließlich bieten uns derartige Arbeiten vielleicht die Möglichkeit, einen sinnvollen Zugang auch zum modernen Handwerk in Klein- und Mittelbetrieben und seinen Auswirkungen auf das Leben der Menschen zu finden. Derartige Forschungen sind sowohl im Rahmen kleinerer (vgl. z. B. die Darstellung der Küfer in Siuts 1982, 271–292) als auch größerer Untersuchungen möglich. Als Beispiele seien u. a. erwähnt Arbeiten über Drechsler (Rodekamp 1981) und Maler (Kosel 1987/88), bei denen jeweils das Gerät und die Arbeiten eine wesentliche Rolle spielen. Wenigstens an dieser Stelle soll eingefügt werden, daß diese Darstellung nur eine knappe Auswahl geben kann. So sind auch hier viele Arbeiten nicht erwähnt, wie z. B. die ganz hervorragenden großen Bücher über Töpfer und Töpfereien in einzelnen Regionen und wichtige Museumskataloge von rheinischen und fränkischen Museen zu Themen der Arbeit. – Drittens wären, falls das Material reicht, Monographien in Art der oben angeführten Untersuchung des Hobels nützlich zu den Geräten, die handwerksspezifisch sind. Hier könnte die Zeitspanne von der Antike (Gaitzsch 1980) bis heute reichen.

Für die Geräteforschung, die – um eine heute gängige Bezeichnung zu gebrauchen – der Erforschung des Wandels der Alltagskultur im bäuerlichen und handwerklichen Bereich dient, sind derartige regional und historisch begrenzte Studien trotz mancher Kritik unentbehrlich, da wir noch zu wenig Material in diesem Bereich zur Beantwortung von wichtigen Fragen kultureller Prozesse in ihren geschichtlichen und räumlichen Dimensionen haben (Siuts 1984, 89; vgl. auch Bringéus 1986). Wir befinden uns sonst in der Lage einer philologischen Wissenschaftsdisziplin, die nur mit zufällig überlieferten, unkritisch edierten und unkommentierten Texten arbeitet, die damit beliebig verwendbar sind und letztlich als Beweismittel für alles dienen können.

Literaturverzeichnis

Assion, Peter: Altes Handwerk und frühe Industrie im deutschen Südwesten. Ein Literaturbericht unter Mitwirkung von W. Merman und H. Plempe. Freiburg 1978.
Assion, Peter: Nord-Süd-Unterschiede in der ländlichen Arbeits- und Gerätekultur. In: Nord-Süd-Unterschiede in der städtischen und ländlichen Kultur Mitteleuropas, hrsg. von G. Wiegelmann. Münster 1985, 251–263.
Bentzien, Ulrich: Haken und Pflug. Eine volkskundliche Untersuchung zur Geschichte der Produktionsinstrumente im Gebiet zwischen unterer Elbe und Oder (Deutsche Akademie der Wissenschaften zu Berlin. Veröffentlichungen des Instituts für Deutsche Volkskunde, 50). Berlin 1969.
Bentzien, Ulrich: Bauernarbeit im Feudalismus. Landwirtschaftliche Arbeitsgeräte und -verfahren in Deutschland von der Mitte des ersten Jahrhunderts u. Z. bis um 1800 (Akademie der Wissenschaften der DDR. Zentralinstitut für Geschichte. Veröffentlichungen zur Volkskunde und Kulturgeschichte, 67). Berlin 1980.
Bildwörterbuch der deutschen Sprache, hrsg. von den Fachschriftleitungen des Bibliographischen Instituts und der Dudenredaktion (Der Große Duden, 3). Zweite, vollständig neu bearbeitete Auflage. Mannheim 1958.
Bomann, Wilhelm: Bäuerliches Hauswesen und Tagewerk im alten Niedersachsen. Weimar 1927. Nachdruck der 4. Aufl. 1941, Hildesheim 1982.
Bringéus, Nils-Arvid: Perspektiven des Studiums materieller Kultur. In: Jb. f. Volkskunde u. Kulturgeschichte 29, N. F. Bd. 14 (1986) 159–174.
Carstensen, Jan: Torf. Gewinnung, Geschichte und Bedeutung in Schleswig-Holstein. Osnabrück 1985.

Cox, Heinrich L.: Wechselseitige Beziehungen zwischen Dialektologie und thematischer Kartographie in der deutschen Volkskunde. In: Dialektologie. Ein Handbuch zur deutschen und allgemeinen Dialektforschung, hrsg. von W. Besch, U. Knoop, W. Putschke, H. E. Wiegand (Handbücher zur Sprach- und Kommunikationswissenschaft, 1.2). Berlin/New York 1983, 1579–1597.

Cox, Heinrich L.: Die präindustriellen Pflüge und Haken der ehemaligen preußischen Rheinprovinz. In: Rhein. Vierteljahresblätter 47 (1983) 180–235; 49 (1985) 211–218.

Deneke, Bernward: Anleitungsliteratur für Handwerker. In: Literatur und Volk im 17. Jahrhundert. Probleme populärer Kultur in Deutschland, hrsg. von W. Brückner, P. Blickle, D. Breuer (Wolfenbütteler Arbeiten zur Barockforschung, 13). Wiesbaden 1985, 816–835.

Fél, Edit; Hofer, Tamás: Bäuerliche Denkweise in Wirtschaft und Haushalt. Eine ethnographische Untersuchung über das ungarische Dorf Átány (Veröffentlichungen des Instituts für mitteleuropäische Volksforschung an der Philipps-Universität Marburg/Lahn. Allgemeine Reihe, 7). Göttingen 1972.

Fél, Edit; Hofer, Tamás: Geräte der Átányer Bauern (Kommission der Königlichen Dänischen Akademie der Wissenschaften zur Erforschung der Geschichte der Ackerbaugeräte und der Feldstrukturen. Publikation, 2). Kopenhagen 1974.

Gaál, Károly: Zum bäuerlichen Gerätebestand im 19. und 20. Jahrhundert. Forschungsergebnisse zur vergleichenden Sachvolkskunde und volkskundlichen Museologie (Österreich. Akad. d. Wiss. Phil-hist. Kl. Sitzber. 261. Bd., 1. Abh.). Wien 1969.

Gaitzsch, Wolfgang: Eiserne römische Werkzeuge. 2 Teile (BAR International Series, 78 [i] [ii]). Oxford 1980.

Gebhard, Torsten; Sperber, Helmut: Alte bäuerliche Geräte aus Süddeutschland. München/Bern/Wien ²1978.

Goodman, William Louis: The history of woodworking tools. 3. Aufl. London 1967.

Greber, Josef M.: Die Geschichte des Hobels. Von der Steinzeit bis zum Entstehen der Holzwerkzeugfabriken im 19. Jahrhundert. Zürich 1956.

Hahn, Walter von: Fachsprachen im Niederdeutschen. Eine bibliographische Sammlung (Bibliographien zur deutschen Literatur des Mittelalters, Beiheft 1). Berlin 1979.

Hansen, Wilhelm (Hrsg.): Arbeit und Gerät in volkskundlicher Dokumentation. Tagungsbericht der Kommission für Arbeits- und Geräteforschung der Deutschen Gesellschaft für Volkskunde Schleswig 5. –8. April 1967 (Schriften der Volkskundlichen Kommission des Landschaftsverbandes Westfalen-Lippe, 19). Münster 1969.

Hansen, Wilhelm: Hauswesen und Tagewerk im alten Lippe. Ländliches Leben in vorindustrieller Zeit (Schriften der Volkskundlichen Kommission für Westfalen, 27). Münster 1982 (2. Aufl. 1984).

Hansen, Wilhelm: Kalenderminiaturen der Stundenbücher. Mittelalterliches Leben im Jahreslauf. München 1984.

Hirschberg, Walter; Janata, Alfred: Technologie und Ergologie in der Völkerkunde. 2. Aufl. Berlin 1980.

Homoet, Christiane; Sauermann, Dietmar; Schepers, Joachim: Sterbfallinventare des Stiftes Quernheim (1525–1808). Eine quellenkritische Untersuchung zur Diffusionsforschung (Beiträge zur Volkskultur in Nordwestdeutschland, 32). Münster 1982.

Hugger, Paul: Sterbendes Handwerk (Schweiz. Ges. f. Volkskunde Abtlg. Film. Reihe: Sterbendes Handwerk). Basel 1967 ff.

Jacobeit, Wolfgang: Bäuerliche Arbeit und Wirtschaft. Ein Beitrag zur Wissenschaftsgeschichte der deutschen Volkskunde (Deutsche Akademie der Wissenschaften zu Berlin. Veröffentlichungen des Instituts für Deutsche Volkskunde, 39). Berlin 1965.

Kettemann, Otto: Handwerk in Schleswig-Holstein. Geschichte und Dokumentation im Schleswig-Holsteinischen Landesmuseum. Neumünster 1987.

Klocke, Bernhard: Vorläufiger Abschlußbericht zum Forschungsprojekt »Arbeit und Gerät der Bauern, Fischer und Landhandwerker in Ostfriesland von 1850–1950«. In: Rhein.-westf. Zs. f. Volkskunde 29 (1984) 211–219.

Kosel, Franz-Josef: Das Handwerk der Maler und Anstreicher in einer industriellen Kleinstadt des 20. Jahrhunderts (Ahlen 1900–1980). Münster 1987/88.

Kramer, Karl-Sigismund: Kleine Beiträge zur Dingbedeutsamkeit: In: Nordelbingen 59 (1990) 151–166.

Kuntz, Andreas: Tendenzen volkskundlicher Handwerks- und Geräteforschung. In: Hess. Bll. f. Volks- und Kulturforschung 14/15 (1982/83) 150–165.

Losacker, Ernst: Lehrbuch Handwerkszeug und Maschinenwerkzeug. 3. Aufl. Verlag Losacker Eisenwarenbuch. Hamburg-Nienstedten 1964.

Lühning, Arnold: Die volkskundliche Landesaufnahme und Gerätesammlung des Schleswig-Holsteinischen Landesmuseums. In: Hansen 1969, 70–75.

Mannheims, Hildegard; Roth, Klaus: Nachlaßverzeichnisse. Internationale Bibliographie. Probate Inventaries. International Bibliography (Beiträge zur Volkskultur in Nordwestdeutschland, 39). Münster 1984.

Mannheims, Hildegard: Wie wird ein Inventar erstellt? Rechtskommentare als Quelle der volkskundlichen Forschung (Beiträge zur Volkskultur in Nordwestdeutschland, 72). Münster 1991.

Matter, Max: Volkskunde des Handwerks als Sozialgeschichte des Handwerks? Versuch eines Überblicks über volkskundliche Handwerksforschung – Geschichte und neuere Forschungsergebnisse. In: R. S. Elkar (Hrsg.), Deutsches Handwerk in Spätmittelalter und Früher Neuzeit. Göttingen 1983, 183–201.

Meiners, Uwe: Die Kornfege in Mitteleuropa. Wort- und sachkundliche Studien zur Geschichte einer frühen landwirtschaftlichen Maschine (Beiträge zur Volkskultur in Nordwestdeutschland, 28). Münster 1983.

Mestemacher, Jürgen H.: Altes bäuerliches Arbeitsgerät in Oberbayern. Materialien und Erträge eines Forschungsvorhabens (Texte zur Volkskunst). München 1985.

Ottenjann, Helmut; Wiegelmann, Günter (Hrsg.): Alte Tagebücher und Anschreibebücher. Quellen zum Alltag der ländlichen Bevölkerung in Nordwesteuropa (Beiträge zur Volkskultur in Nordwestdeutschland, 33). Münster 1982.

Peesch, Reinhard: Das Gerät in der Arbeitswelt des Fischers. Zur Tradierung von Gerät und Arbeitserfahrung. In: Dt. Jb. f. Volkskunde 12 (1966) 26–36.

Pesch, Dieter (Hrsg.): Altes Handwerksgerät (Werken und Wohnen, 15). Köln 1981.

Reissinger, Gottfried: Die Konstruktionsgrundlage der Axt. Untersuchungen an neuen und alten Arbeitsäxten (Forstwissenschaftliches Centralblatt, Beiheft 11). Hamburg/Berlin 1959.

Rodekamp, Volker: Das Drechslerhandwerk in Ostwestfalen. Ein traditionelles Handwerk im Strukturwandel des 20. Jahrhunderts (Beiträge zur Volkskultur in Nordwestdeutschland, 29). Münster 1981.

Salaman, Raphael Arthur: Dictionary of Tools used in the woodworking and allied trades, c. 1700–1970. London 1975.

Schadwinkel, Hans T.; Heine, Günter; Gerner, Manfred: Das Werkzeug des Zimmermanns. Holzminden 1986.

Schmidt-Wiegand, Ruth: Neue Ansätze im Bereich »Wörter und Sachen«. In: G. Wiegelmann (Hrsg.), Geschichte der Alltagskultur. Aufgaben und neue Ansätze (Beiträge zur Volkskultur in Nordwestdeutschland, 21). Münster 1980, 87–102.

Schmidt-Wiegand, Ruth: Wörter und Sachen. Zur Bedeutung einer Methode für die Frühmittelalterforschung. Der Pflug und seine Bezeichnungen. In: Arbeiten zur Frühmittelalterforschung. Schriften des Instituts für Frühmittelalterforschung der Universität Münster, hrsg. von K. Hauck. 1. Bd. Wörter und Sachen im Lichte der Bezeichnungsforschung, hrsg. von R. Schmidt-Wiegand Berlin/New York 1981, 1–41.

Schmidt-Wiegand, Ruth: Handwerk und Handwerkstechnik im Licht des methodischen Prinzips »Wörter und Sachen«. In: Das Handwerk in vor- und frühgeschichtlicher Zeit. Teil II: Archäologische und philologische Beiträge, hrsg. von H. Jankuhn, W. Janssen u. a., Göttingen 1983, 595–619.

Schreiber's Bilder-Werke für den Anschauungs-Unterricht in Schule und Haus. 8 Bde. Esslingen 1883.

Seedorf, Wilhelm: Arbeitsbräuche in der Landwirtschaft. In: W. Peßler, Handbuch der deutschen Volkskunde 2. Potsdam, o.J., 1–32.

* Siuts, Hinrich: Bäuerliche und handwerkliche Arbeitsgeräte in Westfalen. Die alten Geräte der Landwirtschaft und des Landhandwerks 1890–1930. Mit Beiträgen von F. Bartelt u. a. (Schriften der Volkskundlichen Kommission für Westfalen, 26). 2., erweiterte Auflage. Münster 1988.

Siuts, Hinrich: Musterbücher und Firmenarchivalien als Quellen für die bäuerliche und handwerkliche Arbeit im 19. und 20. Jahrhundert. In: »Mein Feld ist die Welt«. Musterbücher und Kataloge 1784–1914, hrsg. von O. Dascher u. a. Dortmund 1984, 61–65.

Siuts, Hinrich: Erhebungsmethoden und Aussagewert der damit erbrachten Materialien für die Darstellung alter bäuerlicher Arbeitsgeräte in Westfalen und Ostfriesland (Kurzfassung eines Referats). In: Freundeskreis Blätter 19 (1984) 85–89.

Stenkamp, Hermann Josef: Karren und Wagen. Fahrzeugbauer und Fahrzeugtypen in der Region Niederrhein, Westmünsterland, Achterhoek und Liemers vom 18. Jahrhundert bis in die Gegenwart. Köln 1997

Stockey, Friedrich: Spath – Grabscheit – Schore. Aus der Vergangenheit des Spatens (Hunsrücker Blätter, 5). Emmelshausen 1994.

Theuwissen, J.: Het landbouwvoertuig in de etnografie van de Kempen. Antwerpen/Utrecht 1969.

Tools and Tillage. A journal on the history of the implements of cultivation and other agricultural processes. Lyngby 1968 ff.

Tools & Trades. The Journal of the Tool and Trades History Society. Suffolk 1983 ff.

Trachsler, Walter: Systematik kulturhistorischer Sachgüter. Eine Klassifikation nach Funktionsgruppen zum Gebrauch in Museen und Sammlungen. Bern/Stuttgart 1981.

Velter, André; Lamothe, Marie-José: Das Buch vom Werkzeug. Originalphotographien von J. Marquis. Genf 1979 (Französische Ausgabe, Paris 1976).

Wathner's praktischer Eisen- und Eisenwaaren-Kenner oder gründliche Anleitung zur Kenntniss der Eisenwaaren und deren Gattungen nach den Formen und Zeichen, hrsg. von J. Tosch, 5. Aufl. Graz 1883–1885.

Wiegelmann, Günter: Erste Ergebnisse der ADV-Umfrage zur alten bäuerlichen Arbeit. In: Rheinische Vierteljahrs-Blätter 33 (1969) 208–262.

Wiegelmann, Günter; Zender, Matthias; Heilfurth, Gerhard: Volkskunde. Eine Einführung (Grundlagen der Germanistik, 12). Berlin 1977.

Beate Bickel / Andreas Kuntz

Handwerksforschung*

Untersuchungsgebiet der traditionellen Volkskunde war zumeist das zünftige Handwerk der Städte seit dem hohen Mittelalter. Dieses sogenannte Alte Handwerk als eine berufsständische Organisation zerfiel mit der Industrialisierung, ohne seine mentalen und traditionellen Wurzeln gänzlich aufzugeben, was sich besonders eindrucksvoll am Beispiel des hier eigens dargestellten Handwerks im Nationalsozialismus (Kap. 4) erkennen läßt. Der Weg volkskundlicher Handwerksforschung zu einer Forschung, die sich modernen betrieblichen wie gestalterischen Varianten der nicht großindustriellen Fertigung und arbeits(platz)bedingter kultureller Muster (›Betriebskultur‹, Design) öffnet, beginnt seit wenigen Jahren. Der besondere Reiz volkskundlicher Handwerksforschung ist darin zu sehen, daß Methoden, Quellen und Fragestellungen weder ausschließlich von Realien (Werkzeuge, Produkte, Arbeitsvollzüge) und ihrer Erforschung, noch von sozialgebundenen Kulturmustern vorgegeben sind.

1. Altes Handwerk

Spätestens seit dem 16. Jahrhundert kann man von einem gut entwickelten Handwerk in den unterschiedlichsten Berufszweigen sprechen. Grundlage des Handwerks und seiner Entwicklung sind die Stadt (Stadtluft macht frei) und der Handel. Für das Landhandwerk gelten andere, weitaus liberalere Entwicklungsbedingungen (Skalweit 1942). Das Gewerbe bestand in dieser Zeit im wesentlichen aus dem Handwerk und der Landwirtschaft. Die technische Höhe der Zeit – Nutzung von Wasserkraft, Windenergie, Göpeln (tierischer Motor) oder Handgetrieben – wurde in den Städten nur mühsam erreicht, wobei die Arbeitsteilung sich, wenn auch äußerst langsam, entwickelte. Das rigide Zunftsystem – dessen Regelungen in der alltäglichen Praxis auch unterlaufen wurden – hatte neben der zuweilen technologisch hemmenden auch eine sozial absichernde Wirkung (Fröhlich 1976). So konnten Meisterswitwen den Betrieb fortführen, einige andere Regelungen erfüllten bereits die Funktion von (Lebens-)Versicherungen.

* Für Literaturrecherche und den Fernleihverkehr danken wir Simone Müller, Bamberg. Für kritische Hinweise gilt unser Dank Reinhold Reith.

Das *Nahrungsprinzip* sollte in Zeiten wirtschaftlicher Flaute die wenigen Aufträge gleichmäßig über die Meister der Stadt verteilen (Schwarz 1974). Zum Nahrungsprinzip gehörten auch der vielfach anzutreffende Numerus clausus, also die Niederlassungsbeschränkung, die den Gesellen extrem lange Mutjahre (Wartezeit) oder die Zweckehe mit einer Meisterswitwe zumuteten, wollten sie selbst Meister werden. Dennoch war es in den Zunftordnungen meist festgelegt, daß die Meister nicht auf Vorrat produzieren durften. Der Handel und die Konkurrenzsituation sollten klein gehalten werden. Allerdings gab es Exporthandwerke sowie Ausnahmen (z. B. Stellmacher an Reiserouten).

Im Alten Handwerk sollte nur nach Bestellung gefertigt werden (Neuanfertigung), wodurch die Arbeitsteilung behindert wurde, ebenso wie durch starre Zunftgrenzen (Bearbeitung nur bestimmter Materialien oder Nutzung nur bestimmter Werkzeuge) eine unproduktive und mithin falsche Praxis von Arbeitsteilung entstand. Die *Zünfte* stellten in der Tat einen sehr wichtigen Faktor im städtischen Leben und im Rat der Städte dar. Grundlage der Autojurisdiktion zumindest in Ehr-, Standes-, Ausbildungs- und Wirtschaftsfragen waren die *Meisterehre* und die Werkgerechtigkeit (Maß der Arbeit: werkzeug- und materialgerechte Verarbeitung). Das Prinzip der Meisterehre umfaßte ein weitläufiges Regelwerk. Der Meister mußte Bürger sein und von ehrlicher Geburt, durfte also nicht von unehrlichen (unehrbare) Berufe betreibenden Eltern abstammen (Henker, Schinder) (Kramer 1971). Die *Handwerksredlichkeit* zwang zum gerechten Preis, zur Verabreichung des Viatikums an wandernde Gesellen, zur Erziehung der Lehrlinge nicht nur in Standes- und Berufsdingen, sondern auch im rechten Glauben, zur Teilnahme an den Belangen der Gemeinde – in weltlicher wie kirchlicher Hinsicht. Die Meistersfrau – auch sie mußte ehrbar sein – hatte die Pflicht, für die Lehrlinge und Gesellen zu sorgen, die im Hause der Meistersfamilie zu wohnen hatten (Möller 1969). Schon durch diese Realität des ›ganzen Hauses‹ (Brunner 1968), aber auch um die Konkurrenz nicht ausufern zu lassen, durften die Meister nur eine bestimmte Anzahl von Lehrlingen und Gesellen beschäftigt halten. Letztlich beinhaltete die Aufnahme in die Lehre, für die zu zahlen war, das Versprechen, bei guter Führung (keine Schwarzarbeit, kein Pfuschen, daher die gute Überwachung im ›ganzen Haus‹) Geselle und danach auch Meister werden zu können. Das Garantieren einer Meisterskarriere wurde später zur lockenden Illusion. Lehrlinge und Gesellen waren so und durch die identitätsprägende Korporation zu motivieren, überaus lange für geringen Lohn zu arbeiten. Gesellen und Meister entwickelten jedoch getrennte soziale und mithin kulturelle Bereiche. Rauhe Auseinandersetzungen zwischen beiden Blöcken konnten durchaus vorkommen – bis hin zu Streiks.

Die rituelle Versammlung auf der Zunftstube, die Eröffnung der Sitzung durch Öffnen der Zunftlade (Wissell 1971–1988), das Herausnehmen der Zunftrolle, spezielle Gebräuche bei der Anrede, besondere

Formen beim Liedgut (Schade 1865), bei den Lossprechungen der Lehrlinge, bei der Ausschmückung des Zunftschreines – all solche Dinge dürften heute eher bekannt sein als die Tatsache, daß auch die Gesellen ein System der sozialen Sicherheit errichtet hatten, weshalb den Gesellengilden oder Bruderschaften auch die Vorreiterrolle bei der Entwicklung der Gewerkschaften und der Sozialversicherung zugeschrieben wird (Renzsch 1980). Allerdings darf die Rolle der Bergbaukultur in diesem Bereich nicht vergessen werden.

Die *Gesellen* einer Zunft trafen sich in der Gesellenherberge, wo die wandernden Kollegen ein Unterkommen fanden. Das Wandern war Bestandteil der Ausbildung und sollte vorgeblich der Weiterbildung dienen, entpuppt sich bei näherem Hinsehen allerdings oft als verdeckte Arbeitslosigkeit, besonders seit dem ausgehenden 18. Jahrhundert, da es meist nicht nur zu wenig Meisterstellen, sondern auch zu wenig Gesellenstellen gab. Auch heute ist derjenige Handwerksbetrieb der billigste Anbieter bei einer Ausschreibung, der die meisten Lehrlinge beschäftigt, da er die geringsten Lohnkosten hat. Gerade gegen solche Lehrlingszüchterei kämpften die Gesellenverbände, und ihr Vorgehen besprachen sie auf der Gesellenherberge bei ebenso ritualisierten Zusammenkünften, wie die Meister sie entwickelt hatten. Meist ging es feuchtfröhlich zu, wodurch der ›blaue Montag‹ und das ›Blaumachen‹ ihre Bezeichnung erhalten haben sollen – es gibt auch andere Deutungen.

Lehrling zu werden war schon schwer genug: Stimmte die Herkunft, so war das Lehrgeld aufzubringen. Man war nicht sicher, gute Behandlung zu finden, gutes Essen zu bekommen (Grießinger/Reith 1981) oder überhaupt etwas zu lernen – schließlich besaß das Meisterehepaar das Züchtigungsrecht, womit auch ausbildungsfremde Tätigkeiten etwa in der Küche, dem Garten und der zugehörenden Landwirtschaft für den Lehrling üblich waren. Der Übergang vom Lehrling zum Gesellen war kostspielig, mußten doch beim Lossagen (-sprechen) nicht nur Gebühren, Speise und Trank bezahlt werden – das Ganze mußte auf der Gesellenherberge als eine Art rituelle Aufnahme in die Gesellschaft wiederholt werden. Hier wurde der frischgebackene Geselle in die Kunst des Wanderns eingewiesen, das heißt er wurde nicht nur einem oft derben Aufnahmeritual unterzogen (ähnlich dem Lossprechen, bei den Druckern das Gautschen), sondern er erhielt Fach-, ja Geheimwissen übermittelt, wie er als fechtender Kunde auf der Straße zu sprechen und sich zu führen habe. Nur bei reger Repetition dieses nötigen Wissensbestandes war dem Gesellen auf der Walz der Beistand in der Gesellenherberge und beim fremden Meister sicher, nur so bekam er eine Mahlzeit, ein Nachtlager und ein Geschenk (Handgeld, Viatikum), falls der Meister ihn nicht wenigstens für kurze Zeit beschäftigen wollte oder konnte. Das ›Geschenkte Handwerk‹ war Teil jenes sozialabsichernden Systems, allerdings nicht bei allen Zünften, bei dem auffällt, daß nicht die Tatsache einer beruflichen Qualifikation entscheidend ist, sondern die symbolische Praxis kultureller Statuspassagen. An sich bestand bei den geschenkten Handwerken Anspruch auf Beschäftigung, Kost und Logis, der jedoch mit dem Geschenk abgegolten werden konnte. Gegen das Gesellenwandern wurde seitens der Obrigkeit immer wieder vorgegangen, und die Wanderbücher sind eines der späten Ergebnisse, dem Handwerk als eine Art Staat im Staate gewisse Fesseln anzulegen (Mohrmann 1978; Saal 1982; Bickel 2000).

Strenge, zum Teil geheime Kleidungs-, Sprach- und Verhaltensmaßregeln sicherten die Exklusivität der Gruppe und die soziale Sicherheit in ihr. Brauch, Tracht, Sitte, Gruß und eben insgesamt deutlich andere Verhaltensformen als außerhalb der Gruppe, die zudem ritueller, traditioneller und rechtlicher Gewohnheit unterlagen, spiegeln die Funktion und die Struktur einer kulturellen Praxis in ihrer sozial-stabilisierenden, kontrollierenden und sanktionierenden, aber auch ökonomischen Funktion. Die Moral – hier Handwerksehre – und die Religion spielten als ordnungsgebende Fakten eine große Rolle. Karl-Sigismund Kramer wies allerdings nach, daß Gesellen mitunter auch religiöse Schranken durchbrachen (Kramer 1958).

Natürlich ist das bisher dargestellte Bild des zünftigen und Alten Handwerks ein leicht an Spitzweg orientiertes Gemälde, das es durch Quellenstudien und womöglich offene Interviews sowie teilnehmende Beobachtung zu korrigieren gilt. Diese recht unterschiedlichen Quellen und Methoden sind in der volkskundlichen Handwerksforschung deshalb miteinander vereinbar, da die Struktur des Alten Handwerks bis heute zumindest mental ungebrochen wirksam scheint, weswegen Reinhold Reith das Alte Handwerk vom späten Mittelalter bis ins 20. Jahrhundert (Reith 1990 a) dauern läßt. Mit dieser Ungleichzeitigkeit sind langwirkende Traditionsstränge und -mächte bezeichnet, deren Vielfalt auch bei neu entstehenden Berufszweigen ungebrochen erkennbar wird.

Mit dem Aufkommen verbesserter Produktionsbedingungen und einer verstärkten Nachfrage stellte das zünftige Handwerk einen Hemmschuh der wirtschaftlichen Entwicklung dar. Das Monopol für bestimmte Fertigungen, Materialien und Werkzeuge konnte nicht länger aufrechterhalten werden, zumal bei der Anfertigung größerer Stückzahlen die Betriebe zu klein waren. Das Verlagssystem, welches die Produktion in Serie, aber dezentral organisierte, wurde abgelöst von den *Manufakturen,* welche primär wegen der zentralen Energieversorgung sowie der besseren Organisation einzelner arbeitsteiliger Abläufe, aber besonders wegen des erhöhten Kapitalbedarfs entstanden. Manufakturen verzinsten das investierte Kapital schneller als andere Vorläufer des Fabriksystems. Dennoch hielten sich alle Formen des Produzierens in einer Gleichzeitigkeit des Ungleichzeitigen, etwa in der Spielzeugfabrikation das Verlagssystem bis ins ausgehende 19. Jahrhundert (Reith 1990 a). Erste Emanzipation vom Zunftzwang war den Hofkünstlern vergönnt, deren Avantgarderolle nicht unterschätzt werden darf (Stürmer 1979; 1982). Es muß zugleich betont werden, wie stark die Protoindustrialisierung und Industrialisierung nicht nur durch die sich entfaltenden Naturwissenschaften, sondern gerade auf den Gebieten der Metallverarbeitung von den Handwerken profitierten. Entwickelte sich eine neue Technik, so wurde sie innerhalb der Zünfte oftmals als Bedrohung der Ordnung erlebt und ihre Anwendung verboten, was auf Grund der Gesetzeskraft zünftiger Regelungen unter Umständen rechtens war. Nach dieser allgemeinen Einführung in das Thema sollen im folgenden die Quellen, dann der Umbruch 1848, die NS-Zeit und verschiedene Einzelthemen der Handwerksforschung dargestellt werden.

2. Quellen der Handwerksforschung

Prinzipiell gelten für die volkskundliche Handwerksforschung gleiche Kriterien, wie sie von Rolf Wilhelm Brednich in diesem Band unter »Quellen und Methoden« dargelegt wurden und wie sie für den Bereich Handwerk und Gerät bei Hinrich Siuts ebenfalls in diesem Band zu finden sind. Deshalb sollen hier lediglich einige Besonderheiten hervorgehoben und spezifische Quellen ausführlicher behandelt werden.

2.1 Archivalien öffentlicher Provenienz

Zu den Archivalien öffentlicher Provenienz, die speziell für Fragestellungen volkskundlicher Handwerksforschung von Interesse sind, zählen Zunfturkunden, Briefe, Amtsbücher, Gewerbelisten, Nachlaßinventare (Benscheid 1985, Mohrmann im vorliegenden Band), Hausakten, Polizeiakten, Bürgerbücher, Einwohnerverzeichnisse und ähnliches. Sie werden in der Regel in Staats-, Stadt- und Gemeindearchiven aufbewahrt, seltener in Museen, Bibliotheken oder öffentlich-rechtlichen Einrichtungen (Handwerkskammern). Lücken in der Überlieferung durch kriegerische Auseinandersetzung, Brände und archivseitige Kassation erschweren häufig genug die Erforschung eines Sachverhaltes und machen – gemeinsam mit der schweren Lesbarkeit mancher Quelle – Archivarbeit zu einer arbeits- und zeitintensiven Angelegenheit. Je nach Themenstellung (einzelnes Handwerk, regionaler Bezug) empfiehlt es sich, zunächst die zuständigen Staats-, Stadt- und/oder Gemeindearchive aufzusuchen. Nach erster Durchsicht der Unterlagen stößt man häufig auf weiteres Material, beispielsweise einen Briefwechsel, der Recherchieren in einem auf den ersten Blick nicht betroffenem Archiv lohnenswert erscheinen läßt. Nicht zu vergessen sind benachbarte Archive auch dann, wenn man sich auf einen kleinen Ort allein kaprizieren will, denn z.B. Beschwerden über unlautere Konkurrenz, verbotene Werbung, Abwerbung von Gesellen, Unterbietung bei Angeboten und anderes mehr finden sich oft erst dort (Seeliger 1988).
Insgesamt ist die Aktenlage sehr unterschiedlich, und wir können uns

für den Bereich Handwerk der Aussage von Ruth-E. Mohrmann anschließen: »Ein Versuch, die wesentlichen archivalischen Quellen zur Sachkultur zu benennen und hinsichtlich ihrer Aussagekraft und ihrer Auswertungsmöglichkeiten zu charakterisieren, kann aufgrund der starken regionalen Unterschiede keine allgemeingültigen Aussagen bieten. Es können vielmehr lediglich Hinweise gegeben und Gruppen benannt werden, wobei deren Auffinden in den einzelnen Archiven immer wieder die Kenntnis der zuständigen Behörden voraussetzt« (Mohrmann 1980, 70).

Seit dem 12. Jahrhundert werden Handwerker und Handwerke zunehmend ›aktenkundig‹. Notizen zur Bürgeraufnahme, zu Zins- und Steuerzahlungen können in etwa Auskünfte über den »zahlenmäßigen Besatz« (Siuts 1988, 298) der verschiedenen Handwerke geben sowie über deren Vorhanden- oder Nichtvorhandensein. Die Formulierung ›in etwa‹ muß gewählt werden, da die häufigen Klagen über die Konkurrenz des Landhandwerks und die Pfuscherei (Schwarzarbeit) die historische Wirklichkeit der praktischen Tätigkeiten in anderem Licht erscheinen lassen, als es die ordnungsgemäße Aktennachricht vermelden müßte. Die *Stadt- und Amtsbücher,* meist erst ab dem 13. Jahrhundert angelegt, sind seit dem 14. Jahrhundert häufiger und damit zuverlässiger – es bietet sich der Vergleich von Städten und Regionen an. Zuweilen heißen sie Satzungsbuch (Nürnberg) oder auch Eidbuch (Köln). Parallel zu diesen summarisch erfassenden Akten entstehen allmählich thematisch-spezifische Aktenkonvolute, die ebenfalls in jeder Stadt anders benannt werden: »Was in Frankfurt als Minorwährschaftsbuch (seit 1431) bezeichnet wird, entspricht in Lübeck dem ›Niederstadtbuch‹ (seit 1325), in das Schuldverhältnisse, später auch Akte der freiwilligen Gerichtsbarkeit, die nicht Grundstücks- und Rentengeschäfte waren (in Frankfurt auch Testaments- und Vormundschaftssachen) eingetragen waren« (Klötzer 1982, 51). Aus diesem Konvolut sind vor allem die Bürger- und Grundbücher interessant, denn sie geben Aufschlüsse über Gewerbegassen und Vermögensverhältnisse einzelner Handwerksfamilien.

Machtkämpfe um das Stadtregiment führten beispielsweise in Nürnberg und Lübeck bereits im 14. Jahrhundert zu einer Art Gewerbepolizei. Um die Zünfte zu kontrollieren oder klein zu halten, wurden spezielle Akten geführt. Diese geben uns heute Auskünfte, die sich einerseits statistisch auswerten lassen, andererseits über Qualität der Produkte oder Gesundheitszustand der Handwerker informieren. Eine andere Art öffentlicher Archivalien sind Statuten, die von den Handwerkern selbst schriftlich niedergelegt wurden. Frühe Beispiele solcher zünftiger Protokollarien datieren in Köln aus dem 12., in Basel und Berlin aus dem 13. Jahrhundert (Wissell I, 1971, 100f.). Meist übten die städtischen Verwaltungen Einfluß auf die Verfassungen der Zünfte aus, da solche Satzungen in aller Regel genehmigungspflichtig waren. Auch überregionale Zunftakten, so die sogenannten Bundesbriefe der

Zünfte, geben Informationen zum Soll-Stand des Ausbildungswesens, etwaiger Frauenarbeit und -rechte, Sicherungen im Unglücks-, Krankheits- oder Todesfall. Es ist zu beachten, daß Zunft- und Gildeunterlagen vielfach Kopien bereits andernorts verwendeter Texte sind, was auch für die Ordnungen gilt, die sich die Gesellen gaben (Reininghaus 1981). Landesherrliche Privilegien, mit denen besonders innovative Handwerker ausgestattet wurden, finden sich seit Ende des 16. Jahrhunderts. Hoheitliche Sonderrechte brechen, wie auch im Fall der Hofkünstler und -handwerker, die angestammten zünftigen Rechte. Alle bisher benannten Unterlagen werden in der Neuzeit fortgeschrieben, jedoch den veränderten Zeitgegebenheiten angepaßt. In preußischer Zeit treten noch die Gewerbeaufnahmen hinzu, die ebenfalls als Quellen für quantitative Analysen geeignet sind.

Über *Inventare*, die sich für das 15. bis 20. Jahrhundert in großer Zahl in den entsprechenden Archiven finden lassen und ihre Bedeutung vor allem für den Forschungsbereich Wohnen und Wirtschaften haben, berichtet Ruth-E. Mohrmann aus dem Münsteraner Projekt (Mannheims/Roth 1984).»Inventare, also Gesamtverzeichnisse der immobilen und mobilen Habe eines Hauses oder Hofes, einer Person oder Institution, können aus den verschiedensten rechtlichen Gründen aufgenommen worden sein« (Mohrmann 1980, 71). Am häufigsten sind sie in Süddeutschland, Österreich, Schweden, England und Frankreich, da es in diesen Ländern Vorschrift war, bei einem Todesfall ein Nachlaßinventar anzufertigen. Auch bei Vormundschaftsangelegenheiten wurden solche Inventare aufgestellt, häufig jedoch nur der Besitz des verstorbenen Elternteils aufgenommen, so daß uns heute die Entscheidung, ob es sich um die gesamte Habe handelt, nicht immer möglich ist. Einzelstücke sind dagegen meist Inventare, die aus folgenden Gründen angefertigt wurden: »Amts- und Güterbeschreibungen, Kauf- und Verpachtung, Übergabeverträge, Konkurse und Versteigerungen, Erbschaftsteilungen und in Prozesse einmündende Erbstreitigkeiten, Erhebung von Erbschaftssteuern sowie die staatliche Einziehung erbenloser Nachlässe« (Mohrmann 1980, 71 f.). Je nach Anlaß wurden die Inventare entweder von Amtspersonen (Notare, Ratsherren, vereidigte Taxatoren usw.) oder von Privatpersonen (Erben) aufgenommen, wobei vor allem letztere häufig nur summarische Angaben zur Haus- und Werkstattausstattung enthalten.

Kritischer Umgang ist auch mit dieser Quellengruppe geboten, beeinflussen doch die unterschiedlichen Gründe, die zur Anlage von Inventaren führen, deren Inhalte. Die Frage nach Vollständigkeit muß also immer aufs neue gestellt werden. Auch Rückschlüsse auf Hersteller, Alter der Gegenstände, Materialbeschaffenheit, Benutzer oder »Zeichenhaftigkeit und Indikatorfunktion des einzelnen Gegenstandes« (Mohrmann 1980, 73) lassen sich nicht ziehen. Bei der Aufstellung von Werkstattinventaren fehlen zudem meist die notwendigen Spezifizierungen, die erst Rückschlüsse auf den Typ beispielsweise einer Werkzeugmaschine ermöglichen. Dennoch sind Inventare auch für die Handwerksforschung wichtige Dokumente, sind sie doch meist einzige Quelle, um einen Eindruck von vergangenen Arbeitsstätten zu erhalten. Städtische *Einschreibe- oder Gesellenbücher* sind eine Quelle besonderer Art. In diese mußten sich wandernde Gesellen bei ihrer Ankunft in einigen Städten eintragen. Im 18. Jahrhundert sind diese amtlichen Aufnahmen von den Gesellen häufig mit persönlichen Devisen in Form von Sinnsprüchen versehen worden und schon deshalb von besonderem Interesse. Die sogenannten *Kundschaften* oder Gesellenattestate sind ebenfalls eine Erscheinung des 18. Jahrhunderts (Stopp 1982–89). Sie sind eine Art Arbeitszeugnis und wurden für das Weiterwandern ausgestellt. Im 19. Jahrhundert wurden sie durch die Wanderbücher abgelöst, die Rückschlüsse auf Wanderwege der Handwerker erlauben und damit auch auf den so wichtigen Technologietransfer (Wissell I, 1971, 435 ff.; Elkar 1987; Bickel 2000). Für beide letztgenannten Quellengruppen gilt jedoch: Sie wurden nicht von amtlicher Seite ausgestellt und kommen – wenn überhaupt – von privater Seite in öffentliche Archive.

2.2 Archivalien privater Provenienz

Zu den Archivalien privater Provenienz zählen Lehr-, Gesellen- und Meisterbriefe, Arbeitszeugnisse und Firmenunterlagen. Im Verhältnis zu ihrem Vorkommen sind sie in öffentlichen Archiven nur in geringem Maße zu finden. Doch gibt es Bestrebungen, sie verstärkt zu sammeln, so von der 1991 neugegründeten »Arbeitsstelle zur westfälischen Handwerksforschung« als einem Gemeinschaftsprojekt des Westfälischen Wirtschaftsarchivs in Dortmund und des Westfälischen Freilichtmuseums Hagen (Beckmann 1992), oder in einer Kooperation von Museum und Universität in Münster und Cloppenburg (Ottenjann/Wiegelmann 1982).

Firmenunterlagen wie *Anschreibe- und Rechnungsbücher* erlauben Rückschlüsse auf Produktionspaletten einzelner Firmen, Preisniveau, Zahlungsmodalitäten und ähnliches. Übergänge beispielsweise vom produzierenden Gewerbe zum Reparaturhandwerk können durch Auswertung ihres Inhaltes erforscht werden (Ottenjann/Wiegelmann 1982; Lutum 1981). Befinden sich die Archivalien noch in Privatbesitz, kommt es häufig vor, daß die Inhaber sie nicht für die Forschung bereitstellen wollen. Nichtbeachtung von Gesetzen und Verordnungen wie Verheimlichen von Einkünften (Schwarzarbeit) ist meist Motivation für solches Verhalten. Deshalb ist auch mit diesen Quellen kritisch umzugehen, entsprechen doch die Eintragungen nicht immer den Gegebenheiten. Gleichzeitig muß Datenschutz gewahrt werden (Siuts 1988, 299 f.). Ebenfalls häufig in Privatbesitz befinden sich Werbematerial, Vorlagenbücher und Modellzeichnungen. Werbematerial wie Prospekte und

Firmenkataloge lassen sich hinsichtlich der Produktion in ihrem Wandel oder auch in bezug auf Verkaufsmodalitäten und -strategien auswerten. Handelt es sich bei dem untersuchten Handwerkszweig um Zulieferer, ist eine Recherche bei den Kunden nach solchen Unterlagen häufig lohnend.

Vorläufer dieses modernen Werbematerials, aber auch der Vorlagenbücher und -blätter sind die sogenannten *Musterbücher*. Ottfried Dascher hat eine Typologie erstellt und Grundzüge ihrer Entwicklung aufgezeigt (Dascher 1984). Er unterscheidet dabei die hauptsächlich von der Kunstgeschichte bearbeiteten Musterbücher, »deren sich die bildenden Künste, so das Kunsthandwerk, über Jahrhunderte hinweg in Nachahmung, aber auch in schöpferischer Weiterentwicklung bedient haben« (31), im folgenden als Vorlagenbuch bezeichnet und »das Musterbuch als Bestell- und Verkaufsbuch für Kaufleute und Fabrikanten« (32). Frühe erhaltene Beispiele solcher Musterbücher datieren aus England und Frankreich, sie sind in der zweiten Hälfte des 18. Jahrhunderts angesiedelt und betreffen den Textil-, den Keramik-, den Möbel- und den Metallbereich. Eines der frühesten Beispiele aus Deutschland stammt vom Beginn des 19. Jahrhunderts und zeigt »Kunst- und Spielsachen« (34).

Sowohl Vorlagen- als auch Musterbücher sind für volkskundliche Fragestellungen von Bedeutung. Entgegen der kunsthistorischen Definition haben sich nicht nur die bildenden Künste und das Kunsthandwerk der Vorlagenbücher bedient, sondern auch kleine Handwerksbetriebe, hier vor allem Möbelschreinereien. Fragen nach Kreativität, beruflichem Bildungsdrang, Übernahme von Innovationen und ähnlichem können nur durch Kenntnis der verwendeten Vorlagen beantwortet werden. Auf die Rolle der Musterbücher zu Bestimmungszwecken für handwerkliches Arbeitsgerät hat Hinrich Siuts (1984) hingewiesen, auch darauf, daß sie »in Verbindung mit vorhandenen Realien, alten Lehrbüchern und bildlichen Darstellungen von Handwerksstätten sowie Inventaren und Anschreibebüchern eine gute Möglichkeit [bieten], uns ein besseres Bild von der Ausstattung der Betriebe mit Arbeitsgerät sowie – davon abhängend – von ihrer oftmals sehr weitreichenden Produktions- und Auftragspalette zu machen« (1984, 63). Besonders die vielfältigen Ausführungen manchen Arbeitsgerätes werden durch die Musterbücher verdeutlicht.

2.3 Ständebücher, historische Enzyklopädien, technologische Literatur

Dieser Quellenbereich, auf den hier noch hingewiesen werden soll, ist in der Regel in Bibliotheken aufzufinden. Er ist vor allem auch deshalb für die volkskundliche Handwerksforschung interessant, weil diese Werke meist mit Abbildungen versehen sind. Als erstes Beispiel ist das

»*Hausbuch der Mendelschen Zwölfbrüderstiftung*« (Treue 1965) zu nennen. Es handelt sich um ein Werk mit größtenteils kolorierten Abbildungen von Handwerkern bei Verrichtung ihrer Arbeit seit etwa 1425. Die porträtierten Handwerker hatten Aufnahme in die Stiftung des Kaufmanns Mendel gefunden, der es sich zum Ziel gesetzt hatte, verarmte Handwerker zu versorgen. Daraus ergibt sich die Problematik dieser Quelle: Es handelt sich nicht um Handwerker, die in ihren Werkstätten tätig sind, sondern gewissermaßen um Rentner. Hinzu kommt, daß die dargestellten Arbeitsvorgänge nicht naturgetreu wiedergegeben wurden, sondern die Abbildungen erlauben in der Regel nur einen groben Einblick, sind sie doch – bei genauem Nachvollziehen – häufig technisch nicht möglich (Treue 1965, 114).

1568 erscheint das wohl berühmteste Werk mit Abbildungen zum Handwerk »Eygentliche Beschreibung aller Stände…« mit Texten von *Hans Sachs* und Holzschnitten von *Jost Amann* versehen (Amann/Sachs 1568/1962), leicht zugänglich, da in mehreren Nachdrucken neu aufgelegt (z. B. Nürnberg 1962). In der Regel wird ein Handwerker in seiner Werkstatt dargestellt, perspektivisch von außen nach innen durch ein Fenster oder eine Tür gezeigt. Weiterhin ist das Ständebuch von *Christoph Weigel* (1698) erwähnenswert. Darauf, daß die Kupferstiche zum Teil auf niederländische Vorlagen zurückgehen und deshalb nicht unbedingt Nürnberger Verhältnisse spiegeln, haben Wilhelm Hansen (1980, 74) und Michael Bauer (Weigel 1698/1987, 12) hingewiesen.

Seit dem 18. Jahrhundert kommen pädagogische Schriften hinzu; hervorgehoben sei hier das Werk von *Johann Bernhard Basedow* mit dem eigens dazu angefertigten Tafelband mit Kupferstichen von Daniel Chodowiecki (Basedow 1774).

Historische Enzyklopädien und technologische Literatur, die in aufklärerischer Absicht seit dem 18. Jahrhundert erscheinen, sind in einer kommentierten Auswahlbibliographie von Herbert Aagard, Günther Bayerl und Rolf-Jürgen Gleitsmann (Aagard u. a. 1980) besprochen worden, weshalb wir uns hier auf einige wichtige Angaben beschränken können. Von 1751–1780 erscheint in Frankreich die 35bändige »Encyclopédie« von *Diderot* und *d'Alembert,* davon zwölf Tafelbände mit insgesamt 3132 Kupferstichen. Sie ist für unser Fach vor allem wegen der Abbildungen interessant, denn sie zeigen zu einzelnen Handwerkszweigen meist mehrere Arbeitsschritte und zusätzlich das wichtigste Gerät. Es sollte jedoch nicht vergessen werden, daß es sich um eine französische Publikation handelt und die Darstellungen sich nicht ohne weiteres auf zeitgemäße deutsche Verhältnisse übertragen lassen. Um so wichtiger kann der Vergleich mit deutschen Publikationen sein.

Zehn Jahre nach der »Encyclopédie« veröffentlicht der Professor für Geschichte an der Berliner Kadettenanstalt *Johann Samuel Halle* 1761–1779 seine sechsbändige »Werkstäte der heutigen Künste, oder die neue Kunsthistorie. Mit Kupfern und Vignetten«. Man darf sich durch den Titel nicht in die Irre führen lassen, denn Halle meint mit »Kunst«

Handgeschicklichkeit und entsprechend mit »Kunsthistorie« »die Darstellung der produzierenden Gewerbe« (Aagard u. a. 1980, 40). Wir haben es hier mit einer frühen Feldstudie zu tun, »denn Halle besuchte alle von ihm erwähnten Gewerbezweige selber, überprüfte teilweise durch Experimente zu Hause die Angaben der Handwerker und schrieb hauptsächlich seine eigenen Erfahrungen und Beobachtungen nieder« (Aagard u. a. 1980, 41). Er vergleicht seine Erkenntnisse mit dem Stand der Technik in Frankreich. Den einzelnen Gewerbebeschreibungen ist jeweils eine Vignette vorangestellt, auf der die Berufszweige in stark idealisierter Form bei der Arbeit gezeigt werden. Den Abschluß eines jeden Kapitels bilden Kupfertafeln mit dem wichtigsten Gerät.

Ein Werk mit Allgemeinheitsanspruch, das wohl deswegen auch wesentlich stärker rezipiert wurde als Halles »Werkstäte«, sind die siebzehnbändigen »Handwerke und Künste in Tabellen«, die von *Peter Nathanael Sprengel* begonnen und durch *Otto Ludwig Hartwig* fortgesetzt wurden (1767-1777). Die Erkenntnisse gründen im Gegensatz zu denen von Halle hauptsächlich auf der Auswertung zeitgenössischer Literatur, auf Quellenangaben wird weitgehend verzichtet. Die einzelnen Gewerbebeschreibungen sind inhaltlich streng gegliedert: Die Darstellung beginnt jeweils mit den notwendigen Rohstoffen, fährt fort mit dem Arbeitsgerät und den einzelnen Arbeitsschritten und schließt mit allgemeinen Bemerkungen zu dem behandelten Gewerbezweig wie Ausbildung, Organisationsformen und ähnlichem. Die im Titel erwähnten »Tabellen« sind Kupferstiche, auf denen das Arbeitsgerät abgebildet ist. Im Text wird jeweils auf die Tabellen und das einzelne Gerät verwiesen, die Werkzeuge und Maschinen sind zu diesem Zweck durchnumeriert.

Als ein mit der französischen »Encyclopédie« vergleichbares Werk muß die 242bändige »Ökonomisch-technologische Enzyklopädie oder allgemeines System der Staats-, Stadt-, Haus- und Landwirtschaft. Mit Kupfern«, angesehen werden, begonnen von *Johann Georg Krünitz*, fortgeführt von Friedrich Jacob Floerke, Heinrich Gustav Floerke, Johann David Korth, Carl Otto Hoffmann und Ludwig Kossarski (Krünitz 1773-1858). »In alphabetischer Schlagwortanordnung wird hier versucht, das gesamte Wissen der Zeit aufzuarbeiten« (Aagard u. a. 1980, 43). Bezogen auf die Gewerbebeschreibungen, ist der inhaltliche Aufbau wie bei Sprengel gehalten, hinzu kommen noch Begriffsdiskussionen sowie bei einigen Kapiteln die Mitteilung von Innovationen, Bibliographien, Preisangaben usw. Auch auf die Kupfertafeln wird in gleicher Weise im Text verwiesen wie bei Sprengel. Trotz aller Vorteile, die der »Krünitz« für die volkskundliche Handwerksforschung bietet, ist auch hier eine kritische Herangehensweise erforderlich. Nicht bei allen Kapiteln ist ersichtlich, worauf sich die wiedergegebenen Informationen stützen. So handelt es sich beispielsweise bei einem Teil des Artikels zum Stellmacherhandwerk (Krünitz 1792, 264 ff.) um wörtliche Übernahme von Sprengel (1773, 138 ff.).

Im 19. Jahrhundert erscheint die wohl umfangreichste europäische Enzyklopädie von *J. G. Ersch* und *J. G. Gruber* »Allgemeine Encyclopädie der Wissenschaften und Künste« (1818–1889). Sie blieb mit 169 Bänden unvollendet und bildet gleichzeitig den Abschluß der großen wissenschaftlichen Enzyklopädien in Deutschland. Sie wurden im folgenden abgelöst von den sogenannten Konversationslexika. Als Beispiel sei hier das »Große Conversations-Lexicon für die gebildeten Stände« (46 Bände, 1840–1855) des Verlegers J. Meyer genannt.

2.4 Handwerker-(Auto-)Biographie

Schon bei der Annäherung an ein handwerksgeschichtliches Thema sollte auch Kontakt zu den Ausübenden des jeweiligen Berufes aufgenommen werden. Es geht um die Erhebung nicht nur von Werkstattgrundrissen und Werkzeugen, sondern auch z. b. berufstypischer Geschichten und Anekdoten. Die Familiengeschichte gibt Hinweise auf die Vererbung des Berufes und die Wanderwege der früheren Generationen, Dokumente und Fotografien kommen nur über die persönliche Kontaktaufnahme in die Hand der Volkskundlerin und des Volkskundlers (Bickel 1989). Wie Matter (1983) zu Recht betont, wäre es auch an der Zeit, das wiederaufgenommene Handwerkswandern mit qualitativen Methoden zu erforschen. Doch bleiben solche Themen noch immer an die Traditionsstränge des Alten Handwerks gebunden. Gerade was das Autobiographische (Gestrich 1988) in der Handwerksforschung angeht, wo Frauenleben in der Forschungsgeschichte kaum eine Rolle spielen, gerade dort sollten die Fragestellungen aus der Opposition zwischen Altem Handwerk und Handwerk der Moderne bzw. Postmoderne geboten sein, etwa: ›Vom Scheitern alternativer Handwerkens – New Design und spirituell-postmoderne Wende‹. Bei solchen Fragen ist einerseits die Tradition des Alten Handwerks inbegriffen – per alternativer Utopie – und die Praxis des nicht großindustriellen Gestaltens wird verfolgt.

Um die Biographieforschung kümmert sich die Zeitschrift *BIOS* – Zeitschrift für Oral History und Biographieforschung, sowohl aus Sicht der Soziologie (Fuchs) wie auch aus der Volkskunde (Lehmann) und der der Geschichtswissenschaft (Niethammer). In dieser Zeitschrift werden hilfreiche Bibliographien abgedruckt, und das herausgebende Institut für Geschichte und Biographie in Lüdenscheid (Fernuniversität Hagen) kooperiert darüber hinaus mit Museen und Medien. Hier werden auch Interviewprojekte unterschiedlichster Provenienz archiviert (Kuntz 1993 b). Die beiden Bände von Emmerich (1974/75) zählen nach wie vor zu den Standardwerken, ebenso sollte die Lektüre der Autobiographie des Landarbeiters von Franz Rehbein (1973) zur Ausbildung gehören. Auch von Bebel – der übrigens 1890 eine Enquête über die sozialen Mißstände in den Bäckereien durchgeführt und veröffentlicht hat (Bebel 1890) – läßt sich einiges lernen über Sozialenquêten im Handwerk, die eben nicht ausschließlich vom Verein für Sozialpolitik durchgeführt wurden, z. B. über Ausbildungsmodalitäten im Drechslerhandwerk (Bebel 1910). Meist wird in den historischen Biographien nur die Zeit des Wanderns beschrieben, wie bei Bechstedt (1925), der über die fünfjährige Wanderzeit von 1805 bis 1810 erzählt (vgl. Händler 1798). Handwerksforschung als diejenige volkskundliche Richtung, die sehr gut das Schlagwort von Richard Weiss ›Durch die Dinge zu den Menschen‹ realisieren kann, versteht sich zu Recht als Sachwalterin der neuen Sachkulturforschung oder Sachgut-Volkskunde (früher: Sachvolkskunde, Sachgutforschung) – und dies insbesondere in Zusammenhang mit der biographischen Methode. Der Sachforschung innerhalb einer auf Arbeits- und Lebensvollzüge (Alltag) abzielenden Handwerksforschung ist jedoch ein neuer Stellenwert gegeben worden, indem zum Beispiel bei den Töpfern »das keramische Objekt sowohl Gegenstand wie Mittel wissenschaftlicher Erkenntnis« »als unentbehrliche Ergänzung der Feldforschung mikroanalytischer Forschung« (Kerkhoff-Hader 1980, 263) bewährten. Zur Keramikforschung als einer eigenen, auch volkskundlichen Subdisziplin kann hier aus Platzgründen nichts weiter angeführt werden (vgl. Endres 1992; Kerkhoff-Hader/Endres 1999).

3. 1848 – Traditionsbruch oder Einzug in die Moderne?

Unter dem Titel »Arbeit als Besitz« hat der Frankfurter Politologe Hans-Jörg Zerwas 1988 eine Dissertation über »Brüderlichkeit und Genossenschaftsidee 1848. Über die Gegenseitigkeit von Rechten und Pflichten. Ein Beitrag zur Geschichte der bürgerlichen Gesellschaft« veröffentlicht. Schon 1983 erschien die akribische historische Studie von Manfred Simon »Handwerk in Krise und Umbruch. Wirtschaftliche Forderungen und Sozialpolitische Vorstellungen der Handwerksmeister im Revolutionsjahr 1848/49«.

Auch Zerwas eröffnet seine Darstellung mit der verführerischen Präsentation des ›Ganzen Hauses‹, jener utopischen Einheit von Arbeit und Leben, jener Handwerksutopie, deren kleinbürgerlich-biedermeierliches Ideal wenn überhaupt dann nur für die Stadt des ausgehenden 18. Jahrhunderts zutreffend gewesen sein mag, während die Verhältnisse auf dem Land, dem Dorf, in der Kleinstadt und auch schon in den aufkeimenden Metropolen sich ganz anders darstellten.

Sicherlich ist es richtig, daß die Gesellschaften und auch die Meisterzünfte nicht ausschließlich auf die Vermarktung der Ware Arbeitskraft (Zerwas 1988, 42) oder die Steigerung des Gewinns (ebd. 41) aus waren. Das Jahr 1848 wird als Symbol der gescheiterten bürgerlichen Revolution in Deutschland zur Wendemarke: »Vom Ordo zur Moderne« (ebd. 106). Wenn dabei allerdings die frühen Schmiedestreiks unberücksichtigt bleiben, wird die sogenannte Vereinzelung der konkurrierenden Gesellen durch die Industrialisierung und die Differenz zur Gewerkschaft überbetont. In den 48er Jahren unterschieden sich die Interessen der Arbeiter sehr von denen der Gesellen und Meister. Es steht zu vermuten, daß auch schon vor der 48er Zeit die Moral und die Ökonomie im Alten Handwerk auseinanderklafften und das »zünftige Brauchtum« oft nurmehr kaschierenden statt ordnenden Charakter hatte. Die ordnende Kraft der Stein-Hardenbergschen Reformen kam zu spät – es wurden nur noch Fakten legitimiert, dennoch kann nicht allgemein vom Niedergang des Handwerks gesprochen werden. Zugleich stellte Elkar fest, daß mentale Prägungen aus dem Alten Handwerk bei vielen Handwerkern erst mit dem ersten Weltkrieg untergingen (la longue durée) und zitiert zum Beleg Christiansen (1983): »Früher war das 'ne Familie. Die Innungsversammlung war immer 'ne Familienfeier... Nach dem Kriege war einer dem anderen sein Deubel.« »Und so wurden auch die Aufträge untereinander nicht verschungelt. Da wurde darüber gesprochen. Auch wenn einer sagte, ich hab zuviel, dann bekam ein anderer den Auftrag.« Dies Fortleben des Nahrungsprinzips bildet ebenso wie die Lebensgeschichte von Wilhelm Weitling (Joho, o.J.) ein Versatzstück des Mythos vom Alten Handwerk.

4. ›Deutsches‹ Handwerk im Nationalsozialismus

Das gesellschaftliche Selbstwertempfinden des Handwerks als ›Stand‹ eigener Prägung und eigener Rechtsprechung lebte durch die nationalsozialistische Mittelstandspolitik erneut auf, und zwar in arisierter Art. Ausgenutzt oder angesprochen wurden kleinbürgerliche Ressentiments gegen Industrie, Warenhäuser und Industriearbeiterschaft. Im Institut für den Ständestaat (Kuntz 1984) und der SA wurden diese Sonderinteressen gebündelt. Eine an alte Meisterherrlichkeit angelehnte Interessenspolitik erklärte sich mit Gleichschaltung und Führerprinzip zunächst ohne weiteres einverstanden, während die handwerkssozialistisch getönten Bestrebungen von Gesellen vor allem in die DAF (Deutsche Arbeitsfront) integriert wurden. Beide Seiten, Meister wie Gesellen, erhofften sich von der Zusammenarbeit mit ihren gleichgeschalteten Organisationen eine Veränderung ihres organisationspolitischen wie ökonomischen Status. In der blinden Verfolgung separater berufsständischer Interessen lag die Falle – eine tatsächliche Entmachtung aller Handwerksorganisationen fand im Nationalsozialismus statt. Die Pflege und der Ausbau des handwerklichen Sonderbewußtseins vor allem durch Öffentlichkeitsarbeit und auch im Bereich wissenschaftlicher Veröffentlichungen erzeugte scheinbar ausreichend Sicherheitsgefühle gegenüber dem realen Bedeutungsverlust, wodurch schleichend auch Dinge in die Selbstdarstellung des Handwerks Aufnahme fanden, die dem ursprünglichen, handwerksideologischen Begründungszusammenhang recht kraß widersprachen. Überdeckt wurden diese Bedeutungsverluste der Handwerksorganisationen durch die brisante Auseinandersetzung mit der DAF, die sich als standesgemäße Vertreterin von Lehrlingen und Gesellen präsentierte. So wurde weitestgehend die verlorene Selbstverwaltung durch Selbstdarstellung ersetzt. Mit der Beteiligung an der schändlichen sog. »Entjudung des Deutschen Handwerks« unterwarfen sich die im Reichsstand Deutsches Handwerk zusammengefaßten Handwerksorganisationen schließlich völlig dem Faschismus, der mit der »Verordnung zur Ausschaltung der Juden aus dem deutschen Wirtschaftsleben« nicht nur zur Löschung von Betrieben beitrug, sondern im Sinne einer »Arisierung« diese Betriebe umstandslos altgedienten Parteikämpen übertrug. Verbandspolitik und Verhalten der Basis dürfen dabei nicht als ›das deutsche Handwerk‹ identifiziert werden.

Einzelne Zweige des Handwerks blühten durch Rüstungsaufträge tatsächlich auf, während sich insgesamt die Ausbildungs- und Produktionsbedingungen verschlechterten. Serienfertigung, als nicht-handwerklich verpönt, wurde üblich, so etwa im Drechslerhandwerk, das mit der Herstellung »von Einrichtungsgegenständen (Schemeln) und Handgranatenstielen« (Keller 1980, 136; Bickel 1989, 89) für das Militär beauftragt wurde.

Das Düsseldorfer Institut für das Ständewesen sollte handwerkswirtschaftlichen und handwerkssozialistischen Überlegungen letztlich durch Konkurrenz den Garaus machen. Es würde schon 1935, eventuell auch als Folge des sog. Röhm-Putsches, geschlossen, das Amt für Ständischen Aufbau bereits ein Jahr später. Hitler hatte allen ideologisch gefärbten Ordnungsversuchen des Wirtschaftslebens längst eine Absage erteilt: »Es gibt keinen ein für allemal gültigen Idealzustand. Wer der Ordnung der Wirtschaft und der Gesellschaft mit einer Heilslehre verknüpft, der ist ein Narr. Es gibt keine Gleichheit, keine Eigentumslosigkeit, es gibt keinen gerechten Lohn, oder was man sich sonst ausgetüftelt hat« (Bloch 1970, 148).

Die Literatur der 50er und 60er Jahre strebte keinerlei Auseinandersetzung mit dem Thema ›Nationalsozialismus und Handwerk‹ an. Solcher höchst mißverständliche Umgang mit der Handwerksgeschichte als Teil der nationalen Geschichte äußert sich unter anderem in der heute andauernden Benutzung des während der Zeit des NS geschaffenen Deutschen Handwerkszeichens – und das nicht nur an Gebäuden und in Publikationen des Handwerks selbst (Kuntz 1982), sondern auch in wissenschaftlichen Texten: »Allgemeines Handwerkszeichen, Stiftung des Reichspräsidenten Paul von Hindenburg, 1934. Der oben nicht geschlossene Kreis bedeutet die ewige Tätigkeit des Handwerks, der Hammer soll die Kraft versinnbildlichen, die Eichel die Stärke, das Eichenblatt das Lob und deutsche Art. Das Kreuz auf dem Hammerstiel steht für die Wissenschaft« (Engling 1990, 4). Das Jahrbuch des Handwerks 1935: »Eichenblatt und Eichel, die zusammen mit dem

Hammerstiel in Form der alten Hagal-Rune angeordnet sind, sollen die Einfügung des Handwerks in die völkische Lebensordnung [...] versinnbildlichen« (Jahrbuch 1936, 82; Chesi 1966, 104). Es würde auf die NS-Zeit eingegangen, weil sich die Kalamität der Handwerksforschung als Wissenschaftsbereich nirgends krasser zeigen läßt. Diese Kalamität besteht in der Notwendigkeit, das Traditionsthema ›Altes Handwerk‹ zwar kritisch fortzuführen – eben in der Ideologiekritik der Handwerksgeschichte von 1933 bis 1945 – aber doch auch über diese Verhaftetheit hinauszukommen zum ›Handwerk der Moderne und Postmoderne‹ mit Industriemeistern, small business, corporate identity, Arbeiter-, Arbeits- und ›Betriebskultur‹ (Kuntz 1993 a). 1848 war zwar teilweise ein Aufbruch in die Moderne, aber deshalb noch kein Bruch mit dem ständischen Traditionsdenken seitens des Handwerks.

5. Einige Einzelthemen der Handwerksforschung

5.1 Frau im Handwerk

Dieser Bereich ist im Grunde bei weitem noch nicht erschöpfend behandelt (Gerhard 1978). Abgesehen von frühen Arbeiten der 20er Jahre (Schuster 1927) und Arbeiten zur gegenwärtigen Situation selbständig arbeitender Frauen (Lutum 1987; Obschernitzski 1987) in einzelnen Gewerben sieht die Forschungslage noch recht dürftig aus. Selbst die Anstrengungen der Frauenforschung (vgl. Lipp in diesem Band) haben das Gebiet nicht recht angenommen. Historikerinnen haben offensichtlich einen gewissen Vorlauf, wie aus den Arbeiten von Vanja und Eggers (1988) hervorgeht. Neben der landwirtschaftlichen Arbeit von Frauen – ein in der Volkskunde meist mitbearbeitetes Thema – hat sich Christine Vanja um die »Bergarbeiterinnen in der Frühen Neuzeit« gekümmert. Eine vielfältigere Aktenlage traf Petra Eggers in Hamburg an, wo sie unter anderem Gerichtsprotokolle auswerten konnte. Frauenarbeit im Handwerksbetrieb faßt sie dabei zu Recht als Mitarbeit im Ganzen Haus, denn unter den Prämissen des Alten Handwerks ist die Aufrechterhaltung des ›Symbolischen Kapitals der Ehre‹, die Führung des ›Ganzen Hauses‹ und etwa die Beaufsichtigung der Lehrlinge als Berufsarbeit anzusehen (Ichikawa 1986). Verwiesen sei auf die Arbeiten von Brodmeier (1963), Bake (1984) und Simon-Muscheid (1998). Hervorzuheben ist aber ebensosehr die Untersuchung von Kurt Wesoly mit dem Titel: »Der weibliche Bevölkerungsanteil in den spätmittelalterlichen und frühneuzeitlichen Städten und die Beschäftigung von Frauen im zünftigen Handwerk« (1980; Wensky 1980). Beispielhaft herausgegriffen sei für die anglophone Forschung Natalie Zemon Davis mit dem Beitrag »Women in the Crafts in Sixteenth-Century Lyon« (1982).

Für die erfahrungsgeschichtliche Forschung ist das lebensgeschichtliche Interview der ›Königsweg‹. Zwar stehen dem Handwerksforscher neben dem Interview auch historische Quellen zur Verfügung, doch sind auf diesem Gebiet ausschließlich (Auto-)Biographien von Männern zu verzeichnen. Die Methode, sich seine Quellen selbst zu schaffen, bleibt umstritten, dennoch haben sich, besonders bei den Volkskundlerinnen und Volkskundlern die weichen Methoden durchgesetzt (Brednich u. a. 1982; Lehmann 1983; Lehmann 1989; Schröder 1992).

5.2 Ausbildung

Die Ausbildungssituation in der Geschichte des Handwerks wurde immer wieder bearbeitet, wobei rechtsgeschichtliche, wirtschafts- und berufspädagogische Arbeiten für die Volkskunde durchaus wichtige Informationen enthalten und häufig weiteres Quellenmaterial aufschließen. So geht es etwa um die »Arbeitsverhältnisse der Lehrlinge und Gesellen im Handwerk« (Bruns 1938), bearbeitet wird »Der Strukturwandel im Handwerk [...] und seine Bedeutung für die Berufserziehung« (Abraham 1955) oder umfassender und quellenreich »Die geschichtliche Entwicklung der Handwerkslehre« (Köln 1958; vgl. auch Bickel 2000). Wer das Handwerk nach 1945 untersuchen will, darf auch an Büchern wie »Handwörterbuch der Berufserziehung« (Schlieper 1946), »Rahmenlehrplan für die Lehrmeisterschulung« (Blume-Banniza/ Stratenwerth 1969) oder »Pädagogische Maßnahmen« zur Intensivierung der Handwerkslehre« (Schulenburg 1957) nicht vorbeigehen. Ein noch unbearbeitetes Desiderat wäre eine Untersuchung über die pädagogischen und ökonomischen Bedingungen der ›Schnupperlehre‹, überdies für die Anwendung qualitativer Methoden prädestiniert.

Wirtschaftswissenschaftliche Literatur beschäftigt sich meistens mit dem Strukturwandel, wobei die volkskundliche Verwertbarkeit nicht immer gegeben ist. Für den Gerätebestand wesentlich erscheinen z. B. »Gründungskosten eines Landmaschinen-Fachbetriebes« (Beckermann 1964) oder »Entwicklungstendenzen im westdeutschen Dorfhandwerk« (Kruse 1965) sowie ein »Ratgeber für die Umstellung einer Schmiedewerkstatt auf die Reparatur von Schleppern und Landmaschinen« (Hauptverband, o. J.). Doch sind historische Untersuchungen, die den großen Fragen der Handwerksgeschichtsforschung nachgehen, geeigneter für den an Mentalitäten und Gruppenkulturen interessierten Kulturwissenschaftler. Die sogenannte Niedergangsthese, jene die mittelständische Larmoyanz unterstützende Vision vom »sterbenden Handwerk« (ab Mitte des vergangenen Jahrhunderts), wird beispielhaft von Noll widerlegt in seiner regional-vergleichenden Studie »Sozio-ökonomischer Strukturwandel des Handwerks in der zweiten Phase der Industrialisierung« (Noll 1975). Monographien zu einzelnen Handwerksberufen werden häufig auf einen Ort, eine Familie oder die Meister einer Innung beschränkt. Gerade die älteren Arbeiten sind in ihrer Materialgesättigtheit sehr wichtig, so z. B. »Das Bäckergewerbe in Berlin« (Lehwes 1896).

5.3 Handwerk und Museum

Schon die ersten Freilicht- und Volkskundemuseen zeigten Handwerk – und taten dies recht spontan. Erzeugnisse des Hausfleißes und der Freistundenarbeit finden sich in Darstellungen ländlichen Lebens, wie sie Arthur Hazelius in Skansen (Rasmussen 1978) und Rudolf Virchow in Berlin präsentierten (Kuntz 1980). Auch das erste deutsche Freilichtmuseum in Cloppenburg zeigte vorwiegend ländliche Handwerksgeräte, wie sie zum Landhandwerk zu zählen sind. Nahezu Standard sind das Flachs-, Barchent- oder Leinengewerbe mit dem Blaudruck, der Holzschuhmacher (Büld 1980), sind Schneider und Schuster und in Cloppenburg auch Tischler und Schreiner. Neuerdings ist durch Texttafeln (didaktische Zellen, wie G. Korff sie in Kommern nannte) und durch die Praxis des Vorführens eine gewisse Verlebendigung und Information in die Werkstätten eingekehrt.

Streng wissenschaftliche Maßstäbe sollten an die Sammlung, die Dokumentation und die Rekonstruktion gelegt werden, wodurch inzwischen schon eigene Forschungseinrichtungen entstanden, so am Freilichtmuseum Hagen, Landesmuseum für Handwerk und Technik als Gemeinschaftsprojekt mit dem Westfälischen Wirtschaftsarchiv in Dortmund (Beckmann 1992). Besonders wichtig ist hier die Kooperation mit den Handwerkskammern. Spezialmuseen zu einzelnen Handwerken, wie das Deutsche Malermuseum in Hamburg, gewinnen zunehmend an Kontur, wenn auch die nichtöffentliche Trägerschaft zuweilen die Behandlung kritischer Themen, etwa die Zeit des Nationalsozialismus, erschwert. Doch galt dies früher auch in staatlichen Häusern, und die öffentliche Verwaltung muß oft genug vom Sinn wissenschaftlicher Unternehmen überzeugt werden.

Gerade die umfassende Darstellung handwerklichen Lebens in den Museen verbietet eine Reduktion volkskundlicher Handwerksforschung auf Werkstattaufnahmen. Ohne biographische Forschung, ohne Film-, Video- und Fotodokumentation sollten auch kleinere Museen keine Werkstatt mehr übernehmen. Handwerk hat seinen Niederschlag allerdings nicht nur in den Dauerausstellungen der Museen gefunden, sondern auch in Kunstgewerbemuseen, auf Messen und in den Ausstellungen des organisierten Handwerks – also beispielsweise der Kammern selbst. Besonders das auf ästhetische Effekte ausgerichtete Propagandawirken im Nationalsozialismus hat eine große Zahl von Handwerksausstellungen entstehen lassen. Eine der frühesten ist »Volkskunst und bodenständiges Handwerk« (Deutsches Heimatwerk 1933), als weiteres Beispiel sei genannt die »Erste Internationale Handwerksausstellung« in Berlin 1938 (Walter 1938) – die Geschichte dieser Ausstellungstätigkeit ist ein Forschungsdesiderat, welches zur Klärung der eigenen Position bei der Konzeptionierung von heutigen Handwerksausstellungen dringender Bearbeitung bedarf. Einen allgemeinen Überblick gibt der Museumsführer von Lindloff (1999).

5.4 Handwerksdefinitionen

Mit der aufkommenden Industrialisierung zerfielen die Zünfte zusehends, was sich an den Stein-Hardenbergschen Reformen zu Beginn des 19. Jahrhunderts ablesen läßt. Mit der Zunftfreiheit gab es neue Probleme: nicht nur die mangelnde Qualität von Produktion und Ausbildung im Handwerk wurde gerügt, sondern auch das soziale Elend der Elends- oder Alleinmeister. Handwerk als meist städtische Produktions- und Wirtschaftsform zeigte auf dem Land ein grundsätzlich anderes Gesicht, denn mit der wohl anzunehmenden früheren Zunftfreiheit waren die Beschränkungen geringer und etwa Schmiede als bezahlte Dorfbedienstete möglich.

Eine hier anzusetzende Handwerksdefinition über Produktions- und Wirtschaftsweisen ist ebenso problematisch wie eine Definition des Handwerks über die Organisationen (Zünfte, Innungen, Kammern etc.). Auch ein Definitionversuch vom Arbeiten her (= mit der Hand schöpferisch tätig sein) vermag nicht zu befriedigen (Kaufhold 1978, 28). So sollte die Bestimmung dessen, was unter Handwerk zu verstehen ist, jeweils für historische Phasen unterschiedlich vorgenommen werden (Fischer 1972). Dabei sind zuweilen wohl technologische, dann wieder soziale und zuweilen auch politische Merkmale dominant – wie etwa im Fall des Nationalsozialismus, bei dem die nachwirkende Mentalität des Alten Handwerks eine verhängnisvolle Allianz mit der nach allen Seiten offenen NS-Ideologie (Kuntz 1982) einging. Der radikalen Veränderung des Handwerks in der Gegenwart, wo sich Handwerk auf Reparieren, Konstruieren, Bauen und small business beziehen kann, wird auch ein solch relativistischer Definitionsversuch nicht gerecht, zumal es ja auch um die Dokumentation und Interpretation völlig neuer Bereiche, wie etwa der kleinsten Designfirmen gehen müßte – die wiederum betrieben werden von Personen, die oft jeder – außer einer geisteswissenschaftlichen – Ausbildung entraten.

Die heile soziale Welt des Ehrbaren Handwerks ist nicht nur in der Gegenwart als Farce (Schnittgers goldener Schnitt) enttarnt worden. Andererseits kämpft Demokratie um sich selbst und dabei immer auch gegen die Verlockungen des Mißbrauchs (Selbstbereicherung). Das wirtschaftliche System Altes Handwerk ist mit Sicherheit weder als reiner Hemmschuh der gesellschaftlichen Entwicklung hin zu mehr Wohlstand und individueller Entfaltung zu interpretieren, noch als reine, positive Utopie, in der Sinn, Ernst, Verantwortung, Umweltgerechtigkeit, Achtbarkeit und Gläubigkeit fröhlichste Urstände gefeiert hätten. Demokratische Prozesse waren im Handwerk sicher als Grundlage der inneren Ordnung angelegt (wobei hier unter Demokratie nicht die Herrschaft der Verwaltung oder politischer Parteien mißverstanden werden soll). Das Handwerk sollte, insbesondere was das 19. Jahrhundert angeht, durchaus auch als Wiege der sozialen Demokratie verstanden werden (Joho, o.J.), so rückwärtsgewandt einige seiner Ziele auch bis in unsere Zeit geblieben sein mögen.

5.5 Zur Spezifik volkskundlicher Handwerksforschung

Eine knappe Literaturübersicht bringt Siuts in diesem Band, ebenso in seiner Veröffentlichung im Hagener Kongreßband von 1993; zu verweisen ist ferner auf Matter (1983) und Kuntz (1982/83). In einer Zeit, in der offensichtlich unter dem Deckmantel der Interdisziplinarität die Abschaffung kleiner Fächer betrieben werden soll, muß sich die Volkskunde der eigenen Wertigkeit als Disziplin überall versichern. Die Volkskunde als empirische Kulturwissenschaft betreibt wesentlich *Grundlagenforschung*, und das bedeutet: Kärrnerarbeit für Anrainerfächer, Materialerhebung, Dokumentation und Archivierung. Ist das etwa im Bereich der Erzählforschung unbestritten (entsprechend gibt es auch eine reichliche Anzahl reiner Forschungseinrichtungen auf diesem Gebiet), so teilen sich diese Aufgabe bei der Handwerksforschung die Archive, Museen und Universitäten. Beispielhaft sind hier die Arbeiten aus Cloppenburg, Münster und Hagen (Stolte 1993) zu nennen, ebenso Würzburg mit einer gelungenen Bündelung von Initiativen. Hier erschienen unter dem Sammeltitel »Schreinerhandwerk in Franken« (Kilian, Neukum, Sangl, Ulmann 1988) mehrere Magisterarbeiten, die dieses Handwerk gleichzeitig und von verschiedenen Ansatzpunkten her bearbeiteten. Mit Siuts ist festzuhalten, wie wenig die soziologische Analyse eines historischen und aktuellen Handwerkszweiges nutzt, wenn man weder weiß, was dieses Handwerk herstellt, noch wie es dies tat, noch wie die Waren bestellt oder vertrieben wurden, woher die Rohstoffe kamen, welche Rolle Familienmitglieder im Betrieb spielten und was die Subsistenz zu bedeuten hatte. Dazu ist es notwendig, Arbeitsvorgänge, Werkstätten, Betriebsgeschichten, Lebens- und Familiengeschichten auf vielfältige Weise zu dokumentieren. Da diese Tätigkeit wissenschaftliche Kärrnerarbeit ist, mithin unspektakulär und nicht am häufigen Paradigmenwechsel orientiert, wird sie zunehmend unbeliebter. Die filmische Dokumentation (die mehr zeigen muß als Hand, Werkzeug und Werkstück; Ballhaus 1995), das durchaus lebensgeschichtlich eingefärbte Interview, lebensgeschichtliche Objekte wie Wanderbücher, Urkunden, Fotos usw. bilden die Grundlage einer umfassenden volkskundlichen Dokumentation. Auch die zeichnerische Aufnahme von Gebäude und Gerät ist nicht gering einzuschätzen. Der Vertrieb der Waren, die Subsistenzwirtschaft, die Nutzung der Waren, auch der Umgang mit ihnen, nachdem sie verbraucht sind, gehören zur Dokumentation der Sammlungen. Hierher gehören auch die lebensgeschichtlichen Spuren, die Bedeutung der Dinge in Brauch und Alltag, kurz das Beziehungsgeflecht zwischen Menschen und Dingen, in welchem sich soziale Ordnung (Brauch) äußert und durch welche diese Ordnung oft genug gesteuert wird (Kuntz 1989, 1991).

Der im kunsthistorisch-kunstgewerblichen Forschungsgebiet allzuoft vernachlässigte Umgang der Menschen mit den Dingen, jener ästhetische Oppositionismus und auch jene kultische Idolatrie mit Designobjekten etwa, sollte getrost zu den wichtigen Desideraten volkskundlicher Gegenwarts-Handwerksforschung gezählt werden. Vielleicht ist das Spezifische an der Volkskunde im Umgang mit der wechselvollen Geschichte des Handwerks die Suche nach jenen Ordnungsfaktoren, die stets wieder in anderen Zusammenhängen und an anderen Objekten festzumachen sind. Selbst dort, wo der Patentmeister (staatliche Einflußnahme auf handwerkliche Selbstverwaltung: droit de patent, Ersatz der Meisterprüfung, später: kleiner Befähigungsnachweis) seine kümmerliche Existenz nur durch die Mitarbeit von Frau und Kindern aufrechterhalten kann, herrschen mehrere ordnungsgebende Faktoren. Volkskundliche Handwerksforschung sollte oft genug durch die Anrainerfächer auf Ergologie und Gerätekunde reduziert werden – doch das eigentliche Kapital unserer Wissenschaft, die ganzheitliche Darstellung von Arbeitsform, Gruppe und Ritual wird oft genug von Nachbarfächern übernommen. Ein so stark Grundlagenforschung betreibendes Fach, wie die Volkskunde als empirische Kulturwissenschaft, versäumt es vielleicht gerade wegen dieser Arbeit am Material gelegentlich, angestammte Forschungsfelder besetzt zu halten.

Literaturverzeichnis

Aagard, Herbert; Bayerl, Günther; Gleitsmann, Rolf-Jürgen: Die technologische Literatur des 18. Jahrhunderts als historische Quelle. Eine kommentierte Auswahl-Bibliographie. In: Das 18. Jahrhundert 4 (1980) 31–61.

Abel, Wilhelm: Handwerksgeschichte in neuer Sicht (Göttinger Beiträge zur Wirtschafts- und Sozialgeschichte, 1). Göttingen 1978.

Abraham, Karl: Der Strukturwandel im Handwerk in der ersten Hälfte des 19. Jahrhunderts und seine Bedeutung für die Berufserziehung (Berufserziehung im Handwerk, 9). Köln 1955.

Albrecht, Wolfgang; Kertscher, Hans-Joachim (Hrsg.): Wanderzwang – Wanderlust. Formen der Raum- und Sozialerfahrung zwischen Aufklärung und Frühindustrialisierung (Hallesche Beiträge zur Europäischen Aufklärung, 11). Tübingen 1999.

Amann, Jost; Sachs, Hans: Eygentliche Beschreibung aller Stände. Frankfurt 1568. (Neudruck Nürnberg 1962).

Assion, Peter: Altes Handwerk und frühe Industrie im deutschen Südwesten. Ein Literaturbericht. Freiburg 1978.

Bake, Rita: Vorindustrielle Frauenerwerbsarbeit. Arbeits- und Lebensweise von Manufakturarbeiterinnen im Deutschland des 18. Jahrhunderts unter besonderer Berücksichtigung Hamburgs. Köln 1984.

Ballhaus, Edmund: Löwe frißt Gams. In: Kuntz 1995, 317–326.

Basedow, Johann Bernhard: Des Elementarwerks zweyter Band. Ein geordneter Vorrath. [...] Sechstes Buch. Von den Beschäftigungen und Ständen der Menschen. Dessau 1774.

Bebel, August: Zur Lage der Arbeiter in den Bäckereien. Stuttgart 1890.

Bebel, August: Aus meinem Leben. Teil 1. Stuttgart 1910.

Bechstedt, Christian W.: Meine Handwerksburschenzeit 1805–1810. Hrsg. v. C. Francke-Roesing. Köln 1925.

Beckermann, Theodor: Die Gründungskosten eines Landmaschinen-Fachbetriebes. In: Der Landmaschinen-Fachbetrieb 16: 22 (1964) 614–627.

Beckmann, Uwe: Die »Arbeitsstelle zur westfälischen Handwerksforschung« des Westfälischen Freilichtmuseums Hagen und des Westfälischen Wirtschaftsarchivs in Dortmund. In: Rheinisch-westfälische Zeitschrift für Volkskunde 37 (1992) 187–190.

Beckmann Uwe; Freese, Birgit (Hrsg.): Hölzerne Zeiten. Die unendliche Karriere eines Naturstoffes (Forschungsbeiträge zu Handwerk und Technik, 6). Hagen 1994.

Beckmann, Uwe (Hrsg.): express. Menschen, Güter, Straßen (Forschungsbeiträge zu Handwerk und Technik, 11). Hagen 1997.

Benscheid, Anja: Kleinbürgerlicher Besitz. Nürtinger Handwerkerinventare 1660–1840. Münster 1985.

Bickel, Beate: »So was macht heute keiner mehr« – Ein Beitrag zur Volkskunde des Drechslerhandwerks. Unveröffentlichte Magisterarbeit. Göttingen 1989.

Bickel, Beate: Die Siegmann-Ponselsche Drechslerei am Rauschenwasser. In: Technische Kulturdenkmale 23 (1991) 19–23.

Bickel, Beate: Drechslerhandwerk in Bovenden. In: Volkskunde in Niedersachsen 2 (1992) 65–73.

Bickel, Beate: Stellmacherwerkstatt. In: Beyrer, Klaus (Hrsg.): Zeit der Postkutschen. Drei Jahrhunderte Reisen. 1600–1900. Frankfurt 1992, 86–89.

Bickel, Beate: »Das ist ja der Hammer!« Zum Handwerkszeug des Schmieds. In: Stolte 1993, 107–118.

Handwerksforschung

Bickel, Beate: »Alles aus Holz erst und dann mit Blech.« Die Stellmacherei Hemmis in Hamm-Heesen. In: Beckmann / Freese 1994, 227–235.
Bickel, Beate: Handwerksforschung. Grundzüge volkskundlicher Handwerksforschung: In: Schwibbe, Gudrun; Spieker, Ira u. a. Hrsg.: Der Hahn im Korb. Allerneueste Geschichten um Rolf Wilhelm Brednich. Festschrift zum 60. Geburtstag. Göttingen 1995, 102–106.
Bickel, Beate: »Lehrjahre sind keine Herrenjahre!« Zur Ausbildung im alten Handwerk (Beiträge zur Volkskultur Nordhessens, 2). Begleitheft zur gleichnamigen Ausstellung im Wasserschloß Wülmersen vom 28. Mai bis 10. September 2000. Kassel 2000.
Bickel, Beate: Von Tabakspfeifen zu Reagenzglasständern – Zum Wandel des Drechslerhandwerks in einer südniedersächsischen Region. In: Schlegel, Birgit (Hrsg.): Altes Handwerk und Gewerbe in Südniedersachsen (Schriftenreihe der Arbeitsgemeinschaft Südniedersächsischer Heimatfreunde, 15). Duderstadt 1998, 187–207.
BIOS. Zeitschrift für Oral History und Biographieforschung. Hrsg. von Werner Fuchs, Albrecht Lehmann und Lutz Niethammer. Redaktion Charlotte Heindritz und Alexander von Plato. Leverkusen-Opladen 1983 ff.
Blessing, Werner K.: »Theuerungsexcesse« im vorrevolutionären Kontext. Getreidetumult und Bierkrawall im späten Vormärz. In: Conze, Werner; Engelhardt, Ulrich (Hrsg.): Arbeiterexistenz im 19. Jahrhundert. Lebensstandard und Lebensgestaltung deutscher Handwerker und Arbeiter. Stuttgart 1982, 356–384.
Bloch, Iwan: Die SA und die Krise des NS-Regimes 1934. Frankfurt a.M. 1970.
Blume-Banniza/Stratenwerth: Rahmenlehrplan für die Lehrmeisterschulung im Handwerk (Praxis der Berufserziehung im Handwerk, 10). Köln 1969.
Brednich, Rolf Wilhelm (u. a. Hrsg.): Lebenslauf und Lebenszusammenhang. Autobiographische Materialien in der volkskundlichen Forschung. Freiburg 1982.
Brodmeier, Beate: Die Frau im Handwerk in historischer und moderner Sicht. Münster 1963.
Brunner, Otto: Das »ganze Haus« und die alteuropäische Ökonomik. In: Ders.: Neue Wege der Verfassungs- und Sozialgeschichte. Göttingen ²1968, 103–127.
Bruns, Albrecht: Die Arbeitsverhältnisse der Lehrlinge und Gesellen im städtischen Handwerk in Westdeutschland bis 1800. Köln 1938.
Buchhagen, Silke: Leben zwischen Existenzbedrohung und Wohlstand. Göttinger Lederhandwerker im 18. und 19. Jahrhundert (Beiträge zur Volkskunde in Niedersachsen, 11; Schriftenreihe der volkskundlichen Kommission für Niedersachsen, 12). Göttingen 1997.
Büld, Bernhard: Holzschuhe und Holzschuhmacherhandwerk im westlichen Münsterland. Ein Beitrag zur Geschichte und Volkskunde des westfälischen Handwerks. Münster/Vreden 1952, ²1980.
Chesi, Valentin: Struktur und Funktion der Handwerksorganisation in Deutschland seit 1933. Ein Beitrag zur Verbandstheorie. Berlin 1966.
Christiansen, Broder-Heinrich: Alltag im Handwerk. Lebensgeschichten hannoverscher Elektrohandwerker. Diss. Göttingen 1983.
Dascher, Ottfried (Hrsg.): »Mein Feld ist die Welt«. Musterbücher und Kataloge 1784–1914. Dortmund 1984.
Davis, Natalie Zemon: Women in the Crafts in Sixteenth-Century Lyon. In: Feminist Studies 8 (1982) 47–80.
Deutsches Heimatwerk, Gemeinnützige GmbH zur Förderung der Bäuerlichen Handwerkskultur und Volkskunst (Berlin W9, Potsdamer Str. 10; 11): Ausstellung für Volkskunst und bodenständiges Handwerk im Lichthof des alten Kunstgewerbemuseums in Berlin SW 11, Prinz-Albrecht-Str. 7. Vom 7. 11.–31. 12. 1933. Berlin 1933.

Diderot, D.; d'Alembert, J.: Encyclopédie, ou Dictionaire raisonné des sciences des arts et métiers, par une société des gens de lettres. Mis en ordre et publié par D. Diderot; et quant à la partie mathématique, par J. d'Alembert. 35 Bde., davon 12 Tafelbde. mit insgesamt 3132 Kupfern. Paris u. a. 1751–1780.

Eggers, Petra: Lebens- und Arbeitswelt der Hamburger Handwerksfrauen im 18. Jahrhundert. Einige methodische Probleme in der Frauengeschichtsschreibung. In: Arbeitsgemeinschaft Volkskundliche Frauenforschung Freiburg (Hrsg.): Frauenalltag – Frauenforschung. Frankfurt 1988, 274–284.

* Elkar, Rainer S. (Hrsg.): Deutsches Handwerk in Spätmittelalter und Früher Neuzeit. Sozialgeschichte, Volkskunde, Literaturgeschichte. Göttingen 1983.

Elkar, Rainer S.: Schola migrationis. Überlegungen und Thesen zur neuzeitlichen Geschichte der Gesellenwanderungen aus der Perspektive quantitativer Untersuchungen. In: Roth 1987, 87–108.

Elkar, Rainer S.: Handwerk als Lebensform. Über das Verhältnis von handwerklicher Existenzsicherung und ritualisiertem Lebenslauf. In: Hugger 1991, 97–114.

Engelhardt, Ulrich (Hrsg.): Handwerker in der Industrialisierung. Lage, Kultur und Politik vom späten 18. bis ins frühe 20. Jahrhundert (Industrielle Welt, 37). Stuttgart 1984.

Emmerich, Wolfgang: Proletarische Lebensläufe. 2 Bde. Reinbek 1974/75.

Endres, Werner: Literatur zur Keramikforschung XV. In: Bayerische Blätter für Volkskunde 19:3 (1992) 155–167.

Engling, I.; Engling H.: Altes Handwerk im Kreis Plön. Von der ersten schriftlichen Überlieferung bis zum Jahr 1867. Plön/Neumünster 1990.

Ersch, J. G.; Gruber, J. G. (Hrsg.): Allgemeine Encyklopädie der Wissenschaften und Künste. Leipzig 1818–1889.

Fischer, Wolfram (Hrsg.): Quellen zur Geschichte des deutschen Handwerks. Göttingen 1957.

Fischer, Wolfram: Wirtschaft und Gesellschaft im Zeitalter der Industrialisierung. Göttingen 1972.

Fröhlich, Sigrid: Die soziale Sicherung bei Zünften und Gesellenverbänden. Berlin 1976.

Gerhard, Ute: Verhältnisse und Verhinderungen. Frauenarbeit, Familie und Rechte der Frauen im 19. Jahrhundert. Frankfurt 1978.

Gestrich, Andreas: Biographie – sozialgeschichtlich. Sieben Beiträge. Göttingen 1988.

Göttsch, Silke: »Auf Brüder, laßt uns wandern…«. Zur Lage der Handwerksgesellen in Schleswig-Holstein in der ersten Hälfte des 19. Jahrhunderts. In: Lühning, Arnold; Stiehler, Uschi (Hrsg.): Handwerk und seine Darstellung im Museum (Kieler Blätter zur Volkskunde, 17). Neumünster 1985, 35–47.

Grießinger, Andreas: Das symbolische Kapital der Ehre. Streikbewegungen und kollektives Bewußtsein deutscher Handwerksgesellen im 18. Jahrhundert. Berlin 1981.

Grießinger, Andreas; Reith, Reinhold: Lehrlinge im deutschen Handwerk des ausgehenden 18. Jahrhunderts. Arbeitsorganisation, Sozialbeziehungen und alltägliche Konflikte. In: Historische Forschung 13 (1986) 149–199.

Händler, J. C.: Biographie eines noch lebenden Schneiders, von ihm selbst geschrieben. Nürnberg 1798.

Halle, Johann Samuel: Werkstäte der heutigen Künste, oder die neue Kunsthistorie. 6 Bde. Brandenburg/Leipzig 1761–1779.

Hampe, Heinrich: Töpferware aus Oberode an der Werra vom 16. bis zum Beginn des 20. Jahrhunderts (Sydekum-Schriften zur Geschichte der Stadt Münden, 30). Hann. Münden 1999.

Handwerk in Thüringen als Kultur- und Wirtschaftsfaktor. Tagung Elgersburg 1995. (Thüringer Hefte für Volkskunde, 5). Erfurt 1997.
Hansen, Wilhelm: Historische Bildquellen zu alten Geräten. In: Volkskunst 3:2 (1980) 73–78.
Harzheim, Gabriele: Der Kupferschmied. Werkstatt Johannes Jansen (Landschaftsverband Rheinland, Amt für rheinische Landeskunde, Landes- und volkskundliche Filmdokumentation, 9). Köln 1996.
Hauptverband: Ratgeber für die Umstellung einer Schmiedewerkstatt auf die Reparatur von Schleppern und Landmaschinen. Hrsg. v. Hauptverband des Deutschen Schmiedehandwerks, Hannover – landtechnische Beratungsstelle Augsburg. o. O., o.J.
Hugger, Paul (Hrsg.): Altes Handwerk. Filmbegleithefte. 5 Bde. Basel 1967–1980.
Hugger, Paul (Hrsg.): Handwerk zwischen Idealbild und Wirklichkeit. Kultur- und sozialgeschichtliche Beiträge. Bern/Stuttgart 1991.
Ichikawa, Y.: Die Stellung der Frauen in den Handwerksämtern im spätmittelalterlichen und frühneuzeitlichen Lübeck. In: Verein für Lübeckische Geschichte und Altertumskunde 66 (1986) 91–118.
Internationales Handwerksgeschichtliches Symposium. Vesprém 1978, 1982, 1986. Hrsg. v. d. Ungarischen Akademie d. Wissenschaften. Vesprém 1979, 1985, 1987.
Jahrbuch des Deutschen Handwerks, 1. 1. 1934 bis 31. 12. 1935. Berlin 1936.
Joho, W.: Traum von der Gerechtigkeit. Die Lebensgeschichte des Handwerksgesellen, Rebellen und Propheten Wilhelm Weitling. o. O., o.J.
Kaiser, Hermann: Handwerk und Kleinstadt. Das Beispiel Rheine (Beiträge zur Volkskultur in Nordwestdeutschland, 7). Münster 1978.
Kapfhammer, Günter: Mobilität landwirtschaftlicher Arbeiter in Bayern. Abenteuerlust war es nicht! Volkskundliche Untersuchungen zur historischen Mobilität landwirtschaftlicher Arbeiter in Bayern und angrenzenden Gebieten. Literaturstudien, Feld- und archivalische Quellenforschung (Veröffentlichungen zur Volkskunde und Kulturgeschichte, 34). Würzburg 1989.
Kaufhold, Karl Heinrich: Umfang und Gliederung des deutschen Handwerks um 1800. In: Abel 1978, 27–63.
Kaufhold, Karl Heinrich: Das Gewerbe in Preußen um 1800. Göttingen 1978a.
Kaufhold, Karl Heinrich: Handwerksgeschichtliche Forschung in der Bunderepublik Deutschland. Überlegungen zur Entwicklung und zum Stande. In: Engelhardt 1984, 20–33.
* Kaufhold, Karl Heinrich: Volkskunde und Handwerksgeschichte. In: Göttsch, Silke und Sievers, Kai Detlev (Hrsg.): Forschungsfeld Museum. Festschrift für Arnold Lühning zum 65. Geburtstag (Kieler Blätter zur Volkskunde, 20). Kiel 1988, 115–135.
Keller, Bernhard: Das Handwerk im faschistischen Deutschland. Köln 1980.
Kerkhoff-Hader, Bärbel: Lebens- und Arbeitsformen der Töpfer in der Südwesteifel. Ein Beitrag zur Steinzeugforschung im Rheinland (Rheinisches Archiv, 110). Bonn 1980.
Kerkhoff-Hader, Bärbel; Endres, Werner (Hrsg.): Keramische Produktion zwischen Handwerk und Industrie. Alltag – Souvenir – Technik. Beiträge zum 31. Internationalen Hafnerei-Symposion des Arbeitskreises für Keramikforschung in Bamberg vom 28. September bis 4. Oktober 1998 (Bamberger Beiträge zur Volkskunde, 7). Hildburghausen 1999.
Kettemann, Otto: Handwerk in Schleswig-Holstein. Geschichte und Dokumentation im Schleswig-Holsteinischen Landesmuseum (Studien zur Volkskunde und Kulturgeschichte Schleswig-Holsteins, 18). Neumünster 1987.

Kilian, Ruth; Neukum, Michaela; Sangl, S.; Ulmann, Bettina: Schreinerhandwerk in Franken (Veröffentlichungen zur Volkskunde und Kulturgeschichte, 31). Würzburg/München 1988 (Hervorgegangen aus Magisterarbeiten über Werkstattbücher, Archivalien in Kitzingen, Stadtarchivalien Bambergs, Statistischen Quellen, Coburger Archivalien – sämtlich zum Schreinerhandwerk).

Klötzer, Wolfgang: Archivalische Quellen zur Zunft und Gewerbegeschichte. In: Blätter für Deutsche Landesgeschichte NF 118 (1982) 45–59.

Köln: Die geschichtliche Entwicklung der Handwerkslehre bis zum Beginn des 20. Jahrhunderts, zusammengestellt vom Institut für Berufserziehung im Handwerk an der Universität Köln (Praxis der Berufserziehung im Handwerk, 1). Köln 1958.

Köstlin, Konrad: Gilden in Schleswig-Holstein. Die Bestimmung des Standes durch Kultur. Göttingen 1976.

Kosel, Franz Josef: Das Handwerk der Maler und Anstreicher in einer industriellen Kleinstadt des 20. Jahrhunderts (Ahlen 1900–1980) (Beiträge zur Volkskultur in Nordwestdeutschland, 61). Münster 1988.

Kramer, Karl-Sigismund: Altmünchner Handwerk. Bräuche, Lebensformen, Wanderwege. In: Bayerisches Jahrbuch für Volkskunde 1958, 111–137.

Kramer, Karl-Sigismund: Arbeitsanfang und -abschluß als Kernelement des Brauchtums. In: Heilfurth/Weber-Kellermann 1967, 354–361.

Kramer, Karl-Sigismund: Artikel »Ehrliche/Unehrliche Gewerbe«. In: Handwörterbuch zur Deutschen Rechtsgeschichte 1 (1971) 855–858.

Kramer, Karl-Sigismund: Handwerker und Bürger im Schachzabelbuch. Mittelalterliche Ständegliederung nach Jacobus de Cessolis (Bayerisches Nationalmuseum München, Forschungshefte, 14). München 1995.

Krünitz, Johann Georg: Ökonomisch-technologische Enzyklopädie oder allgemeines System der Staats-, Stadt-, Haus- und Landwirtschaft. Mit Kupfern. 242 Bde. Berlin 1773–1858.

Kruse, A.: Entwicklungstendenzen im westdeutschen Dorfhandwerk. Frankfurt 1965.

Kühne, Andreas: Ziegler in Mittelfranken. Arbeits- und Lebensverhältnisse um 1900 im Spiegel archivalischer Quellen (Passauer Studien zur Volkskunde, 16). Passau 1998.

Kuntz, Andreas: Das Museum als Volksbildungsstätte. Museumskonzeptionen in der deutschen Volksbildungsbewegung von 1871 bis 1918. Marburg 1980, Bamberg ²1994.

Kuntz, Andreas: Die alte Schmiede in Heerdt. Düsseldorf 1981.

Kuntz, Andreas: Anmerkungen zum Handwerk im Nationalsozialismus. In: Zeitschrift für Volkskunde 78 (1982) 187–199.

Kuntz, Andreas: Tendenzen volkskundlicher Handwerks- und Geräteforschung. In: Hessische Blätter für Volks- und Kulturforschung NF 14/15 (1982/83) 150–165.

Kuntz, Andreas: Innovationen im handwerklichen Arbeitsbereich. Das Beispiel des Schmiedehandwerks, besonders auf dem Lande. In: Bausinger, Hermann und Köstlin, Konrad (Hrsg.): Umgang mit Sachen. Zur Kulturgeschichte des Dinggebrauchs. Volkskundekongreß 1981. Regensburg 1983a, 175–190.

Kuntz, Andreas: Bäckerhandwerk in Düsseldorf. Arbeits- und Lebensräume. Düsseldorf 1983 b.

Kuntz, Andreas: Düsseldorf – Texte und Fotos. Darin: Thyssen, Fritz: I Paid Hitler (Auszüge, übersetzt und zusammengestellt von Andreas Kuntz aus der Autobiographie von Fritz Thyssen: I Paid Hitler, London 1941). Düsseldorf 1984.

Kuntz, Andreas: Hufschmied. In: Reith 1990, 113–117.

Kuntz, Andreas: Biographisches Erinnern und keramische Produktion. Zur biographischen Methode in der Sachkulturforschung. In: Lehmann, Albrecht und Kuntz, Andreas (Hrsg.): Sichtweisen der Volkskunde. Zur Geschichte und Forschungspraxis einer Disziplin (Lebensformen, 3). Berlin 1988, 381–391.
Kuntz, Andreas: Zur gegenstandsbestimmten Ritualisierung familiärer Geschichtsarbeit. Interpretation dreier Beispiele aus dem Themenfeld »Lebensgeschichten und Erinnerungsgegenstände«. In: BIOS 2 (1989) 67–89.
Kuntz, Andreas: Objektbestimmte Ritualisierungen. Zur Funktion von Erinnerungsobjekten bei der Bildung familialer Geschichtstheorien. In: Bönisch-Brednich, Brigitte; Brednich, Rolf Wilhelm; Gerndt, Helge (Hrsg.): Erinnern und Vergessen. Volkskundekongreß 1989. Göttingen 1991, 219–234.
Kuntz, Andreas (Hrsg.): Arbeiterkulturen. Vorbei das Elend, aus der Traum? Düsseldorf 1993 a.
Kuntz, Andreas (Hrsg.): Geschichten von Ellertalern. Bamberg 1993 b.
Kuntz, Andreas (Hrsg.): Lokale und biographische Erfahrungen. Studien zur Volkskunde (»Gast am Gabelmann«). Münster/New York 1995.
Lächele, Rainer (Hrsg.): Hans Ludwig Nehrlich: Erlebnisse eines frommen Handwerkers im späten 17. Jahrhundert (Hallesche Quellenpublikationen und Repertorien, 1). Halle 1997.
Lehmann, Albrecht: Erzählstruktur und Lebenslauf. Frankfurt / New York 1983.
Lehmann, Albrecht: Erzählen zwischen den Generationen. In: Fabula 30 (1989) 1–25.
Lindloff, Axel: Handwerk in der Industrialisierung. Eine kleinstädtische Schreinerei zwischen Anpassung und Verdrängung (Waldeckische Forschungen, Wissenschaftliche Reihe des Waldeckischen Geschichtsvereins, 7). Arolsen 1995.
Lindloff, Axel: Erlebnis Handwerk. Museen und Sammlungen in Deutschland. Hamburg 1999.
Lühning, Arnold; Stiehler, Uschi (Hrsg.): Handwerk und seine Darstellung im Museum. Vorträge und Diskussionen der »Arbeitsgruppe Kulturgeschichtlicher Museen in der Deutschen Gesellschaft für Volkskunde«, Schloß Gottorf bei Schleswig 1984 (Kieler Blätter zur Volkskunde, 17). Kiel 1985.
Lutum, Paula: 150 Jahre Anschreibebücher – ein Stück Heerdter Handwerks- und Familiengeschichte. In: Kuntz, Andreas: Die alte Schmiede in Heerdt (Düsseldorfer Handwerk heute, 2). Düsseldorf 1981. o. P.
Lutum, Paula: Schneidermeisterinnen in Münster (Beiträge zur Volkskultur in Nordwestdeutschland, 59). Münster 1987.
Mai, Silvia C. E.: Mit Haupt und Haar. Die Entstehung des Friseurhandwerks unter Einbeziehung seiner Entwicklung in Münster. Münster/New York 1995.
Mannheims, Hildegard; Roth, Klaus: Nachlaßverzeichnisse. Internationale Bibliographie (Beiträge zur Volkskultur in Nordwestdeutschland, 39). Münster 1984.
Martin, Andreas: Seltenes Handwerk in Sachsen: Pfefferküchler. Mit dem Hennig'schen Back- und Anleitungsbuch für die Pfefferküchlerei aus dem Jahre 1845. Dresden 1996.
Matter, Max: Volkskunde des Handwerks als Sozialgeschichte des Handwerks? Versuch eines Überblicks über volkskundliche Handwerksforschung. In: Elkar 1983, 183–201.
Meyer, J. (Hrsg.): Das große Conversations-Lexicon für die gebildeten Stände. 46 Bde. Leipzig 1840–1855.
Möller, Helmut.: Die kleinbürgerliche Familie im 18. Jahrhundert. Berlin 1969.
Mohrmann, Ruth-E.: Handwerk und Obrigkeit. Beobachtungen zur »Gewerbefreiheit« in Schleswig-Holstein nach 1615. In: Kieler Blätter für Volkskunde 10 (1978) 29–48.

Mohrmann, Ruth-E.: Archivalische Quellen zur Sachkultur. In: Wiegelmann, Günter (Hrsg.): Geschichte der Alltagskultur. Aufgaben und neue Ansätze (Beiträge zur Volkskultur in Nordwestdeutschland, 21). Münster 1980, 69–86.

Mohrmann, Ruth–E.; Rodekamp, Volker; Sauermann, Dietmar (Hrsg.): Volkskunde im Spannungsfeld zwischen Universität und Museum. Festschrift für Hinrich Siuts zum 65. Geburtstag (Beiträge zur Volkskultur in Nordwestdeutschland, 95). Münster u. a. 1997.

Moritz, Marina (Hrsg.): Korbmacherhandwerk in Thüringen. Begleitheft zur Sonderausstellung (Schriften des Museums für Thüringer Volkskunde Erfurt, 1). Erfurt 1994.

Neumann, Siegfried (Hrsg.): Ein Handwerkerleben in Mecklenburg. Die Autobiographie des Paul Friedrich Kaeding (Wossidlo-Archiv – Institut für Volkskunde in Mecklenburg-Vorpommern, Kleine Schriften, 6). Rostock 1998.

Noll, Adolf: Sozio-ökonomischer Strukturwandel des Handwerks in der zweiten Phase der Industrialisierung unter besonderer Berücksichtigung der Regierungsbezirke Arnsberg und Münster (Studien zum Wandel von Gesellschaft und Bildung im 19. Jahrhundert, 10). Göttingen 1975.

Obschernitzski, Doris: »Der Frau ihre Arbeit!« – Lette-Verein: Zur Geschichte einer Berliner Institution 1866–1986. Berlin 1987.

Ottenjann, Helmut; Wiegelmann, Günter (Hrsg.): Alte Tagebücher und Anschreibebücher. Münster 1982.

Peschel-Wacha, Claudia: Mit dem Gefühl der Hände. Zeitgenössische Töpfer in Niederösterreich (Kataloge des Österreichischen Museums für Volkskunde, 69). Wien 1997.

Rasmussen, Holger: Interieure und exterieure Museen. Zur Geschichte der nordischen volkskundlichen Museen. In: Bringemeier, Martha; Pieper, Paul; Schier, Bruno; Wiegelmann, Günter (Hrsg.): Museum und Kulturgeschichte. Festschrift für Wilhelm Hansen. Münster 1978, 39–46.

Rehbein, Franz: Das Leben eines Landarbeiters. Hrsg. v. K. W. Schafhausen (zuerst: hrsg. v. P. Göhre, Jena 1911). Unveränderter Nachdruck der Erstausgabe. Darmstadt/Neuwied 1973.

Reininghaus, Wilfried: Die Entstehung der Gesellengilden im Spätmittelalter. Wiesbaden 1981.

* Reith, Reinhold: Arbeits- und Lebensweise im städtischen Handwerk. Zur Sozialgeschichte Augsburger Handwerksgesellen im 18. Jahrhundert (1700 – 1800) (Göttinger Beiträge zur Wirtschafts- und Sozialgeschichte, 14). Göttingen 1988.

Reith, Reinhold (Hrsg.): Lexikon des Alten Handwerks. Vom späten Mittelalter bis ins 20. Jahrhundert. München 1990 a.

Reitz-Töller, Marie-Luise: Die Putzmacherin – ein weibliches Handwerk (Studien zur Volkskultur in Rheinland-Pfalz, 24). Mainz 1998.

Renzsch, Wolfgang: Handwerker und Lohnarbeiter in der frühen Arbeiterbewegung. Zur sozialen Basis von Gewerkschaften und Sozialdemokratie im Reichsgründungsjahrzehnt. Göttingen 1980.

Rodekamp, Volker: Das Drechslerhandwerk in Ostwestfalen. Ein traditionelles Handwerk im Strukturwandel des 20. Jahrhunderts (Beiträge zur Volkskultur in Nordwestdeutschland, 29). Münster 1981.

Roth, Klaus (Hrsg.): Handwerk in Mittel- und Südosteuropa. Mobilität, Vermittlung und Wandel im Handwerk des 18. bis 20. Jahrhunderts. München 1987.

Saal, C. Th. B.: Wanderbuch für junge Handwerker oder populäre Belehrungen. Weimar 1842. Reprint der Originalausgabe Leipzig 1982.

Sauermann, Dietmar: Altes Handwerk auf dem Lande. Münster 1991.

Schade, Oskar: Deutsche Handwerkslieder. Leipzig 1865.
Schlegel, Birgit (Hrsg.): Altes Handwerk und Gewerbe in Südniedersachsen (Schriftenreihe der Arbeitsgemeinschaft Südniedersächsischer Heimatfreunde, 15). Duderstadt 1998.
Schlieper, Friedrich u. a.: Handwörterbuch der Berufserziehung. Köln 1946.
Schröder, Hans Joachim: Die gestohlenen Jahre. Erzählgeschichten und Geschichtserzählung im Interview: Der zweite Weltkrieg aus der Sicht ehemaliger Mannschaftssoldaten. (Studien und Texte zur Sozialgeschichte der Literatur, 37). Tübingen 1992.
Schulenburg, Wolfgang: Pädagogische Maßnahmen zur Intensivierung der Handwerkslehre (Praxis der Berufserziehung im Handwerk, 1). Köln 1957.
Schuster, Dora: Die Stellung der Frau in der Zunftverfassung (Quellenhefte zum Frauenleben in der Geschichte, 7). Berlin 1927.
Schwarz, Gerard: »Nahrungsstand« und »erzwungener Gesellenstand«. Mentalité und Strukturwandel des bayrischen Handwerks im Industrialisierungsprozeß um 1860. Berlin 1974.
Seeliger, Matthias: Zum Umgang mit Schriftquellen in der Sach- und Handwerksforschung. In: Volkskunde in Niedersachsen 5 (1988) 23–26.
Seeliger, Matthias: Pfeifenmacher und Tonpfeifen zwischen Weser und Harzvorland. Geschichte der Handwerker und ihrer Erzeugnisse (Schriftenreihe der Volkskundlichen Kommission für Niedersachsen, 7) Göttingen 1993.
Simon, Manfred: Handwerk in Krise und Umbruch. Wirtschaftliche Forderungen und Sozialpolitische Vorstellungen der Handwerksmeister im Revolutionsjahr 1848/49 (Neue Wirtschaftsgeschichte, 16). Köln/Wien 1983.
Simon-Muscheid, Katharina (Hrsg.): »Was nützt die Schusterin dem Schmied?« Frauen und Handwerk vor der Industrialisierung (Studien zur Historischen Sozialwissenschaft, 22). Frankfurt a. M./ New York 1998.
Siuts, Hinrich: Probleme der Erforschung und Darstellung einer vergangenen bäuerlichen und handwerklichen Arbeitswelt. In: Bringemeier, Martha; Pieper, Paul; Schier, Bruno; Wiegelmann, Günter (Hrsg.): Museum und Kulturgeschichte. Festschrift für Wilhelm Hansen. Münster 1978, 127–144.
Siuts, Hinrich: Bäuerliche und handwerkliche Arbeitsgeräte in Westfalen. Die alten Geräte der Landwirtschaft und des Landhandwerks 1890 – 1930. Münster 1982, ²1988
Siuts, Hinrich: Musterbücher und Firmenarchivalien als Quellen für die bäuerliche und handwerkliche Arbeit im 19. und 20. Jahrhundert. In: Dascher 1984, 61–65.
Siuts, Hinrich: Aufgaben und Probleme volkskundlicher Handwerksforschung. In: Göttsch, Silke; Sievers, Kai Detlef (Hrsg.): Forschungsfeld Museum. Fs. für Arnold Lühning zum 65. Geburtstag (Kieler Blätter zur Volkskunde, 20). Kiel 1988, 295–305.
Skalweit, August: Das Dorfhandwerk vor Aufhebung des Städtezwangs. Frankfurt 1942.
Söntgen, Rainer: Stellmacherei Kilian Gut. Untersuchung zum Wandel des Handwerkes im Rheinland im 20. Jahrhundert (Werken und Wohnen. Volkskundliche Untersuchungen im Rheinland, 23). Köln 1996.
Sprengel, Peter Nathanael: Handwercke und Künste in Tabellen. (Fortsetzung durch Otto Ludwig Hartwig). 17 Teile. Erstauflage Berlin 1767–1777. Neue Auflage Berlin 1778–1795.
Stenkamp, Hermann-Josef: Karren und Wagen. Fahrzeugbauer und Fahrzeugtypen in der Region Niederrhein, Westmünsterland, Achterhoek und Liemers vom 18. Jahrhundert bis in die Gegenwart (Werken und Wohnen. Volkskundliche Untersuchungen im Rheinland, 24). Köln 1997.

Stolte, Andreas (Bearb.): Vom heißen Eisen. Zur Kulturgeschichte des Schmiedens (Forschungsbeiträge zu Handwerk und Technik, 4). Hagen 1993.

Stopp, Klaus: Die Handwerkskundschaften mit Ortsansichten. Beschreibender Katalog der Arbeitsattestate wandernder Handwerksgesellen (1731–1830). 17 Bde. Stuttgart 1982–1989.

Stürmer, Michael: Herbst des Alten Handwerks. Zur Sozialgeschichte des 18. Jahrhunderts. München 1979.

Stürmer, Michael: Handwerk und höfische Kultur. München 1982.

Treue, Wilhelm u. a. (Hrsg.): Das Hausbuch der Mendelschen Zwölfbrüderstiftung zu Nürnberg. Text- und Bildband. München 1965.

Theobald, Doris: Ein Handwerker aus dem Brucker Land gestaltet sein Leben. Der Maler Mathias Schamberger 1897–1987 (Jerxhof-Heft, 13). Fürstenfeldbruck 1998.

Vanja, Christine: Frauenarbeit in der vorindustriellen Gesellschaft. Fragestellungen – Quellen – Forschungsmöglichkeiten. In: Arbeitsgruppe Volkskundliche Frauenforschung Freiburg (Hrsg.): Frauenalltag-Frauenforschung. Frankfurt 1988, 261–273.

Vogtherr, Hans Jürgen: Die Schmiede aus Bodenteich. Untersuchungen zur Geschichte des ländlichen Handwerks (Veröffentlichungen des Landwirtschaftsmuseums Lüneburger Heide, 3). Uelzen 1979.

Walter, Paul: Kultur und Handwerk. Zur Ersten Internationalen Handwerksausstellung in Berlin. In: Kunst im III. Reich, Ausg. A. Berlin 1938, 204–207. (Paul Walter war »Leiter des Deutschen Handwerks« bei der DAF).

Weigel, Christoph: Abbildung und Beschreibung der Gemein-Nützlichen Haupt-Ständen... Mit 277 Kupfern. Regensburg 1698. Nachdruck Nörtlingen 1987.

Wensky, Margret: Die Stellung der Frau in der stadtkölnischen Wirtschaft im Spätmittelalter. Köln 1980.

Wesoly, Kurt: Der weibliche Bevölkerungsanteil in spätmittelalterlichen und frühneuzeitlichen Städten und die Betätigung von Frauen im zünftigen Handwerk (insbes. am Mittel- und Oberrhein). In: Zeitschrift für Geschichte des Oberrheins 128 (1980) 69–117.

Wissell, Rudolf: Des alten Handwerks Recht und Gewohnheit. Bd. 1 und 2. Hrsg. v. der Arbeitsgemeinschaft für deutsche Handwerkskultur. Berlin 1929. Neuausgabe. Bearbeitet und hrsg. v. Ernst Schraepler/Harald Reissig. 6 Bde. Berlin 1971–1988.

Zerwas, Hans-Jörg: Arbeit als Besitz. Das ehrbare Handwerk zwischen Bruderliebe und Klassenkampf 1848. Reinbek 1988.

Rolf Wilhelm Brednich

Bildforschung

> Es gibt keine unschuldigen Bilder
> (N.-A. Bringéus)

1. Allgemeines und Forschungsgeschichte

Im Gegensatz zur unübersehbaren Bedeutung des Bildes als Geschichtsquelle, als Medium der Information, der Unterhaltung, Belehrung, Propaganda und Indoktrination hat sich in der Volkskunde ein Interesse an der systematischen Erforschung von Bildquellen erst relativ spät entwickelt. Dies hängt zweifellos damit zusammen, daß Bilder in der älteren Forschung vorwiegend als Ausdruck individuellen Kunstschaffens galten, die dem Rezipienten Kunstgenuß vermitteln sollten. Im 19. Jahrhundert, als die Autoren wissenschaftlicher Veröffentlichungen sich noch entschuldigen mußten, wenn sie es wagten, ihre Publikationen mit Illustrationen auszustatten, blieb die Erforschung von Bildern daher vorwiegend auf die künstlerischen Spitzenleistungen und somit auf die Disziplin Kunstgeschichte beschränkt. Bis zur Anerkennung von Bildern als »Texten« der nonverbalen Kommunikation, die anderen Forschungstexten ebenbürtig sind, war es noch ein weiter Weg. Erst im 20. Jahrhundert wurde allmählich das massenproduzierte Bild von anderen Wissenschaftsgebieten, darunter auch der Volkskunde, als Forschungsanliegen entdeckt. Der Durchbruch zu einem nachhaltigen und seither noch immer im Wachsen begriffenen Interesse an der Erforschung von Bildquellen ist aber zweifellos erst nach dem Zweiten Weltkrieg erfolgt, ein Interesse, welches schließlich auf Initiative von Nils-Arvid Bringéus 1984 in Lund in der Gründung einer Kommission für ethnologische Bildforschung der SIEF mündete. Aus dieser Institutionalisierung der Imagerieforschung als einem gemeinsamen Anliegen der Europäischen Ethnologie leitet sich auch die Berechtigung her, diesem Forschungsgebiet im Rahmen des vorliegenden *Grundriß* ein eigenes Kapitel zu widmen. Über die Aufgaben dieses Forschungsfeldes hat sich Bringéus folgendermaßen geäußert: »Das Bildstudium ist für den Ethnologen eine Form von Kulturanalyse. Das Bild ist ein Text, aber dieser Text muß in seinem gesellschaftlichen Zusammenhang studiert werden, um ausgiebig gedeutet werden zu können. Man könnte also von einer kontextuellen Bildforschung sprechen, die das Ziel hat, ein tieferes Verständnis des Menschen selbst zu erreichen« (Bringéus 1986, 11). Die Forschungsgeschichte im deutschsprachigen Mitteleuropa beginnt mit dem Namen des Berliner Volkskundlers und Literaturwissenschaftlers *Johannes Bolte* (1858–1937). Sein Interesse an frühen Flugblättern und Bilderbogen resultierte aus der volksliterarischen Motivforschung; in zahlreichen Aufsätzen zur Erzählforschung hat er Bildbelege zu Themen der europäischen Imagerie berücksichtigt (z. B. Altweibermühle, Doktor Siemann und Doktor Kolbmann, Fuchs predigt den Gänsen, Hahnrei, Hasen braten den Jäger, Neithart, hl. Niemand, Schlaraffenland; Nachweise bei Böhm 1933). Bolte hat auch als erster auf einen der großen europäischen Bilderhändler des 17. Jahrhunderts, Paulus Fürst in Nürnberg (1605–1666), aufmerksam gemacht (Bolte 1910), dem Theodor Hampe später eine Monographie widmete (Hampe 1914/15). Blieben solche Forschungen anfangs noch eher die Ausnahme, so hatte man unter dem Zeichen des Positivismus immerhin bereits damit begonnen, historische Bildquellen in Form von *Katalogen und Editionen* für die spätere Erforschung bereitzustellen. Hierzu zählen etwa die monumentalen Ausgaben von Paul Heitz zu den Einblattholzschnitten des 15. Jahrhunderts (Heitz 1899–1942), von Max Geisberg zu den Einblattholzschnitten des 16. Jahrhunderts (Geisberg 1923–30), Eugen Diederichs zweibändiger Atlas »Deutsches Leben der Vergangenheit in Bildern« (Diederichs 1907–09) sowie Georg Steinhausens Monographien zur deutschen Kulturgeschichte (1899–1905).

Nachdem sich die Imagerieforschung in Frankreich, Belgien, den Niederlanden und Italien bereits vor dem Ersten Weltkrieg zu etablieren begann, setzte die systematisch betriebene volkskundliche Bildforschung in Deutschland in den 1920er Jahren mit *Adolf Spamer* (1883–1953) ein. Sein Hauptwerk hat er dem kleinen Andachtsbild (1930) gewidmet, mit Weißenburg/Elsaß tritt bei ihm erstmals eine der wichtigsten mitteleuropäischen Produktionsstätten von Bilderbogen und Wandschmuck des 19. Jahrhunderts in den Blick (Spamer 1938), seine »Deutsche Volkskunde« von 1933/34 wartet mit einem eigenen Bildatlas auf, und in einem Beitrag zur Festschrift für Otto Lauffer werden zum ersten Mal die Umrisse einer vergleichenden europäischen Bildforschung sichtbar, der folgender Fragenkatalog aufgetragen wird: »Was führt den Volksmenschen zum Bilderbogen? Was interessiert ihn dauernd an ihm? Was wird von den Vorwürfen der Bilderbogen durch die Jahrhunderte weitergeschleppt, was ist kurzlebiges, modisches Zeitgut? Wie unterscheidet sich der deutsche Bilderbogen in Form und Stoff und Einzelmotiv von dem französischen, dem russischen usw.? Wo trennt sich innerhalb des Bilderbogengutes das Schau- und Erzählbild vom Gedenkblatt und dem apotropäischen Haussegen? Wie werden die Bilderbogen erworben, wie aufbewahrt?« (Spamer 1934, 131). In seiner großen Monographie zum Bilderbogenthema von der »Geistlichen Hausmagd« hat Spamer auf solche und ähnliche Fragen umfassend Antwort gegeben (Spamer 1969). Gleichzeitig mit Spamer hatte der Berliner Kunsthistoriker Wilhelm Fraenger (1890–1964) sein Forschungsinteresse den deutschen Vorlagen zu russischen Bilderbogen (Lubok, pl. lubki; vgl. Sytowa 1984) des 18. Jahrhunderts zugewandt und in letzteren ein so hohes Maß an schöpferischer Umformung und Aneignung erkannt, daß sein Aufsatz (Fraenger 1926) gleichzeitig als ein bedeutender Beitrag zur Falsifizierung der Naumannschen Lehre vom Gesunkenen Kulturgut angesehen werden kann.

Nach dem deutschen Zusammenbruch lenkte als erster der Münchner Literatur- und Bibliothekswissenschaftler Hellmut Rosenfeld das Interesse der Volkskunde auf die Weiterführung dieses Forschungszweiges hin. Er erkannte, daß den frühen Bilderbogen aus den Offizinen der Frühdrucker handgemalte mittelalterliche Bilderbogen vorausgegangen waren (Rosenfeld 1954a), die z. B. für die Überlieferung des Totentanz-Themas (Rosenfeld 1954b) von Bedeutung wurden; ferner wandte er seine Aufmerksamkeit weiteren Forschungsthemen wie Einblattkalendern und Spielkarten zu (Rosenfeld 1958; 1962). In der Folgezeit war es zunächst die Spamer-Schülerin *Christa Pieske*, die aufgrund ihrer rasch anwachsenden Privatsammlung von Wandbildern das Augenmerk des Faches auf neue Forschungsaufgaben hingelenkt und durch eine bedeutende Anzahl von Publikationen und Ausstellungen die Bildforschung zu internationaler Anerkennung und Beachtung geführt hat (Pieske 1985, 1988). Populäre Druckgraphik wurde eigentlich erst mit Beginn der 70er Jahre ein allgemein anerkanntes Sammelgebiet der kulturgeschichtlich-volkskundlichen Museen. Nach außen hin sichtbar wurde der Aufschwung, den die Bildforschung erfuhr, in der 10bändigen Veröffentlichungsreihe »Populäre Druckgraphik Europas«, die zunächst in Mailand und später in München erschien (Populäre Druckgraphik 1968–79). Die Bände stehen stellvertretend für die Erforschung der europäischen Imagerie populaire, die besonders in Frankreich schon früh eine Pflegestätte besaß (vgl. Duchartre/Saulnier 1944); aber auch Belgien und die Niederlande (Heurck/Boekenoogen 1930), England, Spanien, Italien (Bertarelli 1974), Russland (Sytowa 1984) sowie die skandinavischen Länder (Clausen 1985) weisen entsprechend der Bedeutung der in diesen Ländern existenten Zentren der Bildproduktion gewichtige Forschungsbeiträge auf. Sie können in dem vorliegenden Überblick aus Platzgründen nur exemplarisch mitbehandelt werden. Im gleichen Münchner Verlag Callwey, in dem die »Populäre Druckgraphik« erschien, wurde zwischen 1978 und 1990 von Gertrud Benker das Periodikon »Volkskunst. Zeitschrift für volkstümliche Sachkultur« herausgegeben. Damit stand der Bildforschung vorübergehend auch ein Organ zur Veröffentlichung kleinerer Forschungsbeiträge zur Verfügung.

In der gleichen Zeit begann sich die Bildforschung auch als Unterrichtsgegenstand an den deutschen Universitäten zu etablieren. Dies ist wesentlich das Verdienst von *Wolfgang Brückner, Martin Scharfe* und *Rudolf Schenda*. Brückner, dessen Frankfurter Habilitationsschrift bereits ein Bildthema behandelte (1966), hat zu der erwähnten Serie mit seinem Band Deutschland ein Handbuch der Imagerieforschung vorgelegt (Brückner 1969, ²1975) und 1973 in einer gemeinsam mit Christa Pieske vorbereiteten Ausstellung »Die Bilderfabrik« (Brückner/Pieske 1973) die industrielle Wandschmuckproduktion als neues Anliegen in die volkskundliche Bildforschung eingebracht. In einem Literaturbericht zur Massenbilderforschung konnte er allein für die Jahre 1968–1978 insgesamt 245 deutschsprachige Veröffentlichungen nachweisen (Brückner 1979). Aus seiner Würzburger Schule sind inzwischen zahlreiche Examensarbeiten zu diesem Forschungsgebiet hervorgegangen (Informationen hierzu finden sich in den Bayerischen Blättern für Volkskunde). Von Scharfe liegen u. a. eine Monographie über evangelische Andachtsbilder und ein ideologiekritischer Beitrag über die Stuttgarter Bilderbogen vor (Scharfe 1968; 1971–73). Schenda hat sich von der Lesestoff-Forschung herkommend zunehmend auch den Problemen des Bilderhandels (Schenda 1984) und des »Lesens« von Bildern (Schenda 1987) zugewandt. Unter Scharfe und Schenda besaß vorübergehend auch das Ludwig-Uhland-Institut der Universität Tübingen einen Schwerpunkt in empirischer Bildforschung (Wandschmuckforschung 1970). Nils-Arvid Bringéus hat im schwedischen Titel seines Lehrbuches das Forschungsgebiet als »Bildlore« bezeichnet (Bringéus 1981). Die deutsche Forschung ist ihm darin nicht gefolgt; allerdings ist auch der deutsche Titel dieses Buches »Volkstümliche Bilderkunde« (Bringéus 1982) keine adäquate Benennung eines noch immer in Expansion begriffenen Forschungsfeldes. Was dieses Buch als Einstiegslektüre in die ethnologische Bildforschung empfiehlt, ist neben einer großen Reihe von mustergültigen Monographien zu europäischen Bildthemen ein grundlegender Katalog von Forderungen, die von der Bildforschung beachtet werden müssen:

1. Die Bildforschung muß wie die Folkloristik eine internationale Richtung erhalten.
2. Die Bildforschung muß mit einer unbegrenzten Zeitperspektive arbeiten, sowohl rückwärts als auch vorwärts.
3. Die Bildforschung muß sich von qualitativen Beurteilungen des Bildmaterials freihalten.
4. Die Bildforschung muß sich darum bemühen, ihre Wertungen und Haltungen offenzulegen.
5. Die Bildforschung muß die Bilder in ihrem Zusammenhang und als Teil des menschlichen Handelns studieren.
6. Die Bildforschung muß die Rolle der Bilder studieren, solange sie auf die Vorstellungen der Menschen einwirken.

Und schließlich: »Ethnologie ist eine auf den Menschen ausgerichtete Wissenschaft, und Bilder aller Art, die von verschiedenen Kategorien von Menschen gebraucht wurden und werden, gehören deshalb zur Bildlore« (Bringéus 1982, 14–18; 17).

2. Das Bild als Dokument

Die bisherige Darstellung konzentrierte sich auf die Erforschung des populären Bildes in seiner Erscheinungsform als druckgraphisches Massenerzeugnis. In der vorliegenden Einführung in die Forschungsfelder der Europäischen Ethnologie kann jedoch nicht auf andere Bereiche der Bildüberlieferung verzichtet werden, die ebenfalls zum Gegenstand volkskundlicher Forschung gehören. Gemeint sind alle jene Bildquellen, die nicht in den Umkreis der Imagerie populaire (Bilder als Kommunikationsmittel, vgl. Kap. 3) gehören, sondern ebenso wie schriftliche Textzeugnisse als Dokumente vor allem in der *historischen Quellenforschung* eine wichtige Rolle spielen. Bringéus (1982, 19) nennt diese Bilder, die Botschaften aus vergangenen Zeiten vermitteln, *expressive Bilder*, im Gegensatz zu den *instrumentalen Bildern*, die Einfluß auf uns ausüben wollen und im folgenden Kapitel behandelt werden.

Volkskundliche Bildquellenforschung darf den Anspruch erheben, neben der historisch-archivalischen Forschung und der empirischen Feldarbeit eine weitere ethnologische Grundwissenschaft zu sein. Sie stellt keine Konkurrenz zur Kunstwissenschaft dar, partizipiert aber an deren Forschungsergebnissen und Editionen. Ihr Erkenntnisinteresse ist die Erforschung der historischen Alltagskultur mit Hilfe von zeitgenössischen Bilddarstellungen. An entsprechenden Quellen herrscht hier kein Mangel. Eine »vollständige Erfassung aller Bildquellen« hatte bereits Hans Moser in seinem wichtigen Aufsatz »Gedanken zur heutigen Volkskunde« (Moser 1954, ²1988, 46) gefordert. Davon sind wir zwar noch weit entfernt, aber es ist unübersehbar, daß seitdem in nahezu allen Teilbereichen volkskundlicher Forschungs- und Veröffentlichungstätigkeit das Bild als Quelle der Forschung unentbehrlich geworden ist. Ursprünglich hatte die Erforschung von Bildern in der Volkskunde hauptsächlich in der Volkskunstforschung und in der religiösen Volkskunde ihren Platz. Bevorzugte Erkenntnisobjekte waren dabei vor allem Hinterglasbilder (Brückner 1992) und Votivtafeln (Kriss-Rettenbeck 1958, 1971; Harvolk 1979), die mit dem in hoher Auflage hergestellten Papierbild gemeinsam haben, daß es sich dabei ebenfalls um »serielle« oder Massenquellen handelt. Sie gehören zum traditionellen Gegenstandsbereich der Volkskunde, weil sie im alltäglichen Lebensvollzug speziell der mittleren und unteren Sozialschichten von Bedeutung sind und sich formal meist in Mengen- statt in Einzelphänomenen äußern. Sie erfordern eine Betrachtungsweise, »die funktionale Bezüge und Vermittlungsprozesse sowie deren Wandel in den Mittelpunkt rückt und vor allem keine Auswahl ihrer Forschungsobjekte unter ästhetischen Gesichtspunkten […] vornimmt« (Gerndt 1981, 12 f.). Unter diesen Prämissen kann aber jedes beliebige Bildobjekt zum Thema ethnologischer Forschung werden, sei es ein mittelalterliches Fresko an einer Kirchenwand, sei es ein gotischer Klappaltar, ein barockes Grabdenkmal, eine holländische Genremalerei oder ein biedermeierliches Silhouettenbild. Wichtig ist dabei, daß die Forschung bei der Bildanalyse die gleichen Kriterien der *Quellenkritik* anlegt wie bei den schriftlichen Quellen. Bilder stellen ebensowenig wie Archivalien objektive Abbilder historischer Realität dar, sondern sie sind stets auch die Schöpfung von Einzelpersönlichkeiten, deren Weltsicht in ihre Wiedergaben mit einfließt. Bilder stellen sich als Zeichensysteme dar, die in gleicher Weise wie Texte der Entschlüsselung bedürfen, damit ihre Aussagen für die Forschung nutzbar gemacht werden können. In die Bildquellen geht die Erfahrung der Vergangenheit ein, und unsere Aufgabe besteht darin, den hinter den verwendeten Zeichen verborgenen »historischen Dokumentensinn« für die Gegenwart wieder sichtbar und damit nutzbar zu machen.

Für diesen Vorgang hat die ethnologische Bildforschung bisher noch keine eigenständige *Methode* entwickelt. Es empfiehlt sich daher, die in der Kunstwissenschaft entwickelten Annäherungsweisen an Bilder zu übernehmen bzw. für die ethnologische Bildforschung zu modifizieren. Der Fachterminus für die wissenschaftliche Analyse von Bildinhalten und -aussagen ist *Ikonographie.* In der Kunstgeschichte zielen ikonographische Fragestellungen vor allem auf die tiefere Bedeutung der von Künstlerhand geschaffenen Kunstwerke (vgl. van Straten 1989, 15), in der volkskundlichen Ikonographie stehen dagegen Fragen nach dem Quellenwert der Bilder für die Erforschung der historischen Alltagskultur im Vordergrund, wobei neben Inhalt und Bedeutung in ganz entscheidendem Maße die Entstehungsbedingungen, die Funktion und Intention des Bildes und die Einbindung seines Urhebers in Traditionen, Normen und Sozialgefüge berücksichtigt werden. Ziel ist mit Gerndt (1981, 75) die Feststellung der »Indikatorfähigkeit einer bildlichen Darstellung«, d.h. die Frage danach, was uns eine Darstellung *über* Erscheinung, Gebrauchsbedeutung oder Zeichenhaftigkeit verschiedenster Objektivationen mitteilen kann.

In Anlehnung an neue kunstwissenschaftliche Ansätze von Aby M. Warburg (1866–1929) hat Erwin Panofsky (1892–1968) ein Untersuchungsmodell zur Beschreibung und Inhaltsanalyse von Bildkunstwerken entwickelt. Es ist im weiteren Verlauf der Forschung häufig abgewandelt und für die Bedürfnisse anderer Forschungsdisziplinen modifiziert worden (für die Geschichtswissenschaft vgl. Wohlfeil 1991). Eine Modifikation für die volkskundliche-ethnologische Bildquellenforschung sieht die vier folgenden Schritte vor:

1. Technische Beschreibung: Urheber, Herstellungstechnik, verwendetes Material, Maße, Entstehungszeitraum, Erhaltungszustand, Aufbewahrungsort sowie weitere wichtige Informationen zur äußeren Form des Untersuchungsgegenstandes.

2. *Die vor-ikonographische Beschreibung.* Auf dieser Ebene der reinen Deskription wird zunächst das Objekt detailliert wahrgenommen, gesehen: »Sehen heißt, einige hervorstechende Merkmale von Objekten erfassen« (Arnheim 1978, 46). Die Herstellung von Zusammenhängen zwischen den identifizierten Einzelheiten, ihre Deutung und Interpretation unterbleibt noch.
3. *Die ikonographische Beschreibung.* Durch die Verknüpfung der gesehenen Einzelheiten wird das Thema der Darstellung ermittelt, d. h. der sekundäre Sinn des Bildes, der eigentliche Bildgegenstand stehen im Mittelpunkt. Auf dieser Ebene sind breite Kenntnisse in der Ikonographie der betreffenden Zeit notwendig. Die Heranziehung von Vergleichsmaterial kann zum Verständnis des Bildes hilfreich sein.
4. *Ikonographisch-ethnologische Interpretation.* In diesem vierten Schritt, den Panofsky die »ikonologische Interpretation« nannte, erfolgt die eigentlich ethnologisch-kontextuelle Analyse der Quelle. Dabei werden Entstehungsbedingungen, soziales Umfeld, Auftraggeber, Funktion des Bildes etc. ebenso mit einbezogen wie mögliche literarische Quellen oder Vorlagen. Ferner gilt es die Rolle des Bildes in seinen ursprünglichen Kommunikationszusammenhängen und seiner zeitgenössischen Verwendung, Rezeption und Wirkung zu berücksichtigen. Bilder blieben oft lange, manchmal über mehrere Generationen im Familienbesitz, so daß beachtliche Langzeitwirkungen von ihnen ausgegangen sind und noch immer ausgehen. Ziel einer umfassenden Quellenkritik und Kontextanalyse ist die Herausarbeitung des historischen Dokumentationswertes der bearbeiteten Quelle, und zwar aus der Perspektive und mit dem Problembewußtsein der heutigen Forschung über das Verhältnis des Menschen zum Bild.

Auf der Suche nach Paradigmen für die Anwendung dieser anspruchsvollen und aufwendigen Vorgehensweise stößt man in der Volkskunde zunächst auf Beispiele aus dem Forschungsbereich der *christlichen Ikonographie.* Dies erklärt sich aus der Tatsache, daß in der älteren europäischen Bildüberlieferung ohnehin religiöse Themen die profanen Darstellungen zahlenmäßig überwiegen. Exemplarisch seien hier einige Bildstudien ausgewählt, die aus der volkskundlichen Museumsarbeit hervorgegangen sind: Ein Aufsatz von Leopold Schmidt (1912–1982) über den Geistlichen Bänkelsang (Schmidt 1963), die Forschungen von Leopold Kretzenbacher über den Zusammenhang von Bildern und Legenden (Kretzenbacher 1971), die Monographie von Robert Wildhaber (1902–82) über den Feiertagschristus (1956) und von Lenz Kriss-Rettenbeck über Lebensbaum und Ährenkleid (1956). Für den traditionsreichen Arbeitsbereich der christlichen Ikonographie stehen auch bei weitem die besten Quellen- und Nachschlagewerke zur Verfügung (Künstle 1926–28; Réau 1955–59; Schiller 1966–80; Kirschbaum 1968–76; Wimmer 1975). Im Bereich *der profanen Ikonographie* haben mehr und mehr Einzelforschungsgebiete der Volkskunde die historischen Bildquellen als Dokumente für die Rekonstruktion der Vergangenheit herangezogen. Hier sind vor allem die großen Monographien von Ingeborg Weber-Kellermann (1918–1993) z. B. über die Kindheit (1979), das Weihnachtsfest (1987) und über das Landleben des 19. Jahrhunderts (1988) zu nennen, in denen die Abbildungen gleichrangig neben Textauszügen aus historischen Autobiographien, Reiseberichten etc. stehen und Text und Bild sich gegenseitig durchdringen und erhellen.

Vorausgegangen war die volkskundliche *Arbeits- und Geräteforschung,* in der seit den beispielgebenden Initiativen von Wilhelm Hansen in der Museumsarbeit und Publikationstätigkeit die historische Bilddokumentation bald zur unentbehrlichen Forschungsmethode wurde (Hansen 1969, 1985). Hansen hat mit seinem Buch über die Kalenderminiaturen der Stundenbücher der historischen Sachkulturforschung eines der schönsten Quellenwerke gewidmet (Hansen 1984). Auch in der *Kleidungsforschung* wurden Bildquellen zwar von Anbeginn an berücksichtigt, aber erst die modellhafte Interpretation von Bilddarstellungen aufgrund ihres soziokulturellen Kontextes, wie sie etwa Helmut Ottenjann (1984) am Beispiel der Silhouetten von Caspar Dilly zum bürgerlichen Kleidungsverhalten des nordwestlichen Niedersachsens im Empire und Biedermeier vorgenommen hat, kann die Leistungsfähigkeit einer modernen, an Sachgüter und Archivalien rückgekoppelten historischen Bildquellenforschung vor Augen stellen.

In der *Erzählforschung* haben der Tradition von J. Bolte folgend die Widerspiegelungen von Erzählstoffen im »narrativen Bild« stets besondere Beachtung erfahren, aber erst der von fünf Autoren/innen gemeinsam erarbeitete Artikel »Bildquellen« der Enzyklopädie des Märchens vermittelt eine genauere Vorstellung von der Reichweite und Bedeutung ikonographischer Zeugnisse bei der Tradierung von Erzählstoffen sowie über die Formenvielfalt der Visualisierung des Narrativen in mittelalterlicher Bauplastik, in Holzskulptur und Textilien, in illustrierten Einblattdrucken und Flugblättern, geistlichem Bänkelsang, Bilderbogen, Reproduktionsgraphik bis hin zu kleingraphischen Produkten wie Bildpostkarten, Reklamesammelbildern und Briefmarken (Bildquellen 1979). Oft sind es einzelne herausragende Werke der Kunst, die immer wieder das Interesse der volkskundlichen Forschung auf sich ziehen. Hier soll vor allem auf drei berühmte Gemälde von Pieter Bruegel d.Ä. (ca. 1525/1530–69) verwiesen werden, die bis zur Gegenwart eine Herausforderung für die Kulturwissenschaften darstellen und auch die Volkskunde immer wieder beschäftigt haben: Der »Kampf des Karnevals gegen die Fasten« von 1559 (Schutt-Kehm 1983), die »Sprichwörter« von 1559 (Dundes/Stibbe 1981) und die »Kinderspiele« von 1560 (Hills 1957).

Die Rolle der Bildquellen als Dokumente zur Erforschung des historischen Alltagslebens geht auch aus dem Umstand hervor, daß sich der Berliner Sozialhistoriker Jürgen Kuczynski schon nach Erscheinen des ersten Bandes seiner »Geschichte des Alltags des deutschen Volkes« (5 Bde. Berlin 1980-82) mit dem Wunsch zahlreicher Leser konfrontiert sah, die Folgebände mit Illustrationen auszustatten. Er hat diese Aufgabe an Sigrid und Wolfgang Jacobeit weitergegeben, die daraufhin drei Bände einer »Illustrierten Altagsgeschichte des deutschen Volkes« (I: 1550-1810; II: 1810-1900; III: 1900-1945) vorgelegt haben, ein Werk mit einer imponierenden Zahl von Abbildungen, das dennoch insbesondere in den Bildkommentaren nicht den oben erhobenen Ansprüchen eines historisch-kritischen Umgangs mit Bildquellen gerecht zu werden vermag.

Wer sich für eigene Forschungsarbeiten Bildquellen zu Themen der christlichen oder profanen Ikonographie verschaffen will, kann sich an die folgenden großen Bildarchive wenden:

- Index of Christian Art, Princeton University, New Jersey, USA
- Photographic Collection of the Warburg Institute, London
- Koninklijk Instituut voor het Kunstpatrimonium Brüssel
- Institut für Realienkunde des Mittelalters und der frühen Neuzeit, Krems/Donau
- Bildarchiv Foto Marburg/Lahn (der auf Mikrofiches publizierte Marburger Index ist in vielen kunsthistorischen Instituten verfügbar).

Für die internationale Klassifikation von Kunstwerken hat sich in den letzten Jahren das an der holländischen Universität Leiden entwickelte ICONCLASS-System allgemein durchgesetzt (van de Waal 1973-85), nach welchem auch der Marburger Index geordnet ist. Mit diesem System ist es möglich, das Basismaterial für ikonographische Studien vor allem auf dem Gebiet der von Museen gesammelten Kunstwerke schnell bereitzustellen. Ein vergleichbares Klassifikations- und Suchsystem für die Probleme der ethnologischen Bildforschung hat das Ethnologische Institut der Universität Uppsala aufgrund einer eigenen »Bilderbank« entwickelt (Rooth 1984).

3. Das Bild als Instrument

Bilder stellen Zeichensysteme dar, deren Urheber oder Distributoren sich der unterschiedlichen Medien der Verbreitung bedienen: Stein, Keramik, Glas, Holz, Metall, Textilien, Pergament, Papier, Zelluloid, Videoband, elektronische Bildplatte etc. Seit der Erfindung des Papiers und der Entstehung des Bilddrucks im 14. Jahrhundert kann es keines der aufgezählten Medien mit der Wirkungsmächtigkeit der Papierbilder aufnehmen. An sie denkt man zuerst, wenn es um das Bild als Gegenstand der öffentlichen Kommunikation und als Instrument der Beeinflussung der Rezipienten geht. Wir beschränken daher den vorliegenden

Überblick auf das Bild als graphisches Erzeugnis und klammern aus Platzgründen Fotografie und Film aus, weil diese beiden Medien mit der Problematik der empirischen Forschung in Verbindung stehen und ihren Platz in einem – noch zu schreibenden – Kapitel *Visuelle Anthropologie* dieses Grundrisses finden müßten.

Das erste breitenwirksame Bildmedium der Neuzeit ist das *illustrierte Flugblatt*. Es entstand im ausgehenden Mittelalter aus der Kombination des älteren Holzschnittdruckes und dem Drucken mit beweglichen Lettern. Wenn hier das Wort »Buchdruck« vermieden wird, so deshalb, weil die Frühdrucker es schnell verstanden, das neu entwickelte Verfahren nicht nur für den Druck von Büchern, sondern auch von Kleindrucken zu verwenden. Die frühe Produktion von Einblattdrucken und Flugblättern ist zunächst noch ganz von religiösen Themen und den entsprechenden Funktionszusammenhängen der Schrift- und Bildkunst des Mittelalters geprägt, es dominieren Andachtsbilder, christliche Neujahrswünsche und Haussegen, Ablaßbriefe, Blätter mit den Zehn Geboten, mit Gebeten und geistlichen Liedern. Aber allmählich befreite sich die Bildpublizistik von diesen mittelalterlichen Fesseln, und mit Einladungen zu Schützenfesten, Herrscherporträts, Einblattkalendern, weltlichen Liedern und Balladen kamen bald auch profane Themen zu Wort. Besondere Bedeutung gewann das illustrierte Flugblatt in seiner Eigenschaft als Nachrichtenblatt als Vorläufer der Zeitung. Diese sog. Einzelzeitungen stiegen in den Rang des wichtigsten Informationsmittels der frühen Neuzeit auf, allerdings war darin Information oft mit Sensation gepaart, so daß die frühen Flugblattdrucke alles andere als ein objektives Bild der Wirklichkeit ihrer Zeit vermitteln. Die Urheber der Flugblätter wollten in aller Regel überhaupt nicht objektiv berichten und informieren, sondern auf die Rezipienten Einfluß nehmen. Das Flugblatt ist daher als eine »agitatorische Gattung« anzusehen, d. h. es ist stets parteiisch und macht aus seiner politischen, religiösen oder sozialen Parteinahme meist auch keinerlei Hehl. Von daher ist es verständlich, daß die Höhepunkte der Flugblattpublizistik mit den großen geistig-religiösen und politischen Bewegungen der Neuzeit zusammenfallen: Reformation, Bauernkriege und Dreißigjähriger Krieg haben ebenso deutliche Spuren hinterlassen wie später noch die Französische Revolution oder die Revolution von 1848/49. Wichtig ist es deshalb, daß das Flugblatt als besonders wirkungsintensiver Teil des historischen Tagesschrifttums stets vor dem Kontext der Zeitumstände, Entstehungsbedingungen und Wirkungsabsichten verstanden und interpretiert werden muß (Brednich 1984, 1341).

Hans Fehr, der sich als einer der ersten Forscher mit den Flugblättern der frühen Neuzeit auseinandergesetzt hat, sah darin eine »Massenkunst« (Fehr 1924). Von dieser Einschätzung sind wir heute abgerückt, denn weder lagen diese bebilderten Drucke in Massenauflagen vor, noch erreichten sie die Masse der Bevölkerung. Neuere Forschungen haben gezeigt, daß das Lesen von Bildern eine Kulturtechnik darstellt, die sich der Mensch in der frühen Neuzeit ebenso wie das Lesen der Schrift erst allmählich aneignen mußte: die Ikonisierung erfolgte in Parallele zur Alphabetisierung (Schenda 1987). Außerdem ist festzuhalten, daß die frühen Bilddrucke, selbst wenn sie nur wenige Pfennige oder Kreuzer kosteten (Schilling 1990, 38), für die Masse der Bevölkerung für lange Zeit unerschwinglich bleiben mußten. Das illustrierte Flugblatt als neues Kommunikationsmittel zielte vor allem auf ein der Volkssprache mächtiges, lesekundiges Publikum, dessen Einkommen über dem Existenzminimum lag. Diese ökonomischen und bildungsmäßigen Voraussetzungen waren am ehesten in den Städten gegeben (ebd. 44). Innerhalb der Produktion von illustrierten Flugblättern gibt es zudem erhebliche qualitative Unterschiede: Viele Drucke mit komplizierten ikonographischen Botschaften und Text/Bild-Relationen, deren Aussage auch heute noch schwer zu entschlüsseln ist, verlangten ein akademisch gebildetes Publikum, während Darstellungen von schreckenerregenden Himmelserscheinungen, Mißgeburten oder Naturkatastrophen auf ein ganz anders geartetes Käuferinteresse schließen lassen. Vereinfachend gesagt läßt sich der Unterschied von Oben und Unten im Flugblatt am Umfang des Bildanteils ablesen, daneben später auch daran, ob die Illustration im Holzschnitt- oder Kupferstichverfahren hergestellt wurde. Der Holzschnitt ist von seiner Struktur her gröber und weist daher eher die populäreren Bildthemen auf, während der Kupferstich nicht nur in der Herstellung aufwendiger, sondern auch in der Darstellung sehr viel subtilere und damit auch anspruchsvollere Bildaussagen erlaubt. Die älteren holzschnittillustrierten Flugblattdrucke sind vorwiegend in den großen, aber unkommentierten Editionen von Walter L. Strauss und Dorothy Alexander zugänglich, wohingegen die vorwiegend dem 17. Jahrhundert angehörenden kupferstichillustrierten Erzeugnisse in den monumentalen, mustergültig kommentierten Ausgaben von Wolfgang Harms und seinen Mitherausgebern vertreten sind.

Sicherlich macht man es sich auch zu einfach, wenn man die beiden Aussageebenen eines illustrierten Flugblattes zerlegt und das Bild für die Illiteraten in Anspruch nimmt (so Fehr 1924), während der Text dem Gebildeten vorbehalten geblieben sei, gemäß dem vielzitierten Topos: »Was Glerte durch die Schrifft verstahn / das lehrt das Gemähl den gmainen Mann« (Harms 1983, X). Demgegenüber ist in Rechnung zu stellen, daß auch des Lesens Unkundige durch Vorgänge wie öffentliches Ausrufen, Anpreisen und Vorsingen, ferner durch Vorlesen und Erklären an diesen Kommunikationsinhalten partizipieren konnten. Aus der Aufzählung solcher Situationen des Vertriebs und der Rezeption wird bereits deutlich, daß bei der Erforschung der Flugblätter – wie spater bei aller anderen populären Druckgraphik – den Kommunikationsbahnen und Vermittlungsinstanzen große Aufmerksamkeit gebührt. Ähnlich wie bei den populären Lesestoffen (siehe den Beitrag von R. Schenda im vorliegenden Grundriß) kommt hier das Phänomen der *Kolportage* oder des *öffentlichen Bilderhandels* in den Blick (Schenda 1984). Seit dem 16. Jahrhundert ist der Flugblattverkäufer oder Bildermann bei Märkten, Messen, Wallfahrten etc. eine nicht mehr wegzudenkende Erscheinung, die in zahlreichen Gemälden und Stichen festgehalten worden ist. Für die spezielle Vertriebsform von Lieddrucken am öffentlichen Ort hat sich seit dem gleichen Zeitraum mit dem *Markt- oder Zeitungssinger* eine eigene Institution herausgebildet, die den Absatz der Ware Flugblatt mit wirksamen Werbetafeln unterstützte (Brednich 1972a; 1974–75 I, 285–323; 1977). Aus dieser der Information, Belehrung und Unterhaltung dienenden Einrichtung hat sich später die vorwiegend auf die Erregung von Furcht und Mitleid zielende Jahrmarktskunst des *Bänkelsangs* entwickelt (Braungart 1985). Sie bediente sich »schreiender« Bilder, sog. Schilder, die Aufmerksamkeit erregen und den Absatz der – ebenfalls meist bebilderten – Moritatendrucke fördern sollten.

Gegenreformation und Barock, Aufklärung und galante Zeit (Kapitelüberschriften von Brückner 1969) brachten zwar keine dem illustrierten Flugblatt vergleichbaren neuen Medien hervor, erweiterten und verfeinerten aber das Angebot an populärer Druckgraphik. Stellvertretend für diesen Zeitraum des 17. und 18. Jahrhunderts sei das Phänomen der *europäischen Ausrufergraphik* hervorgehoben, da diese Bilderserien einen hervorragenden Einblick in das Alltagsleben ihrer Zeit ermöglichen. Das Interesse an der graphischen Darstellung des ambulanten Warenverkaufs auf öffentlichen Straßen und Plätzen und den zugehörigen Händlern beginnt bereits im ausgehenden Mittelalter in Italien und Frankreich. Die Kaufrufe der Stadt Paris *(Cris de Paris,* vgl. Massin 1978) haben einem Phänomen seinen Namen gegeben, das sich im Laufe der Zeit auf immer weitere europäischen Städte ausdehnte. Die Serien reizten offenbar zum Sammeln und stellten somit frühe Souvenirs des europäischen Städtetourismus dar. In einer internationalen Bibliographie sind sie aus vielen europäischen Ländern zusammengetragen und wiedergegeben (Beall 1975). Die älteste deutsche Serie mit 30 Radierungen beschreibt 1744 den Göttinger Straßenhandel; sie stammt von dem Göttinger Universitätskupferstecher Georg Daniel Heumann (1691–1759). Gleich als zweites Blatt ist darin ein Graphikhändler abgebildet, der mit dem plattdeutschen Kaufruf »Fiene-Bilder, Utschniebilder« sowohl kleine (=feine) als auch großformatige Bilder zum Verkauf anbietet, die zum Ausschneiden bestimmt waren. Wir erkennen darin unschwer die Vorläufer der Modellierkartons (Metken 1978) und somit auch der *Bilderbogen,* die im 19. Jahrhundert europaweit zum bekanntesten Bilder-Massenmedium werden sollten.

Der Erfolg dieses neuen Mediums basiert auf einer Reihe von Vorbedingungen: Zunächst stand seit Beginn des vorigen Jahrhunderts mit Alois Senefelders (1771–1834) Erfindung des *Steindrucks* oder der *Lithographie* ein chemisches Druckverfahren zu Gebote, welches wegen der kaum noch ins Gewicht fallenden Abnutzung der Druckvorlagen höhere Auflagen und ein rascheres Drucken ermöglichte, zumal sich das Verfahren später mit der Erfindung des Dampfmotors zur Dampfdruckpresse wandelte und die industrielle Erzeugung von Bildern ermöglichte. Außerdem brachte das 19. Jahrhundert eine Reihe von wagemutigen und ingeniösen Unternehmern hervor, die das Bildgeschäft auf völlig neue geschäftliche Grundlagen stellten. Schließlich stand nach den napoleonischen Kriegen vielerorts mit abgedankten Soldaten und Invaliden ein Heer von Arbeitslosen zur Verfügung, die sich als *Kolporteure* in den Massenvertrieb von Bilder einspannen ließen. An die Stelle der bisher führenden süddeutschen Zentren der Graphikproduktion mit Augsburg und Nürnberg als Mittelpunkten traten jetzt völlig neue, bis dahin nie gehörte Städtenamen am Rand oder jenseits des deutschen Sprachraums: Epinal im französischen Département Moselle (Mistler u.a. 1961), Weißenburg im nördlichen Elsaß (Lerch 1982), Basano in Oberitalien und schließlich Neuruppin in der Mark Brandenburg (Zaepernick 1972). In der zweiten Jahrhunderthälfte kamen mit München (Eichler 1974) und Stuttgart (Stula 1980) wieder zentrale Verlagsorte zur Geltung. Nach den ersten Ansätzen zu einer Bilderbogenforschung in den 30er Jahren und einem noch eher zaghaften Wiederbeginn in den 60er Jahren erfreut sich dieser Forschungssektor neuerdings großer Beliebtheit (vgl. z.B. Hilscher 1977; Held 1992). Dazu hat zweifellos beigetragen, daß zahlreiche Museen mit dem Aufbau von Sammlungen zur Populärgraphik begonnen bzw. vorhandene Altbestände sichteten und vermehrt mit Ausstellungen samt zugehörigen Katalogen hervortraten. Beispiele: Karlsruhe (Lankheit 1973), Münster (Dettmer 1976), Hannover (Fließ 1980), Berlin (Kohlmann 1981), Neuruppin (Brakensiek u.a. 1993).

Zu einer neuen Domäne der Volkskundearbeit an Museen und Universitäten avancierte dann seit Ende der 60er Jahre die Erforschung von *Reproduktionsgraphik* und *Wandschmuck,* was in mehreren Ausstellungskatalogen (Brückner 1973; Pieske 1988; Thomas-Ziegler 1992) und Dissertationen (Sturzenegger 1970; Schilling 1971; Schlaginweit 1983) seinen Niederschlag fand. In der Folgezeit wurde die Erschließungs- und Forschungsarbeit auf zahlreiche weitere Erscheinungsformen der populären Druckgraphik und der Luxuspapierproduktion ausgedehnt. Es würde den Umfang der vorliegenden Übersicht bei weitem sprengen, wollten wir auf alle hier denkbaren Spezialgattungen eingehen. Eine einzige Zahl soll den Umfang der überaus intensiv gewordenen Publikationstätigkeit andeuten: In einem Würzburger Forschungsprojekt wurden im Nachtrag zu Brückners Forschungsbericht von 1979 die bis 1991 vorliegenden Neuerscheinungen bibliographiert und kommentiert, das Ergebnis waren für die zwölf erfaßten Jahre 3700 Titel. Im gleichen Projekt wurde auch eine Systematik der Erscheinungsformen erarbeitet (Neukum 1991, 144–146), aus der wir lediglich eine Auswahl benennen und aus Platzgründen auf die zugehörige Forschungsliteratur verzichten: Wallfahrtsfähnchen, Kommunion- und Konfirmationsandenken, Fleißbildchen, Vivatbänder, Papiertheater, Guckkastenbilder, Comics, Postkarten, Schulwandbilder, Sammelbilder, Schallplattencover etc.

Nach dieser Übersicht zu den Erscheinungsformen der populären Druckgraphik muß abschließend erneut die Frage nach der *Forschungsmethode* gestellt werden. In dem Abschnitt »Bild als Dokument« (Kap. 2) hatten wir für die Beschreibung und Analyse von Einzelbildern ein viergliedriges Modell vorgestellt. Es ist offensichtlich, daß diese Vorgehensweise für das Bild als Massenmedium der Modifikation bedarf, und zwar in zweierlei Hinsicht. Zum einen muß beim Massenbild der Forschungsgegenstand als Teil der medialen Kommunikationszusammenhänge betrachtet werden, d. h. es empfiehlt sich die Anwendung eines *Kommunikationsmodells,* welches alle Relationen zwischen Medium, Aussage, Sender und Empfänger in Rechnung stellt (vgl. z. B. Maletzke 1963, 37–41). Zum anderen ist darauf zu verweisen, daß für die Erforschung der Bildbotschaften – ähnlich wie für die Lesestoffe – das sozialwissenschaftliche Instrument der Inhaltsanalyse zur Verfügung steht, welches in der Bildforschung bisher jedoch noch eher selten Anwendung gefunden hat (vgl. Schwibbe 1993).

Aus der getrennten Behandlung von Bild als Dokument und Bild als Instrument den Schluß abzuleiten, als handle es sich dabei um unterschiedliche oder sich ausschließende Forschungsgebiete, wäre falsch. In Wirklichkeit durchdringen sich bei der konkreten Arbeit an den Objekten die beiden Bereiche. Am deutlichsten wird das am Beispiel von Monographien zu bestimmten Bildthemen (vgl. Röhrich 1968; Brednich 1972 b), wozu bereits Spamer mit der »Geistlichen Hausmagd« (1969) ein hervorragendes Beispiel gegeben hatte. In neueren ikonographischen Studien, wie sie exemplarisch vor allem Bringéus (1982) publiziert hat, ist häufig ein sog. »expressives« Bild aus der Sphäre der Hochkunst Ausgangspunkt der Überlegungen, wobei dessen religiöse, moralische oder soziale Botschaft erst richtig zur Geltung kommt, wenn es durch Reproduktion und die damit einhergehende Veränderung, Anpassung oder Manipulation seiner Aussage »instrumentale« Funktionen hinzugewinnt. Ein einprägsames Lehrbeispiel hierfür stellt W. Brückners Monographie über den »Blumenstrauß als Realie« (1992) dar.

4. Die Praxis der Bildforschung

Was die Bildquellenforschung für die Studierenden der Volkskunde/Europäische Ethnologie attraktiv machen dürfte, ist die Tatsache, daß neben die hier behandelte historische Bildforschung die *empirische Bildforschung* treten muß, an deren Entwicklung und kreativer Gestaltung die jüngere Generation entscheidenden Anteil nehmen sollte. Es bedarf kaum eines Hinweises darauf, daß die dazu notwendigen Forschungsgrundlagen in nahezu unbeschränkter Fülle zur Verfügung stehen und daß sie sich noch täglich vermehren. Hier ist z. B. an Alltagsphänomene wie Kaufhauskataloge, Bildpostkarten, Glanzbilder, Verpackung, Werbung oder Karikaturen zu erinnern, die dazu noch den Vorteil bieten, daß mit ihrem Erwerb oft keinerlei oder nur geringe Kosten verbunden sind. Es ist also ohne weiteres denkbar und sinnvoll, auf diesem Gebiet eigene Sammlungen anzulegen. Für die vielleicht später einsetzende vergleichende Forschungsarbeit ist es gut zu wissen, welche anderen Privatsammler oder öffentlichen Institutionen sich für den gleichen Sammelgegenstand interessieren. Hier gibt ein zweibändiges Nachschlagewerk Auskunft (Zerges u. a. 1983), welches den Zugang zu zahlreichen Sparten und Sammlungen der Alltagskultur öffnet. Wer als Sammler und Wissenschaftler einem Kreis von Gleichgesinnten zum Erfahrungsaustausch beitreten möchte, sei an die Arbeitsgemeinschaft »Bild, Druck und Papier« verwiesen, die ihren Sitz am Museum Europäischer Kulturen in Berlin hat und alljährlich ein Papiersammlertreffen mit wissenschaftlichen Vorträgen und Museumsbesichtigungen durchführt (Kontaktadresse Prof. Dr. Konrad Vanja, Im Winkel 6–8, 14195 Berlin-Dahlem). Die Kommission für ethnologische Bildforschung der SIEF veranstaltet ebenfalls regelmäßig wissenschaftliche Arbeitstagungen: Bisher in Lund 1984 (Bringéus 1986), Reinhausen bei Göttingen 1986 (Brednich-Hartmann 1989), Miskolc 1988 (Kunt 1989), Innsbruck 1990 (Petzoldt u. a. 1993), und Voss/Norwegen 1995 (Brekke 2000).

»Von dem Augenblick an, wo wir die Morgenzeitung aufschlagen, bis zum Abend, wenn wir den Fernseher abschalten, sind wir dem Einfluß von Bildbotschaften ausgesetzt. Diese können so provozierend wirken, daß wir auf sie heftig reagieren und z. B. unseren Fernseher abstellen. Aber die Beeinflussung kann auch ganz unbemerkt während unseres zerstreuten Hinschauens geschehen. Vielleicht ist es uns erst im Zeitalter des Fernsehens bewußt geworden, wie stark der Einfluß von Bildern ist; doch wissen wir noch sehr wenig darüber, in welcher Weise das Bild auf Kinder, Jugendliche und Erwachsene wirkt« (Bringéus 1982, 19). Um hier zu Antworten zu kommen, benötigt die Bildforschung dringend Nachwuchs, der die richtigen Fragen zu stellen in der Lage ist.

Literaturverzeichnis

Alexander, Dorothy; Strauss, Walter L.: The German single-leaf woodcut 1600–1700. A pictorial catalogue. 2 Bde. New York 1977.
Arnheim, Rudolf: Kunst und Sehen. Eine Psychologie des schöpferischen Auges. Neufassung. Berlin/New York 1978.
Beall, Karen F.: Kaufrufe und Straßenhändler. Cries and itinerant trades. Eine Bibliographie. A bibliography. Hamburg 1975.
Bertarelli, Achille: Le stampe popolari italiane. Milano 1974.
Bildquellen. In: Enzyklopädie des Märchens Bd. 2. Berlin / New York 1979, 328–373 (Bearbeiter: Rolf Wilhelm Brednich, Wolfgang Brückner, Christa Pieske, Marianne Thamm und Hans-Jörg Uther).

Böhm, Fritz: Bolte-Bibliographie. In: Zeitschrift des Vereins für Volkskunde 42 (1933) 1–68.
Bolte, Johannes: Der Kunsthändler Paul Fürst in Nürnberg. In: Zeitschrift des Vereins für Volkskunde 20 (1910) 195–202.
Brakensiek, Stefan (u. a. Hrsg.): Klatsch und Weltgeschehen. Neuruppiner Bilderbogen. Ein Massenmedium des 19. Jahrhunderts. Bielefeld 1993.
Braungart, Wolfgang (Hrsg.): Bänkelsang. Texte – Bilder – Kommentare (Universal-Bibliothek, 804). Stuttgart 1985.
Brednich, Rolf Wilhelm: Zur Vorgeschichte des Bänkelsangs. In: Jahrbuch des Österreichischen Volksliedwerkes 21 (1972a) 87–92.
Brednich, Rolf Wilhelm: Vogel am Faden. Geschichte und Ikonographie eines vergessenen Kinderspiels. In: Festschrift Matthias Zender Bd. 2. Bonn 1972b, 573–597.
Brednich, Rolf Wilhelm: Die Liedpublizistik im Flugblatt des 15. bis 17. Jahrhunderts. 2 Bde. (Bibliotheca Bibliographica Aureliana, 55, 60). Baden-Baden 1974–75.
Brednich, Rolf Wilhelm: Liedkolportage und geistlicher Bänkelsang. Neue Funde zur Ikonographie der Liedpublizistik. In: Jahrbuch für Volksliedforschung 22 (1977) 71–79.
Brednich, Rolf Wilhelm: Flugblatt, Flugschrift. In: Enzyklopädie des Märchens 4 (1984) 1339–1358.
Brednich, Rolf Wilhelm; Hartmann, Andreas (Hrsg.): Populäre Bildmedien. Vorträge des 2. Symposiums für Ethnologische Bildforschung Reinhausen bei Göttingen 1986 (Schriftenreihe der Volkskundlichen Kommission für Niedersachsen, 4). Göttingen 1989.
Brednich, Rolf Wilhelm, unter Mitarbeit von Klaus Deumling: Denkmale der Freundschaft. Die Göttinger Stammbuchkupfer – Quellen der Kulturgeschichte. Friedland 1997.
Brekke, Nils Georg: From Academic Art to Popular Pictures. Bergen 2000.
Bringéus, Nils-Arvid: Volkstümliche Bilderkunde. München 1982 (Schwedisches Original: Bildlore – studiet av folkliga bildbudskap. Stockholm 1981).
Bringéus, Nils-Arvid (Hrsg.): Man and Picture. Papers from the first international symposium for ethnological picture research in Lund 1984. Stockholm 1986.
Brückner, Wolfgang: Bildnis und Brauch. Studien zur Bildfunktion der Effigies. Berlin 1966.
Brückner, Wolfgang: Populäre Druckgraphik Europas. Deutschland vom 15. bis zum 20. Jahrhundert. München 1969, ²1975.
Brückner, Wolfgang; Pieske, Christa: Die Bilderfabrik. Dokumentation zur Kunst- und Sozialgeschichte der industriellen Wandschmuckherstellung zwischen 1845 und 1973 am Beispiel eines Großunternehmens. Frankfurt a.M. 1973.
Brückner, Wolfgang: Massenbilderforschung 1968–1978. In: Archiv für Sozialgeschichte der deutschen Literatur 4 (1979) 130–178.
Brückner, Wolfgang: Hinterglasbildforschung. In: Edgard Harvolk (Hrsg.): Wege der Volkskunde in Bayern. Ein Handbuch (Veröffentlichungen zur Volkskunde und Kulturgeschichte, 25). München/Würzburg 1987, 191–208.
Brückner, Wolfgang: Der Blumenstrauß als Realie. Gebrauchs- und Bedeutungswandel eines Kunstproduktes aus dem christlichen Kult. In: Zwanzig Jahre Institut für Realienkunde (Medium Aevum Quotidianum, 25). Krems 1992, 19–62.
Clausen, V. E.: Det folkelige danske træsnit i etbladstryk 1565–1884. København 1985.
Dettmer, Hermann: Bilderbogen des 18. und 19. Jahrhunderts. Ausstellungskatalog des Westfälischen Landesmuseums für Kunst und Kulturgeschichte. Münster 1976.

Bildforschung

Diederichs, Eugen (Hrsg.): Deutsches Leben der Vergangenheit in Bildern. 2 Bde. Jena 1907–08, General-Register 1909.
Duchartre, Pierre-Louis; Saulnier, René: L'imagerie parisienne. Paris 1944.
Dundes, Alan; Stibbe, Claudia A.: The art of mixing metaphors. A folkloristic interpretation of the Netherlandish Proverbs by Pieter Bruegel the Elder (FFCommunications, 230). Helsinki 1981.
Eberlein, Johann Konrad: Inhalt und Gehalt: Die ikonographisch-ikonologische Methode. In: Hans Belting (u. a. Hrsg.): Kunstgeschichte. Eine Einführung. Berlin 1986, 164–185.
Eichler, Ulrike: Münchener Bilderbogen (Oberbayerisches Archiv, 99). München 1974.
Fehr, Hans: Massenkunst im 16. Jahrhundert. Flugblätter aus der Sammlung Wickiana. Berlin 1924.
Fließ, Ulrich: Bilderbogen – Kinderbogen. Populäre Druckgraphik des 19. Jahrhunderts. Begleitheft zur Ausstellung des Historischen Museums am Hohen Ufer. Hannover 1980.
Fraenger, Wilhelm: Deutsche Vorlagen zu russischen Volksbilderbogen des 18. Jahrhunderts. In: Jahrbuch für historische Volkskunde 2 (1926) 126–173.
Geisberg, Max: Der deutsche Einblattdruck in der ersten Hälfte des 16. Jahrhunderts. 43 Mappen. München 1923–30. Neuausgabe u. d. Titel: The German single-leaf woodcut: 1500–1550, ed. by Walter L. Strauss. 4 Bde. New York 1974.
Gerndt, Helge: Kultur als Forschungsfeld. Über volkskundliches Denken und Arbeiten. München 1981.
Hampe, Theodor: Beiträge zur Geschichte des Buch- und Kunsthandels in Nürnberg II: Paulus Fürst und sein Kunstverlag. In: Mitteilungen des Germanischen Nationalmuseums 1914/15, 3–127.
Hansen, Wilhelm: Die Dokumentation historischer Bildquellen der Arbeits- und Geräteforschung. In: ders. (Hrsg.): Arbeit und Gerät in volkskundlicher Dokumentation. Münster 1969, 36–54.
Hansen, Wilhelm: Hauswesen und Tagewerk im alten Lippe. Münster 1982, ²1985.
Hansen, Wilhelm: Kalenderminiaturen der Stundenbücher. Mittelalterliches Leben im Jahreslauf. München 1984.
Harms, Wolfgang (u. a. Hrsg.): Illustrierte Flugblätter des Barock. Eine Auswahl (Dt. Neudrucke, Reihe Barock, 30). Tübingen 1983.
Harms, Wolfgang (u. a. Hrsg.): Deutsche illustrierte Flugblätter des 16. und 17. Jahrhunderts. Bd. 1–3: Die Sammlung der Herzog August Bibliothek in Wolfenbüttel. Tübingen 1985–89.
Harvolk, Edgar: Votivtafeln. Bildzeugnisse von Hilfsbedürftigkeit und Gottvertrauen. München 1979.
Heitz, Paul: Einblattdrucke des 15. Jahrhunderts. 100 Bde. Straßburg 1899–1942.
Held, Claudia: Familienglück auf Bilderbogen. Die bürgerliche Familie des 19. Jahrhunderts im Spiegel der Neuruppiner Druckgraphik (Marburger Studien zur vergleichenden Ethnosoziologie, 16). Bonn 1992.
Heumann, Georg Daniel: Der Göttingische Ausruff von 1744. Neu hrsg. und kommentiert von Rolf Wilhelm Brednich. Göttingen 1987.
Heurck, Em. van; Boekenoogen, G. J.: L'imagerie populaire des Pays-Bas. Belgique-Hollande. Paris 1930.
Hills, Jeanette: Das Kinderspielbild von Pieter Bruegel d.Ä. (1560). Eine volkskundliche Untersuchung (Veröffentlichungen des Österreichischen Museums für Volkskunde, 10). Wien 1957.
Hilscher, Elke: Die Bilderbogen im 19. Jahrhundert (Studien zur Publizistik, 22). München 1977.

Jacobeit, Sigrid und Wolfgang: Illustrierte Alltagsgeschichte des deutschen Volkes. Bd. 1: 1550–1810. Bd.2: 1810–1900. Köln 1986–87. Bd. 3: 1900–1945. Münster 1995.

Karasek, Erika, Claassen, Uwe (Hrsg.): Faszination Bild. Kultur Kontakte Europa. Ausstellungskatalog zum Pilotprojekt. Berlin 1999.

Kirschbaum, Engelbert (Hrsg.): Lexikon der christlichen Ikonographie. 8 Bde. Freiburg 1968–76.

Kohlmann, Theodor: Neuruppiner Bilderbogen. Ausstellungskatalog des Museums für Deutsche Volkskunde. Berlin 1981.

Kretzenbacher, Leopold: Bilder und Legenden. Erwandertes und erlebtes Bilder-Denken und Bild-Erzählen zwischen Byzanz und dem Abendlande (Aus Forschung und Kunst, 13). Klagenfurt 1971.

Kriss-Rettenbeck, Lenz: Lebensbaum und Ährenkleid. Probleme der volkskundlichen Ikonographie. In: Bayerisches Jahrbuch für Volkskunde 1956, 42–56.

Kriss-Rettenbeck, Lenz: Das Votivbild. München 1958.

Kriss-Rettenbeck, Lenz: Bilder und Zeichen religiösen Volksglaubens. München ²1971.

Künstle, Karl: Ikonographie der christlichen Kunst. 2 Bde. Freiburg 1926–28.

Kunt, Ernő (Hrsg.): Bild-Kunde – Volks-Kunde. Die III. internationale Tagung des volkskundlichen Bildforschungs-Komitees der SIEF in Miskolc (Ungarn) 1988. Miskolc 1988.

Lankheit, Klaus: Bilderbogen. Deutsche populäre Druckgraphik des 19. Jahrhunderts. Ausstellungskatalog des Badischen Landesmuseums. Karlsruhe 1973.

Lerch, Dominique: Imagerie et société. L'imagerie Wentzel de Wissembourg au XIXe siècle. Strasbourg 1982.

Maletzke, Gerhard: Psychologie der Massenkommunikation. Theorie und Systematik. Hamburg 1963.

Massin, [R.].: Les Cris de Paris. Händlerrufe aus europäischen Städten. München 1978.

Metken, Sigrid: Geschnittenes Papier. Eine Geschichte des Ausschneidens in Europa von 1500 bis heute. München 1978.

Mistler, Jean; Blaudez, François; Jacquemin, André: Epinal et l'imagerie populaire. Paris 1961.

Moser, Hans: Gedanken zur heutigen Volkskunde. In: Bayerisches Jahrbuch für Volkskunde 1954, 208–234. Neudruck in: Helge Gerndt (Hrsg.): Fach und Begriff »Volkskunde« in der Diskussion (Wege der Forschung, 641). Darmstadt 1988, 92–157.

Neukum, Michaela: Imagerieforschung, eine Bibliographie zur populären Druckgraphik. In Bayerische Blätter für Volkskunde 18 (1991) 133–146.

Ottenjann, Helmut: Lebensbilder aus dem ländlichen Biedermeier. Sonntagskleidung auf dem Lande. Die Scherenschnitte des Silhouetteurs Dilly aus dem nordwestlichen Niedersachsen. Cloppenburg 1984.

Panofsky, Erwin: Zum Problem der Beschreibung und Inhaltsdeutung von Werken der bildenden Kunst. Ders.: Ikonographie und Ikonologie. Wiederabgedruckt in: Ekkehard Kaemmerling (Hrsg.): Ikonographie und Ikonologie. Theorien – Entwicklung – Probleme (DuMont-Taschenbücher, 83). Köln 1987, 185–206; 207–225.

Petzoldt, Leander; Schneider, Ingo; Streng, Petra: (Hrsg.): Bild und Text. Bratislava 1993.

Pieske, Christa: Das ABC des Luxuspapiers. Herstellung, Verarbeitung und Gebrauch 1860–1930 (Schriften des Museums für Deutsche Volkskunde, 9). Berlin ²1985.

Pieske, Christa: Bilder für jedermann. Wandbilddrucke 1840–1940. Mit einem Beitrag von Konrad Vanja (Schriften des Museums für Deutsche Volkskunde, 15). Berlin 1988.
Populäre Druckgraphik Europas. 10 Bde. München 1967–79. In italienischer Sprache zuvor Milano 1964–1975. (1. Italien. 2. Frankreich. 3. Deutschland. 4. Niederlande. 5. Spanien. 6. England. 7. Skandinavien. 8. Amerika. 9. Rußland. 10. Japan).
Réau, Louis: Iconographie de l'art Chrétien. 3 Tle. in 6 Bdn. Paris 1955–59.
Röhrich, Lutz: Adam und Eva. Das erste Menschenpaar in Volkskunst und Volksdichtung. Stuttgart 1968.
Rooth, Anna Birgitta (Hrsg.): Systematischer Codekatalog des Ikonographischen Archivs zur Registrierung ethnologischer und kulturhistorischer Daten von Bilddarstellungen (Ikonoteket, 3). Uppsala 1984.
Rosenfeld, Hellmut: Der mittelalterliche Bilderbogen. In: Zeitschrift für deutsches Altertum 85 (1954a) 66–75.
Rosenfeld, Hellmut: Der mittelalterliche Totentanz. Köln 1954 b.
Rosenfeld, Hellmut: Münchner Spielkarten um 1500. Ein Beitrag zur Datierung der Spielkarten des 15. und 16. Jahrhunderts. Bielefeld 1958.
Rosenfeld, Hellmut: Kalender, Einblattkalender, Bauernkalender und Bauernpraktik. In: Bayerisches Jahrbuch für Volkskunde 1961, 7–24.
Scharfe, Martin: Evangelische Andachtsbilder. Studien zur Intention und Funktion des Bildes in der Frömmigkeitsgeschichte vorwiegend des schwäbischen Raumes (Veröffentlichungen des Staatl. Amtes für Denkmalpflege Stuttgart. Reihe C: Volkskunde, 5). Stuttgart 1968.
Scharfe, Martin: Deutsche Bilderbogen für Jung und Alt. Anmerkungen zum Inhalt eines Massenmediums im 19. Jahrhundert. In: Forschungen und Berichte zur Volkskunde in Baden-Württemberg 1971–73, 11–19.
Schenda, Rudolf: Der Bilderhändler und seine Kunden im Mitteleuropa des 19. Jahrhunderts. In: Ethnologia Europaea 14 (1984) 163–175.
Schenda, Rudolf: Bilder vom Lesen – Lesen von Bildern. In: Internationales Archiv für Sozialgeschichte der deutschen Literatur 12 (1987) 82–106.
Schiller, Gertrud: Ikonographie der christlichen Kunst. 4 Tle. in 5 Bdn. und Registerbd. Gütersloh 1966–80.
Schilling, Heinz: Wandschmuck unterer Sozialschichten (Europäische Hochschulschriften, Reihe 19, 4). Bern 1971.
Schilling, Michael: Bildpublizistik der frühen Neuzeit. Aufgaben und Leistungen des illustrierten Flugblatts in Deutschland bis um 1700 (Studien und Texte zur Sozialgeschichte der Literatur, 29). Tübingen 1990.
Schlaginweit, Hans: Reproduktionslithographie. Studien zur Funktion technischer, sozialer und kommerzieller Vorgaben in der Bilderreproduktion des 19. Jahrhunderts. Diss. München 1983.
Schmidt, Leopold: Geistlicher Bänkelsang. In: Jahrbuch des Österreichischen Volksliedwerkes 12 (1963) 1–16.
Schutt-Kehm, Elke M.: Pieter Bruegels d.Ä. »Kampf des Karnevals gegen die Fasten« als Quelle volkskundlicher Forschung (Artes populares, 7). Frankfurt a.M. 1983.
Schwibbe, Michael: Inhaltsanalyse In: Enzyklopädie des Märchens 7 (1993) 176–183.
Spamer, Adolf: Das kleine Andachtsbild vom 14. bis zum 20. Jahrhundert. München 1930. Neudruck ebda. 1980.
Spamer, Adolf: Arbeitsstand und Problemstellungen der deutschen Bilderbogenforschung. In: Volkskunde-Arbeit. Festschrift für Otto Lauffer. Berlin/Leipzig 1934, 109–132.
Spamer, Adolf: Die geistliche Hausmagd. Zur Geschichte eines religiösen Bilder-

bogens und der volkstümlichen Devotionalliteratur. Hrsg. von Mathilde Hain (Veröffentlichungen des Instituts für mitteleuropäische Volksforschung Marburg/Lahn, 6). Göttingen 1969.

Spamer, Adolf (Hrsg.) Die Deutsche Volkskunde. 2 Bde. Leipzig/Berlin 1934/35 (Bd. 2: Bildatlas).

Spamer, Adolf: Weißenburg im Elsaß als Bilderbogenstadt. In: Beiträge zur Geistes- und Kulturgeschichte der Oberrheinlande. Franz Schultz zum 60. Geburtstag gewidmet (Schriftenreihe des Wiss. Instituts der Elsaß-Lothringer im Reich der Universität Frankfurt, N.F. 28). Frankfurt a.M. 1938, 199–238.

Steinhausen, Georg (Hrsg.): Monographien zur deutschen Kulturgeschichte. 12 Bde. Leipzig 1899–1905. 2. Aufl. u.d.T. Die deutschen Stände in Einzeldarstellungen. 12 Bde. Jena 1924.

Strauss, Walter L.: The German single-leaf woodcut 1550–1600. A pictorial catalogue. 3 Bde. New York 1975.

Straten, Roelof van: Einführung in die Ikonographie. Berlin 1989.

Stula, Hans: Deutsche Bilderbogen für Jung und Alt. Ein Gesamtverzeichnis der zwischen 1867 und 1873 erstmalig im Verlag Gustav Weise in Stuttgart hrsg. Bilderbogen. Hannover 1980.

Sturzenegger, Hannes: Volkstümlicher Wandschmuck in Zürcher Familien. Wesen und Funktion (Europäische Hochschulschriften, Reihe 19, 2). Bern 1970.

Sytowa, Alla (Hrsg.): Lubok. Russische Volksbilderbogen. 17. bis 19. Jahrhundert. Leningrad 1984.

Thomas-Ziegler, Sabine: Röhrender Hirsch und Betende Hände. Bildmotive und Funktion des populären Wandschmucks (Führer und Schriften des Rheinischen Freilichtmuseums Landesmuseum für Volkskunde in Kommern, 49). Köln/Bonn 1992.

Waal, Henri van de: ICONCLASS. An iconographic classification system. Ed. by L. D. Couprie et al. 17 Bde. Amsterdam 1973–85.

Wandschmuckforschung am Tübinger Ludwig-Uhland-Institut. Mit Beiträgen von Martin Scharfe, Rudolf Schenda, Fred Binder, Magret Tränkle, Loni Nelken, Bernd Lehmann und Horst Neißer. In: Zeitschrift für Volkskunde 66 (1970) 87–150.

Weber-Kellermann, Ingeborg: Die Kindheit. Kleidung und Wohnen, Arbeit und Spiel. Eine Kulturgeschichte. Frankfurt a. M. 1979.

Weber-Kellermann, Ingeborg: Das Weihnachtsfest. Eine Kultur- und Sozialgeschichte der Weihnachtszeit. München [2]1987.

Weber-Kellermann, Ingeborg: Landleben im 19. Jahrhundert. München [2]1988.

Wildhaber, Robert: Der »Feiertagschristus« als ikonographischer Ausdruck der Sonntagsheiligung. In: Zeitschrift für schweizerische Archäologie und Kunstgeschichte 16 (1956) 25–32.

Wimmer, Otto: Kennzeichen und Attribute der Heiligen. Innsbruck/Wien/München [3]1975.

Wohlfeil, Rainer: Methodische Reflexionen zur Historischen Bildkunde. In: Brigitte Tolkemitt und Rainer Wohlfeil (Hrsg.): Historische Bildkunde. Probleme – Wege – Beispiele (Zeitschrift für historische Forschung, Beiheft 12). Berlin 1991, 17–35.

Zaepernick, Gertraud: Neuruppiner Bilderbogen der Firma Gustav Kühn. Mit einem Beitrag von Wilhelm Fraenger. Leipzig 1972, Neudruck Rosenheim 1983.

Zerges, Kristina (u. a. Hrsg.): Sammlungen zur Alltags- und Industriekultur. Ein Standortverzeichnis. 2 Bde. Berlin 1983.

Gitta Böth

Kleidungsforschung

1. »Tracht« und »Mode«: Forschungsgeschichte in Deutschland

Verwirrende, widersprüchliche, dennoch zutreffende Aussagen kennzeichnen den Stand der volkskundlichen Kleidungsforschung: »Ein Chronist unseres Faches würde gegenwärtig unschwer ein verstärktes Interesse für das alte Thema der Kleidungs-, besonders der Trachtenforschung feststellen können«, bemerkt Christine Burckhardt-Seebass 1981 (209); doch noch fünf Jahre später konstatiert Wolfgang Brückner, daß »nur wenige repräsentative Bücher [...] im letzten Jahrzehnt zum Thema Tracht erschienen« (Brückner 1986, 87).

Beide Zitate umschreiben nicht nur den Stand des Faches in bezug auf Kleidungsforschung, sie charakterisieren vielmehr auch die Schwierigkeiten, die die wissenschaftliche Volkskunde mit diesem Forschungskomplex hat. Kleidungsforschung muß in Deutschland wie auch in anderen europäischen Ländern (weiterhin) als »Stiefkind« volkskundlicher Arbeit angesehen werden. Daran hat die kontinuierliche Arbeit einiger weniger Kleidungsforschungsspezialist/inn/en ebenso wenig geändert wie die Hinwendung des Faches zu den Sozialwissenschaften und das temporär aufflackernde Interesse verschiedener Forscher/innen am Thema »Kleidung«. Anhaltspunkte für die Gründe dieser Einstellung zur Kleidungsforschung lassen sich bei ihrer wissenschaftsgeschichtlichen Betrachtung finden. Unumgänglich ist daher in diesem Zusammenhang eine kurze Auseinandersetzung mit den Inhalten ihrer traditionellen Zweige, der »Trachtenforschung« bzw. der »Kostümkunde« sowie mit der Erforschung des Phänomens »Mode«.

Die objektorientierte Arbeit teilten sich hauptsächlich zwei Wissenschaftsdisziplinen: »Volks-« bzw. »Bauerntracht« gehörte, da sie als besonders signifikanter Gegenstand der bäuerlich-ländlichen Kultur angesehen wurde, zu den »Klassikern« im volkskundlichen Kanon, während sich mit kleidermodischen und kostümgeschichtlichen Aspekten, die Aussagen über bürgerlich-städtisches, besonders aber über oberschichtliches Leben ermöglichten, traditionell eher die *Kunstgeschichte* beschäftigte. Die inhaltliche Aufgabenteilung und das daraus resultierende Oppositionsdenken – »*Mode*« auf der einen, »*Tracht*« auf der anderen Seite – lagen im jeweiligen Fachverständnis begründet.

Volkskunde wurde lange Zeit als »Bauernkunde« betrieben. Sie glorifizierte das Landleben, verklärte den Bauernstand, der angeblich Innovationen unaufgeschlossen gegenüberstand und damit als Bewahrer ungebrochener Traditionen gelten konnte. Vor diesem wissenschaftsgeschichtlichen Hintergrund sind die zahlreichen Abhandlungen zu sehen, die »Volkstrachten« undifferenziert in einer »heilen Welt« zeigen (vgl. Böth 1980, 5–19).

Positivistische Herangehensweise prägte die Richtung; in reinen Materialkunden wurden detaillierte Schilderungen äußerer Erscheinungsbilder vorgelegt, oder man beschäftigte sich mit der Erstellung von Entwicklungsreihen. Es mangelte an theoretischen Überlegungen, wie »Kleidung« am besten faßbar sei. In der als »Reliktforschung« angelegten Volkskunde verstellten die beschränkten, auf Bäuerliches fixierten Vorstellungsbilder lange Zeit einen umfassenden Zugriff – ein Problem, das jedoch nicht ausschließlich die Kleidungsforschung betraf, sondern alle volkskundlichen Teilbereiche. Noch 1978 vermerkte Wolf-Dieter Könenkamp kritisch, daß man in der Bundesrepublik Deutschland auch noch nach dem Zweiten Weltkrieg in der »Trachtenforschung« vorrangig »die ›inneren Gestaltungskräfte‹ der Tracht im Brauchtum und die Hauptursache des Trachtenwesens in der ›bäuerlichen Substanz‹« suchte (Könenkamp 1978, 2). Weiterführende Wege wurden kaum beschritten, die wenigen richtungsweisenden Anregungen nicht aufgegriffen.

So forderte schon zu Beginn des 20. Jahrhunderts *Karl Spieß* in seinem Buch über »Die deutschen Volkstrachten« (Leipzig 1911) neben genauer Beschreibung der »Tracht« und ihrer dekorativen Zutaten, die oft »Ausdruck der sozialen Unterschiede zwischen reich und arm« (67) seien, auch die Erforschung »sozialer Trachtenunterschiede« sowie der »hierfür feststehenden Etikettevorschriften« (ebd.; vgl. Böth 1980, 9–10; Brückner 1985, 15). Vier Jahre später skizzierte *Otto Lauffer* (1874–1949) in seinem »Vorschlag zur planmäßigen Erforschung der Bauerntrachten in Deutschland« in Ansätzen die historisch-soziologische Richtung in der volkskundlichen Kleidungsforschung, die sein Schüler Julius Schwietering (1884–1962) in den 1920er Jahren für die gesamte Volkskunde weiter entwickelte (vgl. Böth 1980, 10–11). Neue Wege ging *Rudolf Helm* (1899–1985); mit zwei breit angelegten Frageaktionen in den Jahren 1930–1933 erhob er statistische Daten zum Bestand »Hessischer Trachten«, die Aussagen über Entwicklungstendenzen und Verbreitungsgebiete zuließen (vgl. Böth 1980, 23 ff.).

Mitte der 1930er Jahre wurde Lauffers Ansatz erneut aufgegriffen. Im Gegensatz zu den offiziellen nationalsozialistischen Wissenschaftsinstitutionen, denen es nicht so sehr um die Erhaltung bestimmter regionalspezifischer Kleidungsformen als vielmehr um die Erschaffung einer uniformen »volksbewußten Gemeinschaftskleidung« ging (vgl. Jacobeit 1989), stellten die Schwietering-Schülerinnen *Martha Bringemeier* (1900–1991) und *Mathilde Hain* (1901–1983) den funktional-differenzierenden Charakter der Kleidung ins Zentrum ihres Forschungsinteresses und untersuchten Sinn und zeichenhafte Bedeutung von regionalspezifischer Kleidung für die jeweilige Gemeinschaft (vgl. Böth 1980, 13–16, 102–103).

In der Zeit nach 1945, besonders aber in den 1960er Jahren, gelang es neben Martha Bringemeier *Ingeborg Weber-Kellermann*, durch die Entwicklung neuer Fragestellungen und durch eigene Forschungsergebnisse aufgrund funktionaler Betrachtungsweise beim Umgang mit Sachen die volkskundliche Kleidungsforschung um wichtige Schritte voranzubringen. Beide Forscherinnen griffen in verschiedenen Aufsätzen (Bringemeier 1985; Weber-Kellermann 1978) auch das Gebiet auf, das »zu den verhältnismäßig wenigen Gegenständen unseres alltäglichen Lebens, die von der Volkskunde beharrlich ausgeschlossen wurden, gehört«: die Mode (Bausinger 1972/73, 22).

Andere wissenschaftliche Disziplinen hatten sich schon früh mit der Erforschung des Phänomens »Mode« – zumeist auf »Kleidermode« reduziert – beschäftigt: so entwickelten Psychologen, Soziologen, Philosophen und Ethologen ihre Theorien der Mode ebenso wie Wirtschaftswissenschaftler und Technologen. Besonders die Soziologen zeigten die *Funktion der Mode* als soziales Regulativ und als Mittel ökonomischer Steuerung auf – unter ihnen Max Weber (1864–1920), der als einer der »Väter« der deutschen Soziologie gilt, Werner Sombart (1863–1941), Georg Simmel (1858–1918), der Amerikaner Thorstein Bunde Veblen (1857–1929) oder René König (1906–1992), einer der deutschen Vertreter der Nachkriegssoziologie.

Daß die Volkskunde das Thema »Mode« erst sehr spät aufgriff, lag in der gängigen Wissenschaftsauffassung begründet. Die Forschungsinhalte wurden durch möglichst langfristige Überlieferung in der bäuerlich-ländlichen »Volkskultur« definiert: so beschränkte sich die Kleidungsforschung auf die »unwandelbare«, »in der Tradition verwurzelte«, »selbst gesponnene, selbst gemachte Tracht«. Die Kleidermode, die aufgrund der sie charakterisierenden Kurzfristigkeit als eigenständiger volkskundlicher Forschungsgegenstand ungeeignet erschien, wurde nur zur Bestimmung von »Tracht«, die auf ihr modisches Vorbild zurückzuführen war, herangezogen. So war die Betrachtung der Zusammenhänge zwischen Mode und »Tracht« sehr einseitig ausgerichtet. Die wenigen Ausnahmen standen meist im Zusammenhang mit kostümgeschichtlichen Abhandlungen.

Als Repräsentantin einer volkskundlich-geistesgeschichtlichen Kostümkunde setzte *Martha Bringemeier* einen Meilenstein in der Kleidungsforschung; ihre wichtigsten Arbeiten sind in einem Reader mit dem programmatischen Titel »Mode und Tracht« (1985) zusammengefaßt. In ihrem Aufsatz über »Die Hosenmode der Frau« bearbeitete Bringemeier 1963 erstmals ausführlich ein Teilgebiet aus dem Mode-Komplex. Sie beschreibt darin in großen Zügen die Auseinanderentwicklung von Männer- und Frauenmode und weist auf den Wandel hin, den das Selbstverständnis der Frauen vollzogen hat und der sich auch in ihrer Kleidung manifestiert. Auf dem sozio-ökonomischen, aber auch auf dem politischen Hintergrund der Emanzipationsbestrebungen der Frau ist das Tragen von Hosen »eine folgerechte Weiterführung der modischen Entwicklung« (Bringemeier 1985, 103). In ihrem Aufsatz »Wandel der Mode im Zeitalter der Aufklärung« geht Bringemeier 1966 noch einmal ausführlich anhand der zeitgenössischen deutschen Modezeitung »Journal des Luxus und der Moden« auf die Auseinanderentwicklung der Männer- und Frauenkleidung ein und liefert dafür einen ausführlichen theoretischen Erklärungsansatz. Doch zeigt sich in diesem Aufsatz eine nicht unbeträchtliche Reduktion in der Problemstellung, die auch in den nachfolgenden Werken zu verfolgen ist. Bringemeier beschreibt für das 18. Jahrhundert die Mode der geistigen Elite, »die Mode der vornehmen Welt«, die sie neben die »Tracht«, die Kleidungsweise der »ländlich-kleinbürgerlichen Welt« stellt (1985, 132). Beide Kleidungsstile sind »Bedeutungsträger der im Brauchtum verbundenen Gemeinschaft, d. h. der im religiösen Bezug übereinstimmenden Lebensform« (361). Die Autorin setzt hier eine idealtypische Lebensform als real voraus, die im 19. Jahrhundert in der »aufgeklärten städtischen Welt« durch eine »individualisierte« und »vereinsamte« abgelöst worden sei, während in der ländlichen Welt – von ihr verherrlicht gesehen – »noch heile Gemeinschaft lebendig war« (363).

Die ständige Betonung des Gegensatzes von Stadt und Land durch Wissenschaftler/innen fügte sich in das Bild ein, das sich »volkstumsbegeisterte« Agrarromantiker vom Land als einer »heilen« Gegenwelt zur alltäglichen zerstörenden und zerstörten Umwelt machten. Durch permanente Wiederholungen verfestigte sich das Klischee vom »trachttragenden Bauern«, dessen Welt sich erst spät nach außen hin öffnet. Ein eindrucksvoller Beleg für die Multiplikation falscher Aussagen zur Geschichte der Kleidung findet sich in der 1984 (!) erschienenen Schrift des Kunstpädagogischen Zentrums im Germanischen Nationalmuseum Nürnberg mit dem Titel »Kleidung – Mode – Tracht«: »Auf dem Land hielt sich die Tracht, die Mode war eine städtische Erscheinung. Allgemein ist seit Ende des zweiten Weltkrieges ein Verstädterungsvorgang auf dem Lande zu beobachten« (7). In diesem Zusammenhang bleibt festzuhalten, daß das künstlich aufgestellte Oppositionspaar »Stadt – Land« resp. »Mode – Tracht« von sozialwissenschaftlich ausgerichteten Wissenschafler/inne/n bereits in den 1960er Jahren – Indiz für den »Abschied vom Volksleben« – verstärkt hinterfragt wurde (vgl. Böth 1989).

Ingeborg Weber-Kellermann (1918–1993) setzte sich beispielsweise erstmals 1966 kritisch mit »Mode und Tradition« auseinander. Im Mittelpunkt ihres Aufsatzes steht der »volkstümliche Überlieferungsvorgang«; Ausgangspunkt ist die Frage, warum eine bestimmte Gruppe zu einem bestimmten Zeitpunkt »bestimmte Kulturgüter auswählt, aufnimmt, ihrer Lebenswelt anpaßt und damit ihren Traditionsbesitz verändert« (Weber-Kellermann 1978, 112) und warum andere Gruppen dies nicht tun. Als Beispiel wählte Weber-Kellermann modische Veränderungen in hessischen »Trachten«, Anpassungstendenzen im Bereich Wohnen und Bauen an bürgerliche Vorbilder sowie die Übernahme bürgerlicher ungarischer Lieder in das Gesangsrepertoire ungarndeutscher Donauschwaben. Das, was die jeweiligen Gruppen »zu so vielfältigen Wandlungsprozessen bewegt und sie zu einer zwanghaften kollektiven Übernahme gewisser Neuerungen veranlaßt«, ist – so die Autorin – die Mode, »einmal im Sinne von Innovation, aber auch im psychologischen Sinne eines modeabhängigen Kollektivverhaltens, also eines volkstümlichen Konformismus« (111). Weber-Kellermann geht in ihrer Definition also deutlich über die übliche Beschränkung der Mode auf Kleidermode hinaus.

Am *Beispiel der Lederhose* stellte sie dann 1970 in einem für eine sozialwissenschaftlich ausgerichtete »Trachtenforschung« weiterführenden Aufsatz die in ihrer früheren Arbeit kurz angesprochene dialektische Wechselwirkung von Mode und Tradition vor. Sie zeigt auf, daß »jedes Traditionsgut zu einer bestimmten Zeit, in einem bestimmten regionalen Bereich und für eine bestimmte soziale Gruppe einmal eine Mode gewesen ist, – und daß andererseits sich jede Mode unter gewissen Umständen zu einem Traditionsgut ausformen kann« (Weber-Kellermann 1978, 114/115). Intensiver untersucht sie dabei die Rolle des sozialen Leitbildes für Übernahme- bzw. Tradierungsprozesse. Durch die Einordnung der Lederhose in ihren jeweiligen sozio-ökonomischen Kontext zeichnet Weber-Kellermann ihren Funktionswandel nach und verdeutlicht so die Wechselwirkung von Mode und ländlichem Kleidungsstil.

Der Rückblick auf einige Stationen der volkskundlichen »Trachten-« bzw. Modeforschung in der Bundesrepublik Deutschland soll hier mit der kurzen Vorstellung eines Komplexes beendet werden, der in der Modeforschung der 1980er Jahre unverhältnismäßig viel Beachtung erfuhr: die »Jeans-Forschung«. Eine Glosse über die »Hose, die frei macht«, 1977 in der Tübinger haspel-press erschienen, löste eine wahre Flut von Veröffentlichungen aus. Die *»Jeans-Diskussion«* – nachzulesen in »Jeans. Beiträge zu Mode und Jugendkultur« (1985) – belebte jedoch nicht so sehr tiefergreifende Untersuchungen dieses »alltäglichen« Kleidungsstückes; so wäre in diesem Zusammenhang wichtig einzubeziehen, daß »in der gegenwärtigen Gesellschaft zwar eine Reihe von einstmals wichtigen und klaren Zuordnungsmerkmalen der Kleidung diffus werden und an Bedeutung verlieren [...], daß dafür aber andere Unterscheidungen [...] in Erscheinung treten und zu weithin ausgenutzten, allgemein verstandenen Differenzierungen im Kleidungsverhalten [...] führen« (Burckhardt-Seebass 1981, 210). Doch ging es in der Diskussion nicht so sehr »um die Zeichenhaftigkeit des fraglichen Kleidungsstücks, sondern mehr noch um die Zeichenhaftigkeit der Erforschung dieser Zeichenhaftigkeit (Meta-Jeans?)« (ebd.).

Modeforschung nun anstelle der »Trachtenforschung« im »Teufelskreis [...] der Fachidiotie des bloßen Theoretisierens«? (Brückner 1986, 90/91). In diesem Zusammenhang sei mit der Frage nach den Teilnehmer/inne/n an der Diskussion ein kleiner Exkurs erlaubt. In einer »weitgehend von Männern geprägten Disziplin« waren die sich mit Kleidung befassenden Themen »typische Frauenthemen« (Brückner 1986, 87), wiewohl Wolfgang Brückner, der diese Behauptung aufstellt, in seiner Übersicht über die »Kleidungsforschung aus der Sicht der Volkskunde« (Brückner 1985) namentlich ziemlich genau doppelt soviel Autoren wie Autorinnen erwähnt. Bezogen auf das Forschungsobjekt scheint die Kleidungsforschung bisher zwar »*Frauen(er)forschung*« (gewesen) zu sein, denn im überwiegenden Teil der bisherigen Veröffentlichungen geht es um die Kleidung von Frauen und Mädchen. Bei der Betrachtung der Arbeiten zu Kleidungsthemen unter dem Blickwinkel »weibliche Forschende« zeigen sich hingegen keine frauentypischen Ausrichtungen; für Methodik und Fragestellungen ist die jeweilige wissenschaftliche Schule, aus der die Forscherin (oder auch der Forscher) stammt, ausschlaggebend. Wichtig ist allerdings der Hinweis, daß sich in der Geschichte des Faches dennoch eine klare geschlechtsspezifische Aufgabenteilung feststellen läßt: Frauen entwickel(te)n nur selten wissenschaftliche Theorien oder neue Fragestellungen, sondern beschränk(t)en sich in der Regel auf die Erprobung und Umsetzung der von Männern entwickelten, für die Kleidungsforschung »reputationsfördernden« Ansätze (Brückner 1986, 87).

Der Blick über die deutschen Grenzen zeigt, daß die bisherigen Ausführungen keineswegs nur auf Deutschland zutreffen. Sofern »Kleidung« in der volkskundlich ausgerichteten Forschung als Thema überhaupt eine Rolle spielt, wird sie zumeist merkmalsorientiert betrachtet. Selbst im angelsächsischen Bereich, wo eine wahre Flut von Literatur, die Einrichtung mehrerer eigenständiger »Museums of Costume« bzw. entsprechender Abteilungen in den meisten großen kulturhistorischen Museen sowie die 1965 gegründete Wissenschaftsvereinigung »Costume Society« die zentrale Stellung der »Kleidung« in der wissenschaftlichen Kulturforschung belegen, charakterisieren bis heute deskriptive Vorgehensweisen und Ausklammerung des gesellschaftlichen Kontextes den größten Teil der Publikationen. Vielfach reich illustriert, teilweise mit exakten Schnittmustern versehen, zumeist streng chronologisch geordnet, bieten sie vorzugsweise minutiöse Bilder der (in der Regel englischen) Garderobe und eignen sich daher vor allem als nützliche Nachschlagewerke bei der Datierung von Kleidungsstücken.

2. Kleidung als Indikator. Forschungsbeiträge des Auslandes

»Kleidung als Indikator kultureller Prozesse« – schon mit der Überschrift seines 1974 erschienenen Aufsatzes formulierte Helge Gerndt ein ganzes Programm, das mit der Hinwendung der wissenschaftlichen Volkskunde zu den Sozialwissenschaften Fuß faßte, wenngleich »Kleidung« weiterhin zu den wenig beachteten Themen des Faches gehört: Kleidung darf nicht mehr aus merkmalsorientiertem, sondern muß aus systemtheoretischem Blickwinkel heraus betrachtet werden. Diesen Weg hatte schon *Mathilde Hain* 1936 in ihrer Studie über die ländlichbäuerliche Frauenkleidung im katholischen oberhessischen Mardorf beschritten. Nicht mehr die Frage nach dem äußeren Erscheinungsbild der »Trachten« oder nach Herkunft und Verbreitung stand im Mittelpunkt ihrer Forschung, sondern die »Wesensfrage nach Sinn und Bedeutung der Tracht für die volkstümliche Gemeinschaft« (Hain 1936, 8). Ihr *funktionalistischer Ansatz* hätte für die wissenschaftliche Volkskunde bereits vor 50 Jahren eine beträchtliche Erweiterung bedeuten können, ebenso wie auch der *funktionalistisch-strukturalistische* von *Petr Bogatyrev*. 1937 hatte er sein Werk »The Functions of Folk Costume in Moravian Slovakia« veröffentlicht, in dem er am Beispiel einer mährischen Regionalkleidung deren zahlreiche Funktionen in einem komplexen System beschreibt, sie in ihrer Interdependenz erklärt und im Wechselspiel ihrer Beziehungen unter- und miteinander ihre jeweilige Hauptbedeutung herausarbeitet. Kleidung als Indikator (Gerndt 1974), als Zeichen (Böth 1980; Weber-Kellermann 1985), als Emblem (Burckhardt-Seebass 1981), als Symbol (Balke/Lange 1985; Lönnqvist 1979) – in fast allen volkskundlichen Abhandlungen, die über bloße Deskription hinausgehend Kleidung in ihrem gesellschaftlichen Kontext analysieren und interpretieren, haben diese Termini einen gewichtigen Stellenwert.

In expliziter Anlehnung an die von dem Schweizer Linguisten Ferdinand de Saussure (1857–1913) postulierte Semiologie gehen französische Wissenschaftler/innen seit den 1960er Jahren immer wieder auf die *semantische Rolle von Kleidung* ein. Wie bei allen normalisierten standardisierten Objekten sind auch bei der Kleidung Funktion und Zeichen gleichzeitig gegeben. *Roland Barthes* (1915–1980) spricht von »Funktionen mit Zeichencharakter« (Barthes 1985, 271). Der jeweilige Zeichenbezug muß aus dem spezifischen Kontext erarbeitet werden, doch darf die Analyse von Kleidung nicht allein auf die Analyse ihres Zeichencharakters reduziert werden. Das gesamte Spektrum gegenwärtiger *französischer Kleidungsforschung* breitet der 1984 erschienene Tagungsband »Vêtement et Sociétés 2« aus; die Referate des Nationalen Kolloquiums des Centre National de la Recherche Scientifique, das im März 1983 im Pariser Musée de l'Homme zum Thema »Vers une anthropologie du vêtement« stattfand, verdeutlichen die erhebliche Erweiterung über die rein semantische Vorgehensweise hinaus: Ethnologischer Ansatz verbindet sich mit semiologischem, Kleidung wird – fächerübergreifend – in großen Zusammenhang betrachtet: »Le vêtement est une entité à deux faces: une face matérielle (c'est un objet qui, en tant que tel, requiert une analyse de type technologique) et une face abstraite (c'est un lieu d'investissement ou d'expression de travail, de prestige, de pouvoir, d'affects, de signes...) qui exige le recours à d'autres types d'analyses« (Delaporte 1984, 53).

Daß durch soziale, ökonomische, ethnische, kulturelle und kirchliche Einflüsse bedingter Wandel im Kleidungsverhalten systematisch sinnvoll zu erfassen ist, belegt seit Mitte der 1950er Jahre eindrucksvoll das Institut für *sorbische Volkskunde* in Bautzen mit zahlreichen Publikationen

(Balke/Lange 1985). Auch der schwedischsprachige Finne *Bo Lönnqvist*, der bereits in seiner Dissertation 1972 als einer der wenigen unter den Kleidungsforschenden den Bogatyrevschen Ansatz aufgegriffen hat, fordert den verstärkten Einbezug der »sozialen Perspektive«; er sieht Kleidungsweisen als Ausdruck sozialen Rollenverhaltens, das über Wertsymbole als standardisierte Handlungsweise in non-verbaler Kommunikation vermittelt wird (Lönnqvist 1976, 1979).

Ein Aufsatz der englischen Kostümhistorikerin *Anne Buck* aus den 70er Jahren belegt überzeugend, daß der Einbezug der sozialen Kategorie für die Weiterentwicklung eines komplexen Kleidungsforschungsansatzes unabdingbar ist. Anstelle der im angelsächsischen Bereich weit verbreiteten stilgeschichtlichen Bearbeitung von Kleidung beschreibt sie »Dress as a Social Record«. Ohne langatmigen theoretischen Einstieg analysiert sie diverse Kleidungsstücke in ihrem historischen Kontext, sieht sie dieselben anlaß-, orts-, zeit- und schichtengebunden. Dabei schneidet sie auch die Frage an, wie exakt historische Kleidungsbilder sind, die anhand von sachkundlichen, ikonographischen und literarischen Quellen erstellt wurden: »The final form of dress depends not only on cut and construction of the main garment, but also on supporting garments and structure. It is a composite achievement in which underwear, the moulding forms of corset, and the inflations of hoop, crinoline or bustle may have made up the final person. The main garment is shaped for the whole structure and to restore its physical quality, that is the shaping of dress and body together all these component parts must be understood« (Buck 1976, 6).

3. Aufgaben einer sozialwissenschaftlichen Kleidungsforschung

Punktuell kamen bereits Ansätze einer sozialwissenschaftlich ausgerichteten Kleidungsforschung zur Sprache. Im folgenden sollen nun für die Kleidungsforschung bedeutsame, zum größten Teil bisher vernachlässigte Fragestellungen sowie ihre Analyse und Interpretation angerissen, methodische Rekonstruktionsverfahren und relevante Quellengattungen hinterfragt und die Notwendigkeit einer verstärkten theoretischen Arbeit angesprochen werden.

Kleidung hat viele Realitäten – sie wird hergestellt, gehandelt, getragen, weitergegeben, geflickt, umfunktioniert, verbraucht. All diese Aspekte greift die sozialwissenschaftliche Kleidungsforschung auf. Über die bloße Betrachtung der Realien »an sich« hinausgehend, untersucht sie Kleidung im gesellschaftlichen Zusammenhang, der sozio-kulturelle Bedingungen und historische Entwicklung mit einschließt. Kleidungsforschung ist also *historische Forschung*, doch sie ist auch *Gegenwartsforschung*. Bevor sie in die Untersuchung von Einzelaspekten einsteigt, muß sie ihren Forschungsgegenstand klar definieren. Kleidungsforschung beschäftigt sich – der Name verrät es – mit Kleidung. Da sie jedoch nicht zu den traditionellen volkskundlichen Arbeitsgebieten mit fest umrissenen Inhalten gehört, muß dieser Begriff erläutert werden.

Durch Forschungsprogramme (z. B. das vom Niedersächsischen Freilichtmuseum Cloppenburg und vom Seminar für Volkskunde an der Georg-August-Universität Göttingen in der zweiten Hälfte der 1980er Jahre durchgeführte Projekt »Historische Kleidungsforschung in Niedersachsen«) bzw. Tagungen (z. B. in Cloppenburg 1985, in Lienz 1986) sowie durch vereinzelte Veröffentlichungen (z. B. Bringemeier 1985) wurde der Begriff *»Kleidungsforschung«* im Fach eingeführt, wenngleich er – auch von Befürworter/inne/n einer umfassend angelegten Forschung – anfangs nicht allgemein anerkannt war. So stellte Wolfgang Brückner 1985 die Frage, »warum [...] in jüngster Zeit in der Volkskunde meist von ›Kleidungsforschung‹ und nicht von ›Bekleidungsforschung‹ gesprochen« werde. Er erklärte die Bezeichnung »Kleidungsforschung« aus der Fachgeschichte heraus: »Wohl weil es früher ›Trachtenforschung‹ hieß und nicht ›Trachtentragenforschung‹ trotz funktionalistischer Aspekte seit den Dreißigerjahren« (Brückner 1985, 13). In dieser nicht ganz einleuchtenden Analogie ist der Begriff »Bekleidungsforschung« zu eng gefaßt, reduziert das Forschungsgebiet auf »Sich-Kleiden« oder – passiv ausgedrückt – auf »Bekleidet-Sein« bzw. »Bekleidet-Werden«. Dem Kleidungsverhalten der Träger/innen galt per definitionem das ausschließliche Forschungsinteresse. Wichtige weitere Fragen, z. B. zur Produktion oder zum Vertrieb der Kleidung, blieben ausgeklammert. Der weiter gefaßte Begriff »Kleidungsforschung« hat sich daher als Fachbezeichnung etabliert.

Kleidungsforschung beschäftigt sich mit *»Mode«*. Mode wird heute nicht mehr ausschließlich auf Kleidung bezogen und ist daher nicht als ihr Synonym verwendbar. Eine geschlossene Theorie der Mode gibt es, obwohl sich eine Vielzahl von Wissenschaften mit dem Phänomen beschäftigt hat, ebensowenig wie eine allgemein gültige Definition. Die wissenschaftliche Volkskunde muß sich daher verstärkt mit den theoretischen Ansätzen anderer Disziplinen auseinandersetzen. Daß »Mode« ein wichtiges Thema für Kleidungsforschung (wie für alle anderen volkskundlichen Themengebiete) ist, wurde bereits aufgezeigt.

Wie sieht es mit *»Tracht«* aus? Obwohl die traditionelle Volkskunde »Tracht« als zentralen Untersuchungsgegenstand in ihren Kanon eingegliedert hat, wird der Begriff nicht definiert – jedermann scheint zu wissen, was man darunter versteht. Die Analyse wissenschaftlicher Abhandlungen unter dem Blickwinkel der inhaltlichen Bestimmung von »Tracht« zeigt, daß in der Regel der Begriff von außen an den Themenkomplex herangetragen wird, bei den Leser/inne/n – auch aufgrund seiner umgangssprachlichen Verwendung – ganz verschiedene Assoziationen hervorrufen kann und daher im Wissenschaftsgebrauch nicht benutzt werden sollte. Für Finnland hat Bo Lönnqvist im Hinblick auf den Begriff »Volkstracht« eindrucksvoll dargestellt, daß er eine »museale Illusion« ist. Die Aufgabe der Kleidungsforschung – und dies gilt nicht nur für Finnland, sondern ist auf andere Länder übertragbar – sieht er nicht in der Verfestigung einer Fiktion, sondern in der Erforschung »ökonomischer Realitäten und der Manifestation modischer Bewußtheit unter verschiedenen Gruppen mit großen zeitlichen und kontextmäßigen Variationen« (Lönnqvist 1985, 42).

Wie schwer es ist, mit dem Begriff »Tracht« exakt umzugehen, zeigt sich in einem Aufsatz von Peter Assion. Er hält darin am Begriff »Tracht« (für den hinteren Odenwald) mit der Begründung fest: »Differenzierende und ordnende Funktion hatten soziale landschaftliche Sonderformen der Kleidung – auch einfachere – auf jeden Fall« (Assion 1986, 24). Seinen Untersuchungsgegenstand umschreibt er auch mit »trachtliche Kleidung« und »Sonderformen der Kleidung«, denen er die nicht näher bestimmte »Volkskleidung« entgegensetzt. Peter Assion benutzt mit dem Wort »Tracht« zusammengesetzte Begriffe (Hochzeits-, Zeremonial-, Männer-, Prozessions-, Sonder-, Volks-, Frauentracht, Trachtenträger, -tanzgruppe, -farbe, -paar, -forschung, -fest, -kultur, -folklorismus, -kleidung, -buch, -bild, -hochzeit, -kostümträger, -verständnis, -aufzug, -pflege, -stück, -bewußtsein, -kundlich, -geschichte, -zeichnung, -aufnahme, -rest, -stoff, -landschaft, -gewand), die nur teilweise seiner Definition entsprechen; sie nehmen auch auf andere, durch die Begriffsbestimmung als ausgeschlossene Gegenstandsbereiche (z. B. Vereinswesen, Folklorismus) Bezug.

Mit dem Ausbruch aus den traditionellen engen Fachgrenzen und der damit einhergehenden Ausweitung der Fragestellungen zeigt sich, daß in der Kleidungsforschung eine Notwendigkeit der Weiterverwendung des »Trachten«-Begriffes im wissenschaftlichen Sprachgebrauch nicht mehr unbedingt gegeben ist. Die zu untersuchenden Aspekte können sich in den unterschiedlichsten Kleidungsstilen manifestieren. Daß dabei auch – als eine unter vielen – die Frage aufgeworfen wird, warum es »soziokulturelle Strukturen [gibt], die traditionaler sind als andere Lebenswelten, die in ihren kulturellen Gehalten, Wertprinzipien und Einstellungen eine gewisse Kontinuität aufweisen« (Bausinger 1985, 186), ist selbstverständlich. So erschienen für diesen Themenbereich zwei methodisch immer noch richtungweisende Dissertationen, die sich in Fallstudien mit dem Entstehen eines regionalspezifischen Kleidungsstils (Könenkamp 1978) bzw. seinem Verschwinden (Böth 1980) auseinandersetzten.

Die Spannweite der möglichen Fragestellungen in der Kleidungsforschung umfaßt zwei Ebenen: Zum einen geht es um die Rolle der Kleidung als Objekt, d. h. um ihre Herstellung, ihren Gebrauch, ihre Funktion; der Gegenstand steht im Mittelpunkt des Interesses. Zum anderen geht es um die Rolle der Kleidung als Objektivation, d. h. um die Ideen-, Werte- und Vorstellungssysteme, die sich in äußerlichen Kleidungsbildern festmachen lassen. Beide Ebenen sind eng miteinander verflochten, sie können nicht getrennt werden. Daraus resultiert eine *Vielzahl von Themenstellungen,* die in der traditionellen Volkskunde nicht berücksichtigt wurden: z. B. Kleidungsverhalten aus der Perspektive des/r

Trägers/Trägerin; Modevorstellungen und Leitlinien; individuelles und gesellschaftlich dominiertes Kleidungsverhalten; Symbolhaftigkeit von Vereinskleidung (»Trachtengruppen«, Schützenvereine etc.); Reinigung, Instandhaltung, -setzung und Aufbewahrung von Kleidung und Zubehör; Herstellung (z. B. »selbst gesponnen, selbst gemacht«, handwerklich oder fabrikmäßig); Erwerb (z. B. durch Kauf als Erbmasse, als Weitergereichtes zum Auftragen, als Teil des Lohnes) und Handel (u. a. Second-hand-Handel, Konfektion, Verleih) mit Kleidung bzw. Material und Zubehör; Kleidungsveränderungen durch Umgestalten, Umnutzen, Umarbeiten usw.

Aber auch gesellschaftliche Veränderungen sind ausschlaggebend für *neue wissenschaftliche Frageperspektiven.* Fragen zur »Körperlichkeit«, zur Hygiene, zu Krankheiten sind beispielsweise erst durch die Enttabuisierung dieser Themenkomplexe möglich. Erst der kulturelle Wandel erlaubt Untersuchungen zu Phänomenen, die nicht unbedingt am äußeren Erscheinungsbild erkennbar sind, und zu Verhaltensweisen, die vielfach »unter Ausschluß der Öffentlichkeit« abliefen. Fragen nach dem Umgang mit Unterwäsche – in einer Vielzahl von Ausstellungen (z. B. Frankfurt 1988, Bregenz 1991, Jever 1994/1995) und Publikationen (vgl. die entsprechenden Kataloge Junker, Stille 1988, Kleider und Leute 1991, Meiners 1994) aufgegriffen – spielen hier beispielsweise ebenso eine Rolle wie nach der kleidungsmäßigen Vorsorge bei Menstruation (z. B. Zinn-Thomas 1997; Zinn-Thomas, Stolle 1998).

Auf den Zusammenhang von Kleidung und Krankheitsbildern wurde verschiedentlich hingewiesen, zum Beispiel auf die Verkrüppelung durch das Tragen von enggeschnürten Korsetts, auf Gallen- und Nierenleiden durch zu schwere Röcke, auf mögliche Unfruchtbarkeit bei den Trägern zu enger Jeans. Gezielte Untersuchungen, die auch den Bereich spezieller Kleidung von Kranken/Behinderten berücksichtigen sollten, stehen jedoch noch aus. Die Diskussion um die »Körperlichkeit«, die – basierend auf französischen Arbeiten – zu Beginn der 1980er Jahre in der bundesdeutschen Volkskunde einsetzte, wurde in der Kleidungsforschung bisher nur selten aufgegriffen.

In einer kulturgeschichtlich-empirischen Studie über »Erziehung, Dressur und Anstand in der Sprache der Kinderkleidung« am Beispiel der Mädchenkleidung in der hessischen Schwalm hat Gaby Mentges 1989 die Interdependenz von *Körperverständnis und Kleidung* aufgezeigt. Durch den Schnitt der Oberbekleidung und durch die Verwendung von Hüftpolstern werden die hohe Taille betont und breite Hüften modelliert, die Schnürung durch das Oberteil bewirkt eine abgeflachte Brust, kräftige Waden erzielen Frauen und Mädchen durch Abbinden der Beine mit Strumpfbändern. Die Haare, als integrativer Teil zur Haube gehörig, werden – wenn nötig – ausgedünnt. Die Unterordnung des individuellen Körpers unter das in der Schwalm propagierte Schönheitsideal wird evident; Kleidung wird zum Instrument, mit dem eine gesellschaftlich erwünschte Körperform gebildet wird.

Im menschlichen Körper manifestieren sich gesellschaftliche Zusammenhänge; Gestik, Mimik, Körperhaltung beim Stehen, Sitzen, Gehen oder Liegen sind gesellschaftlich-geschichtlich determiniert. In den entsprechenden Körperbildern werden sie transparent. Die Analyse der Gesamtheit des körperlichen Ausdrucksverhaltens erlaubt in der Kleidungsforschung Aussagen über den Umgang des/r einzelnen mit seiner/ihrer Kleidung (vgl. Köhle-Hezinger, Mentges 1993). Einbezogen werden neben den diversen Kleidungsstücken die vielfältigen Accessoires, aber auch Bart und Frisur sowie Parfümieren, Schminken und Tätowierung. In ihrer Zusammensetzung erlauben sie Aussagen über die Zugehörigkeit des Individuums zu bzw. in einer sozialen Gruppe; die Bindung an gesellschaftliche Norm- und Wertsysteme führte zur Akzeptanz bestimmter Moralvorstellungen, »gültigen Schönheitsidealen« und ungeschriebenen »Kleidervorschriften«. In diesem Zusammenhang ist auch zu fragen nach den Umwandlungen und Verwischungen der Geschlechtsmerkmale im Kleidungsverhalten (vgl. z.B. Epstein 1995, Böth 1999), nach der modischen Scheinemanzipation, der Sozialisation durch den Umgang mit Kleidung, nach den Träger/inne/n einer von der Konvention abweichenden Kleidung.

Bei der Aufarbeitung von Bedingungsfaktoren gesellschaftlichen Handelns zeigt sich auch, wie wichtig die bisher in der Kleidungsforschung oftmals vernachlässigten Fragen nach wirtschaftlichen Verhältnissen oder technischem Wandel sind (vgl. Mentges 1989b; Neuland 1989). Sie eröffnen neue Arbeitsfelder, so über die Maschinisierung der Wäschepflege und die damit einhergehende Veränderung der Reinlichkeitsvorstellungen, über die Einführung und Verwendung synthetischer Textilien, Wasch- und Weichspülmittel und die in diesem Zusammenhang durch intensive Werbung hervorgerufenen Ansprüche an das Textil z.B. in bezug auf vereinfachte Pflege, über den veränderten Umgang mit Waschmitteln aufgrund des verstärkten Interesses für ökologische Fragen und seinen Einfluß auf den Umgang mit Kleidung, über die Verflechtung von erster und dritter Welt bzgl. der Kleidungsindustrie.

4. Quellen und Methoden der Kleidungsforschung

Wie nähert man sich dem Forschungsgegenstand »Kleidung« nun methodisch? Welche *Quellen* sind zu erschließen? Orientiert am Instrumentarium moderner empirischer Forschung haben sich mit zunehmender Hinwendung der wissenschaftlichen Volkskunde zu den Sozialwissenschaften neben den traditionellen Verfahren (Gewährsleutebefragungen, teilnehmende Beobachtung) *qualitative* (Oral history, narrative Interviews) sowie auch *quantifizierende Erhebungsmethoden* durchgesetzt. Die Kombination der Verfahren hat sich in diversen volkskundlichen Arbeiten bereits bewährt, wenn gerade im Kleidungsforschungsbereich auch heute noch – besonders in den zahlreichen monographischen Regionaldarstellungen – ein Beharren auf alten Forschungsansätzen und methodischen Vorgehensweisen festzustellen ist.

Die traditionelle Quellengattung der *Realienforschung* sind originale Stücke – in der Kleidungsforschung gehören dazu neben Kleidern und Kleidungsstücken, Schmuck und Accessoires u. a. auch Gegenstände aus dem Bereich der Kleidungsproduktion und der Textilpflege. Die inventarisierende Bearbeitung umfaßt die exakte Beschreibung der Objekte, des Zubehörs, der Materialzusammensetzung und bei Kleidungsstücken des Schnittmusters sowie ihre Datierung und regionale Einordnung. Sie ermöglicht Aussagen über den äußeren Wandel eines Kleidungselementes; Verbreitungsgebiete und Handelswege können durch überregionalen Vergleich rekonstruiert werden; chemische und mikroskopische Untersuchungen der Kleidungsstücke geben darüber hinaus Auskunft über die Textil- und Körperpflege.

Im Hinblick auf die Verallgemeinerbarkeit der Ergebnisse, die durch die Analyse von Originalen gewonnen werden, müssen zwei Aspekte berücksichtigt werden: Es handelt sich – besonders bei *musealen Beständen* – in der Regel um herausragende Stücke, die aufhebenswert erschienen; verschlissene *Alltagskleidung* oder die Kleidung der mittleren und unteren Sozialschichten haben sich nur ausnahmsweise erhalten. Aussagen über den gesamtgesellschaftlichen Kontext sind aufgrund dieser Quellengattung daher nicht möglich. Zudem muß berücksichtigt werden, daß ein isoliertes Einzelstück keine Aussagen über das gesamte zu erforschende System zuläßt, das ja nicht aus einer beliebig zusammengesetzten Summe zufällig überlieferter Stücke rekonstruierbar ist.

Die Analyse des gesellschaftlichen Umfeldes von Kleidung ist nur durch die Erschließung weiterer Quellen möglich – zur Verfügung stehen schriftliche Zeugnisse, Bildbelege und mündliche Aussagen, die – wenn sie kritisch hinterfragt werden – weiterführende Informationen liefern.

Von den gedruckten Belegen wurden die literarischen bisher nur selten für Aussagen über »Kleidung« ausgewertet. Christina Neumann setzte hier an und erarbeitete Gründe und Motivationen, aus denen heraus die Autoren von Provinzialberichten, Seebade-Schriften, Reiseführern und weiteren landeskundlichen Schriften des 18. und 19. Jahrhunderts sich mit dem Aspekt »Kleidung« beschäftigen (vgl. Neumann 1990).

Das Massenmedium Zeitung nutzte Annette Krug für ihre Quellenuntersuchung zur Kleidung im Lingener Land. Sie analysierte u. a. 917 Anzeigen zweier regionaler Zeitungen aus dem Zeitraum 1839 bis 1914 unter dem Blickwinkel »beworbene Kleidungsstücke und Stoffe, Textilpflege und -herstellung« (Krug 1998).

Zu den wichtigsten schriftlichen Quellen gehören *Archivalien*. Zumeist sind es — wenn auch gezielt danach gesucht wurde — Zufallsfunde; Archivmaterial ist nur schwer nach für die Kleidungsforschung relevanten Kategorien zu systematisieren. Bei der Auswertung sind, wie in jeder Erhebung, der Entstehungskontext, der Zweck und auch der Überlieferungszusammenhang des jeweiligen Stückes einzubeziehen, da ausschließlich objektimmanente Interpretation eher spekulativ als geschichtlich nachprüfbar ist.

Zu den häufig zitierten archivalischen Quellen gehören neben den seit langem verwendeten Kleiderordnungen mittlerweile auch die *Steckbriefe*. Da sie, um ihren Zweck erfüllen zu können, in der Form der Abfassung allgemein verständlich gehalten sein mußten, sind sie untereinander vergleichbar und bei genügend großer Zahl auch statistisch-quantifizierbar. Gleiches gilt für tabellarische Aufstellungen wie *Inventare* und *Nachlaßverzeichnisse* (Selheim 1994), die auf breiter Basis mit Einsatz der elektronischen Datenverarbeitung bereits verstärkt in anderen volkskundlichen Teilbereichen quantitativ aufgearbeitet werden. Die gewonnenen Ergebnisse sind jedoch nur begrenzt aussagefähig. Beim Umgang mit schriftlich überlieferten Belegen ist zweierlei zu berücksichtigen: Zum einen sind Erkenntnisse nur über das Vorhandensein bestimmter Kleidungsstücke, zuweilen auch über Material, Farbe, mundartliche Bezeichnung erhalten. Über das genaue Aussehen, über Form und Schnitt und über den Gebrauch sagen die archivalischen Zeugnisse hingegen in der Regel nichts aus. Das weitaus größere Problem steckt in dem, was Philologen mit der Formel »Wörter und Sachen« umschreiben. Der dokumentarische Wert der Archivalien liegt allein in der Erfassung von Benennungen, die nur schwer in Beziehung zu den zugehörigen Realien zu setzen sind, da sich diese oft nicht erhalten haben. Aussagen über den Gegenstandsbereich »Kleidung« lassen sich allein anhand der schriftlichen Quellen daher nur in Ausnahmefällen machen.

Zu den unentbehrlichen Quellen gehören *bildliche Darstellungen*, die ebenfalls stets sorgfältige Quellenkritik erfordern. Bildzeugnisse — darunter auch die als direkte Widerspiegelung der Wirklichkeit geltenden Fotografien und Filme — zeigen lediglich Ausschnitte, die teilweise bewußt, teilweise unbeabsichtigt von den Hersteller/inne/n und/oder den Konsument/inn/en gewählt wurden. Sie sind daher nicht Abbild der Realität, sondern Interpretation, somit aber auch gute Gradmesser für Zeitströmungen und Zeitgeschmack (Burckhardt-Seebass 1985; Hartmann 1989; Kerkhoff-Hader 1987; Kjellberg 1981/82; Köstlin 1983; Mentges 1989a).

Mündliche Befragungsergebnisse bilden die vierte Quellengattung für die Kleidungsforschung (Böth 1980; Grob 1985; Mentges 1989a). Relevante Erkenntnisse über subjektive Bewertungen, Einstellungen und Umgangsformen in bezug auf Kleidung lassen sich in Interviews ermitteln. Bei der Auswertung der erhobenen Daten sind verschiedene Gesichtspunkte zu beachten: Vergangenes wird aus der Perspektive der Gegenwart erklärt und in der Retrospektive oft verklärt; Fragesituation und Forscher/innen-Status beeinflussen den Interaktionsprozeß zwischen Informant/inn/en und Fragenden.

In mehreren Projekten wurde erprobt, ob und inwieweit aufgrund eines komplexen methodischen Zugriffs auf breiter Quellengrundlage Erkenntnisse über den Wandel der Kleidung in ihrer Funktion als kulturelles Zeichen für gesellschaftliche Sachverhalte gewonnen werden können. Die Ergebnisse wurden vornehmlich in Museen publiziert.

Hervorzuheben sind hier – auch im Hinblick auf die Wissenschaftsgeschichte der Volkskunde – die beiden Ausstellungen, mit denen das Museum für Volkskunde in Ost- und das Museum für Deutsche Volkskunde in Westberlin 1989 noch getrennt ihr gemeinsames 100jähriges Bestehen feierten. Beide begingen den Anlaß mit Sonderausstellungen aus dem Bereich der Kleidungsforschung. Dies war keine zufällige Themenwahl, sondern lag in der Institutsgeschichte begründet – hatte doch das am 27. Oktober 1889 konstituierte gemeinsame »Vorläufer«-Museum den programmatischen Namen »Museum für deutsche Volkstrachten und Erzeugnisse des Hausgewerbes« (vgl. Göbel, Kohlmann, Müller, Vanja 1989; Museum für Volkskunde. Kleidung zwischen Mode+Tracht 1989).

Die Kleidungsforschung ist in Bewegung gekommen, hat sich von der traditionellen volkskundlichen »Trachtenforschung« deutlich abgesetzt. Sie baut Berührungsängste mit anderen Sozialwissenschaften ab und entwickelt interdisziplinär zu erforschende Fragestellungen. Durch die sorgfältige Anwendung der modernen sozialwissenschaftlichen Erhebungsverfahren bei der Analyse der verschiedenen Quellen ergibt sich eine Vielzahl von Informationen zum Komplex »Kleidung«. Aufgabe der volkskundlich-ethnologischen Kleidungsforschung ist es, den erhobenen Materialien den ihnen gemäßen Stellenwert zuzuordnen und sie in ihrem gesellschaftlichen System in Geschichte und Gegenwart zu interpretieren.

Literaturverzeichnis

Assion, Peter: Neue Quellen zur Geschichte der Odenwälder Tracht. In: Volkskultur im Odenwald. Gotthilde Güterbock zum 80. Geburtstag gewidmet (Sammlung zur Volkskunde in Hessen, 27/28). Otzberg 1986, 7–24.

Auf und zu. Von Knöpfen, Schnüren, Reißverschlüssen... (Veröffentlichung des Museums für Volkskultur in Württemberg, Außenstelle des Württembergischen Landesmuseums Stuttgart, 4). Stuttgart 1994.

Balke, Lotar; Lange, Albrecht: Sorbisches Trachtenbuch. Unter Mitarbeit von Frank Förster. Bautzen 1985.

Barthes, Roland: Système de la Mode. Paris 1967. Dt.: Die Sprache der Mode. Frankfurt a.M. 1985.

Bausinger, Hermann: Zu den Funktionen der Mode. In: Schweizerisches Archiv für Volkskunde 68/69 (1972/73) 22–32.

Bausinger, Hermann: Traditionale Welten. Kontinuität und Wandel in der Volkskultur. In: Zeitschrift für Volkskunde 81 (1985) 173–191.

Beitl, Klaus; Bockhorn, Olaf (Hrsg.): Kleidung – Mode – Tracht. Referate der Österreichischen Volkskundetagung 1986 in Lienz (Osttirol). Wien 1987.

Böning, Jutta: Das Artländer Trachtenfest. Zur Trachtenbegeisterung auf dem Land vom ausgehenden 19. Jahrhundert bis zur Gegenwart. (Beiträge zur Volkskultur in Nordwestdeutschland, 99). Münster u. a. 1999.

Böth, Gitta: Kleidungsverhalten in hessischen Trachtendörfern. Der Wechsel von der Frauentracht zur städtischen Kleidung 1969–1976 am Beispiel Mardorf. Zum Rückgang der Trachten in Hessen (Europäische Hochschulschriften, Reihe 19, Bd. 18). Frankfurt a. M./Bern/Cirencester 1980.

* Böth, Gitta: »Selbst gesponnen, selbst gemacht...« Wer hat sich das nur ausgedacht? Trachtenforschung gestern – Kleidungsforschung heute. Begleitheft zur Ausstellung hrsg. v. Helmut Ottenjann. Cloppenburg 1986, ²1987.

Böth, Gitta: Die Mode und die Volkskunde. Anmerkungen zum Umgang mit einem Begriff. In: Böth, Mentges 1989, 11–20.

* Böth, Gitta; Mentges, Gaby (Hrsg.): Sich kleiden (Hessische Blätter für Volks- und Kulturforschung NF25 [1989]). Marburg 1989.

Böth, Gitta: Kleiderwechsel. Transsexuelle und ihre Kleidung. In: Christel Köhle-Hezinger u. a. (Hrsg.), Männlich. Weiblich. Zur Bedeutung der Kategorie Geschlecht in der Kultur. Münster u. a. 1999, 398–404.

Bogatyrev, Petr: The Functions of Folk Costume in Moravian Slovakia (Approaches to Semiotics, 5). The Hague /Paris 1971.

Bovenschen, Silvia (Hrsg.): Die Listen der Mode. Frankfurt a. M. 1986.

Bringemeier, Martha: Mode und Tracht. Beiträge zur geistesgeschichtlichen und volkskundlichen Kleidungsforschung. Hrsg. v. Gerda Schmitz (Beiträge zur Volkskultur in Nordwestdeutschland, 15). Münster 2 1985.

Brückner, Wolfgang: Kleidungsforschung aus der Sicht der Volkskunde. In: Ottenjann 1985, 13–22.

Brückner, Wolfgang: Trachtenforschung und Bekleidungsgeschichte. Büchermarkt – Symposien – Museumsaktivitäten. In: Bayerische Blätter für Volkskunde 13 (1986) 87–93.

Brückner, Wolfgang (Hrsg.): Bekleidungsgeschichte und Museum. Symposium in Schloß Hofen 13.–16. 10. 1988 veranstaltet vom Amt der Vorarlberger Landesregierung. Redaktion: Heidrun Alzheimer. Bregenz 1988.

Buck, Anne: Dress as a Social Record. In: Folk Life 14 (1976) 5–26.

Burckhardt-Seebass, Christine: Trachten als Embleme. Materialien zum Umgang mit Zeichen. In: Zeitschrift für Volkskunde 77 (1981) 209–226.

Burckhardt-Seebass, Christine: Schweizerische Trachtengraphik bis 1830. Kritische Anmerkungen zu ihrem Quellenwert. In: Ottenjann 1985, 72–80.

Delaporte, Yves: Perspectives méthodologiques et théoriques. In: L'Ethnographie 80 (1984) 33–57.

Döring, Alois (Hrsg.): Von Kleidern und Menschen. Kleidungsgewohnheiten an Rhein und Maas im 19. und 20. Jahrhundert. Köln u. a. 1999.

Epstein, Julia: Kleidung im Leben transsexueller Menschen. Die Bedeutung von Kleidung für den Wechsel der sozialen Geschlechtsrolle. Münster/New York 1995.

Gerndt, Helge: Kleidung als Indikator kultureller Prozesse. Eine Problemskizze. In: Schweizerisches Archiv für Volkskunde 70 (1974) 81–92.

Göbel, Karin; Kohlmann, Theodor; Müller, Heidi; Vanja, Konrad: Auf's Ohr geschaut. Ohrringe aus Stadt und Land vom Klassizismus bis zur neuen Jugendkultur (Schriften des Museums für Deutsche Volkskunde Berlin, 16). Berlin 1989.

Grob, Marion: Das Kleidungsverhalten jugendlicher Protestgruppen in Deutschland im 20. Jahrhundert am Beispiel des Wandervogels und der Studentenbewegung (Beiträge zur Volkskultur in Nordwestdeutschland, 47). Münster 1985.

Hain, Mathilde: Das Lebensbild eines oberhessischen Trachtendorfes. Von bäuerlicher Tracht und Gemeinschaft (Forschungen zur deutschen Volkskunde, 1). Jena 1936.
Hartmann, Andreas: Text, Bild und Tracht. Zur Repräsentation der Altenburgischen Bauernkleidung. In: Böth, Mentges 1989, 21–39.
Heidrich, Hermann: Kleidung in einem fränkischen Dorf. Die Sammlung und die Aufzeichnungen von Richard Reinhart aus Eckartshausen (Schriften und Kataloge des Fränkischen Freilandmuseums, 8). Bad Windsheim 1986.
Höflein, Ulrike: Vom Umgang mit ländlicher Tracht: Aspekte bürgerlich motivierter Trachtenbegeisterung in Baden vom 19. Jahrhundert bis zur Gegenwart (Artes Populares, 19). Frankfurt a. M./Bern/New York/Paris 1988.
Jacobeit, Sigrid: Aspekte der Kleidungsgeschichte im faschistischen Deutschland. In: Böth, Mentges 1989, 153–170.
Jeans. Beiträge zu Mode und Jugendkultur. Redaktion: Martin Scharfe (Untersuchungen des Ludwig-Uhland-Instituts, 63). Tübingen 1985.
Jones, Laura: Dress in Nineteenth-Century Ireland: An Approach to Research. In: Folk Life 16 (1978) 42–53.
Junker, Almut; Stille, Eva: Die zweite Haut. Zur Geschichte der Unterwäsche 1700–1960 (Kleine Schriften des Historischen Museums Frankfurt, 39). Frankfurt 1988.
Kerkhoff-Hader, Bärbel: Bildzitate. Zur Rezeption textilhistorischer Bildwerke. In: Volkskunst 10 (1987) 19–24.
Kjellberg, Anne: Som mor, så datter. I finstas hos fotografen i 1860 – årene. In: By og Bygd. Norsk Folkemuseums årbok 29 (1981/82) 43–62.
Kleider und Leute. Vorarlberger Landesausstellung 1991. Renaissance-Palast Hohenems 11. Mai bis 27. Oktober 1991. Bregenz 1991.
Köhle-Hezinger, Christel; Mentges, Gabriele (Hrsg.): Der neuen Welt ein neuer Rock. Studien zu Kleidung, Körper und Mode an Beispielen aus Württemberg (Forschungen und Berichte zur Volkskunde in Baden-Württemberg, 9). Stuttgart 1993.
Könenkamp, Wolf-Dieter: Wirtschaft, Gesellschaft und Kleidungsstil in den Vierlanden während des 18. und 19. Jahrhunderts. Zur Situation einer Tracht (Schriften zur niederdeutschen Volkskunde, 9). Göttingen 1978.
Köstlin, Konrad: Gemaltes Trachtenleben. Volkslebensbilder in der Gesellschaft des 19. Jahrhunderts. In: Kieler Blätter zur Volkskunde 13 (1983) 41–68.
Krug, Annette: Kleidung im Lingener Land. Eine Quellenuntersuchung (Beiträge zur Volkskultur in Nordwestdeutschland, 98). Münster 1998.
Lipp, Franz C.; Längle, Elisabeth u. a. (Hrsg.): Trachten in Österreich. Geschichte und Gegenwart. Wien 1984.
Lönnqvist, Bo: Dräkt och Mode i ett landsbydssamhälle 1870–1920. English summary: Dress and Fashion in a Rural Community (Kanatieteellinen Arkisto, 24). Helsingfors 1972.
Lönnqvist, Bo: Style Prototype for Dress in a Social Perspective. In: Ethnologia Scandinavica 1976, 127–148.
Lönnqvist, Bo: Symbolic Values in Clothing. In: Ethnologia Scandinavica 1979, 92–105; Commentary by Inger Haugen, 105–106.
Lönnqvist, Bo: Volkstracht als museale Illusion. Ein Projektbericht. In: Ottenjann 1985, 37–42.
Meiners, Uwe (Hrsg.): Korsetts und Nylonstrümpfe. Frauenunterwäsche als Spiegel von Mode und Gesellschaft zwischen 1890 und 1960 (Kataloge und Schriften des Schloßmuseums Jever, 10). Jever 1994.
Mentges, Gaby: Erziehung, Dressur und Anstand in der Sprache der Kinderkleidung.

Eine kulturgeschichtlich-empirische Untersuchung am Beispiel der Schwälmer Kindertracht (Europäische Hochschulschriften, Reihe 19, 31). Frankfurt a.M./Bern/New York/Paris 1989a.

Mentges, Gaby: »Gesund, bequem und praktisch« oder die Ideologie der Zweckmäßigkeit. Strategien der Konfektionsindustrie zu Anfang des 20. Jahrhunderts am Beispiel der württembergischen Firma Bleyle. In: Böth, Mentges 1989b, 131–152.

* Museum für Volkskunde. Kleidung zwischen Mode + Tracht. Aus der Geschichte des Museums 1889–1989. Berlin 1989.

Neuland, Dagmar: »Mutter hat immer genäht«. Selbstzeugnisse Berliner Näherinnen. In: Museum für Volkskunde 1989, 95–102.

Neumann, Christina: Kleidung in Schleswig-Holstein im Spiegel literarischer Quellen des 18. und 19. Jahrhunderts (Studien zur Volkskunde und Kulturgeschichte Schleswig-Holsteins, 23). Neumünster 1990.

Ottenjann, Helmut (Hrsg.): Mode – Tracht – regionale Identität. Historische Kleidungsforschung heute. Referate des internationalen Symposions. Redaktion: Gitta Böth. Cloppenburg 1985.

Rosander, Gerd Aarsland: Matrosdrakten – en »Evergreen« i barnedrakten. In: By og Bygd. Norsk Folkemuseums årbok 29 (1981/82) 117–174.

Schmitt, Heinz: Volkstracht in Baden. Ihre Rolle in Kunst, Staat, Wirtschaft und Gesellschaft seit zwei Jahrhunderten. Karlsruhe 1988.

Selheim, Claudia: Das textile Angebot eines ländlichen Warenlagers in Süddeutschland 1778–1824. Edition der Textilinventare aus Neuenstadt am Kocher. 2 Bde. (Veröffentlichungen zur Volkskunde und Kulturgeschichte, 53 und 54). Würzburg 1994.

Sits. Oost-west relaties in textiel. Redaktion: Ebeltje Hartkamp-Jonxis. Zwolle 1987.

Vétement et Sociétés 2. Actes du Colloque National C. N. R. 5. »Vers une anthropologie du vétement«. Musée de l'Homme (9–11 mars 1983) (L'Ethnographie Bd. 80, 1984, Nr. 92/93/94). Paris 1983.

Warneken, Bernd Jürgen (Hrsg.): Der aufrechte Gang. Zur Symbolik einer Körperhaltung. Tübingen 1990.

Weber-Kellermann, Ingeborg: Brauch – Familie – Arbeitsleben. Schriften von Ingeborg Weber-Kellermann. Hrsg. v. Andreas C. Bimmer, Gitta Böth u. a. (Marburger Studien zur vergleichenden Ethnosoziologie, 10). Marburg 1978.

Weber-Kellermann, Ingeborg: Der Kinder neue Kleider. Zweihundert Jahre deutsche Kindermoden in ihrer sozialen Zeichensetzung. Unter Mitarbeit von Dagmar Eicke-Jennemann und Regine Falkenberg. Frankfurt a.M. 1985.

Zinn-Thomas, Sabine: Menstruation und Monatshygiene. Zum Umgang mit einem körperlichen Vorgang. Münster u. a. 1997.

Zinn-Thomas, Sabine; Stolle, Walter: Menstruation. Monatshygiene im Wandel von 1900 bis heute. Darmstadt 1998.

Ulrich Tolksdorf

Nahrungsforschung

»So darf man hoffen, in jedem besonderen Fall zu entdecken, daß die Küche einer Gesellschaft eine Sprache ist, in der sie unbewußt ihre Strukturen zum Ausdruck bringt, es sei denn, sie verschleiere, nicht minder unbewußt, ihre Widersprüche« (Claude Lévi-Strauss)

1. Grundsätzliches

Zwischen Bedürfnis (Hunger) und Befriedigung (Essen und Trinken) setzt der Mensch das ganze kulturelle System der Küche (Tolksdorf 1976, 67). Im Gegensatz zu anderen Lebewesen ist der Mensch von Kindheit an bei Auswahl, Zubereitung und Aufnahme von Nahrungsmitteln auf gesellschaftliche Hilfe angewiesen, d.h. er befriedigt seine organischen Bedürfnisse fast ausschließlich mit tradierten, erlernten, d. h. kulturellen Methoden. Seine Erfahrungen sind von der Kultur seiner Gesellschaft vermittelt und kulturgeprägt. Die Fülle der überhaupt möglichen Nahrungsmittel wird durch die jeweilige Kultur selektiv geordnet und gestaltet. Dies geschieht durch die Internalisierung normativer Werte. Es sind die Normen und Konventionen einer Gesellschaft, die bestimmen, was als Nahrungsmittel angesehen wird, was und wie es bei welchem Anlaß (in welcher Verzehr-Situation) gegessen wird.

Diese Annahme beruht auf der Hypothese, daß der Mensch von Geburt an – während seines Sozialisations- bzw. Enkulturationsprozesses – fundamental formenden Einflüssen ausgesetzt ist, die relativ konstant seine Ernährungsgewohnheiten und Verhaltensmuster bestimmen und die tief im Handlungsgefüge und Wertsystem des Individuums wie in der jeweiligen Gesellschaft verankert sind. Sicherlich bleibt dem Menschen als autonomem Wesen ein gewisser Handlungsspielraum, doch zeigt es sich immer wieder, daß fundamentale Änderungen des Ernährungsverhaltens unter bestimmten Bedingungen nur nach einem längeren Zeitraum möglich sind.

Darüber hinaus erscheint Essen und Trinken auch als ein gesellschaftliches Operationsgefüge, das Orientierung und Kommunikation zwischen Gruppen und Individuen sicherstellt. In diesem Sinne bedeutet »Küche« auch ein *kulturales System*, mit dem jeweils bestimmte soziale Bedürfnis-Situationen bewältigt werden. Dies löst zahlreiche Symbolisierungen und Institutionalisierungen aus, wobei in der Ernährung als täglich wiederkehrender Handlung zu einer bestimmten Zeit und in einem bestimmten sozialen Raum (Milieu) die Herausbildung relativ konstanten Nahrungsverhaltens begünstigt wird. Umgekehrt ist es nun auch so, daß »die ganze Lebenswelt gleichsam in der täglichen Nahrung versteckt ist, d. h. Essen und Trinken spiegeln das gesamte gesellschaftliche Leben wider«, so daß man sie als ein »soziales Totalphänomen« (Neuloh/Teuteberg 1976, 397) bezeichnen kann.

Zu diesen psychosozialen Determinanten treten noch zahlreiche externe Faktoren, die das Ernährungsverhalten bestimmen können. Aus dieser Tatsache resultiert, daß sich eine Vielzahl von wissenschaftlichen Disziplinen mit der Nahrung und Ernährung beschäftigt, so z. B. die Ernährungswissenschaft, Medizin, Diätistik, Wirtschaftswissenschaft, Agrarwissenschaft, (Kultur- u. Sozial-) Geschichte, Geographie, Anthropologie, Verhaltensforschung, Soziologie, Psychologie, Pädagogik, Theologie usw. Der multidisziplinäre Charakter der Ernährungswissenschaften wird heute zwar vielerorts betont, trotzdem gibt es aber gerade noch zwischen natur- und kulturwissenschaftlichen Fächern große Schwierigkeiten in der Zusammenarbeit.

Die Faktoren, die das menschliche Ernährungsverhalten bestimmen oder beeinflussen können, sind in zahlreichen Modellen und Systemdarstellungen zusammengefaßt worden. Einen solchen Überblick gibt z. B. das *Modell des Ernährungssystems der EMSIG-Gruppe* (vgl. Abb. 1). Diese zahlreichen internen und externen Faktoren, die das Ernährungsverhalten bestimmen können, sind allerdings von den verschiedenen Disziplinen mit unterschiedlicher Intensität erforscht und wissenschaftlich dargestellt worden – ganz zu schweigen von den Studien, die diese verschiedenen Aspekte integrierend bündeln. Es erscheint so vor allem sinnvoll, jede konkrete Nahrungsaufnahme bzw. jegliches Ernährungsverhalten in einer faktoriellen Analyse auf die sinngebenden Motivationen zu untersuchen (vgl. z. B. Bodenstedt 1978), also z. B. auf Sättigung, Gesundheit, Kommunikation, Segregation, Prestige, demonstrativen Konsum, Lustgewinn, religiöse Tabus, Erziehung usw.

2. Der spezielle Aspekt ethnologischer Nahrungsforschung

Will die ethnologische Nahrungsforschung in Konkurrenz zu den anderen Fachdisziplinen als eigenständige Forschungsrichtung bestehen und nicht nur in bloßer Deskription von Nahrungsmitteln und gruppenspezifischem Eßverhalten steckenbleiben, so bedarf es einer fachspezifischen Bestimmung derjenigen Aspekte, die die ethnologischen Forschungsaktivitäten bündeln können. Man kann sich wohl dahingehend verständigen, daß man die Ernährung als eine Form des sozialen Handelns und als ein kulturelles System auffaßt und analysiert, in dem dann die Nahrung selbst unter dem spezifischen Aspekt eines Kulturgutes betrachtet wird. Daraus ergibt sich dann die weitere Problemstellung: Wie läßt sich ein bestimmtes Ernährungsverhalten als soziales und kulturell

Nahrungsforschung

vermitteltes (lebensgeschichtlich und von gesellschaftlichen Veränderungen abhängiges) Verhalten erfassen?

In der bisher vorliegenden theoretischen Literatur zur ethnologischen Nahrungsforschung (Bringéus 1971, 19ff.; Douglas 1972; Lévi-Strauss 1965; Tokarev 1971, Tolksdorf 1976; Verdier 1969; Wiegelmann in Bringéus 1971; Teuteberg/Wiegelmann 1986, 1ff.) ist man sich in dem Punkt einig, daß die »Mahlzeit« als Grundeinheit und Ausgangspunkt ethnologischer Betrachtungsweise anzusehen ist. Diese Einheit ist dadurch ausgezeichnet, daß in ihr letztlich Speise und Trank realisiert und Werthaltungen und Kommunikation institutionalisiert sind.

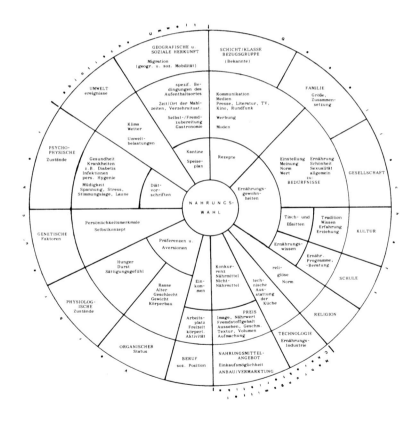

Abb. 1: Modell des Ernährungssystems nach der EMSIG-Gruppe (Aus: A. Bodenstedt, U. Oltersdorf, H. Boeing, A. Hendrichs, U. Behrens: Erfassung und Deutung des menschlichen Ernährungsverhaltens: Ernährungsmodell-Studie in Gießen [EMSIG]. Forschungsbericht, Gießen 1983, 197).

Schon Georg Simmel hat von dem »soziologischen Gebilde der Mahlzeit« gesprochen (Simmel 1957). In Frankreich sind es Claude Lévi-Strauss und noch deutlicher Yvonne Verdier (»L'unité de base sera le repas«) gewesen, die von der zentralen Einheit »Mahlzeit« in ihren nahrungsethnologischen Analysen ausgehen. Im angelsächsischen Raum ist es neben M. A. K. Halliday vor allem Mary Douglas, die diesen methodischen Ausgangspunkt betont: »Each meal is a structured social event which structures others in its image« (Douglas 1972, 69).

Im deutschen Sprachraum hat G. Wiegelmann als erster auf die Bedeutung der »Mahlzeit« als Grundeinheit der ethnologischen Nahrungsforschung hingewiesen:

«Alle ethnologisch wichtigen Aspekte der Nahrung bündeln sich in der Mahlzeit [...]. Die Mahlzeit erfüllt alle Bedingungen, die man an eine Grundeinheit stellen kann: Sie ist zu allen Zeiten und in allen Sozialgruppen gleichermaßen vorhanden, sie ist in den generellen Zielen der Disziplin zugeordnet, fordert geradezu abstrahierende Betrachtung, sie bietet durch die Nähe zum Lebensrhythmus vielfache Querbezüge zu anderen Sachbereichen des Lebens und wirkt dabei für die Disziplin integrierend« (Teuteberg/Wiegelmann 1986, 29).

Wenn wir also die »Mahlzeit« als die komplexe Grundeinheit in der ethnologischen Nahrungsforschung betrachten, so ist doch weiter zu fragen, wie die zahlreichen Faktoren, die eine »Mahlzeit« bestimmen, zu dieser in ein angemessenes Verhältnis zu bringen sind, d. h. die

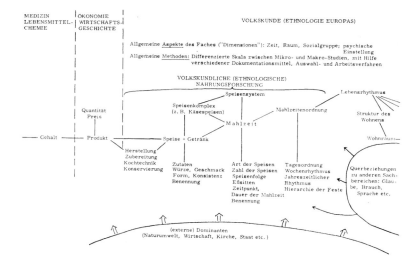

Abb. 2: Darstellungsmodell von G. Wiegelmann (Ethnologica Scandinavia 1971, 12)

»Mahlzeit« muß in der Analyse als bündelnde Einheit des Ernährungssystems verstanden werden. Zu speziell erscheinen jene Systematisirungsvorschläge, die einen generellen Zugang zum Mahlzeitensystem eher verstellen. So schlägt z. B. Lévi-Strauss die Einteilung in »Endo-Küche« und »Exo-Küche« vor, wobei unter »Endo-Küche« jene Ernährungsweise verstanden wird, die für den intimen Gebrauch einer kleinen Gruppe – im Regelfall die Familie – bestimmt ist, während die »Exo-Küche« dem öffentlichen Gebrauch vorbehalten bleibt. Auch die theoretischen Überlegungen des russischen Ethnologen S. A. Tokarev betreffen eher einen Spezialaspekt. Er will die Nahrung und Ernährung daran messen, was diese in einer konkreten sozialen Situation leistet, nämlich entweder Kommunikation oder Segregation. Dies führt ihn zu der kategorischen Einteilung in »die Nahrung, die die Menschen vereinigt, und die Nahrung, die sie trennt« (Tokarev 1972, 299 ff.).

Tolksdorf hat in seinem Darstellungsmodell (Tolksdorf 1976) versucht, den Systemcharakter der Ernährung, der sich in der Mahlzeit bündelt, genauer herauszuarbeiten. Danach wäre es auch möglich, jede Einzelanalyse in der ethnologischen Nahrungsforschung in ihrem Stellenwert und in ihrer Bedeutung für das Mahlzeitensystem zu bestimmen.

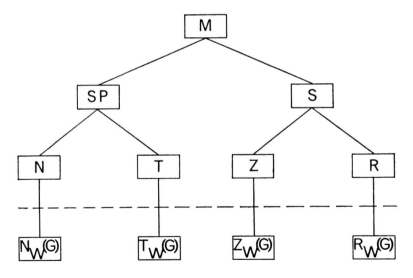

Abb. 3: Modell Tolksdorf (Aus: Ethnologia Europaea, Vol. IX, 1976, 5. 76)

M = Mahlzeit, SP = Speise, N = Nahrungsmittel, NW(G) = gesellschaftlicher Wert des Nahrungsmittels, T = kulturelle Technik (Zubereitung), TW(G) = gesellschaftlicher Wert der Zubereitung, S = soziale Situation, Z = soziale Zeit, ZW(G) = gesellschaftlicher Wert der sozialen Zeit, R = sozialer Raum, RW(G) = gesellschaftlicher Wert des sozialen Raums

3. Das Nahrungsmittel

Der kulturelle Aspekt der Nahrung erweist sich schon allein dadurch, daß von einer bestimmten Bevölkerungsgruppe nicht alles konsumiert wird, was eßbar ist. Eine durch kulturale Verhaltensmuster bedingte *Selektion der Nahrung* findet sich in jeder Kultur. Das beschreibt schon z. B. die bekannte Redensart: »Was der Bauer nicht kennt, das ißt er nicht«, ein Satz, der durchaus allgemeinere Geltung beanspruchen kann, denn das mögliche Ernährungsfeld zeigt sich in jeder Kultur stark eingeengt. Die Auswahl der Nahrung wird nicht nur eingeschränkt durch die jeweilige Kenntnis eßbarer Lebensmittel sowie von wirtschaftlichen und ökologischen Bedingungen, sondern die menschliche Ernährung ist auch in starkem Maße geprägt und abhängig von kulturalen Traditionen und Determinationen, von sozialer Normierung, von Glaubensbekenntnis und Weltanschauung, von Gewohnheit und Geschmack sowie überhaupt von gesellschaftlich vermittelten Überlieferungen aller Art. So erscheint es sogar möglich, daß Menschen neben einer Fülle von Nahrungsmitteln verhungern, deren Genuß ihnen entweder in ihrer Kultur nicht vermittelt oder durch ihre Religion oder andere tradierte Verhaltensmuster verboten ist. Hinweise auf jene »Heiligen Kühe« oder auf das Tabu des Fischkonsums in weiten Küstenstrichen Indiens sowie Zentral- und Südamerikas mögen in diesem Zusammenhang genügen.

Den Volkskundler interessiert ein Nahrungsmittel oft erst dann, wenn es in einer konkreten Mahlzeiten-Situation Verwendung findet. Als Beispiel mag die Kartoffel dienen. Diese war nach der Einführung in Europa zunächst botanische Rarität und Zierpflanze, erst später wurde sie als »Nahrungsmittel« und sogar als Massennahrungsmittel in das Ernährungssystem integriert (vgl. Ottenjann/Ziessow 1992). Dieser Vorgang allein, diese Selektionsleistung, bedeutet schon eine Kulturleistung auf dem Gebiet der Ernährung und darf in einer Analyse nicht vernachlässigt werden.

In der ethnologischen Nahrungsforschung geht es also nicht nur um die bloße Deskription von Nahrungsmitteln einer bestimmten Zielgruppe (oder gar des »Volkes«), sondern auch und vor allem um die Korrelation von gewissen Merkmalen der Ernährung und bestimmten Daten und Werthaltungen der betreffenden Sozialgruppe ihren Nahrungsmitteln gegenüber. Es ist hinreichend bekannt, daß sich die einzelnen Kategorien der Nahrungsmittel als Bedeutungsträger und als Symbole zur gesellschaftlichen Differenzierung besonders gut eignen. H. J. Teuteberg (Teuteberg/Wiegelmann 1986, 6f.) faßt z. B. diesen Symbolgehalt der Nahrungsmittel in einer Klassifikation unter fünf Punkten zusammen:

I) Prestigeprodukte (Nahrungsmittel werden als personale Attribute empfunden, sie dienen exhibitionistischen Schaueffekten und sollen eine gesellschaftlich elitäre Position bzw. Abhängigkeit unterstreichen)
II) Statusprodukte (Nahrungsmittel dienen zur soziokulturellen Identifikation, sie sollen keine soziale Führungsrolle, sondern Gruppenkonformität demonstrieren und Assimilation erleichtern)
III) Fetisch- und Sicherheitsprodukte (Nahrungsmittel werden zur Erreichung emotionaler Sicherheit eingenommen. Sie haben eine magisch-religiöse Ich-Verteidigung, nicht Ich-Verstärkung. Hierzu gehört auch die besondere Kost für Kinder, Kranke und Schwangere)
IV) Hedonistische Produkte (Nahrungsmittel werden aus Lustgewinn konsumiert, vor allem wegen ihres Geschmacks, Geruchs oder Aussehens. Man belohnt damit eigenes Verhalten und demonstriert dabei Gemütsverfassungen, Vergnügungen und Kommunikation)
V) Nur-funktionelle Produkte (Nahrungsmittel dienen als Hauptkalorienlieferanten für das physische Überleben, sie haben meist keinen besonderen Sinngehalt und sind symbolneutral).

Diese Aufstellung stellt freilich nur eine kleine Auswahl aus der anscheinend unübersehbaren und vielfach wechselnden Zahl der bedeutungstragenden Sinneinheiten bei Nahrungsmitteln dar. Die reinen ökonomisch-regionalen Verhältnisse bestimmten aber auch noch fast das ganze 19. Jahrhundert hindurch die Nahrungsmittelauswahl und wirken bis in die unmittelbare Gegenwart nach. Zwar gelang es nach der Mitte des 19. Jahrhunderts, die sonst üblich auftretenden periodischen Hungersnöte (1845/47 erlebte Deutschland die letzte, durch Witterungsverhältnisse bedingte Hungersnot) zu überwinden, doch traten auch später noch vereinzelt durch Krieg und wirtschaftliche Krisen starke Ernährungsmängel bei einzelnen regionalen und sozialen Bevölkerungsschichten ein (vgl. Abel 1974). Insgesamt wurde aber das Nahrungsmittelangebot im 19. Jahrhundert außerordentlich stark verbessert.

Für die Ausweitung und Sicherstellung der Ernährung breiterer Bevölkerungskreise waren vor allem zwei Faktoren von wesentlicher Bedeutung:

I) Durch die »Agrarrevolution« gelang der Landwirtschaft eine bedeutende Produktionssteigerung. Dies wurde ermöglicht durch den Übergang zur Fruchtwechselwirtschaft, zu künstlicher Düngung und Mechanisierung infolge der zu Beginn des 19. Jahrhunderts einsetzenden Agrarreform. Unterstützt wurde diese Entwicklung durch die Entwicklung in der Lebensmittelindustrie.
II) Durch die »Transportrevolution« konnten jederzeit Nahrungs-Massengüter nicht nur aus den osteuropäischen Agrarstaaten, sondern vor allem auch aus den überseeischen Gebieten eingeführt werden. Ausgelöst wurde diese »Transportrevolution« durch die rasche Vergrößerung der Handels-Hochseeflotte, durch die schnelle Entwicklung des Eisenbahnverkehrs und den mit der Motorisierung einhergehenden Ausbau des Straßenverkehrs. Durch diese Möglichkeiten des Nahrungstransports – gekoppelt mit den modernen Gefrier-Techniken (Kühlwagen, Kühlschiffe, Kühlhäuser) – konnte nicht nur durch Auslandsprodukte (z. B. Reis,

Südfrüchte usw.) das Ernährungsfeld ausgedehnt werden, sondern auch regionale Produkte (z. B. Meeresfische) konnten fast jeden Konsumenten erreichen.

Trotz dieser im 19. Jahrhundert erfolgten wesentlichen Verbesserungen der Ernährungssituation können wir auch vom vergangenen Jahrhundert noch nach einem groben Raster etwa fünf verschiedene Kosttypen (vgl. Teuteberg/Wiegelmann 1972, 92) in der Bevölkerung unterscheiden:

I) Die frei gewählte Kost der sozialen Oberschichten
II) Die Kost des städtischen Handwerkers, kleinen Angestellten und Beamten sowie des besser gestelltes Facharbeiters
III) Die Kost des selbständigen Bauern, Fischers, Tagelöhners und Gesindes
IV) Die Kost des ländlichen Heimarbeiters und Handwerkers mit Nahrungsmitteleigenproduktion
V) Die Kost des von der Naturalwirtschaft völlig losgelösten großstädtischen einfachen Lohnarbeiters.

Trotz des außerordentlich erweiterten Ernährungsangebots in den modernen Industriegesellschaften können wir aber auch noch in der Gegenwart nicht von einer völligen »Demokratisierung aller Nahrungsmittel« sprechen.

4. Die Kochkunst

So wie wir das Nahrungsmittel als »Kulturgut« verstehen können, so ist es aus der Perspektive des Kulturwissenschaftlers wohl auch erlaubt, die *Art der Zubereitung und der Zusammenstellung* von Nahrungsmitteln zu Speisen und Gerichten als »Kochkunst« zu bezeichnen. Die bestimmte Art der Zubereitung von Nahrungsmitteln und die Bevorzugung eines bestimmten Gewürzkomplexes lassen uns von einer »regionalen Kost« sprechen und sie so jeweils als »Schwäbische Küche«, »Wiener Küche«, »Französische Küche« usw. erkennen. Auch die »Volkskunst« der kulturellen Technik der Zubereitung ist traditionsbestimmt und so auch meist fest in der Ernährungsgewohnheit verankert.

Schon Wilhelm Heinrich Riehl konstatierte einen ausgeprägten Geschmacks-Konservatismus: »Nirgends sind die Volksstämme konservativer, als wo es Mund und Magen gilt«, und selbst kritische Verhaltensphysiologen kommen zu ähnlichen Aussagen: »Essensbräuche und Geschmacksrichtungen, die in den Kinderjahren die Kost bestimmt haben, werden zeitlebens mit erstaunlicher Zähigkeit beibehalten« (Glatzel 1973, 241). Dies liegt sicherlich auch darin begründet, daß *Mahlzeiten* vom familiären Essenstisch bis hin zur großen Festtafel – zugleich auch *Systeme erzieherischen Handelns* sind, die sich durch soziale Kontrolle überprüfen lassen. In keiner anderen familiären Situation werden Kinder so häufig »erzogen« wie am Essenstisch. Die »Küche«, sowohl als materielles und soziokulturelles System als auch als System erzieherischen Handelns, dient als »pattern« der Orientierung, als Formung der Persönlichkeit und als Auslegung von Welt. Hierin scheinen dann auch jene *Vorurteile* begründet zu sein, die als typisches Kennzeichen eines Landes die Kost seiner Einwohner ansehen und diese und deren Mentalitäten zu erfassen bzw. abzuqualifizieren suchen, z. B. als »Spaghetti-Fresser«, »Knoblauch-Fresser«, »Sauerkraut-Fresser« usw. Es mag an der komplexen Funktionalität liegen, daß das Ernährungssystem viel stärker während des Enkulturationsprozesses in der kulturalen Persönlichkeit verankert ist als andere kulturelle Systeme (wie z. B. Sprache, Kleidung, Brauchformen usw.).

Darüber hinaus ergeben sich bei dem Phänomen des Geschmacks-Konservatismus weitere Fragen. Warum wird an eigenkulturellen Speisen und Getränken auch in anderen Umgebungen über lange Zeiträume hinweg so beharrlich festgehalten, obwohl sich dieses Festhalten durch Erfahrung als gewichtige Kommunikationsbarriere erwiesen hat? Welche Werte im Werte- und Geschmackssystem begünstigen die Beibehaltung derartiger Symbole der Andersartigkeit, und unter welchen Bedingungen werden sie aufgegeben? Bei der Frage des allgemeinen Geschmacks-Konservatismus muß ein Aspekt des Nahrungskomplexes wohl besonders herausgehoben werden: Der *Gewürzkomplex.* Da die Auswahl der Nahrungsmittel auch in größeren Räumen durchaus einheitlich sein kann, ist es vornehmlich der Gewürzkomplex, der landsmannschaftliche Unterschiede schafft und meist seit der Kindheit außerordentlich geschmackskonstant bleibt. So wird z. B. die festliche »Weihnachtsgans« in Ostpreußen mit sauren Äpfeln gefüllt und mit Majoran eingerieben, die Mecklenburger dagegen betrachten Thymian als »ihr« Gewürz, während der Schleswig-Holsteiner den süßen Gewürzkomplex kennen und als Farce Rosinen mit Zucker bevorzugen.

Auch die einzelnen *Zubereitungsarten* selbst unterliegen gesellschaftlichen Einschätzungen. Noch bis zum Ende des 18. Jahrhunderts waren gekochte Speisen in Deutschland vorherrschend, sowohl bei Fleisch- und Fischgerichten als auch bei Getreidespeisen (Breie, Suppen). »Braten war Herrenspeise, Kochfleisch die Volksspeise« (Teuteberg/Wiegelmann 1972, 97). Dann erst zeigte sich eine immer stärkere Präferenz für die Zubereitungsarten mit den Merkmalen »braten«, »backen« und schließlich »grillen«. Dies hatte wiederum zur Folge, daß z. B. bestimmte Getreidepflanzen – wie etwa Hirse – aus dem allgemeinen Ernährungssystem zurückgedrängt wurden, da sie wohl gute breiliefernde Nahrungsmittel waren, aber sich nur schlecht zu Brot oder Kuchen verarbeiten ließen. Mit dem Wechsel bei den Präferenzen der Kochtechniken wurden auch bestimmte Fleischteile aus unserem Speisensystem zurückgedrängt, so z. B. Lunge, Herz, Zunge, Därme usw., während sich nur diejenigen Innereien auf dem Küchenzettel hielten (z. B. Leber, Niere), die sich auch gut braten ließen. Dagegen traten andere Fleischteile in den Vordergrund, wie z. B. Filet-Stücke.

Bei den Gemüsesorten gewann unter dem Einfluß der vegetarischen Bewegung und der Rohköstler-Vereine sowie der Öko-Bewegung das Merkmal »roh« bei der Speisenbereitung ein stärkeres Gewicht, weil der Verzehr nun verstärkt unter dem Aspekt »Gesundheit« und weniger unter dem Gesichtspunkt »Sättigung« oder »Repräsentativität« beurteilt wurde.

Wie bei der Selektion der Nahrungsmittel, so sind auch die Zubereitungstechniken von jeher einer ganzen Reihe von traditionell-regionalen, ökonomisch-technischen und sozio-kulturellen Faktoren unterworfen gewesen. So ist die Zeit um 1850 ein besonderer Wendepunkt in der allgemeinen Entwicklung der Ernährungsgeschichte, der mit der zunehmenden Industrialisierung und sozialen Umwälzung eine Fülle von Novationen bedingte, zumal auch auf dem Gebiet der Anwendung der modernen *Technik der Nahrungszubereitung und -konservierung* (Teuteberg/Wiegelmann, 1972, 330 ff.). Um 1850/60 wurde das jahrhundertealte Kochen auf offenem Feuer durch das Kochen auf eisernen Sparherden abgelöst, die moderne Lebensmittelindustrie und Konservierungstechnik nahm ihren Anfang, »zu den jahrtausendealten Methoden des Pökelns, Dörrens und Räucherns trat nun wieder die wissenschaftlich-fabrikatorische Nahrungsmittelkonservierung in Form des Liebigschen Fleischextrakts, die Konserven-, Teigwaren- und Marmeladenindustrie« und half den jahrhundertealten »Brei- und Mus-Standard« überwinden (Teuteberg/Wiegelmann 1972, 47).

Freilich setzten sich diese Novationen der Ernährungs- und Haushaltstechnik zuerst nur zögernd durch und fanden erst in der Mitte unseres Jahrhunderts – dem Zeitalter der Konserven und Fertiggerichte – in den Industrieländern allgemeine Anwendung. Auf der anderen Seite erfuhr die traditionelle agrarisch-handwerkliche Ernährungsweise seit der Mitte des 19. Jahrhunderts durch die sozialen Umstrukturierungen und neuen Arbeitsbedingungen wesentliche Veränderungen. Die Trennung von Wohn- und Arbeitsplatz bei gleichzeitiger Minimalisierung der »Mahl-Zeiten« – z. B. war die Frühstückspause lange noch das alleinige Vorrecht des Meisters – ließ die Bedeutung der Essenszubereitung im eigenen Haushalt zurücktreten und erzwang einen häufigeren Außer-Haus-Verzehr (Verzehr des Frühstücksbrotes am Arbeitsplatz, Essen aus dem »Henkelmann«, Kantinen-, Mensa-, Restaurant-, Imbiß-Essen usw.) und damit einen Wandel der Essenszubereitungsgewohnheiten der einzelnen Sozialschichten.

5. Mahlzeiten

Die ethnologische Nahrungsforschung beschreibt und analysiert zwar die materiellen und sozio-kulturellen Bedingungen der einzelnen Nahrungsmittel und Zubereitungstechniken, Zielpunkt ist aber zumeist die jeweils aktuelle Verzehr-Situation, die Mahlzeit. Die Mahlzeit unterliegt nun häufig zahlreichen gesellschaftlichen Vorschriften und Regelsystemen, die neben der Stillung von Hunger und Durst auch unterschiedliche soziale Bedürfnisdimensionen sichtbar machten. In älteren Kulturstufen wird vor allem das »Kultisch-Magische« und »Religiöse« betont, in anderen die »Tischsitte« und »Tischzucht«, aber auch heute noch sind die einzelnen Mahlzeiten gleichzeitig auch jeweils soziale Situationen, auch wenn die Gesetzmäßigkeiten und Normen eher jenen ähnlich sind, welche die Gesetze der Mode diktieren (vgl. König 1965, 505).

Die gemeinsame Mahlzeit in älteren Zeiten hatte z.T. ganz andere Funktionen im Zusammenleben der Menschen als heute, man denke nur an den religiös-ständischen Bereich (Abendmahl, Tafelrunde, Gastmahl usw.), aber auch im weiteren familiären und Nachbarschaftskreis bei den herausgehobenen Mahlzeiten im Lebens- und Jahreslauf sowie im Arbeitsablauf (Taufe, Konfirmation, Hochzeit, Begräbnis, Silvester, Fastnacht, Ostern, Weihnachten, Erntedankfest, Richtfest usw.). »Reste der Tafelrunde« (Rath 1984) sind heute allerdings in irgendeiner sich ständig wandelnden Form immer noch vorhanden, bis hin zu den modernen Erscheinungen der Imbiß-Kultur. Der Wandel zeigt sich schon in der zeitlichen Ausdehnung des Mahls. Wurde noch bis zum Beginn der Industrialisierung (wie z. T. noch heute in den Mittelmeerländern) bis zu zwei und mehr Stunden bei einer Hauptmahlzeit getafelt, was sogar bei größeren Festen auf zwei bis drei Tage ausgedehnt werden konnte, so kann heute ein flüchtiger Arbeits-Imbiß nur wenige Minuten dauern.

Auch die zahlreichen anderen sozio-kulturellen Funktionen der Mahlzeit, die man traditionellerweise mit der Eßkultur verband, erscheinen heute nur stark eingeschränkt. Wir zählen nur einzelne Schlagworte auf, die sich damit verbinden: Tisch- und Sitzordnung, Tischgemeinschaft, Tischgebet, Tischsitten, Tischkultur, Tischpartner, Tischgespräch und Tischmusik, Tischtücher, differenziertes Tafelgeschirr und Tischbesteck usw. Überblickt man in großen Zügen die Herausbildung der heutigen Mahlzeitgewohnheiten, so erkennen wir mit Norbert Elias, daß die Tischsitten bis 1500 noch sehr ungezwungen waren. Verbote betrafen nur die »gröbsten Verstöße« wie das Spucken auf den Tisch, das Säubern der Zähne mit dem Messer usw. (Elias 1969, 83). Den Übergang vom Ende des Mittelalters zur Neuzeit markiert das Werk von Erasmus von Rotterdam: »De civilitate morum de puerum«, das im Jahre 1530 erschien. Bei Erasmus »werden Gebote und Verbote unmittelbar in die Erfahrung, in die Beobachtung der Menschen eingebettet« (Elias 1969, 100).

Elias konstatiert weiter, daß zwischen dem 16. und 18. Jahrhundert dann jene Veränderungen stattgefunden haben, die die heutige verfeinerte Eßkultur begründet haben: »Am Ende des 18. Jahrhunderts, kurz vor der Revolution, ist in der französischen Oberschicht annähernd jener Standard der Eßgebräuche, und gewiß nicht nur der Eßgebräuche, erreicht, der allmählich dann in der ganzen ›zivilisierten‹ Gesellschaft als selbstverständlich gilt« (Elias 1969, 139).

Elias glaubt, daß durch die Verfeinerung der Eßgewohnheiten – zumal in der Französischen Küche der Oberschicht – ein neuer sozialer Mechanismus in Gang gesetzt wurde, indem das Verhalten der Oberschicht in anderen Bevölkerungskreisen imitiert wurde. Mit ähnlichem Ansatz hatte schon an der Wende zum 20. Jahrhundert der amerikanische Soziologe Thorstein Veblen argumentiert, der darauf hinwies, daß sich die Oberklassen der entwickelten Gesellschaften nicht damit begnügten, einfach mehr zu essen als die anderen, sondern ihren Küchenzettel spezialisierten und zusätzlich raffinierten und so die Ernährung einem »Kanon der Achtbarkeit« unterwarfen.

Nach Elias ergeben sich dann durch das »Vorrücken der Peinlichkeitsschwelle« ganz allgemeine neue gesellschaftliche Verhaltensnormen. Es wären danach drei Phasen im »*Prozeß der Zivilisation*« zu erkennen: Die mittelalterliche Phase, in der das Essen noch weitgehend ohne Regeln und mit bloßen Händen geschieht, eine zweite Phase zwischen dem 16. und 18. Jahrhundert, in der die Ausformung eines umfangreichen Verhaltenskodexes stattfindet, und schließlich eine dritte Phase im 19. und 20. Jahrhundert, in der dieser erreichte Standard nur noch unwesentlich verändert wird. Im 20. Jahrhundert ist nun allerdings – besonders im Gefolge der beiden Weltkriege – wie bei anderen gesellschaftlichen Umgangsformen, so auch beim Eßverhalten ein starker gegenläufiger Prozeß der »*Informalisierung*«, d. h. der Lockerung der allgemeinen Verhaltensvorschriften zu beobachten (Rath 1984, 226 ff.). Rath erkennt zusammenfassend vor allem zwei Tendenzen:

I) Die Durchmischung von Standards der Arbeiter- und der Mittelklassen in den hochentwickelten Industrieländern. Dies führt einerseits zur »Verbürgerlichung« proletarischer Eßsitten, andererseits aber auch zu einer Durchlässigkeit mittelständischer Anstandsvorstellungen für ehemals proletarische Verhaltensmuster (z. B. Trinken aus der Flasche).

II) Der Zerfall von »Autoritätssymbolen« und die gesteigerte Selbstkontrolle der Individuen läßt sie freier über kulturelle Objektivationen verfügen, die nun gleichsam in verschiedenen Situationen beliebig verwendbar und »stillos« kombinierbar sind.

Freilich sollte man bei allen individualistischen Tendenzen in der Gegenwart die Beobachtung von Elias bedenken, daß »von den meisten Aufwachsenden relativ frühzeitig vergessen [wird], daß ihre Scham- und Peinlichkeitsgefühle, ihre Lust- und Unlustempfindungen durch Druck und Zwang von außen modelliert und auf einen bestimmten Standard gebracht wurden« (Elias 1969, 173). Sicherlich ist es aber so, daß in der Gegenwart eine alleingültige gesellschaftliche Normierung der Mahlzeiten nicht mehr verbindlich erscheint, sondern daß eine Vielzahl von Mahlzeitsystemen von verschiedenen Gruppen in verschiedenen sozialen Situationen praktizierbar ist. Um so mehr gilt es in der ethnologischen Nahrungsforschung, jede spezielle aktuelle Verzehr-Situation gesondert zu analysieren.

Brigitte Bönisch-Brednich

6. Aktualisierung

Die Ausführungen von Ulrich Tolksdorf sind vor allem im strukturellen und methodischen Bereich nach wie vor gültig. Was sich in den letzten Jahren am Forschungsthema »Nahrung« verändert hat, ist das Feld selbst. Neben den von Tolksdorf angesprochenen Themen haben sich neue Gebiete herausgebildet, die Beachtung verdienen und die vor allen auch eng mit anderen Forschungsbereichen der Lebensstilanalyse verbunden sind.

Einer dieser Bereiche ist die *Ästhetisierung des Essens* in den westlichen Kulturen. Durch Medien wie das Fernsehen, Kochzeitschriften, Kolumnen, Ratgeber jeder Art werden die Auswahl, Zubereitung und die Mahlzeit selbst zu einem Indikator von Lebensstilen und maßgeblichem Ausdruck von Persönlichkeit. »Richtiges Essen« ist ein Persönlichkeitsmerkmal mit vielen Facetten und einem sich ständig veränderndem Repertoire an Verhaltenanweisungen und neuen Nahrungszusammenstellungen (Karmasin 1999, Tschofen 2000, Allweier 2001).

Ein großer Bereich ist dabei eng mit Werbung verbunden, wie Fast Food, Convenience Food (Fertiggerichte) und Snacks. Ein anderer, eher verdeckter Bereich ist der des bewußt guten Essens, der in die Ökologie und Slow Food-Bewegung eingeordnet wird. Gutes Essen bedeutet oft Zivilisationskritik, zumindest aber Fortschrittskritik; es bedeutet, daß sich die Anhänger dieser Richtungen in einem gewissen Masse Historisierungstendenzen in der Alltagskultur anschließen, aber vor allem der industriellen Produktion von Lebensmitteln kritisch gegenüberstehen. Die zubereitete Mahlzeit ändert sich nicht unbedingt, auch nicht die verwendeten Zutaten, sondern die Produktherkunft und deren ethische Aufladung. Damit werden Forschungszugänge, die mit Feldforschung, aber auch mit Zeichen und Symbolsystemanalysen arbeiten, immer wichtiger.

Diese eher subkulturellen, intellektuellen oder mittelschichtlichen Essenssysteme haben in den letzten Jahren einen weiteren, breit diskutierte Überbau erfahren. Die BSE-Krise und die Diskussion um genveränderte Lebensmittel schaffen neue Konsumentenkritik und bilden sich bereits zu neuen Forschungsfeldern aus. Die Eß- und Einkaufsgewohnheiten schien dies ich jedoch nicht gleichmäßig zu verändern, sondern BSE-Kritik erweist sich zunehmend als ein generatives, kulturelles und soziales Phänomen, zumindest in Hinblick auf die Veränderung der Eßgewohnheiten und die daraus entstehenden Alternativen. Der Nahrungsforschung kommt somit im Rahmen der Alltagskulturanalyse nach wie vor eine zentrale Bedeutung zu, jedoch teilt sich die Europäische Ethnologie/Volkskunde jetzt diese Forschungsfeld mit einer Reihe von anderen Wissenschaften.

Literaturverzeichnis

Abel, Wilhelm: Massenarmut und Hungerkrisen im vorindustriellen Europa. Hamburg/Berlin 1974.

Allweier, Sabine: Ein Conférencier des guten Geschmacks. Notizen zur Kochsendung »Alfredissimo«. In: Festschrift für Christine Burckhardt-Seebass. Basel 2001.

Barlösius, Eva; Feichtinger, Elfriede; Köhler, Barbara M. (Hrsg.): Ernährung in der Armut. Gesundheitliche, soziale und kulturelle Folgen in der Bundesrepublik Deutschland. Berlin 1995.

Barlösius, Eva: Soziologie des Essens: eine sozial- und kulturgeschichtliche Einführung in die Ernährungsforschung. Weinheim 1999.

Barthes, Roland: Vers une psycho-sociologie de l'alimentation moderne. In: Annales, Economie, Sociétés, Civilisations 5 (1961) 977–986. Dt. Fassung: Für eine Psycho-Soziologie der zeitgenössischen Ernährung. In: Freiburger Universitätsblätter 75 (1982) 65–73.

Beardsworth, Alan: Sociology on the Menu: An Invitation to the Study of Food and Society. Repr. London 2000.

Bell, David; Valentine, Gill: Consuming Geographies. We Are Where We Eat. London / New York 1997.

Bodenstedt, Andreas: Ernährung und Tradition. Soziokulturelle Einflüsse auf das Ernährungsverhalten. In: Ernährungs-Umschau 25 (1978) 103–109.

Bringéus, Nils-Arvid (Hrsg.): Mat och Miljö. Lund 1970.

Bringéus, Nils-Arvid (Hrsg.): Ethnologia Scandinavica. A Journal of Nordic Ethnology. Vorträge des 1. Internationalen Symposiums für ethnologische Nahrungsforschung. Lund 1971.

Bringéus, Nils-Arvid: Ethnological Food Conferences 1970–1998. Ideas and Routes for European Collaboration. In: Grieshofer, Franz; Schindler, Margot (Hrsg.): Netzwerk Volkskunde. Ideen und Wege. Festgabe für Klaus Beitl zum siebzigsten Geburtstag. Wien 1999, 261–270.

Burnett, John: Plenty and Want. A Social History of Diet in England from 1815 to the Present Day. Harmondsworth 1968.

Douglas, Mary: Deciphering a Meal. In: Daedalus. Journal of the American Academy of Arts and Sciences. Boston, Winter 1972, 61–81.

Douglas, Mary: Food in the Social Order. New York 1984.

Egardt, Brita: Kost. In: Schwedische Volkskunde (Festschrift für Sigfrid Svensson). Stockholm/Göteborg/Uppsala 1961, 368–392.

Elias, Norbert: Über den Prozeß der Zivilisation. 2 Bde. Basel 1939. 2. Aufl. Bern/München 1969.

Fenton, Alexander; Owen, Trefor (Hrsg.): Food in Perspective. Proceedings of the Third International Conference on Ethnological Food Research, Cardiff, Wales 1977. Edinburgh 1981.

Glatzel, Hans: Verhaltenspsychologie der Ernährung. Beschaffung – Brauchtum – Hunger – Appetit. München/Berlin/Wien 1973.

Heyne, Moriz: Das deutsche Nahrungswesen von den ältesten geschichtlichen Zeiten bis zum 16. Jahrhundert (Fünf Bücher deutscher Hausaltertümer, 2). Leipzig 1901.

Inness, Sherrie A.: Kitchen Culture in America: Popular Representations of Food, Gender, and Race. Philadelphia 2000.

Karmasin, Helene: Die geheime Botschaft unserer Speisen. Was Essen über uns aussagt. München 1999.

König, René: Die soziale und kulturelle Bedeutung der Ernährung in der industriellen Gesellschaft. In: Ders.: Soziologische Orientierungen. Köln/Berlin 1965, 494–505.
Kolmer, Lothar; Rohr, Christian (Hrsg.): Mahl und Repräsentation: der Kult ums Essen (Beiträge des internationalen Symposiums in Salzburg, 29. April bis 1. Mai 1999). Paderborn 2000.
Köstlin, Konrad: Heimat geht durch den Magen. Oder: Das Maultaschensyndrom – Soul-Food in der Moderne. In: Beiträge zur Volkskunde in Baden-Württemberg 4 (1991) 147–164.
Krug-Richter, Barbara: Zwischen Fasten und Festmahl. Hospitalverpflegung in Münster 1540 bis 1650 (Studien zur Geschichte des Alltags, 11). Stuttgart 1994 (Diss. Münster 1990)
Lévi-Strauss, Claude: Le Triangle culinaire. In: L'Arc 26 (1965) 19–22.
Lévi-Strauss, Claude: Der Ursprung der Tischsitten. In: Ders.: Mythologica 3, Frankfurt/M. 1973, 504–532.
Maurizio, Adam: Die Getreide-Nahrung im Wandel der Zeiten. Zürich 1916.
Neuloh, Otto; Teuteberg, Hans Jürgen: Psychosoziale Ursachen des Fehlverhaltens in der Ernährung. In: Deutsche Gesellschaft für Ernährung (Hrsg.): Ernährungsbericht 1976, Frankfurt/M. 1976, 395–445.
Menell, Stephen: Die Kultivierung des Appetits. Geschichte des Essens vom Mittelalter bis heute. Frankfurt a.M. 1988.
Neumann, Gerhard: »Jede Nahrung ist ein Symbol«. Umrisse einer Kulturwissenschaft des Essens. In: Wierlacher, Alois et al. (Hrsg.): Kulturthema Essen. Ansichten und Problemfelder (Kulturthema Essen, 1). Berlin 1993, 385–444.
Ottenjann, Helmut; Ziessow, Karl-Heinz (Hrsg.): Die Kartoffel. Geschichte und Zukunft einer Kulturpflanze (Arbeit und Leben auf dem Lande, 1). Cloppenburg 1992.
Rath, Claus-Dieter: Reste der Tafelrunde. Das Abenteuer der Eßkultur (rororo Sachbuch, 7816). Reinbek 1984.
Sandgruber, Roman: Die Anfänge der Konsumgesellschaft. Konsumgüterverbrauch, Lebensstandard und Alltagskultur in Österreich im 18. und 19. Jahrhundert. München 1982.
Schiedlausky, Günter: Essen und Trinken. Tafelsitten bis zum Ausgang des Mittelalters. 2. Aufl. München 1959.
Simmel, Georg: Soziologie der Mahlzeit. In: Ders.: Brücke und Tür. Essays der Philosophen zur Geschichte, Religion, Kunst und Gesellschaft. Stuttgart 1957, 243–250.
Teuteberg, Hans Jürgen; Wiegelmann, Günter: Der Wandel der Nahrungsgewohnheiten unter dem Einfluß der Industrialisierung. Göttingen 1972.
* Teuteberg, Hans Jürgen; Wiegelmann, Günter: Unsere tägliche Kost. Geschichte und regionale Prägung. Münster 1986.
Teuteberg, Hans Jürgen; Neumann, Gerhard; Wierlacher, Alois (Hrsg.): Essen und kulturelle Identität. Europäische Perspektiven (Kulturthema Essen, 2). Berlin 1997.
Teuteberg, Hans Jürgen (unter Mitarbeit von Karl-Peter Ellerbrock u.a.): Die Rolle des Fleischextrakts für Ernährungswissenschaften und den Aufstieg der Suppenindustrie: kleine Geschichte der Fleischbrühe. (Zeitschrift für Unternehmensgeschichte, Beiheft 70). Stuttgart 1990.
Tokarev, S. A.: Zur Methodik der ethnographischen Erforschung der Nahrung. In: Studia ethnographica et folkloristica in honorem Béla Gunda. Debrecen 1971, 297–302.
Tolksdorf, Ulrich: Essen und Trinken in Ost- und Westpreußen (Schriftenreihe der Kommission für ostdeutsche Volkskunde, 13). Marburg 1975.

Tolksdorf, Ulrich: Strukturalistische Nahrungsforschung. Versuch eines generellen Ansatzes. In: Ethnologia Europaea 9 (1976) 64–85.

Tolksdorf, Ulrich: Der Schnellimbiß und The World of Ronald McDonald's. In: Kieler Blätter zur Volkskunde 13 (1981) 117–162.

Tschofen, Bernhard: Herkunft als Ereignis: local food and global knowledge. Notizen zu den Möglichkeiten einer Nahrungsforschung im Zeitalter des Internet. In: Österreichische Zeitschrift für Volkskunde 103 (2000) 309–324.

Valonen, Niilo; Lehtonen, Juhani U. E. (Hrsg.): Ethnologische Nahrungsforschung. Vorträge des zweiten Internationalen Symposiums für ethnologische Nahrungsforschung. Helsinki 1973.

Veblen, Thorstein: Theorie der feinen Leuten (The theory of the leisure class, dt.). Eine ökonomische Untersuchung der Institutionen. Köln/Berlin 1957.

Verdier, Yvonne: Pour une ethnologie culinaire. In: L'Homme. Revue française d'anthropologie 9 (Paris 1969) 49–57.

Wiegelmann, Günter: Alltags- und Festspeisen. Wandel und gegenwärtige Stellung. Marburg 1967.

Wiegelmann, Günter; Mohrmann, Ruth E. (Hrsg.): Nahrung und Tischkultur im Hanseraum. Münster 1996.

Wierlacher, Alois: Vom Essen in der deutschen Literatur. Mahlzeiten in Erzähltexten von Goethe bis Grass. Mainz 1987.

Wierlacher, Alois; Neumann, Gerhard; Teuteberg, Hans Jürgen (Hrsg.): Kulturthema Essen. Ansichten und Problemfelder. Berlin 1993.

Wiswe, Hans: Kulturgeschichte der Kochkunst. Kochbücher und Rezepte aus zwei Jahrtausenden mit einem lexikalischen Anhang zur Fachsprache von Eva Hepp. München 1970.

Wouters, Cas: Informalisierung und der Prozeß der Zivilisation. In: Peter Gleichmann, Johan Goudsblom, Hermann Korte (Hrsg.): Materialien zu Norbert Elias' Zivilisationstheorie (Suhrkamp Taschenbuch Wissenschaft, 233). Frankfurt a. M. 1979, 279–298.

Peter Assion

Arbeiterforschung

Arbeiterforschung heißt im Rahmen der Europäischen Ethnologie (Volkskunde): Beschäftigung mit der Kultur und Lebensweise des lohnabhängigen, vom Verkauf seiner Arbeitskraft lebenden Teils der Bevölkerung zu dem Zweck, eine spezifische Arbeiterkultur kenntlich zu machen und von den Lebens- und Arbeitsbedingungen der Werktätigen her zu erklären, wobei zugleich mit einer subjektiven Bedingungsebene gerechnet und der kreative Widerspruch gegen objektiv vorhandene Zwänge thematisiert wird. Entsprechende Eigenleistungen der Arbeiterkultur werden heute um so stärker betont, als die ältere Volkskunde fast völlig daran vorbeigesehen hat. Was diese unter »Volkskultur« verstand, fand sie nur bei Bauern und Handwerkern, die ihr Volk »im eigentlichen Sinne« waren: im Widerspruch zu der Tatsache, daß die Arbeiterschaft zur Mehrheit der Bevölkerung heranwuchs und in Deutschland wie in anderen Industriestaaten schon früh wirtschaftlich zum entscheidenden Faktor wurde. Den quantitativen und qualitativen Veränderungen der sozialen Wirklichkeit seit mindestens 1860–70 stellte sich die Volkskunde erst mit großer Verspätung. Dadurch ist die Arbeiterforschung eine der jüngsten volkskundlichen Fachrichtungen. Sie hat es mit beträchtlichem wissenschaftlichen Nachholbedarf zu tun, womit jedoch zugleich die Chance gegeben ist, sich auf neuen Forschungsfeldern bewähren, dort mit Nachbarwissenschaften zusammenarbeiten und rückwirkend in der ganzen Volkskunde die Sensibilität für den Aufbau und die Struktur der Industriegesellschaft wachhalten und verstärken zu können.

1. Fachgeschichtlicher Rückblick

Wo Volkskundler schon im vorigen Jahrhundert einen Blick auf das Arbeitermilieu warfen, nahmen sie in den Elendsquartieren der Großstädte nur die Opfer unvermeidbaren wirtschaftlichen Fortschrittes wahr, oder sie orteten dort – öfter noch – die Industriearbeiter als Mitverursacher ihres Elends. Denn man glaubte, den Proletariern vorwerfen zu können, sich von Tradition und Sitte losgesagt zu haben, um nur noch materiellen Bedürfnissen zu frönen und mit dem »Wahnsinn der Gleichmacherei« die noch intakte Welt der Bürger und Bauern zu bedrohen. In diesem Sinne hatte sich 1851 schon *Wilhelm Heinrich*

Riehl in »Die bürgerliche Gesellschaft« geäußert. Eine »höchst ehrenwerte Klasse« von Lohnarbeitern schlug er damals noch zum Bauern- und Bürgertum. Daneben aber registrierte er einen neuen »vierten Stand« der Standlosen und sozial wie sittlich Entwurzelten, um wie folgt vor ihm zu warnen: »Die Gemeinsamkeit der geschichtlichen Existenz, der historischen Sitte fesselt seine Glieder nicht, denn gerade in dem Verfall der historischen Sitte keimte der vierte Stand erst auf, und die volle Zerstörung derselben ist sein eifrigstes Ziel« (Riehl 1851, 273). Als Riehl dann seit den 1920er Jahren als »Ahnherr« der Volkskunde neu entdeckt wurde, fand in solchen Sätzen noch jene konservative Kulturkritik ihre Bestätigung, die als Zeitphänomene die »Verwahrlosung« und »Vermassung« großer Teile der Bevölkerung beklagte und damit speziell einer ausgeprägten Großstadtfeindschaft Ausdruck gab, ohne im geringsten – noch weniger als Riehl – auf die systembedingten Ursachen tatsächlicher sozialer Mißstände zu reflektieren. Daß gleichwohl auch für eine »Großstadtvolkskunde« plädiert wurde (so von Max Rumpf, Adolf Spamer, Willy Hellpach, Adolf Bach), war nur scheinbar fortschrittlicher. Denn dabei sollte es um die Beschreibung großstädtischer Massenkultur ohne soziale Differenzierung und folglich auch ohne Herleitung aus gesellschaftlichen Konstellationen und wirtschaftlichen Machtverhältnissen gehen, auf die allenfalls beiläufig verwiesen wurde.

Wo über die Beschreibung hinaus Analyse angesagt war, galt sie dem sogenannten »Volksmenschen«, von dem man glaubte, daß er doch nicht spurlos in der Großstadtbevölkerung und im Proletariat aufgegangen sei. Vorsichtig hatte 1903 schon Adolf Strack danach gefragt, ob »die Arbeiterkreise« noch »unter dem Bann alter Volksüberlieferung stehen, und wie weit ihr Vorstellungsleben sich von dem der bäuerlichen Kreise, aus denen ihnen immerfort neues Blut zuströmt, getrennt hat« (zitiert nach Kramer 1987, 31). Am großstädtischen Aberglauben und ähnlichen peripheren Erscheinungen machte dann *Adolf Spamer* die Behauptung fest, daß jeder Mensch mit einem Teil seines Wesens an Tradition und Gemeinschaft gebunden sei und dies auch im städtischen Lebenszusammenhang bleibe, wenn auch in reduzierter Form. Riehl schien damit kritisiert und mit Hilfe eines »volkspsychologischen« Ansatzes überwunden. Doch war nur der wertende Vergleich zwischen einer oberflächlich wahrgenommenen Arbeiterkultur einerseits und der verklärten »Volks-« oder Bauernkultur andererseits neu ins Recht gesetzt, mit doppelt zweifelhaftem Ergebnis. Denn mit den vergleichend registrierten Restbeständen traditioneller Kultur konnte sich die Arbeiterkultur nur als eine Kultur der Defizite und Abstriche darstellen: als im Industrialisierungsprozeß verkommene Bauern- und Handwerkerkultur. Umgekehrt aber lag es nahe, dem Arbeiter jene Traditionsrudimente als Beweise seines »Volkseins« vor Augen zu stellen und ihn so – gegen Klasseninteresse und Klassenbewußtsein – für das größere Ganze der Volksgemeinschaft zu vereinnahmen. Auf der gleichen ideologischen Linie lagen dann auch die Appelle des Nationalsozialismus an den »deutschen Arbeiter«, wobei zusätzlich Argumente des Rassismus aufgeboten wurden, um eine unteilbare völkische Schicksals- und Kampfgemeinschaft zu behaupten und den Proletarier – nun zum edlen »Arbeiter der Faust« heroisiert – der Arbeiterbewegung und dem proletarischen Internationalismus zu entfremden. Um so merkwürdiger die Versuche, die Arbeiterschaft auch danach noch ganzheitlichen Sozial- und Kulturkonzepten zu unterwerfen und ihr eine kulturelle Identität abzustreiten. 1946 bot *Richard Weiss* in seiner auf Jahre hinaus auch in Deutschland wirkungsmächtigen »Volkskunde der Schweiz« eine Neuauflage der Spamerschen Theorie vom traditionsgebundenen »Volksmenschen«, und dabei wurde der Proletarier als nichts anderes denn als Variante jenes Einheitstyps beschrieben, und zwar (wiederum) als negative Variante. Denn mit fast schon verächtlicher Bestimmtheit stellte Weiss fest, daß der Proletarier, selbst gegen seinen Willen, Gefangener volkstümlichen Wesens bleibe. Er sei derjenige, der »die Tradition leugnet, um ihr unbewußt doch zu unterliegen« (Weiss 1946, 19).

Demgegenüber hatte der Volkskundler und Sozialdemokrat *Will-Erich Peuckert* 1931 geschrieben: »Der Proletarier hat keine Bindungen nach rückwärts; er fängt das Leben von neuem an« (Peuckert 1931, 175). In der älteren Volkskunde zeigte Peuckert als einziger die Bereitschaft, Arbeiterkultur als etwas historisch Neues anzuerkennen und in den Kontext wirtschafts- und sozialgeschichtlicher Entwicklungen zu stellen. Folgerichtig beließ er es auch nicht nur bei vergleichenden Streiflichtern, sondern versuchte, am Beispiel des schlesischen Weberproletariates den »Aufgang der proletarischen Kultur« systematisch zu beschreiben. Diese Studie erschien als Band I einer größer geplanten, jedoch im »Dritten Reich« nicht zu vollendenden »Volkskunde des Proletariats« und wird wissenschaftsgeschichtlich als Durchbruch zu einer eigentlichen Arbeitervolkskunde geschätzt (Kramer 1987, 52–56). Gleichwohl blieb auch an Peuckert Kritik zu adressieren. Denn er nahm auf politisch-ökonomische Ursachenkonstellationen keine Rücksicht, ließ entsprechend die Politisierung der Arbeiter außer Betracht und deutete die Besonderheiten proletarischer Kultur, die er ins Visier nahm, mehr an, als sie empirisch zu verifizieren: in apodiktischer Form (an der Abstriche nötig sind) am Schluß langer wirtschaftsgeschichtlicher Exkurse. Ein 1959 nachgeschobener Aufsatz bot ebenfalls mehr Behauptungen als Nachweise und Erklärungen (Peuckert 1959) und war darin einem zweiten – nun die 1950er Jahre kennzeichnenden – Großversuch ähnlich, die industrielle Um- und Neuprägung von Kulturformen zu beschreiben. Der auf das Ruhrgebiet spezialisierte Soziologe und Volkskundler *Wilhelm Brepohl* legte ihn 1957 vor, ausgehend von dem Postulat, daß die Ereignisse der jüngeren Geschichte »den ganzen inneren Menschen mit neuen Strukturen durchwirkt« und ihm als Reaktion auf äußere »Erlebnismodelle« kulturverändernde »Modellerlebnisse« abverlangt hätten (Brepohl 1957, 33). Dazu wird dann aber nur pauschal auf die »Vermassung« des Industrievolkes rekurriert, nachdem im Hauptteil des Buches die alte Fragestellung traktiert worden war, »was denn nach dem Eindringen der Industrie in das Leben oder nach dem Übergang in die Industriewelt vom Alten noch geblieben ist« (ebda. 208).

Aktueller als die Arbeiten Peuckerts und Brepohls blieb daher ein Werk, das die Arbeiterbewegung selbst hervorbrachte und das in zwei Teilen – verzögert durch die Nazizeit – 1930 und 1977 erschien: die »Illustrierte Kultur- und Sittengeschichte des Proletariats«, verfaßt von dem marxistischen Kulturhistoriker und Journalisten *Otto Rühle*. Hier wird – nach einer Entwicklungsgeschichte des Proletariats – zur vollen Lebenswirklichkeit der Industriearbeiterschaft zwischen 1870 und 1930 durchgestoßen, und in breitem Umfang findet sich sowohl die Alltagskultur (Ernährung, Kleidung, Wohnen, medizinische Versorgung, rechtliche Stellung usw.) dokumentiert, als auch die Einstellung zu Ehe und Familie, Religion, Politik und Wissenschaft. Vereins-, Partei- und Bildungswesen sind miteinbezogen, und auch der proletarischen Vergnügungs- und Festkultur ist ein zentrales Kapitel gewidmet. Doch so schätzenswert als Materialsammlung wie auch als Anleitung zu gesamtgesellschaftlicher Betrachtung und Bewertung von Arbeiterkultur Rühles Werk noch immer ist: seine Aussagen zur Qualität der historischen Arbeiterkultur sind heute nicht mehr unbesehen zu übernehmen und bestimmen nur noch dort die kulturgeschichtliche Betrachtungsweise, wo die Rezeption der in den letzten Jahren geführten Theoriediskussion zur Arbeiterkultur ausblieb. So führte etwa Martin Soder noch 1980 zu Rühle zurück, indem er die patriarchalisch-kleinbürgerliche Prägung des Arbeiteralltags im Kaiserreich herausarbeitete und am Widerspruch zwischen »Hausarbeit und Stammtischsozialismus« die Folgenlosigkeit der Arbeiterbewegung und ihrer Ideale für die Lebenspraxis der Arbeiter nachzuweisen versuchte (Soder 1980). Ein sehr ähnliches Bild hatte Rühle vom Proletarier gezeichnet: jedoch nicht, um ihn zu denunzieren, sondern um ihn wachzurütteln und zu erziehen. Er wollte ihm bewußt machen, daß er »in die Maschen bürgerlicher Kultur« eingesponnen und in klassenfeindlichen Werten, Normen und Moralvorstellungen verfangen sei: ein Opfer nicht nur wirtschaftlicher, sondern auch kultureller Machtverhältnisse. Vorbeigesehen wurde dabei an den Anstrengungen der Arbeiter, diese Verhältnisse politisch zu überwinden. Diese Bemühungen hatten für Rühle noch keine kulturelle Qualität, vertrat er doch ein eng an ökonomische Gesetzmäßigkeiten angeschlossenes Kulturkonzept und hielt den Aufbau einer neuen, nicht-bürgerlichen Kultur erst nach dem gesellschaftlichen Umsturz, auf der Basis neuer Produktionsverhältnisse, für möglich.

2. Neue Ansätze und neue Probleme

Für die Nachkriegsvolkskunde in der Bundesrepublik war es gut zwei Jahrzehnte lang kennzeichnend, daß sie unter weitgehendem Verzicht auf kultur- und gesellschaftstheoretische Diskussion ererbten Forschungsgegenständen treu blieb und sich von Brauchtum und Tracht, Lied und Erzählung, Volkskunst und Hausbau weiterhin vor allem auf das Dorf geleiten ließ. Eine vorläufige Ausnahme bildete nur die Erforschung der Bergbaukultur, die *Gerhard Heilfurth* in Angriff nahm, um ihr relatives Sonderdasein »zwischen Urproduktion und Industrie« und ihr lange noch stark ständisch geprägtes Wesen zu erweisen. Heilfurth ließ dann auch beim Deutschen Volkskundekongreß 1965 in Marburg »Arbeit als kulturanthropologisches Problem« diskutieren (s. den Tagungsband »Arbeit und Volksleben«, Göttingen 1967), doch führte dies nicht konsequent zu einer volkskundlichen Arbeiterforschung weiter. Dazu bedurfte es der soziologischen Problematisierung von Kultur und der Rückbesinnung auf die Komplexität sozialer Wirklichkeit, die die Volkskunde – selbst als Teil dieser Wirklichkeit fungierend – stets mehr verdeckt als in ihren Zwiespältigkeiten aufgehellt hatte. Innerfachliche Kritik, die auf diesen zentralen Punkt zielte, konnte speziell mit den Defiziten volkskundlicher Arbeiterforschung argumentieren (Korff 1971) und dann andererseits mit ersten eigenen Arbeiterstudien belegen, was Volkskunde als »Problemwissenschaft« zu leisten vermöchte (Korff/Jeggle/Ammon 1973), nämlich Aufklärung über soziale Ungerechtigkeiten, kulturelle Benachteiligungen, soziokulturelle Divergenzen in der antagonistisch strukturierten Gesellschaft der Vergangenheit wie der Gegenwart. Das traf sich mit den Emanzipationsbestrebungen der Studentenbewegung jener Jahre und fand in parallelen Bemühungen der Geschichtswissenschaft, der Sozialgeschichte, der Politologie und Soziologie, der Sprach-, Literatur- und Kunstwissenschaft seine Bestätigung. Auch in diesen Fächern wurde Arbeiterforschung überraschend aktuell, und ein interdisziplinärer Austausch half u. a., das gegnerische Argument zu widerlegen, die wissenschaftliche Beschäftigung mit dem Arbeiter habe sich zumindest für die Gegenwart erledigt, weil die Klassengesellschaft von einst in eine »nivellierte Mittelstandsgesellschaft« transformiert worden sei.

Teile der Soziologie hatten schon seit Jahren die These von der »Verbürgerlichung« des Arbeiters vertreten und darunter – gesellschaftspolitischen Zielsetzungen der Adenauerzeit gemäß – den Aufstieg zu Wohlstand und bürgerlichem Kulturstandard verstanden. Da war es für die Volkskunde dann hilfreich, daß *Hermann Bausinger* auf dem Trierer Volkskundekongreß 1971 diesem Interpretament eine lange ideologische Tradition nachwies, und zwar ohne andererseits zu verkennen, daß schon in der alten Arbeiterschaft kulturelle Verbürgerlichung auch gewollt worden war, und ohne dies wiederum zum Kritikpunkt überzogener Ansprüche gegenüber der historischen Arbeiterkultur zu machen. Plädiert wurde vielmehr für differenzierte Forschung, für eine unvoreingenommene Betrachtung des Spannungs- und Wechselverhältnisses zwischen Bürger- und Arbeiterkultur und – für die Gegenwart besonders wichtig – für ein methodisches Auseinanderhalten kultureller (bzw. quasi-kultureller) und sozialer Verbürgerlichung (Bausinger 1973). Das ging über die Position hinaus, die Bausinger zehn Jahre zuvor in seiner – für eine allgemeine Gegenwartsvolkskunde plädierenden – Schrift »Volkskultur in der technischen Welt« eingenommen hatte. Hier waren noch die Durchdringung aller Lebensbereiche mit moderner Technik und die kulturellen Reaktionen darauf das Thema gewesen: mit der Vision einer auf Wohlstand gegründeten Einheitskultur und undifferenzierten Massengesellschaft am Schluß (Bausinger 1961). Doch war es Bausinger selbst, der die Implikationen des Themas »Einheitskultur« kritisch weiterdachte und gestützt auf eine Fülle neuen empirischen Materials im »Volkskunde«-Buch von 1971 die Frage nach der Kulturkompetenz in der entwickelten Industriegesellschaft aufwarf. Zugunsten der breiten Masse der Bevölkerung bzw. der Werktätigen konnte diese Frage kaum beantwortet werden, beherrschte die Öffentlichkeit doch eine fremdbestimmte Konsumkultur, die sich im Anschluß an die Gesellschafts- und Kulturkritik der Frankfurter Soziologenschule (Horkheimer, Adorno, Marcuse) als modernes Instrument zur Bewußtseinsbildung und Herrschaftssicherung hinterfragen ließ. Natürlich erklärte die sogenannte »Kulturindustrie« (Film, Fernsehen, Presse, Freizeitorganisation usw.) nicht alles, was im volkskundlichen Beobachtungsfeld wahrzunehmen blieb. Aber ihr mächtiger Einfluß war auch nicht zu bestreiten und stand gegen den euphorischen Entwurf von einer Gesellschaft mündig gewordener Kultur- und Industriebürger.

Für die Volkskunde in der DDR schien hingegen nur noch historische Arbeiterforschung sinnvoll, nachdem im ersten deutschen »Arbeiter- und Bauernstaat« wesentliche Ziele der Arbeiterbewegung für erreicht gehalten wurden und die Arbeiterkultur in der Nationalkultur aufgegangen sein sollte. Doch verpflichtete *Wolfgang Steinitz*, der in der DDR die Institutionalisierung der Volkskunde vorantrieb und vollendete, dieselbe auf den Auftrag, die demokratisch-revolutionären Traditionen des Volkes zu erforschen, was die Rückschau auf die historische Arbeiterkultur wie den Blick für deren weiterwirkendes Erbe offenhielt. Konkret verdeutlichte Steinitz sein Anliegen, gesellschafts- und kulturverändernde soziale Triebkräfte auf historisch weit gezogener Linie nachzuweisen und als eigenständige Kulturfähigkeit der unteren Sozialschichten zu qualifizieren, vermittels der Liedforschung. Programmatische Bedeutung gewannen dabei die 1954–62 herausgegebenen »Deutschen Volkslieder demokratischen Charakters aus sechs Jahrhunderten«, die verspätet auch in der Bundesrepublik starke Beachtung fanden. Herrschaftskritische Kulturproduktivität im arbeitenden und unterdrückten Volk ist darin schon seit dem Mittelalter als Kontinuum belegt, während sich im zweiten Band der Sammlung das »politische

Arbeitervolkslied 1850–1914« sowie die »Lieder aus dem Kampf gegen Reaktion und Faschismus, für den Sieg des Sozialismus 1918–1933« breit dokumentiert finden. Theoretisch ist dazu auf Lenins Dogma von der prinzipiellen »schöpferischen Fähigkeit der werktätigen Massen« (Steinitz I, 1954, XXVII) und auf dessen Lehre von den »zwei Kulturen« Bezug genommen, die das In- und Gegeneinander einer volksfeindlichen Herrschaftskultur und einer widerständigen, zu revolutionärer Sprengkraft gedeihenden Gegenkultur der Werktätigen beinhaltet. Sowohl in der Lied-, als auch in der Erzählforschung wirkten Steinitz' Vorgaben weiter, und schon 1954 wurde an der Akademie der Künste der DDR ein »Arbeiterlied-Archiv« gegründet und durch die Musikwissenschaftlerin *Inge Lammel* zu editorischen Leistungen geführt (Lammel 1973). Im Anschluß an ältere Fachtraditionen blieb jedoch die bäuerliche Welt die Hauptdomäne auch der DDR-Volkskunde, wenngleich mit neuer, die sozioökonomischen Entwicklungen und Umbrüche berücksichtigender Problemsicht. Und die volkskundliche Arbeiterforschung kam nicht wesentlich über Steinitz' Beispielsetzungen und die Theorie von den »zwei Kulturen«, die in der DDR-Wissenschaft auch sonst virulent war, hinaus.

Doch wurde auch in der DDR gesehen, daß diese Theorie ein zu grobes Konzept zur Erfassung der historischen Realitäten darstellte, das nicht einmal der Arbeiterbewegungskultur voll gerecht wurde, indem sich etwa nur schwer das Bestreben der alten Sozialdemokratie, fortschrittliches bürgerliches Kulturerbe zu übernehmen und einer humanen Weiterentwicklung der Gesellschaft nutzbar zu machen (vgl. Roth 1970, Emig 1980), damit verbinden ließ. Differenzierend wurde daher auch von objektiver und subjektiver Kultur gesprochen, wobei unter objektiver Kultur die Gesamtheit schöpferischer Leistungen der Menschheit verstanden wurde, unter subjektiver Kultur aber die gruppen- und klassenspezifischen Aneignungsformen und -modalitäten dieser Gesamtkultur. Durch *Wolfgang Jacobeit* wurde außerdem die zentrale Kategorie »Lebensweise« in die DDR-Volkskunde eingeführt und generell zur Diskussion gestellt (Jacobeit 1974). Sie soll dasjenige erfassen, was das Verhältnis zwischen objektiver und subjektiver Kultur regelt, wobei nicht nur an die äußere Lage von Individuen und Gruppen im Produktionsprozeß gedacht ist, sondern – Lebensbedingungen wie Lebensbedürfnisse miteinbegreifend – auch an die Lebenstätigkeit im Sinne aktiver Auseinandersetzung mit der Lage (dazu auch Kramer 1987, 90–96).

Ausdrücklich sprach Jacobeit von der Lebensweise als »volkskundlicher« Forschungskategorie, und er wandte sie auf Inhalte an, die der westdeutschen Arbeiterforschung – etwa in Verbindung mit der Familienforschung (Ingeborg Weber-Kellermann) – als Arbeiteralltagskultur ins Blickfeld rückten (»spezifische Familienbeziehungen, Moralvorstellungen, Verhaltensweisen, ein der Arbeiterklasse eignendes kollektives Bewußtsein innerhalb und außerhalb der Produktionssphäre« u. a.;

Jacobeit 1974, 281), ohne schon allgemein als volkskundliche Forschungsaufgabe erkannt worden zu sein. Im Kontext der Wissenschaftsgeschichte der DDR war Jacobeits Vorstoß zugleich der Versuch, eine Arbeitervolkskunde neu zu begründen und so zum Überleben der Volkskunde in der DDR beizutragen, nachdem diese infolge verschärfter politisch-ideologischer Abgrenzungsbemühungen gegenüber der BRD – vgl. dazu *Hermann Strobachs* Kritik an der westdeutschen Arbeitervolkskunde (Strobach 1973, 88 f.) – und im Zusammenhang mit einer Neuordnung des DDR-Wissenschaftsbetriebs als eigenes Fach in Frage gestellt war. Organisatorisch überdauerte die Volkskunde durch Einbindung in die Geschichtswissenschaften, wo sie ihre von Steinitz entwickelte Programmatik in den Theorie- und Forschungskonzepten der Wirtschafts- und Sozialgeschichte aufgehoben fand: mit allen fruchtbaren Perspektiven wie auch mit kennzeichnenden Verkürzungen und Einseitigkeiten zu Lasten spezifisch kulturwissenschaftlicher Forschung. Dafür steht die monumentale »Geschichte des Alltags des deutschen Volkes« des Wirtschaftshistorikers *Jürgen Kuczynski* von 1980–85. Ihr großes Thema ist die gelebte Alltagswirklichkeit von mehr als drei Jahrhunderten, betrachtet unter klassengeschichtlichem Aspekt, was bedeutet, daß ab Teil 4 (1871–1918) fast ganz das klassenbewußte Industrieproletariat in den Vordergrund rückt: als neuer, das absteigende Bürgertum bekämpfender Träger gesellschaftlichen Fortschritts, dem zugeschrieben wird, als Bestandteil seines Kampfes die »zweite Kultur« (Kuczynski 4, 228–259), von der schon Lenin sprach, ausgebildet und behauptet zu haben. Dies heißt dann aber zugleich, daß Arbeiterkultur als politische Organisation und Agitation verifiziert wird: aus Alltagserfahrungen genährt, aber nicht auch auf einen Alltag gestützt, dem Kulturniveau zugebilligt würde. Und das heißt außerdem, daß das Kriterium des Klassenkampfes und Klassenbewußtseins nicht nur die Bauern, sondern auch große Teile des Proletariats aus der Darstellung ausschließt: die (wiewohl ebenfalls z.T. politisierten) Landarbeiter, christlichen Arbeiter, verproletarisierten Bergleute, die Arbeiterbauern (mit kleiner Landwirtschaft) in ländlichen Industriezonen, das großstädtische Lumpenproletariat und weitere Gruppen, die ökonomisch die Lage der klassenkämpferischen Industriearbeiter mehr oder minder stark teilten.

Die Arbeiterforschung kann auf die Berücksichtigung des ganzen proletarischen Spektrums schon deshalb nicht verzichten, weil auch die z.T. passiven und die Arbeiterbewegung hemmenden Teile des Proletariats ein Faktor der sozialen und kulturellen Entwicklung waren. Jacobeit hat diese deshalb ausdrücklich der DDR-Volkskunde zur Mitbeachtung empfohlen (Jacobeit 1971, 8) und so ein weiteres volkskundliches Forschungsfeld angerissen, dessen Bearbeitung zwischen der selektiven Kulturgeschichtsschreibung Kuczynskischer Prägung und der vielschichtigen Realität historischen Arbeiterlebens vermitteln konnte: zumal bei Verwendung der Kategorie »Lebensweise«, die geeignet erschien, auch proletarisches Sonderdasein und klassengeschichtliche »Rückständigkeit« zu erklären. Mit einer breit angelegten »Lebensweise«Forschung begannen dann aber wiederum DDR-Historiker, so die 1976 gebildete und von *Dietrich Mühlberg* geleitete Forschungsgruppe »Kulturgeschichte« des Lehrstuhls Kulturtheorie der Berliner Humboldt-Universität. Auf die Defizite der Arbeiteralltagsforschung verweisend, fragte Mühlbergs Autorenkollektiv ironisch: »Wer weiß schon, wie vor 50 oder 100 Jahren gearbeitet, gedacht, gewohnt, geliebt, gefeiert und erzogen wurde, wenn nicht gerade organisiert, agitiert, verhandelt, gestreikt, demonstriert und geschossen wurde?« (Mühlberg u. a. 1983, 6). Und eine neue Antwort auf entsprechende (nicht mehr ganz neue) Fragen versuchte Mühlbergs Buch »Proletariat« von 1986 zu geben: die Verhältnisse auch in England und Frankreich betrachtend und mit bemerkenswerten Ausblicken ins Landarbeiterleben, in die Bereiche kirchlicher Wohlfahrtspflege, ja sogar noch ins Ausbeutungsmilieu der außereuropäischen Kolonien.

Auf westdeutscher Seite konnte fast gleichzeitig der Kulturhistoriker *Wolfgang Ruppert* in dem Band »Die Arbeiter« (1986) ein Resümee wirtschafts-, sozial- und kulturgeschichtlicher Arbeiterforschung ziehen lassen, unter Beteiligung auch volkskundlicher Autoren (Carola Lipp, Helmut Paul Fielhauer). Hier kommt neben der politischen Kultur der Arbeiteralltag breit zu seinem Recht, will Ruppert doch zeigen, daß »Arbeit, Lebensformen und selbstgestaltete kulturelle Ausdrucksformen [...] untrennbar ineinander verwoben« waren (ebda. 12). Andererseits heben sich auch die Leistungen der Arbeiterbewegung auf dem Feld politischer und kultureller Interessenorganisation genügend heraus, und da das Buch sich ganz auf Deutschland konzentriert und den Verzicht auf europäische Vergleiche, wie sie bei Mühlberg zu finden sind, u. a. durch Mitbetrachtung westdeutschen Arbeiterlebens nach 1945 ausgleicht, wird jenseits des Endes traditioneller Arbeiterkultur – die Wendemarke wird dazu in die 1960er Jahre verlegt – nach den »uneingelösten Hoffnungen« der Arbeiterbewegung und nach deren kulturellen Ressourcen zur Bewältigung der Gegenwart gefragt (Ruppert 1986, 18 f.). Damit zeigt sich eine begrüßenswerte Gegentendenz zu jener Art von Kulturgeschichtsschreibung, die sich – übrigens unter Beteiligung Rupperts – anschickte, den Forschungsgegenstand »Arbeiterkultur« mit dem sozial indifferenten Konstrukt »Industriekultur« zu verdecken (Glaser 1981) oder ihn durch eine allzu modische Alltagsgeschichtsschreibung in Details aufzulösen, an denen nur noch interessiert, »wie es einmal gewesen ist« (s. dazu die Kritik Kramers 1986, 74–83).

Die volkskundliche Arbeiterforschung darf sich zugute halten, solchen Tendenzen nicht erlegen zu sein und in aller Regel eine gesamtgesellschaftliche Perspektive fruchtbar gemacht zu haben. Studien zu den aktuellen Lebens- und Kulturformen von Arbeitern waren zunächst empirisch-dokumentarisch angelegt und verdienstlich, weil sie Datenmaterial beibrachten und neue Forschungsfelder anrissen (Lehmann 1976; Hugger 1976). Andere Forscher bemühten sich um die Rekonstruktion der historischen Arbeiterkultur und setzten dazu ebenfalls in überschaubaren Bereichen an, bei den Arbeitern im Königreich Württemberg (Ausstellungsbegleitheft 1976; Scharfe 1977), beim »Arbeitertübingen« (Das andere Tübingen 1978), bei der Industriegemeinde Rüsselsheim (Kramer 1975), beim »roten Mössingen« (Althaus u. a. 1982). Doch waren gerade dies Zugänge, die in soziokulturellen Mikrostrukturen immer auch die Makrostrukturen der Gesellschaft aufzuweisen suchten: präziser und differenzierter als bei gesellschaftlicher Pauschalbetrachtung. Theorieentwürfe wurden dabei überprüft, und in die »große« Kulturgeschichtsschreibung wurde mehr Empirie eingebracht. Sozialgeschichtler wie Dieter Langewiesche, Jürgen Kocka, Klaus Tenfelde u. a. haben dies durch starke Beachtung der volkskundlichen Forschungsbeiträge honoriert, doch war dies andererseits auch wieder Veranlassung, über die Spezifik einer Arbeitervolkskunde nachzudenken und sich nicht von der Sozialgeschichte – auch nicht von der kritisch angelegten – »aufsaugen« zu lassen (dazu Kramer in: Assion 1986, 10–17). Zum Forum entsprechender Fachdiskussionen wurden die Arbeitstagungen der Kommission »Arbeiterkultur« in der Deutschen Gesellschaft für Volkskunde. Diese Kommission war 1979 auf dem Kieler Volkskundekongreß gegründet worden, um die volkskundliche Arbeiterforschung dauerhaft zu etablieren: jedenfalls bis zu dem Zeitpunkt, da sie an allen Volkskunde-Instituten selbstverständlicher Bestandteil der wissenschaftlichen Arbeit sein würde. Sechs Arbeitstagungen – jeweils durch Tagungsbände dokumentiert – sind inzwischen veranstaltet worden: 1980 in Wien (Fielhauer/Bockhorn 1982), 1983 in Hamburg (Lehmann 1984), 1985 in Marburg (Assion 1986), 1987 in Steyr/Oberösterreich (Bockhorn/Eberhart/Zupfer 1989), 1989 in Tübingen (Kaschuba/Korff/Warneken 1991) und 1992 in Bamberg (Kuntz 1993). Dem interdisziplinären Austausch diente dabei die starke Beteiligung von Sozialgeschichtlern, Soziologen und Politologen, während die Rezeption auch ausländischer Ansätze zur Arbeiterforschung durch Beiträge von Referenten aus England, Dänemark, Schweden und Finnland begünstigt wurde. (Auf die österreichische und schweizerische Volkskunde braucht in diesem Zusammenhang nicht eigens verwiesen zu werden, da ihre Vertreter schon immer in engem Austausch mit deutschen Kollegen gestanden hatten und Zusammenarbeit bei der Arbeiterforschung schon seit Gründung der Kommission gegeben war, vgl. die Tagungsorte; zu den Ansätzen in der Schweiz, in Österreich und in Skandinavien siehe im übrigen auch: Volkskundl. Arbeiterkulturforschung, 1979.)

Außerdeutsche Problemansätze sind bisher wohl am stärksten bei der britischen Sozialgeschichte entlehnt worden, besonders bei *Edward P. Thompson*, der in seinem schon klassisch gewordenen Buch »The Making of the English Working Class« (1963) und in inzwischen auch deutsch vorliegenden Studien zur englischen Sozialgeschichte des 18. und 19. Jahrhunderts (Thompson 1980) vorgeführt hat, daß die – in England ja besonders früh durchgesetzte – industriell-kapitalistische Produktionsweise den Proletarier nicht zugleich auch als neuen Menschen erschuf. Vielmehr hatte sie es mit einem kulturell geprägten Wesen zu tun, dessen überlieferte Werte mit den Verhaltenszumutungen der neuen objektiven Realitäten zusammenprallten und nach leidvollen Lernprozessen teils noch latent bewahrt, teils verwandelt, umfunktionalisiert oder mit neuen Werten verknüpft wurden. Arbeiterkultur ist demnach für Thompson ein höchst komplexes Gebilde, hinter dem nicht einfach die Arbeiterklasse steht, sondern eine Vielzahl von Einzelmenschen mit zwar gemeinsamen objektiven Strukturvorgaben, doch z. T. ganz verschiedenen geschichtlichen Erfahrungen. Was dabei manchem Kritiker als allzu starke »Anthropologisierung« der Arbeiterforschung erschien und auch offenbar die Gefahr in sich barg, Arbeiterkultur auf vorindustrielle Kultur- und Lebensformen zu reduzieren, vermochte doch die Volkskunde dazu anzuregen, Vor- und Übergangsformen zur entwickelten Arbeiterkultur mit in den Blick zu nehmen, auch an deutschen Beispielen eine kulturelle Konfliktforschung zu erproben und so die »zweite«, nicht-bürgerliche Kultur empirisch weiter zu konkretisieren (s. Kaschuba und Lipp in: Assion 1986, 30–63). Außerdem hielt die Arbeitsweise Thompsons das Interesse für lebensgeschichtliche Zeugnisse und autobiographisches Quellenmaterial wach: in England breit erschlossen (Burnett 1974; Vincent 1981) und benutzt, in der Bundesrepublik erst zum Teil ausgewertet, trotz Wolfgang Emmerichs verdienstvoller Anthologie und Bibliographie von 1974/75 (»Proletarische Lebensläufe«).

3. Die Kulturdiskussion

Überblickt man die Entwicklung der volkskundlichen Arbeiterforschung in den letzten Jahrzehnten, so zeigt sich sehr deutlich, daß die Arbeit am historischen Material stets mit kulturtheoretischen Erörterungen verbunden, ja z. T. der Versuch war, eine vorauseilende Kulturdiskussion empirisch einzuholen: weit mehr, als dies bei anderen Fachrichtungen der Fall war. Dort wurde zwar auch das Verhältnis zwischen Mensch, Kultur und Gesellschaft problematisiert, aber nicht so systematisch und grundsätzlich, daß den Bestimmungen von Arbeiterkultur vergleichbare Qualifizierungen von bäuerlicher und bürgerlicher Kultur gegenüberstünden (die als solche – auf ihre Spezifik hin befragt – am ehesten noch von der Arbeiterforschung mitbedacht wurden, denkt man etwa an den von Kuczynski entfesselten Streit um die Existenz oder Nichtexistenz eigenständiger bäuerlicher Kulturformen, vgl. Kramer 1987, 245–251).
Zu diesem Theorie-Vorteil hat verschiedenes beigetragen. Zunächst

waren theoretische Leistungen erforderlich, die Relevanz – oder überhaupt das Vorhandensein – des Forschungsgegenstandes »Arbeiterkultur« nachzuweisen. Ließ sich nicht bestreiten, daß es Arbeiter gab und gibt, so schien doch eine allgemeine Massenkulturforschung zu genügen, dem »Arbeitnehmer« von heute kulturwissenschaftlich gerecht zu werden (s. oben). Beim Rückblick in die Vergangenheit aber stand im Wege, was Korff (1971, 4) den »possessualen« Kulturbegriff der Volkskunde genannt hat: die Fixierung auf Güter, auf Volkskunst, auch auf geistigen Besitz (Volkspoesie). Die armselige Welt der Proletarier von einst schien selbst bei sozialer Aufgeschlossenheit für die Kulturforschung nichts herzugeben. Konkret betrachtet stellte sie sich als eine Welt dar, in der nur das Gesetz der Selbsterhaltung gegolten zu haben schien: der verzweifelten Anstrengung, an überlangen Arbeitstagen – oft noch bei Fabrik- oder Heimarbeit der Ehefrau – die Mittel zu verdienen, um die Miete für eine kleine, überfüllte Wohnung und die nötigsten Nahrungsmittel bezahlen zu können. Etwas Freiheit von diesen materiellen Zwängen schien sich nur der Mann erobert zu haben, aber sein häufiger Gang ins Wirtshaus war offenbar unter »Flucht aus der Wohnungsmisere« und »Alkoholismus« abzubuchen. Gutwilligerweise hätte sich nach den Gründen für diese Zustände fragen lassen. Aber die Beantwortung entsprechender Fragen schien zusammen mit der Lagebeschreibung besser bei der Wirtschafts- und Sozialgeschichte als bei der Volkskunde aufgehoben. Indessen: auch proletarisches Leben der eingeschränktesten Art war gelebte Kultur, ist doch menschliches Dasein – von Vernunft und Sprache strukturiert – per definitionem von Kultur nicht zu trennen, und ist doch erst recht vergesellschaftetes, organisiertes Dasein ein Ausdruck von Kultur. An Kultur als anthropologisch-gesellschaftlicher Grundtatsache war also zumindest eine volkskundliche Arbeiteralltagsforschung festzumachen, wobei jedoch auch in erweiterten Zusammenhängen zu bedenken war, daß Kultur unabdingbar »die andere Seite der Gesellschaft« darstellt (Bausinger in: Grundzüge der Volkskunde, 1978). In der Arbeiterkultur – so war theoretisch zu präzisieren und empirisch zu verifizieren – kam auch die Befindlichkeit der Gesamtgesellschaft zum Ausdruck: durch dasjenige, was den Arbeitern ökonomisch, rechtlich, kulturell vorenthalten wurde.

Theoretisch wurde aber auch die Frage gestellt, ob in der Bewältigung des Alltags unter schwierigsten Bedingungen – in den Lebens- und Überlebensstrategien der Arbeiter, in ihren Bemühungen, eine Familie zusammenzuhalten, Kinder zu erziehen, familiäre Solidarität zu üben – nicht zugleich eine besondere Kulturleistung gesehen werden müsse. Und es wurde weiter gefragt, ob diese Leistung nicht wiederum die Grundlage für jene »höhere« Arbeiterkultur gewesen sei, die sich unter politischem Vorzeichen in der Arbeiterbewegung, in den sozialistischen Parteien und Gewerkschaften und in angegliederten Kulturvereinen theoretisch und praktisch entfaltete. Der Begriff »Arbeiterkultur« – soviel schien sicher – mußte erweitert oder ganz neu bestimmt werden:

Arbeiterforschung

in Anerkenntnis der Tatsache, daß der Arbeiteralltag einen bedeutenden kulturellen Überbau besaß. Konkret war zu berücksichtigen: daß im Wirtshaus weniger Vergessen gesucht, als gemeinsam Politik gemacht, Reden gehört, Aktionen geplant, Streik- und Wahlerfolge gefeiert, Bildungsabende gehalten wurden. Daß die Arbeiter ihre eigenen Gesang-, Sport-, Wandervereine usw. hatten, ihre eigene Jugendbewegung, ihre eigene Festkultur, ihren eigenen – noch lange nicht gesetzlich verankerten – Arbeiterfeiertag, den Ersten Mai (dazu Korff 1979 und 1984). Und daß diese Arbeiterbewegungs- und Arbeitervereinskultur – nicht losgelöst von ihren politischen Inhalten zu betrachten – gleichfalls unter Druck stand, mit Verboten bekämpft wurde, in Schule, Kirche, Militär usw. ideologisch unter Beschuß stand und sich aus inneren und äußeren Gründen unterschiedlich entwickelte. Um so beachtlicher erschien, daß sie sich im Prinzip behauptete und von ihren großstädtischen Zentren her wiederholt neu belebte: mit dem Anspruch antretend, über Lageverbesserungen für die Arbeiterschaft hinaus eine humane Neuordnung der Gesellschaft und eine neue, teils schon vorgelebte Kultur erkämpfen zu wollen.

Die theoretische Auseinandersetzung mit diesem Teil der historischen Arbeiterkultur kam dann – wie oben schon deutlich wurde – zu verschiedenen und entsprechend die Begrifflichkeit und die Forschungspraxis bestimmenden Ergebnissen. Kuczynski wollte – um das kulturelle Gleichziehen der Arbeiterschaft mit dem Bürgertum zu betonen – überhaupt nur die entwickelte Arbeiterbewegungskultur als »Kultur« der Arbeiter gelten lassen, setzte dazu bei der Politikfähigkeit der Werktätigen an und subsumierte alles andere unter »Lebensweise« bzw. »Lage«. Westdeutsche Autoren zogen bei der Arbeiteralltagskultur einen weniger scharfen Trennungsstrich, um sich eine nach beiden Seiten offene Perspektive und den Blick auch für diejenigen Arbeiter zu erhalten, die von der Arbeiterbewegung nur teilweise oder überhaupt nicht erfaßt wurden. Dabei sehen sich Volkskundler selbstverständlich auch bei der Analyse der »höheren« Arbeiterkultur gefordert, sind sie doch sicher geworden, daß deren politischer Charakter – anders als dies ein noch vorhandener Volkskunde-Traditionalismus mit ausgesprochener Politik-Scheu sehen mag – kein Argument gegen kulturwissenschaftliche Forschung und Interpretation sein kann, sondern eher eines dafür ist. Auch politische Kultur war und ist »Kultur«: ihren gestalteten Formen gemäß und ihren kulturbeweisenden und kulturverändernden Inhalten und Potentialen entsprechend. Die Tendenz, am Angelpunkt zwischen Formen und Inhalten den Begriff »Arbeiterkultur« noch einmal aufzuspalten und ihn nur formenbezogen und formalistisch anzuwenden, ist zwar ebenfalls vorhanden. Doch darf als Grundkonsens volkskundlicher Arbeiterforschung zumindest festgehalten werden, daß diese es mit mehreren, sich bedingenden Realitätsebenen zu tun hat, die die Sache und der Begriff »Kultur« zusammenbindet. Der genaueren Kennzeichnung des Forschungsfeldes – und der kulturtheoretischen

Position – mag dann dienlich sein, differenzierend von Kultur und Lebensweise, von Arbeiteralltags-, Arbeiterbewegungs- und Arbeitervereinskultur zu sprechen und nach Sachlage weitere Kennzeichnungen anzuwenden: sozial weiter gefaßte Begriffe wie den der proletarischen Kultur (der die Kultur der Landarbeiter usw. mitabdeckt), historische Präzisierungen (z. B. plebeische als vorproletarische Kultur), ökonomische Bestimmungen (z. B. Bergbaukultur) und sachliche (z. B. Festkultur der Arbeiter).

Impliziert ist dabei immer, was genauere Forschung offenzulegen versucht: daß die historische Arbeiterkultur tatsächlich noch gewisse Elemente der älteren bäuerlich-handwerklichen Kultur tradierte und daß sie sich auch – bewußt oder unbewußt – kulturelle Vorgaben der bürgerlichen Kultur angeeignet hatte. Als Funktionselemente bestimmt, konnten solche Gemeinsamkeiten die Existenz von Arbeiterkultur nicht mehr prinzipiell in Frage stellen. Im übrigen war darauf hinzuweisen, daß ein Wechselverhältnis auch in umgekehrter Richtung bestand: im negativen und im positiven Sinne. Unter dem Eindruck der Arbeiterbewegung und ihrer Forderungen veränderte sich auch die bürgerliche Kultur, wurden ihre Unterdrückungsmaßnahmen härter (Sozialistengesetz 1878–1890), wurde die Bismarcksche Sozialgesetzgebung erlassen (1883–89), wurde ein aufgefächertes Vereinswesen zur Integration der katholischen Arbeiter ausgebildet (dazu Assion in: Lehmann 1984, 174–200). Und es wurden der Gesamtkultur schöpferische Leistungen der Arbeiterbewegungskultur vermittelt. Dazu zählen neue Ausdrucksformen für Chorgesang, Theater, Journalismus, Film, Fotografie usw., neue Mittel politischer Ästhetik, neue Methoden demokratischer Interessenvertretung, und Bernd Jürgen Warneken hat mit einer Tübinger Arbeitsgruppe nachgewiesen, daß die Deutschen sogar das Kulturmuster »friedliche Straßendemonstration« der Sozialdemokratie verdanken, die es im Zusammenhang mit dem preußischen Wahlrechtskampf 1908–10 erstmals erprobt hat (Als die Deutschen demonstrieren lernten, Tübingen 1986). Zu jenen Leistungen zählen aber vor allem auch die Werte der ungeteilten Freiheit und Gerechtigkeit, der Toleranz und der Solidarität, der internationalen Verbrüderung und des Friedens: die Werte einer neuen Kultur der sozialen Beziehungen. (vgl. auch Rosenbaum 1988 zur Familienkultur).

Dieter Kramer, der eine inhaltsreiche Zusammenfassung und Kritik der Theorien zur historischen Arbeiterkultur vorgelegt hat (Kramer 1987), verwies mit Nachdruck auf diese Werte, um die Theoriediskussion neu in Gang zu setzen und der Volkskunde Forschungsaufgaben zu benennen, die ihr verblieben sind, auch nachdem Geschichtswissenschaft und Sozialgeschichte in breitem Umfang mit Arbeiterforschung begonnen haben, Kulturstudien eingeschlossen. Besänne sich das Fach auf die »spezifischen Ausprägungen der Kultur der Arbeiter bzw. Lohnabhängigen als wertbesetztem System im sozialen und strukturellen Kontext« (Kramer in: Assion 1986, 16) und verifizierte das Bleibende der dabei tradierten Werte, so könnte es nicht nur Arbeitsteilung mit den anderen Richtungen der Arbeiterforschung praktizieren, sondern als notwendiges Korrektiv fungieren und den Absolutheitsanspruch quantifizierender (mit Statistiken usw. arbeitender) Sozialforschung wie auch rein narrativer (allenfalls zeitbezogen wertender) Kulturgeschichtsschreibung brechen. Fast gleichzeitig hat *Konrad Köstlin* davor gewarnt, in die Welt der Arbeiter von einst eine Wertigkeit hineinzuprojizieren, mit der nur ähnlich, wie dies einst die volkskundliche Bauernverherrlichung tat, soziale Verlusterfahrungen von heute kompensiert würden (Köstlin 1984). Diese Gefahr muß bedacht, doch Kramer gleichwohl anders verstanden werden. Denn ihm geht es um einen empirisch-reflexiven Zugang zur historischen Arbeiterkultur, bei dem die Qualität der gemeinten Werte zuerst einmal an der Funktionsleistung für ihre Produzenten und Träger gemessen und im übrigen eine materielle Fortschrittsgläubigkeit mit in den Blick genommen wird, hinter die – von der Krise der Wachstumsgesellschaft aus gesehen – deutliche Fragezeichen gesetzt werden. Sicher ist die Volkskunde nicht die einzige oder letzte Instanz, die über gesellschaftliche Werte zu befinden hat, und wissenschaftlicher Zurückhaltung mag es im Rahmen der Arbeiterforschung schon ausreichend erscheinen, soziale Fehlentwicklungen nachzuzeichnen und dadurch mehr indirekt einer Wertediskussion Argumente zu liefern. Als Fach aber, das sich willens gezeigt hat, seine gesellschaftliche Mitverantwortung einer Dauerreflexion zu unterziehen, kann die Volkskunde doch auch einer Wertediskussion, wie sie Kramer fordert, nicht ausweichen. Dessen Zielvorgaben für eine aktualisierte Arbeitervolkskunde müssen zumindest als Herausforderung verstanden und dazu genutzt werden, über eine sich selbst genügende Kulturgeschichtsschreibung hinauszukommen. Dazu erscheinen sie hilfreich, die verschiedenen Felder volkskundlicher Arbeiterforschung in einem strukturierten Zusammenhang zu halten, ohne daß dabei eine reine Werte- oder Kulturbeitragsforschung entstehen muß.

Für die Beibehaltung einer breit angelegten Arbeiterforschung sei plädiert, weil der Alltagsbereich bei der Volkskunde doch wohl dauerhafter aufgehoben ist als bei anderen Fächern und weil das praktische Argument hinzukommt, daß es das Fach vor Ort – bei der Lokalgeschichtsforschung, bei der Museums- und Volksbildungsarbeit – mit einem Umfeld zu tun hat, das die Sozialgeschichte doch nur bei ausgewählten Projektstudien sondiert, in dem aber ständig volkskundlich gearbeitet wird und wo die Anliegen volkskundlicher Arbeiterforschung mitumgesetzt werden sollten und könnten. Mit Erfolg ist dies auch schon geschehen, und gerade durch die Museumsarbeit (auch in Heimatmuseen) hat die Arbeiterforschung wertvolle Unterstützung erhalten (vgl. etwa G. Lixfeld in: Assion 1986, 246–256) und ist das Sammeln und die Auswertung von Quellenmaterial vorangekommen, nachdem ein theoretisches Vorverständnis Impulse vermittelt und den Umgang mit den Quellen erleichtert hat.

4. Exkurs: Die Quellenlage

An Quellenmaterial ist generell kein Mangel, auch wenn ältere wissenschaftliche Präferenzen und die Allgegenwart bürgerlicher Kultur diesen Tatbestand aus dem Blick rückten. Denn mit den Problemen und politischen Vorstößen der Arbeiterschaft hat sich schon eine zeitgenössische Publizistik intensiv auseinandergesetzt, und dazu besaß die Arbeiterbewegung selbst eine reiche literarische Kultur, während sich Dokumente zur Lage und Politisierung auch bei Behörden und in Firmenarchiven ansammelten. Mit dem Jugendwerk von Friedrich Engels »Die Lage der arbeitenden Klassen in England« (Leipzig 1845 u. ö.) begann eine Tradition kritischer Sozialreportagen, die später von der sozialistischen Parteipresse weitergetragen und ab den 1890er Jahren auch in gedruckten Arbeitermemoiren – Wolfgang Emmerich ermittelte weit über 300 Arbeiterautobiographien und autobiographische Skizzen (I, 1974, 14) – ihren Ausdruck fand. Diesen Selbstzeugnissen steht die zeitgenössische technische, betriebswirtschaftliche und arbeitswissenschaftliche Literatur gegenüber, wichtig für Auskünfte über die Arbeitsplatzsituation. Den staatlichen Verwaltungs- und Polizeiakten – in den Staatsarchiven zu finden – ist weiteres über die Zustände in den Fabriken, die Wohn- und Besitzverhältnisse der Arbeiter, ihre »Sittlichkeit«, ihre gesundheitliche Lage zu entnehmen (aufgrund von Datensammlungen, Akten der Gewerbe- und Sittenpolizei, Unterlagen der Wohlfahrtsbehörden und Armenanstalten usw.). Von besonderem Wert sind dazu die Dokumente der Beobachtungstätigkeit der politischen Polizei. Bis zum Ende des Ersten Weltkriegs überwachten Beamte die sozialdemokratischen und gewerkschaftlichen Versammlungen und hielten in oft ausführlichen Mitschriften die Teilnehmerzahl, die Reden, die Diskussionsbeiträge und die Reaktionen der Zuhörer fest. Protokolle von Gesprächen, die auf den Straßen und im Wirtshaus mitgehört wurden, sowie Anklageschriften und Verhörprotokolle (besonders aus der Zeit des Sozialistengesetzes) wie auch mitabgeheftete originäre Zeugnisse (Flugschriften, Plakate, Handzettel usw.) steigern noch den Wert dieses Quellenbestandes, den die Sozialgeschichte schon länger entdeckt hat, der aber zweifellos auch die Volkskunde angeht. Aus der Zeit der Weimarer Republik fehlt Vergleichbares, da mit dem Übergang zur Demokratie die Überwachung eingestellt und nur noch die KPD einer (eingeschränkten) Beobachtung unterzogen wurde. Um so wertvoller sind für diese Zeit weitere Verwaltungsakten, gedruckte Erinnerungen, Protokollbücher usw. in lokalen und zentralen Archiven der Parteien und Gewerkschaften (soweit nicht im »Dritten Reich« vernichtet), die Tageszeitungen aller politischen Richtungen, sämtliche Verlagserzeugnisse der Arbeiterbewegung und zumal die Verbandszeitschriften der linken Kulturvereine. Bis in die 1920er Jahre reicht auch die Erinnerung noch lebender Zeitzeugen zurück. Wie sie für die Forschung zu nutzen sind, hat die in den USA und England entwickelte und inzwischen auch deutscherseits erprobte Praxis der Oral History vorgeführt, indem sie nicht nur den Erinnerungsinhalten, sondern auch den Erinnerungsmodalitäten (was wird wie erinnert, was wurde warum vergessen?) Erkenntnisse abgewann (vgl. Niethammer 1980). Die Interpretation von Bild- und Sachzeugnissen kommt in der Volkskunde hinzu, begünstigt durch die Sammlungstätigkeit der Museen (vgl. Lauterbach/Könenkamp in: Fielhauer/Bockhorn 1982, 327–345).

Für eine Arbeitervolkskunde der Gegenwart aber steht dem Kulturwissenschaftler die ganze Fülle empirischer Zugänge offen, die auch sonst die Gegenwartsvolkskunde der historischen Forschung voraus hat. Eine Systematisierung der Forschung und eine Methodenreflexion empfiehlt sich dabei im Anschluß an die Soziologie. Mit den nachfolgenden Ausführungen aber sei unterstrichen, daß es die Arbeiterforschung erst sekundär mit Quellen zu tun hat, vorab jedoch mit Problemen und Fragestellungen. Es lassen sich drei Hauptproblemfelder umreißen, in deren Rahmen noch zahlreiche Fragen offen sind, wo aber auch bereits – und davon wird jeweils ausgegangen – gesicherte Grundtatsachen der Forschung die Richtung weisen.

5. Das Problemfeld »Arbeiteralltag«

Die Geschichtswissenschaft spricht bezüglich der Industrialisierung Deutschlands von einer »Anlaufperiode« seit Ende des 18. Jahrhunderts und dem »Durchbruch« ab Mitte des 19. Jahrhunderts (Borchardt 1972, 22 f.), oder sie unterscheidet genauer zwischen dem Aufbruch zur Industrialisierung (1780/1800 bis 1835), der ersten Industrialisierungsphase (1835 bis 1873) und dem Ausbau der Industrie (1873 bis 1914) (Henning 1976, 15 f.). Es ist damit auf die Dynamik einer Entwicklung verwiesen, die Zug um Zug alle Lebensbereiche veränderte und bis Jahrhundertende die Gesellschaft fast völlig verwandelte. Diese polarisierte sich nach den Prinzipien von Kapital und Arbeit, und im Hauptproduktionsbereich stand die verhältnismäßig kleine Gruppe der Kapital-, Fabrik-, Bergwerks-, Gutsbesitzer usw. der großen Masse des Proletariats gegenüber, das keinen Anteil an den Produktionsmitteln hatte und gezwungen war, seine Arbeitskraft gegen Lohn zu verkaufen. Wo sich Menschen nun in großer Zahl zusammenballten, war dafür die Nachfrage nach der »Ware« Arbeitskraft maßgebend. Mobilität – durch das moderne Verkehrsmittel der Eisenbahn begünstigt – wurde entsprechend zu einem besonderen Kennzeichen der Industriegesellschaft. Sie brachte den Bevölkerungsüberschuß ganzer Landschaften in die Produktionszentren, so daß Berlin – durch Zuzug aus Mecklenburg, Pommern, Brandenburg, Sachsen und Schlesien – bis 1900 auf drei Millionen Einwohner anwuchs. Und sie fand in einer Binnenwanderung über noch größere Entfernungen hinweg ihren Ausdruck, wofür die Übersiedelung von ca. vier Millionen Ost- und Westpreußen, Posenern und Schlesiern ins Ruhrgebiet seit ca. 1870 das Hauptbeispiel abgibt. Schon seit ca. 1860 gab es dabei auch ein »erbliches Proletariat« womit Arbeiter gemeint sind, die nicht mehr von Kleinbauern und kleinen Handwerkern, sondern von bereits in Bergbau und Industrie Beschäftigten abstammten. Sie waren nicht unbedingt seßhafter als die Neuzuzügler vom Land. Wo die besten Löhne geboten wurden, dahin wandte sich die alte und neue Arbeiterschaft als fluktuierende »Infanterie des Kapitals«.

Genaueres sagt dem Volkskundler dazu die historische Demographie, die aufgrund von Kirchenbüchern, Einwohnerverzeichnissen usw. die Wanderungsvorgänge verfolgt. An ihn selbst richten sich jedoch Fragen, wenn er sich bewußt macht, wie sehr das unsichere, von Orts-, Tätigkeits- und häufigem Arbeitsplatzwechsel gekennzeichnete Leben des Proletariers die vorgezeichneten Bahnen des traditionellen Bauern- und Handwerkerlebens verlassen hatte. Wie bewältigte der zum Städter und Lohnarbeiter gewordene Zuzügler vom Land den Identitätswechsel? Half ihm dabei ein Standesbewußtsein, das er als Handwerker auch noch in der Fabrik festzuhalten suchte, und wie drückte sich dieses dann noch aus? Oder wurde er um so lieber »Fabrikler«, als ihm die Vorzüge der geregelten Arbeitszeit und des festen Einkommens seine wahre Lage verschleierten? Welchen Zugewinn an Freiheit hatte der Proletarier trotz allem zu verbuchen, welche vorher nicht gekannten Freizügigkeiten zur privaten Lebensgestaltung besaß er, und was folgerte für sein politisches Mündigwerden daraus? Mühlberg stand nicht an, gerade auch auf solche Aspekte des Arbeiterlebens hinzuweisen und die Risikobereitschaft im Großen, die der klassenkämpferische Arbeiter an den Tag legte, mit der positiven Verarbeitung alltäglicher Risiken in Verbindung zu bringen (Mühlberg 1986, 43 f.).

Tatsächlich genügt es nicht, den Arbeiter nur als Opfer der Ausbeutung am Arbeitsplatz und des Zwanges zur Reproduktion der Arbeitskraft in der Freizeit zu beschreiben. Der Arbeiteralltag hatte weitere Dimensionen, gerade in seiner z. T. produktiven Dialektik zwischen Arbeitsanforderungen und Freiheitsbedürfnis, aber auch – wozu die Volkskunde historisch vergleichend ausgreifen muß – in seinem Spannungsverhältnis zwischen tradierten Verhaltensformen und neuen Erfahrungen. Zu beidem sei etwa an das Verhältnis des Arbeiters zur Zeit und seine Wandlungen erinnert. Das Diktat der Fabrikuhr zwang dazu, den natürlichen Tages- und Leistungsrhythmus zu verlegen und an einem künstlich verlängerten Arbeitstag gleichbleibende Leistung zu erbringen: gegen alle gewohnte Zeiteinteilung. Die streng zeitbezogene Produktionsweise der Industrie erzeugte im Arbeiter aber auch ein zeitökonomisches Denken, das er für sich selber als fortschrittlich empfand und ihn außerhalb des Betriebes nach »Zeitgewinn« suchen ließ, den er etwa für die politische Arbeit brauchte (Nutzung der Abende und Sonntage).

Die Wohnung war natürlich vorab der Ort körperlicher Erholung. Die »Wohnkultur« des Arbeiters unterlag entsprechenden materiellen Zwängen und war noch zusätzlicher sozialer Kontrolle und Ausbeutung unterworfen. Denn handelte es sich um eine werkseigene Wohnung in einer Arbeitersiedlung, so war die Mieterlaubnis an betriebliches und politisches Wohlverhalten geknüpft und das Wohnen z.T. schon so vorstrukturiert, daß es – wie jüngst an der von A. Krupp geplanten Siedlung Nordhof in Essen gezeigt (Führ/Stemmrich 1985) – familiäre Zurückgezogenheit sichern und die »Werksgemeinschaft« von der Stadtöffentlichkeit trennen half. Und war es eine frei angemietete Wohnung in den vom Massenwohnungsbau geschaffenen Mietskasernen und Hinterhöfen der Großstädte, so galten das Gesetz des Mietwuchers und die allmonatliche Drohung der Kündigung. Zieht man jedoch ländliche Wohnverhältnisse mit in Betracht – und dazu verfügt gerade die Volkskunde über Material –, so wird verständlich, daß selbst noch ein Teil dieser Mietwohnungen als Verbesserung der Wohnsituation empfunden wurden und jene »eigenen vier Wände« darstellen konnten, in die sich das Ideal der Geborgenheit rettete: vor der harten Realität des Erwerbslebens dann zumal. Entsprechend sind die Wohnverhältnisse der Arbeiter auch daraufhin zu untersuchen, was sie für die »psychische Reproduktion« leisteten (und leisten konnten) und was dies wiederum über die gesamte Lage des Proletariats aussagt: so wie die von Zeitgenossen kritisierte »Putz-« und »Schlecksucht« der Arbeiter kompensatorisch zu begreifen und der Brauch, sich gelegentlich »etwas zu leisten«, als Indikator für die weitreichende Versagung gesellschaftlicher Anerkennung und von Lebensgenuß zu nehmen ist. Die häusliche Armutskultur und die Notwirtschaft, die zumal die Arbeiterfrauen in die Pflicht nahm und ihnen untersuchenswerte – Strategien zu gesellschaftlich mißbilligtem Nahrungserwerb abverlangten (Restesammeln auf Märkten, kleine Diebstähle usw.), dürfen dabei ebenfalls nicht vergessen werden.

6. Arbeiterbewegung und »Volksmarxismus«

Die Politisierung der Arbeiterschaft wird oft als Indienstnahme von Marx und Engels für die Interessen des Proletariats beschrieben und an wenigen Eckdaten festgemacht: 1848 Herausgabe des »Kommunistischen Manifestes«, 1863 Gründung des Allgemeinen Deutschen Arbeitervereins durch Lasalle, 1867 Erscheinen von Band I des »Kapitals« von Marx, ab 1868/69 Aufschwung der Gewerkschaftsbewegung, 1869 Gründung der Sozialdemokratischen Arbeiterpartei durch Bebel und Liebknecht, 1875 Vereinigung beider Parteien zur Sozialistischen Arbeiterpartei Deutschlands, 1890 – nach dem Sozialistengesetz – Neugründung als SPD. Daran ist richtig, daß die entscheidende Erklärung für Ausbeutung und Elend der Wirtschafts- und Gesellschaftsanalyse von Marx entnommen wurde, daß sie Marx auch die Handlungstheorie für die zu erkämpfende Überwindung des Elends verdankte und daß die Arbeiterbewegung – Parteien und Gewerkschaften – marxistisch geprägt war. Doch ist mit der Sozialgeschichte (vgl. Conze 1970) die Marx-Rezeption als langfristiger, an bestimmte Voraussetzungen gebundener

Prozeß nachzuzeichnen und auch in ihren Ergebnissen differenziert zu betrachten. Ein unterstellter Automatismus und der Entwurf einer politischen Monokultur wird den tatsächlichen Verhältnissen nicht gerecht.

Erste gewerkschaftliche Organisationen waren zum Zweck gemeinsamer Lohnforderungen schon seit 1848 entstanden, und daneben war das Bürgertum erfolgreich, bildungswillige Arbeiter in liberal dominierten Arbeiterbildungsvereinen zusammenzuführen. Damit waren Vorbedingungen für eine Theoriediskussion in der Arbeiterschaft geschaffen, aber das Industrieproletariat, an das sich die Marxsche Botschaft richtete, gab es in Deutschland erst ansatzweise: im Erleiden seiner Situation befangen, bildungsmäßig benachteiligt, der reaktionären Pressezensur unterworfen. Bis in die 1860er Jahre war Marx daher ein wenig gelesener politisch-philosophischer Schriftsteller unter anderen (Engelsing 1968). Die Brisanz und Aktualität seiner Ideen wurden erst entdeckt, als 1863 bereits der Allgemeine Deutsche Arbeiterverein bestand, aber der Arbeiterbewegung noch das geistige Rüstzeug fehlte, den Kampf um die Durchsetzung von Arbeiterrechten erfolgreich führen zu können. Nun holte die obere Schicht der Arbeiterschaft, die sich aus den alten Gewerkschaften und Bildungsvereinen rekrutierte, die Marx-Rezeption nach: mit dem Ergebnis, daß sich nach 1870 der Marxismus als die Theorie der Arbeiterbewegung durchsetzte.

Doch mit welchen Vermittlungsprozessen in der allgemeinen Arbeiterschaft war dies verbunden? Wie sah die Agitation in Stadt und Land jener sendungsbewußten Jungmarxisten aus, wie noch Otto Rühle einer war? Dieser hielt z. B. seit 1896 im Erzgebirge spezielle Sonntagsschulen ab, um darin – bei großem Zulauf – über Wirtschaft und Wirtschaftsgeschichte, Utopismus und Marxismus zu unterrichten, und im Anschluß daran empfahl er eine Art »Selbstmissionierung des Proletariats«: nicht mehr durch große Massenversammlungen seien die sozialistischen Ideen erfolgreich auszubreiten, sondern dadurch, »daß der indifferente Arbeiter von dem Kollegen neben ihm im Betrieb oder im Wirtshaus oder die Proletarierin von der Nachbarin beim Einkauf belehrt« werde (Rühle 1977, II). Ob und wie dies funktionierte, müßte die Volkskunde unter dem Aspekt der Massenkommunikation, aber auch bezüglich der Herausbildung einer neuen proletarischen Wertekultur interessieren, unter Mitberücksichtigung der Kulturkonflikte, die es dabei gab. Vom frühen Proletariat heißt es, daß es seiner Definition als »Proletariat« – wo sie ihm schon bekannt wurde – mit Mißtrauen begegnete und daß es den ihm zugetragenen Gedanken, das Subjekt des gesellschaftlichen Fortschrittes zu sein, nicht aufnehmen und umsetzen konnte, ehe die ökonomische Basis fortentwickelt war. Für diese Verzögerung waren aber auch kulturelle Rückbindungen verantwortlich, wie sie z. T. mit Erfolg – so im katholischen Arbeitermilieu von der Kirche – auf Dauer gestellt wurden und in einer konkurrierenden christlichen Arbeiterbewegung, daneben in der problematischen Existenz des ländlich-kirchentreuen SPD-Mitglieds ihren Ausdruck fanden. Andererseits gewannen die Lehren des

Marxismus eine Faszinationskraft, daß sie auch den theoretisch weniger interessierten Arbeiter und vielleicht gerade den zum Glauben disponierten Proletarier anzusprechen und in die Arbeiterbewegungskultur zu integrieren vermochten.

In diesem Zusammenhang ist der »Volksmarxismus« als Forschungsfeld zu benennen: als kulturelle Strömung im breiten Anhang der marxistischen Organisationen, die schon ganz auf das verkündete baldige Ende der bürgerlichen Gesellschaft eingestellt war, sich farbenreich den kommenden »Zukunftsstaat« ausmalte und daraus die Tröstung bezog für alltägliches Elend. Er barg die Gefahr des blinden Vertrauens in die Geschichte und der realitätsfernen Selbstverklärung des Proletariats in sich, glich dies aber teilweise dadurch aus, daß er – unter Berufung auf Lasalle – an die immer wieder neu zu bestätigende Sendung des Arbeiters appellierte und so doch auch handlungsmotivierend wirkte. Im übrigen trug dieser »Volksmarxismus« wesentlich dazu bei, daß die politische Außenseite der Arbeiterbewegungskultur auch eine »symbolisch-affektive Innenseite« (Korff in: Lehmann 1984, 130) gewann, und was er mit seinen Zukunftsutopien, seinen integrativen Bild- und Symbolschöpfungen, seinen Belebungen der Maifeiern usw. geleistet hatte, wurde deutlich, als nach dem Ersten Weltkrieg die »Säkularisation des Sozialismus« eintrat: der Verlust an gesellschaftlicher Utopie, der Vorrang politischer Richtungskämpfe, die bisweilen auch kleinliche Beschäftigung mit politischen Tagesfragen. Denn nun fehlte dem Sozialismus zugleich ein Stück Volkstümlichkeit, für das weder die arbeiter-aristokratische Verwaltung des sozialistischen Erbes, das die SPD pflegte, noch der jugendlich-kämpferische Elan der kommunistischen Bewegung (KPD-Gründung 1919) zu entschädigen vermochten.

Darüber darf nicht übersehen werden, daß sich nach 1918 um so breiter die Arbeitervereinskultur entfaltete: zu erforschen bezüglich neuer kreativer Leistungen und generell zu betrachten als Versuch, die nicht gekommene Zukunftsordnung und Zukunftskultur wenigstens teilweise im eigenen Sozialmilieu zu verwirklichen und dabei die Werte der Humanität und Solidarität zur Geltung zu bringen. Welch dichte sozialistische Gegenkultur dadurch entstand und welch weites Feld sie für die heutige Arbeiterforschung darstellt, sei hier mit einem autobiographischen Zeugnis belegt. Der langjährige SPD-Vorsitzende *Willy Brandt* (1913–1992) schrieb im Rückblick auf seine Lübecker Jugendjahre zwischen 1920 und 1930:

»Für mich war es ganz normal, daß ich mit acht oder neun Jahren zu einer Kindergruppe der Arbeiter-Turner kam, später zum Arbeiter-Mandolinenklub. Zu den ›Falken‹ ging ich durch eigenen Entschluß, als ich vierzehn war, und von dort vollzog sich ein Jahr später fast automatisch der Übergang zur SAJ, der Sozialistischen Arbeiterjugend. In den Kinder- und Jugendgruppen fehlte es nicht an kulturellen Impulsen. Wir wurden auf Bücher hingewiesen, lernten diskutieren und kleine Vorträge halten. Mir sagte man schon früh nach, daß ich gut rezitieren könne. Lübeck hatte ein Sozialistisches Kulturkartell, das Kunstabende und Lichtbildervorträge veranstaltete. Im Herbst 1930 kam eine Volksfilmbühne hinzu. Daneben bestanden Bücherkreise. Es gab auch ein Arbeiter-Sportkartell, in dem neben den Turnern die Radfahrer dominierten; Schützen und Schachspieler waren auch dabei. Wir hatten verdienstvolle Arbeiter-Samariter, auch Arbeiter-Esperantisten, Arbeiter-Briefmarkensammler, Arbeiter-Stenografen und einen Arbeiter-Abstinentenverein – eine durchorganisierte ›Subkultur‹, wie solche Gemeinschaften später lieblos und etwas herablassend genannt wurden. In Wirklichkeit ging es darum, daß selbstbewußt gewordene Arbeiter ihre kulturellen Ausdrucksformen fanden – und sich damit freilich zuweilen auch im Sektenhaften verloren. Die Beteiligung an jener ›Subkultur‹ reichte kaum über die Angehörigen der politischen und gewerkschaftlichen Arbeiterbewegung hinaus, doch das war eine stattliche Zahl. ›Man‹ war zunächst und vor allem in Partei und Gewerkschaft (häufiger: in umgekehrter Reihenfolge), auch im Konsumverein. Die Männer zudem im dem republikanischen Verband ehemaliger Frontkämpfer, die Frauen in der Arbeiter-Wohlfahrt, und ›man‹ war abonniert auf den ›Volksboten‹, das tägliche Parteiblatt. Manche gehörten einer Siedlungsgenossenschaft an, viele einem Kleingartenverein. Die Produkte dieses eigenen Stückchens Land zählten für das Familienbudget. Nicht selten hielt man sich noch einen kleinen Kartoffelacker. Oft war man bei der Volksfürsorge versichert oder hatte sich in den harten Inflationsjahren einer Notgemeinschaft für Bestattungen angeschlossen – damit man für ein paar Groschen im Monat ›anständig‹ unter die Erde käme oder, wenn es die Überzeugung forderte, verbrannt würde. Mit der Lutherischen Kirche, der ihre Anlehnung an die Mächte des Kaiserreichs vorgeworfen wurde, wollte man nicht viel zu schaffen haben. In Lübeck spielte der Freidenkerverband keine Rolle, doch viele Sozialdemokraten waren in der Freireligiösen Gemeinde« (Willy Brandt, Links und frei: mein Weg 1930–1950, Hamburg 1982, S. 23 f.).

7. Arbeiterkultur heute

Mit der gewaltsamen Auflösung dieses gegenkulturellen Milieus durch den Faschismus 1933, verbunden mit dem Verbot der sozialistischen Parteien und Gewerkschaften, erlitt die traditionelle Arbeiterkultur einen schweren Schlag, von dem sie sich auch nach 1945 – personell ausgeblutet, von gesellschaftlichen Veränderungen betroffen – nicht mehr endgültig zu erholen vermochte. Zwar gab es bei den Arbeitervereinen eine Neugründungswelle, aber das kulturpolitische Gegensteuern der SPD, die sich in der Bundesrepublik als »Volkspartei« neu definierte und eine kulturelle Abkapselung der Arbeiterschaft nicht mehr für wünschenswert hielt, begrenzte die Rekonstruktion des Früheren zugleich mit Absicht. Was folgte, war eine noch kaum untersuchte Transformationsphase der Arbeiterkultur, gekennzeichnet durch die Verschmelzung proletarischer und bürgerlicher Kulturvereine mit wenigen Ausnahmen (zu denen der Kultur- und Wanderverein »Die Naturfreunde« zählt, s. Zimmer 1984), durch eine Erosion der Symboltraditionen und – damit einhergehend – durch den Abbau von Arbeiterbewußtsein, der freilich auch gesamtgesellschaftliche Ursachen hatte. So setzte steigender Wohlstand außer Kraft, was noch bis 1933 funktioniert hatte: die Politisierung und soziale Sensibilisierung des Arbeiters auf der Erfahrensbasis materieller Not. Und ein Zugewinn an demokratisch-politischer Freiheit förderte einen Bewußtseinswandel hin zum Staatsbürger mit prinzipieller Gleichberechtigung, der wählen und mitbestimmen darf und sozialpolitische Forderungen der Arbeiterbewegung teils schon verwirklicht, teils doch als öffentliches Anliegen aufgenommen und von Staat, Parteien und Gewerkschaften in laufende Reformpolitik umgesetzt sieht. Tatsächlich kam zu einem Mehr an Wohlstand auch ein Mehr an sozialer Sicherheit hinzu.

Äußerlich verwischten sich dadurch Kulturdifferenzen in der Gesellschaft bis fast zur Unkenntlichkeit. Eigenheime, mechanisierte Haushalte, die individuelle Motorisierung: dies und noch mehr teilen heute die Arbeiter mit Angestellten, Beamten und Selbständigen, und mehr Freizeit brachte auch eine Angleichung des Freizeitverhaltens (Hobby-Pflege, Fernsehkonsum, Vereinsaktivitäten, Wochenendausflüge, Urlaubsreisen). Eine Arbeiterbewegungskultur ist nur noch partiell auszumachen, wofür auch verantwortlich ist, daß Freizeit als ein Wert empfunden wird, der individuell zu konsumieren und nicht dazu bestimmt ist, im Kollektiv – wie es in der alten Arbeiterbewegung selbstverständlich war – die Nähe der Mitgenossen zu erfahren und gemeinsam politische Interessen zu formulieren. Dafür gibt es seinerseits Gründe, und zwar noch gewichtigere als das Desinteresse der SPD an den eigenen Traditionen. Der Totalitätsanspruch der Freizeitindustrie wäre geltend zu machen (mit Bausinger u. a., s. oben), und Mitte der 80er Jahre hat eine Marburger Forschergruppe herausgestellt, daß die Arbeiterkultur nach 1945 auch entscheidend dadurch verändert wurde, daß sich das genossenschaftliche Selbsthilfe-Milieu der Arbeiter aus der Zeit vor 1933 auflöste: indem Staat, Wirtschaft und Kommunen die Kompetenzen an sich zogen, die Baugenossenschaften, Mieter-, Konsumvereine usw. gehabt hatten (Deppe, Fülberth, Knaab in: Assion 1986, 198–219).

Mit Recht sprach diese Autorengruppe aber auch von einer Transformation der Arbeiterbewegungs- bzw. Arbeiterkultur und nicht von deren endgültigem Ende. Denn der Arbeiter verschwand nicht aus der Gesellschaft. Kenntlich ist er noch immer – mit allem, was daraus für sein Leben folgert – an dem Kriterium des Verkaufs seiner Arbeitskraft bei ökonomischer Abhängigkeit vom bestehenden Wirtschaftssystem, und wenn neuerdings viel vom Übergang zur Dienstleistungsgesellschaft die Rede ist, so darf nicht vergessen werden, daß auch diese noch Lohnabhängigkeit kennen, auf grundlegenden Arbeitsleistungen basieren, Arbeiter und Gastarbeiter haben und mit dem Millionenheer der Arbeitslosen an die ungelösten Probleme der Arbeiterexistenz erinnern wird.

Von dieser Sachlage hat die gegenwartsbezogene Arbeiterforschung auszugehen, um die kulturellen Transformationsprozesse der letzten Jahrzehnte genauer nachzuzeichnen, Fremdinteressen darin zu verifizieren, Werteverluste zu überprüfen. Denn in dem, was die heutige Arbeiterkultur ausmacht, verdecken ja Wohlstand und Mitbestimmungsmöglichkeiten auch Defizite politisch-sozialer Kultur, die sich über die nicht erreichte ökonomische »Einbürgerung« des Arbeiters hinaus in einem Mangel an solidarischem Denken (etwa gegenüber den ausländischen Arbeitern und den Arbeitslosen), in nicht wahrgenommenen bzw. vorenthaltenen Bildungschancen, in einer Überbewertung materiellen Besitzes zeigen. Alle diese Erscheinungen haben kulturelle Ausdrucksformen und tiefere Gründe, und die Volkskunde hat es dabei mit einer Fülle von Forschungsaufgaben zu tun: ob sie ausländerfeindliche »Türkenwitze« mit der latenten Angst um Verlust des Arbeitsplatzes in Verbindung bringt, ob sie kulturelle Selbstbeschränkungen (etwa im Umgang mit den Medien) und schichtenspezifisch verbliebene Sprachstrukturierungen hinterfragt oder ob sie untersucht, inwieweit die Ideologisierung von Besitz mit früher erlittenem Mangel zusammenhängt und in ihrer Steigerung bis zur Fetischisierung von Wohlstandsattributen auch Kompensation für abgeschnittene kulturelle Perspektiven ist. Was konkrete Erfahrungen mit der Arbeitswelt von heute in solche Problemfelder einbringen, bedarf zusätzlicher wissenschaftlicher Aufhellung, wie überhaupt eine Arbeiteralltagsforschung gewinnen kann, wenn sie den Zusammenhang zwischen der Situation am Arbeitsplatz und den außerbetrieblichen Verhaltensweisen neu untersucht. Diesbezügliche Fragen hätten dann den Auswirkungen zu gelten, die heutiger Arbeitsdruck, moderne Schichtarbeit, der Rationalisierungsschub der »zweiten industriellen Revolution«, Umschulung, Arbeitsplatzunsicherheit, Doppelverdienen usw. auf das Familienleben der Arbeiter und auf ihr gesamtes Dasein haben. Daß ein solcher Zugang zur scheinbar so gleichförmigen und angepaßten Freizeitwelt des Arbeiters sich lohnt und ebenso überraschende wie nachdenkenswerte Erkenntnisse bringen kann, ist z.B. von *Elisabeth Katschnig-Fasch* gezeigt worden, die neue Befunde zum Arbeiterwohnen vorlegte und sich die Ansätze des französischen Kulturtheoretikers *Pierre Bourdieu* zunutze machte, um die Unterschiede der Wohnungseinrichtungen bei Arbeitern und Angestellten als subtilen kulturellen Dialog zwischen zwei Gesellschaftsklassen zu deuten (Katschnig-Fasch in: Bockhorn/Eberhart/Zupfer 1989, 149–164). Die Bereitschaft, für den Bau eines Eigenheimes größte Opfer zu bringen, wird im gleichen Zusammenhang als Ausdruck eines Sicherheitsbedürfnisses, das in der Unsicherheit der ökonomischen Situation seine Wurzeln hat, gewertet.

Steht diese Studie für neue Vorstöße in die Wohn- und Privatwelt heutiger Arbeitnehmer, so zeigt die aktuelle Forschung andererseits die Tendenz, auch das Verhalten am Arbeitsplatz einer Revision zu unterziehen und innerhalb dessen, was von den Unternehmen als integrationistische »Betriebskultur« gepflegt wird, die Kulturleistungen zu verifizieren, mit denen die Betriebsangehörigen auf heutige Verhaltensanforderungen und -zumutungen reagieren. Die individuelle Gestaltung des Arbeitsplatzes (»Arbeitsplatzkultur«) ist dabei ebenso Thema wie eine betriebliche »Erzählkultur«. Vorrangiges Interesse fand dabei allerdings – durch Vorgaben der Betriebssoziologie und volkskundliche Wissensbedürfnisse zum Angestelltenwesen bestimmt – die Welt der Angestellten. Doch drängt die Notwendigkeit von Vergleichen zum Einbezug auch der Arbeiter in das sich ausweitende neue Forschungsfeld.

Dabei dürfte sich bestätigen, daß dem Arbeiter sehr wohl auch heute noch lagebedingte, schichtenspezifische Verhaltensformen zuzurechnen sind, inner- wie außerbetrieblich. Ist der heutige »Arbeitnehmer« am Arbeitsplatz Untergebener, in der Freizeit Wohlstandsbürger neben anderen und übergreifend ein Staatsbürger mit – durch Politik und Medien vermittelter – nationaler Selbstidentifizierung, so hat diese auferlegte Identitätsproblematik doch offenbar nicht vermocht, proletarische Milieubildungen mit kultureller Signifikanz völlig aufzulösen. So hat die soziologische Vereins- und Jugendforschung schon länger den Nachweis sozialer Substrukturierungen führen können, die in Vereinen und sonstigen Gruppenbildungen mit überwiegender Arbeiter-Mitgliedschaft ihren Ausdruck fanden und finden. Es wäre Aufgabe der Volkskunde, dies empirisch zu erhärten und vertiefend zu erklären: den Fingerzeigen folgend, die früher schon Bausinger u. a. bezüglich der sozialen Funktion von Fußballvereinen, städtischen Feierabendkneipen, Szenentreffs der Rocker- und Punkjugend usw. gegeben haben. Solche Institutionen regeln den Kontakt mit Angehörigen gleicher Lage, bieten direkte Kommunikation an Stelle vermarkteter Massenkommunikation und sind Orte immer noch klassengeprägter Handlungsmuster (vom gemeinschaftsbildenden »Rundenschmeißen« bis zum kollektiv-aggressiven Auftreten von Fußballfans und sonstiger Jugendgruppen). Und sie können möglicherweise Strategien zugeordnet werden, mit denen gegenüber den diffusen Rollenangeboten der Gesamtgesellschaft auch heute noch eine eigene (Arbeiter-)Identität behauptet bzw. neu aufgebaut wird. Würde sich dies bestätigen, so zeigte sich, daß das, was heute eine von Klassenbewußtsein getragene Kultur nicht mehr zuläßt, doch für die Arbeiterkultur produktiv ist: im kontraproduktiven Sinne.

Entsprechend falsch wäre es, aus dem gemeinten Milieu nur eine relativ beliebige Sub- oder Teilkultur auszugrenzen und die Rahmenbedingungen heutiger Arbeiterkultur zu vernachlässigen, so wie die Erforschung der historischen Arbeiterkultur nicht dem Fehler verfallen darf, sich in einer abgehobenen Lebens- und Kulturstilbeschreibung zu verlieren. Die volkskundliche Arbeiterforschung bewahrt davor – neben eigenen theoretischen Positionen – vielleicht auch der für viele Kulturen, für die Komplexität kultureller Systeme, für die Bedingungszusammenhänge und übergeordneten Determinanten von Kultur offen gewordene Blick der Volkskunde, zu dessen Schärfung andererseits die Arbeiterforschung beiträgt.

Bernd Jürgen Warneken

Arbeiterkultur, Arbeiterkulturen, Arbeitskulturen

Eine Aktualisierung

Die Arbeiterforschung, eng mit sozialen und politischen Entwicklungen verbunden, macht seit Ende der 1980er Jahre einen tiefgreifenden Wandel durch. Dies nicht nur, weil traditionelle Milieus und Fraktionen der Arbeiterschaft weiter zusammengeschmolzen sind, sondern vor allem, weil Arbeiterkultur sich ihr immer weniger als »andere Kultur« als relevante, ja z.T. attraktive Alternativkultur darbietet: Die Arbeiter/innen verschwanden weniger als »Realsubjekt« – 1999 stellten sie immerhin noch 35,2% der Erwerbstätigen – denn als »Symbolsubjekt« (Lindner 1996). Eine wesentliche Rolle spielte dabei neben dem Niedergang der Gewerkschaftsbewegung auch das seit 1989/90 nicht mehr leugbare Scheitern des »realen Sozialismus«. Viele Arbeiterforscher/innen sahen nun ihr Erkenntnisinteresse desavouiert – weit über marxistische Ansätze hinaus. Zudem entfiel mit der Transformation und vor allem Abwicklung der ostdeutschen Arbeiterforschung die Stimulation durch einen streitbaren Diskussionspartner. All diese Entwicklungen resultierten in Themen- und Perspektivenverschiebungen, welche teils zu neuen Konzepten innerhalb einer beibehaltenen Arbeiterforschung, teils zu deren Aufhebung in einer schichtübergreifenden Lebens- und Arbeitsweltforschung führten.

Volkskundlich-kulturwissenschaftliche Untersuchungen zur *Arbeiterbewegung*, die in Peter Assions Darstellung noch breiten Raum einnehmen, gehen schon seit Mitte der 80er Jahre deutlich zurück, doch erhält sich eine gewisse Aufmerksamkeit für deren volkskundenahe Sektoren wie die Arbeitervereinskultur (Schönberger 1995) oder Symbole und Rituale von Arbeiterorganisationen (Stachow 1995). Hierbei richtet sich das Augenmerk mehr als früher auf Widersprüche und Fragwürdigkeiten der klassischen Arbeiterpolitik, z.B. auf Technikeuphorie, auf Männerdominanz, auf Ethnozentrismus: Die Themen und Positionen der neuen sozialen Bewegungen – Ökologie, Feminismus, Multikulturalismus – dringen also in die Untersuchung der alten sozialen Bewegungen ein.

Ein analoger Trend zeigt sich, wenn auch abgeschwächt, in der historisch ausgerichteten Arbeiteralltagsforschung. Besonders deutlich ist dies bei der Geschlechterfrage, wo – meist, aber nicht nur von weiblichen Forschern – die Berufs- und Reproduktionsarbeit von Arbeiterinnen und Arbeiterfrauen zunehmend ins Blickfeld geholt wird. Hierbei wird z. B. gezeigt, daß Arbeiterkultur sich als männliche Kraftkultur verstand – was ihre Attraktivität für männliche Forscher sicherlich gesteigert hat –, welche Frauen formell und informell auszuschließen und Frauenleistungen abzuwerten neigte, daß aber realiter viele mit »männlicher Kraft« oder »männlicher Technikkompetenz« konnotierte Berufe – in Bergwerken, Rüstungsfabriken, Druckereien – durchaus auch von Frauen ausgeübt wurden.

Thematisch setzen die neueren historischen Alltagsstudien die Fachtradition insofern fort, als sie sich mehr als für die städtische Industriearbeiterschaft für semi-moderne Erscheinungen wie Arbeiterbauern, Landarbeiter, Berg- oder Waldarbeiter interessieren. Oft konzentrieren sich die Studien dabei auf eine eher sozial- als kulturgeschichtliche Bestandsaufnahme bestimmter Berufs- oder Lokalverhältnisse, wobei der Akzent – sicherlich angeregt durch die Pluralisierungs- und Individualisierungsdebatte – oft auf die erheblichen Gruppenunterschiede gelegt wird. Bezeichnenderweise wurde der Band zur Bamberger Arbeiterkulturtagung von 1992 (Kuntz 1993) mit »Arbeiterkulturen« überschrieben, während der vorhergehende Tübinger Tagungsband noch am Singular »Arbeiterkultur« festgehalten hatte (Kaschuba/Korff/Warneken 1991). Dort, wo Lebens-, Denk- und Handlungsweisen im Vordergrund stehen, liegt der Akzent nicht mehr wie in den 80er Jahren primär auf Manifestationen einer alltagspolitischen Gegenkultur, wohl aber auf eigenständigen, kreativen Kulturleistungen. Heidi Rosenbaum z.B. wendet sich in ihrer Untersuchung über Arbeiterfamilien gegen eine »Perspektive des Verfalls und des Defizitären« und betont die »Erziehungsleistung« der Arbeitereltern (Rosenbaum 1992); und Karin Gröwers Dissertation »Wilde Ehen im 19. Jahrhundert« bewertet diese Ehen nicht als passive Anpassung an äußere Verhältnisse, sondern als eigene Lebensform, welche ökonomische, soziale und emotionale Bedürfnisse zu verwirklichen erlaubt habe (Gröwer 1999). Auch historische Untersuchungen zur Medien- und Unterhaltungskultur der Arbeiterschaft heben deren selbstzivilisatorische Leistungen hervor und schreiben vor allem den Arbeiterinnen und der Arbeiterjugend eine aktive, teilweise avantgardistische Rolle bei der Modernisierung des Freizeitverhaltens zu (Maase 1997). Insgesamt läßt sich feststellen, daß die Arbeiterkulturhistorik zwar mancher geschichtsphilosophischer Überhöhungen entkleidet wurde und als eigenständiges Forschungsfeld an Bedeutung verloren hat, Arbeits- und Lebenswelt von Lohnabhängigen jedoch auf vielfache Weise in die volkskundlich-kulturwissenschaftliche Alltags-, Mentalitäts-, Konsum- und Medienhistorik integriert wurden.

Was *aktuelle Entwicklungen der Arbeiterkultur* betrifft, so reagierte die volkskundliche Kulturwissenschaft auf den Rückgang der klassischen Arbeiterberufe und die Erosion proletarischen Klassenbewußtseins z.T. mit einem enttäuschten Verlassen, z.T. mit einer Neuvermessung des Feldes. Retrospektiv wurden die Gleichsetzung von Arbeiter-

und Widerstandskultur kritisiert (Schriewer 1995) und die spezielle Neigung der ethnographischen Forschung zu sozialromantischen Proletarierbildern analysiert (Lindner 1996, Warneken 1996). Gleichzeitig hielten jedoch viele Forscher/innen daran fest, daß das Ende einer proletarischen Lagerkultur nicht das Ende arbeiterspezifischer Lebensweisen, Selbst- und Gesellschaftsdeutungen bedeuten müsse. Eine zentrale Rolle spielte bei diesen Überlegungen Pierre Bourdieus Theorie und Empirie klassenverschiedener und hierarchisch aufeinander bezogener Habitusformen, die zahlreichen volkskundlichen Arbeiten heuristische Dienste leistete. Dabei gaben jedoch immer mehr empirische Studien eine isolierte Betrachtung von Arbeiterkultur auf: Zum einen widmeten sie sich – ebenso, wie Bourdieus Habitusanalysen primär die classe populaire, nicht die classe ouvrière thematisieren – unterschichtlichen Kulturen allgemein, zum andern behandelten sie – wofür Bourdieus Distinktionsansatz hilfreich war – Interaktionen zwischen der Arbeiterschaft und anderen Sozialgruppen.

Zum ersteren Forschungsfeld gehören u. a. die deutlich zunehmenden Studien über die *Kultur von Arbeitsmigranten/innen* (Schiffauer 1991, Schöning-Kalender 1991/92, Morone 1993, Tertilt 1996) und speziell über interethnische Beziehungen am Arbeitsplatz, wobei Fragen interkulturellen Verstehens und Mißverstehens (Kartari 1997), aber auch die Tendenz zur Ethnisierung sozialer Interessengegensätze analysiert werden (Hergesell 1994). Ebenfalls häufiger finden sich seit den 1990er Jahren Untersuchungen zur – ja auch real vermehrten – Arbeitslosigkeit, Armut und Obdachlosigkeit (Moser 1993, Grunewald 1993, Knecht 1999). Diese zeichnen sich zumeist durch eine »sozialethnologische Doppelstrategie« aus: Sie machen darauf aufmerksam, daß Armut außer Gütermangel auch Ausgrenzungserfahrung, Freiheitseinbuße, Achtungs- und Selbstachtungsverlust bedeutet, suchen Arbeitslose und Arme aber zugleich nicht bloß als Opfer, sondern als Akteure zu zeigen, welche z.T. über Überlebensstrategien hinaus alternative Lebensformen zu entwickeln versuchen. Hierbei wird jedoch die Gefahr nicht verkannt, daß die Bewunderung von Unverwüstlichkeit und Kreativität leicht in die Verharmlosung restriktiver Lebensbedingungen umschlagen kann (Knecht 1999, 327), und es wird darauf hingewiesen, »daß das Handeln, je weniger es tatsächlich grundlegende Lösungen bringt, sondern nur ein Managen der Knappheit darstellt, zur Falle werden kann« (Lutz 1998, 139). In der Armutsforschung zeigt sich damit besonders deutlich das schwierige, aber produktive Ineinander zweier gleichermaßen fachprägender Perspektiven: einer ethnologischen, welche in tendenziell kulturrelativistischer Weise gegen Abqualifizierung und Pathologisierung des Anderen und Unteren argumentiert, und einer sozialhistorisch-soziologischen, die auf Ungleichheits- und Herrschaftsstrukturen aufmerksam macht, welche die freie Entfaltung verschiedener Kulturformen verhindern.

Das zweite größere Forschungsfeld, das über die frühere Arbeiterkulturforschung hinaus reicht, ist die in den 1990er Jahren allmählich etablierte *Unternehmens- und Organsationsethnographie* (Götz/Moosmüller 1992; Götz 1997; Wittel 1997). In kritischer Wendung gegen eine »isolierte Betrachtung der einzelnen Berufe als geschlossene Gruppen« (Götz/Moosmüller 1992) geht der »organizational approach« über den bisher dominierenden »shop floor approach«, der vor allem der Arbeitskultur der Arbeiter galt, hinaus und bezieht andere Betriebsangehörige bis hin zum Management ein. Endlich kommen damit auch die Angestellten (1999 48,5% der deutschen Erwerbstätigen) ins Blickfeld, die vorher nur wenig volkskundliche Aufmerksamkeit erfuhren (Lauterbach 1995 und 1998, Köhle-Hezinger 1997). Die Unternehmens- und Organisationsforschung stellt das Fach nicht nur vor neue methodologische (Warneken/Wittel 1999), sondern auch neue forschungspolitische und -ethische Fragen (Unternehmensberatung, Auftragsforschung). Unabgeschlossen ist zudem die Diskussion über eine angemessene theoretische Fassung und empirische Erfassung von Unternehmens- und Arbeitskultur. Eine zentrale Frage ist hierbei, inwieweit volkskundlichkulturwissenschaftliche Forschung willens und in der Lage ist, über die an fachtraditionelle Kompetenzen anknüpfende Beschäftigung mit »arbeitsbegleitender Kultur« wie Firmenerzählungen, Witze, Wandschmuck, Kleidungsstile, Pausenkommunikation, Betriebsfeiern hinaus auch Wissensgehalte und Organisationsformen der Arbeit selbst zum kulturwissenschaftlichen Thema zu machen (Beck 2000). Der »gesellschaftlichen Relevanz« des Faches, welche die Arbeiterforschung in den 70er Jahren erhöhen wollte, würde eine solche Themenerweiterung sicherlich zugutekommen.

Literaturverzeichnis

Achten, Udo: Illustrierte Geschichte des Ersten Mai. Die Maifeier in der deutschen und internationalen Arbeiterbewegung. Berlin (DDR) 1980.

Althaus, Hans-Joachim, u. a.: Da ist nirgends nichts gewesen außer hier. Das »rote Mössingen« im Generalstreik gegen Hitler. Geschichte eines schwäbischen Arbeiterdorfes. Berlin 1982.

Das andere Tübingen. Kultur und Lebensweise der Unteren Stadt im 19. Jahrhundert. Tübingen 1978.

Assion, Peter (Hrsg.): Transformationen der Arbeiterkultur. Beiträge der 3. Arbeitstagung der Kommission »Arbeiterkultur« in der Deutschen Gesellschaft für Volkskunde in Marburg vom 3. bis 6. Juni 1985. Marburg 1986.

Assion, Peter: Von der Volksforschung zur volkskundlichen Kultursoziologie. Klassen-, Schichten- und Gruppenkultur als Forschungsobjekt der Volkskunde. In: Isac Chiva, Utz Jeggle (Hrsg.), Deutsche Volkskunde – Französische Ethnologie. Zwei Standortbestimmungen. Frankfurt/New York/Paris 1987, 153–177.

Bausinger, Hermann: Volkskultur in der technischen Welt. Stuttgart 1961 (Neuauflage Frankfurt/M. 1986).

Bausinger, Hermann: Volkskunde. Von der Altertumsforschung zur Kulturanalyse Berlin/Darmstadt 1971.

Bausinger, Hermann: Verbürgerlichung – Folgen eines Interpretaments. In: Günter Wiegelmann (Hrsg.), Kultureller Wandel im 19. Jahrhundert. Verhandlungen des 18. Deutschen Volkskunde-Kongresses in Trier vom 13. bis 18. September 1971. Göttingen 1973, 24–49.

Beck, Stefan: Rekombinante Praxen. Wissensarbeit als Gegenstand der Europäischen Ethnologie. In: Zeitschrift für Volkskunde 96 (2000) 218–246.

Bockhorn, Olaf; Eberhart, Helmut; Zupfer, Wolfdieter (Hrsg.): Auf der Suche nach der verlorenen Kultur. Arbeiterkultur zwischen Museum und Realität. Beiträge der 4. Arbeitstagung der Kommission »Arbeiterkultur« in der Deutschen Gesellschaft für Volkskunde in Steyr vom 30.4.–2.5.1987 (Beiträge zur Volkskunde und Kulturanalyse, 3). Wien 1989.

Borehardt, Knut: Die Industrielle Revolution in Deutschland. München 1972.

Brepohl, Wilhelm: Industrievolk im Wandel. Von der agraren zur industriellen Daseinsform. Tübingen 1957.

Burnett, John: Useful Toil. Autobiographies of Working People from the 1820'ies to the 1920'ies. London 1974.

Conze, Werner: Vom »Pöbel« zum »Proletariat«. Sozialgeschichtliche Voraussetzungen für den Sozialismus in Deutschland. In: Wehler 1970, 111–136.

Conze, Werner; Engelhardt, Ulrich (Hrsg.): Arbeiter im Industrialisierungsprozeß. Herkunft, Lage und Verhalten (Industrielle Welt, 28). Stuttgart 1979.

Deppe, Frank: Das Bewußtsein des Arbeiters. Studien zur politischen Soziologie des Arbeiterbewußtseins (Kleine Bibliothek, 12). 2. Aufl. Köln 1971.

Dowe, Dieter: Bibliographie zur Geschichte der deutschen Arbeiterbewegung, sozialistischen und kommunistischen Bewegung von den Anfängen bis 1863. Berichtszeitraum 1945–1971. 2. Aufl. Bonn – Bad Godesberg 1977.

Emig, Brigitte: Die Veredelung des Arbeiters. Sozialdemokratie als Kulturbewegung. Frankfurt/M./New York 1980.

Emmerich, Wolfgang (Hrsg.): Proletarische Lebensläufe. Autobiographische Dokumente zur Entstehung der zweiten Kultur in Deutschland. 2 Bde. Reinbek 1974–75.

Engelsing, Rolf: Zur politischen Bildung der deutschen Unterschichten 1789 bis 1863. In: Historische Zeitschrift 206 (1968) 337–369.

Federlein, Angela: Autobiographien von Arbeitern 1890–1914 (Schriften der Studiengesellschaft für Sozialgeschichte und Arbeiterbewegung, 68). Marburg 1987.

Fielhauer, Helmut Paul; Bockhorn, Olaf (Hrsg.): Die andere Kultur. Volkskunde, Sozialwissenschaften und Arbeiterkultur. Ein Tagungsbericht. Wien/München/Zürich 1982.

Fielhauer, Helmut Paul: Volkskunde als demokratische Kulturgeschichtsschreibung. In: Hubert Ch. Ehalt (Hrsg.), Geschichte von unten. Fragestellungen, Methoden und Projekte einer Geschichte des Alltags. Wien/Köln/Graz 1984, 59–79.

Fischer, Wolfram: Arbeitermemoiren als Quelle für Geschichte und Volkskunde der industriellen Gesellschaft. In: Soziale Welt 9 (1958) 288–298.

Führ, Eduard; Stemmrich, Daniel: Nach gethaner Arbeit verbleibt im Kreis der Eurigen. Wuppertal 1985.

Zur Geschichte der Kultur und Lebensweise der werktätigen Klassen und Schichten des deutschen Volkes. Ein Abriß (Wissenschaftliche Mitteilungen der Deutschen Historiker-Gesellschaft, I–III). Berlin (DDR) 1972.

Glaser, Hermann; Ruppert, Wolfgang; Neudecker, Norbert: Industriekultur in Nürnberg. München 1980.

Glaser, Hermann: Maschinenwelt und Alltagsleben. Industriekultur in Deutschland vom Biedermeier bis zur Weimarer Republik. Frankfurt/M. 1981.

Götz, Irene; Moosmüller, Alois: Zur ethnologischen Erforschung von Unternehmenskulturen. Industriebetriebe als Forschungsfeld der Völker- und Volkskunde. In: Schweizerisches Archiv für Volkskunde 88 (1992) 1–30.

Götz, Irene: Unternehmenskultur. Die Arbeitswelt einer Großbäckerei aus kulturwissenschaftlicher Sicht (Münchner Beiträge zur Volkskunde, 19). Münster u. a. 1997.

Götz, Irene; Wittel, Andreas (Hrsg.): Arbeitskulturen im Umbruch. Zur Ethnographie von Arbeit und Organisation. 9. Tagung der Kommission Arbeiterkulturen (ehem. »Arbeiterkultur«) in der Deutschen Gesellschaft für Volkskunde am 8./9. Mai 1998 in München. Münster u. a. 2000.

Grebing, Helga: Geschichte der deutschen Arbeiterbewegung. Ein Überblick. München 1966.

Greverus, Ina-Maria: Anpassungsprobleme ausländischer Arbeiter. Ziele und Möglichkeiten ihrer volkskundlichen Erforschung. In: Populus revisus (Volksleben, 14). Tübingen 1966, 123–144.

Gröwer, Karin: Wilde Ehen im 19. Jahrhundert. Die Unterschichten zwischen städtischer Bevölkerungspolitik und polizeilicher Repression. Hamburg. Bremen. Lübeck. Berlin/Hamburg 1999.

Grunewald, Elke: Leben in der Obdachlosensiedlung. Die Zwerchallee in Mainz (Studien zur Volkskultur in Rheinland-Pfalz, 14) Mainz 1993.

Hautmann, Hans; Kropf, Rudolf: Die österreichische Arbeiterbewegung. Vom Vormärz bis 1945 (Schriftenreihe des Ludwig Boltzmann Instituts für Geschichte der Arbeiterbewegung, 4). Wien 1974.

Heilfurth, Gerhard: Der Bergbau und seine Kultur. Eine Welt zwischen Dunkel und Licht. Zürich/Freiburg i. Br. 1981.

Henning, Friedrich-Wilhelm: Die Industrialisierung in Deutschland 1800 bis 1914. Paderborn 1976.

Hergesell, Burkhard: Arbeiterkulturen im Betrieb. Interethnische Beziehungen zwischen Produktionsarbeitern. Eine empirische Studie. Frankfurt a.M. 1994.

Hoffmann, Ludwig; Hoffmann-Ostwald, Daniel: Deutsches Arbeitertheater 1918–1933. 2 Bde. 2. Aufl. München 1973.

Hornauer, Uwe: Laienspiel und Massenchor. Das Arbeitertheater der Kultursozialisten in der Weimarer Republik (Schriften des Fritz-Hüser-Instituts, Reihe 2, 2). Köln 1985.

Hugger, Paul: Lebensverhältnisse und Lebensweise der Chemiearbeiter im mittleren Fricktal. Eine Studie zum sozio-kulturellen Wandel eines ländlichen Gebiets. Basel 1976.

Ilg, Karl: Probleme und Aufgaben der Arbeitervolkskunde in Österreich. In: Österreichische Zeitschrift für Volkskunde 16 (1962) 155–168.

Jacobeit, Wolfgang: Zur Aufgabenstellung der marxistischen Volkskunde im entwickelten gesellschaftlichen Systems des Sozialismus. In: Wissenschaftliche Zeitschrift der Humboldt-Universität zu Berlin 20 (1971), 1, 3–9.

Jacobeit, Wolfgang; Mohrmann, Ute (Hrsg.): Kultur und Lebensweise des Proletariats. Kulturhistorisch-volkskundliche Studien und Materialien. Berlin (DDR) 1973.

Jacobeit, Wolfgang: Gedanken zur »Lebensweise« als volkskundlicher Forschungskategorie. In: In Memoriam António Jorge Dias. Vol. II. Lissabon 1974, 273–282.

Kartari, Asker: Deutsch-türkische Kommunikation am Arbeitsplatz. Zur interkulturellen Kommunikation zwischen türkischen Mitarbeitern und deutschen Vorgesetzten in einem deutschen Industriebetrieb (Münchner Beiträge zur interkulturellen Kommunikation, 2). Münster u. a. 1997.

Kaschuba, Wolfgang; Korff, Gottfried; Warneken, Bernd Jürgen (Hrsg.): Arbeiterkultur seit 1945 – Ende oder Veränderung? 5. Tagung der Kommission »Arbeiterkultur« in der Deutschen Gesellschaft für Volkskunde vom 30. April bis 4. Mai 1989 in Tübingen (Untersuchungen des Ludwig-Uhland-Instituts der Universitat Tübingen, 76). Tübingen 1991.

Kluck, Michael; Zimmermann, Rüdiger: Arbeiterkultur. Forschungs- und Literaturdokumentation 1979–1982. Bonn 1984.

Knecht, Michi (Hrsg.): Die andere Seite der Stadt. Armut und Ausgrenzung in Berlin. Essays und Reportagen aus der Sicht der Betroffenen (Alltag & Kultur, 5). Köln u. a. 1999.

Knowles, Lilian Charlotte Ann: The Industrial and Commercial Revolutions in Great Britain during the 19th Century. 3. Aufl. London 1924.

Kocka, Jürgen: Arbeiterkultur als Forschungsthema. In: Geschichte und Gesellschaft 5 (1979) 5–11.

Köhle-Hezinger, Christel: Die Beamten der Maschinenfabrik Esslingen. In: Stadtmuseum Esslingen (Hrsg.): Zugkraft. 150 Jahre Maschinenfabrik Esslingen. Esslingen 1997, 34–47.

Köhle-Hezinger, Christel; Ziegler, Walter (Hrsg.): »Der glorreiche Lebenslauf einer Fabrik«. Zur Geschichte von Dorf und Baumwollspinnerei Kuchen (Veröffentlichungen des Kreisarchivs Göppingen, 13). Weißenborn 1991.

Köstlin, Konrad: Die Wiederkehr der Volkskultur. Der neue Umgang mit einem alten Begriff. In: Ethnologia Europaea 14 (1984) 25–31.

Korff, Gottfried: Bemerkungen zur Arbeitervolkskunde In: Tübinger Korrespondenzblatt 1971: 2, 3–8.

Korff, Gottfried: Politischer »Heiligenkult« im 19. und 20. Jahrhundert. In: Zeitschrift für Volkskunde 71(1975) 202–220.

Korff, Gottfried: Volkskultur und Arbeiterkultur. Überlegungen am Beispiel der sozialistischen Maifesttradition. In: Geschichte und Gesellschaft 5 (1979) 83–102.

Korff, Gottfried: »Heraus zum 1. Mai«. Maibrauch zwischen Volkskultur, bürgerlicher Folklore und Arbeiterbewegung. In: Dülmen, Richard van; Schindler, Norbert (Hrsg.), Volkskultur. Wiederentdeckung des vergessenen Alltags (16.–20. Jahrhundert). Frankfurt/M. 1984, 246–281.

Korff, Gottfried; Jeggle, Utz; Ammon, Ulrich: Unterhausen (Kreis Reutlingen). Volkskundlich-soziologische Beobachtungen an einer alten Siedlung. In: Forschungen und Berichte zur Volkskunde in Baden-Württemberg 1971–1973 (Stuttgart 1973) 215–243.

Kramer, Dieter: »Volksbildung« in der Industriegemeinde. Theorie und Praxis bürgerlicher Volksbildungsarbeit zwischen 1871 und 1918 am Beispiel von Rüsselsheim am Main (Diss. Marburg 1973). Rüsselsheim 1975.

Kramer, Dieter: Fülle und Reichtum der historischen Arbeiterkultur. In: Stadtteilkultur (Dokumentationen, hrsg. von der kulturpolitischen Gesellschaft e.V., 12). Hagen 1981, 128–145.

Kramer, Dieter: Theorien zur historischen Arbeiterkultur (Schriftenreihe der Studiengesellschaft für Sozialgeschichte und Arbeiterbewegung, 57). Marburg 1987.

Kuczynski, Jürgen: Geschichte des Alltags des deutschen Volkes. Studien 1–6. Köln 1980–1985.

Kuntz, Andreas (Hrsg.): Arbeiterkulturen. Vorbei das Elend – aus der Traum? Sechste Tagung der Kommission Arbeiterkultur in der Deutschen Gesellschaft für Volkskunde, Bamberg 16. bis 19.9.1992, Düsseldorf 1993.

Lammel, Inge: Das Arbeiterlied. Frankfurt/M. 1973.

Langewiesche, Dieter: Zur Freizeit des Arbeiters. Bildungsbestrebungen und Freizeitgestaltung österreichischer Arbeiter im Kaiserreich und in der Ersten Republik (Schriftenreihe des Arbeitskreises für moderne Sozialgeschichte, 29). Stuttgart 1980.

Lauterbach, Burkhart: Angestelltenkultur. »Beamten«-Vereine in deutschen Industrieunternehmen vor 1933. Münster u. a. 1998.

Lauterbach, Burkhart (Hrsg.): Großstadtmenschen. Die Welt der Angestellten. Frankfurt a.M. 1995.

Lehmann, Albrecht: Das Leben in einem Arbeiterdorf. Eine empirische Untersuchung über die Lebensverhältnisse von Arbeitern (Göttinger Abhandlungen zur Soziologie und ihrer Grenzgebiete, 23). Göttingen 1976.

Lehmann, Albrecht (Hrsg.): Studien zur Arbeiterkultur. Beiträge der 2. Arbeitstagung der Kommission »Arbeiterkultur« in der Deutschen Gesellschaft für Volkskunde in Hamburg vom 8. bis 12. Mai 1983 (Beiträge zur Volkskultur in Nordwestdeutschland, 44). Münster 1984.

Lidtke, Vernon: Die Lieder der deutschen Arbeiterbewegung 1864–1914. In: Geschichte und Gesellschaft 5 (1979) 54–82.

Lindner, Rolf; Breuer, Heinrich Th.: »Sind doch nicht alle Beckenbauers«. Zur Sozialgeschichte des Fußballs im Ruhrgebiet. Frankfurt/M. 1979.

Lindner, Rolf: Arbeiterkultur und Authentizität. In: Wolfgang Kaschuba; Thomas Scholze; Leonore Scholze-Irrlitz (Hrsg.): Alltagskultur im Umbruch. Weimar u. a.. 1996, 71–80.

Lutz, Ronald: Riskante Herausforderungen. Erfahrungsmuster und Bewältigungsstrategien Arbeitsloser. In: Götz/Wittel 2000, 123–140.

Maase, Kaspar: Lebensweise der Lohnarbeiter in der Freizeit. Empirische Materialien und theoretische Analyse (IMSF Informationsbericht, 38). Frankfurt/M. 1984.

Maase, Kaspar: Grenzenloses Vergnügen. Der Aufstieg der Massenkultur 1850–1970. Frankfurt/M. 1997.

McRae, Verena: Die Gastarbeiter. Daten, Fakten, Probleme (Beck'sche Schwarze Reihe, 225). München 1980.

Mooser, Josef: Arbeiterleben in Deutschland 1900–1970. Klassenlagen, Kultur und Politik. Frankfurt/M. 1974.

Morone, Tommaso: Migrantenschicksal. Sizilianische Familien in Reutlingen. Heimat(en) und Zwischenwelt. Eine empirische Untersuchung (Mundus-Reihe Ethnologie, 70). Bonn 1993.

Moser, Johannes: Jeder, der will, kann arbeiten. Die kulturelle Bedeutung von Arbeit und Arbeitslosigkeit. Wien/Zürich 1993.

Mühlberg, Dietrich, u. a.: Arbeiterleben um 1900. Berlin (DDR) 1983.

Mühlberg, Dietrich: Proletariat. Kultur und Lebensweise im 19. Jahrhundert. Köln 1986.

Nagel, Thomas: Die Fabrikarbeiter im Standardwerk Bevensen. Werksgeschichte und Arbeiterkultur. 1945–1967 (Beiträge zur Volkskunde in Niedersachsen, 10). Göttingen 1996.

Niethammer, Lutz (Hrsg.): Lebenserfahrung und kollektives Gedächtnis. Die Praxis der »Oral History«. Frankfurt/M. 1980.

Niethammer, Lutz; Brüggemeier, Franz: Wie wohnten Arbeiter im Kaiserreich? In: Archiv für Sozialgeschichte 26 (1976) 61–134.

Paukner, Josef: Waldarbeiter im oberbayerischen Salinengebiet (Regensburger Schriften zur Volkskunde, 7). Bamberg 1991.

Peuckert, Will-Erich: Volkskunde des Proletariats I. Aufgang der proletarischen Kultur. Frankfurt/M. 1931 (Nachdruck in ders. und Erich Fuchs: Die schlesischen Weber, Darmstadt 1971, 75–210).

Peuckert, Will-Erich: Probleme einer Volkskunde des Proletariats. In: Zeitschrift für Volkskunde 55 (1959) 11–23.
Pollard, Sidney: Englische Arbeiterkultur im Zeitalter der Industrialisierung. Forschungsergebnisse und Forschungsprobleme. In: Geschichte und Gesellschaft 5 (1979) 150–166.
Rapp, Susanne: Wiederaufbau und Neubeginn des Jenaer Glaswerkes Schott&Genossen in Mainz – Corporate Identity in den Nachkriegsjahren. Mainz 1999.
Rauert, Matthias H.: Spinnweber und »Sportkameraden«. Die paternalistische Lebenswelt der Baumwollindustrie am Beispiel der Kümpers-Firmen in Rheine/Westfalen 1834–1955 (Studien zur Kulturgeschichte Norddeutschlands, 2). Hamburg 1997.
Reck, Siegfried: Arbeiter nach der Arbeit. Sozialhistorische Studie zu den Wandlungen des Arbeiteralltags. Lahn-Gießen 1977.
Reulecke, Jürgen; Weber, Wolfhard (Hrsg.): Fabrik, Familie, Feierabend. Zur Sozialgeschichte des Alltags im Industriezeitalter. Wuppertal 1978.
Riehl, Wilhelm Heinrich: Die bürgerliche Gesellschaft. Stuttgart/Tübingen 1851.
Ritter, Gerhard A. (Hrsg.): Arbeiterkultur (Neue Wissenschaftliche Bibliothek, 104). Königstein/Taunus 1979.
Ritter, Gerhard A.; Tenfelde, Klaus: Arbeiter im Deutschen Kaiserreich 1871 bis 1914. Bonn 1992
Rosenbaum, Heidi: Typen des väterlichen Verhaltens. Der Vater in deutschen Arbeiterfamilien am Ausgang des Kaiserreichs und in der Weimarer Republik. In: Zeitschrift für Sozialisationsforschung und Erziehungssoziologie 8: 4 (1988) 246–263.
Rosenbaum, Heidi: Proletarische Familien. Arbeiterfamilien und Arbeiterväter im frühen 20. Jahrhundert zwischen traditioneller, sozialdemokratischer und kleinbürgerlicher Orientierung. Frankfurt a.M. 1992.
Roth, Günther: Die kulturellen Bestrebungen der Sozialdemokratie im kaiserlichen Deutschland. In: Wehler 1970, 342–365.
Rühle, Otto: Illustrierte Kultur- und Sittengeschichte des Proletariats. Bd. 1, Berlin 1930 (Neudruck Frankfurt/M. 1970); Bd. 2, Lahn-Gießen 1977.
* Ruppert, Wolfgang (Hrsg.): Die Arbeiter. Lebensformen, Alltag und Kultur von der Frühindustrialisierung bis zum »Wirtschaftswunder«. München 1986.
Scharfe, Martin: Protestantismus und Industrialisierung im Königreich Württemberg. In: Forschungen und Berichte zur Volkskunde in Baden-Württemberg 1974–1977. (Stuttgart 1977) 149–162.
Scharfe, Martin: Wandbilder in Arbeiterwohnungen. In: Zeitschrift für Volkskunde 77 (1981) 17–36.
Schiffauer, Werner: Die Migranten aus Subay. Türken in Deutschland: Eine Ethnographie. Stuttgart 1991.
Schönberger, Klaus: Arbeitersportbewegung in Dorf und Kleinstadt. Zur Arbeiterbewegungskultur im Oberamt Marbach 1900–1933 (Untersuchungen des Ludwig-Uhland-Instituts, 83). Tübingen 1995.
Schöning-Kalender, Claudia: Fremde Frauen – Frauen in der Fremde. Interkulturelle Frauenforschung in der Volkskunde. In: Rheinisches Jahrbuch für Volkskunde 29 (1991/92) 33–49.
Schriewer, Klaus: Waldarbeiter in Hessen. Kulturwissenschaftliche Analyse eines Berufsstandes. Marburg 1995.
Soder, Martin: Hausarbeit und Stammtischsozialismus. Arbeiterfamilie und Alltag im Deutschen Kaiserreich (Texte zu Sozialgeschichte und Alltagsleben). Gießen 1980.
Stachow, Helga: Rituale der Erinnerung. Die Maifeiern der Hamburger Arbeiterbewegung zwischen 1890 und 1914. Marburg 1995.

Steinitz, Wolfgang: Deutsche Volkslieder demokratischen Charakters aus sechs Jahrhunderten. 2 Bde. Berlin (DDR) 1954–62. (Neudruck in 1 Bd. Berlin/West 1979).
Strobach, Hermann: Positionen und Grenzen der »kritischen Volkskunde« in der BRD. In: Jahrbuch für Volkskunde und Kulturgeschichte 16 (1973) 45–91.
Tenfelde, Klaus: Bergarbeiterkultur in Deutschland. In: Geschichte und Gesellschaft 5 (1979) 12–53.
Tertilt, Hermann: Turkish Power Boys. Ethnographie einer Jugendbande. Frankfurt a.M. 1996.
Thompson, Edward P.: The Making of the English Working Class. London 1963.
Thompson, Edward P.: Plebeische Kultur und moralische Ökonomie. Aufsätze zur englischen Sozialgeschichte des 18. und 19. Jahrhunderts. Ausgewählt und eingeleitet von Dieter Groh. Frankfurt/M/Berlin/Wien 1980.
Vester, Michael: Die Entstehung des Proletariats als Lernprozeß. Die Entstehung antikapitalistischer Theorie und Praxis in England 1792–1848. Frankfurt/M. 1970.
Vincent, David: Bread, Knowledge and Freedom. A Study of Nineteenth Century Working Class Autobiography. London 1981.
Volkskundliche Arbeiterkulturforschung. In: Zeitschrift für Volkskunde 75 (1979) 259–285. (Berichte zur Arbeiterkulturforschung in Zürich, Österreich, Dänemark, Norwegen und Schweden).
Vorwärts – und nicht vergessen. Arbeiterkultur in Hamburg um 1930. Hrsg. von der »Projektgruppe Arbeiterkultur Hamburg«. Hamburg 1982.
Warneken, Bernd Jürgen: Zur Motivationskrise der ethnographischen Arbeiterforschung. In: Vorwärts und nicht vergessen – nach dem Ende der Gewißheit. 56 Texte für Dietrich Mühlberg zum Sechzigsten (Mitteilungen aus der kulturwissenschaftlichen Forschung, 37). Berlin 1996, 121–129.
Warneken, Bernd Jürgen; Wittel, Andreas: Die neue Angst vor dem Feld. Ethnographisches research up am Beispiel der Unternehmensforschung. In: Zeitschrift für Volkskunde 93 (1997) 1–16.
Wehler, Hans-Ulrich (Hrsg.): Moderne deutsche Sozialgeschichte (Neue Wissenschaftliche Bibliothek, 10). 3. Aufl. Köln/Berlin 1970.
Weiss, Richard: Volkskunde der Schweiz. Erlenbach-Zürich 1946.
Wittel, Andreas: Belegschaftskultur im Schatten der Firmenideologie. Eine ethnographische Fallstudie. Berlin 1997.
Wunderer, Hartmann: Arbeitervereine und Arbeiterparteien. Kultur- und Massenorganisationen in der Arbeiterbewegung (1890–1933). Frankfurt/M. 1980.
Zimmer, Jochen (Hrsg.): Mit uns zieht die neue Zeit. Die Naturfreunde. Zur Geschichte eines alternativen Verbandes in der Arbeiterbewegung. Köln 1984.

Paul Hugger

Volkskundliche Gemeinde- und Stadtforschung

Ortsmonografien interessierten lange nur Spezialisten. Ein international ausgerichteter Kulturstil mit vorwiegend amerikanisch geprägter Lebensweise schien den kleinen Gemeinden und Siedlungen kaum eine Chance der Eigenständigkeit zu belassen. Im Zuge der Rückbesinnung auf traditionelle Werte und des Technologieschocks erwuchs in den 1980er Jahren in Form des Neoregionalismus ein neues Interesse an solchen Studien. Die damals diagnostizierte Konjunktur ist zwar in der Zwischenzeit abgeflaut. Doch finden Gemeinde-Studien heute immer noch ein lokales Publikum.

1. Thematische Eingrenzung und Definitionen

Die volkskundliche Gemeinde- und Stadtteilforschung, wie sie hier dargestellt wird, beinhaltet nicht das Studium einzelner Segmente des sozialen und kulturellen Lebens einer Siedlung (z. B. Nachbarschaft, Vereine), sondern im Zentrum steht der ganzheitliche (holistische) Zugang. Solche Arbeiten versuchen, das Leben lokaler Bevölkerungsgruppen in den Gesamtstrukturen und in ihrer Eigenart zu analysieren und darzustellen. Das schließt nicht aus, daß die betreffende Bevölkerung unter einem bestimmten Gesichtswinkel angegangen wird; aber dieser muß so gewählt werden, daß er Aussagen über das ganze gesellschaftliche Gefüge erlaubt (pars pro, vgl. Firth 1951, 18).

Englischsprachige Forscher verwenden für das Forschungsobjekt die Bezeichnung »little community«, die nicht adäquat übersetzt werden kann (Redfield 1955). So müssen wir uns mit Begriffen wie *Dorf,* Gemeinde, Stadtteil (Quartier) behelfen. Idealtypisch ist das Dorf eine ländliche Siedlung, gebildet durch eine Anzahl familial geführter Bauern- und Handwerksbetriebe, die eine solidarische Lebenssicherung aufgrund eines begrenzten Wirtschaftsraums ermöglichen. Das Dorf besitzt meist gemeinschaftliche Institutionen wie Kirche, Schule usw. Die Binnenstruktur ist übersichtlich, die Abgrenzung gegenüber der Außenwelt eindeutig (Wurzbacher 1961, 7 f.). Ein Normensystem regelt das öffentliche Leben bis weit in den privaten Bereich hinein. Dies führt zu einer starken gegenseitigen Kontrolle, vor allem innerhalb der Nachbarschaft, die als wesentliches Strukturelement zugleich Hilfsgemeinschaft ist.

Oft hat man das Dorf als Ort sozialer Harmonie und der Geselligkeit gesehen. Aber die Rigidität der Strukturen erschwert Innovationen. Neuerungen begegnet man mit Mißtrauen. Persönliche Nähe und geringe Innovationsbereitschaft führen zu Spannungen und zu dauerhaften Konflikten. Intoleranz kennzeichnet vielfach dörfliches Leben. Die soziale Hierarchie wird hier stärker und bewußter erfahren. So entspricht das gängige Bild des Dorfes kaum der Wirklichkeit, auch in der Vergangenheit nicht. Das Dorf war und ist, wie die Stadt, auch Ort sozialer Ungerechtigkeit und generationsüberdauernder Zwiste. Ohnehin hat die Urbanisierung mit dem Zuzug Auswärtiger das traditionelle Gefüge des Dorfes verändert. Die geselligen Kontakte tendieren dank der Mobilität stärker nach außen, die Dörfer werden zu Schlaf- und Freizeitorten, bedingt durch das Auspendeln der Arbeitnehmer. Agglomerationsprozesse, Zersiedlung usw. lösen die alten Dorfbilder auf, lassen vielfach auch neue entstehen. Anderswo, in abgelegenen Gebieten, sind die Dörfer einem starken Bevölkerungsverlust ausgesetzt, der seinerseits das Funktionieren früherer dörflicher Institutionen verunmöglicht. Das Dorf ist dennoch Ort der Sehnsucht vieler städtischer Menschen geblieben, Projektionshintergrund für unerfüllte Bedürfnisse. Es bestehen aber große regionale und nationale Unterschiede. Darum greifen Versuche, das Dorf »an sich« zu beschreiben, zu kurz (etwa Brüggemann/Riehle 1986).

Die *Gemeinde* bildet die kleinste politisch institutionalisierte räumliche Einheit (Becker 1956, 62 f.). Allgemeiner formuliert, kann sie als »ein soziales Grundgebilde der Organisation und kulturellen Überlieferung innerhalb einer Gesellschaft und ihrer Kultur« definiert werden (Arensberg 1974, 94; vgl. auch König 1958, 124 f.). Eine siedlungsmäßige Geschlossenheit, die andere Autoren in den Begriff hineinlegen, trifft heute vielfach nicht mehr zu. In gewissen Gegenden (wie in Wales oder den Appalachian) bestehen Gemeinden ohnehin als diffuse Siedlungen ohne erkennbares Zentrum.

Stadtteile (Quartiere) sind historisch gewachsene und/oder administrativ festgelegte Siedlungs- und Verwaltungseinheiten, deren Bewohner ein unterschiedlich großes Raum- und Zugehörigkeitsbewußtsein besitzen. »Echte« (und nicht nur rein administrative) Stadtteile strukturieren sich sozial, ethnisch, wirtschaftlich, baulich und unterscheiden sich so. Herausragende architektonische und topografische Merkmale helfen dabei. Als wichtige Bereiche der Sozialisation entsprechen Stadtteile funktional den früheren Dörfern.

2. Zur Geschichte der volkskundlichen Gemeindeforschung

2.1 Von zögernden Anfängen und ersten Leistungen

In der deutschsprachigen Fachgeschichte begegnen wir relativ spät Ortsmonografien, als systematisch betriebenen Forschungen eigentlich erst nach dem Zweiten Weltkrieg. Die Gründe liegen in der Fachgeschichte selbst. Im 19. Jahrhundert wurde die Volkskunde unter dem Einfluß der Germanistik vor allem als Reliktforschung betrieben. Man legte große Sammlungen traditioneller Kulturgüter an und konstruierte Kontinuitäten bis in die Frühzeit anhand »archaischer« Kulturelemente, oder es interessierte deren Verbreitung über größere Räume. Ein ganzheitlicher Blick auf ein Gemeinwesen fehlte, war nicht gefragt, weil viele Äußerungen des Alltags gar nicht als forschungswürdig galten. Vor allem vernachlässigte man die Elemente des Wandels, da gerade der Wandel den Verlust der so hochgeschätzten, überlieferten Kultur bewirkte.

Anders sieht es bei den historischen oder heimatkundlichen Darstellungen aus. Bereits im 18. Jahrhundert verfaßten *Statistiker* und *Ökonomen,* die Kameralisten (denen in Frankreich die Etatisten entsprachen), im Auftrag der fürstlichen Verwaltungen monografische Darstellungen, es waren eigentliche regionale Inventare (Schmidt 1951, 41ff.; Rassem 1979). Am bekanntesten ist die Knaffl-Handschrift, 1813 für einen Bezirk der Ober-Steiermark angelegt. Viktor von Geramb hat sie 1928 herausgegeben. Diese Arbeiten dienten nicht in erster Linie wissenschaftlichen Erkenntnissen, sondern ökonomisch-verwaltungstechnischen Verbesserungen. Für die Schweiz sind die Erhebungen der ökonomischen Gesellschaften und die »Merkwürdigkeiten« patriotisch gesinnter Bürger mit ihren physikalisch-statistischen Beschreibungen zu erwähnen (Strübin 1971, 41). Das 19. Jahrhundert bringt als pädagogische Neuerung die *Heimatkunde.* Die Kinder sollten von der Kenntnis der näheren Umgebung zum besseren Verständnis der weiteren Umwelt, des Vaterlandes, angeleitet werden. Die Impulse kamen von den Pädagogen der preußisch-pestalozzianischen Schule. Das Wort Heimatkunde wurde erstmals 1816 von Wilhelm Harnisch (1787–1864) verwendet. Es erschienen in der Folge eine Reihe von Heimatkunden, die auch volkskundliche Mitteilungen brachten, z. B. in den »Rheinischen Blättern für Erziehung und Unterricht« der Jahre 1855–59 (vor allem als Darstellungen schlesischer Dörfer). In der Schweiz kam die »Vaterlandskunde« als Lehrstoff erst gegen die Jahrhundertmitte zu größerer Geltung. Die Lehrer sollten entsprechende Heimatkunden verfassen. Bahnbrechend wirkte ein Gemeinschaftswerk der Baselbieter Lehrer, wonach ein jeder für die schweizerische Schulausstellung in Bern 1863 (die nie zustande kam) eine Heimatkunde seiner Gemeinde schreiben sollte. Für 64 der 75 Gemeinden liegen so handgeschriebene Heimatkunden vor.

Im 20. Jahrhundert gab die *Soziologie* der Gemeindeforschung wichtige Impulse. Hier entstanden die ersten Monografien aufgrund eines eigenständigen theoretischen Ansatzes, meist studentische Semester- und Teamarbeiten, die unter der Leitung bedeutender Lehrer geschrieben wurden (Leopold von Wiese 1876–1969; Gunther Ipsen *1899). Der sozio-ökologische Ansatz von Wiese sah das soziale Leben des Dorfes in Abhängigkeit vom Naturraum. Diese Ansätze wurden durch den Nationalsozialismus zugunsten von rassenbiologischen und planerisch-statistischen Untersuchungen abgeblockt. Eine großangelegte Bestandsaufnahme des deutschen Landvolks auf Gemeindeebene sollte Grundlagen für politische und administrative Maßnahmen liefern. Der Krieg brachte das Mammutunternehmen zum Stillstand. Die demografischen, wirtschaftlichen und sozialen Veränderungen nach 1945 (als Folge der Industrialisierung, aber auch des Flüchtlingsstroms) brachten das alte Dorfgefüge in Bedrängnis. Die Krise stellte die Forscher vor eine Fülle neuer Probleme. Die Soziologie nahm als erste die Aufgabe wahr, Impulse der amerikanischen »rural sociology« (auch in Form »wissenschaftlicher Entwicklungshilfe«) flossen ein und ermöglichten der deutschen Soziologie wieder den Anschluß an die internationale Forschung (Darmstädter-Projekt 1952–54 und die bedeutende Gemeindestudie des deutschen Unesco-Instituts in Köln: Wurzbacher 1954; vgl. Planck 1974, 158). Ralf Zoll (1972, 30f.) zählt für die Jahre 1950–70 in Deutschland insgesamt 33 soziologische Gemeindeuntersuchungen, die er in drei Gruppen teilt: 14 Arbeiten betreffen den sozialen Wandel, besonders den Einfluß von Industrialisierung, Verstädterung auf ländliche Gebiete und die Mobilität der Bevölkerung. Zehn Arbeiten beschäftigen sich mit Themen der Großstadt wie Familie, Nachbarschaft, Ballungsfragen. Neun Untersuchungen greifen politische Gesichtspunkte im Gemeindeleben auf.

Und die *Volkskunde*? Sie stand in den fünfziger Jahren noch weitgehend abseits. Allerdings gab es in der Zwischenkriegszeit verheißungsvolle Ansätze. Der Germanist Julius Schwietering (Frankfurt) hatte sieben volkskundliche Ortsmonografien angeregt, die funktionalistisch ausgerichtet waren. Seine Schüler sollten in völligem Vertrautsein mit der lokalen Gruppe deren geistige Gestalt erfassen. Die Schwietering-Schule wurde über die Landesgrenzen bekannt. Die Kurt-Wagner-Schule (Marburg), die ebenfalls Ortsmonografien hervorbrachte, blieb dagegen weitgehend unbeachtet. Ihre Arbeiten wandten sich gegen die Vorstellung einer einheitlichen Primitivschicht, wie sie Hans Naumann postuliert hatte. Die Gemeindeforschung der dreißiger Jahre hatte so ein brauchbares Instrumentarium für die empirische Arbeit entwickelt (Wiegelmann 1979, 67). Für die fünfziger Jahre fehlen trotzdem volkskundliche Ortsmonografien weitgehend. Gegen Ende des Jahrzehnts setzen dann die volkskundlichen Gemeindestudien ein, in Deutschland mit Bausinger/Braun/Schwedt »Neue Siedlungen« (1957), in der Schweiz mit Hugger »Amden« (1961). Während dieser das Bild einer traditionsgeleiteten alpinen Dorfgemeinschaft vor den einsetzenden Veränderungen zeichnet, stehen in der deutschen Untersuchung Akkulturationsfragen und -prozesse im Vordergrund.

2.2 Die amerikanischen Kulturanthropologen entdecken Europa

Aber unterdessen war ein Ereignis von beträchtlicher Tragweite eingetreten: Amerikanische Kulturanthropologen machten Europa zu ihrem Forschungsfeld. Ihre Interessen galten vor allem kleinen Gemeinden bäuerlichen Zuschnitts, wie sie es von ihren Untersuchungen bei Völkern der Dritten Welt her (etwa in Mexiko) gewohnt waren. Hier waren bedeutende Leistungen erbracht worden (Redfield 1941; West 1945). Die amerikanischen Forscher gingen die Gemeinwesen eigenständig und neuartig an, was zunächst von den europäischen Fachkollegen kaum beachtet wurde. Dann aber blieben ihre unterschiedliche Arbeitsweise und der neue Blick doch nicht ohne Einfluß auf die europäischen Volkskundler, wobei allerdings auch Anstöße von der modernen Sozialgeschichte her kamen. Zunächst wirkten sich die Impulse in Frankreich aus, auch in Schweden, mit Verspätung in den Ländern deutscher Sprache. Die anglophonen Forscher wählten ihre Untersuchungsorte in den verschiedensten Gebieten Europas. Eine der ersten Arbeiten, die berühmte Studie von *Laurence Wylie* »Dorf in der Vaucluse« (1957/ 78), betraf Frankreich. Es folgten Spanien (Pitt-Rivers 1961), Griechenland (Friedl 1962), Dänemark, Malta (Boissevain 1969), Irland (Messenger 1969), wieder Frankreich (Ott 1981), Südtirol (Cole and Wolf 1974). In Deutschland betrieb George D. Spindler von der Stanford University, die in Süddeutschland ein Europa-Camp unterhielt, mit seinen Studenten monografische Feldübungen (Spindler 1973). Relativ spät wurden die Schweizer Alpen von den amerikanischen Forschern entdeckt, besonders das archaisch wirkende Wallis. Um so intensiver wurde ihre Präsenz in dieser sich rasch wandelnden Bergregion (Friedl 1974; Weinberg 1975; Wiegandt 1977; vgl. Centlivres 1980). Zunächst galt das Interesse der amerikanischen Forscher den Sozialstrukturen, den entsprechenden Machtverhältnissen und den Phänomenen des Wandels. Später wurde die Optik differenzierter. Die besten Arbeiten gehören zu den Klassikern des Genres: Einfühlung, Engagement, unkonventionelle Fragestellung und überraschende Einsichten kennzeichnen sie. Andere Arbeiten entgehen nicht der Gefahr einer Simplifizierung und Idealisierung, oft erwachsen aus mangelnder Kenntnis des kulturellen Umfelds und der historischen Prämissen. Insgesamt wirkte der amerikanische Beitrag für die europäische Forschung bereichernd, nicht zuletzt auch durch die bei späteren Arbeiten angewandten modernen technischen Hilfsmittel (elektronische Datenverarbeitung, Netting 1977).

2.3 Die Konjunktur der volkskundlichen Ortsmonografien im deutschsprachigen Raum (1960–80er Jahre)

Mit den sechziger Jahren beginnt im deutschsprachigen Raum ein reges Interesse an Gemeindestudien. Der kulturelle Wandel wurde zum Leitthema. Akkulturationsfragen und -prozesse standen im Vordergrund. Drei Faktoren begünstigten in der Bundesrepublik Deutschland diese Entwicklung:

a) der Zustrom von Flüchtlingen, die entsprechenden tiefgreifenden kulturellen Veränderungen;
b) die Eingemeindung anfangs der siebziger Jahre, wodurch viele Orte die Eigenständigkeit verloren;
c) die Flurbereinigung (Güterzusammenlegung) in bäuerlichen Gemeinden und die darauf beruhenden strukturellen Veränderungen.

Die siebziger Jahre brachten eine eigentliche Blüte der Gemeindeforschung, die bis in die achtziger Jahre anhielt (z.B. Lehmann 1976; Ilien/Jeggle 1978). Die österreichische Gemeindeforschung erhielt besondere Impulse durch die Kontakte zu anderen Ländern des Donauraums. Am ersten Symposion der »Ethnographia Pannonica« in Bernstein (Burgenland) 1971 beschlossen die Teilnehmer aus Jugoslawien, Ungarn, der Tschechoslowakei und Österreich, monografische Arbeiten im Donauraum durchzuführen. Durch den Vergleich sollten Gemeinsamkeiten in der Entwicklung sichtbar werden. Als zentralen Gesichtspunkt wählte man die menschliche Arbeit und ihren Einfluß auf die Lebensweise der Bevölkerung. In der Folge erschienen in Österreich die Monografien von Gaál und Bockhorn über Tadten (1976) und von Gaál über Wolfau (1969). Zu erwähnen sind auch die Monografien von Bockhorn (1980) und Doná (1982) (vgl. dazu Pevetz 1984).

Die Schweiz, dem angestammten föderalistischen Individualismus folgend, entwickelte kein einheitliches thematisches und theoretisches Programm in der Gemeindeforschung. Es erschienen aber zahlreiche Arbeiten, die stark die Individualität der Autoren widerspiegeln (Hugger 1964, 1977; Berthoud 1967; Schmid 1969; Anderegg 1973; Messmer 1976; Crettaz 1979; O'Kane 1982).

2.4 Ein Seitenblick auf einige anderssprachige Länder

Die monografischen Studien der *französischen* Ethnologen und Soziologen zeichnen sich durch Innovationsfreude und interdisziplinäre Perspektiven aus, wobei auch hier lange Zeit vorwiegend bäuerliche Gemeinden gewählt wurden. Vor allem hat die französische Ethnologie den Sinn für die Bedeutung des Symbolischen im Gemeinschaftsleben gewahrt. Die Forscher arbeiten dabei meist als Equipen in sog. laboratoires. Wichtige Titel sind: Garavel 1948, Mendras 1953, Bernot und Blancard 1953, Pingaud 1978; Bouvier 1980. Die zahlreichen *italienischen* Gemeindestudien zeichnen meist traditionelle Kulturen nach (Grisanti 1981). Stellvertretend ist die Reihe »Mondo popolare in Lombardia« zu erwähnen (z. B. Anesa 1978) oder die Studie eines südalpinen Walserdorfes von Sibilla (1980).

In *Skandinavien* haben die ethnologischen Gemeindestudien eine lange Tradition, in Norwegen und Dänemark bis in die fünfziger und sechziger Jahre des 19. Jahrhunderts (Stoklund 1979). Auch hier waren die früheren Gemeindeuntersuchungen vorwiegend deskriptiv und kaum analytisch, synchrone Darstellungen einer als statisch empfundenen Volkskultur. Neue Maßstäbe setzte Sigurd Erixon mit seiner Monografie des Skultuna Kupferwerks und der entsprechenden Gemeinde (1921–1957/72). In den fünfziger Jahren gelangten die Anregungen der amerikanischen Anthropologen nach Schweden (etwa mit Redfield, der eine Zeitlang in Uppsala lehrte). John Granlund suchte in seiner Arbeit nach Kultur- und Handlungsmustern, Orvar Löfgren und Billy Ehn haben in den siebziger Jahren Gegenwartsstudien aufgrund teilnehmender Beobachtung beigesteuert.

3. Die Stadt – lange Zeit Stiefkind volkskundlicher Forschung

Erst spät hat die Volkskunde erkannt, in welchem Maße sie den städtischen Lebensraum aus ihrer Forschungsperspektive ausgeklammert hatte. Trotz verschiedener Anläufe, vor allem im Zusammenhang mit dem 24. Deutschen Volkskunde-Kongreß in Berlin 1983 (Kohlmann 1985), hat die Stadtforschung bis in die 90er Jahre keinen besonderen Stellenwert innerhalb des Fachs erlangt. Die Gründe sind vielfach: Zum einen hat die Volkskunde kein eigenes Forschungsinstrumentarium entwickelt, um städtische Phänomene in geeigneter Weise anzugehen, zum andern schreckte die Komplexität städtischer Lebensstrukturen und die damit gegebenen Schwierigkeiten kognitiver Art ab. Zudem scheinen sich bei der Großstadtforschung zunächst quantitative Methoden aufzudrängen, die nicht die Stärke der Volkskunde sind.

Das hat sich in den 1990er Jahren deutlich geändert: Es sind bemerkenswerte Anstrengungen zu einer besseren Erforschung der Stadt unternommen worden. Doch zunächst ein Wort zu den traditionellen Stadtstudien, die den *Stadtteil als Untersuchungseinheit* wählten. Das ist angesichts der verwirrenden Vielfalt moderner Stadtwirklichkeit begreiflich. Es scheint so leichter, auf empirischem Weg zu abstrahierenden Erkenntnissen zu kommen, über das Deskriptive zum Exemplarischen vorzustoßen. Hier könnte, so war die Hoffnung, im wesentlichen das im Dorf bewährte methodische Vorgehen wieder angewendet werden. War dies zu einfach gedacht, scheute man den Aufwand einer Denkarbeit, die ins Grundsätzliche zielte, oder war die Annahme mindestens als Ausgangspunkt berechtigt? Die Antwort kann nicht eindeutig sein. Es ist aber Albrecht Lehmann (1982) beizupflichten, daß die erprobten volkskundlichen (und auch soziologischen) Arbeitsmethoden auch auf städtische Mikroorganismen angewendet werden können, wobei der Gesichtspunkt modifiziert werden muß und vor allem deren Einbettung in größere gesellschaftliche und kulturelle Zusammenhänge zu beachten ist. Es geht in städtischen wie in ländlichen Gesellschaften um die kulturelle Aneignung des Raums und seine soziale Ausgestaltung. Aber dabei darf es nicht bleiben: Es genügt nicht, im Städter den verkappten Dörfler wiederzuerkennen, die »Verdorfung« des Quartiers als letztlich befreiend-beruhigendes Erlebnis des Forschers zu akzeptieren (Gans 1962). Es muß das speziell Urbane im Leben des Quartiers, die andere Lebensform in ihrer historischen Prägung herausgeschält werden. Es sind dabei vor allem die übergreifenden Strukturen der Nutzung, der sozialen Vernetzung, der räumlichen Mobilität zu beachten.

In dieser Hinsicht hat wiederum die *französische Volkskunde* (die »Ethnologie de France«) Beachtliches geleistet. An die damals isolierte Pionierleistung der Schule von Chombart de Lauwe der frühen sechziger Jahre anknüpfend (1965), gibt es in Frankreich seit den späten 1970er Jahren eine namhafte »Ethnologie urbaine«, die den »espace restreint«, die beschränkte räumliche Einheit, zum Forschungsgegenstand erhoben hat. Nur selten wurde eine ganze Stadt modellartig erfaßt, wie in der vorzüglichen Arbeit von Michel Bozon über Villefranche-sur-Saône (1984). Seit Anfang steht auch in Frankreich das Quartier im Mittelpunkt der Forschung, zunächst die Bannmeile als Zone der Marginalisierung, der Unterprivilegierten, die in »Bidonvilles« hausen (Petonnet 1985), oder als Siedlungszone mit sozial stark unterschiedlicher Schichtung (Althabe 1984). Die vielfältigen ethnischen Gruppen und Kulturen von Paris haben interessante Einzeldarstellungen hervorgerufen, etwa die Auvergnaten, Bretonen, Normannen usw. (Ethnologie Française 1980). In vorbildlicher Weise hat Chalvon-Demersay (1984) ein Quartier der Innenstadt untersucht, das in den letzten Jahren eine starke soziale Umschichtung erfahren hatte.

Konvergieren so die französischen Forschungen – wenn auch methodisch und von der Zielsetzung her unterschiedlich – vor allem in der Millionenstadt Paris, so sind die entsprechenden Leistungen der deutschsprachigen Volkskunde räumlich disparat: I.-M. Greverus und ihre Mitarbeiter/innen haben die Umweltaneignung durch die Bewohner des Frankfurter Vororts Bergen-Enkheim thematisiert (1982), durch Forschungen im suburbanen Bereich der Mainstadt. In einer historisch angelegten Arbeit untersuchte ein Autorenkollektiv unter der Leitung von M. Scharfe die Unterstadt von Tübingen im 19. Jahrhundert auf ein schichtspezifisches Kulturverhalten hin (1978). Die Vereinnahmung durch politische und wirtschaftliche Kräfte und deren Auswirkung auf Leben und Mentalität einer Bevölkerung stellte P. Hugger anhand des Hafenquartiers von Kleinhüningen dar (1984). G. Wiegelmann (1978) und seine Mitarbeiter haben in Münster-Westfalen der Stadt und ihrer kulturellen Ausstrahlung systematische Untersuchungen gewidmet, Ruth-E. Mohrmann im besonderen den historischen Veränderungen in der städtischen und ländlichen Wohnkultur (Mohrmann 1990). Und innerhalb des Programms »Vergleichende geschichtliche Städteforschung« des Instituts für Vergleichende Städtegeschichte in Münster finden sich viele Arbeiten, die auch volkskundlich bedeutend sind (z. B. Teuteberg 1983; Heineberg 1987).

Seit den 90er Jahren geht die Volkskunde die Stadt systematischer an; sie hat sich vor allem von einer zu einseitigen Fixierung auf Quartierforschungen gelöst und die Stadt als Fokus vielseitigen gesellschaftlichen und kulturellen Lebens zu erfassen begonnen (Bockhorn 1998). Dabei überrascht die Stadt durch die Fülle der Lebensäußerungen und stets neue Formen des Zusammenlebens, als Kaleidoskop unterschiedlicher Mentalitäten und Lebensweisen, die aber immer wieder zu einem Gesamt konvergieren. So ist auch die Stadt an sich als Forschungsfeld zum Gegenstand volkskundlicher Reflexion geworden, die das bisher Erreichte sichten und neue Ziele einer Stadtforschung aufzeigen (Lindner 1990, 1997, Hugger 1996, Hengartner 1998). Dabei steht der Urbanisierungsprozeß als dauernde Transformation der Lebensweise im Zentrum. Die Stadtethnologie hat heute im deutschsprachigen Raum ihren Platz gefunden, und dies nicht zufällig gerade an Universitäten von Großstädten (Berlin, Wien). Die Stadtforschung wird sich in Zukunft besonders für Fragen der Raumnutzung und Raumaneignung durch die Bevölkerung interessieren, für Tradition und Innovation, das Kontaktverhalten, die Rituale des öffentlichen Lebens, die Selbstdarstellung der Bevölkerung, die Inszenierung der sozialen Unterschiede, die ethnischen Strukturen, Probleme der Sub- und Hegemonialkulturen, Initiativen zur Selbstbestimmung und Selbstgestaltung von Quartierkultur, örtliche Symbolbildungen usw.

4. Typologisches

Volkskundliche Gemeindestudien – um wieder zu den Ortsmonografien zurückzukehren – lassen sich nach verschiedenen Kriterien gruppieren. Nach der gewählten *zeitlichen Dimension* unterscheiden wir synchrone, also auf einen zeitlich engen Querschnitt ausgerichtete Studien, die den kulturellen Alltag einer Bevölkerung festhalten, von diachronen Studien, Längsschnitten, welche die Veränderungen innerhalb größerer Zeiträume aufzeigen. Während in den siebziger Jahren, als sich die Volkskunde soziologischen Fragestellungen näherte, in den Gemeindestudien eher Gegenwartsprobleme im Vordergrund standen, wandte sich das Interesse später wieder stärker Untersuchungen mit historischem Tiefenblick zu. Beide Richtungen halten sich gegenwärtig in der Waage.

Nach der *thematischen Ausrichtung* ergeben sich folgende Gruppen:
a) Ortsmonografien, die als *Gesamtinventuren* der lokalen Volkskultur angelegt sind, inhaltlich aufgegliedert nach dem klassischen Kanon und den fachlichen Stoffgebieten. Dazu gehören: geomorphologische, wirtschaftliche und berufliche Verhältnisse, Lebenslauf mit Übergangsriten, Sitte und Brauch, Alltag und Fest, Vereinskultur, Sagen und Aberglaube etc. Diese Arbeiten streben ein lokales Kulturdiagramm an und begnügen sich meist mit der Beschreibung der Phänomene. Sie wurden in der Vergangenheit oft vor dem Horizont eines drohenden Kulturverlustes und einer befürchteten Nivellierung geschrieben. Der Ertrag für das allgemeine Wissenschaftsverständnis, für die Weiterentwicklung der theoretischen Diskussion ist gering; hingegen behalten diese Arbeiten ihren Wert als Materialsammlungen zu volkskundlichen Sachfragen. Sie geben Antwort auf das Wie, selten auf das Warum kultureller Erscheinungen. Eine Sondergruppe bilden Sachinventuren, die unter Betonung des Lexikalischen ein Gesamtbild der Gemeinde anstreben (Schmid 1969; Brusson 1982). In souveräner Weise haben Fél und Hofer (1974) die Objekte der Sachkultur in der ungarischen Gemeinde Átány strukturell geordnet und nach der gesellschaftlichen Funktion befragt.
b) Gemeindestudien, die den *Kulturwandel* thematisieren. Hier stehen Akkulturationsprozesse im Zentrum, die Frage also, wie eine traditionelle Kultur mit den Urbanisierungsschüben fertig wird. Dabei werden endogene und exogene Faktoren aufgeführt, die Innovationen und ihre Träger, die Faktoren des Wandels und dessen Auswirkungen. Da solche Prozesse das ganze Gemeinwesen betreffen, können diese Studien durchaus ein Gesamtbild liefern (Anderson 1964; Berthoud 1967; Friedl 1974).
c) Eigentliche *Fallstudien* greifen einzelne, kennzeichnende Aspekte des Gemeinwesens heraus, sei es, daß diese besonders aktuell sind oder daß sie stellvertretend das wesentliche Erscheinungsbild aufzeigen. Das können Konflikte sein, Fragen der Binnensozialisation (Günter 1980) oder langdauernde juridische Streitigkeiten (Crettaz 1979). Solche Studien sind oft von großem heuristischem Wert für den betreffenden Problemkreis, vernachlässigen dagegen das kulturelle Gesamtbild einer Gemeinde.
d) Untersuchungen, welche grundlegende *Kulturmuster* freizulegen trachten, sei es in funktionalistischer oder in strukturalistischer Hinsicht. Solche Arbeiten faszinieren oft durch ihr detektivisches Vorgehen, sie vermitteln ein Aha-Erlebnis. Doch ist der Verdacht nicht immer von der Hand zu weisen, daß zugunsten einer einleuchtenden und beeindruckenden Gesamtformel die Verhältnisse zu stark reduziert und simplifiziert werden (Ott 1981).
e) Selten sind *komparative Ortsmonografien*, die zwei oder drei meist benachbarte Gemeinden vergleichen, um das je Besondere und die Unterschiede herauszuarbeiten. Diese Studien übersteigen oft die

Möglichkeiten eines einzelnen Forschers, erlauben aber durch die Stereoskopie eine bessere Erkenntnis wesentlicher Eigenheiten (Groupe de recherches 1965; Cole and Wolf 1974; Hugger 1977).
f) Schließlich sind Monografien mit *emanzipatorischen Absichten* zu erwähnen; sie sind eng mit den Fallstudien verwandt und auf gesellschaftliche Veränderungen hin angelegt, beinhalten oft auch »action research«. Sie möchten aufrütteln, auf die Planung einwirken, die Bevölkerung oder die Behörden entsprechend sensibilisieren. Sie standen in den siebziger Jahren im Zusammenhang mit einer sozialkritischen Orientierung der Volkskunde, haben aber, da sie wenig Wirkung zeigten, ihre Aktualität verloren.

5. Methodische Zugänge

Gemeinden können in ihrer Komplexität nicht über einen einzigen methodischen Weg erschlossen werden. Solche Studien verlangen ein vielseitiges Forschungsinstrumentarium, einen Pluralismus in der Methode:
a) Die *teilnehmende Beobachtung,* die via regia der gegenwartsbezogenen Gemeindeforschung; denn nur wenn die Forschenden sich selbst ins Leben der Gemeinde einbringen, erreichen sie jene Anschauung und Vertrautheit, die ihnen ein tieferes Verständnis der Phänomene ermöglichen. In den 60er und 70er Jahren kam die Tendenz auf, auch über die persönlichen Erfahrungen im Felde zu berichten. Zunehmend begannen vor allem die Ethnologen/innen, die Selbsterfahrung und -reflexion zu einem Hauptthema der Untersuchung zu machen. Diese Entwicklung, die besonders für englischsprachige Autoren/innen kennzeichnend war, ergab sich aus der Tatsache, daß sich die Ethnologen/innen in der Dritten Welt immer stärker von den Indigenen infragegestellt sahen und sich zugleich mit der eigenen Herkunftskultur nicht mehr voll identifizieren konnten. Als tragfähig hat sich daraus die selbstreflexive Methode entwickelt, die eigenes Verhalten und eigene Reaktionen bewußt kritisch einbezieht. Dabei ist die Beziehung eines Psychoanalytikers meist unerläßlich. Ein wichtiges Thema war seit G. Devereux (1967) lange die Angst der Forschenden vor dem Feld, d. h. ihre Unsicherheit und ihre Hemmungen und die dadurch bewirkten Verzerrungen der Wahrnehmung (Matter 1978). Die teilnehmende Beobachtung bedingt ein subtiles Spiel zwischen Distanz und Nähe, denn die Forschenden unterliegen leicht der Gefahr des »going native«, d. h. sich mit den Erforschten zu solidarisieren, ihre Ansichten und Wertungen zu teilen, dadurch Distanz und kritisches Urteilsvermögen zu verlieren.
b) *Das Interview,* die Befragung, also die verbale Kommunikation mit Informanten/innen. Hier steht eine ganze Reihe von Möglichkeiten je nach Erkenntnisziel zur Verfügung: von der standardisierten Befragung über das semi-direktive zum frei-assoziierenden Gespräch.

Die Informanten/innen werden nach schicht-, geschlechts- und altersspezifischen Gesichtspunkten ausgewählt. Aber gerade bei qualitativen Untersuchungen ist oft die Kompetenz von Einzelnen ausschlaggebender (etwa das vorhandene Interesse an der Untersuchung, an der eigenen Kultur) als eine rein statistisch ermittelte Repräsentativität.

c) *Die Umfrage* durch Versand von Fragebogen, das Korrespondenzverfahren also. Sie bringt vor allem quantitativ auswertbare Informationen, die als Referenz- und Kontrollmaterial für eine qualitative Erhebung beigezogen werden können.

d) *Datenerhebungen* aufgrund von Archivalien (Protokollen, Chroniken, Urkunden usw.) und Statistiken. Sie sind bei historisch ausgerichteten Arbeiten zentral, fehlen aber sektoriell bei den meisten anderen Arbeiten nicht.

e) Neue methodische Zugänge bahnen sich an; sie liegen vor allem im Bereich der Video-Dokumentation. Entsprechende Versuche wurden 1998/99 erfolgreich in Zürich unternommen (Leimgruber 2000).

Die Frage, mit welchen Präkonzepten eine Untersuchung anzugehen ist, hat viel Diskussionsstoff geliefert. Eine Zeitlang schien eine Gemeindeuntersuchung ohne vorherige *Hypothesenbildung* undenkbar. Mehr und mehr aber verzichteten Forscher/innen auf vorgängig ausformulierte Arbeitshypothesen, weil damit oft das Ergebnis vorweggenommen und die Optik einseitig eingeengt würde. Sie begnügten sich mit einer generellen Problemstellung (z. B. Kulturwandel in einer Gemeinde), um dann den Forschungsansatz laufend anzupassen. Morin (1967) hat dies anhand einer bretonischen Gemeinde eindrücklich vorgeführt.

Es haben sich im Laufe der Zeit weitere methodische Sonderwege ausgebildet, die valide Erkenntnisse zeitigen können, etwa die *biografische Methode,* die aufgrund zahlreicher Einzelbiografien die typischen Lebensabläufe einer Gemeinde zu ermitteln sucht. Andere Formen, vor allem die reportageartigen Erlebnis- und Erfahrungsberichte mit ihren subjektiven Elementen, verleihen den Monografien einen mehr essayistischen Charakter.

6. Wie wahr sind Gemeindestudien?

Zur Frage nach der objektiven Richtigkeit solcher Untersuchungen gibt es das berühmte Beispiel des mexikanischen Dorfes Tepoztlán, das Redfield in den dreißiger Jahren untersuchte (1941) und als homogene, harmonische Siedlung beschrieb. In einer Nachfolgeuntersuchung kam O. Lewis (1951) zum entgegengesetzten Befund: Für ihn ist die mexikanische Siedlung ein Ort der Gewalt, der Ungerechtigkeit und der sozialen Spannungen. Hatten sich in den siebzehn Jahren, welche die beiden Feldarbeiten trennten, die Verhältnisse grundlegend geändert? Nur teilweise, räumt Refield selber ein, vielmehr hatten die beiden Forscher ihre Aufmerksamkeit auf völlig verschiedene Aspekte gerichtet, sie hatten zudem andere theoretische Voraussetzungen (1955, 135). So kann bei Gemeindeuntersuchungen, sofern sie sich nicht auf die materielle Kultur beschränken, wie bei anderen qualitativen Untersuchungen höchstens von einer *relativen Objektivität* gesprochen werden, die in der Kompetenz und Integrität der Forschenden begründet liegt und dem Bemühen, ihr Vorgehen und ihre Prämissen offenzulegen, eigene Vorurteile zu relativieren, die Untersuchungen sorgfältig und systematisch durchzuführen. Immer aber bringen die Forscherinnen und Forscher Voreingenommenheiten mit, die ihnen meistens unbewußt sind: die eigene Biografie, Herkunft und wissenschaftliche Ausbildung, Neigung und Vorliebe, spezielle Fähigkeiten, ihre »Weltanschauung« und Werteordnung. Diese Faktoren beeinflussen unsere Wahrnehmung und die Erkenntnis dessen, was wir in der Gemeinde vorfinden. Solche subjektive Variablen sind aber nicht nur negativ zu werten. Selbst die einseitige Sicht und Interpretation eines Gemeinwesens kann die Forschung ein Stück weiterbringen, weil sie bisher kaum Beachtetes anspricht und allenfalls Gegendarstellungen provoziert.

7. Vom Wert der Gemeindeuntersuchungen

Warum betreiben wir Gemeindestudien, was leisten sie? Arensberg hebt ihren paradigmatischen Charakter hervor, d. h. nach ihm lassen sich die in einer Gemeinde vorgefundenen Verhältnisse mutatis mutandis auf ähnliche Fälle übertragen. So können die Erkenntnisse verallgemeinert werden. Aber die Frage ist, unter welchen Bedingungen eine solche Generalisierung geschehen darf. Wann spiegelt sich der Makrokosmos im Mikrokosmos der Gemeinde? Für Arensberg ist eine Gemeinde dann repräsentativ, wenn sie jene Vielfalt an Gruppierungen und Strukturen aufweist, welche die moderne Gesellschaft generell kennzeichnen (1974, 105). Danach müßten viele volkskundliche Ortsmonografien als nicht repräsentativ eingestuft werden.

Über die *Generalisierung der Ergebnisse* von Gemeindeuntersuchungen ist aber noch wenig nachgedacht worden. Der Mangel an entsprechenden Ansätzen gilt vor allem für die Volkskunde, was verschiedene Gründe hat: Zum einen sind volkskundliche Gemeindeforscher meist nur an ihrem Einzelfall interessiert, kennen vielfach ähnliche Untersuchungen kaum; zum andern nehmen sich die Theoretiker des Faches kaum die Mühe, Gemeindestudien systematisch auf ihren heuristischen Wert zu befragen. So liegt für Frankreich, wo sehr gute Gemeindeuntersuchungen geschrieben wurden, keine eigentliche Übersichtsdarstellung vor. Die Aufgabe wird zusätzlich dadurch erschwert, daß Gemeindeforschungen sehr unterschiedlich betrieben werden, ohne gemeinsame Richtlinien.

Aber vermutlich ist der Traum von der Repräsentativität einer Gemeinde ausgeträumt. Wir müssen weniger hoch greifen und uns mit bescheideneren Zielen beschränken. Ein unbestrittener Wert der Gemeindeuntersuchungen liegt darin, daß hier auf empirischem Weg neue Einsichten in die Lebensweise einer Bevölkerung gewonnen werden. Gemeindeuntersuchungen haben zudem den Vorteil, daß die Wirklichkeit stets korrigierend in scheinbar gesicherte Anschauungen eingreifen kann. Sie gleichen so Laboratorien der volkskundlichen Erkenntnisse; hier arbeiten die Forschenden vor Ort, im unmittelbaren Kontakt mit den Menschen, denen sie nicht nur durch den Filter von Sekundärquellen begegnen.

Letztlich gilt es, sich zu bescheiden. Gemeindestudien müssen nicht zu kulturanthropologischen Universalien führen. Es genügt zu wissen, daß jede Gemeinde Ort des Kulturvollzugs, der individuellen und kollektiven Daseinsgestaltung und -meisterung ist. Gemeindestudien sind *Bausteine zu einer vertiefenden Geschichte des Alltags.* Es wird immer wieder Forschende reizen, ortsmonografische Arbeiten zu schreiben; denn nicht zuletzt entspricht dies der Verlockung vieler Kulturwissenschaftler/innen, eine Gesellschaft zu rekonstruieren, im letztlich schöpferischen Akt, der/die Wissenschaftler/in als homo faber, der/die aus der eigenen Enquete heraus eine Gemeinschaft modellartig erstehen läßt.

8. Einige Hinweise für moderne Gemeinde-Untersuchungen

a) Die moderne Gemeindeforschung betrachtet eine lokale Bevölkerung nicht isoliert, sondern eingebettet in einen größeren Sozial- und Kulturkontext. Sie bezieht übergreifende Raum- und Kulturmuster in ihre Darstellungen ein.

b) Gemeindeuntersuchungen arbeiten nach Möglichkeiten interdisziplinär, unter Berücksichtigung von Nachbarwissenschaften.

c) Lokalkulturen sind prozessual zu sehen, d. h. nicht statisch, sondern in Wandel und Entwicklung. Das setzt eine historische Dimension voraus.

d) Was für alle empirischen Untersuchungen im Felde gilt, trifft für Ortsmonografien besonders zu: Sie müssen vom Respekt gegenüber der Explorationsgruppe getragen werden. Die Forschenden bleiben sich bewußt, daß es neben der Wahrheit des Forschers auch die Wahrheit der Erforschten gibt. Im Wissen darum werden sie ihre Wertungen vorsichtig anbringen.

e) Gemeindeuntersuchungen unterliegen einer besonderen Verantwortung gegenüber der untersuchten Bevölkerung. Mit bloßer Datenerhebung ist es nicht getan, »feed-back« ist erforderlich. Darum muß der formalen Seite der entsprechenden Veröffentlichung besondere Aufmerksamkeit geschenkt werden. Ortsmonografien sollen nicht nur dem fachinternen Diskurs dienen, der wissenschaftlichen Ambition der Forschenden, sondern zur Identitätsfindung der Bevölkerung beitragen, sie zur Auseinandersetzung mit der eigenen Vergangenheit und Gegenwart anleiten, Standortbestimmungen ermöglichen, allenfalls Wege zur Lösung von Konflikten aufzeigen. Solche Texte müssen lesbar sein und möglichst auf einen besonderen Fachjargon verzichten. Wissenschafliche Stringenz und Kunst der Darstellung schließen sich nicht aus.

Literaturverzeichnis

Allwood, Martin S.; Ranemark, Inge-Britt: Medelby. Stockholm 1943.

Althabe, Gérard; Légé, Bernard; Selim, Monique: Urbanisme et réhabilitation symbolique. Ivry Bologne Amiens. Paris 1984.

Anderegg, Jean-Pierre: Ferenbalm. Struktur und Entwicklung einer Landgemeinde. Bern 1973.

Anderson, Robert T. und Barbara Gallatin: The Vanishing Village. A Danish maritime community. Seattle 1964.

Anesa, Marino; Rondi, Mario: Cultura di un paese. Ricerca a Parre. Aspetti di vita tradizionale a Parre di Anna Carissoni. Milano 1978.

Arensberg, Conrad M.: Die Gemeinde als Objekt und als Paradigma. In: Handbuch der empirischen Sozialforschung, hrsg. von René König. Bd. 4. Stuttgart 1974, 82–116.

Ballhaus, Edmund: Dorfentwicklung im Spiegel der Fotografie und im Bewußtsein der Bewohner am Beispiel Echte. Wiesbaden/Berlin 1985.

Bausinger, Hermann; Braun, Markus; Schwedt, Herbert: Neue Siedlungen. Stuttgart 1957 (2. Aufl. 1963).

Becker, Erich: Entwicklung der deutschen Gemeinden und Gemeindeverbände im Hinblick auf die Gegenwart. In: Handbuch der kommunalen Wissenschaft und Praxis Bd. 1. Berlin 1956, 62–112.

Bernot, L.; Blancard, R.: Nouville, un village français. Paris 1953.

Berthoud, Gérald: Changements économiques et sociaux de la montagne. Vernamiège en Valais. Berlin 1967.

Bockhorn, Olaf (Hrsg.): Nestelberg. Eine ortsmonographische Forschung (Veröffentlichungen des Instituts für Volkskunde der Universität Wien, 8). Wien 1980.

Bockhorn, Olaf et al: Urbane Welten. Referate der Oest. Volkskundetagung 1998 in Linz. Wien 1999.

Boissevain, Jeremy F.: Hal-Farrug. A village in Malta. New York et al. 1969.

Bouvier, Jean Claude: La mémoire partagée. Lus-la-Croix-Haute (Drôme). In: Le monde alpin et rhodanien 1980, 1–231.

Bozon, Michel: Vie quotidienne et rapports sociaux dans une petite ville de province. La mise en scène des différences. Lyon 1984.

Brüggemann, Beate; Riehle, Rainer: Das Dorf. Über die Modernisierung einer Idylle. Frankfurt a. M./New York 1986.

Brusson, Jean-Paul: Les gens, les mots, les choses. Un village haut-savoyard en 1900. Cordon 1860–1939. Annecy 1982.

Centlivres, Pierre: Un nouveau regard sur les Alpes. L'anthropologie américaine découvre le Valais. In: Contributions à l'ethnologie de la Suisse (Ethnologica helvetica, 4). Bern 1980, 35–62.

Chalvon-Demersay, Sabine: Le Triangle du XIVe. Des nouveaux habitants dans un vieux quartier de Paris. Paris 1984.
Chombard de Lauwe, Paul-Henry: Des Hommes et des Villes. Paris 1965.
Cole, John W.; Wolf, Eric R.: The hidden frontier. Ecology and Ethnicity in an Alpine Valley. New York/London 1974.
Crettaz, Bernard: Nomades et sédentaires. Communautés et communes en procès dans le Val d'Anniviers. Genève 1979.
Devereux, Georges: Angst und Methode in den Verhaltenswissenschaften. Übersetzt von Caroline Neubaur und Karin Kersten. Frankfurt a. M. 1984. Originalausg. frz. 1967.
Doná, A.: St. Pauls und seine Jugend. Dörfliche Lebenswelt und jugendlicher Alltag in einem Südtiroler Fremdenverkehrsort sowie Möglichkeiten offener Jugendarbeit auf dem Lande. Innsbruck 1982.
Erixon, Sigurd: Skultuna bruks historia I–III. Stockholm/Uppsala 1921–1972.
Ethnologia Europaea. Revue internationale d'Ethnologie européenne. Vol. VI. 1972. Hrsg. von Günter Wiegelmann. Göttingen 1973.
Fél, Edit; Hofer, Tamás: Bäuerliche Denkweise in Wirtschaft und Haushalt. Eine ethnographische Untersuchung über das ungarische Dorf Átány (Veröffentlichungen des Instituts für mitteleuropäische Volksforschung an der Philipps-Universität Marburg/Lahn. Allgemeine Reihe, 7). Göttingen 1972.
* Fél, Edit; Hofer, Tamás: Geräte der Átányer Bauern (Kommission der Königlich Dänischen Akademie der Wissenschaften zur Erforschung der Geschichte der Ackerbaugeräte und der Feldstrukturen. Publikation 2). Kopenhagen 1974.
Firth, Raymond: Elements of Social Organization. London 1951.
Friedl, Ernestine: Vasilika. A village in modern Greece. New York 1962.
Friedl, John: Kippel, a changing village in the Alps. New York 1974.
Gaál, Karol: Wolfau. Bericht über die Feldforschung 1965/66 (Wiss. Arbeiten aus dem Burgenland, 42. Kulturwissenschaften, 15). Eisenstadt 1969.
Gaál, Károly; Bockhorn, Olaf: Tadten. Eine dorfmonographische Forschung 1972/73 (Wiss. Arbeiten aus dem Burgenland, 56). Eisenstadt 1976.
Gans, A.J.: The urban villagers. Group and Class in the Life of Italian Americans. Glencoe 1962.
Garavel, J.: Les paysans de Morette. Un siècle de vie rurale dans une commune du Dauphiné. Paris 1948.
Geramb, Viktor von: Die Knaffl-Handschrift. Eine obersteirische Volkskunde aus dem Jahre 1813 (Quellen zur deutschen Volkskunde, 2). Berlin/Leipzig 1928.
Greverus, Ina-Maria; Schilling, Heinz: Heimat Bergen-Enkheim. Lokale Identität am Rande der Großstadt (Notizen, 12). 2. Aufl. Frankfurt a.M. 1982.
Grisanti, Cristoforo: Folklore di Isnello. Palermo 1981.
Groupe de recherches en anthropologie (Lausanne): Essai de monographie comparée de deux villages du canton de Vaud: Oppens et Orzens. Montreux 1965.
Günter, Janne: Leben in Eisenheim. Arbeit, Kommunikation und Sozialisation in einer Arbeitersiedlung. Basel 1980.
Gyr, Ueli: Land- und Stadtgemeinden als Lebensräume. Zum Problemstand schweizerischer Ortsmonographien. In: Handbuch der Schweiz. Volkskultur, hrsg. von Paul Hugger, Bd. 2, Zürich 1992, 687–706.
Heineberg, Heinz (Hrsg.): Innerstädtische Differenzierung und Prozesse im 19. und 20. Jahrhundert. Geographische und historische Aspekte (Städteforschung, Reihe A, 25). Köln/Wien 1987.
Hengartner, Thomas: Forschungsfeld Stadt. Zur Geschichte der volkskundl. Erforschung städt. Lebensformen. Berlin 1999.

Hugger, Paul: Amden. Eine volkskundliche Monografie. Basel 1961.
Hugger, Paul: Werdenberg. Land im Umbruch. Basel 1964.
Hugger, Paul: Fricktaler Volksleben. Stein – Sisseln – Kaisten – Gansingen. Eine Studie zum Kulturwandel der Gegenwart. Basel 1977.
Hugger, Paul: Kleinhüningen. Von der »Dorfidylle« zum Alltag eines Basler Industriequartiers. Basel 1984.
Hugger, Paul: Die Stadt. Volkskundl. Zugänge. Zürich 1996.
Ilien, Albert; Jeggle, Utz: Leben auf dem Dorf. Zur Sozialgeschichte des Dorfes und zur Sozialpsychologie seiner Bewohner. Opladen 1978.
Ilien, Albert: Dorfforschung als Interaktion. Zur Methodologie dörflicher Sozialforschung. In: Annäherungen an das Dorf. Geschichte, Veränderung und Zukunft, hrsg. von Carl-Hans Hauptmeyer u. a. Hannover 1983, 59–112.
Jeggle, Utz: Kiebingen. Eine Heimatgeschichte. Zum Prozeß der Zivilisation in einem schwäbischen Dorf (Untersuchungen des Ludwig-Uhland-Instituts der Universität Tübingen, 44). Tübingen 1977.
Kohlmann, Theodor; Bausinger, Hermann (Hrsg.): Großstadt. Aspekte empirischer Kulturforschung 24. Deutscher Volkskunde-Kongreß in Berlin vom 26.–30. September 1983. Berlin 1985.
König, René: Grundformen der Gesellschaft. Die Gemeinde (Rowohlts deutsche Enzyklopädie, 79). Hamburg 1958.
König, René (Hrsg.): Soziologie der Gemeinde. Sonderheft d. Kölner Zs. f. Soziologie und Sozialpsychologie. Köln/Opladen, o.J.
Lehmann, Albrecht: Das Leben in einem Arbeiterdorf. Eine empirische Untersuchung über die Lebensverhältnisse von Arbeitern (Göttinger Abhandlungen zur Soziologie, 23). Stuttgart 1976.
Lehmann, Albrecht: Ortsbewußtsein in einem Arbeiterdorf. Einflüsse der Gemeindereform. In: Wiegelmann 1979, 173–186.
Lehmann, Albrecht: Die Entwicklung in der gegenwärtigen volkskundlichen Stadtforschung und die laufenden Arbeitsvorhaben. In: Heft 2 des Deutschen Instituts für Urbanistik. Informationen zur modernen Stadtgeschichte. Berlin 1982, 17–22.
Leimgruber, Walter: Digital Video. Ein ethnograph. Projekt zum Hauptbahnhof Zürich. In: Schweiz. Archiv f. Vkde. 96 (2000) 167–185.
Lewis, Oscar: Life in a Mexican Village. Tepoztlán Restudied. Urbana, Ill. 1951.
Lindne, Rolf: Die Entdeckung der Stadtkulturen. Soziologie aus der Erfahrung der Reportage. Frankfurt a.M. 1990.
Lindner, Rolf: Perspektiven der Stadtethnologie. In: Kultur, Gesellschaft, Alltag 5 (1997) 319–328.
Matter, Max: Gedanken zur ethnologischen Gemeindeforschung und zu den dafür notwendigen Datenerhebungsverfahren. In: Rhein. Jb. f. Vkde 22 (1978) 283–311.
Mayntz, Renate: Soziale Schichtung und sozialer Wandel in einer Industriegemeinde. Eine soziologische Untersuchung der Stadt Euskirchen (650 Jahre Stadt Euskirchen, 3). Stuttgart 1958.
Mendras, H.: Etude de sociologie rurale. Novis et Virgin. Paris 1953.
Messmer, Elisabeth: Scharans. Eine Gemeindestudie aus der Gegenwart. Basel 1976.
Messenger, John C.: Iris Beag. Isle of Ireland. New York et al. 1969.
Mohrmann, Ruth-E.: Die Stadt als volkskundliches Forschungsfeld. In: Öst. Zs. f. Vkde NS 44 (1990) 129–149.
Morin, Edgar: Commune en France. La métamorphose de Plodémet. Paris 1967.
Moser, Hans: Chronik von Kiefersfelden. Kiefersfelden 1959.

Netting, Robert Mc C.; Elias, Walter: Methods in the Analysis of European Population History: The case of Törbel, Canton Valais, Switzerland. Paper presented at the American Anthropological Annual Meeting November 1977.

O'Kane, Françoise: Gens de la terre, gens du discours: Terrain, méthode et réflexions dans l'étude d'une communauté de montagne et de ses émigrés. Bâle 1982.

Ott, Sandra: The Circle of Mountains. A Basque Shepherding Community. Oxford 1981.

Petonnet, Colette: On est tous dans le brouillard. Ethnologie des banlieues. Paris 1979 (2. Auflg. 1985).

Pevetz, Werner: Die ländliche Sozialforschung in Österreich 1972–1982 (Schriftenreihe der Bundesanstalt für Agrarwirtschaft, 41). Wien 1984.

Pingaud, Marie-Claude: Paysans en Bourgogne. Les gens de Minot. Paris 1978.

Pitt-Rivers, J.A.: The people of the Sierra. Chicago/London 1961.

Planck, Ulrich: Dorfforschung im Deutschen Reich und in der Bundesrepublik Deutschland. In: Zs. f. Agrargeschichte und Agrarsoziologie 22 (1974) 146–178.

Rassem, Mohammed: Die Volkstumswissenschaften und der Etatismus. Mittenwald ²1979.

Redfield, Robert: The Folk Culture of Yucatán. Chicago 1941.

Redfield, Robert: The little community. Viewpoints for the Study of a Human Whole. Uppsala/Stockholm 1955.

Rees, Alwin D.: Life in an Welsh Countryside. Cardiff 1950.

Reinecke, Karsten: Vom Dorf zur Ortschaft – Das Beispiel Barneberg. In: Annäherungen an das Dorf. Geschichte, Veränderung und Zukunft, hrsg. von Carl-Hans Hauptmeyer u. a. Hannover 1983, 113–147.

Scharfe, Martin (Hrsg.): Das andere Tübingen. Kultur und Lebensweise der Unteren Stadt im 19. Jahrhundert. Tübingen 1978.

Schmid, Camill: Bellwald. Sach- und Sprachwandel seit 1900. Basel 1969.

Sibilla, Paolo: Die ethnische Minderheit der Walser in den nordwestlichen italienischen Alpen. Bemerkungen und Überlegungen. In: Kölner Zs. f. Soziologie 35 (1983) 505–524.

Schmidt, Leopold: Geschichte der österreichischen Volkskunde. Wien 1951.

Scholze, Thomas: Im Lichte der Großstadt. Volkskundliche Erforschung metropolitaner Lebensformen. Wien 1990.

Schwedt, Herbert und Elke: Bibliographie zur Gemeindeforschung unter besonderer Berücksichtigung neuerer Arbeiten zur ländlichen Gemeinde. In: Forschungen u. Berichte zur Volkskunde in Baden-Württemberg 1 (1971–73) 249–256.

Spindler, George D. and student collaborators: Burgbach. Urbanization and Identity in a German Village (Case studies in cultural anthropology). NewYork et al. 1973.

Stoklund, Biarne: Zum Ansatz und theoretischen Hintergrund der Gemeindestudien in Skandinavien. In: Wiegelmann 1979, 33–45.

Strübin, Eduard: Über Heimatkunde und schweizerische Heimatkunden im 19. Jahrhundert. In: Schweiz. Archiv. f. Vkde. 67 (1971) 41–61.

Teuteberg, Hans Jürgen (Hrsg.): Urbanisierung im 19. und 20. Jahrhundert. Historische und geographische Aspekte (Städteforschung, Reihe A, 16). Köln/Wien 1983.

Warren, Roland L.: Soziologie der amerikanischen Gemeinde. Zur theoretischen Begründung praktischer Gemeindearbeit. Köln/Opladen 1970.

Weinberg, Daniela: Peasant wisdom: cultural adaptation in a Swiss village. Berkeley 1975.

West, James: Plainville, USA. New York 1945.

Wiegandt, Ellen B.: Communalism and conflict in the Swiss Alps. Ann Arbor 1977.

Wiegelmann, Günter (Hrsg.): Kulturelle Stadt-Land-Beziehungen in der Neuzeit (Beiträge zur Volkskultur in Nordwestdeutschland, 9). Münster 1978.

* Wiegelmann, Günter (Hrsg.): Gemeinde im Wandel. Volkskundliche Gemeindestudien in Europa. Deutscher Volkskundekongreß Braunschweig 1977. Münster 1979. Darin u. a. ders.: Gemeindestudien in Deutschland. Trends – Probleme – Aufgaben, 67–86.

Winkler, Ernst: Das Schweizer Dorf. Beiträge zur Erkenntnis seines Wesens. Zürich/Berlin 1941.

Wunder, Heide: Die bäuerliche Gemeinde in Deutschland. Göttingen 1986.

Wurzbacher, Gerhard: Das Dorf im Spannungsfeld industrieller Entwicklung. Untersuchungen an den 45 Dörfern und Weilern einer westdeutschen ländlichen Gemeinde. Unter Mitwirkung von Renate Pflaum. Stuttgart 1954.

Wurzbacher, Gerhard: Dorf. In: Handwb. d. Sozialwissenschaften Bd. 3. Stuttgart/Tübingen/Göttingen 1961, 7–11.

Wylie, Laurence: Village in the Vaucluse. Cambridge 1957 (Dt. Übersetzung Frankfurt a.M. 1978).

Zoll, Ralf: Gemeinde als Alibi. Materialien zur politischen Soziologie der Gemeinde. Bd. 3: Politisches Verhalten. München 1972.

Andreas C. Bimmer

Familienforschung

1. Grundsätzliches

Die Familie ist die weitestverbreitete soziale Gruppe in unserer Gesellschaft, jeder von uns hat eigene Erfahrungen, Einblicke, seine Erlebnisse, Erinnerungen, Wertvorstellungen, seien sie nun positiv oder negativ. Nur wenige sind nicht im Rahmen einer Familie aufgewachsen, viele allerdings in Familien mit nur einem Elternteil, z. B. bedingt durch Scheidung, Trennung oder Tod. Trotz dieser weitreichenden Bedeutung in Staat, Gesellschaft und im Leben des einzelnen ist die Sozialgruppe »Familie« in unserem Fach lange Zeit nicht als volkskundlich relevant erachtet worden. Sicher hat es viele Untersuchungen zu Einzelphänomenen gegeben, wie zu Hochzeitsbräuchen, Trachten und Schmuck oder Liedern, Sprüchen und allerhand abergläubischen Praktiken und Vorstellungen. Hierbei ging es mehr um isolierte Formbetrachtungen, um reine Beschreibungen von Gegenständen oder Handlungsabläufen. Es fehlte die Einordnung und Wertung im sozialen Kontext, die Beachtung der unterschiedlichen sozialen Schichten, der ökonomischen und historischen Voraussetzungen.

Bereits diese wenigen weiterführenden Bemerkungen zeigen, daß es so etwas wie »die Familie« schlechthin nicht gibt. Immer müssen zusätzliche Merkmale und Zusammenhänge berücksichtigt werden. Die Familienform, von der man jeweils spricht, bedarf der räumlichen Bestimmung und zeitlichen Begrenzung – z. B. die deutsche Familie im 19. Jahrhundert. Darüber hinaus sind aber noch eine Fülle differenzierender Faktoren zu nennen, um Familie in einer volkskundlichen Analyse zu beschreiben. Die wichtigste Kategorie ist die der sozialen Unterscheidung, d. h. nach Schicht- oder Klassenzugehörigkeit, weil davon zugleich die zahlreichen sich daraus ergebenden Bedingungen des Familienlebens abhängen, etwa Einkommens- und Besitzverhältnisse, Wohnen, Stadt- oder Landeinflüsse, das soziale Wert- und Normsystem, um nur einige Aspekte anzuführen. Sie prägen im wesentlichen den Außenbereich von Familie. Hinzu kommen noch die individuellen Momente, die für den Binnenbereich von (Einzel-)Familien charakteristisch sind, diesen bestimmen, auszeichnen oder negativ belasten.

Diese kurze, unvollständige Aufzählung läßt bereits erkennen, daß »Familie« ein so vielschichtiges soziales Phänomen ist, daß sie kaum von einer einzigen Disziplin hinreichend und erschöpfend untersucht werden könnte. Vielmehr befassen sich alle Sozial- und viele Geistes- und Geschichtswissenschaften mit Familie, sie ist also ein interdisziplinäres Forschungsfeld, ist nicht Gegenstand nur eines Faches. Dennoch hat jede Disziplin ihre eigenen Zugänge, Ansätze und fachspezifischen Schauweisen, Quellen und Methoden. Diese überschneiden sich oft notgedrungen und selbstverständlich mit denen der Fachnachbarn, was im Sinne einer interdisziplinären Betrachtung aber sinnvoll ist.

Wo sind nun aber die *spezifischen Ansätze* der Europäischen Ethnologie/Volkskunde in der Familienforschung? Der Ethnologe untersucht in erster Linie den Zusammenhang, das Zusammenspiel und die gegenseitigen Abhängigkeiten von Familie als sozialer Gruppe und ihren kulturellen Erscheinungsformen im historischen Entwicklungsprozeß. Besonders der historischen Herleitung widmet er große Aufmerksamkeit, weil nur dadurch Formen und Gegenwart verständlich werden. Bevor diese erste, übergreifende Definition näher erläutert wird, sollen im folgenden zunächst einige historische Voraussetzungen dargelegt werden, und zwar historisch in zweierlei Hinsicht: zum einen die Entwicklung der Familienforschung in der Volkskunde, also ein Stück Wissenschaftsgeschichte, und zum anderen die Entwicklung der Familienformen, also ein Stück Kultur- und Sozialgeschichte.

2. Zur Sozialgeschichte der Familie und ihrer Formen

Es ist bei jeder historischen Herleitung immer das große Problem, wo man beginnt, welche Entwicklungen für die weitere Argumentation wichtig sind, mit welchem erkenntnisleitenden Interesse Geschichte herangezogen werden soll, denn ethnologische Analyse bedient sich ihrer meist als Hilfswissenschaft. Für den Bereich von Kultur und Sozialformen reichen bloße chronologische, von Herrschergestalten geprägte Epochendarstellungen nicht aus, sie geben zwar den Rahmen und den gesellschaftlichen Kontext, aber erklären nicht die vielen parallel verlaufenden Wandlungen, Brüche und Rückstände (cultural lags) in den Lebensweisen nichtherrschender Schichten und Gruppen. Für die Geschichte der Familie als sozialer Primärform gelten diese Einschränkungen ganz besonders, da sie doch alle Bevölkerungsgruppen betreffen. Wie bereits oben angedeutet, ist die Darstellung der historischen Entwicklung von Familienformen für die ethnologische Forschung auch dann sehr aufschlußreich, wenn Aussagen über die Gegenwart gemacht werden sollen. Hier ist die Untersuchung des späten 18. und 19. Jahrhunderts deswegen so wichtig, weil sich ihre Ausläufer und Auswirkungen noch bis in unsere Tage bemerkbar machen und wir manche Erscheinungen der Gegenwart nicht richtig einordnen können, wenn wir über die Entstehung nichts wissen.

An dieser Stelle sollte aber gleich klar sein: der Rückgriff auf die Vergangenheit darf nicht dazu führen, eine gerade Linie zur Gegenwart zu ziehen. Ein Brauch etwa ist aus einem bestimmten Grund oder Anlaß o. ä. initiiert worden, in einer bestimmten Trägergruppe und in einem bestimmten sozialen und historischen Umfeld. Wird er weiterhin oder erneut ausgeübt – z. B. nach einer längeren Unterbrechung – so gilt er für andere Menschen in anderen sozialen Kontexten mit veränderten Funktionen. Natürlich knüpften die Brauchträger an vorhandene in Tradition und Bewußtsein verankerte und überlieferte Formen an, bis hin zu kompletter Kopie von Phänomenen und Ablauf, aber Bedeutung und Wert haben sich verändert. Gerade im Bereich des sozialen Lebens sind sehr häufig in unterschiedlichen historischen und sozioökonomischen Zusammenhängen gleiche Phänomene, Situationen oder Ereignisse festzustellen, die ebenso häufig zu einer vorschnellen, meist falschen Gleichsetzung verleiten.

Ähnlich verhielt es sich auch in der Familienforschung, die besonders am Beispiel der Geschichte der unterschiedlichen Typen von Familie von einer gradlinigen Entwicklung ausging und sich allzusehr von augenfälligen Phänomenologien beeinflussen ließen. Bis weit ins 20. Jahrhundert hinein glaubten die Forscher, die Familie habe sich über die Jahrtausende und Jahrhunderte vom Umfang her immer mehr verkleinert (Kontraktionsgesetz). Ausgehend von vermuteten riesigen, unüberschaubaren, unpersönlichen Stammesverbänden hätten gesellschaftliche Entwicklung, technischer Fortschritt, Arbeitsteilung und Religionen – als Träger und Wächter des Wert- und Normsystems – zu einer zunehmenden Zersplitterung dieser Großgruppen beigetragen. Es herrschte in der Wissenschaft die Überzeugung vor, die Familie habe sich in gerader Linie, einheitlich und ohne Aufenthalt zur modernen Kleinfamilie im 20. Jahrhundert entwickelt. Diese Vorstellung ist heute überholt. Vielmehr weiß man, daß es zu allen Zeiten verschiedene Familienformen *nebeneinander* gegeben hat – also auch die Kleinfamilie.

Wichtig ist es herauszuarbeiten, daß die nebeneinander bestehenden Familienformen nicht dieselbe soziale Bedeutung hatten, sondern daß eine Hierarchie vermutet werden kann. Ansehen, Herrschaft, moralische Macht, ökonomische Potenz bildeten das Material für diese Stufenleiter. Und so ist es zu erklären, daß bestimmte Familienformen bestimmte Epochen besonders prägten und dominierten. Sie wurden zum Leitbild, an dem die übrigen Formierungen gemessen und abgewertet wurden. Ihr Wert- und Normsystem war das erstrebenswerte. Nur oberflächliche geschichtliche Betrachtung verführte dazu, in ihnen das *einzige* Familiensystem seiner Zeit zu sehen.

In der Geschichte europäischer Zivilisationen hat es vielfältigste Ausprägungen von unterschiedlichen Familienformen gegeben. Die bekanntesten und immer wieder erwähnten lassen sich – idealtypisch verallgemeinert – in vier Gruppen fassen:
1. Die Großfamilie
2. Die Sippe
3. Die Haushalts- und Wirtschaftsfamilie
4. Die Kleinfamilie

»Die *Großfamilie* ist eine Gruppe von Blutsverwandten in mehreren Generationsschichten, die an einem Ort zusammenleben und meist von einem patriarchalen Oberhaupt geleitet werden. Sie verwalten und bewirtschaften gemeinsam ein gemeinschaftliches Eigentum, Herden, Acker oder andere Produktionsmittel wie handwerkliche oder kaufmännische Betriebe im Geist eines ständigen und ununterbrochen verwandtschaftlichen Fortlaufes« (Weber-Kellermann 1974, 12). Großfamilie in diesem Sinne verwendet ist ein historisch feststehender Begriff, konstitutiv sind die Bedingungen »blutsverwandt« und »an einem Ort«. Dennoch wurde gerade in der sozial-politischen Diskussion und in Versuchen gesellschaftlicher Neuformierung der Kleinfamilie unserer Tage der Begriff der »Großfamilie« gern, aber falsch verwendet.

»Die Familienform der *Sippe* braucht nicht an einem Ort zusammenzuwohnen und zu wirtschaften, mußte auch kein gemeinsames Oberhaupt haben, sondern war *nur* durch die Bande der Blutsverwandtschaft vereinigt. Das setzte bereits ein bestimmtes Maß an gruppenhaftem Selbstbewußtsein voraus, wie es in Europa in frühgeschichtlicher Zeit bei den Germanen vorherrschend war« (Weber-Kellermann 1974, 14). Der Sippenbegriff wurde – ebenfalls verfälscht – besonders im Zusammenhang mit den verhängnisvollen Rassentheorien und mit völkischem oder imperialistisch-nationalem Gedankengut benutzt.

Für die *Haushalts- und Wirtschaftsfamilie* »galt das Kriterium des Zusammenlebens und -wirtschaftens, doch mußte es sich bei dieser Gruppe nicht ausschließlich um Blutsverwandte und auch nicht um eine Organisation mehrerer Generationsschichten handeln. Hier war vielmehr der ganze Hausverband als Lebens- und Wirtschaftsgemeinschaft gemeint, dem auch nicht blutsverwandte Mägde, Knechte, Bediente und Gesellen angehören konnten. Er wurde wirtschaftlich und rechtlich vertreten von dem »Hausvater« im verantwortlichen Geiste autoritärer Patriarchalität. Diese Familienform war im Mittelalter und in der Neuzeit dominierend bis zur Herausbildung der bürgerlichen Kleinfamilie« (Weber-Kellermann 1974, 14 f.).

»Die *Kleinfamilie* des 19. Jahrhunderts entstand im Zusammenhang mit der Industrialisierung und der Trennung von Wohnplatz und Arbeitsplatz. Die Produktionsmittel befanden sich nun nicht mehr im Bereich des ›Hauses‹. Damit verlor die patriarchale Autoritätsstruktur des Vaters als Vorstand des ›ganzen Hauses‹ seine wirtschaftliche Komponente« (Weber-Kellermann 1974, 15).

3. Zur Entwicklung der bürgerlichen Kleinfamilie

Das 18. und 19. Jahrhundert war für die Verfassung der deutschen bürgerlichen Kleinfamilie bis in das 20. Jahrhundert hinein von prägender Kraft. Zwei historische Faktoren sind von entscheidender Voraussetzung und Bedeutung gewesen: die Französische Revolution veränderte die rechtliche Bestimmung der Familie, die Industrialisierung – im Gefolge die Stadtentwicklung – ihre ökonomische Basis.

Als Folge der Französischen Revolution veränderte sich auch in Deutschland das gültige *Eherecht*. Bedeutete im frühen Mittelalter die Eheschließung nur einen Rechtsakt, bei dem die Frau wie ein Rechtsgut dem Mann übergeben wurde, so führten die nun veränderte Auffassung des Naturrechts und freiheitliche Ideen der Französischen Revolution dazu, daß die Ehe von zwei Individuen eingegangen wurde. All die früheren Ehevoraussetzungen wie Ebenbürtigkeit, Standesgleichheit und Religionszugehörigkeit stellten von den neuen Normen her kein Ehehindernis mehr dar. Die reale Umsetzung hinkte jedoch erheblich hinter der Theorie her; es waren deutlich restaurative Kräfte zur Erhaltung überkommen-patriarchaler Dominanz am Werke, unterschiedlich vehement in den einzelnen bürgerlichen Schichten. Unterstützt wurden solche Tendenzen noch von der starken Verunsicherung durch die rasch fortschreitende Industrialisierung, die als Angriff auf das geltende Rechts- und Normsystem befürchtet wurde.

Der entscheidende Wandel, den die wirtschaftliche Entwicklung für die Familie mit sich brachte, war die *Trennung von Arbeitsbereich und Wohnbereich*. Damit vollzog sich die Auflösung der Hausproduktion, der Mann büßte durch die neue Abhängigkeit im Arbeitsprozeß an Dominanz ein, das Gesinde als Teil der Familiengemeinschaft verlor diese Funktion weitgehend. Ganz entschieden änderte sich die Rolle der Frau, ihr Aufgabenbereich reduzierte sich ausschließlich auf die Führung des Haushalts und die Aufzucht der Kinder. Die »drei großen K« (Kirche, Küche, Kinder) charakterisierten zunehmend die Situation der bürgerlichen Frau. Die im Verband der großen Haushaltsfamilie herrschende Arbeitsteilung der Geschlechter war nun in der bürgerlichen Kleinfamilie ohne einen aufeinander bezogenen Sachzusammenhang, jeder wirkte in seinem Bereich isoliert vom anderen. Jedoch aufgrund seiner ökonomischen Überlegenheit (Lohn) konnte der Mann weiterhin die führende Rolle wahren.

Mit zunehmender politischer Verfestigung des Bürgertums und gleichzeitiger Ausbreitung der Industrialisierung wurde das Wert- und Normsystem der *bürgerlichen Kleinfamilie* für alle anderen Schichten zum erstrebenswerten herrschenden Sittenkodex seiner Zeit, ein Wertsystem, das dem Frauenideal nur häusliche, liebliche Eigenschaften zuschrieb, während das Männerideal durch Erwerbstätigkeit, Ernährung der Familie und Verteidigung von Vaterland und Familie gekennzeichnet war. Diese strikte Rollenverteilung für den Außen- und Binnenbereich der Familie bewirkte so durch sich selbst eine Zementierung bürgerlicher Normen, deren Auswirkungen und Gültigkeit teilweise noch bis in die Gegenwart reichen.

Diese sehr geraffte Darstellung von Voraussetzung und Entwicklung der bürgerlichen Kleinfamilie als der zunehmend dominierenden Familienform darf nicht zu dem Trugschluß führen, als habe es erst ab dieser

Epoche Konstellationen einer zwei-generativ zusammenlebenden Familie (Eltern und Kinder) gegeben. Entscheidend ist allerdings, daß das mit politischer und ökonomischer Macht ausgestattete Bürgertum eine historische Phase prägte und ein ihm spezifisches Gesellschaftsbild demonstrierte, behütete und konservierte, das andere Schichten zur Orientierung und Nachahmung veranlaßte.

Neben der bürgerlichen Kleinfamilie wuchs mit zunehmender Industrialisierung der Anteil der *Arbeiterfamilie*. Wegen der schlechten Arbeits- und Lebensbedingungen der Arbeiter, die ein Familienleben im bürgerlichen Sinne nicht zuließen, standen sie während des ganzen 19. Jahrhunderts immer im Schatten der Bürgerfamilie, deren Wert- und Normsystem sie sich anzupassen suchten. Die bedrückenden Schilderungen der Not, der Kinderarbeit, der unwürdigen Wohnverhältnisse, des langen Arbeitstages – auch und besonders für die Arbeiterfrau – sprechen für sich. Dies erklärt, warum die Arbeiterschaft vor ihrer Organisierung aus eigener Kraft keine eigenständige, vom Bürgertum abgesetzte, zufriedenstellende Familienform entwickelte, die ihren spezifischen Bedürfnissen mehr entsprach, und auch dem kulturell herrschenden Bürgertum keine eigene Kultur entgegensetzen konnte. Ähnlich abhängig vom bürgerlichen Familienleitbild waren auch andere Familienkonstellationen, etwa die alleinstehender Mütter oder Väter mit ihren Kindern. Stets demonstrierte die (scheinbare) Vollkommenheit von »Vater-Mutter-Kind« ihre eigene Unvollkommenheit bis hin zur Minderwertigkeit.

4. Familienforschung in der Volkskunde/Europäischen Ethnologie

Wie bereits eingangs erwähnt, ist in der Wissenschaftsgeschichte der Volkskunde »Familie« erst sehr spät zu einem fachspezifisch anerkannten Bereich geworden. Dies ist um so verwunderlicher, als die erste volkskundliche Untersuchung nahezu zeitgleich mit einer der Begründungen des Faches zusammenfiel. *Wilhelm Heinrich Riehl* legte 1855 noch drei Jahre vor dem Druck seines berühmten Vortrages »Die Volkskunde als Wissenschaft« (1858) als dritten Band »Die Familie« im Rahmen seiner »Naturgeschichte des Deutschen Volkes als Grundlage einer deutschen Socialpolitik« vor. Ganz bürgerlicher Theoretiker mit stark ständisch geprägtem Gesellschaftsverständnis, entwirft er ein Familienbild, welches schon zu seiner Zeit nicht mehr der sozialen Realität entsprach, geschweige denn in Zukunft hergestellt werden konnte. Ausgehend von dem Fortbestehen von Adel, Bauern und Bürgertum als den die Gesellschaft tragenden Ständen – wobei er die Proletarier zwar zur Kenntnis nehmen mußte, sie aber als »Fehlentwicklung« betrachtete – beschreibt er die bürgerliche Familie im o. a. Spannungsfeld der patriarchalen Dominanz des Mannes und der Unterordnung der Frau und der Kinder als unveränderlich und fast naturhaft gegeben. Bestimmte Entwicklungen seiner Zeit wie das Aufkommen der Arbeiterfamilien, die Berufstätigkeit der Frauen bis hin zum Frauenstudium (Blaustrümpfe!) aber vor allem auch die sich verändernde ökonomische Basis von Familien, die auch zur Veränderung von Hierarchie und Macht führte, wollte Riehl nicht wahrhaben oder verurteilte sie als Irrweg und forderte die Rückbesinnung.

Ganz erstaunlich ist, daß Riehl die einschlägigen Arbeiten seiner Zeitgenossen nicht rezipierte oder bewußt ignorierte und sich nicht einmal damit auseinandersetzte, z. B. Marx und Engels oder Frédéric Le Play und bei späteren Auflagen August Bebel. Nach so vielen Einschränkungen bleibt die Frage, warum Riehl überhaupt noch als ernstzunehmender Volkskundler für die Familienforschung genannt wird. Wissenschaftsgeschichtlich kommt ihm das Verdienst zu, Familie im Rahmen ihrer kulturellen Objektivationen und Lebensformen als soziale Institution beschrieben zu haben (und dies gilt nicht nur für unser Fach, sondern auch für die deutsche Soziologie), die fortan bei empirisch mikro-sozialwissenschaftlicher Arbeit nicht mehr zu vernachlässigen war. Nach längerer Nichtbeachtung wurde Riehls »Familie« für die spätere Familienforschung besonders von konservativen Autoren und vor allem dann von der nationalsozialistischen Familienideologie hervorgeholt. Allein 17 Neuauflagen mögen dies belegen.

Als wesentlicher Vertreter der NS-Volkskunde, der sich in seinen Arbeiten wesentlich auf Riehl stützte, ist *Horst Becker* (Die Familie, Leipzig 1935) zu nennen. Natürlich erhebt sich damit sogleich die Frage, ob Riehl als ein Vorläufer, Bodenbereiter oder gar als ein früher Nationalsozialist bezeichnet werden kann? Sicher nicht direkt, er war in seiner Zeit ein führender Theoretiker konservativer Sozialforschung und bot somit für spätere konservativ-restaurativ orientierte Gesellschaftswissenschaftler geeignete Anknüpfungen, die, übertragen in andere sozio-ökonomische und politische Zusammenhänge, im Sinne der Legitimation eigener Theorien durch vermeintliche oder tatsächliche Vorläufer begierig aufgegriffen wurden. So wie die gesamte Zeit der NS-Volkskunde dem Fach eine verheerende Entwicklung beschert und zu einer massiven Unterbrechung des theoretischen Fortschritts geführt hat, so konnte auch die Familienforschung innerhalb der Volkskunde erst spät nach dem Zweiten Weltkrieg sinnvoll wieder aufgenommen werden.

Hier ist in erster Linie *Ingeborg Weber-Kellermann* zu nennen, die zunächst durch Auseinandersetzung mit Wilhelm Heinrich Riehl und seinem Gesellschafts- und Wissenschaftsbild eine Standortbestimmung volkskundlicher Familienforschung sucht. Mit der Publikation »Die deutsche Familie. Versuch einer Sozialgeschichte« (1974) als Taschenbuch beginnt sie eine Reihe zahlreicher Studien zur Familienforschung, die als die bisher wichtigste Ausrichtung ethnologisch/volkskundlicher Arbeiten zu diesem Themenkreis bezeichnet werden kann. Kennzeichnend für ihr Vorgehen und das ihrer zahlreichen Marburger Schüler ist ein historisch-sozialwissenschaftlich und interdisziplinär orientierter

Ansatz. Die historische Herleitung der Entwicklung der Familie im deutschsprachigen Raum nimmt in ihren Untersuchungen sehr breiten Raum ein mit deutlichem Gewicht auf dem 19. Jahrhundert als dem Schlüsseljahrhundert zum Verständnis unserer Zeit. Hier werden die methodologischen Unterschiede zu älteren Untersuchungen deutlich. Die Gegenwart in ihren familienrelevanten Erscheinungen erfassen, verstehen und in ihren wichtigen Zusammenhängen interpretieren zu können, ist das Ziel von Weber-Kellermanns ethnologischen Familienforschungen. Nicht der klagende Aufruf zur Überwindung der Gegenwart wie bei Riehl, sondern die stete Suche nach Indikatoren für die weitere Entwicklung – etwa am Beispiel alternativer Familienformen oder der sich wandelnden Rolle der Frau – sind der Motor der Marburger Arbeiten zu Familie, Jugend und Kindheit.

In der Folgezeit hat Weber-Kellermann mit zahlreichen Monographien zu Teilbereichen familialer Lebensweise – etwa zu Weihnachten oder zur Kinderkleidung, zu Kinderspielen usw. – diese Thematik differenziert und weiterentwickelt. Ebenso konnte sie ihre zahlreichen Schüler zu Arbeiten anregen, die sich mit Spezialgebieten der Familie beschäftigten, wie Studentenfamilien, Kindergeburtstag, Familie und Wohnen u. a. m.

Die wissenschaftliche Beschäftigung mit »Familie« ist nicht das Terrain nur einer Disziplin. Geistes- und Sozialwissenschaften, historische wie naturwissenschaftliche Fächer sind hier gleichermaßen zuständig. Darin liegt eine große – leider sehr selten genutzte – Chance breit angelegter interdisziplinärer Zusammenarbeit, könnten doch so die vielseitigsten Denkanstöße in die Erforschung von Familien eingehen. Jedoch trugen Tendenzen der Spezialisierung innerhalb der Fächer und die abgrenzende Arbeitsteilung zwischen den Fächern unter Hervorhebung des facheigenen Ansatzes eher zu trennenden als zu integrierenden Impulsen bei.

Dennoch kam einzelnen Fächern in unterschiedlichen Phasen so etwas wie eine Leitfunktion zu. Dies traf nach dem Zweiten Weltkrieg vor allem auf die *Soziologie* und hier auf die amerikanisch orientierte zu. Mit breit angelegten empirischen Untersuchungen, die mit den Namen René König, Gerhard Wurzbacher, Helmut Schelsky und anderen verbunden sind, wurde erstes empirisches Material zur Nachkriegsfamilie vorgelegt, das auf Jahre Grundlage weiterer, meist empirisch konzipierter Arbeiten wurde. Methodisch wie theoretisch dominierte die Anlehnung an die nordamerikanischen Vorbilder.

Erst in den späten 1960er Jahren wuchsen die Zweifel an der Aussagefähigkeit der inzwischen mit Raffinesse ausgefeilten, bis zur totalen Standardisierung hochentwickelten Befragungsmethoden. Sowohl kritisch-rationalisierende als auch bewußt nicht quantifizierende Verfahren waren auf dem Wege zu breiterer Anerkennung. Ende der 1970er bis Mitte der 1980er Jahre entfaltete sich die Diskussion um quantitative und qualitative Methoden – wie sie zusammenfassend bezeichnet werden – in vollem Maße. Zu letzteren zählen u. a. Oral history, Life history, narratives Interview, biographische Methoden, um nur einige zu nennen. Eine weitere wichtige Entwicklung kam hinzu: die historischen Disziplinen – allen voran die Wirtschafts- und Sozialgeschichte – öffneten sich verstärkt soziologischen Fragestellungen, und gleichsam im Gegenzug historisierten sich die Sozialwissenschaften, so daß diese Wechselbeziehung den Methodenstreit zusätzlich beeinflußte und den »qualitativen Part« erheblich stabilisierte.

Diese stärkere *historische Ausrichtung* blieb nicht ohne Auswirkungen auf die gesamte Familienforschung. Von historischer Seite wurden zahlreiche Arbeiten zur Sozialgeschichte der Familie vorgelegt (Werner Conze, Peter Laslett, Michael Mitterauer, Edward Shorter). In der Auseinandersetzung mit den Ansätzen benachbarter Disziplinen, wie der Soziologie (Georg Schwägler 1970; Heidi Rosenbaum 1982) und der Europäischen Ethnologie/Volkskunde (Ingeborg Weber-Kellermann 1974) sowie den Erziehungswissenschaften, kristallisierte sich ein Schwerpunkt *»Historische Familienforschung«* heraus, in dem sich Positionen aller beteiligten Fächer wiederfanden. Zahlreiche Berichte von Tagungen, gemeinsam herausgegebene Sammelbände und andere einschlägige Publikationen belegen dies. Als bedeutendste volkskundliche Forschungsleistung aus dieser Zeit kann Helmut Möllers Göttinger Habilitationsschrift über die kleinbürgerliche Familie des 18. Jahrhunderts gelten, die sich vorwiegend aufgrund lebensgeschichtlicher Quellen mit der *Handwerksfamilie* auseinandersetzt (Möller 1969).

Wie stark trotzdem durch unterschiedliche methodische Herangehensweisen bedingt theoretische Standpunkte auseinandergehen können, wird durch eine Kontroverse zwischen der Sozialgeschichte und der Europäischen Ethnologie deutlich: An der bereits erwähnten Frage nach dem vorherrschenden Familientyp einer bestimmten Epoche und hier speziell der Mehrgenerationen-Familie im ländlichen Bereich und ihrer durchschnittlichen Größe entzündete sich die Streitfrage nach der allgemeinen Verbreitung. Der Wiener Sozialhistoriker Michael Mitterauer argumentierte unter Berufung auf die Arbeiten des englischen Historikers Peter Laslett und seiner Schule sowie auf eigene Erhebungen im gesamteuropäischen Raum ausschließlich statistisch. Daher konnte er so mit der Methode der Familienrekonstruktion, d. h. aufgrund von archivalischen Quellen in Kirchenbüchern, amtlichen Verzeichnissen und ähnlichem nur sehr wenige im Mehrgenerationsverband zusammenlebende Familien »rekonstruieren« und schloß daraus, daß es sich bei der so definierten Haushaltsfamilie nicht um den Normalfall, sondern fast um die Ausnahme handeln müsse (Mitterauer 1981, 51).

Dem hielten Weber-Kellermann und ihre Mitarbeiter entgegen, daß neben statistischen auch normativ-qualitative Daten berücksichtigt werden müßten, wie Selbstzeugnisse in zeitgenössischen Darstellungen, Biographien, Wohnformen (Versorgung der Alten!), gemeinsames Wirtschaften, Bräuche, Grabsteine und weitere materielle und immaterielle

Quellen. Dann ergäbe sich ein anderes Bild von der sozialen Realität in Form des normativ-dominanten Familientyps seiner Zeit, der nicht unbedingt auch zahlenmäßig dominant sein müsse (Weber-Kellermann/ Bimmer 1983, 975 ff.).

5. Zur Sozialkultur der Familie

In der eingangs angeführten Definition volkskundlicher Relevanz in der Familienforschung war auf die beiden prägenden Bereiche Außenstruktur und Binnenstruktur von Familie hingewiesen worden, vor allem zur Ergründung einer »Sozialkultur der Familie«. Damit ist das gemeinsame kulturelle System von Gruppen gemeint – im Gegensatz zu den kulturellen Leistungen und Äußerungen des einzelnen. Die Gruppenbezogenheit macht die soziale Komponente aus und weist auf ein ganzes Geflecht von Beziehungen, gegenseitigen Abhängigkeiten und Regelmäßigkeiten hin. Ein gemeinsames unbewußtes Wert- und Normensystem – so etwas wie »auf gleicher Wellenlänge liegen« – ist die Basis von Kommunikation und Verhalten in der Familie und ermöglicht den täglichen Kontakt ohne geschriebene Ordnungen.

Außen- und Binnenstruktur der Familie hängen in unterschiedlichen sozio-historischen Situationen und Phasen jeweils in einem bestimmten Maß voneinander ab, wobei die Außenbeeinflussung tendenziell immer stärker zunimmt und damit dem Binnenbereich der Familie immer weniger familiale Autonomie zukommt. Die Binnenstruktur, der in den ersten Lebensjahren des Menschen besondere, jedoch nicht ausschließliche Bedeutung zufällt, läßt sich auf drei Ebenen analysieren: einer formalen, einer funktionalen und einer kommunikativ-kulturellen Ebene.

Formale Ebene: Sie wird definiert durch die Zusammensetzung und das Verwandtschaftssystem der Familie, die Integration der Generationen, formalisierte Außenbeziehungen sowie, bedingt durch die Überschaubarkeit der Gruppe und ihrer sozialen Prozesse, die Voraussetzung für direkte Kommunikationsmöglichkeiten.

Funktionale Ebene: Die primäre Funktion der Familie – im Gegensatz zur kinderlosen Ehe – besteht in der biologischen Reproduktion sowie der Sozialisation der Kinder, wobei die Autonomie der Eltern stets durch die Gesellschaft und ihre Werte und Normen eingeschränkt wird. Eine weitere wichtige Funktion ist die durch die familiale Freiheit geförderte Reproduktion der Arbeitskraft für das Berufsleben der Familienmitglieder. Dies beinhaltet auch, daß der Rahmen der Familie als Kompensationsraum für Konflikte im Außenleben genutzt werden kann. Schließlich stellt die Familie durch die Kleingruppenkonstellation und die emotionale Gebundenheit ihrer Mitglieder einen von außen relativ geschützten Raum für soziale Beziehungen und direkte Formen der

Kommunikation dar, der ausschlaggebend für die Gestaltung des Familienlebens ist.

Kommunikativ-kulturelle Ebene: Auf dieser Ebene vollzieht sich die Gestaltung sowohl des familialen Alltags als auch des Feiertagslebens. Hierzu zählen Tagesabläufe, Arbeitsteilung, Feste im Lebenszyklus, Familienbräuche und -rituale, die Integration individueller Gewohnheiten, Formen der Zuwendung – wie Schenken oder sexuelle Beziehungen – sowie die gemeinsame binnenfamiliäre Bewältigung der Außenwelt. Hierzu gehören aber auch die Probleme, Schwierigkeiten und Konflikte im familialen Zusammenleben. Die spezifische emotionale Beziehung der Familienmitglieder zueinander sichert auf längere Zeit die Konstanz und Kontinuität der Gruppe, so daß familieneigene Traditionen, wie eine bestimmte Form und Ablauf des Weihnachtsfestes, entstehen, gepflegt und erhalten werden können. Familieneigene Traditionen und »Familienrituale« sind ganz wesentliche Bestandteile der Sozialkultur einer Familie.

Familieneigene Traditionen – etwa das eben erwähnte Weihnachtsfest – orientieren sich häufig an den durch Kalenderjahr und Lebenszyklus vorgegebenen Daten und Festen, die in jeder, oder wenigstens in vielen Familien derselben sozio-kulturellen Umwelt begangen werden. Geburtstag, Hochzeit und Hochzeitstag, Weihnachten, Jubiläen, um nur einiges aufzuführen, sind hiermit gemeint. Es können sich aber auch familieneigene Traditionen entwickeln, die sich nicht an solchen fast allgemeingültig zu nennenden Anlässen festmachen lassen, sondern noch viel spezieller nur für die Familien gelten, in denen sie ausgeübt werden. Hierunter kann man sich sowohl Erinnerungstage, etwa den des ersten Kennenlernens und seiner Umstände, wie auch spezifische Formen der Begrüßung, des Abschieds, der Konfliktlösung u. a. m. vorstellen. Solche an scheinbar völlig unbedeutenden, bei alltäglichen Anlässen zu beobachtenden sozialen Regelmäßigkeiten (denn die Wiederkehr ist auch hier Voraussetzung) werden als Familienrituale bezeichnet. Der Begriff des Rituals ist allerdings seiner sakralen oder mythischen Bedeutung enthoben.

6. *Quellen und Methoden der ethnologischen Familienforschung*

Worauf stützen sich nun Untersuchungen zur Familie? Was sind die Gegenstände, welches sind die angemessenen Methoden? Das hängt sehr entscheidend vom Thema ab: Ob eine ausschließlich historische Fragestellung, eine Beschränkung auf die Analyse von Gegenwartsphänomenen oder eine den Wandel betonende Darstellung von Entwicklungszügen gefragt sind, jeweils bieten sich andere Zugangswege und methodische Verfahren an, die hier nur exemplarisch angedeutet werden können (aber an anderer Stelle in diesem Handbuch ausführlich erläutert werden vgl. S. 77–100).

Für historisch orientierte Arbeiten wurden *autobiographische Materialien* immer wichtiger, zum einen, weil den Lebenserinnerungen auch »einfacher Menschen« (im Gegensatz zu Biographien Prominenter in Geschichte, Kultur und Gesellschaft) im Zuge der Entwicklung qualitativer Methoden wachsende soziale Relevanz zugemessen wurde, zum anderen, weil der »gewöhnliche« Alltag als kultureller Indikator an wissenschaftlicher Bedeutung gewann, eine historische Epoche zu beschreiben. Gerade die Europäische Ethnologie ist durch das langjährig geübte volkskundliche Prinzip der Gewährsleutebefragung für die Arbeit mit autobiographischen Materialien gut gerüstet. Konsequent weiterentwickelt können mit diesem Verfahren lebensgeschichtliche Zeugnisse im Kontext interpretiert werden und so für die Sozialgeschichte von Familie einen wichtigen Zugangsweg eröffnen. Aber auch schöngeistige Darstellungen wie Romane, Erzählungen stellen – kritisch inhaltsanalytisch ausgewertet – ernstzunehmende zeitgenössische Belege für die Familienforschung dar.

Ikonographische Quellen sind für die Disziplin, die sich mit dem Zeichenwert kultureller Gegenstände für soziale Strukturen beschäftigt, ein zweiter wichtiger Ansatz. Die Darstellung von Familiensituationen auf Gemälden oder frühen Fotografien (Familienalben) ermöglicht z. B. Rückschlüsse auf die Hierarchie in der Familie: ablesbar etwa an einer dargestellten Sitzordnung mit dem Vater am Kopf des Tisches oder als patriarchale Pyramide auf Familiengemälden oder -fotografien. Nicht das einzelne Bild oder die einzeln für sich genommene Autobiographie, sondern erst deren inhaltliche Reihung und sozialhistorische Einordnung ermöglichen die ethnologische Interpretation. Für die kontinuierliche und langfristige Bearbeitung bieten sich komplex organisierte Archive an, wie z. B. das von Ingeborg Weber-Kellermann aufgebaute »Marburger Archiv zur Familien- und Kinderforschung« mit derzeit mehreren tausend Bild- und Textbelegen.

Gegenwartsorientierte Forschung bedient sich stärker der Methoden der empirischen Sozialforschung wie *Befragung* und *Beobachtung,* wobei dem ethnologie-spezifischen Ansatz die qualitativen empirischen Verfahren stärker entgegenkommen. Dies trifft besonders auf die Einordnung kultureller Objektivationen als Zeichen in sozialen Strukturen zu. Untersucht man hingegen bestimmte Wert- und Verhaltensmuster sozialer Gruppen, so können Befragungen mit größerem Grad der Standardisierung sowie einer größeren Zahl von Informanten wertvolle Aufschlüsse vermitteln.

7. Zum gegenwärtigen Stand der Familienforschung in der Europäischen Ethnologie

Das Themenspektrum der Familienforschung hat sich nach den ersten, im wesentlichen im Sinne einer Sozial- und Kulturgeschichte der Familie orientierten Arbeiten, sehr stark differenziert und spezialisiert. Die Tendenz hierzu zeigte sich auf zwei Ebenen: zum einen in Richtung auf die Untersuchung von Einzelbereichen wie Familienfesten – etwa Hochzeit, Weihnachten –, also in enger Verbindung mit der Brauchforschung (siehe das betreffende Kapitel im vorliegenden »Grundriß«), oder von Familienbildern, Wohnen, Freizeit, Kommunikationsverhalten in Familien u. a. m. Hinzu kommen Untersuchungen zu schichtspezifischen familiären Lebensweisen, Strukturen und Verhalten, z. B. in Arbeiterfamilien, bei Bauern, in kleinbürgerlichen Familien. Zum anderen haben sich aber auch Bereiche verselbständigt, die zunächst im Rahmen von Familienforschung mitbehandelt wurden. Hierzu zählen sozialstatistisch zu determinierende Gruppen wie Kinder, Jugendliche, Frauen und Alte. Besonders die ethnologische Befassung mit den soziokulturellen Lebensverhältnissen von *Kindern* (Weber-Kellermann 1979; Ariès, dt. 1981) und von *Frauen* (vgl. den Beitrag in diesem Band S. 329–361) hat zur Herausbildung von eigenständigen Forschungsgebieten geführt, und es wurden hierzu bereits etliche Detailstudien vorgelegt, wie zur Kinderkleidung, zum Kindergeburtstag, zur kulturellen Sozialisation durch Arbeit und Arbeitsgeräte, zu Spielzeug als Indikator sozialer Strukturen. Etwa zur selben Zeit hatte sich das allgemeine gesellschaftspolitische Interesse ebenfalls sehr stark auf die Rolle der Frau und die Rolle der Kinder in Kultur, Geschichte und Staat verlagert. Dies hatte zur Folge, daß sich in allen sozialwissenschaftlichen, aber auch historischen Disziplinen starke Schwerpunkte in der Frauenforschung und der Kinderforschung ergeben haben, nicht zuletzt motiviert durch die ungleiche, benachteiligte Rolle im gegenwärtigen gesellschaftlichen Gefüge. Dies entsprach einem starken emanzipatorischen Impetus, zum Abbau von Vorurteilen und Benachteiligungen beizutragen, und ist ein Beispiel für gegenwartsbezogenes Arbeiten. Ein solches gesellschaftlich orientiertes Engagement wird häufig sehr ungerechtfertigt als Effekthascherei, als Tagespolitik und vor allem als unwissenschaftlich und modisch verurteilt. Dabei wird allerdings die kontinuierliche und sorgfältige Vorarbeit gerne übersehen und das Postulat der Verantwortung des Wissenschaftlers in der Gesellschaft negiert.

Im Vergleich zu der hervorgehobenen Beachtung von Kindern und Frauen erfahren die Lebensbedingungen von *Jugendlichen* und die der *Alten* bisher sehr wenig wissenschaftliches Interesse in der Europäischen Ethnologie. Bis auf die engagierte Studie von Rudolf Schenda (Das Elend der alten Leute. Düsseldorf 1972) und einige Untersuchungen zu den Bräuchen dörflicher Burschenschaften ist kaum etwas zu nennen. Dabei ergäben sich gerade im Zusammenhang mit einer inzwischen interdisziplinär betriebenen Gerontologie für die Ethnologie/Volkskunde mannigfaltige Mitwirkungsmöglichkeiten.

Für die Akzeptanz einer Forschungsrichtung innerhalb einer Disziplin gibt es sehr sprechende Indikatoren; die Intensität der Diskussion realisiert sich in aktuellen Sammelbänden, in Zeitschriften und vor allem auf nationalen und internationalen Tagungen, Symposien oder Konferenzen. Dies gilt auch für die Familienforschung in allen ihren Ausrichtungen und Facetten. Drei große Kongresse waren dieser Thematik in den letzten Jahren gewidmet: der Deutsche Volkskundekongreß in Bremen 1985 zur ›Kinderkultur‹, die Tagung der SIEF (Société Internationale d'Ethnologie et Folklore) in Zürich 1987 zum ›Lebenszyklus‹ und der DGV-Kongress »Männlich-Weiblich« in Marburg 1997. Jedes Mal befaßte sich fast die Gesamtheit der deutschen bzw. europäischen Ethnologen mit Problemen der Familie oder Kindheit. Vergleicht man die Themen mit denen des Symposions »Liebe und Hochzeit. Aspekte des Volkslebens in Europa« (Antwerpen 1975), in dessen Mittelpunkt eine internationale Ausstellung stand, an der sich 22 europäische Nationen beteiligten, so ist ein erheblicher Wandel festzustellen. Stand in Antwerpen noch das Gegenständliche im Vordergrund (auch bei der begleitenden Tagung), so dominierten in Zürich bereits sozialwissenschaftliche Ansätze mit deutlichem Gegenwartsbezug. In mehreren Beiträgen wurde das Konzept der Tagung, ›der Lebenszyklus‹ als zu statisch betrachtet und in Frage gestellt, die Rolle von Konflikt, Unterbrechung, Krise und Störung des ›erwarteten Lebenslaufs‹ mit den daraus folgenden Konsequenzen herausgearbeitet: ein Zeichen von Bewegung und Wandel in den bisherigen Auffassungen.

Nicht nur in der Bundesrepublik, auch in den Ethnologien der anderen europäischen Länder ist seit den 1970er Jahren intensiver zur Familienforschung gearbeitet worden. In der DDR bestanden zwei Schwerpunkte: in Berlin hat Ute Mohrmann zusammen mit den Studierenden der Humboldt-Universität im Rahmen der »Volkskundlichen Gegenwartsforschung« empirische Studien zum Hochzeitsverhalten in der DDR vorgelegt. Irene Runge vom selben Institut publizierte mit »Ganz in Familie« (Berlin 1985) erste zusammenhängende Materialien zur DDR-Familie. Siegmund Musiat hat mehrere historische Arbeiten zum Hochzeitsbrauch der Sorben veröffentlicht, ebenfalls aus dem Institut für Sorbische Volkskunde in Bautzen/DDR schließlich ging der Sammelband »Familienbräuche im Sozialismus« (Lětopis 25/1982) mit einer internationalen Beteiligung hervor.

Wichtige Impulse wurden auch von der *Ethnologie Française* und hier vor allem durch Martine Segalen vermittelt. Neben Ausstellungen zur Familie (Mari et Femme dans la societé paysanne 1979) im Pariser »Musée National des Arts et Traditions populaires«, zahlreichen Aufsätzen zur ländlichen Familie, zur historischen Familienforschung, aber auch zu gegenwärtigen Fragen der bürgerlichen Kleinfamilie veröffentlichte sie eine »Sociologie de la Famille«, eine französische Gesamtdarstellung.

In *Skandinavien* entstanden viele neue Ansätze zur Familienforschung; zu nennen sind u. a. Orvar Löfgren (Lund), der im Rahmen seiner Untersuchungen zum viktorianischen Schweden auch die Familienstruktur beschrieb (dt. 1982), oder Åke Daun (Stockholm), der in einem grundsätzlichen Aufsatz zur Kinderforschung (1982) dafür plädierte, mit der Unterscheidung »the child as object« und »the child as subject« die verschiedenen Forschungsebenen auseinanderzuhalten.

Zu erwähnen sind schließlich Arbeiten aus der *Schweiz:* Maja Fehlmann-von der Mühll, die eine der wenigen Arbeiten zur Funktion der Verwandtschaftsbeziehungen vorlegte, und Arnold Niederer, der in zahlreichen kleineren Beiträgen immer wieder zur Entwicklung der Familienforschung Stellung bezogen hat.

8. Künftige Aufgaben der ethnologischen Familienforschung

Nach dieser Bestandsaufnahme lassen sich in kurzen Thesen einige Aufgaben benennen: Nach der noch stark von der Sachvolkskunde (Brautstuhl, Brautkrone etc.) geprägten Familienforschung dominierte eine Phase mit verstärkter Sozialgeschichtsschreibung. Künftig sollten größere Anstrengungen auf die komplexe Betrachtung einer übergreifenden »Sozialkultur der Familie« unter Einbeziehung kulturtheoretischer Gesichtspunkte unternommen werden. So wichtig die Verfolgung einzelner Entwicklungen der familialen Lebensweise auch ist, dennoch fehlt bisher ein Theoriemuster. In einigen Gebieten fehlen allerdings noch weitgehend die Vorarbeiten, hierzu zählen vor allem die Arbeiterfamilie und die Altersversorgung. Größere Aufmerksamkeit sollte in Zukunft auch den Entwicklungen der Gegenwartsfamilie und ganz besonders den vielfältigen Versuchen, Alternativen zur Kleinfamilie zu leben, gewidmet werden, ergibt sich doch hier die Chance, Wandel zu beobachten, ehe er Geschichte ist.

9. Nachtrag

In der Zwischenzeit sind auf dem Gebiet der Familienforschung nur noch wenige größere Arbeiten entstanden. Die sozialhistorischen Fragen und Positionen um die Genese der gegenwärtigen Familienformen sind im wesentlichen ausdiskutiert. Standortbestimmungen und Übersichtsdarstellungen (Sieder 1986; Mitterauer 1990) im deutschsprachigen Raum rundeten das Bild ab, ohne wesentlich neue Erkenntnisse zu vermitteln, allerdings sind auch bemerkenswerte Relativierungen zu verzeichnen. Ergänzungen ergaben sich durch Beiträge aus anderen europäischen Ländern, z. B. Frankreich (Segalen 1990 und 1992; Zonabend 1987). Als wesentliches sozialwissenschaftliches Kompendium, in dem auch die verschiedenen Forschungsansätze vorgestellt werden (leider nicht die der Europäischen Ethnologie), ist das Handbuch der Familien- und Jugendforschung (Nave-Herz/Markefka 1989) zu nennen. Dagegen fand die Betrachtung von Einzelphänomenen und von Gruppen in der Familienforschung zunehmende Beachtung. Hierzu gehören Probleme von Jugend und Alter, von Männern und Frauen, schichtspezifisch orientierte Studien (z. B. Arbeiterfamilien, Rosenbaum 1992) oder Fragen zum Problemkreis Freizeit und Familie, Familie und Medien. Diese Verlagerung und Pointierung der Familienforschung spiegelte sich auch in zahlreichen Examensarbeiten mit empirischen, historischen und theoretischen Untersuchungen zur Familie.

Was bleibt für künftige Arbeit zu leisten? Familienforschung sollte in steigendem Maße nicht mehr isoliert betrieben werden, sondern es scheint erforderlich, sich mit den Problemen der Gegenwart in sozialkultureller Perspektive auseinanderzusetzen, etwa mit Familie und Arbeitslosigkeit, Rassismus, Gewalt, alternativen Lebens- und Wohnformen, Konsum, Reisen usw.

So gelänge es, mit zu vertiefenden kulturwissenschaftlichen Fragestellungen der Sozialgruppe Familie in ihren schicht- und strukturbedingten Zusammenhängen problemorientiert näherzukommen.

Literaturverzeichnis

Ariès, Philippe: Geschichte der Kindheit. München 1981.
Bimmer, Andreas C.: Neuere sozialwissenschaftliche Arbeiten zur Familie. In: Zeitschrift für Volkskunde 75 (1979) 241–259.
Bimmer, Andreas C.: Familienforschung und Gegenwartsvolkskunde. In: Probleme der Gegenwartsvolkskunde. Wien 1985, 195–213.
Bimmer, Andreas C.; Weber-Kellermann, Ingeborg (Hrsg.): Sozialkultur der Familie (Hess. Bll. f. Volks- und Kulturforschung, 13). Gießen 1982.
Bimmer, Andreas C.: Familienforschung in der Europäischen Ethnologie. Eine Bestandsaufnahme. In: Sozialkultur der Familie. 1982, 3–16.
Burguière, André; Klapisch-Zuber, Christiane; Segalen, Martine; Zonabend, Françoise (Hrsg.): Geschichte der Familie. Band 3: Neuzeit. Frankfurt a.M. 1977.
Daun, Åke: Ethnological research on children. In: Ethnologia Scandinavica 1982, 42–52.
Ehmer, Josef; Haraven, Tamara; Wall, Richard (Hrsg.): Historische Familienforschung. Ergebnisse und Kontroversen. Michael Mitterauer zum 60. Geburtstag. Frankfurt a.M. 1977.
Famille et parenté (Terrain 4. Carnets du patrimoine ethnologique). Paris 1985.
Fehlmann-von der Mühll, Maja: Verwandtschaft. Theorien und Alltag. Zürich 1978.
Herrmann, Ulrich; Senftle, Susanne; Roth, Lutz: Bibliographie zur Geschichte der Kindheit, Jugend und Familie. München 1980.
Hettlage, Robert: Familienreport. Eine Lebensform im Umbruch. München 1992.
Köhle-Hezinger, Christel; Scharfe, Martin; Brednich, Rolf Wilhelm (Hrsg.): Männlich. Weiblich: Zur Bedeutung der Kategorie Geschlecht in der Kultur. Münster u. a. 1999.

Köstlin, Konrad in Zusammenarbeit mit Rosemarie Pohl-Weber und Rainer Alsheimer (Hrsg.): Kinderkultur. Bremen 1987.
Löfgren Orvar: Der Familienmensch. Einige Aspekte über die Entwicklung der bürgerlichen Familie im Schweden des 19. Jahrhunderts. In: Sozialkultur der Familie. 1982, 30–45.
Löfgren, Orvar: The sweetness of home, class, culture and family life in Sweden. In: Ethnologia Europaea 16:1 (1984) 44–64.
Mitterauer, Michael: Historische Familienforschung. Frankfurt a.M. 1982.
Mitterauer, Michael: Zur Kritik von Familienideologien aus historischer Sicht. In: Anneliese Mannzmann (Hrsg.): Geschichte der Familie oder Familiengeschichten. Königstein 1981, 42–56.
Mitterauer, Michael: Entwicklungstrends der Familie in der europäischen Neuzeit. In: Nave-Herz/Markefka 1989, 179–194.
Mitterauer, Michael: Historisch-anthropologische Familienforschung. Fragestellungen und Zugangsweisen (Kulturstudien, 15). Wien/Köln 1990.
Mitterauer, Michael: Komplexe Familienformen in sozial-historischer Sicht. In: Ethnologia Europaea 12 (1981) 47–87.
Möller, Helmut: Die kleinbürgerliche Familie im 18. Jahrhundert. Verhalten und Gruppenkultur (Schriften zur Volksforschung, 3). Berlin 1969.
Mohrmann, Ute: Hochzeiten in Berlin – studentische Forschungen zur Lebensweise in der Hauptstadt. In: Lětopis 25 (1982) 62–66.
Müller, Gudrun: Kinder sieht man, aber hört sie nicht? Bürgerliche Kindheiten aus der spätviktorianischen Zeit in englischen Autobiographien (Marburger Studien zur vergleichenden Ethnosoziologie, 15). Bonn 1991.
Nave-Herz, Rosemarie; Markefka, Manfred (Hrsg.): Handbuch der Familien- und Jugendforschung Bd. 1: Familienforschung. Neuwied/Frankfurt a. M. 1989.
Rosenbaum, Heidi: Formen der Familie. Untersuchungen zum Zusammenhang von Familienverhältnissen, Sozialstruktur und sozialem Wandel in der deutschen Gesellschaft des 19. Jahrhunderts. Frankfurt a.M. 1982.
Rosenbaum, Heidi: Proletarische Familien. Arbeiterfamilien und Arbeiterväter im frühen 20. Jahrhundert zwischen traditioneller, sozialdemokratischer und kleinbürgerlicher Orientierung. Frankfurt a.M. 1992.
Rosenbaum, Heidi: Perspektiven einer volkskundlichen Familien- und Kindheitsforschung. In: Zeitschrift für Volkskunde 93 (1997) 42–56.
Schwägler, Georg: Soziologie der Familie. Ursprung und Entwicklung (Heidelberger Sociologica, 9). Tübingen 1970.
Segalen, Martine: Current trends in French ethnology. In: Ethnologia Europaea 16: 1 (1986) 3–24; hier: 20–22.
Segalen, Martine: Sociologie de la famille. Paris 1981.
Segalen, Martine: Die Familie. Geschichte, Soziologie, Anthropologie. Frankfurt a.M./New York 1990.
Segalen, Martine: La Parenté: des sociétés »exotiques« aux sociétés modernes. In: Althabe, Gérard; Fabre, Daniel; Lenclud, Gérard (Hrsg.): Vers une ethnologie du présent (Coll. ethnologie de la France, Cahier 7). Paris 1992, 175–193.
Sieder, Reinhard: Die Geschichte der Familie. Frankfurt a. M. 1986.
* Weber-Kellermann, Ingeborg: Die deutsche Familie. Versuch einer Sozialgeschichte. Frankfurt 1974; 10. Aufl. 1989.
* Weber-Kellermann, Ingeborg: Die Kindheit. Kleidung und Wohnen, Arbeit und Spiel. Eine Kulturgeschichte. Frankfurt a.M. 1979.
Weber-Kellermann Ingeborg; Bimmer, Andreas C.: Familienforschung aus der Sicht der Europäischen Ethnologie und Kulturgeschichte. In: Universitas 38 (1983) 975–984.

Weber-Kellermann, Ingeborg: Die Kinderstube. Frankfurt a.M./Leipzig 1991.
Weber-Kellermann, Ingeborg: Die helle und die dunkle Schwelle: Wie Kinder Geburt und Tod erleben. München 1994.
Zeitschrift für Familienforschung München 1989 ff.; Bamberg.
Zonabend, Françoise: Verwandtschaft in der anthropologischen Forschung Frankreichs. In: Chiva, Isac; Jeggle, Utz (Hrsg.): Deutsche Volkskunde – Französische Ethnologie. Zwei Standortbestimmungen. Frankfurt a.M./New York 1987, 178–193.

Carola Lipp

Geschlechterforschung – Frauenforschung

Im Jahr 2003 kann die Kommission Frauenforschung in der Deutschen Gesellschaft für Volkskunde auf ein 20jähriges Bestehen zurückblicken. In diesen Jahren hat sich die Frauenforschung zur Geschlechterforschung weiterentwickelt, und mit diesem wissenschaftlichen und soziopolitischen Prozeß hat sich auch der Fokus der Forschung vom Konzept der Differenz zu dem der Performanz, von der Idee der kulturellen Konstruktion des Geschlechts hin zu den alltäglichen Mikrotechniken der kulturellen Codierung verschoben. In den Anfangsjahren war Frauenforschung eine von Nachwuchsforscherinnen getragene wissenschaftliche Kritik und Herausforderung des Faches und seiner Vertreter; heute handelt es sich um ein *etabliertes Forschungsfeld*, das sich durch zahlreiche Monographien, Sammelbände und Aufsätze auszeichnet. Den Höhepunkt der fachlichen Akzeptanz erreichte das Forschungsgebiet 1997 mit dem DGV-Kongreß »Männlich. Weiblich« (Köhle-Hezinger et al. 1999). Mit ihm vollendete sich scheinbar die Kanonisierung des Forschungsfeldes Geschlechterforschung, zugleich wurde jedoch ein latentes Problem sichtbar, nämlich die Tatsache, daß führende Fachvertreter weder Theoriebildung noch methodische Ansätze der Geschlechterforschung ernsthaft rezipiert hatten; dementsprechend disparat war der wissenschaftliche Ertrag der Tagung. Gerade die prominente Plazierung des Themas unterstrich seine anhaltende Marginalisierung im Fachdiskurs. An der Geschlechterforschung scheiden sich nicht nur die Generationen, sondern auch – wie kann es anders sein – die Geschlechter. Nicht anders ist es zu erklären, daß in einer kurz nach dieser Tagung erschienenen Einführung in die Europäische Ethnologie (Kaschuba 1999) kein einziger Titel der volkskundlichen Frauen- oder Geschlechterforschung zitiert wird, sondern lediglich amerikanische Texte oder Repräsentantinnen von Nachbarfächern. Solche Ausblendungen bestätigen, daß die scientific community gerade in bezug auf Geschlechterforschung immer noch nach Exklusionsprinzipien funktioniert. Es gehört mithin zu den strukturellen Eigenheiten dieses Forschungsfeldes, daß es trotz seiner scheinbaren Integration in das Fach bis heute überwiegend von Kolleginnen oder vom »Nachwuchs« vertreten wird. Letzteres unterstreicht zwar die Randständigkeit des Forschungsfeldes und schlägt sich manchmal auch in unausgereiften Arbeiten nieder, generell wird durch diese Situation aber auch ein wissenschaftlicher Legitimationsdruck erzeugt, der sich positiv auf die Qualität der Arbeiten auswirkt. Die Geschlechterforschung bewegt sich heute immer noch im

Feld wissenschaftlicher Novationen und bleibt eng verknüpft mit den wechselnden Perspektiven kulturwissenschaftlicher Diskussion der letzten beiden Jahrzehnte. Im Folgenden soll die Geschichte der Geschlechterforschung als volkskundliches Forschungsgebiet im Kontext der allgemeinen paradigmatischen Entwicklung der Frauen- und Geschlechterforschung dargestellt werden. Die institutionelle Geschichte wird dabei eine geringere Rolle spielen, sie ist ohnehin mehrfach dokumentiert (Blohm/Gieske 1994); die Darstellung wird sich stattdessen auf Forschungsansätze und Fragen, auf Querverweise zu anderen Fächern und die Konstruktion historischer Traditionslinien beschränken. In einem zweiten Teil geht es dann um den Wandel der Forschungsperspektiven von der Entdeckung der differentiellen Kategorie Geschlecht, über die kulturelle Konstruktion von Geschlecht bis hin zur Auflösung und Desubstantialisierung des Geschlechts in performativen Akten und Inszenierungen.

1. Die Anfänge der Frauenforschung

Frauenforschungsthemen wurden in Deutschland seit den 70er Jahren diskutiert, aber erst als die Frauenbewegung die Universitäten erreichte und die dort herrschenden hierarchischen Strukturen, soziale Ausschlußmechanismen und wissenschaftliche Blindstellen zum Gegenstand öffentlicher Kritik machte, konnte sich die Frauenforschung etablieren. Sichtbarmachung von Frauen, die Entdeckung bisher ignorierter weiblicher Lebensformen und eine Kritik an der Dominanz des männlichen Blicks (Lipp 1984) waren die Triebkräfte, die zur Gründung der *Kommission für Frauenforschung in der Deutschen Gesellschaft für Volkskunde* führten (Forkel et al. 1984). Geprägt waren diese Positionen im wesentlichen von der feministischen Kritik an patriarchalen Herrschaftsverhältnissen; insbesondere Wertneutralität und Objektivität männlicher Wissenschaft wurden vehement in Frage gestellt und die *Geschlechterbeziehung als zentrales gesellschaftliches Verhältnis* hervorgehoben. In die feministische Forderung nach einem wissenschaftlichen Paradigmenwechsel ging ein doppeltes Moment von Erfahrung ein, zum einen die Betroffenheit der arbeitenden Wissenschaftlerinnen und deren Unterrepräsentanz und Diskriminierungserfahrungen im Fach, zum anderen ein Interesse, Frauen als gesellschaftliche und historische Subjekte zu restituieren, indem ihre Erfahrungen und Handlungen ins Zentrum der Forschungen gestellt wurden.

Den Anfang einer Serie von Frauenforschungstagungen, die von der Kommission für Frauenforschung organisiert wurden, machte 1984 Tübingen mit einem Workshop, der vornehmlich einer ersten Bestandsaufnahme (Frauen in der Volkskunde, Tagungsreader) diente. Es folgten Tagungen in Freiburg 1986 (Frauenalltag 1988), in Marburg 1988 (Rund um die Uhr 1988), in Waldenbuch 1991 (Gestaltungsspielräume 1992), in Graz 1993 (Nahe Fremde 1993), in Frankfurt 1994 (Fachfrauen 1996), in Mainz 1996, in Münster 1998 (Geschlecht und materielle Kultur) und die jüngste 2001 in Basel (Geschlechter-Inszenierungen). Die meisten der Konferenzen sind durch Sammelbände, einige nur durch Berichte dokumentiert.

Als sich die Volkskundlerinnen 1984 organisierten, war der naive Unmittelbarkeitsgestus der Frauenforschung, mit dem sie Parteilichkeit forderte und patriarchale Verhältnisse kritisierte, einer differenzierten *Methodendiskussion* und sachlich fundierten Forschungspraxis gewichen (Lipp 1984, 1988a). Vor allem in der historischen und ethnologischen Forschung war deutlich geworden, daß simplifizierende und ahistorische Patriarchalismusvorstellungen den Zugang zur Komplexität weiblicher Lebenszusammenhänge eher versperrten (Bock 1983, 1988). Damit einher ging deshalb ein Verzicht auf eine vordergründige Schwarzweißmalerei, die Frauen entweder als unterdrückte »Opfer« männlicher Herrschaft darstellte oder als Teilhaberinnen und »Täterinnen« beschrieb. Das sehr viel weitergehende Ziel der volkskundlichen Forschung war, die *geschlechtsspezifischen Strukturen von Kultur und Gesellschaft* herauszuarbeiten und die jeweilige *Sinngebung weiblichen Handelns* in einer konkreten historischen Situation deutlich zu machen. Bereits die zweite Tagung der Kommission in Freiburg 1986, die ursprünglich den Titel »Zwischen den Zeilen und hinter den Objekten« trug, diskutierte überwiegend methodische und theoretische Fragen (Frauenalltag 1988).

Die Themen der frühen Frauenforschung knüpften an bestehende Fachtraditionen an, z.B. an die vorliegenden Arbeiten zur bäuerlichen Arbeitsteilung (Wiegelmann 1960, Kaufmann 1972) oder an die zahlreichen Studien zum *ländlichen und städtischen Dienstbotenwesen* (Sauermann 1979, Müller 1981, Müller-Staats 1983, Zull 1984). Die Ansätze der Frauenforscherinnen unterschieden sich von diesen traditionalen Herangehensweisen dadurch, daß sie – beeinflußt von der Alltagsforschung – *städtische und ländliche Frauenarbeit* immer im Kontext ihrer gesamten Lebenssituation analysierten (Metz-Becker 1987, Reis 1988, Werner 1988, Werckmeister 1989, Friess-Reimann 1991/92, Krieg 1996). Typisch für diesen Zugang war eine ganze Reihe von Monographien, in denen einzelne Berufe wie Schneiderinnen (Lutum 1987) oder Taxifahrerinnen (Steffens 1986) im Zentrum standen. Absicht dieser Defizite ausgleichenden Forschung war es, wenig bekannte Existenz- und Arbeitsformen von Frauen wie z.B. die von Binnenschifferinnen (Steppat 1988) oder Benediktinerinnen (Deissner 1988) in ihrer ganzen alltäglichen Komplexität darzustellen.

Im Zusammenhang mit der Arbeiterkulturforschung standen Studien zur *industriellen Frauenarbeit*, die am Anfang meist im Rahmen von Magisterarbeiten erstellt wurden (siehe die Literaturdokumentation in der alten Fassung dieses Kapitels). Vor allem die historische Situation von Arbeiterinnen in der Textilindustrie ist häufig untersucht worden

(Haist 1988, Köhle-Hezinger / Ziegler 1991, Janzen 1991/92), aber auch weniger bekannte Formen der Beschäftigung beim Eisenbahnbau (Bormann 1996). Wie geschlechtsspezifische Vorstellungen in die Organisation eines Industriebetriebes eingingen, demonstriert Christel Köhle-Hezinger (1988) am Beispiel der Maschinenfabrik Eßlingen, die als ›Männerbetrieb‹ konsequenterweise Frauen lange Zeit aus dem Bürobereich fernhielt, obwohl andere Firmen längst zur Frauenbeschäftigung in den Verwaltungen übergegangen waren.

Wie bereits gesagt, war Frauenforschung in der Anfangsphase additiv (Bock 1983, 26). Sie war bestrebt, gesellschaftliche Ausblendungen aufzuheben, »terrae incognitae« zu erkunden und weibliche Lebensformen »sichtbar zu machen«, wie die sich herausbildenden Metaphern und Standardformeln dieses methodischen Anliegens hießen. Während die traditionale Volkskunde sich in der *Haus- und Wohnkulturforschung* mit Küchen und Stuben beschäftigte, aber die darin hantierenden Frauen ignorierte, galt nun die Aufmerksamkeit der bis dahin gering geschätzten *weiblichen Hausarbeit*. Ein wichtiges Thema der Frauenforschung war die Technisierung der Haushalte durch elektrische Geräte wie Waschmaschinen, Kühlschränke oder Küchengeräte und deren Auswirkungen auf die Arbeit der Frauen (Scheid 1986, Silberzahn-Jandt 1991, Utesch 1988, Binder 1992). Andere Untersuchungen konzentrierten sich auf die Haushaltsführung und ihre zunehmende »Verwissenschaftlichung« (Verk 1997) oder befaßten sich mit Spartechniken im Haushalt (Benedikt 1991/92). Detaillierte empirische Analysen entschlüsselten die mit dem Wohnen verbundenen Arbeits- und Nutzungsstrategien von Arbeiterfrauen wie zum Beispiel das von Günter beschriebene ›Schonen, Scheuern und Schützen‹ von wertvollen Möbeln und Einrichtungsgegenständen (Günter 1992, 1995, 1996). Mit dem der Praxeologie Pierre Bourdieus entnommenen Begriff der Aneignung verschob sich in den 90er Jahren das Interesse auf geschlechtsspezifisch unterschiedliche Muster der Raum- und Dinganeignung und auf latente Ordnungsvorstellungen in der Nutzung von Einrichtungsgegenständen und Wohnräumen (Projektgruppe Göttingen 1991/1992). Vor allem die Verbindung mit der Konsumgeschichte führte zu einer differenzierten Betrachtung männlicher und weiblicher Konsummuster (Günter 2000, Keim 1999, Kraft Alsop 1996). Neben diesen meist akteurs- und handlungszentrierten Studien setzten andere bei den Raumstrukturen an und untersuchten deren Auswirkungen auf das Leben von Frauen und Männern (Katschnig-Fasch 1988, Schöne 1999).

2. Subjektzentrierte Methoden

Zu den zentralen Postulaten der frühen Frauenforschung gehörte es, Frauen als Subjekte gesellschaftlicher und kultureller Prozesse zu begreifen, und dies galt gleichermaßen für die Feldforschung wie auch die Arbeit mit archivalischen Quellen oder für die Analyse kultureller Objektivationen. Wie bereits die ersten Tagungen gezeigt hatten, standen in den meisten Arbeiten *weibliche Erfahrung und Lebensgeschichte* im Zentrum der Untersuchung. Mit der Methode des narrativen biographischen Interviews versuchten Forscherinnen, Frauenleben und Alltag in bestimmten historischen Epochen zu rekonstruieren und Frauen als Handelnde und Gestaltende darzustellen. Forschungen zum politischen Verhalten und Alltag der Frauen in der Nachkriegszeit (Hauser 1984, König 1984) beschäftigten sich mit dem Widerspruch zwischen traditionalen Weiblichkeitsbildern und den Verhaltensanforderungen, die durch ökonomische Zwänge und die politische Situation an Frauen herangetragen wurden.

Hermeneutisch-interpretative Verfahren wie die biographische Methode, die Technik offener oder themenzentrierter Interviews sowie allgemeine Probleme der Interaktion im Feldforschungsprozeß standen deshalb auf der ersten Frauentagung im Zentrum der Methodendiskussion (AG Volkskundliche Frauenforschung 1985). Weibliche Erfahrung wurde als etwas sich Veränderndes und Veränderbares begriffen, das in der Erinnerung und der situativen Rekonstruktion von Lebensgeschichte wechselnden (Selbst)Deutungen unterlag. Ein Schwerpunkt der methodischen Überlegungen bezog sich deshalb auf die Analyse der *Gesprächssituation* (Dornheim 1984), auf Beziehungen, Verhaltenserwartungen und Rollenzuweisungen, die sich zwischen interviewenden und interviewten Frauen entwickelten. Als Verführung zur Komplizenschaft nach dem Motto »Wir sind doch alles Weiber« beschrieb Susanne Sackstetter (1984) eine mögliche Interaktionsform und wies auf Verstrickungen und Schwierigkeiten hin, die sich durch unbewußte Alltagsrituale und weibliche Kommunikationsformen ergaben. Daß je nach geschlechtsspezifischer Zusammensetzung Interviews völlig andere Ergebnisse zeitigten, illustriert auch eine Untersuchung von Sylka Scholz über ehemalige DDR-Männer der sogenannten ›blockierten Generation‹ (Scholz 2001).

Die Bevorzugung qualitativer, hermeneutisch-interpretativer und selbstreflexiver Methoden in der Frauenforschung hat zwei Gründe. Einmal werden diese Methoden gewählt, weil sie ein Nachdenken über den wissenschaftlichen Arbeitsprozeß erlauben und die Beziehung zwischen Forscherin und Erforschten bzw. Gegenstand transparent machen. Außerdem entspricht diese Vorgehensweise einer zentralen methodologischen Strategie der ethnopsychoanalytisch orientierten Feldforschung (Nadig 1985), die auch in der volkskundlichen Frauenforschung rezipiert wurde und die darauf abzielte, Gefühle und Irritationen im Forschungsprozeß bewußt zu machen. Indem wechselseitige Prozesse von Identifikation und Projektion analysiert werden, ermöglicht die Selbstreflektion ein besseres Verstehen der eigenen und fremden Verhaltensweisen und Kulturmuster. Vor allem in der Forschung über die *Lebenssituation ausländischer Frauen in Deutschland* ist eine kritische Haltung gegenüber eigenen ethnozentrischen Wertvorstellungen unabdingbar. Begriffe wie Isolation oder Integration, im Zusammenhang mit türkischen Frauen verwendet, verweisen z. B. auf individualistische westeuropäische Begriffe von Gesellschaft und Kultur, die den betroffenen Frauen selbst fremd waren, wie Claudia Schöning-Kalender (1982, 1991/92) deutlich machte. Gerade in der Konfrontation zweier differenter Kulturen zeigen sich die indigenen Strukturen am deutlichsten (Weyers 1990). Die Verknüpfung von Akkulturation und weiblicher Emanzipation, wie sie sich u. a. im westlichen Kopftuchdiskurs äußerte (Schöning-Kalender 2000), ist eine Denkfigur, die nur bedingt das Selbstverständnis ausländischer Frauen trifft. Arbeitsmigration und Emanzipation (Krasberg 1979) waren nicht notwendigerweise verbundene Erfahrungen für Frauen. Je nach ethnischer und regionaler Herkunft und Zuwanderungsland gestalten sich die Probleme unterschiedlich, wie Barbara Waldis am Vergleich interkultureller Ehen zeigte (Waldis 2001). Migrationen, die durch ökonomischen Druck induziert waren, ließen wenig soziale Alternativen; Frauen sind in solchen Situationen häufig Objekt fremder ökonomischer Interessen und nicht Subjekt ihrer Lebensgestaltung (Tübinger Projekt Frauenhandel 1989). Äußerer Lebensstil und kulturelle Identitäten und Loyalitäten standen bei Migrantinnen in einem äußerst komplexen Verhältnis zueinander, wie Tai-Soon Yoo bereits 1981 am Kleidungsverhalten von Koreanerinnen beschrieben hat.

Für die Präferenz weicher Methoden in der Frauenforschung sprach aber noch ein weiterer sachlicher Grund: Frauenleben wird gewöhnlich in den *von Männern verfaßten Quellen oder kulturellen Objektivationen* nur ausschnitthaft dokumentiert. Frauenforschung war deshalb darauf angewiesen, sich der Lebenswirklichkeit von Frauen über subjektive Erfahrung anzunähern. Biographische Zugänge und die Methode der narrativen Interviews öffneten Einblicke in Problemlagen und Lebenssituationen, die in der historischen Überlieferung zu kurz kamen oder mangels Quellen ganz verschlossen blieben. Ein typisches Beispiel für einen solchen Ansatz stellt die Dissertation von Heinke Kalinke (1997) über oberschlesische Frauen dar, in der diese mit biographischen Interviews das Trauma der Vertreibung und den schwierigen Prozeß der Integration im Westen erforscht (vgl. auch Stephani 1990). Die subjektive Erfahrung von Frauen ins Zentrum zu stellen, impliziert deshalb keineswegs eine borniert Beschränkung auf das individuelle und exemplarische Einzelschicksal; indem die Einstellungen einzelner Frauen im Fokus biographischer Selbstthematisierung reflektiert werden, traten Wechselwirkungen zwischen umfassenden gesellschaftlichen Strukturen und weiblichen Chancen und Handeln deutlicher hervor.

3. Fachliches Erbe: Naturalisierung der Geschlechter bei Riehl

Der fachlichen Selbstverortung dienten in den Anfangsjahren der Frauenforschung auch die Versuche, Traditionslinien zu suchen und fachliche Entwicklungen kritisch aufzuarbeiten. Als anthropologischer Disziplin war der Volkskunde die Geschlechterfrage nie ganz aus dem Blick geraten. Bereits der fiktive Fachgründer Wilhelm Heinrich Riehl sah die Bedeutung der Geschlechterproblematik, wenn er im ersten Teil seiner Abhandlung über die Familie konstatierte, daß es scheinbar »ein kleines, ja eitles Ding (ist), von dem Gegensatz zwischen Weib und Mann (zu reden), und stecken doch so große Folgerungen darinnen« (Riehl 1855, 4). Riehls Intention war 1855 sozialpolitischer und restaurativer Art, Geschlechterräume und Geschlechterrollen sollten neu überdacht und eingegrenzt werden. Der Autor der »Naturgeschichte des Volkes« war ein aufmerksamer Beobachter, der wie kein Volkskundler nach ihm ein fast seismographisches Gespür für den sich damals abzeichnenden Wandel der Geschlechterrollen im Bürgertum besaß. Keiner hatte sich so ausführlich wie er mit dem Thema Frauen befaßt. Der dritte Band seines Werkes war zu einem Zeitpunkt entstanden, als »Schriftstellerinnen und praktische Professorinnen der Emancipation« (Riehl 1855,67) sich »gewappneten Armes auf den Boden des Naturrechts« stellten, von der Gleichheit von Mann und Frau sprachen und mit ihren Ideen verstärkt an die Öffentlichkeit traten. Angesichts der in Fluß geratenen Grenzen der Geschlechterbeziehung war es für Riehl völlig selbstverständlich, daß in einer »Wissenschaft vom Volk« der »Gegensatz der beiden Geschlechter nach seiner politischen Bedeutung zu untersuchen sein« wird (1855, 8). Die Anfänge der Volkskunde waren also eng verwoben mit dem im 19. Jahrhundert geführten Diskurs über das Wesen von Mann und Frau und die damit einhergehende bürgerliche »Definition polarer Geschlechtscharaktere« (Hausen 1980).

Aufgrund ihrer ganzheitlichen und ontologisierenden Perspektive auf das Volk als organische Einheit hatte die *alte Volkskunde* Frauen nie völlig ignoriert, wie dies in anderen wissenschaftlichen Disziplinen im Laufe ihrer universitären Etablierung geschehen war. Diese fachlichen Traditionen sind allerdings wie das gesamte volkskundliche Erbe stark ideologisch belastet und deshalb kritisch zu beleuchten. Die Unterordnung der Frau unter den Willen des Mannes, die hierarchische Geschlechterbeziehung in der Familie erschien bei Wilhelm Heinrich Riehl als ein von »Gott gesetztes« Verhältnis, das er unmittelbar aus der Genesis ableitete. »Indem aber Gott der Herr Mann und Weib schuf, hat er die Ungleichheit und die Abhängigkeit als eine Grundbedingung aller menschlichen Entwicklung gesetzt« (Riehl 1855, 3). Auf der »Absonderung von Mann und Frau« baute demnach die Familie, baute der Staat auf, der wiederum »männlichen Geschlechts« (Riehl 1855, 5) war. »Männer schufen staatliches Leben, während das innerste Leben des Hauses fast immer bestimmt (wurde) durch die Frau« (1855, 21).

Die Frau besaß nach Riehl keine eigenständige Persönlichkeit, sondern war definiert durch die Familie: »Das Weib wirkt in der Familie, für die Familie; es bringt ihr sein Bestes zum Opfer dar; es erzieht die Kinder, es lebt das Leben des Mannes mit« (1855, 96). Riehls Absicht, »die Idylle des deutschen Hauses« (1855, 8) wieder zu beleben, setzte bereits dessen Auflösung voraus. Es ging nicht mehr um das Haus als Ort gesellschaftlicher Produktion, sondern um die Familie als eine wesenhafte Einheit, »als Urgrund aller organischen Gebilde in der Volkspersönlichkeit« (1855, VI). Während im 18. Jahrhundert der Begriff der Frau noch pragmatisch gefaßt und diese über ihre Aufgaben als Hausmutter und Hausfrau vornehmlich ständisch bestimmt wurde, verwandelte sich dieser Aspekt bei Riehl zum Wesensmerkmal des Weiblichen, zur Charaktereigenschaft, die er in die Frau hineinprojizierte. Riehl wollte das »weibliche Geschlecht auf seine eigene Art« (1855, 24) zurückführen, die häusliche »Selbstbeschränkung der Frau« wieder als Norm etablieren.

4. Das Frauenbild der traditionalen Brauch- und Sachkulturforschung

Die Frau als »*Hüterin der Sitte*«, als »Bewahrerin der Tradition« (Riehl 1855, 24) war ein Bild, das auch von der volkskundlichen Brauchforschung gepflegt wurde. Wenn Frauen in der Volkskunde des 19. und 20. Jahrhundert thematisiert wurden (und dies geschah bis 1930 häufiger als später), dann meist in diesem rituell-normativen Zusammenhang. Titel wie »Frauenrechtliches in Brauch und Sitte« (Becker 1913) sind für diese Entwicklung typisch. Während Sitte aber gewöhnlich einen diffusen Komplex überlieferter Rechtsauffassungen, Einstellungen und Verhaltensnormen kennzeichnete und als Begriff auf traditionale Aspekte bestimmter Handlungen abhob (Bausinger 1971, 124 f.), wurde Sitte in Verbindung mit Frauen auffällig oft moralisch verstanden und mit Sittlichkeit assoziiert, also mit Wertvorstellungen aus dem Bereich der sozialen und sexuellen Geschlechterbeziehung. Dementsprechend hatte sich die Volkskunde sehr früh auf Brauchhandlungen und Regeln um Paarbildung, Heirat und Hochzeit konzentriert (Bächtold 1914) und sich intensiv mit Normverstößen und deren Sanktion, mit Rügebräuchen und Mechanismen der Kontrolle weiblicher Sexualität beschäftigt.

Im Zusammenhang mit Brauchhandlungen, die den menschlichen Lebenslauf strukturierten, war emsig eine Unzahl von Ritualen, Geboten und Verboten zusammengetragen worden, die sich um Mutter und Kind, Geburt und Taufe, um Verlobung, Brautzeit und Hochzeit, um Liebe und Jungfräulichkeit, um eheliche Fruchtbarkeit, Schwangerschaft und Wochenbett rankten. Neben den zahllosen regionalen Brauchmonographien des späten 19. und frühen 20. Jahrhunderts bot das zwischen 1927 und 1942 erschienene und in den achtziger Jahren wieder neuaufgelegte ›Handwörterbuch des deutschen Aberglaubens‹ (Bächtold-Stäubli/Hoffmann-Krayer 1927–42) besonders reichhaltiges Material zu diesem Themenkreis. Das Lexikon enthielt nicht nur ausführliche Abhandlungen zu den Stichworten »Frau«, »Jungfrau«, »Braut«, »Mutter«, »Wöchnerin«, »Hebamme«, »Hexe«, »altes Weib«, sondern stellte Frauen in einen engen Zusammenhang mit Volksfrömmigkeit und Glaubensregeln, mit Göttinnen und Heiligen, mit Fest- und Feiertagen. Frauen waren Fragende und Gefragte bei Ehe- und Heiratsorakeln, waren Ausführende und Ziel von Liebes- und Fruchtbarkeitszaubern. In Hunderten von Querverweisen ging es um Symbole und rituelle Handlungen, die die Präsenz der Geschlechterbeziehung im Symbolsystem des Volksglauben verdeutlichten. Egal ob es um Äpfel, das Abtrocknen oder den bösen Blick ging, fast jedes zweite Stichwort verwies auf Frauen als Brauchträgerinnen, auf Ehe und weibliche Fruchtbarkeit.

Der *»Brauchtumsblick« auf die Frau* beschränkte sich jedoch auf deren reproduktive Fähigkeiten und die damit verknüpften magischen Kräfte und Praktiken. Frauen wurden im »HdA« nicht als Personen wahrgenommen, sondern als abstrakte symbolische Repräsentantinnen eines übergeordneten Gattungszweckes, der Fortpflanzung. Die Mutter- und Gebärideologie des Nationalsozialismus fand in den von der Volkskunde entworfenen Weiblichkeitskonzepten deshalb reichlich Nahrung. Der dem Frauenbild inhärente *Biologismus* ließ die Volkskundlergeneration der 20er und 30er Jahre in jeder weiblichen Tätigkeit, vom Erbsenschälen bis zum Spinnen, vom Krapfenbacken bis zur Arbeit auf dem Flachsfeld archaische Fruchtbarkeitsriten finden, deren Wurzeln dann möglichst in der germanischen Vorzeit angesiedelt wurden. Exemplarisch war der Artikel »Frau«, den Bernhard Kummer verfaßt hatte, und in dem die »Heiligung der Frau in der germanischen Vorzeit« und ihre prominente Rolle im religiösen Kultus der Frauenfeindlichkeit der christlichen Lehre gegenübergestellt wurden.

Das durch die Brauchsammlungen vermittelte Frauenbild bewegte sich in *Stereotypen*, deren zentrale Bezugspunkte der Mann und die Ehe waren. Frauen wurden als Braut, Mutter oder Wöchnerinnen angesprochen, oder deren Negativbilder beschworen: die unfruchtbare und zerstörerische Frau in Gestalt der Hexe oder des alten Weibes. Diese Typologie, die Frauen hauptsächlich auf ihre geschlechtlichen und familiären Funktionen reduzierte, erwies sich im Fach als äußerst zählebig. Noch die zweite Auflage des »Wörterbuchs der Volkskunde« aus dem Jahr 1955 verweist beim Stichwort »Frau« schlicht auf »Mutter« (Beitl 1936/1955). Indem auch die Brauchforschung der Nachkriegszeit mit den in Brauchhandlungen bzw. in historischen Quellen vorgegebenen Frauenbildern wie mit anthropologischen Konstanten umging, trug sie dazu bei, eine ahistorische »Naturgeschichte des Weiblichen« zu konstruieren. Erst mit der Frauenforschung wurde in Betracht gezogen, daß es je nach historischem und kulturellem Kontext etwas ganz anderes bedeutete, Braut, Mutter oder Wöchnerin zu sein, und daß diese Bezeichnungen höchst unterschiedliche gesellschaftliche Lebensformen umfaßten.

Wenn in den Brauchsammlungen weibliche Lebens- und Arbeitssituationen thematisiert wurden, dann meist in bezug auf ländliche Arbeitsrituale und Erntebräuche. Die 1865 von Wilhelm Mannhardt durchgeführte Befragung z. B. hatte zahlreiches Material zur *Stellung der Frau in der bäuerlichen Gesellschaft* zutage gefördert. Obwohl sich Mannhardts Interesse hauptsächlich auf das »Altertümliche« am Brauch richtete und geschlechtsspezifische Aspekte lediglich bei der Frage nach der antropomorphen Gestalt der »letzten Garbe« auftauchten, enthielten die Antworten, wie die Untersuchung von Weber-Kellermann belegte, aufschlußreiches Material zur geschlechtsspezifischen Arbeitsteilung bei der Ernte, zum Verhältnis von Schnitter und Binderin und zu deren brauchtümlichen Rechten gegenüber dem Gutsherrn. Erntearbeit war überdies, wie Weber-Kellermann (1965, 366) betonte, meist Paararbeit. Obwohl sie auf »erotische Spannungen« im Brauch verwies, vor allem im symbolischen »Binden und Lösen« vorbeikommender Fremder durch die arbeitenden Frauen, verzichtete sie auf eine Analyse der Geschlechterbeziehung (Weber-Kellermann 1974a). Indem sie Brauch als quasi geschlechtsneutralen Code behandelte, ignorierte sie, daß Brauchhandlungen selbst ein Regelsystem darstellten, mit dem Geschlechterrollen festgeschrieben und geschlechtsspezifische Verhaltensräume abgesteckt wurden.

Frauenarbeit war auch ein wiederkehrender Gegenstand in den Umfragen des »Atlas der Deutschen Volkskunde« (1930/1933–1961/65) und in den Untersuchungen der Volkskundlichen Kommission des Landschaftsverbandes Westfalen-Lippe (1951–1964), die alle Fragen zur geschlechtsspezifischen Arbeitsteilung in der Landwirtschaft (Hansen 1969, Wiegelmann 1978) enthielten. Gefragt wurde sowohl nach der Arbeit in Haus und Stall als auch nach der Organisation der Feld-, und Gartenarbeit, nach den Aufgaben bei der Ernte und beim Dreschen. Abgesehen von den eher allgemein gehaltenen Betrachtungen zur »bäuerlichen Arbeitsteilung« (Wiegelmann 1960), kam es jedoch nie zu einer systematischen Auswertung der frauenbezogenen Daten. Genauer mit der Frauenproblematik befaßten sich lediglich Otto Kaufmann in seinem Artikel über Frauenarbeit im Homberger Land (Kaufmann 1972) und Dietmar Sauermann in »Knechte und Mägde in Westfalen« (1979).

Die Brauch-, Arbeits- und Geräteforschung, die sich vornehmlich auf die Organisation bäuerlicher Arbeitsabläufe konzentrierten oder sich mit Dorf- und Nachbarschaftsbeziehungen beschäftigten, lieferten zwangsläufig nur ein ausschnitthaftes Bild (ländlichen) Frauenlebens. Obwohl Geschlecht ein wesentliches Kriterium aller Umfragen war, blieb dieser Aspekt in den Auswertungen peripher oder wurde der Frage nach der regionalen Diffusion bestimmter Tätigkeiten oder

Brauchhandlungen untergeordnet. Ein Beispiel dafür waren die Untersuchungen von Gerda Grober-Glück (1977) über den »ersten Kirchgang der Wöchnerin«. Die Autorin beschäftigte sich darin mit der Verbreitung des Brauchs und dem Einfluß von Konfession und Kirche auf dessen Gestaltung, wobei sie ihr Augenmerk hauptsächlich auf Veränderungen des Rituals und dessen Verknüpfung mit der Taufe richtete. Erst im letzten Abschnitt setzte sie sich mit dem »Sinn« dieser Brauchhandlung auseinander und befaßte sich mit der Situation der Wöchnerin bzw. deren Wahrnehmung im Volksglauben. Als Trägerin der Brauchhandlung spielte die Wöchnerin bei Grober-Glück eine sekundäre Rolle; ob vielleicht ein Wandel im Lebenszusammenhang der Frauen den Gestaltwandel des Brauchs mitbestimmt haben könnte, war eine Frage, die Grober-Glück nie stellte.

Daß von geschlechtsspezifischen Beziehungen allzu rasch zugunsten übergreifender Strukturbegriffe abstrahiert wurde, läßt sich auch beim volkskundlichen Umgang mit *Rügebräuchen* beobachten. Hierbei galt die Aufmerksamkeit meist den Mechanismen der kollektiven Normkontrolle oder der sozialen Zusammensetzung der aktiven Gruppen (Scharfe 1970). Mit Ausnahme der historischen Arbeit von Queri (1911) wurden die Objekte der Verrufsaktionen, die Frauen, denen ein Charivari oder ein Schandmaien galt, selten in die Analyse einbezogen. Auf die Gewaltförmigkeit ritueller Brauchformen hat erst jüngst Joszef Kotics (1994) hingewiesen. Die Aggressivität brauchförmiger Interaktionen zwischen Männern und Frauen erfordert indessen eine differenzierte sozial- und kulturgeschichtliche Interpretation der zugrundeliegenden Vorstellungen von Mann-Frau-Beziehungen, wie dies Silke Göttsch in ihren archivalischen Studien zur Stellung der Frau in traditionalen Ordnungssystemen getan hat (Göttsch 1991/92).

Zu den wichtigen Traditionsfeldern im Fach gehörte schließlich auch die *Erzählforschung*. Den entscheidenden Anfang für die Frauenforschung bildeten hier die Lehrveranstaltungen und Arbeiten von Elfriede Moser-Rath zu Frauenstereotypen im Märchen und im Schwank (Moser-Rath 1979, 1986). Ihre Arbeit über »Frauenfeindliche Tendenzen im Witz« hatte 1978 einen ersten Diskussionsprozeß um Frauenfragen, auch erste Abwehrreaktionen ausgelöst (Wehse 1979). Moser-Rath wies auf die historische Dimension des Weiberschimpfs hin und zeigte, daß die Bilder der geilen oder ehebrecherischen Frau, das Motiv der geschwätzigen oder gehässigen Xanthippe oder das Gespann von Haustyrannin und Pantoffelheld traditionelle Mittel der Frauendiffamierung waren (Moser-Rath 1978). In der neueren Erzählforschung haben sich die Perspektiven der Geschlechterforschung längst etabliert, davon zeugen ein Tagungsband zur »Frau im Märchen« (Früh/Wehse 1985) sowie eine ganze Reihe inhaltsanalytischer Arbeiten (Bottigheimer 1987, Schwibbe 1988). Die Bandbreite der Themen ist heute immens, sie reicht von den »Karrierechancen« der Märchenheldinnen (Dégh 1989) über Moderne Sagen (Shojaei Kawan 1995) bis hin zu Disneytransformationen der kleinen Seejungfrau (Bendix 1993). »Moralische Geschichten« als Vermittlungsinstanz von Geschlechterrollen (Alzheimer-Haller 1999) werden ebenso analysiert wie geschlechtsspezifische »Aufnahme- und Darstellungsstrategien« der volkskundlichen Sammler des 19. Jahrhunderts (Schmitt 1999). Auch die Enzyklopädie des Märchens hat eine Entwicklung durchgemacht, die sich an den Stichwörtern Frau, Geschlechtsprobe, Geschlechtswechsel, Homophilie, Mann, Matriarchat und Nacktheit ablesen läßt. Wichtige Objekte im historischen Frauenleben wie die Haube bleiben erstaunlicherweise aber unerwähnt.

5. Neuorientierungen des Faches und ihre Auswirkung auf die Geschlechterforschung

Die *Soziologisierung* des Faches in den 60er und 70er Jahren, die Hinwendung zur funktionalen Analyse kultureller Prozesse und zur Kommunikationsforschung (Bausinger 1971) verstärkten die Ausblendung geschlechtsspezifischer Fragestellungen. In Bausingers »Volkskunde« aus dem Jahr 1971 waren Frauen kein Thema. Daß diese dennoch an mehreren Stellen des Texts auftauchen, verdankt sich eher dem Reliktcharakter des Faches, in dem die alte Formel von »Rock und Kamisol« zumindest unterschwellig zäh fortlebte. Wo in volkskundlicher Manier Hans Naumanns Schilderung eines Bauern zitiert wird, fehlte auch die Bäuerin nicht, die hinten auf dem Wagen saß »im leuchtend bunten Rock aus selbstgewebter Leinwand« (Bausinger 1971, 98). Und im Kapitel »Sitte und Brauch« (1971, 128) stieß man auf die unvermeidliche Braut. Spätestens beim bäuerlichen Wirtschaften oder im Zusammenhang mit traditionalen »Gemeinschaftsformen« kamen die älteren Einführungen des Faches auf »die Kooperation von Mann und Frau und deren Arbeitsteilung« zu sprechen, ein »Ergänzungs- und Spannungsverhältnis zugleich, das seine Spuren in jede Kultur eingräbt« (Wiegelmann et al. 1977, 220).

Erst das Vordringen der Alltagstheorie in die volkskundliche Forschung und die neue Hinwendung zur Kleinräumigkeit alltäglicher Lebenswelten förderten die stärkere Wahrnehmung von Frauen. Die *volkskundliche Alltagsforschung* bezog die in den 70er Jahren von der Frauenbewegung thematisierte Unterdrückung und Benachteiligung von Frauen mit ein, sie tat dies aber, indem sie flugs ein neues Segment des Alltags kreierte: Der Alltag wurde nun »geschlechtsspezifisch«, wenn es um den Lebenszusammenhang von Frauen ging (Jeggle 1978, 124). Das Alltagsleben des Mannes galt dagegen weiterhin als universal. Frauenspezifische Aspekte wurden zur Variablen, zur Feinstrukturierung in einem soziometrischen »Koordinatennetz des Alltags« (Jeggle 1978, 124), das durch »konkrete Arbeit und Stellung im Produktionsprozeß« bestimmt war.

Mit der Rezeption marxistischer Theorien sahen sich Frauen in den Bereich der Reproduktion verwiesen. Eine Theorie, die sich vornehmlich mit Produktionsverhältnissen und Lohnarbeit befaßte, besaß kein Sensorium, weibliche Lebenstätigkeit in ihrem ganzen Umfang zu fassen. Obwohl die Übernahme historisch-materialistischer Konzepte einerseits dazu beigetragen hatte, Herrschafts- und Ausbeutungsverhältnisse in den Blick zu rücken, hatte sie andererseits durch ihre Fixierung auf Produktion und Marktbeziehungen Frauen zum Nebenwiderspruch degradiert und kategorial unsichtbar gemacht. Mit der Übernahme des Klassenbegriffs wurden Frauen einem (meist männlich gedachten) Gesamtsubjekt untergeordnet. In der *Arbeiterkulturforschung* wurden Frauen dementsprechend als Randerscheinung behandelt oder dann thematisiert, wenn die Bewegung privat wurde, wenn es um Familie (Weber-Kellermann 1974b), Heirat oder Sexualität ging (Lipp 1986a). Eine kulturwissenschaftliche Studie zur Arbeiterbewegung fragte so mit Recht »Wo waren die Frauen« (Althaus et al. 1982, 204). Sie unterstützten die Bewegung, lautet die Antwort. »Mit der Zigarre im Mund, die Braut oder Frau im Arm« (Erne 1986) ging der Arbeiter 1910 zur Wahlrechtsdemonstration.

Forschung, die Frauen als handelnde Subjekte begriff, fand in der Volkskunde der 70er Jahre fast ausschließlich im Bereich der *Familienforschung* statt. Nach einer Aufstellung von Andreas C. Bimmer beschäftigten sich zwischen 1971 und 1981 immerhin 9 von 75 Seminaren aus dem Bereich Familienforschung ausdrücklich mit Frauen (Bimmer 1982, 8). Unter den Publikationen nahm »Die Familie« von Ingeborg Weber-Kellermann (1974b) eine Schlüsselstellung ein. In mehreren Kapiteln behandelte sie die spezifischen Bedingungen historischen Frauenlebens, Aspekte des Familienrechts, die Lebens- und Arbeitsverhältnisse von Bäuerinnen, Arbeiterinnen und Dienstmädchen. Einen gesonderten Absatz widmete sie der Frage »Frauenbewegung und Emanzipation«, indem sie sich in einer späteren Auflage mit Gleichberechtigungsforderungen der Frauen und mit neuen partnerschaftlichen Beziehungs- und Lebensformen auseinandersetzte. Weber-Kellermann beschrieb den Wandel der Familienstrukturen im Zusammenhang mit den ökonomischen und sozialen Veränderungen der Arbeitswelt; sie befaßte sich mit der symbolischen Repräsentanz der Familie in kulturellen Objektivationen wie Gemälden und Photos, Kleidung, Wohnkultur und untersuchte Familienfeste. Themenvielfalt und Materialfülle mündeten mitunter in eine vereinfachende historische Argumentation, die ein Beispiel, oft sogar nur ein regional typisches, für das Ganze nahm und verallgemeinerte. Der durchgängig benutzte Patriarchatsbegriff wurde unterschiedslos auf die Familienstrukturen des Mittelalters wie der Neuzeit oder auf das politische System des Nationalsozialismus (Weber-Kellermann 1974b/82, 193) angewendet. Das typologische, aber ahistorische Verständnis von Familie führte bei Weber-Kellermann zu einer unreflektierten Gegenüberstellung eines traditionalen Modells der trigenerativen »großen Haushaltsfamilie« und einer sich scheinbar erst im Bürgertum des 19. Jahrhunderts herausbildenden Kleinfamilie (Weber-Kellermann/Bimmer 1983). Wie die sozialgeschichtliche Forschung indessen belegt hat, ignorierte eine solche Betrachtungsweise ökonomische, soziale, und demographische Bedingungen der Familienbildung (Niederlassungsregelungen und -chancen, Heirats- und Sterbealter, etc) in bestimmten historischen Phasen und ging vor allem an der realen historischen Existenz von Kleinfamilien in der frühen Neuzeit vorbei (Mitterauer 1978).

Auch die erste große volkskundliche Publikation zur *Frauengeschichte*, das 1983 von Weber-Kellermann verfaßte »Frauenleben im 19. Jahrhundert« litt unter dieser schematischen Betrachtung der Familiengeschichte, versuchte dem aber durch eine differenzierende historische Periodisierung und durch eine feinmaschige soziale Gliederung zu begegnen. Sozial relevante und kulturell tonangebende Gruppen einer Epoche wurden in Selbstzeugnissen und zahlreichen Bildern dokumentiert: Aristokratinnen des Empire, Bürgerinnen und Landfrauen im Biedermeier und in der Gründerzeit die neue gesellschaftliche Gruppe der Industriearbeiterinnen. Quellentexte und Bilddokumente fügten sich dabei zu einem facettenreichen Bilderbogen des Frauenalltags vom Ende des 18. bis zum Ende des 19. Jahrhunderts. Auch wenn die sozialhistorische Tiefenschärfe hinter dem exemplarischen Detail zurücktrat, gab die Breite der angesprochenen Themen wertvolle Denkanstöße für eine systematische Analyse des historischen Frauenlebens.

6. Perspektiven der Frauenforschung in den 80er und 90er Jahren und der Übergang zur Geschlechterforschung

Die Frauenforschung in den 80er Jahren war geleitet vom Paradigma der Differenz. Es ging um die Frauen als das Andere, um ihre Entdeckung als handelnde Subjekte in der Geschichte mit spezifischen Lebens- und Aktionsräumen. Allein 30 der 140 Qualifikationsarbeiten, die in den Jahren 1975 bis 1987 in den DGV-Informationen angekündigt worden waren, befaßten sich mit Themen wie Heirat (Koch 1986), familiäre Sozialisation und Familienleben. »Glanz und Elend« bürgerlicher Frauen wurde ebenso eingefangen wie bildliche und fotografischen Repräsentationen der Mädchenjahre (Regener 1988) oder das Schicksal der Braut im Kulturvergleich (Völger/v. Welck 1985). Aufgearbeitet wurde die verdrängte weibliche Bildungsgeschichte (Eicke 1981, Spieker 1991) oder gegenwartsbezogen die Versuche von Frauen, in Männerberufen Fuß zu fassen (Greverus 1991/92, 66). Im Vordergrund solcher Unternehmungen stand nicht zuletzt das Anliegen der Selbstverortung im universitären Bildungswesen und im Fach Volkskunde. In einem großangelegten Projekt unternahmen Würzburger Volkskundlerinnen die Aufgabe, in einer Biobibliographie über 400

»Frauen in der Volkskunde« (Alzheimer-Haller 1994) zu dokumentieren. Eine ganze Reihe von Publikationen setzte sich überdies mit dem Leben und dem Werk prominenter Volkskundlerinnen auseinander (Alzheimer 1990, Burckhardt-Seebass 1991, Schrutka-Rechtenstamm 1991); indem diese Arbeiten auch weniger bekannte Frauen vorstellten, machten sie in eindrücklicher Weise deutlich, wie stark Frauen in der Frühphase des Faches an dessen Institutionalisierungprozeß beteiligt waren. Man denke nur an so bekannte Volkskundlerinnen wie Mathilde Hain und Martha Bringemeier, die zu den Initiatorinnen der teilnehmenden Beobachtung im Fach gehörten und die erst am Ende ihrer beruflichen Laufbahn zu Professorinnen ernannt wurden. Heute hat sich die Fachsituation erheblich geändert, die Volkskunde zählt fast ein Drittel Professorinnen in ihren Reihen, von denen die meisten im genannten biobibliographischen Handbuch erfaßt sind.

Die »Spurensuche« führte auch zurück zu Grenzgängerinnen, Fachmigrantinnen, die sich, von anderen Fächern kommend, der Disziplin Volkskunde zugewandt hatten, unter ihnen ausgebildete Wissenschaftlerinnen, aber auch Laiensammlerinnen und Ethnographinnen aus Passion und Mode (Lysaght 1998). Entdeckt wurden darüber hinaus auch Frauen aus anderen Fächern, die volkskundlichen Fragestellungen nahestanden und moderne Ansätze der Frauenforschung vorweggenommen hatten wie die Soziologin Maria Bidlingmaier (Köhle-Hezinger 1991/92). Den »Fachfrauen – Frauen im Fach« widmete die Kommission Frauenforschung eine eigene Tagung in Frankfurt 1994 (Fachfrauen 1996), auf der nicht nur Ingeborg Weber-Kellermann eine Würdigung erfuhr, sondern auch die bislang ignorierten Kolleginnen der ehemaligen DDR-Volkskunde. Die Versuche, das wissenschaftliche und soziale Wirken von Frauen zu dokumentieren, beschränkte sich aber nicht nur auf Volkskundlerinnen. Kirsten Reinert z. B. befaßte sich mit dem Leben und der Situation von Frauen in der Sexualreformbewegung (Reinert 2000) und untersuchte ihre Karrieren und ihr im Vergleich zu den Sexualreformern differentes Verständnis von Sexualität.

Die Ansätze der frühen Frauenforschung waren häufig kompensatorisch; wurde vorher Männerprotest untersucht, interessierten nun der eigenständige Frauenprotest (Binder 1986, Kienitz 1986) und die vielfältigen Formen weiblichen Widerstands im Vergleich zu den Aktionsformen der Männer (Lipp 1994). Ans Licht gehoben wurden Frauenvereine, die sich der Wohltätigkeit (Weber-Reich 1993) oder der Erziehung verwahrloster Kinder (Rumpel 1986) verschrieben hatten. Während sich die historische Frauenforschung in der Volkskunde am Anfang stark an den Thesen der Historikerinnen orientierte, insbesondere an dem von Karin Hausen formulierten Konzept der Polarisierung der Geschlechtscharaktere (Hausen 1980) und der Trennung von Haus- und Erwerbsarbeit, erwuchs sehr früh auch die Kritik an der dabei mitgedachten, eher schematischen Trennung öffentlicher und privater Räume. Tübinger Forscherinnen zeigten am Beispiel des Verhaltens der Frauen in der

Revolution 1848/49, daß sich historisch keine rigide Abgrenzung männlicher und weiblicher Handlungsräume nachweisen ließ; die Aktionen der Frauen waren eng verwoben mit denen der Männer, und beide Aktivitäten mündeten in einen gemeinsamen demokratischen und nationalen Diskurs (Citovics 1986, Lipp 1986c). In Frage gestellt wurde damit sowohl das Paradigma der Trennung von Privat und Öffentlich (Lipp 1986c), als auch die damit einhergehende ausschließliche Zuordnung der Frau zum Haus. Gerade ihre Funktion als Hausfrau und Mutter bot Frauen während der Revolution eine Legitimation, in die Öffentlichkeit zu treten und dort nicht nur ihre Männer zu unterstützen, sondern im bürgerlichen, auf der Familie gründenden Staat soziale Verantwortung zu übernehmen (Lipp 1986c). Diese Durchdringung öffentlicher und privater Rollen im Bürgertum ist heute auch von der privaten Seite her gut erforscht (Trepp 1996, Habermas 2000); die Volkskundlerinnen waren aber die ersten, die hier auf Inkonsistenzen feministischer Theorien aufmerksam gemacht hatten.

Mit diesem neuen Ansatz verbunden war ein *Übergang zur Geschlechterforschung*, der sich heute im Fach weitgehend vollzogen hat. Der Vorteil dieses Begriffs liegt auf der Hand. Frauen wurden nicht mehr isoliert als die Anderen betrachtet, sondern Geschlechterforschung umfaßte ein relationales Moment, das Frauen in Bezug setzte zu Männlichkeitsvorstellungen und den Erscheinungs- und Organisationsformen des Männlichen in Kultur und Gesellschaft. Damit wurden auch Strukturen als geschlechtsspezifisch wahrgenommen, die vordergründig geschlechtsneutral erschienen, wie z. B. der Staat oder kulturelle Objektivationen wie Raum und Wohnung.

Bereits auf der Tagung in Freiburg 1986 waren Ansätze der amerikanischen Kulturanthropologinnen diskutiert worden (Lipp 1988a), die Geschlecht als kulturelle Konstruktion verstanden, als soziale Konfiguration, die sich entsprechend den unterschiedlichen Produktions- und Lebensbedingungen veränderte (Ortner/Whitehead 1981). Von Interesse war jetzt, wie bestimmte Kulturen und Ethnien in verschiedensten Epochen Männlich oder Weiblich verstanden, wie sie Geschlecht kulturell konnotierten und in welchen Repräsentationen sich diese Vorstellungen niederschlugen. Nicht mehr die Subjektposition von Männern und Frauen bildete den Ausgangspunkt, sondern die Frage, wie materielle und soziale Strukturen, normative Vorgaben und gesellschaftliche Verhaltensmuster, Wertvorstellungen und Regeln die kulturelle Auffassung von Kultur und Geschlecht bestimmten. Es interessierte nun, inwieweit geschlechtsspezifische Deutungsmuster durch soziokulturelle Faktoren wie Klasse, ethnische Zugehörigkeit, Alter und Bildungsgrad gefiltert wurden und in welcher Weise handelnde Personen in dieses Geflecht von Bedeutungen und Regeln verwoben waren. Untersucht wurde, wie geschlechtsspezifische Deutungsmuster und Vorgaben den Alltag strukturierten, wie sie Handlungsräume begrenzten oder öffneten und wie sie sich in habituelle Verhaltensysteme von Personen und Gruppen einschrieben. Die Straße zum Beispiel hatte für Frauen und Männer unterschiedlicher Herkunft ganz verschiedene soziale Konnotationen. Für die Träger bürgerlicher Kultur um die Wende vom 18. zum 19. Jahrhundert, die den Spaziergang als neue Kulturform entdeckte (König 1992), und insbesondere für die bürgerliche Frau verband sich mit der Straße eine komplexe Gemengelage aus bürgerlichem Aufbruch, Eroberung von Freiräumen und moralischen Grenzziehungen. Im Leben von Vagantinnen dagegen war die Straße ein Ort der Nichtheimat und der rigiden sozialen Kontrolle und Unterwerfung, aber auch ein Ort der Selbstbehauptung (Kienitz 1989) und des Austrags von Ehrenhändeln (Lipp 1986c). In ihrer Dissertation über Prostitution in einer Kleinstadt analysierte Sabine Kienitz, welche Effekte kulturelle Interpretamente für die Deutung von Kriminalität hatten, und wie sich das schwierige Verhältnis von Notbehelfsökonomie und sexuellen Tauschbeziehungen (Kienitz 1996) gestaltete. Frauen erschienen in diesen Perspektiven nicht als Opfer sexueller Ausbeutung, sondern als Handelnde in einem Feld unterschiedlicher Machtdispositive. Daß es gerade im Konfliktverhalten von Unterschichten durchaus eine »strukturelle Gleichheit männlichen und weiblichen Agierens« gibt, darauf hat Krug-Richter (1999) hingewiesen. Gewalt stellt ein kulturell oft negiertes, aber alltägliches Element der Geschlechterbeziehung dar, wie Cécile Huber (1994) am Beispiel des Sprechens über Mißhandlungen und Claudia Schöning-Kalender in ihrer Analyse ethnischer Grenzziehungen und der »symbolischen Verortung von Macht« (Schöning-Kalender 1994) deutlich machten.

7. Alte und neue Ansätze in der Sachkultur und Körperkulturforschung

Mit dem beschriebenen Perspektivwechsel verschoben sich auch die Fragestellungen und rückten die symbolischen Ordnungen und Repräsentationsformen in den Vordergrund, wie sich am Forschungsfeld der *Sachkultur-, insbesondere der Kleidungsforschung* sehr gut beobachten läßt. Während sich die Frauenforschung am Anfang für die Personen interessierte, die mit den Dingen umgingen und die in der traditionalen Realienforschung weitgehend ignoriert worden waren, fragte die Geschlechterforschung nun nach den sozialen Beziehungen, die Dinge konstituierten und verkörperten. Die Unterhose wurde als ›Symbol für Männlichkeit, Macht und Herrschaft‹ (Gieske 1997, Metken 1996) analysiert oder es wurde untersucht, wie Zangen und Becken in der Geburtshilfe zur Konstruktion moderner Weiblichkeit beitrugen (Metz-Becker 1997a). Die Geschlechterforschung betrachtete kulturelle Objektivationen nicht mehr nur als anzueignende Dinge, sondern als kulturelle Bedeutungsträger, die geschlechtsspezifisch konnotiert waren; Gegenstände wurden nun als Teil eines »gesellschaftlichen Kommunikationsprozesses« (Koresaar 2000) verstanden. Dinge prägten Räume und vergeschlechtlichten sie in gewisser Weise. Kulturelle Praktiken im Haushalt wie Müll entsorgen (Silberzahn-Jandt 2000) standen für soziale und geschlechtsspezifische Konfigurationen, Zuweisungen und Arbeitsteilungen. Frauke Havekost (1999) beschrieb am Beispiel des Kleidungsverhaltens von Paaren der neuen Mittelschichten, wie Frauen und Männer aufgrund ihrer verschiedenen Selbstdefinitionen völlig unterschiedliche Kleidungskompetenzen und Bekleidungsverhalten entwickelten und sich doch im Laufe ihrer Beziehung stilistisch immer stärker aufeinander zu bewegten und der gemeinsame Stil Ausdruck der Beziehungsstabilität wurde. Während die frühe Frauenforschung noch nach der Bedeutung des Kleides für die Trägerin (Böth 1980), nach Selbstbildern und nach Verhaltensnormen und -erwartungen gefragt hatte, die sich an Kleider knüpften (Ellwanger 1991) und den Zeichencharakter der Kleidung immer in bezug auf das Subjekt und seine Kleidungspraxis untersuchte, trat in den neueren Ansätzen der vestimentäre Code, die Stilisierung oder Negation bestimmter Männlichkeits- und Weiblichkeitsbilder in den Vordergrund (Meyer-Büser 1995, Heinze 2000). Kleidung wurde nicht mehr nur als Zeichen (Weber-Kellermann 1991/92) oder als sozialer Indikator begriffen, sondern als komplexes Bedeutungssystem, das angesichts der Veränderung der Geschlechterbeziehung in der Moderne vieldeutig geworden war. Karen Ellwanger (1992) und Ingrid Heimann (1992) analysierten die Formensprache der Kleidung und untersuchten, wie diese das Bewegungsrepertoire und damit die Verhaltensoptionen der Geschlechter bestimmten. Rang und Position signalisierende breite Schultern wurden in den 80er Jahren z. B. bei Frauen kombiniert mit engen Röcken und Stöckelschuhen; während der Oberkörper damit Massivität und soziales Gewicht signalisierte, war der Unterkörper in seiner Bewegung gefangen und die Beine zum weiblichen Trippeln verurteilt. Die Beinbekleidung denotierte kulturell, was mit der Gestaltung des Oberkörpers annotiert war. Mit »dekorativer Kosmetik« (Mörth 1992) oder mit Retrolooks der Sixties (Trosse 2000) evozierte die Kleidungskultur der Moderne vielfältige, teilweise konträre historische Leitbilder und arbeitete mit der Zitation vergangener geschlechtsspezifischer Markierungen oder löste diese spielerisch in androgynen Zwischenformen auf.

Die Produktion kultureller Bedeutungen durch Kleidung (Mentges 2000, 7) und die Analyse der Bilder und Imaginationen, die der vergeschlechtlichende Blick (Gieske 2000) hervorbrachte, sind heute Thema der Kleidungsforschung. Mit den sich verschiebenden Fragestellungen desubstantialisierte sich die vorher als identisch gedachte, handelnde, männliche oder weibliche Person und erschien nicht mehr als »Ursache«, sondern als »Effekt« sich wiederholender, performativer selbstkonstituierender Handlungen (Butler 1991, 206). Im symboltheoretischen wie auch poststrukturalen Diskurs wurde das Subjekt und mit ihm sein Geschlecht in unterschiedlicher Weise dezentriert; im ersten

Fall, weil Geschlecht als kulturelle Repräsentation in seinen Bedeutungen vielgestaltig geworden war; im Fall des strukturalen Diskurses, weil Geschlecht nicht als substantiell Seiendes, sondern als Fokus von gesellschaftlichen Definitions- und Machtdiskursen betrachtet wurde, die Geschlecht erst erzeugten. »Geschlecht« ließ sich nicht mehr, wie Gaby Mentges im Vorwort zur Tagung in Münster schrieb, »als ein sicherer kultureller Ort aufspüren und festlegen, sondern entwickelt(e) sich im Verweisen und im Aufeinanderzeigen« (ebd.). Das »Verlangen nach Schönheit und die Macht der Begierde« (Gieske 1996, 2000) erschienen als frei flottierend und nicht mehr biologisch eindeutigen Geschlechtern zugeordnet. Phänomene wie Crossdressing (Bechdolf 1999b, 129), Transsexualität (Böth 1999) oder Intersexualität (Heldmann 1998) führten zu einer Infragestellung des vorher in natürlichen biologischen und sozialen Kategorien gedachten Geschlechts. Der Einfluß Judith Butlers (1991) und ihrer Vorstellung eines kulturell präformierten biologischen Geschlechts hat, wie man sieht, sehr stark auch die Geschlechterforschung in der Volkskunde beeinflußt.

Ähnliche Entwicklungen von eher deskriptiven historischen Analysen hin zu konstruktivistischen und dekonstruktivistischen Ansätzen lassen sich auch in der volkskundlichen *Körperkulturforschung* beobachten, die sich vom normativen Umgang mit dem Körper hin zu einem Körperverständnis entwickelte, das diesen als flexible Begrenzung verstand, die offen war für kulturelle Einschreibungen. Einen guten Einblick in den normativen Diskurs bietet der Sammelband »Reinliche Leiber – Schmutzige Geschäfte« (Löneke/Spieker 1996), in dem am Beispiel verschiedenster Quellengattungen wie z.B. Körperpflege- und Schönheitsratgebern (Gosmann 1996) Vorstellungen von Schmutz und Reinlichkeit untersucht werden. Strategien der Ehehygiene (Finkel 1996, Reinert 1996) sind dabei ebenso Thema wie die Diskrepanz von weiblicher Praxis und ärztlicher Auffassungen im Umgang mit der Menstruation (Ohlsen 1996, Zinn 1996). In den neueren Arbeiten kreisen die Fragen um die kulturelle »Herstellung von Schönheit« (Drolshagen 1995), um Strategien des Körperstylings und der historischen Modellierung männlich und weiblich markierter Körper (Leimgruber 1999).

Eine große Zahl von Arbeiten aus dem Randbereich der Körpergeschichte befaßte sich mit Geburt und Mutterschaft; die meisten der historisch angelegten Arbeiten beschäftigten sich mit den *kulturellen und institutionellen Bedingungen von Mutterschaft*, insbesondere mit den Veränderungen im Hebammenwesen (Pulz 1994, Hampe 1998), mit neuen medikalen Technologien und mit sozialen Einrichtungen, mit denen die bürgerliche Gesellschaft seit dem 19. Jahrhundert weibliche Gebärtätigkeit zu kontrollieren suchte (Metz-Becker 1997b). Dazu gehörten sowohl die Gebärhäuser für ledige Mütter (Preußler 1985) als auch Mütterschulen (Miedauer 1980), in denen Frauen den sozialen Beruf der Mutterschaft erlernten.

Da uneheliche Mutterschaft historisch gesehen einen zentralen gesellschaftlichen Konfliktfall darstellte, an dem sowohl sozioökonomische und politische Interessen als auch individuelle Bedürfnisse von Frauen und Männern aufeinanderprallten, nahmen ledige Mütter (Lipp 1986b) sowie die Themen *Sexualität, Verhütung und Abtreibung* (Riese 1983) in der Frauenforschung einen breiten Raum ein. In ihrem diskurstheoretischen Zugang zum öffentlichen Umgang mit dem »Ungeborenen« analysiert Michi Knecht (1991/92) moderne Debatten zum Schwangerschaftsabbruch und Abtreibungsrecht. Auf der Grundlage von Strafregistern und Gerichtsprotokollen beschrieb Silke Göttsch (1986) aggressive und ritualisierte Formen sexueller Beziehungen im Milieu ländlicher Dienstbotinnen und versuchte, deren Sexualmoral nachzuzeichnen (Göttsch 1991/92, 1996b). Die Wahrnehmung des Geschlechtlichen und die Struktur der Geschlechterbeziehung selbst wurde als ein sozialpolitisches und kulturelles Produkt betrachtet, das abhängig war von sozioökonomischen Konstellationen (Kienitz 1996) und deren Definitionen. In der Volkskunde wurde relativ früh ein biologischer Naturalismus bezüglich des weiblichen Körpers abgelehnt und immer wieder die Historizität des Körpers als Produkt sozialer Praxen betont. Offen in der Debatte blieb allerdings, so der Bericht von Gaby Mentges über die Tübinger Tagung »Leibhaftig – Körperlos« (Mentges 1996, 89), ob der Körper »historisch-biographisch gesetzt« war, wie es Barbara Duden (1990) vertrat, oder ob er das Ergebnis von bewußter Konstruktion war, des »doing gender« (West/Zimmerman 1987), wie die konstruktivistische Ethnomethodologie meint; oder ob der Körper und seine biologische Geschlechtlichkeit poststrukturalistisch als kulturelles Artefakt begriffen wird, als Effekt performativer Akte und kultureller Inszenierung. Vor allem das letztere Konzept stellte das Modell der Zweigeschlechtlichkeit radikal in Frage und schärfte den Blick sowohl für sexuelle Varianz und Subversion als auch für kulturelle Grenzziehungen in einer Welt, in der sowohl genmanipulierte menschliche Hybriden und Klone als auch technisch konstruierte Cyborgs, ›Hybriden aus Mensch und Maschine‹ (Scheer et al. 2001b) Teil der Vorstellungswelt geworden waren.

8. Medien- und Männerforschung

Wenn Geschlecht nach Butler durch »leibliche Zeichen und andere diskursive Mittel hergestellte und aufrechterhaltene Fabrikationen« (Butler 1991, 200) und Erfindungen waren, die durch sprachliches und gestisches Handeln Geschlechtsidentität erzeugten, dann veränderte dies die Wahrnehmung alltäglicher Handlungsvollzüge und lenkte die Aufmerksamkeit auf die *Medien* als professionalisierte Produzenten von kulturellen Bildern. In ihrer Dissertation »Puzzling Gender, Re- und Dekonstruktion der Geschlechterverhältnisse im Musikfernsehen« setzte sich

Ute Bechdolf (1999b) mit »Audio-Visionen von Geschlecht««, mit dem Inszenieren des Begehrens, mit Oppositionen und Rebellionen gegen sexuelle Normierungen auseinander. Genderb(l)ending nennt sie das Verwirrspiel der Geschlechter, das gerade für Musikvideoclips typisch ist. Andere Genres wie Science Fiction-Serien bieten mit ihren fiktiven Rassen und Klassensystemen ebenfalls einen aufschlußreichen Einblick in kulturelle Bias von Geschlechtskonstruktionen der Moderne (Scheer 2001a).

Blickt man zurück, so erscheint der qualitative Sprung der Forschungen im Vergleich zu den 80er Jahren gewaltig. Damals gab es nur wenige Arbeiten zur Ikonographie des Weiblichen in *Film und Photographie* (Ellwanger/Warth 1986, Regener 1988). Frauen wurden nur im Kontext von Alltagsphotographien im Museum (Lixfeld 1987) behandelt oder im Rahmen des Dokumentarismus der Visuellen Anthropologie thematisiert. Theoretisch operierte die ältere Forschung noch nach dem Grundsatz der volkskundlichen Bildfolklore, die das Bild vor allem »als Botschaft« verstand (Weber-Kellermann 1987). Mit ihren Untersuchungen zur »filmischen Konstruktion von Weiblichkeit« (Bechdolf 1992) im nationalsozialistischen Unterhaltungsfilm und ihrer differenzierten Analyse der Ideologeme und Wunschbilder der damaligen Zeit, öffneten Karen Ellwanger (1986) und Ute Bechdolf ein neues Feld, das sich inzwischen schnell weiterentwickelt hat. Im Zeitalter computergestützter Multimedialität gilt nun die Aufmerksamkeit dem komplexen Wechselspiel von Visualisierung, Textualität und ästhetischer Konfiguration, während soziopolitische Strukturen und historische Aspekte eher in den Hintergrund treten. Allerdings bleibt festzustellen, daß das methodische Instrumentarium einem solchen differenzierten Zugang nicht immer gewachsen ist. Zum Teil fehlt es an der Kenntnis kunstgeschichtlich fundierter Motiv- und Stiltraditionen (die gerade bei Frauen- und Männerdarstellungen sehr wichtig sind) als auch an sozial- und kulturgeschichtlicher Kompetenz, um latente und manifeste Bildinhalte zu analysieren, wie sich gerade bei der Basler Tagung 2001 zeigte, wo das Thema »Inszenieren, Vorführen, Ausstellen« im Zentrum stand. Umgekehrt wird in der musealen Arbeit, so scheint es manchmal, der Vielschichtigkeit von Visualisierungen zu wenig Aufmerksamkeit geschenkt und besteht die Gefahr, Bilder zu funktionalisieren, formale Aspekte zu ignorieren und sie dem Zweck der Illustration bestimmter Inhalte unterzuordnen.

Die sich auflösenden kulturellen Grenzziehungen zwischen den Geschlechtern, die inszenatorischen Amalgamierungen und die Vielfalt der öffentlichen Repräsentationen bedeuten indessen nicht, daß Distinktionsmechanismen und hierarchische Strukturen zwischen den Geschlechtern aufgehoben wären. Im Gegenteil lassen sich gerade in den Medien subtile Formen der *androzentrischen kulturellen Hegemonie* ausmachen, wie Lisa Sterr dies für die Darstellung von Männern und Frauen auf den Titelseiten der Printmedien detailliert mit linguistischen Textanalysen belegt hat (Sterr 1997). Männer bilden in der Geschlechterforschung allerdings längst nicht mehr das nur negativ konnotierte Gegenüber, das sich nur in patriarchalen Strukturen manifestiert. Wie in anderen geisteswissenschaftlichen Disziplinen hat sich auch die Volkskunde schrittweise der *Erforschung männlicher Lebenswelten* zugewandt. Studien befassen sich mit dem »Männerort Gasthaus« als sexualisiertem öffentlichem Raum (Beneder 1997) oder mit den symbolischen Praktiken von Männerfreundschaft und Männerbünden (Hengstenberg 1997, Völger/Welck 1990). Bereits frühe Arbeiten zur Geschlechterforschung hatten gezeigt, daß z. B. Vereinsmitgliedschaft und Vereinsleben (AG Volkskundliche Frauenforschung 1985) oder die Teilnahme an Fasnachtsspielen und Bräuchen (Weinlich 1986) für Frauen ganz andere Wertigkeiten besaßen als für die beteiligten Männer. Wie in der Frauenforschung war auch in der Männerforschung in den 90er Jahren das »Performing Manliness« (Dahles 1991) in den Vordergrund gerückt. Das Interesse richtete sich damit auf die kulturellen Encodierungen des Männlichen, auf Zeichensystemen wie Ohrringe (Vanja 1997) oder auf die kulturelle Bedeutung und den Umgang mit der Glatze (Degreif 1997). Es sind vor allem die *Krisen der Männlichkeit*, die ihre kulturelle Konstruktion besonders deutlich hervorheben; der »vergeschlechtlichte« Mann ist häufig einer, der durch seine spezifische Situation in die Gefahr gerät, weiblich konnotiert zu werden, wie dies Sabine Kienitz (1999) bei Kriegskrüppeln und der Bedeutung der Prothesen im Prozeß einer symbolischen Re-Maskulinierung beschreibt. Im alltäglichen wie auch im soziopolitischen Leben entwickeln Männer eine breite Palette von Strategien zur Selbstbestätigung und zur »Erzeugung männlicher Bedeutsamkeit« (Lipp 1999), wie sowohl historische Analysen soziopolitischer Systeme als auch die Analyse aktueller korporativer Strukturen belegen. Wie stark Männlichkeitsbilder mit Technik und der Idee von Modernität und Fortschritt verbunden sind, zeigt Katarina Ek-Nilsson (1999) mit ihrer Analyse der Ingenieurskultur und unterstreicht Katharina Eisch am Beispiel der geschlechtspezifischen »Rede vom Automobil« (1999). Letztere belegt mit ihrer Interviewstudie zur Autonutzung, wie ein der Mediensprache angelehnter technisch-ökonomischer Fachdiskurs das Bewußtsein von Unfallrisiko und Tod verdrängt. Die reale und symbolische Nähe der männlichen Kultur zum Tod arbeitet auch Alan Dundes (1999) in seinen Überlegungen zum Männerkampf und zu agonalen Kampfsportarten heraus.

Die hier skizzierten Umrisse volkskundlicher Geschlechterforschung lassen nicht nur institutsbedingte Kontinuitäten und Traditionslinien inhaltlicher und methodischer Art hervortreten, sondern unterstreichen die *fachliche Breite der Fragestellungen* und den *interdisziplinären Charakter* der Forschungsansätze. An einigen Universitäten ist die Volkskunde deshalb auch an fakultätsübergreifenden Geschlechterforschungsstudiengängen beteiligt. In der Volkskunde hat sich die Geschlechterforschung sowohl aus den angestammten Forschungsfeldern des Faches herausgebildet als auch in einem engen Dialog mit anderen geistes- und kulturwissenschaftlichen Fächern entwickelt; ihre weitverzweigte inhaltliche Vernetzung hält sie in einer produktiven Schwebe transdisziplinärer kulturwissenschaftlicher Polyvalenz. Mit ihrer Offenheit gegenüber neueren Wissenschaftskonzeptionen und -bewegungen und der Bereitschaft zur Selbstreflexivität trägt die Geschlechterforschung wesentlich zur theoretischen und methodischen Erneuerung des Faches bei.

Literaturverzeichnis

AG Volkskundliche Frauenforschung. Dürmeier, Silvia et al.: Tagungsbericht. Frauen in der Volkskunde. Die erste Tagung der Kommission Frauenforschung in der Deutschen Gesellschaft für Volkskunde. In: Beiträge zur Volkskunde in Baden-Württemberg 1 (1985) 247–256.

Althaus, Joachim et al.: »Da ist nirgends nichts gewesen, außer hier«. Das »rote Mössingen« im Generalstreik gegen Hitler. Berlin 1982.

Alzheimer, Heidrun: Frauen in der Volkskunde. In: Harmening, Dieter/Wimmer, Erich (Hrsg.): Volkskultur – Geschichte – Region. Würzburg 1990, 257–285.

Alzheimer-Haller, Heidrun: Frauen in der Volkskunde, der Empirischen Kulturwissenschaft, Europäischen Ethnologie/Ethnographie und Kulturanthropologie (Veröff. zur Volkskunde und Kulturgeschichte, 55). Würzburg 1994.

Alzheimer-Haller, Heidrun: »Moralische Geschichten als Vermittlungsinstanz von Geschlechterrollen«. In: Köhle-Hezinger, Christel/Scharfe, Martin/Brednich, Rolf Wilhelm (Hrsg.): Männlich – weiblich. Zur Bedeutung der Kategorie Geschlecht in der Kultur. Münster 1999, 235–245.

Bächtold, Hanns: Die Gebräuche bei Verlobung und Hochzeit mit besonderer Berücksichtigung der Schweiz. Basel/Straßburg 1914.

Bächtold-Stäubli, Hanns/Hoffmann-Krayer, Eduard (Hrsg.): Handwörterbuch des deutschen Aberglaubens. 10 Bde. Berlin 1927–1942. Fotomechanischer Nachdruck Berlin 1986.

Bechdolf, Ute: Wunsch-Bilder? Frauen im nationalsozialistischen Unterhaltungsfilm. Tübingen 1992.

Bechdolf, Ute: Männlich vs. weiblich? De- und Rekonstruktionen der Geschlechterdifferenz in Musikvideos. In: Köhle-Hezinger, Christel/Scharfe, Martin/Brednich, Rolf Wilhelm (Hrsg.): Männlich – weiblich. Münster 1999a, 374–381.

Bechdolf, Ute: Puzzling Gender. Re- und Dekonstruktion von Geschlechterverhältnissen beim Musikfernsehen. Weinheim 1999b.

Becker, Albert: Frauenrechtliches in Brauch und Sitte. Kaiserslautern 1913.

Bausinger, Hermann: Volkskunde. Von der Altertumsforschung zur Kulturanalyse. Darmstadt 1971. 2. Aufl. Tübingen 1979.

Beitl, Richard: Wörterbuch der deutschen Volkskunde. Leipzig 1936. 2. Aufl. Stuttgart 1955.

Bendix, Regina: Seashell Bra and Happy End. Disney's Transformations of the »Little Mermaid«. In: Fabula 34 (1993) 280–290.

Beneder, Beatrix: Männerort Gasthaus? Öffentlichkeit als sexualisierter Raum. Frankfurt a. M. 1997.

Benedikt, Gertrud: »Der Mann verdient, die Frau spart«. Sparsamkeit im Haushalt. In: Rheinisches Jahrbuch für Volkskunde 29 (1991/92) 123–134.

Bimmer, Andreas C.: Familienforschung in der Europäischen Ethnologie. Eine

Bestandsaufnahme (1971-1981). In: Hessische Blätter für Volks- und Kulturforschung N.F. 13 (1982) 3-16.
Binder, Beate: »Dort sah ich, daß nicht Mehl verschenkt, sondern rebellt wird«. Struktur und Ablauf des Ulmer Brotkrawalls. In: Lipp 1986c, 88-110.
Binder, Beate: Technikstile. Geschlechtsspezifische Aspekte bei der Nutzung technischer Geräte als Gestaltungsmittel im Wohnbereich. In: Gestaltungsspielräume. Hrsg. von Bettina Heinrich et al. Tübingen 1992, 108-130.
Blohm, Anne; Gieske, Sabine: Überlegungen zur volkskundlichen Frauenforschung. Etappen und Entwicklungen. In: Zeitschrift für Volkskunde 90 (1994) 169-182.
Bock, Gisela: Historische Frauenforschung: Fragestellung und Perspektiven. In: Karin Hausen (Hrsg.): Frauen suchen ihre Geschichte. München 1983, 22-61.
Bock, Gisela: Geschichte, Frauengeschichte, Geschlechtergeschichte. In: Geschichte und Gesellschaft 14 (1988) 364-391.
Böth, Gitta: Kleiderwechsel. Transsexuelle und ihre Kleidung. In: Köhle-Hezinger/Scharfe/Brednich 1999, 398-404.
Böth, Gitta: Kleidungsverhalten in hessischen Trachtendörfern. Der Wechsel von der Frauentracht zur städtischen Kleidung 1969-1976 am Beispiel Mardorf. Zum Rückgang der Trachten in Hessen. Diss. Frankfurt a.M./Bern 1980.
Bormann, Regina: Arbeiterinnen und Arbeiter beim Eisenbahnbau im Raum Schwäbisch Hall um 1860. Eine Kulturanalyse (Frauenstudien in Baden Württemberg, 6). Stuttgart 1996.
Bottigheimer, Ruth B.: Grimm's Bad Girls & Bold Boys. The Moral & Social Vision of Tales. New Haven/London 1987.
Brednich, Rolf Wilhelm; Hartinger, Walter (Hrsg.): Gewalt in der Kultur. 2 Bde. Passau 1994, I, 153-177.
Brednich, Rolf Wilhelm; Schmitt, Heinz (Hrsg.): Symbole. Zur Bedeutung der Zeichen in der Kultur. Münster/New York 1997.
Burckhardt-Seebass, Christine: Spuren weiblicher Volkskunde. Ein Beitrag zur schweizerischen Fachgeschichte des frühen 20. Jahrhunderts. In: Schweizer Archiv für Volkskunde 87 (1991) 209-224.
Butler, Judith: Das Unbehagen der Geschlechter. Frankfurt a. M. 1991.
Citovics, Tamara: Bräute der Revolution und ihre Helden. Zur politischen Funktion des Fahnenstickens. In: Lipp 1986c, 339-352.
Dahles, Heidi: Performing Manliness. In: Ethnologia Europaea 21 (1991) 19-32.
Dégh, Linda: Beauty, Wealth and Power: Career Choices for Women in Folktales, Fairytales and Modern Media. In: Fabula 30 (1989) 43-62.
Degreif, Uwe: Die Glatze – ein Symbol, das Männer zur Entscheidung drängt. In: Brednich / Schmitt 1997, 367-372.
Deissner, Vera: Die Arbeit im Lebenskonzept katholischer Ordensfrauen am Beispiel der Benedikterinnen. In: Rund um die Uhr. 3. Tagung der Kommission Frauenforschung in der DGV. Marburg 1988, 135-140.
Dornheim, Jutta: »Ich kann nicht sagen: Das kann ich nicht«. In: Utz Jeggle (Hrsg.): Feldforschung. Tübingen 1984, 129-158.
Drolshagen, Ebba: Des Körpers neue Kleider. Die Herstellung weiblicher Schönheit. Frankfurt a.M. 1995.
Duden, Barbara: Body History – Körpergeschichte. Ein Repertorium. Wolfenbüttel 1990.
Dundes, Alan: Traditional Male Combat: From Game to War. In: Brednich/Hartinger 1994, 153-177.
Eicke, Dagmar: »Teenager« zu Kaisers Zeiten. Die »höhere« Tochter in Gesellschafts-, Anstands- und Mädchenbüchern zwischen 1860. Marburg 1981.

Eisch, Katharina: Auto, Männlichkeit, Tod. Zur Geschlechtsspezifik der Rede vom Automobil. In: Köhle-Hezinger/Scharfe/Brednich 1999, 444–455.

Ek-Nilsson, Katarina: Die zwei »M« in der Technik: Modernität, Männlichkeit. In: Köhle-Hezinger/Scharfe/Brednich 1999, 425–429.

Ellwanger, Karen/Warth, Eva: Die Frau meiner Träume. Verkleidung zur Weiblichkeit im deutschen Revuefilm der 40er Jahre. In: Jeggle, Utz et al. (Hrsg.): Tübinger Beiträge zur Volkskultur. Tübingen 1986, 156–178.

Ellwanger, Karen: Ensemblebildung. Zur Entwicklung und Funktion einer erweiterten Darstellungskompetenz der NutzerInnen von Kleidung. In: Lebens-Formen: Alltagsobjekte als Darstellung von Lebensstilveränderungen am Beispiel Wohnung und Bekleidung der »Neuen Mittelschichten«. Berlin 1991, 225–245.

Ellwanger, Karen: Mobilität in der Bekleidung I. Mobilität und Geschwindigkeit in der Modetheorie der Moderne. In: Gestaltungsspielräume. Hrsg. von Bettina Heinrich et al. Tübingen 1992, 161–176.

Erne, Andrea: »Mit einer Zigarre im Mund, die Frau oder Braut im Arme« – Frauen bei den Wahlrechtsdemonstrationen 1910. In: Peter Assion (Hrsg.): Transformationen der Arbeiterkultur. Marburg 1986, 80–85.

Fachfrauen – Frauen im Fach. Bericht von der 6. Arbeitstagung der Kommission Frauenforschung in der DGV vom 22.–25.9.1994 in Frankfurt am Main von Felizitas Fuchs et al. In: Zeitschrift für Volkskunde 92 (1996) 81–85.

Finkel, Billie Laura: »Deutsche werdet wieder kinderfroh«. Ehehygiene und die künstliche Beschränkung der Kinderzahl zwischen 1900 und 1930 in Deutschland. In: Löneke/Spieker 1996, 279–302.

Forkel, Martina; Heller, E.; Kilian, R.; Krause, P.; Treiber, A.: Die gemeine(n) Frau(en)…?! In: Bayerische Blätter für Volkskunde 11 (1984) 251–254.

Frauen in der Volkskunde. Thesenreader zur 1. Tagung der Kommission »Frauenforschung« in der DGV vom 2.11.–4.11.1984. Tübingen 1984.

Frauenalltag – Frauenforschung. Beiträge zur 2. Tagung der Kommission Frauenforschung in der DGV Freiburg 1986. Bern/New York/Paris 1988.

Friess-Reimann, Hildegard: Frauenarbeit im Weinbau. In: Rheinisches Jahrbuch für Volkskunde 29 (1991/92) 179–188.

Früh, Sigrid; Wehse, Rainer (Hrsg.): Die Frau im Märchen (Veröffentlichungen der Europäischen Märchengesellschaft, 8). Rheine 1985.

Geschlechter-Inszenierungen. Erzählen – Vorführen – Ausstellen. 9. Arbeitstagung der Kommission Frauenforschung in der Deutschen Gesellschaft für Volkskunde 18.–20. Januar Basel 2001.

Gestaltungsspielräume. Frauen im Museum. Hrsg. von Bettina Heinrich et al. Beiträge zur 4. Tagung der Kommission für Frauenforschung in der DGV Waldenbuch 1991 (Studien und Materialien des Ludwig-Uhland-Institutes Tübingen, 10). Tübingen 1992.

Gieske, Sabine (Hrsg.): Lippenstift – Ein kulturhistorischer Streifzug über den Mund. Marburg 1996a.

Gieske, Sabine: Das Verlangen nach Schönheit und die Macht der Begierde. In: Kuckuck 1 (1996b), 18–21.

Gieske, Sabine: Männer – Körper – Feminismus. Die Unterhose im Diskurs. In: Brednich / Schmitt 1997, 338–344.

Gieske, Sabine: Schönheit und Schminken – Reine Frauensache? In: Mentges, Gabriele; Mohrmann, Ruth-E.; Foerster, Cornelia (Hrsg.): Geschlecht und materielle Kultur. Münster/New York/München/Berlin 2000, 93–110.

Gosmann, Ulla: »Soviel Unheil quillt aus dem schmutzigen Unterrocke!« In: Löneke/Spieker, 1996, 87–112.

Göttsch, Silke: Weibliche Erfahrungen um Körperlichkeit und Sexualität nach archivalischen Quellen aus Schleswig-Holstein 1700 bis 1850. In: Kieler Blätter zur Volkskunde 18 (1986) 29–59.

Göttsch, Silke: Archivalische Quellen zur Frauenforschung. Weibliche Erfahrungen um Körperlichkeit und Sexualität – ein Beispiel. In: Frauenalltag-Frauenforschung. Bern/ Frankfurt 1988, 49–60.

Göttsch, Silke: Frauen und traditionelle Ordnung. Anmerkungen zu Problemen einer archivalisch arbeitenden Volkskunde. In: Rheinisches Jahrbuch für Volkskunde 29 (1991/92) 9–22.

Göttsch, Silke: »... sie trüge ihre Kleider mit Ehren...«. Frauen und traditionelle Ordnung im 17. und 18. Jahrhundert. In: Wunder, Heide; Vanja, Christian (Hrsg.): Weiber, Menscher, Frauenzimmer. Frauen in der ländlichen Gesellschaft 1500–1800. Göttingen 1996a, 199–213.

Göttsch, Silke: »Mörderin an ihrem unschuldigen Kinde aus Überdruß des Lebens«. Ein Beitrag zum Thema »Gewalttätige Frauen im 18. Jahrhundert«. In: Bayerisches Jahrbuch für Volkskunde (1996b), 43–50.

Greverus, Ina-Maria: Frauenforschung am Institut für Kulturanthropologie und Europäische Ethnologie in Frankfurt/M. Ein reflexiver Bericht. In: Rheinisches Jahrbuch für Volkskunde 29 (1991/1992) 61–76.

Grober-Glück, Gerda: Der erste Kirchgang der Wöchnerin um 1930. Ein »Kirchenbrauch« in Verbreitung und Wandel. In: Rheinisch-westfälische Zeitschrift für Volkskunde 23 (1977) 22–86.

Günter, Bettina: Nutzung und Gestaltung von Arbeiterwohnungen in der Weimarer Republik. In: Gestaltungsspielräume. Hrsg. von Bettina Heinrich et al. Tübingen 1992, 131–145.

Günter, Bettina: Schonen – Schützen – Scheuern. Zum Wohnalltag von Arbeiterfamilien im Ruhrgebiet der zwanziger Jahre. Münster 1995.

Günter, Bettina: Geschlechtsspezifische Aneignungsformen des Wohnens in den fünfziger Jahren zwischen selektiver Bescheidenheit und Teilhabe am Konsum. In: Frauen. Kunst. Wissenschaft 22 (1996) 29–44.

Günter, Bettina: Wirtschaftswunder-Wohnobjekte. Aneignung von Objekten der industriellen Massenkultur zwischen sparsamem Haushalten und neuen Konsummöglichkeiten zwischen 1955 und 1965. Berlin 2000.

Habermas, Rebekka: Frauen und Männer des Bürgertums: eine Familiengeschichte (1750–1850). Göttingen 2000.

Haist, Karin: »Sie dächten daran zurück wie an eine Zuchthausarbeit«. Fabrikinspektionsberichte als Quelle für die Lage badischer Textilarbeiterinnen im späten 19. Jahrhundert. In: Frauenalltag – Frauenforschung. Bern/New York/Paris 1988, 297–309.

Hampe, Henrike: Zwischen Tradition und Instruktion. Hebammen im 18. und 19. Jahrhundert in der Universitätsstadt Göttingen (Beiträge zur Volkskunde in Niedersachsen, 14.). Göttingen 1998.

Hansen, Wilhelm (Hrsg.): Arbeit und Gerät in volkskundlicher Dokumentation. Münster 1969.

Hausen, Karin: Die Polarisierung der »Geschlechtscharaktere«. Eine Spiegelung der Dissoziation von Erwerbs- und Familienleben. In: Rosenbaum, Heidi (Hrsg.): Seminar – Familie und Gesellschaftsstruktur. Frankfurt a.M. 1980, 161–191.

Hauser, Andrea: Frauenöffentlichkeit in Stuttgart nach 1945 – Gegenpol oder hilflos im Abseits? In: Anna Elisabeth Freier et al (Hrsg.): Frauen in der Geschichte Bd. 5, Düsseldorf 1984, 51–89.

Havekost, Frauke: Bekleidungsverhalten und Bekleidungsstile in Partnerschaften.

Kulturelle Homologie, Anpassung und Differenz. Münster/New York/München/ Berlin 1999.

Heimann, Ingrid: Mobilität in der Bekleidung II. Optische Analysen. In: Gestaltungsspielräume. Hrsg. von Bettina Heinrich et al. Tübingen 1992, 177–207.

Heinze, Karen: Geschmack, Mode und Weiblichkeit. Anleitungen zur alltäglichen Distinktion in Modezeitschriften der Weimarer Republik. In: Geschlecht und materielle Kultur. Hrsg. von Gabriele Mentges et al. Münster/New York/München/Berlin 2000, 67–92.

Heldmann, Anja: Jenseits von Mann und Frau. Intersexualität als Negation der Zweigeschlechtlichkeit. In: Hauser-Schäublin, Brigitta; Röttger-Rössler, B. (Hrsg.): Differenz und Geschlecht. Berlin 1998, 54–77.

Hengstenberg, Gisela: Die Künstlergesellschaft »Das strahlende Bergwerk«. Zur Dechiffrierung der symbolischen Kultur eines Männerbundes. In: Brednich/ Schmitt 1997, 329–337.

Huber, Cécile: Sprache, Gewalt und Familien. In: Brednich/Hartinger 1994, II, 525–537.

Janzen, Dörte: Frauen in der Konfektionsindustrie (1930–1960). Zur Bedeutung der Arbeit im Alltag von Arbeiterinnen. In: Rheinisches Jahrbuch für Volkskunde 29 (1991/1992) 149–156.

Jeggle, Utz: Alltag. In: Bausinger, Hermann et al. (Hg): Grundzüge der Volkskunde. Tübingen 1978, 81–126.

Kalinke, Heinke: Die Frauen aus Zülz/Biała. Lebensgeschichten dies- und jenseits der deutsch-polnischen Grenze (1920–1995). Marburg 1997.

Kaschuba, Wolfgang: Einführung in die Europäische Ethnologie. München 1999.

Katschnig-Fasch, Elisabeth: Die Macht der Räume. Die Auswirkungen der Raumstruktur der Wohnung auf das Leben der Frau. In: Rund um die Uhr. Marburg 1988, 221–234.

Kaufmann, Otto: Frauenarbeit im 19. Jahrhundert im Homburger Land. In: Rheinisch-westfälische Zeitschrift für Volkskunde 18/19 (1972) 76–102.

Keim, Christiane: Notlösung oder Modell für eine alternative Lebensform. Die Wohnung für die alleinstehende Frau in den zwanziger Jahren. In: Köhle-Hezinger/ Scharfe/Brednich 1999, 468–478.

Kienitz, Sabine: »Da war die Weibsperson nun eine der ärgsten mit Schreien und Lärmen«. Der Stuttgarter Brotkrawall 1847. In: Lipp 1986c, 76–87.

Kienitz, Sabine: Unterwegs – Frauen zwischen Not und Norm. Lebensweise und Mentalität vagierender Frauen um 1800 in Württemberg. Tübingen 1989.

Kienitz, Sabine: Sexualität, Macht und Moral. Prostitution und Geschlechterbeziehungen Anfang des 19. Jahrhunderts in Württemberg. Ein Beitrag zur Mentalitätsgeschichte. Berlin 1996.

Kienitz, Sabine: Das Ende der Männlichkeit? Zur symbolischen Re-Maskulinisierung der Kriegskrüppel im Ersten Weltkrieg. In: Köhle-Hezinger/Scharfe/Brednich 1999, 181–89.

Knecht, Michi: Reduktionismus und Kontinuität im öffentlichen Umgang mit »Ungeborenem«: Diskursanalytische und symbolethnologische Zugänge. In: Rheinisches Jahrbuch für Volkskunde 29 (1991/92) 188–204.

Koch, Christiane: Wenn die Hochzeitsglocken läuten. Glanz und Elend der Bürgerfrauen im 19. Jahrhundert. Diss. Marburg 1986.

Köhle-Hezinger, Christel: Frauen in der Maschinenfabrik Esslingen. In: Frauenalltag – Frauenforschung. Bern/New York/Paris 1988, 310–318.

Köhle-Hezinger, Christel / Ziegler, Walther (Hrsg.): Der glorreiche Lebenslauf unserer Fabrik. Weißenhorn 1991.

Köhle-Hezinger, Christel: Frühe Frauenforschungen. In: Rheinisches Jahrbuch für Volkskunde 29 (1991/92) 23–32.
Köhle-Hezinger, Christel: Auf Spurensuche: Frauen in der Volkskunde. In: Heinrich, Bettina et al. (Hrsg.): Gestaltungsspielräume. Tübingen 1992, 15–21.
Köhle-Hezinger, Christel; Scharfe, Martin; Brednich, Rolf Wilhelm (Hrsg.): Männlich – weiblich. Zur Bedeutung der Kategorie Geschlecht in der Kultur. Münster 1999.
König, Gudrun: »Man hat vertrennt, vertrennt und wieder vertrennt«. Erinnerungen an den Nachkriegsalltag. In: Anna Elisabeth Freier et al. (Hrsg.): Frauen in der Geschichte Bd. 5, Düsseldorf 1984, 386–409.
König, Gudrun M.: Schritte im Freien – freie Schritte? Bewegungsräume bürgerlicher Frauen um 1800. In: Gestaltungsspielräume. Hrsg. von Bettina Heinrich et al. Tübingen 1992, 276–287.
Koresaar, Ene: Ein Leben mitten im »alten Kram«. Ein Versuch über die Semiotik der Dinge. In: Mentges, Gabriele; Mohrmann, Ruth-E.; Foerster, Cornelia (Hrsg.): Geschlecht und materielle Kultur. Münster/New York/München/Berlin 2000, 171–184.
Kotics, Jozsef: Soziale Kontrolle als Gewalt. Die Rolle der Gewalt im Charivari-Ritual. In: Brednich/Hartinger 1994, I, 377–385.
Kraft Alsop, Christiane: Dinge, Orte, Paare: Zur Bedeutung von Objekten, Orten und Zeremonien im Leben von Paaren. Münster/New York/München/Berlin 1996.
Krasberg, Ulrike: »Ich machte die Nacht zum Tag«. Emanzipation und Arbeitsmigration. Griechische Frauen in Deutschland und Griechenland. Diss. Frankfurt 1979.
Krieg, Beate: »Landfrau, so geht's leichter!« Modernisierung durch hauswirtschaftliche Gemeinschaftsanlagen mit Elektrogroßgeräten im deutschen Südwesten von 1930 bis 1970. Diss. München 1996.
Krug-Richter, Barbara: Schlagende Männer, keifende Weiber? In: Köhle-Hezinger/Scharfe/Brednich 1999, 271–281.
Kuby, Eva: Politische Frauenvereine und ihre Aktivitäten 1848–1850. In: Lipp 1986c, 248–269.
Leimgruber, Walter: »Kraftstrotzend gedrungen« – »gertenschlank feingliedrig«. Männliche und weibliche Körperbilder an schweizerischen Turnfesten. In: Köhle-Hezinger/Scharfe/Brednich 1999, 190–208.
Lipp, Carola: Frauenforschung in der Volkskunde. In: Tübinger Korrespondenzblatt 26 (1984) 1–16.
Lipp, Carola: Sexualität und Heirat. In: Wolfgang Ruppert (Hrsg.): Die Arbeiter. München 1986a, 186–198.
Lipp, Carola: Ledige Mütter, »Huren« und »Lumpenhunde«. Sexualmoral und Ehrenhändel im Arbeitermilieu des 19. Jahrhunderts. In: Utz Jeggle et al. (Hrsg.): Tübinger Beiträge zur Volkskultur. Tübingen 1986b, 70–86.
Lipp, Carola: Schimpfende Weiber und patriotische Jungfrauen. Bühl-Moos 1986c. Darin u. a.: Frauen auf der Straße. Strukturen weiblicher Öffentlichkeit im Unterschichtsmilieu, 16–24; Frauen und Öffentlichkeit. Möglichkeiten und Grenzen politischer Partizipation im Vormärz und in der Revolution, 270–307; Liebe, Krieg und Revolution. Geschlechterbeziehung und Nationalismus, 353–384.
Lipp, Carola: Überlegungen zur Methodendiskussion. Kulturanthropologische, sozialwissenschaftliche und historische Ansätze zur Erforschung der Geschlechterbeziehung. In: Frauenalltag – Frauenforschung. Bern/New York/Paris 1988a, 29–46.
Lipp, Carola: Frauenforschung. In: Brednich, Rolf W.(Hrsg.): Grundriss der Volkskunde. Berlin 1. Aufl. Berlin 1988b, 251–272.

Lipp, Carola: Frauenspezifische Partizipation in den Hungerunruhen des 19. Jahrhunderts. Einige Überlegungen zu strukturellen Differenzen im Protestverhalten. In: Gailus, Manfred/ Volkmann, Jürgen (Hrsg.): Der Kampf um das tägliche Brot. Opladen 1994, 200–213.

Lipp, Carola: Die Erzeugung männlicher Bedeutsamkeit als interaktiver und strukturbildender Prozeß. In: Köhle-Hezinger/Scharfe/Brednich 1999, 147–159.

Lixfeld, Gisela: Frauenarbeit in Schramberg im Spiegel von Bilddokumenten. Zur Fotografie als Quelle der Frauenforschung. In: Frauenalltag 1988, 204–220.

Löneke, Regina/Spieker, Ira (Hrsg.): Reinliche Leiber – Schmutzige Geschäfte. Körperhygiene und Reinlichkeitsvorstellungen in zwei Jahrhunderten. Göttingen 1996.

Lutum, Paula: Schneidermeisterinnen in Münster. Untersuchungen zur historischen Entwicklung und aktuellen Berufskultur der selbstständigen Frauenarbeit im Schneiderhandwerk. Diss. Münster 1987.

Lysaght, Patricia: Perspectives on Narrative Communication and Gender: Lady Augusta Gregory's Visions and Beliefs in the West of Ireland (1920). In: Fabula 41 (1998) 256–276.

Mentges, Gabriele: Leibhaftig – Körperlos. Neue Ansätze der kulturwissenschaftlichen Geschlechterforschung. In: Neue Ansätze in der kulturwissenschaftlichen Geschlechterforschung. Bericht zur Tagung des Ludwig-Uhland-Institutes am 24.–25. November 1995. In: Zeitschrift für Volkskunde 92 (1996) 89–91.

Mentges, Gabriele, Ruth-E. Mohrmann, Cornelia Foerster (Hrsg.): Geschlecht und materielle Kultur. Frauen-Sachen, Männer-Sachen, Sach-Kulturen. Münster/New York/München/Berlin 2000. Darin: Gaby Mentges: Einleitung, 3–20.

Metken, Sigrid: Der Kampf um die Hose. Geschlechterstreit und die Macht im Haus. Frankfurt/New York 1996.

Metz-Becker, Marita: Hab' aber auch gar nichts gehabt auf der Welt. Zur Lebenssituation von Frauen in einem Westerwälder Dorf. Eine soziokulturelle Untersuchung anhand von narrativen Interviews. Diss. Marburg 1987.

Metz-Becker, Marita: Zangen und Becken. Zur symbolischen (De-)Konstruktion der Frau in der bürgerlichen Gesellschaft. In: Brednich / Schmitt 1997a, 345–352.

Metz-Becker, Marita: Der verwaltete Körper. Die Medikalisierung schwangerer Frauen in den Gebärhäusern des frühen 19. Jahrhunderts. Frankfurt/New York 1997b.

Meyer-Büser, Susanne: Bubikopf und Gretchenzopf. Die Frau der 20er Jahre. Hamburg 1995.

Miedauer, Lore: Lernen, nicht Gebären wird ausschlaggebend für die Mutterschaft. Eine Institutionsgeschichte der Stuttgarter Mütterschule. Diss. Marburg 1980.

Mitterauer, Michael: Der Mythos von der vorindustriellen Großfamilie. In: Rosenbaum, Heidi (Hrsg.): Seminar ›Familie und Gesellschaftsstruktur‹. Frankfurt a.M. 1978, 128–151.

Mörth, Regina: »Das gehört zu meinem Auftreten irgendwie dazu…« Über die Verwendung dekorativer Kosmetik bei Frauen. In: Gestaltungsspielräume. Hrsg. von Bettina Heinrich et al. Tübingen 1992, 203–206.

Moser-Rath, Elfriede: Stichwort »Frau«. In: Enzyklopädie des Märchens Bd. 5, Berlin 1986, 100–137.

Moser-Rath, Elfriede: Frauenfeindliche Tendenzen im Witz. In: Zeitschrift für Volkskunde 74 (1978) 40–57.

Moser-Rath, Elfriede: Frauenfeindlich-Männerfeindlich. In: Zeitschrift für Volkskunde 75 (1979) 65–67.

Müller, Heidi: Dienstbare Geister. Lebens- und Arbeitswelt städtischer Dienstboten. Berlin 1981.

Müller-Staats, Dagmar: Klagen über Dienstboten. Eine Untersuchung zum Verhältnis von Herrschaften und Dienstboten mit besonderer Berücksichtigung Hamburgs im 19. Jahrhundert. Diss. Hamburg 1983.

Nadig, Maya: Ethnopsychoanalyse und Feminismus – Grenzen und Möglichkeiten. In: Feministische Studien 2 (1985) 105–118.

Nahe Fremde – Fremde Nähe. Frauen forschen zu Ethnos, Kultur, Geschlecht. Fünfte Tagung zur Frauenforschung in Zusammenarbeit mit dem Österreichischen Fachverband für Volkskunde und der Kommission Frauenforschung in der DGV. Hrsg. von WIDEE, Wissenschaftlerinnen in der Europäischen Ethnologie. Wien 1993.

Ohlsen, Birgit: Weibliche Praxis und ärztlicher Diskurs. Zur Geschichte des Menstruationshygiene. In: Löneke/Spieker 1996, 236–257.

Ortner, Sherry B.; Whitehead, Harriet (Hrsg.): Sexual meanings. The Cultural Construction of Gender and Sexuality. Cambridge 1981.

Preußler, Susanne: Hinter verschlossenen Türen. Ledige Frauen in der Münchner Gebäranstalt (1832–1853). München 1985.

Projektgruppe Göttingen: Die innere Ordnung der Wohnung. Geschlechtspezifische und soziale Muster der Raumnutzung und Raumaneignung. In: Rheinisches Jahrbuch für Volkskunde 29 (1991/1992) 205–223.

Projektgruppe Göttingen: Geschlechtsspezifische Muster der Raum- und Dinganeignung. In: Gestaltungsspielräume. Hrsg. von Bettina Heinrich et al. Tübingen 1992, 108–130.

Pulz, Waltraud: »Nicht alles nach der Gelahrten Sinn geschrieben« – Das Hebammenanleitungsbuch von Justina Siegmund (Münchner Beiträge zur Volkskunde, 15). München 1994.

Queri, Georg: Bauernerotik und Bauernfehme in Oberbayern (1911). München 1975.

Regener, Susanne: Das verzeichnete Mädchen. Zur Darstellung des bürgerlichen Mädchens in Photographie, Puppe, Text im ausgehenden 19. Jahrhundert. Marburg 1988.

Reinert, Kirsten: »Daß der richtige Mann auch die richtige Frau findet«. Ehehygiene in den zwanziger Jahren. In: Löneke/Spieker 1996, 258–278.

Reinert, Kirsten: Frauen und Sexualreform 1897–1933. Herbolzheim 2000.

Reis, Gaby: Disziplinierung zur Weiblichkeit durch Arbeit. Zur Sozialisation von jungen Landfrauen bis 1945 in Oberhessen. In: Rund um die Uhr. Marburg 1988, 97–108.

Riehl, Wilhem Heinrich: Die Familie (Die Naturgeschichte des Volkes als Grundlage einer deutschen Social-Politik, 3). 1. Aufl. Stuttgart 1855. 9. Aufl. Stuttgart 1882.

Riese, Katharina: In wessen Garten wächst die Leibesfrucht? Das Abtreibungsverbot und andere Bevormundungen. Wien 1983.

Rumpel, Sabine: »Thäterinnen der Liebe«. Frauen in Wohltätigkeitsvereinen. In: Lipp 1986c, 206–231.

Rund um die Uhr. Frauenalltag in Stadt und Land, zwischen Erwerbsarbeit, Erwerbslosigkeit und Hausarbeit. Reader zur 3. Tagung der Kommission Frauenforschung in der DGV. Marburg 1988.

Sackstetter, Susanne: »Wir sind doch alles Weiber«. Gespräche unter Frauen und weibliche Lebensbedingungen. In: Utz Jeggle (Hrsg.): Feldforschung. Tübingen 1984, 159–176.

Sauermann, Dietmar (Hrsg.): Knechte und Mägde in Westfalen um 1900. 2. Aufl. Münster 1979.

Scharfe, Martin: Zum Rügebrauch. In: Hessische Blätter für Volkskunde 61 (1970) 45–68.

Scheer, Uta: »Geschlechterproduktionen« in populären Fernsehtexten oder: Was kann ein weiblicher Captain? In: Klaus, Elisabeth/Röser, Jutta/Wischermann, Ulla (Hrsg.): Kommunikationswissenschaft und Gender-Studies. Opladen 2001a (im Druck).

Scheer, Uta; Sandra Smykalla; Bettina Stötzer: Dekonstruierte Subjekte: Cyborg und Gender in feministischer Theorie und medialer Realität. In: Rundbrief 44 der Gesellschaft für Medienpädagogik und Kommunikationskultur e.V. München 2001b (im Druck).

Scheid, Eva: Die Küche – die Fabrik der Hausfrau. Zur Entstehung der rationalisierten Kleinküche in der Weimarer Republik. Diss. Marburg 1986.

Scheid, Eva: Die Küche – die Fabrik der Hausfrau. In: Frauenalltag – Frauenforschung. Bern/New York/Paris 1988, 124–141.

Schmitt, Christoph: Geschlechtstypische Aspekte in Aufnahme- und Darstellungsstrategien volkskundlicher Sammlungen am Beispiel des Wossidlo-Archives. In: Köhle-Hezinger/Scharfe/Brednich 1999, 256–270.

Scholz, Sylka: Die biographische Konstruktion von Männlichkeit. Vortrag auf der 9. Arbeitstagung der Kommission Frauenforschung der DGV. Basel 2001.

Schöne, Anja: Weibliche Stadtplanung und frauengerechtes Wohnen. In: Köhle-Hezinger/Scharfe/Brednich 1999, 479–489.

Schöning-Kalender, Claudia: Türkinnen. Die türkische Frau in Familie und Gesellschaft. In: Hans Georg Wehling (Hrsg.): Die Türkei und Türken in Deutschland. Stuttgart/Berlin/Köln 1982, 72–84.

Schöning-Kalender: Fremde Frauen – Frauen in der Fremde. Interkulturelle Frauenforschung in der Volkskunde. In: Rheinisches Jahrbuch für Volkskunde 29 (1991/92) 33–50.

Schöning-Kalender, Claudia: Männerräume – Frauenräume: Zur symbolischen Verortung von Macht und Gewalt. In: Brednich/Hartinger 1994, II, 583–594.

Schöning-Kalender, Claudia: SchleierHaft. Ein Kleidungsdiskurs? In: Mentges/Mohrmann/Foerster 2000, 215–223.

Schrutka-Rechtenstamm, Adelheid: Frauen in der volkskundlichen Forschung. In: Rheinische Vierteljahresblätter 55 (1991) 315–330.

Schwarz, Christina: Die Landfrauenbewegung in Deutschland. Zur Geschichte einer Frauenorganisation unter besonderer Berücksichtigung der Jahre 1898–1933 (Studien zur Volkskultur in Rheinland-Pfalz, 9). Mainz 1990.

Schwibbe, Michael: Das Bild der Frau bei Wilhelm Busch. Ein kontentanalytischer Vergleich an Schwänken, Märchen und Sagen. Diss. Göttingen 1988.

Shojaei Kawan, Christine: Aischas Verleumdung oder die vergessene Ehefrau. Eine moderne Sage mit religionsgeschichtlichem Hintergrund?. In: Lipp, Carola (Hrsg.): Medien populärer Kultur. Erzählungen, Bilder und Objekte in der volkskundlichen Forschung. Frankfurt a. M./New York 1995, 21–34

Silberzahn-Jandt, Gudrun: Waschmaschine. Zum Wandel von Frauenarbeit im Haushalt. Marburg 1991.

Silberzahn-Jandt, Gudrun: Zur subjektiven Wortbedeutung von Müll und Abfall. Narrative Studien. In: Mentges/Mohrmann/Foerster 2000, 111–124.

Spieker, Ira: Bürgerliche Mädchen im 19. Jahrhundert. Erziehung und Bildung in Göttingen 1806–1866. Göttingen 1991.

Steffens, Katharina: Über die äußeren und inneren Territorien des eigenen und des anderen Geschlechts in einer auto-mobilen Gesellschaft. Perspektiven von Taxifahrerinnen und ihrer Kundschaft – ein kulturanthropologischer Versuch reflexiver Forschung. Diss. Frankfurt a.M. 1986.

Stephani, Claus: Frauen im Wassertal. Lebensprotokolle aus Ostmarmatien. Rumäniendeutsche Frauen erzählen. München 1990.

Steppat, Stefanie: Schifferfrauen auf dem Rhein. Die familiäre und soziale Lage der Frauen von Binnenschiffern (Studien zur Volkskunde in Rheinland-Pfalz, 2). Mainz 1988.

Sterr, Lisa: Frauen und Männer auf der Titelseite. Strukturen und Muster der Berichterstattung am Beispiel einer Tageszeitung. Pfaffenweiler 1997.

Trepp, Anne-Charlott: Sanfte Männlichkeit und selbständige Weiblichkeit. Frauen und Männer im Hamburger Bürgertum zwischen 1770 und 1840. Göttingen 1996.

Trosse, Sabine: Geschichten im Anzug. Der Retro-Trend im Kleidungsdesign. Münster/New York/Berlin 2000.

Trosse, Sabine: Narziß und Schmollmund – Die Wiederkehr der Sixties. In: Gestaltungsspielräume. Hrsg. von Bettina Heinrich et al. Tübingen 1992, 210–224.

Tübinger Projekt Frauenhandel: Frauenhandel in Deutschland. Bonn 1989.

Utesch, Gisela: »Was nützt uns die Waschmaschine?« – Zeitdimension und -struktur der Hausarbeit am Beispiel der Wäschepflege. In: Rund um die Uhr. Marburg 1988, 153–170.

Vanja, Konrad: Ohrringträger ›in Zivil‹. Von den Zeichen, Bedeutungen und Selbstdeutungen des Männerohrrings in der Gegenwart. In: Brednich/Schmitt 1997, 353–366.

Verk, Sabine: Die »Wissenschaft« vom Kochen. Koch- und Haushaltslehren vor dem Hintergrund der Entstehung des hauswirtschaftlichen Unterrichtswesens in Deutschland. In: Volkskunde im Spannungsfeld zwischen Universität und Museum. Festschrift für Hinrich Siuts zum 65. Geburtstag. Münster 1997, 505–524.

Völger, Gisela; Welck, Karin von (Hrsg.): Die Braut. Geliebt, verkauft, getauscht, geraubt. 2 Bde. (Ethnologica, N.F. 11,1–2). Köln 1985.

Völger, Gisela; Welck, Karin von (Hrsg.): Männerbande, Männerbünde. 2 Bde. Köln 1990.

Waldis, Barbara: Geschlechtsspezifische Migrationsbiographien binationaler Paare. Ein Vergleich von zwei türkisch-schweizerischen Paaren. Vortrag auf der 9. Arbeitstagung der Kommission Frauenforschung der DGV. Basel 2001.

Weber-Kellermann, Ingeborg: Erntebrauch in der ländlichen Arbeitswelt des 19. Jahrhunderts auf Grund der Mannhardtbefragung in Deutschland von 1865. Marburg 1965.

Weber-Kellermann, Ingeborg; Bimmer, Andreas C.: Familienforschung aus der Sicht der Europäischen Ethnologie und Kulturgeschichte. In: Universitas 38 (1983) 975–984.

Weber-Kellermann, Ingeborg: Der Geist des Flachses. Versuch einer strukturalistischen Analyse aus dem Mannhardtmaterial von 1865. In: In Memoriam Antonio Jorge Días Bd. 2, Lisboa 1974a, 423–441.

Weber-Kellermann, Ingeborg: Die Familie. Geschichten, Bilder. Frankfurt a.M. 1974b; 7. Aufl. 1982.

Weber-Kellermann, Ingeborg: Frauenleben im 19. Jahrhundert. München 1983.

Weber-Kellermann, Ingeborg: Bilder als Aussage und Botschaft. Zum Ikonographieverständnis der Volkskunde. In: Frauenalltag 1988, 179–189.

Weber-Kellermann, Ingeborg: Gutbeschreiblich – weiblich. Zur Zeichensprache von Kopf- und Haartrachten in der Kostümgeschichte der Frauen. In: Rheinisches Jahrbuch für Volkskunde 29 (1991/92) 77–96.

Weber-Reich, Traudl: »Um die Lage der hiesigen nothleidenden Classe zu verbessern«. Der Frauenverein zu Göttingen von 1840 bis 1956 (Studien zur Geschichte der Stadt Göttingen, 18). Göttingen 1993.

Wehse, Rainer: Männerfeindliche Tendenzen in Witz und Schwank. In: Zeitschrift für Volkskunde 75 (1979) 57–65.

Weinlich, Edith: Die Frauen schauen zu. Eine Untersuchung zu Verhältnis von Frauen und Bräuchen, dargestellt an einem Fallbeispiel, dem Imster Schemenlauf. Unveröff. Diplomarbeit Wien 1986.

Werckmeister, Johanna (Hrsg.): Land-Frauen-Alltag. 100 Jahre Lebens- und Arbeitsbedingungen der Frauen im ländlichen Raum. Marburg 1989.

Werner, Kerstin: »Ach, es war ein mühevolles Leben«. Landfrauenalltag zu Beginn unseres Jahrhunderts. In: Frauenalltag – Frauenforschung. Bern/New York/Paris 1988, 319–324.

Werner, Kerstin: Frauenarbeit in der mittelbäuerlichen Landwirtschaft – rastlose Betriebsamkeit? Struktur und Organisation der Zeit von Magd und Bäuerin zu Beginn des 20. Jahrhunderts. In: Rund um die Uhr. Marburg 1988, 171–186.

West, Candice; Don H. Zimmerman: Doing Gender. In: Gender and Society 1/2 (1987) 125–151.

Weyers, Dorle: Akkulturation zwischen Erfahrung, Veränderung und Konflikt. Eine qualitative Studie am Beispiel junger bundesdeutscher Frauen in Andalusien (Südspanien). Diss. Münster 1990.

Wiegelmann, Günter: Zum Problem der bäuerlichen Arbeitsteilung in Mitteleuropa. In: Aus Geschichte und Landeskunde. Festschrift Franz Steinbach. Bonn 1960, 637–671.

Wiegelmann, Günter; Matthias Zender; Gerhard Heilfurth, Gerhard: Volkskunde. Eine Einführung. Berlin 1977.

Wiegelmann, Günter: Das Archivmaterial der generellen volkskundlichen Umfragen in Deutschland. In: Rheinisch-westfälische Zeitschrift für Volkskunde 24 (1978) 299–314.

Yoo, Tai-Soon: Koreanerinnen in Deutschland. Eine Analyse zum Akkulturationsverhalten am Beispiel der Kleidung. Diss. Münster 1981.

Zinn, Sabine: »Die blutigen Tränen der Frau«. Zur Darstellung der Menstruation heute. In: Hessische Blätter für Volks- und Kulturforschung N.F. 31 (1996) 169–178.

Zull, Gertrud: Das Bild vom Dienstmädchen um die Jahrhundertwende. Diss. München 1984.

Annemie Schenk

Interethnische Forschung

1. Nationalstaaten und ethnische Minderheiten

Im Verlauf der europäischen Geschichte wurden die übernationalen Herrschaftsstrukturen, die durch die politische und ideologische Einigung des Abendlandes durch Reich und Kirche entstanden waren, durch ein System von sprachlich-volklich definierten *Nationalstaaten* abgelöst. Zunächst begannen Frankreich und England gegen Ende des Mittelalters aus der Einheit des Reiches herauszutreten. Das Streben nach einem souveränen Nationalstaat wurde schließlich zum beherrschenden Thema der Geschichte bis in die Gegenwart. In den westeuropäischen Ländern, wo die Grenzen des nationbildenden Staates und des Sprachvolkes im wesentlichen übereinstimmten, führten kulturelle Angleichungsprozesse zu einer relativ nationalen Einheitlichkeit der Staaten. In Ost- und Südosteuropa ließen sich Sprach- und Staatsgrenzen hingegen nicht zur Deckung bringen. Nicht nur, daß die Siedlungsräume der einzelnen Völker ineinander verzahnt waren: Innerhalb dieser Gebiete lebten auch noch verschiedene *ethnische Minderheiten*. Vor allem Deutsche siedelten zwischen den anderen Völkern. Sie waren in den Osten und Südosten zugewandert, und es bildeten sich außerhalb des geschlossenen deutschen Sprachgebietes ethnische Gruppen wie die Siebenbürger Sachsen, die Zipser, die Gottscheer, die Donauschwaben, die Deutschen in der Bukowina, auch Buchenländer genannt, die Rußlanddeutschen. Ihnen allen ist gemeinsam, daß sie dem Ruf von Landesherren oder Grundbesitzern folgten, die ihre Territorien ausbauen und das wirtschaftliche Leben stimulieren wollten. So kamen die Siebenbürger Sachsen und die Zipser schon im 12., die Gottscheer im 14. Jahrhundert in ihre Siedlungsgebiete. Für den Donauraum ergab sich nach den Türkenkriegen die Notwendigkeit, das Land neu zu kultivieren, und im Verlauf des 18. Jahrhunderts entstanden die Ansiedlungen der Donauschwaben. In der zweiten Hälfte des 18. und im ersten Viertel des 19. Jahrhunderts wanderten die Rußlanddeutschen in die ihnen angewiesenen Siedlungsräume ein.

Alle diese Gruppen lebten in Nachbarschaft mit den verschiedenen anderen Bevölkerungen. Erst als die Nationsbildung in Ost- und Südosteuropa kulturell, sozial und politisch fortgeschritten war, wurde die Existenz der ethnischen Minderheiten als Hindernis für die eigene Nation empfunden. Die Verbindungen der deutschen Siedler zu ihren

Herkunftslandschaften hatten sich allmählich gelockert und brachen schließlich ganz ab. Eine Ausnahme bildeten hier die Siebenbürger Sachsen, die vor allem über ihre evangelische Kirche Beziehungen zu Deutschland unterhielten. Auch die meisten Deutschen wußten nichts von diesen deutschsprachigen Gruppen im Ausland. Als sich aber in Deutschland in der Zeit vor der Jahrhundertwende allenthalben im geistigen Leben eine Verengung auf völkisch-nationale Bezüge beobachten läßt, beginnen sich Zeitungen und Zeitschriften mit diesem Thema zu beschäftigen. So findet sich 1885 ein Hinweis auf die Donauschwaben in der »Gartenlaube«, und in der Folgezeit erscheinen in allen möglichen Publikationsorganen Berichte über *Auslandsdeutsche*. Mit dem Zusammenbruch des Deutschen Kaiserreiches und der Doppelmonarchie Österreich-Ungarn im Jahre 1918 wurden durch die Bestimmungen des Versailler Vertrages Millionen Deutsche in den abgetretenen Gebieten Angehörige eines fremden Staates oder in den Nachfolgestaaten der Habsburger Monarchie zu nationalen Minderheiten. So wuchs das Interesse an jenen »Volksdeutschen«, denen zwar in den Minderheitsschutzverträgen der Pariser Friedenskonferenz Rechte, wie das Recht auf die eigene Sprache und auf ein kulturelles Eigenleben zugebilligt worden waren, deren Gewährung aber nur allzuoft durch politisches Kalkül in Frage gestellt wurde. Zahlreiche Verbände und Institutionen, die ihren Ausgangspunkt z.T. in der Tradition der alten österreichischen Schutzverbände hatten, wie etwa der »Verein für das Deutschtum im Ausland« und die bündische Jugend, wandten sich verstärkt den deutschsprachigen Gruppen im Ausland zu. Dieser Verein war aus dem 1881 in Graz gegründeten »Allgemeinen Deutschen Schulverein« hervorgegangen und trug seit 1908 seinen neuen Namen, unter dem er sich auch in Deutschland verbreitet hatte. Er betrachtete es als seine Aufgabe, das Deutschtum jenseits der Grenzen zu erhalten und zu stärken, indem er Schulen, Kindergärten, Büchereien und ähnlichen Einrichtungen seine Unterstützung gewährte. Die kulturellen und wirtschaftlichen Hilfsmaßnahmen, die die verschiedenen Verbände zugunsten der Auslandsdeutschen ergriffen, vermischten sich jedoch in gefährlicher Weise mit völkischen Zielsetzungen. Der neu geschaffene »Mythos vom Volk«, der an die Stelle des Staates »den Begriff des Volkes als letzte absolute Größe« setzte, hatte verhängnisvolle Auswirkungen. Unter seinem Einfluß entwickelte sich der Deutschtumsgedanke zu einer übersteigerten Grundhaltung, die den Aufstieg des Nationalsozialismus mit begünstigte und seinen militanten Zielen Vorschub leistete (Jacobsen 1970, XXXVI, LIV).

In den von Deutschland ausgehenden Sog der *Volkstumsideologie* ließen sich die Auslandsdeutschen hineinreißen. Ihr neuer Status als Minorität zwang sie, sich zur Durchsetzung ihrer Rechte zu organisieren und förderte das Bewußtsein bei ihnen, über die kleinräumige Enge des Dorfes hinaus Glied eines größeren Verbandes zu sein. So mancher Angehörige einer deutschen Minderheitengruppe begann, sich auf Außenposten der ihm als überlegen gepriesenen deutschen Kultur in einer »fremdvölkischen Umwelt« zu fühlen. Die ostentative Hinwendung zu Deutschland mußte jedoch die deutschsprachigen Ethnien in ihrem Land in die Isolierung führen. So brachte das Ende des Zweiten Weltkriegs für die meisten Deutschen jenseits der Grenzen Verfolgung, Vertreibung und Umsiedlung und kollektive Strafmaßnahmen durch Internierung und Deportation, da sie in ihrer Gesamtheit mit der Politik des Hitlerregimes belastet wurden.

Bis in die Zeit vor der politischen »Wende« gab es in Ost- und Südosteuropa noch an die 3,5 Millionen Menschen, die als deutsche Minderheit bezeichnet werden können. Mit mehr als zwei Millionen stellten die Deutschen in der damaligen Sowjetunion die stärkste Gruppe. Die Zahl der diesen Minderheiten zugehörigen Personen war schon in den letzten Jahren rückläufig, da viele bei ihren Behörden den Antrag auf Übersiedlung in die Bundesrepublik stellten, dem auch stattgegeben wurde. In Rumänien z.B. lebten 1977 noch 170 000 Siebenbürger Sachsen, dagegen nur noch 126 000 im Jahre 1986. Nach dem Sturz des Ceauşescu-Regimes Ende 1989 setzte ein Exodus der Deutschen aus Rumänien ein. Allein 1990 verließen mehr als 11 000 Deutsche Rumänien. Seit 1993 siedelten jährlich etwa 5000 Angehörige der deutschen Minderheit in der Bundesrepublik um, wobei seit 1996 ein kontinuierlicher Rückgang zu beobachten ist. Insgesamt sind von 1950 bis 1998 42 500 Deutsche aus Rumänien nach Deutschland ausgereist, etwa die Hälfte davon sind Siebenbürger Sachsen (Gündisch 1998, 246f.). In Rumänien verblieben noch etwa 20 000 Deutsche, die meisten älter als 60 Jahre. Die Abwanderungsbewegung aus Ost- und Südosteuropa hat für die Gruppenangehörigen, die nicht aussiedeln wollen, empfindliche Rückwirkungen, indem das soziale Leben der Gruppe geschwächt und sogar ihr Bestand in Frage gestellt wird. In Ungarn hingegen, wo den etwa 220 000 Deutschen Freiräume gewährt wurden, ist der Wunsch auf Übersiedlung kaum zu beobachten.

An den verhängnisvollen Entwicklungen, die für die auslandsdeutschen Gruppen solche Konsequenzen nach dem Ende des Zweiten Weltkriegs hatten, war auch die Volkskunde nicht unschuldig: Sah sie jene doch vor allem als Minderheiten, die der größeren deutschen Nation zuzuordnen waren, und kaum in ihrer Eigenschaft als ethnische Gruppen, die in ihrer jeweils spezifischen Situation eine eigene Identität ausgebildet hatten. Der Hinwendung zum eigenen Volk und dem Erwachen des historischen Bewußtseins waren durch die Volksforschung und Volkstumsbegeisterung der Romantik die Wege gewiesen worden. Nun interessierten die *Traditionsgüter der Vergangenheit,* und mit Enthusiasmus sammelte man die Volksüberlieferungen auf zahlreichen Gebieten. Diese wissenschaftliche Tendenz verstärkte sich noch in der Zeit des erwachenden Nationalismus. Frühzeitig wurden dabei auch die deutschen ethnischen Gruppen miteinbezogen. So richtete der Grimmschüler Wilhelm Mannhardt seinen großen volkskundlichen Fragebogen 1865 durch die Vermittlung ihres Landwirtschaftsvereins auch z.B. an die Siebenbürger Sachsen (Weber-Kellermann 1965, 28 ff., 41 ff.). Für eine an Traditionen, in Teilen rückwärts orientierte Volkskunde waren die auslandsdeutschen Gruppen ein dankbares Forschungsobjekt. Denn in der Tat hatte sich in den deutschen, noch weitgehend bäuerlich geprägten Siedlungsgebieten Ost- und Südosteuropas manches an Traditionsgut erhalten, das in Deutschland durch Industrialisierung und Urbanisierung zum Verschwinden gebracht oder zumindest überdeckt worden war. So fanden bei der Erforschung der Volkskultur der deutschen Bevölkerungsgruppen im Ausland jene Erscheinungen besondere Aufmerksamkeit, die als Relikte aus der Zeit der Ansiedlung gelten konnten oder dafür gehalten wurden (Müns, 1995; 1997). Zweifelsohne wurde hier reiches und unersetzliches Material zusammengetragen, Belege für zum Teil unbekannte Stufen der Volksüberlieferung gesichert.

Nahm auch der Gedanke an das Nationale den ersten Rang ein, so war der Blick der Volksforscher dennoch nicht so verengt, daß er nicht auch die Überlieferung der anderen Völker wahrgenommen hätte. Lied-, Märchen- und Brauchsammlungen, die auch tschechisches Volksgut enthalten, entstehen beispielsweise in Böhmen in der ersten Hälfte des 19. Jahrhunderts. In seinem Buch über die Gottschee, jene alte deutsche Enklave in Slowenien – ihre Bewohner wurden 1941 durch das NS-Regime umgesiedelt –, ging Adolf Hauffen in seinen Anmerkungen wiederholt auf deutsch-slawische Liedbeziehungen ein (Hauffen 1895). Wenn er einerseits der Volkskunde Aufgaben bei der Erhaltung der Nationalität zuwies, so verlangte er aber auch die Berücksichtigung der Volkskultur des Gastlandes in der Forschung. Die Bemerkungen Hauffens zu den deutschslawischen Beziehungen im Volkslied hinwiederum regten den Kulturpolitiker Alexander von Helfert dazu an, in der gerade gegründeten »Zeitschrift für österreichische Volkskunde« seine Überlegungen zur »volksnachbarlichen Wechselseitigkeit« zu publizieren. Er versteht darunter »Wechselbeziehungen in Sitten und Gebräuchen, Sagen und Lied von Volk zu Volk, besonders wo die unmittelbare Nachbarschaft ein sehr begreifliches Bindeglied abgibt«, und interpretiert diesen Sachverhalt der *Wechselbeziehungen* als ein ausgleichendes, versöhnendes und völkerverbindendes Moment, das es mit Nachdruck zu unterstreichen gelte (zitiert nach Weber-Kellermann 1978, 47) – eine Auffassung, die uns heute zwar als ehrenwert, aber nach den Erfahrungen der Gegenwart als nicht mehr realistisch erscheint. Für die Siebenbürger Sachsen hat der kenntnisreiche Emil Sigerus als guter Beobachter wiederholt auf die Verflechtungen in den Volksüberlieferungen hingewiesen. Seine zahlreichen Fahrten durch Siebenbürgen schärften ihm den Blick auch für das Kulturgut der anderen Bevölkerungsgruppen. Übernahmen aus einem ethnischen Milieu in ein anderes erschienen ihm ganz selbstverständlich. Das unverwechselbar »Sächsische« entstand für ihn gerade in der Durchdringung deutscher Kulturelemente mit jenen, die von anderen Ethnien übernommen wurden.

Jedoch begann eine in ethnozentrischer Sicht betriebene Forschung die Bemühungen zurückzudrängen, die ethnischen Eigenarten der in

Kontakt zueinander stehenden Bevölkerungsgruppen objektiv zu erkennen. Die wachsenden nationalen Gegensätze in Böhmen etwa führten zu Polemiken zwischen deutsch-böhmischen und tschechischen Wissenschaftlern, in denen versucht wurde, jeweils die Abhängigkeit der Kultur der einen von der der anderen nachzuweisen. Nun bekam hier auch die Neigung Auftrieb, die andere Nation überwiegend negativ zu beurteilen (Schroubek 1968, 48). Durch ihre einseitige *Politisierung*, die bis hin zum Chauvinismus reichen konnte, mußten die Wissenschaftlichkeit der Volkskunde in Frage gestellt und ihre Ergebnisse anfechtbar werden, wenn durchaus auch Untersuchungen von Wert für diese Zeit zu verzeichnen sind. An Warnungen vor ideologischen Auswüchsen fehlte es nicht. In seinen »Merksprüchen für Folkloristen« gab Friedrich Salomon Krauß den Rat: »Sei des stets eingedenk, daß du als Folklorist für Fachgelehrte aller Kulturvölker vorarbeitest und laß dich daher im Bemühen, die Wahrheit zu ergründen, weder durch konfessionelle noch ästhetische Rücksichten, weder durch Lob noch Tadel oberflächlicher Beurteiler deines Strebens beirren; denn der Volksforscher muß als ein Weltbürger denken und schreiben« (zitiert nach Heilfurth 1961, 22). Diese Einstellung veranlaßte Krauß, einen aus Slawonien stammenden jüdischen Volksforscher, der sich vor allem durch seine Arbeiten zur Volkskunde der Südslawen und als führender Repräsentant der österreichischen Schule der ethnographisch-folkloristisch begründeten Sittengeschichte und Sexualwissenschaft einen Namen gemacht hatte, sich gegen die Gründung einer »Gesellschaft für jüdische Volkskunde« zu wenden. Denn für ihn war die Volkskunde »nicht jüdisch, nicht christlich, nicht moslimisch, nicht buddhistisch, nicht deutsch, nicht slowakisch, nicht englisch, nicht chinesisch, sondern eine Wissenschaft vom Menschen« (zitiert nach Daxelmüller 1987, 9). Am Vorabend des Ersten Weltkriegs wies Arnold van Gennep, der durch seine sozialwissenschaftlich bestimmte Brauchtheorie »Les rites de passage« bekannt wurde, die Volksforscher noch einmal eindringlich darauf hin, daß gerade ihre Wissenschaft zur Lösung komplizierter ethnischer Probleme beitragen könne, indem sie auf ein vertieftes Verständnis nationaler Zusammenhänge und Unterschiede hinarbeite. Er verband damit die vergebliche Hoffnung, daß so »das primitive Mittel des wechselseitigen Massenmordes« bei der Lösung nationaler Streitfragen keine Anwendung mehr finden möge (Heilfurth 1961, 8).

2. Die volkskundliche Sprachinselforschung

Die Mahnungen waren umsonst ausgesprochen. Von einer Berücksichtigung der »volksnachbarlichen Wechselseitigkeit« in der Volkskundeforschung konnte überhaupt nicht mehr die Rede sein, als sich zwischen den beiden Weltkriegen die sogenannte *Sprachinselvolkskunde* durchzusetzen begann. Der Begriff der Sprachinsel, zuerst in begrenztem

Sinne in der Sprachforschung im 19. Jahrhundert verwendet, hatte nun eine ideologische Aufladung erfahren. Mit der Sprachinselvolkskunde, der Erforschung deutscher Minderheitengruppen mit nationalistischer Tendenz, brach sich eine gefährliche Konzeption in der Wissenschaft Bahn. Die sprachliche Inselsituation auslandsdeutscher Bevölkerungsgruppen wurde nun als dominierend in den Vordergrund gerückt. Man sah sie auf ihren Sprachinseln in der Isolation, von einer fremden Umwelt umgeben, getrennt vom eigenen Volk; getrennt durch eine tiefe seelische Kluft sah man diese deutschen »Herrenmenschen« aber auch von ihrer »fremdvölkischen Umwelt«. Der Erforschung ihres Volkslebens wurde die Vorstellung zugrunde gelegt, daß sich ihr bei der Auswanderung mitgebrachtes Sprach- und Kulturgut in ihrer Vereinzelung unverändert bewahrt habe. Die wissenschaftlichen Bemühungen waren deshalb darauf ausgerichtet, die vorgeblich kontinuierliche Überlieferung dieser »Sprachinseln« zu dokumentieren und den treuen »Heimatsinn« der Deutschen im fremden Land nachzuweisen. Von Bedeutung für die Forschung erschienen bei dieser Sichtweise nur noch die deutschen von der »Urheimat« mitgebrachten Überlieferungen. Einzig die Beziehungen der Deutschen im Ausland zu den Deutschen im Reich waren als positiv anerkannt. Beziehungen zur »fremdvölkischen Umwelt«, die selbst der überzeugteste Sprachinselforscher nicht übersehen konnte, wurden nur negativ bewertet und als Beginn des Untergangs der Volksgruppe eingestuft.

Vor allem der Siedlungshistoriker *Walter Kuhn* und *Gustav Jungbauer,* seit 1928 Professor für deutsche Volkskunde in Prag, entwickelten die Sprachinselvolkskunde ideologisch und füllten sie inhaltlich. Für Kuhn ist der Begriff Sprachinsel wertungsfrei und ein betont unpolitischer Ausdruck (Kuhn 1934, 13 f.). Wie in einer Auseinandersetzung mit seiner Sprachinsel-Definition festgestellt wurde, war er blind für ihre Aggressivität, die in vorhersehbarer Reaktion eine Störung der sozialen Kommunikation zwischen den deutschen und den anderen, mit ihnen zusammenlebenden Bevölkerungsgruppen hervorrufen mußte (Weber-Kellermann 1978, 71). Jungbauer setzte als guter Kenner der Sprachinseln zwar einen Einfluß des, wie er sagte, Umvolkes auf die Sprachinselbewohner an und benannte ihn als eine Ursache für das Erwachsen der neuen Eigenart der Sprachinselbewohner, die sie von den Binnendeutschen abhebt und unterscheidet. Es ist heute schwer nachvollziehbar, wie er trotz der Einsichten, die er in die sich zwischen den verschiedenen Bevölkerungsgruppen abspielenden Interaktionsvorgänge gewonnen hatte, nicht die sich daraus aufdrängenden wissenschaftlichen Konsequenzen zog (Jungbauer 1930). Brigitte Bönisch-Brednich schätzt richtigerweise differenzierter ein, daß die Sprachinselforschung im Vergleich zu den nach 1945 erschienenen Werken dieser Forschungsrichtung noch als moderat gelten kann (Bönisch-Brednich 1994, 241).

Der Einordnung der deutschen Gruppen in Ost- und Südosteuropa nach dem nationalsprachlichen Kriterium lag eine Überbewertung eines einzelnen kulturellen Kennzeichens, nämlich des der Sprache, zugrunde. Die im Bild von der Sprachinsel evozierte Vorstellung verkannte die Lebensverhältnisse ihrer Bevölkerung gründlich. Sie ließ außer Betracht, daß diese Gebiete stets auch Zonen des Kontakts waren und ihre unterschiedlichen Bewohner in vielfältigen Beziehungen zueinander standen, sich auf vielen Ebenen ein Wechselspiel des kulturellen Austausches ergab. Im Zusammenleben mit den anderen Völkerschaften in ihren neuen Siedlungsräumen hatten die Nachkommen der einstmals Ausgewanderten eine eigene Identität entwickelt, wie sie sich nur im Spannungsfeld von Landschaften mit ethnisch gemischter Bevölkerung entfalten konnte (Schenk 1992; Andrásfalvy 1997).

Die ungeheuren geistigen, sozialen und wirtschaftlichen Umbrüche und Wandlungen, die nach dem Zweiten Weltkrieg durch Vertreibung und Verpflanzung großer Bevölkerungsmassen in eine anders strukturierte Gesellschaft ausgelöst wurden, forderten zur wissenschaftlichen Beschäftigung mit ihnen heraus. Die Flüchtlings- und Vertriebenenforschung nahm sich der speziellen Problematik dieses in der Geschichte beispiellosen Vorgangs an. Die Volkskunde sah angesichts der Ströme an Heimatverwiesenen und Flüchtlingen ihre Aufgabe darin, deren Besitz an Volkskultur zu dokumentieren. Sie handelte so ganz der alten Maxime entsprechend, daß Sammeln und Bewahren das Gebot der Stunde sei. Und gewiß war es sinnvoll, die Ankömmlinge nach ihren Lebensverhältnissen in der verlorenen Heimat zu befragen. Aber um neue Ansätze in der Forschung bemühte man sich wenig; Bilanz aus der Vergangenheit wurde nicht gezogen. Zunächst blieb das Interesse der Volkskundeforscher auf die mitgebrachten Überlieferungen der Zuwanderer gerichtet. Eine Erklärung mag darin liegen, daß es noch eine breite Überlieferung gab und diese Forschungen besonders von Volkskundlern/innen getragen wurden, die solche Traditionen noch miterlebt hatten. Für den Rückgang der Akkulturationsforschung werden zum einen die als geglückt erschienene Eingliederung der Flüchtlinge verantwortlich gemacht, zum anderen aber auch Schwierigkeiten bei der Bewältigung methodischer Vielschichtigkeit (Bausinger 1987). Und noch ein weiterer Umstand muß für die zeitweilige Abstinenz von der Flüchtlingsforschung angesprochen werden: die Art und Weise, wie sich einige Funktionäre der Vertriebenen auf ihren Heimattreffen darstellten. Der dort oft zu beobachtende »Politfolkorismus« hielt jüngere Volkskundler/innen von wissenschaftlicher Beschäftigung mit diesem Feld der Volkskunde ab.

Ein »Durchbruch« ist hier neben den Arbeiten von Hermann Bausinger, Herbert Schwedt, Albrecht Lehmann vor allem auch u. a. Ulrich Tolksdorf (†1992) zu verdanken, der durch eigene Arbeiten auf neue Forschungsfelder und neue methodische Möglichkeiten hinwies und es verstand, die Jüngeren in die Arbeit der damals noch so bezeichneten »Kommission für ostdeutsche Volkskunde«, seit 1994 »Kommission für deutsche und osteuropäische Volkskunde«, einzubeziehen. Infolge einer

engeren Verbindung mit den Universitäten konnten jetzt durch diese Kommission mehrere Arbeiten veröffentlicht werden, die sich nicht mehr ausschliesslich den alten Traditionen und ihrem Wandel widmeten, sondern auch mit Biographieforschung, Oral History, Quelleneditionen und Wissenschaftsgeschichte beschäftigten. Damit hat sich die Vermutung (Bausingers 1987, 189) bestätigt, daß die personelle Verringerung der Erlebnisgeneration zu einem natürlichen Nachlassen der Sammeltätigkeit führen würde. Zum anderen kann ein Wandel von der reinen Vertriebenen- und Flüchtlingsforschung zu einer in größerem Zusammenhang gesehenen Migrationsforschung bzw. zu Fragen von Mobilität überhaupt registriert werden (Lehmann 1995). Begünstigend für diese Entwicklung wirkte das Aufkommen der »Gastarbeiterfrage« (z. B. Braun 1970). Seitdem haben die Arbeitsmigration, die eine wachsende Zahl von Türken nach Deutschland kommen ließ, der Zustrom von Asylsuchenden und der anhaltende Zuzug von Spätaussiedlern dafür gesorgt, daß Fragen des Kulturkontaktes und Kulturkonflikte breiten Raum in der wissenschaftlichen Diskussion einnehmen, die sich nicht allein auf die Untersuchung der interethnischen Beziehungen beschränkt, sondern zunehmend Ergebnisse u. a. der Stereotypenforschung, Konfliktforschung und als eine der jüngsten Forschungsrichtungen die der »Interkulturellen Kommunikation« mit einbezieht.
Die rasche Eingliederung der Flüchtlinge und Vertriebenen ließ das Interesse der Volkskunde an ihnen fast vollkommen erlöschen, wie auch nur vereinzelt nach den veränderten Lebensverhältnissen und deren Auswirkungen auf die Identität jener Deutschen gefragt wurde, die noch in den alten Siedlungsgebieten lebten (Schenk, Weber-Kellermann 1973). Prozesse des Austauschs und der Integration, aber auch Konflikte und Spannungen zwischen Gruppen unterschiedlicher kultureller Prägung fanden erst wieder Aufmerksamkeit mit dem Entstehen der »Gastarbeiterfrage« Sie hat dafür gesorgt, daß Fragen des Kulturkontaktes und Kulturkonflikte breiten Raum in der wissenschaftlichen Diskussion einnehmen und auch 1987 auf dem 26. Deutschen Volkskundekongreß behandelt wurden (Kulturkontakt – Kulturkonflikt 1988; vgl. Fremde Nachbarn 1992).

3. Ethnische Identität und interethnische Beziehungen

Nach der Auseinandersetzung Ingeborg Weber-Kellermanns mit der volkskundlichen Sprachinselforschung war die neue gedankliche Durchdringung der grundsätzlichen Problematik bei der Erforschung von Ethnien eine unabweisbare Forderung. Theoretische Überlegungen zur Struktur ethnischer Gebilde konnten einer sozialwissenschaftlich orientierten Volkskundeforschung dabei hilfreich sein. Sie wurden in Amerika angestellt, nachdem die traditionelle Theorie, das Land mit seinem American way of life wirke als Schmelztiegel, in dem alle Gruppen amalgamiert würden, durch die Realität widerlegt worden war. Im Gegenteil fand die Feststellung wieder ihre Bestätigung, daß die Amerikaner sich ihrer ethnischen Ursprünge und Unterschiede in den letzten Jahren in verstärktem Maß bewußt geworden sind (Yoder 1985, 209). Da wider alles Erwarten das Gefühl für ethnische Zugehörigkeit in der modernen amerikanischen Gesellschaft überlebt hatte, sahen sich die amerikanischen Gesellschaftswissenschaftler veranlaßt, sich mit den Voraussetzungen zu beschäftigen, unter denen ethnische Gruppen existieren. Die Literatur, die, verstärkt nach dem Zusammenbruch des dualen Machtsystems in Europa, zu diesem Thema publiziert wurde, ist kaum noch zu überblicken, und die Diskussion über die Definition von Ethnos, Ethnizität noch nicht abgeschlossen. In der älteren Diskussion wurden Kriterien dafür aufgestellt, wodurch das Wesen einer Ethnie bestimmt sei. Üblicherweise wurden Kriterien dafür aufgestellt wie das Wissen um einen gemeinsamen Ursprung, ein gemeinsames kulturelles Erbe, eine Sprache, die in der Regel von allen gesprochen wird, das durch gleiche Sitten, Gebräuche, Verhaltensweisen und ein verbindliches ethnisches Wertsystem geregelte Zusammenleben der Gruppe. Aber dieser von Wissenschaftlern aufgestellte Katalog an Merkmalen für die Beschreibung einer ethnischen Gruppe, die aber durchaus nicht immer alle zusammentreffen müssen, beschränkte sich auf deren faßbare Charakteristika. Ein weiterer Aspekt drängte sich auf, nämlich in welcher Weise sich die Mitglieder einer Gruppe mit derselben identifizieren. So gehört zu den Kernelementen einer ethnischen Einheit deren Bewußtsein von ihrer ethnisch-kulturellen Identität. Als entscheidendes Attribut bestimmt ihr Selbstverständnis ihre Weltsicht und läßt sie ihre soziale Umwelt in dem Gegensatz »wir – sie« erblicken. Das führt zu einer Selbstabgrenzung, wobei alle anderen nur unter dem Gesichtswinkel der eigenen kulturellen Werte wahrgenommen werden.

In der jüngeren Diskussion geht es um Problembereiche, wie sie beispielsweise 1995 an der Universität Regensburg zum Thema »Ethnoregionalisierung oder Ethnoperipherisierung? Über Parallelitäten und Diskontinuitäten des west- und mitteleuropäischen Transformationsprozesses« thematisiert worden sind (Hettlage 1997).

Hier fragte Friedrich Heckmann, ob es sich bei dem Begriff des Ethnos um eine imaginierte oder reale Gruppe handle (Heckmann 1997), wobei er die Positionen der »Primordialisten« bzw. »Konstruktivisten« diskutierte. Die ersteren gehen davon aus, daß ethnische Vergesellschaftung und Vergemeinschaftung zur Natur des Menschen gehöre, also »natürlich« sei. Ethnische Gruppenunterschiede, ethnische Differenzierungen werden als Teil der Naturordnung gesehen. Ihre Vertreter sind oft Nationalisten und Führer ethnischer Bewegungen. Es können zwei Varianten unterschieden werden, eine anthropologische und eine sozialbiologische, die Ethnien als Gruppen erfolgreicher genetisch biologischer Reproduktion erklärt und damit als über Zeit und Raum ausgeweitete Gruppe von verwandten Familien. Diese Theorie wird akzeptiert von ethnischen Gruppen, da sie auf ihr Selbstverständnis trifft, und zum anderen ist unbestreitbar, daß Heiratskreise überwiegend innerhalb ethnischer Gruppen verlaufen, daß also Ethnien etwas mit biologischer und sozialer Verwandtschaft zu tun haben. Das andere Lager, das der »Konstruktivisten«, postuliert, daß ethnische Phänomen hergestellt, künstlich fabriziert, ethnische Gruppen also nicht reale, sondern »imaginierte« Gruppen seien; daß die Konstruktion ethnischer Identitäten instrumentell für bestimmte Machtinteressen genutzt werde, kurz, daß Ethnizität ein ideologisches Phänomen sei. Diese Theorie gilt heute als die modernere Denkweise.

Ethnische Gruppen sind zwar nach außen abgegrenzte Sozialgebilde. Trotz ihrer charakteristischen Geschlossenheit stellen sie jedoch kein erstarrtes System dar, wie das die Sprachinselvolkskunde sah. Sie verfügen vielmehr über dynamische Kräfte, die es ihnen erlauben, sich an die durch die übergreifende Gesamtgesellschaft gesetzten und sich wandelnden sozioökonomischen Rahmenbedingungen anzupassen. Die sozialen Interaktionen innerhalb der ethnischen Gruppe wie die zwischen ihr und ihren Nachbarn und die damit verbundenen kulturellen Äußerungen wandeln sich mit den Veränderungen der Gesellschaftsstruktur (Francis 1953/54). Gegenstände des materiellen Lebens, Einstellungen, Verhaltensweisen, die für die Gruppenangehörigen von zentraler Bedeutung waren, können ihren Stellenwert verlieren und mit ihm ihre kulturelle Ausformung. Bei jeder Ethnie handelt es sich also um eine Gruppe von Menschen, deren soziales Leben und die damit verbundenen kulturellen Außerungen einem ständigen Wandel unterworfen sind, und darin unterscheiden sie sich nicht von den großen sozialen Systemen mit ihren Wandlungsprozessen. Sie sind deswegen auch nicht auf eine für sie immer gültige Kombination von Merkmalen und Eigenschaften festzulegen. Es ist Aufgabe des Forschers, sie in ihrer Typik für eine bestimmte historische Situation zu erkennen. Weil ethnische Individualitäten aber auf die Umwelt reagieren, können sie nicht isoliert betrachtet werden. Sie sind immer in Beziehung zu den anderen Ethnien ihrer Umgebung zu sehen. Andererseits aber darf die jeweilige Eigenart der in Kontakt stehenden Gruppen nicht ignoriert werden. Denn aus ihr erklärt sich die geringe oder aber auch größere Distanz, in der die einzelnen Ethnien von Fall zu Fall zueinander stehen können. Die *kulturellen Wechselwirkungen*, die sich in den sich begegnenden ethnischen Einheiten abspielen, hat man in der Forschung mit dem Terminus *»interethnische Beziehungen«* benannt. Der Kenntnis dieses interethnischen Beziehungssystems, das der sozialen Sphäre und dem Kontext gemäß sowie den beteiligten Gruppen entsprechend differiert, ist eine Schlüsselrolle bei der Erforschung der Volksgruppen zugewiesen. Diese Kommunikationsprozesse wären gerade in den Bereichen von Sprache und vor allem von sozialer Kultur im Hinblick darauf zu befragen, wie sie zur Identitätsfindung einer bestimmten Gruppe beitragen. Austausch und Anpassung können sich dabei in vielfältiger Weise vollziehen. Neben den direkten Übertragungen von Kulturgütern zwischen den Ethnien können sie schon durch Anregungen und Reize auf ihre Nachbarn wirken.

Jedes soziale Gefüge aber manifestiert sich in kulturellen Zeichen. So ist *ethnisches Selbstverständnis* auch stets *kulturelles Selbstverständnis*, denn die ethnischen Gruppen unterscheiden sich im wesentlichen durch ihre kulturellen Äußerungen und grenzen sich durch diese gegeneinander ab. Die kulturellen Zeichen fungieren im Interaktionsfeld einer oder auch mehrerer ethnischer Individualitäten als Sprache. Mit deren Hilfe werden die Kommunikationsprozesse in der Gruppe selbst und zwischen ihr und der Umwelt abgewickelt. Da die kulturellen Zeichen an die Gruppe gebunden und an ihre historische und regionale Situation angepaßt sind, stellen auch sie Erscheinungen dar, die sich im Laufe der Zeit verändern. Durch diesen Sachverhalt wird die volkskundliche Forschung in die Lage versetzt, über die Gegenstände der Kultur in ihrer Zeichenhaftigkeit Rückschlüsse zu ziehen auf das gesellschaftliche Leben einer Gruppe in ihrem sozialen und ethnischen Umfeld, auf Wandlungsprozesse, die in ihr im Gang sind, auf ihr Selbstverständnis. Forschungen im ethnischen Milieu aber dürfen sich bei der Analyse der kulturellen Seite des gesellschaftlichen Lebens nicht auf die Bestandsaufnahme bei einer Gruppe beschränken. Sie haben die »einen – und die anderen« im Auge zu behalten (Weber-Kellermann 1978, 11; Hesse-Lehmann 1992; Beer 1996; Zappe 1996).

Interethnische Forschungen haben also das Ziel, das *Interaktionssystem* zwischen verschiedenen ethnischen Einheiten einsichtig zu machen. Dafür ist eine Materialerhebung mit den Mitteln der empirischen Sozialforschung oder – mit Bezug auf die Gegenwart – durch eine komplexe Feldforschung notwendig, die nicht nur die volkskulturellen Erscheinungen registriert, sondern sie auch in der Bedeutung erfaßt, die ihr von einer Gruppe zugewiesen werden. Aber das spezifische Gepräge der Kultur einer ethnischen Individualität wird erst dann klar erkennbar, wenn es durch den *Vergleich* mit den sie umgebenden fremdkulturellen Phänomenen Kontur gewonnen hat. Das Vergleichen soll in diesem Zusammenhang allerdings nicht nur die Funktion einer »elementaren Erkenntnishilfe« haben, was als Grundbedingung anzusehen ist, um »Qualitäten klassifizieren und Quantitäten messen«, also Kategorien überhaupt erst bilden zu können (Gerndt 1977/78, 13). Unter Vergleich wird »vergleichende Methode« verstanden, die ein spezifisches Vorgehen impliziert. Die Frage nach Voraussetzungen und Theorie der vergleichenden Methode wurden jedoch in der Europäischen Ethnologie bis jetzt noch ungenügend diskutiert. In der Tat liegt hier für die interethnische Forschung ein problematisches Moment. Der Forscher muß sich bewußt sein, daß die vergleichende Methode als ein kulturwissenschaftliches Interpretationsverfahren anzusehen ist. »Die Vergleichung erklärt nicht«, so wurde formuliert, »sie steckt nur den Rahmen möglicher Erklärbarkeit ab. Sie kann bestimmte Erklärungen nur mit größerer oder geringerer Wahrscheinlichkeit nahelegen« (Gerndt 1977/78, 25).

Die Logik der Beweisführung liegt beim Forscher, der die Gültigkeit der Ergebnisse abschätzen muß. Einen wichtigen Aspekt für die Methode des historischen Vergleichs betont Lehmann: stets müsse es darauf ankommen, neben den Gemeinsamkeiten gerade die Differenzen zwischen den historischen Prozessen herauszuarbeiten (Lehmann 1995, 15-30).

4. Akkulturation

Die ständigen Anpassungsvorgänge im Spannungsfeld der interethnischen Kontaktzonen, die die Sprachinselforscher nicht in ihre Überlegungen einbeziehen wollten oder nur in negativer Akzentuierung, sind aber nicht zu verwechseln mit Prozessen, die in eine Assimilation münden. Diese würde ja die Aufgabe der eigenen ethnischen Identität bedeuten. Unter jenen, als *Akkulturation* bezeichneten Anpassungsvorgängen sind Prozesse und Phänomene zu verstehen, die bei einem durch direkten und indirekten Kulturkontakt bedingten *Kulturwandel* auftreten. Es war Richard Thurnwald, der sich als erster Ethnologe grundsätzlich mit dem Akkulturationsbegriff auseinandersetzte und auf die wissenschaftliche Bedeutung akkulturativer Forschung hinwies (Thurnwald 1932). Die Fähigkeit zur Akkulturation, die ihre Eingepaßtheit in die Umwelt garantiert, sichert erst die Existenz einer ethnischen Gruppe.

Wie Untersuchungen gezeigt haben, sind die Grenzen zwischen den Ethnien nicht gleichmäßig durchlässig. Innerhalb der Anpassungsvorgänge können verschiedene Verhaltensweisen beobachtet werden, die von der Ablehnung gewisser Kulturelemente bis zur vollständigen Übernahme anderer reichen können. Eine Übernahme fremder Kulturgüter bedeutet zugleich aber auch deren aktive Aneignung, indem sie von der Gruppe in die eigene Struktur eingepaßt werden. In diesem Sinn sind kulturelle Austauschprozesse von Kreativität geprägte soziale Handlungen der Ethnien und Ausdruck ihres Normverhaltens. Die neuen, in ihre Lebensform eingefügten Erscheinungen werden genauso zur Volksüberlieferung wie andere, die wegen ihres Alters als traditionell eingestuft werden. Wie auch immer die Kulturgüter von einer Gemeinschaft an eine andere vermittelt wurden, so darf bei ihrer Untersuchung die gesellschaftliche Organisation der in Kontakt stehenden Gruppen nicht außer acht gelassen werden. Denn die Verbreitung der kulturellen Phänomene ist wesentlich mitbestimmt von der wirtschaftlichen und gesellschaftlichen Situation der Ethnien. Für eine Untersuchung der ethnischen Gruppen müssen dementsprechend zunächst Daten über ihre soziale und wirtschaftliche Lage erhoben werden. Damit in Zusammenhang steht die Frage nach ihrem kulturellen und technischen Niveau. Denn die Niveau-Unterschiede, auf denen sich die Gruppen begegnen, wirken entscheidend auf ihr Zusammenleben ein. In diesen Bezugsrahmen ihres sozialen, wirtschaftlichen und psychologischen Systems sind die aufgesammelten Kulturgüter der kontaktierenden Ethnien zu stellen, bevor sie vergleichend interpretiert und ihre tatsächlichen interethnischen Beziehungen festgelegt werden können.

Die skizzierte Darstellung dessen, was an Gesichtspunkten in eine Untersuchung ethnischer Gruppen und interethnischer Beziehungen einzugehen hat, ist notwendigerweise idealtypisch. Bei der wissenschaftlichen Betrachtung der vielfältigen Kulturgüter und sozialen Systeme im ethnischen Milieu stellen sich von Fall zu Fall spezifische Fragen, die das Forschungsinteresse in eine jeweils andere Richtung lenken müssen. So bleibt die Realisierung einer interethnischen Forschung angesichts der Komplexität der Zusammenhänge eine nicht leichte Aufgabe. Zur Illustration der bisherigen Ausführungen, die auf die grundsätzlichen Fragen abzielten, welche bei interethnischen Forschungen jedweder Art zu stellen sind, werden im folgenden Ergebnisse aus Untersuchungen präsentiert, die das Beziehungsgeflecht von ethnischen Gruppen wenigstens in Teilen sichtbar machen wollen. Mit Bedacht sind die Beispiele aus jenem Kulturraum gewählt, mit dem sich die volkskundliche Sprachinselforschung beschäftigt hat. Denn sie legen Zeugnis ab für das Miteinander verschiedener Gruppen und Kulturen in einer Region, in der der Nationalismus wieder stark in Wallung geraten ist. Um so mehr muß es Ziel heutiger Volkskunde sein, ethnozentristischen Denkmustern – auch in Südosteuropa – entgegenzuwirken.

5. Forschungsbeispiel 1: Kleidung als Indikator

In der Kleidung als einem wichtigen Indikator sozialen Verhaltens spiegeln sich besonders deutlich die wirtschaftlichen und gesellschaftlichen Beziehungen und Verhältnisse wider. Einsichten in den Charakter von Vorgängen zwischen den Ethnien in diesem Bereich bietet eine Studie, die sich mit der Tracht der Deutschen von *Mezöberény* in Ungarn beschäftigt (Hentz 1975), dabei zugleich die Kleidung der Nachbarn im Blick behält. Die nach den Türkenkriegen im Zuge der Rekultivierung des Landes im dritten Jahrzehnt des 18. Jahrhunderts besiedelte Gemeinde liegt im Békéser Komitat im Südosten Ungarns. Sie gehört zu den Streusiedlungen, die von den geschlossenen Siedlungsgebieten der Ungarndeutschen getrennt waren. Von Anfang an lebten in Mezöberény Slowaken, Deutsche und Ungarn zusammen, wobei die Slowaken die Mehrheit bildeten. Sie wohnten voneinander getrennt, und ihre Häuser gruppierten sich jeweils um ein eigenes Gotteshaus. Die Slowaken und Deutschen bekannten sich zur evangelischen, die Ungarn zur reformierten Kirche. Begünstigt von einer raschen Entwicklung der Wirtschaft nahm die Gemeinde bald den Charakter eines Marktfleckens an. Bis in die jüngste Zeit lebte die deutsche Bevölkerung vorwiegend von der Landwirtschaft, die sie sehr erfolgreich betrieb.

In ihrem Ansiedlungsort Mezöberény fanden die Deutschen Verhältnisse vor, die sich in vieler Hinsicht von ihren früheren Lebensumständen unterschieden. In Anbetracht ihrer verschiedenen Herkunftsgemeinden und längerer Wanderungsbewegungen dürften sie bei ihrer Ankunft keine einheitliche Kleidung mitgebracht haben. Nachrichten darüber fehlen. Die Art, in der sich die Mezöberényer Deutschen dann nachweislich Anfang des 19. Jahrhunderts kleiden, ist eine Variante der Kleidungsweise des damaligen Marktfleckens. Die Männer hatten z. B. Pelzmantel und Pelzjacke übernommen, und durch ein noch vorhandenes altes Exemplar eines Pelzmantels läßt sich belegen, daß sein Schnitt mit dem identisch ist, der bei den Slowaken und Ungarn in Gebrauch war. Zur Winterkleidung der deutschen Männer gehörte gleichfalls die mit Schafspelz gefütterte ungarische Kappe. Selbstverständlich war die Kleidung eng an die Vermögenslage und gesellschaftliche Position ihres Trägers gekoppelt. Die besseren finanziellen Möglichkeiten der Deutschen in der Untersuchungsgemeinde erlaubten ihnen eine schnellere Aufnahme von Modeerscheinungen. So nahm ihre Frauenkleidung schon im vorigen Jahrhundert bürgerlichen Charakter an. Mit dieser Tendenz zur Verbürgerlichung in der Kleidung gingen sie den Ungarn und Slowaken voran. Von den Slowaken wurde jenes Kleidungsverhalten am zögerndsten übernommen (vgl. auch Röder 1998).

Um die Jahrhundertwende vollzog sich als Ergebnis der allgemeinen wirtschaftlichen Entwicklung in Ungarn die Konzentration des Grundbesitzes, und vor allem bei den Deutschen entstand in Mezöberény eine Schicht von Großbauern. Ihnen fiel die Rolle des Vorbildes für die anderen zu. Zwar hatten die Töchter der Großbauern die Mittel, sich nach der neuesten hauptstädtischen Mode zu kleiden. Dennoch mieden sie die Kleider echt bürgerlichen Schnitts und ließen sich die alte Kleidung bäuerlichen Gepräges aus feinen modischen Stoffen anfertigen. Die Norm setzte sich noch insofern durch, als sie die Form verbindlich machte für alle. Aber innerhalb dieser Reglementierung war der Freiheit Raum gegeben, die Kleidung nach dem eigenen Geschmack zu gestalten. Statusunterschiede dokumentierten sich in der Qualität der Stoffe und der Zahl der Kleidungsstücke. Trotz der bürgerlichen Einflüsse blieb das Bild der Kleidung der Deutschen bäuerlich und differierte von derjenigen der Handwerker und der Intelligenz. Auch nach der Jahrhundertwende unterschied sich die Art und Weise der Ethnien von Mezöberény, sich anzuziehen, nicht grundlegend. Innerhalb einer »Grundkomposition« aus gewissen Kleidungselementen gab es jedoch charakteristische Eigenheiten, die die Kleidung der verschiedenen Bevölkerungsgruppen voneinander abhoben und ihre Träger als Deutsche, Ungarn und Slowaken kenntlich machten. Trotz der seit den zwanziger Jahren in der Frauen- und Männerkleidung eingetretenen Veränderungen – so übernahmen die Männer die städtische Anzugmode – wurden gewisse bäuerliche Züge beibehalten. Bei den Männern trugen vor allem die Stiefel zu diesem Eindruck bei, bei den Frauen die Schürze. Ohne Schürze ging noch in jenen Jahren eine Bäuerin, die die Tradition hochhielt, nicht auf die Straße. In der letzten Zeit sind nur noch bei alten Leuten diese Reste des früheren trachtlichen Kleidungsstils zu beobachten.

Überblickt man das in der Studie zur Kleidung von Mezöberény vorgelegte Material, so wird deutlich, daß sich die Deutschen der regionalen Kleidungsweise angepaßt hatten. Gerade sie folgten einer Entwicklungstendenz in den Kleidungsgewohnheiten am entschiedensten, die für die Kleidung der Marktflecken in der Ungarischen Tiefebene generell zu konstatieren ist: einerseits Bewahrung der Bauerntraditionen, andererseits Übernahmen aus der bürgerlichen Mode. Abweichungen in der Kleidung bei den drei ethnischen Gruppen erklären sich vorwiegend als durch ein unterschiedliches historisches Entwicklungstempo verursachte Abweichungen. Dieses Tempo hinwiederum steht in Zusammenhang mit der wirtschaftlichen Lage. Die sich aus den Vermögensunterschieden ergebende charakteristische Ausprägung der Kleidung erwies sich in manchen Fällen stärker als die ethnischen Unterschiede. Aber dennoch hatte sich insgesamt gesehen die Kleidung der Deutschen zum Ausweis ihrer Gruppenzugehörigkeit entwickelt, und diese Eigenschaft kam ihr lange zu. In ihrer Analyse der Funktion der donauschwäbischen Tracht kommt Röder zu dem Schluß, daß gruppenspezifische Identifikationsmerkmale wie z. B. die Tracht zum einen der Selbstabgrenzung dienten, aus der Perspektive anderer ethnischer Gruppen auch der Fremdabgrenzung. Kulturelle Zeichen erhielten eine symbolische Bedeutung und wurden Ziel einer nationalen Symbolkultur (Röder 1998).

6. *Forschungsbeispiel 2: Wohnung und Hausrat*

Nicht nur in der Kleidung, sondern auch im Hausrat sind bei ethnischen Gruppen spezifische Formen ausgebildet worden, die sie ihren Nachbarn gegenüber abgrenzten, zugleich aber auch auf diese ihren Einfluß nahmen. In einer Untersuchung in dem siebenbürgischen Dorf *Stolzenburg,* das von Sachsen im 12. Jahrhundert besiedelt wurde und in dem sie seit mehr als 250 Jahren mit Rumänen zusammenleben, wurde versucht, diesem Beziehungsgefüge an einigen Familie und Wohnen betreffenden Fragekomplexen nachzugehen (Schenk 1984). Für die traditionelle Raumgestaltung in der siebenbürgisch-sächsischen wie auch rumänischen bäuerlichen *Stube* war kennzeichnend, daß die Anordnung der Möbel einem Prinzip folgte, das stets eingehalten wurde (vgl. auch Bräuer 2001). In einer der Zimmerecken, die der Tür gegenüberlag, befand sich die Eßecke mit dem Tisch vor den an den Wänden aufgestellten Bänken. Diagonal zur Tischecke hatte der Ofen seinen Platz. In der zweiten vorderen Ecke, dem Tisch benachbart, stand das Bett. An der von der Eß- und Bettecke flankierten Fensterfront hing meist in der Mitte zwischen den beiden Fenstern ein gerahmter Spiegel. Die rückwärtige vierte Ecke blieb dem Wirtschaften vorbehalten. Als sich die Stube durch eine Erweiterung des Wohnraums im Haus in das »reine«

Zimmer verwandelte, hatte sie nur noch repräsentative Funktion. Dieses Wohnsystem der Eck- oder Diagonaleinrichtung, bei dem der Ecke mit dem Tisch die Bedeutung als Kultwinkel oder als besonders schön ausgestatteter Platz für feierliche Anlässe im Familienleben zukam, hatte in Ost- und Nordeuropa ehedem eine weite Verbreitung. Selbst in Mitteleuropa entsprach die Raumeinteilung in den Bauernstuben häufig dem Diagonalsystem.

Die Ausstattung der Stube mit *Möbeln* hatte sich in Siebenbürgen als Folge der historischen Entwicklung bei beiden Gruppen angeglichen. So übernahmen die Rumänen den als »gotischen Tisch« bekannten Schubladentisch westlicher Herkunft in ihre Einrichtung wie auch das Bett. Es gehört erst verhältnismäßig spät zur Möblierung der rumänischen Bauernstube. Vermutlich wurde es im 19. Jahrhundert zum allgemeinen Einrichtungsstück. Unter dem Einfluß sächsischer Wohnweise fand in Siebenbürgen das »hohe Bett« Eingang in die rumänische Stube, ein Bett mit hoch aufeinandergestapelten Zierkissen als Paradestück, das vom Wohlstand des Hauses Zeugnis ablegen sollte. Die »Almerei«, ein in die Mauer eingelassenes und durch eine vorgesetzte Tür zu verschließendes Wandschränkchen, das bei den Sachsen so verbreitet war, wurde von den Rumänen in Siebenbürgen ebenfalls der Ausstattung der Bauernstube hinzugefügt. Truhen als Verwahrmöbel, Schüsselschränke, Teller- und Krugbretter, die im Tischwinkel stehenden langen Sitzbänke, oft in Form von Truhenbänken, deren Sitzbretter aufgeklappt werden konnten und die als Aufbewahrungsort für Wäsche und anderen Hausrat dienten, gehörten zum Einrichtungsstandard jeder der beiden Gruppen. Die Ausstattung der Wohnungen in Stolzenburg paßte sich in den skizzierten Rahmen bis in die Zeit vor dem Ersten Weltkrieg ein. Nach der Jahrhundertwende begann die Verdrängung der traditionellen bäuerlichen Stubeneinrichtung durch städtisches Mobiliar. Aber dieser Ablösungsprozeß vollzog sich nicht schlagartig. Selbst nach 50 Jahren war er in Stolzenburg noch nicht vollständig abgeschlossen.

Die Möbelausstattung der Bauernstuben im Untersuchungsdorf kam in der Regel in einzelnen Stücken zusammen, und Anlaß zu Neuanschaffungen war meist eine Hochzeit. Für den Erwerb des gesamten Inventars in Haus und Hof waren die Märkte von großer Bedeutung. Für die Stolzenburger war vorrangig der große Markt in Hermannstadt der Handelsplatz, an dem sie sich mit dem notwendigen Hausrat versorgten. Der bedeutende Warenumschlagplatz zog sächsische Schreiner aus der ganzen Umgegend an, aber auch ungarische aus weiter entfernten Gebieten und rumänische. Sie alle boten auf dem Markt die bemalten Möbel feil, die zur Ausstattung der bäuerlichen Stube gehörten. Die Mode der Möbelmalerei hatte sich auch in Siebenbürgen verbreitet, denn Handelsbeziehungen weit über die Grenzen des Landes hinaus förderten den Austausch von kulturellen Gütern mit West und Ost. Im übrigen hatte die Schreinermalerei durch die Malerei in den Kirchen, die von sächsischen und ungarischen Meistern ausgeführt wurde, durchaus schon Tradition. In den siebenbürgisch-sächsischen dörflichen Haushalt fanden die bemalten Möbel im 18. Jahrhundert allenthalben Eingang. Auch bei den Ungarn scheint sich die neue Mode im 18. Jahrhundert eingebürgert zu haben (vgl. auch Boross 1999). Bei den Rumänen übernahm nur die Bevölkerung Mittel- und Südsiebenbürgens die bemalte Innenausstattung mit den bemalten Truhen, Bänken, Tischen, Krug- und Tellerrahmen, den Almereien und Geschirrschränken. Diese Mode erreichte die Rumänen sowohl über sächsische als auch ungarische Vermittlung und muß als ein Ausläufer der mitteleuropäischen Erscheinung der Möbelmalerei gelten. In der ländlichen Möbelkunst der anderen Rumänen dominierte das Blankholzmöbel. Trotz seiner Sonderstellung im bäuerlichen Hausrat wurde bemaltes Mobiliar in Siebenbürgen bald auch von rumänischen Schreinern hergestellt.

Ungeachtet der geschilderten Voraussetzungen in der Organisation des Innenraumes und seiner Ausstattung mit bemaltem Hausrat bei beiden Gruppen, die mit den durch die Rumänen übernommenen Möbelformen eigentlich auf eine Vereinheitlichung des Stubenbildes hinausliefen, hatten die sächsischen und rumänischen Bauernstuben dennoch nicht das gleiche Gesicht. Die Rumänen hatten die fremden kulturellen Güter, mit denen sie in Siebenbürgen in Kontakt gekommen waren, zwar übernommen. Aber es blieb nicht bei der bloßen Übernahme, sondern sie erfuhren eine Anverwandlung an ihren Geschmack und an ihr Gefühl für Formen und Farben. So erfolgte etwa der Aufbau des »hohen Bettes« bei ihnen nach den traditionellen Regeln, die die Rumänen auch sonst bei der textilen Ausstattung ihrer Räume beobachteten. Auf dem Markt gab es, wie es ein alter Stolzenburger Gewährsmann als Kind noch erlebt hatte, »zwei Arten« an Möbeln zu kaufen, »eine Art für die Rumänen, für die Sachsen eine andere Art«. Diese Unterscheidung bezog sich auf die Farbgebung der Möbel. Bei der Bemalung bevorzugten die Sachsen grün und blau als Grundfarbe, während die Rumänen lieber eine braune Grundierung hatten. Sie neigten der neutralen Farbe wohl deshalb zu, weil sie ihre Stuben mit Hinterglasikonen und bunten, durch Frauen hergestellten Hanf-, Leinen- oder Wollgeweben üppig ausstatteten. Diese Dekoration verlieh ihren Innenräumen einen besonderen Charakter. Die von ihnen zur Schau gestellten Textilien regten hinwiederum offensichtlich die Sachsen dazu an, ihre Stuben reicher mit Geweben auszustatten, als dies verglichen mit den westeuropäischen Innenräumen sonst üblich ist.

Die Handwerker waren natürlich bemüht, das Angebot ihrer Waren nach den Wünschen der Käufer auszurichten, und paßten sich dem Geschmack und den Bedürfnissen ihrer Kunden an. Jedoch ist die Trennung in der Ausgestaltung der Waren nach den Vorlieben der einzelnen ethnischen Gruppen auch nicht allzu scharf zu denken. Auf dem Gebiet der *Keramik* etwa waren die gegenseitigen Einflüsse von Sachsen, Ungarn und Rumänen so stark, daß bei manchen Tonwaren eine Zuordnung zur einen oder anderen Ethnie unmöglich ist und nur von »siebenbürgischer

Ware« gesprochen werden kann. Als Keramikschmuck der Bauernstuben kauften die Sachsen für ihre Krug- und Tellerrahmen vor allem die blau-weiß glasierten Erzeugnisse, hatten aber auch grün-braune im Haus. Gerade dieses in wärmeren Farben gehaltene Geschirr wurde indessen von den Rumänen als Zimmerschmuck besonders geschätzt, wiewohl auch bei ihnen die weiß-blauen Keramikwaren nicht gänzlich fehlen. Um eine möglichst breite Nachfrage befriedigen zu können, mußten die Handwerksmeister das spezielle Muster- und Formenrepertoire der verschiedenen Ethnien beherrschen.

Je mehr der Hausrat der beiden Ethnien verziert war, um so weniger wurde er von ihnen benutzt. Die praktische Funktion der Ausstattung war in Stolzenburg, das gewiß hier als ein Beispiel für andere stehen kann, von der repräsentativen abgelöst worden. Die Innenausstattung hatte sich für beide Ethnien zum Prestigeobjekt gewandelt, das der Mehrung des Ansehens seines Besitzers dienen sollte. Strukturell stellten sich Wohnen und Wohnverhalten bei Sachsen und Rumänen gleich dar. Prinzipielle ethnische Unterschiede waren in diesem Bereich nicht festzustellen. Wohl aber traten bei der Ausstattung der Räume stilistische und dekorative Eigenheiten in Erscheinung, in denen die ethnische Individualität ihren Ausdruck fand. Sie fungierten als Zeichen, die der Gruppe als Ausweis ihrer ethnisch-kulturellen Einheit dienten.

An der vorangegangenen Darstellung von Einzelproblemen ist versucht worden, deutlich zu machen, zu welchen Aufschlüssen der interethnische Ansatz bei der Erforschung der Lebenswirklichkeit ethnischer Gruppen führen kann. Er erlegt dem Forscher die Verpflichtung auf, sich auch den benachbarten Bevölkerungsgruppen zuzuwenden und den Wegen nachzuspüren, auf denen sich die zwischenvolklichen Wechselwirkungen angebahnt und vollzogen haben. So eröffnet diese Forschungsrichtung die Möglichkeit, die *kulturelle Prägung* einer Gruppe unter ihren vielseitigen Aspekten zu beschreiben, zugleich kann sie in besonderem Maß zu einem wissenschaftlichen Verständnis eigener und fremder Kultur beitragen.

Heike Müns

7. Aktualisierung
Wie tauglich ist »Interethnik als methodisches Konzept«

Wir wissen bereits aus den Erkenntnissen der Kulturraumforschung (Cox 1993), daß die Verbreitung von kulturellen Objektivationen nur in wenigen Fällen mit Sprach-, Staats- und Religionsgrenzen zusammenfällt. Aber heute bilden wie eh und je eben die Sprach- und Religionsgrenzen, und nicht nur in Vielvölkerstaaten, eine fortwährende Quelle zum Teil gewalttätiger Auseinandersetzungen. Dabei berufen sich die sich vielfach lediglich durch einige wenige kulturelle Merkmale unterscheidenden ethnischen Minderheiten fast immer auf die ihnen speziell eigene kulturelle Einzigartigkeit oder Identität bzw. sie werden ihnen von den entsprechenden Machthabern in Erinnerung gerufen.

Als Hauptursache für die gegenwärtig zu beobachtenden Konflikte wird eine »Intoleranz des Nationalstaates gegenüber ethnischen Minderheiten« gesehen, eine Reaktion gegen die Bestrebungen europäischer Integration und ökonomischer Globalisierung sowie eine Folge des »Endes der Systeme« (Heckmann 1991). In den postsozialistischen Ländern wird der Anstieg des Ethnonationalismus als eine der ökonomischen und sozialen Folgen des sozialistischen Systems bewertet (Roth 2000). Angesichts der gegenwärtig zu beobachtenden Entwicklungen u. a. in Jugoslawien, in den GUS oder bei Beobachtung der Integrationsbemühungen von Spätaussiedlern, ja, selbst in den Diskussionen um »Ossis« und »Wessis«, jetzt und auch vorher zur Zeit des Kalten Krieges, ist zu fragen: wie tauglich ist das Konzept der interethnischen Beziehungen zur Bewältigung von Konflikten?

Unzweifelhaft funktionieren interethnische Beziehungen auf der Mikroebene durch Alltagserfahrungen, wie sie von A. Schenk (1935–1998) wiederholt aufgrund von Feldforschungsergebnissen beschrieben worden sind, und sie können sich auch in Situationen bewähren, in der die »große Politik« anders entscheiden würde, wie Thomas Ludewig sie beispielsweise für die Situation der Deutschen in Nadwar (Ungarn) seit 1945 und ihre interethnischen Beziehungen (Ludewig 1994) schilderte: Als es dort nach dem Zweiten Weltkrieg zu Deportationen, Enteignungen und Aussiedlung der Deutschen kam (bis zur Wende ein Tabuthema), litten die bewährten interethnischen Beziehungen der Nadwarer trotz der oft ungerechten Behandlung durch die ungarischen Behörden kaum. Es kam sogar zu Solidarisierungen, indem die von Aussiedlung bedrohten Deutschen persönliches Eigentum bei den ungarischen Nachbarn verstecken durften. Selbst einige Mitglieder des Volksbundes konnten mit der Solidarität ihrer nichtdeutschen Bekannten rechnen, sofern die Verbindungen nicht vor 1945 abgebrochen worden waren. Konflikte im Zusammenleben ergaben sich dagegen auch auf der Mikroebene durch den Zuzug von 310 ungarischen Familien nach Nadwar, die infolge des Potsdamer Abkommens aus Jugoslawien und der Tschechoslowakei ausgewiesen worden waren und die nun die Häuser und den Besitz der Schwaben erhielten, die wiederum innerhalb kürzester Zeit ihre Häuser verlassen mußten. In einigen Fällen verblieben die enteigneten Deutschen im Dorf und mußten mit ansehen, wie die Ungarn mit ihrem Besitz lebten und gegen die erhebliche Vorbehalte entstanden. Andererseits verloren viele ungarische Bauern durch sozialistische Kollektivierungsmaßnahmen ihren Hof, und gerade dieses Erlebnis wirkte durch Mitgefühl zwischen der deutschen und der ungarischen Landbevölkerung verbindend. Hier wie in andern Fällen hatten die Nachbarn also Strategien des Zusammenlebens entwickeln können, die ein friedliches Zusammenleben trotz der Konfliktsituationen ermöglichten.

Von Annemie Schenk wurde das Erbe des hauptsächlich von Ingeborg Weber-Kellermann vertretenen Konzeptes der Interethnischen Beziehungen, das die Auseinandersetzung mit der Sprachinselvolkskunde die Forschung lange belebte, nahezu minutiös verwaltet, es wurde aber in der Theorie nicht grundlegend weitergeführt, wie sich auch in ihrer letzten Zusammenfassung »Interethnik als methodisches Konzept« zeigt (Schenk 1995). Dort zitiert sie in Ergänzung zu ihren Ausführungen über die Methode des Vergleichs im »Grundriss« (Schenk 1994, 344) einen frühen Befürworter dieser Methode, den ersten Vizepräsidenten des Vereins für österreichische Volkskunde, Josef Alexander Freiherr von Helfert, der bereits 1896 angeregt hatte, »Volksnachbarliche Wechselseitigkeit zu einem Gegenstande speciellen Studiums zu machen«, weil diesem, »was ja unserem großen und schönen Österreich so besonders noththut, ein ausgleichender und versöhnender, ein völkerverbindender Gedanke zugrunde liegt« (Schenk 1995, 257). Diese Begrenzung interethnischer Beziehungen auf eine allein völkerverbindende Funktion aufgrund kulturellen Austausches erscheint fast harmoniesüchtig und geht von nahezu illusorischen Prämissen aus:

1. Einer relativen Homogenität der Ethnie;
2. dem langandauernden Verbleib in einem geographischen Raum ohne Berücksichtigung der Tatsache, daß sich seit Jahrhunderten »Europa in Bewegung« (Bade 2000) befindet – und nicht nur Europa;
3. einer Unterschätzung der Dynamik ethnischer Grenzen;
4. einer Beschränkung auf Ost- und Südosteuropa;
5. einer Beschränkung auf allein positive kulturelle Wechselwirkungen interethnischer Beziehungen.

Drei willkürliche Beispiele aus der Geschichte und der Gegenwart lassen die Begrenztheit des Konzeptes bzw. der Erklärbarkeit interethnischer Beziehungen auf der Basis benachbarter Ethnien erahnen:

1. Als Ergebnis der 4. Volkszählung 1935 in Lettland wurde festgestellt:

»Eine Haupteigenart Latgales (Lettgallens) und des Ostteils des Kreises Ilūkste ist jedoch die, daß es dort weite Gebiete mit einer großen Zahl von Einwohnern gibt, die zur Zeit der Staatsgründung kein nationales Selbstbewußtsein hatten [...]. Auf die Frage ›Was ist ihre Nationalität‹? wird nicht selten geantwortet: ›Ich bin Katholik‹ oder ›tutejšij‹, das heißt Hiesiger. Diese hiesigen Menschen verstehen in der Regel lettisch, polnisch und russisch. Alle diese Sprachen sprechen sie gleich fehlerhaft, und in Abhängigkeit von äußeren Einflüssen geben sie sich bald als Letten, bald als Polen, bald als Russen aus« (Benz 1998, 443). Bei der Untersuchung der Integration Lettgallens in den lettischen Nationalstaat vermerkt Benz ein vormodernes Phänomen des zumindest partiellen Übergewichts konfessioneller (»Katholik«) und regionaler (»Hiesiger«) Identitäten gegenüber der nationalen Identität noch weit bis in unser »nationales« 20. Jahrhundert hinein. Die Daten der Volkszählungen geben auch Auskunft über nationale Mischehen. Dabei wurde deutlich, daß national gemischte Ehen vor allem in den Gemeinden auftraten, in denen verschiedene Nationalitäten lebten, die jedoch der gleichen Konfession angehörten und offensichtlich die Zugehörigkeit der Brautleute zu verschiedenen Konfessionen ein größeres Hindernis für die Ehe darstellten als nationale Unterschiede, ein Ergebnis, das auch für die Deutschen in Ungarn zutrifft. Es stellt sich also hier die Frage: Wird nicht generell die Dominanz der Ethnie bei der Beurteilung interethnischer Beziehungen überbewertet?

2. Die Kriege auf dem Balkan, aber auch die Konflikte in der Sowjetunion haben ein enormes Konfliktpotential deutlich werden lassen. Ethnische Konflikte, die vor Jahrhunderten ausgetragen worden waren und fast vergessen schienen, konnten für machtpolitische Zwecke wieder aufgerufen werden. Bekanntestes Beispiel für diese Konstruktion einer neue Gemeinsamkeit empfindenden Gruppe war das Bestreben des jugoslawischen Expräsidenten Slobodan Milošević, die kommunistische Ikonographie nationalistisch zu wenden und ethnische Konflikte durch das Aufrufen von Mythen, konstruierten Erinnerungsbildern an Ereignisse vor 600 Jahren auf dem »Amselfeld« zugunsten der Serben zu mobilisieren.

Und schließlich:
3. Wie ist die jüdische Identität mit ihrer charakteristischen geographischen Streuung, ihrer Raumlosigkeit in dieses Konzept einzubinden? Basiert nicht ihre Nationalkultur auf einer Konstruktion, die aber wiederum deutliche Wirkung auf andere Ethnien zeigt? Zu wenig scheint bisher berücksichtigt, daß für die Beurteilung der Qualität und Kontinuität der interethnischen Beziehungen einer Volksgruppe Interessendominanzen und das Wissen um die wechselvollen historischen und politischen Entwicklungen eine nicht unwesentliche Rolle spielen. In Ungarn war es beispielsweise zwar trotz aller Verschiedenheit u. a. der Wertorientierung (Andrásfalvy 1997) zwischen Ungarn und Deutschen

zwangsläufig durch die differenzierte Arbeitsteilung zu interethnischen Beziehungen in Form wirtschaftlicher, gesellschaftlicher und kultureller Kontakte gekommen, jedoch zeitigte die Magyarisierungspolitik, offiziell seit Inkrafttreten des Volksschulgesetztes 1879, enorme Wirkung u. a. auf den Sprachgebrauch der Deutschen und das Unterrichtswesen in Ungarn, aber auch auf die Siebenbürger Sachsen (Gündisch 1998, 159 ff.) Viele Deutsche in Ungarn, die sozial aufzusteigen wünschten, hatten sich politisch und kulturell für die Ungarn engagiert, bis es in der Zwischenkriegszeit und dann verstärkt nach der Gründung des Volksbundes 1938 zu einer Gruppenspaltung unter den Deutschen in die sogenannte »Volksbündler« und die assimilationsbereiten sogenannten »Madjaronen« kam. Dennoch werden etwa in den »Beiträgen zur Volkskunde der Ungarndeutschen« überwiegend die rein deutschen kulturellen Zeichen und Äußerungen dargestellt, obwohl die Deutschen schon seit Ende des 19. Jahrhundert nicht mehr als homogene Gruppe in Erscheinung traten. Dies wiederum erscheint aus der jeweiligen Interessenlage verständlich.

Den Ursachen für interethnische Kontaktsuche und Interaktionen, aber auch für die immer wieder aufbrechenden Konflikte ist also differenzierter und in enger interdisziplinärerer Zusammenarbeit nachzugehen. Ethnien zeigen sich als System, das innerer Dynamik und äußeren Einflüssen gleichermaßen ausgesetzt ist. Untersuchungen zeigen, daß Allianzen zwischen unterschiedlichen ethnischen Gruppen gebildet wurden, wenn es die politische und soziale Interessenlage erforderte. Ganz gleich, ob wir uns für die traditionellere Erklärung des Ethnos oder die konstruktivistische Position entscheiden, alle Konzepte und Theorien müssen sich daran messen lassen, ob sie historische wie gegenwärtige Prozesse erklären können (Heckmann 1997). Tatsächlich spricht eine Anzahl von Argumenten für die konstruktivistische Position, und sie wird auch genutzt für die Erklärung der Entstehung und der Formen von Vorstellungen gemeinsamer Herkunft, eines gemeinsamen Gruppenschicksals: »hierbei handelt es sich bei genauer Analyse um Deutungen, ›Konstruktionen‹, Mythen oder auch Erfindungen, deren Inhalte weitgehend von gegenwärtigen Gruppenbedürfnissen bestimmt sind und die es mit der geschichtlichen Wahrheit nicht besonders ernst nehmen« (Heckmann 1997, 49). Einheit und Gemeinsamkeit werden behauptet und in historischen Projektionen »hergestellt«. Ethnizität erscheint zwar als eine globale Erscheinung, muß aber in seiner jeweiligen Bedeutung ganz konkret empirisch untersucht werden.

Hier versprechen Forschungen der »Interkulturellen Kommuunikation« weitere Einsichten. So fragt Klaus Roth unter dem programmatischen Titel zu einer »Politik der interethnischen Koexistenz«: Kann Europa von den historischen Vielvölkerstaaten lernen? »Gibt es Mittel und Wege, mit Unterschieden angemessener und wirksamer umzugehen, oder, in anderen Worten, das Konfliktpotential interethnischer

Beziehungen zu reduzieren?« (Roth 2000, 4). Wenn Roth allerdings beklagt, daß »Kulturelemente und ihre Wanderung, Übersetzung, Adoption, Variation und ihr Wandel untersucht würden, während die Menschen selbst und ihre direkten Interaktionen und Beziehungen fast unbeachtet blieben« (Roth 2000), so können hier wiederum die Ergebnisse der Biographieforschung und der Oral History hilfreich sein, wie sie etwa in der Zeitschrift BIOS, vor allem aber auch in den Veröffentlichungen der Kommission für deutsche und osteuropäische Volkskunde vorliegen. Sie fühlen sich den Anregungen zur interethnischen Forschung von Ingeborg Weber-Kellermann und Annemie Schenk zwar verpflichtet, wissen aber auch um deren Begrenztheit.

Literaturverzeichnis

Andrásfalvy, Bertalán: Modelle bäuerlicher Lebensformen in Südungarn im 18. Jahrhundert. In: Márta Fata (Hrsg.): Die Schwäbische Türkei. Lebensformen der Ethnien in Südwestungarn. Sigmaringen 1997, 43–62.

Apitzsch, Ursula: Migration und Traditionsbildung. Wiesbaden 1999.

Aschauer, Wolfgang: Ethnische Identität bei den Ungarndeutschen – Formen und Faktoren. In: Seewann, Gerhard (Hrsg.): Minderheitenfragen in Südosteuropa. München 1992, 157–173.

Bade, Klaus J. (Hrsg.): Deutsche im Ausland – Fremde in Deutschland: Migration in Geschichte und Gegenwart. München 1992.

Bade, Klaus J. (Hrsg.): Migration – Ethnizität – Konflikt. Osnabrück 1996.

Bade, Klaus: Europa in Bewegung. Migration vom späten 18. Jahrhundert bis zur Gegenwart. München 2000.

Bausinger, Hermann; Braun, Markus; Schwedt, Herbert: Neue Siedlungen. Volkskundlich soziologische Untersuchungen des Ludwig-Uhland-Instituts Tübingen. Stuttgart 1959; ²1963.

Bausinger, Hermann: Das Problem der Flüchtlinge und Vertriebenen in den Forschungen zur Kultur der unteren Schichten. In: Schulze, Rainer; von der Brelie-Lewien, Doris; Grebing, Helga (Hrsg.): Flüchtlinge und Vertriebene in der westdeutschen Nachkriegsgeschichte. Hildesheim 1987, 180–195.

Bausinger, Hermann: Deutsche, Fremde, deutsche Fremde. Aussiedler und Ausländer – ein verbotener Vergleich? In: Baumeister, Hans-Peter (Hrsg.): Integration von Aussiedlern. Eine Herausforderung für die Weiterbildung. Weinheim 1991, 21–41.

Beer, Bettina: Deutsch-Philippinische Ehen. Interethnische Heiraten und Migration von Frauen. Berlin 1996.

Benz, Ernst: Zwischen konfessioneller, regionaler und nationaler Identität. Die Katholiken in Lettgallen und Lettland im 19. und 20. Jahrhundert. In: Nordost-Archiv NF 7: 2 (1998) 442–495.

Berend, Nina; Mattheier, Klaus (Hrsg.): Sprachinselforschung. Eine Gedenkschrift für Hugo Jedig. Frankfurt a.M. 1994.

Bönisch-Brednich, Brigitte: Volkskundliche Forschung in Schlesien. Eine Wissenschaftsgeschichte (Schriftenreihe der Kommission für deutsche und osteuropäische Volkskunde, 68). Marburg 1994.

Boll, Klaus: Kulturwandel der Deutschen aus der Sowjetunion. Eine empirische Studie zur Lebenswelt russlanddeutscher Aussiedler in der Bundesrepublik,

(Schriftenreihe der Kommission für deutsche und osteuropäische Volkskunde, 63). Marburg 1993.

Boross, Marietta: Bemalte Bauernmöbel von Hartau/Harta (Beiträge zur Volkskunde der Ungarndeutschen, 16). Budapest 1999.

Bräuer, Birgit: Ethnizität und Wohnkultur. Aspekte von Selbstverständnis und materieller Kultur Siebenbürger Sachsen in Niedersachsen. (Schriftenreihe der Kommission für deutsche und osteuropäische Volkskunde, 83). Marburg 2001.

Brandes, Detlef: Die Ansiedlung von Ausländern im Zarenreich unter Katharina II., Paul I. und Alexander I. In: Jahrbücher für Geschichte Osteuropas 34 (1986) 161–187.

Braun, Rudolf: Soziokulturelle Probleme der Eingliederung italienischer Arbeitskräfte in der Schweiz. Erlenbach-Zürich/Stuttgart 1970.

Cox, H. L.: Kulturgrenzen und nationale Identität. In: Rheinisches Jahrbuch für Volkskunde 30, 1993/94 (Kulturgrenzen und Nationale Identität), 7–14.

Daichendt, Heidelore: Deutschland, (k)ein Traumland. Erlebnisberichte Deutscher aus Rumänien. (Schriftenreihe der Kommission für deutsche und osteuropäische Volkskunde Marburg, 56). Marburg 1991.

Daxelmüller, Christoph: Die deutschsprachige Volkskunde und die Juden. Zur Geschichte und den Folgen einer kulturellen Ausklammerung. In: Zeitschrift für Volkskunde 83 (1987) 1–20.

Dittmar, Jürgen; Kaltwasser, Stephan; Schriever, Klaus (Hrsg.): Betrachtungen an der Grenze. Gedenkband für Peter Assion. Marburg 1997.

Drobek, Felicitas (Hrsg): Polen in Deutschland – Deutsche in Polen. Referate der Tagung des Johannes-Künzig-Instituts für ostdeutsche Volkskunde vom 12./13. Juni 1997. Freiburg 1999.

Dröge, Kurt (Hrsg.): Alltagskulturen zwischen Erinnerung und Geschichte. Beiträge zur Volkskunde der Deutschen in und aus dem östlichen Europa. München 1995.

Eisch, Katharina: Grenze. Eine Ethnographie des bayerisch-böhmischen Grenzraums. München 1996.

Fata, Márta (Hrsg.): Das Auge des Volkskundlers. Fotowanderungen in Ungarn im Spannungsfeld von Sprachinselforschung und Interethnik. Tübingen 1999.

Fielitz, Wilhelm: Das Stereotyp des wolhyniendeutschen Umsiedlers. Popularisierungen zwischen Sprachinselforschung und nationalsozialistischer Propaganda. (Schriftenreihe der Kommission für deutsche und osteuropäische Volkskunde, 82). Marburg 2000.

Fisch, Silvie: »Das Damals starb. Wir haben uns gefügt.« Akkulturation und Identitätswandel der deutsch-baltischen Umsiedlergeneration in Bayern nach 1939. In: Dröge 1995, 43–66.

Francis, Emerich K.: Einige Grundbegriffe zu einer Theorie der ethnischen Gebilde. In: Kölner Zeitschrift für Soziologie und Sozialpsychologie 6 (1953/54) 91–103.

Francis, Emerich K.: Ethnos und Demos. Soziologische Beiträge zur Volkstheorie. Berlin 1965.

Fremde Nachbarn. Aspekte türkischer Kultur in der Türkei und in der BRD. Hrsg. von der Hessischen Vereinigung für Volkskunde durch Max Matter unter Mitarbeit von Astrid Mischlich und Hanne Straub (Hessische Blätter für Volks- und Kulturforschung, 29) Marburg 1992.

Galizien. Ethnographische Erkundung bei den Bojken und Huzulen in den Karpaten. Ethnographisches Museum Schloss Kittsee 1998.

Gauss/Weidenheim: Die Donauschwaben. Bild eines Kolonistenvolkes. Freilassing 1961.

Gehl, Hans (Hrsg.): Sprachgebrauch – Sprachanpassung Eine Untersuchung zum heutigen Gebrauch der deutschen Sprache in Westrumänien und zur sprachlichen Anpassung der Donauschwaben. Tübingen 1998.

Gogolin, Ingrid (Hrsg.): Kultur- und Sprachenvielfalt in Europa. Münster/New York 1991.

Gündisch, Konrad: Siebenbürgen und die Siebenbürger Sachsen. München 1998.

Habenicht, Gottfried: Pipatsche un Feldblume vun dr Heed. Kommentierte Ausgabe der banatschwäbischen Volksliedersammlung des Johannes Szimits von 1908. Freiburg 1997.

Hauffen, Adolf: Die deutsche Sprachinsel Gottschee. Geschichte und Mundart, Lebensverhältnisse, Sitten und Gebräuche, Sagen, Märchen, Lieder. Graz 1895.

Heckmann, Friedrich: Ethnische Minderheit, Volk und Nation. Soziologie interethnischer Beziehungen. Stuttgart 1992.

Heckmann, Friedrich: Ethnos – eine imaginierte oder reale Gruppe? Über Ethnizität als soziologische Kategorie. In: Hettlage, Robert; Deger, Petra; Wagner, Susanne (Hrsg.): Kollektive Identität in Krisen. Ethnizität in Religion, Nation, Europa. Darmstadt 1997, 46–55.

Hentz, Ludwig: Die deutsche Volkstracht in Mezöberény. In: Beiträge zur Volkskunde der Ungarndeutschen (Die Volkskunde der ungarländischen Nationalitäten). Budapest 1975, 121–159.

Hesse-Lehmann, Karin: Iraner in Hamburg. Verhaltensmuster im Kulturkontakt. Hamburg 1993.

Hettlage, Robert: Identität und Integration. Ethno-Mobilisierung zwischen Region, Nation und Europa – eine Einführung. In: Hettlage, Robert; Deger, Petra; Wagner, Susanne (Hrsg.): Kollektive Indentität in Krisen. Ethnizität in Religion, Nation, Europa. Darmstadt 1997, 12–43

Hofer, Tamás: Construction of the »Folk Cultural Heritage« in Hungary and Revival Versions of National Identity. In: Ethnologia Europea 21 (1991) 145–170.

Heuberger, Valeria; Suppan, Arnold; Vyslonzil, Elisabeth (Hrsg.): Das Bild vom Anderen. Identitäten, Mentalitäten, Mythen und Stereotypen in multiethnischen Regionen. Frankfurt a.M. 1999.

Institut für Migrations- und Rassismusforschung e.V. (Hrsg.): Rassismus und Migration in Europa. Berlin 1992.

Interferenzen. Rumänisch-ungarisch-deutsche Kulturbeziehungen in Siebenbürgen. Hrsg. v. Michael Kroner. Cluj 1973.

Jacobi, Theresia: Wir gehören jetzt schon hierher. Flüchtlinge aus Perbál/Ungarn in hessischen Gemeinden 1946–1956 (Schriftenreihe der Kommission für deutsche und osteuropäische Volkskunde, 72) Marburg 1996.

Jacobsen, Hans-Adolf (Hrsg.): Hans Steinacher. Bundesleiter des VDA 1933–1937. Erinnerungen und Dokumente (Schriften des Bundesarchivs, 19). Boppard am Rhein 1970.

Jech, Jaromír: Interethnische Beziehungen. In: Enzyklopädie des Märchens 7 (1991) 208–216.

Jungbauer, Gustav: Sprachinselvolkskunde. In: Sudetendeutsche Zeitschrift für Volkskunde 3 (1930) 143–150, 196–204.

Kalinke, Heinke M.: Die Frauen aus Zülz/Biała. Lebensgeschichten dies- und jenseits der deutsch-polnischen Grenze (1920–1995) (Schriftenreihe der Kommission für deutsche und osteuropäische Volkskunde, 76). Marburg 1997.

Kalinke, Heinke M.: »Teamwork« – Zur volkskundlichen Feldforschung in Ost- und Südosteuropa in den 1920er und 1930er Jahren: Alfred Karasek und der Bielitzer Kreis. In: Jahrbuch für deutsche und osteuropäische Volkskunde 42 (1999), 20–43.

Kiliánová, Gabriela; Eva Riečanská: Identity of ethnic groups and communities. The Results of Slovak Ethnological Research. Bratislava 2000.
Klaube, Manfred: Die deutschen Dörfer in der westsibirischen Kulunda Steppe. Entwicklung – Strukturen – Probleme. (Schriftenreihe der Kommission für deutsche und osteuropäische Volkskunde, 57). Marburg 1991.
Köstlin, Konrad: Volkskulturforschung in Grenzräumen. In: Jahrbuch für ostdeutsche Volkskunde 33 (1990) 9–19.
Kuhn, Walter: Deutsche Sprachinselforschung. Geschichte, Aufgaben, Verfahren. Plauen i.V. 1934.
Kulturkontakt, Kulturkonflikt. Zur Erfahrung des Fremden. 26. Deutscher Volkskundekongreß in Frankfurt vom 28. September bis 2. Oktober 1987. Hrsg. von Ina-Maria Greverus, Konrad Köstlin, Heinz Schilling (Notizen. Die Schriftenreihe des Instituts für Kulturanthropologie und Europäische Ethnologie der Universität Frankfurt am Main, 28). 2 Teile. Frankfurt a.M. 1988.
Kusterer, Karin: Ethnische Identität bei den Deutschen in der Sowjetunion. Ergebnisse einer Befragungsstudie mit deutschen Spätaussiedlern aus der Sowjetunion (Osteuropa-Institut München. Forschungsprojekt »Deutsche in der Sowjetgesellschaft«. Arbeitsbericht, 13). München 1990.
Landesinstitut für Statistik (Hrsg.): Interethnische Beziehungen – Leben in einer mehrsprachigen Gesellschaft – relazioni interetniche – Vivere in una società plurilingue. Bozen 1992.
Lehmann, Albrecht: Im Fremden ungewollt zuhaus. Flüchtlinge und Vertriebene in Westdeutschland 1945–1990. München 1991.
Lehmann, Albrecht: Erinnern und Vergleichen. Flüchtlingsforschung im Kontext heutiger Migrationsbewegungen. In: Dröge 1995, 15–30.
Lemberg, Eugen: Nationalismus I: Psychologie und Geschichte (rde, 197/198). Reinbek bei Hamburg 1964. Nationalismus II: Soziologie und politische Pädagogik (rde, 199). Reinbek bei Hamburg 1964.
Löneke, Regina: Die »Hiesigen« und die »Unsrigen«. Werteverständnis mennonitischer Aussiedlerfamilien aus Dörfern der Region Orenburg/Ural (Schriftenreihe der Kommission für deutsche und osteuropäische Volkskunde, 81). Marburg 2000.
Ludewig, Thomas: Leben in Nadwar. Eine biographische Studie zum Wandel der Lebensbedingungen und des Bewußtseins von Männern in einem deutschen Dorf in Ungarn (Schriftenreihe der Kommission für deutsche und osteuropäische Volkskunde, 67). Marburg 1994.
Matter, Max: Ehre und Moral. In: Fremde Nachbarn. Marburg 1992, 95–104.
Matter, Max: »Deutsch sein« in Ostmitteleuropa an Beispielen des Zusammenlebens verschiedener ethnischer Gruppen in der Slowakei. In: Jahrbuch für deutsche und osteuropäische Volkskunde 42 (1999) 44–57.
Meiners, Uwe; Reinders-Düselder, Christoph (Hrsg.): Fremde in Deutschland – Deutschland in der Fremde. Schlaglichter von der Frühen Neuzeit bis in die Gegenwart. Cloppenburg 1999.
Melika, Georg: Die Deutschen der Transkarpathien-Ukraine. Entstehung, Entwicklung ihrer Siedlungen und Lebensweise im multiethnischen Raum (Schriftenreihe der Kommission für deutsche und osteuropäische Volkskunde, 84). Marburg 2001.
Müns, Heike: Tradierungs- und Transformationsprozesse am Beispiel des Liedgutes eines ungarischen Dorfes. In: Lipp, Carola (Hrsg.): Medien popularer Kultur. Erzählung, Bild und Objekt in der volkskundlichen Forschung. Rolf Brednich zum 60. Geburtstag. Frankfurt/M. 1995, 252–265.
Müns, Heike: Die Heimatvertriebenen in der wissenschaftlichen Literatur der Kommission für deutsche und osteuropäische Volkskunde. In: Manfred Wille (Hrsg.):

50 Jahre Flucht und Vertreibung. Gemeinsamkeiten und Unterschiede in der Aufnahme und Integration der Vertriebenen in die Gesellschaften der Westzonen/Bundesrepublik und der SBZ/DDR. Magdeburg 1997a, 224–238.

Müns, Heike: Neue handschriftliche Musikaufzeichnungen der Deutschen in der Baranya/Ungarn. In: Jahrbuch für deutsche und osteuropäische Volkskunde 40 (1997b) 175–208.

Müns, Heike (Hrsg): »Das Problem der inneren Wiedervereinigung wird immer grösser...« Briefe, Dokumente und Referate zur volkskundlichen »Ostforschung« 1951–1962. Bd. 1 (Schriftenreihe der Kommission für deutsche und osteuropäische Volkskunde, 80). Marburg 1999.

Niermann, M. Monika: Deutsche Kindheit in der Dobrudscha (Schriftenreihe der Kommission für deutsche und osteuropäische Volkskunde, 72). Marburg 1996.

Retterath, Hans-Werner (Hrsg.): Wanderer und Wanderinnen zwischen zwei Welten? Zur kulturellen Integration rußlanddeutscher Aussiedlerinnen und Aussiedler in der Bundesrepublik Deutschland. Freiburg 1998.

Röder, Annemarie: Deutsche, Schwaben, Donauschwaben. Ethnisierungsprozesse einer deutschen Minderheit in Südosteuropa. (Schriftenreihe der Kommission für deutsche und osteuropäische Volkskunde, 78). Marburg 1998.

Roth, Klaus: Die Volkskultur Südosteuropas in der Moderne. In: Klaus Roth (Hrsg.): Die Volkskultur Südosteuropas in der Moderne. Southeast European Folk Culture in the Modern Era (Südosteuropa-Jahrbuch, 22). München 1992, 11–28.

Roth, Klaus: »Zu einer Politik der interethnischen Koexistenz«: Kann Europa von den historischen Vielvölkerstaaten lernen? In: Südosteuropa-Mitteilungen. Vierteljahresschrift der Südosteuropa-Gesellschaft e.V. 40: 1 (2000) 3–21.

Schabus, Wilfried: Die Landler. Sprach- und Kulturkontakt in einer alt-österreichischen Enklave in Siebenbürgen (Rumänien). Wien 1996.

Schenk, Annemie; Weber-Kellermann, Ingeborg: Interethnik und sozialer Wandel in einem mehrsprachigen Dorf des rumänischen Banats. Marburg 1973.

Schenk, Annemie: Familie und Wohnen in Stolzenburg. Eine Untersuchung bei Sachsen und Rumänen in einem siebenbürgischen Dorf (Studia Transylvanica, 10). Köln/Wien 1984.

Schenk, Annemie: Deutsche in Siebenbürgen. Ihre Geschichte und Kultur. München 1992.

Schenk, Annemie: Interethnik als methodisches Konzept. Zur Erforschung ethnischer Gruppen in Siebenbürgen. In: Dröge 1995, 255–268.

Schroubek, Georg R.: Volkskunde im nationalen Kontaktgebiet (Böhmen). In: Volkskunde im 19. Jahrhundert. Ansätze – Ausprägungen – Nachwirkungen. Arbeitstagung der Vertreter des Faches Volkskunde an den deutschen Universitäten vom 9. bis 11. Oktober 1968 in Kiel. Kiel 1968, 46–49.

Schubert, Gabriella: Von den »Nationaltrachten« zur europäischen Stadtkleidung. Zum Wandel im Kleidungsverhalten der Donau-Balkan-Völker. In: Klaus Roth (Hrsg.): Die Volkskultur Südosteuropas in der Moderne. München 1992, 197–233.

Schürmann, Thomas: Ost-West-Beziehungen in der Nahrungskultur. In: Jahrbuch für deutsche und osteuropäische Volkskunde 37 (1994) 139–169.

Schwedt, Herbert (Hrsg.): Nemesnádudvar-Nadwar. Leben und Zusammenleben in einer ungarndeutschen Gemeinde (Schriftenreihe der Kommission für deutsche und osteuropäische Volkskunde, 50). Marburg 1990.

Senz, Ingomar: Die Donauschwaben. München 1994.

Tausend Jahre Nachbarschaft. Deutsche in Südosteuropa. Hrsg. von der Stiftung Ostdeutscher Kulturrat, Bonn. Zusammengestellt und eingeführt von Gotthold Rhode. München 1981.

Thurnwald, Richard: The Psychology of Acculturation. In: American Anthropologist 34 (1932) 557–569.

Wagner, Ernst: Geschichte der Siebenbürger Sachsen. Ein Überblick. Innsbruck 1985.

Weber-Kellermann, Ingeborg: Zur Frage der interethnischen Beziehungen in der »Sprachinselvolkskunde«. In: Österreichische Zeitschrift für Volkskunde 62 (1959) 19–47.

Weber-Kellermann, Ingeborg: Erntebrauch in der ländlichen Arbeitswelt des 19. Jahrhunderts auf Grund der Mannhardtbefragung in Deutschland von 1865. Marburg 1965.

Weber-Kellermann, Ingeborg: Zur Interethnik. Donauschwaben, Siebenbürger Sachsen und ihre Nachbarn. Frankfurt a.M. 1978.

Yoder, Don: Palatine, Hessian, Dutchman: Drei Bezeichnungen für Deutsche in Amerika. In: Hessische Blätter für Volks- und Kulturforschung 17 (1985) 191–212.

Zappe, Manuela: Das ethnische Zusammenleben in Südtirol: sprachsoziologische, sprachpolitische und soziokulturelle Einstellungen der deutschen, italienischen und ladinischen Sprachgruppe vor und nach den gegenwärtigen Umbrüchen in Europa. Frankfurt a.M. 1996.

Juliana Roth / Klaus Roth

Interkulturelle Kommunikation

1. Gegenstandsbereich

Interkulturelle Kommunikation ist ein junges Forschungs- und Lehrgebiet. Es verbindet Ansätze aus mehreren Disziplinen, denen aber gemeinsam ist, daß sie aus den Bedürfnissen der gesellschaftlichen Praxis entstanden sind, konkret aus der Tatsache der zunehmenden wirtschaftlichen, politischen und medialen Vernetzung der Weltbevölkerung und damit der starken Zunahme der Kontakte zwischen Individuen, Gruppen und Institutionen aus unterschiedlichsten Ländern und Kulturen. Das Bestreben, die aus dem Kulturkontakt resultierenden Kulturkonflikte zu mildern und zu lösen, hat die Interkulturellen Kommunikation (im folgenden IKK) hervorgebracht; es hat zugleich aber auch zu einer gewissen Vernachlässigung der theoretischen Fundierung geführt (cf. Winkin 1984, 17). Das Verhältnis zwischen Theorie und Praxis ist bis heute ein zentrales Thema geblieben.

Die *Praxisorientierung* der IKK hat auch die Bestimmung ihres Gegenstandes beeinflußt. Dieser wird oft kurz und pragmatisch definiert als Interaktion zwischen Menschen unterschiedlicher Kultur oder als Kommunikation, die von kultureller Varianz beeinflußt ist (cf. Martin/Nakayama 2000, 341; Levine/Adelman 1993, xvii; Dodd 1991, 3). Einige neuere Lehrbücher bringen etwas anspruchsvollere Definitionen (s. Chen/Starosta 1997, 13–16). Der Kommunikationswissenschaftler Gerhard Maletzke definiert: »Als ›interkulturell‹ werden alle Beziehungen verstanden, in denen die Beteiligten nicht ausschließlich auf ihre eigenen Kodes, Konventionen, Einstellungen und Verhaltensformen zurückgreifen, sondern in denen andere Kodes, Konventionen, Einstellungen und Alltagsverhaltensweisen erfahren werden« (Maletzke 1996, 37). Aus der Linguistik stammende Definitionen heben die Bedeutung der Sprache hervor, so etwa Knapp und Knapp-Potthoff (1990, 66), die die IKK bestimmen als »interpersonale Interaktion zwischen Angehörigen verschiedener Gruppen, die sich mit Blick auf die ihren Mitgliedern jeweils gemeinsamen Wissensbestände und sprachlichen Formen symbolischen Handelns unterscheiden.«

Die *Definitionen* stimmen bei aller Unterschiedlichkeit darin überein, daß IKK ein interaktiver Prozeß ist, dessen Teilnehmer aus unterschiedlichen Kulturen stammen. Während diese Kulturunterschiede anfangs vor allem in internationalen Kontexten gesehen wurden, werden heute alle Kontexte einbezogen, also auch jene innerhalb des gleichen Landes sowie in Organisationen aller Art (cf. Singer 1998, xiii). Stets geht es dabei um die face-to-face Begegnung zwischen Individuen, weswegen IKK meist als ein Sonderfall interpersoneller Kommunikation betrachtet wird (Samovar/Porter 1991, 2; Casmir 1997). Während in der Frage, ob sich *inter*kulturelle Kommunikation prinzipiell von *intra*kultureller Kommunikation unterscheidet oder nicht, kaum Übereinstimmung herrscht (s. Gudykunst/Ting-Toomey/Wiseman 1991, 273), besteht weithin Einigkeit darin, daß IKK als grundsätzlich ›gestört‹ und Quelle von Mißverständnissen anzusehen ist und daß es gilt, die Barrieren im Kommunikationsprozeß durch ›Reparaturen‹ zu überwinden (cf. Rehbein 1985, 9).

Ein implizites oder explizites Element aller Definitionen von IKK ist die ›*kulturelle Fremdheit*‹. Umfaßte der Begriff anfangs sowohl objektive als auch subjektive Dimensionen, wird sie heute eher als subjektive Kategorie aufgefaßt und der objektiven ›Alterität‹ bzw. ›Andersheit‹ gegenübergestellt. Dementsprechend wird IKK als »contact between persons who identify themselves as distinct from one another in cultural terms« (Collier/Thomas 1988, 100) gesehen. Hinter diesen Definitionen von Fremdheit verbergen sich entgegengesetzte und kontrovers diskutierte Auffassungen davon, wie Mitgliedschaft in einer Kultur bestimmt wird (cf. Guirdham 1999, 193). Hinzuweisen ist noch darauf, daß ›IKK‹ gelegentlich auch in einem erweiterten Sinn verwendet wird. Er bezeichnet dann – über die Mikroebene der face-to-face Interaktion hinaus – direkte oder indirekte Interaktionen oder Kontakte zwischen ethnischen Gruppen oder sogar Nationen, meint hier also Kulturkontakt und Kulturaustausch auf der Makroebene (cf. –> Interethnik). Hermann Bausingers Bestimmung der »interkulturellen Kommunikation als Kommunikation über Kulturen« (1986, 270) ist nicht aufgegriffen worden.

2. Kontexte interkultureller Interaktion

Der Begriff ›Kontext‹ wird von uns in der Bedeutung verwendet, die in den Kulturwissenschaften üblich ist; in der Literatur finden sich auch Begriffe wie ›Situation‹, ›setting‹, ›situative Faktoren‹ oder ›Umweltfaktoren‹ (cf. Samovar/Porter 1991; Maletzke 1996, 9–12; Ferraro 1998; Martin/Nakayama 2000). Unterschieden werden muß zwischen dem die Interaktion unmittelbar umgebenden *Mikrokontext* bzw. Situationskontext und dem *Makrokontext*, der die politischen und sozio-ökonomischen Rahmenbedingungen ebenso einschließt wie den Kulturkontext als »das gemeinsame Wissen der Sprecher, und dessen Darstellung, [...] ihre Verhaltensformen, ihr Glaubenssystem, ihre Sprechmetaphern und Sprechgattungen, ihr historisches Bewußtsein und ihre ethischen und rechtlichen Grundlagen« (Ben-Amos 1996, 224). Zu unterscheiden ist weiterhin zwischen *historischen* und *gegenwärtigen* Kontexten. In der IKK steht bislang eindeutig die synchrone Betrachtung gegenwärtiger Mikrokontexte im Vordergrund, so daß ein wichtiger Beitrag der Volkskunde darin besteht, die Makrokontexte und die historischen Kontexte interkulturellen Handelns wie auch den kulturellen Wandel verstärkt zu erforschen (cf. Bendix/Oring 1999, 216; K. Roth 1999a).

Interkulturelle Interaktionen zwischen Individuen oder Gruppen gibt es selbstverständlich schon seit Jahrtausenden. Es waren zunächst wohl vor allem Interaktionen zwischen Nachbarstämmen und -völkern, und erst mit der Zunahme der Mobilität durch immer bessere Verkehrsmittel, durch Fernhandel, Kolonisierung und Emigration dann auch Begegnungen mit entfernteren Völkern. Auch die großen Reiche – von der Antike bis ins frühe 20. Jahrhundert – brachten innerhalb ihrer Grenzen Individuen und Gruppen verschiedener Kultur in engen Kontakt: Vielvölkerstaaten wie das Byzantinische, das Osmanische, das Habsburger und das Russische Reich sowie das British Empire haben über Jahrhunderte ein hohes Maß an alltäglicher –> Interethnik und interkultureller Kommunikation gefördert (cf. K. Roth 1999a). Das multiethnische Zusammenleben in diesen historischen Reichen wurde erst problematisch durch die Verbreitung der Idee des ethnisch definierten Nationalstaats und die Schaffung einheitlicher Nationalkulturen im 19. Jahrhundert (cf. Löfgren 1989; Hobsbawm 1983). Der Nationalismus des 20. Jahrhunderts, aber auch der Isolationismus der sozialistischen Staaten trugen wesentlich dazu bei, daß die Zahl der interkulturellen Begegnungen zeitweilig stagnierte oder zurückging.

Vor allem die nach dem Zweiten Weltkrieg einsetzenden politischen und wirtschaftlichen Entwicklungen hatten eine Zunahme der Kontexte interkultureller Begegnung zur Folge, die sich grob in drei Gruppen gliedern lassen: (a) *Internationale Kontexte*. Die wachsenden internationalen Verflechtungen, vor allem durch die ›Globalisierung‹, hatten eine beispiellose Zunahme internationaler Kontakte in Politik und Militär, Wirtschaft und Wissenschaft, Technologietransfer und Entwicklungshilfe, Schüler- und Studentenaustausch, Tourismus und Sport zur Folge; speziell für Europa gewannen die zahllosen interkulturellen Kontakte, die durch die Europäische Union mit ihren Institutionen und Aktivitäten, durch den Fall des Eisernen Vorhangs oder die vielen Migrationsbewegungen verursacht wurden, erhebliche Bedeutung. (b) *Multikulturelle Handlungsfelder*. Durch massenhafte Arbeitsmigration und die zunehmend multiethnische Realität der meisten Industrienationen sind diese genötigt, sich mehr und mehr auf interkulturelle Interaktionen einzustellen; mit dem Problem sind sowohl Wirtschaftsunternehmen (cf. Kartari 1997; Moosmüller 1997) als auch öffentliche Institutionen wie Ämter und Behörden, das Erziehungswesen vom Kindergarten bis zur Universität, das Sozial- und Gesundheitswesen sowie das Rechtswesen konfrontiert (cf. Giordano 1998). (c) *Sozialer Nahbereich*. Als ein eigener und zunehmend wichtiger Kontext ist wegen seiner spezifischen

Problematik der soziale Nahbereich abzugrenzen, d.h. einerseits die unmittelbare Wohnnachbarschaft und andererseits – wegen der starken Zunahme binationaler Ehen – auch der Innenraum der Familie und Verwandtschaft (cf. Waldis 1998; Thode-Arora 1999).

Von erheblicher Relevanz ist die Tatsache, daß interkulturelle Interaktionen in den meisten Kontexten *asymmetrisch*, d.h. durch ungleiche Verteilung politischer, ökonomischer, sozialer oder kultureller Macht gekennzeichnet sind. Die Machtverhältnisse können definiert sein bereits durch die politische, militärische oder ökonomische Dominanz der durch die Akteure vertretenen Länder, die sich oft auch in einer sprachlichen oder kulturellen Dominanz äußert (s. J. Roth 1999), durch die konkreten Machtverhältnisse in einem Unternehmen oder in einer Gemeinde oder aber durch die persönliche Interessenlage der Akteure. Der Zwang zum Erfolg, das Aufeinander-angewiesen-Sein etwa in einem internationalen Unternehmen schafft, so zeigt die Erfahrung, für den Erfolg interkultureller Interaktionen günstigere Voraussetzungen als etwa die diffuse Situation in einer multiethnischen Großstadt (cf. Moosmüller 2000a, 27 f.).

3. Interkulturelle Kommunikation als Fach

3.1 Die frühe Entwicklung in den USA

Der Name ›IKK‹ wurde von dem Kulturanthropologen Edward T. Hall geprägt. Künftige gesellschaftliche Entwicklungen antizipierend, stellten er und George L. Trager bereits 1954 die ›IKK‹ als einen wünschenswerten Gegenstand akademischer Beschäftigung dar (Trager/Hall 1954) und präsentierten ihre Vorstellungen von der Umsetzung anthropologischer und linguistischer Konzepte in die Praxis. Grundlage war ihre Tätigkeit am Foreign Service Institute, einer Einrichtung des State Department, wo 1946–56 mehrere herausragende Anthropologen, Linguisten und Psychologen neue Konzepte für das Training von Diplomaten erarbeiteten (Martin/Nakayama 2000, 27–29). Diese Genese erklärt die frühe Orientierung der IKK auf die Lehre und Praxis sowie auch die schon früh einsetzende Kritik an ihr (cf. Rehbein 1985, 9). Neuere Arbeiten wie auch Halls Autobiographie (1992) widerlegen jedoch den Vorwurf der »Liebedienerei für die Mächtigen« und stellen die Arbeit am Institut dar als eine seltene Chance für die Entwicklung neuer interdisziplinärer Konzepte (Leeds-Hurwitz 1990).

Die Forschung am Foreign Service Institute wurde 1956 beendet. Das gewonnene Material bildet die Grundlage für das Buch ›Silent Language‹ (Hall 1959), das *›Gründungsdokument‹ des Faches*. In ihm wie auch in späteren Arbeiten (1969, 1976, 1983) hat Hall stets die enge Verbindung zwischen Kultur und Kommunikation hervorgehoben, was für die Anwendung anthropologischen Wissens in der Praxis grundlegend wurde. Hall erweiterte das anthropologische Kulturkonzept für die IKK und lenkte die Aufmerksamkeit vom Studium ganzer Kulturen auf das mikrokulturelle Kommunikationsverhalten (Gestik, Mimik, Proxemik usw.). Analog zum Erlernen fremder Sprachen mit Hilfe grammatikalischer Kategorien gebe es die Möglichkeit der praktischen Übertragung von Kulturwissen, also des Kulturlernens. Grundlegend wurde auch seine Einbeziehung ethnographischer Methoden (Beobachtung, Beschreibung, Erlebniserzählung usw.) und ihre Anpassung an die Bedürfnisse von Training und Lehre. Halls Ideen bilden bis heute die Grundlage der IKK und aller Kulturlernprogramme (Leeds-Hurwitz 1990, 262–264). Doch obwohl seine Schriften viele inspirierten und sein Einfluß auf die Formierung der IKK enorm war, hat er selbst wenig zu ihrer akademischen Etablierung beigetragen. Neben persönlichen Gründen mag hierfür Kritik von kulturanthropologischer Seite ausschlaggebend gewesen sein (cf. Leeds-Hurwitz 1990, 274); sein Ansatz wurde als zu biologistisch und deterministisch kritisiert (cf. die Diskussion in Hall 1968). Wichtige kulturanthropologische Anregungen erhielt die IKK weiterhin durch die Arbeiten von Florence Kluckhohn und F. L. Strodtbeck (1961) zum Problem der Wertorientierungen sowie durch die Untersuchungen der Ethnolinguisten John Gumperz und Dell Hymes zur Beziehung zwischen Sprache und Kultur (Gumperz/Hymes 1972; Gumperz 1982).

Halls Arbeiten hatten das Feld der IKK so breit angelegt, daß es Anknüpfungspunkte für mehrere Disziplinen bot. Trotz der anthropologischen Grundlegung gehörte die Kulturanthropologie aber fortan nicht zu ihnen. Das gleiche gilt auch für die Volkskunde jener Zeit, die sich in den USA Anfang der 1970er Jahre der ›Ethnographie des Sprechens‹ (Bauman/Sherzer 1974) und kurzfristig der IKK zuwandte. Folkloristen wie Roger Abrahams, Richard Bauman u. a. beteiligten sich am East Texas Dialect Project am Center of Applied Linguistics der University of Texas in Austin, dessen Ziel die Entwicklung von Richtlinien und Lehrbüchern für den Unterricht an multiethnischen Schulen war (cf. Abrahams 1974). Ihre auf das verbale und non-verbale Verhalten ethnischer und rassischer Gruppen zielenden Untersuchungen trafen aber auf ein sich änderndes gesellschaftliches Bewußtsein, was sie bewog, sich aus dieser Umsetzung volkskundlichen Wissens in die soziale Praxis zurückzuziehen.

Die Ansätze Halls wurden statt dessen seit Anfang der 1970er Jahre in den USA von den Kommunikationswissenschaften aufgegriffen und durch universitäre Curricula, Lehrbücher, Forschungstätigkeit, Schriftenreihen, Tagungen und Verbände institutionalisiert (cf. Prosser 1989; Asante/Gudykunst 1989, 7–9). Die IKK entwickelte sich in der Folgezeit zu einem Teilbereich der Kommunikationswissenschaften, die auch wichtige Anregungen von der Psychologie, besonders der Cross-Cultural Psychology aufnahmen und das Fach weiter ausbauten und theoretisch fundierten (cf. Gudykunst 1983, 1985b). Erst später wurden

Bemühungen erkennbar, wieder kulturanthropologische Theorien und Methoden einzubringen, so etwa bei Gudykunst, der sich für eine stärkere Verbindung zu den qualitativ arbeitenden Kulturwissenschaften aussprach (Gudykunst/Kim 1988, 231; Leeds-Hurwitz 1990, 278). Doch trotz mehrerer Versuche, die Haltung der Kulturanthropologen gegenüber dieser Anwendung ethnologischen Wissens auf die soziale Praxis zu überwinden (cf. Baba 1986), trotz der Diskussion über die Beteiligung des Faches am gesellschaftlichen Diskurs (cf. Converse 1996; Wolf 1997) und der Gründung der National Association for the Practice of Anthropology in der American Anthropological Association bleibt ihre Beteiligung an der IKK marginal. Der um die Förderung der angewandten Anthropologie bemühte Gary Ferraro bemerkte zu den Konsequenzen dieser Haltung kritisch: »To date anthropologists have given embarrassingly little attention to this subject, and writers in the field of international management and marketing, although acknowledging the importance of the cultural dimension, have dealt with it in a cursory and anecdotal fashion« (Ferraro 1990, ix). Neben dem Bereich der Wirtschaft sieht er für Kulturanthropologen in Medizin, Bildung, Politik und Recht neue Arbeitsfelder (Ferraro 1998).

3.2 Die Entwicklung in Europa und die Spezifik des Faches

In Europa ist das Fach IKK bisher an wenigen Hochschulen vertreten, wo es zudem sehr unterschiedliche Profile und Lehrinhalte hat und an verschiedene Fächer angebunden ist (s. Knapp/Knapp-Potthoff 1990; J. Roth 1996; Bolten 1997; Jonach 1998, 243–249; Müller-Jacquier/ten Thije 2001). Die Einführung in den 1990er Jahren geschah unter günstigeren Voraussetzungen als in den USA. Zum einen war wegen der inzwischen erkennbaren Globalisierungsfolgen und der Multikulturalismusdebatte in vielen europäischen Ländern der Bedarf an interkultureller Kompetenz deutlich geworden und ein anderes Problembewußtsein entstanden. Zum anderen wurde wegen des Vorlaufs an wissenschaftlicher Beschäftigung und Praxiserfahrung die Frage der theoretischen und methodischen Fundierung des Faches bereits von Anfang an gestellt. Beides wirkte sich auf die akademische Legitimierung und Positionierung positiv aus.

Vorboten der Entwicklung hatte es auch in Europa gegeben. Bereits 1966, wenige Jahre nach Erscheinen von ›Silent Language‹, hatte in Berlin ein Symposium über ›Internationale und Interkulturelle Kommunikation zwischen Industrie- und Entwicklungsländern‹ stattgefunden, mit dem die Veranstalter »der deutschen Forschung eine neue, auch für die Praxis bedeutsame Thematik schmackhaft zu machen und neue Impulse zu geben« hofften (Maletzke 1996, 7). Gerhard Maletzke hatte sich dafür eingesetzt (Maletzke 1970, 1984), mußte jedoch konstatieren, daß sich diese Hoffnung damals nicht erfüllte. Erst zehn Jahre später begann die *Fremdsprachendidaktik*, sich über ihr Interesse an der Landeskunde der Problematik der interkulturellen Kommunikation vorsichtig zu nähern (Göhring 1976; Weber 1976) und einen eigenen Schwerpunkt aufzubauen (cf. Rehbein 1985; Hinnenkamp 1994), der freilich in starkem Maße an den verbalen Dimensionen interkultureller Interaktionen und am Problem des Fremdverstehens (Müller 1980, 1986) orientiert blieb. Etwas später zeigte auch die *Psychologie* Interesse an dem Feld, wobei Fragen der arbeitsbezogenen Werte (Hofstede 1980; 1993), der Wahrnehmung, der Identität und des Fremderlebens in der internationalen Begegnung sowie die Suche nach ›Kulturstandards‹ (cf. Thomas 1980; 1985; 1991) im Zentrum standen. Das Interesse der Ausländerpädagogik bzw. interkulturellen Didaktik (s. Krumm 1994) und der Wirtschaft (Keller 1982) ergab sich aus den konkreten Problemen der Praxis. Auf das Interesse der Europäischen Ethnologie an dem Feld wird unten näher eingegangen.

Die IKK ist von ihrer Genese wie von ihrem Gegenstand her ein interdisziplinäres Fach (cf. Martin/Nakayama 2000, 28 f.). Die bereits am Foreign Service Institute beteiligten Fächer (Kulturanthropologie bzw. Ethnologie, Linguistik bzw. Sprachliche Kommunikation und Psychologie) bilden auch heute noch die konstitutiven Disziplinen, auch wenn in anderen Fächern sehr relevante Forschung und Lehre betrieben wird; erwähnt seien die Fremdsprachendidaktik (Deutsch als Fremdsprache, English as a Foreign Language etc.), die Erziehungswissenschaften, die Soziologie (bes. Entwicklungsländersoziologie), die Regionalstudien (Area Studies) sowie die Wirtschaftswissenschaften (BWL, Wirtschaftspädagogik und -geographie).

Volker Hinnenkamps Frage »Wem gehört die Interkulturelle Kommunikation?« (1994, 3) ist angesichts dieser Interdisziplinarität rhetorisch. Festzustellen ist aber, daß IKK in den einzelnen Disziplinen sehr unterschiedlich verstanden wird, was sich in recht heterogenen Zielen und Curricula niederschlägt (zur ›Interkulturellen Wirtschaftskommunikation‹ s. Bolten 1997; Müller-Jacquier/ten Thije 2001). Angesichts des Fehlens einer disziplinären Mitte ist allerdings noch unklar, ob dies zu »produktiver Konkurrenz« (Hinnenkamp 1994, 3) führt.

3.3 Kulturwissenschaftliche Zugänge in Europa

Auf die frühen Ansätze in der amerikanischen Kulturanthropologie und Volkskunde ist bereits verwiesen worden. Die Vorarbeiten der Volkskunde und auch der Völkerkunde zu Aspekten der IKK sind nicht so deutlich erkennbar, doch sind sie durchaus substanziell. Ina-Maria Greverus hatte bereits 1978 den Begriff IKK in die Fachdiskussion der deutschsprachigen Länder eingeführt (Greverus 1978b). Von Bedeutung sind die Arbeiten zur nonverbalen Kommunikation (Niederer 1975; 1976; Gyr 1994), zu Exotismus, Fremdheit und Fremdverstehen (Niederer 1970; Bausinger 1986b; 1988a; Köstlin 1990; Kohl 1993), zur Behandlung von Fremdheit in Volkserzählungen (Kerbelité 1987), Sagen (Holbek 1995) und ethnischen Witzen (Dundes 1975) sowie zur Übersetzung und kulturellen Adaptation von Erzählstoffen (Honko 1981; K. Roth 1998b). Zentrale Bereiche der IKK werden von Arbeiten zu Selbst- und Fremdbildern (Bausinger 1988b; 1988c; Gerndt 1988; Antweiler 1994; K. Roth 1998a), zu grundlegenden ›folk ideas‹ (Dundes 1971; 1980b) und zu Mentalitäten (Dundes 1985; Daun 1996; Bausinger 2000; Vester 1996) ebenso berührt wie von ethnologischen Forschungen zu binationalen Familien (Tuomi-Nikula 1996; Waldis 1998; Thode-Arora 1999) und Genderbeziehungen (Schlehe 2000). Einen Schwerpunkt bildet in der Volkskunde seit langem die Untersuchung von Emigration, Vertreibung, Arbeitsmigration, Akkulturation und Kulturkontakt (Bausinger 1986a; Greverus 1988; Gyr 1989; Volbrachtová 1988; Schiffauer 1991), zur –> Interethnik und zum internationalen –> Tourismus (Greverus 1978b), sowie zu Nationsbildung und nationaler Identität (Löfgren 1989; Daun 1989; Eriksen 1993; Ehn 1993; Giordano 1998; Honolka/Götz 1999). In den letzten Jahren trat auch die materielle Kultur im Kontext der Globalisierung (Breidenbach 1994; Howes 1996; Lindner 1999; K. Roth 1999c; Hermeking 2001) ebenso wie die spannungsvolle Beziehung zwischen Globalisierung und lokaler Identität (Alsheimer/Moosmüller/Roth 2000) ins Blickfeld volkskundlicher Arbeit.

Die Theorien, Methoden und Erkenntnisse der Ethnowissenschaften bilden die Grundlage des 1989 an der *Universität München* initiierten und 1996 zugelassenen *Studiengangs ›IKK‹* (J. Roth 1996; Moosmüller 2000a), die freilich verbreitert wird durch die Erkenntnisse der Fremdsprachendidaktik, der Psychologie und der Kommunikationswissenschaft. Das hieraus entwickelte Curriculum vermittelt den Studenten das theoretische und methodische Rüstzeug zur Erfassung von Art und Umfang der Kulturvarianz des alltäglichen Handelns. Es setzt an bei der Notwendigkeit, theoretisches Wissen über das Wesen und den Wandel kultureller Systeme, über die kulturelle Prägung des individuellen Verhaltens sowie über Mechanismen und Dynamik interkultureller Kommunikations- und Lernprozesse zu gewinnen und für die Deutung und praktische Bewältigung alltäglicher interkultureller Lebenssituationen zu nutzen. Das Ziel ist letztlich die reflektierte Anwendung dieses Wissens an interkulturellen Schnittstellen, z. B. in öffentlichen Institutionen oder in Wirtschaftsunternehmen.

Eine so betriebene IKK bildet ein Bindeglied zwischen der Volkskunde, die sich primär mit der eigenen Kultur befaßt, und der Völkerkunde, deren Gegenstand primär das kulturell Fremde ist (cf. Kohl 1993; K. Roth 1995). Beide zusammen verfügen über einen erheblichen Fundus an theoretischem und methodologischem Wissen und an praktischer Erfahrung mit der Erforschung und Deutung kultureller Systeme und kommunikativer Interaktionen. Der kulturwissenschaftliche

Ansatz kann damit für sich beanspruchen, den umfassendsten Zugang zur Behandlung interkultureller Probleme zu bieten. Dabei wirken vor allem zwei Aspekte bereichernd:

3.3.1 Kultur und Kommunikation

Die Kulturwissenschaften sind von ihrer Tradition her interpretative Wissenschaften. Ihre Hauptaufgabe ist die Beobachtung, Dokumentation, Beschreibung und Interpretation von alltäglichem kommunikativem Verhalten mit dem Ziel, Erklärungen für dessen tiefere Ursachen und Wirkungen zu gewinnen. Es geht dabei meist um das Deuten von Impliziertem, um das Sichtbarmachen von unsichtbaren Selbstverständlichkeiten und somit um das ›Entziffern‹ von Inhalten, die mit Hilfe verschiedener verbaler und nonverbaler Codes verschlüsselt sind. Erst die Ermittlung der zugrundeliegenden Handlungs- und Beziehungsschemata der Interaktionspartner führt zum Verstehen der aktuellen Begegnung. In diesem Grundanliegen stehen sich (Europäische) Ethnologie und IKK äußerst nahe, und beiden eignet auch das *Streben nach adäquater Deutung der Gemeinsamkeiten und Unterschiede zwischen den Kulturen* (cf. Kohl 1993, 132). Diese Nähe der Interessen und Problemstellungen macht es der IKK leicht, bewährte ethnologische Theorien und Methoden zu integrieren; die Erfahrung hat gezeigt, daß dies auch mit großem Gewinn geschieht.

3.3.2 Kulturelle Vielfalt in der Industriegesellschaft

Die Kulturanthropologie und die Ethnologie beschäftigen sich traditionell mit dem Alltagsleben überschaubarer Gruppen und Gesellschaften, wobei davon ausgegangen wurde, daß es eine begrenzte Zahl von Normen und Regeln gibt, die alle Bereiche des sozialen Lebens regulieren. Heutige Industriegesellschaften sind jedoch hochgradig komplex und bestehen aus einer Vielfalt von sozialen Kontexten und Institutionen, so daß jedes Individuum gleichzeitig mehreren von ihnen (Sozialschicht, Familie, Schule, Kirche, Arbeitsgruppe, Verein usw.) angehört und über die Kenntnis der Verhaltensnormen jeder dieser Einheiten verfügen muß. Die heutige Volkskunde mit ihrer Ausrichtung auf moderne komplexe Gesellschaften hat diese zunehmende Differenzierung kontextueller Normen und Regeln zum Anlaß genommen, ihre Untersuchungen auf das Verhalten in spezifischen Kontexten und Funktionsbereichen, z. B. in Gemeinden, in Vereinen, am Arbeitsplatz, in Organisationen zu fokussieren. Ihr geschärfter Blick für diese intrakulturellen Differenzierungen erweist sich als sehr hilfreich für das Erkennen interkultureller Differenzierungen.

4. Theoretische Grundlagen

Die Praxisorientierung und die oft plakative Behandlung des Themas im öffentlichen Diskurs waren für die Theoriebildung nicht förderlich. Samovar und Porter beklagten (1991, 2), daß »inquiry into the nature of intercultural communication has raised many questions, but it has produced few theories and far fewer answers. Direction of research has been diverse, knowledge has not been coordinated.« Viele Autoren überspielen dieses Defizit mit anekdotischen Darstellungen von ›interkulturellen Fettnäpfchen‹ und »focus on the identification of communication barriers and on description and application rather than theory-building« (Nwanko 1979, 329).

4.1 Kultur und Kulturbegriff

Grundlage der IKK ist der erweiterte Kulturbegriff (cf. Kroeber/Kluckhohn 1952), d.h. die Auffassung von Kultur als einem komplexen Bündel von *Subjektivationen* (Grundannahmen, Werten, Normen, Vorstellungen, Einstellungen usw.) und *Objektivationen* (Handlungen, Verhaltensweisen, Sprache, Artefakte), die Menschen sich im Verlauf ihrer Enkulturation aneignen, um sie für die alltägliche Orientierung und Lebensbewältigung zu nutzen. Dieser Kulturbegriff bezieht die materiellen und die geistigen Ausdrucksformen ebenso ein wie die kognitiven, affektiven und verhaltenssteuernden (behavioralen) Aspekte, und er integriert den kulturellen Wandel und historische Entwicklungen ebenso wie innere Differenzierungen in regionale, soziale, religiöse u.a. Teilkulturen. Kultur ist »die erlernte, d.h. mit Hilfe der bereits integrierten Mitglieder einer Kultur enkulturierte Lebensweise einer historisch bestimmten und bestimmbaren Gesellschaft, die sich von allen anderen in ihrem kulturellen Gesamtmuster, ihrer kulturellen Konfiguration, unterscheidet und gerade dadurch als ›eine Kultur‹, d.h. als etwas Eigenständiges definiert werden kann« (Greverus 1978a, 73). Auf die Problematik des Kulturbegriffs in der IKK ist A. Moosmüller (2000b) eingegangen.

Subjektivationen sind nicht empirisch wahrnehmbar, und so ist das Individuum bei der Deutung des Verhaltens seiner Kommunikationspartner grundsätzlich darauf angewiesen, aus empirisch wahrnehmbaren Äußerungen schließen zu müssen, sie als Zeichen zu dekodieren. Diese Tatsache hat in interkulturellen Interaktionen zentrale Bedeutung, denn anders als (normalerweise) in intrakulturellen Interaktionen verfügen die Interaktionspartner dort für das Entschlüsseln der Botschaften über jeweils andere Bedeutungszuweisungen (Attributionen). Die Bewertung von interkulturellen Interaktionen als ›grundsätzlich gestörte Kommunikation‹ ist vor diesem Hintergrund zu verstehen.

4.2 Theoretische Ansätze aus den Kulturwissenschaften

Die IKK hat in ihrer theoretischen Grundlegung Ansätze aus den Ethnowissenschaften wie auch aus anderen Fächern einbezogen (Daun 1990, 251–254). Aus der Kulturanthropologie haben die Ansätze des Funktionalismus, der ›Culture and Personality‹-Schule, der Kognitiven Anthropologie, des Kulturrelativismus wie auch des Symbolischen Interaktionismus Eingang gefunden, freilich in adaptierter und gelegentlich eklektischer Form. So basierte der von Hall, Kluckhohn und anderen zugrundegelegte Kulturbegriff, der den prägenden Charakter kulturellen Wissens betont, auf den damals gängigen Vorstellungen des Funktionalismus, der ›Culture and Personality‹-Schule und der Kognitiven Anthropologie.

Der *Funktionalismus*, »unter allen theoretischen Schulrichtungen der Ethnologie […] die vielleicht erfolgreichste« (Kohl 1993, 137), bietet trotz aller Kritik für die IKK einige nützliche Ansatzpunkte. Er betrachtet Kulturen als ganzheitliche Systeme, wobei allerdings die innere Logik und Konsistenz dieser als voneinander isoliert gedachten Systeme zu hoch angesetzt und Brüche, Widersprüche und Wandel zu wenig beachtet werden. Kultur ist wesentlich Mittel zum Zweck der Lebensbewältigung, wodurch das ›kulturelle Wissen‹ als Orientierungswissen zentrale Bedeutung gewinnt. Sein Rekurs auf anthropologische Universalien, also auf die Grundprobleme und die Natur des Menschen, ermöglichte den wertfreien Vergleich etwa von Wertorientierungen (Kluckhohn/Strodtbeck 1961), Kommunikationsweisen, Verhalten in Zeit und Raum (Hall 1959; 1983) u.a.m. Die Tatsache allerdings, daß die funktionalistische Untersuchung gesellschaftlicher Gesamtzusammenhänge nur dadurch möglich war, »daß man einer synchronen Betrachtungsweise den Vorzug gab, das […] ›soziale System‹ als statische Größe ansah und die Auswirkungen historischer Veränderungen […] weitgehend ausblendete« (Kohl 1993, 138), war für die Entwicklung der IKK eher nachteilig. Ihre Überwindung durch neuere ethnologische Ansätze und die stärkere Beachtung der Historizität, Dynamik und Interrelation von Kulturen war daher geboten.

Aus der *Kognitiven Anthropologie* stammt die Annahme, daß Kulturen eine äußere (materielle, verhaltensmäßige) und eine innere (ideelle, mentale) Dimension haben. Kultur als ›phenomenal order‹ sei das Artefakt der ›ideational order‹ ihrer Mitglieder und könne daher nicht aus den äußeren sozialen Handlungen, etwa dem ›way of life‹, sondern nur aus den sie determinierenden ›mentalen Programmen‹ der Kulturangehörigen erklärt werden (Dougherty 1985); dieser Ansatz ist in starkem Maße von dem Psychologen Geert Hofstede (1980) aufgegriffen worden. Die Aufgabe des Forschers bestehe darin, diese unbewußt in den Individuen wirkenden Programme zu entschlüsseln und die entsprechenden Strukturen im kulturellen System zu entdecken. Ausgehend von der Parallelität zwischen Kultur- und Sprachsystem wurde nach der ›Grammatik der Kultur‹ und damit nach festen Regeln des Verhaltens gesucht (cf. Hymes 1964, Bausinger 1970, 51), ein Ansatz, der in der IKK in der Hoffnung rezipiert wurde, mithilfe derartiger ›Kulturgrammatiken‹ das Verhalten der Menschen der jeweiligen Kultur vorhersagen zu können.

Von der neueren Kulturanthropologie wurde daran die mangelnde Berücksichtigung nicht nur der Dynamik menschlicher Interaktionen, sondern auch der Wechselbeziehungen zwischen Mensch und sozialer Umwelt sowie zwischen den Kulturen kritisiert. Hieraus ergab sich jedoch für die IKK das Problem, daß stabile und klar abgegrenzte Kultursysteme und feste ›Kulturregeln‹ (analog zu grammatikalischen Regeln im Sprachunterricht) nicht nur für die Didaktik des ›Kulturlernens‹ sehr hilfreich sind, sondern auch anderskulturelles Verhalten besser erkennbar und prognostizierbar machen. Daher wurden diese Einwände lange Zeit ebenso wenig rezipiert wie etwa die Ansätze des Symbolischen Interaktionismus (cf. Dahlén 1997). In den letzten Jahren zeigt sich jedoch eine Annäherung der Positionen, und zwar zum einen durch eine gewisse Renaissance älterer ethnologischer Ansätze, etwa der Kognitiven Anthropologie (cf. Dougherty 1985) und des Werteorientierungsansatzes (cf. Russo 2000), und zum andern durch die Rezeption eines dynamischeren Kulturbegriffs in der IKK.

Von besonderer Bedeutung für die IKK ist selbstverständlich die Auseinandersetzung zwischen universalistischen und evolutionistischen Ansätzen auf der einen und dem – auf dem Historismus basierenden – *Kulturrelativismus* auf der anderen Seite (cf. Kohl 1993, 145–150). Angesichts ihres Ziels der Erforschung und Verbesserung interkultureller Interaktionen neigt sie notwendigerweise zur kulturrelativistischen Sichtweise, die von der Gleichwertigkeit aller Kulturen (»Anders, aber gleichwertig«) ausgeht. Jede Kultur verfügt über ihre jeweils spezifischen, einander aber gleichwertigen Lösungen der Grundprobleme menschlicher Existenz, so daß »jede Kultur als ein einzigartiges und einmaliges Gebilde […] seinen Zweck in sich selbst findet« (Kohl 1993, 145). Diese radikale Sicht hat die IKK wegen ihrer Ausrichtung auf die Interaktion zwischen Kulturen zwar nicht übernommen, doch wird davon ausgegangen, »that the only way we can understand the behavior of others is in the context of their culture« (Gudykunst/Kim 1992, 5). Der Kulturrelativismus ist attraktiv nicht nur durch seinen ethischen Aspekt der Gleichwertigkeit der Kulturen (und damit auch der Interaktionspartner), sondern durch seinen ganzheitlichen Ansatz und vor allem seinen Fokus auf der kulturellen *Perspektive*, d. h. auf der Unterscheidung zwischen der Innenperspektive einer Kultur *(emisch)* und der Außenperspektive *(etisch)*. Die Fähigkeit zu Empathie und Perspektivenwechsel ist daher nicht nur eine Forderung an den Ethnologen; sie ist die wichtigste Forderung an den Interkulturalisten und gilt als zentrale Voraussetzung für die Erlangung ›interkultureller Kompetenz‹.

Die wichtigste Erkenntnis, die aus der ›Culture and Personality‹-Schule für die IKK gewonnen wurde, ist die hohe Bedeutung der Grundannahmen, Werte und Einstellungen, die möglichst aus der *emischen* Perspektive interpretiert und dargestellt werden sollen (cf. Kluckhohn/Strodtbeck 1961). Auch bei diesem auf dem Kulturrelativismus basierenden Ansatz wird davon ausgegangen, daß sich aus dem Wissen über eine Kultur Vorhersagen für das individuelle Verhalten ihrer Angehörigen treffen lassen (cf. Applebaum 1987; LeVine 1974).

Der in den 1970er Jahren entstandene *Symbolische Interaktionismus* sieht Handlungen nicht nur als Ergebnis mentaler Programme und das Individuum nicht mehr so sehr als Geschöpf seiner Kultur, sondern als ein Kultur schaffendes Wesen (Geertz 1973, 1983). Kultur ist nicht als mentales Programm, sondern vielmehr als Netz von Interaktionen zwischen den Mitgliedern einer Gesellschaft zu verstehen. Der Anteil des Individuums an der Gesamtkultur bestehe darin, über jenes Wissen zu verfügen, das es ihm ermöglicht, wahrnehmungs- und handlungsfähig zu sein und den Interaktionen Sinn abzugewinnen. Dies sei aber nur insoweit möglich, als das die Welt interpretierende, Sinn und Orientierung suchende Individuum sich selbst als handelndes Wesen verwirkliche und sinnschaffend tätig sei. Das handelnde Individuum erhält damit als Mitgestalter seiner Kultur ein größeres Gewicht. Bereits aus mikroanalytischen Fallstudien könnten daher Aussagen über das lebendige Kulturgeschehen gewonnen werden, die durch ihre relative Gültigkeit paradoxerweise größere Allgemeingültigkeit haben können als die Ergebnisse systematischer Makrostudien. Dieser Ansatz hilft, die Auffassung der Determinierung des Individuums durch seine Kultur zu relativieren, denn aus der Dynamik der jeweiligen Interaktion können sich neue Verhaltensweisen ergeben, die zwar vorhersehbar sind, aber weniger aus den Werten und Normen der beteiligten Kulturen, sondern aus der Interaktionspraxis und den in sie eingehenden Interpretationen der Akteure abgeleitet werden können. Die Leistung des Symbolischen Interaktionismus für die IKK besteht darin, die Bedeutung der Kultur als personales System und die aktive, Kultur schaffende Leistung des Individuums deutlich gemacht sowie den Blick auf die Mikroebene der konkreten interkulturellen Interaktionen gelenkt zu haben. Sein Nachteil ist, daß er für das ›Kulturlernen‹ nur sehr bedingt Ansätze bereitstellt.

So ergibt sich heute eine vermittelnde Position in der Frage des Einflusses von Kultur und Individuum auf das Handeln, die sowohl dem Gewicht der kulturellen Prägung (durch Sozialisation und Enkulturation) als auch der Dynamik, Offenheit und Wandelbarkeit menschlichen Handelns gerecht wird (cf. Hannerz 1995; Moosmüller 2000a, 174). Erst dadurch kann das im interkulturellen Kontext handelnde Individuum genauer erfaßt werden als eine Person, deren ›Kultur‹ in der Interaktion in zweierlei Formen zum Tragen kommt: Die eine steuert in gemischtkulturellen Kontexten das Verhalten auf dieselbe Weise wie in monokulturellen Kontexten, d. h. dieser Teil des ›Kulturprogramms‹ bleibt unverändert wirksam und produziert Verhaltensweisen, die z.B. als ›amerikanisch‹, ›deutsch‹ oder ›japanisch‹ wahrgenommen werden, während die andere ein offenes, adaptives System ist, das flexibel auf die situativen Bedingungen und Anforderungen reagiert (J. Roth 1996, 262).

Auch in der Frage nach dem Wesen von Kultur und Ethnizität bezieht die IKK eine Position zwischen essentialistischen Auffassungen und denen des *Konstruktivismus*, die Kultur und Ethnizität als Konstrukte und damit als historisch und veränderbar sehen. Die Annahme fast *beliebiger* Veränderbarkeit von Kulturen und Identitäten kann sich die IKK allerdings nicht zu eigen machen. Sie wird nämlich durch die Realität, auch durch die der heutigen globalen Vernetzung, nicht bestätigt und widerspricht der Erfahrung, daß bei allem Wandel – und oft gerade durch ihn – die kulturell vermittelten Verhaltenscodes, Vorstellungen und Denkweisen ebenso wie auch Identitäten eine oftmals beachtliche Stabilität aufweisen und für das Individuum ›zweite Natur‹ sein können. Die Position der IKK liegt daher notwendigerweise zwischen den extremen Auffassungen von Kultur und Ethnizität als primordial oder als nur instrumental, als essentiell oder als beliebig konstruierbar (cf. Eriksen 1993; Kaschuba 1995; Moosmüller 2000a, 169). Ein solcher Zugang, der sowohl die stabilen Elemente kultureller Systeme als auch die Dynamik menschlicher Interaktion und Umweltbewältigung einbezieht, wird sowohl durch die Globalisierungsfolgen als auch durch die Zunahme der Multikulturalität in den heutigen Gesellschaften nahegelegt.

Aus der Kulturanthropologie liegen zwei Modelle vor, die für den Kulturvergleich und für die Analyse von interkulturellen Interaktionen unmittelbare Relevanz besitzen und die deshalb grundlegende Bedeutung haben. Beide Modelle bemühen sich auf der Basis des Kulturrelativismus um die Lösung des Problems, wie kulturelle Unterschiede und die Konfrontation kultureller Codes überhaupt erfaßt werden können. Sie stimmen darin überein, daß nur ein im Allgemeinmenschlichen lokalisierter Fixpunkt dieses zu leisten vermag. Ausgehend von der Annahme, daß es nur eine begrenzte Zahl von allgemeinmenschlichen Problemen gibt, für die alle Völker zu allen Zeiten Lösungen finden mußten, und daß wohl alle Problemlösungen präsent sind, die die einzelnen Kulturen aber jeweils ihre eigene Auswahl treffen, haben Florence Kluckhohn und F. L. Strodtbeck 1961 fünf Grundprobleme ermittelt. Sie kleideten sie in die Form von Fragen, auf die jede Kultur ihre eigene Antwort findet: (1) Welcher Art ist die menschliche Natur? *(human nature orientation)*, (2) Welches ist die Beziehung des Menschen zur Natur? *(man-nature orientation)*, (3) Welches ist die zeitliche Orientierung des Lebens? *(time orientation)*, (4) Welcher Art ist das menschliche Handeln? *(activity orientation)* und (5) Welcher Art ist die Beziehung des Menschen zu anderen Menschen? *(relational orientation)*. Bei der ›Mensch-Natur-Orientierung‹ unterschieden sie etwa zwischen den drei wesentlichen Variationen ›Unterwerfung unter die Natur‹, ›Harmonie mit der Natur‹ und ›Beherrschung der Natur‹, und bei der zeitlichen Orientierung zwischen Vergangenheits-, Gegenwarts- und Zukunftsorientierung (Kluckhohn/Strodtbeck 1961, 11).

Von der Proxemik und Linguistik angeregt, entwickelte Edward Hall 1959 ein Modell, nach dem jede Kultur aus zehn (miteinander verbundenen) Primärinformationssystemen *(Primary Message Systems)* besteht, die in den biologischen Grundlagen des Menschen wurzeln. Jedes dieser Informationssysteme[1] ist kulturell überformt und wertbeladen. Hall untersuchte besonders die Informationssysteme Territorialität (Umgang mit Raum), Temporalität (Umgang mit Zeit), Interaktion und Gruppenverhalten und kam zu so hilfreichen Unterscheidungen wie jenen zwischen *High-context* und *Low-context*-Kulturen sowie zwischen Kulturen mit *monochronem* und *polychronem* Umgang mit der Zeit: In High-context-Kulturen dominieren dichte Beziehungs- und Informationsnetze zwischen den Menschen, in Low-context-Kulturen sind diese ziemlich locker; Menschen in monochronen Kulturen tun gewöhnlich ›eine Sache nach der anderen‹, während polychrone Menschen fast immer mehrere Dinge gleichzeitig erledigen (Hall 1997; cf. K. Roth 1999/2000). Diese grundlegenden Orientierungen haben Auswirkungen auf das gesamte kulturelle System. Sprache, so eine Kernaussage Halls, ist Teil nur eines der zehn Informationssysteme (interaction) und gehört zum empirisch wahrnehmbaren Teil des ›kulturellen Eisbergs‹, dem der weitaus größere Teil der non-verbalen ›verdeckten Kultur‹ gegenübersteht.

Zahlreiche weitere Themen, Begriffe und Theorien der Sozial- und Kulturwissenschaften sind für die IKK von großer Relevanz oder gehören sogar zu ihrem Basisinstrumentarium. Zu ihnen zählen so wichtige soziale Kategorien wie *Gruppe*, *Ethnie* und Nation und die Definition der Grenze zwischen eigen und fremd, zwischen *ingroup* und *outgroup*, sowie kulturelle und ethnische *Identität* und auch Ethnozentrismus und Nationalismus. Da IKK oft als »Begegnung von kulturell Fremden« definiert wird, versteht es sich, daß (kulturelle) *Differenz*, Fremdheit und Alterität (Andersheit) ebenso zentrale Konzepte sind (cf. dazu Schiffauer 1996) wie Fremdwahrnehmung, Stereotyp und Vorurteil. Die Problematik der *Enkulturation* und des *Kulturlernens* hat u. a. Hall grundlegend behandelt, der zwischen informellem, formellem und technischem Lernen unterschied (1959). Von ebenso großer Wichtigkeit sind Konzepte wie *Akkulturation* und Assimilation, kulturelle Adaptation und Kreolisierung. Der soziokulturelle *Wandel*, vor allem der Wertewandel und die Modernisierung, wie auch die *Makrokontexte* und die *historischen Bedingungen* interkulturellen Handelns sind in der IKK bislang zu wenig diskutiert worden, so daß sich hier für die Volkskunde wichtige Forschungsfelder auftun.

---

1 Halls zehn Primärinformationssysteme sind *interaction, association, subsistence, bisexuality, territoriality, temporality, learning, play, defense, exploitation* (Hall 1959, 95).

4.3 Ansätze aus anderen Disziplinen

Das starke Engagement der *Kommunikationswissenschaften* (Speech Communication) in den USA hat die Theoriebildung der IKK nachhaltig bestimmt. Ausgangspunkt war die sehr enge Beziehung, ja partielle Identität von Kultur und Kommunikation als Systemen symbolischer Bedeutungsübermittlung, auf die Edward Hall (1959), Edmund Leach (1978) und andere Kulturanthropologen hingewiesen hatten (cf. Martin/Nakayama 1999). Grundlage der Untersuchung interkultureller Kommunikationsakte bilden für die Kommunikationswissenschaften die bewährten Kommunikationsmodelle sowie die Unterscheidung zwischen verbaler, paraverbaler und nonverbaler Kommunikation und jene zwischen dem Inhalts- und dem Beziehungsaspekt (Watzlawick 1969).

Bei den Theorien, die in die IKK Eingang gefunden haben, handelt es sich durchweg um Anpassungen und Erweiterungen von allgemeinen Kommunikationstheorien. Beispiele sind die Adaptationstheorie, die Theorie der sozialen Kategorisierungen und Attributionen und die Unsicherheitsreduktionstheorie (cf. Dodd 1997, 25–27). Letztere hat in der IKK die größte Bedeutung erlangt, was vor allem auf W. B. Gudykunst zurückzuführen ist, der die klassische Theorie der Unsicherheitsreduktion von Charles Berger und R.J. Calabrese mit Georg Simmels Konzept des Fremden verband (Gudykunst 1985a): Wenn ein Individuum in eine anderskulturelle Umgebung eintritt, empfindet es eine Unsicherheit, die kognitive und verhaltensbezogene *(uncertainty)* sowie auch emotionale *(anxiety)* Dimensionen hat. Das Individuum versucht, die daraus resultierende Stressbelastung durch die Reduktion der Unsicherheit und die Verbesserung der Beziehung zur sozialen Umwelt auszugleichen. Gudykunsts ›Uncertainty-Reduction-Theory‹ (URT) wurde zur Grundlage einiger der bekanntesten Lernmethoden, die auf die Akkumulation von Wissen über ›die anderen‹ und die Bewußtmachung des eigenen Referenzrahmens zielen und zu einer ausgeglichenen Interaktion mit der fremden Umwelt führen sollen. Da der Fremde dazu neigt, durch Änderung seiner Erwartungen oder durch die Herstellung isomorpher Attributionen (›empathische Sichtweise‹) die entstandene Unsicherheit zu ›managen‹, spricht Gudykunst in späteren Arbeiten (1993, 1995) von Methoden des ›Uncertainty-Anxiety-Managements‹ (AUM). Die AUM-Theorie beansprucht, auf die Aufarbeitung aller interkulturellen Begegnungen anwendbar zu sein. Kritisch anzumerken ist, daß die Theorie – wie auch andere Kommunikationstheorien – implizit von Kultur und kultureller Differenz als festen Größen ausgeht, und daß sie auf der Annahme basiert, daß sich interkulturelle Interaktionen als Begegnungen zwischen einem fremden Einzelnen und einer kulturell homogenen sozialen Umwelt abspielen. Die soziale Realität kennt jedoch eine Vielfalt von sehr heterogenen Umwelten und Begegnungssituationen.

Wichtige Beiträge sind von der *Linguistik* geleistet worden, wobei vor allem die Arbeiten aus der Ethnolinguistik, der Interaktionalen Soziolinguistik, der Pragmatischen Linguistik und der Fremdsprachendidaktik von Bedeutung sind (s. Hinnenkamp 1989; 1994, 14–18). Ausgehend von der engen Beziehung zwischen Sprache, Denken und Kultur steht hier die verbale Interaktion im Zentrum, wobei die paraverbalen, nonverbalen und extraverbalen Dimensionen der Kommunikationsakte durchaus einbezogen werden (s. Bolten 1997, 481). IKK wird ausschließlich als ›authentische face-to-face-Kommunikation‹ verstanden, der mit den Methoden der Gesprächsanalyse, der Konversationsanalyse oder der Diskursanalyse (Gumperz 1982) analytisch beizukommen ist. Ziel ist es zu ermitteln, »wie im Verlauf der Interaktion durch den Einsatz unterschiedlicher informationstragender Elemente gemeinsame (oder in der interkulturellen Kommunikation gerade auch verschiedene) Interpretationen ›passieren‹ und welche kommunikativen und sozialen Folgen mit diesen Interpretationen einhergehen« (Hinnenkamp 1994, 15). Gesucht wird dabei (mit Gumperz) nach den ›Kontextualisierungshinweisen‹, die sich die Akteure fortlaufend geben, um ihr Verstehen bzw. Nichtverstehen oder Mißverstehen anzuzeigen. Als in der Sozialisation erworben und habitualisiert sind diese Hinweise »unhinterfragte Selbstverständlichkeiten und entziehen sich der bewußten Steuerung« und werden daher »in der interkulturellen Kommunikation oft zur Quelle von Mißverständnissen« (ebda). ›Kommunikative Differenz‹ wird prinzipiell als Ursache von Fehlkommunikation angesehen, eine Sichtweise, die nicht unwidersprochen geblieben ist.

Der Fokus auf Interaktionalität und Authentizität, auf dem Hier und Jetzt interkultureller Interaktionen hat zum einen die Dynamik und Prozessualität des Austausches (cf. Bolten 1995) und zum andern das kommunikative ›Dazwischen‹, die in der Interaktion entstehende ›Interkultur‹ in den Vordergrund gerückt. Hieraus ergibt sich, daß andere Elemente der Interaktion wie vor allem der Kontext (im ethnologischen Sinne), die Historizität und der soziokulturelle Wandel weithin ausgeklammert bleiben und eine Neigung zur Überbewertung der meist nur sehr flüchtigen ›Interkultur‹ besteht.

Wesentlich ist auch der Beitrag der *Psychologie*, insbesondere der Cross-Cultural Psychology, der Sozialpsychologie und der Organisationspsychologie, sind doch in der interkulturellen Kommunikation psychologische Grundkategorien wie Werte, Identität, Verhalten, Wahrnehmung, Attribution, Stereotyp und Fremdheitserleben berührt. Dabei geht es der Psychologie primär um das die Fremdheitsbegegnung erlebende und daran leidende Individuum und dessen Reaktionen (wie z. B. Kulturschock). Eine entscheidende Frage ist, wie die (negativen) Folgen behoben und wie das Individuum an die jeweilige Überschneidungssituation, die von zwei (oder mehr) differenten Codes regiert wird, angepaßt werden und die Attributionen der anderen Kultur erlernen kann. Diesem Ziel dienen alle von Psychologen entwickelten Trainingsmaßnahmen wie etwa der von Richard Brislin (1985, 1994) und anderen entwickelte ›Kulturassimilator‹. Es ist dies ein auf das Erlernen von Attributionen und damit Perspektivwechsel zielendes Instrument, das ganz wesentlich auf ›*Critical Incidents*‹ basiert, für die didaktische Praxis aufgearbeitete Konflikterzählungen bzw. ›Kulturkontakterzählungen‹ (s. K. Roth 1996b, 71–74). Diesen Ansatz verfolgt auch Alexander Thomas (1985, 1991), der von der Erfahrung des Schüler- und Studentenaustausches ausgehend zusammen mit seinen Mitarbeitern für konkrete Schnittstellen jeweils zahlreiche ›Situationen‹ (Critical Incidents) erhoben und aufgearbeitet hat, bei denen der Lernende aus vier angebotenen Antworten die passendste bestimmen muß. Die (von Kulturkennern verifizierte) Richtigkeit der Lösung wird stets erklärt mit dem Wirken von ›Kulturstandards‹, d. h. kulturspezifischen Regeln, die »den Mitgliedern der jeweiligen Kultur eine Orientierung für ihr eigenes Verhalten liefern und ihnen ermöglichen zu entscheiden, welches Verhalten als normal, typisch und noch akzeptabel bzw. welches Verhalten abzulehnen ist. Abweichungen von diesen Standards werden außerhalb gewisser Toleranzgrenzen als abnorm, außergewöhnlich, fremd usw. registriert und abgewehrt« (Thomas 1988, 153). Deutsche Kulturstandards seien etwa ›Direktheit interpersonaler Kommunikation‹, ›Regelorientierung‹, ›Autoritätsdenken‹, ›Organisationsbedürfnis‹ und ›Abgegrenzter Privatbereich‹ (Markowski/Thomas 1995, 131–135). Der Ansatz wird in der pädagogischen Praxis viel verwendet und hat sich dort bewährt, da er zu Empathie anleitet, kulturelles Wissen kompakt vermittelt und auch das Selbstlernen ermöglicht; kritisch anzumerken ist jedoch, daß er das kulturanthropologische Konzept der ›Kulturgrammatik‹ sehr rigide anwendet und von unhinterfragten und kaum differenzierten ›Nationalkulturen‹ ausgeht, wodurch die Gefahr der ahistorischen Essentialisierung und Stereotypisierung der Kulturen entsteht.

Speziell das Verhalten und die Werthaltungen am Arbeitsplatz hatten die weltweiten Forschungen des Organisationspsychologen Geert Hofstede (1980; 1993; 1997) im Auge, die u. a. auf den Ansätzen von Kluckhohn und Strodtbeck aufbauen. Auf der Basis von mehr als 110 000 in 40 Ländern erhobenen Fragebögen kristallisierte er vier Faktoren heraus, die das Arbeitsverhalten entscheidend determinieren, denen aber darüber hinaus eine Schlüsselfunktion zukommt, da sie Antworten auf Grundfragen der menschlichen Existenz geben und damit auf viele andere Kulturbereiche verweisen. Die vier kulturellen Indikatoren sind (1) *Machtdistanz*, die darauf verweist, daß jede Kultur mit der gegebenen Ungleichverteilung von Macht und Reichtum anders umgeht und jeweils andere Arten von sozialer Hierarchie und Machtverteilung schafft und toleriert, (2) *Unsicherheitsvermeidung*, die den kulturell varianten Umgang mit den Risiken des Lebens anzeigt; in Kulturen mit hoher Risikovermeidung dominieren Sicherheitsstreben, Regeln und Riten. (3) *Individualismus-Kollektivismus*, die das je unterschiedliche Maß an sozialer Bindung und das Verhältnis zwischen Individuum und Gruppe anzeigen, und (4) *Maskulinität-Femininität*, die auf den

Grad an Kompetitivität bzw. Fürsorge verweisen (Hofstede 1980). Kritisiert worden ist zum einen Hofstedes Sicht von Kultur als ›mentale Programmierung‹ bzw. ›software of the mind‹ und zum andern die Reduktion komplexer Kulturen auf vier Zahlenwerte, die dann in der Praxis obendrein noch sehr mechanisch verwendet und überinterpretiert werden.

5. Methoden

5.1 Alltagsmethoden

Für die IKK bilden die früher und heute im Alltagsleben angewandten Methoden des interkulturellen Verstehens und des Umgangs mit Fremdheit einen wichtigen Forschungsgegenstand. Gemeint sind die Fähigkeiten, Praktiken, Strategien und Institutionen des alltäglichen interethnischen und interkulturellen Interagierens und Zusammenlebens, wie sie sich besonders in ethnisch gemischten Gebieten oder in Grenzregionen im Laufe der Zeit herausgebildet haben, z. B. in den historischen Vielvölkerstaaten (cf. K. Roth 1999a), und wie sie heute in multinationalen Teams, in multiethnischen Wohnvierteln oder in binationalen Familien entstehen. Es sind Alltagsmethoden wie etwa die ›angemessene‹ Wahl der Sprache und des Kommunikationsstils, Mehrsprachigkeit und *code switching*, Empathie und Perspektivwechsel, erhöhte Sensibilität für nonverbale Signale und Akzeptanz von Alterität, die Neigung zu Adaptation und Synkretismus sowie auch Praktiken der Konfliktvermeidung und des Konfliktmanagements (ebda, 42 f.). Diese Methoden können als Teil einer alltäglichen ›interkulturellen Kompetenz‹ aufgefaßt werden.

5.2 Methoden der Forschung

In den verschiedenen Disziplinen werden für die Erforschung interkultureller Interaktionen recht unterschiedliche Methoden und Quellen verwendet. Im folgenden sollen die kulturwissenschaftlichen Methoden im Vordergrund stehen.

5.2.1 Ethnographische Methoden

Für ethnographisch arbeitende Interkulturalisten steht bei der Untersuchung interkultureller Interaktionen und der in ihnen übermittelten kulturellen Botschaften das ganzheitliche und interpretierend-verstehende Vorgehen eindeutig im Vordergrund. Vor dem Hintergrund der Tatsache, daß der Mensch fremde Kulturen primär durch die ›Brille‹ seiner eigenen Kultur wahrnimmt und bewertet, muß sich der Forscher unbedingt um ein Verstehen der Sichtweisen aller Beteiligten bemühen und daher in dem Spannungsfeld zwischen den Kulturen eine neutrale, mittlere und vermittelnde Position einnehmen (cf. Moosmüller 2000a, 182). Für die interkulturelle Forschung und Lehre ist dies eine Forderung von erheblicher ethischer Relevanz.

Aus der Überzeugung, daß interkulturelle Interaktionen sich am besten phänomenologisch-hermeneutisch und induktiv erfassen lassen, ergibt sich für die ethnologische IKK die Bevorzugung *qualitativer* empirischer Methoden, konkret der erprobten Methoden der ethnographischen Feldforschung. Erst auf der Basis genauer Beobachtung und Beschreibung der Handlungen und Interaktionen können kommunikative Abläufe und Strukturen aufgezeigt und problem- und handlungsorientierte Konzepte erarbeitet werden. Es ist ein Spezifikum der IKK, daß dies nicht nur für die Forschung, sondern auch für den universitären Unterricht gilt, denn die Schulung der Fähigkeit zur Beobachtung und Interpretation interkultureller Interaktionen ist die Grundvoraussetzung für interkulturelles Lernen.

Anders als in der Psychologie, wo in der Regel eine objektive soziokulturelle Realität vorausgesetzt und von dieser aus deduktiv vorgegangen wird, dient dem Ethnologen sein Vorwissen über diese Realität lediglich zur Bildung von Fragestellungen und Hypothesen. Erkenntnis kann erst aus der *eigenen Empirie* gewonnen werden, der damit im Forschungsprozeß zentrale Bedeutung zukommt. In einem ersten Schritt werden aus den wahrnehmbaren Signalen der Kommunikationspartner deren Perspektiven auf die Interaktion erschlossen und daraus Hinweise für das Verstehen ihres konkreten Verhaltens abgeleitet. Um diese in der Interaktion ›entstehende Kultur‹ *(culture brought about)* angemessen deuten zu können, muß die in die Interaktion ›mitgebrachte Kultur‹ *(culture brought in)* einbezogen werden (cf. Gumperz 1982). In einem zweiten Schritt müssen zur Erfassung des interkulturellen Geschehens auch die impliziten Grundannahmen und Erwartungen der Partner erkundet werden. Je nach den jeweiligen situativen und individuellen Einflüssen können aus dem Zusammenwirken von ›mitgebrachter‹ und ›erzeugter Kultur‹ sehr unterschiedliche Verläufe resultieren.

Die *teilnehmende Beobachtung* als die wichtigste und zugleich schwierigste Methode der Feldforschung ist für die Untersuchung interkultureller Interaktionen unentbehrlich. Sie dient dazu, das wahrnehmbare Verhalten der Akteure zu erheben, um aus diesem auf deren Vorstellungen, Werte und Normen zu schließen. Beim *narrativen Interview* hingegen basiert die Deutung des interkulturellen Handelns auf den Selbstaussagen und damit der Innensicht der Betroffenen. Die Ermittlung der *emischen* Perspektive der Akteure ist ein zentrales Anliegen. Das Gelingen hängt in hohem Maße ab von der Beziehung zwischen Forscher und Akteuren, wobei ersterer die Position eines nicht-beurteilenden, verständnisvollen Partners einnehmen soll. Die emische Perspektive bedarf allerdings der Ergänzung durch die (auf der Außensicht des Forschers basierende) *etische* Darstellung der Interaktion. Bezeichnend für die IKK ist wiederum, daß dieses Vorgehen unmittelbar auf das interkulturelle Lernen übertragen werden kann, denn der Übernahme der emischen Perspektive entspricht beim Umgang mit realer Fremdheit die *Empathie*, und der Wechsel von der etischen in die emische Perspektive ist genau jener *Perspektivwechsel*, der für das Fremdverstehen und den Umgang mit Alterität entscheidend ist.

Für die vollständige Interpretation der Daten sind freilich noch umfassende Angaben zum gesamten Kontext und zur kulturellen Organisation der Akteure notwendig, d. h. die auf das individuelle Verhalten zielende mikroperspektivische Sicht muß ergänzt werden durch den Blick auf die politischen, ökonomischen und soziokulturellen Kontexte und Bedingungen (cf. Moosmüller 2000a, 174 f). Diese *Kontextualisierung* der Beobachtungen und die ganzheitliche Betrachtung ist ein wesentliches Merkmal des ethnologischen Ansatz. Durch sie werden die Feldforschungsdaten relativiert und können zudem größere Zusammenhänge sichtbar werden.

5.2.2 Methoden anderer Disziplinen

Auf die Methoden, die in den anderen in der IKK engagierten Disziplinen verwendet werden, kann hier nicht eingegangen werden; manche von von ihnen sind bereits erwähnt worden. Wichtig ist in diesem Zusammenhang nur, daß sie (im Gegensatz zur Ethnologie) durchweg ›objektive‹ Daten und *quantitative* Methoden bevorzugen. Diese Komplementarität der Methoden kann sich auf das Erreichen des gemeinsamen Erkenntnisziels, die komplexe Realität interkultureller Interaktionen zu beschreiben und zu verstehen, durchaus positiv auswirken.

5.3 Methoden des interkulturellen Lernens

Interkulturelles Lernen wird grundsätzlich als ein auf das Individuum bezogener Entwicklungsprozeß verstanden, der eine Verhaltensänderung hinsichtlich des Verständnisses und der Akzeptanz von fremdkulturellem Verhalten zum Ziel hat. Der Akzent liegt deutlich auf der subjektiven Erfahrung im Lernprozeß (Albert/Triandis 1994); kulturelle Unterschiede werden als Aspekte der Wahrnehmung und Interpretation, des Fühlens, Denkens und Verhaltens des Individuums gesehen. Interkulturelles Lernen soll zur Erlangung von *interkultureller Kompetenz* führen, worunter ein Komplex sozialer Fähigkeiten und Fertigkeiten verstanden wird, mit deren Hilfe Individuen ihren Arbeits- und Privatalltag mit Partnern aus anderen Kulturen erfolgreich bewältigen können (cf. Dinges 1983; Helmolt/Müller-Jacquier 1993; Martin 1993; Moosmüller 1996).

Edward Hall, der mit ›teaching culture‹ einen formalen ›Kulturunterricht‹ meinte, verstand auch *interkulturelles Lernen* als eine Form des organisierten Lernens und der expliziten Wissensvermittlung. In analoger Weise sehen es auch viele Interkulturalisten als eine Form der bewußten Erweiterung und Veränderung vorhandener Deutungs- und Handlungsschemata (cf. Thomas 1993, 382). Von anderen Lernprozessen unterscheidet sich interkulturelles Lernen aber insofern, als es durch die Konfrontation der Lernenden mit kultureller Alterität deren affektiv und identitär besetztes ›kulturelles Vorwissen‹ berührt und ggfs. auch in Frage stellt. Ihr im Kindesalter angeeignetes unhinterfragtes Wahrnehmungs- und Deutungssystem muß nämlich beim interkulturellen Lernen bewußt gemacht und zumindest teilweise suspendiert werden. Diese Konfrontation mit dem ›kulturellen Selbst‹ kann heftige Emotionen freisetzen und dadurch Lernwiderstände erzeugen, denen wiederum nur durch emotionales Lernen adäquat begegnet werden kann; das kognitive Verstehen anderer Wertvorstellungen und Regelsysteme reicht nicht aus.

Die Didaktik des interkulturellen Lernens muß zudem berücksichtigen, daß sich das ›kulturelle Selbst‹ zumeist durch die Äußerung von positiven Gefühlen wie ›Toleranz‹, ›Respekt‹ oder ›Verständnis‹ für die andere Kultur zu schützen trachtet. Es bei diesen unverbindlichen Einstellungen zu belassen, würde bedeuten, die Realität der interkulturellen Begegnung aus dem Blick zu verlieren und den Lernprozeß zu verhindern. Dessen Erfolg kann nur durch die Bereitschaft entstehen, ›sich in die Situation zu begeben‹. Mittel dazu sind u.a. Simulationen, die so nahe wie möglich an der Realität sind und zu wirklicher Auseinandersetzung mit Fremdheit führen (Ladmiral/Lipiansky 2000, 285). Als didaktisches Mittel hat sich die schon von Hall verwendete Technik des ›Hereinholens von Realität‹ in den Unterricht bewährt, da sie das kognitive und auch affektive Verstehen erheblich fördert. Die bekanntesten Lehr- und Lernmodelle sind die von P. S. Hoopes (1981) und M. Bennett (1986). Sie sehen den Lernprozeß als eine Abfolge von mehreren Phasen, die der Lernende durchläuft, um dabei eine Entwicklung durchzumachen vom Zustand des Ethnozentrismus, in dem die Existenz kultureller Differenz abgewehrt oder geleugnet wird, hin zu dem Punkt, an dem kulturelle Differenz akzeptiert und internalisiert wird.

5.3.1 Interkulturelles Lernen im Kontext von Organisationen

Die längsten Erfahrungen liegen aus dem Bereich der Weiterbildung in Organisationen vor. Die von Hall für das Training von Diplomaten entwickelten Ideen und Methoden sind auch heute noch grundlegend. Interkulturelle Trainings dienen der Vorbereitung von Erwachsenen auf das Leben und Arbeiten in fremdkultureller Umgebung. In den USA zielten Trainings bis in die 1980er Jahre primär auf die internationale Begegnung in Peace Corps, Auslandsstudium und Wirtschaft, seit den 1990er Jahren zunehmend auch auf die multikulturelle Situation im Inland (›diversity training‹). In Europa begann die Entwicklung von interkulturellen Trainings in den 1980er Jahren (Thomas 1985; Dadder 1987); ihre rapide Zunahme seit 1990 spiegelt den wachsenden Bedarf an interkultureller Kompetenz als Folge der Globalisierung, der EU-Integration und der Öffnung Osteuropas. Dafür werden zunehmend auch Trainingsmethoden entwickelt, die die Spezifik der politischen und gesellschaftlichen Situation Europas stärker berücksichtigen (Otten/Treuheit 1994); von besonderer Relevanz ist dabei das Ost-West-Verhältnis (cf. Niedermüller 1996; J. Roth 1999).

Wegen ihres unmittelbaren Praxisbezugs bevorzugen interkulturelle Trainings aktives Lernen und zielen auf die Vermittlung spezifischer Fertigkeiten. Ihren Zielen, Methoden und Inhalten widmet sich eine umfangreiche Literatur (cf. Brislin/Landis/Brandt 1983; Dadder 1987; Gudykunst/Guzley/Hammer 1996), die der Auswahl der angemessenen Trainingsart viel Beachtung schenkt (cf. Bennett J. 1986; Brislin/Yoshida 1994a, b). Unterschieden wird zwischen kulturspezifischen und kulturallgemeinen Trainings sowie zwischen intellektuellen und experientiellen Lernprozessen (Dadder 1987, 59–68), wobei den intellektuellen der auf Kognition zielende passive, den experientiellen der auf Emotion und Verhalten zielende aktive Lernmodus entspricht.

5.3.2 Interkulturelles Lernen im universitären Kontext

Interkulturelles Lernen an Universitäten hat eine weitaus kürzere Geschichte. Studienprogramme in Interkultureller Kommunikation sind noch sehr selten; meistens werden nur vereinzelte Kurse im Rahmen anderer Disziplinen angeboten. Die folgenden Aussagen zur Didaktik des interkulturellen Lernens basieren daher nur auf einigen Publikationen (Gudykunst/Ting-Toomey/Wiseman 1991; Bolten 1997; Mežkul'turnaja 1999) und den Erfahrungen des Münchner Studiengangs (J. Roth 1996).

Vom extrem praxisorientierten und kurzfristigen Training unterscheidet sich der *universitäre Unterricht* wesentlich dadurch, daß den Lernenden über mehrere Semester abprüfbares kulturtheoretisches Wissen vermittelt wird, das ein generelles Verstehen und ein Problembewußtsein für interkulturelle Prozesse erzeugt (cf. Kohls 1987; Martin 1986). Er ähnelt dem Training aber darin, daß über die Kognition hinaus auch das affektive und behaviorale Lernen einbezogen wird (Gudykunst/Ting-Toomey/Wiseman 1991, 281–284). Zu diesem Zweck werden nicht nur einige Trainingsmethoden wie Gruppenarbeit, Übungen, Simulationen und Spiele eingesetzt, sondern auch die ethnographische Beobachtung realer interkultureller Interaktionen und das lebensgeschichtliche Erzählen. Vor allem das Erzählen eigener Fremdheitserlebnisse soll zur Reflexion über das kulturelle Selbst führen. Die Sensibilisierung für die eigene kulturelle Bedingtheit ist erfahrungsgemäß schwierig, da Bewußtheit über die eigenen Normen und Werte ohnehin schwer zu erzeugen ist und sich die Studierenden im akademischen Milieu erst an die Ansprache auf der affektiven und behavioralen Ebene gewöhnen müssen. Es hat sich jedoch gezeigt, daß der Bezug zur eigenen kulturellen Persönlichkeit die Bereitschaft zum kognitiven Lernen erhöht.

6. Interkulturelle Forschungsfelder der Europäischen Ethnologie

Volkskundliche Forschung zu Aspekten der Interkulturellen Kommunikation und der –> Interethnik hat, wie Kap. 3.3. zeigt, durchaus Tradition. Neben der (kulturvergleichenden) Untersuchung der Alltagskultur, der Lebensweisen und -stile, der Sitten, Rituale und Bräuche, der Werte und Normen bestimmter Gesellschaften kann die Europäische Ethnologie auf folgenden Feldern in besonderem Maße zur Grundlagenforschung beitragen:

a. Von ihren Methoden und ihrer Fachtradition her ist die Europäische Ethnologie gut gerüstet für die Erforschung gegenwärtiger und historischer *Kontexte* interkulturellen Handelns. Genauer zu untersuchen wären etwa die Nachbarschaftskontakte in historischen Vielvölkerstaaten, heutigen Grenzregionen (wie z.B. den ›Euregios‹) und ethnisch gemischten Gebieten, heutige multikulturelle Handlungsräume in Institutionen (wie Kindergärten, Schulen, Behörden) und internationalen Unternehmen (s. Moosmüller 2000a, 171–174), multikulturelle Arbeitsteams und die ›moderne Diaspora‹ der Entsandten (s. ebda, 179f.) ebenso wie Kontexte, die durch Auswanderung und Migration oder durch internationalen Tourismus geprägt sind.
b. Wegen der stark synchronen Blickrichtung der Interkulturellen Kommunikation sind dort Studien zum *soziokulturellen Wandel*, insbesondere zum Wertewandel und zur Modernisierung selten. Volkskundliche Studien sollten dabei vor allem den Wandel kollektiver Mentalitäten und Charaktere (cf. Bausinger 2000) sowie die Prozesse der Konstruktion regionaler Identitäten und nationaler Kulturen deutlich herausstellen, um so ein Gegengewicht zu den oft ahistorischen Ansätzen in der IKK zu schaffen.
c. Interesse verdienen auch die Prozesse der Internationalisierung und *Globalisierung*, wo die Volkskunde ihr Augenmerk auch auf die meist ebenso starken Gegenbewegungen der Regionalisierung, der *Lokalisierung* und des erhöhten kulturellen Eigenbewußtseins richten muß (cf. Breidenbach/Zukrigl 1998; Moosmüller 1998; Alsheimer/Moosmüller/Roth 2000).

d. Auch die vertiefte Untersuchung von Kulturkontakt und *Kulturkonflikt* wäre sinnvoll, wobei als Beitrag zur Konfliktforschung vor allem die traditionellen Formen des Umgangs mit kultureller und religiöser Differenz und die Praktiken der Konfliktvermeidung und Konfliktlösung herauszuarbeiten wären (cf. K.Roth 1999a).
e. Genuin volkskundliche, in der Interkulturellen Kommunikation unbeachtete Gegenstandsbereiche sind zum einen das ›*Erzählen zwischen den Kulturen*‹, vor allem das Erzählen im Kulturkontakt und die Verwendung von Erzählungen im interkulturellen Lernen (K. Roth 1996b; 1998b), sowie zum andern die durch weltweit vernetzte Produktion, Vermarktung und Technologietransfer verursachte ›*Globalisierung der Sachkultur*‹; auch hier kann die (Europäische) Ethnologie ihr Augenmerk auf die gegenläufigen Prozesse der kulturellen Adaptation und Hybridisierung richten (cf. Lindner 1999; Hermeking 2001).
f. Angesichts der rapide wachsenden Zahl binationaler Ehen und Familien schließlich ist die ethnologische Gender- und Familienforschung gefordert, das Thema ›Gender und Kultur‹ auch aus interkultureller Perspektive zu betrachten und damit zugleich auch einen Beitrag zur Interkulturellen Kommunikation zu leisten (s. Waldis 1998; Thode-Arora 1999; Schlehe 2000).

Literaturverzeichnis

Abrahams, Roger: Black Talking on the Streets. In: Bauman/Sherzer 1974, 240–262.
Adler, Nancy J.: International Dimensions of Organizational Behavior. Boston ²1991.
Albert, Rosita D.; Triandis, Harry C.: Intercultural Education in Multicultural Societies. In: Samovar/Porter ⁷1994, 425–435.
Alsheimer, Rainer; Moosmüller, A.; Roth, K. (Hrsg.): Lokale Kulturen in einer globalisierenden Welt. Perspektiven auf interkulturelle Spannungsfelder (MBIKK, 9). Münster/New York 2000.
Antweiler, Christoph: Eigenbilder, Fremdbilder, Naturbilder. Anthropologischer Überblick und Auswahlbibliographie zur kognitiven Dimension interkulturellen Umgangs. In: Anthropos 89 (1994) 137–168.
Applebaum, Herbert: Perspectives in Cultural Anthropology. Albany 1987.
Asante, Molefi K.; Gudykunst, W. B. (Hrsg.): Handbook of International and Intercultural Communication. Newbury Park, CA 1989.
Baba, Marietta L.: Business and Industrial Anthropology: An Overview. In: NAPA Bulletin 2 (1986) 1–45.
Bauman, Richard; Sherzer, Joel (Hrsg.): Explorations in the Ethnography of Speaking. London, New York 1974.
Bausinger, Hermann (Hrsg.): Ausländer – Inländer. Arbeitsmigration und kulturelle Identität. Tübingen 1986.
Bausinger, H.: Das Bild der Fremde in der Alltagskultur. In: Universitas 43:2/9 (1988) 946–955.
Bausinger, H.: Deutsche, Fremde, fremde Deutsche. In: H.-P. Baumeister; V. Acker-

mann (Hrsg.), Integration von Aussiedlern. Eine Herausforderung für die Weiterbildung. Weinheim 1991, 21–34.

Bausinger, H.: Kultur kontrastiv. Exotismus und interkulturelle Kommunikation. In: Texte zur Theorie und Praxis der Psychoanalyse 6 (1986) 252–278.

Bausinger, H.: Name und Stereotyp. In: Gerndt 1988, 67–82.

Bausinger, H.: Stereotypie und Wirklichkeit. In: Jahrbuch für Deutsch als Fremdsprache 14 (1988) 157–170.

Bausinger, H.: Typisch Deutsch. Wie deutsch sind die Deutschen? München: Beck 2000.

Bausinger, Hermann: Subkultur und Sprachen. In: Sprache und Gesellschaft. Beiträge zur soziolinguistischen Beschreibung der deutschen Gegenwartssprache. Jahrbuch 1970. Düsseldorf, 45–62.

Ben-Amos, Dan: Kontext. In: Enzyklopädie des Märchens, Bd. 8. Berlin 1996, 217–237.

Bendix, Regina; Oring, Elliott: The Compromises of Applying Theories in the Making. In: Journal of Folklore Research 36 (1999) 215–218.

Bennett, Janet M.: Modes of Cross-Cultural Training: Conceptualizing Cross-Cultural Training as Education. In: International Journal of Intercultural Relations 10 (1986) 117–134.

Bennett, Milton J.: A Developmental Approach to Training for Intercultural Sensitivity. In: International Journal of Intercultural Relations 10 (1986) 179–196.

Bolten, Jürgen: Lehrerhandbuch zur Marktchance Wirtschaftsdeutsch. Mittelstufe 2. Stuttgart 1995.

Bolten, J.: Interkulturelle Wirtschaftskommunikation. In: R. Walter (Hrsg.), Wirtschaftswissenschaften. Eine Einführung. Paderborn 1997, 469–497.

Breidenbach, Joana; Zukrigl, I.: Tanz der Kulturen. Kulturelle Identität in einer globalisierten Welt. München 1998.

Breidenbach, J.: Deutsche und Dingwelt. Die Kommodifizierung nationaler Eigenschaften und die Nationalisierung deutscher Kultur. Münster/Hamburg 1994.

Brislin, Richard W. u. a.: Intercultural Interactions. A Practical Guide. Newbury Park 1985.

Brislin, R. W.: Understanding Culture's Influences on Behavior. Fortworth 1993.

Brislin, R.W.; Yoshida, Tomoko (Hrsg.): Improving Intercultural Interactions. Modules for Cross-Cultural Training Programs. Thousand Oaks 1994.

Brislin, R.W.; Yoshida, Tomoko: Intercultural Communication Training: An Introduction. Thousand Oaks 1994.

Brislin, Richard; Landis, D.; Brandt, M.: Conceptualizations of Intercultural Behavior and Training. In: D. Landis u. a. (Hrsg.), Handbook of Intercultural Training Bd. 1. New York 1983, 1–35.

Casmir, Fred L.: Intercultural and International Communication. Washington 1978, 1997.

Chen, Guo-Ming; Starosta, W. J.: Foundations of Intercultural Communication. Englewood Cliffs 1997.

Clyne, Michael: Inter-Cultural Communication at Work: Cultural Values in Discourse. Cambridge 1994.

Collier, Mary J.; Thomas, M.: Cultural Identity: An Interpretative Perspective. In: Kim, Young Y. ; Gudykunst, W. B. (Hrsg.), Theories in Intercultural Communication. Newbury Park 1988, 99–120.

Condon, John C.; Yousef, F. H.: An Introduction to Intercultural Communication. New York 1975.

Converse, Philip E.: The Ultimate Cross-Cultural Convergence. In: Anthropology News, May 1996: 1–4.

Dadder, Rita: Interkulturelle Orientierung. Anayse ausgewählter interkultureller Trainingsprogramme. Saarbrücken 1987.
Dahlén, Tommy: Among the Interculturalists. An Emergent Profession and its Packaging of Knowledge. Stockholm 1997.
Daun, Åke: Studying National Culture by Means of Quantitative Methods. In: Ethnologia Europaea 19 (1989) 25–32.
Daun, Åke: Svensk mentalitet. Stockholm 1990. Engl.: Swedish Mentality. University Park, PA. 1996.
Dinges, Norman: Intercultural Competence. In: Dan Landis, R.W. Brislin (Hrsg.), Handbook of Intercultural Training. Bd.1. New York 1983, 176–202.
Dodd, Carley H.: Dynamics of Intercultural Communication. Dubuque 1991; [2]1997.
Dougherty, Janet W. (Hrsg.): Directions in Cognitive Anthropology. Urbana 1985.
Dundes, Alan: Folk Ideas as Units of World View. In: Journal of American Folklore 84 (1971) 93–103.
Dundes, A.: Slurs International: Folk Comparisons of Ethnicity and National Character. In: Southern Folklore Quarterly 39 (1975) 15–38.
Dundes, A.: Seeing is Believing. In: Ders., Interpreting Folklore. Bloomington, London 1980a, 86–92.
Dundes, A.: Thinking Ahead: A Folkloristic Reflection of the Future Orientation in American Worldview. In: Ders., Interpreting Folklore. Bloomington, London 1980b, 69–85.
Dundes, A.: Sie mich auch! Das Hinter-Gründige an der deutschen Psyche. Weinheim 1985.
Ehn, B.; Frykman, J.; Löfgren, O.: Försvenskningen av Sverige. Stockholm 1993.
Eriksen, Thomas H.: Ethnicity and Nationalism. London/Chicago 1993.
Ferraro, Gary P.: Cultural Dimensions of International Business. Englewood Cliffs 1990, [2]1997.
Ferraro, G. P.: Applying Cultural Anthropology. Readings. Belmont 1998.
Geertz, Clifford: The Interpretation of Cultures. New York 1973.
Geertz, C.: Dichte Beschreibung. Beiträge zum Verstehen kultureller Systeme. Frankfurt a. M. 1983.
Gerndt, Helge (Hrsg.): Stereotypvorstellungen im Alltagsleben. Beiträge zum Themenkreis Fremdbilder – Selbstbilder – Identität. München 1988.
Giordano, Christian u. a. (Hrsg.): Interkulturelle Kommunikation im Nationalstaat (MBIKK, 6). Münster/Fribourg 1998.
Göhring, Heinz: Interkulturelle Kommunikationsfähigkeit. München 1976.
Greverus, Ina-M. u. a. (Hrsg.): Kulturkontakt – Kulturkonflikt. Zur Erfahrung des Fremden. 2 Bde. Frankfurt a.M. 1988.
Greverus, Ina-M.: Tourismus und Interkulturelle Kommunikation. In: Zeitschrift für Kulturaustausch 28 (1978a) 96–107.
Greverus, Ina-Maria: Kultur und Alltagswelt. München 1978b.
Gudykunst, William B. (Hrsg.): Intercultural Communication Theory. Current Perspectives. Newbury Park 1983.
Gudykunst, W.B.: Intercultural Communication: Current Status and Proposed Directions. In: Dervin, B.; Voigt, M.J. (Hrsg.), Progress in Communication Sciences. Norwood, NJ. 1985a, 1–46.
Gudykunst, W.B.: A Model of Uncertainty Reduction in Intercultural Contexts. In: Journal of Language and Social Psychology 4 (1985b) 401–413.
Gudykunst, W.B.; Kim, Y.Y. (Hrsg.): Theories in Intercultural Communication. Newbury Park, CA 1988a.

Gudykunst, W. B.: Bridging Differences. Effective Intergroup Communication. Newbury Park 1988b.
Gudykunst, W. B.; Ting-Toomey, S.; Wiseman, R.L.: Taming the Beast: Designing a Course in Intercultural Communication. In: Communication Education 40 (1991) 272–285.
Gudykunst, W. B.; Kim, Y.Y. (Hrsg.): Communicating with Strangers. An Approach to Intercultural Communication. New York ²1992.
Gudykunst, W. B.: Toward a Theory of Interpersonal and Intergroup Communication: An Anxiety/Uncertainty Management (AUM) perspective. In: Wiseman, R.; Koester, J. (Hrsg.), Intercultural Communication Competence. Newbury Park 1993, 33–71.
Gudykunst, W. B.: Anxiety/Uncertainty Management (AUM) Theory: Current Status. In: R. Wiseman (Hrsg.), Intercultural Communication Theory. Thousand Oaks 1995, 8–58.
Gudykunst, W. B.; Guzley, R.M.; Hammer. M.R.: Designing Intercultural Training. In: Landis/Bhagat 1996, 61–80.
Guirdham, Maureen: Communicating Across Cultures. West Lafayette 1999.
Gumperz, J.; Hymes, Dell (Hrsg.): Directions in Sociolinguistics. New York 1972, 35–71.
Gumperz, John D.: Discourse Strategies. Cambridge 1982.
Gyr, U.: Stille Gewalt. Zur Bedeutung nonverbal ausgeübter Macht im Alltag. In: Brednich, R.W.; Hartinger, W. (Hrsg.), Gewalt in der Kultur Bd.1. Passau 1994, 77–96.
Gyr, Ueli: Lektion fürs Leben. Welschlandaufenthalte als traditionelle Bildungs-, Erziehungs- und Übergangsmuster. Zürich 1989.
Hall, Edward T.: The Silent Language. Garden City 1959.
Hall, E.T.: Proxemics. In: Current Anthropology 9, 2–3 (1968) 83–95.
Hall, E.T.: The Hidden Dimension. New York 1969.
Hall, E.T.: Beyond Culture. New York 1976.
Hall, E.T.: The Dance of Life. The other dimension of time. New York: Doubleday 1983.
Hall, E.T.: Beyond Culture. New York 1976
Hall, E.T.: An Anthropology of Everyday Life. An Autobiography. New York 1992.
Hall, E.T.: Monochronic and Polychronic Time. In: Samovar/Porter 1997, 277–284.
Hannerz, Ulf: »Kultur« in einer vernetzten Welt. Zur Revision eines ethnologischen Begriffs. In: Kaschuba, Wolfgang (Hrsg.): Kulturen – Identitaeten – Diskurse. Perspektiven Europaeischer Ethnologie. Berlin 1995, 64–84.
Helmolt, Katharina v.; Müller-Jacquier, Bernd-D.: Zur Vermittlung interkultureller Kompetenzen. In: H. Arzt (Hrsg.), Qualifikation für internationale Zusammenarbeit. Ludwigsburg 1993, 87–125.
Hermeking, Marc: Kulturen und Technik. Techniktransfer als Arbeitsfeld der Interkulturellen Kommunikation. Beispiele aus der arabischen, russischen und lateinamerikanischen Region (MBIKK, 10). Münster/ New York 2001.
Hinnenkamp, Volker: Interaktionale Soziolinguistik und Interkulturelle Kommunikation. Gesprächsmanagement zwischen Deutschen und Türken. Tübingen 1989.
Hinnenkamp, Volker: Interkulturelle Kommunikation. Heidelberg 1994.
Hobsbawm, Eric; Ranger, Terence (Hrsg.): The Invention of Tradition. London 1983.
Hofstede, Geert: Culture's Consequences: International Differences in Work-Related Values. Beverly Hills/London 1980.
Hofstede, G.: Interkulturelle Zusammenarbeit. Kulturen – Organisationen – Management. Wiesbaden 1993.

Hofstede, G.: Lokales Denken – globales Handeln. Kulturen, Zusammenarbeit und Management. München 1997.

Holbek, Bengt: Stories about Strangers. In: International Folklore Review 10 (1995) 5–9.

Honko, Lauri: Four Forms of Adaptation of Tradition. In: Honko, L.; Voigt, V. (Hrsg.), Adaptation, Change, and Decline in Oral Literature. Helsinki 1981, 19–33.

Honolka, Hanno; Götz, Irene: Deutsche Identität und das Zusammenleben mit Fremden. Opladen/ Wiesbaden 1999.

Hoopes, P. S.: Intercultural Communication Concepts and the Psychology of Intercultural Experience. In: Pusch, M.D. (Hrsg.), Multicultural Education. A Cross-Cultural Training Approach. Chicago 1981, 9–38.

Howes, David (Hrsg.): Cross-Cultural Consumption. Global Markets, Local Realities. London, New York 1996.

Hymes, Dell: Introduction. Toward Ethnographies of Communication. In: The Ethnography of Communication. American Anthropological Special Publication 66 (1964) 1–34.

International Journal of Intercultural Relations. New York 1977 ff.

Jandt, Fred E.: Intercultural Communication: An Introduction. Newbury Park 2000.

Jonach, Ingrid: Interkulturelle Kommunikation. München 1998.

Kartari, Asker: Deutsch-türkische Kommunikation am Arbeitsplatz. Ein Beitrag zur interkulturellen Kommunikation zwischen türkischen Mitarbeitern und deutschen Vorgesetzten in einem deutschen Industriebetrieb (MBIKK, 2). Münster 1997.

Kaschuba, Wolfgang: Kulturalismus: Vom Verschwinden des Sozialen im gesellschaftlichen Diskurs. In: Zeitschrift für Volkskunde 91 (1995) 27–46.

Keller, Eugen v.: Management in fremden Kulturen. Ziele, Ergebnisse und methodische Probleme der kulturvergleichenden Managementforschung. Bern/Stuttgart 1982.

Kerbelité, Bronislava: Fremde(r). In: Enzyklopädie des Märchens Bd. 5. Berlin 1987, 252–257.

Kluckhohn, F. R.; Strodtbeck, F. L.: Variations in Value Orientations. New York 1961.

Knapp, Karlfried; Knapp-Potthoff, Annelie: Interkulturelle Kommunikation. In: Zeitschrift für Fremdsprachenforschung 1 (1990) 62–93.

Kohl, Karl-H.: Ethnologie – die Wissenschaft vom kulturell Fremden: Eine Einführung. München 1993.

Kohls, L. Robert; John M. Knight: Developing Intercultural Awareness. A Cross-Cultural Training Handbook. Yarmouth 1987, ²1994.

Köstlin, Konrad: Das Fremde im eigenen Land. Anmerkungen zur Alltäglichkeit des Fremden. In: KEA. Zeitschrift für Kulturwissenschaften 1 (1990) 43–59.

Kroeber, A.A.; Kluckhohn, Clyde: Culture: A Critical Review of Concepts and Definitions. Cambridge, Mass. 1952.

Krumm, Hans-Jürgen: Interkulturelles Lernen im Fremdsprachenunterricht. In: Bausch, K.-R. u.a. (Hrsg.), Interkulturelles Lernen im Fremdsprachenunterricht. Tübingen 1994, 116–127.

Ladmiral, Jean-René; Lipiansky, E.M.: Interkulturelle Kommunikation. Zur Dynamik mehrsprachiger Gruppen. Frankfurt a.M. 2000.

Landis, D.; Bhagat, R.S. (Hrsg.), Handbook of Intercultural Training. 2nd ed. Thousand Oaks 1996.

Leach, Edmund: Kultur und Kommunikation. Zur Logik symbolischer Zusammenhänge. Frankfurt a.M. 1978.

Leeds-Hurwitz, Wendy: Notes in the History of Intercultural Communication: The Foreign Service Institute and the Mandate for Intercultural Training. In: Quarterly Journal of Speech 76 (1990) 262-281.

Levine, A.: Culture and Personality. Chicago 1974.

Levine, Deena R.; Adelman M. B.: Cross-Cultural Communication. Englewood Cliffs 1993.

Lindner, Rolf: Globales Logo, lokaler Sinn. In: Giordano, Chr.; Rolshoven, J. (Hrsg.), Europäische Ethnologie, Ethnologie Europas. Fribourg 1999, 173-181.

Löfgren, Orvar: The Nationalization of Culture. In: Ethnologia Europaea 19 (1989) 5-24.

Loos, E.F.: Auswahlbibliographie zur Interkulturellen Kommunikation. Duisburg: Linguistic Agency Univ. of Duisburg 1991.

Maletzke, Gerhard: Intercultural and International Communication. In: Fischer, H.D. u.a. (Hrsg.), International and Intercultural Communication. New York 1970, 409-416.

Maletzke, G.: Interkulturelle und internationale Kommunikation. Vorschläge für Forschung und Lehre. In: Ders., Bausteine zur Kommunikationswissenschaft 1949-1984. Berlin 1984, 57-72, 169-178.

Maletzke, G.: Interkulturelle Kommunikation. Zur Interaktion zwischen Menschen verschiedener Kulturen. Opladen 1996.

Markowski, Richard; Thomas, A.: Studienhalber in Deutschland. Interkulturelles Orientierungstraining für amerikanische Studenten, Schüler und Praktikanten. Heidelberg 1995.

Martin, Judith N.: Training Issues in Cross-Cultural Orientation. In: International Journal of Intercultural Relations 10 (1986) 103-116.

Martin, J. N.: Intercultural Communication Competence. A Review. In: Wiseman, R.L.; Koester, Jolene (Hrsg.): Intercultural Communication Competence. Newbury Park 1993, 16-29.

Martin, J. N.; Thomas Nakayama: Thinking Dialectically About Culture and Communication. In: Communication Theory 9:1 (1999) 1-25.

Martin, Judith; Nakayama, Th.K.: Intercultural Communication in Contexts. Mountain View 2000.

MBIKK = s. Münchener Beiträge zur Interkulturellen Kommunikation.

Mežkul'turnaja kommunikacija. Sbornik učebnyh programm. Moskovskij Gosudarstvennij Universitet. Fakul'tet inostrannyh jazykov [Interkulturelle Kommunikation. Sammlung von Lehrprogrammen. Staatl. Universität Moskau, Fakultät für Fremdsprachen]. Moskau 1999.

Moosmüller, Alois: Interkulturelle Kompetenz und interkulturelle Kenntnisse. Überlegungen zu Ziel und Inhalt im auslandsvorbereitenden Training. In: K. Roth 1996a, 271-290.

Moosmüller, A.: Kulturen in Interaktion. Deutsche und US-amerikanische Firmenentsandte in Japan (MBIKK, 4). Münster/München 1997.

Moosmüller, A.: Interkulturelle Kommunikation und globale Wirtschaft. Zu den Risiken und Chancen von kultureller Differenz. In: Schweizerisches Archiv für Volkskunde 94 (1998) 189-207.

Moosmüller, A.: Die Schwierigkeit mit dem Kulturbegriff in der Interkulturellen Kommunikation. In: Alsheimer/Moosmüller/Roth 2000a, 15-31.

Moosmüller, A.: Perspektiven des Fachs Interkulturelle Kommunikation aus kulturwissenschaftlicher Sicht. In: Zeitschrift für Volkskunde 96 (2000b) 169-185.

Müller, Bernd-Dietrich: Zur Logik interkultureller Verstehensprobleme. In: Jahrbuch für Deutsch als Fremdsprache 6 (1980) 102-119.

Müller, B.-D.: Interkulturelle Verstehensstrategien – Vergleich und Empathie. In: Neuner, G. (Hrsg.), Kulturkontraste im DaF-Unterricht. München: Iudicium 1986, 33–84.
Müller-Jacquier, B.-D.; ten Thije, Jan D.: Interkulturelle Kommunikation; interkulturelles Training und Mediation. In: Brünner, G.; Becker-Mrozek, M. (Hrsg.), Berufshandbuch Linguistik. Frankfurt a.M. 2001, 39–57.
Münchener Beiträge zur Interkulturellen Kommunikation. Münster/New York 1996 ff.
Niederer, Arnold: Wege zum nationalen Selbstverständnis und zum Fremdverständnis. Einfühlung oder Empirie. In: Ethnologia Europaea 4 (1970) 43–49.
Niederer, A.: Zur Ethnographie und Soziographie nichtverbaler Dimensionen der Kommunikation. In: Zeitschrift für Volkskunde 71 (1975) 2–20.
Niederer, A.: Nonverbale Kommunikation. In: Bausinger H.; Moser-Rath, E. (Hrsg.), Direkte Kommunikation und Massenkommunikation. Tübingen 1976, 201–214.
Niedermüller, Péter: Interkulturelle Kommunikation im Post-Sozialismus. In: K. Roth 1996a, 143–151.
Nwanko, R.L.: Intercultural Communication: A Critical Review. In: Quarterly Journal of Speech 65 (1979) 324–346.
Otten, H.; Treuheit, W. (Hrsg.): Interkulturelles Lernen in Theorie und Praxis. Ein Handbuch für Jugendarbeit und Weiterbildung. Opladen 1994.
Prosser, Michael H.: The Cultural Dialogue. An introduction to Intercultural Communication. Boston 1978; 31989.
Rehbein, Jochen (Hrsg.): Interkulturelle Kommunikation. Tübingen 1985.
Rogers, Everett M.; Steinfatt, Th. M.: Intercultural Communication. Prospect Heights 1999.
Roth, Juliana: Interkulturelle Kommunikation als universitäres Lehrfach. Zu einem neuen Münchner Studiengang. In: K. Roth 1996a, 253–270.
Roth, J.: Ost und West in Europa. Barrieren für die Interkulturelle Kommunikation im Integrationsprozeß. In: Sundhaussen Holm (Hrsg.), Osteuropa zwischen Integration und Differenz. Frankfurt a.M./Berlin 1999, 127–145.
Roth, Klaus: Europäische Ethnologie und Interkulturelle Kommunikation. In: Schweizerisches Archiv für Volkskunde 91 (1995) 163–181.
Roth, K. (Hrsg.): Mit der Differenz leben. Europäische Ethnologie und Interkulturelle Kommunikation (MBIKK, 1). Münster/New York 1996a.
Roth, K.: »Bilder in den Köpfen«. Stereotypen, Mythen, Identitäten aus ethnologischer Sicht. In: Heuberger, Valeria u. a. (Hrsg.), Das Bild vom Anderen. Identitäten, Mythen und Stereotypen in multiethnischen europäischen Regionen. Frankfurt a.M./Bern 1998a, 21–43.
Roth, K.: Crossing Boundaries: the Translation and Cultural Adaptation of Folk Narratives. In: Fabula 39 (1998b) 243–255.
Roth, K.: Erzählen und Interkulturelle Kommunikation. In: K. Roth 1996a, 63–78.
Roth, K.: Toward ›Politics of Interethnic Coexistence‹: Can Europe Learn from the Multiethnic Empires? In: Ethnologia Europaea 29:2 (1999a) 37–51.
Roth, K., Roth, J.: Intercultural Communication as Applied Ethnology and Folklore. In: Journal of Folklore Research 36 (1999b) 206–215.
Roth, K.: Zur Sache! Materielle Kultur und Interkulturelle Kommunikation. In: Grieshofer, Franz; Schindler, M. (Hrsg.), Netzwerk Volkskunde. Ideen und Wege. Wien 1999c, 317–335.
Roth, K.: Zeit und Interkulturelle Kommunikation. In: Rheinisches Jahrbuch für Volkskunde 33 (1999/2000) 25–36.
Russo, Kurt W. (Hrsg.): Finding the Middle Ground: Insights and Applications of the Value Orientation Method. Yarmouth Press 2000.

Samovar, L.A.; Porter, R.E. (Hrsg.): Intercultural Communication. A Reader. Belmont, Cal. ⁷1994, ⁸1997.
Samovar, Larry A.; Porter, R.E.: Communication between Cultures. Belmont 1991.
Schiffauer, Werner: Die Migranten aus Subay. Stuttgart 1991.
Schiffauer, W.: Die Angst vor der Differenz. Zu neuen Strömungen in der Kulturanthropologie. In: Zeitschrift für Volkskunde 92 (1996) 20–31.
Schlehe, Judith (Hrsg.): Zwischen den Kulturen – zwischen den Geschlechtern. Kulturkontakte und Genderkonstrukte (MBIKK, 8). Münster/New York 2000.
Scollon, Ronald; Scollon, S.W.: Intercultural Communication. Oxford 1995.
Singer, Marshall R.: Perception and Identity in Intercultural Communication. Yarmouth 1998.
Thode-Arora, Hilke: Interethnische Ehen. Theoretische und methodische Grundlagen ihrer Erforschung. Berlin/Hamburg 1999.
Thomas, Alexander: Psychologie des interkulturellen Handelns. In: Haase, H; Molt, W. (Hrsg.), Handbuch der angewandten Psychologie Bd. 3. München 1980, 720–733.
Thomas, A.: Interkultureller Austausch als interkulturelles Handeln. Saarbrücken 1985.
Thomas, A.: Untersuchungen zur Entwicklung interkulturellen Handlungstrainings in der Managerausbildung. In: Psychologische Beiträge 30 (Meisenheim 1988) 149–153.
Thomas, A. (Hrsg.): Kulturstandards in der internationalen Begegnung. Saarbrücken 1991.
Thomas, A.: Psychologie interkulturellen Lernens und Handelns. In: Ders. (Hrsg.), Kulturvergleichende Psychologie. Eine Einführung. Göttingen 1993, 377–424.
Trager, George L.; Hall, E.T.: Culture and Communication: A Model and an Analysis. In: Explorations: Studies in Culture and Communication 3 (1954) 137–149.
Tuomi-Nikula, Outi: Direkte Kommunikation in deutsch-finnischen Ehen. In: K. Roth 1996a, 221–232.
Vester, Heinz-Günther: Kollektive Identitäten und Mentalitäten. Frankfurt a.M. 1996.
Volbrachtová, Libuše: Der Kulturschock der ›kleinen Unterschiede‹. In: Greverus 1988, Bd. 1, 209–218.
Waldis, Barbara: Trotz der Differenz. Interkulturelle Kommunikation bei maghrebinisch-europäischen Paarbeziehungen in der Schweiz und in Tunesien (MBIKK, 7). Münster/New York 1998.
Watzlawick, Paul u. a.: Menschliche Kommunikation. Formen, Störungen, Paradoxien. Bern 1969.
Weber, Horst: Interkulturelle Kommunikation und Landeskunde. In: Ders. (Hrsg.), Landeskunde im Fremdsprachenunterricht. Kultur und Kommunikation als didaktisches Konzept. München 1976, 214–224.
Winkin, Y.: La développement de la ›Communication Interculturelle‹ aux Etats-Unis: Un aperçu critique. In: Les cahiers de Psychologie sociale 24 (1984) 16–27.
Wolf, Margery: Relevant Anthropologists, Responsible Citizens. In: Anthropology News, Sept. 1997: 68.

Herbert Schempf

Rechtliche Volkskunde

1. Einleitung. Begriff und Forschungsgeschichte

Die rechtliche Volkskunde (RV), obwohl ihrer sprachlichen Bezeichnung nach eher der Volkskunde zugehörig, ist ihrer Entstehung nach eine Disziplin der Rechtswissenschaft, speziell der Rechtsgeschichte. Deren Vertreter glaubten, mit Hilfe volkskundlicher Erkenntnisse einzelne Rechtssätze und die Gründe für ihre Wandlung besser erklären zu können, vor allem durch eine Heranziehung derjenigen Quellen, deren sich auch die Volkskunde bedient. Märchen, Sagen und Legenden, aber auch nicht sprachgebundene Überlieferungen wie Sitte und Brauch werden von nun an auch für den Rechtshistoriker bedeutsam und in seine Forschungen mit einbezogen.

Die Volkskunde hat sich erst in jüngerer Zeit von ganz verschiedenen Ansätzen her diesem Grenzgebiet zwischen Recht und Volksleben zu nähern begonnen, sei es, daß sie Modelle soziokultureller Ordnungsgefüge entworfen hat, worin dem Recht eine bestimmende Größe zugewiesen wird (Kramer 1974), sei es, daß sie die gesellschaftliche Bedingt- und Bezogenheit des Rechts untersucht (Scharfe 1970) und damit in Konkurrenz zur modernen Rechtssoziologie tritt, wobei darauf hinzuweisen ist, daß sich auch die moderne Rechtswissenschaft außerhalb der Rechtsgeschichte mit Blick auf die Rechtssoziologie und Rechtsethnologie mit den sozialen Realitäten des Rechts zu befassen beginnt, worunter eben auch Märchen und Legenden zählen. Oder die Volkskunde sieht sich mit der Erkenntnis konfrontiert, daß viele Erscheinungen, die von ihr bislang einfach als Brauch registriert wurden, genauer agnostiziert werden können, wenn man auch dem rechtlichen Element Beachtung schenkt (L. Schmidt 1962; auch H. Moser 1985, insb. S. 318 u. ö.).

RV beschäftigt sich mit den Beziehungen zwischen Recht und Volkskultur. Dies besagt ein Doppeltes. RV fragt einmal nach den Rechtsanschauungen und Rechtsüberlieferungen, untersucht also das Nach- und Weiterleben älterer und die Entstehung neuer Rechtsvorstellungen. Sie versucht aber auch die Frage zu beantworten, inwieweit sich das Recht als eine Kulturerscheinung in die volkstümliche Kultur einfügt. K. S. Bader (1948) prägte hierfür in Anlehnung an die Terminologie von Hans Naumann das Wort vom gesunkenen Rechtsgut, ohne allerdings die grobe Unterscheidung Naumanns zwischen »gesunkenem Kulturgut« und dem »primitiven Gemeinschaftsgut« zu übernehmen. Der Prozeß des Absinkens von Rechtsgut wird von Bader wesentlich komplizierter und dynamischer begriffen, indem er den oftmals damit verbundenen Struktur-, Schicht- und Milieuwechsel betont.

Der Begriff »Rechtliche Volkskunde« ist eine Übersetzung von »folklore juridique«, wie die französische Forschung seit den 80er Jahren des vorigen Jahrhunderts die Erforschung rechtlich beeinflußter Bräuche zu bezeichnen begann. Der Begriff besaß sofort allergrößte Attraktivität. Noch bevor Künßberg ihn in seinem programmatischen Aufsatz »Rechtsgeschichte und Volkskunde« 1925 (Neuausgabe 1965) für die deutschsprachige Forschung nutzbar machte, hatte er bereits in die wissenschaftliche Terminologie besonders in Italien, Holland und Osteuropa Eingang gefunden. Das Forschungsfeld der RV ist daher, bei aller Verschiedenheit der Rechtskulturen, von Anfang an nicht an nationale Grenzen gebunden. Nichts verdeutlicht diese Internationalität besser als die seit 1978 erscheinenden »Forschungen zur Rechtsarchäologie und Rechtlichen Volkskunde«, zu deren Mitarbeitern Forscher nicht nur aus dem deutschen Sprachraum zählen, sondern auch aus Polen, Holland, Italien, Dänemark, Schweden und Portugal. Eine Internationale Gesellschaft für Rechtliche Volkskunde existiert seit 1986 (Schempf 1997).

Eberhard Freiherr von Künßberg (1881–1941), der aus dem ehemals österreichischen Galizien stammende, später vor allem in Heidelberg wirkende und besonders durch seine Arbeiten am Deutschen Rechtswörterbuch bekannt gewordene Rechtshistoriker, war es auch, der 1936 eine erste den deutschsprachigen Raum betreffende Stoffsammlung zur RV vorgelegt hat, von seiten der Volkskunde gelegentlich geringschätzig als Sammelsurium abgetan, worin der Themenkreis der RV noch unter Einschluß der Rechtsarchäologie abgeschritten wird. Der Sache nach war jedoch vieles, wie so oft in der Wissenschaftsgeschichte, bereits bekannt. Es sei hier nur pauschal auf die barocken Dissertationen und Disputationen verwiesen, die sich gelegentlich schon sowohl mit rechts- wie auch brauchgeschichtlichen Überlieferungen befaßten (Daxelmüller 1980–84, insb. Nr. 1816 ff.), ferner auf die mit der Aufklärung beginnende Reiseliteratur, worin zahlreiches einschlägige und auch heute noch bedeutsame Material zusammengetragen wurde. *Jacob Grimm,* der 1816 in seinem Aufsatz »Von der Poesie im Recht« (Nachdruck 1957) seine Ideen vom gemeinsamen Ursprung von Recht und Dichtung aus den tiefsten Gründen der Sprache entwickelt hatte, schuf mit seinen »Deutschen Rechtsaltertümern« (1. Auflage 1828) eine unübertroffene Stoffsammlung zur RV, »Materialien für das sinnliche Element der deutschen Rechtsgeschichte«, wie er sie selbst in der Vorrede nannte. Ihnen folgte ab 1840 die Herausgabe der »Weisthümer« (7 Bände zwischen 1840 und 1878), wobei Grimm auch hier weniger der juristische Inhalt als vielmehr die Form und die Sprache interessierten: »Namentlich sind die weisthümer des deutschen rechts, ihrem wesen und gehalt nach, völlig vergleich-

bar der gemeinen volkssprache und den volksliedern« (Vorrede zur
1. Auflage der Deutschen Rechtsaltertümer, S. IX). Daß diese von der
romantischen Volksgeistlehre getragene Interpretation im Grunde ein
Irrtum war, davon wird an anderer Stelle zu reden sein. Was bleibt, ist die
wissenschaftliche Leistung Grimms, der als erster auf die Bedeutung der
ländlichen Rechtsquellen hingewiesen hat und so zum Anreger für viele
regionale und überregionale Sammlungen wurde. Das gilt auch für die im
Zuge der Sammlung von Rechtsaltertümern beginnende Erforschung des
älteren germanischen Rechts, als deren Vertreter hier Heinrich Brunner,
Otto von Gierke, Karl von Amira und Claudius von Schwerin beispielhaft genannt seien.

Der von Künßberg geprägte Name RV blieb nicht unangefochten, hat sich schließlich aber doch durchzusetzen vermocht. Claudius Freiherr von Schwerin schlug vor, dieses Forschungsgebiet als »Volksrechtskunde« zu bezeichnen. Als hinderlich erwiesen sich hier aber die Anklänge an den Begriff der Volksrechte, wie die rechtshistorische Forschung die Stammesrechte der germanischen Völkerschaften bezeichnet hatte. Und den Begriff »Volksrecht« als Kompositum gleich Volkskunst, Volkstracht oder Volkslied zu verwenden, scheiterte auch an dogmatischen Bedenken, weil eben die RV sich nicht mit dem tatsächlich geltenden Recht befaßt, was Schwerin schließlich einräumen mußte. Auch »Rechtsgeschichtliche Volkskunde« wird der Sache nicht gerecht, weil RV auch ein Forschungsfeld der Gegenwartsvolkskunde ist oder wenigstens sein sollte.

Die Abgrenzung zu verwandten Disziplinen ist nicht immer leicht zu ziehen. Für die Gegenwart hat es den Anschein, als ob Rechtssoziologie und RV, wie sie von einem Teil der volkskundlichen Forschung verstanden wird, denselben Gegenstand betreffen. Aber die *Rechtssoziologie,* die Wissenschaft von der sozialen Wirklichkeit des Rechts, ist keine historische Disziplin, vermag geschichtlich bedingte Erscheinungen nicht oder nur unvollkommen zu erklären, wogegen RV mindestens auch mit der historischen Dimension des Rechts zu tun hat.

Zur *Rechtsarchäologie,* verstanden als Wissenschaft von der Erforschung der Gegenstände, die im Dienste des älteren Rechtslebens standen (Rechtsstäbe, Strafwerkzeuge, Maße und Gewichte, aber auch Gerichtsorte) sind die Übergänge eher fließend. Das ältere Recht drängte nach Verdeutlichung und symbolischer Überhöhung. Dies aber ist ein Phänomen, mit welchem sich die RV gleichfalls konfrontiert sieht. Die Pratzen beispielsweise, eine aus Eisen oder Holz geformte Hand, die der Südtiroler Weinhüter (Saltner) mit sich trägt, ist nicht nur Amtszeichen. Ihr kommt wie dem Strohwisch auch eine symbolische Bedeutung zu, sie steht einerseits für den Machtanspruch des Saltneramtes und soll andererseits gleichzeitig Unbefugte vom Betreten des Weinberges abhalten. Diese Funktion wird durch den ungewöhnlichen Kopfputz aus Tierfellen und Vogelfedern noch verstärkt, der den unvorbereiteten Passanten durchaus in Schrecken versetzen kann. Solche Erscheinungen zur sinnlichen Erfassung des Rechts werden uns im folgenden noch beschäftigen.

Die *Rechtsethnologie* schließlich beschäftigte sich anfänglich mit dem Recht der frühen Gesellschaften, die noch kein geschriebenes Recht besitzen. Sie bezieht ihre Erkenntnisse aus der Methode der Vergleichung, die zwar auch zu den Methoden der Volkskunde zählt, aber sie nicht beherrscht. Zur ethnologischen Rechtsforschung ist heute, wo sich die Volkskunde als Teil einer Europäischen Ethnologie versteht, kaum mehr eine begriffliche Abgrenzung zu finden, sind doch beides »humane« Wissenschaften.

Es war schon die Rede davon, daß RV als eigenständiger Wissenschaftszweig sehr rasch in ganz Europa Verbreitung fand. Noch vor Künßbergs »Rechtlicher Volkskunde« (1936) erschien bereits ein italienisches Gegenstück, »Il Folklore giuridico dell'Italia« von Carmelo Grassi (Catania 1932). Besonders verdienen hier aber Forscher aus Ost- und Südosteuropa Erwähnung, Richard Horna (1892–1953), Sergij Vilfan (Ljubljana), Witold Maisel (Poznan) und besonders Ernő Tárkány Szűcs (1922–1984), der noch kurz vor seinem Tode eine gewichtige »Ungarische rechtliche Volkskunde« (1981) erscheinen ließ, worin er lebenden juristischen Volksbräuchen in Ungarn nachging und an ihnen zeigen konnte, daß auch in Staaten mit damals noch sozialistischer Gesellschaftsordnung juristische Volksbräuche möglich waren (Schempf 2000).

2. *Rechtliches in der Volksdichtung*

Rechtsbegebenheiten oder Rechtsdenkmäler haben immer die Phantasie der Menschen beschäftigt und zum Nachdenken über Recht und Gerechtigkeit angeregt. Diesem Umstand verdanken wir einen besonderen Typ von *Sagen,* denen ein rechtlicher Bezug oder ein rechtlicher Inhalt gemeinsam ist und die uns Auskünfte über volkstümliche Anschauungen vom Recht zu geben in der Lage sind. Daß die Sage an etwas Bekanntem oder Bewußtem haftet, an einem Ort oder einem durch die Geschichte gesicherten Namen, war schon die Auffassung von Jacob Grimm. Dazu zunächst ein Beispiel. Aus der Steiermark stammt die folgende Sage vom Toten Mann:

»In der Palfau (nördlich des Stiftes Admont) gab es vor Zeiten viele Holzknechte. Einer davon war besonders flink, arbeitsam, überaus geschickt und sehr mutig. Ihm gelang alles. Darum war er auch sehr beliebt. Doch eines Tages verschwand er, und kein Mensch wußte, was mit ihm geschehen war. Es vergingen viele Jahre. Da kehrten eines Abends die Holzknechte zur gewohnten Stunde heim. Beim Brünnlein, das vom Akogel floß, hielten sie kurz Rast. Der Vorarbeiter schöpfte mit seinem Hut Wasser zum Trinken. Da bemerkte man auf einmal an seinem Hut ein Knöchlein, und niemand konnte sich seine Herkunft erklären. Ein jeder der Holzknechte betrachtete es neugierig. Als es zum letzten kam, der unter ihnen der älteste der Holzknechte war, fing es an zu bluten. Auf das hin erbleichte dieser Holzknecht, und unter Zittern gestand er, daß er vor vielen Jahren aus Neid und Eifersucht den verschollenen Holzknecht erschlagen habe. Nach diesen Worten sank er um und war tot. Der ermordete Holzknecht aber geht ohne Kopf in der Nacht umher, gesellt sich zu den Wanderern, begleitet sie ein Stück Weges und mahnt besonders jene, die auf sündigen Abwegen wandeln zur Umkehr. Die Mordstelle heißt noch heute ›Beim toten Mann‹« (Krause o. J., 67 f.).

Diese Sage, die so oder ähnlich auch anderswo erzählt wird, knüpft an ein Verbrechen, einen Mord oder Totschlag an. Solche Orte des Verbrechens nehmen im volkstümlichen Erzählgut einen breiten Raum ein. Ob das beschriebene Verbrechen tatsächlich stattgefunden hat, wissen wir nicht. Möglich ist es jedenfalls, wobei daran erinnert werden darf, daß vom Täter solcher Gewaltverbrechen häufig das Aufstellen eines Sühnekreuzes zum Seelenheil des Opfers verlangt wurde, worüber uns Sühneverträge und Urfehdebriefe Auskunft geben. Um derartige Rechtssteine, die meist keine Inschrift tragen, können sich aber auch, wohl weil die ursprüngliche Bedeutung in Vergessenheit geriet, andere Sagenmotive entfalten, wie etwa dasjenige von den zwei feindlichen Brüdern (Kain und Abel, aber auch die Labdakiden Eteokles und Polyneikes) oder Frauen, die sich gegenseitig töten, oder dasjenige vom unschuldig Hingerichteten. Nachdem 1845 zum ersten Mal die Geschichte vom unschuldig hingerichteten Postknecht Michel aus dem schwäbischen Esslingen in der Form einer fingierten Zeitungsreportage ohne realen Hintergrund veröffentlicht wurde, hat man diese als Sage immer wieder nacherzählt. Nach ihr soll der unschuldige Michel als Geist umgehen und zu seinem Gedenken ein Kreuz aus Stein errichtet worden sein. Manche Steinkreuze in Stuttgart und Umgebung tragen oder trugen so die Bezeichnung »Postmichelkreuz«.

Zu der eigentlichen Rechtsbegebenheit treten bei unserem Beispiel aus der Steiermark eine Reihe weiterer charakteristischer Motive hinzu. Lassen wir das Schöpfen von Wasser aus einem Brunnen, der als Ort der Seele des Erschlagenen gedeutet werden könnte, einmal außer acht, so begegnet uns zunächst das Motiv des blutenden Knochens. Schon nach vorchristlichen Vorstellungen waren die Knochen der Sitz des Lebens. Die Kirche hat dies übernommen und die Aufbewahrung der Knochen als Voraussetzung für die Auferstehung gepredigt. Davon zeugen sowohl die Verehrung von Heiligengebeinen als auch die Beinhäuser, die Aufbewahrungsorte der Gebeine der Verstorbenen. Ein einzelner Knochen des Mordopfers vermochte sich nach volkstümlichen Vorstellungen zu verwandeln und so von dem begangenen Verbrechen zu berichten. Es ist dies der Inhalt des Märchens vom singenden Knochen oder der Blume, die zu singen vermag, wie es in Wallonien und in anderen Landschaften erzählt wird. Bei unserer Sage aus der Steiermark wird dieses Motiv mit einem weiteren verknüpft: der Knochen beginnt, als ihn der Täter berührt, zu bluten und verrät so das Verbrechen. Verwandt wird hier das Motiv der besonders aus dem Nibelungenlied (Vers 1043 ff.) bekannten mittelalterlichen Bahrprobe, bei welcher der Tatverdächtige den Leichnam des Erschlagenen berühren und seine Unschuld beschwören mußte. Setzten Blutungen oder sonstige Veränderungen an der Leiche ein, so deutete dies auf den Täter hin. Ein weiteres Motiv tritt hinzu, dasjenige des Gottesurteils: der wahre Täter wird sofort nach dem Bekanntwerden der Tat der irdischen Gerechtigkeit entzogen. Und ein letztes: das unschuldige Opfer kann keine Ruhe finden, sondern erscheint als meist kopfloses Gespenst zur Mahnung anderer, gleich dem vorhin erwähnten Postmichel aus dem württembergischen Esslingen.

Die auf den ersten Blick recht einfach erscheinende Sage verknüpft so bei näherer Betrachtung mehrere recht unterschiedliche Motive und Überlieferungsstränge miteinander, Motive, die nicht auf den Typus der *Rechtssage,* wie die Germanistik ihn bezeichnet (Petzoldt 1989, 117 ff.), beschränkt bleiben, sondern in gleicher Weise im Märchen, in der Legende sowie in anderen Formen der Volkspoesie vorkommen. Unter dem Gesichtspunkt des Rechts kann man drei große Gruppen von Sagen unterscheiden: *Ursprungssagen,* die von der Entstehung eines Rechts, einer Berechtigung oder Freiheit oder auch von sagenhaften Gesetzgebern berichten, *Rechtsdenkmalsagen,* die von rechtsbedeutsamen Orten oder Denkmälern erzählen (etwa die Wiener Sage vom »Stock im Eisen«, deren Kern ein Rechtspfahl bildet), und *Rechtsschutzsagen,* die, wie unser Beispiel, warnend von Verbrechen und Strafe handeln.

Besonders die letzte Gruppe soll hier noch einer etwas näheren Betrachtung unterzogen werden, denn ihre Inhalte können uns Aufschluß darüber geben, was als strafwürdiges Tun anzusehen und was als Strafe hierfür gerechterweise verwirkt ist. Außer Mord und Totschlag bilden Grenz- und Jagdfrevel, Diebstahl, Gottlosigkeit, Verschwendung von Nahrungsmitteln, Meineid, Unterschlagung, Veruntreuung, Hartherzigkeit besonders gegenüber Armen, Ehebruch, Ungerechtigkeiten die Themen der Rechtssagen. Aus ihnen ließe sich bei sorgfältiger Analyse geradezu ein System volkstümlichen Rechtsdenkens ableiten, wobei sich naturgemäß die Frage nach der bewußten oder unbewußten Beeinflussung solchen Rechtsdenkens durch eine konkrete Rechtsordnung stellt. Daß jedenfalls die Rechtssage – siehe das Motiv der Bahrprobe in dem gewählten Beispiel – oftmals alte Formen untergegangener Rechtsriten enthält, kann als gesichert gelten. Ihrem Charakter als »Einfache Form« entsprechend arbeitet auch die Rechtssage mit typisierten Motiven, die miteinander kombiniert und verknüpft werden und die letztlich, wie alle Einfachen Formen, einem erzieherischen Zweck dienen. Daß auch die unmittelbare Gegenwart Rechtssagen kennt, mag das folgende Beispiel aus Salzburg verdeutlichen.

Dort wird erzählt, daß anläßlich der Hungerkrawalle vom 19. September 1918 eine wütende Menschenmenge einen sehr korpulenten Mitbürger verfolgte, wohl weil man annahm, er habe sich erhöhte Lebensmittelrationen verschafft. Mit wilden Beschimpfungen soll sich die ausgehungerte Menge auf ihn gestürzt, Fetzen aus seiner Kleidung gerissen und gedroht haben, ihn zu lynchen, bis er sich in die Franziskaner-

kirche flüchten konnte. Dort erst ließ man von ihm ab, weil, so der Volksmund, die am romanischen Hauptportal eingemeißelte Schwurhand ein weiteres Vorgehen verbot.
(Quelle: Nora Watteck, In Salzburg erzählt man... Salzburg 1980, 15.)

Der stilisierten Hand als Abwehr-, aber auch als Rechtszeichen sind wir schon beim Südtiroler Saltner begegnet, und so liegt die Annahme nahe, daß die am Sockel der Franziskanerkirche sichtbare Schwurhand Zeichen des kirchlichen Asylrechts ist, was noch bekannt war und auch in diesem Fall geachtet wurde.

Einem erzieherischen Zweck, nämlich der Vermittlung sozialer Leitbilder, dient auch die *Rechtslegende,* die mehr noch als das Märchen das Wunder in den Mittelpunkt des Geschehens stellt und sich von den anderen Einfachen Formen zunächst durch ihre Verfasser unterscheidet. Legenden wurden von Klerikern geschaffen, die sie in den Dienst der kirchlichen Propaganda stellten. Soweit sie also rechtliche Themen berühren, vermitteln sie kirchliche Rechtsvorstellungen und Rechtspositionen. Die Legende hat sich aber schon früh, wohl wegen der weiten Verbreitung, die sich aus ihrer ursprünglichen Funktion ergab, vor allem aber im Barockzeitalter verselbständigt, sie wurde »als Memorat erzählt, als Fabulat nachgestaltet, nach besonderen Gesetzen der Tradition verändert und wieder weiter vermittelt« (Kretzenbacher 1977, 8). Was blieb, war die exemplum-Funktion der Legende als Mahnung, Mahnung vor allem vor Verbrechen und Ungerechtigkeiten, die vor Gottes Gericht abgeurteilt werden, wenn nicht »ein Wunder geschieht«, d. h. wenn nicht durch Fürbitte der Heiligen Bewahrung oder Begnadigung eintraten. Die Anbetung oder Anrufung der Heiligen zur Fürbitte und Erlösung ist ein häufig anzutreffendes Motiv der Rechtslegenden, die in den mittelalterlichen Kunstwerken, Plastiken und Bildteppichen ihre sinnfällige Entsprechung fanden. Auch sie geben uns daher Auskunft über die in breiten Schichten verwurzelten Rechtsvorstellungen und Rechtsüberzeugungen. Auch *Rätsel* (Elias 1998) und *Schwank* bedienen sich rechtlicher Motive, ebenso die *Fabel,* indem sie Rechtvorstellungen ins Tierreich transponiert (Reineke Fuchs).

Ferdinand Elsener (1912–1982), dem wir verschiedene Untersuchungen zur mittelalterlichen deutschen Rechtssprache verdanken, hat auch die Frage aufgeworfen, ob neben den Märchen und Sagen nicht auch die Sprichwörter, besonders die *Rechtssprichwörter* internationales Wandergut darstellen:

»So wie Märchen und Sage auf ihrer Wanderung durch die Jahrhunderte und um die Welt sich wandeln, ihre Motive wechseln, ihren Sinn verändern, so verändern sich auch die Sprichwörter und Rechtssprichwörter auf ihren Wanderungen aus biblischer und griechisch-antiker Zeit bis in unsere Gegenwart und wandeln mitunter ihren Sinn« (Elsner 1962, 213; 1989, 193). Man mag sich dieser These vielleicht nur zögernd nähern, eines scheint sicher: deutsche Rechtssprichwörter sind entgegen der Auffassung Jacob Grimms kein Hort ausschließlich deutschen Rechts, und diejenigen, die sie geschaffen haben, waren weder die Urteilsfinder noch wurden sie »aus des Volkes eigener Mitte« geschöpft, um im Bild Grimms zu bleiben. Viele Rechtswörter, die sich ausgesprochen deutsch anhören, sind wörtliche oder sinngemäße Übersetzungen aus dem Lateinischen. Zubund, Inbund und Landschadenbund, wie er in den steirischen Gerichtsordnungen von 1533, 1574 und 1622 vorkommt, steht für die römischrechtliche Obligation (von ligare, binden), gichtig stellt die genaue Übersetzung des lateinischen confessus (geständig) in der Formel der Digesten »Confessus pro iudicato habetur« dar. Solche Übersetzungen verdanken wir rechtsgelehrten Notaren, Stadtschreibern und anderen juristisch Gebildeten. Auf diese Weise dürften auch anderswo entstandene Rechtssprichwörter übersetzt und eingedeutscht worden sein. Elsener selbst hat auf Paralellen zu französischen Sprichwörtern hingewiesen: »Einmal ist keinmal« entstammt dem französischen »une voix, nulle voix«.

Viele deutsch klingende Rechtssprichwörter entpuppen sich so bei näherer Betrachtung als aus dem römisch-kanonischen Recht stammend (Foth 1971). »Man muß das Kind nicht mit dem Bade ausschütten«: Niemand vermutet zunächst, daß sich möglicherweise hinter dieser populären Redensart ein Satz des kanonischen Rechts verbirgt: »utile non debet per inutile vitiari.« Ist die in diesem Rechtssprichwort enthaltene Regel noch zu allgemein, um eine Ableitung der deutschen Redensart aus dem kanonischen Rechts als zwingend erscheinen zu lassen, so werden die Zusammenhänge bei den folgenden Beispielen sehr viel deutlicher.

»Einem geschenkten Gaul schaut man nicht ins Maul«: Mit diesem Rechtssprichwort soll zum Ausdruck kommen, daß bei einem unentgeltlichen Geschäft wie der Schenkung der Veräußerer nicht so streng für Sachmängel haftet wie bei einem entgeltlichen Rechtsgeschäft. Diese Haftungsbeschränkung entstammt zweifelsfrei dem römischen Recht. Das deutsche mittelalterliche Recht kennt keine Entsprechung, wie sich denn überhaupt alle deutschen schuldrechtlichen Verhältnisse erst unter dem Einfluß der Rezeption des gelehrten römisch-kanonischen Rechts voll ausgebildet haben. In ähnlicher Weise verhält es sich mit »Wer sät, der mäht« (Pflanzen folgen einem anderen rechtlichen Schicksal als der Boden), »Aller guten Dinge sind drei« (»Tres faciunt collegium«), »Keine Antwort ist auch eine Antwort« (Schweigen im Rechtsverkehr bedeutet grundsätzlich Ablehnung), »Gedanken sind zollfrei« (der verbrecherische Wille allein kann nicht bestraft werden: (»affectus non punitor nisi sequatur effectus«) und auch bei dem von Jacob Grimm als so typisch germanischen Ursprungs apostrophierten »Kirchengut hat eisernen Zahn« (Kirchengut ist unveräußerlich und unverpfändbar).

Diese wenigen Beispiele mögen genügen und abschließend noch durch einige Erwägungen über die Entstehung von Rechtssprichwörtern ergänzt werden. Die lateinische Entsprechung zu diesem Begriff ist »regula iuris« oder »brocardum«. Es sind dies juristische Merkverse, die im Rechtsunterricht gebräuchlich waren. Das Justinianische Corpus

Juris Civilis, welches in den Institutionen bereits ein juristisches Lehrbuch eingearbeitet hatte, vereinigte im letzten Titel der Digesten (D 50, 17, 1) gleichfalls ein didaktisches Kompendium, eben »De diversis regulis iuris antiqui«. Nach der Wiederentdeckung einer vollständigen Digestenhandschrift im letzten Drittel des 11. Jahrhunderts in Oberitalien wurden die Brocarda auch zum Gegenstand des Rechtsunterrichts an den dortigen Rechtsschulen, später an den Universitäten. Dort begegneten ihnen die deutschen Studenten, die zum Studium des Rechts nach Italien gezogen waren. Sie waren es, die nach ihrer Rückkehr die römisch-kanonischen Merkverse in ein deutsches Gewand kleideten. Allerdings soll nicht in Abrede gestellt werden, daß es daneben auch Rechtssprichwörter gibt, die rein deutschrechtlichen Inhalts sind.

Sprichwörter sind Erfahrungssätze mit lehrhafter Tendenz ähnlich wie Märchen, Sage und Legende. Die Rechtssprichwörter im besonderen werfen, abgesehen von den Problemen ihrer Herkunft, mehrere Streitfragen auf. Auch bei ihnen stellt sich die Frage nach der Verbindlichkeit. Fanden sie auch bei Gericht Verwendung und Anerkennung? Mit anderen Worten: Sind Rechtssprichwörter auch Rechtsquellen? Was macht das Typische gerade des Rechtssprichwortes aus und wie grenzt es sich von allgemeinen Redensarten mit rechtlichen Inhalten ab? Solche Fragen sollen hier nur aufgeworfen werden.

Rechtsbegebenheiten, Rechtsverhältnisse und Rechtsorte haben auch in die *Flurnamen* Eingang gefunden. Namen wie Galgenberg, Galgenfeld oder Galgenacker deuten auf ehemalige Blutgerichtsstätten hin, die aber gelegentlich auch so poetische Namen wie Rosengarten, Rosenhügel oder Rosenberg tragen. So ist die Kuenringersage vom Rosengärtlein auf dem niederösterreichischen Aggstein – eine Entsprechung findet sich bei der Burg Rotheck im Breisgau – alles andere als eine Sage, in welcher blühende Rosen eine Rolle spielen, sondern sie handelt von Verbrechen und Gefangenschaft (Schindler 1981, 37). Schafberge, Ochsenboden, Roßfeld, Geißegg u. ä. deuten auf entsprechende Weideplätze nur für bestimmte Tiere hin. Sie sind Ausfluß des Rechtsinstitus des Almzwanges; auch wenn die ursprüngliche Funktion nicht mehr besteht, so lebt doch der Name weiter.

Freibäche sind oftmals Gewässer, worin jedermann frei fischen konnte, wenn auch nur zum eigenen Bedarf. Freiholz kann auf ein Nutzungsrecht am Wald hindeuten. Dennoch muß man sich bei der Interpretation der Flurnamen zurückhalten und darf sich nicht zu voreiligen Schlüssen verleiten lassen. Der Name »in der Schranne« beispielsweise muß nicht unbedingt auf einen ehemaligen Gerichtsplatz hinweisen. Im Schwäbischen etwa existiert das Rechtswort Schranne nicht. Es hat hier lediglich die ursprüngliche Bedeutung einer Bank. Die gleichnamige Stuttgarter Flur leitet sich so von einer möglicherweise dort aufgestellten Bank her, wahrscheinlich einer sog. steinernen Grubbank (von gruoben = ausruhen, deshalb auch Ruhbank), wie sie zur Abstützung der Rückenkörbe und Kopflasten für die Marktfrauen dienten (Dölker 1982, Abb. 5).

3. Recht und Volkskultur

Wir sagten, RV habe die Aufgabe, der Frage nachzugehen, inwieweit sich das Recht in die volkstümliche Kultur einfügt, sie habe also die rechtlichen Elemente in der Volkskultur aufzudecken. War bisher im wesentlichen von *sprachlichen* Überlieferungen die Rede, so sollen im folgenden nicht oder weniger an die Sprache gebundene Lebensäußerungen des Volkes im Mittelpunkt stehen. Sitte und Brauch waren es, worauf die Forschung zur RV zuerst ihr Augenmerk gerichtet hatte, weil, um noch einmal Künßberg zu zitieren, »die Wurzel beider die gleiche ist, Sitte und Recht auf der ältesten Stufe überhaupt nicht geschieden werden können« (Künßberg 1936, 37). Die Beziehungen zwischen Brauch und Recht lassen sich nach zwei Richtungen hin differenzieren. Einmal sind Bräuche in vielfältiger Weise *äußeren* Einflüssen ausgesetzt, worunter dem Recht mit seinen Geboten, vor allem aber seinen Verboten besondere Bedeutung zukommt. Nur beispielhaft sei hier auf Stehl- und Rügebräuche hingewiesen, deren Verbindlichkeit heute oftmals nicht mehr Allgemeingut ist und deren Ausübung daher zu einem Konflikt mit der Rechtsordnung führen kann (Scharfe 1970). Das Recht ist aber auch ein *inneres* Strukturelement; Brauchkern und Brauchmotive sind vom Recht geprägt, von ihm übernommen oder rechtlichen Erscheinungen nachgebildet. Zur Verdeutlichung sei hier ein weiter Bereich der Volkskultur angeführt, in welchem man rechtliche Erscheinungen vielleicht am wenigsten vermutet. Gesprochen werden soll von der *Wallfahrt*.

In Wallfahrtsbräuchen finden sich bei näherer Betrachtung zahlreiche rechtliche Bezüge (Carlen 1984). Dies beginnt beim Votivwesen. Votive und andere Opfergaben werden aufgrund eines Verlöbnisses, also eines Rechtsaktes gestiftet. Deshalb tragen fast alle Votivtafeln, Opferkerzen und andere Weihegaben, soweit sie beschriftet sind, die aus der Rechtssprache entlehnten Wörter verlobt, versprochen, Verlöbnis, votum oder einfach und weitaus am häufigsten »ex voto«. Allerdings spielt sich der Rechtsakt zunächst nur im Inneren des Gläubigen ab, nach außen sichtbar wird er erst durch einen weiteren Akt, die öffentliche Kundgabe der aufgrund des Verlöbnisses erfahrenen Gnade. Die Votivbilder und Mirakelbücher verwenden hierfür den aus der Allgemeinen Rechtslehre und der Diplomatik übernommenen Ausdruck »promulgatio«, worunter zunächst die Ausfertigung und öffentliche Verkündung eines Gesetzes zu verstehen ist: »Die Promulgatio ist wesentlich – wenn auch unterschiedlich objektiviert – mit dem Verlöbnis (votum) verbunden, denn das Verlöbnis ist eine Handlung mit Rechtscharakter, die erst abgeschlossen ist, wenn Verlöbnis und Erhörung protokolliert und damit offenkundig gemacht ist. Dies erfolgt durch Einschreiben, Verkünden oder Verkündenlassen oder durch das öffentliche Aufstellen eines Zeichens, oder auch durch eine sakrale Begehung. Votivgaben sind dann keine oder nicht nur Dankzeichen, sondern Repräsentations- und Promulgationszeichen: Die Kundgabe des empfangenen Gnadenerweises ist dann nicht nur eine mehr oder weniger schlichte Äußerung gegenüber Dritten, sondern ein Akt, zu dem sich der Votant feierlich verpflichtet hat oder fühlt, und der an öffentlicher Stelle für die Gemeinschaft der Gläubigen durch das Darbringen einer Gabe oder eines Zeichens sichtbar und wahrnehmbar vollzogen und dokumentiert wird« (Kriss-Rettenbeck 1972, 304). Im Gegensatz zum früher geltenden kirchlichen Gesetzbuch von 1917 enthält der neue, seit 25. 11. 1983 geltende Codex Iuris Canonici auch Bestimmungen über Votive. Sie sollen in den Heiligtümern oder in deren Nähe sichtbar und sicher aufbewahrt werden. Die Zeugnisse der Volksfrömmigkeit haben so Eingang in die kirchliche Gesetzgebung gefunden.

Damit sind aber die Beziehungen zwischen Wallfahrt und Recht keineswegs erschöpft. Eine Wallfahrt kann als kirchliche Strafe oder als Nebenstrafe verhängt werden. Erschwernisse können hinzutreten wie Barfußgehen, Fasten, Knierutschen, das in der Scala sancta beim Lateran in Rom sein klassisches Beispiel hat. Ferner kommen das Schleppen von Holzscheiten oder Kreuzen, besonders aber Steinen in Frage. Das Steintragen gehört zu den verbreitetsten Ehrenstrafen nicht nur des deutschen Mittelalters. Es geht zurück auf alte Opfer- und Bußhandlungen, wie sie sich noch lange erhalten haben. Sie wurden zunächst von der Kirche als Kirchenstrafe übernommen. Aus ihr entwickelte sich aber schon früh eine öffentliche Strafe, vor allem in den Städten bei Marktvergehen. Die von den Verurteilten zu tragenden Steine wurden öffentlich am Rathaus oder am Pranger aufbewahrt, und gelegentlich haben sie sich dort bis heute erhalten. Im kirchlichen Bereich war das Steintragen u. a. Buße bei Verstößen gegen die Sonntagsruhe. Da die als Bag- oder Lastersteine bezeichneten Strafwerkzeuge manchmal die Form eines Brotlaibs hatten, entwickelte sich hieraus die Sage, daß sich das unter Verstoß gegen das Sonntagsgebot gebackene Brot in Stein verwandelt habe und die steinernen Brotlaibe zur Mahnung in der Kirche aufbewahrt würden.

Das Beispiel der Wallfahrt zeigt, wie sehr sie von rechtlichen Überlieferungen geprägt ist, wie sehr das Recht bis in sprachliche Einzelheiten hinein Eingang darin gefunden hat. Das Recht ist also eine bestimmende Größe der Volkskultur. K.-S. Kramer hat bei seinem Entwurf eines Modells soziokultureller Ordnungsgefüge eine Reihe von Kriterien vorgeschlagen, von denen aus »das ganze Gefüge volkstümlicher Lebensgestaltung betrachtet werden sollte« (Kramer 1974, 14): Ordnung in einem überrechtlichen Sinn, Raum, Zeit, Ehre, Exklusivität, Rüge, der Einzelne, Arbeit, Obrigkeit, Kirche. Von einem Teil der Forschung sind diese Kategorien nicht immer als hilfreich angesehen worden, und in der Tat gehen bei näherer Betrachtung einige ineinander über, andere sind lediglich die Kehrseite von etwas Drittem. So ist eigentlich das Spannungsverhältnis zwischen dem einzelnen und der Obrigkeit, ist der Konflikt zwischen dem vermeintlichen Recht des einzelnen und der von der Obrigkeit zu beachtenden und von ihr zu garantierenden positiven Rechtsordnung *das* Thema der RV. Aus der Ehre, die der einzelne für sich in Anspruch nimmt, folgt die Rüge, nämlich andere wegen des Angriffs auf die Ehre zu tadeln oder tadeln zu lassen. Gleichwohl ist es das Verdienst Kramers, den amorphen Stoff der RV in eine gewisse Ordnung gebracht zu haben. Die gelegentliche Kritik an dieser Sichtweise (z. B. Morsak 1989, 76) erscheint unberechtigt. Begriff, Ziele und Methoden der RV sind in den letzten rund fünfzig Jahren verschieden und durchaus kontrovers aufgefaßt worden, wovon bereits die Rede war. Eine verbindliche Definition der Fachrichtung existiert bis heute nicht. Daß aber die RV nicht nur im Grenzbereich zwischen Recht und Volkskunde anzusiedeln ist, sondern Strukturen des Zusammenlebens erhellen kann, seien sie vertikal oder eben hierarchisch, ist bereits anderswo vertreten worden (z. B. Kramer 1974, 151 ff.).

Ehe wir auf einige dieser Kategorien zurückkommen, seien zum Thema Brauch und Recht einige allgemeine Überlegungen angestellt. Dazu zunächst die Feststellung, daß Rechtsbräuche in gleicher oder abgewandelter Form im Volksbrauch, aber auch in anderen Erscheinungen der Volkskultur weiterleben. Man denke nur an das Kinderspiel, dessen Verhältnis zum Recht Künßberg in seiner wohl populärsten Arbeit nachgewiesen hat (Künßberg 1952). Wenn die Kinder »messerlen«, d. h. mit Hilfe eines Messers, aber auch mit Stäben, Feilen oder Lappen dem Gegner ein Stück Land abnehmen, so steckt dahinter ein Überbleibsel ursprünglicher Grenzbestimmung: soweit ein Beil oder eine Axt geworfen werden konnte, soweit reichte ein Herrschaftsgebiet oder konnte ein Recht, etwa ein Fischereirecht, ausgeübt werden. Auch in der Gegenwart noch stößt man auf Flurbegehungen oder Grenzumritte, die ursprünglich in feierlicher Form zur Legung von Grenzzeichen und ihrer jährlichen Kontrolle stattfanden. Dabei wurden vielfach Kinder hinzugezogen, die bei den Grenzsteinen an den Ohren gezupft (Selinger 2000) oder denen Ohrfeigen oder Prügel verabreicht wurden, damit ihnen zeitlebens der Ort des Geschehens und damit die Grenze in Erinnerung blieb. Landvermessung und Katasterwesen sind ja erst Errungenschaften des 18. Jahrhunderts. Deshalb erfolgten die Grenzziehungen zuvor gerne über markante Punkte in der Landschaft, Berggipfel, Höhenrücken, einzelstehende Bäume, Bäche oder Flußläufe, die für sich schon gut merkbar waren. Die feierliche Flurbegehung, die meist im Frühjahr stattfand, endete oft mit gemeinsamem Mahl und Trank, die für viele Bereiche des Brauchlebens so typisch sind.

An den Bräuchen des Jahreslaufes oder des Lebenskreises (Geburt, Verlöbnis, Hochzeit, Tod und Begräbnis) ließen sich die Verbindungen zum Recht sehr leicht aufzeigen. Indes soll hier ein anderer Weg eingeschlagen werden. Denn beide Brauchkreise, Jahreslauf und menschliches Leben, sind wiederholt von der Volkskunde umfassend dargestellt worden, und die rechtlichen Bezüge sind verhältnismäßig leicht auszumachen. Daß auch hier gelegentliche Korrekturen an gängigen Vorstellungen und Auffassungen anzubringen sind, soll nicht verschwiegen werden. Wenn beispielsweise immer wieder betont wird, die Ostereierbräuche hätten sich aus den österlichen Eierzinsen und entsprechenden Gegengaben der Grundherrschaft an ihre Grundholden für pflichtgemäße Leistungen entwickelt, so ist dies sicher richtig. Aber solche Eierzinsen und Spenden hat es nicht nur zu Ostern, sondern auch zu anderen Terminen, etwa zu Pfingsten und Martini (11. November) gegeben, so daß noch ein anderes Element hinzutreten mußte, damit gerade das Ei für Ostern so typisch werden konnte. Die andere Wurzel dieses Brauches war wohl, daß während der vorangehenden Fastenzeit nicht nur Fleischgenuß kirchlich untersagt war, sondern ebenso der Verzehr von Milch, Butter, Käse und eben Eiern, so daß der Freude über den wieder erlaubten Genuß Ausdruck gegeben wurde. Unter den Speiseweihen am Ostersonntag finden sich daher schon seit dem 12. Jahrhundert oftmals Eier (Moser 1985, 172).

Wir sagten, RV habe auch die Frage nach den Rechtsüberzeugungen des Volkes zu beantworten und zu fragen, wie sich Vorstellungen von Recht und Gerechtigkeit zu bilden vermögen. Die Tradition ist sicherlich nur *eine* Erklärung. Nach anderen soll im folgenden gesucht werden.

Wie früher bereits der Rechtshistoriker Eduard Osenbrüggen (»Der Hausfrieden«, 1857), so betont die neuere Forschung zur ländlichen Verfassungsgeschichte die besondere Bedeutung des *Hausfriedens*. Dieser wird als eine der bedeutendsten Kulturleistungen des Volkes verstanden, als Kernstück der Kultur überhaupt und der Volkskultur im besonderen. Die Paarformeln »Haus und Hof«, »Haus und Herd«, »Tür und Tor«, »Hag und Zaun« erlangen in diesen Zusammenhang gerückt ihre besondere Bedeutung. »Durch den Hausfrieden wird der Bereich des inneren Lebens geschützt, ohne den eine freie Entfaltung der wahrhaft menschlichen Kräfte und das kraftvolle Leben der alten Gemeinwesen und Gemeinschaften aller Art undenkbar wäre« (Kramer 1962, 59). Dieser »Bereich des inneren Lebens« garantiert die soziale Existenz des *Einzelnen*. So nimmt es nicht wunder, daß der räumliche Bereich, den Haus und Hof ausmachen, durch Tür und Tor gegen Fremde geschützt, das Besitztum – ich sage bewußt nicht Eigentum – durch Hag und Zaun ein *gefriedet* wird. Dieses Wort steht nicht zufällig. Über ihre reine Funktion hinaus erhalten so Tür, Tor und Zaun eine rechtliche Bedeutung.

Dieser »Bereich des inneren Lebens« des einzelnen gilt es zu achten und zu schützen. Nicht, wie gelegentlich angenommen, daß eine Untat auf offener Straße begangen wird, macht diese besonders verwerflich, sondern dann, wenn der Täter in befriedetes Besitztum eindringt. In diesem Kernbereich erfährt der einzelne seine soziale Geltung. Der ursprüngliche Personenverband innerhalb des Hauses, der Ehefrau, Kinder, Knechte und Mägde einschloß und der Jurisdiktionsgewalt des Hausvaters unterlag, hat sich im Laufe der Zeit gelockert, und er ist heute nahezu ganz aufgelöst. Vorstellungen wie z. B. die Familienehre, aber auch die Bevormundung der übrigen Hausgenossen durch den Familienvater sind jedoch geblieben. Der Rechtsbrauch des Herausforderns aus dem Haus hängt damit zusammen. Das bloße Herausfordern wurde bereits als Störung des Hausfriedens angesehen, so daß es weiterer

Elemente wie Ehrenkränkung oder Tätlichkeiten nicht bedurfte (Kramer 1956, 121; vgl. Wiegelmann 1976).

Das Haus wird zum Vorbild für andere Gemeinschaften. Das Bild vom Abt als Vater und den Mönchen und Konversen als Brüdern, die im Haus Gottes leben und arbeiten, prägte das Klosterleben für Jahrhunderte. Die dörfliche Gemeinschaft als Friedens- und Rechtsbereich ist von ähnlichen Vorstellungen durchzogen. Der Dorfbereich wird durch Zäune, den Etter, abgesteckt, innerhalb des Etters herrscht ein besonderer Friede, Etter- oder Zaungerichte garantieren ihn. Während die ländliche Verfassungsgeschichte besonders des 19. Jahrhunderts hierin Elemente einer frühen Staatlichkeit zu erblicken glaubte, werden neuerdings im Bereich des Hauses die Ursprünge dieser älteren Friedensordnung gesehen, von der aus staatliches Leben erst seinen Ausgang nehmen konnte (Bader 1957, 218).

Der einzelne ist eingebettet in eine Vielzahl ihn umgebender *sozialer Gruppen*. In solche Gruppen wächst er hinein, bleibt ihnen eine gewisse Zeit oder ein Leben lang verbunden, er kann sie wechseln oder schließlich ganz aufgeben. Früher waren solche Gruppen sicherlich zahlreicher als heute: Man denke nur an die Zünfte, die Burschen- und Knabenschaften oder an die neuerdings wieder mehr beachteten religiösen Bruderschaften. Solche Gruppen spielen aber auch in der Gegenwart eine bedeutsame Rolle im Leben des einzelnen. Der Hinweis auf den *Betrieb*, in dem man arbeitet, den *Verein*, in welchem man sich in seiner Freizeit betätigt, oder auf die *Nachbarschaft* in Stadt und Land mag hier genügen.

Die Ordnung innerhalb dieser Gruppen wird durch das Recht hergestellt. *Rügebräuche* gegen abweichendes Verhalten treten in den Mittelpunkt des Interesses, besonders das Phänomen der selbständigen Rechtsausübung dieser Gruppen, ohne oder gar gegen die obrigkeitliche Justiz. Am Beispiel der wiederholt geschilderten und interpretierten *Eselshochzeit* sei dies verdeutlicht. Ein Mädchen aus Hütten/Eifel wollte in den 50er Jahren einen jungen Mann aus einem anderen Dorf heiraten. Für die verminderten Heiratschancen verlangten die einheimischen Burschen jedoch eine Art Abfindung, die zu zahlen der Bräutigam jedoch nicht bereit war. Daraufhin wurde sechs Wochen lang allabendlich *Katzenmusik* (Charivari) veranstaltet: die Burschen zogen mit allerlei selbstgefertigten Instrumenten auf und versuchten so, beim Bräutigam zu ihrem Recht auf Ablöse zu gelangen. Als auch dies nichts fruchtete, veranstalteten sie die Hochzeit der beiden Esel »Chari« und »Bari«, ein Volksfest, zu welchem Hunderte von Besuchern kamen und das nichts anderes bezweckte als die Verspottung des geizigen und vielleicht auch brauchunkundigen Bräutigams (Lutz 1960, 74).

Träger des Brauches waren hier die unverheirateten *Burschen* des Dorfes. Sie traten früher häufig in Aktion, wenn es um Verstöße gegen die geschlechtliche Moral oder, wie im Beispielsfall, um die Nichtzahlung einer Ablöse wegen verminderter Heiratschancen ging. Zur Durchsetzung ihrer Ziele bedienten sie sich u. a. der Katzenmusik, französisch

Charivari, von charivarium, Durcheinander. Trotzdem ist der Name noch nicht befriedigend geklärt. Man hat diese Erscheinung früher mit den dämonenvertreibenden Lärmzügen im Advent und im Frühjahr in Zusammenhang gebracht, die ähnlich wie Wasserguß und Brunnendusche das Böse und Unreine vertreiben sollten. Als nach und nach die Blutgerichtsstätten aus dem Innern der Städte hinausverlegt wurden, meist auf einen Hügel (Galgenberg) oder neben eine vielbefahrene Straße (Galgenfeld), so daß die Hinrichtungsstätte gut sichtbar war und ihre abschreckende und mahnende Funktion erfüllen konnte, wurde die Prangerstrafe oftmals noch innerhalb der Städte vollstreckt. Hierzu diente vielfach der Fischmarkt, denn dort herrschte schlechter Geruch. Deswegen galt die dort vollzogene Strafe als besonders ehrenkränkend. Der Fischmarkt war von Kanälen und Bächen durchzogen, Brunnen sorgten für Wasser zum Aufbewahren der Fische und zur Reinigung der Verkaufsstände. Ähnlich wie das Wasser das Unreine wegschwemmt, so nahm es nach älteren Vorstellungen auch die Schuld des Delinquenten mit sich, die als etwas Unreines angesehen wurde (Hentig 1938, 373).

Die Burschen- oder Knabenschaften waren organisiert, sie gaben sich selbst aufgesetzte Statuten, die gelegentlich, wie ihre Äußerungen auch, unter obrigkeitlichen Einfluß gelangen. Aber das Moment des Selbst-Regelns ist für unsere Überlegungen bedeutsam. Die selbstgewählten Organe sind deutlich staatlichen Organisationen nachgebildet. Obrigkeit und Ratsherren sollen für Ordnung im Innern der Knabenschaft sorgen (Scheid/Graubünden). Ähnliches gilt für die *Nachbarschaft,* die sich aus Schöffen, Amtmann, Schultheiß, Procurator und Gerichtsschreiber zusammensetzt (z. B. in Andernach/Rhein). Die Nachbarschaft erfüllte bedeutende soziale Funktionen, Aufgaben, die wir heute, nachdem die alten Gemeinwesen in Auflösung begriffen sind, gerne dem Staat und dem Wohlfahrtsstaat im besonderen zuschieben wollen: Hilfeleistungen in Haus und Hof, Krankenfürsorge, Mitarbeit bei Familienfeiern, beim Hausbau, bei der Ernte.

Nicht nur die Burschen waren Träger der Rügebräuche. Am *Haberfeldtreiben,* wie es zwischen Isar und Inn überliefert ist, nahmen auch die verheirateten Männer teil. Auch die Haberer verfolgen sittliche oder vom Strafgesetz nicht erfaßte Vergehen. Und auch das *Fastnachtsgericht* gehört hierher, bei dem Verstöße gegen abweichendes, ungebräuchliches Verhalten in humoristischer Manier gerügt werden. In Weiterentwicklung des Narrenbuches, worin komische und zu rügende Ereignisse des Jahres verzeichnet wurden, entstanden auch neue Formen wie die Faschingszeitung oder Abiturs- und Jahrgangszeitungen, die bei entsprechenden Feiern aufgelegt werden und von heiteren Begebenheiten, von Ungeschicklichkeiten, aber auch von tadelswerten Ereignissen berichten.

Wir haben bei den gewählten Beispielen – und mehr können es nicht sein – zu zeigen versucht, wie sehr die Volkskultur vom Recht geprägt und beherrscht ist. Rechtsbrauch und Volksbrauch gehen ineinander über, ursprüngliche Rechtshandlungen leben rudimentär, etwa im Kinderspiel, weiter, werden zur inhaltslosen Form, wie beim Handschlag, dem die verpflichtende Kraft fehlt. Von besonderer Bedeutung sind *Zeichen*. Gegenstände der alltäglichen Umwelt erleben durch das Recht eine über ihre rationale Funktion hinausweisende Aussagefähigkeit: Tür, Tor, Zaun und Handschuh wurden genannt, Herd, Schwelle, Dach, Kesselhaken, Hut, Mantel, Maibaum u. v. a. wären noch zu nennen. Die Beziehungen sind nicht einseitig. Erscheinungen der Volkskultur werden vom Recht aufgenommen und umgekehrt. Viele Objektivationen sind zwar vom Recht in seiner historischen Dimension geprägt, aber das Recht ist auch Bestandteil der Gegenwart, es wandelt sich und bewirkt Veränderungen. Wie zur Interpretation der Volkserzählung in der Gegenwart nach neuen Ansätzen gesucht wird, so sollte auch unter dem Aspekt des Rechts die Volkskultur stets neu analysiert und interpretiert werden.

4. Rechtliche Volkskunde in der Gegenwart

Es bleiben noch einige Streitfragen zu erörtern. Die erste gilt dem *Recht,* denn gerade hier zeigen sich die größten Unterschiede besonders zu einer Volkskunde, die sich der modernen Sozialwissenschaft nähert und verpflichtet fühlt. Daß die Rechtswissenschaft, die Rechtsgeschichte und auch andere Fächer verschiedentlich über volkskundlich relevante Phänomene nachgedacht haben, wird von seiten der Volkskunde immer noch eher zögernd zur Kenntnis genommen. Spätestens am Begriff der *Norm* beginnen sich jedoch die Geister zu scheiden. Während die Soziologie hierunter soziale Handlungsmuster, Verhaltensforderungen für wiederkehrende Situationen versteht, ist die juristische Norm gesetzt, von oben erlassen, sanktioniert und auch garantiert. Aber etwa der bedeutende Rechtsphilosoph Gustav Radbruch (1878–1949) verstand unter Normen Maßstäbe, an denen das Zusammenleben der einzelnen gemessen wird und die erst zu Imperativen transformiert werden müssen, d. h. den menschlichen Willen bestimmende Verbote und Gebote (Radbruch 1956, 136). In jedem Fall aber ist die juristische Norm zwangsweise durchsetzbar. Recht in diesem Sinn ist für uns zunächst die historisch gewachsene Rechtsordnung, das Recht in seiner historischen Dimension. Nicht immer waren soziales Gebot und Recht verschieden. Recht ist auch – und hierüber wird nach einer Zeit, in welcher es pervertiert werden konnte, vermehrt nachgedacht – etwas von Natur aus Vorgegebenes, Konstantes, etwas, das nicht verändert werden kann und darf und das daher gesetzgeberischen Maßnahmen entzogen ist.

In diesem Zusammenhang wurde die Thematik der RV gleichgesetzt mit dem »*Recht der kleinen Leute*« (Köstlin-Sievers 1976), so als ob RV sich nur oder wenigstens vorrangig mit den sozialen Unterschichten, ihren Rechtsvorstellungen und Rechtshandlungen zu beschäftigen habe, gleich der Volkskunde, deren Arbeitsfeld die »kulturelle Welt der kleinen Leute in Geschichte und Gegenwart« sei (Beitl 1985, 47). Es kann hier keine Diskussion über den seitens der Volkskunde heftig geführten Theorienstreit geführt werden, wie Volkskunde letztlich zu definieren ist. Unter dem Gesichtspunkt des Rechts, das alle angeht, will es jedenfalls scheinen, daß die Ausrichtung allein auf die kleinen Leute eine Verengung des Blickfeldes mit sich bringt, was gelegentlich von seiten der Volkskunde auch eingeräumt wird. Ähnliche Vorbehalte müssen daher in gleicher Weise dem von der modernen Privatrechtsgeschichte geprägten Begriff vom »schichtspezifischen« Privatrecht gelten.

Durch ihre bisherige Ausrichtung auf die Rechtsgeschichte hat sich die RV den Blick auf die Gegenwart verbaut. RV hat aber auch ihren Platz im Forschungsfeld der *Gegenwartsvolkskunde*. Für die Forschergeneration des 19. Jahrhunderts wie etwa Jacob Grimm gab es diese Zweiteilung zwischen historischer und Gegenwartsvolkskunde noch nicht. Die Gegenstände, die sie gesammelt und beschrieben haben, waren für sie noch unmittelbare Gegenwart. Wie es in der Gegenwart z. B. immer noch Märchen, Sagen und Legenden gibt, so hat die Wissenschaft ihr Augenmerk gleichfalls auf andere Objektivationen der Gegenwart zu richten und sie unter dem Gesichtspunkt des Rechts zu analysieren (etwa Rooijakkers 1995). Allerdings sind hierzu bislang nur zögernde Ansätze zu erkennen. Die moderne Arbeitswelt, das Vereinswesen und andere den heutigen Menschen umgebende Gruppierungen bieten hierzu ein reiches Arbeitsfeld in einer Zeit, in welcher volkstümliche Ausprägungen des Rechts eher seltener geworden zu sein scheinen. Aber eben nur zu sein scheinen. Denn bei genauerer Betrachtung finden sich auch heute zahlreiche Objektivationen volkstümlicher Rechtsanschauung und Rechtsgestaltung.

Dies führt uns abschließend zu Fragen der *Methode*. Als der Volkskunde zugehörigem Forschungsbereich sind von demjenigen, der RV betreibt, in erster Linie deren Methoden anzuwenden. Kartographie und vergleichende Methode sind nach dem Abschluß der großen Volkskundeatlanten unentbehrliche Erkenntnismittel, um Bewegungen und Beharrung volkskundlich wichtiger Erscheinungen zu studieren. Diese Kartenwerke enthalten verschiedentlich auch rechtlich relevante Sachverhalte und Erscheinungen, aus deren regionaler Verbreitung und der Häufigkeit ihres Auftretens auf bestimmte Ursachen geschlossen werden kann. Einige solcher Erscheinungen seien hier kurz aufgezählt: Heische- und Lärmbräuche, Rüge, Wegsperre, bäuerliches Erbrecht, Ausgedinge, Dienstbotentermine, Umritte, Verbotszeichen, Maße und Gewichte u. a. m. Übrigens hatte schon Künßberg den besonderen Wert von Karten erkannt und sie für seine Rechtssprachgeographie (Heidelberg 1926) nutzbar gemacht, zwei Jahre vor der Propagierung eines Atlasses der deutschen Volkskunde, der seit 1937 erschien. Künßberg verstand unter Rechtssprachgeographie die kartenmäßige Darstellung rechtlicher Tatsachen. Mit dieser wissenschaftlichen Methode sollten Reichweite und Gültigkeit von Rechtsordnungen und Rechtseinrichtungen auf Landkarten übertragen werden, um so zu neuen Erkenntnissen zu gelangen (dazu neuerdings Garovi 1999).

Neben dem Instrumentarium der Volkskunde sollte derjenige, der auf dem Gebiet der RV forscht und arbeitet, Erfahrungen im Recht mitbringen. Solche Erfahrungen sind erforderlich, um Quellenaussagen über rechtliche Sachverhalte der *Vergangenheit* zu machen, und es ist notwendig, daß er sich bei der Feststellung des Faktums von der Begrifflichkeit der modernen Systematik löst, um die Begriffswelt der Quellen zu verstehen und zu erfassen. Die Quellen für eine RV der *Gegenwart* sind naturgemäß andere als für den Historiker. Auch hier gilt, daß neben persönlicher Befragung und teilnehmender Beobachtung am Ort des Geschehens vor allem die *Tageszeitung* eine erste und dauernde Quelle über Zustand, Häufigkeit und Wandlung einer Erscheinung der Volkskultur darstellt. Auch diese Quellen erschließen sich aber nur dann voll, wenn der Betrachter über Erfahrungen im Recht verfügt. Hierzu ein letztes Beispiel. Am 20. 9. 1966 konnte man unter der Überschrift »Die gekaufte Braut« folgendes in der »Stuttgarter Zeitung« lesen:

»Erst nach der Erstattung eines Lösegeldes, über dessen Höhe sich die Beteiligten ausschwiegen, ist dieser Tage eine junge Braut aus Wyhlen (bei Lörrach) von ihrem aus der Nachbargemeinde Inzlingen stammenden Bräutigam heimgeführt worden. Nach dreihundertjährigem Brauch im alemannischen Grenzgebiet, der hier wieder auflebte, sperrte eine über die Straße gespannte Kette, bewacht von zwei Delegierten in Frack und Zylinder, den Weg, bis sich der auswärtige ›Entführer‹ des Wyhlener Mädchens freigekauft hatte. Das Lösegeld hat später die Dorfjugend in Wein umgesetzt« (vgl. Dünninger 1967).

Literaturverzeichnis

Bader, Karl Siegfried: Gesunkenes Rechtsgut. In: Kunst und Recht. Festgabe für Hans Fehr. Karlsruhe 1948, 8–25.
Bader, Karl Siegfried: Das mittelalterliche Dorf als Friedens- und Rechtsbereich. Weimar 1957.
Bader, Karl Siegfried: Rechtliche Volkskunde in der Sicht des Juristen und Rechtshistorikers. In: Köstlin-Sievers 1976, 1–11.
Baltl, Hermann: Rechtliche Volkskunde und Rechtsarchäologie als wissenschaftliche Begriffe und Aufgaben. In: Schweiz. Archiv für Volkskunde 48 (1952) 65–82.
Beitl, Klaus: Gegenwartsvolkskunde – Arbeitsfeld und Methoden. In: Probleme der Gegenwartsvolkskunde. Wien 1985, 45–71.
Carlen, Louis (Hrsg.): Forschungen zur Rechtsarchäologie und Rechtlichen Volkskunde. Bisher 18 Bde. Zürich 1978–2000.
Carlen, Louis: Historische Dimension des Rechts. Graz 1981.
Carlen, Louis: Wallfahrt und Recht. In: Wallfahrt kennt keine Grenzen. München/Zürich 1984, 87–101.
Carlen, Louis: Wallfahrt und Recht im Abendland. Freiburg/Schweiz 1987.
Carlen, Louis: Sinnenfälliges Recht. Hildesheim 1995.
Carlen, Louis: Orte, Gegenstände, Symbole kirchlichen Rechtslebens. Eine Einführung in die kirchliche Rechtsarchäologie. Freiburg/Schweiz 1999.
Daxelmüller, Christoph: Bibliographie barocker Dissertationen zu Aberglaube und

Brauch. In: Jahrbuch für Volkskunde 1980, 194–238; 1981, 225–243; 1982, 213–244; 1983, 230–244; 1984, 195–240.

Dölker, Helmut: Flurnamen der Stadt Stuttgart. Stuttgart 1982.

Dünninger, Dieter: Wegsperre und Lösung. Formen und Motive eines dörflichen Hochzeitsbrauchs. Ein Beitrag zur rechtlich-volkskundlichen Brauchtumsforschung (Schriften zur Volksforschung, 2). Berlin 1967.

Elias, Michael: Rechtserraadsels. Maastricht 1998.

Elsener, Ferdinand: Regula iuris, Brocardum, Rechtssprichwort. In: Studien und Mitteilungen zur Geschichte des Benediktiner-Ordens 73 (1962) 177–218. Wiederabgedruckt in F. E.: Studien zur Rezeption des gelehrten Rechts. Sigmaringen 1989, 165–197.

Elsener, Ferdinand: Keine Regel ohne Ausnahme. Gedanken zur Geschichte der deutschen Rechtssprichwörter. In: Festschrift für den 45. Deutschen Juristentag. Karlsruhe 1964, 23–40.

Elsener, Ferdinand: Deutsche Rechtssprache und Rezeption. In: Tradition und Fortschritt im Recht. Festschrift zum 500jährigen Bestehen der Tübinger Juristenfakultät. Tübingen 1977, 47–72. Wiederabgedruckt in F. E.: Studien zur Rezeption des gelehrten Rechts. Sigmaringen 1989, 240–238.

Foth, Albrecht: Gelehrtes römisch-kanonisches Recht in deutschen Rechtssprichwörtern. Tübingen 1971.

Garovi, Angelo: Rechtssprachlandschaften der Schweiz und ihr europäischer Bezug. Tübingen/Basel 1999.

Grass, Nikolaus: Der normannische Braut-Vermählungsritus und seine Verbreitung in Mitteleuropa. In: Forschungen zur Rechtsarchäologie und Rechtlichen Volkskunde 3 (1983) 69–97.

Grimm, Jacob: Von der Poesie im Recht. Nachdruck Darmstadt 1937.

Grimm, Jacob: Deutsche Rechtsaltertümer. Nachdruck Darmstadt 1974.

Hattenhauer, Hans: Das Recht der Heiligen. Berlin 1976.

Hentig, Hans von: Fischmarkt und Strafstätte. In: Zeitschrift für schweiz. Strafrecht 1938, 373–384.

Köstlin, Konrad; Sievers, Kai Detlev (Hrsg.): Das Recht der kleinen Leute. Beiträge zur Rechtlichen Volkskunde. Festschrift für Karl-Sigmund Kramer. Berlin 1976.

Kramer, Karl-Sigismund: Das Herausfordern aus dem Haus. Lebensbild eines Rechtsbrauches. In: Bayerisches Jahrbuch für Volkskunde 1956, 121–183.

Kramer, Karl-Sigismund: Problematik der Rechtlichen Volkskunde. In: Bayerisches Jahrbuch für Volkskunde 1962, 50–66.

* Kramer, Karl-Sigismund: Grundriß einer rechtlichen Volkskunde. Göttingen 1974.

Kramer, Karl-Sigismund: Warum dürfen Volkskundler nicht vom Recht reden? Zur Problematik der Rezeption meines Buches »Grundriß einer rechtlichen Volkskunde« (1974). In: Festschrift für Hinrich Siuts zum 65. Geburtstag. Münster u. a. 1997, 229–237.

Krause, Adalbert: Admont und das Gesäuse in der Sage. Linz o. J.

Kretzenbacher, Leopold: Rechtslegenden abendländischer Volksüberlieferung. Graz 1970.

Kretzenbacher, Leopold: Das verletzte Kultbild. Voraussetzungen, Zeitschichten und Aussagewandel eines abendländischen Legendentyps (Sitzungsberichte der Bayer. Akademie der Wiss., phil.-hist. Klasse, 1977, 1). München 1977.

Kriss-Rettenbeck, Lenz: Ex Voto. Zeichen, Bild und Abbild im christlichen Votivbrauchtum. Zürich/Freiburg i. Br. 1972.

Kroeschell, Karl: Haus und Herrschaft im frühen deutschen Recht. Göttingen 1968.

Künßberg, Eberhard Frhr. von: Rechtssprachgeographie. Heidelberg 1926.

Künßberg, Eberhard Frhr. von: Rechtliche Volkskunde (Volk. Grundriß der deutschen Volkskunde in Einzeldarstellungen, 3). Halle a.S. 1936.
Künßberg, Eberhard Frhr. von: Rechtsbrauch und Kinderspiel. 2. Aufl. Heidelberg 1952.
Künßberg, Eberhard Frhr. von: Rechtsgeschichte und Volkskunde. Bearbeitet von Pavlos Tzermias. Köln / Graz 1963.
Lutz, Gerhard: Sitte, Recht und Brauch. Zur Eselshochzeit von Hütten in der Eifel. In: Zeitschrift für Volkskunde 56 (1960) 74–88.
Meier, John: Ahnengrab und Rechtsstein. Berlin 1930.
Morsak, Louis C.: Lebensraum und Umwelt im Rechtsbewußtsein des alten Österreich. In: Festschrift Louis Carlen (Zürich 1989) 69–98.
Morsak, Louis C.; Escher, Markus (Hrsg.): Festschrift für Louis Carlen zum 60. Geburtstag. Zürich 1989.
Moser, Hans: Volksbräuche im geschichtlichen Wandel. München 1983.
Petzoldt, Leander: Dämonenfurcht und Gottvertrauen. Zur Geschichte und Erforschung unserer Volkssagen. Darmstadt 1989.
Putzer, Peter: Prolegomena zu einer Rechtsarchäologie Salzburgs. In: Forschungen zur Rechtsarchäologie und Rechtlichen Volkskunde 3 (1981) 35–120.
Radbruch, Gustav: Rechtsphilosophie. 5. Aufl., biographisch eingeleitet von Erik Wolf. Stuttgart 1936.
Rooijakkers, Gerard; Romme, Tiny (Hrsg.): Charivari in de Nederlanden. Rituele sancties op deviant gedrag. In: Volkskundig Bulletin 15 (1989) 253–394.
Rooijakkers, Gerard: Eer en schande. Volksgebruiken van het oude Brabant. Nijmegen 1995.
Scharfe, Martin: Zum Rügebrauch. In: Hess. Blätter für Volkskunde 61 (1970) 45–68. Wiederabgedruckt in: M.S. (Hrsg.), Brauchforschung. Darmstadt 1991, 184–215.
Schempf, Herbert: Rechtliche Volkskunde und moderne Gesetzgebung. In: Carlen Bd. 1 (1978) 89–106.
Schempf, Herbert: Aspekte der Rechtlichen Volkskunde der Gegenwart. In: Probleme der Gegenwartsvolkskunde. Wien 1983, 215–238.
Schempf, Herbert: Zwischen Rechtssoziologie und ethnologischer Rechtsforschung – Zum Forschungsfeld der Rechtlichen Volkskunde. In: Neue Instanz 1990, 61–65.
Schempf, Herbert: 10 Jahre Internationale Gesellschaft für Rechtliche Volkskunde. In: Carlen Bd. 17 (1997) 11–20.
Schempf, Herbert: Zum Stand der rechtlichen Volkskunde in Europa. In: Carlen Bd. 18 (2000) 27–42.
Schild, Wolfgang: Alte Gerichtsbarkeit. Vom Gottesurteil bis zum Beginn der modernen Rechtsprechung. München 1980.
Schindler, Margot: Die Kuenringer in Sage und Legende. Wien 1981.
Schmidt, Leopold: Der Forschungsstand der rechtlichen Volkskunde im Burgenland. In: Burgenländische Heimatblätter 24 (1962) 226–230.
Schmidt, Leopold: Volksglaube und Volksbrauch. Berlin 1966.
Schmidt, Leopold: Probleme der Gegenwartsvolkskunde (Mitteilungen des Instituts für Gegenwartsvolkskunde 1). Wien 1974.
Schmidt-Wiegand, Ruth: Studien zur historischen Rechtswortgeographie. Der Strohwisch als Bann- und Verbotszeichen (Münstersche Mittelalter-Schriften, 18). München 1978.
Schwineköper, Berent: Der Handschuh im Recht, Ämterwesen, Brauch und Volksglauben. 2. Aufl. Sigmaringen 1981.
Selinger, Reinhard: Das Ohrläppchenziehen als Rechtsgeste. In: Carlen Bd. 18 (2000) 201–226.

Steininger, Hermann: Bag- oder Schandsteine und verwandte Schandstrafgeräte im Burgenland. In: Burgenländische Heimatblätter 35 (1973) 134–140.

Tárkány Szűcs, Ernő: Magyar jogi népszokások [Ungarische rechtliche Volkskunde]. Budapest 1981.

Wiegelmann, Günter: Herausfordern aus dem Haus in der industriellen Welt. In: Köstlin-Sievers 1976, 207–212.

Andreas C. Bimmer

Brauchforschung

1. Allgemeines

Brauch galt von Anbeginn an als eine Kategorie der Volkskunde, verbreitet in der Umgangs- wie Wissenschaftssprache, in diesem Sinne vergleichbar mit Volkslied, Märchen oder Sage. Als »Sitte und Brauch« entwickelte sich ein wesentlicher Teil des »Kanons« (frühere Bezeichnung für die einzelnen Sachgebiete der Volkskunde), der weite Bereiche des normierten sozialen Lebens in seinen mannigfaltigen kulturellen Ausprägungen umfaßte. Hierzu zählten Umzüge, Volksfeste, Familienbräuche, Arbeitsbräuche, die festlich-feierliche Begehung von Anlässen und Gedenktagen im Kirchen- wie Kalenderjahr, aber auch Gruppen- und Vereinsbräuche. Diese knappe Reihung zeigt bereits sehr deutlich, wie weitreichend und vielseitig Brauchforschung angelegt sein kann, nur schwer in ihrer Gesamtheit zu überblicken, und dies gilt sowohl für die Bräuche selbst als Untersuchungsobjekte als auch für die dazu vorgelegten, unzählbaren wissenschaftlichen Untersuchungen.

Was versteht man nun unter einem Brauch? Wie alle Begriffe, die sowohl im Alltag (»Es ist guter Brauch«, »nach altem Brauch« usw.) wie in wissenschaftlichen Zusammenhängen verwendet werden, ist auch der Brauchbegriff in der Geschichte der Volkskunde nicht nur durch wissenschaftliche Diskussionen geprägt worden. Das erschwert Definitionen, kann aber auch unversehens neue Aspekte in die Debatte bringen, die durch allzu enge Fachbezogenheit nicht gesehen werden. Brauch ist zuallererst eine soziale Kategorie, bei der anders als bei einem Arbeitsgerät (als Objektivation materieller Kultur) oder einem Lied (als Zeugnis geistiger Kultur) ein soziales Handeln bestimmendes Moment ist. Das macht »Brauch« auch für andere Wissenschaften interessant, die sich mit dem menschlichen Verhalten beschäftigen, am ehesten für die Soziologie.

Brauch ist nun aber keine beliebige, spontan ablaufende Handlung, sondern erfordert eine bestimmte Regelmäßigkeit und Wiederkehr, eine den Brauch ausübende Gruppe, für die dieses Handeln eine Bedeutung erlangt, sowie einen durch Anfang und Ende gekennzeichneten Handlungsablauf, dessen formale wie zeichenhafte Sprache der Trägergruppe bekannt sein muß.

In der älteren Brauchforschung wurden diese Zusammenhänge mit den Begriffen Tradition, Kontinuität, Brauchbedeutung und -sinn erfaßt und nicht selten in falschen, z.T. ideologischen Interpretationen gedeutet, etwa durch einseitige Suche nach dem (möglichst germanischen) Ursprung und Sinn oder einer ungebrochenen Kontinuität eines Brauches über Jahrhunderte hinweg. Die Verwendung des Begriffes »Volksbrauch« impliziert ebenfalls einen weit über die tatsächliche Trägergruppe hinausreichenden Bezug.

2. Brauch und Sitte – Zur Begriffsgeschichte

In der Wissenschaftsgeschichte der Volkskunde bildeten Sitte und Brauch lange Zeit ein komplementäres Begriffspaar, häufig genug wurde es nicht klar unterschieden, oft gar als Synonym verwendet. Bei den meisten Autoren wird »Sitte« als die übergreifende Größe angesehen, die traditionsgeleitete Handlungsanweisung, wie wir heute sagen würden, das über den konkreten Handlungen stehende Wert- und Normsystem. Doch so nüchtern und wertfrei haben die Volkskundler des 19. Jahrhunderts die Kategorie »Sitte« nicht gesehen. Die verbale Nähe zu »Sittlichkeit« brachte nicht selten eine moralische Komponente in das Begriffsverständnis. Da Sitte etwas nicht Greifbares, nicht Handlung selbst ist, wie der Brauch, nicht geschrieben ist, wie das Gesetz, wurde auf eine außerhalb des Menschen wirkende Kraft geschlossen und somit Sitte als nicht änderbar und damit statisch vorgegeben verstanden.

Eine klare Trennung zwischen Sitte und Brauch wurde selten versucht, am ehesten noch von Nachbardisziplinen wie der Soziologie. Hier sind Max Weber, Ferdinand Tönnies und später Theodor Geiger und Georg C. Homans zu nennen (vgl. Korff 1978, 19 ff. und Weber-Kellermann 1985, 12–14). Sie haben sich im Rahmen der soziologischen Begriffsabklärung sowohl mit Sitte und Brauch, aber auch mit verwandten Termini wie Gewohnheit, Konvention, Mode u. ä. auseinandergesetzt, und obwohl hierbei zum Teil sehr klare Definitionen und Abgrenzungen vorgelegt wurden, hat die ältere Volkskunde sie kaum rezipiert.

Erst nach dem Zweiten Weltkrieg, mit zunehmender Anlehnung an Gesellschaftswissenschaften, fanden solche Gedanken Eingang in die Brauchdefinition. Es lassen sich zwei Hauptstränge der Diskussion festhalten: einmal orientiert an Konzepten des sozialen Handelns und zum zweiten orientiert an Theorien der Kommunikation. Zum *Handlungsansatz* gehörte es, soziale Kontrolle, sozialen Zwang und schichtbedingte Hierarchien als funktionale Bestandteile von Brauch und Sitte anzusehen, also entgegen der Vorstellung von selbstverständlichem Akzeptieren verpflichtender Sitte. Am Beispiel der *Rügebräuche* und ihrer Sanktionsmechanismen analysierte Martin Scharfe deren normativen Zwangscharakter und gesellschaftsstabilisierende Funktion. »Der Rügebrauch dient der Aufrechterhaltung einer bestimmten Norm« (Scharfe 1970, 49). Solche sozialwissenschaftlichen Interpretationen führen endgültig weg vom friedlich-harmonischen Sitte- und Brauchverständnis älterer volkskundlicher Auffassung. Konsequent fordert Scharfe die Ersetzung des Begriffs Sitte durch *Norm*, verstanden als »Verhaltensforderung für wiederkehrende Situationen«, und Brauch als »konkrete Handlungsmuster, die den Normen zugeordnet« und sanktioniert werden.

Brauch im Kommunikationsprozeß sozialer Gruppen ließe sich der zweite Zugang überschreiben. Hierbei geht es um den Zeichencharakter von Bräuchen, der sie für die Gruppenmitglieder verständlich macht. Der Schweizer Volkskundler Richard Weiss formulierte 1946: »Innerhalb der brauchtragenden Gemeinschaft ist der Brauch ein unentbehrliches Verständigungs- und Erkennungsmittel, eine Art Geheimcode, den jeder, der nicht Außenseiter bleiben will, erlernen und anwenden muß« (R. Weiss: Volkskunde der Schweiz. Erlenbach-Zürich 1946, S. 156).

Den kommunikativen Aspekt von Bräuchen nimmt Ingeborg Weber-Kellermann wieder auf, indem sie Bräuche als »soziale Tatsachen, Zeichen, in denen sich das gesellschaftliche Leben der Gruppen ausdrückt« (1985, 15) versteht, die sie dann unter funktionalen wie strukturellen Faktoren interpretiert. »Brauch und seine Rolle im Verhaltenscode sozialer Gruppen« (Marburg 1973) hieß programmatisch eine Bibliographie, die zusammenfassende Darstellung dieses Brauchverständnisses legte Weber-Kellermann mit »Saure Wochen – Frohe Feste. Fest und Alltag in der Sprache der Bräuche« (1985) vor.

3. Zur Geschichte der Brauchforschung

»Sitte und Brauch« zählten in der sich immer stärker zur eigenständigen Wissenschaft entwickelnden Volkskunde seit dem Ende des 19. Jahrhunderts zu unverzichtbaren Themen. An ihnen waren neben den materiellen und geistigen Überlieferungen die sozialen Lebensäußerungen der untersuchten Gruppen zu erkennen.

In den sogenannten Landschaftlichen Volkskunden, beginnend mit Wilhelm Heinrich Riehls »Die Pfälzer« (1857), nehmen die Darstellungen zu Sitte und Brauch eine sehr wesentliche Stellung ein: mit der Einteilung in *Kirchenjahr – Kalenderjahr – Lebenslauf* schien der gesamte Bereich des »Lebens in überlieferten Ordnungen« (Leopold Schmidt) abgedeckt.

Im wesentlichen ging es um eine regionale Beschreibung von Bräuchen, geltend und typisch für eine ganze Bevölkerung (»In der Pfalz ist es Brauch, daß…«), eine Differenzierung nach sozialen Gruppen erfolgte bestenfalls nach (fast ständischen) Berufsgruppen, wie Handwerker oder Bauern, gemäß der Konfession oder nach der Geschlechtszugehörigkeit (»die Pfälzer Frauen bringen nach altem Brauch…«). Bräuche von Armen, von Randgruppen und besonders die der Herrschenden, etwa des Adels, gehörten nicht zum Aufgabenbereich landschaftlich orientierter Brauchforschung, wohl aber die Huldigungsbräuche der Untertanen an die Herrschenden.

Aber auch der Wandel von Bräuchen, z. B. als Ergebnis veränderter sozio-ökonomischer Bedingungen, fand bei der weit verbreiteten »Land-und-Leute-Volkskunde« kaum Beachtung. Im Vordergrund standen Zustandsbeschreibungen; Bräuche leben, werden ausgeübt oder sind vergangen. Gemessen an sog. Urform, Sinn oder Bedeutung werden Veränderungen als Fehlentwicklungen, Schwundformen, Fälschung oder beginnender Untergang eines Brauches negativ bewertet und wahrgenommen.

Eine zusammenhängende Geschichte der Brauchforschung gibt Josef Dünninger (1967). Er stellt hier die einzelnen Forschungsansätze, Begriffsabgrenzungen und Beziehungen zu Nachbardisziplinen (Soziologie und Geschichte) in einem instruktiven Überblick dar. Manches, etwa die Forderung der stärkeren Berücksichtigung der sozialen Komponente in der Brauchforschung, findet bei ihm nachhaltige Erwähnung, ohne daß dies aber wesentliche Auswirkungen auf die Volkskunde seiner Zeit oder gar auf seine eigenen Arbeiten gefunden hätte.

Volkskundliche regionale bzw. landschaftliche Darstellungen zu Sitte und Brauch fanden ihre Entsprechungen zum einen in noch großräumigerem Rahmen, etwa bezogen auf das deutsche Volk, und zum anderen in den unzählbaren heimat- und volkskundlichen Ortsbeschreibungen und Chroniken. Autoren von Ortsmonographien waren zum überwiegenden Teil keine »gelernten« Historiker oder Volkskundler, sondern vielmehr interessierte Laien, vielfach Heimatforscher, deren Sachkompetenz durch lebenslange teilnehmende Beobachtung in den entsprechenden Orten begründet war. Sie legten naturgemäß ihr Hauptaugenmerk auf die Fakten und suchten weniger eine theoretische-kritische Auseinandersetzung mit Begriffen wie Brauch oder Sitte. Ihr Maßstab war die Chronologie des historischen Ablaufs und die Umsetzung ihres Orts-und Gewährsleutewissens in vermeintlich objektive Angaben.

Ganz sicher sind auf diese Weise zahlreiche, sehr zuverlässige und wichtige historische Quellen in Form von Beschreibungen und Berichten zustande gekommen, die nicht geringzuschätzen sind, vor allem, wenn die Mühe der sorgfältigen Quellenkritik nicht versäumt wurde. Oft genug wurden aber gerade solche Daten als Beleg ungeprüft übernommen, sei es aus dieser Literatur, sei es von den Gewährspersonen selbst, z. B. für die Erarbeitung großer, überregionaler Gesamtdarstellungen.

Stellvertretend für viele ähnlich angelegte Arbeiten sollen im folgenden zwei Autoren exemplarisch vorgestellt werden: Paul Sartori (1857–1936) und sein dreibändiges Werk »Sitte und Brauch« (Leipzig 1910, 1911, 1914) sowie Wilhelm Mannhardt (1831–1880) mit seinen mythologischen Erhebungen, die er in »Wald- und Feldkulte« (1875 und 1877) darlegte. *Paul Sartori* versieht sein mehrbändiges Werk mit knappen, aber instruktiven »Allgemeinen Bemerkungen«, in denen er sich mit der theoretischen Begriffsabklärung von Sitte und Brauch befaßt. Seine Ausführungen hierzu beleuchten den Problemkreis Brauchforschung sehr umfassend, sind anregend zu lesen und erscheinen auch nach heutigen Auffassungen als fast modern. So stellt er mit Bezug auf den Völkerpsychologen Wilhelm Wundt den Begriff der »Norm« neben den der »Sitte« – eine Forderung, die in der weiteren volkskundlichen Diskussion erst sehr viel später wieder aufgenommen wurde. Oder er beleuchtet sehr eindringlich die stützende wie zwingende Wirkung von Bräuchen, indem er ausführt: »Sitte und Brauch, die erhaltenden Mächte im Volksleben, haben Millionen von Menschen glücklich gemacht, haben ihnen Halt gegeben und ihnen ein ruhiges und behagliches Dasein gewährleistet. Aber sie haben auch Tausende in quälende Fesseln geschmiedet, geknechtet und zu Märtyrern gemacht. Sie sind nur allzuoft für das Handeln das geworden, was für die Rede die leere Phrase ist. Sie wollen doch nun einmal allem Tun die typische Form aufdrängen, auch da, wo die Persönlichkeit ihr eigenes Gepräge zur Geltung bringen möchte« (Sartori III, 1914, 14). Diese Auffassung von Brauch könnte auch dem kritischen Wissenschaftler unserer Zeit genügen, wird doch hier die sonst übliche harmonistische Betrachtung einleuchtend relativiert. Um so erstaunlicher ist es, daß Sartori in der weiteren Darstellung der konkreten Brauchbeschreibungen hierauf überhaupt nicht mehr eingeht, so daß zwischen der programmatisch formulierten Einleitung und dem Hauptteil eine erhebliche Diskrepanz besteht.

Er gliedert im folgenden in »Die Hauptstufen des Menschendaseins« (Band I), »Leben und Arbeit daheim und draußen« (II) und »Zeiten und Feste des Jahres« (III) und kompiliert dann nach jeweils kurzen Einführungen die einzelnen Belege. Sein Vorgehen erfolgt zweigleisig: Er teilt zuerst ein Lebenslauffest wie die Hochzeit in seine Elemente – definiert durch die einzelnen Stationen des Ablaufs –, und danach führt er für jedes der Elemente die Belege mit allen verfügbaren regionalen Differenzierungen an. Die Hochzeit zerlegt er in 40 brauchmäßige Aspekte, sowohl bezogen auf den realen Ablauf (Zug zur Kirche, Trauung etc.) als auch auf gegenständliche Bereiche (Tracht, Geschenke etc.). Er stellt sie fast überwiegend nur vom Phänomen her dar und analysiert sie nicht in ihrer Beziehung zur Trägergruppe, sondern differenziert und komplettiert nach regionalen Varianten. Dadurch erreicht er nicht eine komplexe Gesamtschau, sondern eine zusätzliche Atomisierung in Partialelemente. Der soziale Bezug des jeweiligen Brauches, der Stellenwert im sozialkulturellen System der entsprechenden Trägergruppen sind durch solch globale Darstellung nicht herzustellen. Trotz der in Teilen kritisch klingenden Intention wollte Sartori das sicherlich nicht, es entsprach auch nicht dem gesicherten zeitgenössischen Forschungsstand der Volkskunde um 1914. Die Kritik soll vielmehr verdeutlichen, daß der Quellenwert auch noch so umfänglicher Gesamtdarstellungen für eine historisch arbeitende Ethnologie von heute sehr fragwürdig erscheinen muß.

Gut 50 Jahre vor Paul Sartoris »Sitte und Brauch« hatte der Grimmschüler und Mythologe *Wilhelm Mannhardt* 1865 einen volkskundlichen Fragebogen in vielen tausend Exemplaren an Gewährspersonen in ganz Deutschland verschickt mit der »Bitte«, wie er seine Liste überschrieb, Erkundigungen zu den »alten agrarischen Bräuchen« – zunächst zu den Erntesitten – einzuholen und ihm mitzuteilen. Sein Ziel war es, die erfragten Erntebräuche, die nach seiner mythologischen Auffassung »ihrem Ursprunge nach teilweise in die allerälteste Zeit hinaufreichend, stückweise wie zersprungene Splitter eines grossen Mosaikbildes bis auf unsere Tage hie und da erhalten haben«, in ihrer »ursprünglichen Form« wieder zusammenzusetzen und so ein geschlossenes Bild germanischer Brauch- und Glaubenswelt zu erschließen (Vorwort zur »Bitte«, vgl. Weber-Kellermann 1965, 41).

Er führte dazu aus: »Nur wenn es gelang, alle Überlieferungen in allen ihren Formen und Varianten zu sammeln, die ethnographische Grenze ihrer Verbreitung genau festzustellen und zugleich überall die der Zeit nach frühestens erhaltenen Zeugnisse für dieselben aufzufinden, durfte man hoffen, zu festen und sicheren Ergebnissen über den Ursprung, die älteste Bedeutung, die ursprüngliche Gestalt, die allmählichen Veränderungen und Verzweigungen jedes einzelnen Gebrauches und jeder einzelnen Sage und Mythe zu gelangen und festzustellen, welcher Zeit und welchem Volke ihre Entstehung angehörte. Damit wäre dann die Mythologie als eine positive exakte Wissenschaft begründet« (zit. n. Weber-Kellermann 1965, 15). Dies klingt verführerisch methodisch genau, aber die inhaltlichen Grundlagen seiner Forschung entlarven die ideologische Komponente nur allzu deutlich.

Drei Aspekte sind bei der heutigen Beurteilung der Mannhardtschen Untersuchungen wichtig: 1. Seine Befragungsaktion (1865) kann als eine der frühen großen empirischen Untersuchungen – nicht nur im Bereich der Volkskunde – angesehen werden, wenn auch sein methodisches Vorgehen (Gewährsleuteverfahren, Auswahlprinzip etc.) nach heutigen Standards nicht mehr haltbar ist. 2. An Mannhardts Werk – besonders in den Feld- und Waldkulten – läßt sich die mythologische Schule mit dem Anspruch, eine germanische Kontinuität bei Bräuchen usw. nachzuweisen, aufschlußreich demonstrieren und vor allem kritisieren. 3. *Ingeborg Weber-Kellermann* hat 100 Jahre später die Materialien mit veränderter sozialwissenschaftlicher Fragestellung einer erneuten Interpretation unterzogen. In ihrem Buch »Erntebrauch in der ländlichen Arbeitswelt des 19. Jahrhunderts« (1965) stellt sie die sozialen und ökonomischen Voraussetzungen der Landarbeit dar und erklärt aus diesen Gegebenheiten die Entwicklung von Bräuchen und traditional geleitetem Handeln und nicht mehr unter mythologischen Aspekten. Dies war nur möglich, weil Mannhardt seine Erhebungsmethoden und vor allem die Ergebnisse seiner Befragungen mit akribischer Sorgfalt niederlegte und archivierte, so daß eine spätere Bearbeitung durchgeführt werden konnte. Weber-Kellermann hat mit ihrer Arbeit einen Meilenstein in der modernen Brauchforschung gesetzt, indem sie mit konsequent sozialgeschichtlicher Arbeitsweise in der Erforschung und Interpretation der Erntebräuche zu völlig neuen Ergebnissen gelangte. Theoretisch folgte sie dem Schweden Sigurd Erixon, der die Gebundenheit aller kulturellen Erscheinungen an sozialen Raum, soziale Zeit und Gesellschaft postuliert hatte. Paul Sartori und Wilhelm Mannhardt sind hier stellvertretend für zwei unterschiedliche Ansätze der älteren Brauchforschung vorgestellt worden: Sartori für kompilatorisches Vorgehen, welches einer rein am Phänomenologischen orientierten vergleichenden Forschung den Weg ebnete, und Mannhardt für ein kontinuitätssuchendes (rekonstruierendes), welches später – in der NS-Volkskunde – fatale Wiederaufnahme fand. Erwähnt werden soll noch das *Handwörterbuch des deutschen Aberglaubens,* das in den Jahren 1927–1942 von Hanns Bächtold-Stäubli unter Mitarbeit von zahlreichen Volkskundlern herausgegeben wurde. Obwohl primär auf das Gebiet des Aberglaubens bezogen, finden sich darin doch zahllose Belege für Bräuche, und natürlich trifft auch auf das HdA der Vorbehalt der losgelösten Kompilation zu. Eine Neuauflage mit einer wichtigen fachgeschichtlichen Einführung von Christoph Daxelmüller wurde 1986 ohne sonstige inhaltliche Bearbeitung oder Ergänzung veröffentlicht – ein umstrittener Vorgang, der innerhalb des Faches Diskussionen ausgelöst hat.

4. Arbeitsfelder der Brauchforschung

In der Nachkriegsvolkskunde und verstärkt seit Mitte der 1960er Jahre haben sich einige besondere Schwerpunkte in der Brauchforschung herausgebildet, z.B. zum Phänomen der Fastnacht, zu Festen, Familienbräuchen und im Bereich religiöser Bräuche zum Wallfahrtswesen. Andere Forschungsrichtungen zeigten hingegen abnehmende Tendenz: So wurden kompilatorische Sammlungen nur noch in Einzelfällen zusammengetragen; Verbreitungsanalysen aufgrund des Materials des Atlas der Deutschen Volkskunde (ADV) von 1936–1940 und der Nacherhebung von 1964/65 wurden zwar zu einzelnen Bräuchen in Kartenform veröffentlicht und interpretiert, aber zentrales Anliegen war die kartographische Richtung in der Brauchforschung nicht mehr. Besonders in den 1950er und 1960er Jahren wurden von den Vertretern der sog. Volkskunde der Heimatvertriebenen und Flüchtlinge sowie von den Vertretern der Ostdeutschen Volkskunde zahlreiche Studien zum Brauchleben dieser Gruppen erarbeitet. Der Anstoß hierzu lag zum einen in der Absicht, inzwischen »unwiederbringliche« historische Bräuche zu dokumentieren, an die sich die ehemaligen Brauchträger noch erinnern konnten. Zum andern war aber nicht zu verkennen, daß neben die dokumentarische Arbeit auch die »Brauchpflege« trat, also gezielte Kulturpraxis mit restaurativ-politischer Tendenz.

Die staatlich-geographischen Konsequenzen des Zweiten Weltkrieges, vor allem die massiven Bevölkerungsbewegungen (Umsiedlung, Vertreibung, Flucht, Auswanderung usw.) haben jedoch eine landschaftlichstammlich orientierte Brauchforschung endgültig unmöglich gemacht: unter dem Aspekt der regionalen Herkunft konnte man nicht mehr von ethnisch geschlossenen Gebieten ausgehen, etwa dem der Holsteiner, der Friesen oder der Hessen. Überall waren ethnisch äußerst heterogen zusammengesetzte Landesbevölkerungen entstanden, so daß eine Darstellung von spezifisch regional geübten Bräuchen nur noch historisch hergeleitet, aber nicht mehr für die Gegenwart belegt werden konnte. Statt dessen hat sich die wissenschaftliche Volkskunde einzelnen Bereichen zugewendet und hier auch zum Teil neue sozialwissenschaftliche Theoreme und methodische Ansätze in die Brauchforschung übernommen: etwa den Funktionalismus, das Konzept des Sozialen Wandels, später dann strukturalistische Erklärungsmuster oder bei marxistisch geprägten Arbeiten das Konzept »Kultur und Lebensweise«. Im methodischen Bereich setzten sich zunächst die Verfahren der quantitativ orientierten empirischen Sozialforschung durch (Interviews, teilnehmende Beobachtung usw.), später – in den 1980er Jahren – gewann der qualitative Ansatz zunehmend an Bedeutung. Die Diskussionen nach 1950 um Weiterentwicklung der Konzeptionen und Definition von Sitte und Brauch sind am Anfang dieser Ausführungen dargelegt worden, so daß jetzt die inhaltlichen Schwerpunkte nähere Erläuterung finden können. Es ist sicher in diesem Rahmen nicht möglich, ein so breites und schillerndes Spektrum wie das der Bräuche auch nur annähernd in all seinen zu erforschenden Facetten darzulegen, daher sollen im folgenden nur einige der wesentlichen und wichtigsten Themen der Brauchforschung der letzten 30 Jahre exemplarisch vorgestellt werden: Fastnacht, Folklorismus und Feste sowie Familienbräuche.

4.1 Fastnacht und Karneval

Die Fastnachtsforschung hat einen erheblichen Wandel durchgemacht. Hatten sich frühere theoretische Ansätze zum Ziel gesetzt, einzelne Brauchformen auf ein vegetationskultisches Sommer-Winter-Austreiben zurückzuführen, um so einer mythologischen Brauchdeutung und Sinngebung näherzukommen, so war es *Hans Moser*, der mit seinen historisch-archivalischen Arbeiten stadtbürgerliche Hintergründe des Fastnachtstreibens herausfand und so zu einer nüchternen Erhellung beitrug. Gerade die Überwindung der lange vorherrschenden These von der Fastnacht als Zeitpunkt des Winteraustreiben hat viele, meist jüngere Forscher angespornt, andere Erklärungen – besonders für die gegenwärtig geübten Bräuche – zu suchen. Hierbei gab es sehr unterschiedliche Zugangswege. Zum einen präsizierten die historisch orientierten Volkskundler die quellenkritische Analyse vor allem unter dem Aspekt sozial-

und wirtschaftsgeschichtlicher Fragestellungen und konnten so zu sehr aufschlußreichen Ergebnissen kommen, z. B. bezüglich der (oft sehr jungen) Entstehungszeit von Bräuchen. Zu nennen sind hier die Arbeiten von Hans Moser und Karl-Sigismund Kramer, die beide durch entschiedene Ablehnung der für die Brauchforschung so lange geltenden Kontinuitätsideologie einer historischen Erforschung des Alltags den Weg ebneten.

Zum weiteren kamen besonders am Beispiel der *schwäbisch-alemannischen Fastnacht* neue Impulse durch die Arbeiten des Tübinger Arbeitskreises zur Fastnachtsforschung, der seit 1964 in mehreren Sammelbänden Wissenschaftler zu Wort kommen ließ, die vielfältige und weiterführende Ansätze zur Maskenforschung, zu Heische- und Rügebräuchen, zur ökonomischen Funktion usw. einbrachten. Methodisch standen sie, wenn auch kritisch fragend, zunehmend unter dem Einfluß der empirischen Sozialforschung, die auch in der Volkskunde immer stärker an Boden gewann. Herbert Schwedt initiierte am Beispiel der *Mainzer Fastnacht* eine komplex organisierte Untersuchung, die für die neuere Fastnachts- wie Festforschung richtungsweisend wurde. In einer für die Stadt repräsentativen Befragung ließen die Mainzer Volkskundler sowohl konkretes Verhalten als auch Wert- und Normvorstellungen sowie den sozialen Hintergrund der »feiernden« Bevölkerung erkunden, ergänzten die Ergebnisse durch zahlreiche historische Analysen in Archiven, Zeitungen usw. und befragten in »Experteninterviews« Funktionäre, Veranstalter und andere fastnächtliche »opinion leader«, erstmals aber auch Personen, die ausdrücklich nicht an der Fastnacht teilnehmen wollten. Aus dem Gesamtzusammenhang der Untersuchung entstanden in der Folgezeit zahlreiche Einzelstudien, etwa zum Fastnachtsverein, zur Rolle der Medien, zum Rosenmontags-Umzug, zu den Besuchern u. a. m. sowie ein Tagungsbericht (Fastnachtsforschung, Mainz 1978), in dem ein Fazit der bundesrepublikanischen Fastnachts- und Karnevalsforschung gezogen wurde. Auch als Beispiel einer Projekt- und Teamarbeit unter Beteiligung der Studenten kommt der Mainzer Studie in der Volkskunde Vorbildcharakter zu. Aus dieser kurzen Darstellung wird bereits deutlich, daß Fastnachtsforschung auch gleichzeitig Festforschung ist und auch vom Phänomen des Folklorismus nicht immer zu trennen ist. Die aufeinanderfolgende Behandlung dient der analytischen Klarheit.

Am Beispiel der Fastnacht hat sich in den 1980er Jahren ein wissenschaftlicher Streit innerhalb der historischen Brauchforschung entzündet, in dem *Dietz-Rüdiger Moser* die These vertrat, Fastnachtsbräuche letztlich nur auf christliche Wurzeln zurückführen zu können und sich damit speziell gegen die Arbeiten Hans Mosers wandte, der eine sozialgeschichtlich orientierte Forschung vertritt (vgl. zuletzt D.-R. Moser 1983, 1986; H. Moser 1982).

4.2 Festforschung

Die Festforschung der letzten Jahre ist unter zwei wesentlichen Aspekten zu sehen: die Volkskunde als »zuständige« Disziplin öffnete sich anderen, vor allem sozialwissenschaftlichen Ansätzen; Soziologie, Geschichte und Pädagogik »entdeckten« Feste als ein auch für sie relevantes Untersuchungsfeld. Daraus ergab sich in Deutschland, aber auch in anderen europäischen Ländern in den 1970er Jahren eine Phase intensiver, gelegentlich auch interdisziplinärer Festforschung. Das wachsende wissenschaftliche Interesse am Fest scheint zur Hauptsache darin begründet, daß sich vornehmlich sozialwissenschaftliches Arbeiten zunehmend mit drei Problemen intensiver befaßt: Freizeit, Alltagsleben, direkte Kommunikation. Die Entdeckung des Alltags als sozialer Größe gab m. E. die stärksten Impulse, das Phänomen Fest einer gründlichen Neuorientierung in der Betrachtungsweise zu unterziehen.

Feste aller Art (nicht nur Volksfeste) zu beschreiben, zu dokumentieren, zu analysieren und oft auch zu deuten war und ist ein zentrales Arbeitsgebiet der wissenschaftlichen Volkskunde und Europäischen Ethnologie. Die Erfassung des Phänomens »Fest« stand im Zentrum vieler Projekte an volkskundlichen Forschungsstätten. In München entstand unter Leitung von Helge Gerndt eine Dokumentation zu bayerischen Gemeindefesten unter dem Titel »So feiern die Bayern« (München 1973), in Frankfurt initiierten Ina-Maria Greverus und Heidemarie Gruppe-Kelpanides Untersuchungen zu Stadtteilfesten in der Großstadt (Frankfurter Feste. Von wem? Für wen? 1979), in Marburg wird der seit 1961 durch die Hessische Landesregierung organisierte »Hessentag« als Beispiel politisch motivierter Volksfeste kontinuierlich untersucht (Bimmer 1973).

In erster Linie scheint allen Vorhaben der letzten Jahre gemeinsam zu sein, daß sie eine empirische Bestandsaufnahme unter explizit sozialwissenschaftlichen Fragestellungen vornehmen, um dann in einem zweiten Schritt über das einzelne untersuchte Fest hinaus Verallgemeinerungen und Typologisierungsversuche zu unternehmen. Das heißt auch, daß man sich nicht mehr mit der bloßen Phänomenologie des Ablaufs und einer (vermeintlich) historischen Sinndeutung begnügen kann. Vielmehr müssen alle relevanten Aspekte, die das *soziale Handeln* »Fest« (dies ist eine der wesentlichen neuen Auffassungen: Fest als Handlung) in seinem jeweiligen sozioökonomischen und historischen Kontext bestimmen, betrachtet werden. Dies bringt mit sich, daß bei öffentlichen Festen nicht mehr ausschließlich die Initiatoren und Festausrichter untersucht werden, sondern auch die Besucher und Konsumenten eines Festes und ihre Motivation, aber auch die Nicht-Besucher. Problemstellungen dieser Art deuten auf die Notwendigkeit interdisziplinären Arbeitens in der Festforschung. Der veränderte Ansatz in der Erforschung von Festen führte u. a. dazu, auch ganz andere als durch Brauch, Trachten oder Kirchen- und Kalenderjahr bedingte Feiertage zu untersuchen. Die gesamte

Sphäre der informellen, scheinbar wenig normierten Feste im privaten Bereich sozialer Gruppierungen kann zum Untersuchungsgegenstand werden. Der Festkalender der Europäischen Ethnologie hat sich also wesentlich erweitert. Auch in den Nachbarländern wurden von Ethnologen, Soziologen und Historikern vor allem die öffentlichen Feste analysiert. Besonders in Frankreich entwickelte sich eine ausgeprägte Festforschung, die zwar weniger auf sozialempirischen Erhebungen basierte, dafür aber stärkere theoretische Bezüge herstellte. Der Bogen reicht von einer eher gesellschaftsphilosophisch geleiteten Studie (Jean Duvignaud, Fêtes et Civilisations, 1973) über die empirische Untersuchung zum Stellenwert von Festen im Alltag (Agnes Villadary, Fête et vie quotidienne, Paris 1968) bis zu einem Sammelband der sozialkritischen Zeitschrift »Autrement«, »La Fête, cette hantise... derriere l'effervescence contemporaine: une renaissance?« (Paris 1976), um nur einige dieser Arbeiten zu nennen. Theoretisch stehen hier ähnliche Probleme im Hintergrund: Anspruch (Fest für alle) und Wirklichkeit von Volksfesten und die Analyse von Festfunktionen (Entlarvung des Kompensationsfaktors). Nach den Einzelstudien bestand offensichtlich ein Bedarf an Gesamtdarstellungen von Festen, so wurden zahlreiche, meist auf Regionen oder Staaten (Österreich, Schweiz, Bundesrepublik) begrenzte Arbeiten veröffentlicht, denen meist ein Festkalender mit Ortsverzeichnissen beigegeben wurde und die so auch für den Fremdenverkehr nutzbar gemacht werden konnten.

4.3 Exkurs: Folklorismus

Mit dem Begriff Folklorismus verbindet sich seit gut 35 Jahren ein semantischer Gehalt, der inzwischen so diffus geworden ist, daß er nur noch mit Vorbehalt und nach jeweilig genauer Festlegung verwendet werden sollte. Hans Moser hat ihn in die Volkskunde eingeführt (1962, 1964), und zwar um einen Vorgang zu bezeichnen, den er durch die Überprüfung eines angeblich »uralten«, bis in die Gegenwart geübten Maskenbrauches aufdeckte. Er konnte nachweisen, daß entgegen der Behauptung der Organisatoren und vor allem des Chronisten der Brauch erst kurz zuvor »wiederbelebt« und mit neuen Elementen und Requisiten (Maske) versehen worden war. Im weiteren Sinne meint Moser mit dem Begriff, daß z.B. Bräuche aus ihrem funktionalen Rahmen und aus ihrer Trägergruppe herausgenommen werden und – meist verändert und verfälscht – in einem neuen Zusammenhang als originär und echt vorgeführt werden. Die Berufung auf eine uralte Tradition, die es nicht gab, das Hervorheben des (vermeintlich) »Echten« nannte Moser Folklorismus. Er prägte hierfür die sehr eingängige Formulierung: »Folklorismus ist Vermittlung und Vorführung von Volkskultur aus zweiter Hand«. In der Folgezeit wurde dieser Begriff für die verschiedensten Zusammenhänge in Anspruch genommen, geriet er mehr und mehr zum Synonym für die wissenschaftliche Kritik an brauchbedingten Traditionspostulaten überhaupt. Je mehr die öffentliche Kultur in Form von Heimatfesten, Trachten- und Braucherneuerung die Rückbesinnung auf »die heile Welt von gestern« propagierte, desto häufiger fand der Begriff Folklorismus Verwendung. Dabei vermischten sich die Ebenen ganz erheblich: Folklorismus als wissenschaftlich-analytische Größe und Folklorismus als beobachtbares Faktum der sozialen Realität. Diese ungeklärte Doppeldeutigkeit ist der Ausgangspunkt für die heutige volkskundlich-babylonische Sprachverwirrung.

Hinzu kam, daß ähnlich klingende Begriffe wie Folklore im angloamerikanischen Gebrauch oder Folkloristik in Skandinavien und in den osteuropäischen Ländern als Bezeichnungen für den Bereich der oralen Überlieferungen für zusätzliche Verwechslungen sorgten. Folklorismus-Analysen und Definitionsdebatten wurden auf zahlreichen Kongressen geführt (Kecskemet/Ungarn 1981, Neusiedl 1978, DGV-Kongreß Kiel 1979), Differenzierungen und Eingrenzungen wie Ausweitungen vorgeschlagen. Hierbei wurden die Zweifel an der Verwendbarkeit des Begriffs fast schon zum immer wiederkehrenden Ritual, so daß Martin Scharfe in einer Einleitung zu drei einschlägigen Aufsätzen nur noch mit dem Buchstaben F. polemisierte (In: Jeggle, Utz u. a. [Hrsg.]: Volkskultur in der Moderne. Reinbek 1986, 348).

Hans Mosers Folklorismus-Konzept wurde zunächst eher zögernd rezipiert, oft nur pflichtgemäß genannt, ohne daß eine Weiterführung stattfand. Hermann Bausinger regte dann 1969 in der Zeitschrift für Volkskunde eine umfassende Bestandsaufnahme an, »Folklorismus in Europa. Eine Umfrage« (ZfVk. 65, 1969, 1–55), in der aus den zahlreichen Antworten und Statements die völlig unterschiedlichen Verwendungen des Begriffes deutlich wurden, ganz besonders augenfällig im Ost-West-Vergleich. Einige Jahre zuvor hatte Wolfgang Brückner (1965) bei einer ersten Untersuchung der Hessentage das hier besonders eindrückliche Zusammenspiel von Brauch/Volkstanz und Politik als »*politischen Folklorismus*« bezeichnet. Fast zehn Jahre später wurde erneut am Beispiel des Hessentages von einer Marburger Arbeitsgruppe unter Leitung von Andreas C. Bimmer das Konzept des politischen Folklorismus aufgegriffen. Es zeigte sich, daß zumindest für den Bereich der (kaschierten) staatlich-politischen Einflußnahme auf Volks- und Heimatfeste »Folklorismus« ein brauchbares Analyse-Instrument sein kann. »Politischer Folklorismus ist die bewußte oder unbewußte Verknüpfung folkloristischer Motive mit offenen oder verdeckten politischen Zielen und Symbolen. Der hohe Stellenwert des (vermeintlich) Unpolitischen soll sich in der Tendenz auf das Politische übertragen« (Bimmer 1973, 35).

Der Hessentag ist ein von der Hessischen Landesregierung 1961 erstmals organisiertes Volksfest, das einmal jährlich jeweils in einer anderen hessischen Stadt veranstaltet wird. Vom Anspruch her soll es zu einer Stärkung des Heimatbewußtseins, zur Pflege der Volkskunst, zur Integration von Alt- und Neubürgern (Flüchtlinge, Vertriebene!) sowie zur staatspolitischen Information beitragen. Höhepunkt der inzwischen einwöchigen Veranstaltungen ist der abschließende Festzug mit bis zu dreihundert Trachtengruppen, historischen Motivwagen und Spielmannszügen – sorgfältig alle Landkreise und Städte Hessens repräsentierend –, die in stundenlangem Umzug durch die Stadt an der Ehrentribüne des Hessischen Ministerpräsidenten vorbeiziehen, diesem oft kleine Geschenke überreichen und bis zu 100 000 Zuschauer mobilisieren: Ein modernes Massenfest unter Einsatz aller technischen Möglichkeiten, durchgeführt von einem professionellen Organisationsstab und doch mit dem Flair des kleinen Dorf- oder Heimatfestes, weil die Requisiten dieselben sind. Bedingt durch den großen Erfolg des Hessentages haben auch andere Bundesländer wie Niedersachsen, Rheinland-Pfalz, Sachsen und Schleswig-Holstein versucht, ihrerseits ein solches Landesfest einzurichten, jedoch mit deutlich geringerer Resonanz.

Die moderne Brauchforschung – und hier kehren wir vom Folklorismus-Exkurs zu dem Beispiel Fest zurück – hat bei überdimensionierten Veranstaltungen dieser Art viele Aspekte zu untersuchen. An der kritischen Analyse von Intentionen der Veranstalter und ihrer in das Fest hineingelegten (politischen) Implikationen kommt man nicht vorbei. Aber auch andere wichtige Fragen drängen sich auf: welche Faktoren sind dafür entscheidend, daß ein Fest mit deutlichem Appell an Landeszugehörigkeit und an historische Landeskultur in dem einen Bundesland erfolgreich angenommen wird und in den anderen nicht? Warum ist der Bezug auf Geschichte und Tradition dort besonders intensiv, wo man ihn weder aufgrund der tatsächlichen historischen Verhältnisse noch aufgrund der politischen Leitvorstellungen der veranstaltenden Landesregierung vermuten sollte? Sämtlich Fragen zur kulturellen und regionalen Identität, die der Ethnologe bei Brauch- und Festforschung stellen sollte.

5. Problem: Brauchtumspflege

Wohl kaum ein Bereich der Volkskunde wird so häufig von der »Praxis« in Anspruch genommen wie die Brauchforschung – sieht man einmal in diesem Zusammenhang von der Tracht ab. Hierbei geht es meist um fachwissenschaftlich erbetene Beratung bei der Gestaltung von öffentlichen Brauchveranstaltungen mit dem Ziel, richtige, authentische, echte, alte Bräuche zu präsentieren. Je ausgeprägter und zahlreicher sich historische Stadtfeste, Marktfeiern, Dorfmärkte u. ä. entwickeln, desto gründlicher wird nach dem ersten Nachweis geforscht, desto intensiver wird der Wissenschaftler bedrängt. Nun ist das Problem der Brauchpflege in der Geschichte der Volkskunde nicht neu, und man muß nicht bis in die Zeit des Nationalsozialismus als der Periode der hemmungslosesten Verquickung von volkstümlicher Praxis und wissenschaftlicher Volkskunde

zurückgehen. Auch nach 1945 wurden unter dem Stichwort »angewandte Volkskunde« immer wieder Stellungnahmen hierzu abgegeben. Ohne diese wieder aufzugreifen, erscheint es sinnvoll, das Problem der Brauchpflege auch im Rahmen eines Kapitels zur Brauchforschung kurz aufzugreifen. Es läßt sich mit den folgenden ablehnenden Thesen umreißen:
1. Die gleichzeitige Verwendung des Begriffs »Brauch« im wissenschaftlichen wie im öffentlichen Sprachgebrauch bringt unterschiedliche Bedeutungen mit sich, die aber nicht geklärt werden. Der Brauchwandel, die spezifische Trägergruppe, der sozioökonomische Hintergrund bleiben für den Anwender irrelevant. 2. Durch seine wissenschaftliche Autorität beeinflußt der Volkskundler die soziale Realität und deren Abbild im vorgeführten Brauch. 3. Die erteilten Auskünfte und Ratschläge des Volkskundlers verselbständigen sich und werden in das entsprechend ideologisch-determinierte »Brauchtum« integriert. Er hat keine Möglichkeit einer nachträglichen Korrektur, sie wird bei »Erfolg« der Darbietung nicht mehr angenommen. 4. Brauchtum und Brauchtumspflege gewinnen gegenwärtig zunehmend an begrifflicher Selbstverständlichkeit; damit wird ein Ganzes der Bräuche und Sitten impliziert, das statisch und positiv im Sinne einer »Summe guter Traditionen« angesehen wird. Das »tum« oder das »tümliche« werden nicht mehr hinterfragt, zunehmend auch nicht in der wissenschaftlichen Diskussion. Der Begriff *»Brauchtum«* entgleitet der Volkskunde und erscheint nicht mehr analytisch verwendbar (vgl. Bimmer 1990).

6. Familienbräuche

Analog zum wachsenden Interesse an »Familie« (vgl. S. 311–328 dieses Bandes) entwickelte sich auch in der Brauchforschung ein entsprechender Schwerpunkt, der zwar von den bisherigen Arbeiten zu den Lebenslaufbräuchen ausging, bei dem aber ganz andere, nämlich sozialwissenschaftliche Voraussetzungen zu berücksichtigen waren. »Bräuche im Lebenslauf«, sie betreffen zunächst die bekannten Stationen Geburt – Hochzeit – Tod. Von der Wiege bis zur Bahre hieß die Aufgabenstellung zahlreicher Veröffentlichungen. Die erwähnte kompilatorische Forschungsrichtung in der Brauchforschung strebte nach Vollständigkeit und regionaler Differenzierung aller Belege und wollte nach Möglichkeit alle Varianten auf einen Ursprung zurückzuführen. Mythologisch orientierte Erforschung der Lebenslaufbräuche erstellte Kontinuitätslinien, erklärte »Brüche« mit Fehlentwicklungen und interpretierte die Bräuche auf den Ursprung, den Sinn hin. Schließlich ging es einer landschaftlich ausgerichteten Volkskunde um die typischen Formen des Heiratens, Sterbens unter »Stammes«-Aspekten.

Allen drei Zugängen ist gemeinsam, daß sie ein statisches Bild von den Bräuchen des Lebenslaufs entwerfen, den sozialen und historisch-ökonomischen Wandel unter funktionalen Aspekten nicht berücksichtigen. Zwar wurden Arnold van Genneps »*Rites de passage*« teilweise rezipiert und somit die funktionale Komponente der Übergangserleichterung schon gesehen, aber selten auch als solche verarbeitet, nur als Faktum oder Gattungsbegriff festgestellt und somit erneut statisch verwendet. Van Gennep hatte 1909 von völkerkundlichen Untersuchungen ausgehend das Konzept der Übergangsriten entwickelt. Damit sind Bräuche gemeint, die den Übergang von einer Stufe im Lebenslauf zur anderen begleiten, vom Jüngling zum Mann, vom Mädchen zur verheirateten Frau usw. Er unterschied im wesentlichen zwischen Riten der Trennung und der Aufnahme. Dieses Konzept hat sehr lange die französischsprachige Ethnologie beeinflußt und zu einem geringeren Teil auf die Volkskunde gewirkt.

Unter dem Einfluß sozialwissenschaftlicher Familienforschung änderte sich die statische Betrachtungsweise dahin, daß vor allem auch die Gruppenbezogenheit von Familienbräuchen stärker in den Vordergrund rückte. Das hieß den Geltungsbereich eines Brauches nicht mehr für eine Landschaft, einen »Stamm« oder als »ganz allgemein üblich« und »für alle Zeiten« zu betrachten, sondern auf den jeweiligen sozioökonomischen und historischen Kontext zu beschränken (etwa Arbeiterfamilie in der Weimarer Republik oder Kleinbauernfamilie in der Schwalm nach 1945). Auch bei dieser Betrachtungsweise sind die Bräuche im (schichtspezifischen) Lebenslauf für die Darstellung und Interpretation ganz wesentlich, die sozialen Handlungen und ihre kulturellen Objektivationen, also der gesamte Bereich der Sozialkultur der Familie. Und dieses Verständnis zeigt, daß hier über die »Fixpunkte eines Lebenslaufs« hinaus noch wesentlich andere Bräuche der Familie relevant werden können.

Besondere Aufmerksamkeit gilt den Bräuchen im familialen Kommunikations- und Interaktionssystem. Im binnenfamiliären Bereich realisieren sie sich auf der kommunikativ-kulturellen Ebene: hier vollzieht sich die Gestaltung sowohl des familialen Alltags- als auch des Feiertagslebens. Dazu zählen Tagesabläufe, Arbeitsteilung, Feste im Lebenszyklus, familieneigene Formen der Zuwendung wie Schenken, Sexualität u. a. m. Die spezifische emotionale Beziehung der Familienmitglieder zueinander (positiv wie negativ) sichert auf längere Zeit die Konstanz und Kontinuität der Gruppe, so daß familieneigene Traditionen wie z. B. eine bestimmte Form und ein bestimmter Ablauf des Weihnachtsfestes entstehen, gepflegt und erhalten werden können.

Familieneigene Traditionen – etwa das eben erwähnte Weihnachtsfest – orientieren sich häufiger an den durch Kalenderjahr und Lebenszyklus vorgegebenen Daten und Festen, die in jeder oder wenigstens in vielen Familien derselben soziokulturellen Umwelt begangen werden, wie Hochzeit und Hochzeitstag, Geburtstag, Weihnachten, Jubiläen usw. Familienrituale sind spezieller auf die Bedingungen und Erfahrungen der einzelnen Familien zugeschnitten. Damit sind soziokulturelle Verhaltensweisen gemeint, deren Gültigkeit oft nur auf den Bereich der jeweiligen Trägergruppe, d. h. hier der Einzelfamilie, beschränkt ist, die aber trotzdem alle Merkmale von Brauchhandlungen, wie regelmäßige Wiederkehr, Gemeinsamkeit der Ausübung etc. aufweisen (Bimmer 1976, 169). In der Bundesrepublik sind vor allem von Ingeborg Weber-Kellermann und ihren Schülern Arbeiten zu Familienbräuchen vorgelegt worden (Weber-Kellermann 1978; Falkenberg 1982; Bimmer 1972, G. Müller 1991).

7. Perspektiven der Brauchforschung

Mit den Bereichen Fastnacht, Fest und Familienbrauch konnten nur drei wichtige Arbeitsfelder der Brauchforschung vorgestellt werden, andere, z. B. Bräuche im Arbeitsleben, in der religiösen Glaubenswelt oder im Zusammenhang mit der Freizeit, um nur einige zu nennen, erforderten ebenfalls eine ausführliche Darstellung. Wesentlich und die Brauchforschung insgesamt betreffend scheint eine Neufassung der Definition von »Brauch« zu sein. Hier gilt es, über Tradition, Reichweite und Dauer – als Kriterium von Brauch – zu neuen Konzepten zu gelangen. Ulla Brück (Stockholm) hat dies auf dem nordischen Volkskundekongreß 1981 in einem Vortrag betont und darauf hingewiesen, wie umstritten in der gegenwärtigen internationalen Forschung eine umfassende Begriffsbestimmung von Brauch ist – weit über die alte Einteilung in Kirchen-, Kalenderjahr und Lebenslaufbräuche hinausgehend. Erst mit einem »erweiterten« Brauchbegriff werden sich die sozialen Regelmäßigkeiten im Arbeits- und Freizeitleben der gegenwärtigen Industriegesellschaften erfassen lassen.

8. Nachtrag

Seit Erscheinen der ersten Auflage des vorliegenden Bandes lassen sich mehrere Entwicklungszüge in der Brauchforschung erkennen: Zum einen ist eine Reihe von theoretischen Veröffentlichungen erschienen, in denen wichtige Quellen zur Wissenschaftsgeschichte zugänglich gemacht wurden (Scharfe 1991) oder in denen die Autoren eigene Positionen einer religiös fundierten Brauchforschung erkennen ließen (Hartinger 1992; D.-R. Moser 1993). Weiter sind Arbeiten zu nennen, die sich mit Spezialproblemen befassen, etwa im Bereich der interdisziplinären *Festforschung,* bezogen auf bestimmte Städte (Zürich: Hugger 1987) oder auf das Verhältnis von Öffentlichkeit und Privatheit (Bausinger 1988). Ein gewachsenes Interesse an der Erforschung des Festes registrierten wir bereits für die Zeit um 1975, wobei außer der Volkskunde/ Ethnologie die Disziplinen Soziologie, Geschichte, Sozialanthropologie, Politikwissenschaft, Pädagogik u. a. beteiligt waren. Um 1988 konnte man vor allem im deutschsprachigen Raum ein erneutes Anwachsen von Veröffentlichungen zum Festwesen vermerken.

Profunde Arbeit wurde in den vergangenen Jahren auf dem Gebiet der *regionalen Brauchforschung* geleistet. Hier sind besonders die von Herbert und Elke Schwedt initiierten Untersuchungen in Rheinland-Pfalz und dem Saarland (H. Schwedt 1989; H. u. E. Schwedt 1989) sowie zu den Ungarndeutschen (H. u. E. Schwedt 1990) zu nennen. Diese Studien sind im wesentlichen gegenwartsorientiert, entstanden in Teamarbeit und beschäftigen sich weniger mit regionaler Gesamterhebung als mit exemplarischer Strukturierung zentraler Aspekte von Bräuchen und dem Entstehen neuer Formen. Utz Jeggle versucht in seinem Beitrag »Sitte und Brauch in der Schweiz« (1992), die wichtigsten Probleme und Auffassungen heutiger Brauchforschung exemplarisch und nicht regional erschöpfend zu erläutern. Brauch als Sozialform in seinen Ausprägungen strukturell zu erfassen und am ausgewählten Beispiel zu erläutern, scheint ein wichtiger Ausweg aus der Unüberschaubarkeit und Vielfalt gegenwärtiger Formen zu sein.

Einen anderen Weg schlägt Wolfgang Seidenspinner (1989) ein, der sich der volkskundlich-historischen Schule von K.-S. Kramer und L. Kretzenbacher verpflichtet weiß und am Beispiel eines Pfälzer Brauches, dem Holzäpfeltanz und Bannweidgericht, den Weg eines seit dem 18. Jahrhundert nachweisbaren Rechtsbrauches bis in seine gegenwärtige Verknüpfung mit der Kirchweih verfolgt. Dabei erörtert er zahlreiche sowohl wissenschaftsgeschichtlich als auch aktuell bedeutsame Probleme der theoretischen Brauchforschung und öffnet so den Zugang zum Phänomen Brauch.

Auch die *Folklorismusdebatte* ist, wenn auch mit geringerer Verve, weitergeführt worden. Hier haben sich die Meinungen auf drei Positionen konzentriert. Zum einen scheint sich der Standpunkt durchzusetzen, daß die Echt-Unecht-Problematik aus den Anfängen der Diskussion als falsche Fragestellung angesehen wird. Der Schwerpunkt der Interpretation liegt jetzt mehr auf der Analyse von Bewußtseinsstrukturen und intentionalem Handeln und weniger auf Entlarvung und Richtigstellung. Vielleicht basieren hier die Meinungen wieder mehr auf W. I. Thomas berühmten Theorem der self-fulfilling-prophecy, d. h. wenn Menschen Situationen als real definieren, so sind sie auch in ihren Konsequenzen real. Bezogen auf (Schau-)Bräuche und ihre (behauptete) uralte Tradition bedeutete dies für den Ethnologen, daß das Interesse nicht auf der historischen Korrektur liegen sollte, sondern auf der Untersuchung der Motivation und Intention als Schlüssel zur kulturellen Wert- und Normstruktur. Hierbei sollte aber bedacht werden, wer diese Impulse setzt, d. h. Roß und Reiter sind zu nennen. Unter Heranziehung kommunikationstheoretischer Kriterien (privilegierte Rolle der »Sender«) dürfte dem Primat der Veranstalter für Gestaltung und »Sinngebung« eines Festes in der Analyse demnach größere Bedeutung zukommen als den Teilnehmern an einem historischen Festzug. Eine zweite Verbindung entsteht im Zusammenhang mit der *Tourismusforschung* (Kapeller 1991), nicht zuletzt durch die ständig wachsende Bedeutung von »Animation«,

d. h. den folkloristischen Kulturprogrammen zur Unterhaltung der Urlauber. Utz Jeggle (1993) trennt hier deutlich zwischen Brauchtum und Brauch und sucht so einen nicht nur analytischen Ausweg aus nicht mehr zu durchschauender Vermischung der Ebenen. Ein dritter Zugang schließlich befaßt sich – implizit – mit der Folklorismusproblematik im Zusammenhang mit der »Brauchtums-Debatte« (Bimmer 1990; O. Moser 1990). Hierbei geht es um das Verhältnis von *Brauchtumspflege* als »praktischer Kulturarbeit« (O. Moser) und wissenschaftlicher Brauchforschung, für die der Begriff Brauchtum eher der Alltagssprache als der Fachterminologie angehört.

Zunehmend machen sich in der aktuellen Brauchforschung schließlich Tendenzen bemerkbar, die das Konzept Brauch als einen Zentralbereich des Faches in Frage stellen, nicht zuletzt wegen der Schwierigkeit, zu definieren, was ein Brauch sei. Bisherige Definitionsvorschläge haben sich auf methodologisch-theoretische Konzepte wie Funktionalismus, Strukturalismus, dialektisch-historischer Materialismus, abstrahierende Phänomenologie und andere Ordnungsprinzipien berufen; diese verlieren nun aber ihrerseits zunehmend an ausschließlicher Geltung und Akzeptanz. So ist es nicht verwunderlich, wenn wissenschaftsgeschichtlich orientierte Analysen (z. B. Jeggle 1992, 604 f.) Bisheriges zu ordnen versuchen, aber keinen Ausweg präsentieren können oder wollen. Das Dilemma ist »hausgemacht« und bedarf einer Lösung. Es kann wissenschaftlich nicht ausreichen, etwa nur noch kokett-verschämt von B. zu reden, denn Bräuche sind weiterhin real, sind subjektiv Teil des sozialen Lebens von Gruppen und von daher Gegenstand der hier zuständigen Disziplin.

9. Aktualisierung

In den Jahren seit dem Erscheinen der zweiten Auflage sind im Bereich der Brauchforschung wichtige Veröffentlichungen erschienen. Theoretisch reichen sie aber m.E. nicht oder noch nicht in den über weite Passagen der Volkskunde greifenden Paradigmenwechsel zu einer (allgemeinen) Kulturwissenschaft hinein, führen noch nicht so definitiv zu einer Abkehr von bisher den dominierenden sozialwissenschaftlichen oder historisch-philologischen Orientierungen. Dennoch ist in der Brauchforschung eine ebenso erheblich gesteigerte Publikationsdichte zu verzeichnen wie in den übrigen zentralen Bereichen des Faches, d. h. die spezifische Literatur ist kaum noch zu überblicken und zu verarbeiten. Einige wesentliche Themenfelder lassen sich dennoch herausstellen.

Hier ist zunächst ein verstärkter Rekurs auf den *Ritualbegriff* festzustellen. Auffällig ist die Zunahme im wissenschaftlichen wie im allgemeinen Sprachgebrauch, häufig ganz offensichtlich, um den Begriff Brauch zu vermeiden. Es scheint, daß die Verwendung von Ritual weniger zu hinterfragen ist und eher akzeptiert wird. Damit gerät auch dieser Terminus in die weitgehend unverbindliche Sphäre der Umgangssprache und verliert damit an wissenschaftlicher Eindeutigkeit, was nicht ohne Zutun vieler Volkskundler/innen selbst geschieht. Gleichwohl eröffnet ein erweitertes Verständnis des Ritualbegriffs auch einen differenzierteren Umgang mit dem Brauchbegriff, z. B. bezogen auf das Erfordernis einer tradierten Wiederholung. (vgl. Bimmer 1973). Für die Analyse der kulturellen Sozialisation, etwa Jugendlicher (Hugger 1991) und besonders für die Untersuchung der Übergänge, sowohl im individuellen Lebenslauf wie auch in den kollektiven Sozialformen und ihren Phasen, bietet sich der Ritualbegriff als hilfreich und weiterführend an.

Übergänge geraten immer stärker in das Blickfeld volkskundlicher Argumentation, von einer Sphäre in die andere, von einem Jahrhundert in das nächste, von einem Land in das benachbarte oder das entfernte, vom Beruf in die Alterszeit oder in die Arbeitslosigkeit, aber auch von einem Gesellschaftssystem in ein anderes, wie bei der deutschen Wiedervereinigung von 1989 (Köhle-Hezinger 1996; Bimmer 2000; U. Mohrmann 1996). Bei genauem Hinsehen geschieht keine kulturelle und soziale Veränderung ohne einen Übergang. Daher scheint dieses Theorem auch besonders geeignet, sich der Vielfalt und Komplexität sozialkultureller Prozesse analytisch zu nähern. Als wissenschaftlicher Pate steht hier immer noch Arnold van Gennep mit seinem Konzept der Übergangsriten, ein Bezug auf sein Schema findet aber nur noch selten statt.

Geburt, Hochzeit und *Tod* als die klassischen Themenfelder der Brauchforschung sind auch weiterhin Gegenstand volkskundlicher Untersuchungen (Remberg 1995). Hervorzuheben ist, daß in den letzten Jahren ein gesteigertes Interesse gerade junger Volkskundler/innen an den Themen Tod, Trauer und Friedhof, etwa in ihren Examensarbeiten, festzustellen ist. Im Zuge der Alltagskulturforschung hat die Untersuchung des Benehmens und der Tischsitten erneute Beachtung gefunden (Sich benehmen 1994; Schürmann 1994). Gestiegene Aufmerksamkeit fand die kulturwissenschaftliche Bedeutung des Verhältnisses von *Mensch und Tier*, besonders unter dem Aspekt der Tierhaltung als kultureller Leistung des Menschen. Hierbei standen vor allem Themen zum *Tier in Brauch und Alltagsleben* in historischer wie gegenwärtiger Perspektive im Vordergrund. (Mensch und Tier 1991; Buchner 1996; Braun 1997). Mit Studien zur Lebensweise, etwa zur Jugendweihe (U. Mohrmann 1996) oder zum Konsumverhalten in der DDR (Merkel 1999), wurden, soweit hier Brauchaspekte relevant sind, Forschungsansätze der DDR-Volkskunde weitergeführt. Brauchtheoretische Abhandlungen sind in der gegenwärtigen Volkskunde eher selten anzutreffen. Ein Definitionsbedarf, was ein Brauch ist, scheint derzeit gesteigert nicht zu bestehen. Projekte zur Geschichte der Brauchforschung (zuletzt Johler 2000) sind im wesentlichen aufgearbeitet.

Vor allem im Zusammenhang mit der Ritualdebatte wird die Bedeutung von *Brauch in der Gegenwart der modernen Gesellschaft* diskutiert, darüber hinaus auch in der andauernden Brauchtums- und Folklorismusdebatte (Köstlin 1999; Johler 2000). Erwähnenswert und weiterführend sind hier auch französische Studien (Rivière 1995, Segalen 1998).

Literaturverzeichnis

Bausinger, Hermann: Brauchtradition – Erhaltung, Veränderung, Mitgestaltung. In: Beiträge zur Volkskunde in Baden-Württemberg 1 (1985) 9–21.
Bausinger, Hermann: Anmerkungen zum Verhältnis von öffentlicher und privater Festkultur. In: Werner Düding, Peter Friedemann, Paul Münch (Hrsg.): Öffentliche Festkultur. Politische Feste in Deutschland von der Aufklärung bis zum Ersten Weltkrieg. Reinbek 1988, 390–404.
Bimmer, Andreas C.: Traditionelles Verhalten als Konstitutivum autoritärer Strukturen – dargestellt am Beispiel Marburger Studentenfamilien. Diss. Marburg 1972.
Bimmer, Andreas C. (Hrsg.): Hessentag: Ein Fest der Hessen? Anspruch und Wirklichkeit eines organisierten Volksfestes. Marburg 1973.
Bimmer, Andreas C.: Die Funktion der »Sitte« als Regulator familialer Kommunikation. In: Direkte Kommunikation und Massenkommunikation. Tübingen 1976, 167–172.
Bimmer, Andreas C.: Zur Typisierung gegenwärtiger Feste. In: Feste in Hessen (Hessische Blätter für Volks- und Kulturforschung, 4). Marburg 1977, 38–48.
Bimmer, Andreas C.: Vom »-tum« in der Volkskunde. In: Österreichische Zeitschrift für Volkskunde 93, N.S. 44 (1990) 150–173.
Bimmer, Andreas C.: Sonntag. Zur Rezeption eines Wochentages in der Volkskunde. In: Siegfried Becker; Andreas C. Bimmer; Karl Braun; Jutta Buchner-Fuhs; Sabine

Gieske; Christel Köhle-Hezinger [Hg.] Volkskundliche Tableaus. Festschrift für Martin Scharfe. Münster 2000, 71–79.
Bimmer, Andreas C.: Von Übergang zu Übergang. Ist Van Gennep noch zu retten? In: Österreichische Zeitschrift für Volkskunde 103, NF 54 (2000) 15–36.
Bocock, Robert: Ritual in industrial society. A sociological analysis of ritualism in modern England. London 1974.
Bodemann, Ulrike: Folklorismus – Ein Modellentwurf. In: Rheinisch-westfälische Zeitschrift für Volkskunde 28 (1983) 101–110.
Böning, Jutta: Das Artländer Trachtenfest. Zur Trachtenbegeisterung auf dem Land vom ausgehenden 19. Jahrhundert bis in die Gegenwart. Münster/New York/Berlin 1999.
Braun, Karl: Der Tod des Stiers. Fest und Ritual in Spanien. München 1997.
Brednich, Rolf Wilhelm: Volkswelt als Kulisse. Folklorismusphänomene im höfischen Festwesen Württembergs im 18. Jahrhundert. In: Wandel der Volkskultur in Europa. Festschrift für Günter Wiegelmann zum 60. Geburtstag. Münster 1988, 741–756.
Brück, Ulla: Swedish studies of custom: a theoretical perspective. In: Trends in Nordic tradition research (Studia Fennica, 27). Helsinki 1983, 83–93.
Brückner, Wolfgang: Heimat und Demokratie. Gedanken zum politischen Folklorismus in Westdeutschland. In: Zeitschrift für Volkskunde 61 (1965) 205–213.
Buchner, Jutta: Kultur mit Tieren. Zur Formierung des bürgerlichen Tierverständnisses im 19. Jahrhundert. Münster 1996.
Burckhardt-Seebass, Christine: Zwischen McDonald's und weißem Brautkleid. Brauch und Ritual in einer offenen, säkularisierten Gesellschaft. In: Österreichische Zeitschrift für Volkskunde 92, N.S. 43 (1989) 97–110.
Caduff, Corinna; Pfaff-Czarnecka, Johanna (Hrsg.): Rituale heute: Theorien – Kontroversen – Entwürfe. Berlin 1999.
Dünninger, Josef: Brauchtum. In: Wolfgang Stammler (Hrsg.): Deutsche Philologie im Aufriß, Bd. 3, 2. Aufl. Berlin 1962, 2571–2640.
Falkenberg, Regine: Kindergeburtstag. Eine Brauchstudie über Kinder und ihr Fest. Diss. Marburg 1982.
Fasnacht. Beiträge des Tübinger Arbeitskreises für Fasnachtsforschung (Volksleben, 6). Tübingen 1964.
Feier- und Festgestaltung als Bestandteil sozialistischer Lebensweise (Sozialistische Kulturpolitik – Theorie und Praxis 1, 15). Berlin (Ost) 1980.
Gebhardt, Winfried: Fest, Feier und Alltag. Über die gesellschaftliche Wirklichkeit des Menschen und ihre Deutung. Frankfurt a. M. 1987.
Gennep, Arnold van: Les rites de passage. Paris 1909.
Gennep, Arnold van: Übergangsriten »Les rites de passage, deutsch«. Frankfurt a.M. 1986.
Gerndt, Helge: Vierbergelauf. Gegenwart und Geschichte eines Kärntner Brauchs (Aus Forschung und Kunst, 20). Bonn 1973.
Gerndt, Helge: Gedanken zum Festwesen der Gegenwart. In ders.: Kultur als Forschungsfeld. München 1981, 28–35.
Guth, Klaus: Alltag und Fest. Aspekte und Probleme gegenwärtiger Festkulturforschung. In: Schweizerisches Archiv für Volkskunde 81 (1985) 59–78.
Hartinger, Walter: Religion und Brauch. Darmstadt 1992.
Herlyn, Gerrit: Initiationsriten. Anmerkungen zum Umgang mit Ritualtheorien. In: VOKUS 1 (1999) 5–30.
Hörandner, Edith; Lunzer, Hans (Hrsg.): Folklorismus. Vorträge der 1. Internationalen Arbeitstagung des Vereins »Volkskultur« um den Neusiedlersee. Neusiedl/See 1982.

Hugger, Paul: Pubertätsriten – einst und jetzt – aus der Sicht des Volkskundlers. In: Gunter Klosinski [Hg.]: Pubertätsriten. Äquivalente und Defizite in unserer Gesellschaft. Bern 1991, 25–39.

Jeggle, Utz: Sitte und Brauch in der Schweiz. In: Handbuch der schweizerischen Volkskultur, hrsg. von Paul Hugger, Bd.2, Basel 1992, 603–628.

Johler, Reinhard: Die Formierung eines Brauches. Der Funken- und Holepfannsonntag. Studien aus Vorarlberg, Liechtenstein, Tirol, Südtirol und dem Trentino. Wien 2000.

Kapeller, Kriemhild: Tourismus und Volkskultur. Folklorismus – Zur Warenästhetik der Volkskultur. Ein Beitrag zur alpenländischen Folklorismusforschung des Vorarlberger Fremdenverkehrs mit besonderer Berücksichtigung der Regionen Montafon und Bregenzerwald. Graz 1991.

Köhle-Hezinger, Christel: Willkommen und Abschied. Zur Kultur der Übergänge. In: Zeitschrift für Volkskunde 92 (1996) 1–19.

Köstlin, Konrad: Brauchtum als Erfindung der Gesellschaft. In: Historicum. Zeitschrift für Geschichte. Linz 1999, 9–14.

Korff, Gottfried: Folklorismus und Regionalismus. Eine Skizze zum Problem der Kompensation ökonomischer Rückständigkeit. In: Heimat und Identität. Probleme regionaler Kultur. 22. Deutscher Volkskundekongreß Kiel 1979. Neumünster 1980, 39–53.

Korff, Gottfried: »Heraus zum 1. Mai«. Maibrauch zwischen Volkskultur, bürgerlicher Folklore und Arbeiterbewegung. In: Volkskultur. Zur Wiederentdeckung des vergessenen Alltags, hrsg. von Richard von Dülmen und Norbert Schindler, Frankfurt a.M. 1984, 246–281.

Korff, Gottfried: Kultur. In: Hermann Bausinger u.a.: Grundzüge der Volkskunde (Grundzüge, 34). Darmstadt 1978, 17–80.

Kramer, Karl-S.: Zeitliche und soziale Schichtung im Brauchtum. Dargestellt am Überlieferungsbestand des Ansbacher Raumes. In: Zeitschrift für Volkskunde 58 (1962) 91–101.

Lutz, Gerhard: Die Sitte. In: Zeitschrift für deutsche Philologie 77 (1958) 337–361.

Matter, Max (Hrsg.): Rheinischer Karneval (Rheinisches Jahrbuch für Volkskunde, 23). Bonn 1978.

Mensch und Tier. Kulturwissenschaftliche Aspekte einer Sozialbeziehung (Hessische Blätter für Volks- und Kulturforschung, 27). Marburg 1991.

Merkel, Ina: Utopie und Bedürfnis. Die Geschichte der Konsumkultur in der DDR. Köln u.a. 1999.

Mohrmann, Ute: Zu einigen Erfahrungen bei der Dokumentation sozialistischer Volks- und Heimatfeste. In: Kultur und Lebensweise 1 (1977) 41–44.

Mohrmann, Ute: Hochzeiten in Berlin – studentische Forschungen zur Lebensweise in der Hauptstadt. In: Lětopis R C 25 (1982) 62–66.

Mohrmann, Ute: Festhalten am Brauch. Jugendweihe vor und nach der »Wende«. In: Kaschuba, Wolfgang; Scholze, Thomas; Scholze-Irrlitz, Leonore (Hrsg.): Alltagskultur im Umbruch. Weimar u.a. 1996, 197–213.

Moser, Dietz-Rüdiger: Perikopenforschung und Volkskunde. Mit elf Thesen zur Fastnacht. In: Jahrbuch für Volkskunde NF 6 (1983) 7–52.

Moser, Dietz-Rüdiger: Fastnacht – Fasching – Karneval. Das Fest der »Verkehrten Welt«. Graz/Wien/Köln 1986.

Moser, Dietz-Rüdiger: Bräuche und Feste im christlichen Jahreslauf. Graz/Wien/Köln 1993.

Moser, Hans: Vom Folklorismus in unserer Zeit. In: Zeitschrift für Volkskunde 58 (1962) 177–209.

Moser, Hans: Folklorismus als Forschungsprobleme der Volkskunde. In: Hessische Blätter für Volkskunde 55 (1964) 9-58.
Moser, Hans: Volksbräuche im geschichtlichen Wandel. Ergebnisse aus 50 Jahren volkskundlicher Quellenforschung (Forschungshefte, 10). München 1985.
Moser, Hans: Mein Weg zu brauchgeschichtlicher Forschung. In: Schönere Heimat 71 (1982) 475-484.
Moser, Hans: Kritisches zu neuen Hypothesen der Fastnachtsforschung. In: Jahrbuch für Volkskunde NF 5 (1982) 9-50.
Moser, Oskar: Brauchtumspflege – heute? Einige Gedanken über das Verhältnis von Wissenschaft und praktischer Kulturarbeit. In: Die Kärntner Landsmannschaft 1990: 9/10, 98-101.
Mosse, George L.: Die Nationalisierung der Massen. Politische Symbolik und Massenbewegung in Deutschland von den Napoleonischen Kriegen bis zum Dritten Reich. Berlin 1976.
Müller, Gudrun: Kinder sieht man, aber hört sie nicht. Bürgerliche Kindheit aus der spätviktorianischen Zeit in englischen Autobiographien. Bonn 1991.
Müller, Michael: Karneval und Politik. Zum Verhältnis zwischen Narren und Obrigkeit am Rhein im 19. Jahrhundert. Koblenz 1983.
Remberg, Annette: Der Wandel des Hochzeitsbrauchtums im 20. Jahrhundert – dargestellt am Beispiel einer Mittelstadt. Eine volkskundlich-soziologische Untersuchung (Beiträge zur Volkskultur Nordwestdeutschlands, 90). Münster 1995.
La Ritualisation du quotidien (Ethnologie française 26:2). Paris 1996.
Rituels contemporains. Terrain Jg. 8. Paris 1987.
Rivière, Claude: Les rites profanes. Paris 1995.
Scharfe, Martin: Zum Rügebrauch. In: Hessische Blätter für Volkskunde 61 (1970) 45-68.
Scharfe, Martin: Scherz ernstgenommen. Anmerkungen zur Funktion der Kritik in Fastnachtsbräuchen. In: Narrenfreiheit. Tübingen 1980, 249-259.
Scharfe, Martin: Brauchforschung (Wege der Forschung, 627). Darmstadt 1991. Darin: ders.: Einleitung, 1-26.
Scharfe, Martin: Kulturelle Fossilisation. Bräuche, Traditionen, Traditionsversteinerungen. In: Hessisches Ministerium für Wissenschaft und Kunst / Hessische Akademie der Forschung und Planung im ländlichen Raum (Hrsg.): Bräuche, Traditionen, Feste – eine Aufgabe der Heimatpflege heute? (Förderpreis für Hessische Heimatgeschichte. Schriftenreihe, 1). Wiesbaden und Bad Karlshafen 1997, 19-26.
Schmitt, Heinz: Stadtfeste – mehr als eine Mode. In: Abschied von der Dorfidylle?, hrsg. von Martin Blümcke, Stuttgart 1982, 278-297.
Schürmann, Thomas: Tisch- und Grußsitten im Zivilisationsprozeß. Münster 1994.
Schwedt, Herbert: Brauchpflege und angewandte Volkskunde. In: Beiträge zur deutschen Volks- und Altertumskunde 10 (1966) 85-92.
Schwedt, Herbert: Analyse eines Stadtfestes. Die Mainzer Fastnacht (Mainzer Studien zur Sprach- und Volksforschung, 1). Wiesbaden 1977.
Schwedt, Herbert und Elke: Schwäbische Bräuche. Stuttgart 1984.
Schwedt, Herbert (Hrsg.): Brauchforschung regional. Untersuchungen in Rheinland-Pfalz und im Saarland. Stuttgart 1989.
Schwedt, Herbert (Hrsg.): Nemesnáduvar – Nadwar. Leben und Zusammenleben in einer ungarndeutschen Gemeinde (Schriftenreihe der Kommission für ostdeutsche Volkskunde, 50). Marburg 1990.
Schwedt, Herbert; Schwedt, Elke: Bräuche zwischen Saar und Sieg. Zum Wandel der Festkultur in Rheinland-Pfalz und im Saarland. Mainz 1989.

Segalen, Martine: Rites et rituels contemporains. Paris 1998.
Seidenspinner, Wolfgang: Gesellschaft und Volksbrauch. Zum Verhältnis von Tradition und Modernisierung an einem Kurpfälzer Beispiel um 1800. Würzburg 1989.
Sich benehmen (Hessische Blätter für Volks- und Kulturforschung, 30). Marburg 1994.
Sieber, Friedrich: Aspekte der Brauchforschung. In: Wissenschaftliche Annalen 5 (1956) 497–503.
Spamer, Adolf: Sitte und Brauch. In: Wilhelm Peßler (Hrsg.): Handbuch der deutschen Volkskunde, Bd. 2. Potsdam 1934, 33–236.
Stagl, Justin: Ritual, Zeremoniell, Etikette. Formen der Verhaltensnormierung. In: Jahrbuch für Volkskunde 13 (1990) 7–21.
Strobach, Hermann: Folklore – Folklorepflege – Folklorismus. Tendenzen, Probleme und Fragen. In: Jahrbuch für Volkskunde und Kulturgeschichte 25 (1982) 9–52.
Suachanow, J.W.: Sitten – Bräuche – Traditionen. Berlin (Ost) 1980.
Tönnies, Ferdinand: Die Sitte. Frankfurt a. M. 1908.
Trümpy, Hans: Sphären des Verhaltens. Beiträge zu einer Grammatik der Bräuche. In: Rheinisches Jahrbuch für Volkskunde 20 (1969) 226–232.
Turner, Victor: Das Ritual. Struktur und Anti-Struktur. Frankfurt a. M./New York 1989.
Weber-Kellermann, Ingeborg: Erntebrauch in der ländlichen Arbeitswelt des 19. Jahrhunderts. Marburg 1965.
Weber-Kellermann, Ingeborg: Das Weihnachtsfest. Eine Kultur- und Sozialgeschichte der Weihnachtszeit. Frankfurt a. M./Luzern 1978.
Weber-Kellermann, Ingeborg: Volksfeste in Deutschland. Hamburg 1981.
* Weber Kellermann Ingeborg: Saure Wochen – Frohe Feste. Fest und Alltag in der Sprache der Bräuche. München/Luzern 1985.

Ueli Gyr

Tourismus und Tourismusforschung

1. Einleitung

Tourismus ist ein Megaphänomen mit einem Entwicklungspotential, dessen Bedeutung sich auf ökonomischer, politischer und kultureller Ebene angesichts gigantischer Dimensionen kaum mehr richtig einschätzen läßt. Allgemein steht fest, daß der Tourismus inzwischen zum wichtigsten und am schnellsten wachsenden Industriezweig der Welt aufgestiegen ist und diese Leaderposition so schnell kaum wieder abgeben wird. Die World Tourism Organization (WTO) schätzt, daß sich 1999 rund 657 Millionen Menschen als Urlauber und Geschäftsreisende in ein anderes Land bewegt und dabei 441 Milliarden Dollar ausgegeben haben. Der Tourismus erweist sich global als freizeitbesetztes Weltsystem, das sich über komplexe Anbieter-Strukturen (Institutionen, Organisationen, Produkte, Vernetzung) einerseits, darauf gerichtete Nachfrage-Strukturen (Motivationslagen, Bedürfnisse, Haltungen, Konsumstile, Verhaltensweisen) anderseits manifestiert.

Sich den vielfältigen Wirkungen des Tourismus als Teil der modernen Freizeitwelt zu entziehen, fällt schwer, erreichen diese doch Individuen und Gruppen gleichermaßen wie Horden, Ströme, Massen und Gesellschaften. Der Umgang mit dem System Tourismus enthüllt ein breites Spektrum von Werten, das zwischen totaler Zustimmung und totaler Ablehnung unterschiedlichste Rezeptionsweisen kennt. Für die einen bedeutet Urlaub Freiheit, Erholung, Ausbruch vom Alltag, Abenteuer, Glück auf Zeit, Genuß und bereichernde Seinsverwirklichung, für die anderen dagegen Alptraum, vergeblicher Fluchtversuch, Umweltzerstörung, Verschwendungssucht, Monotonie des Ewig-Gleichen, Verdummungsindustrie und Massenlenkung, kurz: »eine der großen westlichen Seuchen« (Gerhard Nebel), die unsere Zivilisation dem Untergang weihen, wie kulturpessimistische Prognosen schon früh anmerkten.

Die Vokabeln »*Tourist*« und »*Tourismus*« haben, je nach Kontext, in welchem sie verwendet werden, unterschiedliche Bedeutungen. Alltagssprachlich sind sie nicht besonders präzis, aber eindeutig genug, um Zuordnung zuzulassen und/oder Distanzierung anzuzeigen. Das Wort »Tourist« ist in allen Sprachen bekannt, doch Touristen sind bekanntlich immer die anderen – Massentourist zu sein evoziert negativ »Herdentrieb«, Konsumhaltung, Verhaltens- und Geschmacksnivellierung. Beide

Wortschöpfungen sind relativ jung: »Tourist« taucht um 1800 im Englischen im Zusammenhang mit dem alpinen Frühtourismus auf, »Tourismus« folgt viel später. Im deutschsprachigen Raum setzte seine Verwendung ungefähr ab den 1960er Jahren im Zuge verstärkter Internationalisierung ein. Der ältere Terminus »*Fremdenverkehr*« wurde allmählich ersetzt, erscheint synonym gleichwohl noch in vielen Definitionen: »Fremdenverkehr oder Tourismus ist die Gesamtheit der Beziehungen und Erscheinungen, die sich aus der Reise und dem Aufenthalt von Personen ergeben, für die der Aufenthaltsort weder hauptsächlicher und dauernder Wohn- noch Arbeitsort ist« (Kaspar 1986, 189).

Der terminologische Transfer vollzog sich ebenso auf wissenschaftlicher Ebene: Die ältere, in den 1920er Jahren aufkommende »Fremdenverkehrslehre« oder »Fremdenverkehrswissenschaft« wich der Touristik bzw. der Tourismusforschung. Anfänglich sehr stark auf betriebs- und volkswirtschaftliche Probleme ausgerichtet, gibt sich *Tourismusforschung* heute *als umfassender interdisziplinärer Verbund:* Ökonomie, Betriebswissenschaft, Psychologie, Sozialpsychologie, Soziologie, Geographie, Architektur, Ökologie, Biologie und Medizin u. a. m. formieren eine primär anwendungsorientierte »Querschnittdisziplin« (Krippendorf et al. 1987, 39). In ihr fanden, wenn überhaupt, kulturgeschichtlich-kulturwissenschaftliche Fächer aber erst verspätet Aufnahme, ebenso die kulturanthropologisch-ethnologische bzw. volkskundliche Tourismusforschung.

2. Zur Geschichte des Tourismus

Angesichts der zahlreichen ökonomischen, geographischen und sozialwissenschaftlichen Freizeitforschungen besteht die Tendenz, die seitens der Geschichte, Sozialgeschichte und Kulturgeschichte geleisteten Beiträge zu übersehen. Für das Verständnis der *modernen Urlaubskultur* sind Kenntnisse über deren historische Entwicklung jedoch unabdingbar. Es empfiehlt sich, eine Geschichte des Tourismus von einer *Geschichte des Reisens* zu unterscheiden, auch wenn zwischen beiden vielerlei Zusammenhänge und Wechselbeziehungen bestehen. Die Gefahr, in einem unbestimmten Gefüge menschlicher Mobilitätsformen und -funktionen stecken zu bleiben, läßt sich so umgehen. Reisen ist nicht nur eine Frage von Routen, Verkehrsmitteln und Zielen, sondern besonders auch von kulturell geprägten Motiven (Reisekultur 1991). Vergleicht man z. B. vorchristliches, antikes oder mittelalterliches Reisen mit modernem Reisen, zeigen sich strukturelle Unterschiede rasch, je nachdem, ob es dabei um Reisen als Mittel zum Zweck oder um Reisen als Selbstzweck geht. Für eine Geschichte des Tourismus wie für eine historische Anthropologie des Tourismus (Spode 1995) ist diese Differenzierung erheblich.

Der Typus einer *selbstzweckorientierten Reise* scheint sehr alt zu sein, gab es doch Reisen als Luxus, Zeitvertrieb und Erholung bereits im ägyptischen Pharaonenreich ab 1500 v. Chr., wenngleich nur für eine Eliteschicht: »Ziel waren vor allem die noch älteren Pyramiden und sonstige Zeugen der altägyptischen Kultur – Parallelen zur heutigen Reisepraxis drängen sich geradezu auf« (Der neue Tourismus 1990, 30). Im römischen Kaiserreich verzeichnete der Reiseverkehr dank des neu ausgebauten Straßennetzes erhöhte Bedeutung. Vornehme Römer pflegten Badereisen ans Meer oder vergnügten sich in Luxusbädern und mondänen Thermalquellen. Die Mobilität der mittelalterlichen Ständegesellschaft prägte weitere Reiseformen und Reisetypen; Einzelmotive scheinen allgemein zurückzutreten. Ab dem 12. Jahrhundert wurde das Wandern der fahrenden Scholaren bedeutsam und wichtiger Teil der Ausbildung: Während man reiste, lernte man und sah die Welt, um Erfahrungen fürs Leben zu sammeln. Dieses Reisemotiv findet sich auch im Gesellenwandern. Die oft Jahre dauernde Burschenwanderschaft als Bewährungs- und Reifeprobe wurde ab Mitte des 14. Jahrhunderts Zwangsnorm. Mit einer reichhaltigen Brauchkultur überlebte sie institutionell bis ins 18. Jahrhundert.

Als Frühform des modernen Tourismus gilt die klassische Reise der jungen Adligen im 17. und 18. Jahrhundert, so wie sie sich in der Form der *Grand Tour* (Brilli 1997) zu einem eigenen und durchstrukturierten Paradigma verfestigt hat: Eine Bildungsreise, die den Besuch antiker Stätten mit Kontakten zu fremden Höfen und Adelshäusern als praktische Schulung des weltmännischen Umgangsstils verband, zugleich dem ständischen Anspruch auf Muße, Geselligkeit, Vergnügung und Lebensgenuß gerecht wurde, indem sie diesen ausbaute. Die (kürzere) Bildungs- und Kunstreise wurde später modellhaft vom europäischen Bürgertum übernommen, spezialisierte sich auch als Informationsreise, von konkreten Berufsinteressen (Kultur, Technik, Industrie) geleitet. Während sich der Adel zunehmend auf exklusive Badereisen an luxuriösen Kurorten verlegte, entwickelten bürgerliche Kreise ihrerseits eigene Reisegewohnheiten und -stile: Unter dem Motto »Erkundung der Moderne« (Kaschuba 1991) gestaltete sich dieses Reisen zur »Selbsttherapie« und wurde nunmehr öffentliches »Erfahrungsprinzip«.

Die *Anfangsphase des neuzeitlichen Tourismus* wird zeitlich zwischen 1850 und 1914 angesetzt und mit einem generellen Strukturaufschwung zusammengeführt. Vor dem Hintergrund von Bevölkerungsentwicklung, Verstädterung, Industrialisierung, einem gesteigerten Realeinkommen und der Verbesserung der sozial- und arbeitsrechtlichen Verhältnisse sind veränderte Bedürfnis- und Konsumstrukturen zu verstehen. Der Trend zu kürzerem Reisen und regenerativem Kurzurlaub wurde begünstigt durch die Verkehrserschließung und Mechanisierung (Dampfschifffahrt seit 1807, Eisenbahn seit 1814, später Bergbahnen). Sie erhöhten die Transportkapazitäten, reduzierten die Kosten und prägten nicht zuletzt eine andere (neue) touristische Wahrnehmung im Sinne der »Panoramatisierung« und entsprechender Raum-Orientierung (Schivelbusch 1989).

Auf die bürgerlichen Bedürfnisse des 19. Jahrhunderts zugeschnitten sind einige *Innovationen im Tourismussystem*, darunter die Herstellung von Reisebüchern und Reiseführern, die Karl Baedekers Reisehandbücherverlag ab 1827 seriell vertrieb, sowie die Einführung der organisierten Gruppen- oder Gesellschaftsreise in der Art, wie Thomas Cook solche in England ab 1841 durchsetzte oder Postinspektor Stangen in Deutschland sie seit 1863 über neu errichtete Reisebüros für internationale Destinationen anbot. Ab dieser Zeit zeichnen sich Vorboten einer Popularisierung des Reisens im Inland ab, die den Weg für späteren »Massenreiseverkehr« ebneten. An der Tourismusentwicklung der 2. Hälfte des 19. Jahrhunderts nehmen begüterte Bürger, Industrielle und Freiberufliche teil, während Kleinbürger und Arbeiter sich vorerst nur Tagesausflüge leisten konnten.

Ebenfalls in die Anfangsphase fällt die *touristische Erschließung der Alpen*. Daran hat die erste Generation von englischen Bergtouristen erheblichen Anteil; ihnen folgten zahlreiche (in Städten gegründete) Alpenvereine, so z. B. der Alpine Club in London (1857), der österreichische Alpenverein (1862), der Schweizerische Alpenclub (1863), der Club Alpino Italiano (1863) und der Deutsche Alpenverein in München (1869). Blieben Alpenreisen und Bergtouren vorerst privilegierten Kreisen vorbehalten, ergriff die Alpenbegeisterung um die Jahrhundertwende immer mehr bürgerliche und mittelständische Milieus, um zuletzt proletarische Touristenvereine in der Art der »Naturfreunde« (Wien 1895) und später der Vereinigung »Der Wandervogel« (1901) einzuschließen (Neuloh 1982). Der Verbandstourismus der Naturfreunde brachte kollektive Urlaubsgestaltung und neue Elemente, die als Vorformen des sanften Tourismus anzusprechen sind (Kramer 1983).

Die Tourismusentwicklung des 20. Jahrhundert läßt verschiedene Periodisierungen und Bezeichnungen zu. Für die Zeit zwischen 1914 und 1945 ist die Rede von einer »Entwicklungsphase«, an die konjunkturell eine »Hochphase« anschließt, während andere Überblicksdarstellungen von einer »Einführungsphase« bzw. von einer »Durchsetzungs- und Konsolidierungsphase« ausgehen (Spode 1993). In Deutschland brachte der Nationalsozialismus mit der Idee eines (ideologie- und regimestützenden) *Volkstourismus* neue Reiseintensität und den organisierten Urlaub für die breiten Massen. Zu dessen Realisierung diente ab 1933 die gigantische (der NSDAP unterstellte) Freizeit- und Reiseorganisation »Nationalsozialistische Gemeinschaft Kraft durch Freude« (KdF), welche zwischen 1934 und 1939 43 Millionen konkurrenzlose Billig-Reisen als »Gemeinschaftsurlaub« verkaufte und zu einer neuen Klasse von Touristen auch aus dem Arbeiterstand führte (Prahl/Steinecke 1979, 160).

Als komplexes Gefüge von Organisationen, Institutionen, Erscheinungsformen, Urlaubergruppen und Funktionsleistungen ist der *moderne Tourismus* in seiner Gesamtheit nicht mehr überschaubar. Einen ersten Entwicklungsschub verdankte er seit den 1960er Jahren dem Wirtschaftsaufschwung der westlichen Industriegesellschaften. Er förderte nicht nur eine »Demokratisierung« des Reisens im Sinne eines ständig wachsenden Massentourismus, sondern erzeugte laufend neue Segmente, Erscheinungsformen und Diversifizierungen, stärkte dazu massiv die Erweiterung von darauf gerichteten Sekundärsystemen (Transportwesen, Beherbergungsindustrie, Vermarktung, Medialisierung). Der vermehrte Einschluß finanzschwächerer Einkommensschichten über den Ausbau von Sozialtourismus, Reisekassen, günstigen Feriensiedlungen und einheimischer Parahotellerie gehört hier ebenso erwähnt wie die Verlagerung von Bahn- und Busreisen auf den Autoverkehr.

Die Chartertouristik eröffnete quantitativ bedeutsame Touristenschleusen zugunsten eines internationalen Tourismus. Durch diesen kommt es häufig zur *totalen Touristisierung*: ein Prozeß, der ganze Dörfer und Berggebiete, Landschaften, Regionen, Städte und Stadtteile, aber auch Küstengebiete und Inseln seiner Logik unterwirft und existentiell abhängig macht. Mallorca, Teneriffa, die Côte d'Azur, das Elsaß, Chamonix, Tirol, Zermatt, Venedig oder die Malediven belegen diese tourismusinduzierten »Verwandlungen« paradigmatisch. Dabei entstehen ganze Touristenzonen, Touristensiedlungen, Hochburgen, mit Clubdörfern und Ferienresorts. Neben der quantitativen Expansion und der Öffnung des Tourismus für Mittel- und Unterschichten zeichnen sich auch qualitative Veränderungen ab. Sie erweisen, daß die Systemausweitung längst schon schicht-, alters- und geschlechtsspezifische Segmente bereit hält, mit Urlaubsangeboten für Jugendliche, Singles, Familien, Frauen und Senioren. Die fortschreitende Diversifizierung und Spezialisierung von möglichen Urlaubsformen, -stilen und -trends ist ein Kennzeichen des modernen Tourismus.

3. Tourismustheorien und -modelle

In den Sozialwissenschaften existiert bislang keine umfassende Theorie zum Tourismus, die allen Erscheinungsformen und -funktionen gerecht wird, wohl aber eine Reihe teiltheoretischer Erklärungsansätze und Denkmodelle. Solche wurden vornehmlich in der Tourismussoziologie, der Freizeitsoziologie, der Sozialpsychologie und der Motivationspsychologie entwickelt, wie aktuelle Einschätzungen bezeugen (Bachleitner 1998; Wöhler 1998). Gerade weil die sozialwissenschaftliche Tourismusforschung insgesamt als eher »randständig« und stark empirisch ausgerichtet gilt (Schimany 1999, 14), wird nach wie vor auf »klassische« Theorien zurückgegriffen. Kulturkritisch argumentierend, entwarf *Hans-Magnus Enzensberger* »Eine Theorie des Tourismus« (1958) und setzte einen Ausgangspunkt. Er machte Revolution und Industrialisierung für das Entstehen von Tourismus verantwortlich, um ihn als Zivilisationserscheinung zu denunzieren, da der normierte, montierte und seriell gefertigte Fluchtversuch aus dem Alltag nur als Massenbetrug funktionieren, Freiheitsversprechungen aber niemals einlösen könne. Tourismus aufgrund sozialer Repression und den Alltag nur verlängernd, Tourismus als Herrschaftsinstrument – dieses Denkmodell leitete auch eine umfangreiche empirische Studie über »Jugend im Urlaub« von Thomas Kentler, Thomas Leithäuser und Helmut Lessing (1969). Ihr Ansatz verfährt dialektisch im Sinne der Kritischen Theorie und betont vor allem die *Kompensationsfunktion* einer als »Fehlleistung« eingestuften Flucht vor der Arbeit (Habermas 1958/1974). Die gleiche Auffassung prägte viele Folgediskussionen, stellt doch der Tourismus »nur eine, inzwischen satt etablierte Form der Systemerhaltung dar. Die Tourismusindustrie braucht dieses permanent neu gefüllte Bedürfnis- und Konsumfaß nur anzustechen, dann fließt das Urlaubsgeld« (Prahl/Steinecke 1979, 251).

Andere Beiträge der Tourismusdebatte wandten sich stärker der Urlaubskreativität, dem systemischen Strukturwandel und besonders der Touristenrolle zu. Hans Joachim Knebels verkürzt als »Theorie vom außengeleiteten Touristen« (1960) bezeichneter Ansatz thematisierte die totale Rolle des Touristen, die sich aus verschiedenen Trendmerkmalen zusammensetzt (darunter z. B. der demonstrative Erfahrungskonsum und das Sicherheitsstreben). Erwin K. Scheuch (1972) wollte von Tourismus nur dort sprechen, wo es zur doppelten Freisetzung kommt (Arbeitswelt und soziale Bezüge). Hier rückt die *Distanz gegenüber dem Alltag* zum zentralen Motiv des modernen Urlaubs auf, aufgezeigt in vielen Untersuchungen und Typologien, die den Beziehungen zwischen Arbeit, alltäglicher Freizeit und touristischer Freizeit nachgingen. Die Grenzen zwischen freizeitsoziologischen, sozialpsychologischen und motivationspsychologischen Zugängen sind nicht immer eindeutig zu ziehen. Theorien scheinen hier von untergeordneter Bedeutung zu sein, so daß die wenigen, etwa von Reinhard Schmitz-Scherzer (1975, 371) angeregten Diskussionen über Modelle um so mehr Beachtung verdienen, darunter z. B. ein Erklärungsansatz »Homöostase« (Ausgleich einer psychophysischen Störung des Alltagsverhaltens durch Urlaubsverbringung) und ein Erklärungsansatz »funktionelle Autonomie« (unreflektiertes Gewohnheitsverhalten im Urlaub mit Eigendynamik).

Als besonderer Forschungsmagnet erwies sich der stark aufkommende *Massentourismus*, sowohl auf genereller wie auf empirischer Ebene (Fink 1970, Nettekoven 1972). Nettekovens Beiträge gaben sich stark theoriegeleitet und postulierten im internationalen Tourismus einen Sonderfall des Außenhandels, allerdings mit schlechtem Rezept für reale Entwicklungshilfe von Drittwelt-Ländern und verheerenden Folgen. Darüber hinaus wurde touristische Massenhaftigkeit quantitativ und qualitativ weiter differenziert: Die durch Fremdkontakt stets vorgegebene Unsicherheit des einzelnen wird im Schutz des organisierten Gruppenverbands umfunktioniert, d. h. konkret in eine Verhaltenssicherheit mit standardisierten Wahrnehmungen und Verhaltensweisen überführt (Nettekoven 1969). Auch Peter Keller (1973) entwickelte eine eigene Rollentheorie, die sozialpsychologisch auf die touristische Geselligkeit abhob. Dabei kommt es zur Minderung von Rollenstress, zu emanzipatorischen Momenten, und auch das Ausprobieren neuer (Ferien-) Rollen wird tragend im Urlaubskontext.

Ganzheitlich ausgerichtet war weiter der von Erentraud Hömberg unternommene (jedoch spärlich rezipierte) Versuch, Tourismusforschung aus systemtheoretischer Sicht gemäß der funktional-strukturellen Theorie nach Niklas Luhmann zu betreiben (Hömberg 1977). Der Tourismus erscheint hierbei als soziales System, »dessen Strukturen aus generalisierten Verhaltenserwartungen wie Motiven, Rollen, Stereotypen und Images bestehen«, die unter dem Aspekt ihrer Funktionsleistungen und Kausalbeziehungen zu anderen Systemen (z. B. Kunst, Kultur, Politik, Technik, Wirtschaft) behandelt werden (Hömberg 1978, 39). In den Rahmen einer explizit als »neu« deklarierten (semiologisch-interaktionistisch angelegten) Theorie der Mußegesellschaft stellte der amerikanische Sozialwissenschafter Dean MacCannell (1976) seine Interpretation vom Mittelklassetouristen – ein Prototyp des modernen Gesellschaftsbürgers, der im Urlaub auf die Suche nach der verloren gegangenen Authentizität geht und dabei nur künstlich arrangierte Inszenierungen (Sehenswürdigkeiten, Sightseeing, Folklore) findet, die aufgrund universaler Symbolstrukturen einfachste Dekodierung und Orientierung in der komplizierten Moderne zulassen. Die Authentizitätsdiskussion (Bendix 1994) wird in der amerikanischen Tourismusforschung stärker gewichtet als im deutschsprachigen Raum, mit Positionen aus verschiedenen Lagern (Feifer 1985; Cohen 1988, Urry 1990). Authentizität meint eine besondere Art von Erfahrungs- und Erlebnisqualität, die sich auch touristisch individuell aushandeln läßt und nicht austauschbare Züge erhält.

Aus dem Rückblick auf eine Auswahl theoriegerichteter Forschungsbeiträge ergibt sich, daß an sozialwissenschaftlichen Theorien, Modellen und Thesen zum Tourismus zwar ständig gearbeitet wurde, daß sich aber keiner der entwickelten Ansätze in der bisherigen Langzeitdebatte richtig durchsetzen konnte: »Die antagonistischen Positionen dieser Auseinandersetzung nehmen die sich wechselseitig unter Ideologieverdacht setzenden Erfahrungswissenschaftler und die Gesellschaftskritiker ein. Diese teilweise doch sehr polemisch geführte Diskussion leistet der Sache selbst keinen Dienst, so wurde lediglich die sozialwissenschaftliche Tourismusforschung zum Austragungsort methodologischer Differenzen degradiert und die Chancen der Soziologie in einem neuen Forschungsfeld vorschnell in Frage gestellt«, wie ein kritischer Lagebericht dazu festhielt (Kubina 1990, 115). Die von dem Soziologen Heinz-Günter Vester herausgegebene »*Tourismustheorie*« (1999) geht in eine andere Richtung: Eine Auswahl »großer« Theorien wird auf mögliche Anwendbarkeit zum Verständnis touristischer Phänomene inventarisch freigelegt. Ob hier tatsächlich neue »Wegweiser« und Interpretationshilfen für eine Tourismusforschung vorliegen, bleibt abzuwarten. Vielsprechend und für die Theoriediskussion anregend sind die Konzepte »Individualisierung« (Teilbarkeit und Gestaltbarkeit von Lebensstil-Angeboten), »Globalisierung« (Konsumgüterindustrie im Global Village) sowie die McDonaldisierung (mentales Organisationsprinzip und zugleich Konsumstil nach Art von fast food), die Vester kurz zuvor vorgelegt hatte (Vester 1998).

4. Volkskundlich-ethnologische Beitragsleistungen

Mit der Aufnahme des Tourismus in den Fächerkanon hat sich die Volkskunde lange geziert. Die Gründe liegen im Selbstverständnis und der Geschichte einer Disziplin, die sich erst im Zuge neuer Standortbestimmungen von einer lange dauernden Fixierung auf ländliches Gemeinschaftsleben löste, um sich auch Gegenwartsproblemen rund um die Moderne, städtische Lebenswelten und Massenkultur zu stellen. Die »Entdeckung« des Tourismus steht in eben diesem Zusammenhang – es ist ein Weg, den Einzelforscher geebnet haben, bis hin zur Gründung einer seit 1989 kontinuierlich wirkenden *Kommission »Tourismusforschung«* in der Deutschen Gesellschaft für Volkskunde. Alle Etappen, Beiträge und Namen der Forschungsentwicklung hier vollständig vorzuführen, ist nicht möglich, hingegen sollen thematische Schwerpunkte (Kammerhofer 1998) und Strukturzusammenhänge weiter gebündelt werden. Dabei vermischen sich Beiträge mit Aussagen genereller Art durchaus mit empirischen Fallstudien, Einzelthemen oft mit interdisziplinären Verflechtung, und auch gilt es, explizite Thematisierung zu unterscheiden von »marginaler« Behandlung touristischer Phänomene, wie sie in der älteren Brauch-, Gemeinde- und Regionalforschung auftraten.

Volkskundlich erschien der Tourismus anfänglich in häufiger Nähe zum *Folklorismus*, so wie er von Hans Moser (1962) als forschungswürdig erkannt und in der Folge kanonisiert wurde (Bausinger 1971). Dazu gehören jedoch vorausgegangene und nachfolgende Beiträge (Bausinger 1961, 1974); sie belebten eine fortgesetzte Debatte (Köstlin 1982, 1991; Bausinger 1988). Die frühtouristisch-folkloristische »Konfektionierung« des Zillertals (Jeggle/Korff 1974) bleibt ebenso Schulbeispiel wie das Unspunnenfest im Zeichen der Folklorisierung des Schweizer Hirtenvolks (Matter 1988) oder das Montafon und der Bregenzerwald als Modellregion mit umfassender Nutzung aus Beständen einer älteren Volkskultur für den Tourismus (Kapeller 1991).

Nur wenige Beiträge zielten bisher darauf ab, Tourismusfragen aufzunehmen, die zu Aussagen auch auf genereller Ebene führen. Solche Problemstellungen finden sich beispielsweise im Spannungsfeld zwischen Tourismus und Kulturgeschichte (Kramer 1982) bzw. zwischen Tourismus und Kulturanthropologie (Kramer 1993) sowie einer langjährigen Auseinandersetzung rund um Tourismuspolitik (Kramer 1990). Eigene Forschungsakzente setzte früh auch das Frankfurter Institut für Kulturanthropologie und Europäische Ethnologie mit einem »kritischen Bilderbuch« (Beutel et al. 1978), grundsätzlichen Positionen über Tourismus und interkulturelle Kommunikation (Greverus 1978) und einem umfassenden Problemaufriß (Wahrlich 1984). Erst Ende der 1980er Jahre kam es, wie angedeutet, zum Zusammenschluß zu einer »kulturwissenschaftlichen Tourismusforschung«, die sich verschiedene Lücken zu schließen vornahm und innerfachlich einen wichtigen Auftakt bestimmte (Reisen und Alltag 1992). Monographische Gesamtbeschreibungen über Tourismus und Urlaubskultur aus volkskundlichethnologischer Sicht bleiben die Ausnahme (Hennig 1997); es dominieren vielmehr Sachthemen, Einzelaspekte oder Fallstudien. Diese richten sich in der Tendenz stark auf binnentouristische Kontexte, auch wenn eine gewisse Öffnung zum internationale Tourismusgeschehen inzwischen eingesetzt hat.

Regionalisierungsprozesse, Identitätsbildung und Tourismus als Stütze von Regionalkultur, augenfällig dicht auf voralpine und alpine Zonen zentriert, aber stadtnahe Erholungsräume, Landkreise sowie dörfliche Revitalisierung durchaus einschließend (Römhild 1990), erweisen sich als sehr attraktive Forschungsherausforderung. Dafür spricht auch eine 1992 angesetzte Tagung in Salzburg (Tourismus und Regionalkultur 1994), der später ein internationales Seminar über »Volkskultur, Tourismus und ländliche Entwicklung« folgte, nunmehr mit dem Anspruch verbunden, daß Forschung immer auch auf kritische Anwendungsbezüge bedacht sein muß, um sich politisch einzuschalten (Heimat Thüringen 1997). Allgemein ist davon auszugehen, »daß der Tourismus das Land als kulturelles Phänomen so erst geschaffen habe, als jene Region des anderen, des Fremden, in der die Exotik des Nahen wirksam wird« (Köstlin 1994, 19). In Bildern und Stereotypen verfestigt sich eine eigene Exotik des Bäuerlichen (Tomkowiak 1993), geht aber auch in Rollen und ritualisierte Begegnungsmuster ein, wie sie exemplarisch bei Privatzimmervermietung und Urlaub auf dem Bauernhof beobachtbar sind (Schrutka-Rechtenstamm 1992, 1994, 1997), wobei »Gastfreundschaft« eine eigene Symbolqualität entwickeln kann (Schrutka-Rechtenstamm 1997a), diesseits und jenseits der Bezahlung (Schrutka-Rechtenstamm 1997b).

Die Prägungskraft für regionale »Touristifizierungen« ist enorm, die Bedeutung nicht zuletzt auch für die Kultur der Quellgebiete erkannt (Thiem 1994). Dies belegt der umfassende Wandel, so wie er z. B. in einzelnen Bergregionen der Schweiz in den letzten Jahrzehnten vor sich gegangen ist (Tourismus und regionale Entwicklung 1982), im besonderen im Wallis beobachtet wurde (Tourismus und kultureller Wandel 1993), aber auch in sozio-historischen Entwicklungen zu erschließen ist. Wie sich Alpenregion und Fremdenverkehr in einem Dauerprozeß zusammenfinden können, ist eindrücklich für das Salzkammergut nachgewiesen worden (Lipp 1993). Nicht selten kommt es zur Herausbildung von besonderen Landschaftszeichen (Köck 1997) oder zur Gestaltung von eigentlichen »Folklorelandschaften« und damit zu symbolisch gestützter Identitätsbildung, die Lokales über Regionales bisweilen bis zu nationaler Heimatlichkeit aufsteigen läßt, etwa durch Trachten oder Masken (Bellwald 1997). Instruktives Beispiel dafür, wie sich einer touristisch bislang unbedeutenden Landschaft eine »neue« Identität aufsetzen läßt, ist die in der Schweiz 1997 ausgerufene Ferienregion »Heidiland«, welche den Mythos der weltbekannten Kinderfigur als Köder zur erfolgreichen Vermarktung einsetzt (Gyr 1999b).

Die politischen und ideologischen Diskussionen um Tourismusbegrenzungen im Sinne des *sanften Tourismus* haben bald auch engagierte Forscher mobilisiert. Seit langem machen sie auf verheerende Landschaftszerstörung (Krippendorf 1975), Umweltbelastung, Ressourcenverknappung und die generelle Störung des sozialen, ökonomischen und kulturellen Gleichgewichts aufmerksam (Krippendorf 1975/1986). Sie liefern Denkanstöße für einen umweltverträglichen (länderübergreifenden) Alpentourismus (Kramer 1983), hinterfragen kritisch den ökonomisch motivierten Sozial- und Umweltschutz (Lutz 1994) oder eröffnen vielversprechende praxistheoretische Perspektiven: Dabei wird vorgeschlagen, »Bereiste, Reisende und Institutionen der Tourismusindustrie gleichberechtigt als Akteure wahrzunehmen«, dies mit dem Ziel, Produktions- und Rezeptionsästhetik am Beispiel einer touristischen Entwicklungsregion auf Zypern modellhaft freizulegen (Beck/Welz 1997, 434).

Einen weiteren markanten Forschungsschwerpunkt bilden die zahlreichen Untersuchungen zum *Stadttourismus* bezüglich von Städten im In- oder im Ausland. Bezeichnenderweise führte eine zweite volkskundliche Fachtagung 1991 ins Frankfurter Institut für Kulturanthropologie und Europäische Ethnologie, wo die Erforschung urbaner Lebenswelten intensive Tradition hat. Das Thema »Tourismus-Kultur – Kultur-Tourismus« wurde folgerichtig stark mit dem Städtetourismus zusammengeführt (Kramer/Lutz 1993), bestand doch gerade hier viel Nachholbedarf. Städte inszenieren sich auf sehr unterschiedliche Art und Weise durch Bilder und reale Angebote (Welz 1996), sie diversifizieren sich in verschiedene Richtungen: Frankfurt z.B. ist zugleich »Weltstadt« und »Kulturstadt« (Schilling 1993), Salzburg gerät zwischen Nockerln, Mozartkugeln und Schmaustheater zum Kulinarium (Kammerhofer-Aggermann 1993) oder reduziert seine Altstadt touristisch auf »die Straße der Ameisen« (Keul / Kühberger 1996). Für Regensburg stellten einige Volkskundler/innen binnenrelevante Verbindungen zwischen Stadttourismus, Stadtführungen und Stadtalltag her (Stadttourismus 1994), während »Slum als Sehenswürdigkeit« – die Zurschaustellung und touristische Aufbereitung extremer Armut in verschiedenen Weltstädten als eindrückliches Muster von »negative Sightseeing« behandelt wurde (Welz 1993).

Mit *inszenierter Stadtkultur*, ihrer marktgerechten Vermittlung und

Wahrnehmung, so wie diese sich über Prospekte, Kataloge und Reiseführer fassen lassen, hat sich ein bereits als Spezialforschung zu bezeichnender Zweig auseinandergesetzt. Den Auftakt machte Burkhart Lauterbach mit einer Problemskizze zur Textsorte à la Baedeker (Lauterbach 1989), um später Alltagsdarstellungen am Beispiel Berlins zwischen 1833 und 1989 zu analysieren (Lauterbach 1992). Fortgesetzte Analysen beleuchteten die Topologie städtischer Erlebnisräume in Reiseführern am Beispiel Florenz (Fendl/Löffler 1992) und erhellten für die gleiche Destination eigene Formen von Wahrnehmungskultur und -management (Fendl/Löffler 1993). Bereits liegt eine Monographie über Reiseführer als Textsorte vor, die gebrauchstexttypische Merkmale herausfiltert und Island als Fallstudie gewählt hat, um allgemeine Beurteilungskriterien bzw. Produktionsbedingungen zu bestimmen (Gorsemann 1995). Tatsächlich besteht ein beträchtliches Wissen hinsichtlich Textstrukturen, Bildaufmachung, Auswahlkriterien und Machart von Reiseführern, die zeigen, daß Realität hier nicht einfach beschrieben, sondern stilistisch modelliert, d. h. touristisch aufbereitet wird (Schlösser 1988).

Wie das vielfältige Angebot an Gebrauchsvorlagen und -anweisungen genutzt wird, ist allerdings eine andere Frage. Sie gehört in den zentralen Bereich von *Reisekultur und Reiseforschung*, von der zu sagen bleibt, daß sie sich allmählich auch der Gegenwart annimmt. Allgemein überschneiden sich kulturgeschichtliche, motivationspsychologische und ethnologische Interessen häufig. Die volkskundliche Hinwendung zur Reisekultur, ein erstes »Reise-Fieber« (1984), setzte mit einem Regensburger Ausstellungsprojekt ein, steckte andere Forscher aber erst im folgenden Jahrzehnt richtig an (Reisekultur 1991). Während Dieter Kramer im Tourismus einen Teilaspekt der gesamtkulturellen Entwicklung sah, über welche eigene Formen von Umweltauseinandersetzung und -aneignung zu verstehen sind (Kramer 1982), reiften andere Entwürfe über das Reisen heran, die sich stärker anthropologisch geben (Lutz 1992) oder aber die Suche nach Erlebnisräumen an die Hoffnung auf eine neue Ethik im Sinne des »sanften« Umgangs anbinden (Lutz 1993).

Der Versuch, Urlaubswelt und Reisekultur in seinen komplexen Strukturen gesamtheitlich darzustellen, wurde erst spät gewagt (Hennig 1997). Seit einiger Zeit fasziniert der *Tourist* in der Forschung auch als Figur – einerseits als Prototyp der Moderne (MacCannell 1976; Löfgren 1994), anderseits als konditionierter Akteur auf organisierten Reisen des Massentourismus in durchkodierten symbolkommunikativen Settings (Gyr 1992b). Diese lassen sich auch auf einer übergeordneten Ebene betrachten und je nach gewählter Perspektive als »Kultur für Touristen« (im Sinne von Produktionsangeboten) oder als »Touristenkultur« (im Sinne der Aneignung) auslegen. Im postmodernen Konsumsystem touristischer Angebote zeichnen sich derzeit dynamische Veränderungen ab (Gyr 1997). Systemisch kommt es zum einen zur Erweiterung, zum anderen zu interessanten Verschiebungen, spielen doch unverkennbar »Abbau« und Umdeutung bei traditionellen Symbolstrukturen zugunsten von (häufig leistungsbezogenen) Ereignis-, Erlebnis- und Spielwelten, was allerlei Entgrenzungen anzeigt (Gyr 1999a). Es fällt schwer, so Hermann Bausinger, für die bunte Welt des modernen Tourismus einen Generalnenner zu finden: »Vielleicht ist ihre Signatur die Grenzenlosigkeit. Diese Charakterisierung schließt die Buntheit ein, und sie erlaubt eine deutliche Unterscheidung von früheren Formen des Reisens« (Bausinger 1991, 344).

Was *Reiseerfahrungen und -erlebnisse* konkret bedeuten, läßt sich im Arsenal vorvermittelter Wünsche ebenso einfangen wie in all dem, was davon zurückbleibt. Vieles aus der Erlebnisgesellschaft von heute verweist auf traditionelle Spuren von gestern, wie aus einer Monographie über den Abenteuertourismus erhellt (Köck 1990). Dabei interessiert auch die Auseinandersetzung mit dem realen Reisealltag, so wie er von durchschnittlichen (Massen-)Touristen in der Gruppe bewältigt und gelebt wird (Gyr 1988). Unterzieht man Touristenverhalten und Touristenkultur einer symbolischen Interaktionsanalyse, erweist sich, wie stark Routinewirklichkeit, ritualisierte Fremdaneignung, Symbolkonsum und besondere Techniken zum Tragen kommen (Gyr 1992). In diesem Zusammenhang sind qualitative Forschungen über Fernreisen als besonders relevant hervorzuheben, darunter (stellvertretend für andere) die Feldstudien über Samoa (Fischer 1984) und Kenia (Schurian-Bremecker 1989), deren Lektüre noch immer lohnt. Sie beleuchten Touristen und Touristenhabitus, integrieren aber zu Recht auch Tourismusbeschäftigte aus dem Untersuchungsland, da Fernreisen immer eine »interethnische Situation« zugrunde liegt, die nicht einseitig aufgelöst werden darf. Daß Urlaubsbilder, Urlaubswünsche und Urlaubsexotik in einem starken Maße mediale Modellierung erfahren, braucht kaum betont zu werden. Die erfolgreiche Sendung »Traumschiff« wurde beispielhaft auf inhärente Strickmuster untersucht (Foltin 1987), wo Länderklischees, Touristenhabitus und Touristenrolle unablässig transportiert werden. Wie stark negativ sie besetzt sind, kann man auch über die Witzkultur erspüren, die den Touristen als Typus durchwegs schlecht abschneiden läßt (Gyr 1995), lässt sich aber ebenso am versteckten Aggressionspotential ablesen, soweit dieses sich in (historisch tradierter) »Touristenbeschimpfung« ausdrückt (Hennig 1997).

Daß der *Alltag* auf Reisen mitfährt und der Urlaub in den Alltag integriert wird, ist eine Binsenwahrheit, doch fragt sich dann, über welche Kanäle und Verhaltensmuster konkrete Verbindungen hergestellt werden. Ethnographische Beobachtungen und kulturgeschichtliche Erkundungen erweisen sich diesbezüglich als äußerst ergiebig, gehe es um Handlungsakte, Objekte oder Einstellungen. Zur Reisephotographie etwa liegen zwar nur wenige Studien vor. Die von Amateuren geknipsten Urlaubsbilder scheinen sich der Forschung aufgrund ihrer persönlich-privaten Note fast zu entziehen (Mettler 1983) – eine These, die sich mit der Auffassung Pierre Bourdieus über die spezifische Gebrauchsweise der Urlaubsphotographie deckt (Bourdieu et al. 1981, 47) und thematisiert in der Diskussion bleibt (Mandel 1997). Was die Institution des äußerst beliebten »Dia-

Abends« bedeutet, der selbst zu einer Inszenierung mit Rollenregie gerät, haben Elisabeth Fendl und Klara Löffler aufgezeigt (1993). Empfindliche Forschungslücken bestehen im Bereich der touristischen *Ansichtskarten*, ihre typischen Sujets sowie die auf Karten übermittelten Urlaubsgrüße. Neben einer frühen Korpusanalyse aus Frankreich (Duflos-Priot 1978) und einer methodisch gemischt verfahrenden Einzelstudie aus Deutschland (Cantauw-Groschek 1993) hat sich Orvar Löfgren der schwedischen Postkartenproduktion zugewandt. Die szenischen Motive werden historisch mit einem neuen bürgerlichen Naturgefühl in Verbindung gebracht; humoristische Urlaubskarten verraten dagegen Elemente aus einer früheren Arbeiterkultur (Löfgren 1985). Angesichts der millionenfach produzierten, gekauften und vermittelten Souvenirs und ihrer Bedeutung im Alltag erstaunt die Abstinenz seitens der Sachforschung, sich darüber zu äußern. Fast isoliert stehen da noch immer der reich illustrierte, im Zusammenhang mit einer Ausstellung über »Exotische Welten. Europäische Phantasien« herausgegebene Band, der das Thema »Airport Art. Das exotische Souvenir« (1987) aufnahm, sowie Konrad Köstlins Studie über das Souvenir (1991). Der Verfasser bezeichnet sie bescheiden als »Skizze«, sie liefert aber wesentlich mehr. Das Souvenir als »säkularisierte Form der Devotionalie« wird historisch mit der religiösen Mitbringpraxis in Verbindung gebracht und als symbolisch hoch besetztes Belegstück gelebten Lebens sowie kolonisatorischer Komponenten mit allerlei Eigenwerten ausgelegt.

5. *Fazit und Ausblick*

Tourismus erweist sich als äußerst komplexer Gegenstandsbereich, für den sich zahlreiche Disziplinen interessieren. Da eine übergreifende (bzw. institutionell verankerte) Tourismusforschung noch aussteht, sind jeweilige Betrachtungsperspektiven, Erkenntnisziele und Umsetzungsbereiche um so zwingender zu präzisieren. Volkskundlich-ethnologische Tourismusforschung bleibt sonst ein vager Sammelbegriff für sehr viele Gegenstandsbereiche und läßt offen, mit welchen Theorien und Denkmodellen bzw. mit welchem Anspruch auf mögliche Anwendungen gearbeitet wird.

Verallgemeinern läßt sich erstens, daß die Volkskunde im deutschsprachigen Raum aufgrund vieler Fachhypotheken den Tourismus sehr spät entdeckt hat. Inzwischen gilt die kulturwissenschaftliche Tourismusforschung als etabliert: Sie hat Eigenständigkeit und entwickelt zunehmend eigenes Profil, auch wenn ein kritischer Blick auf die Forschungsarbeiten zunächst mehr eine bunte Vielfalt und heterogene Denkansätze erkennen lassen. Zweitens zeigt sich, daß der Binnentourismus sehr stark gewichtet wird (z. B. in Lokalkulturen, Regionalkulturen und im Stadttourismus), dies im Gegensatz zu einer während langer Zeit vernachlässigten (nunmehr aber aufholenden) internationalen und interkontinentalen Reiseforschung. Ein drittes Merkmal ist auszumachen im Befund, daß sich volkskundliche Tourismusforschung in der Tendenz durch eine gewisse Affinität zum Partikularen und zur *Behandlung von Einzelproblemen* auszeichnet, von wenigen Ausnahmen abgesehen. Gerade hier, auf der Mikroebene beobachtbarer und historisierbarer Tourismusrealität und -kultur, liegen ihre besonderen Stärken und Chancen zur Rückbindung an den wie immer auch gearteten Alltag. Damit sind viertens gleichzeitig aber auch Defizite angesprochen, da die Forschung die umfassende »Touristisierung des Alltäglichen« bzw. umgekehrt die »Veralltäglichung im Tourismus« erst allmählich aufnimmt, Alltag und Urlaub bisher vorzugsweise als getrennte Erfahrungsräume anging.

Für *künftige Forschungen* gibt es viele Aufgaben zu lösen und neue Terrains zu begehen, verfügen wir doch nur über sehr beschränkte Kenntnisse darüber, wie z. B. Jugend- oder Seniorenreisen ablaufen, wie Familienurlaub heute durchschnittlich gestaltet wird, wie Einheimische über Touristen denken oder durch Touristisierung neue Lebensstile übernehmen, wie Vereinsreisen oder curricular besetzte Urlaubsmobilität (Schülerreisen, Hochzeit, Jubiläen, Genesung) erlebt werden sowie auch, wie geschlechtsspezische Urlaubsstile strukturiert sind: Hier sind qualitatitve Feldforschungen und Mikroanalysen tatsächlich sehr gefragt. Praktisch ausgeblendet sind fünftens grundsätzliche Diskussionen über tourismusspezifische Methoden- und Methodologieprobleme; diesbezügliche Beiträge meldeten längst Nachholbedarf an (Gyr 1988, 1992a) oder machten kritisch auf Rollenaspekte und besondere Blickqualitäten des Tourismusforschers im Feld aufmerksam (Rolshoven 1995). Was fehlt – und als dringendes Desideratum ansteht –, sind Tourismusdiskurse, über die vermehrt auch Theoriebildung zustande kommt, in der Art, wie amerikanische Forschungen dies schon lange praktizieren (Annals of Tourism Research 1973/74 ff.).

Dabei darf eine volkskundliche Tourismusforschung nicht in innerfachlicher Auseinandersetzung stehen bleiben – als Fachzweig einer »Integrationswissenschaft« muß sie sich auch dem Dialog mit anderen Tourismusdisziplinen und der Öffentlichkeit stellen. Zwei neuere Zeitschriften, »Tourismus Journal. Zeitschrift für tourismuswissenschaftliche Forschung und Praxis« (1997 ff.) und »Voyage. Jahrbuch für Reise- & Tourismusforschung« (1997 ff.) bieten dafür ausgezeichnete Möglichkeiten an – »ein Forum, das allen Interessierten – die ja allzuoft isoliert voneinander arbeiten, nichts voneinander wissen – Übersetzerdienste leistet; ein Forum, das der bestehenden Tourismuswissenschaft ebenso offensteht wie der Soziologie, der Geschichte, der Volkskunde, der Literaturwissenschaft oder der Philosophie« (Voyage 1997, 11). Beide Fachorgane zeigen, wie fruchtbar sich eine international ausgerichtete Tourismusdiskussion im interdisziplinären Verbund vorantreiben läßt.

Literaturverzeichnis

Annals of Tourism Research. A Social Sciences Journal. 1973/74 ff.

Bachleitner, Reinhard: Anmerkungen und Anregungen zur Theorie- und Modellbildung in der Tourismussoziologie und das Problem des Tourismusrückgangs aus soziologischer Sicht. In: Bachleitner, Reinhard; Kagelmann, Hans Jürgen; Keul, Alexander (Hrsg): Der durchschaute Tourist. Arbeiten zur Tourismusforschung (Reihe Tourismuswissenschaftliche Manuskripte, 3). München 1998, 37–48.

Bausinger, Hermann: Volkskultur in der technischen Welt. Stuttgart 1961.

Bausinger, Hermann: Volkskunde. Von der Altertumsforschung zur Kulturanalyse. Berlin/Darmstadt 1971.

Bausinger, Hermann: Wer fährt in Urlaub und wer nicht? Urlaubsverhalten im Blick der Tourismusforschung. In: Der Bürger im Staat 24 (1974) 174–181.

Bausinger, Hermann: Da capo: Folklorismus. In: Albrecht Lehmann, Andreas Kuntz (Hrsg.): Sichtweisen der Volkskunde. Zur Geschichte und Forschungspraxis einer Disziplin (Lebensformen, 3). Berlin, Hamburg 1988, 321–328.

Bausinger, Hermann: Grenzenlos … Ein Blick auf den modernen Tourismus. In: Reisekultur. Von der Pilgerfahrt zum modernen Tourismus. Hrsg. von Hermann Bausinger, Klaus Beyrer, Gottfried Korff. München 1991, 343–353.

Beck, Stefan und Gisela Welz: Naturalisierung von Kultur – Kulturalisierung von Natur. Zur Logik ästhetischer Produktion am Beispiel einer agrotouristischen Region Zyperns. In: Tourismus Journal 1:3/4 (1997) 431–448.

Bellward, Werner: Zur Konstruktion von Heimat. Die Entdeckung lokaler »Volkskultur« und ihr Aufstieg in die nationale Symbolkultur. Die Beispiele Hérens und Lötschen (Schweiz) (Kantonales Museum für Geschichte und Ethnographie, Forschungsstelle für Gegenwartsethnologie, ethnologische Reihe, 5). Sitten 1997.

Bendix, Regina: Zur Problematik des Echtheitserlebnisses in Tourismus und Tourismustheorie. In: Tourismus und Regionalkultur. Referate der Österreichischen Volkskundetagung 1992 in Salzburg. Hrsg. von Burkhard Pöttler unter Mitarbeit von Ulrike Kammerhofer-Aggermann (Buchreihe der Österreichischen Zeitschrift für Volkskunde. N.S., 12). Wien 1994, 57–83.

Beutel, Michael, Ina-Maria Greverus (Hrsg.): Tourismus. Ein kritisches Bilderbuch (Notizen, 7). Bensheim 1978.

Bourdieu, Pierre, Luc Boltanski, Robert Castel et al.: Eine illegitime Kunst. Die sozialen Gebrauchsweisen der Photographie (stw, 441). Frankfurt a. M. 1981.

Brilli, Attilio: Als Reisen eine Kunst war. Vom Beginn des modernen Tourismus: Die »Grand Tour«. Berlin 1997.

Cantauw-Groschek, Christiane: »Liebe Kolleginnen und Kollegen …« Urlaubspostkarten an die Arbeitsstelle. In: Kramer, Dieter und Ronald Lutz (Hrsg.): Tourismus-Kultur; Kultur-Tourismus (Kulturwissenschaftliche Horizonte, 2). Münster/Hamburg 1993, 143–169.

Cohen, Erik: Authenticity and commodization in tourism. In: Annals of Tourism Research 15 (1988) 371–386.

Duflos-Priot, Marie-Thérèse: Au mur d'un bistrot: analyse d'un corpus de cartes postales. In: Ethnologie française 8 (1978) 71–82.

Enzensberger, Hans Magnus: Eine Theorie des Tourismus (1958). In: Einzelheiten I. Frankfurt a. M. 1971, 179–206.

Exotische Welten, Europäische Phantasien. Airport Art. Das exotische Souvenir. Stuttgart 1987.

Feifer, Maxine: Going Places. The ways of the tourist from Imperial Rome to the present. London 1985.

Fendl, Elisabeth und Klara Löffler: Utopiazza. Städtische Erlebnisräume in Reiseführern. In: Zeitschrift für Volkskunde 88 (1992) 30–48.

Fendl, Elisabeth und Klara Löffler: »Man sieht nur, was man weiß«. Zur Wahrnehmungskultur in Reiseführern. In: Kramer, Dieter und Ronald Lutz (Hrsg.): Tourismus-Kultur; Kultur-Tourismus (Kulturwissenschaftliche Horizonte, 2). Münster/Hamburg 1993, 55–78.

Fendl, Elisabeth, Klara Löffler: Die Reise im Zeitalter ihrer technischen Reproduzierbarkeit: z. B. Diaabend. In: Christiane Cantauw (Hrsg.): Arbeit, Freizeit, Reisen. Die feinen Unterschiede im Alltag. 3. Arbeitstagung der DGV-Kommission Tourismusforschung vom 23.–25. März 1994 (Beiträge zur Volkskultur in Nordwestdeutschland, 88). Münster/New York 1995, 55–68.

Fink, Christian: Der Massentourismus. Soziologische und wirtschaftliche Aspekte unter besonderer Berücksichtigung schweizerischer Verhältnisse (St. Galler Beiträge zum Fremdenverkehr und zur Verkehrswirtschaft, 2). Bern/Stuttgart 1970.

Fischer, Hans: Warum Samoa? Touristen und Tourismus in der Südsee. Berlin 1984.

Foltin, Hans-Friedrich: Das Traumschiff. Exotismus in Unterhaltungssendungen des Fernsehens. In: Die andere Welt. Studien zum Exotismus. Hrsg. von Thomas Koebner und Gerhart Pickerodt. Frankfurt a. M. 1987, 363–381.

Gorsemann, Sabine: Bildungsgut und touristische Gebrauchsanweisung. Produktion, Aufbau und Funktion von Reiseführern (Internationale Hochschulschriften, 151). Münster/New York 1995 .

Greverus, Ina-Maria: Tourismus und kulturelle Kommunikation. In: Hessische Blätter für Volks- und Kulturforschung NF 7/8 (1978) (Aspekte der Freizeit) 101–118.

Gyr, Ueli: Touristenkultur und Reisealltag. Volkskundlicher Nachholbedarf in der Tourismusforschung. In: Zeitschrift für Volkskunde 84 (1988) 224–239.

Gyr, Ueli: Kultur für Touristen und Touristenkultur. Plädoyer für qualitative Analysen in der Reiseforschung. In: Reisen und Alltag. Beiträge zur kulturwissenschaftlichen Tourismusforschung. Hrsg. von Dieter Kramer und Ronald Lutz (Kulturanthropologie-Notizen, 39). Frankfurt a. M. 1992a, 19–38.

Gyr, Ueli: Sightseeing, Shopping, Souvenirs und Spezialitäten. Symbole und Symbolkonsum in massentouristischer Sicht. In: Symbolik von Weg und Reise. Hrsg. von Peter Michel (Schriften zur Symbolforschung, 8). Bern/ Berlin/Frankfurt a. M. 1992b, 223–239.

Gyr, Ueli: Nicht immer lustig. Elemente und Strukturen in Touristenwitzen. In: Hören, Sagen, Lesen, Lernen. Bausteine zu einer Geschichte der kommunikativen Kultur. Festschrift für Rudolf Schenda zum 65. Geburtstag. Hrsg. von Ursula Brunold-Bigler und Hermann Bausinger. Bern/Berlin/Frankfurt a.M./New York/Paris/Wien 1995, 293–308.

Gyr, Ueli: Altbewährt und neu vermischt. Symbolproduktion und Erlebniskonsum für Touristen von heute. In: Rolf Wilhelm Brednich, Heinz Schmitt (Hrsg.): Symbole. Zur Bedeutung der Zeichen in der Kultur. 30. Deutscher Volkskundekongreß in Karlsruhe vom 25. bis 29. September 1995. Münster/New York/München/Berlin 1997, 259–266.

Gyr, Ueli: Entgrenzung durch Mundialisierung? Dynamisierungsprozesse im massentouristischen Konsumsystem. In: Bachleitner, Reinhard; Schimany, Peter (Hrsg.): Grenzenlose Gesellschaft – grenzenloser Tourismus? Mit Beiträgen von Reinhard Bachleitner et. al. (Reihe tourismuswissenschaftliche Manuskripte, 5). München/Wien 1999a, 55–66.

Gyr, Ueli: Heidi überall. Heidi-Figur und Heidi-Mythos als Identitätsmuster. In: Ethnologia Europaea 29:2 (1999b) 75–95.

Habermas, Jürgen: Soziologische Notizen zum Verhältnis von Arbeit und Freizeit (1958). In: Arbeit, Freizeit, Konsum. Frühe Aufsätze (Rotdruck, 29). s'Gravenhage 1974, 63–80.

Heimat Thüringen 4 (1997), H. 4 (Themenheft/Dokumentation des internationalen Seminars »Volkskultur, Tourismus und ländliche Entwicklung«).

Hennig, Christoph: Reiselust. Touristen, Tourismus und Urlaubskultur. Frankfurt a.M. 1997.

Hennig, Christoph: Touristenbeschimpfung. Zur Geschichte des Anti-Tourismus. In: Zeitschrift für Volkskunde 93 (1997) 31–41.

Hömberg, Erentraud: Tourismus. Funktionen, Strukturen, Kommunikationskanäle (tuduv-Studien, Reihe Sozialwissenschaften, 6). München 1977.

Hömberg, Erentraud: Reisen – zwischen Kritik und Analyse. Zum Stand der Tourismusforschung. In: Zeitschrift für Kulturaustausch 28:3 (1978) 36–41.

Jeggle, Utz und Gottfried Korff: Zur Entwicklung des Zillertaler Regionalcharakters. In: Zeitschrift für Volkskunde 70 (1974) 39–57.

Kammerhofer-Aggermann, Ulrike: Salzburger Nockerl-Mozartkugeln-Schmaustheater. Kulinarisches zum Salzburg-Tourismus. In: Kramer, Dieter und Ronald Lutz (Hrsg.): Tourismus-Kultur; Kultur-Tourismus (Kulturwissenschaftliche Horizonte, 2). Münster/Hamburg 1993, 79–112.

Kammerhofer-Aggermann, Ulrike u. Monika Gaurek: Volkskundliche Tourismusforschung. In: Bachleitner, Reinhard; Kagelmann, Hans Jürgen; Keul, Alexander (Hrsg.): Der durchschaute Tourist. Arbeiten zur Tourismusforschung (Reihe Tourismuswissenschaftliche Manuskripte, 3). München 1998, 157–169.

Kapeller, Kriemhild: Tourismus und Volkskultur. Folklorismus – zur Warenästhetik der Volkskultur (Dissertationen der Karl Franzens-Universität Graz, 81). Graz 1991.

Kaschuba, Wolfgang: Erkundung der Moderne: Bürgerliches Reisen nach 1800. In: Zeitschrift für Volkskunde 87 (1991) 29–52.

Kaspar, Claude: Die Fremdenverkehrslehre im Grundriß. 3. Aufl. Bern/Stuttgart 1986.

Keller, Peter: Soziologische Probleme im modernen Tourismus. Unter besonderer Berücksichtigung des offenen und geschlossenen Jugendtourismus (Europäische Hochschulschriften, Reihe XXII, Soziologie, 5). Bern 1973.

Kentler, Helmut, Thomas Leithäuser, Hellmut Lessing: Jugend im Urlaub. 2 Bde. Weinheim/Berlin 1969.

Keul, Alexander; Kühberger, Anton: Die Straße der Ameisen. Beobachtungen und Interviews zum Salzburger Städtetourismus (Tourismuswissenschaftliche Manuskripte, 1). München 1997.

Knebel, Hans-Joachim: Soziologische Strukturwandlungen im modernen Tourismus. Stuttgart 1960.

Köck, Christoph: Sehnsucht Abenteuer. Auf den Spuren der Erlebnisgesellschaft. Berlin 1990.

Köck, Christoph: Schwarz-Weiß-Gold. Die Geometrisierung einer Landschaft. In: Rolf Wilhelm Brednich, Heinz Schmitt (Hrsg.): Symbole. Zur Bedeutung der Zeichen in der Kultur. 30. Deutscher Volkskundekongreß in Karlsruhe vom 25. bis 29. September 1995. Münster/New York/München/Berlin 1997, 285–297.

Köstlin, Konrad: Folklorismus als Therapie? Volkskultur als Therapie? In: Folklorismus. Vorträge der 1. Internationalen Arbeitstagung des Vereins »Volkskultur« um den Neusiedlersee. Hrsg. von Edith Hörandner und Hans Lunzer. Neusiedl/a. See 1982, 129–147.

Köstlin, Konrad: Folklore, Folklorismus und Modernisierung. In: Schweizerisches Archiv für Volkskunde 78 (1991) 46–66.

Köstlin, Konrad: Souvenir. Das kleine Geschenk als Gedächtnisstütze. In: Übriges. Kopflose Beiträge zu einer volkskundlichen Anatomie. Utz Jeggle zum 22. Juni 1991. Tübingen 1991, 131–141.

Köstlin, Konrad: Reisen, regionale Kultur und die Moderne. Wie die Menschen modern wurden, das Reisen lernten und dabei die Region entdeckten. In: Tourismus und Regionalkultur. Referate der Österreichischen Volkskundetagung 1992 in Salzburg. Im Auftrag des Vereins für Volkskunde und des Österreichischen Fachverbandes für Volkskunde Hrsg. von Burkhard Pöttler unter Mitarbeit von Ulrike Kammerhofer-Aggermann (Buchreihe der Österreichischen Zeitschrift für Volkskunde, N. S. 12). Wien 1994, 11–24.

Köstlin, Konrad: Wir sind alle Touristen – ein theoretischer Bezugsrahmen. In: Cantauw, Christiane (Hrsg.): Arbeit, Freizeit, Reisen. Die feinen Unterschiede im Alltag. 3. Arbeitstagung der DGV-Kommission Tourismusforschung vom 23.–25. März 1994. Münster, New York 1995 (Beiträge zur Volkskultur in Nordwestdeutschland, 88), 1–12.

Kramer, Dieter: Aspekte der Kulturgeschichte des Tourismus. In: Zeitschrift für Volkskunde 78 (1982) 1–13.

Kramer, Dieter: Der sanfte Tourismus. Umwelt- und sozialverträglicher Tourismus in den Alpen. Wien 1983.

Kramer, Dieter: Tourismus-Politik. Aufsätze aus 12 Jahren Tourismus-Diskussion. Münster 1990.

Kramer, Dieter: Kulturanthropologie des Tourismus. In: Hahn, Heinz, H. Jürgen Kagelmann (Hrsg.): Tourismuspsychologie und Tourismussoziologie. Ein Handbuch zur Tourismuswissenschaft (Quintessenz Tourismuswissenschaft). München 1993, 56–59.

Kramer, Dieter und Ronald Lutz (Hrsg.): Tourismus-Kultur; Kultur-Tourismus (Kulturwissenschaftliche Horizonte, 2) . Münster/Hamburg 1993.

Krippendorf, Jost: Die Ferienmenschen. Für ein neues Verständnis von Freizeit und Reisen (dtv, 10575). München 1986.

Krippendorf, Jost: Die Landschaftsfresser. Tourismus und Erholungslandschaft – Verderben oder Segen? 4. Aufl. Bern 1986 (1. Aufl. 1975).

Krippendorf, Jost, Bernhard Kramer, Hansruedi Müller: Freizeit und Tourismus. Eine Einführung in Theorie und Politik (Berner Studien zum Fremdenverkehr, 22). 2. Aufl. Bern 1987 .

Kubina, Eva-Maria: Irrwege – Fluchtburgen. Modelle und Dimensionen zur soziologischen Analyse des Phänomens Massentourismus (Europäische Hochschulschriften, Reihe XII/Soziologie, 197). Frankfurt a.M./Bern/New York/Paris 1990.

Lauterbach, Burkhart: Baedeker und andere Reiseführer. Eine Problemskizze. In: Zeitschrift für Volkskunde 85 (1989) 206–234.

Lauterbach, Burkhart: »Von den Einwohnern«. Alltagsdarstellungen im Spiegel des Reiseführers. In: Zeitschrift für Volkskunde 88 (1992) 49–66.

Lipp, Wolfgang: Alpenregion und Fremdenverkehr. Zur Geschichte und Soziologie kultureller Begegnung in Europa, besonders am Beispiel des Salzkammergutes. In: Zeitschrift für Volkskunde 89 (1993) 49–62.

Löfgren, Orvar: Wish you were here! Holiday images and picture postcard. In: Ethnologia Scandinavica 1985, 90–107.

Löfgren, Orvar: Learning to be a tourist. In: Ethnologia Scandinavica 24 (1994) 102–125.

Lutz, Ronald: Der subjektive Faktor. Ansätze einer Anthropologie des Reisens. In: Reisen und Alltag. Beiträge zur kulturwissenschaftlichen Tourismusforschung.

Hrsg. von Dieter Kramer und Ronald Lutz (Kulturanthropologie-Notizen, 39). Frankfurt a. M. 1992, 229–273.

Lutz, Ronald: Tourismus und Bewegungskultur. Perspektiven des Reisens. In: Kramer, Dieter und Ronald Lutz (Hrsg.): Tourismus-Kultur; Kultur-Tourismus (Kulturwissenschaftliche Horizonte, 2). Münster/Hamburg 1993, 201–244.

Lutz, Ronald: Bildungs- und Kulturtourismus: Zur Reformulierung der Region. In: Tourismus und Regionalkultur. Referate der Österreichischen Volkskundetagung 1992 in Salzburg. Im Auftrag des Vereins für Volkskunde und des Österreichischen Fachverbandes für Volkskunde herausgegeben von Burkhard Pöttler unter Mitarbeit von Ulrike Kammerhofer-Aggermann. Wien 1994, 339–359.

MacCannell, Dean: The tourist. A new theory of the leisure class (Schocken Books, SB 529). New York 1976.

Mandel, Birgit: Urlaubsfotografie – ein sinnentleertes Ritual zur Bestätigung touristischer Scheinwelten? – Thesen zur Aneignung von Urlaubswelt durch Fotografie. In: Tourismus Journal 1 (1997) 419–430.

Matter, Max: ... an der Spitze der Landleute gingen ihre Obrigkeiten; die jungen Bäuerinnen waren im alten, mahlerischen Costum ihrer Cantone gekleidet ... Zur Folklorisierung des schweizerischen Hirtenlandes. Die Alphirtenfeste in Unspunnen. In: Albrecht Lehmann, Andreas Kuntz (Hrsg.): Sichtweisen der Volkskunde. Zur Geschichte und Forschungspraxis einer Disziplin (Lebensformen, 3). Berlin/Hamburg 1988, 329–343.

Mettler, Marina: Amateurfotografie. Reise und Urlaub im Bild des Touristen. In: Ansichten der Ferne. Reisephotographie 1850 – heute. Hrsg. von Klaus Pohl. Gießen 1983, 151–184.

Moser, Hans: Vom Folklorismus unserer Zeit. In: Zeitschrift für Volkskunde 58 (1962) 177–209.

Nettekoven, Lothar: Massentourismus aus der Industriegesellschaft in die Dritte Welt. In: Aspekte der Entwicklungssoziologie, Hrsg. von René König u. a. (Kölner Zeitschrift für Soziologie und Sozialpsychologie, Sonderheft 13). Köln/Opladen 1969, 257–275.

Nettekoven, Lothar: Massentourismus in Tunesien. Soziologische Überlegungen an Touristen aus hochindustrialisierten Gesellschaften. Starnberg 1972.

Der neue Tourismus. Rücksicht auf Land und Leute. Hrsg. von Klemens Ludwig, Michael Has und Martina Neuer (Beck'sche Reihe, 408). München 1990.

Neuloh, Otto, Wilhelm Zilius: Die Wandervögel. Eine empirisch-soziologische Untersuchung der frühen deutschen Jugendbewegung (Studien zum Wandel von Gesellschaft und Bildung im Neunzehnten Jahrhundert, 19). Göttingen 1982.

Opaschowski, Horst W.: Tourismus. Systematische Einführung – Analysen und Prognosen (Freizeit- und Tourismusstudien, 3). 2. Aufl. Opladen 1996.

Prahl, Hans-Werner, Albrecht Steinecke: Der Millionen-Urlaub. Von der Bildungsreise zur totalen Freizeit. Darmstadt 1979.

Reise-Fieber. Begleitheft zur Ausstellung des Lehrstuhles für Volkskunde der Universität Regensburg. Hrsg. von Margit Berwing und Konrad Köstlin (Regensburger Schriften zur Volkskunde, 2). Regensburg 1984.

Reisekultur. Von der Pilgerfahrt zum modernen Tourismus. Hrsg. von Hermann Bausinger, Klaus Beyrer, Gottfried Korff. München 1991.

Reisen und Alltag. Beiträge zur kulturwissenschaftlichen Tourismusforschung. Hrsg. von Dieter Kramer und Ronald Lutz (Notizen, 39). Frankfurt a. M. 1992.

Römhild, Regina: Histourismus. Fremdenverkehr und lokale Selbstbehauptung (Notizen, 32). Frankfurt a. M. 1990.

Rolshoven, Johanna: Der ethnographische Blick als touristischer Blick. In: Cantauw,

Christiane (Hrsg.): Arbeit, Freizeit, Reisen. Die feinen Unterschiede im Alltag. 3. Arbeitstagung der DGV-Kommission Tourismusforschung vom 23.–25. März 1994 (Beiträge zur Volkskultur in Nordwestdeutschland, 88). Münster/New York 1995, 41–54.

Scheuch, Erwin K.: Ferien und Tourismus als neue Formen der Freizeit. In: Soziologie der Freizeit. Hrsg. von Erwin K. Scheuch und Rolf Meyersohn (Neue Wissenschaftliche Bibliothek, 461 Soziologie). Köln 1972, 304–317.

Schilling, Heinz: Kulturstadt Frankfurt? Das Ornament der Kasse. In: Kramer, Dieter und Ronald Lutz (Hrsg.): Tourismus-Kultur; Kultur-Tourismus (Kulturwissenschaftliche Horizonte, 2). Münster/Hamburg 1993, 23–38.

Schimany, Peter: Tourismussoziologie zwischen Begrenzung und Entgrenzung. Eine vorläufige Zwischenbilanz. In: Reinhard Bachleitner, Peter Schimany (Hrsg.): Grenzenlose Gesellschaft – grenzenloser Tourismus? (Reihe tourismuswissenschaftlicher Manuskripte, 5). München/Wien 1999, 7–24.

Schivelbusch, Wolfgang: Geschichte der Eisenbahnreise. Zur Industrialisierung von Raum und Zeit im 19. Jahrhundert. Lizenzausgabe. Frankfurt a. M. 1989.

Schlösser, Hermann: Bequem sei der Weg und lockend das Ziel. Die Städte in den Reiseführern. In: Scherpe, Klaus R. (Hrsg.): Die Unwirklichkeit der Städte. Großstadtdarstellungen zwischen Moderne und Postmoderne. Reinbek 1988, 243–261.

Schmitz-Scherzer, Reinhard: Reisen und Tourismus (Praxis der Sozialpsychologie, 4). Darmstadt 1975.

Schrutka-Rechtenstamm, Heidi: Beobachtungen und Überlegungen zu neuen Tendenzen des »Urlaubs am Bauernhof«. In: Reisen und Alltag. Beiträge zur kulturwissenschaftlichen Tourismusforschung. Hrsg. von Dieter Kramer und Ronald Lutz (Notizen, 39). Frankfurt a. M. 1992, 131–145.

Schrutka-Rechtenstamm, Adelheid: »Die Gäste fühlen sich wohl bei uns« – Begegnungen durch Tourismus. In: Tourismus und Regionalkultur. Referate der Österreichischen Volkskundetagung 1992 in Salzburg. Im Auftrag des Vereins für Volkskunde und des Österreichischen Fachverbandes für Volkskunde Hrsg. von Burkhard Pöttler unter Mitarbeit von Ulrike Kammerhofer-Aggermann (Buchreihe der Österreichischen Zeitschrift für Volkskunde, N.S. 12). Wien 1994, 85–94.

Schrutka-Rechtenstamm, Adelheid: Zur Entstehung und Bedeutung von Symbolen im Tourismus. In: Rolf Wilhelm Brednich, Heinz Schmitt (Hrsg.): Symbole. Zur Bedeutung der Zeichen in der Kultur. 30. Deutscher Volkskundekongreß in Karlsruhe vom 25. bis 29. September 1995. Münster/New York/München/Berlin 1997a, 123–134.

Schrutka-Rechtenstamm, Adelheid: Gäste und Gastgeber: touristische Ritualisierungen diesseits und jenseits der Bezahlung. In: Tourismus Journal 1:3/4 (1997b), 467–481.

Schurian-Bremecker, Christiane: Kenia in der Sicht deutscher Touristen. Eine Analyse von Denkmustern und Verhaltensweisen beim Urlaub in einem Entwicklungsland (Volkskunde, 4). Münster 1989.

Spode, Hasso: Geschichte des Tourismus. In: Hahn, Heinz, H. Jürgen Kagelmann (Hrsg.): Tourismuspsychologie und Tourismussoziologie. Ein Handbuch zur Tourismuswissenschaft (Quintessenz Tourismuswissenschaft). München 1993, 3–9.

Spode, Hasso: »Reif für die Insel«. Prolegomena zu einer historischen Anthropologie des Tourismus. In: Christiane Cantauw (Hrsg.): Arbeit, Freizeit, Reisen. Die feinen Unterschiede im Alltag. 3. Arbeitstagung der DGV-Kommission Tourismusforschung vom 23.–25. März 1994 (Beiträge zur Volkskultur in Nordwestdeutschland, 88). Münster/New York 1995, 105–123.

Stadttourismus und Stadtalltag. Hrsg. vom Regensburger Verein für Volkskunde. Projektgruppe Tourismus. Barbara Bergmüller u. a. (Regensburger Schriften zur Volkskunde, 10). Regensburg 1994.

Thiem, Marion: Tourismus und interkulturelle Identität. Die Bedeutung des Tourismus für die Kultur touristischer Ziel- und Quellgebiete (Berner Studien zu Freizeit und Tourismus, 30). Bern/Hamburg 1994.

Tomkowiak, Ingrid: Urlaub auf dem Bauernhof. Zur Dramaturgie eines Freizeit-Angebots für den industrialisierten Menschen der Gegenwart. In: Der industrialiserte Mensch. Kongreßband / 28. Deutscher Volkskunde-Kongreß, Hagen, 7.–11. Okt. 1991. Hrsg. von Michael Dauskardt und Helge Gerndt (Forschungsbeiträge zu Handwerk und Technik, 5). Münster 1993, 223–231.

Tourismus Journal. Zeitschrift für tourismuswissenschaftliche Forschung und Praxis, 1997–

Tourismus und kultureller Wandel. Wallis 1950–1990. Hrsg. von Thomas Antonietti und Marie-Claude Morand (Kantonales Museum für Geschichte und Ethnographie Valère, Forschungsstelle für regionale Gegenwartsethnologie, Ethnologische Reihe, 3). Sitten 1993.

Tourismus und regionale Entwicklung. Hrsg. von J. Krippendorf, P. Messerli, H. D. Hänni. (Reihe »Thema-Hefte« der Programmleitung des NFP »Regionalprobleme«) Diessenhofen 1982.

Tourismus und Regionalkultur. Referate der Österreichischen Volkskundetagung 1992 in Salzburg. Im Auftrag des Vereins für Volkskunde und des Österreichischen Fachverbandes für Volkskunde Hrsg. von Burkhard Pöttler unter Mitarbeit von Ulrike Kammerhofer-Aggermann. Wien 1994.

Urry, John: The tourist gaze. Leisure and travel in contemporary societies. London 1990.

Vester, Heinz-Günter: Soziologische Theorien und Tourismus – eine Tour d'horizon. In: Tourist. Arbeiten zur Tourismusforschung (Reihe Tourismuswissenschaftliche Manuskripte, 3). München 1998, 20–28.

Vester, Heinz-Günter: Tourismustheorie. Soziologische Wegweiser zum Verständnis touristischer Phänomene (Reihe Tourismuswissenschaftliche Manuskripte, 6). München/Wien 1999.

Voyage. Jahrbuch für Reise- & Tourismusforschung. Köln 1997 ff.

Wahrlich, Heide: Tourismus – eine Herausforderung für Ethnologen. Problemdimensionen und Handlungsaspekte im touristischen Bezugsfeld. Berlin 1984.

Welz, Gisela: Slum als Sehenswürdigkeit. »Negative Sightseeing« im Städtetourismus. In: Kramer, Dieter und Ronald Lutz (Hrsg.): Tourismus-Kultur; Kultur-Tourismus (Kulturwissenschaftliche Horizonte, 2). Münster, Hamburg 1993, 39–54.

Welz, Gisela: Inszenierungen kultureller Vielfalt Frankfurt am Main. New York City (Zeithorizonte, 5). Berlin 1996.

Wöhler, Karlheinz: Sozialwissenschaftliche Tourismusforschung im vorparadigmatischen Zustand? In: Bachleitner, Reinhard; Kagelmann, Hans; Kel, Alexander (Hrsg.): Der durchschaute Tourist. Arbeiten zur Tourismusforschung (Reihe tourismuswissenschaftliche Manuskripte, 3). München 1998, 29–36.

Christoph Daxelmüller

Volksfrömmigkeit

Im 12. Jahrhundert entstand als Reaktion auf die Kreuzzugswirren und ihre Pogrome gegen die Juden in Deutschland eine religiöse Bewegung, die man als mittelalterlichen Chassidismus oder als »Chaside Aschkenas« bezeichnet. Als ihr Hauptwerk gilt das »Sefer Chassidim« (Buch der Frommen), das zwischen 1190 und 1215 von Jehuda ben Samuel he-Chassid von Regensburg (1140–1217) wohl unter Mitarbeit seines Vaters Samuel ben Kalonymos he-Chassid (1115–1180) zusammengestellt wurde. »Chassidim« bedeutet, wie Jahrhunderte später auch im osteuropäischen Chassidismus, nichts anderes als die »Frommen«. Rabbi Jehuda he-Chassid vertrat ein neues, einfaches Frömmigkeitsideal, das Gott eher durch das Herz als durch den Verstand zu verehren gebot. Das »Sefer Chassidim« steht dem Frömmigkeitsbegriff des zeitgenössischen Mönchtums auffallend nahe; nicht ganz zu Unrecht hat man seinen Verfasser mit Franz von Assisi verglichen.

1. Die Maßstäbe von Frömmigkeit, oder: Wer ist fromm?

Es mag ungewöhnlich sein, den Handbuchabschnitt über Volksfrömmigkeit mit einem jüdischen Beispiel einzuleiten. Doch es führt zum Mittelpunkt der Auseinandersetzung mit dem Problem der Frömmigkeit, nämlich zur fast banalen Frage, ob denn die Juden vor der Chaside Aschkenas weniger fromm gewesen seien oder aber ob die vorchassidische Frömmigkeit sich lediglich anderer Inhalte, Ausdrucksformen und Bezugspunkte bediente, ohne sich in ihrem Wesen grundsätzlich ändern zu müssen. Auf die christliche Kultur übertragen: unterschied sich die Frömmigkeit des mittelalterlichen Menschen, der etwa stets mit dem Tod durch Massenepidemien konfrontiert war, von der des barocken Menschen, der den Dreißigjährigen Krieg zu überleben hatte (Veit 1936; Veit/Lenhart 1956), oder sind die Protestanten, deren Frömmigkeit von der Volkskunde erst spät wahrgenommen wurde, weniger fromm als die stärker unter Kirchenzucht stehenden Katholiken, und, sind hier wiederum die Katholiken Südeuropas frömmer als die liberalen Katholiken der Niederlande?

Das Problem der Meßbarkeit von Frömmigkeit ist ebenso schwer zu lösen wie die Aufgabe, ihre Geschichte zu schreiben. Dies überstiege nicht nur die Möglichkeiten einer Disziplin wie der Volkskunde, auch interdisziplinäre Zusammenarbeit wird sich stets auf einzelne Aspekte beschränken müssen. Da erleichtert es die Forschungsvoraussetzungen nicht, wenn man in der Tradition einer Wissenschaftsideologie, die nach wie vor mit alter Haßliebe für zusammengesetzte Substantiva wie Volks-Kunde, Volks-Kunst oder Volks-Glaube der notwendigen Differenzierung globale Ansprüche entgegenzustellen scheint, sich anmaßt, die Frömmigkeit des Volkes – was auch immer dies sei – untersuchen zu wollen.

Frömmigkeitsforschung aber hat derzeit Konjunktur, was ihre Neuentdeckung durch Germanistik und Geschichtswissenschaft (z. B. Baumgartner 1979, Breuer 1984, v. Dülmen 1980, Hubensteiner 1967, Wallmann 1970) und die trotz stetem Interesse am Thema sich wieder fühlbar verstärkende Beschäftigung innerhalb der Volkskunde zeigt. Das seit 1970 von Wolfgang Brückner und Nikolaus Grass herausgegebene »Jahrbuch für Volkskunde«, das sich bewußt in der Tradition des von 1936 bis 1938 von Georg Schreiber edierten »Volk und Volkstum. Jahrbuch für Volkskunde« sieht, räumt Arbeiten zur religiösen Volkskultur, der Spiritualität des 17. Jahrhunderts, dem Wallfahrtswesen und dem Votivbrauchtum, Inventarisierungen religiöser Andachtsstätten und Kleindenkmäler, nicht zuletzt aber ebenso profunden wie hilfreichen Forschungsberichten und Bibliographien zur Frömmigkeitsforschung in Frankreich (Griebel-Kruip 1983, 1984), Italien (Chorherr 1978), Schweden (Gustavsson 1978) und Ungarn (Tüskés 1981) breiten und zugleich bevorzugten Raum ein. Martin Scharfe setzte sich in mehreren Arbeiten nicht nur mit der protestantisch-pietistischen Religiosität (Scharfe 1968, 1980), sondern jüngst in einem Sammelband auch mit »Wallfahrt. Tradition und Mode« (Scharfe 1985) auseinander. Peter Assion behandelte »Den sozialen Gehalt aktueller Frömmigkeitsformen« (Assion 1982/83), und Wolfgang Brückners zahlreiche Beiträge zur Volksfrömmigkeit und zur Frömmigkeitsforschung ergäben für sich eine respektable Bibliographie (z. B. Brückner 1968, 1973, 1979, 1982). Brückner, Scharfe und Gottfried Korff analysierten 1986 aus sehr unterschiedlichen Annäherungsweisen und dennoch mit auffallend vielen gemeinsamen Erkenntnissen die Geschichte, wissenschaftsideologischen und -modischen Entwicklungen sowie die Aufgaben der »Volksfrömmigkeitsforschung« in der Gegenwart (Brückner 1986, Korff 1986, Scharfe 1986).

Doch gerade diese Publikation verbalisiert auch das Unbehagen am Begriff »Volksfrömmigkeit«, wie er, vielleicht nicht ohne hilflose Absicht, als Außentitel des Heftes erscheint. Brückner spricht von »Frömmigkeitsforschung«, um das ebenso irreführende wie vorbelastete Nomen »Volk« zu umgehen, Korff benutzt neben »Frömmigkeitsforschung« die Ausdrücke »popular religion«, was französischem »religion populaire« entspräche, und »populäre Frömmigkeit«, Scharfe verweist auf die Tragfähigkeit des Schlagworts »Volksfrömmigkeitsforschung«, also einer »religiösen Volkskunde«, oder, wie es Richard und Klaus Beitl korrekt, ohne allerdings hierfür Nachfolger gefunden zu haben, formulierten, »Volkskunde des Religiösen« (Beitl 1974, 870) als einer institutionalisierten Forschungssparte innerhalb des Fachkanons, die die »Religion unterer Volksklassen« im Auge hat, wobei »Frömmigkeitsgeschichte im Sinne alltagskultureller historischer Prozesse zu verstehen ist« (Scharfe 1986, 69). So verwirrend die in einer kaum mehr überschaubaren Literatur verwendeten Termini sein mögen, »Volksfrömmigkeit« bleibt ein Un-Begriff, über den nur in einer einzigen Hinsicht Übereinstimmung herrscht: er bezeichnet in der Konsequenz eines national(istisch)en Volksbegriffs die Frömmigkeit der staatsverbundenen und -tragenden christlichen Glaubensgemeinschaften und hier in erster Linie die Ausdrucksformen katholischer Frömmigkeit.

2. Frömmigkeit: die Identität von religiösem und weltlichem Leben

Dennoch überrascht das derzeit zu beobachtende Interesse an der Frömmigkeit und ihrer Geschichte. Eher untergeordneter, da vorwiegend forschungspsychologischer Natur ist die von der (Fach-)Öffentlichkeit gerne unterschobene Affinität des Forschers zu seinem Objekt: er stünde dem Problembereich entweder bejahend-positiv, ja aktiv gegenüber, sei also selbst kirchenfromm (vgl. z. B. Koren 1936), oder er verhalte sich ablehnend-kritisch, geistig angesiedelt irgendwo im Feld moderner -ismen zwischen Materialismus, Atheismus, Nihilismus und Marxismus.

Dieses Vorurteil aber erweist sich als Ergebnis eines Säkularisierungsprozesses, der zur vorläufig endgültigen Trennung von Staat und Kirche, von staatlichem Handeln und kirchlicher Ethik geführt hatte. Während die Kirche ihren alten, einst allmächtigen Einfluß auf das tägliche Leben verlor, emanzipierte sich der Mensch. Frömmigkeit geriet als Anachronismus in einer weltlichen Welt zum Intimtabu. Im 17. und 18. Jahrhundert begannen die Titelblätter akademischer Traktate häufig mit der Abkürzung »QDBV«. Dahinter verbirgt sich die Bitte »Quod Deus bene vertat«: »Gott möge (die Arbeit) zum Guten wenden«, und nicht selten schlossen die lateinischen Abhandlungen mit »adjuvante Deo« (»mit Beihilfe Gottes«) oder »Deo gratias« (»Gott sei Dank«). Was heute zum unreflektierten Stoßseufzer verkommen ist, war damals Ausdruck echtempfundenen Dankes. Gegenwärtig wären solche Formulierungen auf den Titelseiten von Inauguraldissertationen undenkbar. Man bedankt sich bei Kollegen für Rat und Tat und bei Geldgebern für die Ermöglichung der Drucklegung, nicht jedoch bei Gott, der das Werk zu einem guten Ende kommen ließ.

Ähnliche Beispiele liegen auf der Hand. Einstigem Kirchenzwang steht heute der bestenfalls gelegentliche Gottesdienstbesuch und die Teilnahme an der Christmette als Teil einer von außen emotional gesteuerten Handlungsschablonierung des Weihnachtsfestes gegenüber. Bei der kirchlichen Trauung wird der religiöse Akt zur folkloristischen Inszenierung, bei Erstkommunion und Konfirmation die kirchliche Feier zur lästigen Wartezeit auf die anschließende Geschenk- und Freß-Orgie. Wo die Angst vor Krankheit und Tod durch das Vertrauen auf die Apparatemedizin und die pharmazeutische Drogenkunst abgemildert wird, geraten die aus Not geborenen Gebete und Gelübde in Vergessenheit. Wo sich das Ernährungsproblem in der westlichen Welt auf die Frage des kulinarischen Angebots, der Ernährungsphysiologie und alljährlicher Abspeckdiäten beschränkt, hat das Gebet um die tägliche Nahrung seine Motivation, das Brot seinen quasisakramentalen Charakter verloren.

Die Gottbezogenheit von Denken und Tun, die Durchdringung und Begründung des täglichen Lebens mit religiösen Formeln und Gebärden, die sehr gegenständliche Erfahrung der überirdischen Sphäre des Heiligen im Gebet, im kirchlichen Kult, in der Wallfahrt, in apotropäischen Gebilden, in Hausinschriften, die den Schutz Gottes auf die Hausbewohner herabbeschworen, in Andachtsbildern, in denen das Göttliche konkret anwesend war, es nicht nur versinnbildlichte, diese Harmonie von Leben als Ausdruck der Religion ist in einer industrialisierten, nun nicht mehr magisch-jenseitigen, sondern naturwissenschaftlich-exakten Begründungen folgenden Welt aufgebrochen (vgl. z. B. Tilmann 1972). Die moderne Gesellschaft, d. h. vor allem die Industriestaaten Europas und Nordamerikas und zunehmend auch die Schwellenländer haben die fromme Handlung als äußeres Zeichen weitgehend aus dem öffentlichen und privaten Leben verbannt. Die kirchliche Sitte, die einst alle Lebensbereiche umfaßte, ist ein Sonderbereich geworden. Die Diskrepanz zwischen kirchlicher Sexualethik und öffentlicher Sexualmoral ist hierfür ein beredtes Zeugnis.

Bestimmt man aber Frömmigkeit, wie noch auszuführen sein wird, als die *Einheit von Sittlichkeit und Religion,* dann fordert das Verschwinden ihrer Ausdrucksformen in der modernen Gesellschaft die Begründung von Sittlichkeit aus sich selbst heraus. Das spezifisch kirchliche Dasein, wie es für die vorindustrielle Zeit zutraf, geriet durch einen fundamentalen sozialen Wandel zum Sonderdasein der Christen. Mit gleichem Recht kann man auch von einem alle Bereiche des öffentlichen und familiären Lebens umfassenden Traditionsschwund sprechen. Korff wies darauf hin, daß das Bewußtsein von der Säkularisierung, oder religionssoziologisch »Säkularisierungsinterpretament«, andererseits zur Ausbildung neuer Traditionserfahrungen führen kann, die sich dann in der gezielten Aneignung überkommener religiöser Kultrituale äußern. Die folkloristische Bauernfrömmigkeit und die Traditionalistenbewegung um den französischen Bischof Marcel Lefèbvre sind zwei Beispiele hierfür (Korff 1978, 31 f.). Kirchliches und profanes Leben haben sich fundamental getrennt, Sittlichkeit wird nun nicht mehr durch den Glauben definiert, und wo man politisches Handeln mit den sozialen Prinzipien der Evangelien verbindet und begründet, setzt man sich der Gefahr der Unglaubwürdigkeit aus, da nicht zuletzt Begründung und Tat, Glaube und die Politik zur Ausführung bringende Sittlichkeit weit auseinanderklaffen.

Doch gerade an diesem Punkt beginnt das zentrale Problem der Frömmigkeitsforschung. Wo man Frömmigkeit nämlich als kultural objektiviertes Handlungs- und Ausdrucksschema begreift, als auffällig inszenierte Bittprozession oder buntes Andachtsbild, wird man für die Gegenwart, die im 19. Jahrhundert beginnt, einen Zusammenbruch der Frömmigkeit feststellen können. Allerdings stehen vor allem die letzten hundert Jahre für einen kaum glaublichen religiösen Aufbruch. Die Welle von Marienerscheinungen im 19. und frühen 20. Jahrhundert, die Bekenntnisbewegungen gegen die nationalsozialistische Gewaltdiktatur, Rekonservatisierungsbestrebungen als Reaktion gegen modernistische Ansätze innerhalb der Amtskirchen, der Grundtvigianismus und die Innere Mission in der protestantischen Kirche Dänemarks, die Pfingst- und Erweckungsbewegungen (Gustavsson 1985), die ökumenische Idee von Taizé zeigen weniger einen Verfall von Frömmigkeit vor dem Hintergrund religiöser Erschlaffung als vielmehr eine Neuorientierung des religiösen Verhaltens. Die Frage lautet daher, ob der immer wieder festgestellte Frömmigkeitsschwund auf die Emanzipation vernünftiger Handlungsbegründungen aus dem religiösen Bereich zurückzuführen ist und ob sich der Glaube vom Handeln und Religion von Sittlichkeit getrennt haben.

Diese Problemstellung ist wichtig, um die volkskundliche Frömmigkeitsforschung an die durch den Wandel erzielten Veränderungen und Neuansätze der Gegenwart anzubinden und zudem ihren einseitig gerichteten Blick von den an Überlebseln einer ihrem Wesen nach barocken Frömmigkeitskultur gemessenen Wertungen zu lösen. Denn wo Frömmigkeit *auch* mit sittlichem Handeln bestimmbar ist, tritt die Fronleichnamsprozession in ihrer spät- und nachbarocken Ausformung neben die ihrerseits einem sittlichen Engagement entstammende Antikernkraftdemonstration.

Die Existenz einer entkirchlichten Frömmigkeit aber ist längst erkannt, die Formulierung von der »Frömmigkeit in einer weltlichen Welt« (so Schultz 1959; vgl. auch Rahner 1979) zum griffigen Schlagwort geworden, innerhalb der Theologie nicht zuletzt geboren aus der Not des Suchens nach neuen, zeitgemäßen Pastoralformen. Bereits 1924 schrieb Otto Piper in seiner »Eine Untersuchung über Wesen und Bedeutung der außerkirchlichen Frömmigkeit der Gegenwart« untertitelten Abhandlung über das »Weltliche Christentum«:

»Die Abwendung der modernen Frömmigkeit von den Kirchen und ihrer Tradition wird aufgewiesen als eine Notwendigkeit, die nicht auf eine Erschlaffung oder Entartung des religiösen Sinnes zurückzuführen ist, sondern eine eigene Entwicklung ursprünglich christlicher Prinzipien darstellt« (Piper 1924, VI).

Damit stellt sich jedoch die Frage der Meßbarkeit von Frömmigkeit; denn seit dem späten 18. Jahrhundert diskutierte man verstärkt darüber, ob Frömmigkeit eine Emotion oder eine die Verfaßtheit des Menschen zum Ausdruck bringende Handlung sei. Die volkskundliche Analyse populären religiös bestimmten Handelns traf die Entscheidung bislang zugunsten von Vergegenständlichungen wie Häufigkeit, Regelmäßigkeit und Zahl von Kirchenbesuch und Kirchenbesuchern, wie Teilnahme an liturgischen Akten, z. B. Prozessionen oder Wallfahrten, ohne auf breiter Grundlage individuelle religiöse Einstellungen zu hinterfragen. Betrachtet man das traditionelle Votivbrauchtum (Kriss-Rettenbeck 1972) als Maßstab volksfrommer Gebärden, dann würde seine qualitativ-formale wie quantitative Veränderung in der Gegenwart auf einen Wandel oder gar auf den Schwund von Frömmigkeit hinweisen. Doch solche Kategorisierungen verschweigen, daß die Teilnahme etwa an Wallfahrten auch aus anderen denn aus frommen Beweggründen erfolgen kann, als Strafwallfahrt im Mittelalter, als sportlich-körperlicher Leistungsbeweis in der Gegenwart, daß andererseits diejenigen, die infolge körperlicher oder materieller Behinderungen von dieser Form des Frömmigkeitsvollzugs ausgeschlossen bleiben, deswegen nicht weniger fromm zu sein brauchen. Augustinus (354–430) nahm hierzu eindeutig Stellung: die Frömmigkeit des körperlich Behinderten stehe in nichts an Wert zurück hinter dem Gebet, das bei voller Bewegungsmöglichkeit der Körperglieder verrichtet werde (De cura pro mortuis gerenda 5, 7). Das Beten des Rosenkranzes oder die Gelübdeleistung kann zu einer magisch-mechanistischen Handlung geraten, die kaum mehr etwas mit dem wesentlichsten Frömmigkeitsideal zu schaffen hat, nämlich der Nachfolge Christi (imitatio Christi).

Diesem Problem begegnet man allerorten. Deuten Patrozinienwandel (z. B. Zimmermann 1958/59) und neue Frömmigkeitsmoden wie die von Frankreich ausgegangene Herz-Jesu-Verehrung von sich aus auf den Wandel von Frömmigkeit oder lediglich von Ausdrücken und Bezügen hin (vgl. auch Hörger 1978, 1980/81) und ist nicht die gegenwärtige, sich an asiatisch-mystischen Heilslehren orientierende »Neue Innerlichkeit« ebenfalls ein Akt zeitbezogener Frömmigkeit?

Weder Brückner noch Korff und Scharfe bemühten sich 1986 um eine Klärung dessen, was denn nun »Frömmigkeit« eigentlich sei. Die inhaltliche Kenntnis des Begriffs, nämlich die kulturellen und sozialen Ausprägungen, wurde stillschweigend vorausgesetzt. Mit dieser Unterlassung taten sie nicht einmal Unrecht; beinahe unwillkürlich assoziiert man eine Vielzahl verbaler und nonverbaler Ausdrucksformen vom Gebet und dem Kirchenlied, der Erbauungs- und Frömmigkeitsliteratur bis hin zu religiösen Bildobjekten, Gnadenbildkopien, Devotionalien für den Hausgebrauch, Druckgraphik und frommen Klosterarbeiten, und man wundert sich nicht, daß man sich plötzlich inmitten des Katholizismus wiederfindet.

Doch Frömmigkeit ist nach wie vor ein zentraler Aspekt der theologischen Sicht vom Menschen, und in ihrer Begrifflichkeit bedeutet sie mehr als nur ein Oberflächenphänomen. Hinter ihr stehen Haltungen und Definitionen, die sich – trotz unterschiedlicher Gewichtungen –

stets zwischen zwei festen Eckpunkten hin- und herbewegten, der Auffassung von Frömmigkeit als individuellem Gefühl und als äußerem Ausdruck einer anthropologisch-religiösen Verfaßtheit.

3. Frömmigkeit. Zur Geschichte eines Begriffs

Schon die Wortgeschichte bietet erhebliche Schwierigkeiten. Denn »fromm« (mhd. vrum) bezeichnete ursprünglich nichts anderes als den »sittlich Guten, Rechtschaffenen, Gehorsamen, Tapferen«, während die Nebenbedeutung der »pietas« als Gottesfurcht und Gottesverehrung (deum colens) erst im 16. Jahrhundert hinzutrat, also den Grad der sittlichen Vollkommenheit am Verhältnis des Menschen zu Gott maß. Noch Martin Luther folgte der alten Wortbedeutung, als er in seiner Bibelübersetzung mit »fromm« die biblischen Begriffe »díkaios«, »integer« und »justus« wiedergab. Fromm war für ihn derjenige, der seinen Rechtsstuhl gegen Gottes Gnadenstuhl aufbaute. Dies rechtfertigte seinen Vorbehalt gegen einen förderlichen, fast zwingenden Gehorsam, ja er nannte die Frömmigkeit die »größte Gotteslästerung« (Ratschow 1980, 16), was er u. a. in seiner »Sommerpostille« näher ausführte:

»Fromme leut machen gehört dem Euangelio nicht zu, sondern es macht nur Crysten, Es ist vil mer ein Christ sein denn fromm sein, Es kan einer wol fromm sein, aber nicht ein Christ« (WA 10, 1/2, 430, 30–32).

Klarer hingegen verläuft die Begriffsgeschichte von »*pietas*«. Dieser Ausdruck umfaßt sowohl das menschliche Verhalten der Liebe, des Mitleids und des Erbarmens gegen den Menschen (pietas erga hominem) als auch die Gnadenmächtigkeit als eine Eigenschaft Gottes (pietas dei). Von grundlegender Bedeutung für den christlich-abendländischen Frömmigkeitsbegriff aber wurde die »pietas erga deum«, die, wie es bereits Cicero definierte (De domo sua 107), die äußere kultische Verehrung der Gottheit und zugleich die ihr zugrunde liegende und sie motivierende Gesinnung bezeichnete. In diesem Wortsinn übernahmen die Kirchenväter das Nomen »pietas«: in der Frömmigkeit verbinden sich ursächlich die kultisch-liturgische Handlung (pietas liturgica) und die den äußeren Akt begründende und auslösende innere Einstellung (Duerig 1958). Nachdem also der öffentliche Ausdruck das Wesen der Frömmigkeit mitbestimmt, ist sie Angelegenheit der vom Einzelnen getragenen Gemeinschaft. Thomas von Aquin (um 1225–1274) beschrieb dies in seiner »Summa theologiae«: »nomen pietatis etiam ad divinum cultum refertur« (^{2}IIq. 101. 1, 1 ad i), also: »Der Begriff ›Frömmigkeit‹ bezieht sich *auch* auf den Kult des Göttlichen«. Er war sich somit durchaus bewußt, daß die Teilnahme an der Liturgie, an der Sakramentsfeier, an den von der Kirche veranstalteten Feiern, daß das individuelle wie gemeinschaftliche Gebet, die Sichtbarkeit von Gebetsgebärden und Bußriten, die Heilssuche der Wallfahrten und die Anwendung heiliger Zeichen nur *einen* Teil, den Ausdruck von Frömmigkeit als kirchlich gefordertem Akt bedeuteten. Innerhalb der Spannbreite von Frömmigkeit sowohl als Innerlichkeit der Haltung wie als Äußerlichkeit der Handlung aber stellten sich Gewichtungen und Wandlungen ein. Keith Thomas hat in seiner Untersuchung »Religion and the Decline of Magic« (1978 [¹1971]) die Ablösung des auf Konkretisierungen und Anwendungen im täglichen Leben gerichteten mittelalterlichen Denkens, einer objekt- und funktionsbezogenen Teilnahme am Kult in der Nähe der magischen Aneignung durch die Umdeutung des menschlichen Verhältnisses zu Gott als einer inneren Beziehung aufzuzeigen und dadurch die Polemik der Reformatoren gegen römische Frömmigkeitsformen verständlich zu machen versucht. Ganz im lutherischen Sinn formulierte Heinrich Bebel in seinen »Facetien« einen Schwank: wenn der lange Bart die Frömmigkeit eines Einsiedlers ausmache, dann sei der Bock der allerfrömmste (Bebel, ed. Wesselski 1907, I, 30).

Doch das Mittelalter hatte auch jene Strömungen gekannt, die einer oberflächlichen Handlungsfrömmigkeit die innere Erbauung und Bildung durch das Gott bedingungslos liebende Herz, nicht durch den Verstand, entgegengesetzt hatten. Dies verdeutlicht etwa der pietas-Begriff der frühmittelalterlichen Texte, die »Devotio moderna« und insbesondere die einfache, gefühlsbetonte Frömmigkeit der franziskanischen Bewegung, die das individuelle Moment der privaten Andacht betonte. Daß diese doppelte Anlage der Frömmigkeit einer Präzisierung der Aufgaben der volkskundlichen Frömmigkeitsforschung nicht eben dienlich ist, erscheint nun einleuchtend. Frömmigkeit kann die Massenwallfahrt nach Altötting mit all ihren äußeren, auf dem Weg dorthin, am Ort selbst und auf der Heimreise verrichteten Gebetsübungen, Kniefällen und Wirtshausbesuchen bedeuten und zugleich die ausdrucksferne, innere, emotionale Haltung, oder wie ein Hinweisplakat an der Altöttinger Gnadenkapelle fordert: »Lautes Beten in der Gnadenkapelle ist Einzelpersonen & Privatgruppen nicht gestattet! Heilige Stille dient mehr der Frömmigkeit« (Scharfe 1985, 158). Frömmigkeit als christliche Lebensform besitzt folglich einen Ganzheitsaspekt: als Haltung des Menschen Gott gegenüber, als positiv-sittliches Verhalten des Menschen seinem Mitmenschen und der Schöpfung gegenüber und schließlich als Veräußerlichung dieser inneren Einstellung von der mystischen Kontemplation über den Kult bis hin zu dinglichen Andachtshilfen. Ziel von Frömmigkeit ist die Nachfolge Christi durch den Vollzug der Werke der Barmherzigkeit.

Dennoch, äußerer Frömmigkeitsvollzug konnte niemals Frömmigkeit an sich garantieren. Bezeichnenderweise engte das 19. Jahrhundert den Begriff auf den individuellen religiösen Bereich ein, definierte Friedrich Daniel Ernst Schleiermacher (1768–1834) ihn als »Bestimmtheit des Gefühls« und stellte dadurch den Zusammenhang zwischen Frömmigkeit und Gefühlsleben her. Deswegen verwundert es nicht, daß die Frömmigkeitstheologie der Amtskirche immer wieder auf die Entfernung von kirchlich gebundenen Ausdrucksformen, von der meßbaren Teilnahme an kirchlich-elitären Frömmigkeitspraktiken, auf den fast antikirchlichen Rückzug der Frömmigkeit auf das Selbst des einzelnen, der stets auch mit einer intellektuellen Emanzipation verbunden ist, reagierte; so bezeichnete Papst Pius XII. 1947 in der Enzyklika »Mediator dei« die eucharistische Feier u. a. als »Quelle und Mittelpunkt aller Frömmigkeit« (»fons et centrum totius pietatis«).

Hier aber stellt sich einmal mehr die Frage nach dem Ende des kollektiven Frömmigkeitsvollzugs, nach dem vermeintlichen Frömmigkeitsschwund seit dem 19. Jahrhundert, oder – in Umkehrung der Problemstellung – nach der Kontinuität von Frömmigkeit jenseits ihrer symbolischen Ausdrucks- und Handlungsschablonen. Es heißt, sie mit der Bestimmung von Frömmigkeit als der Einheit von Sittlichkeit und Religion neu zu überprüfen.

4. Frömmigkeit: die Einheit von Sittlichkeit und Religion

Frömmigkeit vermittelt zwischen der Epiphanie als dem Grunde von Religion und deren Ziel, nämlich Gott in seinem Vorbehalt. Sie richtet sich damit auf das Jenseits und vollzieht sich im Diesseits, sie kann daher auch den Charakter des Instrumentalen annehmen. Für die Entwicklung des modernen christlich-abendländischen Frömmigkeitsbegriffs ist das Ende der Aufklärung des 18. Jahrhunderts und das Nebeneinander von Immanuel Kants »Schriften zur Ethik und Religionsphilosophie« (Kant, ed. Weischedel 1956) und Friedrich Daniel Ernst Schleiermachers Traktat »Über die Religion. Reden an die Gebildeten unter ihren Verächtern« (Schleiermacher, ed. Rothert 1958) von Bedeutung (vgl. Ratschow 1980). Nach Kant bedarf das sittliche Geschehen der Religion, um sittlich zu bleiben; nur als Sittlichkeit, d. h. in der Einheit von Sittlichkeit und Religion kann menschliches Leben gelingen.

»Diese Einheit von Religion und Sittlichkeit ist von der Sittlichkeit aus entworfen und zerstört letztlich die Religion, die eine Hilfshypothese gelingender Sittlichkeit wird. Damit hat Kant eine Seite der Aufklärung des 18. Jahrhunderts perfektioniert, nämlich die Reduktion der Religion auf Sittlichkeit« (Ratschow 1980, 29).

Demgegenüber versuchte Schleiermacher, der Religion wieder einen eigenen Platz zu verschaffen. Zwar trennte er Religion und Sittlichkeit, aber letztere bedürfe der Religion, da sie sonst den Menschen verliere. Kant und Schleiermacher postulierten somit die Unentbehrlichkeit der Religion für die Sittlichkeit, doch sie schlugen einen unterschiedlichen Weg ein. Für beide war es letztlich eine Frage nach der Freiheit des Menschen.

Das Christentum ist jedoch – bedeutsam für die Einschätzung von Frömmigkeit – eine »denkende Religion«, in der das »glaubende Wissen«

einen hohen Stellenwert besitzt, während die Erfüllung gottesdienstlicher Pflichten und frommer Übungen demgegenüber etwas zurücktritt. Hier differieren allerdings der Katholizismus mit seinen liturgischen Forderungen und die protestantischen Kirchen, die das »glaubende Wissen« betonen. Sittlichkeit als Frömmigkeit aber besteht in der Nachfolge Christi, was Selbstverleugnung und Kreuzträgerschaft auferlegt. So wird es einsichtig, daß etwa das »Handbuch theologischer Grundbegriffe« auf das Stichwort »Frömmigkeit« verzichtet und dafür auf »Nachfolge« verweist (Fries ²1974, III, 210–220). Frömmigkeit wurzelt im Zentrum der religiösen Überzeugung, als Sittlichkeit der Nächstenliebe aber setzt sie Weltnot voraus, Armut, Krankheit und Tod, um diesen Anspruch im Sinne des neutestamentlichen Sittenkodex erfüllen zu können. Sie trägt somit die »Kennzeichen grundmenschlichen In-der-Welt-Seins« und vermag daher weder von einer geschichtlichen noch von einer sozialen Veränderung außer Kraft gesetzt zu werden (Ratschow 1980, 65). Frömmigkeit stellt sich folglich als eine Lebensbewegung dar, die unter monarchisch-feudalistischen Verhältnissen ebenso lebensfähig ist wie in einer materialistisch-marxistischen Umgebung.

Auf der anderen Seite steht eine gesetzliche Frömmigkeit, die vom Gehorsam vor den Geboten lebt. Diese bedürfen stets erneuter, sich der wandelnden Welt anpassender Auslegung. Man hat immer wieder den Zerfall von Frömmigkeit auf die Aufklärung zurückgeführt. Dem widersprechen nicht nur säkular gemeinte Emanzipationsschübe, die ihr Selbstverständnis in religiösen Denk- und Verehrungsmodellen ausformten, sondern auch protestantische Prediger der späten Aufklärung, also zwischen 1800 und 1850 (vgl. Schlingensiepen-Pogge 1967), die eine neue Integration von Religion und Sittlichkeit versuchten. Daß dennoch im 20. Jahrhundert Religion und Sittlichkeit und damit die alte Frömmigkeit zerfielen, beruht auf Verschiebungen im Verhältnis von Nachfolge-Sittlichkeit und Gebots-Moral, indem man beides aufeinander bezog. Da die Nächstenliebe aber ihren Sinn und ihre Vollmacht nur als Nachfolge-Sittlichkeit besitzt, muß sich ihre Motivation aus dem Leiden der Welt und den Nöten der Zeit herleiten. Die Welle der Nachkriegsfrömmigkeit ist hierfür ein beredtes Zeugnis.

Daraus aber ergeben sich für die Frömmigkeitsforschung zwei grundsätzliche Konsequenzen: sie ist zum einen ohne die geistes- und sozialgeschichtliche Analyse populärer Lebensformen und -bedingungen nicht durchführbar. Gerade die Schattenseiten des Alltags, menschliche Katastrophen wie Krieg, Krankheit, Tod, Leid und Trauer können bessere Indizien für Frömmigkeit, Frömmigkeitsformen und Frömmigkeitswandel sein als die bunte Dingwelt religiöser »Volks«kunst oder Modephasen bei der Verehrung bestimmter Heiliger. Die Bekehrungserzählung, von der Literaturwissenschaft als sensibles Zeugnis für die individuelle Frömmigkeit betrachtet, schildert dieses Verhältnis von Extremsituation und frommem Gefühl. Hansgeorg Molitor sieht seinerseits den spezifischen Beitrag des Historikers bei der Erforschung der Frömmigkeit in der Beschreibung und politisch-sozialen Interpretation des religiösen Verhaltens vieler (Molitor 1976, 19; dagegen Wallmann 1984, 51). Zum anderen stellt sich nun die erstmals nicht mehr völlig absurde Überlegung hinsichtlich der Existenzberechtigung der volkskundlichen Frömmigkeitsforschung. Denn es ist problematisch, ob es Frömmigkeit als einen objektiv-wissenschaftlichen Gegenstand überhaupt gibt. Molitor hat dies 1976 verneint.

5. Sensitive, liturgisch-sakramentale und spirituelle Frömmigkeit

In seiner um 1127 verfaßten Schrift »De gratia et libero arbitrio tractatus, ad Guillelmum Abbatem Sancti-Theodorici« (J.-P. Migne, Patrologia Latina 182, Paris 1879, 1001–1030) wandte sich Bernhard von Clairvaux gegen die sinnliche Bildhaftigkeit als Hilfsmittel der Gottesverehrung, gegen die »religio carnalis«: »Die prachtvolle Figur eines oder einer Heiligen wird gezeigt, und die Menschen halten sie für um so heiliger, je bunter sie ist: man läuft herbei, um sie zu küssen, man wird aufgefordert zu schenken, und man bewundert mehr die Pracht, als man die Heiligkeit verehrt« (zitiert nach Kriss-Rettenbeck 1971, 11).

Wiederum stößt man auf die Diskussion um die Äußerlichkeit und Innerlichkeit von Frömmigkeit, die bereits Augustinus stets zugunsten des inneren Gefühls entschieden hatte, ohne dabei äußere Ausdrucksformen grundsätzlich zu verdammen: »Auch wenn die Zunge schweigt, so betet doch ständig das Verlangen (nach Gott)« (Desiderium semper orat, etsi lingua taceat; Sermo 80, 7; Migne, Patrologia Latina 38, Paris 1865, 498). Im Kirchengesang befürchtete er die Woll-Lust des Hörens (libido audiendi), durch die man das Interesse am Wort verliere (Confessiones X, 33, 49/50): liturgisches Rahmenwerk als Ablenkung und nicht als konzentrationsförderndes Mittel.

Doch hier geht es vor allem um die von Lenz Kriss-Rettenbeck erarbeitete Unterteilung von Frömmigkeit in drei Stufen, die mit Bildung und Lebenswelt zusammenhängen. Frömmigkeit ist in ihrem liturgisch-sakramentalen Vollzug Sache und Aufgabe der Bischöfe (causa episcoporum), sie ist in ihrer Spiritualität Ideal mönchischer Weltabgewandtheit (causa monachorum), und sie bedient sich als sensitive Frömmigkeit gegenständlicher Ausdrucksformen im Kult, in der Liturgie und im Brauchtum zur Vergegenwärtigung eines abstrakten Verehrungszieles. Im Sinne Kriss-Rettenbecks ist dies die breite Massen des ungebildeten Volkes umfassende Volks-Frömmigkeit.

Bernhard von Clairvaux sah die Notwendigkeit der Liturgie für die religiöse Erhebung der Menschen ein; nur dürfe sie über dingliche und brauchtümliche Ausschmückungen niemals die Predigt und die Erklärung der Liturgie vergessen machen.

»Diese im wesentlichen für die ganze Kirche gültige Konzeption von Verhältnis Lehre, Erkenntnis, religiöse Erfahrung und menschliches Vermögen ist das weite Tor, durch das die Volksfrömmigkeit mit ihren unhemmbaren Strebungen und Bedürfnissen nach sinnlicher Manifestation eingeht in den Hegeraum der Kirche; aber sie ist auch der Grund für die Möglichkeit, den Menschen und seine Gemeinschaften in Totalität zu akzeptieren. Dies ist das geistige und geistliche Fundament, auf dem sich die abendländische Volksfrömmigkeit und ihre konkrete Entfaltung in Bildern und Zeichen, sakralen Begehungen, in Wort und Lied, Brauchtum und Sitte weitherzig toleriert und großzügig gehegt entfalten und bis in das kleinste Gemeinwesen und in den stillsten und entlegensten Winkel der Umweltgestaltung dringen konnte als objektivierte Andacht und zur Andacht auffordernde und andachtsfordernde Gegenständlichkeit« (Kriss-Rettenbeck 1971, 14).

6. Frömmigkeit und Volksbildung

Tatsächlich aber hat diese sich mit Dingen und Handlungen umgebende Frömmigkeit viel mit Bildung und Bildungsvermittlung zwischen der »culture des élites« und der »culture populaire« zu tun. Trotzdem bedeutet »Volks«frömmigkeit niemals Verselbständigung, Eigenentwicklung oder gar Antifrömmigkeit einer bestimmten sozialen Schicht gegen herrschende Frömmigkeitsdiktate, da sie ohne elitäre Steuerungsmechanismen durch die liturgisch-sakramentale und die spirituelle Frömmigkeit lebensunfähig wäre. Sie stellt vielmehr ein Bildungsinstrument in der Hand der Amtskirche und der kirchlichen Gemeinschaften dar. Als am 4. November 1803 das Kurfürstliche Generalkommissariat Würzburg und Bamberg im »Regierungsblatt für die Churbayerischen Fürstenthümer in Franken« (1, 1803, Nr. 44, 277) die »Höchstlandesherrliche Verordnung, die Abstellung der Krippen in den Kirchen betreffend« veröffentlichte, war das Verbot nicht deswegen ausgesprochen worden, weil sich die Frömmigkeit der kirchlichen Obrigkeit vermindert hätte, sondern weil sie sich aufklärerischen Volksbildungsversuchen angeschlossen hatte:

»Sinnliche Darstellungen gewisser Religionsbegebenheiten waren nur in einem solchen Zeitraum nützlich oder gar nothwendig, in welchem es an geschickten Religionsdienern fehlte, die Unterrichtsanstalten noch sehr selten und ganz mangelhaft waren, und das Volk noch auf einer so niedrigen Stuffe der Cultur und Aufklärung stand, daß man leichter durch Versinnlichung der Gegenstände, als durch mündlichen Unterricht und Belehrung auf den Verstand wirken, und dem Gedächtnis nachhelfen konnte. [...] Da die Einwohner der fränkischen Provinzen seit geraumer Zeit so weit in der religiösen Aufklärung fortgeschritten, und die Unterrichtsanstalten schon lange dahin gediehen sind, daß es solcher Vehikel zur religiösen Aufklärung und Belehrung nicht mehr bedarf«,

sei nun das Aufstellen von Krippen (und Heiligen Gräbern) in den Kirchen zu untersagen. Nicht die figürliche Darstellung der Geburt Christi als Andachtshilfe war somit der Kritikpunkt elitärer Frömmigkeitssteuerung, sondern die Erkenntnis, daß überkommene Bildungsmedien mit dem inzwischen erreichten Bildungsstand unvereinbar geworden seien. Dies läßt aus anderer Sicht den Vorwurf an die Aufklärung, sie hätte einen Bruch innerhalb des traditionellen Frömmigkeitswesens herbeigeführt, zunichte werden. Sie betraf, in der Theorie wie in der Praxis, nicht die Frömmigkeit selbst, sondern ihr sensitives Beiwerk als Ausdruck mangelnder Bildung.

7. Protestantische Frömmigkeit. Die Einheit von Bildung und Gefühl

Die Zurücknahme des Sinnlich-Bildlichen durch die katholische Spätaufklärung erinnert an protestantische Lebens- und Glaubensformen. Die Reformation ersetzte die Bilddidaktik durch die Kultur des religiösen Lesens, durch das Buch. Richard Weiss umschrieb dies folgendermaßen:

»Lesen und Schreiben nicht nur, sondern weiterhin Schulbildung und Bildung überhaupt sind auf protestantischem Boden volkstümlich geworden, natürlich nicht nur auf protestantischem Boden, aber hier zuerst und hier auch aus der glaubensmäßigen Überzeugung ihrer Heilsnotwendigkeit heraus, also aus religiösen Gründen, weshalb man im eigentlichen Sinne und mit vollem Recht von einer protestantischen, d. h. in der protestantischen Glaubenslehre begründeten, Volkskultur reden kann« (Weiss 1964, 41).

Diese in ihrem Kern sicherlich zutreffend beobachtete Opposition von Bild- und Bildungsfrömmigkeit hat in der nachreformatorischen Zeit zu Sichtweisen mit schwerwiegenden Folgen gerade für die volkskundliche Frömmigkeitsforschung geführt (vgl. Köhle-Hezinger 1976, Narr 1979). Es entstand das Vorurteil von katholischer Ungebildetheit und protestantischem Bildungsanspruch, oder, auf die Dinge selbst übertragen, vom buntbemalten Andachtsgegenstand im analphabetisch-katholischen Heim und Johann Arndts »Vier Bücher vom wahren Christentum« (Braunschweig 1606).

Hier aber wird die Auseinandersetzung mit wissenschaftshistorischen und -ideologischen Sichtweisen notwendig. Daß nämlich »Volksfrömmigkeit« durchweg mit der religiösen Kultur katholischer Territorien verbunden wurde, während populäre protestantische Frömmigkeitspraktiken ausgeschlossen blieben, besitzt seinen Ursprung, wie zuletzt Brückner gezeigt hat (1986, 11–14) in der protestantischen Wissenschaftstradition. Noch 1937 etwa schrieb der lutherische Geistliche Alfred Jobst, daß zwar die Volksfrömmigkeit schon wiederholt behandelt worden sei, dabei aber die protestantische Frömmigkeit vor der »im hellen Licht der alles überstrahlenden katholischen Volksreligiosität« wenn überhaupt, dann nur eine stiefmütterliche Erwähnung gefunden habe (Jobst 1937, 2). Das Interesse von Forschern mit protestantischem Hintergrund wandte sich von Beginn an der fremdartig-faszinierenden Exotik der katholischen Welt zu. Deren volksfrommes Ausdrucksrepertoire schuf seinerseits einen Vergleichskanon, dem der Protestantismus nichts Vergleichbares entgegenzusetzen hatte, keine Votivbilder, keine öffentlichen Prozessionen, keine »Geheimen Leiden Christi«, kein kirchlich sanktioniertes Amulett- und Schutzzettelwesen. Zudem hatte die protestantische Kontroverstheologie seit der Reformation alles darangesetzt, den »alten Sauerteig« des papistischen Heidentums auszukehren, wie es der dänische Bischof Erik Pontoppidan 1736 in einer aberglaubensbekämpfenden Schrift formulierte (Pontoppidan 1736/1923).

Es liegt auf der Hand, daß eine solchermaßen vorurteilsbehaftete konfessionalistische Frömmigkeitsforschung bis weit in die Gegenwart hinein nicht nur am Wesen von Frömmigkeit schlechthin, sondern speziell auch an ihren protestantischen Ausdrucksformen vorbeigehen mußte. Denn man könnte durchaus den Spieß umkehren: hier z. B. Votivgaben an Wallfahrts- und Kultorten, dort in protestantischen Küstengebieten Kirchenschiffe und bildliche Anheimstellungen von Seefahrern unter den Schutz Gottes etwa in norwegischen Kirchen.

Weiss stellte in seinen Überlegungen zur protestantischen Volksfrömmigkeit die Frage, ob die sich auf die Bibel gründende und an die individuelle Glaubensentscheidung appellierende Lehre der Reformatoren als Kulturdominante über den religiösen Bereich hinaus eine besondere kulturelle Haltung und besondere Kulturgüter hervorgebracht habe. Interessanterweise, oder besser: verständlich durch eine vorgefaßte Wissenschaftsauffassung kam er infolge des vordergründigen Vergleichs mit der mittelalterlichen und der katholisch-barocken Religiosität zur Erkenntnis von »Abbau, Destruktion« und »Leere« (Weiss 1964, 28), bzw. des Fortlebens mittelalterlicher Brauchformen in protestantischen Gemeinschaften, der Teilnahme am katholischen Wallfahrts- und Sakramentalienwesen sowie am Marienkult, womit er auf Umwegen wieder zum Maßstab katholischer Religiosität zurückgefunden hatte.

8. Frömmigkeit als interdisziplinäre Forschungsaufgabe

Um allerdings sowohl zu einer Kritik wie zur Bestimmung der Aufgaben der volkskundlichen Frömmigkeitsforschung zu gelangen, ist es notwendig, auch auf die Geschichte und die interdisziplinäre Anlage dieser Kanondisziplin einzugehen, wobei zu betonen ist, daß stets die Frömmigkeitstheologie die begriffliche Vorgabe zu leisten hat. Einschränkungen sind dennoch notwendig. Denn jede an der Frömmigkeitsforschung beteiligte Wissenschaft verfügt über eigene, sehr spezifische Interessen am Gegenstand und über wiederum sehr konkrete Theorieentwicklungen, was eine ins Detail gehende Darstellung hier unmöglich macht (vgl. hierzu Scharfe 1986).

Die *germanistische Altertumskunde (germanische Religionsgeschichte)* hatte versucht, aus relikthaften, kulturell fremdartig erscheinenden religiösen Brauch- und Glaubensformen Rückschlüsse auf die germanische Mythologie zu rekonstruieren. Während dieser Ansatz für die moderne volkskundliche Analyse keinerlei Bedeutung mehr besitzt oder besitzen sollte, findet er nach wie vor innerhalb der Vor- und Frühgeschichte seine Anwendung (z. B. Ström 1975). Dazu hat nicht zuletzt die unheilvolle Wirkung des in vielen Fällen mythologischen Spekulationen verhafteten, von Hanns Bächtold-Stäubli zwischen 1927 und 1942 in zehn Bänden herausgegebenen »Handwörterbuchs des deutschen Aberglaubens« (Nachdruck Berlin/New York 1987) beigetragen.

Die *klassischen Altertumswissenschaften* befaßten sich stets auch mit Kulturzusammenhängen zwischen Spätantike und Frühchristentum, wobei sie etwa die Reliquien- und Heiligenverehrung mit heidnischen Kultformen in Verbindung brachten. Arbeiten wie Johannes Zellingers »Augustin und die Volksfrömmigkeit« (1933), aber auch die des Nazi-Volkskundlers Eugen Fehrle und des Altphilologen Friedrich Pfister lehnen sich methodisch eng an die Deutungssysteme der germanistischen Altertumskunde an.

Hier aber ist ein Wort zur *nationalsozialistischen »Frömmigkeitsforschung«* angebracht, weil mit dem Münsteraner Prälaten Georg Schreiber, einer der großen Gestalten der volkskundlichen Frömmigkeitsforschung, zusammen mit Rudolf Kriss Ansätze des Widerstandes gegen das Dritte Reich festzumachen sind. Seit Jacob Grimms »Deutscher Mythologie« argumentierte eine altertumskundlich-mythologisch-nationalistische Volkskunde mit der vorchristlich-germanischen Herkunft volksreligiöser Bräuche oder zumindest mit deren Aneignung und Überformung durch das Christentum. Diese germanophile Interpretationsschablone zieht sich wie ein Leitsatz durch einschlägige Arbeiten zum Thema. A. Jobst z. B. wandte sich zwar gegen eine Gleichsetzung von Volksfrömmigkeit mit Aberglauben, doch er sah in »vor- und unterchristlichen Resten« eine ihrer Gestaltungskräfte (Jobst 1937, 3). Das Schlagwort von der Germanisierung des Christentums war schon lange vor den irrational-neurotischen Ängsten des nationalsozialistischen Chefideologen Alfred Rosenberg vor der jüdischen Weltverschwörung ein Aspekt der Frömmigkeitsforschung gewesen, die Gleichsetzung von »christlich« als »jüdischer Herkunft« lediglich die antisemitische Konsequenz einer Weltsicht geworden, der nicht zuletzt der volkskundliche Vordenker im Amt Rosenberg, Matthes Ziegler, in seiner Schrift »Kirchliche oder religiöse Volkskunde« (Ziegler 1935) Nachdruck verlieh und der ein »Volkskundler« eigenen Anspruchs, der Rassist und Rassen»forscher« Hans F. K. Günther mit seiner »Frömmigkeit nordischer Artung« ein trauriges Denkmal setzte (Günther 1935).

Von besonderer Bedeutung für die volkskundliche Frömmigkeitsforschung wurden jedoch die *vergleichende Religionswissenschaft* und die *Völkerkunde (Ethnologie)*. Deren evolutionistisches Dreierschema »Aberglaube – Religion – Christentum«, schließlich aber Gustav Menschings »Volksreligion und Weltreligionen« (Leipzig 1938) beeinflußten wesentlich die Volkskundler Hans Naumann (1925, 1928) und Rudolf Kriss (vgl. z. B. Kriss 1964). Andererseits hatten – unter dem geistigen Bann der »Völkerpsychologie« Wilhelm Wundts – Richard Andree und seine Ehefrau, Marie Andree-Eysn, in Bayern Erhebungen zur – katholischen – Frömmigkeit durchgeführt. Ihnen ging es mit Hilfe der vergleichend-ahistorischen Methode zuvorderst um »Ethnographische Parallelen« (Andree 1878), in denen die äußerliche Vergleichbarkeit eines Phänomens absoluten Vorrang vor der konkreten historischen, kulturellen und sozialen Einordnung besaß. Rudolf Kriss selbst kam durch persönliche Bekanntschaft mit Marie Andree-Eysn zur religiösen Volkskunde. Unter ihrem, aber auch unter dem Eindruck von Adolf Spamers Ideen von den psychologischen Zielsetzungen einer wissenschaftlichen Volkskunde und schließlich durch das Werk »Mythos und Kult bei Naturvölkern« (Wiesbaden 1951) des Ethnologen Adolf Jensen wandte er sich der komparativen Analyse von Materialien aus dem west- und osteuropäischen (orthodoxen) sowie dem islamischen Raum zu. Für Kriss bedeutete Volksfrömmigkeits- und Volksglaubensforschung, den Weg von »unten« nach »oben« zu gehen. Je »primitiver« die Zeugnisse des Volksglaubens seien, desto mehr gehörten sie »dem überlieferungsgebundenen Anteil der jeweiligen Hochreligionen an, der, aus den Kräften der Tradition gespeist, in allen großen Religionen der verschiedenen Naturvölker in stärkerem oder geringerem Ausmaß zum Durchbruch kommt« (Kriss 1964, 10f.).

Während der Beitrag der *Kunstgeschichte* zur Frömmigkeitsforschung relativ gering ist und sich bestenfalls auf die Bereitstellung von Bilddeutungen und ikonographischen Arbeiten beschränkt, denen Aussagen über den Wandel von Frömmigkeitsobjekten und -formen zu entnehmen sind, zeichnen sich die *Literaturwissenschaften* durch ein recht ambivalentes Interesse aus. Zwar sind mittelalterliche Texte durchaus auf breiter Materialgrundlage auf ihren Zeugniswert für die Geschichte der Frömmigkeitsformen hin untersucht worden, doch für das 17. und 18. Jahrhundert stellte etwa Dieter Breuer erhebliche Forschungslücken fest (Breuer 1984).

Ähnlich unterschiedlich und auf bestimmte Schwerpunkte nach Epochen und Fragestellungen bezogen stellt sich die Frömmigkeitsforschung innerhalb der *Geschichtswissenschaft* dar. Hier sind in jüngster Zeit wichtige Untersuchungen mit sozial- und alltagsgeschichtlichen Ansätzen vor allem französischen Forschern zu verdanken (z. B. Delaruelle 1980, Isambert 1982, Vovelle 1977; vgl. ferner Ebertz 1979, 1986). Seitens der Mediävistik ist auf Herbert Grundmann (1935, ²1961) und auf die Legendenforschungen des Münchner Historikers Heinrich Günter (1910), von volkskundlicher Seite auf Matthias Zender (1959) hinzuweisen.

Naturgemäß spielt die Frömmigkeitsforschung innerhalb der theologischen und religionswissenschaftlichen Forschungen eine zentrale Rolle, hier insbesondere im Rahmen der *biblischen Theologie*, der *Exegese* und der *Pastoraltheologie* (z. B. Rahner 1979). Von besonderer Bedeutung aber wurde die *Liturgiewissenschaft;* sie verfügt mit Adolph Franz' »Kirchlichen Benediktionen im Mittelalter« (1909) über ein bis heute an Materialreichtum unübertroffenes Standardwerk (vgl. ferner Franz 1902) sowie mit dem »Archiv für Liturgiewissenschaft« über ein Periodikum, das regelmäßig Literaturberichte zur religiösen Volkskunde veröffentlicht. Auffallend gering hingegen ist das Interesse sowohl der katholischen wie der protestantischen *Kirchengeschichtsforschung* am Thema »Frömmigkeit« gewesen, sieht man einmal von den Untersuchungen Stephan Beissels (1890, 1892 [²1976]; 1909 [²1972]) ab.

Mit der *Religionspsychologie* (Girgensohn 1921, Gruehn 1960, Klessmann 1978), vor allem aber mit der *Religionssoziologie* (z. B. Matthes 1967, 1983) sind empirischen Erhebungen zum populären Frömmigkeitsverhalten in den Vordergrund getreten und damit die Erkenntnis, daß Frömmigkeit alles andere als leicht zu erforschen ist.

9. *Abschied von der Frömmigkeitsforschung?*

Im katholischen »Lexikon für Theologie und Kirche« findet man unter »Frömmigkeit«« (4, ²1960, 398–405) und unter »Volksfrömmigkeit« (10, ²1965, 850/851) zwei inhaltlich völlig unterschiedliche, sich teilweise sogar widersprechende Definitionen von »Frömmigkeit«, eine theologische als das emotionale Verhältnis des Menschen zu Gott und eine volkskundliche als lange Aufzählung von Objekten und Brauchformen. Man fragt sich unwillkürlich, ob die eine mit der anderen überhaupt noch etwas gemeinsam habe. Dies zeigt überdeutlich das Dilemma der volkskundlichen Frömmigkeitsforschung. Begreift sie sich nämlich als Kulturinterpretation, wird sie es stets mit Äußerlichkeiten zu tun haben, mit Frömmigkeitsformen, -bezügen und -moden. Hier schiene es gerechtfertigt, sie als selbständigen Teil der Kulturanalyse zu streichen und sie auf Wallfahrts-, Brauch-, (Volks)glaubens-, Schauspiel-, Lied- oder Erzählforschung, auf die Untersuchung der populären religiösen Kunst, der Erbauungs- und Frömmigkeitsliteratur sowie der religiösen Bildungssysteme und -institutionen zu verteilen. Akzeptiert man jedoch, daß Frömmigkeit auch ein Aspekt der menschlichen Verfaßtheit ist, die sich vorwiegend im Gefühlsbereich ereignet, in sich konstant lediglich ihre Ausdrucksformen (»Frömmigkeitswandel«) ändern kann, sich von ihrem Wesen her aber kulturell nicht ausdrücken *muß*, entzieht sie sich der exakten Meßbarkeit und wird damit als Untersuchungsgegenstand hinfällig.

Die Forderung nach wissenschaftlicher Akribie aber ist zugleich die Forderung nach einer verbindlichen Begrifflichkeit. »Atomforschung« bezeichnet innerhalb der Naturwissenschaften etwas sehr Konkretes, keineswegs jedoch die Erforschung von Ängsten vor den Folgen der Kernenergie und des Atomwettrüstens. In dieser Eigenadaption des Begriffs verfährt allerdings die volkskundliche Frömmigkeitsforschung, wenn sie die Religiosität des einzelnen wie von Gruppen nur an Erscheinungsformen festmacht, ohne sich um Definitionen und um den Wandel von Bedeutungen zu kümmern. Es bereitet Unbehagen, von »Frömmigkeitswandel« zu sprechen, wenn man damit zeitlich begrenzte Moden und Gewichtungen meint, von Christus-, Marien- und Heiligenfrömmigkeit, wenn sie letztlich keine ausschließenden Gegensätze, sondern nur Bezugsrichtungen bilden, von protestantischer Buch- und katholischer Ausdruckfrömmigkeit, wenn damit der Mensch auf – konfessionell – unterschiedlicher Art und Weise lediglich sein Verhältnis zu Gott gestaltet.

Dennoch wäre es für einen Abschied von der Frömmigkeitsforschung (noch) zu früh. Die volkskundliche Auseinandersetzung mit der Religiosität der Gesellschaft hat vielmehr darauf zu achten, wie der Mensch innerhalb eines ethisch bestimmten Bezugsrahmens seine Bezogenheit auf Gott und auf den Mitmenschen begreift und für sich selbst begründet. Es geht folglich um die sittliche Auseinandersetzung mit der Umwelt, um die Erschließung einer sich wandelnden Sinnhaftigkeit und Sinngestaltung des Alltags. Hierfür ist eine sehr viel intensivere Untersuchung des individuell-religiösen Bereichs notwendig, wofür z.B. das autobiographische Material zur Verfügung steht.

Frömmigkeit ist zudem keinesfalls gleichzusetzen mit einem stereotypen Muster konstanter Kulturformen, von deren Verbreitung und Quantität Rückschlüsse auf »fromme« und »unfromme« Zeiten zu ziehen wären, sondern bildet ein elitär vermitteltes, individuell wie kollektiv in die Praxis umgesetztes Wertsystem. Dies bedeutet, Frömmigkeitsformen einer Epoche stets an der jeweils gültigen frömmigkeitstheologischen Begrifflichkeit zu orientieren. Frömmigkeit kann somit nach wie vor zu einem wichtigen Interpretament für kulturelle Prozesse werden; als solches besitzt aber die Frömmigkeitsforschung im Rahmen der volkskundlich-kulturhistorischen Analyse nicht nur weiterhin ihre unbestreitbare Berechtigung, sondern sogar ihre Dringlichkeit nicht zuletzt als Deutungsinstrument für den sittlichen Umgang des Menschen mit sich selbst, seiner Umwelt und mit der Natur.

Von Franziskus von Assisi, einem Angelpunkt in der Geschichte der abendländischen Frömmigkeitsbewegungen, berichtete Jacobus de Voragine in seiner »Legenda aurea«, er habe die Würmer von der Straße aufgelesen, damit sie von den Passanten nicht zertreten würden, den Bienen guten Honig gegeben, damit sie den Winter überlebten, und alle Tiere seine Brüder genannt (ed. Richard Benz, Heidelberg [8]1975, 774). Die Nachwelt bezeichnete ihn als heiligen Narren. Das moderne Engagement für eine bedrohte Natur hat nicht wenig mit dieser franziskanischen Frömmigkeit gemeinsam. Zwar sind die religiösen, nicht jedoch die sittlichen Bezüge aufgegeben. Man mag daher einer Identifizierung von Frömmigkeit als der Sittlichkeit in einer säkularen Welt Vorbehalte entgegenbringen; doch auch sie zu berücksichtigen ist Aufgabe der volkskundlichen Frömmigkeitsforschung in einer gewandelten und sich ständig wandelnden Welt.

Literaturverzeichnis

Andree, Richard: Ethnographische Parallelen und Vergleiche. Stuttgart 1878.
Assion, Peter: Der soziale Gehalt aktueller Frömmigkeitsformen. Zur religiösen Volkskunde der Gegenwart. In: Hessische Blätter für Volks- und Kulturforschung N.F. 14/15 [Materialien zur Volkskultur, 1] (1982/83) 5–17.
Bauer, Ingolf (Red.): Frömmigkeit. Formen, Geschichte, Verhalten, Zeugnisse. Lenz Kriss-Rettenbeck zum 70. Geburtstag (Forschungshefte. Hrsg. vom Bayerischen Nationalmuseum München, 13). München 1993.
Baumgartner, Jakob (Hrsg.): Wiederentdeckung der Volksreligiosität. Regensburg 1979.
Bebel, Heinrich (ed. Albert Wesselski): Schwänke. 2 Bde., München/Leipzig 1907.
Beissel, Stephan: Die Verehrung der Heiligen und ihrer Reliquien in Deutschland im Mittelalter. Darmstadt 1976 [¹1890, 1892].
Beissel, Stephan: Geschichte der Verehrung Marias in Deutschland während des Mittelalters. Ein Beitrag zur Religionswissenschaft und Kunstgeschichte. Freiburg i. Br. 1909 (Nachdruck Darmstadt 1972).
Beitl, Klaus: Volksfrömmigkeitsforschung in Frankreich. Versuch einer Annäherung. In: Eberhart/Hörandner/Pöttler 1990, 63–73.
Beitl, Richard und Klaus: Wörterbuch der deutschen Volkskunde. 3. Aufl. (Kröners Taschenausgabe, 127). Stuttgart 1974.
Bockhorn, Olaf: Volksfrömmigkeit – Sekten – Neue Religionen. Empirische Ansätze zur Erforschung »neuer Frömmigkeit« in Österreich. In: Eberhart/Hörandner/Pöttler 1990, 351–365.
Böck, Robert (ed. Karl-S. Kramer): Volksfrömmigkeit und Brauch. Studien zum Volksleben in Altbayern (Münchner Beiträge zur Volkskunde, 10). München 1990.
Breuer, Dieter (Hrsg.): Frömmigkeit in der frühen Neuzeit. Studien zur religiösen Literatur des 17. Jahrhunderts in Deutschland (Chloe. Beihefte zum Daphnis, 2). Amsterdam 1984.
Bringéus, Nils-Arvid: Entwicklung und Stand der religionsethnologischen Forschung in Skandinavien. In: Eberhart/Hörandner/Pöttler 1990, 49–61.
Brückner, Wolfgang: Popular Piety in Central Europe. In: Journal of the Folklore Institute 5 (1968) 158–174.
Brückner, Wolfgang: Volksfrömmigkeit. Gedanken zur Frage nach der Zukunft von Religion. In: Helge Gerndt, Georg R. Schroubek (Hrsg.): Dona Ethnologica. Beiträge zur vergleichenden Volkskunde. Leopold Kretzenbacher zum 60. Geburtstag (Südosteuropäische Arbeiten, 71). München 1973, 149–157.
Brückner, Wolfgang: Volksfrömmigkeit. Aspekte religiöser Kultur. In: Kölner Zeitschrift für Soziologie und Sozialpsychologie 31 (1979) 539–569.
Brückner, Wolfgang: Zum Wandel der religiösen Kultur im 18. Jahrhundert. Einkreisungsversuche des »Barockfrommen« zwischen Mittelalter und Massenmissionierung. In: Wolfenbütteler Forschungen 19 (1982) 65–83.
Brückner, Wolfgang: Frömmigkeitsforschung im Schnittpunkt der Disziplinen. Über methodische Vorteile und ideologische Vor-Urteile in den Kulturwissenschaften. In: ders., Gottfried Korff, Martin Scharfe: Volksfrömmigkeitsforschung (Ethnologia Bavarica. Studienhefte zur allgemeinen und regionalen Volkskunde, 13). Würzburg/München 1986, 3–37.
Chorherr, Edith: Zur religiösen Volkskunde Italiens. Ein Literaturbericht. In: Jahrbuch für Volkskunde N. F. 1 (1978) 227–235.
Coreth, Anna: Pietas Austriaca. Ursprung und Entwicklung barocker Frömmigkeit in Österreich. München 1959.

Daxelmüller, Christoph: Volksfrömmigkeit ohne Frömmigkeit. Neue Annäherungsversuche an einen alten Begriff. In: Eberhart/Hörandner/Pöttler 1990, 21–48.

Delaruelle, Étienne: La piété populaire au moyen âge. Turin 1980.

Dinzelbacher, Peter; Bauer, Dieter R. (Hrsg.): Volksreligion im hohen und späten Mittelalter (Quellen und Forschungen aus dem Gebiet der Geschichte N.F. 13). Paderborn/München/Wien/Zürich 1990 (mit Literaturbericht von Peter Dinzelbacher: Zur Erforschung der Geschichte der Volksreligion Einführung und Bibliographie, 9–27).

Dinzelbacher, Peter; Bauer, Dieter R. (Hrsg.): Heiligenverehrung in Geschichte und Gegenwart. Ostfildern 1990.

Dülmen, Richard van: Religionsgeschichte in der historischen Sozialforschung. In: Geschichte und Gesellschaft 6 (1980) 36–59.

Duerig, Walter: Pietas liturgica. Studien zum Frömmigkeitsbegriff und zur Gottesvorstellung der abendländischen Liturgie. Regensburg 1958.

Eberhart, Helmut; Hörandner, Edith; Pöttler, Burkhart (Hrsg.): Volksfrömmigkeit. Referate der Österreichischen Volkskundetagung 1989 in Graz (Buchreihe der Österreichischen Zeitschrift für Volkskunde, N.S. 8). Wien 1990.

Ebertz, Michael N.: Die Organisation von Massenreligiosität im 19. Jahrhundert. Soziologische Aspekte zur Frömmigkeitsforschung. In: Jahrbuch für Volkskunde N.F. 2 (1979) 38–72.

Ebertz, Michael N.; Schultheis, Franz (Hrsg.): Volksfrömmigkeit in Europa. Beiträge zur Soziologie popularer Religiosität aus 14 Ländern (Religion – Wissen – Kultur, 2). München 1986.

Ehalt, Hubert Ch. (Hrsg.): Volksfrömmigkeit. Von der Antike bis zum 18. Jahrhundert (Kulturstudien. Bibliothek der Kulturgeschichte, 10). Wien/Köln 1989.

Franz, Adolph: Die Messe im deutschen Mittelalter. Beiträge zur Geschichte der Liturgie und des religiösen Volkslebens. Freiburg i.Br. 1902 (Nachdruck Darmstadt 1963).

Franz, Adolph: Die kirchlichen Benediktionen im Mittelalter. 2 Bde., Freiburg i.Br. 1909 (Nachdruck Graz 1960).

Fries, Heinrich (Hrsg.): Handbuch theologischer Grundbegriffe. 4 Bde., München [2]1973/1974.

Girgensohn, Karl: Der seelische Aufbau des religiösen Erlebens. Eine religionspsychologische Untersuchung auf experimenteller Grundlage. Leipzig 1921.

Greschat, Hans Jürgen; Seitz, Manfred; Wintzer, Friedrich: Frömmigkeit. In: Theologische Realenzyklopädie Bd. 11 (Berlin/New York 1983) 671–688.

Gribl, Albrecht A.: Volksfrömmigkeit – Begriff, Ansätze, Gegenstand. In: Edgar Harvolk (Hrsg.), Wege der Volkskunde in Bayern. Ein Handbuch (Veröffentlichungen zur Volkskunde und Kulturgeschichte, 25). München/Würzburg 1987, 293–333.

Griebel-Kruip, Rosemarie: Die Votivbrauchforschung in Frankreich. Geschichte, Bibliographie und thematischer Aufriß, Teil I–II. In: Jahrbuch für Volkskunde N.F. 6 (1983) 208–229; N.F. 7 (1984) 159–178.

Gruehn, Werner: Die Frömmigkeit der Gegenwart. Grundtatsachen der empirischen Psychologie. 2. Aufl. Konstanz 1960.

Grundmann, Herbert: Religiöse Bewegungen im Mittelalter. Untersuchungen über die geschichtlichen Zusammenhänge zwischen Ketzerei, den Bettelorden und der religiösen Frauenbewegung im 12. und 13. Jahrhundert (Historische Studien, 267). 2. Aufl. Darmstadt 1961 [[1]1935].

Günter, Heinrich: Die christliche Legende des Abendlandes. Heidelberg 1910.

Günther, Hans F. K.: Frömmigkeit nordischer Artung. Jena 1935.

Günther, Hans Richard Gerhard: Idee einer Geschichte der Frömmigkeit (Sammlung gemeinverständlicher Vorträge und Schriften aus dem Gebiet der Theologie und Religionsgeschichte, 190). Tübingen 1948.

Gustavsson, Anders: Die Erforschung volkstümlich-religiösen Verhaltens in Schweden. Probleme, Methoden, Ergebnisse. In: Jahrbuch für Volkskunde N. F. 1 (1978) 215–226.

Gustavsson, Anders (Hrsg.): Religiösa väckelserörelser i Norden under 1800- och 1900-talen. Lund 1985.

Hartinger, Walter: Religion und Brauch. Darmstadt 1992.

Hörger, Hermann: Kirche, Dorfreligion und bäuerliche Gesellschaft. Strukturanalysen zur gesellschaftsgebundenen Religiosität ländlicher Unterschichten des 17. bis 19. Jahrhunderts, aufgezeigt an bayerischen Beispielen (Studien zur altbayerischen Kirchengeschichte, 5). München 1978.

Hörger, Hermann: Stabile Strukturen und mentalitätsbildende Elemente in der dörflichen Frömmigkeit. Die pfarrlichen Verkündbücher als mentalitätsgeschichtliche Quelle. In: Bayerisches Jahrbuch für Volkskunde 1980/81, 110–133.

Hubensteiner, Benno: Geist des Barock. Kultur und Frömmigkeit im alten Bayern. München 1967.

Isambert, François-André: Le sens du sacré. Fête et religion populaire. Paris 1982.

Jobst, Alfred: Grundzüge evangelischer Volksfrömmigkeit. Eine Skizze (Studien zur religiösen Volkskunde, Abteilung A, 4). Dresden/Leipzig 1937.

Kant, Immanuel: Schriften zur Ethik und Religionsphilosophie (Wilhelm Weischedel: Werke in sechs Bänden, Bd. 4). Darmstadt 1956.

Klessmann, Michael: Identität und Glaube. Zum Verhältnis von psychischer Struktur und Glaube. Münster 1978.

Köhle-Hezinger, Christel: Evangelisch-katholisch. Untersuchungen zu konfessionellem Vorurteil und Konflikt im 19. und 20. Jahrhundert vornehmlich am Beispiel Württembergs (Untersuchungen des Ludwig-Uhland-Instituts, 40). Tübingen 1976.

Koren, Hanns: Volkskunde als gläubige Wissenschaft (Texte und Arbeiten zur religiösen Volkskunde, 1). 2. Aufl. Salzburg/Leipzig 1936.

Korff, Gottfried: Heiligenverehrung in der Gegenwart (Untersuchungen des Ludwig-Uhland-Instituts, 29). Tübingen 1970.

Korff, Gottfried: Kultur. In: Hermann Bausinger, Utz Jeggle, Gottfried Korff, Martin Scharfe: Grundzüge der Volkskunde (Grundzüge, 34). Darmstadt 1978, 17–80.

Korff, Gottfried: Volkskundliche Frömmigkeits- und Symbolforschung nach 1945. In: Wolfgang Brückner, Gottfried Korff, Martin Scharfe: Volksfrömmigkeitsforschung. Würzburg/München 1986, 38–66.

Kriss, Rudolf: Der Standort der Volksglaubensforschung in der volkskundlichen Wissenschaft. In: Österreichische Zeitschrift für Volkskunde 50 (1947) 8–14.

Kriss, Rudolf: Zur Sammlung für religiöse Volkskunde im Bayerischen Nationalmuseum. In: Religiöse Volkskunde. Fünf Vorträge zur Eröffnung der Sammlung für religiöse Volkskunde im Bayerischen Nationalmuseum in München (Beiträge zur Volkstumsforschung, 14). München 1964, 1–25.

Kriss-Rettenbeck, Lenz: Bilder und Zeichen religiösen Volksglaubens. 2. Aufl. München 1971.

Kriss-Rettenbeck, Lenz: Ex Voto. Zeichen, Bild und Abbild im christlichen Votivbrauchtum. Zürich/Freiburg i. Br. 1972.

Matthes, Joachim: Religion und Gesellschaft. Einführung in die Religionssoziologie. Reinbek bei Hamburg 1967.

Matthes, Joachim: Religion als Thema komparativer Sozialforschung. Erfahrungen mit einem Forschungsprojekt zum religiösen Wandel in einer Entwicklungsgesellschaft (Singapore). In: Soziale Welt 34 (1983) 3-21.

Méhat, André; Solignac, Aimé; Noye, Irénée: Pieté. In: Dictionnaire de Spiritualité ascétique et mystique. Doctrine et Histoire 12. Paris 1986, 1694-1743.

Molitor, Hansgeorg: Frömmigkeit in Spätmittelalter und früher Neuzeit als historisch-methodisches Problem. In: Horst Rabe, Hansgeorg Molitor, Hans-Christoph Rublack (Hrsg.): Festgabe für Ernst Walter Zeeden zum 60. Geburtstag am 14. Mai 1976 (Reformationsgeschichtliche Studien und Texte, Supplementband, 2). Münster 1976, 1-20.

Narr, Dieter: Zum Charakterbild protestantischer Volksfrömmigkeit. In: ders.: Studien zur Spätaufklärung im deutschen Südwesten. Stuttgart 1979, 129-141.

Naumann, Hans: Prolegomena über vergleichende Volkskunde und Religionsgeschichte. In: Jahrbuch für historische Volkskunde 1 (1925) 309-313.

Naumann, Hans: Christentum und deutscher Volksglaube. In: Zeitschrift für Deutschkunde 42 (1928) 321-337.

Pezzella, Sosio (ed. Giovanni B. Bronzini; Antonino Colajanni): Momenti e problemi di storia del cristianesimo dall'antico al contemporaneo. Bari 1986.

Piper, Otto: Weltliches Christentum. Eine Untersuchung über Wesen und Bedeutung der außerkirchlichen Frömmigkeit der Gegenwart. Tübingen 1924.

Pontoppidan, Erik (ed. Jørgen Olrik): Fejekost til at udfeje den gamle surdejg eller de i danske lande tiloversblevne og her for dagen bragte levninger af saavel hedenskab som papisme, 1736 (Danmarks Folkeminder, 27). København 1923.

Rahner, Karl (Hrsg.): Volksreligion - Religion des Volkes. Stuttgart/Berlin/Köln/Mainz 1979.

Raphaél, Freddy; Herberich-Marx, Geneviève: Volksfrömmigkeitsforschung in Frankreich. Zur Revision eines Ansatzes. In: Eberhart/Hörandner/Pöttler 1990, 75-90.

Ratschow, Carl Heinz: Von der Frömmigkeit. Eine Studie über das Verhältnis von Religion und Sittlichkeit. In: ders. (Hrsg.): Ethik der Religionen. Ein Handbuch. Stuttgart/Berlin/Köln/Mainz 1980, 11-77.

Scharfe, Martin: Evangelische Andachtsbilder. Studien zu Intention und Funktion des Bildes in der Frömmigkeitsgeschichte vornehmlich des schwäbischen Raumes (Veröffentlichungen des Staatlichen Amtes für Denkmalpflege, C 5). Stuttgart 1968.

Scharfe, Martin: Die Religion des Volkes. Kleine Kultur- und Sozialgeschichte des Pietismus. Gütersloh 1980.

Scharfe, Martin: Subversive Frömmigkeit. Über die Distanz unterer Volksklassen zur offiziellen Religion. Beispiele aus dem württembergischen Protestantismus des 18. Jahrhunderts. In: Jutta Held (Hrsg.), Kultur zwischen Bürgertum und Volk. Berlin 1983, 117-135.

Scharfe, Martin; Schmolze, Martin; Schubert, Gertrud (Hrsg.): Wallfahrt - Tradition und Mode. Empirische Untersuchungen zur Aktualität von Volksfrömmigkeit (Untersuchungen des Ludwig-Uhland-Instituts, 65). Tübingen 1985.

Scharfe, Martin: Prolegomena zu einer Geschichte der Religiösen Volkskunde. In: Wolfgang Brückner, Gottfried Korff, Martin Scharfe: Volksfrömmigkeitsforschung Würzburg/München 1986, 67-90.

Scharfe, Martin: Die »Stillen im Lande« mit dem lauten Echo. In: Ehalt 1989, 245-266.

Scharfe, Martin: Legales Christentum. Eine Revision von Thesen zur Volksreligiosität. In: Westfälische Forschungen. Zeitschrift des Westfälischen Instituts für Regionalgeschichte des Landschaftsverbandes Westfalen-Lippe 42 (1992) 26-62.

Schauerte, Heinrich: Entwicklung und gegenwärtiger Stand der religiösen Volkskundeforschung. In: Festschrift für Georg Schreiber (Historisches Jahrbuch der Görres-Gesellschaft, 72). München 1953, 516–534.

Schleiermacher, Friedrich Daniel Ernst (ed. Hans-Joachim Rothert): Über die Religion. Reden an die Gebildeten unter ihren Verächtern (Philosophische Bibliothek, 255). Hamburg 1958.

Schlingensiepen-Pogge, Alexandra: Das Sozialethos der lutherischen Aufklärungstheologie am Vorabend der Industriellen Revolution (Göttinger Bausteine zur Geschichtswissenschaft, 39). Göttingen 1967.

Schreiber, Georg: Kirchliche Volkskunde. In: Deutsche Volkskunde (Deutsche Forschung. Aus der Arbeit der Notgemeinschaft der deutschen Wissenschaften, 2). Berlin 1928, 1–9.

Schreiber, Georg: Deutsche Bauernfrömmigkeit in volkskundlicher Sicht (Forschungen zur Volkskunde, 29). Düsseldorf 1937.

Schreiber, Georg: Zwischen Demokratie und Diktatur. Persönliche Erinnerungen an die Politik und Kultur des Reiches (1919–1944). Münster 1949.

Schultz, Hans Jürgen (Hrsg.): Frömmigkeit in einer weltlichen Welt. Stuttgart/Olten/Freiburg i. Br. 1959.

Ström, Åke V.: Germanische Religion. In: ders., Haralds Biezais: Germanische und Baltische Religion. Stuttgart/Berlin/Köln/Mainz 1975, 11–306.

Thomas, Keith: Religion and the Decline of Magic. Studies in Popular Beliefs in Sixteenth- and Seventeenth-Century England. Harmondsworth 1978.

Tilmann, Raban: Sozialer und religiöser Wandel. Düsseldorf 1972.

Tüskés, Gábor: Religiöse Volkskunde in Ungarn. Literaturbericht und Problemaufriß. In: Jahrbuch für Volkskunde N.F. 4 (1981) 207–224.

Veit, Ludwig Andreas: Volksfrommes Brauchtum und Kirche im deutschen Mittelalter. Freiburg i. Br. 1936.

Veit, Ludwig Andreas; Lenhart, Ludwig: Kirche und Volksfrömmigkeit im Zeitalter des Barock. Freiburg i. Br. 1956.

Vovelle, Michel: La religion populaire: problèmes et méthodes. In: Religion populaire (Le monde alpin et rhodanien. Révue régionale d'ethnologie 1–4, 1977) 7–32.

Wallmann, Johannes: Johann Arndt und die protestantische Frömmigkeit. Zur Rezeption der mittelalterlichen Mystik im Luthertum. In: Dieter Breuer (Hrsg.): Frömmigkeit in der frühen Neuzeit. Amsterdam 1984, 50–74.

Weiss, Richard: Zur Problematik einer protestantischen Volkskultur. In: Religiöse Volkskunde. Fünf Vorträge zur Eröffnung der Sammlung für religiöse Volkskunde im Bayerischen Nationalmuseum in München. München 1964, 27–45.

Zellinger, Johannes: Augustin und die Volksfrömmigkeit. Blicke in den frühchristlichen Alltag. München 1933.

Zender, Matthias: Räume und Schichten mittelalterlicher Heiligenverehrung in ihrer Bedeutung für die Volkskunde. Die Heiligen des mittleren Maaslandes und des Rheinlandes in Kultgeschichte und Kultverbreitung (Veröffentlichungen des Instituts für geschichtliche Landeskunde der Rheinlande an der Universität Bonn). Düsseldorf 1959.

Ziegler, Matthes: Kirchliche oder religiöse Volkskunde? In: Nationalsozialistische Monatshefte 6 (1935) 674–685.

Zimmermann, Gerd: Patrozinienwahl und Frömmigkeitswandel im Mittelalter dargestellt an Beispielen aus dem alten Bistum Würzburg, Teil I–II. In: Würzburger Diözesangeschichtsblätter 20 (1958) 24–126; 21 (1959) 5–124.

Lutz Röhrich

Erzählforschung

1. Problemübersicht

Die Erzählforschung gehört zu den am längsten »etablierten« Richtungen des Faches. Sie besitzt mit den Folklore Fellows Communications (= FFC, z. Z. 273 Bde.) ihre eigene Publikationsreihe, mit der »Fabula« (seit 1958) ihre eigene Zeitschrift. Nationale und internationale Veröffentlichungen wie die »Märchen der Weltliteratur« (Diederichs), »Das Gesicht der Völker« (E. Röth), »Die Welt der Märchen« (Fischer), »Folktales of the World« (Chicago Press), »Volksmärchen. Eine internationale Reihe« (DDR Akademie), »Europäische Sagen« (E. Schmidt) haben Zigtausende von Texten bereitgestellt. Ein großangelegtes Lexikon mit 3600 Stichwörtern, bearbeitet von 300 Autoren aus annähernd 40 Ländern, faßt weltweit Forschungsergebnisse zusammen (Enzyklopädie des Märchens). Es gibt einen internationalen Zusammenschluß der Erzählforscher (ISFNR = International Society for Folk Narrative Research), d. i. eine Gesellschaft, die in regelmäßigen Abständen internationale Kongresse veranstaltet.

Da der Begriff »Erzählforschung« u. a. auch von literaturwissenschaftlichen Forschungsrichtungen für sich in Anspruch genommen wird, wäre es innerhalb der Volkskunde vielleicht zutreffender, von »Volksprosa-Forschung« oder eben von »volkskundlicher Erzählforschung« zu sprechen. Diese beschäftigt sich mit verschiedenen Textsorten, von denen Märchen, Sage, Legende, Schwank und Witz die bekanntesten sind. Im Gegensatz zur literaturwissenschaftlichen Erzählforschung befaßt sich die volkskundliche mit den sogenannten »*Einfachen Formen*« (A. Jolles 1929). Die Herausarbeitung »Epischer Gesetze« (Olrik 1909) des Erzählens und die literaturwissenschaftliche Form- und Stilbeschreibung von Volkserzählungen (Lüthi 1981) bilden die Nahtstelle der Volksprosaforschung zu den Philologien. Dagegen sind strukturalistische Forschungen osteuropäischer oder westeuropäisch-amerikanischer Prägung in Deutschland relativ wenig rezipiert worden. Am ergiebigsten erscheinen sie bei der Strukturanalyse von Kleinformen, des Schwankes, des Witzes oder auch des Sprichworts und Rätsels.

Probleme der historischen Dokumentation von Volkserzählungen sind gerade in den 1960er und 1970er Jahren von mehreren Forschern angegangen worden: L. Röhrich (1962 und 1967) hat spätmittelalterliche Quellen, E. Moser-Rath (1964) solche der Barockzeit systematisch erschlossen, J. Dünninger (1963) historisches Sagengut. W. Brückner (1974) hat die Erzählquellen des Reformationszeitalters neu aufgearbeitet. Gleichwohl ist ein deutlicher Rückgang der historischen Forschung zu verzeichnen. Auch sind Erzähl-Typen- und Motivuntersuchungen nicht mehr sehr en vogue. Mehr als die bloße Stoffhuberei interessiert die Frage nach dem sogenannten »Sitz im Leben«. »Biologie der Volkserzählung« hat dies Friedrich Ranke (1971) einst genannt. Gemeint ist die Frage nach den Erzählern, ihrer sozialen Zugehörigkeit und Bildung, ihrem Milieu, ihrem künstlerischen Vermögen, ihrer Einstellung zum Erzählten, Repertoireanalysen etc.

Lange stand das Märchen fast allein im Mittelpunkt der Erzählforschung. Noch immer ist es mit Abstand die beim Lese- und Zuhörerpublikum beliebteste Erzählgattung, und für psychologische Märchendeutungen, die wie Pilze aus dem Boden schießen, interessieren sich nicht nur die Fachleute. Dagegen sind die klassischen Fragen der historischen Erzählforschung »Wie alt ist das Märchen? Woher kommt es? Warum und wie haben sich Märchen so weit, z.T. über die ganze Erde verbreitet?« oft so ideologiebefrachtet, spekulativ und kontrovers behandelt worden, daß sie die moderne Erzählforschung eher ausklammert. Dafür sind im Laufe der letzten Jahrzehnte aber andere Gattungen, insbesondere die didaktischen des Exempels, des Predigtmärleins, der Beispielerzählungen, die Kuriositätenliteratur des Barockzeitalters in den Blickpunkt moderner Erzählforschung getreten (Moser-Rath 1964; Schenda 1969; Daxelmüller 1985). Ein anderer Zweig moderner Erzählforschung wandte sich den weniger traditionellen Erzählformen der Gegenwart zu: der Alltagserzählung (Bausinger 1958; Lehmann 1978), den Arbeiterinnerungen (Neumann 1966), den Reiseberichten, Krankheitserlebnissen und Krankenhauserinnerungen, der Familien-Erinnerungsgeschichte und insbesondere der autobiographischen Erzählung (Brednich 1982; Lehmann 1983), aber auch dem Witz und seinen mannigfachen regionalen und internationalen Phänomenen sowie seiner Nähe zu psychologischen und soziologischen Fragestellungen (Röhrich 1977). Schließlich hat man vor allem auch versucht, Volkserzählungen im Rahmen des Zivilisationsprozesses und als Widerspiegelung der gesellschaftlichen Verhältnisse zu analysieren (Röhrich 1979; Vansina 1985; Zipes 1983). Zweifellos hat die Erzählforschung durch solche Gattungs-Verschiebungen und Neuakzentuierungen an Aktualität und Genauigkeit, an Menschennähe und sozialer Verantwortung gewonnen (Schenda 1987, 275). Andere aktuelle Trends volkskundlicher Erzählforschung sind umrissen mit Schlagworten wie »Kontext- und Performanzforschung« (Bauman 1984) – »Genre-Probleme« (Ben-Amos 1981) – »Mündlichkeit und Schriftlichkeit« – »Kontinuität und Variabilität« – »Authentizität und Bearbeitung« – »Meaning, Deutung und Bedeutung« (Dundes 1980; Röhrich 1985) – »Tiefenpsychologie und psychoanalytische Märchenstudien« (Laiblin 1969; Bettelheim 1977). Auch die Archivierung von Erzählgut im Zeitalter der Computerisierung, aber auch des Datenschutzes zeitigt neue Probleme.

2. Methodik

Die Erzählforschung war der erste Teilbereich der Volkskunde, dem der Vorstoß zu einer allgemein anerkannten komparatistischen Methode und zu einer internationalen Zusammenarbeit gelang. Ausgangspunkt war Finnland, wo die sogenannte *geographisch-historische Methode* (auch »finnische Methode«) als eine verbindliche Arbeitsweise vergleichender Erzählforschung entwickelt wurde. Danach sollten alle Varianten eines bestimmten Erzähltyps Zug um Zug verglichen und aus der Analyse das Alter, Ursprungsland sowie die Wanderwege und Verbreitung des Stoffes erschlossen werden. Man muß diese Methode verstehen als eine positivistische Gegenreaktion auf die Spekulationen der romantischen, mythologischen und irrationalistischen Schulen des 19. Jahrhunderts wie auch auf die monokausalen Märchentheorien, die den Ursprung des Märchens generell und ausschließlich einer bestimmten Zeit oder einem bestimmten Kulturraum zuwiesen (vgl. Krohn 1931).

Der gleiche methodische Weg führte nicht immer zwangsläufig zu gesicherten Resultaten, sondern mitunter in sehr entgegengesetzte Richtungen. Dies hat zu massiver *Kritik* an der geographisch-historischen Methode geführt. Sie ist vorzugsweise verbunden mit den Namen A. Wesselski (1931), C.W. von Sydow (1948) und L. Honko (1985) und entzündete sich vor allem an der Konstruktion des Archetyps, der eben kein realer, sondern ein bloß hypothetischer Text ist. Über Ursprungsort und -zeit eines Erzähltyps vermochte die geographisch-historische Methode nur in einigen günstig gelagerten Fällen Auskunft zu geben. So hat sie alles in allem nicht die an sie gestellten hohen Erwartungen erfüllt. Der Grund dafür ist weniger, daß die Methode selbst fehlerhaft wäre, sondern vielmehr, daß man von ihr etwas erwartet hat, was sie nicht zu leisten imstande war. Das Prinzip einer möglichst vollständigen Erfassung des Variantenbestandes hat ihr zusätzlich den Vorwurf sinnloser Materialanhäufungen eingetragen. Doch werden auch heute noch Arbeiten nach der geographisch-historischen Methode angefertigt. Ansonsten ist man freilich mit Alters- und Herkunftsbestimmungen einzelner Erzähltypen und Motive vorsichtiger und nennt entsprechende Monographien eher »Fallstudien« oder »casebooks« (Dundes 1982). Andere Defizite sind eher noch gravierender: Aus vergleichender Stoff- und Motivgeschichte oder aus Variantenanalysen erfährt man noch nichts über die Träger und Trägergruppen. Außer Betracht blieben in der Regel der gesamte Komplex der Überlieferungspsychologie, der Dynamik und Fluktuation historisch-gesellschaftlicher Vorgänge, d.h. das Prozeßhafte des Überlieferungsvorgangs. So gelangte man auch nicht zu Einsichten in die Kommunikations- und Vermittlungssysteme mündlicher Überlieferung. Das Archiv war wichtiger als die Feldbeobachtung. Heutzutage ist die geographisch-historische Methode von ganz anderen, eher pluralistisch angelegten Fragestellungen abgelöst worden, beeinflußt von Psychologie, Soziologie, Religionswissenschaft, Strukturalismus, Kulturgeschichte und literaturwissenschaftlicher Hermeneutik.

Es gibt aber auch bleibende Verdienste. Die geographisch-historische Methode hat Enormes bewirkt, von dem die internationale Erzählforschung bis zum heutigen Tage profitiert: zunächst die Gründung der Folklore Fellows und ihres Publikationsorgans der FFC, den späteren internationalen Zusammenschluß der Erzählforscher in der ISFNR, die Gründung von Erzählarchiven und die Erstellung von internationalen und nationalen Typen- und Motivregistern. Zu den hauptsächlichen Lehren, die die Folkloristik der geographisch-historischen Methode verdankt, gehört es, mit Varianten umzugehen und sie nach geographischer Verbreitung und historischer Tiefe zu untersuchen. Die geographisch-historische Methode hat auch gelehrt, die Stabilität der mündlichen Überlieferung zu erkennen. Positiv bleibt weiter das Bemühen, den reinen Spekulationen der mythologischen Schulen konkrete Fragen nach der Herkunft der Folklorestoffe entgegenzustellen.

3. Mündlichkeit – Schriftlichkeit. Volksdichtung und Literatur

Lange Zeit wurde von der volkskundlichen Erzählforschung nur mündlich überliefertes Material als »primäre«, »authentische« Folklorequelle gewertet. Doch läßt sich Folklore nicht allein auf mündliche Überlieferung beschränken. Eine völlig unbeeinflußte orale Tradition kann man sich ohnehin kaum vorstellen. Stets gibt es nebeneinander die Literarisierung von Folklore wie die (Re-)Oralisierung von Literatur (Bausinger 1980, 53; Röhrich 1982). Nun gehen nachweisbare mündliche Überlieferungen im günstigsten Fall bis zum Anfang des 19. Jahrhunderts zurück. Dagegen können literarisch-schriftliche Aufzeichnungen weit in die Vergangenheit zurückweisen. In einigen Fällen hat die Annahme einer bis in die Antike zurückreichenden mündlichen Tradition scharfe Kritik erfahren, wie z. B. bei der Überlieferung des antiken Amor-und-Psyche-Märchens (Fehling 1977) oder des Märchens vom »Dankbaren Toten« (Röhrich in EM III, 306–322). Mündliche Überlieferung ist kurzlebiger, der Glaube an Kontinuitäten stark erschüttert. Eine ausschließlich mündliche Überlieferung über zwei Jahrtausende ist in beiden Fällen mit Sicherheit auszuschließen.

Sogenannte »rezente«, d. h. neuere Aufzeichnungen aus der mündlichen Überlieferung beweisen zunächst nur eines: Diese Stoffe waren auch im 19. und 20. Jahrhundert bekannt. Natürlich können moderne Verhältnisse nicht ohne weiteres und unverändert auf frühere Perioden übertragen werden. Aber wir können das moderne Material doch dazu benutzen, um mit seiner Hilfe ältere schriftliche Quellen kritisch zu betrachten und zu interpretieren. Rückschlüsse aus späterer Folklore auf eine frühere Überlieferungsschicht, d. h. die sogenannte »regressive Methode«, birgt freilich nicht unbeträchtliche Risiken. Grundsätzlich sind ältere Quellen, z. B. Belege aus dem Mittelalter, samt und sonders schriftlicher Natur, so daß wir uns überlegen müssen, was Mündlichkeit für das

Mittelalter überhaupt bedeutet. Obwohl Volkskultur damals eine mündliche Kultur war, blieben nur schriftliche Texte erhalten. Sogenannte »Märchen des Mittelalters« (Wesselski 1925) oder »Erzählungen des späten Mittelalters« (Röhrich 1962/67) sind zunächst einmal Literatur. Mündlich war jedoch ihre Wirkung, mündlich war möglicherweise auch ihre Quelle und vielfach auch ihre Vortragsweise, auch wenn uns erst spätere Aufzeichnungen ein tatsächliches Bild von Mündlichkeit vermitteln.

Der heutigen Forschung geht es weniger darum, Mündlichkeit gegen Schriftlichkeit auszuspielen, sondern beide in ihrem jeweils spezifischen Quellenwert zu erfassen und das Spannungsfeld zwischen beiden auszuloten, wobei die Prozesse sicher wechselläufig sind. Daraus läßt sich eine Reihe von Fragestellungen ableiten: Wo liegen die Vermittlungsstellen zwischen schriftlicher und oraler Kultur: Predigt, Flugschriften, Volksbuch, Kalender, Trivial-Schriften? Was sind die Gründe für die Traditionsfestigkeit über die Jahrhunderte hinweg? Aber auch: Welcher Selektionsprozeß wird jeweils in Gang gesetzt? Wie assimiliert mündliche Überlieferung literarische Stoffe entsprechend dem veränderten sozialen Milieu ihrer Träger? Wie stabil, wie verläßlich ist die mündliche Tradition? Diese Frage läßt sich natürlich nicht generell beantworten, denn es gibt ebenso Musterbeispiele von äußerster Traditionsfestigkeit wie solche von erheblicher Destabilisierung. Über die Selektionsprozesse und ihre Bedeutung für die Stabilität der Überlieferung haben L. Dégh und A. Vazsonyi (Ben-Amos 1975, 207–252) gehandelt.

P. G. Bogatyrev und R. Jakobson (1972) weisen dagegen die genetischen Probleme überhaupt zurück. Für sie liegt die Frage nach den Quellen der Folklore prinzipiell »außerhalb der Folkloristik«. Statt dessen wenden sie sich der Tradierung und Realisierung der Folklore zu. Dadurch werden mündliche Dichtung oder Folklore von der Literatur abgekoppelt (Bausinger 1980, 47 f.). Während für die Literatur nur der einmalige, fixierte individuelle, dichterische Text verbindlich ist, ist für die mündliche Überlieferung die Variabilität charakteristisch. Wo ein literarischer Text in die Mündlichkeit übernommen wird, macht er einen »Folklorisierungsprozeß« durch, d.h. der Text wird einem kollektiven Geschmack angepaßt. Wie in der Liedforschung, so stehen sich auch in der Volksprosa-Forschung »Produktionstheorie« (= Entstehung von Folklore im Volk selbst) und »Reproduktionstheorie« (= Folklore als »gesunkenes Kulturgut«) gegenüber.

Die »*Kritik der oralen Tradition*« (D.-R. Moser 1976) erstreckt sich indessen nicht nur auf die ferne Vergangenheit, sondern gerade auch auf die nach-romantische Tätigkeit der Volkserzählungssammler. Ihnen ist zwar einerseits eine ganz unglaubliche Produktion von Märchen- und insbesondere Sagensammlungen des 19. Jahrhunderts zu verdanken. R. Schenda (1987, 280) zählte aus dem 19. Jahrhundert rund 500 Sammlungen von Märchen und Sagen des deutschsprachigen Raumes und kommt damit auf eine Gesamtzahl von ca. 20000 Einzeltexten. Andererseits entsprechen aber die sog. Volkserzählungen des 19. Jahrhunderts zu einem großen Teil erst sekundärer Mündlichkeit und sind eher ein »Feed-back« von gedruckten Erzeugnissen. »Im 20. Jahrhundert läßt sich dann kaum noch eine Volkserzählung finden, die nicht schon im 19. Jahrhundert in einem Buch oder Heft vorgegeben gewesen wäre. In unserer Gegenwart sind Märchen und Sagen völlig zur Ware geworden, die von findigen Verlegern auf hundertfache Weise vermarktet werden« (Schenda 1987, 280; vgl. Gerndt 1986, 397). Es gibt zahllose Beispiele für »gesunkenes Kulturgut« in der Volksprosa, d. h. daß literarische Erzeugnisse, klerikale Predigtmärlein, Exempel, Volksbuch- und Novellenstoffe – als Sagen, Märchen, Schwänke etc. – vermündlicht wurden, weiterleben und als vermeintlich authentische Ethnotexte aufgezeichnet werden konnten. Dabei sollte man den Einfluß von Schulbüchern und Kalendergeschichten nicht verkennen. Auch Tageszeitungen verbreiten Volkserzählungen, insbesondere solche aus der Katastrophenspalte gehen in die mündliche Überlieferung ein, werden re-oralisiert.

Bei der Frage nach den Vermittlungsprozessen sind in vermehrtem Maße auch *Bildquellen* zu erschließen bis hin zur Sagen- und Märchenpostkarte. Viele Einflußsphären sind hierbei noch kaum untersucht. Uns sollte bei diesen Rezeptionsprozessen nicht bloß der *älteste* nachweisbare schriftliche Beleg interessieren, sondern mindestens ebensosehr der *jüngste gedruckte,* dem die authentisch aufgezeichnete Feldforschungsvariante vielleicht nähersteht. Die ältere Erzählforschung begeisterte sich an den Vorstellungen jahrhundertelanger Kontinuitäten. Aber sicher gibt es zwischen Mündlichkeit und Schriftlichkeit ein ständiges Geben und Nehmen, und man muß mit beständigen Rückläufen aus populärer Lektüre rechnen. Vor allem seit der 2. Hälfte des 19. Jahrhunderts muß man dabei an die zu Zehn- oder gar Hunderttausenden verlegten Volkskalender denken und natürlich auch an anderes Popularschrifttum, das zur Gedächtnisauffrischung alter Motive dienen konnte. Für die aktuelle Forschung wichtig ist darum die Frage nach den Quellen der Gewährsleute, d. h. nach dem Wechselverhältnis mündlicher, halbliterarischer und schriftlicher Tradition. Anders ausgedrückt: Inwiefern beeinflußten Lesestoffinhalte, aber auch Produkte der Imagerie populaire, wie weit beeinflußten etwa der Heimatkundeunterricht der Schule, aber auch der Religionsunterricht und die Predigt den sogenannten »Volksmund«? Sicherlich hat das »Volk« die Flut der von Kirche und Schule, Zeitungen und Kalendern vermittelten Erzählstoffe nicht gedankenlos nachgeplappert. Ausgewählt und bewahrt wurde ohnehin nur das, was gefiel, was einschlug, was zündete. Ebenso wichtig war aber auch, daß die schriftlichen Vorlagen von den Erzählern mit eigenen Worten, d. h. im Dialekt wiedergegeben werden mußten, was auch eine nicht geringe, echt kreative Leistung darstellt (Brunold-Bigler 1985). Zwischen variabler Oralität und fixierter Skripturalität gibt es vielerlei Übergänge. Doch gerade über diesen Prozeß der oralen Aneignung und Neuschöpfung wissen wir noch sehr wenig.

4. Grimm-Philologie

Es ist ein Vorurteil zu glauben, die Gattung Märchen sei synonym mit den Kinder- und Hausmärchen der Brüder Grimm. Aber immerhin ist die Grimm-Sammlung noch immer das meistgedruckte und meistübersetzte Buch deutscher Sprache. Das imponierende Werk von Bolte und Polívka (1913, 1963) – einst als die »Bibel der Märchenforscher« gefeiert – bringt in seinen ersten drei Bänden Variantennachweise, Bemerkungen zu Alter und literarischem Vorkommen zu jedem einzelnen Grimmschen Märchen.

Die beiden Grimm-Jubiläumsjahre 1985 und 86 haben eine Flut von Schriften gerade auch zur Erzählforschung gezeitigt (Oberfeld/Assion 1985; Solms 1986). Dabei hat sich die Grimm-Philologie fast zu einer eigenen Disziplin entwickelt. Rühmend hervorzuheben sind die zahlreichen Einzeluntersuchungen von H. Rölleke, der der Vor- und Entstehungsgeschichte der Grimmschen Märchen minutiös nachgegangen ist (Rölleke 1975, 1985). Seitdem wissen wir, wie sehr französische Erzählungen der Perrault-Sammlung durch die hugenottischen Gewährspersonen der Grimms in die Kinder- und Hausmärchen eingeflossen sind, die weit entfernt davon sind, hessisch-mündliche Erzählungen zu sein. Kein einziges Märchen der Grimms ist in hessischer Mundart notiert worden. Besonders reizvoll ist es, die Märchen der KHM-Urfassung (der sog. Ölenberger Handschrift) mit den späteren Druckfassungen bis zur Ausgabe letzter Hand von 1857 zu vergleichen. Unter anderem durch die Einfügung von Sprichwörtern und sprichwörtlichen Redensarten hat Wilhelm Grimm versucht, den Eindruck hervorzurufen, es handele sich bei den KHM um eine Sammlung, die direkt dem oralen Erzählgut der ländlichen Bevölkerung entstamme. Man kann dieses Vorgehen als eine Art »fingierter oder simulierter Mündlichkeit« bezeichnen.

Noch schlechter steht es um die Authentizität der Grimmschen Sagensammlung. Dort finden sich zwar einige Nummern, die den Vermerk »mündlich« tragen, doch kein einziges Stück, das etwa in Mundart notiert wäre. Daß das Wort »Sage« eigentlich mündliche Überlieferung voraussetzt und etwas bezeichnet, das »gesagt« wird, war keine selbstverständliche Voraussetzung der Grimmschen Sagensammlung. Vielmehr haben die Brüder die vorgefundenen Quellen normiert, sie in einen »Grimmstil« gegossen, der vom mündlichen Erzählstil weit entfernt ist (vgl. Kindermann-Bieri 1989). Auch vieles, was man seit den Grimms »historische Sage« nennt, war zunächst einmal Schriftkultur, Chronikat. Man kann das etwa zeigen an den Überlieferungen über Heinrich den Löwen (Gerndt 1980) oder den Rattenfänger von Hameln (Humburg 1985). Auch in der Folgezeit erscheinen Sagen in den Sammlungen viel häufiger literarisch überarbeitet als in ihrer mündlich-authentischen Form, von den poetischen Bearbeitungen der Romantik bis noch zu den Schullesebüchern der Gegenwart oder bis zur Sagenpostkarte, die man getrost dem Bereich des »Folklorismus« zurechnen kann. Es ist noch immer nicht selbstverständlich, daß die Herausgeber von Sagen- und Märchensammlungen ihr sogenanntes mündliches Material überhaupt in direkter Befragung ihrer Gewährsleute erheben. Die Brüder Grimm selbst taten dies nur in sehr geringem Umfang. Sie benutzten eher ein sogenanntes »Korrespondentenverfahren«, d. h. sie ließen sich Märchen von Kollegen, Freunden und Bekannten zuschicken. Die Forderung nach einem unbearbeiteten Abdruck des authentischen Materials wurde von Jacob Grimm zwar erhoben. Aber weder er und noch viel weniger sein Bruder Wilhelm hielten sich an dieses Sammel- und Editionsprinzip. Und bis zum heutigen Tag gibt es mehr bearbeitete Sammlungen als authentische. Viele der älteren Sammlungen der Grimmnachfolge sind novellistisch konzipiert und sprachlich von den Editoren geschönte Schreibtischarbeiten mit doch recht erheblichen Differenzen zu den Feldforschungstexten (Schenda 1987). »Für das Sagenerzählen im Lebenszusammenhang sind die stoff-fixierten Materialsammlungen so gut wie gar nicht zu verwenden« (Gerndt 1986, 399).

5. Erzählforschung und Performanz-Studien

Erzählforschung erforscht ebenso das Erzählte wie das Erzählen. Dabei hat die Hinwendung vom Objekt zum Subjekt, vom Text zur Performanz die neuere Erzählforschung besonders fasziniert. Von einer Erzählsammlung verlangt man heutzutage authentische, d. h. wortgetreu und in der (meist mundartlichen) Diktion der Gewährsleute notierte Texte, wie sie z. B. die Sammlungen von A. Senti (1974), H. Fischer (1978), E. Gerstner-Hirzel (1979) oder U. Tolksdorf (1980) in vorbildlicher Weise bieten. Während die älteren Erzählsammlungen lediglich die Texte selbst abdrucken, oft genug überarbeitet und sprachlich aus der Mundart in die Schriftsprache gehoben, verlangt man von heutigen Aufzeichnungen nicht nur die Angabe von Namen, Alter und Beruf der Gewährsleute sowie einen authentischen Text, sondern zusätzlich noch eine Erhebung von Kontext, d. h. der Lebensumstände der Erzähler – möglichst von ihnen selbst dargeboten.

Erst relativ spät sind die *Erzählerpersönlichkeiten* als Vermittler der direkten Kommunikation in den Blickpunkt der Forschung getreten. Eine Wegmarke dieser Forschungsrichtung war Mark Asadowskijs Untersuchung über »Eine sibirische Märchenerzählerin« (Asadowskij 1926). In neuester Zeit waren auf diesem Gebiet besonders erfolgreich U. Tolksdorf mit seinem Buch über die ostpreußische Erzählerin Trude Janz (1980) sowie J. Pentikäinen mit seiner Studie über seine finnische Gewährsfrau Maria Takalo (1978). Einzelne Erzählerpersönlichkeiten haben schon früher auch G. Henßen, L. Uffer, S. Neumann, A. Cammann und C. H. Tillhagen und vor allem L. Dégh (1962) monographisch vorgestellt.

Dabei finden sich gute Erzähler unter Männern wie unter Frauen sowie unter den Angehörigen der unterschiedlichsten Berufe: vom Wanderhandwerker bis zum entlassenen Soldaten, vom Fischer bis zum Straßenkehrer. Die kreative Einzelpersönlichkeit eines Erzählers herauszustellen, nach seiner sozialen Stellung und Kreativität zu fragen, kann sozusagen als Gegenthese zur Anonymität von Folklore verstanden werden. Neuere Erzählforschung versucht dabei auch die Erzählvorgänge selbst zu beobachten und zu analysieren: in der familiären Kinderstube, in der dörflichen Spinnstube, in der Kaserne, im Krankenhaus oder in der Eisenbahn, im Wartezimmer. Überall ist ein Austausch von Geschichten möglich, und immer wieder anders gestalten sich die Spielregeln zwischen Erzähler und Publikum. Die Beobachtungen lassen sich von der Gegenwart auch in die Vergangenheit zurücktransponieren. Erzählvorgänge sind in literarischen Quellen häufig beschrieben worden, insbesondere etwa in den Rahmenhandlungen von Tausendundeinenacht, von Boccaccios »Decamerone«, Chaucers »Canterbury Tales« bis zu Goethes »Unterhaltungen deutscher Ausgewanderter« oder in Wilhelm Hauffs Märchen. Repertoire-Studien beweisen z.T. das phänomenale Gedächtnis von Gewährsleuten im Gegensatz zu lediglich passiven Traditionsträgern, denn eine tausendjährige Schriftüberlieferung und halbtausendjährige Drucküberlieferung hatten nicht alle Hörer in Leser verwandelt. Diese direkte mündliche Kommunikation gibt es – allen Unkenrufen zum Trotz – auch im Zeitalter der Massenmedien, ja, die Massenmedien sind selbst ein Teil dieses folkloristischen Kommunikationsprozesses geworden. Das läßt sich leicht beobachten bei der Weitergabe von Witzen.

6. Terminologie und Gattungsprobleme

Mündliche Prosa-Überlieferung gliedert sich in Gattungen, wobei die Volksterminologie oft eine andere ist als die der Wissenschaftler. Erst durch die Brüder Grimm sind die Begriffe »Sage« und »Märchen« als wissenschaftliche Kategorien aufgebracht worden. Diese Ausdrücke sind jedoch nicht nur von den Wissenschaftlern, sondern auch von der allgemeinen Umgangssprache akzeptiert worden. Im Laufe der jüngeren Forschungsgeschichte wurden die wissenschaftlichen Gattungssysteme dann immer mehr differenziert. So kann man das Märchen weiter untergliedern in Kategorien wie Zaubermärchen, Novellenmärchen, Tiermärchen Kettenmärchen, Warnmärchen; die Erscheinungswelt der Sage in die Untergruppen: Ortssagen, Glaubenssagen, historische Sagen, Ursprungssagen. Eine solche Aufzählung (die nicht vollständig sein will) zeigt, daß die Gattungen und Untergattungen, Genres und Subgenres der Volksprosa nach ganz verschiedenen Kriterien bestimmt und benannt werden können: 1. nach Inhalt und Thematik (Heiligenlegende, Schatzsage, Teufelssage, Lügenmärchen, Diebsgeschichte), 2. nach Form und Struktur (Kettenmärchen, endlose Märchen, Wellerismus), 3. nach dem Stil (Fragemärchen, Kunstmärchen), 4. nach den beteiligten Kommunikatoren, nach Erzähler, Adressat und Publikum (Ammenmärchen, Kindermärchen, Frauenmärchen, Soldatenmärchen), 5. nach der Funktion (Erklärungssage, Ätiologie, Warnerzählung), 6. nach Frequenz und Verbreitung (Wandersage, Lokalsage), 7. nach Herkunft und Ursprung (Predigtmärlein, Exempel). Nur in kontrastiver Darstellung läßt sich ein solches System verdeutlichen (vgl. L. Honko in EM V, 752). In verschiedenen Ländern ist man unabhängig voneinander übereingekommen, Prosaerzählungen danach einzuteilen, ob sie geglaubt werden oder nicht, d. h. wo sie im Koordinatensystem zwischen wahr und fabuliert angesiedelt sind. Hierher gehört die Differenzierung nach Novellenmärchen und Zaubermärchen, die man auch als »eigentliche Märchen« bezeichnet hat, oder auch die von C.W. von Sydow (1948) vorgeschlagenen Begriffe Memorat, Fabulat, Fikt, die sich international durchgesetzt haben, obwohl – oder gerade weil – es sich um »Kunstworte« handelt, wie schon der Begriff »Folklore« selbst, der erstmals 1846 von William John Thoms eingeführt wurde.

Die generellen Entwicklungen verlaufen von der geglaubten Erzählung zur nicht mehr geglaubten, vom Mythos zum Märchen, von der erlebten und erfahrenen Geschichte, vom Memorat zum fiktiven und phantastischen Fabulat, vom lehrhaften Exempel zur bloßen Unterhaltung, von der moralischen Erzählung zur unmoralischen. Vor allem die Auflösung der ernsten Gattungen in die unterhaltenden ist eine Tendenz unserer Zeit. Das Schwankhafte greift immer mehr um sich, und es gibt genug Beispiele für Schwänke und Witze als »Schwundstufen« (K. Ranke 1978, 61–78) von ernsthaften Erzählungen. Längere Texte weichen pointierten Kurzformen; Schwänke werden zu Witzen umfunktioniert usw. In der deutschen Sprache kann man Mischgattungen – mit Bindestrich-Begriffen wie Rätsel-Märchen, Legenden-Märchen oder Sagen-Ballade leicht kategorisieren, und die Terminologie allein im germanischen und angelsächsischen Raum füllt ein (nur schwer zu benützendes) Lexikon (Bødker 1965), d. h. der Erfindung neuer Begriffe waren und sind keine Grenzen gesetzt. Nicht immer war sie sehr sinnvoll. Worin soll etwa der Unterschied zwischen einem »Schwankmärchen« und einem »Märchenschwank« liegen? Man hatte im Grunde eher zuviel als zuwenig differenziert. So hat diese Tendenz jetzt einen gewissen Rückschlag erlitten und zu einem gewissen »Gattungsnihilismus« oder zu einer »Gattungsdämmerung« geführt. Auch die Zwischengattungen negieren natürlich nicht das tatsächliche Vorhandensein der verschiedenen Gattungen der Volksprosa.

# Erzählforschung 525

7. Märchen

Das Wort »Märchen« ist eine Diminutivbildung zum Substantiv (mhd. das) »maere«, was ursprünglich Nachricht, Botschaft bedeutet. Während nach mittelalterlichem Sprachgebrauch und noch bei Luther in seinem bekannten Weihnachtslied mit der »Guten neuen Mä(h)r« die frohe Botschaft der Christgeburt, die Wahrheit des Evangeliums bezeichnet wird, hat das Wort – schon durch die Diminuierung – immer mehr an Ernsthaftigkeit, Gewichtung und Glaubwürdigkeit eingebüßt (vgl. Rölleke 1985, 9–11). Heutzutage bedeutet Märchen im allgemeinen Sprachgebrauch eine »fabula incredibilis«, eine Erzählung lediglich mit Unterhaltungsfunktion, die allenfalls noch von Kleinkindern ernstgenommen wird.

Seit eh und je besteht für das Märchen ein großes Allgemeininteresse, ist doch das Märchen diejenige Form von Dichtung, mit der der Mensch am frühesten in seinem Leben in Berührung kommt. So ist der Einfluß, den das Märchen auf die Entwicklung des einzelnen hat, gewiß nicht zu unterschätzen. Man hat deshalb auch immer wieder das Generell-Anthropologische, das »Menschenbild«, die Auffassung der Frau etc. in Märchen zu erschließen gesucht (Röhrich 1976, 9–21; Lüthi 1979; Wehse 1985).

In der gegenwärtigen Märchenforschung stehen kultur- und sozialhistorische Methoden neben eher ahistorischen. Zu den letzteren gehören phänomenologisch-anthropologische Versuche, aber auch die Klassifikation von Typen und Motiven ebenso wie die Strukturanalysen oder Form- und Stilbeschreibungen. Da sich die Erzähleinheiten wiederholen und weltweit auf einige hundert reduzieren lassen, kann man sie auch typisieren und numerieren. Dabei bedient man sich eines internationalen Typensystems, das von den Forschern *A. Aarne* und *St. Thompson* entwickelt worden ist (abgekürzt als »AaTh«). Von einer wissenschaftlichen Märchen-Edition erwartet man, daß sie zu jeder Erzählung die entsprechenden AaTh-Nummern angibt. Nach diesem System sind die internationalen Erzählarchive aufgebaut und zahlreiche nationale Märchenverzeichnisse veröffentlicht worden. Die gegen AaTh vorgebrachte Kritik stieß sich insbesondere am Eurozentrismus des Katalogsystems. In der Tat mußten für die Katalogisierung beispielsweise orientalischer oder afrikanischer Erzählbestände modifizierte oder andere Systeme entwickelt werden. Für die Motive als kleinste Elemente einer Erzählung gibt es ebenfalls ein internationales Register, den von St. Thompson (1955–58) besorgten *Motif-Index*. Trotz aller Kritik und Ergänzungsbedürftigkeit im Detail haben beide Systeme von ihrer internationalen Verbindlichkeit nichts eingebüßt.

Der *strukturalistische Ansatz* Vladimir Propps (1928) beruht ebenso auf einer ahistorischen Prämisse wie die literaturwissenschaftlichen Märchenanalysen, die mit den Namen von Axel Olrik, André Jolles und insbesondere Max Lüthi verbunden sind. A. Jolles (1929, ²1958) ordnete den Gattungen, die die von ihm so benannten »*Einfachen Formen*« ausmachen, spezifische »Geistesbeschäftigungen« zu. Skandinavische Gelehrte, insbesondere der dänische Germanist A. Olrik (1909) postulierten an positivistisch-naturwissenschaftlichem Denken orientierte »*Epische Gesetze*« der Volksdichtung, wie die Gesetze des Eingangs und des Abschlusses, der epischen Einheit, der Einsträngigkeit, der Konzentration auf eine Person, des Gegensatzes, der Wiederholung, der Dreizahl, der szenischen Zweiheit und des sogenannten Achter- und Topgewichts (vgl. EM IV, 58–69).

Auf einen »Idealtyp« bezogen ist auch die Ästhetik, Form- und Stilbeschreibung des »Europäischen Märchens« durch *Max Lüthi* (1947, 1981), wobei sein terminologisches Instrumentarium mit den Begriffen »Eindimensionalität«, »Flächenhaftigkeit«, »Abstrakter Stil«, »Sublimation und Welthaltigkeit« zwar nicht unwidersprochen geblieben, aber doch zunächst allgemein akzeptiert und übernommen worden ist. Lüthi hat gezeigt, daß das Märchen doch gar keine so »einfache Form« ist, sondern nach sehr präzisen Erzählmustern und Regeln verläuft.

Die Akzente der Märchenforschung haben sich im vergangenen Jahrzehnt merklich verschoben. Gegenüber den literaturwissenschaftlichen Forschungen haben sich immer mehr Fragestellungen der Gegenwartsvolkskunde, soziologische, psychologische, pädagogische und funktionalistische in den Vordergrund geschoben. Dabei kommt es stets darauf an, das Märchen in seinem gesamten sozialen Kontext zu verstehen. Das Glücksverlangen als ein zentrales Thema des Märchens scheint zum großen Teil eine Folge der äußeren sozialen Verhältnisse der Märchenträger zu sein, und in der utopischen Wunschwelt des Märchens mögen die Erzähler zuweilen wohl einen Ersatz für ihre prosaische Lebenswirklichkeit gefunden haben. Märchen sind Utopien mit kompensatorischer Funktion, die ihre Tradierung konkreten sozialen und ökonomischen Verhältnissen verdanken. Die meisten Märchen handeln von armen Leuten und ihrem Weg zum Glück. Das Märchen verändert zwar die gesellschaftlichen Verhältnisse: Der Arme wird König; der König wird gestürzt, und zwar durch den sozial Schwachen. Die übermütige Prinzessin muß den Schweinehirten heiraten; der arme Aschenlieger wird zum Thronfolger. Arm wird reich, und reich wird arm. Es gibt ein alle sozialen Schranken sprengendes Freiheitsstreben. Aber es kommt noch ein anderer Faktor hinzu, der auch nicht übersehen werden darf: die sozialen Gegensätze im Märchen sind auch künstlerisch und erzähltechnisch bedingt.

In der Geschichte der Kindererziehung des 19. und 20. Jahrhunderts ist das Märchen mannigfach pädagogischen Zielen dienstbar gemacht worden (Richter/Merkel 1974; Bastian 1981). Insbesondere gibt es eine umfangreiche und immer wieder aufflammende Diskussion um Nützlichkeit oder Schädlichkeit der Märchen, insbesondere der Grimmschen, die man zu »entgrimmen« gesucht hat. Oft wiederholt worden sind die pädagogischen Bedenken gegen die Grausamkeiten des Märchens.

Und die Vorwürfe der Pädagogen blieben keineswegs bei den genannten »Grimmschen Märchengreueln« stehen. Man hat gesagt: Märchen disziplinieren die Kinder; sie seien Ausdruck repressiver und autoritärer Erziehung. Zauber- und Abenteuermärchen schildern andererseits aber auch Wege der Emanzipation: Die Helden machen sich selbständig; sie verlassen das Elternhaus. Die Gründe hierfür wechseln, aber der Aufbruch, das Hinausgehen in die Welt des Abenteuers ist immer das gleiche. So wird die Antwort auf die Frage, ob Kinder Märchen brauchen, von dem Psychologen Bruno Bettelheim (1977) schon durch die Formulierung des Titels von vornherein positiv beantwortet – jedenfalls in der deutschen Ausgabe dieses Bestsellers.

Obwohl die mündliche und vorliterarische Überlieferung heute weitgehend ausgestorben oder im Buchmärchen erstarrt ist, erfreuen sich Märchen nichtsdestoweniger größter Beliebtheit, wenn auch in stark gewandelten Daseinsformen und Funktionen. Nicht nur, daß Märchen noch immer den Grundstock jeder Kinderlektüre bilden, auch Comicstrips haben hundertfach Themen und Inhalte des Märchens aufgenommen und es den heutigen Konsumformen von Jugendliteratur angepaßt. Die tönenden Konserven der Märchenschallplatten haben ihren Erzeugern Millionengewinne eingebracht. Hauptberufliche Märchenerzählerinnen reisen mit einem Repertoire von Hunderten von Erzählungen im Auftrag von Unterrichtsministerien von Schule zu Schule und von Kindergarten zu Kindergarten. Was wäre die Kinderstunde von Funk und Fernsehen ohne die unerschöpfliche Fundgrube des internationalen Märchenschatzes? Kein deutsches Großstadt- oder Provinztheater ohne Weihnachtsmärchen für die Kinder. Märchengärten, Freilichtgehege mit lebenden Bildern aus bekannten Volksmärchen, z.T. akustisch untermalt durch Sprechautomaten, sind – nach dem großen Vorbild von Disneyland – in vielen Landschaften die regionalen Ziele des sonntäglichen Familienausflugs oder organisierter Touristikunternehmen. Aber nicht bloß als abgesunkenes und vermarktetes Erwachsenengut in der Kinder-Folklore fristet das Märchen sein Dasein. Auch für die Erwachsenen kann das Märchen wieder attraktiv werden, wenn es nur entsprechend dargeboten wird. So ist das Märchen in immer neue Bereiche eingedrungen und hat sich modernen Kommunikationsgegebenheiten angepaßt. Es dient nicht länger mehr allein der mündlichen Kommunikation in Unterschichten, sondern ist in das Stadium eines zweiten oder dritten Daseins eingetreten, vor allem natürlich auch in zahllosen populären Nachdrucken älterer Ausgaben.

8. Sage

Es scheint nicht weiter erklärungsbedürftig, daß der Begriff »Sage« zum Verbum »sagen« gehört. Aber unsere noch immer bekannteste Sagensammlung, die »Deutschen Sagen« der Brüder Grimm (1816–1818)

– Vorbild für alle späteren Sagensammlungen –, enthält nur zum kleinsten Teil Stücke, die wirklich *gesagt* worden sind, d. h. aus der mündlichen Überlieferung stammen (Grimm 1993). Auch in der Grimmnachfolge ist, wie schon oben dargelegt, oftmals der Sagensammler zum Sagenschreiber geworden. Die Grenze von Märchen und Sage ist im Grunde unscharf (vgl. Röhrich 1979, 9–27). Es gibt Unterschiede der Form, des Inhalts, des Weltbildes, der Zeitauffassung, der Glaubwürdigkeit und Anteilnahme, der psychologischen Ebenen, der Sozialauffassung. In der Sage bleibt die Bindung an Glauben und Wissen vorrangig vor der erzählerischen Komposition. Märchen sind meist mehrepisodige Erzählungen, die Sage dagegen in der Regel eine einepisodige Kurzform. Das Märchen ist mehr als die Sage bewußte Dichtung – die Grimms sagten, das Märchen sei »poetischer«, die Sage »historischer«.

Sagen sind mehr ortsgebunden. Das Märchen gibt Welt, die Sage Heimat. In der Sage dominiert die Burgruine (Schatz, erlösungsbedürftiger Geist), im Märchen das Schloß. Darum herrscht im Märchen auch eine andere soziale Welt als in der Sage: In der Sage gibt es in der Regel keine Könige, Prinzen und Prinzessinnen. Wo Aristokraten und Potentaten vorkommen, da in den Gestalten, die tatsächlich im Blickfeld des einfachen Mannes stehen: Gutsherren, Vögte und Landadel spielen eine Rolle, aber nicht der König. Vor allem aber sind es die ungenannten Leute aus dem Volk; sie sind es, die dem Übernatürlichen begegnen: ein einsamer Hirt, ein beerenlesendes Weib, ein Bauer, der nachts noch über Land muß.

So zeigen Märchen und Sagen verschiedene Denkmodelle. Charakteristisch ist der gute Ausgang des Märchens und der überwiegend schlechte der Sage: Die Erlösung der umgehenden Seele mißlingt, der Kobold verläßt den Dienst, die Zwerge ziehen ab, der Schatz läßt sich nicht heben oder er sinkt nach seiner Hebung wieder in die Erdtiefe hinab, der gefangene Alp entschlüpft. Nach dem Menschenbild des Märchens ist ein Mensch schön oder häßlich, gut oder böse. In der Sage gibt es meist keine solchen Charakterisierungen. Im Mittelpunkt steht überhaupt nicht so sehr der Mensch, sondern das Übernatürliche und Außergewöhnliche, das ihm widerfährt. Im Märchen ist die Dämonenwelt dazu da, dem Menschen zu helfen oder auch zu schaden. In der Sage hat auch der Mensch eine notwendige Funktion für die Dämonenwelt. Aber selbst dann, wenn in Märchen und Sage die gleichen dämonischen Wesen auftreten, weisen sie verschiedene Züge auf, wie z. B. im Fall der Hexe. Im ganzen ist der Figurenkatalog des Märchens viel typisierter; Volkssagen haben dagegen eine breitere Variabilität. Es gibt verschiedene Zeitauffassungen in Märchen und Sage, was am Gegenbeispiel von Dornröschen und dem Mönch von Heisterbach besonders gut aufgezeigt werden mag. Man kann einer Sage nicht die Formel »Es war einmal« voranstellen, und auch die Schlußformel »... und wenn sie nicht gestorben sind, so leben sie heute noch« wäre fehl am Platz. In der Sage gibt es das »heute noch« tatsächlich. Die Sageninhalte haben immer eine Beziehung zur Gegenwart: Die unerlöste arme Seele wartet immer noch auf ihre Erlösung. Der Schatz, dessen Hebung mißlungen ist, kann immer noch gehoben werden. Das Haus, in dem eine Totensage spielt, kann immer noch ein Spukhaus sein. Der Stein, den der Riese oder Teufel verloren hat, ist noch immer zu sehen. Märchen zeigen ein vorwiegend optimistisches Weltbild, in dem das Böse letztlich überwunden und vernichtet wird. Die Sage ist demgegenüber pessimistisch. Wahnsinn, Geisteskrankheiten und Tod spielen im Märchen keine Rolle, in der Sage sind sie häufig genannt und geradezu vorherrschend. Die Sage ist härter als das Märchen, bedrückender. Fast immer ist der Mensch der Verlierer gegenüber den übernatürlichen Mächten. Eine solche Gegenüberstellung spricht sozusagen von polaren Idealtypen und ist darum stark vereinfacht.

Anläßlich der »frappierenden Polarität« der beiden Gattungen stellt H. Gerndt (1986, 399) darum die skeptische Frage: »Wann je geht in der verschlungenen Wirklichkeit alles so glatt auf? Ob da nicht eher ein Bedeutungsmuster in die Realität hinein als aus ihr heraus interpretiert wurde?«

»Sage« ist ein Sammelbegriff für höchst Verschiedenartiges, und innerhalb dieses Bereiches gibt es deutlich auseinanderdriftende Untergattungen. Sie teilen den Gesamtkomplex auf nach Inhalt, Verbreitung, Ursprung und Alter, Funktion, Struktur, Form und Stil. Inhaltliche Termini sind Begriffe wie Totensagen, Teufelssagen, Zwergensagen, Riesensagen, Hexensagen, Wildgeistersagen etc. Zusammengefaßt bilden sie die Gruppe der Sagen von übernatürlichen Wesen, die *dämonologischen* oder *abergläubischen Sagen.* Sie scheiden sich deutlich von den sogenannten *geschichtlichen Sagen,* deren Hauptfiguren historische oder für historisch gehaltene Personen und Ereignisse sind: mutige Helden, gerechte, listige Herrscher, Raubritter, Räuber, Kriege, Notzeiten. Sage kann mündliche Geschichtsüberlieferung und darum eine wichtige Quelle für die historische Forschung sein (Vansina 1985). Der gemeinsame Nenner von abergläubischen und historischen Sagen scheint das Außergewöhnliche und Unerhörte zu sein, das dem Menschen in der Begegnung mit dem Übernatürlichen ebenso entgegentritt wie im herausgehobenen geschichtlichen Ereignis (vgl. Bausinger 1980, 188). Entsprechend dem unterschiedlichen Verbreitungsgebiet spricht man von Lokalsagen, Stadtsagen, Regionalsagen und Wandersagen. Die Grimmsche Scheidung von »Ortssagen« und »historischen Sagen« ist heute praktisch aufgegeben worden. Es gibt keine klare Trennung zwischen beiden Bereichen. Erzählungen wie die z. B. vom Rattenfänger von Hameln, vom Wilden Jäger, Pestsagen oder Schatzsagen sind meist historische und Ortssagen zugleich. Im übrigen weisen Sagen immer eine örtliche Anknüpfung auf. Eine dritte Kategorie stellen die ätiologischen Sagen, auch *Ursprungssagen* genannt, weil sie den Ursprung eines auffallenden Zustandes erklären: z. B. merkwürdige Naturerscheinungen, Felsbildungen oder Versteinerungen, Besonderheiten in Tier- und Pflanzenwelt.

Die Funktionen der Sage können recht mannigfaltig sein. Häufig wollen die Sagenerzähler erklären, belehren, exemplifizieren oder warnen. Sagen setzen bestimmte Normen bzw. sie erzählen von Normabweichungen. Der ganze Komplex der sogenannten Frevelsagen, Sagen von Schuld und Sühne, zeigt Verstöße gegen Normen und Tabuverletzungen. Geister und dämonische Wesen sind häufig Ausdruck eines schlechten Gewissens. Immer erscheinen dabei die übernatürlichen Gestalten als Sanktion der Norm und als Berichtiger eines Fehlverhaltens. So bieten Sagen eine Gebrauchslehre des Richtigen und Falschen, eine Beispielsammlung von gelungenen oder mißlungenen Lösungen in Daseinskonflikten.

Wieder andere Erzählungen, insbesondere unter den sogenannten historischen Sagen, haben eine sozialkritische, antifeudale Tendenz. So enthalten z. B. die Sagen von hartherzigen oder betrügerischen Herren Kritik aus der Perspektive des kleinen Mannes, der unterbäuerlichen Schicht. Es gibt Sagen, die nur bestimmten Berufsgruppen eigen sind, wie z. B. Bergmanns- und Seemannssagen mit deutlich erkennbarer Interessen- und Milieudominanz. Der Mensch sieht sich in diesen Sagen einer Welt gegenüber, die er sich nicht erklären kann. Ein Jenseitiges spielt in unser Diesseits hinein; zwei Sphären begegnen sich. In immer neuen Ansätzen kreist die Sage um dieselbe Thematik: Die vertraute Welt wird verfremdet durch Repräsentanten einer anderen Welt. »Memorat« nennt man einen individuellen Erlebnisbericht, wenn er eine Deutung aus dem Volksglauben erhalten hat. Ein supranormales Erlebnis setzt immer Kenntnis der supranormalen Sagentradition voraus und auch die Bereitschaft, Erlebnisse bestimmter Art zu erfahren. Diese supranormalen Erlebnisse werden nach den Mustern der Tradition gedeutet (Honko 1962, passim, bes. 67, 88 ff., 133).

Die Beziehung von Sagengeschehnissen zu psychotischen oder neurotischen Erlebnissen hat zwar nur zögernd zu einer Rezeption psychoanalytischer Erkenntnisse durch die volkskundliche Sagenforschung geführt. Heute werden sie aber wohl nirgends mehr abgestritten. Schon Sigmund Freud selbst hat eine psychoanalytische Deutung einer Teufelsbündnergeschichte gegeben. Sagen sind Erzeugnisse der menschlichen Phantasie, und insofern – wie alle Hervorbringungen der Phantasie – auch ein Gegenstand der Psychologie. Sagen sind vor allem alles andere als nur zufällige Phantasmen. Sie sind genauso wenig zufällig wie Träume. Sagen sind in jedem Fall Psychogramme ihrer Erzähler. Übernatürliche, dämonische Wesen sind Personifikationen ihres Unterbewußten, Teil der Persönlichkeit des Menschen, der sie erlebt. Psychologische Überlegungen helfen, die Bedingungen der Entstehung und Weitergabe von Sagen zu erfassen. Sie sagen uns etwas über das Warum einer Tradition, denn es ist doch nicht einfach ein Trägheitsprinzip, daß etwas immer wieder gleichartig und stereotyp überliefert wird. Typisch kann nur etwas werden, was psychologisch einschlägt. Alles Typische und kollektiv Gültige muß deshalb auch eine allgemeine psy-

Erzählforschung

chologische Notwendigkeit und Verbindlichkeit aufweisen. Erstaunlich ist ja, daß auch für den Agnostiker, für den nichtgläubigen Menschen der Gegenwart Sagenerzählungen außergewöhnlich beeindruckend sind. Weitaus die Mehrzahl der Menschen in der Gegenwart kennt die Sage nur noch aufgrund von Schul- und Kindheitserinnerungen, wie z. B. den Rattenfänger von Hameln, den Mäuseturm im Rhein, die Heinzelmännchen zu Köln; oder es gibt vielleicht Sagenreminiszenzen von Lektüre- oder Theatererlebnissen: Fliegender Holländer, Undine, Lohengrin und Freischütz. Auch die Sage lebt weitgehend nur noch in einem »zweiten« oder »dritten« Dasein«. Es gibt allerdings *Sagenbildung im 20. Jahrhundert:* Weltkriegssagen, Flüchtlingssagen, Großstadtsagen, Zeitungsnotizen mit Sagencharakter. Neben den traditionellen Formen gibt es Funktions-Äquivalente (z. B. Zeitungssagen); es gibt Innovationen. Ich nenne nur ein paar Schlagwörter, z. B. die Berichte von fliegenden Untertassen, die Berichte vom Schneemenschen im Himalaja. Es gibt weiter bestimmte Erscheinungen in der Reklame: der weiße Riese, der Kaskade-Mann, die Kreislaufschleiche, die Mainzelmännchen, der Gartenzwerg – alle diese Figuren zeigen teils Verniedlichungen, Verharmlosungen des Dämonischen, teils aber auch einen neuen Appell an unterschwellige Angst oder Bewunderung. Auch Comics haben sich der Sagenstoffe bemächtigt: Die Serien von Prinz Eisenherz, Superman oder Mickymaus als Zauberlehrling bringen eine neue Heroisierung oder auch Magisierung. Neben einer Welle der Rationalisierung und Entmythologisierung gibt es immer wieder auch eine neue Magisierung. Neben dem Sturz der Heroen steht eine neue Heroisierung. Der Hang zum Schauervollen kleidet sich in neue Formen: Eine Fernsehserie mit dem Titel »Unglaubliche Geschichten« brachte im Grunde genommen »Sagen in modernem Gewande«. Vampirfilme, Dracula, Filme von Toten und Teufeln kommen regelmäßig wieder. »Rosemaries Baby« oder »Tanz der Vampire« sind nur Einzelbeispiele.

In der modernen Welt hat sich das Erscheinungsbild der Sage gründlich gewandelt. Aber auch in der Stadt, verbreitet durch die modernen Massenmedien, gibt es moderne Sagenbildung, Stadtsagen, »Urban Legends« – oft als eine irrationale Reaktion auf den technischen Fortschritt. Insbesondere amerikanische, englische, niederländische und skandinavische Forscher haben sich mit diesem Problem beschäftigt (Dégh 1973; mehrere Artikel zur modernen Sagenbildung in: Fabula 26, 1985). Inzwischen liegen auch mehrere deutschsprachige Sammlungen vor (Brednich 1990, 1991, 1993, 1996; Klintberg 1990; Fischer 1991).

9. *Legende und Exempel*

Während im englischen und französischen Sprachgebrauch »legend«, bzw. »légende« die »Sage« bezeichnet, meint das deutsche Wort »Legende« im engeren Sinne die Lebensbeschreibung eines Heiligen. Der Begriff (entsprechend dem lateinischen Plural von legendum) ist eigentlich der zu lesende Abschnitt einer Heiligenvita oder im allgemeineren Sinne: eine fromme Erzählung. Nach L. Schmidt ist »Legende« die einzige nichtdeutsche Benennung einer Volkserzählungsgattung; sie besagt zugleich deutlich, daß es sich bei ihr ursprünglich nicht um ein zu »Sagendes«, sondern um ein zu »Lesendes« gehandelt habe (1963, 235). Man darf sich unter einer Legende nun allerdings nicht grundsätzlich nur einen Buchtext vorstellen. Die Legende existierte primär im lauten Vorgelesenwerden und sie konnte deshalb auch leicht in die Form der Volkserzählung überwechseln. Besonders in Ländern mit weitreichendem Analphabetentum sind solche Übergänge in die Oraltradition häufig zu beobachten (Karlinger 1986, 4). Vorzugsweise sind Legenden also durch kirchliche Verkündigung, durch Predigten, geistliche Traktate und Exempelbücher verbreitet worden. Gleichwohl meint Legende jahrhundertelang die literarisch und theologisch fixierte Heiligendichtung. Wie keine andere Erzählkategorie gehört die Legende ihrem Ursprung nach ins Mittelalter, in dem sie die am häufigsten vertretene Literaturgattung repräsentiert.

Im Bereich der Theologie erfolgte die Legendenforschung insbesondere durch die Bollandisten und ihre Schule (Karlinger 1986, 29): Legendenforschung schlägt Brücken nicht nur zur Literaturwissenschaft, sondern auch zu Geschichte, Volkskunde und vergleichender Religionswissenschaft, denn der Geltungsbereich von Legenden beschränkt sich nicht nur auf christliche Überlieferungen; auch Hinduismus und Islam haben ihre Legenden. Für die Aspekte der volkskundlichen Erzählforschung sind insbesondere die Arbeiten von H. Rosenfeld (1972), L. Kretzenbacher und F. Karlinger (1986) zu nennen. Über Motive und Verbreitung der Heiligenlegende informieren noch immer am besten die Arbeiten von Heinrich Günter. Sein Titel »Psychologie der Legende« (1949) ist allerdings völlig irreführend, weil das Buch nur Materialien ohne Interpretation zusammenstellt.

Wie die Legende kommt auch das *Exempel* aus der schriftlich-literarischen Überlieferung des Mittelalters. Schon der Name zeigt, daß die Gattung auf das Moralisch-Lehrhafte zielt. Daß die belehrenden Genres der Volksdichtung so wenig beachtet wurden und z.T. werden, hängt sicherlich damit zusammen, daß die Entdeckung der Volkspoesie und ihre theoretische Fixierung in eine Zeit fielen, da man des trockenen Tons der moralisierenden Aufklärungsepoche herzlich satt war (Bausinger 1980, 212 f.; vgl. Schenda 1969; Rehermann 1977; Daxelmüller 1985). Zahlreiche Exempel sind als solche kaum mehr zu erkennen, weil sie sich in der Mündlichkeit zur Gattung der Sage hin entwickelt haben. Ebenso sprechen Märchen und Tiergeschichten (Harkort 1970) oftmals eine Lehre aus, auch wenn sie das »fabula docet« nicht am Ende der Erzählung als »Moral von der Geschicht« expressis verbis formulieren.

10. *Schwank und Witz*

Hier handelt es sich um erzählerische Kurzformen. Die Kürze – und damit die leichte Einprägsamkeit – hat wesentlich zur Beliebtheit dieser beiden Erzählgattungen des Komischen beigetragen. Doch ist ein Schwank in der Regel umfänglicher als der Witz. Das Wort gehört zum Verbum »schwingen«, das einen aggressiven Schlagabtausch zum Ausdruck bringen kann (»einem eine schwingen« – »Streich«). Daneben gibt es für die lustige Erzählung noch zahlreiche mundartliche Bezeichnungen wie »Läuschen«, »Döntjes«, »Vertellsel«, »Krätzcher« etc. Schwank ist ein altmodischer, aus dem heutigen Sprachgebrauch fast verschwundener Begriff. Als literarische Erscheinung tritt er zunächst in Verserzählungen des ausgehenden Mittelalters in Erscheinung (Röhrich 1962–1967). In Frankreich ist die entsprechende Gattung der »Fabliaux« schon 100 Jahre früher entstanden. Als einen ersten »Schwankroman«, d. h. als eine Serie aufeinanderfolgender und auf eine einzelne Hauptperson bezogene Erzählfolge lustiger Streiche, hat man den »Pfaffen Âmîs« des Stricker (13. Jahrhundert) bezeichnet. Den Prosa-Schwank gibt es dann erst seit dem 16. Jahrhundert. Sein Aufkommen ist verbunden mit der Erfindung des Buchdrucks und neuen Medien der Kommunikation. Im 16. Jahrhundert wird der Schwank geradezu zur literarischen Mode. Dabei ist nicht nur an Schwankgedichte und dramatisierte Schwänke eines Hans Sachs zu denken, sondern an immer neue Sammlungen mit Titeln, die Unterhaltungsliteratur signalisieren, wie »Wegkürzer«, »Gartengesellschaft«, »Schimpf und Ernst«, »Nachtbüchlein«, »Rollwagenbüchlein«.

Das Wort »Witz« gehört zum Wortfeld »Wissen«, und noch bis ins 18. Jahrhundert hinein behält es seine ursprüngliche Bedeutung: Verstand, Wissen, Klugheit, Weisheit. Erst mit dem 19. Jahrhundert wurde es üblich, den Begriff auf die Produkte witziger Veranlagung zu beziehen. Von »vielen Berliner Witzen« spricht Goethe 1828. Während der Schwank eine Vergangenheitsform des Komischen repräsentiert, ist der Witz im wesentlichen eine Gegenwartsform. In der modernen Industriegesellschaft ist er vielleicht die am meisten lebendige Gattung der Volkserzählung (Röhrich 1977; Lixfeld 1978, 1979, 1984).

In der Witzforschung zeichnen sich neue Trends ab, nicht nur durch das Aufkommen immer neuer Witzmoden: Ostfriesen- und Häschenwitze, Breitmaulfrosch- und Elefantenwitze, Aids- und Challenger-Witze etc. Neue Richtungen nehmen sich insbesondere auch der verspotteten Minderheiten oder Subkulturen an, beim Lachen über körperlich und geistig Behinderte, wie dem Idiotenwitz (Peters 1974), beim frauenfeindlichen Witz oder beim Kindermund-Witz. Die wissenschaftliche Analyse von Witzen ist eine interdisziplinäre Angelegenheit. Nicht nur die Folkloristik, sondern auch Psychologie, Soziologie, Verhaltensforschung und Literaturwissenschaft sind Disziplinen, die sich mit diesem Genre befassen. Auch aus linguistischer Sicht hat man die »Textsorte

Witz« zu analysieren gesucht (Marfurt 1977). Dabei geht es um den Kommunikationsvorgang des Witzeerzählens. Beim Hören und Weitererzählen von Witzen liegen psychologische Fragen am nächsten, wofür die klassische Darstellung noch immer Sigmund Freuds Witzanalyse darstellt (Freud 1905). Volkskundliche Forschung hat sich bis jetzt noch sehr wenig um den Witzeerzähler gekümmert. Kontext-Forschungen stehen weithin noch aus. Mit Sicherheit werden im Witzrepertoire oder in der Bevorzugung bestimmter Lieblingswitze autobiographische Züge erkennbar. Auch die Reaktion auf Witze ist von Individuum zu Individuum höchst verschieden. Die Analyse eines einzelnen Witzes, seiner Wirkung auf Zuhörer von verschiedenem Alter, Religion und Geschlecht, seine Wandlungen und Adaptionen, die psychologischen Funktionen bei unterschiedlichen Erzählern behandelt die Untersuchung von Thomas A. Burns (1975).

Die strukturalistische Betrachtung des Witzes befaßt sich mit den Bauformen dieser Gattung. Zu den formalen Kriterien gehören nicht nur Kürze und Pointe. Es gibt darüber hinaus zahlreiche formelhafte Elemente. Soziologische Studien interessieren sich insbesondere für soziale Spannungen, Aggressionen und Normverletzungen im Witz.

Der Witz weist schließlich eine ganze Reihe von Merkmalen auf, die ihn als Folklore-Gattung, als mündliche Überlieferung ausweisen. Witze werden von Mund zu Mund weitererzählt. Wie andere Volkserzählungen ist auch der Witz anonym: Niemand weiß, wer ihn erfunden hat und wie er entsteht, kein Autor kann Urheberrechte beanspruchen. Der Witz ist schließlich eine typische Erzählung. Er ist geprägt durch typische Figuren: Frau Neureich, den geizigen Schotten, den langsamen Berner oder den zerstreuten Professor. Ebenso typisch sind die sich wiederholenden Witzsituationen: die Gerichtsverhandlung, die ärztliche Sprechstunde, Musterung und Kasernenhof, der Beichtstuhl, das Restaurant, das eheliche Schlafzimmer, die einsame Insel mit den Überlebenden einer Schiffskatastrophe. Ein Witz wirkt zwar nur, wenn er für den Hörer neu ist. Das schließt aber nicht aus, daß bestimmte Witze schon seit Jahrhunderten immer wieder erzählt werden. Die Stoffe des Komischen kehren wieder; sie werden traditionell und sind insofern legitimer Gegenstand einer Wissenschaft, die sich mit Überlieferungen befaßt. In manchen Fällen gibt es Kontinuitäten, die bis in die Antike zurückreichen.

Der Witz umfaßt alle Lebensbereiche, die privaten und intimsten ebenso wie die öffentlichen, die beruflich-sozialen wie die religiösen und politischen. Er ist ebenso individuell wie gesellschaftlich und kulturell bedingt. Obwohl der Witz Lachen erregt, ist sein Hintergrund ernst, gleichgültig, ob es um Religion, Politik oder das Geschlechtsleben geht. Die einfachsten und zugleich schwierigsten Grundfragen, die sich bei einem Witz, und zwar bei jeder einzelnen Erzählung wieder aufs neue stellen, sind: Warum ist etwas witzig? Worin besteht der Witz? Was sind die Mittel und Ziele des Witzes? Wer lacht über wen, wann und warum?

Was ist die Dominanzidee eines Witzes? Worin liegen die Antithese, die Spannung oder der komische Konflikt, die fast immer einen Witz erst ausmachen? Was sind die bewußten oder unbewußten individuellen Triebkräfte, die einen Menschen zum Behalten oder zum Weitererzählen eines Witzes veranlassen? Welcher Art ist die Gesellschaft, die einen solchen Witz hervorbringt und für belachenswert hält? Hier gibt es zunächst mehr Fragen als Antworten.

11. Anekdoten und Alltagserzählungen

Anekdote und Witz haben vieles gemeinsam: Beides sind kurze, einepisodige, meist dialogisch aufgebaute Erzählungen, die sich auf eine einzelne Szene oder auf einen Hauptakteur beschränken. Beide Gattungen lassen sich in Zyklen um zentrale Figuren zusammenfassen. Allgemein bekannt sind etwa die Anekdotenzyklen um den alten Fritz, um Napoleon oder Bismarck; ebenso die Musiker-, Maler- und Gelehrtenanekdoten. Die Anekdote kann historisch zutreffen oder wenigstens einen realen Kern enthalten, aber sie kann ebensogut in die Nähe des bloßen Gerüchts oder des Klatsches rücken. Der biographische Wahrheitscharakter der Anekdote ist allerdings meist viel niedriger, als man ihr zumißt. Die volkskundliche Forschung zeigt gegenüber der Anekdote eine gewisse Berührungsscheu, weil sie sie für eine Domäne der Historiker und Literaturwissenschaftler hält. Anekdoten sind aber keineswegs literarische Hervorbringungen, sondern spielen auch im mündlichen Erzählgut eine Rolle (Bausinger 1980, 220). Hier steht die Anekdote in der Nähe der historischen Sage, aber auch von Schwank und Witz, zumal ein humoristischer Zug häufig dazugehört. Während der Witz jedoch auf das Lachen zielt, muß dies für die Anekdote nicht gelten. Sie will etwas für eine Person Charakteristisches aussagen, was aber nicht unbedingt komisch zu sein braucht (Grothe 1971).

Zwangsläufig haben sich die neueren empirischen Feldforschungsarbeiten insbesondere solchen Erzählphänomenen zugewandt, die in der Gegenwart real noch beobachtet werden können und nicht erst rekonstruiert werden müssen, konkret: den Lebensgeschichten und autobiographischen Erinnerungen, den Alltagsgesprächen und -unterhaltungen. Den Terminus »alltägliches Erzählen« hat Bausinger (1958) in die Erzählforschung eingeführt, und er hat vielerlei Anregungen vermittelt. Immer häufiger sind seither auch in Deutschland die Oral-History-Methoden zur Erforschung der Alltagswelt von Gruppen und Individuen herangezogen worden, wobei auch die Probleme des biographischen Interviews aufgearbeitet wurden (Brednich u. a. 1982). Seit Ende der 70er Jahre befaßt man sich kritischer mit methodischen Fragen der Erhebung und Auswertung mündlicher und schriftlicher *Lebenserinnerungen* und anderer Quellen autobiographischen Erzählens. Eine zunehmend wichtige Rolle spielen dabei Arbeitererinnerungen, Arbeitserinnerungen und

Arbeiterbiographien. Zu nennen ist hier insbesondere Albrecht Lehmanns Hamburger Projekt zur Erforschung der Lebensgeschichte von Großstädtern. A. Lehmann (1983) hat gezeigt, daß auch dem biographischen Erzählen stets Orientierungsmuster zugrunde liegen sowie auch bestimmte Strukturen, die in der jeweiligen persönlichen Entwicklung begründet sind. Die biographischen Dokumente spiegeln tradierte Wertvorstellungen und Normen wider. Eine interessante Funktion zeigen auch die von A. Lehmann (1980) sogenannten Rechtfertigungsgeschichten. Eine so betriebene Erzählforschung wird dabei zur individuellen und kollektiven Bewußtseinsforschung. Auch mit den Phänomenen des Nicht-Erzählens und den daraus resultierenden Kommunikationsstörungen, etwa zwischen den Generationen, hat man sich befaßt.

Zu den Erzählkategorien, die erst neu ins Blickfeld der Erzählforschung gerückt sind, gehören die Berichte aus dem Arbeitsleben, Unfallberichte, Erinnerungen an Krankenhausaufenthalte, Kasernen- und Militärzeit oder Kriegsgefangenschaft (Schroubek 1974; Lehmann 1986). Eine Funktion in der Weitergabe von Informationen haben auch Klatsch und Gerüchte. Gerüchte haben zwar einen aktuellen und neuartigen Inhalt, nehmen aber gleichfalls traditionelle Formen an, die sie in die Nähe der Sage rücken: Wie die Sage hat auch das Gerücht einen Faktizitäts- und Glaubwürdigkeitsanspruch und es weist auch typische Formmerkmale einer Volkserzählung auf, die in Kürze, Zuspitzung oder Glaubwürdigkeitsformeln bestehen. Gerüchte haben überdies eine nicht zu unterschätzende Funktion in der sozialen Kontrolle und Normsetzung (vgl. Artikel »Gerücht« in EM V, 1102–1109).

12. Lesehilfen und Ratschläge für Studierende

Es gibt nur wenige Veröffentlichungen, die man als zusammenfassende »Einführungen« oder gar »Lehrbücher« auf dem Gebiet der Volksprosaforschung bezeichnen könnte; vielleicht noch am ehesten die Bände der »Sammlung Metzler«, die sich auf die Einzelphänomene Märchen (Lüthi 1979), Sage (Röhrich 1971), Schwank (Strassner 1978), Legende (Rosenfeld 1972), Anekdote (Grothe 1971), Fabel (Leibfried 1973), u.a. Genres beziehen. Eine mehrere Erzählformen einschließende Studieneinführung in die Formen der »Volkspoesie« bietet H. Bausinger (1980). Einzelne Forschungsberichte vermitteln methodisch orientierte Aspekte spezieller Forschungstendenzen und neuer Entwicklungen (z.B. Petzoldt 1969; Moser-Rath 1973; Schenda 1969, 1987 und 1993; Karlinger 1983 und 1986) oder den Reports der Theoriekommission der Internationalen Erzählforschergesellschaft (z.B. Bauman u.a. 1980). Wichtige Informationen bieten ferner auch Kongreßberichte (z.B. Hand 1971; Calame-Griaule 1984).

Man kann auch die *»Enzyklopädie des Märchens«*, die 2000 mit neun

Erzählforschung

abgeschlossenen Bänden zwei Drittel ihres geplanten Umfangs erreicht hat, als ein Lehrbuch der Erzählforschung benutzen, versteht sie sich selbst doch nicht nur als ein Spezialexikon der Märchenforschung, sondern als umfassendes »Handwörterbuch zur historischen und vergleichenden Erzählforschung«. Erste Informationen und Kurzartikel zu einzelnen Erzähltypen des Märchens bietet das kleine »Lexikon der Zaubermärchen« (Scherf 1982). Ein von W.-E. Peuckert begonnenes Handwörterbuch der Sage hat sein Erscheinen nach der 3. Lieferung leider eingestellt (Peuckert 1961/63). Eine Übersicht über den Typenbestand der Sage bietet die Anthologie von L. Petzoldt (1970), die die Sagen mit kommentierenden Anmerkungen versieht. Wer auf dem Gebiet der Volksprosa Feldforschungen unternehmen will, sollte sich vor allem bei den im 20. Jahrhundert besonders erfolgreichen Sammlern Rat und Vorbild suchen, wie etwa in den Sammlungen von J. Künzig (veröffentlicht in Schallplattenkassetten), G. Henßen, A. Cammann, C. H. Tillhagen, F. Karlinger, L. Dégh, S. Neumann, A. Senti, H. Fischer, H. Fielhauer, U. Tolksdorf, A. Lehmann u. a. Spezielle Erzählarchive im deutschsprachigen Raum befinden sich in Marburg/Lahn, Göttingen, Freiburg und Rostock. Ein umfassender bibliographischer »Katalog zur Volkserzählung« (Uther 1987) weist den Standort schwer erreichbarer Spezialliteratur nach. Studien- und Forschungsschwerpunkte der Erzählforschung liegen im deutschsprachigen Raum derzeit an den Universitäten Göttingen, Freiburg, Hamburg, Rostock, Zürich und Innsbruck.

Literaturverzeichnis

Aarne, Antti; Thompson, Stith: The Types of the Folktale. A Classification and Bibliography (FFC, 184). 2nd Revision Helsinki 1961.

Anderson, Walter: Kaiser und Abt. Die Geschichte eines Schwanks (FFC, 42). Helsinki 1923.

Asadowskij, Mark: Eine sibirische Märchenerzählerin (FFC, 68). Helsinki 1926.

Bastian, Ulrike: Die »Kinder- und Hausmärchen« der Brüder Grimm in der literaturpädagogischen Diskussion des 19. und 20. Jahrhunderts (Studien zur Kinder- und Jugendmedienforschung, 8). Frankfurt/Main 1981.

Bauman, Richard: Verbal Art as Performance. Prospect Heights/Ill. 1984.

Bauman, Richard; Honko, Lauri; Pentikäinen, Juha; Röhrich, Lutz; Voigt, Vilmos: Current Trends in Folk Narrative Theory. A Report. In: Tidskrift for Nordisk Folkminnesforskning (ARV). Scandinavian Yearbook of Folklore 36 (1980) 25–55.

Bausinger, Hermann: Strukturen des alltäglichen Erzählens. In: Fabula 1 (1958) 239–254.

Bausinger, Hermann: Formen der »Volkspoesie« (Grundlagen der Germanistik, 6). 2. Aufl. Berlin 1980.

Ben-Amos, Dan; Goldstein, Kenneth S. (eds.): Folklore. Performance and communication. The Hague/Paris 1975.

Ben-Amos, Dan (Ed.): Folklore Genres. Austin/Texas 1981.

Bettelheim, Bruno: Kinder brauchen Märchen. Stuttgart 1977.
Bogatyrev, Petr Grigorevitch; Jakobson, Roman: Die Folklore als eine besondere Form des Schaffens. In: Blumensath, Heinz (Hrsg.): Strukturalismus in der Literaturwissenschaft (Neue wissenschaftliche Bibliothek, 43). Köln 1972, 13-24.
Bolte, Johannes; Polívka, Georg: Anmerkungen zu den Kinder- und Hausmärchen der Brüder Grimm. 5 Bde., Leipzig 1913-1932, Neudruck Hildesheim 1963.
Bødker, Laurits: Folk Literature. Copenhagen 1965.
Brednich, Rolf Wilhelm; Lixfeld, Hannjost; Moser, Dietz-Rüdiger; Röhrich, Lutz (Hrsg.): Lebenslauf und Lebenszusammenhang. Autobiographische Materialien in der volkskundlichen Forschung. Freiburg 1982.
Brednich, Rolf Wilhelm: Die Spinne in der Yucca-Palme. Sagenhafte Geschichten von heute (Beck'sche Reihe, 403). München 1990.
Brednich, Rolf Wilhelm: Die Maus im Jumbo-Jet. Neue sagenhafte Geschichten von heute (Beck'sche Reihe, 435). München 1991.
Brednich, Rolf Wilhelm: Das Huhn mit dem Gipsbein. Neueste sagenhafte Geschichten von heute (Beck'sche Reihe, 1001). München 1993.
Brednich, Rolf Wilhelm: Die Ratte am Strohhalm. Allerneueste sagenhafte Geschichten von heute (Beck'sche Reihe, 1156). München 1996.
Brückner, Wolfgang (Hrsg.): Volkserzählung und Reformation. Ein Handbuch zur Tradierung und Funktion von Erzählstoffen und Erzählliteratur im Protestantismus. Berlin 1974.
Brunold-Bigler, Ursula: Quellenkritische Studie zu Arnold Büchlis Volkserzählungssammlung »Mythologische Landeskunde von Graubünden«. In: Bündner Monatsblatt 1985, 221-268.
Brunold-Bigler, Ursula; Bausinger, Hermann (Hrsg.): Hören, Sagen, Lesen, Lernen. Bausteine zu einer Geschichte der kommunikativen Kultur. Festschrift f. R. Schenda. Bern u. a. 1995.
Brunold-Bigler, Ursula: Hungerschlaf und Schlangensuppe. Historischer Alttag in alpinen Sagen. Bern 1997.
Burns, Thomas A.: Doing the Wash. An Expressive Culture and Personality Study of a Joke and Its Tellers (Norwood folklore originals, 2). Norwood/Pa. 1975.
Calame-Griaule Geneviève; Görög-Karady, Veronika (Hrsg.): Le Conte, pourquoi, comment? Folktales, why and how? Actes des journées d'études en littérature orale. Paris 1984.
Cammann, Alfred: Märchen – Lieder – Leben in Autobiographie und Briefen der Rußlanddeutschen Ida Prieb (Schriftenreihe der Kommission für ostdeutsche Volkskunde in der Deutschen Gesellschaft für Volkskunde e.V., 54). Marburg 1991.
Daxelmüller, Christoph: Auctoritas, subjektive Wahrnehmung und erzählte Wirklichkeit. Das Exemplum als Gattung und Methode. In: G. Stötzl (Hrsg.): Germanistik – Forschungsstand und Perspektiven, Teil 2. Berlin/N.Y. 1985, 72-87.
Dégh, Linda: Märchen, Erzähler und Erzählgemeinschaft (Deutsche Akademie der Wissenschaften zu Berlin. Veröffentlichungen des Instituts für Deutsche Volkskunde, 23). Berlin 1962.
Dégh, Linda: Neue Sagenerscheinungen in der industriellen Umwelt der USA. In: Röhrich, Lutz (Hrsg.): Probleme der Sagenforschung. Freiburg 1973, 34-51.
Dünninger, Josef (Hrsg.): Fränkische Sagen vom 15. bis zum Ende des 18. Jahrhunderts (Die Plassenburg, 19). Kulmbach 1963.
Diederichs, Ulf: Who is who im Märchen. München 1995.
Dundes, Alan: Interpreting Folklore. Bloomington, Ind. 1980.
Dundes, Alan: Cinderella: A folklore casebook. New York 1982.

Erzählforschung

Enzyklopädie des Märchens. Handwörterbuch zur historischen und vergleichenden Erzählforschung, begründet von K. Ranke, hrsg. von R. W. Brednich zus. mit H. Bausinger, W. Brückner, H. Gerndt, M. Lüthi, K. Roth, L. Röhrich, R. Schenda. Berlin/New York 1977 ff.

Fehling, Detlev: Amor und Psyche. Die Schöpfung des Apuleius und ihre Einwirkung auf das Märchen. Eine Kritik der romantischen Märchentheorie (Akademie der Wissenschaften und der Literatur. Abhandlungen der geistes- und sozialwissenschaftlichen Klasse, 9). Wiesbaden 1977.

Fischer, Helmut: Erzählgut der Gegenwart. Mündliche Texte aus dem Siegraum (Werken und Wohnen. Volkskundliche Untersuchungen im Rheinland, 11). Köln 1978.

Fischer, Helmut: Der Rattenhund. Sagen der Gegenwart (Beiträge zur rheinischen Volkskunde, 6). Köln/Bonn 1991.

Freud, Sigmund: Der Witz und seine Beziehung zum Unbewußten (1905). Frankfurt/Main 1966.

Gerndt, Helge: Das Nachleben Heinrichs des Löwen in der Sage. In: Mohrmann, W.-D. (Hrsg.): Heinrich der Löwe. Göttingen 1980, 440–465.

Gerndt, Helge: Volkssagen. Über den Wandel ihrer zeichenhaften Bedeutung. In: Utz Jeggle (u. a. Hrsg.): Volkskultur in der Moderne. Reinbek 1986, 397–409.

Grimm, Brüder: Deutsche Sagen. 3 Bde. hrsg. von Hans-Jörg Uther und Barbara Kindermann-Bieri. München 1993.

Grimm, Brüder: Kinder- und Hausmärchen, nach der großen Ausgabe von 1857 textkritisch revidiert, kommentiert etc. hrsg. von H.-J. Uther. 4 Bde. München 1996.

Grothe, Heinz: Anekdote (Sammlung Metzler, 101). Stuttgart 1971.

Günter, Heinrich: Psychologie der Legende. Studien zu einer wissenschaftlichen Heiligengeschichte. Freiburg 1949.

Hand, Wayland Debs (Hrsg.): American Folk Legend. A Symposium (Publications of the UCLA Center for the Study of Comparative Folklore and Mythology, 2). Berkeley/Los Angeles/London 1971.

Harkort, Fritz: Tiergeschichten in der Volksüberlieferung. In: Schwab, Ute (Hrsg.): Das Tier in der Dichtung. Heidelberg 1970, 12–54.

Heindrichs, Ursula; Albert, Heinz (Hrsg.): Zauber Märchen. Forschungsberichte aus der Welt der Märchen. München 1998.

Hirsch, Eike Christian: Der Witz-Ableiter oder Schule des Gelächters. Hamburg 1985.

Holbek, Bengt: Interpretation of Fairy Tales (FFC, 239). Helsinki 1987.

Honko, Lauri: Geisterglaube in Ingermanland (FFC, 185). Helsinki 1962.

Honko, Lauri: Zielsetzung und Methoden der finnischen Erzählforschung. In: Fabula 26 (1985) 318–335.

Humburg, Norbert (Hrsg.): Geschichten und Geschichte. Erzählforschertagung in Hameln. Hildesheim 1985.

Isler, Gotthilf: Lumen Naturae. Zum religiösen Sinn von Alpensagen. Küsnacht 2000.

Jolles, André: Einfache Formen. Darmstadt ²1958.

Karlinger, Felix: Legendenforschung. Aufgaben und Ergebnisse. Darmstadt 1986.

Karlinger, Felix: Grundzüge einer Geschichte des Märchens im deutschen Sprachraum (Grundzüge, 51). Darmstadt ²1988.

Kast, Verena: Märchen als Therapie. Olten 1986.

Kindermann-Bieri, Barbara: Heterogene Quellen – homogene Sagen. Philologische Studien zu den Grimmschen Prinzipien der Quellenbearbeitung untersucht anhand des Schweizer Anteils an den Deutschen Sagen (Beiträge zur Volkskunde, 10). Basel 1989.

Klintberg, Bengt af: Die Ratte in der Pizza und andere moderne Sagen und Großstadtmythen. Kiel 1990.

Krohn, Kaarle: Übersicht über einige Resultate der Märchenforschung (FFC, 96). Helsinki 1931.
Laiblin, Wilhelm (Hrsg.): Märchenforschung und Tiefenpsychologie (Wege der Forschung, 102). Darmstadt 1969.
Lehmann, Albrecht: Erzählen eigener Erlebnisse im Alltag. In: Zeitschrift für Volkskunde 74 (1978) 198–215.
Lehmann, Albrecht: Rechtfertigungsgeschichten. Über eine Funktion des Erzählens eigener Erlebnisse im Alltag. In: Fabula 21 (1980) 56–69.
Lehmann, Albrecht: Erzählstruktur und Lebenslauf. Autobiographische Untersuchungen. Frankfurt/Main/New York 1983.
Lehmann, Albrecht: Gefangenschaft und Heimkehr. Deutsche Kriegsgefangene in der Sowjetunion. München 1986.
Leibfried, Erwin: Die Fabel (Sammlung Metzler, 66). 2. Aufl. Stuttgart 1973.
Lipp, Carola (Hrsg.): Medien popularer Kultur. Erzählung, Bild und Objekt in der volkskundlichen Forschung. Festschrift für R. W. Brednich. Frankfurt a.M. 1995.
Lixfeld, Hannsjost: Arbeitstexte für den Unterricht. Witz (Reclams Universal-Bibliothek, 9542). Stuttgart 1978.
Lixfeld, Hannsjost: Zielformen im Witz. Zur Variabilität und Stabilität in der Erzählüberlieferung. In: Fabula 20 (1979) 107–115.
Lixfeld, Hannsjost: Witz und soziale Wirklichkeit. In: Fabula 25 (1984) 183–213.
* Lüthi, Max: Märchen (Sammlung Metzler, 16). 7. Aufl. Stuttgart 1979.
Lüthi, Max: Das europäische Volksmärchen. Form und Wesen. 7. Aufl. München 1981.
Marfurt, Bernhard: Textsorte Witz. Möglichkeiten einer sprachwissenschaftlichen Textsorten-Bestimmung (Linguistische Arbeiten, 52). Tübingen 1977.
Marzolph, Ulrich: Arabia Ridens. Die humoristische Kurzprosa der frühen adab-Literatur im internationalen Traditionsgeflecht. 2 Bde. Frankfurt a.M. 1992.
Mieder, Wolfgang: From Fairy Tales to Modern Anti-Fairy-Tales. In: ders.: Tradition and Innovation in Folk Literature. Hannover/N.Y. 1987. 1–44.
Moser, Dietz-Rüdiger: Kritik der oralen Tradition. In: Folk Narrative Research. Some Papers Presented at the VI Congress of the ISFNR (Studia Fennica, 20). Helsinki 1976, 209–221.
* Moser-Rath, Elfriede: Predigtmärlein der Barockzeit. Exempel, Sage, Schwank und Fabel in geistlichen Quellen des oberdeutschen Raumes. Berlin 1964.
Moser-Rath, Elfriede: Gedanken zur historischen Erzählforschung. In: Zeitschrift für Volkskunde 69 (1973) 61–81.
Moser-Rath, Elfriede: Lustige Gesellschaft. Schwank und Witz des 17. und 18. Jahrhunderts in kultur- und sozialgeschichtlichem Kontext. Stuttgart 1984.
Neuberger, Oswald: Was ist denn da so komisch? Thema: Der Witz in der Firma. Weinheim 1988.
Neumann, Siegfried: Arbeitserinnerungen als Erzählinhalt. In: Deutsches Jahrbuch für Volkskunde 12 (1966) 177–190.
Oberfeld, Charlotte; Assion, Peter: Erzählen – Sammeln – Deuten (Hess. Bll. für Volks- u. Kulturforschung, 18). Marburg 1985.
Olrik, Axel: Epische Gesetze der Volksdichtung. In: Zeitschrift für deutsches Altertum und deutsche Literatur 51 (1909) 1–12.
Oring, Elliott: Jokes and their Relations. Georgetown/Kentucky 1992.
Paukstadt, Bernhard: Paradigmen der Erzähltheorie. Ein methodengeschichtlicher Forschungsbericht mit einer Einführung in Schemakonstitution und Moral des Märchenerzählens (Hochschulsammlung Philosophie. Literaturwissenschaft, 6). Freiburg 1980.

Pentikäinen, Juha: Oral Repertoire and World View (FFC, 219). Helsinki 1978.
Peters, Uwe Hendrik; Peters, Johanne: Irre und Psychiater. Struktur und Soziologie des Irren- und Psychiaterwitzes. München 1974.
Petzoldt, Leander (Hrsg.): Vergleichende Sagenforschung (Wege der Forschung, 152). Darmstadt 1969.
Petzoldt, Leander (Hrsg.): Deutsche Volkssagen. München 1970.
Petzoldt, Leander: Märchen. Mythos. Sage. Beiträge zur Volksdichtung. Marburg 1989.
Petzoldt, Leander: Einführung in die Sagenforschung. Konstanz 1999.
Peuckert, Will-Erich (Hrsg.): Handwörterbuch der Sage. 3 Lieferungen. Göttingen 1961–1963.
Propp, Vladimir: Morphologie des Märchens (Literatur als Kunst). München 1972. Originalausg. in Russisch 1928.
Propp, Vladimir: Die historischen Wurzeln des Zaubermärchens. München 1987 (Originalausgabe in Russisch, Leningrad 1946).
Ranke, Friedrich: Kleinere Schriften. Bern/München 1971.
Ranke, Kurt: Die Welt der Einfachen Formen. Berlin/New York 1978.
Rehermann, Ernst Heinrich: Das Predigtexempel bei protestantischen Theologen des 16. und 17. Jahrhunderts (Schriften zur niederdeutschen Volkskunde, 8). Göttingen 1977.
Richter, Dieter; Merkel, Johannes: Märchen, Phantasie und soziales Lernen (Basis Theorie, 4). Berlin 1974.
Ritz, Hans: Die Geschichte vom Rotkäppchen. Ursprünge, Analysen, Parodien eines Märchens. 6. Aufl. Göttigen 1983.
Ritz, Hans: Bilder vom Rotkäppchen. München 1986.
Röhrich, Lutz: Erzählungen des späten Mittelalters und ihr Weiterleben in Literatur und Volksdichtung bis zur Gegenwart. 2 Bde. Bern/München 1962, 1967.
Röhrich, Lutz: Sage (Sammlung Metzler, 55). 2. Aufl. Stuttgart 1971.
Röhrich, Lutz: Sage und Märchen. Erzählforschung heute. Freiburg 1976.
Röhrich, Lutz: Der Witz. Figuren, Formen, Funktionen. Stuttgart 1977. (Taschenbuchausgabe München 1980).
Röhrich, Lutz: Märchen und Wirklichkeit (Wissenschaftliche Paperbacks. Germanistik). 5. Aufl. Baltmannsweiler 2001.
Röhrich, Lutz: Volkskunde und Literatur. In: Reallexikon der Deutschen Literaturgeschichte 4 (1982) 742–760.
Röhrich, Lutz: Zur Deutung und Be-Deutung von Folklore-Texten. In: Fabula 26 (1985) 3–28.
Röhrich, Lutz: Wage es, den Frosch zu küssen! Das Grimmsche Märchen Nummer eins in seinen Wandlungen. Köln 1987, 2. Aufl. Bad Orb 1999.
Rölleke, Heinz (Hrsg.): Die älteste Märchensammlung der Brüder Grimm (Bibliotheca Bodmeriana. Texte, 1). Cologny-Genève 1975.
Rölleke, Heinz: Die Märchen der Brüder Grimm (Artemis-Einführungen, 18). München/Zürich 1985.
Röth, Diether; Kahn, Walter (Hrsg.): Märchen und Märchenforschung in Europa. Ein Handbuch. Frankfurt a.M. 1993.
Röth, Diether: Kleines Typenverzeichnis der europäischen Zauber- und Novellenmärchen. Hohengehren 1998.
Rosenfeld, Hellmut: Legende (Sammlung Metzler, 9). 3. Aufl. Stuttgart 1972.
Schenda, Rudolf: Stand und Aufgaben der Exemplaforschung. In: Fabula 10 (1969) 69–85.
Schenda, Rudolf: Tendenzen der aktuellen volkskundlichen Erzählforschung im

deutschsprachigen Raum. In: Chiva, Isac; Jeggle, Utz (Hrsg.): Deutsche Volkskunde – Französische Ethnologie. Zwei Standortbestimmungen. Frankfurt/Main/ New York/Paris 1987, 271–291.

Schenda, Rudolf: Von Mund zu Ohr. Bausteine zu einer Kulturgeschichte volkstümlichen Erzählens in Europa. Göttingen 1993.

Scherf, Walter: Das Märchen Lexikon. 2 Bde. München 1995.

Schmidt, Leopold: Die Volkserzählung. Märchen, Sage, Legende, Schwank. Berlin 1963.

Schmitt, Christoph (Hrsg.): Homo narrans. Studien zur populären Erzählkultur, Festschrift für S. Neumann. Münster u. a. 1999.

Schneider, Ingo (Hrsg.): Europäische Ethnologie und Folklore im internationalen Kontext. Festschrift f. L. Petzoldt. Frankfurt a.M. u. a. 1999.

Schroubek Georg R.: »Das kann ich nicht vergessen«. Der Erinnerungsbericht als volkskundliche Quelle und als Art der Volksprosa. In: Jahrbuch für ostdeutsche Volkskunde 17 (1974) 27–50.

Senti, Alois: Sagen aus dem Sarganserland (Schriften der Schweizerischen Gesellschaft für Volkskunde, 56). 2. Aufl. Basel 1974.

Solms, Wilhelm; Oberfeld, Charlotte (Hrsg.): Das selbstverständliche Wunder. Beiträge germanistischer Märchenforschung. Marburg 1986.

Solms, Wilhelm: Die Moral von Grimms Märchen. Darmstadt 1999.

Stehr, Johannes: Sagenhafter Alltag. Frankfurt a.M. 1998.

Strassner, Erich: Schwank (Sammlung Metzler, 77). 2. Aufl. Stuttgart 1978.

Strobach, Hermann (Hrsg.): Deutsche Volksdichtung. Eine Einführung. Leipzig 1979.

Sydow, Carl Wilhelm von: Selected Papers on Folklore. Kopenhagen 1948.

Tatar, Maria: Von Blaubärten und Rotkäppchen. Grimms grimmige Märchen. Salzburg 1990.

Thompson, Stith: Motif-Index of Folk-Literature. 6 Bde. Kopenhagen 1955–1958.

Tolksdorf, Ulrich: Eine ostpreußische Volkserzählerin. Geschichten, Geschichte, Lebensgeschichte (Schriftenreihe der Kommission für Ostdeutsche Volkskunde in der Deutschen Gesellschaft für Volkskunde, 23). Marburg 1980.

Uther, Hans-Jörg: Katalog zur Volkserzählung. 2 Bde. München 1987.

Vansina, Jan: Oral Tradition as History. London/Nairobi 1985.

Wehse, Rainer; Früh, Sigrid (Hrsg.): Die Frau im Märchen (Veröffentlichungen der Europäischen Märchengesellschaft, 8). Kassel 1985.

Wesselski, Albert: Märchen des Mittelalters. Berlin 1925.

Wesselski, Albert: Versuch einer Theorie des Märchens (Prager Deutsche Studien, 45). Reichenberg i. B. 1931.

Zipes, Jack: Fairy Tales and The Art of Subversion. The classical genre for children and the process of civilization. London 1983.

Rudolf Schenda

Leser- und Lesestoff-Forschung

1. Die Bedeutung des Lesens als Kulturtechnik

Abgrenzungen

»Wie macht der Hahn? Kikeriki! Seht, Kinder, das ist ein i. Jetzt schreiben wir einmal dieses i« – und das i war dann auf Geheiß des Lehrers noch hundertmal zu kritzeln, und so traktierten er und die Sechsjährigen alle 26 Buchstaben des Alphabets. Im zweiten Schuljahr ging es bereits an das Lesen von Silben: ab, ad, af, ag, und eb, ef, eg, oder ba, be, bi, bo, bu. Es gab Kinder, denen das Lesen niemals Freude machte; andere begriffen die Kombination der Zeichen und Laute rascher, manchmal sogar ohne Lehrer. Das *Lesenlernen* war zumeist eine steinige Reise durch das Land der Lettern und Bildzeichen. Das Lesen ist eine Kulturtechnik, die erst im Laufe von mehreren Jahrhunderten zum selbstverständlichen Besitz fast aller Bürger geworden ist. *Leserforschung* beschäftigt sich mit dem Erwerb der individuellen und allgemeinen Lesefähigkeit in der Geschichte einer Gesellschaft oder eines Kulturkreises. *Lesestoff-Forschung* fragt nach den literarischen und ikonographischen Vorlagen, die insbesondere von nicht-professionellen Lesern, von den Anfängern und den Gelegenheits-Lesern als Informationsmittel benutzt werden. »Lesestoff« ist demnach ein Begriff, der mehr umfaßt als den Kanon der »Literatur«, wie er in Literaturgeschichten und professoralen Vorlesungen beachtet wird. Lesestoffe sind nicht nur Bücher, die mit Lettern bedruckt sind, sondern auch im eher privaten Bereich Briefe und andere Handschriften, sowie im öffentlichen Kommunikationssektor Zeitungen und Zeitschriften, Heftchen oder Einzelblätter. Nicht nur die Lettern des Alphabets, sondern auch die ikonographischen Zeichen von Einzelbildern und Bildserien gehören dazu, sofern sie auf Papier oder Stoff fixiert sind. Die Welt der elektronisch reproduzierten Zeichensysteme und die damit verbundenen neuen Kulturpraktiken des späten 20. und des 21. Jahrhunderts bleiben hier (aus rein praktischen Gründen) ausgeblendet. Kein Zweifel kann aber daran bestehen, daß so allgegenwärtige und selbstverständliche Druckwerke wie die Ansichtspostkarte, das Telefonbuch oder das Werbeplakat zu den Lesestoffen gehören. Ob diese dann auch »Literatur« seien, ist für den Volkskundler eine müßige Frage.

Was geschieht beim Lesen? Ein Mensch führt sich einen Informationsträger der genannten Sorte vor Augen (aber oft werden uns im Alltag die

Zeichenträger auch aufgezwungen!); er fügt die entzifferten und kombinierten Zeichen zu einem Wort, einem Satz zusammen; er läßt das wiedererkannte Zeichenbündel zu einer Gedankenkette mit realitäts- oder phantasiebezogenen Inhalten werden, und schließlich setzt er eventuell den Gedanken in eine Handlung um. Die beiden Wörter »Mutter erkrankt« in einem Telegramm genügen, um über eine Tatsache zu informieren, um von der Vorstellungskraft ausgeschmückte Befürchtungen hervorzurufen, um eine rasche Reise zu beschließen.

Aber solch ein Lesevorgang setzt eine Reihe von kulturalen Konventionen voraus. Da gibt es selbstverständlich Übereinkünfte zum Aussehen der verwendeten Zeichen, zur Bedeutung, die sie annehmen, zur Sprache, der sie angehören sollen. Die Zeichenkombination LEGS wird von Deutschen, Engländern, Franzosen jeweils anders verstanden. Und wenn diese Leute die Lautkombination LAK hören, schreiben sie Lack, luck oder lac, und sie haben dabei jeweils eine andere glänzende Vorstellung. Ein durchschnittlich gebildeter Russe oder Grieche könnte weder Legs noch Lak entziffern: Seine Schule hat ihm kyrillische Konventionen in den Kopf gesetzt; das lateinische System müßte er sich erst in einem zusätzlichen Lernprozeß aneignen.

Solche Übereinkünfte zum Letternsystem und zur »Mutter«-Sprache (und später wird noch von Gattungs-Konventionen zu reden sein) beruhen auf Traditionen von sehr langer Dauer: Die lateinische Schrift ist rund 2500, die deutsche Sprache rund 1000 Jahre alt. Kenntnisse von den Konventionen der Schriftzeichen und der Entzifferung des Geschriebenen oder Gedruckten hatte aber bis zum Beginn der frühen Neuzeit nur eine Minderheit der Bevölkerung, zumeist die Kaste der höherstehenden Geistlichen und ein paar Hofbeamte. Die überwiegende Mehrheit der Bevölkerung tradierte sprachliche Mitteilungen, kulturales Wissen und erzählende Phantasie auf mündlichem Wege. Die orale Kultur wurde relativ spät durch die literarische Kultur der Gelehrten ergänzt oder auch teilweise verdrängt.

Geschichte des Buchdrucks – Geschichte der Alphabetisierung

Der eigentliche Diffusionsprozeß der Kulturtechnik »Lesen« beginnt bei der Erfindung des Buchdrucks mit beweglichen Lettern, das heißt: mit Metallstempelchen für jeden einzelnen Buchstaben. Dieser Innovationsprozeß begann um das Jahr 1450 und wurde an verschiedenen Orten gleichzeitig von Goldschmieden (den Stempelmachern), Papiermühlenbesitzern, Kaufleuten und Manuskriptverleihern (die dann zu Buchhändlern wurden) vorangetrieben.

Diese Erfindung des Letterndrucks (»Buchdruck« provoziert ein Mißverständnis, denn vor den Büchern und neben ihnen gaben die Setzer und Pressendrucker einzelne Lesebögen, die Einblattdrucke oder Flugblätter heraus) war ein historisches Muß. Die Kommunikationsbedürfnisse der frühen Neuzeit stiegen mit der gesellschaftlichen Differenzierung und wirtschaftlichen Entfaltung der städtischen Gemeinwesen. Frühe Handelszentren wie Augsburg, Basel, Florenz, Nürnberg oder Straßburg brauchten Jahreskalender und Marktverzeichnisse, die Parteien wollten ihre Erlasse und Aufrufe hundertfach verbreiten. Seit der Reformation, vor allem in den 20er Jahren des 16. Jahrhunderts, flogen nicht nur Kontroversschriften hin und her: Protestanten wie Katholiken brachten auch immer neue Andachtsschriften zur jeweils richtigen religiösen Unterweisung ihrer Anhänger auf den Markt. Höflinge, Geistliche, Ärzte, Juristen und Patrizier wollten neben diesen offiziellen Drucken auch aktuelle Nachrichten und unterhaltsame, ja auch erotische Histörchen erfahren. Wenn einer in dieser Welt neuer indirekter Kommunikationsformen mit den bestinformierten Politikern und Geschäftsleuten konkurrieren wollte, dann mußte er oder zumindest sein Sohn das Lesen erlernen: auf der Lateinschule oder mit Hilfe eines Hauslehrers. Die Lesefähigkeit blieb indes ein Privileg der herrschenden Oberschicht und der gehobenen Mittelschicht des »Gemeinen Mannes«, der gekennzeichnet ist durch Gemeindebürgerrecht, Haus- und Grundbesitz sowie Herrschaftsgewalt über Familie und Gesinde. Schätzungen über die Alphabetisierung der Stadtbevölkerung im 16. Jahrhundert schwanken zwischen 10 und 30 Prozent; auf dem Lande, wo 90% der Gesamtbevölkerung lebten, haben kaum mehr als 5% der Bevölkerung Kontakt mit Lesestoffen gehabt; allen Frauen und Männern zugänglich waren höchstens die Bildausstattungen der großen Kirchen, aber auch das Bild-Entziffern setzte Konventionen und Kenntnisse, Lese-Anstrengungen und Phantasie voraus. Wissensvermittlung geschah noch im 16. und 17. Jahrhundert hauptsächlich auf mündlichem Wege, denn der Dreißigjährige Krieg förderte keineswegs die Ausdehnung von Schulen und Lesekenntnissen.

Erst die zweite Hälfte des 18. Jahrhunderts (es wird das »philosophische« oder das »pädagogische« genannt) brachte mit der Bewegung der »Volksaufklärung« die große Wende zu einer breiteren Lesebildung der Unterschichten. Grundlage für eine solche Entwicklung waren Kernsätze des neuen Empirismus, Rationalismus und Utilitarismus: Jedermann sollte seine Welt, unabhängig von dogmatischen Autoritäten, selbst erfahren und erkennen; dabei galt die denkende Vernunft als wichtigstes Prinzip (»Wenn Gespenster Geister sind, können sie nicht poltern; wenn man sie verprügeln kann, sind sie auch keine Geister«), und die durch Erfahrung und Vernunft gelenkten Handlungsweisen sollten dem Gemeinwohl dienen und nützen: Diese Selbstverantwortlichkeit bei gleichzeitiger gesellschaftlicher Einbindung des einzelnen erschien den Volksaufklärern erlernbar. So förderten bedeutende Pädagogen wie Johann Bernhard Basedow (1724–1790), Joachim Heinrich Campe (1746–1818) Johann Heinrich Pestalozzi (1746–1827) oder Christian Gotthilf Salzmann (1744–1811) den Schulbesuch von Bürgerkindern und die Herstellung von kindertümlichen Lesestoffen (wie etwa *Robinsonaden* oder *Kinder-*

freunde). Gemeindegeistliche und fortschrittliche Staatsbeamte versuchten aber auch, die Erwachsenenbildung und nicht zuletzt die nutzenorientierte Unterrichtung von Landleuten voranzutreiben (Rudolf Zacharias Becker, Heinrich Gottlieb Zerrenner, Heinrich Zschokke und viel andere) und auch hier geeignete *Not- und Hülfsbüchlein* an die Familienväter heranzutragen. »Wenn Ihr lesen könnt, so könnt Ihr euch dadurch alles zu Nutze machen, was die Menschen von tausend und mehr Jahren, und fast in allen Gegenden der Welt gesammelt haben«, meint 1773 ein *Sittenbüchlein für die Kinder des Landvolks.*
Freilich sollte nach dem Willen der Volksaufklärer das Lesen von Büchern nicht zu weit gehen. Nach der großen Französischen Revolution von 1789 fürchteten die Fürsten die Ausbreitung republikanischer Ideen durch Zeitungen und Pamphlete, und die Pädagogen dachten, eine Ausbreitung allgemeiner Lesewut könne zu Müßiggang und anderen Lastern führen. Der ungehinderten Ausbreitung von Lesestoffen warfen also die Volkserzieher, vereint mit staatlichen Zensurbeamten, Hindernissteine in den Weg. Lesesucht, dachte 1794 Johann Gottfried Hoche, sei so ansteckend »wie das gelbe Fieber in Philadelphia; sie ist die Quelle des sittlichen Verderbens für Kinder und Kindeskinder«. Das Lesenlernen wurde zwar gefördert, doch die Lesefreiheit gezügelt. Zugelassen waren vor allem politisch unverdächtige Schriften, Druckwerke religiösmoralischen Inhalts und Büchlein mit handwerklichen und ökonomischen Ratschlägen. Phantasiefördernde Romane, ja sogar »Mährchen«, sollten von den Unterschichten ferngehalten werden.

Wenn nun im Laufe des 19. Jahrhunderts in Deutschland wie in Frankreich die Lesefähigkeit der Erwachsenenbevölkerung von 30 auf 90 Prozent anwuchs (England und Schweden waren schon früher in starkem Maße alphabetisiert worden; Italiener, Spanier oder Russen gelangten noch zögernder als die Mitteleuropäer zur allgemeinen Lesefähigkeit), so widerspricht das nicht der These vom »Volk ohne Buch«, mit der vor allem folgendes gemeint ist: Hauptlesestoffe der sozialen Unterschichten waren nicht gebundene Bücher (die viel Geld und Freizeit erforderten), sondern Bilder, Einblattdrucke, Heftchen, Volksbüchlein und Zeitungen; ferner: Diese durch die Filter der Zensur gesäuberten und geronnenen Lesestoffe waren nicht geeignet, ein allgemeines freiheitlich-republikanisches Bewußtsein zu fördern. Die schweren europäischen Katastrophen der letzten 100 Jahre gehen nicht zuletzt auf die Tatsache zurück, daß politisch unaufgeklärte Völker sich zu Chauvinismus, Faschismus und Genozid mißbrauchen ließen.

Auf der anderen Seite läßt sich nicht leugnen, daß die Ausbreitung von Lesekenntnissen und von Lesestoffen seit dem 16. Jahrhundert und vor allem seit dem Zeitalter der Industrialisierung Kultur und Lebensweise der europäischen Bevölkerung in ganz entscheidendem Maße positiv beeinflußt und verändert hat. Das Lesen ist gewissermaßen zu einer Alltagsbeschäftigung der vielen geworden: Eine gewaltige Menge von Informationen wird täglich über Zeitungen, Zeitschriften, Reklamedrucke aller Art sowie durch Nachschlagewerke vom Telefonbuch bis zum Lexikon an eine Mehrheit der Bevölkerung vermittelt; nicht nur die Intellektuellen bekommen solche Informationsträger immer wieder ins Haus geliefert und in die Hände gedrückt. Wir sind es längst gewöhnt, technische Anleitungen, Ratschläge und Erläuterungen in fast allen Berufszweigen durch Lesematerialien aufzunehmen und uns anzueignen. Trotz der Ausbreitung anderer Massenmedien, insbesondere des Rundfunks und des Fernsehens, bleibt die Tageszeitung für mehr als 80 Prozent der Bevölkerung der wichtigste Informationsträger. Unser individuelles und kollektives Wissen ist seit mehr als 100 Jahren hauptsächlich durch die Vermittlung von Gedrucktem angehäuft worden; das, was in unseren Gedächtnissen nicht gespeichert wurde, läßt sich in den großen Datenbanken wieder aufspüren und reaktivieren, sei das nun ein mehrbändiges Nachschlagewerk, eine der vielen öffentlichen Bibliotheken oder das Internet. Nur in nicht-industrialisierten, agrarisch und archaisch strukturierten Randzonen Europas ist noch ein Alltagsleben ohne den täglichen Gebrauch von Geschriebenem oder Gedrucktem denkbar. Alle Fortschritte unserer technisch-wissenschaftlichen Zivilisation (wobei der »Fortschritt« selbstverständlich in Frage gestellt werden muß) beruhen auf der Wissensvermittlung durch gedruckte oder elektronisch produzierte Zeichen aller Art. Die ungeheuren Datenmengen, die eine jede Wissenschaft als Basismaterial benötigt – man denke an juristisches oder medizinisches Wissen – ist ohne die Datenträger Buch, Zeitschrift oder Computer-Bildschirm nicht denkbar. Kurzum: Lesestoffe sind zu einem selbstverständlichen und unverzichtbaren Bestandteil unserer gesamten kulturellen Entwicklung geworden.

2. Die Entwicklung der populären Lesestoffe

Was bedeutet »populär«?

Schon in der Inkunabelzeit (der Periode der »Wiegendrucke« im 15. Jahrhundert) gab es Bestseller wie die *Legenda aurea,* ein Vorlesebuch mit Geschichten von Heiligen, mit rund 180 unterschiedlichen Ausgaben (wobei eine Auflage zwischen 200 und 500 Exemplaren umfassen konnte). Machen wir eine runde und optimistische Rechnung auf: 200 Auflagen zu je 500 Exemplaren ergeben 100 000 Legendenbücher, von denen jedes, durch Weitergeben, Ausleihen und vor allem Vorlesen sicher 10 Personen erreicht hat. Eine Million Menschen (von rund 100 Millionen Europäern) hatten dann, so gerechnet, direkt oder indirekt Kenntnis von einzelnen Abschnitten oder von dem Gesamtwerk des Jacobus von Voragine. Das scheint, absolut gesehen, wenig (rund ein Prozent der Bevölkerung), und ist doch, auch im Rahmen moderner Buchdiffusion, sehr viel: so mancher bundesdeutsche Schriftsteller oder gar Geisteswissenschaftler (dessen Dissertation vielleicht in 500 Exemplaren gedruckt wird) wäre froh, wenn ihn wenigstens 1% der Bundesbürger, also rund 800 000 Menschen, gelesen hätten, und der Begriff »Bestseller« wäre in diesem Fall nicht unangebracht. Ein Druckwerk, das ein oder mehr Prozent der Bevölkerung erreicht, darf »populär«, das heißt: beliebt und bekannt, weit verbreitet oder »unter die Leute gekommen« genannt werden. Anderen Druckwerken aus der früheren Neuzeit kann man nicht nach einzelnen Titeln, wohl aber nach der gesamten Gattung die Qualifikation »populär« zubilligen. Das trifft auf jeden Fall für die reformatorischen Flugschriften in ihrer Gesamtheit zu, auch für Einblattdrucke mit Liedtexten. Nach der Gegenreformation, also seit dem späten 16. Jahrhundert, gilt das dann für gewisse Andachtsbücher beider Konfessionen. Bei dem »Gemeinen Mann«, der ein festes Dach über dem Kopf hatte, waren sicherlich in der Stube auf einem Wandbrett ein Gesangbuch und ein erbauliches Trostbüchlein von Autoren wie Johann Arndt (1555–1621), Johann Habermann (1516–1590) oder Christian Scriver (1629–1693) zu finden. Über solchen Buchbesitz informieren uns Haushaltsinventare, die bei Eheschließungen oder bei Sterbefällen von Amts wegen angefertigt wurden. Eine andere Quelle für den Buchbesitz im 16. bis 18. Jahrhundert stellen die sogenannten Visitationsakten dar; das sind Protokolle von Geistlichen, welche die Hausväter ihrer Gemeinde nach Bibellektüre und Buchbesitz befragten. In dieser sozialen Schicht des besitzenden gemeindebürgerlichen Stadthandwerker- und Bauerntums war oftmals ein kleiner Bücherbestand von drei bis fünf Büchern, bei einigen herausragenden Handwerksmeistern und »philosophischen« Bauern (wie dem Toggenburger Ulrich Bräker) wohl auch ein »Bibliothekchen« von 50 bis zu 100 Büchern zu finden. Für die Unterschichten bleibt solcher Buchbesitz bis ins 19. Jahrhundert hinein rar. Die Hauptmasse der »populären« Lesestoffe müssen wir bei anderen Arten von Druckwerken und Textsorten suchen.

Formen der populären Lesestoffe

Bücher kosten viel: Ihre Lektüre setzt einen Tagesablauf mit Freizeitnischen voraus, sie erfordern oft einen rituellen Rahmen: eine fixe Lesestunde in einem größeren Raum oder das warme Bett mit einem Lese-Licht und so fort. Mann/Frau liest ein Buch nicht so nebenher beim Gemüseputzen. Anders steht es mit den ungebundenen (im doppelten Sinne), freien Formen in der Welt der Lesestoffe.

Einblattdrucke

Einblattdrucke sind jahrhundertelang auf Wochen- und Jahrmärkten von Bänkelsängern und Hausierern feilgeboten und verkauft worden; die Kolporteure (mit einem Bauchladen, einer Kiste auf dem Rücken oder einer in Wachstuch gewickelten Bilder-Rolle unter dem Arm) trugen diese Blätter mit Texten und/oder Bildern auch in die entlegensten Ortschaften. Die ersten Einblattdrucke des 15. Jahrhunderts – Ablaßbriefe, Türken-Nachrichten, Ratserlasse, kirchliche Mandate – richteten sich an besondere und begrenzte Konsumentengruppen. Noch heute finden sich in unseren öffentlichen Bibliotheken rund 2000 verschiedene Text-Blätter und 3000 Bild-Drucke aus der Inkunabelzeit; ein Beweis für die große Popularität dieser Blätter (denn mindestens zehnmal so viele Titel sind verlorengegangen). Heiligenbilder, von Holzstöcken abgedruckt, waren sicher am stärksten gefragt; sie wurden an die Stubentür oder in den Truhendeckel geheftet (deswegen heißen sie in Dänemark »kistebrev«). Christophorus mit dem Jesuskind auf der Schulter, die Ärzte Kosmas und Damian, Georg mit dem Drachen, Nikolaus mit drei goldenen Früchten, der am Knie verwundete Rochus und der von Pfeilen durchbohrte schöne Sebastian; die Barbara (ihr Attribut ist ein Turm), Katharina (Rad), Margareta (Drachen) und Ursula (Pfeil, Schiff) galten als besonders kräftige Patrone für Haus und Familie, gegen die Pest und gegen Unglücksfälle; sie hatten also eine magische Schutz-Funktion. Andere Bilder vermittelten dem andächtigen Leser Wertvorstellungen der christlichen Religion: S. Alexius symbolisierte die freiwillige Keuschheit und Armut, S. Antonius den Widerstand gegen Versuchungen, der haarige S. Onuphrius das Einsiedler-Ideal. Viele Heiligendarstellungen erzählten aber auch Geschichten; der Handlungsablauf konnte aus einer Simultandarstellung oder aus nebeneinandergesetzten Bildchen (Vorläufern der modernen »bandes dessinées«, der »Comic strips«) herausgelesen werden.

Seit dem 16. Jahrhundert mehren sich Bild-Drucke, die mit ausführlichen Texten versehen sind, und diese haben zunehmend auch profane, oft sensationelle Inhalte; bei der Illustration tritt neben den Holzschnitt nun auch der Kupferstich. Diese Flugblätter berichten von Himmelszeichen und Mißgeburten (solche »Strafzeichen Gottes« wurden Prodigien genannt); sie verspotteten Dienstboten, Juden oder gehörnte Ehemänner, berichteten von Kriegsereignissen oder Pestepidemien. Liedflugblätter mit Gesängen kirchlichen oder weltlichen, ernsten oder frivolen Inhalts waren offenbar sehr beliebt. Auf den Marktplätzen trugen Bänkelsänger von ihrem hölzernen Podium herab solche Lieder vor, um dann ihre Blätter zu verkaufen.

Die beliebte, weil preiswerte und rasch konsumierbare, auch Unterhaltung versprechende Form des Einblattdruckes hat sich bis ins 20. Jahrhundert hinein erhalten. Im 18. Jahrhundert entwickelten sich bestimmte marktbeherrschende Druckerzentren für Bilderbögen (so Remondini in Bassano / Norditalien, Pellerin in Epinal / Ostfrankreich); die »Imagerie populaire« dehnte sich im 19. Jahrhundert gewaltig aus (Kühn in Neuruppin / Brandenburg, Wentzel in Weißenburg/ Elsaß, Bès et Dubreuil in Paris), welche jährlich je mehrere Millionen Bilder verkauften. Die Motive der Bilderbögen wurden international ausgetauscht;

der russische »lubok« hat einige Themen aus Westeuropa übernommen, bietet aber auch viel Eigenes aus der orthodoxen Volksreligion und aus osteuropäischen Volksbuchstoffen. In Frankreich waren »canards« (»Enten«) mit Sensationsmeldungen und »complaintes« (»Klagen«) mit Moritaten, in Italien illustrierte Canzoni-Drucke besonders beliebt. Dieser Lesestoff mit allen seinen Sonderformen vom Andachtsbild bis zum heutigen Poster, das die Zimmer der Jugendlichen ziert, war und ist das allerpopulärste Druckwerk. Bei all seiner Bescheidenheit und Raschlebigkeit ist er ein Informationsmittel gewesen, das die Mentalitäten breiter Bevölkerungsschichten stark mitgeprägt hat.

Heftchen

Wenn der Drucker einen Bogen Papier hinten und vorn mit je zwei Satzblöcken bedruckt und dann diesen Bogen (etwa in der Größe eines DIN-A4-Blattes) in der Mitte zwischen den Blöcken falzt, erhält er eine Flugschrift von vier Seiten Umfang im »Quartformat« (4°). Druckt er auf jede Seite des Bogens gleichmäßig vier Satzblöcke und faltet dann den Bogen einmal quer und einmal längs, bekommt er ein Druckwerk von acht Seiten Umfang im Oktavformat (8°). Allerdings muß dieses aufgeschnitten werden, damit der Leser die Seiten umblättern kann. Werden mehrere solcher Doppelseiten ineinandergelegt, empfiehlt es sich, sie am Falz in der Mitte zusammenzuheften, damit die Blätter nicht auseinanderfallen. So entstehen Heftchen von 8, 12, 16, 24, oder 32 Seiten Umfang. Diese Druck-Erzeugnisse heißen in Italien »libretti popolari«, also Volksbüchlein. Die Franzosen nennen die Gesamtheit solcher Heftchen, weil sie auf billigem bläulichem Papier gedruckt waren, die »Bibliothèque bleue«. In Spanien und Südamerika spricht man von der »literatura de cordel« (auch: »pliegos de cordel«), weil die Verkäufer diese Heftchen beim Falz über eine Schnur hängten. Der niedrige Preis der Heftchen hat bei der englischen und skandinavischen Namengebung den Ausschlag gegeben: Sie heißen dort »chapbooks« oder »skillingtryk«. Heftchen waren also abermals billige Marktware, und auch sie konnten von Kolporteuren in die hintersten Winkel der Länder getragen werden. Diese Drucke bieten eine breite Auswahl von Textsorten: neueste Nachrichten, Jahreskalender, Erzählungen, Handwerker-Ratschläge, Traumdeutungen, Märchen, Kochrezepte, magische Praktiken, Lieder, tiermedizinische Rezepte, Gebete, Briefsteller, Wallfahrtsbeschreibungen, Heftchen zum Lesenlernen und Rechentabellen, Rätsel und Spiele, Witze und Schwänke, Schlachten- und Kriegsberichte. Die meisten Texte dieser Art folgen abermals Konventionen und Traditionen, sie bieten althergebrachtes und oftmals wirres Wissen von der Welt für den Alltagsgebrauch und für den Freizeitspaß.

Vier Sorten von Heftchen-Literatur haben in besonderer Weise das Interesse der Forschung erregt. Da ist zunächst einmal der *Jahreskalender* (im Romanischen zumeist »almanach« etc., im Italienischen auch »lunario« genannt), der im 15. und 16. Jahrhundert auch auf Einzelblätter gedruckt wurde. Nach und nach wuchs der populäre Kalender über die zwölf Seiten, die er für seine Monate brauchte, hinaus. Hatte er zunächst nur für jeden Tag bestimmte Zeichen ausgeworfen (sie bedeuteten Mondphasen, Aderlaß-Tage und andere magisch-medizinische Details), so fügten die Kalendermacher dem chronologischen Teil bald auch astrologische Vorhersagen (»Praktik« genannt), Monatsverse, Wetterregeln, Marktverzeichnisse und schließlich auch »Historien«, das heißt geschichtliche (aber selten wahre) Erzählungen bei. Im 18. Jahrhundert legte der Gemeine Mann das zu einem billigen Lesestoff gewandelte Kalendarium als Unterhaltungslektüre neben Gesangbuch und Katechismus. Anstrengungen der Volksaufklärer, die abergläubischen Elemente aus dem *Hinkenden Boten* zu expurgieren, schlugen fehl. Dem populären Almanach blieben bis in unsere Tage sein literarischer Traditionalismus, sein abwechslungsreicher, aber höchst biederer Inhalt, seine regionale Bezogenheit *(Schwäbischer* etc. *Heimatkalender)* und sein Mut, falsche Zukunftsprognosen zu wagen. Der Kalender ist nach wie vor ein untadelig-sauberer, alljährlicher und ganzjähriger Lesestoff für Millionen von Menschen, die sich mit unpolitischer, aber doch konservativer und unwissenschaftlicher Literatur begnügen.

Nachrichtendrucke sind die zweite Form weitverbreiteter Heftchenliteratur. Diese Lesestoffe heißen im 16. Jahrhundert »Newe Zeytung« (das heißt »Nachricht«) oder »Relation« (»Bericht«), in Frankreich »Discours« oder »Histoire«; sie behaupten, neu und aktuell, wunderlich, bemerkenswert, mirakulös oder kurios (wissenswert) zu sein; sie handeln von Erdbeben, Schlachten, Todesfällen der Fürsten, Finsternissen, Mißgeburten, Friedensschlüssen, Gespenstererscheinungen, Feuersbrünsten und politischen Verträgen; sie können in Prosa oder in Liedform verfaßt sein, und ihre Zahl ist Legion. Mit den Neuigkeiten ist es freilich auch hier nicht weit her; viele Nachrichten brauchten Tage und Wochen, bis sie, vielleicht von einem Kaufmann, in eine andere Gegend getragen und bis sie von Sprachkundigen übersetzt waren. Solche Relationen wanderten von Land zu Land, auf ihren Wahrheitsgehalt ist durchaus kein Verlaß, und ein Ereignis, das im Jahre 1560 stattfand, kann 1590 mit veränderten Namen abermals kolportiert werden.

Doch sind diese Sensationsheftchen wichtig als Vorläufer einer *periodischen Presse,* die im späten 17. Jahrhundert feste Formen und einen seriösen Ton annehmen, die aber auch eher für Bildungsbürger als für das Landvolk produziert wurde: 1688 erschien mit den *Montagsgesprächen* die erste deutsche Zeitschrift (herausgegeben von Christian Thomasius); noch älter sind die Wochenzeitungen (mit dem Titel »Aviso«, 1609) und die Tageszeitungen (1650). Zum populären Lesestoff wird das »Tagblatt« (das »Journal«, die »Gazette«), und zwar in stark vergrößertem Format, erst im zweiten Drittel des 19. Jahrhunderts: Schnellpressen ermöglichten eine erhöhte Auflagenzahl bei gesenkten Preisen; neben die neuesten

Nachrichten tritt dann bald der abenteuerliche Fortsetzungsroman unter dem Strich (»roman feuilleton«). Schriftsteller wie Charles Dickens, Alexandre Dumas oder Eugène Sue werden durch diese Publikationsform berühmt. Auch die illustrierten Wochenzeitschriften sind Kinder des industriellen Zeitalters. *Pfennig-Magazine* bleiben zunächst noch im Abnehmerkreis städtischer Bürger, doch in der zweiten Jahrhunderthälfte dringen bebilderte Haus- und Familienzeitschriften (engl. »weekly magazines«, besonders berühmt waren die »Boys' Weeklies«; skand. »ukeblad«, franz. »hebdomadaire«, ital. »settimanale«) auch in die Stuben des Kleinbürgers. Es gibt keinen Zweifel, daß insbesondere von dieser Form großformatiger Heftchenliteratur starke ideologische und edukative Impulse ausgingen. Heute verwendet der Durchschnittsbürger wöchentlich drei bis vier Stunden auf das Lesen von Zeitungen und zwei bis drei Stunden auf das Durchblättern von Illustrierten (bei neun bis zehn Stunden Fernsehkonsum). Die ungeheure Bedeutung, welche das Zeitungs- und Zeitschriftenwesen erlangt hat, zeigen folgende Daten: 1984 gab es in der Bundesrepublik rund 2500 Unternehmen in dieser Branche mit rund 230 000 Beschäftigten und mit einem Jahresumsatz von rund 30 Milliarden DM (Buchhandelsumsatz BRD 1984: 8,8 Milliarden DM). 1984 wurden 6800 verschiedene Zeitschriften verlegt und in einer Auflage von 260 Millionen Exemplaren gedruckt. Diese ungeheure Masse von alltäglichen und allwöchentlichen Lesestoffen ist ein gewaltiges informierendes, aber auch meinungsbildendes Instrument. Eine weitgehende Pressefreiheit sorgt dafür, daß die öffentliche Unterrichtung und Beeinflussung nicht propagandistisch in *eine* bestimmte ideologische Richtung gedrängt und gezwängt wird (wie das im Nationalsozialismus der Fall war), sondern daß die garantierte Meinungsvielfalt sich wechselseitig ergänzt, kontrolliert und verbessert. Die Gefahr einer Bildung von Meinungsmonopolen ist jedoch auch in demokratischen Systemen nie ganz gebannt.

Von den in Heftchenform erscheinenden populären Lesestoffen kommt drittens den *Volksbüchlein* besondere Bedeutung zu. Der in der germanistischen Literaturwissenschaft gebrauchte Begriff »Volksbücher« ist freilich irreführend. Höfische Abenteuerromane und Liebesgeschichten des Spätmittelalters wurden im 16. und 17. Jahrhundert in Prosa bearbeitet und gekürzt sowie im 18. Jahrhundert in immer billigeren Ausgaben unter die Leute gebracht; doch handelt es sich ursprünglich nicht um Literatur des Volkes oder für das Volk, und die Jahrmarktsheftchen der späteren Jahrhunderte sind auch keine Bücher mehr. Außerdem läßt sich der Kanon der Liebes- und Abenteuerromane (Genovefa, Magelone, Melusine; Faust, Fortunatus, Herzog Ernst, Hug Schapler, Kaiser Oktavianus) und der Schwankbücher (Eulenspiegel, Schildbürger) und die begrenzte Zahl von Titeln, wie sie Joseph Görres *(Die teutschen Volksbücher,* 1807) fixiert hat, angesichts der wirklichen Variationsbreite von Volksbüchlein des 18. und 19. Jahrhunderts stark erweitern. Zu dieser Art von Heftchenliteratur gehört eben auch, wie oben gezeigt, eine ganze Serie von praktisch-sachlichen Texten, und dazu kommt im 19. Jahrhundert eine neue Reihe von erbaulich-frommen und abenteuerlich-moralischen Erzählungen. Die *Genovefa* des katholischen Geistlichen Christoph von Schmid (1768-1854) erstrahlt dabei als die allerbeliebteste und tausendfach im Gedächtnis gebliebene Leidens-Heldin; andere Heftchen-Bestsellerautoren dieser Art sind der protestantische Missions-Geistliche Christian Gottlob Barth, der sächsische Lehrer Gustav Nieritz, der protestantische Pfarrer Ottmar Friedrich Heinrich Schönhuth oder der Pädagoge Ludwig Auer aus Donauwörth.

Ganze Verlegerfamilien haben mit dem Handelsobjekt »Bibliothèque bleue« ihr Glück gemacht, sei es in Troyes in der Champagne, zu Reutlingen in Württemberg, zu Einsiedeln in der Schweiz oder in Milano. Von Zensoren und Pädagogen argwöhnisch betrachtet, in Serien wie den *Wiesbadener Volksbüchern* oder der *Universal-Bibliothek* (bei Reclam oder Rizzoli) gesäubert und auf ein »klassisches« Niveau gehoben, ist diese Form von Heftchen-Literatur niemals untergegangen. Sie lebt nicht nur in Textausgaben für den Schul- und Universitätsgebrauch, nicht nur in der weitverbreiteten Traktatliteratur (in kirchlichen »Schriften«-Ständen angeboten), sondern vor allem im sogenannten *Kiosk-Heftchen* und *Bahnhofs-Taschenbuch* weiter.

Diesem Millionen-Phänomen, den Heimat-, Dirndl-, Arzt-, Kriminal-, Western-, Landser- und Edelweiß-Romanen vom Fließband, dem heutigen populären Roman-Lesestoff par excellence, seien viertens noch ein paar kritische Worte gewidmet. Der »Schund-und-Schmutz-Kampf« der ersten Hälfte unseres Jahrhunderts hat zwar der Farbigkeit und Lustfülle dieses Literaturzweigs manchen Abbruch getan, doch scheint das heutige Kiosk-Angebot trotz aller Bereinigungen und Beseitigungen nach wie vor vital und vielfältig. Bei näherem Zusehen enthüllt sich freilich die ganze elende Langeweile dieser 64-Seiten-Heftchen: Sie strotzen von Klischeevorstellungen und Wiederholungen, Scheinproblemen und Happy-ending-Lösungen und predigen systemkonforme Anpassung, Beibehaltung der alten Geschlechterrollen und Herrschaftsverhältnisse sowie Mißachtung der Minderheiten. Konflikte werden dabei personalisiert und allzu häufig aggressiv-brutal gelöst. Die aktuellen politischen Probleme hingegen bekommen den Zensurstempel oder werden durch geschwätzige Helden aus der Welt geredet.

Und doch sind jede Woche Millionen von Lesern und Leserinnen auf solche Lektüren erpicht, suchen darin Phantasie-Anstöße, Fluchthilfen, tröstliche Entlastung, Befriedigung von Lustgefühlen, Beruhigung von Violenz-Phantasien, Möglichkeiten für einen Ausstieg aus den Alltagszwängen. Mit solchen Phänomenen, welche in die Bereiche der Leserpsychologie und -soziologie vorstoßen, beschäftigt sich die *Funktionen-Theorie* (Welchen Zwecken dienen solche Lesestoffe? Die Antwort: Erbauung, Belehrung und Unterhaltung muß in jedem Fall nach inhaltlichen, historischen und sozialpsychologischen Kriterien differenziert werden!) und die *Wirkungsforschung* (Welche Bedeutung haben die

Heftchen für Sozialisation, Bedürfnisbefriedigung, soziale Kontrolle, Kommunikationsverhalten und Meinungsbildung?). Dieser umfangreiche und schwierig zu beurteilende Komplex ist bisher von volkskundlicher Seite (das Thema würde heißen: Alltagsforschung und Leseverhalten der Unterschichten) zu wenig durchleuchtet worden.

Bücher

Die in einen festen Umschlag gesteckten, gebundenen Lesestoffe (ein Druckwerk von mehr als 48 Seiten Umfang darf Buch genannt werden) und insbesondere solche weltlichen Inhalts dringen, nicht zuletzt wegen ihres hoben Preises (ein Wochenlohn für einen Roman!), erst spät in die Schicht der Kleinbürger, Fabrik- und Landarbeiter vor. Mit dem politischen Aufstieg des Bürgertums (durch die Revolutionen von 1789, 1830 und 1848) steigt die Buchproduktion in der ersten Hälfte des 19. Jahrhunderts rapide an; auch in den Provinzstädten etablieren sich stationäre Buchhändler – mehr noch: Betreiber von Lektürekabinetten und Leihbüchereien, denn durch Mehrfach-Verwendung von Büchern läßt sich der Verbraucherpreis für den einzelnen stark senken. Neben die breitgefächerte theologische Literatur tritt eine ansehnliche Reihe von weltlichen Unterhaltungslesestoffen zumeist in Form des *Romans.* Gerade diese Literaturgattung (»ein Prosawerk von einer gewissen Länge«, wie E. M. Forster einmal sagte) hat ja eine lange Tradition, die bis zum altgriechischen Abenteuerroman zurückreicht, und ihr Inhalt folgt, bei aller Variationsmöglichkeit, dem konventionellen Schema: Held/Heldin erlebt auf der (Lebens)-Reise eine Serie von (Liebes- oder Leidens)-Abenteuern und erreicht ein zumeist glückliches Ziel.

Allerdings zeigen sich innerhalb dieses Abenteuer-Meeres kräftige Modeströmungen, so etwa die »Gothic Novel« (Horace Walpole: *The Castle of Otranto,* 1765; 20 Auflagen bis 1800) und die darauffolgenden Ritter-, Räuber- und Schauerromane (Christian August Vulpius: *Rinaldo Rinaldini* 1799); der soziale Roman und die Mysterien-Mode (Eugène Sue: *Les Mystères de Paris,* 1843/44), der historische und patriotische Roman (Alessandro Manzoni: *I promessi sposi,* 1825/26), der Indianer- und Wildwestroman (Gabriel Ferry: Le *Coureur des bois,* 1853), der Kriminal- und Detektivroman (Conan Doyle: *A Study in Scarlet,* 1887 – mit Sherlock Holmes), der Verbrecher-Triumph-Roman (Ponson du Terrail: *Rocambole-Serien,* 1857–1870), der Frauen-Roman (Eugenie Marlitt: *Goldelse,* 1866 in der *Gartenlaube)* bis hin zu den Erscheinungen des 20. Jahrhunderts wie dem Blut-und-Boden-Roman, dem Kriegsroman, dem pornographischen Roman und dem Science-Fiction-Roman. Viele der Erfolgsromane des 19. Jahrhunderts sind trotz der abwertenden Urteile von höherer ästhetisierender und moralisierender Warte (»Trivialroman«, »Kitsch«, »Schundroman«, »jugendgefährdend«) bis heute populär, oftmals sind sich die heutigen Leser gar nicht bewußt, daß ein

Buch wie *Quo vadis* (Henryk Sienkiewicz, 1896) ein greises Alter hat. Es ist jedoch nicht zu übersehen, daß neben dieser bürgerlichen Romanproduktion noch eine andere, kleinbürgerlich-proletarische Erfolg hatte: Der *Lieferungsroman*, der in Fortsetzungs-Heften an den »Hintertreppen« abgesetzt wurde, war im Kaiserreich ungeheuer beliebt; Karl May etwa schrieb solche Romane im Eiltempo für den Verlag Münchmeyer in Dresden, um sich sein Brot zu erwerben.

Gerade der seit nunmehr 100 Jahren blühende Massenkonsum von Sex-and-Crime-Geschichten (wobei die Zensoren bis heute das Sexuelle mit dem Bulldozer, das Gewalttätige aber nur mit einem Handbesen wegräumen) muß die Volkskundler zu kritischen Fragen führen: Ist das »Bedürfnis« für solche Lesestoffe ein sozialpsychisch erzeugtes oder wird es erst von den Romanproduzenten hervorgerufen und verstärkt? Lassen sich aus den Inhalten dieser Produkte Widerspiegelungen unserer gesellschaftlichen Zustände ablesen (Herrschafts-System, Mißachtung der Frau, Unterdrückung von Minderheiten, Technologie- und Waffenkult, Konfliktlösung durch Bedrohung und Gewaltanwendung etc.)? Lassen sich solche Lesestoffe durch »bessere« ersetzen und wie wäre das zu bewerkstelligen?

Im Jahre 1983 wurden in der Bundesrepublik Deutschland rund 60 000 Buchtitel produziert (in der Sowjetunion: 95 000, in Großbritannien: 51 000, Frankreich: 38 000, Belgien, Finnland, Polen, Schweden: je zwischen 8–9 000). Von den 57 623 BRD-Titeln des Jahres 1985 fielen 15,5% (der größte Anteil) auf »Schöne Literatur«, 3,6% auf »Jugendschriften«, 0,6% auf »Kalender und Almanache«. Ein paar Tausend von diesen Titeln gehören zu den populären Lesestoffen. Zwar haben im Jahre 1985 nur 63% (51%) der bundesdeutschen Bevölkerung ein oder mehrere Bücher (Taschenbücher) gekauft; bei den Leuten mit Volksschulabschluß waren es gar nur 50% (TB: 37%), bei den angelernten und Hilfsarbeitern nur 36% (31%), doch ist der Buchverkauf-Trend allenthalben ein steigender, das Bücherlesen nimmt wachsend einen Teil der Freizeitbeschäftigung ein. »Ab und an mal 'n Buch – warum nicht?« heißt die Parole – das gibt dem Volkskundler, je nach Betonung der Frage, doppelt zu denken.

3. Techniken der Leser- und Lesestoff-Forschung

Aktuelle und historische Leserforschung

Wie soll die/der Studierende einen *Einstieg* in die Leser- und Lesestoff-Forschung finden? Selbstverständlich kann jeder von alltäglichen Einzelbeobachtungen ausgehen, sei es von lesenden Personen in der Familie, im Eisenbahnzug oder auf der Parkbank, sei es von dem Lesestoffangebot in einem Kiosk, einem populären Antiquariat oder einer Leihbibliothek. Lesestoff-Forscher müssen sich zunächst einmal ein Text-korpus vornehmen, eine Sammlung von Blättern, Heftchen oder Romanen und sich dazu Fragen und Erkenntnisse aufschreiben und mit anderen diskutieren. Das ist der leichtere und lustigere Teil der Arbeit. Der schwierigere, aber nicht unbedingt weniger fesselnde, ist zu erfahren, welches der Forschungsstand zu dieser oder jener Hypothese (Beispiel: Frauen lesen mehr Romane als Männer; oder: Russische Arbeiter lesen mehr Technik-Literatur als französische) sei. Eine Hypothese darf richtig oder falsch sein (unsere Beispiele lassen sich umgekehrt formulieren und beinhalten nach wie vor je eine spannende Frage), aber sie muß anhand von schon vorhandenen Studien oder mittels einer neuen empirischen Untersuchung überprüft werden. Das setzt im ersten Fall bibliographische und bibliothekarische Recherchen, im zweiten den Aufbau eines methodisch-technischen Forschungsprogramms (Fragebogen-Entwurf, Befragungs-Strategien, Auswahl eines Samples von Interviewpartnern etc.) voraus. Das Titel- und Bücherfinden lernt man am besten in einer Bibliothek (und dort gibt es ausgefuchste Auskunftsbeamte und hilfreiche Computer) – erste Hinweise stehen in der folgenden Bücherliste. Das empirische Forschen lernt man am besten in einer Arbeitsgruppe zusammen mit Sozialwissenschaftlern, die zum Beispiel Meinungsforschung oder Interviewtechnik einüben. Auf diesem Sektor ist interdisziplinäres Arbeiten erforderlich.

Für die *historische Leserforschung* braucht man bestmögliche öffentliche (Bibliotheken, Archive) und/oder private Sammlungen, die eine genügende Menge von primären und sekundären Quellen bereitstellen können. Zu den ersten gehören Autobiographien und Tagebücher (mit Lese-Erinnerungen) sowie Briefwechsel (mit Hinweisen auf Lektüren); zu den zweiten alle möglichen literarischen Aussagen über Leser (in Reiseberichten, in pädagogischen Abhandlungen, in Lektüre-Empfehlungen), ferner Buchbesitz-Verzeichnisse (in Versteigerungskatalogen, in Haushalts-Inventaren), auch Archivalien wie Eheschließungs- und Rekrutierungsprotokolle, wobei die Forscher aus dem (Nicht)-Vorhandensein von Unterschriften vorsichtig auf Schreib- und/oder Lesefähigkeit (»literacy«) der Vertragspartner schließen können. Hinweise auf Leser und ihren sozialen Status finden sich schließlich in Mitgliederverzeichnissen von Lesegesellschaften, in Subskriptionslisten (»Pränumerantenlisten«), in Zensurakten oder in literarischen Beschreibungen von Leser(inne)n. Indirekt lassen sich auch aus vielen Texten Rückschlüsse auf Mentalität und soziale Zugehörigkeit von Lesern ziehen. Studien dieser Art erfordern einen großen Zeit- und Energieaufwand haben aber den Vorteil, daß sie, bei allen falschen Fährten, auf die man stößt, doch in viele unbekannte und faszinierende Gebiete der Kulturgeschichte führen.

Lesestoff-Forschung

Die Schwierigkeiten bei der historischen Lesestoff-Forschung liegen einmal bei der Textbeschaffung, dann aber auch bei der Frage, welche Methode und Technik der Analyse auf dieses oder jenes Korpus anzuwenden sei. Wer über Flugblätter einer Revolution oder Flugschriften der Arbeiterbewegung oder auch über pietistische Andachtsschriften arbeiten will, muß sicher sein, daß er eine Spezialsammlung dieser Textsorten bei der Hand hat (aber es gibt mehr Sonderbibliotheken für populäre Lesestoffe als gemeinhin bekannt). Wer mit dem Fernleihsystem, vielleicht gar ins Ausland, arbeiten muß, braucht viel Geduld; oft führt eine Wochen-Reise in das Nachbarland (Beispiele: die Jules-Verne-Bibliothek in Nantes, die Bertarelli-Bildersammlung in Milano, die Basler Mission – für Traktate! – in Basel) zu rascheren und vielfältigeren Ergebnissen als ein Monat Bestell-Frust am Heimatort.

Möchte eine(r) ein Text-Korpus nach allen Regeln der systematischen, quantifizierenden Inhaltsanalyse untersuchen, muß sie/er diese schwierige Technik in einem Seminar bei den Massenkommunikationsforschern erlernen. Die qualifizierende (hermeneutische) Text-Interpretation hat ebenso wie ihre »exakte« Schwester Vor- und Nachteile. Bei beiden Verfahren braucht der Beflissene jedenfalls breite Vorkenntnisse von dem historischen Umfeld des Textes (Kontextforschung), um sinnvolle Fragen an sein Material zu stellen, um hypothetische Aussagen formulieren zu können, um Beurteilungskriterien zu finden. In beiden Fällen führt ein Fragen- und Hypothesengerüst zu einer Liste von Problem-Begriffen (Kategorien-Tafel) und Unterbegriffen, die gleichzeitig das System der ganzen Forschungsarbeit begründen helfen (also schon die Systematik z. B. einer Magisterarbeit vorwegnehmen). Im Laufe der kritischen Lektüre werden sich neue Kategorien einstellen, doch ist eine grundsätzliche Vorabklärung der Haupt- und Nebenfragen, die man an den Text stellen will, eine praktische Basis für zügiges Arbeiten.

Im übrigen steht kein(e) Leserforscher(in) als verlassenes Waisenkind auf einer von Menschenfressern bevölkerten exotischen Insel. »Nein, lesen kann ich nicht«, sagte um 1800 ein Appenzeller Bauer, der sich beim Dorfpfarrer um die Stelle des Schulmeisters bewarb, »aber es kommen große Buben in die Schule, und diese werden mir das Ding schon zeigen«. Einige Namen von »großen« hilfreichen Besserwissern mögen hier folgen.

Literaturverzeichnis

Diese Literaturliste bietet eine Auswahl wichtiger europäischer Studien in Buchform seit 1980. Zur älteren Literatur vgl. A. C. Baumgärtner 1973, zur neueren die Anmerkungen zu Schenda, Rudolf: Geschichten von Leserinnen und Lesern. Überlegungen zur Geschichte und zu den Schwierigkeiten des Lesens. In: Zeitschrift für Volkskunde 96 (2000) 1-28.

Baumgärtner, Alfred Clemens (Hrsg.): Lesen – ein Handbuch. Lesestoff, Leser und Leseverhalten, Lesewirkungen, Leseerziehung, Lesekultur. Hamburg 1973.

Biller, Peter; Hudson, Anne, eds.: Heresy and Literacy, 1000-1530. Cambridge 1994. (Cambridge Studies in Medieval Literature, 23).

Bödecker, Hans Erich; Hinrichs, Ernst, eds.: Alphabetisierung und Literarisierung in Deutschland in der Frühen Neuzeit. Tübingen: M. Niemeyer 1999. (Wolfenbütteler Studien zur Aufklärung, 26).

Bollème, Geneviève: Le peuple par écrit. Paris 1986.

Bollenbeck, Georg: Till Eulenspiegel. Der dauerhafte Schwankheld. Zum Verhältnis von Produktions- und Rezeptionsgeschichte. Stuttgart 1985.

Böning, Holger: Volksaufklärung. Biobibliographisches Handbuch, Band 1: Die Genese der Volksaufklärung und ihre Entwicklung bis 1780. Stuttgart/Bad Cannstatt 1990.

Brackert, Helmut; Stückrath, Jörn (Hrsg.): Literaturwissenschaft. Grundkurs I (rororo, 6276). Reinbek 1981.

Braungart, Wolfgang; Bänkelsang. Texte – Bilder – Kommentare (Universal-Bibliothek, 8041). Stuttgart 1985.

Bringéus, Nils-Arvid: Volkstümliche Bilderkunde. Formale Kennzeichen von Bildinhalten (Texte zur Volkskunst). München 1982.

Brooks, Jeffrey: When Russia Learned to Read. Literacy and Popular Literatute, 1861-1917. Princeton 1985.

Carpenter, Kevin; Steinbrink, Bernd: Ausbruch und Abenteuer. Deutsche und englische Abenteuerliteratur von Robinson bis Winnetou (Ausstellungskatalog). Oldenburg 1984.

Cavallo, Guglielmo; Chartier, Roger, eds.: Histoire de la lecture dans le monde occidental. Paris 1997. (Coll.»L'Univers historique«).

Chartier, Roger (Hrsg.): Pratiques de la lecture. Paris 1985.

Chartier, Roger (Hrsg.): Les Usages de l'imprimé (XVe-XIXe siècle). Paris 1987.

Chartier, Roger; Cavallo, Guglielmo, eds.: Die Welt des Lesens. Von der Schriftrolle zum Bildschirm. (Storia della lettura mondo occidentale. Ed. Laterza 1995). Frankfurt/M./New York/Paris: Campus Verlag/Editions de la Maison des Sciences de l'Homme 1999.

Duclaud, Jutta; Riese, Reimar; Strauß, Gerda, ed.: Leser und Lesen in Gegenwart und Zukunft. Beiträge einer internationalen wissenschaftlichen Konferenz des Instituts für Verlagswesen und Buchhandel der Karl-Marx-Universität anläßlich der iba 1989. Leipzig, 6. bis 8. Juni 1989. Leipzig: Karl-Marx-Universität, Institut für Verlagswesen und Buchhandel 1990.

Ehler, Christine; Schäfer, Ursula, eds.: Verschriftung und Verschriftlichung. Aspekte des Medienwechsels in verschiedenen Kulturen und Epochen. Tübingen: G. Narr 1998.

Eicher, Thomas: LeseNotStand? Daten zum Leseverhalten von Studienanfängern der Germanistik. Dortmund: projekt verlag 1996. (Schriftenreihe der Universität Dortmund, 39).

Ernst, Rosemarie: Lesesucht, Schund und Gute Schriften. Pädagogische Konzepte und Aktivitäten der Jugendschriftkommission des Schweizerischen Lehrervereins (1859–1919). Zürich: Chronos 1991.

Ewers, Hans-Heino (Hrsg.): Kinder- und Jugendliteratur der Aufklärung. Kinder- und Jugendliteratur der Romantik. Eine Textsammlung (Universal-Bibliothek, 9992, 8026). Stuttgart 1984, 1980.

Fetzer, Günther: Wertungsprobleme in der Trivialliteraturforschung. München 1980.

Fritz, Angela; Suess, Alexandra: Lesen. Die Bedeutung der Kulturtechnik Lesen für den gesellschaftlichen Kommunikationsprozeß (Schriften der Deutschen Gesellschaft für COMNET, 6). Konstanz 1986.

Galle, Heinz J.: Groschenhefte. Die Geschichte der deutschen Trivialliteratur. Frankfurt a. M./Berlin 1988.

García de Enterría, Maria Cruz: Literaturas marginadas (Lectura crítica de la literatura española, 22). Madrid 1983.

Graff, Harvey J. (Hrsg.): Literacy and Social Development in the West. A reader (Cambridge Studies in Oral and Literate Culture, 3). Cambridge/London 1981.

Grenz, Dagmar; Wilkending, Gisela, eds.: Geschichte der Mädchenlektüre. Mädchenliteratur und die gesellschaftliche Situation der Frauen vom 18. Jahrhundert bis zur Gegenwart. Weinheim/München: Juventa Verlag 1997. (Lesesozialisation und Medien).

Groeben, Norbert, ed.: Lesesozialisation in der Mediengesellschaft. Ein Schwerpunktprogramm. Tübingen: Max Niemeyer 1999. (10. Sonderheft Internationales Archiv für Sozialgeschichte der deutschen Literatur).

Haas, Gerhard (Hrsg.): Kinder- und Jugendliteratur. Ein Handbuch. Stuttgart 1984.

Hannebutt-Benz, Eva-Maria: Die Kunst des Lesens. Lesemöbel und Leseverhalten vom Mittelalter bis zur Gegenwart. [Ausstellungskatalog]. Frankfurt/M.: Museum für Kunsthandwerk 1985.

Johannesson, Eric: Den läsande familjen. Familjetidskriften i Sverige 1850–1880 (Nordiska museets Handlingar, 96). Stockholm 1980.

Kock, Thomas; Schlusemann, Rita, eds.: Laienlektüre und Buchmarkt im späten Mittelalter. Frankfurt/M./Berlin/Bern etc.: Peter Lang 1997. (Gesellschaft, Kultur und Schrift. Mediävistische Beiträge, 5).

Lerch, Dominique: Imagerie et société. L'Imagerie Wentzel de Wissembourg au XIXe siècle (Société Savante d'Alsace, Grandes Publications, 21). Strasbourg 1982.

Machill, Horst: Buch und Buchhandel in Zahlen. Ausgabe 1986. Hrsg. vom Börsenverein des Deutschen Buchhandels. Frankfurt/M. 1986.

Manguel, Alberto: Eine Geschichte des Lesens. 2. Aufl. Berlin: Volk & Welt 1998.

Markert, Dorothee: Momo, Pippi, Rote Zora... was kommt dann? Leseerziehung, weibliche Autorität und Geschlechterdemokratie. Königstein/Taunus: Ulrike Helmer 1998.

Martin, Henri-Jeran: Le Livre français sous l'Ancien Régime. Paris: Promodis. Editions du Cercle de la Librairie 1987.

Monestier, Alain (Hrsg.): Le fait divers (Ausstellung im Musée National des ATP 1982/83). Paris 1982.

Müller-Salget, Klaus: Erzählungen für das Volk. Evangelische Pfarrer als Volksschriftsteller im Deutschland des 19. Jahrhunders. Berlin 1984.

Neuschäfer, Hans-Jörg; Fritz-El Ahmad, Dorothee; Walter, Klaus-Peter: Der französische Feuilletonroman. Die Entstehung der Serienliteratur im Medium der Tageszeitung (Impulse der Forschung, 47). Darmstadt 1986.

Notter, Philipp: Leseverständniss bei Schweizer Rekruten 1977/1989. (Diss. Zürich 1998). Zürich: Adag Copy AG 1998.

Nusser, Peter: Trivialliteratur (Sammlung Metzler, 262). Stuttgart 1991.
Nutz, Walter; Genau, Katharina; Schlögell, Volker: Trivialliteratur und Popularkultur. Vom Heftromanleser zum Fernsehzuschauer. Eine literatursoziologische Analyse unter Einschluß der Trivialliteratur der DDR. Opladen/Wiesbaden: Westdeutscher Verlag 1999.
Oxenham, John: Literacy Writing, reading and social organization (Language and Society Series). London 1980.
Plaul, Hainer: Bibliographie deutschsprachiger Veröffentlichungen über Unterhaltungs- und Trivialliteratur vom letzten Drittel des 18. Jahrhunderts bis zur Gegenwart. München/New York/London/Paris 1980.
Poulain, Martine, ed.: Lire en France auhourd'hui. Avec la collaboration de Jean-Pierre Albert – Jean Marie Besse [...] – François de Singly. Paris: Éditions du Cercle de la Librairie 1993. (Coll. Bibliothèques).
Raabe, Mechthild: Leser und Lektüre vom 17. zum 19. Jahrhundert. Die Ausleihbücher der Herzog August Wilhelm Bibliothek Wolfenbüttel 1664–1806. Teil C. Band 1 / Band 2: Leser und Lektüre 1800–1806. Chronologisches Verzeichnis 1664–1719. / Chronologisches Verzeichnis 1720–1806. Gesamtstatistik. München: K. G. Saur 1998.
Schenda, Rudolf: Die Lesestoffe der Kleinen Leute. Studien zur populären Literatur im 19. und 20. Jahrhundert (Beck'sche Schwarze Reihe, 146). München 1976.
* Schenda, Rudolf: Volk ohne Buch. Studien zur Sozialgeschichte der populären Lesestoffe 1770–1910. 3. Aufl. Frankfurt a.M. 1988.
Schenda, Rudolf: Folklore e letteratura popolare. Germania – Francia – Italia (Bibliotheca Biographica). Roma 1986.
Schlieben-Lange, Brigitte (Hrsg.): Lesen – historisch (LiLi, 57/58). Göttingen 1985.
Schmutzler-Braun, Brigitte; Schreiner-Berg, Adelheid: »Ab und an mal 'n Buch – warum nicht«. Lebensumstände und Lektüren berufstätiger Jugendlicher. Eine empirische Untersuchung (Jugend und Medien, 5). Frankfurt/M. 1983.
Schön, Erich: Der Verlust der Sinnlichkeit oder Die Verwandlungen des Lesers (Sprache und Geschichte, 12). Stuttgart 1987.
Schumacher, Marianne: Frauenbilder in Kurzgeschichten der Massenpresse. Eine inhaltsanalytische Untersuchung der Zeitschriften Brigitte, Freundin, Für Sie, Petra und Playboy (Europ. Hochschulschriften I, 742). Ffm./Bern/New York 1984.
Segura, Isabel (Hrsg.): Romances horrorosos. Selección de romances de ciego que dan cuenta de crímenes verídicos, atrocidades y otras miserias humanas (Mitos, ingenios y costumbres, 11). Barcelona 1983.
Spufford, Margaret: Small Books and Pleasant Histories. Popular fiction and its readership in seventeenth-century England. London 1981.
Straßner, Erich: Zeitung. Tübingen: M. Niemeyer 1999. (Grundlagen der Medienkommunikation, 2)
Svensson, Sonja: Läsning für folkets barn. Folkskolans Barntidning och dess förlag 1892–1914 (Skrifter utgivna av Svenska Barnbokinstitutet, 16). Stockholm 1983.
Wartburg-Ambühl, Marie-Louise von: Alphabetisierung und Lektüre. Untersuchung am Beispiel einer ländlichen Region im 17. und 18. Jahrhundert (Europ. Hochschulschriften I, 459). Bern/Frankfurt/M./Las Vegas 1981.
Weckel, Ulrike: Zwischen Häuslichkeit und Öffentlichkeit. Die ersten deutschen Frauenzeitschriften im späten 18. Jahrhundert und ihr Publikum. Tübingen: M. Niemeyer 1998. (Studien und Texte zur Sozialgeschichte der Literatur, 61).

Wittmann, Reinhard: Buchmarkt und Lektüre im 18. und 19. Jahrhundert. Beiträge zum literarischen Leben 1750–1880 (Studien und Texte zur Sozialgeschichte der Lit., 6). Tübingen 1982.

Wirrmann, Reinhard: Geschichte des deutschen Buchhandels. Ein Überblick. München 1991.

Wodsak, Monika: Die Complainte. Zur Geschichte einer französischen Populärgattung (Studia Romanica, 60). Heidelberg 1985.

Wunderlich, Heinke; Klemt-Kozinowski, Gisela: Leser und Lektüre. Bilder und Texte aus zwei Jahrhunderten. Dortmund: Harenberg 1985. (Die bibliophilen Taschenbücher, 473).

Heinz Schilling

Medienforschung

Die Volkskunde forscht als Kulturwissenschaft mit und über Medien sowie über mediale Kommunikation. Als Medien sollen in diesem Beitrag *Massenmedien* verstanden werden, also technisch massenhaft hergestellte, diffus verbreitete Produkte und Programme, auch die sie verbreitenden Apparate. Das meint im wesentlichen Presse, Fernsehen, Radio, Film, Fotografie und – neuerdings – das Netz.

1. Medientheoretische Modelle

Das Paradigma der Praxis

Es gibt in der Publizistik eine ebenso klassische wie naive Vorstellung davon, was Zeitungs-Journalisten tun und was Medien leisten sollen: das Einholen von Nachrichten, deren Sichtung und Bearbeitung sowie das Verbreiten an ein Publikum. In diesem formal einfachen *Sender-Empfänger-Modell* wird das Sammeln, Aufbereiten und Umverteilen von Informationen beschrieben, und das Ganze läßt an eine scheinbar entlegene Sphäre denken, an die Produktion, Distribution und Konsumption von Waren.

Die Frage nach der Wirkung

In den USA hatte sich seit den 1930er Jahren aus der Presseforschung eine umfassendere Massenkommunikationsforschung entwickelt, die später für Deutschland richtungweisend wurde (Joußen 1990, 83). Harold D. Lasswell ist einer der Wissenschaftler, die das naiv-voraussetzungslose Vorstellungsbild vom Sammeln, Aufbereiten und Weitergeben von Information auf Funktionalität und Wirksamkeit hin befragten. Die berühmt gewordene *Lasswell-Formel* – »Who says what in which channel, to whom, with what effect?« (Lasswell 1948, 38) – funktionierte wie ein *universal tool* der Kommunikationsforschung. Ursprünglich bezog sie sich auf fünf Faktoren: 1. Urheber/Kommunikator; 2. Mitteilung/Botschaft; 3. Medium/Verbreitungsweg; 4. Kommunikant/Rezipient; 5. Wirkung. Die Formel mutierte und gewann immer neue Versionen hinzu (Lasswell u. a. 1952, 12). Vielleicht avancierte das von

Lasswell entwickelte kommunikatorzentrierte Strukturmodell nicht nur in der – auf die Veränderung von Verhaltensweisen zielenden – Medienforschung zu einem einflußreichen theoretischen Ansatz, sondern wurde auch in aussageanalytisch arbeitenden Kulturwissenschaften weltweit rezipiert.

Das Ursache-Wirkungs-Modell

Deutlicher als die metropolitanen Massenblätter des 19. Jahrhunderts mit ihrer erkennbaren Kundschaft erweckt das Aufkommen des in die Intimität hineinstrahlenden Radios (in Deutschland seit 1923) die Vorstellung von einer Massen-Gesellschaft, deren Kommunikation konsequenterweise über Massen-Medien organisiert wird. Die amerikanische Medienforschung schuf in den 1920er Jahren das auf eine solche Gesellschaft hin zielende Konzept, das von einem linear-kausalen Zusammenhang von Sender-Intentionen und Empfänger-Reaktionen ausging. Dieses *Stimulus-response-Modell* basierte auf Erkenntnissen der Instinktpsychologie und besagte, vom Kommunikator ausgehende Botschaften erreichten als exakt komponierte Reize die Menschen und lösten dort standardisierte Reaktionen aus. Es geht dabei um eine Erreichbarkeit des Menschen der Massengesellschaft – paradoxerweise – als Individuum, um seine politische, kulturelle, ökonomische Auswertbarkeit.

Direkt plus medial: Two-step flow of communication

Als das Störende an der in diesem Reiz-Reaktions-Theorem angenommenen Steuerbarkeit von Menschen erachteten die Forscher mit der Zeit die Individualität der Individuen. Man dachte zwar weiterhin vom Sender aus zum Empfänger hin – vom Verleger zum Leser, vom Reporter zum Hörer, vom Regisseur zum Zuschauer –, bezog seit den 1950er Jahren jedoch auch die Figur des Rezipienten, biografisch fundierte habituelle Einstellungen der Empfänger-Persönlichkeit sowie soziale Mikroprozesse ihres Lebensumfeldes mit ein. In den Rezeptionsstudien schob sich dieser Situations- und Persönlichkeitsaspekt nun zwischen die Massenkommunikationsstimuli und die Individualreaktionen (Schenk 1987, 38). Das Hereinnehmen von unmittelbaren *Face-to-face*-Beziehungen in die bisher behavioristisch argumentierende Forschung, das Beachten personaler Einflüsse gruppenspezifischer Meinungsführern, brach das bisher gültige Bild von einem Informationsfluß »von oben nach unten« auf und ermöglichte eine Umkehr der Blickrichtung. Man begann, den Kommunikationsprozeß vom anderen Ende her zu betrachten und fragte, welche Botschaften warum den Empfänger tatsächlich erreichen, welche er benötigt, welche ihm gerecht werden und ihn nicht lediglich

Medienforschung

persuasiv beflirten. Daß nun Bedürfnisse, Lebensbedingungen, Alltagswelt und Identität(en) von Rezipienten betrachtet wurden, stellt einen *cultural turn* in der Medienforschung dar, der auf Kulturwissenschaften ausstrahlte.

Der von Elihu Katz und Paul F. Lazarsfeld in den 1950er Jahren entwickelte Konzept vom *Two-step flow of communication* (Katz u. a. 1955, 32 ff.) wurde zu einem Paradigma aller medienforschenden Fächer und mit ihm das Bild einer zweigestuften Sender-Empfänger-Beziehung, eines Zusammenwirkens von ein und derselben – einmal medial, einmal *face-to-face* vermittelten – Botschaft. Die Vorstellung vom medienkonsumintensiven *Opinion-leader* in der Rolle auch des »persönlichen« Informations- oder Meinungs-Maklers ist in die empirischen Kulturwissenschaften eingegangen. In der Feldforschungspraxis der Volkskunde etwa trifft man auf Themen »aus den Medien«, die oftmals schon ihre sozio-lokalen Etappen der interpersonalen Alltagskommunikation durchlaufen haben. Die Plausibilität einer massen-kommunikativ vermittelten Information kann an Relevanz gewinnen, wenn sie mit dem Gütesiegel eines »direkten« Gesprächspartners versehen und somit auch kulturell kompatibel gemacht wird; umgekehrt potenzieren sich individuelle Standpunkte durch Rückbezug auf Medien (»Im Radio haben Sie's durchgegeben...«) als Authentizitätsinstanz. Dies bedeutet eine Revision der Vorstellung vom total atomisierten Menschen in der Massengesellschaft und seiner Auslieferung an externe Manipulatoren (Joußen 1990, 87), weist aber auf die Interferenz von – hier Lebenswelt –, da Medien-Wirklichkeit – hin.

Medien als Themenverstärker und Themenschöpfer

Das Agenda-setting-Modell: Die Relativierung der Medienwirksamkeit, wie im *Two-step-flow*-Konzept erkennbar, wurde von Joseph T. Klapper noch weiter getrieben in seiner *Reinforcement-These* (Klapper 1960), derzufolge Medien lediglich bereits beim Rezipienten vorhandene kognitive und habituelle Dispositionen verstärken und mediengenerierte Verhaltensbeeinflussung kaum von langer Dauer ist. Das ließ die »soziale Relevanz« von Massenmedien insgesamt fragwürdig werden, die Persuasionsthese war nicht mehr haltbar. Die Annahme, daß die Medien die Debattenthemen der Gesellschaft und damit deren Kultur bestimmen, zusammengefaßt im *Agenda-setting-Modell* der 1970er Jahre (McCombs u. a. 1972), gilt als bislang letzte kommunikatorzentriert/linear-kausal argumentierende Wirkungsthese der Medienforschung.

Das Uses-and-gratifications-Modell: Für die Kulturwissenschaften hingegen, gerade für die Volkskunde, ist ein anderes der neueren medientheoretischen Konzepte bedeutungsvoll geworden, der *Uses-and-gratifications-approach*. In diesem Ansatz avanciert der (einst passive) Empfänger einer Botschaft endgültig zum aktiven Rezipienten von Medien – und das meint letztlich das, was Medien umfassend für das Leben von Menschen darstellen. Die Stimulus-Response-Perspektive – »Was machen die Massenmedien mit den Rezipienten oder der Gesellschaft?« – dreht sich damit hin auf die Fragestellung »Was machen die Menschen mit den Medien?« (Renckstorf 1973). Diese Frage, in der Kommunikationswissenschaft theoretisch formuliert, erreichte den volkskundlichen Diskurs 1975 (Aufermann 1976), traf hier jedoch, auf eine bereits *avant la lettre* selbständig sich entwickelnde Praxis. Die erste volkskundliche Feldrecherche in der Rezeptionssphäre des Massenmediums Fernsehen hatte Harald Schäfer 1970 durchgeführt; sein Thema waren Familien auf dem Bildschirm und, in hessischen Dörfern, vor dem Fernseher (Schäfer 1973). In Zürich (Sturzenegger 1970), Tübingen (Scharfe 1970; Schenda 1970) und Frankfurt (Schilling 1970; 1971) waren zur selben Zeit junge Volkskundler dabei, Alltagsnutzen und lebensweltliche Bedeutung von Bildmedien an den Wänden von Wohnungen empirisch zu untersuchen.

Diese frühen Forscher dachten ihr Thema zumeist in einem ökonomischen Vermittlungs-Modell, und zwar ausdrücklich im Zusammenhang von Herstellung, Verbreitung und Gebrauch von Waren; zugrunde lag die Vorstellung von Produktion und Aneignung kultureller Hervorbringungen zwischen serieller Fabrikation (Sender, Atelier, Druckerei) und dem Ort des Konsums (Wohnung), wo die Massenprodukte freilich mit den Zeugnissen privater Kreativität eigenwillige Symbiosen eingingen. Wichtig – auch für andere untersuchte Medien – waren die Hersteller, ihre Intentionen, Strategien und Vertriebswege; ferner die Abnehmer, Kunden, Nutzer mit ihren Bedürfnissen und Satisfaktionserwartungen an eine materialspezifische, funktionale Ästhetik. Und wichtiger als das Produkt selbst war die Gebrauchspraxis. Dem hier naheliegenden Bild einer Kultur-Industrie boten sich die von Thesen zur Kulturindustrie (Horkheimer u.a. 1947) für die Interpretation regelrecht an. *Use and gratification* konnte heißen: Gebrauchswertversprechen einer Fernsehsendung als Unterhaltung und Zeitvertreib und Gebrauch eben jener Sendung nicht als Bote der Aufklärung, sondern als Folie der Identifikation mit Stars, als Matrix für die Orientierung an un/erreichbaren Welten oder als Impuls der direkten nach der Massenkommunikation mit Nachbarn und Kollegen.

Der Dispositiv-Ansatz

Der jüngste medientheoretische Zugang, der in der Volkskunde angewandt und weiterentwickelt wird, ist die auf Michel Foucault zurückgehende *Dispositiv-Theorie*. Ihr zugrunde liegt der Gedanke an ein heterogenes Ensemble von Elementen (ursprünglich der Macht), »von Diskursen, Institutionen, architekturalen Einrichtungen, reglementierenden Entscheidungen, Gesetzen, administrativen Maßnahmen, wissenschaftlichen Aussagen, philosophischen, moralischen oder Lehrsätzen«, wobei Dispositiv dann das »Netz« bezeichnet, »das zwischen den Elementen geknüpft werden kann« (Foucault 1978, 119f.). In der französischen Kino-Theorie wurde das Dispositiv-Konzept (engl.: *apparatus-theory*) speziell auf Medien übertragen, von da aus kam es, bezogen auf das Fernsehen, in die deutsche Diskussion (Hickethier 1991), und Carsten Lenk hat es in seiner volkskundlichen Untersuchung über den Rundfunk der Weimarer Zeit auf das Medium Radio angewandt (Lenk 1997). Das Dispositiv als Paradigma bedeutet hier eine endgültige Abkehr von der klassischen Sender-Empfänger-Mechanik und scheint hervorragend geeignet, medienbezogene Lebenswelt- und Alltagskultur-Untersuchungen eine theoretische Struktur zu geben. Lenk ordnet das habituelle Dispositiv des Radiohörens in einem Dreieck von Apparat, Programm und Subjekt an; nicht unwichtig die raum-zeitlichen Entwicklungen: vom öffentlichen Programm zur privaten Aneignung, vom technischen Apparat zum Einrichtungsgegenstand Radio, vom Vortragskünstler im Saal zum Reporter im Freien, von zeitfixierter zu alltagsbegleitender Rezeption.

Die Volkskunde ist keine unbedingt theorieinnovatorische Disziplin; was sie richtig gut kann, ist das Aufspüren, genaue Beschreiben und vergleichende Einordnen kultureller Phänomene. Die hier skizzierten Modelle zur medialen Kommunikation wurden nicht in der Volkskunde kreiert; man hat sie hier phasenweise rezipiert, auf spezifisch volkskundliche Themen und Vorgehensweisen bezogen und unter dem Eindruck empirischer Befunde weiterentwickelt. Das Dispositiv-Modell begreift umfänglich Inhalte von Bedeutungswelten ein, mit denen Menschen leben. Vernetzt im Dispositiv werden Bedürfnisse und deren Befriedigungen, externe Vorgaben und deren private Aneignung, kulturelle Traditionen und aktuelle Praxis. In diesem Kontext erscheinen »die Medien« als Dispositiv des Alltagslebens, Agenturen der Außenwelt, mit denen der Mensch sich im Diskurs befindet. Die Volkskunde selbst als eine medienforschende Disziplin ist nicht lediglich Rezipientin sozialwissenschaftlicher Theorieensender, sondern sie adaptiert den medientheoretischen Diskurs als Dispositiv ihrer eigenen Interessen.

2. *Forschungsdiskurs und Forschungspraxis*

Geht man von den repräsentativen Schriften der Volkskunde aus, dann gehört Medienforschung keineswegs zu den zentralen Arbeitsbereichen des Fachs. Für den Rundfunk existierte ein Arbeitskreis von 1953 bis 1963 (Glaser 1989), dem volkskundlichen Film widmet sich eine Kommission der Deutschen Gesellschaft für Volkskunde. Selten haben umfassende Kongresse auf hoher Ebene über »die Medien« stattgefunden: Der Deutsche Volkskundekongreß 1975 zum Thema »Direkte

Kommunikation und Massenkommunikation« (Bausinger u. a. 1976); ein Symposion mit dem Schwerpunkt »Die Zeitung als Quelle«, 1983 veranstaltet vom Institut für Gegenwartsvolkskunde der Österreichischen Akademie der Wissenschaften (Beitl 1988); 1998, die Tagung »Alltag und Medien. Zur Konstruktion und Funktionalisierung von Alltäglichem« des Volkskundlichen Seminars der Universität Zürich und der Schweizerischen Gesellschaft für Volkskunde (SAVk 1999). Diese Konferenzen belegen eine allmähliche methodologische Entwicklung sowie eine theoretische Sensibilisierung des Fachs.

Direkte Kommunikation und Massenkommunikation

Der Kongreß 1975 gab bislang verstreuten Forschungsansätzen erstmals einen Rahmen. Mehrere »historische« Referate – man beachte die Reihenfolge der Hauptworte des Kongreßtitels – zeigten, wie eine Kultur der Mündlichkeit langsam medial durchdrungen wurde. Zur direkten Kommunikation war eine der technisch organisierten Indirektheit hinzugekommen mit Auswirkungen auf die Kultur als Ganzes. Zweihundert Jahre nach Goethe, der in einem Brief gefragt hatte: »Brauchen wir Mittler, um uns zu kommunizieren?« und den leibhaftigen Gesprächspartner vorzog, wurden einstige Formen mündlicher Kommunikation wie etwa das Erzählen und das Singen fast ausnahmslos in einem industriellen Produktions-Konsumptionszusammenhang wahrgenommen und als Teil eines massenkommunikativ organisierten und inhaltlich auf Manipulation und Ablenkung hin angelegten Warenangebots beschrieben. Die inzwischen im Fach praktizierte Erforschung »volkskundenaher« Medieninhalte (Bräuche, Volkskunst, Volkstheater) war ein weiteres Kongreßthema, ebenso die Rückwirkung auf die »Originale« durch das starke Interesse der Medien an Volkskultur aus zweiter Hand. Die Diskussion machte durchaus deutlich, »daß Kommunikation nicht *einen* Gegenstandsbereich unter anderen meint«, sondern einen »Bezugsrahmen, in dem die verschiedenen ›Objektivationen und Subjektivationen‹ realiter existieren« (Geiger 1976, 239). Damit hätte sich die Möglichkeit eröffnet, die Volkskunde grundsätzlich *als* Vermittlungswissenschaft zu definieren, ausgehend von der theoretischen Überlegung, die Untersuchungsgegenstände des Fachs als Elemente von Kommunikationsprozessen in einem Gesamtprozeß Kultur zu beschreiben. Den Progressiven erschien dafür die Theoriefähigkeit der Volkskunde nicht genügend entwickelt, die Konservativen lehnten eine derartige Orientierung ab, weil sie dem Thema Kommunikation nicht jene universelle Dimension zumessen wollten und überhaupt nur geneigt waren, Medien als ein Subthema von Freizeitgestaltung zu begreifen. Dennoch entwickelte sich die Massenkommunikationsforschung *in* der Volkskunde weiter.

Medienforschung

Mit der Zeitung forschen. Über die Zeitung forschen

Die Tagung 1983 in Österreich über die Zeitung als Quelle ist vor allem unter dem praktischen Aspekt der Dokumentationsmethoden zu sehen. Forschung anhand archivalischer Quellen gehört zu den bewährten Verfahren in der Volkskunde (vgl. die Beiträge von Brednich, Siuts, Bickel/Kuntz, Assion und Schenda zum vorliegenden Band). Hat das Auswerten von Archivquellen nicht auch etwas von einem Tagewerk an sich? Da wird exploriert, um- und umgegraben, Material gewonnen, Kärrner-Arbeit geleistet. Das Ethos der Arbeit heißt Genauigkeit. Und die Phantasie? Mit Archivquellen führe ich eine Art von Dialog: Ich kann Dokumente regelrecht »interviewen«, wobei sie mir Antworten darauf geben, wonach ich sie befrage, oft störrisch sind, mit Null-Ergebnissen trotzen, zuweilen aber frappierend Auskünfte über Ungesuchtes anbieten. Und neue Wege weisen.

Die Zeitung als Instrument: Manche Forschungen beginnen mit Zeitungsabonnements aus einem künftigen Untersuchungsgebiet. Die Presse sichtend tritt man in dessen Peripherie ein, entwickelt ein erstes Gefühl für eine Gegend, erfährt Themen einer anderen Lebenswelt, schmeckt das Timbre ihrer journalistischen Aufbereitung, bevor es »richtig« ins Feld geht. Oder man überträgt – Artikel abscannend, Belege gewinnend – Feldforschung überhaupt der Zeitung, um, wie mit einem Fernglas, etwa die Verbreitung öffentlicher Kulturpraxis zu registrieren, sei es, um »Reliktgebiete« ritueller Erscheinungsformen zu überblicken, sei es, um die räumliche Diffusion von Neuerungen quasi katastermäßig zu erfassen: Flächendokumentation per Tageszeitung (Brückner 1988, 104 f.; Schaminet 2000).

Die Zeitung als Quelle: Ein Beispiel für eine aus einer Zeitungsquelle schöpfende Arbeit bietet diese Themenformulierung: »Inserate in der Lokalzeitung als Quellen volkskundlicher Fest- und Brauchforschung« (Markmiller 1988). Ausgangspunkt ist hierbei das Medium selbst, die Zeitung generiert die Forschung, kein anderes Medium. Als konkretes Dokument nimmt der Forscher Franz Markmiller in diesem Fall die Dingolfinger Isar-Zeitung (1873–1941), seine kleine Studie stellt, *grosso modo*, Pressegeschichte auf der Ebene von Lokalblättern in der Provinz dar, weist gleichzeitig aber die Annonce als Ausdrucksform regionaler Alltagskultur aus und ordnet die Belege in das ethnologische Kategoriensystem Lebenslauf, Jahreslauf, Fest- und Brauchtypen ein.

Die Zeitung als Spiegel: Wenn Printmedien als »Spiegel« angekündigt werden, dann steht meist ein Thema – ein gesellschaftlich-kulturelles Phänomen, eine Entwicklung, ein Problem – im Vordergrund und wie es in Medien dargestellt (aufgezogen, gepflegt) wird. Es geht also generell um dieses Thema, und das empirische Feld wird auf der Meta-Ebene der medialen Aufbereitung – Wahrnehmung, Selektion, Tendenz – gefunden. Zum Thema können auch die Medien selbst werden. Die Frage nach der Reihenfolge von (interesseleitendem) Thema und (spiegelndem) Medium ist dann oft nicht leicht zu entscheiden. Eine Untersuchung wie »Boris Becker und das Baby« kündigt im Untertitel bereits an, daß es um die »mediale Konstruktion von Männerbildern« (Baer 1995) geht; plakatiert wird ein exemplarischer »Fall«. Nun könnte dieses Thema auch anhand anderer Kommunikationsweisen analysiert werden, etwa der öffentlichen Rede, am Beispiel von Witzen, doch die Autorin wählt »die Medien«, was natürlich nicht nur Erkenntnisse über die Konstruktionshypothese im besonderen, sondern auch über »die Medien« im allgemeinen erwarten läßt und uns auf folgende Forschungsperspektive einstimmt: Das Thema sind (1) Männerbilder, gespiegelt durch (2) Medien, welche diese (3) Bilder (4) konstruieren. Revirement gefällig? Bitte: Thema sind (1) Medien als (2) Konstrukteure von (3) Bildern, und in dieser Arbeit wird das am Beispiel (4) Männerbilder und dies wiederum, ausgehend vom (5) Fall »Boris Becker und das Baby«, untersucht.

Gegenstand der Widerspiegelung eines Themas können dessen Konstruktion, Repräsentanz und Veränderung über Epochen hinweg oder im Kulturenvergleich sein, wobei das thematische Hauptwort als Indikator von Kultur begründet werden sollte, woran sich die Frage nach deren Trägern und ihren Identitäten anschließt. Es lassen sich mit dieser Forschungsperspektive Einsichten in Teile oder das Gesamte einer Epoche gewinnen, in deren Kulturstimmung, in das öffentlich gemachte Leben einer gegebenen Zeit und eines definierten Raums.

Die Zeitung als Tresor: Am Beispiel von Printmedien haben wir bisher im wesentlichen zwei Perspektiven herausgearbeitet: 1. *Mit* Medien forschen; 2. Medien *er*forschen. Diese Unterscheidungen im Blick auf Rolle und Funktion einer materialen Forschungsbasis gelten auch für andere Mediensparten. Speziell auf Zeitung und Zeitschrift zielen noch folgende Überlegungen:

Forschungsstrategisch werden *Printmedien* nicht selten wie ein mit Details gefüllter Informations-Tresor genutzt, der keineswegs nur Schätze für historisches Arbeiten in sich birgt. Doch eine Zeitung ist immer von gestern, sie macht die Dinge historisch. Als ein Begleitmedium aber fürs Miterleben von Gegenwart, die in unserer Medien-Kultur eine Moment-Aktualität flüchtiger Bilder ist, wird die Zeitung zu einer Art Fixativ, zu einem Medium mit immer noch relativ konstanter Materialität. Sie ist – selbst als Internet-Version – festhaltbar und dokumentabel, und das ist vielleicht der Grund, weshalb in der volkskundlichen Medienforschung deutlich mehr anhand von Printmedien geforscht wird.

Medien im Alltag, Alltag in Medien: Die Züricher Tagung 1998 zeigt, wie in der Volkskunde das Thema Medien inzwischen verankert ist, nämlich als konstitutiver Aspekt von Alltag, was die Volkskunde als »Wissenschaft von der Alltagskultur« (Gyr 1999, 146) insgesamt bestätigt. Wenn Kultur dabei als »Medium gesellschaftlicher Erfahrungen« (Lipp 1993, 32) gesehen wird, dann findet ein vermittlungstheoretischer Gesamtrahmen durch eine Hintertür doch wieder Eingang ins Selbstbild des Fachs. Zum volkskundlichen Diskurs über Medien werden nun Nachbarwissenschaften (Soziologie, Filmwissenschaft, Medienpädagogik und -geschichte) nachdrücklicher eingeladen als zuvor. Die Themenauswahl – Fernsehserien, Fiktionalität, Frauenkrimis, Publikumsforschung, mediengeneriertes Alltagswissen, Werbung, Reportagen, Film – ist dem Bezug auf das Tableau Alltag geschuldet und illustriert die Aktualität der Forschung ebenso wie die Erfahrungstiefe der Forscher (vgl. Foltin 1999). Die theoretischen Anstöße kommen nach wie vor von Nachbarn (Bonfadelli 1999). Das gewaltige Referenzial der kommunikationswissenschaftlichen Wirkungsforschung etwa wird die Volkskunde methodisch und theoretisch befruchten; es sollte nicht verunsichern, denn die volkskundliche Erforschung medialer Kommunikation leistet mit ihren zahlreichen mikrodimensionalen Fallstudien etwas, was in kaum einer anderen Disziplin geleistet wird. Medienforschung hat nun deutlich zwei perspektivische Ansätze: Zum einen wird gefragt, wie Medien im Alltag *präsent* sind und wie sie in den Alltag hineinwirken, ihn selbstverständlicher denn je durchdringen. Werden sie dadurch immer gewichtiger in ihrer Präsenz und immer unwichtiger für das Handlungs- und Bedeutungsdispositiv von Menschen? Zum anderen gilt die Aufmerksamkeit nach wie vor der Beobachtung, wie Alltag in Medien und Programmen *re-präsentiert* wird. Wie diese Perspektiven sich treffen, wie *live* und *life* sich verschränken, wie durch Medien neue Ereignis-, Handlungs- und Erlebnissphären hergestellt und wie sie abgewehrt, akzeptiert, modifiziert werden, ist längst volkskundliches Forschungsthema (Rath 1986).

3. Basic Fieldwork: Volkskundliche Examensarbeiten

Wenn Kongreßdokumentationen die Leuchttürme eines Fachs sind, dann ist die Volkskunde nicht als weitstrahlende Kommunikationswissenschaft wahrzunehmen; fachintern wird der Medienvolkskundler immer noch als eher rhetorische Figur eingeschätzt (Schmitt 1993, 21). Und doch: Um zu orten, wo Medien in der Disziplin eine wichtige Rolle spielen, müssen wir uns eines kleiner dimensionierten Flaggen-Alphabets bedienen, der volkskundlichen Examensarbeiten.
Das produktivste Feld, auf dem Medienforschung – Mikroanalyse nah am Material – in einer elementaren Form passiert, sind in der Tat die Abschlußarbeiten an den Hochschulen. Ich betrachte das 1990er Jahrzehnt und die volkskundlichen Qualifikationsarbeiten über Medien an 24 deutschsprachigen Universitäten. Und registriere insgesamt 213 Titel, ein Zehntel davon sind – publikationspflichtige – Doktorarbeiten, neun Zehntel finde ich auf der M.A.-Ebene (Magister-, Diplom-, Zulassungs-, Lizentiatsarbeit).

Worüber wird geforscht?

Über Printmedien: 61 Arbeiten machen Zeitungen (21) und Zeitschriften (40) zu ihrem Thema, das sind 28,7 Prozent aller 213 Abschlußarbeiten im Auswertungszeitraum. Es folgen Fernsehen (14,2%) und Spielfilm (13,7%) als Untersuchungsgegenstand, danach Fotografie (9,9%), Rundfunk (7,0%), Dokumentar- und wissenschaftlicher Film (4,7%), Anzeigen und Werbung (4,2%), Computermedien (4,2%), Trivialliteratur (3,8%) sowie Kino, Comics, Kalender, Popularmusik, journalistische Praxis (je unter 2%); weitere fünf Themenansätze liegen je unter 1%.

Im Kern widmen sich die – im Fachdiskurs zu Unrecht überwiegend unbeachtet, weil unpubliziert bleibenden – Examensschriften der kulturellen Bedeutungskonstruktion, an der die Medien in einem komplexeren Prozeß gesellschaftlicher Verständigung an prominenter Position beteiligt sind. Medienprodukte spiegeln nie nur wider oder *re-präsentieren*. Indem sie *präsentieren*, wirken sie auch ein. Sie bilden Kultur ab, sie schaffen Kultur. Sie *sind* Kultur.

In der Volkskunde wird der Bereich Medien zunehmend als Examensthema gewählt; von einst zehn medienbezogenen Arbeiten p. a. an allen Universitäten wuchs die Zahl auf 46 im Jahr 2000 an.

In diesen Studienabschlußarbeiten passiert veritable Medienforschung, die ihrerseits auf die aktuelle Entwicklung schnell reagieren kann und will wie etwa auf den Computer als spezielles Instrument medialer Kommunikation. So wurde 1994 die erste Arbeit über »Mailboxwelten« vorgelegt (Tobler 1994), es folgte eine Studie über Cyberspace-Kultur zwischen Realität und Virtualität (Todtenhaupt 1995), ein Jahr darauf wurde Cyber-Kunst als »Herausforderung an das Selbstverständnis des Menschen« interpretiert (Süßbrich 1996) und das Internet-Berlin als real-virtuelle »Stadt aus der Dose« (Letsch 1996) thematisiert. Fast ausnahmslos liegt den Medienuntersuchungen empirische Forschung zugrunde, sie wenden die üblichen Methoden der ethnologischen Feldforschung an, voran Interviews und Teilnehmende Beobachtung; nicht selten werden »Selbstversuche« als Rezipienten und qualitative und/oder quantitative Inhaltsanalysen durchgeführt.

Jeder fünfte Absolvent schließt derzeit sein Studium mit einem Medienthema ab, so die Jahresbilanz 2000. Sich ein solches auszusuchen, hat zweifellos auch mit der Attraktivität des Berufsfeldes Medien zu tun, die in den letzten zwei Jahrzehnten stetig zunahm (Schilling 2001). Eine aktuelle Umfrage unter knapp 800 Volkskunde-Studierenden sieht Medienberufe mit knapp der Hälfte aller Äußerungen deutlich an der Spitze der Attraktivität (Hoppe u. a. 1998, 63).

Überraschen mag der hohe Zuwendungsgrad für Printmedien; ein gutes Viertel aller Autoren arbeitet aus oder über Zeitungen und Zeitschriften, was vielleicht mit der stabilen Materialität des Mediums selbst zu tun hat. Wer den Fernsehkanal »Vox« untersucht (Kühn 1995), der in kurzer Zeit mehrmals seine Programmphilosophie veränderte, hat sich mit einer anderen Forschungsbasis auseinanderzusetzen, als wer sich in ein Hamburger Pressearchiv und in die Deutsche Bibliothek in Frankfurt setzt, um die Entwicklung eines bestimmten Themas in einer Illustrierten über fünf Jahrzehnte hinweg nachzuzeichnen (Borch-Nitzling 1997).

Überraschend auch der recht hohe Anteil der Arbeiten über Fotografie, wobei es sich fast durchgängig um kulturhistorische Arbeiten aus dem Kontext der Gebrauchsgutherstellung in regionalkulturellem Zuschnitt, um Wirkungskreise von Fotografen-Persönlichkeiten handelt. Ähnlich sind auch Kino-Themen einzuordnen, mit der Perspektive auf Abspielstätten als Räume lokaler Kultur.

Gut zwei Drittel der volkskundlichen Medienarbeiten werden von Frauen geschrieben, was etwa dem Anteil an Studentinnen an allen Studierenden des Fachs entspricht. Doch eine Gruppe von Untersuchungen wird ausschließlich von Autor*innen* geliefert, eine ins Auge fallende thematische Fokussierung: Jede zehnte Studie (25 von 213) widmet sich – wenn auch nicht immer unter diesem Begriff – der *Genderforschung*, also der Analyse der kulturellen (Differenz-) Konstruktion von Geschlecht, von Frauen- und Männerbildern und geschlechtsspezifischen Rollen. Akteure sind die Medien, die »Weiblichkeit« und »Männlichkeit« produzieren. Die Dissertation »Puzzling Gender. Re- und De-Konstruktionen von Geschlechterverhältnissen beim Musikfernsehen« (Bechdolf 1997), so deutet es der Titel an, macht eine analytische Kategorie zum Thema und recherchiert in einer aktuell signifikanten Mediensparte. Für die Diplomarbeit über »Die Wirtschaftswunderfrau« (Preisinger 1997) ist der Forschungsgegenstand hingegen das von einer Illustrierten propagierte »Frauenbild«, dieses wiederum gehört zur kulturellen Signatur einer bestimmten Epoche und wird auch ausdrücklich epochal eingeordnet.

Für das Forschungsfeld Medien speziell einer *Europäischen* Ethnologie wichtig sind die Untersuchungen über das Programm des europäischen Kulturkanals »arte« (Neiss 1997) und über dessen mehrsprachigen Redaktionsalltag (Eitel 1998); kein Wunder, daß auf das grenzüberschreitende Medium »arte« zugegriffen wird, und doch einer der raren Ansätze »europäischer« Medienforschung (s. a. Frey-Vor 1996). Das aufgefächerte Themenspektrum volkskundlicher Abschlußarbeiten über Medien im 1990er Jahrzehnt illustriert die Literaturliste am Ende dieses Beitrags S. 584 f. in einem gesonderten Abschnitt.

Wo wird geforscht?

Für die volkskundliche Medienforschung gibt es zwei ausgesprochene Schwerpunkte, die Institute in Tübingen und Marburg. Hier sind die Pionierleistungen erbracht worden, und vier von zehn aller gesichteten

Abschlußarbeiten zu Medienthemen entstehen aktuell dort. Es folgen Regensburg und Kiel (je 5,6%), Göttingen (5,2%), Frankfurt und Freiburg (je 4,7%), Graz und Wien (je 4,2%), Bremen und Würzburg (je 3,8 %), München (3,3 %), Bamberg und Zürich (je 2,4%) sowie weitere 10 Universitäten mit jeweils unter 2 Prozent.

Tübingen und Marburg liegen zwar mit ihren medienbezogenen Abschlußarbeiten immer noch an der Spitze, doch der Forschungsbereich Medien und mediale Kommunikation dehnt sich aus, und man erkennt genrebezogene Spezialisierungen. Von insgesamt 29 volkskundlichen Abschlüssen der 90er Jahre zum Thema Spielfilm entstanden 15 in Tübingen, vier in Marburg, hingegen werden von 30 Arbeiten über das Fernsehen 13 in Marburg und 9 in Tübingen geschrieben. Göttingen mit seinem Curriculum »Visuelle Anthropologie« und in Nachbarschaft zum Institut für den Wissenschaftlichen Film thematisiert besonders den Forschungsfilm. Das Würzburger Institut pflegt die Beschäftigung mit Massenbildproduktion und regionaler Fotokultur. In Frankfurt ist ein Forschungsbereich Medienanthropologie im Aufbau.

4. Zentren volkskundlicher Medienforschung

An vielen universitären Volkskunde-Instituten sind Medien und mediale Kommunikation Themen in Lehrangebot und Forschungsprogramm in einem breiten Spektrum zwischen Kulturgeschichte und Medientheorie. Fast automatisch stehen bei Studienprojekten im Rahmen von Gemeinde- oder Regionalforschung örtliche Medien auf dem Untersuchungsplan. Das thematische Klima eines Instituts (Lehrende, Lehrangebote, Institutsdiskurs) kann biografische Weichenstellungen für Studierende hinsichtlich des eigenen medienbezogenen Forschungssujets oder auch des Berufs bewirken (Schilling 2001).

Die Tübinger Schule

Am Anfang der Medienforschung am Ludwig Uhland-Instituts für Empirische Kulturwissenschaft steht die Kritik an der romantischen Vorstellung von der Mündlichkeit aller Überlieferung. Tatsächlich jedoch stammten seit langem Märchen und Sagen aus gedruckten Sammlungen, für Sprichwörter gab es Bücher usw. Kulturvermittlung durch Medien mit Massenauflagen war also alt, und das neu aufkommende Interesse an modernen Medien nur konsequent. Waren es aber die traditionellen Inhalte, die inzwischen lediglich von neuzeitlichen Broadcast- und Speichermedien unter die Leute gebracht wurden?

Die heutige Frage, ob »Lindenstraße« (Frey-Vor 1996) und *Lifestyle*-Vorabend-*Soaps* (Wienker-Piepho 1999) die Märchen von einst ersetzten, galt in den 60er Jahren dem Lore-Roman und der TV-Serie

Medienforschung

»*Forellenhof*«; doch gemeint ist das gleiche. Haben Schlager und Evergreen die Volkslieder abgelöst? untersuchte man in Tübingen (Fischer 1965). Auch anderer literarisierter und medial organisierter Kulturware des Alltags wie Heftchenromanen (Davids 1969) und der Sprache der Sportreporter (Dankert 1969) galten die ersten Untersuchungen der neuen Orientierung. Ein Seminar Hermann Bausingers 1969/70 über populäre Fernsehserien war Ausgangspunkt für eine studentische »Projektgruppe Massenkommunikation« (Dosch u. a. 1973). Seitdem entwickelte sich die Tübinger Schule der Medienforschung als Teil einer weiter gefaßten *Massenkulturanalyse* mit einem hohen *Output* an Forschungsarbeiten in kurzer Zeit; das Kongreßthema von 1975 erscheint also nicht zufällig am Volkskunde-Firmament (Geiger 1974; Kroner 1974; Mezger 1975; Kübler 1975; Ellinghaus 1975). Die Kulturindustrie-These der Kritischen Theorie markierte weitgehend die Deutungslinie: »Die ›Massenmedien‹ galten als besonders eklatante Erscheinung der ›Massenkultur‹; ihre Ausstrahlungen wurden in erster Linie als Vehikel einer schier unbegrenzten Manipulationsideologie analysiert«, resümiert Bausinger. »Bezeichnenderweise war das Presseorgan, das in solche Untersuchungen am häufigsten einbezogen wurde, die Bild-Zeitung; bezeichnend auch, daß eine der frühesten Fernseharbeiten des Instituts dem Werbefernsehen gewidmet war. Vereinzelt wurden die Totalitätsannahme und die Ausschließlichkeit von Manipulation auch in Frage gestellt« (Bausinger 1996, 8). Die Forschungsergebnisse werden bis heute in einem eigenen Medium publiziert, der Buchreihe »Untersuchungen des Ludwig-Uhland-Instituts der Universität Tübingen«.

Mit seinen empirischen Untersuchungen über das *Fernsehen als Familien- und Kindermedium* gehört dieses Institut zu den Pionieren der Fernsehforschung in Deutschland überhaupt. Renommierte Kommunikationswissenschaftler wie Hans-Dieter Kübler und Jan-Uwe Rogge kommen aus der Tübinger Schule (Kübler 2000; Rogge 1999; Jensen u. a 1980). In ihren dortigen Arbeiten hatten sie aktive Rezeptionsformen – Nutzung und Nichtnutzung – erforscht und eine Typik der familiären Umgangsformen mit diesem Medium beschrieben.

Zeitungsanalyse ist das nächste große Thema. Die Untersuchungen folgen – mehr oder weniger deutlich – einem konstruktivistischen Ansatz, interpretieren Medien als Teile der Bewußtseinsindustrie, die in den Köpfen der Leser Bilder herstellt, Bedeutungen kreiert, in den Herzen Mentalitäten affirmiert. Die Berichterstattung über Olympische Spiele wird als Imageproduktion, als Herstellung und Konservierung von Vorurteilen – Stereotypen aus der Kolonialzeit fortführend – gegenüber schwarzen afrikanischen Sportlern interpretiert (Maho Awes 1983). Eine andere Arbeit widmet sich der Propagierung konservativer Leitbilder durch die Bildzeitung in Sachen Arbeitslosigkeit; die drastisch-realistische Schilderung von Arbeitslosenschicksalen dient ihrer Instrumentalisierung zum Übermittlung eines konservativen politischen Programms: Hinter der antibürokratischen Attitüde des Mediums erkennt der Forscher einen Kampf um Einstellungen und Identitätsmuster, die Festschreibung von Männer/Frauen-Rollen und das Credo für die Initiative des Tüchtigen im freien Unternehmertum. Fazit: Zum Mitleid im fatalen Einzelfall kommt keine Änderungsperspektive auf ökonomisch-gesellschaftliche Strukturen (Riedmüller 1988). Ähnlich wird das konstruktivistische Paradigma bei Studien zur Lokalpresse angewandt. Am Beispiel einer Zeitung Mitte des 19. Jahrhunderts kann gezeigt werden, wie ein Medium sich zwischen die Menschen und die Unmittelbarkeit des Lebens schob: »Die Thematisierung des Lokalen in der Zeitung produzierte eine neue Realität der Gemeinde« (Ströbele 1990, 217). Eine weitere Untersuchung, eine Art EKG des Lokaljournalismus, weist die inhaltliche Uniformität der Produkte bei gleichzeitiger Vielfalt lokaler Medien nach; herausgearbeitet wird die Herstellung eines *Common sense* vorwiegend von politischen Akteuren und Journalisten (Rager 1982). Und am scheinbar peripheren Thema des Gebrauchs von Mundart in der Zeitung belegt Dieter Herz die Depravation gesprochener Sprache im Moment ihrer Erhebung ins Gedruckte: Betonung der Form (deftige Sprache), Verzicht auf Inhalt (Eliminierung der mundartspezifischen Kritikfunktion) (Herz 1983).

Die Tübinger Schule hat relativ spät den *Film als Thema* aufgenommen. Neuerdings ist das Fernsehen wieder stärker ins Blickfeld gerückt, gelegentlich gekreuzt mit einem genderanalytischen Ansatz. Den hohen Rang der Printmedien illustriert nicht nur der institutseigene, bei der regionalen Presse zeitweise sehr eingeführte Artikeldienst Haspel-Press (Schröter u. a. 1988), sondern auch die immer tiefer in die mediale Kommunikation eindringenden Forschungsgänge. Typisch dafür ist das von Bernd Jürgen Warneken geleitete Projekt »Medienwirklichkeit am Beispiel Lokalpresse« (Baumgart u.a. 1997). Angelehnt an die amerikanische *Accuracy*-Forschung, untersucht man Kommunikationsvorgänge innerhalb des Gefüges Wirklichkeit/Medienwirklichkeit und fragt: Stellt das, was Journalisten produzieren, tatsächlich eine adäquate Abbildung, eine Rekonstruktion von Ereignissen dar? Es handelt sich um eine Untersuchung hart an Zeitungs-Texten, wobei das alte Sender-Empfänger-Modell erweitert wird, und nun gerade die »Sender« der Sender genauer betrachtet werden, also das, was den Sendern ihrerseits als Input zur Verfügung steht. Die Interviewpartner, die Verfasser von Pressemitteilungen sollen sagen: Was haben die Journalisten aus dem Gesagten oder Eingesandten gemacht? Schnell geklärt sind die »objektiven Fehler«, doch schwerwiegender – und für den »rekonstruktiven« Forschungsansatz wichtiger – ist der Dissens, gesehen als intersubjektive Differenz, was nun wieder hineinreicht in das Verhältnis von Journalist und Informant, der auch Leser ist, und damit in die soziale Qualität der journalistischen Peripherie. Derartige Zugänge sind mehr als nur Akkuratheits-, sie sind Wirklichkeitsforschung, und indem perimediale Realitäten und Bedeutungskontexte das Interesse wecken, löst dies vielleicht die Medienkulturwissenschaften von ihrer Medien-Faszination und lenkt sie wieder mehr hin auf Kultur.

Medienforschung 577

Die Marburger Schule

Es sagt schon etwas aus, wenn das Institut für Europäische Ethnologie/Kulturwissenschaft der Universität Marburg ein Medienarchiv besitzt mit 7900 Spielfilmen und Fernsehspielen, 3600 Dokumentationen, Magazin- und Informationssendungen; 1500 Serien-Folgen; 3200 Sendungen aus dem Bereich Show und Unterhaltung, mit 50 Materialordnern zu Talk-, Musik- und Gameshows. Und 10 000 Einzelartikel. Und... Solch ein Basislager der Forschung ist einzigartig im Bereich der Volkskunde. An diesem Institut entstanden wichtige Beiträge zu fast allen Mediengenres und – vor allem – zu den Programmen des Großmediums Fernsehen. Zur frühen Medienforschung in Marburg gehört die Untersuchung über die Familie – »Die Familie Hesselbach« – *auf* und – in Nieder-Erlenbach und Mardorf – *vor* dem Bildschirm; der Forscher Harald Schäfer ist »eigentlich« Fernsehregisseur, und die Kenntnis von Medienapparat und -produkt paart sich mit den Erkenntnissen im Feld (Schäfer 1973). Nicht zum letzten Mal wird ein Medienpraktiker zum Medienforscher: Christoph Schmitt, der später ebenfalls in Marburg seine Dissertation auf der Grundlage von 270 Märchenfilmen im Kinder- und Familienfernsehen schrieb, tat dies »auch« nach seiner Praxis als Regieassistent; er lernte die Medienmaterie (Terminologie, dramaturgische Logik) nicht erst kennen, sondern machte seine Vertrautheit zur Ressource einer fundamentalen Arbeit, die wohl vor allem die Märchenforschung auf einen aktuellen Begriff von Medialität bringen könnte (Schmitt 1993). Das Hin- und Hergehen zwischen Wissenschafts- und Medienbetrieb ist für die Marburger Schule nichts Ungewöhnliches. Absolventen, deren Arbeiten rasch und überdurchschnittlich oft bei renommierten Verlagen publiziert werden, finden – mit ihrer Medienarbeit in der Hand – nicht selten Medien-Arbeit bei ZDF, ARD-Anstalten oder etwa einem Hamburger Nachrichtenmagazin.

Familienfernsehen? Die Konsistenz der Familie als Zuschauergruppe, die sich »vor dem Bildschirm« zusammenschart, hat sich ebenso verändert wie die Familie »auf dem Bildschirm«, die sich, wie in der Gesellschaft auch, auflöst, neu zusammenfügt, Patchworks aus Familienteilen und Teilfamilien bildet, sich in Nachbarschaften, Freundschaften, Alterscliquen permanent wechselnd affilierend. »Familienfernsehen« meint heute vielleicht Alltagsfernsehen für Haushaltspopulationen, in denen Haushaltspopulationen als »Fernsehfamilien« auftreten.

Alltagsfernsehen ist das große Themenfeld der Marburger Schule, geprägt von Hans-Friedrich Foltin. Die einzelnen Studien belegen eine gesellschaftskritische Perspektive auf dieses Feld sowie auf die Frage nach der Realität. Ein früher Ansatz betreibt die Analyse einer Zeitfläche von vier Wochen in den (damaligen) zwei Vollprogrammen namens ARD und ZDF, um die Darstellung der Arbeitswelt im Fernsehen im Detail zu untersuchen (Foltin u.a. 1975). Die methodisch innovative Studie – quantitative Inhaltsanalyse plus deutende Interpretation – argumentiert prononciert politisch: Die Arbeitswelt einer antagonistischen Gesellschaft – Kapital vs. Arbeitskraft – kann grundsätzlich nicht konfliktfrei sein, und so erweist sich die systematisch belegte »Harmonisierung im Medium als falsche Widerspiegelung der Realität« und als »Verzerrung der Wirklichkeit« (Foltin u. a. 1975, 53) mit dem Ziel, die gesellschaftlichen Verhältnisse nicht anzutasten. Die »Verbreitung von falschem Bewußtsein« durch das Fernsehen finde aber ihre Schranke in der Realitätserwartung des Massenpublikums.

Die »Niederungen der Fernseh-Unterhaltung« wurden zur Interessendomäne der Marburger Schule, nicht zuletzt durch die Mitwirkung an dem interdisziplinären und -universitären Sonderforschungsbereich »Ästhetik, Pragmatik und Geschichte der Bildschirmmedien« der Deutschen Forschungsgemeinschaft (Erlinger u. a. 1994), wobei sich Foltin selbst besonders Talkshows (Foltin 1990, 1994) und Gameshows widmete (Hallenberger u. a. 1989; 1990). Seine Frage nach dem Alltagsbezug von Soap-Operas zielt auf deren Realitätsgehalt und damit auf die Einpaßbarkeit in die Lebensumwelt der Zuschauer. Die Serie »Lindenstraße« mit ihrem aufklärerisch-pädagogischen Konzept sei – trotz Überdramatik und Nachbarschaftsutopien – immerhin noch »alltagsrealistisch« und sozial relevant, weil Konflikte weiterexistierten und Probleme nicht unbedingt gelöst würden. Ein stets präsenter Indikator für Realität ist für Foltin die Darstellung von Arbeit. Unrealistische Karrieren, Lifestyle-Konsum und Sex etwa sind in der Daily-Soap »*Gute Zeiten, schlechte Zeiten*« so penetrant, daß die gezeigte Traumwelt gerade als Kontrast zum Alltag der Zuschauer – jung, mit ungünstigen Zukunftserwartungen – ihren Realitätsbezug entfalte: »Die Medien spiegeln den Alltag zweifach: direkt in seinen realen Abläufen und Requisiten und indirekt in seinen Defiziten und Versagungen, die durch Tagträume und die Konstruktion einfacher spannender harmonischer und gerechter Welten kompensiert werden« (Foltin 1999, 170). Auch Marburger Untersuchungen haben vielfach belegt, wie Medien den Alltag mitgestalten, Zeit strukturieren und Zeit vertreiben und wie sie parasoziale Funktionen übernehmen, indem sie Verhaltensmuster vorgeben und Lebenshilfe anbieten (Frey-Vor 1996; Krüger 1996). Die Frage, »ob die Medien die Alltagskultur im Sinne von Manipulation [prägen], wie in den 70er-Jahren vielfach angenommen wurde«, oder ob »die Rezipienten souverän das Medienangebot zur Befriedigung ihrer kulturellen Bedürfnisse [nutzen], wie die Wirkungsforschung neuerdings meint«, beantwortet Foltin differenziert; das hänge ab von der Allgemeinbildung der Rezipienten, ihrer medienspezifischen Sozialisation, der psychischen Konstitution, der aktuellen Rezeptionssituation und generell vom sozialen Kontext. Die Wirkung von Medienstimulierungen sieht der Forscher beim Individuum als nicht unbedingt dauerhaft an, insbesondere Langzeitserien aber können – und hier wäre eine Wirkung auf die Kultur insgesamt mitzubedenken – »gesellschaftliche Normen abschwächen oder verstärken« (Foltin 1999, 171).

5. Erforschung der Internet-Kultur

Wie bei anderen Medien stellt sich auch beim Internet die Frage, ob es Instrument oder Thema sei: Forscht der Forscher *über* das Internet? Forscht er *mit* dem Internet *über* das Internet? Erforscht er *mit* dem Internet gänzlich andere Themen? Am gängigsten ist die zweite Variante, doch das Netz wird zum generellen Instrument der Forschung – nicht nur für Literatursuche, Bibliografie, Publikation, sondern auch als Organisationsmittel und Strategie der empirischen Recherche überhaupt. Daß die Ethnologie deshalb eine neue Debatte über ihren Feldbegriff benötigt, dürfte unbestritten sein.

Die bisherigen Forschungsansätze der Volkskunde zur Internet-Kultur konzentrieren sich einerseits auf Netz-Zugang, Nutzung und Umgangsformen, andererseits auf das Problem Realität/Virtualität. In Tübingen galt zunächst ein studentisches Projekt den Auswirkungen der Computerisierung auf die direkte Kommunikation im Büro; im Zentrum stand die Kommunikation vor dem PC. Um die Kommunikation mit und über den Computer ging es hingegen beim DFG-Projekt »Alltagsbeziehungen und Internet. Zur Veränderung der Alltagsbeziehungen von Internet-NutzerInnen« unter der Leitung von Bernd Jürgen Warneken (Schönberger 2000).

Langsam wird das Internet auch Thema der fachlichen Meta-Kommunikation (Pöttler 1999). Die amerikanische Diskussion in Richtung auf eine »Anthropology of Cyberculture« oder eine »Computer-Lore« setzte in den Zeitschriften (Current Anthropology, Journal of Folklore Research, Western Folklore) um 1990 ein.

Inter-aktives Handeln im Netz ist auffällig einer herkömmlichen Begrifflichkeit für das Räumliche sowie einer deutlichen Ritualität verhaftet. Der kybernetisch hergestellte »Raum« hat Foren, Marktplätze, Schwatz-Räume (Chatrooms), Cafés, Ebenen, Wegweiser zu Portalen und wieder anderen Wegweisern. Vergewisserungsversuche von Cyber-Nomaden (Lévy 1997) in einem ortlos scheinenden Raum? Der Schrecken der Verirrten rührt von der Notwendigkeit des mobilen Organismus her, sich zu orientieren, sagt Kevin Lynch, und dafür hat das Netz eine sichere Heimatadresse, sie heißt: Home. Rituelles »Handeln« ist zu erkennen in Internet-Auftritten, und -Repräsentanzen, in einem Benimm-Regelwerk namens »Netiquette«, im Job von Zeremonienmeistern (Supervisor, Webmaster). Chatrooms und Foren weisen einen hohen Grad von Verhaltensformalisierung auf, der Zugang zu Chat-Zirkeln hat deutliche Parallelen zur Initiation in eine Gesellschaft: Übergänge werden gestaltet, Identitäten neu definiert, die virtuellen Territoriumsbesitzer regulieren Inklusion und Exklusion; *belonging* und *togetherness* (A. P. Cohen) erweisen sich als hochrangige Motive der Teilnehmer.

Die Kulturwissenschaften haben die Chance, die Entwicklungen in *statu procedendi* zu erforschen und nicht erst »eh sie verklingen«. Wenn man davon ausgeht, daß Kultur stets Ergebnis von Kommunikation ist, wie grundsätzlich »anders« müßte Kommunikation sein, um eine »andere« Kultur hervorzubringen? Man müßte sich systematisch der Frage zuwenden, ob netzbasierte oder netzmediierte Kommunikation tatsächlich eine neue, eigene Kultur schafft, die – wie Cyber-Enthusiasten meinen – die »bisherige« Kultur ablöst und den Menschen aus ihren Fesseln befreit. Oder aber: Wird es so sein, daß das Mega-System Kultur die Innovationen der Netzkommunikation amalgamiert, sie adaptiert und umformt, wie andere Neuerungen zuvor?

Anke Bahl und Stefan Beck plädieren für einen Forschungsansatz der empirischen Kulturwissenschaften als Kontext-Forschung zwischen technischer Optionalität der Maschine PC, die Programme »menschlich« agieren läßt, und alltagskultureller Eigenwilligkeit der Nutzer in heterogenen Netzwerken. Allerdings: Wenn sich kulturwissenschaftliche Forschung mit PC-basierten Kommunikations- und Interaktionsmedien beschäftige, dann sei dem »analytisch nicht mit Theorien beizukommen [...], die dem Paradigma der Massenkommunikation oder Debatten um den kulturindustriellen Komplex verpflichtet bleiben« (Bahl u. a. 1996, 43). Damit wird elementar unterschieden zwischen *Broadcast*- (Radio, TV) und neuen Computermedien, welche die herkömmliche Sender-Empfänger-Asymmetrie aufheben. Cybermedien ermöglichten Fern-Handeln, Fern-Anwesenheit, mit einem Wort: »technogene Nähe«. Deren Problem jedoch sei »der Wegfall eines gemeinsamen und damit für die Kommunikationspartner sozialen Kontextes in Interaktionssituationen und vor allem [...] das Verschwinden des Körpers als Referenz für Authentizität und Identität eines Gesprächspartners« (Bahl u. a. 1996, 44 f.). Die Ablösung des bisherigen Zusicherungsrahmens von Interaktionen – shared place/physical context – sehen die beiden Autoren neben der Anonymisierung und Destabilisierung von Identitäten – auch in Erwartung eines weiteren Verfalls klassischer Öffentlichkeit – als forschungswürdig an.

Die Frage nach Internet, Cyberkultur, Realität und Virtualität wird die volkskundliche Forschung zunehmend beschäftigen.

Literaturverzeichnis

Aufermann, Jörg: Massenkommunikation und interpersonale Kommunikation: Probleme und Ergebnisse der Kommunikationswissenschaft. In: Bausinger u. a. 1976, 183–197.

Baer, Angela: Boris Becker und das Baby. Zur medialen Konstruktion von Männerbildern. MA Tübingen 1995.

Bahl, Anke; Beck, Stefan: Technogene Nähe. Handlungsbedingungen und -optionen computermediierter Kommunikation. In: Tübinger Korrespondenzblatt 46 (1996) 43–57.

Baumgart, Markus; Berger, Wolfgang; Warneken, Bernd Jürgen: Medienwirklichkeit am Beispiel Lokalpresse. In: Tübinger Korrespondenzblatt 48 (1997) 3–34.

Bausinger, Hermann; Moser-Rath, Elfriede (Hrsg.): Direkte Kommunikation und Massenkommunikation. Referate und Diskussionsprotokolle des 20. Deutschen Volkskunde-Kongresses in Weingarten. Tübingen 1976.
Bausinger, Hermann: Medienforschung am Ludwig-Uhland-Institut. Ein Rückblick. In: Tübinger Korrespondenzblatt 46 (1996) 6-11.
Bechdolf, Ute: Puzzling Gender. Re- und De-Konstruktionen von Geschlechterverhältnissen beim Musikfernsehen. Diss. Tübingen 1997.
Beitl, Klaus (Hrsg.); Kausel, Eva (Red.): Methoden der Dokumentation der Gegenwartsvolkskunde. Die Zeitung als Quelle. Referate des 1. internationalen Symposions des Instituts für Gegenwartsvolkskunde der Österreichischen Akademie der Wissenschaften ... 1983 in Mattersburg. Wien 1988.
Bonfadelli, Heinz: Das Publikum und sein Medienalltag als Gegenstand der Medienforschung. In: Schweizerisches Archiv für Volkskunde 95 (1999) 197-210.
Borch-Nitzling, Alexander Frh. von der: Vergangenheitsverarbeitung - das nationalsozialistische Deutschland im stern. MA Frankfurt 1997.
Brückner, Wolfgang: Drei unterschiedliche Erfahrungen mit Zeitungen als Quelle. In: Beitl 1988, 101-125.
Dankert, Harald: Sportsprache und Kommunikation. Tübingen 1969.
Davids, Jens-Ulrich: Das Wildwest-Romanheft in der Bundesrepublik. Ursprünge und Strukturen. Tübingen 1969; Berlin ²1975.
Dosch, Gabi; Krauss, Margot; Kübler, Dieter u. a.: Massenkommunikationsforschung im Ludwig Uhland Institut. In: Tübinger Korrespondenzblatt 8 (1973) 3-13.
Eitel, Claudia: Deutsch-französischer Arbeitsalltag in der Straßburger arte-Redaktion. MA Tübingen 1998.
Ellinghaus, Gert: Fernsehmacher. Tübingen 1975.
Erlinger, Hans Dieter; Foltin, Hans-Friedrich (Hrsg.): Unterhaltung, Werbung und Zielgruppenprogramme (Geschichte des Fernsehens in der Bundesrepublik Deutschland. Die Programme 1952-1990, 4). München 1994.
Fischer, Hermann: Volkslied - Schlager - Evergreen. Studien zum lebendigen Singen aufgrund von Untersuchungen im Kreis Reutlingen. Tübingen 1965.
Foltin, Hans-Friedrich; Würzberg, Gerd: Arbeitswelt im Fernsehen. Versuch einer Programmanalyse. Köln 1975.
Foltin, Hans-Friedrich: Zur Entwicklung der Talkshow in den USA. In: Media Perspektiven 1990, 477-487.
Foltin, Hans-Friedrich: Die Talkshow. Geschichte eines schillernden Genres. In: Erlinger u. a. 1994, 69-112.
Foltin, Hans-Friedrich: Alltag und »Alltag« in den deutschen Fernsehserien. Am Beispiel der Serien »Berlin - Ecke Bundesplatz«, »Lindenstraße« und »Gute Zeiten, schlechte Zeiten«. In: Schweizerisches Archiv für Volkskunde 95 (1999) 153-172.
Foucault, Michel: Dispositive der Macht. Berlin 1978.
Frey-Vor, Gerlinde: Langzeitserien im deutschen und britischen Fernsehen. »Lindenstraße« und »East Enders« im interkulturellen Vergleich. Diss. Marburg 1992; Berlin 1996.
Geiger, Klaus F: Kriegsromanhefte in der BRD. Inhalte und Funktionen. Tübingen 1974.
Geiger, Klaus F: Volkskunde und Kommunikationsforschung. In: Bausinger u. a. 1976, 239-252.
Glaser, Renate: Die Arbeitstagungen »Volkskunde und Rundfunk« 1953-1963. MA Regensburg 1989.
Gyr, Ueli: Medien und Alltag - Alltag und Medien. In: Schweizerisches Archiv für Volkskunde 95 (1999) 145-151.

Hallenberger, Gerd; Foltin, Hans-Friedrich: Auswertung der Saalpublikumsbefragung bei »Wetten, daß...?« vom 27.9.86 in Basel (Schriftenreihe des DFG Sonderforschungsbereich 240, 5). Siegen 1989
Hallenberger, Gerd; Foltin, Hans-Friedrich: Unterhaltung durch Spiel. Die Quizsendungen und Game Shows des deutschen Fernsehens. Berlin 1990.
Herz, Dieter: Mundart in der Zeitung. Möglichkeiten nicht-hochsprachlicher Beiträge in der Tagespresse. Tübingen 1983.
Hickethier, Knut: Apparat – Dispositiv – Programm. In: Hickethier, Knut; Zielinski, Siegfried (Hrsg.): Medien / Kultur. Schnittstellen zwischen Medienwissenschaft, Medienpraxis und gesellschaftlicher Kommunikation. Berlin 1991, 421–447.
Hoppe, Jens; Schimek, Michael: Beruf, aber welcher? In Hoppe, Jens u. a. (Hrsg.): Die Volkskunde auf dem Weg ins nächste Jahrtausend. Ergebnisse einer Bestandsaufnahme. Münster u. a. 1998, 39–67.
Horkheimer, Max; Adorno, Theodor W: Kulturindustrie. Aufklärung als Massenbetrug. In: Horkheimer, Max / Adorno, Theodor W: Dialektik der Aufklärung. Philosophische Fragmente. Amsterdam 1947, Reprint 1968, 144–198.
Jensen, Klaus; Rogge, Jan-Uwe: Der Medienmarkt für Kinder in der Bundesrepublik. Tübingen 1980.
Joußen, Wolfgang: Massen und Kommunikation. Zur soziologischen Kritik der Wirkungsforschung. Weinheim 1990.
Katz, Elihu; Lazarsfeld, Paul F.: Personal Influence. Glencoe 1955.
Klapper, Joseph T.: The Effects of Mass Communication. New York 1960.
Kroner, Ingrid: Genitale Lust im Kulturkonflikt. Eine Untersuchung am Beispiel der Sankt-Pauli-Nachrichten. Tübingen 1974.
Krüger, Kirsten: Lebenshilfe als Programm. Zur Entwicklung des Angebots und der Rezeption psychosozialer Lebenshilfe im Fernsehen. Diss. Marburg 1995; Konstanz 1996.
Kübler, Hans-Dieter: Abendschau. Unterhaltung und Information im Fernsehen. Dargestellt am Beispiel der Abendschau Baden-Württemberg. Tübingen 1975.
Kübler, Hans-Dieter: Mediale Kommunikation. Grundlagen der Medienkommunikation. Tübingen 2000.
Kühn, Christiane: »Vox«. MA Marburg 1995.
Lasswell, Harold D.: The Structure and Function of Communication in Society. In: L. Bryson (Hrsg.): The Communication of Ideas. New York 1948, 37–51.
Lasswell, Harold D.; Lerner, David; de Sola Pool, Ithiel: The Comparative Study of Symbols. Stanford 1952.
Lenk, Carsten: Die Erscheinung des Rundfunks. Einführung und Nutzung eines neuen Mediums 1923–1932. Opladen 1997.
Letsch, Mandy: Die Stadt aus der Dose. Die internationale Stadt Berlin – eine Kommunikationsstruktur im Internet. MA Berlin HU 1996.
Lévy, Pierre: L'intelligence collective. Pour une anthropologie du cyberspace. Paris 1994, ²1997.
Lipp, Carola: Alltagskulturforschung im Grenzbereich von Volkskunde, Soziologie und Geschichte. Aufstieg und Niedergang eines interdisziplinären Forschungskonzepts. In: Zeitschrift für Volkskunde 89 (1993) 1–33.
Maho Awes, Abdurachman: Die schwarze Gazelle. Vorurteile über Farbige in der Sportberichterstattung. Tübingen 1983.
Markmiller, Fritz: Inserate in der Lokalzeitung als Quellen volkskundlicher Fest- und Brauchforschung. In: Beitl 1988, 149–163.
McCombs, Maxwell; Shaw, Donald L.: The Agenda-Setting Function of Mass Media. In: Public Opinion Quarterly 36 (1972) 176–187.

Mezger, Werner: Schlager. Tübingen 1975.

Neiss, Oliver Magnus: ARTE. Der europäische Kulturkanal und sein Programm aus kultur- und medienwissenschaftlicher Sicht. MA Marburg 1997. Frankfurt a.M. 1997.

Pöttler, Burkhard: Volkskunde und Internet. Ein junges Medium im »Netzwerk Volkskunde«. In: Grieshofer, Max: Schindler, Margot (Hrsg.): Netzwerk Volkskunde. Ideen und Wege. Festgabe für Klaus Beitl zum siebzigsten Geburtstag. Wien 1999, 347–364.

Preisinger, Christiane: »Die Wirtschaftswunderfrau«. Eine Untersuchung des von der Frauenzeitschrift »Brigitte« zwischen 1958 und 1970 propagierten Frauenbildes (mit Vergleichen zur Jahrhundertwende und Gegenwart). Diplomarbeit Wien 1997.

Rager, Günther: Publizistische Vielfalt im Lokalen. Eine empirische Analyse. Tübingen 1982.

Rath, Claus-Dieter: Life – live. Fernsehen als Produzent von Ereignisräumen im Alltag. In: Brednich, Rolf Wilhelm; Hartmann, Andreas (Hrsg.): Populäre Bildmedien. Vorträge des 2. Symposions für Ethnologische Bildforschung ... 1986. Göttingen 1989, 55–71.

Riedmüller, Thomas: Arbeitslosigkeit als Thema der Bild-Zeitung. Tübingen 1988.

Renckstorf, Carsten: Alternative Ansätze der Massenkommunikationsforschung: Wirkungs- vs. Nutzenansatz. In: Rundfunk und Fernsehen 21 (1973) 183–197.

Rogge, Jan-Uwe: Kinder können fernsehen. Reinbek [2]1999.

Schäfer, Harald: Struktur-Untersuchungen zur Situation der Familie vor und auf dem Bildschirm. Marburg 1973.

Schaminet, Caroline: Grenzreporter. Die dreigeteilte Medienlandschaft Rhön und die Liebe zur eigenen Seite. In: Schilling, Heinz (Hrsg.): Peripherie. Lokale Identitäten und räumliche Orientierung an der Grenze. Frankfurt a.M. 2000, 159–179.

Scharfe, Martin: Über die Schwierigkeiten empirischer Zugänge. Ein Arbeitsbericht und -plan. In: Zeitschrift für Volkskunde 66 (1970) 119–123.

Schenda, Rudolf: »Populärer« Wandschmuck und Kommunikationsprozeß. In: Zeitschrift für Volkskunde 66 (1970) 99–109.

Schenk, Michael: Medienwirkungsforschung. Tübingen 1987.

Schilling, Heinz: Kunstpopularisierung als volkskundliches Dokumentationsproblem. In: Zeitschrift für Volkskunde 66 (1970) 151–165.

Schilling, Heinz: Wandschmuck unterer Sozialschichten. Empirische Untersuchungen zu einem kulturalen Phänomen und seiner Vermittlung. Frankfurt a.M. 1971.

Schilling, Heinz: Berufsfeld Medien. In: Brednich, Rolf Wilhelm (Hrsg.): Berufsleitfaden Volkskunde. Kiel [3]2001.

Schmitt, Christoph: Adaptionen klassischer Märchen im Kinder- und Familienfernsehen. Diss. Marburg. Frankfurt a.M. 1993.

Schönberger, Klaus: Internet und Netzkommunikation im sozialen Nahbereich. Anmerkungen zum langen Arm des 'real life'. In: forum medienethik 2 (2000): Netzwelten, Menschenwelten, Lebenswelten. Kommunikationskultur im Zeichen von Multimedia, 33–42.

Schröter, Christian; Wolff, Eberhard: Artikel-Agentur und Schreibwerkstätte Haspel-Press. Medium zwischen Kulturwissenschaft und Journalismus. In: Tübinger Korrespondenzblatt 33 (1988) 22–34.

Schulz, Wilfried: Die Konstruktion von Realität in den Nachrichtenmedien. Freiburg und München 1976.

[SAVk 1999]: Schweizerisches Archiv für Volkskunde 95 (1999) 145–252 [Thema: Medien im Alltag].

Ströbele, Werner: Hiesiges. Anfänge der Lokalpublizistik am Beispiel der »Tübinger Chronik«. Tübingen 1990.
Süßbrich, Ute: Virtuelle Realität in der interaktiven Kunst – eine Herausforderung an das Selbstverständnis des Menschen. MA Frankfurt 1996; Frankfurt 1997.
Sturzenegger, Hannes: Volkstümlicher Wandschmuck in Zürcher Familien. Wesen und Funktion. Bern 1970.
Tobler, Beatrice: Mailboxwelten. Zur unterschiedlichen Nutzung des Mediums Computermailbox. Lizenziatsarbeit Basel 1994.
Todtenhaupt, Anja: Cyberspace-Kultur. Auf einer Gratwanderung zwischen Realität und Virtualität. MA Marburg 1995; Gedruckt u.d.T. Cyber-TV. Die Digitalisierung der Film- und Fernsehproduktion. Hamburg 2000.
Wienker-Piepho: »Deutschland – ein Villenmärchen«. Wie nimmt das Medium Fernsehen das Alltägliche wahr? In: Schweizerisches Archiv für Volkskunde 95 (1999) 185–195.

Medienbezogene Abschlußarbeiten an deutschsprachigen Universitäten 1989–1999. Eine Auswahl

Alvermann, Gesche: Vom »dicken Ich« zum »dünnen Ich«. Die Konstruktion von Körperbildern in den Diät-Reportagen der »Brigitte« von 1964 bis 1994. MA Göttingen 1996.
Bahl, Anke: »Nicht ohne Netz«. Identität und computergesteuerte Kommunikation im Internet. MA Tübingen 1997; gedruckt u.d.T. Zwischen On- und Offline. Identität und Selbstdarstellung im Internet. München 1997.
Burchard, Kati: »Come together« – Kontextbezogene Werbeanalyse. Ein Beitrag zur Konstruktion von Ethnizität in den Medien. MA Tübingen 1993.
Dehnert, Walter: Fest und Brauch im Film. Der volkskundliche Film als wissenschaftliches Dokumentationsmittel. Diss. Marburg 1992.
Eller-Studinsky, Beate: »Hoffmann«-Stärke. Werbung im Zeichen der Katze. Grundlagen, Aussagen und Wirkungen historischer Reklamekultur. MA Göttingen 1999.
Franke, Cornelia: Ausgewählte Jugendsendungen im Hörfunk. Handlungsorientierungen – Radiokultur – Konfrontation von Lebensstilen. MA Frankfurt a. M. 1994.
Götz, Susanne: Frau und Alltag 1905–1941, untersucht anhand einer Zeitungsbeilage. MA Würzburg 1994.
Griesser, Annerose: »Die Fussenbroichs« – eine Kölner Arbeiterfamilie zwischen Realität und Fiktion. Analyse einer Fernseh-Serie. MA Freiburg 1996.
Günther, Andreas: Wirklichkeit durch Medien. Eine Untersuchung am Beispiel des Fernsehfußballs. MA Tübingen 1995.
Hamm, Marion: Rostock als Bild. Zur Repräsentation rechtsextremer Gewalt in überregionalen deutschen Zeitungen. MA Tübingen 1994.
Heisner, Guido: ARD digital. Die Auswirkungen des erweiterten Programmangebots auf den Medienmarkt und die Sehgewohnheiten. MA Marburg 1999.
Hessler, Alexandra: Der Fernseher. Aneignung, Integration und Dinggebrauch. MA München 1998.
Keck, Bettina: Die Rückkehr der Femme fatale. Das Frauenbild in »Basic Instinct«. Männerphantasien und feministisches Rollenmodell? MA Tübingen 1995.
Kölbl, Andrea: Pretty Woman als Märchenfilm. Eine volkskundliche Funktions- und Rezeptionsanalyse. MA München 1997.
Kroeger, Verena: Magie und Aberglaube im Internet. MA Münster 1999.

Memminger, Markus: Asterix – vom Erfolg eines modernen Comics im historischen Gewand. Zulassungsarbeit Regensburg 1999.
Michopoulos, Alexa: Die Rezeption des Faschismus im deutschen Nachkriegsfilm. MA Marburg 1989.
Olbrecht, Sibylle: Fremdkörper. Die Darstellung der ersten Herztransplantationen in der schweizerischen Boulevardpresse und den Illustrierten: Vermittlung von Inhalten und Bedeutungen. Lizentiatsarbeit Basel 1997.
Reeck, Telke: Statik und Tempo. Veränderung visueller Geschwindigkeit am Beispiel Tagesschau. MA Göttingen 1999.
Regier, Susanne Annette: Feste, Feiern und Großveranstaltungen im Passau des Dritten Reiches (im Spiegel der Donauzeitung von 1933 bis 1939). MA Passau 1994.
Rössner, Ludger Andreas: »Marburger Magazin Express« – ein Stadtmagazin im Spannungsfeld zwischen Werbung und kritischem Journalismus. MA Marburg 1993.
Schade, Regina: Der Bamberger Stadt- und Landkalender im 19. Jahrhundert. MA Bamberg 1994.
Stauffer, Martina: Präsentation volkskundlicher Inhalte am Beispiel ausgewählter Hörfunk-Wortbeiträge des Südwestrundfunks, Landesfunkhaus Mainz. MA Mainz 1999.
Suppan, Franz: Kinokultur in Graz. Unterhaltung und Bildung durch den Film von 1896 bis um 1960. Diplomarbeit Graz 1994.
Walter, Karin: Postkarte und Fotografie. Studien zur Massenbildproduktion. Diss. Würzburg 1994.
Wippich, Jutta: Lebensberatungskästen in Publikumszeitschriften. Zulassungsarbeit Erlangen-Nürnberg 1993.
Wislaug, Ramona: Nachmittag-Talkshows. Zwischen Lebenshilfe und Schlüssellochperspektive. MA Marburg 1996.

Wilhelm Schepping

Lied- und Musikforschung

1. Das Fachgebiet

Es ist durchaus nicht selbstverständlich, der wissenschaftlichen Disziplin Volkskunde auch Lied- und Musikforschung zuzuweisen. Diese Felder zu bearbeiten, nehmen nämlich zwei andere Disziplinen ebenfalls in Anspruch. Zum einen tut dies die *Musikethnologie*, auch »Vergleichende Musikwissenschaft« (Adler 1885), »Musikalische Volks- und Völkerkunde« (v. Hornbostel, 1905/06; vgl. Bose 1953), eine Disziplin, die allerdings als ihren primären, oft sogar ausschließlichen Gegenstand überwiegend die tradierte außereuropäische Kunst- und Volksmusik betrachtet. Zum anderen sieht auch die *Musikwissenschaft* neben der Kunstmusik die Volksmusik Europas als ein ihr zuzurechnendes Fachgebiet an (Fellerer 1953, 10 und 126; Wiora/Albrecht 1961, 1192 ff.; Stockmann 1992; Bausinger 1999, 308), oft jedoch ohne es angemessen zu berücksichtigen.

Für die Volkskunde dagegen, die im Grunde von der durch Johann Gottfried Herder initiierten Volksliedforschung im späten 18. Jahrhundert ihren Ausgang nahm, waren und sind das »Volkslied«, in eingeschränktem Maße auch der »Volkstanz« und instrumentale »Volksmusik« zentrale Forschungsbereiche. Die Entwicklung der Volksliedforschung vollzog sich zunächst getrennt nach germanistisch fundierter Textforschung, die lange Zeit im Vordergrund stand, und einer später einsetzenden, musikwissenschaftlich orientierten Melodieforschung (Suppan 1983, 37). Beide Teildisziplinen wuchsen jedoch allmählich zu einer geschlossenen Disziplin zusammen, die dann in zunehmendem – aber immer noch deutlich reduziertem – Maße auch Volkstanz und instrumentale Volksmusik einbezog. Als Fachbezeichnung für diese Gesamtdisziplin setzte sich in Deutschland vor allem seit den 60er Jahren des 20. Jahrhunderts überwiegend der ebenfalls schon durch v. Hornbostel geprägte Terminus »*Musikalische Volkskunde*« durch (Klusen 1965 a; Hoerburger 1966, 7; Braun 1985, 1999; Noll 1992).

2. Das Forschungsfeld

»Volksmusik« in ihren unterschiedlichen Ausprägungen ist das Forschungsfeld der Musikalischen Volkskunde: eine »frag-würdige« Bezeichnung, zu der es inzwischen eine ganze Reihe von Alternativbenennungen gibt: Popularmusik; Musikalische Folklore bzw. Musikfolklore oder authentische Folklore; traditionelle Musik: Begriffe, die sich zumindest teilweise überschneiden mit Benennungen wie Laienmusik, Umgangsmusik, Gebrauchsmusik, U-Musik, Trivialmusik. Kaum weniger zahlreich als die Benennungen des Forschungsfeldes sind die historischen wie aktuellen Ansätze seiner genaueren Bestimmung und Abgrenzung. Sie alle lassen sich allerdings auf zwei Leitperspektiven zurückführen: Zum einen handelt es sich um Ansätze, die primär von den *Objekten* her das Forschungsfeld der Disziplin zu identifizieren und zu definieren suchen, während die anderen primär vom handelnden *Subjekt* ausgehen.

2.1 Subjektorientierte Bestimmungsansätze

2.1.1 Soziologischer Ansatz

Die Termini Volkslied, Volksmusik, Volkstanz, Ethnologie u. ä. verweisen auf den ältesten, lange Zeit dominierenden subjektorientierten Bestimmungsansatz: den Ausgang von einer *soziologischen* Kategorie, und zwar vom Träger, der ja in den meisten dieser Termini direkt oder indirekt benannt ist: »Volk«. Bis heute allerdings ist es dem Fach nicht gelungen, diese Kategorie eindeutig genug zu bestimmen. So war unter »Volk« bei Herder, der als erster die Verknüpfung bestimmter kultureller Phänomene mit diesem Begriff vollzog, einerseits die »Menge« (s. Danckert 1939, 7), auch als die einfachen Menschen »auf Straßen und Gassen und Fischmärkten« (Herder/Suphan V, 189) verstanden, andererseits aber »der große ehrwürdige Teil des Publikums« (ebd. 200).

Die in letzterer Bestimmung erkennbare Tendenz zu »spekulativ-dogmatischer« Definition des Begriffs (Heimann 1982, 20) blieb auch nach Herder unvermindert bestehen. In der zweiten Hälfte des 20. Jhs. wurde der Begriff »Volk« neu interpretiert. Mit sozialistischer Tendenz geschah dies u. a. durch Strobach (1980, 9) mit der Hervorhebung einer Herderschen Charakterisierung von »Volk« als »mehr durch Tätigkeit, als Spekulation gebildet« (Herder/Suphan V, 182), womit nun aber die »historische Bedeutung« des Herderschen Volksliedbegriffs in der »Einbeziehung der werktätigen Schichten« gesehen wurde. Ernst Klusen dagegen lehnte zu Recht jegliches Schichtenmodell ab und stellte fest, daß die Trägerschaft »quer durch die soziale Pyramide der Gesellschaft geht« (1969, 81). Er berief sich auf »jene Bedeutung des Wortes ›Volk‹ [...], die die ursprüngliche und die neutrale und die umfassende ist« und verstand Volk demgemäß als synonym mit »viele Leute« (1985, 44). Und für H. Braun (1985, 2; 1999, 2) ist der Träger der Musikalischen Volkskultur »die Bevölkerung, der Durchschnittsmensch« – eine nüchtern-pragmatische Deutung, die sich im übrigen weitgehend deckt mit Bausingers These, Gegenstand der Gegenwartsvolkskunde sei »die alltägliche Kul-

Lied- und Musikforschung

tur und Lebensweise der großen Mehrheit der Bevölkerung« bzw. »die *Kultur der vielen* in ihrer oft banalen *Alltäglichkeit*« (Bausinger 1971/1999, 11).

2.1.2 Aktionaler Ansatz

John Meier, dem Begründer des »Deutschen Volksliedarchivs« in Freiburg (1914), kommt in der Fachgeschichte das besondere Verdienst zu, das musikalische Handeln, die »actio«, die ja »grundsätzlich als Handeln von Personen zu denken« sei (Heimann 1982, 155 ff.), als eine maßgebliche Bestimmungsgröße für die musikalische Volkskultur erkannt zu haben. An seinem Zentralfeld – dem »Volkslied« – machte Meier deutlich: »Wirklich ist nur das ›Singen‹ […], die Tätigkeit, nicht aber das Objekt, der Gegenstand« (J. Meier 1940, 205). Für ihn hat das Lied, »losgelöst von der Person des Singenden, kein eigenes und wirkliches Leben« (J. Meier 1936, 157). Einer der ersten und wenigen, die ebenfalls einen handlungstheoretischen Ansatz vertraten, war der Musikwissenschaftler Heinrich Besseler (1926, 65), der ihn aber noch erheblich weiter faßte: »Musik ist nur, wenn und sofern sie vollzogen wird«. Auch in der Schwietering-Schule fand dieser aktionale Ansatz Widerhall. So weist u. a. Martha Bringemeiers Postulat (o.J., 22): »Statt nach dem Objekt ist nach dem Vorgang zu fragen […], das Lied ist nicht Ausdruck seiner selbst, sondern der Situation, in der es gesungen wird«, deutlich in diese Richtung. Daher ist es nur konsequent, daß der Bereich »Volkslied« bald erneut präzisiert wurde: »Nicht der Geschmack des Forschers bestimmt, ob ein Lied den Namen ›Volkslied‹ erhält, sondern allein nur die Tatsache, ob das Lied im Volke gesungen wird« (Gniza 1934, 309). Der aktionale Ansatz beeinflußt die Zielrichtung des Forschens aber noch weitgehender: die Erforschung des Singens – also der Singsituation und des Singvorgangs – wird wichtiger als die des Gesungenen: Das Interesse weitet sich von der Liedforschung zur Singforschung (Schepping 1983, 72).

2.1.3 Funktionaler Ansatz

Im Grunde war es wiederum Heinrich Besseler, der auch für einen weiteren subjektorientierten Ansatz eine Vordenkerrolle ausübte: für den Versuch, von der Funktion der Musik in der Gesellschaft ausgehend den Forschungsbereich der Musikalischen Volkskunde abzustecken. Richtungsweisend wurde seine terminologische Neuerung, zwischen »Darbietungsmusik« und »Gebrauchsmusik« zu unterscheiden (Besseler 1925, 35 ff.). Nachfolge fand Besseler zunächst ebenfalls in der Schwietering-Schule. Nach dem zweiten Weltkrieg war es dann *Ernst Klusen*, der diesen funktionalen Ansatz am konsequentesten weiterentwickelte, indem er unterschied zwischen a) Musik in einer »Primärfunktion als ›dienender Gegenstand‹ zur Lebensgestaltung« (Klusen 1967, 22), d. h. im lebendigen und spontan auf bestimmte Bedürfnissituationen reagierenden musikalischen Vollzug, der nach seiner Auffassung wesentypisch für die »Volksmusik« war, und b) einer Musik »als triumphierender Gegenstand zur Sekundärfunktion des Anschauungs-erlebnisses« (Klusen 1967, 28): ein Funktionsfeld, in dem Musik vor allem »präsentativ« praktiziert wird, also *vor* anderen und *für* andere: »konzertmäßig«. Neuerdings fand solche funktionale Sicht des Volksliedbegriffs auch ihren Niederschlag bei W. Suppan (1990, 7), der zwar noch festhält an seiner problematischen These, daß »Volkslied gebunden ist an Brauchtum«, zugleich aber den gängigen Brauchtums-Begriff quasi auflöst, indem er »Brauch« nun interpretiert als »das, was die Gesellschaft und der Mensch ›brauchen‹«.

2.1.4 Interaktionsansatz

Aus der Beobachtung der musikalischen Wirklichkeit kam nochmals Klusen zu einer Ergänzung des funktionalen Ansatzes, und zwar durch den Aspekt der Interaktion. Er entwickelte ein neues Korrelationsschema, in dem er eine *Skala von Kernfunktionen der Musik* – und zwar Kult; Arbeitshilfe; Information; Ergötzung/Entlastung; (ästhetische) Anschauung – in Beziehung setzte zu einer Skala von basalen, im musikalischen Handeln anzutreffenden Interaktionsformen. Gestuft sind diese nach dem musikalischen Aktivitäts- bzw. Passivitätsgrad der Beteiligten und erstrecken sich von der bei ihm so genannten »Immanenz« über »immanente Stellvertretung« und »emanente Stellvertretung« bis zur reinen »Emanenz« (Klusen 1975b, 83 ff.).

Immanenz ist nach Klusen die charakteristische Aktionsweise der Volksmusik. Sie wird gekennzeichnet durch »stärkste Beteiligung aller Betroffenen« an einer situativen musikalischen Äußerung, wobei »Alle alles tun«, also die »Musikmacher [...] gleichzeitig die Zuhörer« sind, der Zweck des musikalischen Tuns jedoch außerhalb der Musik liegt. Beim ebenfalls noch Volksmusik-nahen Interaktionsgrad der »immanenten Stellvertretung erster Ordnung« delegiert die Gruppe bestimmte musikalische Aufgaben stellvertretend – in Durchführung einer Arbeitsteilung – an bestimmte Mitglieder. Die sich weiter vom volksmusikalischen Vollzug entfernende »Immanente Stellvertretung zweiter Ordnung« liegt dann vor, wenn die musikalische Stellvertretung bereits institutionalisiert ist und eine gewisse Selbständigkeit gegenüber der Gruppe behauptet, aber von der Gruppe noch gänzlich kontrolliert und bestimmt wird. »Emanente Stellvertretung« ist gekennzeichnet durch wachsende Professionalisierung und Selbständigkeit der Stellvertreter. Bei der für die Kunstmusik typischen reinen »Emanenz« schließlich besteht eine volle Autonomie gänzlich professionell Musizierender (Klusen 1975b, 83 ff.).

Nicht aus den kulturalen Objektivationen ergeben sich für Klusen also die Kriterien für die Zugehörigkeit einer Musik zur Volkskultur, sondern aus dem Grad der Eigentätigkeit der beteiligten *Subjekte*. Anzumerken ist, daß eine solche Volksmusik-Existenz demnach im Grunde jedes für »laienmäßige Primärfunktion« (Baumann 1976, 58) im Singen, Musizieren und Tanzen geeignete musikalische Material gewinnen kann: »Volkslied« wie »Schlager« (Schepping 1984, 436 u. 462); Komponiertes wie Improvisiertes; ein »Volkstanz« wie ein »Gesellschaftstanz«; Tradiertes wie Neues; ästhetisch »Wertvolles« wie »Banales«; aus Individualbesitz Stammendes wie zum Gemeinbesitz Gehöriges (vgl. Brouwer 1930, 110).

2.1.5 Operationaler Ansatz

Bei einem fünften subjektorientierten Ansatz, der dem vorigen recht nahe steht, dienen im Grunde *operationale*, d.h. aus der Perspektive des Umgangs mit dem musikalischen Material im musikalischen Vollzug gewonnene Kriterien zur Abgrenzung des Gegenstandsbereichs der musikalischen Volkskunde, den M. P. Baumann, Autor dieses ebenfalls schon bei John Meier und Besseler vorbereiteten Ansatzes, als »Folklore« definiert und gegen deren Reduktionsprodukt »Folklorismus« absetzt. Baumann sieht den entscheidenden Unterschied zwischen Folklore und Folklorismus nämlich in »bestimmenden formalen Eigenschaften kommunikativen Musikverhaltens«; d.h. ein spezielles »musikbezogenes Verhalten« und eine besondere »musikbezogene Einstellung« sind für ihn die Bestimmungsfaktoren der Volksmusik (Baumann 1976, 58 und 60).

Konkret bedeutet dies nach Baumann, daß für die »Folklore« – im Gegensatz zum »Folklorismus« (wie übrigens auch zur Konzertmusik) – Flexibilität der Überlieferung, Variabilität des Materials, Orientierung an »Mustern« bzw. »Modellen«, aber auch deren Variierung kennzeichnend sind. Das Erklingende entspringt ferner individuellen Impulsen, es ist das Ergebnis von Subjektivationen: von Improvisation bzw. improvisationsähnlichem Verhalten, daher undeterminiert, im Ablauf in gewissem Maße zufällig und veränderlich, weil eingebunden in einen »kollektiven«, »andauernden Prozeß der wiederholten Neuschöpfung und verändernden Re-Interpretation« (ebd.).

In diesem operationalen Ansatz vermischen sich Subjektbezug und Objektbezug untrennbar: Das diagnostizierte spezielle »musikbezogene Verhalten« läßt sich ja an seinen Auswirkungen im Musizieren ablesen, genauer: am musikalischen Material selbst, d.h. an den vom handelnden Subjekt in dieser Weise gehandhabten musikalischen Objekten, so daß letztlich erst auf dieser empirisch-analytischen Basis die Identifizierung und Klassifizierung einer Musik als »Musikfolklore« möglich wäre. Dennoch bleibt hier der primäre Aspekt eindeutig das musikalisch-handelnde Subjekt.

2.2 Objektorientierte Bestimmungsansätze

2.2.1 Essentialistisch-normativer Ansatz

Seit ihren Anfängen dominieren in der Musikalischen Volkskunde Ansätze, die das Feld der Disziplin von den vorgefundenen bzw. aufzusammelnden Objekten her zu bestimmen versuchen. Besondere Anhängerschaft fand dabei ein Ansatz, den man als »essentialistisch-normativ« (vgl. Heimann 1979 und 1982) bezeichnen könnte. Er formuliert Wesensbestimmungen des »Volksliedes« – später auch von Volksmusik und Volkstanz –, die überwiegend nicht empirisch fundiert sind, sondern durch normative Setzung gewonnen wurden. Im Laufe der Zeit hat sich in solchen »Essentialdefinitionen« (Fritz 1994, 93) ein relativ konstanter Katalog von Zuweisungen entwickelt, demgemäß Volksmusik vor allem durch folgende *Charakteristika* bestimmt wird: mündliche Vermittlung (Oralität; weite Verbreitung im Volk (Popularität); Gestaltwandel (Variabilität); Unbekanntheit der Autorschaft (Anonymität); ästhetische Qualität (Dignität); langwährende Tradition (Anciennität und Persistenz).

Oralität

Eine der frühesten und bis heute am hartnäckigsten verteidigten normativen Aussagen ist die Festlegung der Volksmusik – vor allem des Liedes – auf »orale Vermittlung«, also auf eine Weitergabe »von Mund zu Mund«. Schon nach Fr. D. Gräters früher Definition ist das »Volkslied« »allein durch mündliche Überlieferung« vermittelt (Gräter 1794, 201). Auch für die jüngere Gegenwart blieb Oralität eine Conditio sine qua non, so daß Wiora (1959, 13) sogar den »Untergang des Volksliedes« voraussagte, weil am »Untergang des mündlich fortgepflanzten Volksliedes [...] nicht zu zweifeln« sei. Selbst für Baumann beruht Volksliedtradierung »auf mündlicher, theorieloser und auch laienmäßiger Primärfunktion« (Baumann 1976, 58); »vorwiegend mündlich tradiert« sind Volkslieder ebenso für Strobach (1980, 12) wie für Suppan; letzterer ist »daher nach wie vor der Meinung, daß ein wesentliches Kriterium für die Zuordnung eines Liedes oder Musikstückes zum Volksmusikbereich die mündliche Tradition ist« (Suppan 1983, 49). Solches Festhalten an der »unrealistischen Vorstellung des Primates der Mündlichkeit« (Brednich 1983, 15) übersieht jedoch, daß auch hier schon seit Jahrhunderten neben der – allerdings besonders bedeutsamen – mündlichen Tradierung die schriftliche üblich ist (s. Linder-Beroud 1989; Kimminich 1990; Röhrich 1992), so u. a. durch Liedflugblatt (Brednich 1974, 1975), Liederhandschrift und Liederbuch, wenn man auch einräumen muß, daß trotz dieser »Verschriftlichung« der Volkskultur (Brednich) nach wie vor im Grunde »sehr wenig nach Noten gesungen« (Klusen 1969, 72) – und nicht zuletzt auch: gespielt wird.

Jedenfalls beginnt sich allmählich eine Relativierung der Oralitätsthese

Lied- und Musikforschung

abzuzeichnen, wie u. a. Suppans Klarstellung erweist, daß »Schrift [...] als Gedächtnisstütze in Erscheinung treten« kann (1978, VI, s. auch 1990, 7). Auch Franz Eibner relativierte das Postulat der Oralität noch auf eine spezielle Weise: »volksmusikalische Äußerungen sind an die Möglichkeit schriftloser Überlieferung [...] gebunden« (s. Fritz 1994, 99). Eine solch flexible Abschwächung auf schriftlose Transferierbarkeit ist heute umso mehr geboten, als seit Erfindung der elektronischen Medien die Transferierung mit wachsender Häufigkeit über Schallplatte, Tonband, Radio und Bildschirm erfolgt (vgl. Klusen 1980; Schepping 1991, 15), so daß also neben die mündliche (auch »personale«, »direkte« oder orale« Tradierung) und die indirekte, nämlich schriftliche, inzwischen als wohl sogar dominierende die mediale Vermittlung getreten ist und »sich auch von diesen Formen des massenmedialen Angebots noch immer neue Möglichkeiten kulturell-künstlerischer Selbstbetätigung ableiten« (Brednich 1983, 15). Terminologisch wird dies heute – zumindest zum Teil – berücksichtigt durch Begriffe wie »auditive« oder »aurale« Vermittlung bzw. – noch »Medium-neutraler« und für schriftlose vokale wie instrumentale und tänzerische Vermittlung zutreffend – »Vermittlung durch Nachahmung«.

Popularität

»Ein anderes Kennzeichen des Volksliedes als weite Verbreitung und allgemeine Beliebtheit giebt es nicht«, so konstatierte Franz Magnus Böhme (1895, IV) und akzeptierte damit als einzige der verschiedenen essentialistisch-normativen Bestimmungen des Volksliedes die der Popularität auch als »Volk(s)läufigkeit« bzw. als »größere Häufigkeit der S(ubjekt)-O(bjekt)Beziehungen« (Heimann 1982, 22, Anm. 20) verstanden.

Der weithin vertretenen Auffassung vom Volkslied als »allgemein verbreitet« stellt Klusen allerdings aufgrund der Tatsache, daß Lieder (wie auch Tänze und Instrumentalstücke der Volksmusik) überwiegend nur in bestimmten überschaubaren sozialen Gruppierungen wirklich lebendig waren, die – etwas überzogene – Feststellung entgegen: »Es ist ein Irrtum zu glauben, es hätte je etwas anderes gegeben als ›die Gruppe‹ als Liedträger« (Klusen 1969, 28). Seine Konsequenz aus dieser Feststellung war der Vorschlag, den ideologisch belasteten Begriff »Volkslied« durch den Terminus »*Gruppenlied*« zu ersetzen (Klusen 1967); denn »Volk« sei eine »imaginäre Einheit, in der Gruppenlieder nie gelebt haben« (Klusen 1975 a, 97).

Neben der hier hervortretenden rein quantitativen, im Grunde auch auf empirische Daten zu stützenden Komponente der Popularität ist eine zweite historisch von Bedeutung: Vor allem in der Zeit Herders wird *Popularität als Wertbegriff* verstanden, d. h. als »Verwirklichung einer ästhetischen Stilnorm, des Volkstons, den man aus bestimmten umlaufenden Liedern ableitet« (Heimann 1982, 20, Anm. 14). Diese Tradition hat Herder selbst begründet, und zwar u. a. mit seiner Definition des

»Volksartigen« (1778/79), das er mit »leicht, einfach, [...] in der Sprache der Menge so wie der reichen und für alle fühlbaren Natur« umschrieb (Herder/Meyer 1893, 10).

Variabilität
»Wer weiß nicht, was ein Lied auszustehen hat, wenn es durch den Mund des Volkes, und nicht etwa nur des ungebildeten, eine Weile durchgeht!«: diese in ihrem Sachgehalt durchaus objektive, in ihrer wertenden Tendenz aber ebenso subjektive wie zeitgebundene Feststellung Goethes (1806, 32) markiert eine dritte, im Grunde mit Oralität und Popularität kausal zusammenhängende »Wesensbestimmung« des Volksmusikgenres: die Variabilität. Gemeint ist damit die für den Vokalbereich seit Joseph Görres *»Zersingen«* genannte, objektiver als *»Umsingen«* oder *»Zurechtsingen«* bzw. auch als *»produktive Aneignung«* (Suppan 1966, 1923) bezeichnete Tatsache, daß Volksmusik – nicht nur in der Vergangenheit, sondern nachweislich auch in der Gegenwart – meist einem Umgestaltungs- und Abwandlungsprozeß unterliegt, also im Grunde »bei jedem Erklingen wieder neu geschaffen wird, um sogleich wieder zu vergehen« (J. Meier 1940, 205), so daß demnach z. B. prinzipiell so viele Exemplare eines Volksliedes – oder noch richtiger: so viele Volkslieder – anzunehmen sind, wie gesungen werden (J. Meier 1906 b, 15). So ist also auch jede schriftliche Feld-Aufzeichnung solcher Versionen bzw. »Augenblicksformen« einer Volksmusik-Vorlage nur eine »Protokollnotation«, die nicht als »Soll-Notation« mißverstanden werden darf (Suppan 1975, 380).

Basis dieser Variabilität ist das von John *Meier* erkannte *»Herrenverhältnis des Volkes«*, das nämlich gegenüber jeglicher Musik »nichts von individuellen Anrechten weiß oder empfindet«, weshalb »jeder Einzelne im einzelnen Falle, eine unbedingt autoritäre und herrschende Stellung einnimmt« (J. Meier 1906 a, I): Im Singen – wie auch im Tanzen und Musizieren – des »Volkes« werden weder Eigentumsrechte eines Autors respektiert, noch wird eine bestimmte musikalische bzw. auch textliche oder bewegungsmäßig-tänzerische Gestalt als verbindlich anerkannt. Musik, Text und Tanzform werden vielmehr gehandhabt »so wie man mit Dingen des täglichen Gebrauchs umgeht« (Besseler 1925, 46). Hier knüpft auch W. Steinitz in seiner Volksliedddefinition an: »Ein Volkslied entsteht [...] aus einem Lied beliebiger Herkunft, das von der Gemeinschaft, dem Kollektiv, aufgenommen und dabei im Laufe seiner Entwicklung vom Volke schöpferisch geformt wird« (I, 1954, XXVI).

Diesen Umwandlungsprozeß hat die Musikalische Volkskunde immer wieder untersucht. John Meier ist als einer der ersten in seinen »Volksliedstudien« (1917) mit textphilologischen Methoden im Rahmen vergleichender Forschung den Wandlungen einzelner Lieder nachgegangen und hat damit einen neuen Forschungsansatz geschaffen, der später von zahlreichen Forschern weiterentwickelt und – wenn auch zunächst seltener – auf den musikalischen Bereich übertragen wurde (s. Deutsche Volkslieder mit ihren Melodien, 1935 ff.).

Trotz der zweifellos vorhandenen Bedeutung des Umsingens wäre es mit der Singwirklichkeit aber unvereinbar, würde man nur solche Musik als »Volksmusik« gelten lassen, bei der jene Umgestaltung stattfindet. Denn in gleicher Primärfunktion bzw. in gleicher volksmusikalischer Interaktionsform begegnen nebeneinander Umgestaltung wie Invarianz, produktive Aneignung wie weitestgehend unverändertes Reproduzieren von Übernommenem, durch Schriftlichkeit »Petrifiziertes« wie trotz Schriftlichkeit Zurechtgesungenes (Klusen 1972 b).

Anonymität
Joseph Görres sah – wie seine Zeitgenossen – als Wesenszug der Volksdichtung, zu der ja auch das Volkslied gehört, die »Unsicherheit, die über ihren Urheber herrscht« (Görres 1817, XXIf.). Diese »Unsicherheit« aber wurde ein günstiger Nährboden für Herkunftsspekulationen, Entstehungstheorien und Ursprungshypothesen. Die früheste dieser Hypothesen war die von der Kollektivität des Schaffensprozesses und damit von der Anonymität des Autors, die zu einem weithin als verbindlich angesehenen Volksmusikkriterium wurde. Damit war als bald schon dominierende der genetischen Definitionen die *Produktionstheorie* grundgelegt, deren erste Wurzeln auf M. de Montaigne und J.-J. Rousseau zurückgehen. Im 19. Jahrhundert wurde sie vor allem vom Herder-Kreis vertreten und im frühen 20. Jahrhundert nachdrücklich von *Josef Pommer* (1912). Bei Herder findet sich die Produktionstheorie u. a. in die Metapher gekleidet, das Volkslied sei »die lebendige Stimme der Völker, ja der Menschheit selbst« und entspringe dem dichtenden »Volksgeist«, der »Volksseele« (Herder/Suphan XXIV, 266).

Auch für Jacob Grimm (1811) sind Volkslieder »unter dem Volke selbst, im Munde des Volkes, wie man das nur näher fasse, entsprossen«; sie gehen »aus der stillen Kraft des Ganzen leise hervor [...]; über die Art, wie das zugegangen, liegt der Schleier des Geheimnisses, an das man glauben soll«: die »romantischste« und zugleich idealisierendste Deutung der Produktionstheorie. Ihr gegenüber wirkt Josef Pommers Ursprungsdefinition geradezu nüchtern: »Unter Volkslied im strengen, eigentlichen Sinne des Wortes verstehe ich jene Lieder, die im Volk [...] ersonnen worden sind« (zit. nach Hansen 1934, 293).

Es ist verständlich, daß die Produktionstheorie recht früh ihre Gegenposition fand: die *Rezeptionstheorie.* Diese zweite genetische Volksliedtheorie ist seit dem späten 17. Jahrhundert nachweisbar und formuliert zwei Kernthesen; die erste: Auch Volksmusik ist letztlich immer Schöpfung eines Individuums, weil »ein geistiges Gebilde niemals aus einer Gesammtheit, einem Volke unmittelbar hervorgehen kann« und »es dazu überall der Thätigkeit [...] Einzelner bedarf« (Uhland 1866, 11). Und die (der Theorie den Namen gebende) zweite These lautet: Zum »Volkslied« wird dieses Individualgebilde nur, wenn es vom Volk aufgenommen

(»Rezeption«) und im »Volksmund« schöpferisch umgestaltet wird, also auch die beschriebene »Variabilität« erhält. Als der eigentliche Schöpfer der Rezeptionstheorie gilt John Meier, der den Nachweis erbrachte, daß zahlreiche »Volkslieder« in Wirklichkeit »Kunstlieder im Volksmunde« waren (J. Meier 1906a; s. auch Linder-Beroud 1989).

Neben den beiden Kontrapositionen der Produktions- und Rezeptionstheorie gab es schon früh vermittelnde, die Ausschließlichkeit bzw. Einseitigkeit beider meidende Auffassungen. So formulierte Friedrich Hegel in seinen »Vorlesungen über Ästhetik« bereits die denkbar klarste Synthese: Volkslieder dichte »nicht ein einzelnes Individuum [...], sondern nur eine Volksempfindung, die das Individuum ganz und voll in sich trägt.« Nicht weniger vermittelnd erscheint die Position Ernst Meiers, der im Vorwort seiner Sammlung »Schwäbische Volkslieder« 1855 feststellte: »Das kleinste wie das größte Lied ist immer das Produkt einer einzelnen, poetisch begabten Person. [...] Wo nun aber in einem solchen Liede etwa ein Ausdruck, eine Wendung, ein Bild nicht ganz glücklich und allgemein verständlich gewählt ist, da ändert das Volk von selbst und macht überhaupt sich alles mundrecht. Auf die Art arbeitet allerdings die Gesammtheit an den Volksliedern mit, und dieß befördert nicht wenig den objektiven, naturtreuen Charakter aller Volkspoesie, wie er einem einzelnen Individuum unerreichbar scheint« (E. Meier 1855, IVf.).

Zwei empirische Erkenntnisse begründen auch eine Gegenposition zu der allzu einseitigen Theorie der Volksmusik als »abgesunkenes Kulturgut«: Volkskunst ist zumindest die historische Voraussetzung jeder Hochkunst, Mündlichkeit die Vorstufe der Schriftlichkeit; und: Volksmusik war in allen Jahrhunderten immer wieder Anregerin und Inspirationsquelle der Kunstmusik (vgl. Klusen 1969, 81). – Im Lauf der Jahrzehnte ist der ideologische Streit um beide Theorien abgeebbt. Man hat erkannt: »Die Frage nach genetischen Zusammenhängen [...] wird verengt, wenn man nur an Niveauänderungen denkt: an Absinken (Volkslied als Schutthalde) und Aufsteigen (artifizielle Musik als Hochzüchtung)« (Wiora 1977, 40); denn: »Eine Stufenleiter des produktiven Anteils reicht vom Schaffen des Volkes ganz aus eigenem Vermögen bis zur passiven Rezeption« (Wiora 1950, 40).

Dignität
Volksgesang sei »nicht etwa nur ein Hauptzweig alter, edler, rühmlicher und ruhmerweckender Poesie, sondern der Grund aller Poesie, die innere Rechtschaffenheit und Honettetät im Herzen des Volkes«, so pries Herder (Suphan XXIV, 267) die Vorzüge dieser von ihm wiederentdeckten Gattung. Und der Herderianer Gräter schwärmte: »Kraft und Wurf und Naivetät, oder tiefe Empfindung scheint der Charakter aller guten Volkslieder zu seyn« (1794, 207). Mit diesen Qualitätszuweisungen vermehren beide die Zahl ästhetischer Postulate, die in und seit jener Epoche aufgestellt wurden. Daß diese aber schon in der damaligen Zeit dem vom »Volk« wirklich Gesungenen und Musizierten nur selten

entsprachen, beweist die Tatsache, daß sich z. B. Gräter an gleicher Stelle gegen die »Misgriffe« und »wahrlich pöbelhaften Verunstaltungen« des Volksliedes heftig verwahrt. Mit gestaltanalytischer Methode bestimmt aber auch die von Franz Eibner geprägte »neuere österreichische Schule« bis heute die Dignität von Liedern wie von instrumentaler Volksmusik und entscheidet auf dieser Basis, welcher der drei als Rangstufen zu sehenden Kategorien in der – bzw. unterhalb der – Volksmusik sie zuzuordnen sind: zu der »aus Instinkt und Imagination«, soll heißen aus schöpferisch- und Phantasie-begabter »künstlerischer« Gestaltung erwachsenden und daher als »organisch« gewerteten »Volksmusik« im eigentlichen Sinne; oder zu der »kein ganz unmittelbares und ungebrochenes Verhältnis des Schöpfers zu Instinkt und Imagination« aufweisenden und daher als »unorganisch« angesehenen »Volkstümlichen Musik«; oder aber zur »Trivialmusik«, die sich »pseudokünstlerischer Mittel« bediene und »Inhalte unzulänglich« darstelle (s. Fritz 1994, 97 f.). Für denjenigen allerdings, der die zu Hunderttausenden als »Volkslied« oder »Volksmusik« in den Archiven und Anthologien gesammelten Belege in den Blick nimmt, erweist sich solche hier auch in der ersten Kategorie implizit zum Ausdruck kommende Volksmusikästhetik als Idealisierung, die allerdings für lange Zeit zur Maxime für Forschung und Sammlung, auch für die Volksliedpflege in Schule, Vereinswesen und Militär und damit zur Grundlage der Pädagogisierung des Volksliedes wurde. Konsequenz dessen war eine teilweise selektive Aufzeichnungspraxis und Editionszensur im 19. und z.T. noch im 20. Jahrhundert, die manches dieser Ästhetik nicht Entsprechende eben auch nicht als »Volksmusik« anerkannte, ggf. retouchierte oder ausschied bzw. zum »Apokryphen«-Dasein verurteilte (Klusen 1965).

Mit der Durchsetzung des aktionalen Ansatzes bei John Meier und in der Schwietering-Schule, später noch mehr durch den funktionalen und interaktionalen Ansatz, geriet diese Volksliedästhetik in die Kritik, ja sie wurde verworfen: »Niemals ist die ästhetische Frage an einen Gegenstand die volkskundliche Frage, weil sie nicht die Frage des Volkes an den Gegenstand ist« (Bringemeier o.J., 22); und Heimann (1982, 20f.) summiert: »Werturteile zu fällen ist im Umkreis dieses Denkens nicht Sache der Wissenschaft, sondern nur [...] des handelnden Subjekts.«

Anciennität
Hohes Alter (Anciennität), z.T. auch lang dauernde lebendige Existenz (Persistenz) wurde von Anfang an als wesentliches Charakteristikum der Volksmusik angesehen. So enthielten die englischen Sammlungen (Macpherson 1760; Percy 1765), die Herders Begeisterung für die Volksdichtung und letztlich die Volksliedbewegung des 18. und 19. Jahrhunderts auslösten, »Ancient Poetry« (teilweise nur vorgeblich); und Herder wie seine Anhänger sammelten »Lieder alter Völker« (Herder 1771) bzw. »alte Nationalgesänge«, die geradezu als ein »Archiv des Volkes« (Herder) gewertet wurden. Der junge Goethe zeichnete im Elsaß Lieder auf,

die er »aus den Kehlen der ältesten Mütterchen aufgehascht« hatte. Und Gräter formulierte als Kriterium des Volksliedes, daß es »sich selbst Jahrhunderte lang von Munde zu Munde fortpflanzte« (Gräter 1794, 210). Dies hinderte allerdings weder Herder noch die übrigen frühen Sammler daran, neben jenem »Alten« partiell auch Barockes und Zeitgenössisches in ihre Sammlungen aufzunehmen. Dennoch blieb im 19. und 20. Jahrhundert das Anciennitätspostulat maßgeblich, das als eine Art Echtheits- und Qualitätsgarantie erschien.

Im 20. Jahrhundert wird das Anciennitätspostulat zugleich aber auch am deutlichsten angefochten, wenn es etwa heißt: »Für den Volkskundler muß z. B. der ›Schlager‹, der nur ganz kurze Zeit im Volke lebt und gesungen wird, ebenso Volkslied sein wie ein echtes, altes Kinderlied« (Gniza 1934, 309). So darf man summieren: Anciennität kann, muß aber nicht Charakteristikum des vom »Volk« primärfunktional Gesungenen sein. Natürlich kann Alttradiertes ein sogar besonders faszinierender und kultur- wie sozialgeschichtlich außerordentlich aufschlußreicher Forschungsgegenstand sein und sollte deshalb das volle Interesse der Sammlung, Forschung und Edition behalten; Volksliedforschung aber als reine »Reliktforschung« zu betreiben: dies würde eine unvertretbare Verengung und im Grunde eine Perversion ihrer Möglichkeiten und ihrer Aufgaben bedeuten.

2.2.2 Phänomenologischer Ansatz

Schon früh hat sich die aufbrechende Volksliedbewegung des späten 18. und des 19. Jahrhunderts darum bemüht, als typisch erfahrene – oder für typisch gehaltene – musikalische und textliche Erscheinungen (»Phänomene«) des gesammelten Volksmusikgutes analytisch zu identifizieren, um von daher zu einer klaren Gattungsbestimmung zu gelangen – mit »frag-würdigem« Erfolg. Viel zitiert ist Herders Charakterisierung, »daß nichts in der Welt mehr Sprünge und kühne Würfe hat als Lieder des Volkes« und daß sie geprägt seien »von lebendiger Gegenwart der Bilder, vom Zusammenhange und gleichsam Notdrange des Inhaltes, der Empfindungen, von Symmetrie der Worte, der Silben« (zit. n. Hansen 1934, 285). Weit spärlicher als diese idealistische Phänomenologie der Volksliedsprache fällt Herders Darstellung musikalischer Phänomene im Volkslied aus: er hebt dessen Geprägtheit »vom gleichsam Tanzmäßigen des Gesanges« und »vom Gange der Melodie« hervor (ebd.).

Erst als auch die Liedkomponisten jener Epoche von der Volksliedbegeisterung ergriffen wurden, finden sich ausgereiftere phänomenologisch-musikalische Charakterisierungen. So verfaßte z. B. J.A.P. Schulz im Vorwort seiner »Lieder im Volkston bey dem Clavier zu singen« (1782 ff.) eine – geographisch wie historisch sehr begrenzte Stilistik des Volksliedes, mit den Merkmalen: Singbarkeit, Faßlichkeit, »Simplizität«, »Schein des Bekannten«, enge Wort-Ton-Beziehung, begrenzte

Lied- und Musikforschung

und einprägsame Intervalle, geringer Tonumfang, »allerleichteste Modulationen«, »vollkommene Formproportionen«.
Bis heute allerdings blieb für die erwähnte »neue österreichische Schule« um Franz Eibner, Walter Deutsch und Gerlinde Haid die gestaltanalytisch abgesicherte Erfüllung eben solcher normativen phänomenologischen Qualitätskriterien letztlich entscheidend für die Zuordnung musikalischen Materials zur »Volksmusik«: fachhistorisch gesehen eine nachträgliche, massive Einengung des bis dato gültigen allgemeinen Begriffsverständnisses, wobei die Urteilsfindung dabei obendrein - auch nach Eibners eigener Einsicht (Eibner 1980, 38) - erheblicher Gefährdung durch Subjektivität unterliegt.

2.2.3 Empirisch-statistischer Ansatz

Aus den Schwierigkeiten, wie sie essentialistisch-normative und phänomenologische Ansätze bieten, sucht ein dritter objektorientierter Ansatz Konsequenzen zu ziehen: der empirisch-statistische Ansatz. Hier wird der Versuch unternommen, mit Hilfe soziologischer Methoden essentialistische Dogmatik und phänomenologische Spekulation zu vermeiden und durch quantifizierende Verfahren, Repräsentativerhebungen mit flankierender teilnehmender Beobachtung und Tiefeninterviews *verläßliche Daten* darüber zu gewinnen, welche konkreten Lieder, Tänze, Instrumentalstücke eine repräsentativ ausgewählte Zahl von Probanden »primärfunktional« (s. o.) handhabt und damit im Grunde selbst als »Volksmusik« identifiziert. Auch musikalische Aktionsformen, Vermittlungsprozesse und Interaktionsabläufe in der musikalischen Volkskultur, wie sie für die entsprechenden subjektorientierten Ansätze entscheidend sind (s. o.), können auf diese Weise ermittelt werden (vgl. Klusen 1970; 1971; 1974/75; Rittershaus 1978; Schepping 1980 u. 2000).
Die Methode der Langzeiterhebung ermöglicht darüber hinaus die Gewinnung zuverlässiger Informationen über Tradierungsweise und Vermittlungswege, d. h. auch über personale, institutionelle und mediale Transferierung sowie über Wandel und Konstanz im Repertoire. Geschlechts- und statusbezogene Daten sowie alters-, regional-, milieu- und zeitbedingte Spezifika sind auf diese Weise ebenfalls zu ergründen: ein Weg zu vorurteilsfreierer und offener, dabei zusätzlich kontextorientierter Forschung.

3. Forschungsbereiche

3.1 Liedforschung – Singforschung

3.1.1 Profanes Singen

»Der deutschen Volkskunde ältestes und liebstes Kind« ist die Volksliedforschung genannt worden (Weber-Kellermann/Bimmer 1985, 22). Und in der Tat: betrachtet man die edierten und die noch in Archiven schlummernden Ergebnisse generationenlanger Lied- und Balladenforschung innerhalb und außerhalb Europas und berücksichtigt man die Wirkung, die von dieser Forschung, Sammlung und Edition ausging, so kann man feststellen, welches Gewicht die seit Jahrzehnten auch in eigenen Archiven und Forschungsstellen an Hochschulen und Universitäten institutionalisierte Volksliedforschung innerhalb der Volkskunde besitzt (Brednich 1983). Darüber hinaus ist zu erkennen, welche Konsequenzen die »wahrhaft fruchtbare Fiktion« (Klusen 1969, 136f.) der Volksliedidee geistes- und kulturgeschichtlich weltweit gehabt hat. Denn Herders Generationen faszinierende Idee, das Volkslied sei die »lebendige Stimme der Völker, ja der Menschheit« (Herder/Suphan XXIV, 266), und seine mehrfachen Aufrufe, »Nationallieder« zu sammeln, entfachten seit den 70er Jahren des 18. Jahrhunderts in ganz Europa eine Volksliedbewegung, deren Wirkung weit über das Fach hinausging. Die indirekte Folge war sowohl das Aufblühen nationaler Musikkulturen der europäischen Kunstmusik auf der Basis regionaler Volksmusik als auch das Erwachen nationaler Dichtung und Literatur: Konsequenzen, deren Wirkung weit ins Politische hineinreichte.

Forschungsdefizite

Noch wertvoller jedoch hätten Ertrag und Wirkung der Volksliedsammlung und -forschung sein können, wenn Herders weitsichtige und noch immer höchst aktuelle Direktiven für die Feldforschung eingehalten worden wären, nämlich: alles aufzuzeichnen »wie es ist, in der Ursprache und mit genugsamer Erklärung, ungeschimpft und unverspottet sowie unverschönt und unveredelt: wo möglich mit Gesangsweise [,] und alles was zum Leben des Volkes gehört« (Herder/Suphan IX, 533). Statt dessen neigten jedoch die Sammler dazu – wie eben auch Herder selbst –, nur recht wählerisch das dem Volksliedideal entsprechende »Wertvolle«, »Edle«, »Alte« zu sammeln, also die Fülle von »Spreu« vom wenigen »Weizen« zu trennen bzw. – ebenfalls herderisch ausgedrückt – aus »Koth« und »Schlamm« des wirklich Gesungenen das spärliche »Gold« des »echten« Volksliedes herauszufiltern und das übrige auszusondern, oder aber es – entgegen Herder – durch Eingriffe in Text und Musik zu »verschönen«. Erst mit der Schwietering-Schule wandte sich dann im 20. Jahrhundert »zum ersten Male der Blick des Forschers vom Text auf das Leben, die Funktion und Bedeutung von

Liedern in der Singgemeinschaft, vom Text zum Kontext« (Brednich 1983, 12), wie es die heutige Volksmusikforschung klar postuliert, aber immer noch selten genug erfüllt, obwohl ja selbst bei Ansatz eines sehr selektiven qualitativen »Volksmusik«begriffs das Aufgabenfeld der Forschung notwendigerweise – allein schon, um die »Spreu« vom »Weizen« trennen zu können – sich weit ins gesamte Terrain popularen Singens und dessen Kontext zu erstrecken hätte.

Untergangsthesen

Die generationenlange Einengung der Sammlung und Forschung auf das »echte«, »wahre«, »gute«, »mündlich tradierte« Volkslied hat von Anfang an zu einer eigentümlichen Verzerrung der Sicht geführt. Da man für diesen Idealtypus in der jeweiligen Gegenwart natürlich nur sehr wenige Belege finden konnte, erwuchs daraus bei den Vertretern dieser objektorientierten essentialistisch-normativen Richtung schon früh die Auffassung vom »*Niedergang*« des »*wahren*« *Volksliedes,* wofür vor allem der neuen Zeit mit ihrer »Entwurzelung«, Verstädterung und Industrialisierung die Schuld gegeben wurde.

So wundert es kaum, daß die These vom »Untergang des Volksliedes« im 20. Jh. wieder besonders auflebte: »Im allgemeinen [...] ist das Volkslied in seinen primären Daseinsformen unrettbar dem Untergang verfallen«, verkündete Wiora (1959, 10); und noch schärfer formulierte es Suppan: »Die [...] Frage, ob Volkslied tot sei, ist – für die hochzivilisierten Staaten Westeuropas – sicher mit ›ja‹ zu beantworten.« (²1978, VII). Diese Aussagen sind – gemessen an der Singwirklichkeit – eindeutig und beweisbar falsch, von der Volkslied-Fiktion essentialistisch-normativer Prägung her gesehen natürlich »richtig«, weil jenes »Volkslied«, das im Grunde auch in der Vergangenheit real kaum je so idealtypisch existiert hat, in der Tat fast nicht »mehr« aufzufinden ist.

Wiora (1959, 1 ff.) allerdings differenziert seine Untergangsthese: Tot sei das Volkslied in seinem »*ersten Dasein*«, d.h. in mündlicher Tradierung, freiem Gestaltwandel, produktivem Umsingen (eine These, die empirisch allerdings ebenfalls nicht haltbar ist: s. u.a. Schepping 1992). Inzwischen aber sei das Volkslied in ein »*zweites Dasein*« getreten: eine durch fortschreitende Sammlung, schriftliche Tradierung und Liedpflege erhaltene, sozusagen »museale« Existenz »mit neuen Eigenschaften und Formen«, die aufgrund bewußterer Lied-»Auslese« gegebenenfalls sogar von »höherem Niveau« sei als in der Vergangenheit.

Singrealität heute

Beobachtet man unvoreingenommen die Formen des Singens innerhalb der musikalischen Volkskultur der Gegenwart, so erkennt man, daß das bereits totgesagte Singen in Primärfunktion alles andere als erloschen und das »Volkslied« alles andere als »tot« ist; daß vielmehr nur die normative, objektfixierte »Volkslied«-Ideologie sich von der Singrealität weit entfernt hat. Zumindest ist spontanes, unorganisiertes, umgangsmäßiges, also in Immanenzformen praktiziertes Liedsingen sogar in überraschend breitem Umfang anzutreffen; deutlich gewandelt haben sich allerdings die Singgelegenheiten und -anlässe, die »Objekte« – das Repertoire – und die Singpraxis.

Singgelegenheiten
Gelegenheiten zum Singen bieten sich heute weit seltener in Primärgruppierungen wie »Gemeinschaft«, Jugendgruppe oder Familie; Raum dafür schaffen vielmehr die gesteigerten sozialen Aktivitäten des Vereinswesens und die in der Freizeitgesellschaft der Gegenwart gewachsene Zahl von brauchtümlichen und situativen Geselligkeits- und Festveranstaltungen (Vereinsfeste, Stadt- und Straßenfeste, Schützenfeste und Kirmes, Karneval, Nachbarschafts- und Familienfeste, »Partys« und »Feten«). Auffällig ist dabei, wie beim gleichen Singanlaß »Emanenzformen« – also »Darbietungsmusik« – mit immanenten Interaktionsformen (gemeinsames Singen) wechseln können, wobei sich das Mitsingen u. U. zu motorischen Reaktionen bis hin zu spontanem Tanz steigert.

Erwiesen ist es, daß heute mehr denn je die elektronischen Medien als Repertoirevermittler und Singpartner oder -animator fungieren, d. h. medienvermitteltes wie auch »medienverbundenes Singen« (Schepping 1980) neue usuelle Singaktivitäten bedeuten: nämlich Einstimmen in Evergreens, Filmmelodien, Volkslieder, Werbespots, Videoclips, Schlagerrefrains, Poptitel oder Hits, wenn sie gerade in den Medien erklingen oder aber – vor allem – dann, wenn sie in Konzerten von Medienstars (wieder)gesungen werden und die »Fans« oft zu Tausenden in Sälen, Hallen oder Arenen das präsentativ Dargebotene als Animation zu intensivstem, oft enthusiastischem Mitsingen nutzen (Schepping 1991, 14 ff.), wie es inzwischen weltweit zu beobachten ist. Genausogut kann die Sportarena oder das Stadion anlaßweise – zumal bei besonders wichtigen Eishockey- oder Fußballspielen – zu Orten intensiven, funktional gebundenen, spontanen Singens werden (Schepping 1983, 70; Kopiez 1998), desgleichen Straßen und Plätze z. B. bei Protestumzügen und Demonstrationen (Schleunig 1983, 79 ff.; Brockpähler 1983, 93).

Singrepertoire
Die Objekte der ungebrochenen primärfunktionalen Singpraxis sind (wie eh und je) Lieder »beliebiger Herkunft« (Steinitz): also unter anderem Schlager, Hits, Rocktitel, »Oldies«, »Classics« und Filmmelodien ebenso wie »Folklore«, »Schul-«, »Jugend-« und »Volkslieder«. Dabei existiert für die Singenden aber in der Regel keinerlei Gattungs- oder Qualitätsdualismus – etwa zwischen »U-Musik« und »E-Musik« oder zwischen tradiert und aktuell, echt oder unecht: Völlig unvoreingenommen machen sich die meisten aus der Fülle des Vorgefundenen altes wie neues Singgut zu eigen, wobei auch viel Ausländisches – zumal aus dem angloamerikanischen Raum – zum Repertoire gehört, andererseits aber das einheimische Dialektlied wachsende Bedeutung gewinnt

(Frahm/Alber 1979; Reinert-Schneider 1987; Schepping 1991; Probst-Effah 1992). Dabei ist manches sehr langlebig, anderes extrem kurzlebig. Auch heute bleibt das Repertoire aber noch erstaunlich individuell, d. h. durchaus nicht etwa »medienhörig«-massenidentisch (Schepping 1980; 2000).

Forschungsaufgaben
Die Volksliedforschung hat außer in der Weiterführung nationaler und internationaler, überwiegend historisch-objektorientierter, aber in wachsendem Maße auch subjektivgerichteter wissenschaftlicher Aktivitäten (Balladenforschung; Liededition; Liedmonographie und »Liedbiographie« [Schepping 1979; 1984]; Melodieklassifikation, Melodie- und Gattungstypologien; komparative Liedstudien etc.) auch im Bereich des gegenwärtigen usuellen, »primärfunktionalen« Singens ihr zentrales Aufgabengebiet. Dazu müßte das Fach allerdings unvoreingenommen die gesamte populare Lied- und Singwirklichkeit der Vergangenheit und Gegenwart als den Gegenstand der Musikalischen Volkskunde akzeptieren (Noll 1992; Schepping 1992).

3.1.2 Religiöses Singen

Der in dieser Weise aktualisierte Forschungsauftrag der Musikalischen Volkskunde kann nicht auf den Sektor profanen Singens begrenzt werden. Denn auch auf dem Feld religiösen Singens begegnen Existenzformen des Liedes, die dem Profanbereich völlig analog sind. Dies betrifft insbesondere eine Liedgattung, die man bezeichnenderweise »geistliches Volkslied« bzw. »religiöses Volkslied« genannt hat: Lieder, die seit Jahrhunderten in eindeutiger Funktionsbindung, vor allem im Rahmen des religiösen Brauchs erklingen. Im überkonfessionellen Raum sind dies z. B. Weihnachts- und Martinslieder, in der Vergangenheit auch Grablieder; im katholischen Bereich u. a. Nikolauslieder und Lieder zum Dreikönigsfest, ferner bestimmte Wallfahrts-, Marien- und Heiligenlieder; auf evangelischer Seite zum Teil noch die sog. Quempaslieder. Aber auch brauchneutrales religiöses Liedgut wie Erweckungslieder, Lieder einzelner Sekten – vor allem der Heilsarmee – und schließlich das Legendenlied (Künzig 1977) sind hier zu nennen.

Wenn sich die Musikalische Volkskunde diesen Feldern zuwendet, so kann dies wohl kaum als Übergriff in den Kompetenzbereich einer anderen für das geistliche Lied zuständigen Disziplin gedeutet werden: der *Hymnologie*. Denn diese sieht als ihr Feld das kirchlich approbierte Gemeindelied, das sogenannte Kirchenlied an (Suppan 1975, 517), für das – im Gegensatz zum »Volkslied« – meist eine strenge Verbindlichkeit gedruckter Text- und Melodiefassungen, dokumentierte und datierte Autorschaft sowie ein »verordnetes« statt des spontanen Singens wesensbestimmend sind. Infolgedessen spart die Hymnologie das religiöse

Volkslied weitgehend aus, so daß oft nur da eine – durchaus fruchtbare – Berührung bzw. Überschneidung beider Fachdisziplinen zustande kommt, wo in Liedgenese und -geschichte durch Profanierung geistlicher oder durch geistliche Umtextierung profaner Lieder, durch Variantenbildung (Bäumker 1962), Apokryphierung bzw. Verdrängung aus dem Kirchenliedstatus (Schepping 1974/75), durch nachträgliche Approbation, auch durch Parodie bzw. Kontrafaktur, oder aber dadurch, daß auch das approbierte Kirchenlied aus seiner rein gottesdienstlichen Funktion heraustritt und – wie vor allem unter der NS-Diktatur – zum Medium religiös fundierter Opposition und des Protestes wird (Schepping 1984, 1993, 1996; Niedhart 1999), eine Überschreitung der Gattungsgrenzen eingetreten ist.

Eine sehr aktuelle religiöse Liedgattung fiele eigentlich völlig in den Zuständigkeitsbereich der Musikalischen Volkskunde: das »Neue Geistliche Lied«, wie es von der Jugend der christlichen Konfessionen fast der ganzen Welt seit den 1950er Jahren in wachsendem Maß produziert und in eigenen Jugend- und Taizégottesdiensten, auf Kirchen- bzw. Katholikentagen, aber auch in Gottesdiensten der Gesamtgemeinde gesungen und in charakteristischer Weise musikalisch gestaltet wird, ohne daß die Amtskirche diese Lieder – von wenigen Ausnahmen abgesehen – bisher approbiert und die Hymnologie sie angemessen zur Kenntnis genommen hätte (Zenetti 1966; Bubmann 1990; Schepping 1993; 2001).

3.1.2 Musikforschung

Ist die Volksliedforschung das »liebste Kind« der Volkskunde, so hat das Fach demgegenüber die Musikforschung, also die Erforschung der instrumentalen Volksmusik, lange Zeit »in geradezu sträflicher Weise vernachlässigt« (Hoerburger 1966, 7). Ursache dafür ist zum einen sicherlich die Tatsache, daß der (»allgemeine«) Volkskundler in der Regel kein Musiker ist, daß er zwar oft ein positives Verhältnis zu Lied und Singen hat und daher Liedforschung – zumal als Textforschung – in gewissem Umfang mit einzubeziehen vermag, während ihm dies bei instrumentaler Volksmusik nicht möglich ist. Vielleicht liegt die Vernachlässigung aber zum anderen auch daran, daß es in diesem Sektor noch schwieriger ist als im Bereich des Singens, das Forschungsfeld eindeutig zu bestimmen, d. h. »Volksmusik« vom Sektor instrumentaler »Kunstmusik« abzugrenzen und den Gegenstand der Volksmusikforschung klar zu definieren.

Am hilfreichsten für die Bestimmung des Gegenstandsbereiches erscheint hier der *operationale Ansatz*. Denn trotz aller Berührungen und Überschneidungen bleiben bezüglich Einstellung und musikbezogenem Verhalten die deutlichsten Differenzen zur Kunstmusik. Sie bestehen bei der Volksmusik zumal in jenem viel freieren, »herrenmäßigen« Verhältnis der (i. d. R. ja auch »auswendig«) Musizierenden gegenüber der über-

Lied- und Musikforschung

nommenen – der schriftlich oder personal tradierten – Vorlage, so daß die Variabilität hier unvergleichlich größer ist (Hildebrand 1988; Haid 1996). Aber auch die Prägung des Spiels durch den Augenblick – die situative und atmosphärische Bedingung (aktionaler, interaktionaler und funktionaler Ansatz) und die Individualität des Spiels – sind ungleich stärker als in jeder vergleichbaren Kunstmusik. Das gleiche gilt für die Spielpraxis und die Handhabung der Instrumente, z.T. auch für deren Bau, Stimmung und Formgebung. Schließlich ist ein gänzlich andersartiges Verhältnis zu Klang und Dynamik, Rhythmik und Metrik, Konsonanz, Dissonanz und Harmonik, zu Intonation und Präzision, zu Phrasierung, Artikulation und musikalischer Formbildung auszumachen, wobei die Wurzeln in völlig andersartigen ästhetischen Maximen liegen (Baumann 1976).

Forschungsaufgaben
Aus diesen Prämissen ergibt sich das Aufgabenfeld der Volksmusikforschung: die Erforschung jeglicher Musik, die – häufig von nicht professionell ausgebildeten »Laienmusikanten« – zu bestimmten außermusikalischen Funktionen im Leben sozialer Gruppierungen gespielt wurde und wird: oft im Rahmen von Brauchveranstaltungen und Festen. Dabei treten folgende *Funktionsbereiche* hervor: a) Instrumentalbegleitung zum Gruppenlied; b) Umzugsmusiken; c) Darbietungsmusik; d) Musik zum Tanz.

a) Musik zum Lied
Rahmen, Stütze und Begleitung des Singens ist die älteste und nach wie vor häufigste Funktion instrumentaler Volksmusik, wobei sich Stil und Besetzung auch heute in ständigem Wandel befinden. Nicht nur in Europa dürfte inzwischen die Gitarre das am häufigsten verwendete Begleitinstrument sein, wobei nationale Traditionen (z.B. Spanien und Lateinamerika), in Deutschland die Jugendbewegung, schließlich Jazz, Beat, Rockmusik und Folklorewelle als wichtigste Anreger zu nennen sind. Für die Liedbegleitung bei profanen und religiösen Umzügen (Prozessionen, St.-Martins-Züge) und Freiluftveranstaltungen (Volksfeste, religiöse Großveranstaltungen) sind fast weltweit die Blaskapellen (Suppan 1992) die wichtigsten Volksmusik-Partner, allmählich aber auch apparativ-verstärkt musizierende Folkloregruppen oder kirchliche Jugendensembles. Dementsprechend weit gefächert ist die musikalisch-stilistische Palette, wobei Epochenstile, Regional-, National- und Kontinentalstile (s. die starken Einflüsse aus Nord- und Südamerika) und Stilgattungen sich heute vielfältig mischende Einflußfaktoren sind.

b) Umzugsmusik
Weithin werden auch Umzüge vielfach von volkstümlicher Instrumentalmusik begleitet, ganz gleich, ob es sich um brauchgemäße Umzüge – vor allem zu Karneval, Kirmes und Schützenfest, aber auch z.B. am »Tag

der Arbeit« (1. Mai) –, um Prozessionen, Festzüge und Aufzüge zu Ehren bzw. zum Begräbnis eines Prominenten handelt. Dabei dominiert heute ebenfalls fast weltweit die Blaskapellenbesetzung (Alta Musica, 1974 ff.; Suppan 1992) mit ihren national und regional gebundenen Stil- und Besetzungsvarianten und einem regionalen, nationalen, z.t. auch internationalen Marschrepertoire, gemischt mit entsprechenden Arrangements von bekannten Liedern, Schlagern, Tanzmusik, aktuellen Hits, Filmmusik, Volksmusik oder »volkstümlicher Musik«, Jazz-, Rock- und Poptiteln sowie populären Klassikausschnitten.

c) Darbietungsmusik
Auch bei sonstigen Festmusiken, die primär als populare Darbietungsmusik, also in präsentativer Sekundärfunktion erklingen, spielt das erwähnte Marschrepertoire eine besondere Rolle: sei es bei »Ständchen« zu Ehrungen bzw. Geburtstagen, bei Platz- und Festkonzerten, bei Einweihungen, Jubiläen, Werbeveranstaltungen, oft aber auch einbezogen in Brauchveranstaltungen (Deutsch 1988).

In steigendem Umfang wirkt sich allerdings in Repertoire, Besetzung, Arrangement und Spielweise der Einfluß der Jazz- und Popmusik aus, so daß nicht nur die weitgehend professionellen »Volksmusik«-Kapellen, sondern selbst manche Blasmusik-, Tambour- und Fanfarenkorps bei Bedarf mit Tanz- oder Popbesetzungen und mit (ggf. durch Showelemente angereicherten) stilpluralistischen Arrangements aufwarten.

Andererseits treten aber ebenso Jazzbands – bevorzugt in »Oldtime«-Besetzungen –, Rockgruppen und vor allem »Folklore-Ensembles« mit ihrer unbekümmert »herrenmäßigen« Verarbeitung und Vermischung regionaler und historischer Volksmusik-Traditionen an die Stelle der traditionellen Blasmusikkapellen, wie natürlich auch jede Solo- bis Gruppenbesetzung üblicher Tanz-, Unterhaltungs- und Volksmusik oder aber klassischer Provenienz, wobei die ältere »Salonmusik« z.T. neue Beliebtheit gewonnen hat.

d) Musik zum Tanz
Eine historisch wie aktuell besonders bedeutsame Funktion instrumentaler Volksmusik ist das Aufspielen zum Tanz. Ob allerdings heute noch Tanzbegleitung »Hauptfunktion der instrumentalen Volksmusik« bildet (Braun 1985, 49; 1999, 52), ist fraglich. Denn die Begleitung zum Singen nimmt doch wohl einen sehr viel breiteren Raum ein; und: in starkem Maß machen mediale Einspielungen zumindest beim Gesellschaftstanz (Günter/Schäfer 1959) – zumal beim jeweils aktuellsten »Modetanz« (Horak 1977, 96) – den Musikanten Konkurrenz (s. Love-Parade u. ä.).

Allerdings ist in der Musikalischen Volkskunde umstritten, ob außer dem Volkstanz jener Gesellschaftstanz überhaupt zu ihrem Gegenstandsbereich gehört. Ohne die Diskussion wieder aufnehmen zu wollen, sei hier als Konsequenz des einführend bereits Dargestellten postuliert: Zum Forschungsfeld der Musikalischen Volkskunde gehört zumindest der Gesamtbereich des einst und jetzt von – ggf. »instruierten« oder sogar ausgebildeten – Frauen, Männern und Kindern primärfunktional ausgeübten Tanzes und die zu diesem Tanz gespielte Musik mit ihren sozialen und funktionalen Implikationen.

Dieser Tanz begegnet heute in drei Formen: als elementares Tanzen; als »Volkstanz«; und als Gesellschaftstanz. Beim *elementaren Tanzen* ist die Musik »in erster Linie Stimulans, nicht Taktgeber und Formvorschrift«, und durch sie sollen die Tänzer »nicht reglementiert, sondern angeregt und aufgeregt« werden (Hoerburger 1961, 26). Charakterisiert ist dieser Tanz durch freie, spontan improvisierte Bewegungen meist einzeln Tanzender, die sich bis zur Trance oder Ekstase steigern können – ein Tanztypus, wie er heute bei den Jugendlichen zumal in Diskotheken absolut dominiert.

Beim *»Volkstanz«* dagegen werden tradierte, erlernte Bewegungen, Schritte und Tanzfiguren zu einer vorwiegend koordinierenden, regulierenden, den Ablauf markierenden, meist tradierten oder dieser nachempfundenen Musik ausgeführt. Die musikalische Basis ist oft aber auch eine aus traditioneller Volksmusik, Popmusik zwischen Jazz bis Rock (in »dezenter« Dosierung) und historischer bzw. klassischer Tanzmusik gemischte spezielle Gebrauchsmusik, die der heutigen »Folkloreszene« nahesteht und oft medial von Platte oder Band eingespielt wird.

Zu unterscheiden sind gemäß einer (hier ergänzten) Systematik Hoerburgers (1961, 26) vier Volkstanz-Kategorien: a) historisierend gepflegt (Krafeld 1985), zum Teil unter Einbeziehung tradierter fremdländischer oder historischer Tänze (»museale Richtung«); b) in »geselliger« Funktion, oft unter Einbeziehung neuer, aus Elementen tradierter Volkstänze entwickelter Figuren getanzt, vor allem aber als Folkloretanz Jugendlicher und Erwachsener sowie als Kindertanz (Segler 1982; 1986, 1990–1992) und Seniorentanz (Tutt 1977). Oft wird der Volkstanz in dieser Ausprägung über Lehrgänge freier Träger und Tanzverbände, über Schule (Schmolke/Langhans 1976; Noll 1985, 1987, 2000), Jugendpflege, Sportverein, Kindergarten, Musikschule oder Altenbetreuung pädagogisch oder personal vermittelt, und zwar zum Teil mit Hilfe von Tanzschrift, Tanzanleitung (Bröcker 1992, 207) und Tanzplatten, dabei spontan oder organisiert praktiziert; c) als Tanzdarbietung, meist in Tracht aufgeführt durch Volkstanz-, Heimat- oder Trachtenvereine, häufig dem Tourismus und Folklorismus verpflichtet (»theatralische Richtung«); d) als (inzwischen selten anzutreffende) ungebrochene Überlieferung traditioneller Tänze, von Erwachsenen wie Kindern in Primärfunktion ausgeführt (Oetke 1951–53; Goldschmidt 1967; Hildebrand 1988; Hoerburger 1986, 1991; Bröcker 1992).

Der *Gesellschaftstanz* wird primär von Tanzschulen vermittelt und bleibt daher in der Musikalischen Volkskunde meist unberücksichtigt, weil hier eben »Instruktion« üblich ist (Hoerburger 1961, 26). Dies ist aber aus mehreren Gründen inkonsequent. Denn Tanzinstruktion war auch im tradierten Volkstanz – nachweislich sogar schon seit dem späten

Mittelalter (Hansen 1934 b, 331) – ebenso üblich wie in der Vermittlung instrumentaler Volksmusik; obendrein dominiert im Gesellschaftstanz die Primärfunktion, und die Immanenz ist die geradezu prinzipielle Interaktionsform; Volkläufigkeit der Tänze und starke Variabilität aufgrund eigener Vereinfachungen und Ergänzungen, also ein »Zertanzen« ist üblich« (Horak 1987; Novák 1987; Bröcker 1992); die Musik zeigt gänzliche funktionale Einbindung und ist nur aktional, als »Augenblicksform«, von Belang; sie hat starke Interaktion zur Folge; »Verfasserschaft« hat i. d. R. keinerlei Bedeutung; das musikalische »Material« stammt weit häufiger aus dem Volks- bzw. Popularmusikbereich als aus der Kunstmusik oder wandert oft hinüber in die »Volksmusik« wie auch in die Kunstmusik; beim Tanzen kommt es vielfach zu starker spontaner musikalischer Reaktion (Mitsingen oder -trällern der Melodie); manche Melodien des Gesellschaftstanzes erhalten als »Evergreens« besondere Persistenz; Gesellschaftstanz ist in viele brauchtümliche Gelegenheiten eingebunden; und: so manche »Volkstänze« sind Reliktformen alter Gesellschaftstänze, und zahlreiche Gesellschaftstänze stellen Übernahmen regionaler »Volkstänze« dar (Günther/Schäfer 1959; Petermann 1982). So kann die Musikalische Volkskunde auch diesen Tanzsektor wohl kaum legitim aus ihrer Arbeit ausschließen (Otterbach 1980; Bröcker 1992).

* * *

Zukünftige Forschungsaufgaben

Zukünftige Forschungsaufgaben auf dem Feld der vokalen und instrumentalen Volksmusik sowie im Tanzbereich wären insbesondere: die auch heute noch ungemein vielfältige Gestalt und Funktion von »Volksmusik« und »Volkstanz« in der modernen Industriegesellschaft; ihre Herkunft, Stilzugehörigkeit bzw. Stileinflüsse; gedächtnismäßige Wiedergabe und freie Behandlung des Ausgangsmaterials (Schaller 1988; Haid/Sulz 1996); Arrangementpraxis, Spielweise und Besetzung der in solchen Funktionen erklingenden Musik; der Wandel von Traditionen und Formen; der Einfluß der »Medienkultur« auf die »Live«-Volksmusik; Veränderungen im Singstil und in präsentativer Singpraxis einschließlich Karaoke- und Playback-Praktiken; Einflüsse aktueller populärer Tanzpraktiken und -formen auf den Gesellschaftstanz und den »Volkstanz« sowie Auswirkungen tradierten »Volkstanzes« auf den modernen Bühnentanz; die Rolle von Kommerzialisierung und professionalisierung; Entwicklung, Repertoire, Instrumente, Träger, Rezipienten und Funktionsfelder der »Folk«-Musik (Frahm/Alber 1979; Steinbiß 1984; Noll 1985; Frey/Siniveer 1987; Probst-Effah 1992; Kirchenwitz 1993; Journal ITM 1996; Baaske 1996) und ihre Tendenz zum »stilistischen Internationalismus« (Noll 1980); Tradition und Akkulturation in der Musik der in Deutschland lebenden Ausländer (Baumann

1985; Hegewald 1992; Brandes u. a. 1992; Reimers 1996); und schießlich: das aktuelle *Instrumentarium* der gesamten »Volksmusik« – in ihrer angedeuteten Weite – und dessen sich inzwischen ebenfalls rasant entwickelnde Typenvielfalt. Nicht von ungefähr ist neben der Lied- und Balladenforschung die Erforschung der Volksmusikinstrumente eines der am intensivsten und effektivsten, dabei ebenfalls in eindrucksvoller internationaler Kooperation bearbeiteten und am klarsten geordneten Felder der Volksmusikforschung (Emsheimer 1966 ff. und 1969 ff.; Diagram Group 1981; Steinmetz 1983; Schepping 1985; Mascher 1986; Stockmann 1992; Bachmann-Geiser 1999).

Forschungsgegenstand darf aber auch auf dem Feld der Volksmusik nicht nur der Objektbereich sein, d. h. die Musik selbst, mit allen musikimmanenten Faktoren einerseits, das Instrumentarium in seinen verschiedensten Aspekten andererseits; vielmehr muß vor allem der Subjektbereich Berücksichtigung finden: die Aktion und Reaktion der Agierenden wie der Rezipienten; das »musikbezogene Verhalten«, die soziale und psychische Wirkung der Musik; der Ablauf der musikalischen Interaktions- und Kommunikationsprozesse; die Funktionalität der Musik; und d. h. nichts anderes, als: Primäres Ziel der gegenwärtigen Volksmusikforschung sollten nicht nur die musikalischen Objekte sein, sondern vor allem der musizierende Mensch (Suppan 1983, 50; 1984).

Literaturverzeichnis

Adler, Guido: Umfang, Methode und Ziel der Musikwissenschaft. In: Vierteljahresschrift für Musikwissenschaft 1 (1885) 5–20.
Alta Musica. Eine Publikation der Gesellschaft zur Erforschung und Förderung der Blasmusik. Hrsg.: W. Suppan und E. Brixel. 22 Bde. Tutzing 1974–2000.
Baaske, Andrea: Lieder aus der Hölle. Die musikalische Rezeption des Aleksander Kulisiewicz in der bundesdeutschen Folkbewegung. Diss. Freiburg 1996.
Bachmann-Geiser, Brigitte: Das Alphorn. Bern u. a. 1999.
Bäumker, Wilhelm: Das katholische deutsche Kirchenlied in seinen Singweisen. 4 Bde. Freiburg 1886–1911, Nachdr. Hildesheim 1962.
Baumann, Max Peter: Musikfolklore und Musikfolklorismus. Winterthur 1976.
Baumann, Max Peter: Musik der Türken in Deutschland. Kassel 1985.
Baumann, Max Peter: Methoden und Methodologie der Volksliedforschung. In: Jahrbuch für Volksliedforschung 35 (1990) 26–32.
Bauregger, Werner; Fecht, Josef und Sepp, Erich: Das Alphorn in Oberbayern. München 1998.
Bausinger, Hermann: Volkskunde. Von der Altertumsforschung zur Kulturanalyse. Neuaufl. Tübingen 1999.
Besseler, Heinrich: Grundfragen des musikalischen Hörens. In: Jahrbuch der Musikbibliothek Peters 32 (Leipzig 1925) 35–52.
Besseler, Heinrich: Grundfragen der Musikästhetik. In: Jahrbuch der Musikbibliothek Peters 33 (Leipzig 1926). 63–80.
Böhme, Franz Magnus: Volkstümliche Lieder der Deutschen im 18. und 19. Jahrhundert. Leipzig 1895. Neudr. Hildesheim 1970.

Bose, Fritz: Musikalische Völkerkunde. Freiburg 1953.

Brandes, Edda; Dunkel, Maria; Lee, Schu-Chi; Brandeis, Hans: Berliner Klangbilder traditioneller Musik. In: G. Noll und W. Schepping (Hrsg.): Musikalische Volkskultur in der Stadt der Gegenwart. Hannover 1992, 22 – 37.

Brandl, Rudolf (Hrsg.): Orbis musicarum, Bd. 35/36. Göttingen 2000, 30 ff.

Braun, Hartmut: Einführung in die musikalische Volkskunde. Darmstadt 1985; Neuausgabe: Volksmusik: Eine Einführung in die musikalische Volkskunde, Kassel 1999.

Brednich, Rolf Wilhelm: Die Liedpublizistik im Flugblatt des 15.–17. Jahrhunderts. 2 Bde. Baden-Baden 1974, 1975.

Brednich, Rolf Wilhelm: 75 Jahre deutschsprachige Volksliedforschung. Vom Text zum Kontext. In: Volksliedforschung heute (Beiträge zur Volkskunde, 6). Basel 1983, 7–18.

Bringemeier, Martha: Die soziologische Methode der deutschen Volkskunde. In: Wilhelm Peßler (Hrsg.): Handbuch der deutschen Volkskunde, Bd. 1. Potsdam o. J., 20 – 24.

Brockpähler, Renate: Feldforschung im Bereich des politischen Liedes. Musik bei Platzbesetzungen. In: Gisela Probst-Effah (Hrsg.): Feldforschung heute. Protokoll der Arbeitstagung der Kommission für Lied-, Musik- und Tanzforschung der DGV. Aichwald 1980, 93 – 106.

Bröcker, Marianne: Die Drehleier. Ihr Bau und ihre Geschichte. 2 Bde. Bonn-Bad Godesberg ²1977.

Bröcker, Marianne: Tanzforschung zwischen Tradition und Disco. In: G. Noll (Hrsg.): Musikalische Volkskunde – heute. Köln 1992, 203 – 217.

Bröcker, Marianne (Hrsg.): Tanz und Tanzmusik in Überlieferung und Gegenwart. Bamberg 1992.

Brouwer, Cornelis: Das Volkslied. Groningen 1930.

Bubmann, Peter: Sound zwischen Himmel und Erde. Populäre christliche Musik. Stuttgart 1990.

Danckert, Werner: Das europäische Volkslied. Berlin 1939.

Deutsch, Walter; Eibner, Franz; Haid, Gerlinde: Gattungen und Typen der österreichischen Volksmusik – eine Beispielsammlung (Volksmusik in Österreich). Wien 1984.

Deutsch, Walter; Schepping, Wilhelm (Hrsg.): Musik im Brauch der Gegenwart (Schriften zur Volksmusik, 12). Wien 1988.

Deutsche Volkslieder mit ihren Melodien. Hrsg.: Deutsches Volksliedarchiv Freiburg 1935 ff.

Diagram Group: Musikinstrumente der Welt. Eine Encyklopädie. Gütersloh 1981.

Eibner, Franz, in Zusammenarbeit mit Walter Deutsch, Gerlinde Haid und Helga Thiel: Der Begriff Volksmusik. In: Musikerziehung 29 (Wien 1975/76) 214 f.

Eibner, Franz: Grundsätzliches zur Typologie der österreichischen Volksmusik. In: Jahrbuch des Österreichischen Volksliedwerkes 29 (1980) 34 – 38.

Emsheimer, Ernst; Stockmann, Erich (Hrsg.): Studia instrumentorum musicae popularis. Stockholm 1969 ff.

Emsheimer, Ernst; Stockmann, Erich: Handbuch der europäischen Volksmusikinstrumente. Leipzig 1966 ff.; Zürich/Freiburg 1981.

Fellerer, Karl Gustav: Einführung in die Musikwissenschaft. o. O., ²1953.

Frahm, Eckart; Alber, Wolfgang: Volks-Musik – Die erinnerte Hoffnung. Beiträge zur gegenwärtigen Kulturpraxis. Tübingen 1979.

Frey, Jürgen; Siniveer, Karel: Eine Geschichte der Folkmusik. Reinbek 1987.

Fritz, Hermann: Untersuchungen über Volksmusik- und Volksliedbegriffe. In: Jahrbuch des Österreichischen Volksliedwerkes 42/43 (1994) 92 –144.

Gniza, Erwin: Volksmusik. in: Adolf Spamer (Hrsg.): Die deutsche Volkskunde, Bd. 1. Leipzig 1934, 309–328.
Goldschmidt, Änne: Handbuch des deutschen Volkstanzes. 2 Bde. Berlin 1967 und 1970.
Görres, Joseph: Altteutsche Volks- und Meisterlieder aus den Handschriften der Heidelberger Bibliothek. Frankfurt a. M. 1817. Neudr. Hildesheim 1967.
Gräter, Friedrich David: Über die teutschen Volkslieder und ihre Musik. In: Bragur 3 (1794). Abdruck bei Hermann Bausinger (Hrsg.): Friedrich Gräter. In: Württembergisch-Franken Jahrbuch 52 (1968) 201–226.
Grimm, Jacob: Über den altdeutschen Meistergesang. Göttingen 1811.
Günther, H.; Schäfer, H.: Vom Schwanentanz zur Rumba. Die Geschichte des Gesellschaftstanzes. Stuttgart 1959.
Habenicht, Gottfried: Leid im Lied. Südost- und ostdeutsche Lagerlieder und Lieder von Flucht, Vertreibung und Verschleppung. Freiburg 1996.
Haid, Gerlinde; Sulz, Josef (Hrsg.): Improvisation in der Volksmusik der Alpenländer. Innsbruck 1996.
Haid, Gerlinde; Sulz, Josef; Nußbaumer, Theodor: Der authentische Volksgesang in den Alpen (Salzburger Hochschulschriften, 1). Anif/Salzburg 2000.
Handbuch des Volksliedes. 2 Bde. Hrsg. von Rolf Wilhelm Brednich, Lutz Röhrich, Wolfgang Suppan. München 1973–75.
Hansen, Wilhelm: Wesen und Wandlungen des Volksliedes. in: Adolf Spamer (Hrsg.): Die deutsche Volkskunde, Bd. 1. Leipzig 1934a, 283–298.
Hansen, Wilhelm: Volkstanz und Spiel. Leipzig 1934b, 329–348.
Hegewald, Raimund: Ausländische Musik- und Tanzkultur im Kölner Raum. In: G. Noll und W. Schepping: Musikalische Volkskultur in der Stadt der Gegenwart. Hannover 1992, 74–83.
Heimann, Walter: Zur Theorie des musikalischen Folklorismus. Idee, Funktion und Dialektik. In: Zeitschrift für Volkskunde 73 (1977) 181–209.
Heimann, Walter: Musikalische Interaktion. Köln 1982.
Herder, Johann Gottfried: Stimmen der Völker in Liedern: Volkslieder. 2 Bde. hrsg. von Heinz Rölleke (Reclam, 1371). Stuttgart 1975.
Herder, Johann Gottfried: Sämtliche Werke, hrsg. von Bernhard Suphan. 33 Bde. Berlin 1877–1913.
Hildebrand, Maria; Schötz, Franz (Red.): Tanzmusik. Situation, Spieltechniken, Repertoire (Volksmusikforschung und Pflege in Bayern). München 1988
Hoerburger, Felix: Volkstanzkunde. Kassel I 1961, II 1964.
Hoerburger, Felix: Musica vulgaris. Lebensgesetze der instrumentalen Volksmusik (Erlanger Forschungen, Reihe A, 19). Erlangen 1966.
Hoerburger, Felix: Volksmusikforschung. Laaber 1986.
Hoerburger, Felix: Die Zwiefachen. Laaber 1991.
Hoffmann von Fallersleben, August Heinrich: Geschichte des deutschen Kirchenliedes bis auf Luthers Zeit. Hannover 1861, Nachdr. Hildesheim 1965.
Holzapfel, Otto (Hrsg.): Studien zur Volksliedforschung. Bern u. a. 1986 ff.
Horak, Karl: Volkstanz zwischen Tradition und Folklorismus. In: W. Brandsch (Hrsg.): Zur Praxis und Theorie gegenwärtiger Volksmusikpflege. Protokoll der Arbeitstagung, veranstaltet von der Kommission für Lied-, Musik- und Tanzforschung in der DGV 1976 in Murnau. Neuss 1977, 94–111.
Horak, Karl: Probleme der Volkstanzforschung. In: J. Dittmar (Hrsg.): Dokumentationsprobleme heutiger Volksmusikforschung (Studien zur Volksliedforschung 2). Bern u. a. 1987, 139–148.
Hornbostel, Ernst Moritz von: Die Probleme der vergleichenden Musikwissenschaft. In: Zeitschrift der Internationalen Musikgesellschaft 7 (1905/06) 85–97.

Jahrbuch für Liturgik und Hymnologie. Göttingen (früher Kassel), 1955 ff.
Jahrbuch für Volksliedforschung I. Berlin 1928 ff.
Journal of the International Institute for Traditional Music (I ITM) 38:3: Folk Music Revival in Europe. Berlin 1996.
Kater, Michael H.: Gewagtes Spiel. Jazz im Nationalsozialismus. Köln 1995
Kimminich, Eva: Erlebte Lieder. Eine Analyse handschriftlicher Liedaufzeichnungen des 19. Jahrhunderts (Scripta Oralia, 20). Tübingen 1990.
Kirchenwitz, Lutz: Folk, Chanson und Liedermacher in der DDR: Chronisten, Kritiker, Kaisergeburtstagssänger. Berlin 1993.
Klopffleisch, Richard: Lieder der HJ. Frankfurt a.M. 1995.
Klusen, Ernst: Musikalische Volkskunde? In: Ad marginem. Mitteilungen des Instituts für Musikalische Volkskunde... Neuß H. 11(1965 a) 1/2.
Klusen, Ernst: Das apokryphe Volkslied. In: Jahrbuch für Volksliedforschung 10 (1965 b) 85–102.
Klusen, Ernst: Das Gruppenlied als Gegenstand. In: Jahrbuch für Volksliedforschung 12 (1967) 21–41.
* Klusen, Ernst: Volkslied – Fund und Erfindung. Köln 1969.
Klusen, Ernst: Das Volkslied im niederrheinischen Dorf. Untersuchungen zum Lebensbereich des Volksliedes der Gemeinde Hinsbeck im Wandel einer Generation. Bad Godesberg 1970.
Klusen, Ernst: Bevorzugte Liedtypen Zehn- bis Vierzehnjähriger. Köln 1971.
Klusen, Ernst: Über orale Tradition. In: Festschrift für Matthias Zender, Bd. 2. Bonn 1972, 845–856.
Klusen, Ernst: Zur Situation des Singens in der Bundesrepublik Deutschland. 2 Bde. Köln 1974/75.
Klusen, Ernst: Erscheinungsformen und Lebensbereiche des Volksliedes heute. In: Handbuch, Bd. 2. 1975 a, 89–111.
Klusen, Ernst: Zwischen Symphonie und Hit: Folklore? In: H. Antholz und W. Gundlach (Hrsg.): Musikpädagogik heute. Düsseldorf 1975b, 79–91.
Klusen, Ernst: Elektronische Medien und musikalische Laienaktivität. Köln 1980.
Klusen, Ernst: Volkslied als Gegenstand sozialen Handelns. In: Anstöße 1985, 44–49.
Klusen, Ernst: Singen. Materialien zu einer Theorie. Regensburg 1989.
Kopiez, Reinhard; Brink, Guido: Fußball-Fangesänge. Eine FANomenologie (mit CD). Würzburg 1998.
Krafeld, Franz Josef: Wir tanzen nicht nach eurer Pfeife. Zur Sozialgeschichte von Volkstanz und Volkstanzpflege in Deutschland. Lilienthal/Bremen 1985.
Künzig, Johannes; Werner, Waltraut: Volksballaden und Erzähllieder: Ein Repertorium unserer Tonaufnahmen [im Institut für ostdeutsche Volkskunde Freiburg]. Freiburg 1975.
Künzig, Johannes; Werner, Waltraut; Habenicht, Gottfried: Legendenlieder. Ein Repertorium unserer Tonaufnahmen. Freiburg 1977.
Linder-Beroud, Waltraud: Von der Mündlichkeit zur Schriftlichkeit? Untersuchungen zur Interdependenz von Individualdichtung und Kollektivlied (Artes populares, 18). Frankfurt a.M. u. a. 1989.
Mascher, Ekkehard: Brauchgebundene Musikinstrumente in Niedersachsen. Hildesheim 1986.
Meier, Ernst: Schwäbische Volkslieder mit ausgewählten Melodien. Berlin 1855. Neudr. Kirchheim/Teck 1977.
Meier, John: Kunstlieder im Volksmunde. Halle a.S. 1906a.
Meier, John: Kunstlied und Volkslied in Deutschland. Halle a.S. 1906 b.
Meier, John: Vom Wesen des Volksliedes. In: Lied und Volk 5 (1936) 157–158.

Meier, John: Volksliedsammlung und Volksliedforschung in Deutschland. In: Deutsche Kultur im Leben des Volkes 15 (1940) 190–210.

Niedhart, Gottfried; Broderick, George (Hrsg.): Lieder in Politik und Alltag des Nationalsozialismus. Frankfurt a. M. u. a. 1999.

Noll, Günther: Zum Phänomen des stilistischen Internationalismus. In: ad marginem 46 (1980) 1–2.

Noll, Günther: Jugend und Folklore. Anmerkungen zu neuen Tendenzen. In: R. Klinkhammer (Hrsg.): Schnittpunkte Mensch und Musik. Regensburg 1985, 158–162.

Noll, Günther: Kind und Lied als aktuelles Forschungsproblem der Musikalischen Volkskunde. In: K. Köstlin (Hrsg.): Kinderkultur. Bremen 1987, 304–314.

Noll, Günther: Tanz im Musikunterricht? – Zur wechselhaften Geschichte eines musikpädagogischen Feldes. In: Musik und Bildung 5 (1988) 404–412 und 7/8 (1988) 590–596 und 607–609.

Noll, Günther: Über den Gegenstand der Musikalischen Volkskunde heute. In: G. Noll (Hrsg.): Musikalische Volkskunde – heute. Köln 1992, 11–34.

Noll, Günther (Hrsg.): Musikalische Volkskultur und die politische Macht. Essen 1994.

Noll, Günther; Stein, Helga (Hrsg.): Musikalische Volkskultur als soziale Chance. Essen 1996

Noll, Günther (Hrsg.) in Zusammenarbeit mit Marianne Bröcker, G. Noll, K. Rutha und W. Tiedt: Erlebniswelt Musik: Themenheft Singen – Tanzen – Spielen. Mainz 2000.

Novák, Petr: Zur Dokumentation der Veränderungen im volkstümlichen Tanzrepertoire. In: J. Dittmar (Hrsg.): Dokumentationsprobleme heutiger Volksmusikforschung (Studien zur Volksliedforschung. 2). Bern u. a. 1987, 101–112.

Oetke, Herbert: Deutsche Volkstänze. 3 Bde. Berlin 1951–53.

Otterbach, Friedrich: Die Geschichte der europäischen Tanzmusik. Einführung. Wilhelmshaven 1980.

Otto, Uli; König, Eginhard: »Ich hatt' einen Kameraden ...« Militär und Kriege in historisch-politischen Liedern in den Jahren 1749 bis 1914. Regensburg 1999.

Percy, Thomas: Reliques of Ancient English Poetry. London 1765.

Petermann, Kurt: Wechselbeziehungen zwischen Volks- und Gesellschaftstanz. Informationen über Tanz, 7 (Tanzhistorische Studien, II). Berlin 1982.

Pommer, Josef: Meine Definition des Begriffes »Volkslied«. In: Das deutsche Volkslied 14 (1912) 99–100.

Probst-Effah, Gisela: Anmerkungen zur Dialektrenaissance der 70er Jahre. In: G. Noll u. W. Schepping (Hrsg.): Musikalische Volkskultur in der Stadt der Gegenwart. Hannover 1992, 135–142.

Probst-Effah, Gisela: Musikalische Volkskunde und Folkbewegung. In: G. Noll (Hrsg.): Musikalische Volkskunde – heute. Köln 1992, 229–236.

Probst-Effah, Gisela: Lieder gegen »das Dunkel in den Köpfen«. Untersuchungen zur Folkbewegung in der Bundesrepublik Deutschland. Essen 1995.

Pulikowski, Julian von: Geschichte des Begriffes Volkslied im musikalischen Schrifttum. Heidelberg 1933.

Reimers, Astrid: »En Message us dem Milljöh« – Dialektliedpflege im heutigen Köln. In: G. Noll und W. Schepping (Hrsg.): Musikalische Volkskultur in der Stadt der Gegenwart. Hannover 1992, 157–170.

Reimers, Astrid: Laienmusizieren in Köln. Köln 1996.

Reinert-Schneider, Gabriele: Dialektrenaissance? Überlegungen und Analysen zu Funktionen der Substandardvarietäten in den Massenkommunikationsmitteln, untersucht am Beispiel des Kölner Raumes. Köln 1987.

Rittershaus, Winfried: Das Volkslied in der östlichen Eifel. Köln 1978.
Röhrich, Lutz: Volkstümliche Lieder zwischen Mündlichkeit und Schriftlichkeit. Fallbeispiele zur Interdependenz-Theorie. In: G. Noll (Hrsg.): Musikalische Volkskunde – heute. Köln 1992, 131–177.
Rölleke, Heinz (Hrsg.): Des Knaben Wunderhorn: Alte deutsche Lieder gesammelt von Achim von Arnim und Clemens Brentano. Studienausgabe in 9 Bdn., mit Lesarten und Erläuterungen. Stuttgart 1979.
Schaller, Anna Katharina: Singgewohnheiten und Liedvortrag bei den Schwaben in Südungarn. 2 Bde. Hamburg 1988.
Schepping, Wilhelm: Die »Purifizierung« des geistlichen Liedes im 19. Jahrhundert aus der Sicht der Musikalischen Volkskunde. In: Jahrbuch für Volksliedforschung 19 (1974) 21–52; 20 (1975) 9–36.
Schepping, Wilhelm: Das Lied als Corpus delicti in der NS-Zeit. In: G. Alf (Hrsg.): Beiträge zur Musikgeschichte der Stadt Düsseldorf (Beiträge zur rheinischen Musikgeschichte, 118). Köln 1977, 109–132.
Schepping, Wilhelm: Liedmonographie als »Liedbiographie«. In: ad marginem. Randbemerkungen zur Musikalischen Volkskunde 44 (1979) 1 f.
Schepping, Wilhelm: Zum Medieneinfluß auf das Singrepertoire und das vokale Reproduktionsverhalten von Schülern. In: Musikpädagogische Forschung I. Laaber 1980, 232–256.
Schepping, Wilhelm: Neue Felder der Singforschung. In: Volksliedforschung heute (Beiträge zur Volkskunde, 6). Basel 1983, 55–77.
Schepping, Wilhelm: Zeitgeschichte im Spiegel eines Liedes: Der Fall Lili Marleen - Versuch einer Summierung. In: G. Noll und M. Bröcker (Hrsg.): Musikalische Volkskunde – aktuell. Festschrift für Ernst Klusen zum 75. Geburtstag. Bonn 1984, 435–464.
Schepping, Wilhelm: Volksmusikforschung. In: Lehrbuch der Musikwissenschaft, hrsg. von E. Kreft, Düsseldorf 1985, 621–693.
Schepping, Wilhelm: Tradition und Innovation in aktueller Brauchmusik. In: E. Deutsch und W. Schepping (Hrsg.): Musik im Brauch der Gegenwart (Schriften zur Volksmusik, 12). Wien 1988, 213–227.
Schepping, Wilhelm: Zur Situation des Dialektliedes heute. Belege aus dem Niederrheinraum. In: Jahrbuch für Volksliedforschung 36 (1991) 29–47.
Schepping, Wilhelm: Singen – ein Grundbedürfnis des Menschen? In: Bayerischer Landesverein für Heimatpflege (Hrsg.): Singen in Bayern. Alte und neue Singformen »überlieferter Lieder«. München 1991, 9–21.
Schepping, Wilhelm: Probleme gegenwartsorientierter Forschung und Dokumentation in der Musikalischen Volkskunde. In: G. Noll (Hrsg.): Musikalische Volkskunde – heute. Köln 1992, 35–58.
Schepping, Wilhelm: Zwischen Popularität und »Opus-Musik«. Das Neue Geistliche Lied im rheinischen Raum. In: G. Noll (Hrsg.): Musikalische Volkskultur im Rheinland. Aktuelle Forschungsbeiträge. Kassel 1993, 11–51.
Schepping, Wilhelm: »Menschen seid wachsam«. Widerständisches Liedgut der Jugend in der NS-Zeit. München 1993.
Schepping, Wilhelm: Lieder gegen den Ungeist der Zeit. Funktionen des Liedes beim »Grauen Orden« und der Widerstandsgruppe »Weiße Rose«. In: G. Noll und H. Stein (Hrsg.): Musikalische Volkskultur als soziale Chance. Essen 1996, 188–218.
Schepping, Wilhelm: Kindliche Musikrezeption in der Medienumwelt. In: Kirchenmusik im Erzbistum Köln. Sonderheft »Mit Kindern singen«. Köln 2000, 58–71.
Schepping, Wilhelm: Interkulturelle Aspekte des neuen geistlichen Liedes. In: Probst-Effah, Gisela (Hrsg.): Musik kennt *keine* Grenzen. Essen 2001, 313–356.

Schmolke, Anneliese; Langhans, Herbert: Europäische Tänze in der Schule. Wolfenbüttel 1976.
Schriften zur Volksmusik. Veröffentlichungen des Instituts für Volksmusikforschung Wien 1–19. Wien 1970–2000.
Segler, Helmut; Kleindienst-Andrée, D. (IWF): Tänze der Kinder aus dem südlichen Niedersachsen. Film C 1468 IWF. Göttingen 1982.
Segler, Helmut: Tänze der Kinder in Europa – Metatypen. In: Zeitschrift für Kulturaustausch 1 (1986) 1–14.
Segler, Helmut: Tänze der Kinder in Europa. Mit einer Analyse des sozialen Kontextes von Günther Batel. 2 Bde. Celle 1990–92.
Sell, Manfred: Musikantenleben. Zur Volkskunde und Soziologie ländlich lebender Musikanten im ausgehenden 19. Jahrhundert. Ehestorf 1988.
Steinbiß, Florian: Deutsch-Folk: Auf der Suche nach der verlorenen Tradition. Die Wiederkehr des Volksliedes. Frankfurt a.M. 1984.
Steinitz, Wolfgang: Deutsche Volkslieder demokratischen Charakters aus fünf Jahrhunderten. 2 Bde. Berlin 1954–62.
Steinmetz, Horst; Griebel, Armin: Volksmusikinstrumente in Franken. München/Bad Windsheim 1983.
Stockmann, Doris: Volks- und Popularmusik in Europa (Neues Handbuch der Musikwissenschaft, 12). Laaber 1992.
Strobach, Hermann: Bauernklagen. Untersuchungen zum sozialkritischen deutschen Volkslied. Berlin 1964.
Strobach, Hermann: Deutsches Volkslied in Geschichte und Gegenwart. Berlin 1980.
Suppan Wolfgang: Artikel »Volksgesang, Volksmusik, Volkstanz«. Teil 1: »Definition« und »Volksgesang«. In: Die Musik in Geschichte und Gegenwart (MGG) 13 (1966) 1923–1932.
Suppan Wolfgang: Hymnologie und Volksliedforschung. In: Handbuch 2, 517–525.
* Suppan, Wolfgang: Volkslied. Seine Sammlung und Erforschung (Sammlung Metzler, M 52). 2. Aufl. Stuttgart 1978.
Suppan, Wolfgang: Von der Volksmusikforschung zur ethnologischen und anthropologischen Musikforschung. In: Volksliedforschung heute (Beiträge zur Volkskunde, 6). Basel 1983, 37–54.
Suppan, Wolfgang: Der musizierende Mensch. Eine Anthropologie der Musik. Mainz u. a. 1984.
Suppan, Wolfgang: Vorwort. In: W. Brenner (Hrsg. i. A. des Landesmusikrats Baden-Württemberg): Beiträge zur Erforschung und Pflege der Volksmusik in Baden-Württemberg. Karlsruhe 1990, 5–8.
Suppan, Wolfgang (Hrsg.): Das Neue Lexikon des Blasmusikwesens. Freiburg-Tiengen 1992.
Tutt, Anne: Seniorentanz. Köln 1977.
Uhland, Ludwig: Alte hoch- und niederdeutsche Volkslieder. 2 Bde. Stuttgart 1844/45. Abhandlung und Anmerkungen zu den Volksliedern. Ebd. 1866–69.
* Weber-Kellermann, Ingeborg; Bimmer, Andreas C.: Einführung in die Volkskunde/Europäische Ethnologie (Sammlung Metzler, M 79). Stuttgart 1985.
Wiora, Walter: Das echte Volkslied. Heidelberg 1950.
Wiora, Walter: Der Untergang des Volkslieds und sein zweites Dasein. In: Ders. (Hrsg.): Das Volkslied heute (Musikalische Zeitfragen, 7). Kassel/Basel 1959, 9–25.
Wiora, Walter: »Gattungen des Volksliedes« und »Gattungen der Musik«. In: P. Baumann, R. M. Brandl, K. Reinhard (Hrsg.): Neue ethnomusikologische Forschungen. Festschrift Felix Hoerburger. Laaber 1977, 37–44.

Wiora, Walter; Albrecht, W.: Artikel »Musikwissenschaft«. In: Die Musik in Geschichte und Gegenwart (MGG) 9 (1961) 1192–1215.

Zenetti, Lothar: Heisse (W)Eisen. Jazz, Spirituals, Beatsongs und Schlager in der Kirche. München 1966.

Eberhard Wolff

Volkskundliche Gesundheitsforschung, Medikalkultur- und »Volksmedizin«-Forschung

Wer sich gegenwärtig in der Volkskunde dem Themengebiet »Gesundheit und Krankheit« respektive »Medizin« nähert, steht zunächst einem in seiner Größe wie thematischen und methodischen Vielfalt ebenso faszinierenden wie auch erschreckend uneinheitlichen Forschungsfeld gegenüber, das sich zudem zu großen Teilen in Fragestellungen und Vorgehensweisen mit anderen Disziplinen überschneidet. So geht es in einem der neuesten Sammelbände des Feldes unter anderem um Segen und Beschwörungsformeln, »Fastenwunder«, Votive, alte Spitäler, jüdische Beschneidung, religiöse Laienbehandler, raumspezifisches Gesundheitsverhalten, Krankheit und Ekel, die Nachttische von Patientenbetten im Großklinikum und die Probleme von Organtransplantierten (Simon 2001). In den letzten Jahrzehnten hat die volkskundliche Gesundheitsforschung – ähnlich der Volkskunde generell, nur etwas später – einen erheblichen Wandlungsprozeß durchgemacht und den traditionellen volkskundlichen Kanon mit einer weiten, sozialwissenschaftlich orientierten Herangehensweise durchbrochen. Dieser Prozeß hat allerdings – leider und glücklicherweise – noch zu keiner Konsolidierung in einem neu orientierten Forschungsbereich geführt. Dies spiegelt sich auch in der bis heute offenen Benennungsfrage: Je nach Ansatz wird von »Volksmedizin«, »Medikalkultur« bzw. »medikaler Alltagskultur« oder »volkskundlicher Gesundheitsforschung« gesprochen (wobei »Gesundheit« hier als Oberbegriff für die Gesamtheit aus »Medizin«, »Krankheit« und »Gesundheit«, hier im engeren Sinne, zu verstehen ist).

Den Anfang dieses Beitrags bildet die Frage nach der Bedeutung und Verortung des Forschungsfeldes im Fach und im interdisziplinären Feld gesundheitsbezogener Geisteswissenschaft. Ihr folgt die Darstellung der Forschungsgegenstände und Frageperspektiven sowie theoretischen Debatten seit 1990 (ältere Forschungen sind über die Sekundärliteratur zum Thema einfach erschließbar). Danach werde ich einige Problempunkte der gegenwärtigen Forschung anreißen. Den Abschluß macht die Frage nach der Spezifik volkskundlicher Ansätze in diesem Bereich.

1. Bedeutung und Standort des Forschungsfeldes

Mag die Forschung der Volkskunde zu Fragen von Gesundheit, Krankheit und Medizin noch vor zwei Jahrzehnten von ihrer quantitativen Bedeutung bzw. thematischen Enge und geringen konzeptuellen Reflexion her als ein eher randständiges und unauffälliges Teilgebiet der Disziplin angesehen worden sein, so hat sich das Bild in der Zwischenzeit deutlich gewandelt. Eine kürzlich veröffentlichte Analyse der Titel von gemeldeten Abschlußarbeiten an volkskundlichen Instituten in den 1990er Jahren brachte das überraschende Ergebnis, daß neun Prozent von ihnen entweder *Fragen von Gesundheit, Krankheit und Medizin* behandeln oder zumindest in einem thematischen Zusammenhang mit ihnen stehen, wie es bei Forschungen zu Sexualität der Fall ist (Silberzahn-Jandt 1999). Greift man speziell die Dissertationen heraus, liegt der Anteil bei zwölf Prozent, und auch bei den volkskundlichen Habilitationen der letzten Jahre spielt »Medizin« respektive »Gesundheit« immer wieder eine mehr oder weniger zentrale Rolle. Selbst wenn mit strengeren Maßstäben nur die Hälfte dieser Arbeiten zum fraglichen Forschungsfeld zu rechnen wären, müßte es immer noch zu den namhaften Subdisziplinen der thematisch so breit gefächerten Volkskunde zählen. Dies dürfte nicht zuletzt an der Faszination des Themenbereichs liegen, die er mit seiner gleichzeitigen Lebens- und Alltagsnähe meist in Verbindung mit persönlicher Erfahrung, Emotionsgeladenheit und teilweiser Binnenexotik ausstrahlt.

Volkskundliche Gesundheitsforschung ist, ähnlich etwa wie die volkskundliche Wohnforschung, ein letztlich undefinierbares Arbeitsfeld. Dies gilt zumindest im Hinblick auf die thematische und disziplinenspezifische Abgrenzung sowie die Zuordnung von Forschenden zur volkskundlichen Disziplin. Im Gegenteil zählt zu ihren essentiellen Charaktermerkmalen, daß sie mit fließenden, manchmal nicht mehr wahrnehmbaren Grenzen in die gesamte geisteswissenschaftlich orientierte Forschung zu Gesundheit und Krankheit eingebettet ist. Aus dieser Forschungsrichtung, die heute häufiger unter dem Terminus der »*Medical Humanities*« zusammengefaßt wird, kann die volkskundliche Gesundheitsforschung inhaltlich nicht sinnvoll herausgetrennt werden. Eine klare Abgrenzung muß bereits gegenüber anderen volkskundlichen Forschungsfeldern mißlingen. In der volkskundlichen Nahrungsforschung etwa ist die Geschichte des Alkoholkonsums eng mit unterschiedlichen Bewertungen verbunden, wann Alkohol für die Gesundheit als förderlich oder schädlich anzusehen sei (Hirschfelder 2001). Ähnliches gilt für die Kleidungsforschung (Mentges / Köhle-Hezinger 1993). Viele Überschneidungen ergeben sich mit der Frauenforschung. Am engsten jedoch ist die Verflechtung mit dem großen und relativ disparaten Bereich der Körperforschung (z. B. Wedemeyer 1996), speziell beim Thema Hygiene und Reinlichkeitsvorstellungen (Löneke/Spieker 1996). Nichtsdestoweniger kann dieser Bereich aufgrund seiner thematischen Eigenständigkeit hier nicht eigens abgehandelt werden.

Genauso wenig läßt sich die Gesundheitsforschung in einen volkskundlichen und einen nicht volkskundlichen Bereich unterteilen. Ein plastisches Beispiel hierfür gibt ein neuerer Sammelband über die Kulturgeschichte der Geburt, verfaßt von Alltagshistorikern, Volkskundlern und Ethnologen (Schlumbohm 1998). Das dort untersuchte Wechselspiel zwischen akademischen Ärzten, staatlichen Institutionen, Hebammen, Schwangeren und restlicher Bevölkerung läßt sich nicht in einen volkskundlichen, einen medizinhistorischen und einen alltagshistorischen Teil auftrennen. Entsprechend können Personen, Institutionen und Aktivitäten in diesem Bereich nicht generell auf die volkskundliche Disziplin festgelegt werden. Im Gegenteil arbeiten Volkskundler/innen thematisch oder institutionell verankert in – und viel häufiger noch verbunden mit Fachgebieten wie der Medizingeschichte, der Pflegeforschung oder anderen Gesundheitswissenschaften zusammen. Sozial- bzw. Medizinhistoriker bearbeiten im Gegenzug Themen, die als typisch volkskundlich angesehen werden wie Patientenvorstellungen (z. B. Lachmund / Stollberg 1995). Die Grenzüberschreitungen können sogar so weit gehen, daß ein Medizinhistoriker einen wesentlichen Beitrag zur Konzeption volkskundlicher Forschung liefert (Stolberg 1998). Bisweilen spielt die Forschung, wenn man so will, »verkehrte Welt«, so z. B. beim Thema Onaniegeschichte. Während sich ein Volkskundler bei diesem Thema viel eher in einer ideengeschichtlichen Herangehensweise übte (Braun 1995), untersuchte ein Mediziner und Sozialhistoriker hierfür die volkskundlich überaus einschlägige Quelle der Patientenbriefe (Stolberg 1996). Bezeichnenderweise waren an den einschlägigen volkskundlichen Sammelbänden der letzten Jahre immer auch Vertreter anderer Disziplinen, Ethnologen, Historiker, Mediziner, Theologen oder Germanisten beteiligt (z. B. Simon 2001, Alsheimer 2000, Ambatielos 1997, Schweizerisches Archiv 1993).

Auch dasjenige Forum in der Volkskunde, das das Forschungsfeld repräsentiert, ist ein Spiegelbild seiner Struktur: das 1995 entstandene *»Netzwerk Gesundheit und Kultur in der volkskundlichen Forschung«* (seine Aktivitäten, vor allem die jährlichen Arbeitstreffen, sind regelmäßig dokumentiert u. a. in den DGV-Informationen, s. auch Alsheimer 2000). Um alle unpraktikablen Zugehörigkeitskriterien und unsinnigen Ausgrenzungen zu vermeiden, steht es allen Forschenden offen, die sich volkskundlichen Fragestellungen auch nur nahe fühlen, und für alle Themen, die auch nur entfernt mit Fragen von Gesundheit, Krankheit und Medizin zusammenhängen.

Angesichts der *Unmöglichkeit einer Abgrenzung* volkskundlicher Gesundheitsforschung steht der Versuch, einen Überblick zu geben, vor einem kaum lösbaren, aber für die Volkskunde nicht untypischen Dilemma: Weder soll (und kann) für diesen Band die gesamte geisteswissenschaftliche Forschung im Bereich »Gesundheit und Kultur« skizziert werden, noch ist es möglich, aus diesem Feld klar auszusondern, welche Arbeiten vom Inhalt her als volkskundlich bezeichnet werden können. Dieser Beitrag löst das Problem mit formalen Kriterien: Die im folgenden erwähnten Autoren bzw. ihre Arbeiten sind eingebunden in die Institutionen der Volkskunde in einem weiten Sinn, also in Form von Ausbildung oder Tätigkeit in einem ihrer Institute bzw. Aktivität oder Publikation in einem ihrer Organe, wobei keine Vollständigkeit erwartet werden kann.

2. Forschungsgegenstände

Die traditionelle »Volksmedizinforschung« befaßte sich zum größten Teil mit der sog. *»volksmäßigen Heilkunde«* und damit vor allem mit denjenigen Heilern, Krankheitsbenennungen und -vorstellungen, Schutz- und Heilmitteln, die in einem möglichst deutlichen Gegensatz zur akademischen bzw. universitären Medizin ihrer jeweiligen Zeit standen, also etwa mit »Bauerndoktoren«, tradierten Vorstellungen wie dem »Herzwurm« als Krankheitsursache sowie magischen Schutz- und Heilmitteln wie Amuletten und Votiven (Grabner 1994, zur Auseinandersetzung damit siehe Schenda 1973, Dornheim 1986, Stolberg 1998, Wolff 1998b). Heute sind diese Themen lediglich ein kleinerer Zweig der volkskundlichen Forschung zu Gesundheit und Krankheit. Die aktuellen Forschungsgegenstände decken Fragen von Gesundheit und Krankheit in einem denkbar weiten Sinn ab und sind, typisch für die Volkskunde, ebenso in der Geschichte wie in der Gegenwart oder in einem Übergangsbereich angesiedelt. Allerdings stellt sich die Forschungslandschaft recht disparat dar, und zudem wurden bisher erst wenige Themen aus dem breiten Spektrum untersucht.

Volkskundliche Gesundheitsforschung als Ganzes fragt im Idealfall nach allen Beteiligten von Medizin im weitesten Sinne. Es geht nicht allein um »volksmedizinische« Behandlung im privaten Kreis, allenfalls durch einen dörflichen Heilkundigen, sondern z. B. auch um die Bevölkerung als Patienten von Ärzten (Wolff 1998c). Untersuchungsobjekte sind nicht allein die klassische bäuerliche Unterschichtsklientel der traditionellen Volkskunde, sondern prinzipiell alle gesellschaftlichen Gruppen und Schichten. Volkskundliche Gesundheitsforschung kann nach allen Arten von Therapeuten oder Gesundheitsberufen der unterschiedlichsten Ausbildungs- und Professionalitätsstufen fragen. Dazu zählen nicht nur Laienheiler wie Magnetiseure, Spruchheiler, Gesundbeter (Chmielewski-Hagius 1996, Wiegelmann 1994, Habermann 1995, Schneider 1993), sondern z. B. auch Hebammen (Pulz 1994, Hampe 1998), Arzneilaboranten (Maier 1996), Krankengymnastinnen, Pflegepersonal (Dornheim 1997, Silberzahn-Jandt 2001), Heilpraktiker bis hin zum niedergelassenen oder Klinikarzt. Statt nur Einzelpersonen sind genauso gesundheitliche, private oder staatliche Institutionen des gesamten Medizinsystems von Interesse, seien es nun frühere Gebärhäuser oder heutige Krankenhäuser bis zum Großklinikum (Holmberg

2001), Krankenkassen oder Gesundheitsvereine. Es geht um verschiedenste Vermittlungsmedien medizinischen Wissens, vom alten handschriftlichen Hausbuch (Kopp 1998) über Kalender und populäre Ratgeberliteratur bis zu Illustrierten (Deichmann 1998), selbst um medizinisch-akademische Fachliteratur (Andersen 1991). Nicht nur Krankheiten, für die sich typischerweise »volksmedizinische« Belege finden lassen, zählen zu den Forschungsgegenständen, sondern grundsätzlich das gesamte Krankheitsspektrum und damit z.B. auch psychische Erkrankungen (Schwibbe 2001), Cholera (Löden/Scheer 1996), Krebs oder die Cystische Fibrose. Nicht nur die »volksmedizinischen« Konzepte und Praktiken etwa der Sympathie, sondern auch das ganze Spektrum wissenschaftlich nicht anerkannter Heilweisen (z.B. Schärli 1998) und ihre Bewegungen sind Forschungsthema und schließlich auch die wissenschaftlich-akademische Medizin selbst bis hin zu ihren Innovationen wie der Gendiagnostik (Beck 2001), Organtransplantationen (Hauser-Schäublin u.a. 2001) oder Impfungen (Wolff 1998a). Im gleichen Sinne sind nicht nur magische Vorstellungswelten von Interesse, sondern die Vorstellungen der Bevölkerung von Gesundheit und Krankheit sowie dem therapeutischen Angebot im weitesten Sinne (Haas 1996). Und prinzipiell zählt auch die Vorstellungswelt von Therapeuten, zum Beispiel Ärzten, zum Interessengebiet volkskundlicher Gesundheitsforschung (Wolff 2001b). Schließlich werden in diesem weiten Forschungsfeld gesundheitsrelevante Alltagsumstände und -praktiken wie die Menstruation (Zinn-Thomas 1997), das Stillen (Gajek 1999), die Onanie, die Abtreibung (De Blécourt 1990) oder der Schmerz (Specht 2000) und einschlägige Stationen im Lebenslauf wie Geburt und Tod (Kalitzkus 2001) untersucht. Nebenbei darf nicht übersehen werden, daß die Forschungsresultate zusätzlich zu den üblichen Publikationswegen häufiger auch einer breiteren Öffentlichkeit in Form von Ausstellungen präsentiert werden (Metz-Becker 1999, Ude-Koeller 2000, Zinn-Thomas/Stolle 1998, Wolff 2001a).

3. Fragerichtungen

Das Spektrum der Forschungsgegenstände beschreibt jedoch den Charakter solcher Arbeiten noch nicht ausreichend. Mindestens ebenso wichtig sind die Fragen, die anhand dieser Themen beantwortet werden sollen. Manche Arbeiten erschöpfen sich in einer Summe von Einzelbefunden, ohne daß sie ein über die Dokumentation hinausweisendes Erkenntnisinteresse zeigen, das die Untersuchung leiten und bündeln könnte. Nichtsdestoweniger gibt es Fragerichtungen, die die disparate Forschung in den letzten Jahren über die vielen Forschungsgegenstände hinweg besonders beschäftigt haben, und bisweilen tauchen gleich mehrere von ihnen in einer Arbeit auf.

Eine dieser Fragerichtungen geht von dem bekannten Umstand aus, daß sich Krankheiten, ihre Auswirkungen und ihre Bekämpfung nicht allein durch objektive medizinische Konzepte definieren lassen, sondern daß *Krankheitsvorstellungen* (z.B. was überhaupt eine Krankheit ist und was nicht) aus der Perspektive betroffener Individuen in der Regel subjektiv geprägt sind. Ebenso ist die Art und Weise, wie ein Kranker ein Leiden wahrnimmt und damit umgeht, in hohem Maß von individuellen Faktoren abhängig. Dies kann, muß aber nicht im Gegensatz zu objektiven Definitionen stehen. Wie weit wurde bzw. wird die Menstruation als krankhafter Zustand angesehen, wann wird jemand für wahnsinnig erachtet, wie gehen Betroffene mit Schmerz um, wie machen Menschen eine lebensbedrohliche Krebserkrankung für sich ertragbar, wie bewältigen Transplantierte den Umstand, in sich ein Organ eines anderen Menschen zu tragen, wie sollte in den Augen der Patienten eine Konsultation beim Therapeuten ablaufen oder der pharmazeutische Markt beschaffen sein? (z.B. Simon 1997a, Zinn-Thomas 1997, Schwibbe 2001, Holmberg 2001, Specht 2000, Wiebel-Fanderl 1997, 2001, Ude-Koeller 2000, Wolff 1996a). Jenseits rein individueller Vorstellungen sind damit in der Regel auch allgemeiner verbreitete Erklärungsmodelle und gesellschaftliche Umgangsweisen mit Krankheiten oder spezifisch verbreitete Körperbilder angesprochen.

Ein ganz bedeutender Teil der aktuellen volkskundlichen Gesundheitsforschung befaßt sich mit Fragestellungen aus dem Bereich, der von der traditionellen Volksmedizinforschung am systematischsten ausgeblendet worden ist: Berührungspunkte der Bevölkerung mit dem, was in grober Vereinfachung »*Schulmedizin*« genannt wird: die jeweils eher wissenschaftlich orientierten, akademischen, professionellen, staatlich anerkannten und institutionalisierten Teile des medizinischen Gesamtsystems der jeweiligen Epoche. Diese Forschungen beginnen bei der Feststellung von Unterschieden, was als Krankheit anzusehen ist und was nicht (am Beispiel des Zahnens vgl. Simon 1997a) oder was die Ursachen bestimmter Krankheiten seien (Schwibbe 1989, Wolff 1996b). Detaillierte Untersuchungen bringen, entgegen dem »volksmedizinischen« Dogma, in der Regel nicht nur Unterschiede, sondern auch eine ganze Reihe von synchronen Überschneidungen ans Tageslicht. Häufiger aber befassen sich Forschungen mit dem konkreten Aufeinandertreffen bestimmter Bevölkerungskreise mit der modernen oder sich modernisierenden akademisch-institutionalisierten Medizin. Hierbei kann es um die Popularisierung ihrer Wissensbestände gehen (zum Beispiel durch Aufklärungs- und Ratgeberliteratur). Der Schwerpunkt der Forschungen liegt dabei allerdings meist mehr auf den vermittelten Informationen (z.B. Fritz 1993) als auf dem Prozeß ihrer Vermittlung, und noch seltener steht die schwer zu beantwortende Frage ihrer Rezeption im Vordergrund.

Indes lag und liegt das Hauptinteresse dieses Forschungsbereichs in den Problemen, Spannungen und Konflikten, die aus dem *Aufeinandertreffen von professionellen Experten und Laien* resultieren, vor allem

Fragen des wechselseitigen Kulturwandels oder dessen Ausbleiben im Zuge medizinischer Modernisierungsprozesse. Im historischen Bereich sind dies etwa Spannungen zwischen den Rationalitätsansprüchen medizinischer Aufklärung und dem »Aberglauben« des Volkes. Auf dem Gebiet der Gegenwartsforschung geht es zum Beispiel um die Bedeutung von Sprache, als Ursache für Mißverständnisse zwischen Patienten und Vertretern der Heil- und Pflegeberufe (Dornheim 1990) oder als wichtigen Faktor im Umgang mit einem Thema wie der Abtreibung (De Blécourt 1990). Weiter gehören hierzu auch Themen wie Irritationen gewohnter Vorstellungen von Todeszeitpunkt (Stichwort: Hirntod) und körperlicher Identität, die durch die Einführungen von neuen medizinischen Techniken wie der Organtransplantationen ausgelöst wurden (Kalitzkus 2001, Wiebel-Fanderl 1997). Divergenzen zwischen den individuellen Interessen von Patienten und Ärzten bei ungleichen Machtverhältnissen bilden den Hintergrund von Untersuchungen über Gebärhäuser um 1800 (Metz-Becker 1997, 2001). Die heutige Attraktivität sogenannter »Alternativmedizin« bzw. nichtapprobierter Heiler wird unter dem Blickwinkel von Interessendivergenzen über den idealen Ablauf von Arztkonsultationen untersucht (Ude-Koeller 2000). Bislang interpretieren die meisten Arbeiten das Aufeinandertreffen akademischprofessioneller Mediziner mit Laien als Problem. Selten fragen sie allgemein, wie neue Diagnose- und Therapieformen in der Bevölkerung aufgenommen werden, wie sie die Alltagskultur verändert haben oder in sie eingebaut werden, so die Veränderung von Verwandtschaftsvorstellungen durch die Humangenetik (Beck 2001) oder Vorstellungen von Körpergrenzen des Eigenen und des Fremden durch die Immunologie im Zuge von Organtransplantationen (Obrecht 2001). Die Frage, welchen Einfluß die Alltagskultur auf Forschung und Praxis der akademischprofessionellen Medizin bzw. das gesamte Gesundheitssystem ausübt, erscheint mir durch die Volkskunde noch weitgehend ungestellt (als Ausnahme zum Beispiel Simon 1997b).

Seit den 1970er Jahren, als die volkskundliche Gesundheitsforschung in das Fahrwasser sozialwissenschaftlicher Forschung geriet, wurde sie kontinuierlich begleitet von fruchtbaren Überlegungen, wie dieses Forschungsfeld jenseits der »Volksmedizin« neu konzeptualisiert werden solle. Die Kette solcher zwischen Theorie und praktischer Anleitung angelegter Beiträge reicht bis in die Gegenwart (Simon 1996, Stolberg 1998, Roelcke 1998, Wolff 1998b, Dornheim 2000, die älteren Beiträge können über die Literatur leicht erschlossen werden). Diese Beiträge weisen zwei zentrale Charakteristika auf, die sich wie rote Fäden seit 30 Jahren verfolgen lassen. Das eine ist die Loslösung von der traditionellen Ausrichtung des Forschungsfeldes, zu der neben der thematischen Beschränkung eine mangelhafte soziale, historische oder gar geographische Verortung zählt, die zu einer Darstellung »der« Volksmedizin als vermeintlich wesenhafter Einheit führte. Diese Kritik an der alten Forschung stellte eine zentrale, auch harmonisierende Funktion als negativer Identifikationsfaktor dar. So sind die Beiträge – bis hin zum vorliegenden – gezeichnet von Versuchen, das Forschungsfeld einerseits thematisch neu (und in der Regel möglichst weit) zu bestimmen sowie andererseits die methodischen Schwachpunkte der alten Volksmedizinforschung zu umgehen. Die dafür geleistete Auseinandersetzung mit der Forschungsgeschichte scheint mir allerdings eine Lücke zu haben: Eine detaillierte Aufarbeitung der volkskundlichen Volksmedizinforschung in der Zeit des Nationalsozialismus steht noch aus.

Der zweite rote Faden ist die bis heute unentschiedene Frage, wie das erweiterte Forschungsfeld benannt werden solle (siehe den dementsprechend offenen Titel dieses Beitrags). Während einzelne Autoren wegen seines assoziativen Gehaltes für die grundsätzliche Beibehaltung des Begriffes »Volksmedizin« plädierten, votierten andere für den mittlerweile häufiger verwendeten und an die Terminologie der sozialwissenschaftlich orientierten Volkskunde angelehnten Begriff der »*medikalen (Alltags-)Kultur*« (hierzu am Ende des Beitrags mehr). Zur theoretisch-methodischen Fundierung und konkreten Füllung dieses Terminus liegen mittlerweile engagierte Arbeiten vor, etwa als gleichzeitiger Begriff eines analytischen Konstrukts wie konkreten Gegenstands (Roelcke 1998, Dornheim 2000). Ein weiterer Vorschlag ging dahin, mit dem Begriff »Volksmedizin« lediglich noch jenes enge Feld zu bezeichnen, das von traditioneller Volksmedizinforschung besetzt wurde, und ihn gleichzeitig wegen der unmöglichen Abgrenzung des Feldes als hermeneutischen Begriff zu verstehen: ein Phänomen wäre demnach mehr oder weniger nah an einer als idealtypisch gedachten »Volksmedizin« angesiedelt (Wolff 1998b). Zur Benennung aller Forschungen in diesem Feld wurde in letzter Zeit vermehrt wie auch hier der neutral verstandene Begriff der »volkskundlichen Gesundheitsforschung« verwendet.

Mit zunehmender Distanz von der alten »Volksmedizin«-Forschung traten in letzter Zeit jedoch vereinzelt interne Differenzen in den Vordergrund. Zielscheibe der Kritik bildeten Forschungen vor allem aus den 1980er Jahren, die ein zu dichotomisches Bild sich gegenüberstehender medikaler Kulturen (z. B. von Ärzten und Unterschichts-Patienten) gezeichnet hätten (Roelcke 1998, Wolff 1998b). Dieser Einwand wurde mit dem Hinweis auf nachweisbare Machtunterschiede und reale gesellschaftliche Polarisierungen zurückgewiesen (Dornheim 2000).

Schließlich bleibt noch ein Wort zu den *Quellen und Methoden* zu sagen. Diese unterscheiden sich von ihren Gattungen her nicht wesentlich von den sonst in der Volkskunde benutzten. In gegenwartsorientierten Arbeiten, die Vorstellungen und Umgangsweisen mit Krankheit und Gesundheit analysieren, dominieren mehr oder weniger standardisierte Befragungs-Techniken bis hin zu tiefenhermeneutischen Interviews. Das Auftreten von Gesundheitsfragen im öffentlichen Raum wird in der Regel anhand von populären Medien analysiert. Historische Arbeiten müssen sich notgedrungen am vorhandenen publizierten und in Archiven befindlichen Material orientieren (Stolberg 1998, 58 f.). Ein methodisches Problem stellt jedoch dar, daß der akademisch-professionelle Medizinbereich einerseits ein recht attraktives, weil überaus großes Informationsmaterial in Form von Veröffentlichungen bietet. Andererseits muß sich die volkskundlich orientierte Forschung aber immer die quellenkritische Frage stellen, ob die darin behandelten Themen auch wirklich auf ihre volkskundlichen Fragestellungen Antworten geben können und wenn ja, wie weit diese Themen durch einen ärztlich-medizinischen Blick geprägt sind, z. B. auf das Patientenverhalten, sofern dieses untersucht werden soll.

4. Forschungsprobleme

Selbst wenn sich die volkskundliche Gesundheitsforschung heute sehr dynamisch und mit einem breiten Themenspektrum präsentiert, muß dies nicht heißen, daß die darin entstehenden Arbeiten in jeder Hinsicht befriedigen – auch darin stellt das Forschungsfeld keine Ausnahme innerhalb der Volkskunde dar. Nicht zuletzt da es seine kollektive Identität mehrheitlich aus der Absetzung von älteren Arbeiten bezieht, sollte es sich selbst immer wieder selbstkritisch in Frage stellen.

Volkskundliche Forschungen im Bereich »*Gesundheit und Kultur*« haben natürlich mit ähnlichen, teils erheblichen theoretischen und methodischen Fallen zu kämpfen wie solche aus anderen Bereichen dieses Faches und auch benachbarter Disziplinen (vgl. Paul/Schlich 1998). Auch steht die Volkskunde, wenn sie sich mit der akademischen Medizin einer Epoche befaßt, in der Gefahr, deren Komplexität nicht gerecht zu werden. Daneben existieren Probleme, die für die volkskundliche Gesundheitsforschung und ihre Thematik recht spezifisch sind. Die Schwachpunkte der alten »Volksmedizin«-Forschung sind heute zwar in der Regel überwunden, doch scheint mir ein Bewußtsein der drohenden Gefahren wichtig. Hier seien darüber hinaus drei weitere Problemfelder herausgegriffen, die sehr unterschiedlich erscheinen und einzeln auftreten können, im Ganzen gesehen aber einen mehr oder weniger geschlossenen Komplex bilden. Es sind dies erstens die Frage der verwendeten Begrifflichkeit, zweitens die Verwendung dichotomischer Modelle zur Beschreibung des jeweiligen Gesundheitssystems und drittens vorweggetroffene Wertentscheidungen darüber, welche der beschriebenen Phänomene als gut oder schlecht einzuschätzen sind.

In der Literatur der volkskundlichen Gesundheitsforschung werden immer wieder recht ungenaue Begriffe zur Beschreibung des Feldes verwendet. Der Terminus »Heilkundige« kann alle Therapeuten oder auch lediglich die nichtapprobierten bezeichnen. Am deutlichsten kommt das Problem zum Ausdruck, wenn von »der Medizin« die Rede ist, wobei oft nicht klar wird, ob hier das gesamte medizinische Geschehen sozusagen bis hin zum Gesundbeter oder – wie häufig – lediglich das gemeint ist, was gewöhnlich als »Schulmedizin« bezeichnet wird. Die Umgehung des Begriffes »Schulmedizin« in diesem Beitrag und sein Ersatz durch beinahe monströse Surrogate hat durchaus Methode, da es eine »Schulmedizin« als abgeschlossenes System (ebenso wie eine »Volksmedizin«) weder heute gibt noch gegeben hat, seitdem sich dieser Begriff im späteren 19. Jahrhundert ausbreitete. So impliziert dieser Terminus gemeinhin mehrere Dimensionen: a) eine diagnostische und therapeutische Praxis, die im akademisch-wissenschaftlichen Umfeld der Medizin anerkannt ist, b) eine Ausübung durch approbierte Ärzte, c) eine staatliche Anerkennung im Sinn von Lizenzierung oder Einbindung in Versorgungspläne, öffentliche Finanzierung oder Übertragung staatlicher Aufgaben in Eigenverantwortung. Weitere Dimensionen können hinzukommen. Nun sind diese Bereiche zum einen für sich gesehen teils unscharf begrenzt. Ärztliche Praxis basiert nur zum Teil auf streng wissenschaftlich abgestützter Erkenntnis und vielfach auch auf Erfahrung oder Intuition. Zudem suggeriert das Wort »Schule« eine statische Lehre, was dem steten Wandel der modernen akademischen Medizin keineswegs entspricht. Zum anderen und vor allem sind die Bereiche alles andere als deckungsgleich, wie die Popularität nicht wissenschaftlich anerkannter, sogenannter »alternativer« (spätestens hier tut sich das nächste terminologische Dilemma auf) diagnostischer und therapeutischer Methoden unter niedergelassenen Ärzten zeigt. Umgekehrt werden auch von Nichtärzten laufend Therapien angewendet, die wissenschaftlich als effizient nachgewiesen sind (Stichwort Aspirin). Heilpraktiker üben in Deutschland einen staatlich anerkannten Heilberuf aus, verwenden aber in der Regel Methoden, deren Wirkung wissenschaftlich nicht nachgewiesen ist. Pflegekräfte arbeiten in »schulmedizinischen« Kliniken, ohne approbierte Ärzte zu sein.

Sicherlich ist es angesichts solcher Umstände praktisch unmöglich, völlig angemessene und praktikable Begriffe zu verwenden, aber ein bewußter Umgang mit der Problematik kann die analytische Präzision der Forschung ungemein schärfen. Nun rührt die Verwendung solcher Begrifflichkeiten aber nicht nur aus mangelnder terminologischer Präzision oder einer unklaren Vorstellung von der Sache selber her. Sie dürfte immer wieder aus dem ideellen Hintergrund heraus geschehen, daß es das Phänomen einer abgeschlossenen »Schulmedizin« durchaus gebe, eines Blockes oder Komplexes einer ärztlichen Profession mit homogenen Interessen, die mit obrigkeitlicher Absegnung bestimmte medizinische Methoden betreibe bzw. durchsetze.

So gibt es in der neueren volkskundlichen Gesundheitsforschung eine Tendenz, man ist fast versucht, sie eine »Forschungstradition« zu nennen, die für die Geschichte wie die Gegenwart die Gegensätze zwischen »der Schulmedizin« und wahlweise der Patientenschaft bzw. der breiten, unterprivilegierten, armen oder weiblichen Bevölkerung in den Mittelpunkt stellt. Aufgebaute *Dichotomien zwischen Ärzten und Patienten*, häufiger männlichen Ärzten und Patientinnen, wissenschaftlicher

Medizin und medizinischen Laien, Elitenkultur und Volkskultur, Mächtigen bzw. Teilhabern an der Macht und Ohnmächtigen, Bürgertum und Unterschichten, dominanten und alternativen Methoden stehen dabei bisweilen im Vordergrund, bisweilen spielen sie eher zwischen den Zeilen mit (hierzu und zum folgenden neuerdings Roelcke 1998, Wolff 1998b, 247 ff., Dornheim 2000).

Nun wird niemand leugnen, daß es während der Herausbildung unserer heutigen professionellen und wissenschaftlich orientierten Medizin in den letzten ca. 200 Jahren wie auch in der Gegenwart eine Vielzahl von kulturellen Gräben, Spannungen, Kämpfen, Formen von Machtansammlung und Machtausübung auf Kosten der weniger Mächtigen gegeben hat. Der Streit zwischen einer professionell-wissenschaftlich orientierten Medizin und nichtapprobierten Therapeuten bzw. »alternativmedizinisch« orientierten Bewegungen sticht bereits aus den historischen Quellen deutlich genug hervor. Das Problem ist nur, daß ihre Verabsolutierung in einer »Zwei-Kulturen-These« (nicht in einem heuristischen Sinne als analytische Meßlatte, sondern als Aussage über konkrete Zustände) der medizinischen Entwicklung bis in die Gegenwart blind macht für die vielfältigen Formen von Gemeinsamkeiten und wechselseitigen Austauschprozesse beider Kulturen (wenn man sie denn als geschlossene Kulturen betrachten will): z. B. die völlig alltägliche Übernahme von Wissensbeständen und Denkweisen der akademisch-wissenschaftlichen Medizin durch die Bevölkerung bzw. die freiwillige Annahme ihrer Angebote. So fruchtbar und wichtig eine Untersuchung sozialer Konflikte in den Sozialwissenschaften ist, so sehr läuft diese Perspektive Gefahr, bedeutende Phänomene und Prozesse zu übersehen: um ein Beispiel außerhalb der Volkskunde böswillig zu interpretieren, sich letzten Endes zu wundern, warum der Einführung des Fieberthermometers in die Praxis von Ärzten seit dem späten 19. Jahrhundert nicht mehr Widerstand von seiten der Patienten entgegengebracht wurde (Stollberg 1997). Und ähnlich steht auch die neuere volkskundliche Forschung über den Kontakt von Patienten mit medizinischen Innovationen zumindest in der steten Gefahr, in eine Art Denkstarre zu verfallen, Akzeptanz vor allem als »von oben« hergestellt anzusehen und eigene, aktive, auch kreative Aneignungsprozesse neuen medizinischen Wissens – etwa in Form neuer Körperverständnisse – zu übersehen.

Insofern hat das Modell, das medizinische Geschehen als Marktplatz anzusehen, auf dem Heiler und Patienten bzw. Angebot und Nachfrage in wechselseitiger Abhängigkeit stehen, vieles für sich, da es, angemessen angewendet, alles andere als machtblind ist – ebenso wie auf keinem wirklichen Marktplatz ein freies Spiel gleich starker Kräfte herrscht. Auf diese Art könnte volkskundliche Gesundheitsforschung ihrem Ziel näher kommen, die Gesamtheit »des Neben-, Gegen-, Mit- und Nacheinanders unterschiedlicher medikaler (Sub-)Kulturen in einer Gesellschaft« zu untersuchen. (Stolberg 1998, 66)

Die Herangehensweise an das Thema »Gesundheit und Kultur« ausschließlich über *Konflikte* und die damit einhergehende Gefahr, den Forschungsgegenstand nur noch in Dichotomien einzuteilen, zeigt ein weiteres akutes Problem der Forschung auf: den Umgang mit Bewertungen, d. h. historische oder gegenwärtige Entwicklungen und Phänomene im medizinischen Geschehen als gut oder als schlecht einzuschätzen. Christina Niem und Michael Simon haben kürzlich kritisch angemerkt, einige aktuelle Arbeiten der volkskundlichen Gesundheitsforschung seien abgefaßt mit einer Attitüde des Unbehagens an der Kultur und einem Ansatz, der Patienten als Opfer medizinischer Entwicklungen darstellt und Mitgefühl mit ihnen anregt (Niem / Simon 2001, 129–132). Gerade dieses Forschungsfeld ist meines Erachtens in der Tat in nicht unbedeutenden Teilen in einer kulturpessimistischen Grundannahme befangen (unabhängig davon, ob dies offen ausgesprochen wird oder nicht) und hält damit ein volkskundliches Geburtsgebrechen im neuen Gewande am Leben. Dabei mag der Umstand mitspielen, daß die Motivation für solche Forschungen in negativen persönlichen Erfahrungen im medizinischen System oder in einer kritischen Einstellung gegenüber dem gegenwärtigen offiziellen Gesundheitssystem liegt. In der Regel richtet sich diese Kritik gegen »die Schulmedizin« bzw. Phänomene, die ihr zugeschrieben werden, insbesondere einen inadäquaten Umgang mit der Patientenschaft und ihren angenommenen Bedürfnissen. Dies führt zu Arbeiten, in denen die Parteinahme für die angenommenen Opfer »der Schulmedizin« bzw. des Prozesses ihrer Herausbildung im Vordergrund steht.

Nicht daß es in der Medizin keine Opfer gab oder gibt. Doch kann ein Ansatz, für den die Zuweisung von Täter- und Opferrollen leitendes Forschungsprinzip ist, letztlich zu einer Einengung der Perspektive führen, die den Gegenstand schließlich nur noch in Täter – Opfer-Dichotomien darstellen kann, um so mehr, wenn die Rollen bereits verteilt sind – eine forschungsstrategische Sackgasse, die aus der frühen Frauenforschung wohlbekannt ist. Im schlimmsten Falle kann dann die Empörung die Ausgangslage, der erkenntnisleitende Weg wie auch das hauptsächliche Ergebnis in einem sein.

Doch ist das Problem grundsätzlicherer wissenschaftstheoretischer Natur. Volkskundliche Gesundheitsforschung (und beileibe nicht nur sie) geht häufig von impliziten normativen Grundannahmen aus, etwa daß sich moderne Medizin bzw. »Schulmedizin« mit ihren Innovationen teilweise kulturzerstörend auswirke, daß sie Patienten entmündige und Patienteninteressen unterdrücke. Ist es deshalb notwendig, dem Kulturpessimismus einen medizinischen Fortschrittsoptimismus entgegenzustellen? Niem und Simon (2001, 131) empfahlen zur Lösung dieses Problems Forschungsansätze, die auch die tatsächlichen *Fortschritte der Medizin* deutlich machen. Versteht man diesen Vorschlag so, dem Negativen etwas Positives entgegenzusetzen, hieße dies zu fragen: Wo hat die moderne Medizin die Kultur positiv beeinflußt, wo ist sie in ihrem

Handeln durch die Laieninteressen eingeengt worden, wie hat die moderne Medizin gelernt, Respekt vor den Patienten zu entwickeln? Für all dies gibt es Beispiele. Aber methodisch gesehen hieße dies, den Teufel mit dem Beelzebub auszutreiben (ähnlich der Überzeugung, volkskundliche Forschung müsse als Korrektiv zu einseitiger medizinischer Forschung Patienteninteressen verteidigen (wie vertreten in Wolff 1998a). Wichtig sind statt dessen gerade Ansätze, die möglichst weder die einen noch die anderen normativen Prämissen haben, um für alle Antworten offen zu sein. In dieser Offenheit müßten die Fragen heißen: Welchen Einfluß haben medizinische Innovationen (jeder Richtung) auf die Entwicklung von Kultur, wie entwickelte sich z.B. das wechselseitige Verhältnis zwischen Therapeuten (auch nichtapprobierten) und Patienten, welche Vorstellungen bestanden in welchen medizinischen Institutionen von Patienten und unter Patienten von den Institutionen? Und wenn eine Bewertung dennoch unverzichtbar erscheinen sollte, dann nur unter ausdrücklicher Benennung des dieser Bewertung zugrunde liegenden Maßstabes und seiner Alternativen, zum Beispiel die teilweise konfligierenden Wertmodelle von Patientenmitsprache und professioneller Fachkompetenz.

Dies aber führt zur definitiven Fragen nach den *Zielen volkskundlicher Gesundheitsforschung*, die ganz eng mit ihrem Verhältnis zur Medizin selbst verknüpft ist. Der immer wieder in der Forschung durchscheinende Wunsch, auf die Medizin als Ganzes, zum Beispiel durch Anprangerung entdeckter Mißstände oder Werbung für therapeutische Alternativen, unmittelbar einzuwirken (und nicht indirekt durch Aufklärung von Zusammenhängen) ist nicht nur eine in der Volkskunde bekannte Selbstüberschätzung, er geschieht letzten Endes unter Aufgabe wissenschaftlicher Standards und mit der Gefahr, mehr Ideologie und Wunschdenken zu produzieren, als ohnehin schon besteht. Eine selbstgesetzte Aufgabe, der Medizin therapeutische Alternativen anzubieten, wie es die Ethnomedizinforschung (im Gegensatz zur eher sozialwissenschaftlich ausgerichteten Medizinethnologie) zum Teil versucht, würde die Volkskunde eines großen Teils ihrer eigenen Fachindentität und -aufgaben berauben.

Ein weiteres Problem ist dasjenige, wie sich volksmedizinische Forschung zur Frage der medizinischen Wirksamkeit verhalten soll. In verschiedenen Veröffentlichungen vor allem zur »Volksmedizin« und »Alternativmedizin« reicht sie von pauschalen Verurteilungen ihrer medizinischen Absonderlichkeit bis zu Versuchen, selbst Argumente für den Sinn und die Wirksamkeit von bestimmten Therapien zu finden. All dies dürfte auf einem ungeklärten Verständnis der Aufgaben und Möglichkeiten volkskundlicher Forschung beruhen, die lediglich darin bestehen, kulturelle Phänomene und nicht zum Beispiel physiologische oder pharmakologische Fragestellungen zu untersuchen.

5. Volkskundliche Gesundheitsforschung als Medikalkulturforschung

Die Frage nach den Zielen der volkskundlichen Gesundheitsforschung bedeutet auch die Frage nach ihrer *eigenen Identität*. Mit dem Befreiungsakt von der alten Volksmedizinforschung war nämlich zunächst ein Orientierungsverlust innerhalb des Forschungsfeldes als Ganzem verbunden – ein weiteres Problem, das es mit der Volkskunde allgemein gemeinsam hat. Die Suche nach einer *neuen Spezifik der Forschung* hat nichts mit starren Disziplinengrenzen und Forschungstabus oder andernorts gemachten Ausgrenzungen (z.B. Grabner 1994, 498 f.) zu tun, die in diesem genuin interdisziplinären Forschungsfeld ohnehin nur kontraproduktiv wären. Doch kann und sollte sich die volkskundliche Gesundheitsforschung kulturwissenschaftlicher Kompetenzen bewußt sein, die zu nutzen eine ebenso große Chance darstellt wie der Ausgriff in andere Disziplinen seine Tücken haben kann, da er eben auch deren Handwerkszeug erfordert (Dinges 1998).

So bietet es sich für die volkskundliche Gesundheitsforschung an, hauptsächlich in Bereichen zu arbeiten, in denen sie sich auf eine *besondere Kompetenz* berufen kann – weder im Sinne eines Monopols noch einer Unmöglichkeit, darüber hinauszugehen. Am wenigsten noch würde ich eine solche Verdichtungszone von Kompetenz allerdings in der Wahl der bearbeiteten Gegenstände suchen. Sicherlich sind »volksmedizinische« Themen im herkömmlichen Sinn sowie nicht wissenschaftlich anerkannte Heilmethoden, nichtärztliche Gesundheitsberufe oder die Patienten selbst Forschungsgegenstände, die von Volkskundlern häufiger als andere Themen untersucht werden, doch ist die Forschung mit der Entgrenzung der Untersuchungsgegenstände prinzipiell nicht mehr darauf beschränkt. Volkskundliche Gesundheitsforschung muß ebenso nicht mehr die Disziplin sein, die sich vordringlich mit unterprivilegierten Gesellschaftsschichten und »Opfern« des medizinischen Systems zu befassen hat, obwohl sie es durchaus kann und tut.

Das wichtigste Kriterium scheint mir dasjenige zu sein, das sich mit dem diffusen *Begriff der Kultur* greifen läßt. Hierin könnte die volkskundliche Gesundheitsforschung als Teil eines interdisziplinären Ganzen ihre Stärke beweisen. *Untersuchung von medikaler Kultur* in diesem Sinne beinhaltet dann die Frage nach Vorstellungen, Erwartungen, Umgangsweisen, Verhaltens- und Denkmustern und Deutungen, Logiken, Praktiken in bezug auf Gesundheit, Krankheit und Medizin im weitesten Sinne – nicht allein beim sogenannten »Volk« oder der Patientenschaft, sondern bei allen beteiligten Gruppen, denn auch Ärzte bzw. Ärztinnen oder die von der Medizin beanspruchten Wissenschaften können und sollen in ihrer kulturellen Geprägtheit untersucht werden.

Nehmen wir ein von der volkskundlichen Forschung m. W. bislang nicht bearbeitetes Beispiel, die *Grippe-Pandemie in Europa von 1918* mit ihren Auswirkungen auch auf Deutschland, und stellen, sicherlich grobschlächtig überzeichnet und jenseits aller Machbarkeitsfragen, zwei verschiedene Zugänge gegenüber. Eine klassisch sozialhistorisch orientierte Arbeit würde eher einen Gesamtüberblick vielleicht über ganz Deutschland machen. Sie würde in ihrem Kern fragen, wie die beteiligten Gruppen agiert haben. Mit welchen Maßnahmen antwortete der Staat auf die Epidemie? Was bedeutete die Pandemie für den zu Ende gehenden Krieg und die zusammenbrechenden militärischen Fronten? Wie äußerte sich die Ärzteschaft als Profession in ihren Standesblättern? Was konnte die medizinische Forschung als Therapie und Prävention anbieten? Wie war die Versorgungslage für die Erkrankten? Wie viele Menschen erkrankten, wie viele starben, welche Bevölkerungsgruppen waren besonders betroffen? Am Ende könnte ein Szenario dieser Katastrophe stehen.

Eine eher volkskundlich orientierte Studie zu diesem Thema könnte ich mir in vieler Hinsicht anders aufgebaut vorstellen. Sicherlich müßte sie auf die ganze Palette der sozialhistorischen bzw. medizinhistorischen Daten aufbauen, letztlich aber z. B. folgenden Fragen nachgehen können: Welche kulturellen Muster gab es im Umgang mit dieser medizinischer Bedrohung? Wie veränderte eine verheerende Pandemie die Vorstellungen der beteiligten Bevölkerungsgruppen von gesundheitlichem Risiko, Infektion, Sauberkeit oder körperlicher Widerstandsfähigkeit? Welche Bilder bestanden vor der Pandemie von der Krankheit, welche nachher? Mit welchen Metaphern wurde sie beschrieben? Wurde sie als Arme-Leute-Krankheit angesehen, als göttliche Heimsuchung, als zufälliges Schicksal oder als sozialdarwinistischer Test der Widerstandskraft angesehen? Alle diese Fragen könnten nicht allein an »das Volk«, sondern an alle beteiligten Gruppen gestellt werden, Ärzte, politische Entscheidungsträger, Pflegepersonal, Soldaten, etc. Gerade die Gegenüberstellung der jeweils »subjektiven« Perspektiven der beteiligten Gruppen bietet viele Vergleichsmöglichkeiten. Welche Bewältigungsstrategien verfolgten die einzelnen Gruppen und auf welche Ausformung medikaler Kultur lassen sie schließen, etwa: medizinischen Interventionismus, Fatalismus, Wissenschaftsüberzeugung, Wissenschaftsskepsis? All dies ließe sich vielleicht intensiver an lokalen Beispielen oder einzelnen untersuchten Kliniken oder Lazaretten analysieren. Kulturanalytische Fragestellungen wie diese oder ähnliche (hier sollte lediglich die grobe Richtung skizziert werden) hätten die Potentiale der volkskundlichen Disziplin besser genutzt als die immer wieder anzutreffenden Arbeiten der volkskundlichen Gesundheitsforschung, die rein sozialhistorisch oder allgemein sozialwissenschaftlich orientiert sind. Mit ihnen könnte eine im Moment disparate Forschungslandschaft etwas mehr zu sich selbst finden. Und für solche Arbeiten ist der Terminus »*Medikalkulturforschung*« dann auch überaus angemessen und mehr als ein modischer Neologismus, während »Volksmedizinforschung« für die im alten Geiste verfaßten Arbeiten stehen könnte. Zur Bezeichnung des gesamten Spektrums bietet sich der neutrale Begriff der »*volkskundlichen Gesundheitsforschung*« am ehesten an.

Literaturverzeichnis

Alsheimer, Rainer (Hrsg.): Körperlichkeit und Kultur. Dokumentation des dritten Arbeitstreffens des »Netzwerk Gesundheit [recte: Gesundheit und Kultur, E.W.] in der volkskundlichen Forschung« Würzburg, 22.–24. März 2000 (Volkskunde und Historische Anthropologie, 2). Bremen 2001, 212–235.

Ambatielos, Dimitrios (u. a. Hrsg.): Medizin im kulturellen Vergleich. Die Kulturen der Medizin. Münster etc. 1997.

Andersen, Lars-Ole: Placebo und Placeboeffekt: In: Rochemagazin Schweiz 51 (1991) 38–41.

Beck, Stefan: Reflexible Körper: Zur Erzeugung neuer Körperverständnisse durch humangenetisches Wissen. In: Rolf Wilhelm Brednich (u. a. Hrsg.): Natur und Kultur. Münster 2001, 31–46.

De Blécourt, Willem: Tabu und Kommunikation. Ansätze zu einer sprachlich orientierten Geschichte der Abtreibung. Ms. London 1990.

Braun, Karl: Die Krankheit Onania. Körperangst und die Anfänge moderner Sexualität im 18. Jahrhundert. Frankfurt a. M./New York 1995.

Chmielewski-Hagius, Anita: Was ich greif, das weich. Heilerwesen in Oberschwaben. Münster etc. 1996.

Deichmann, Inke: »An Dr. Sommer und Co. ...«. Illustrierte als medizinische Ratgeber. Münster etc. 1998.

Dinges, Martin: Rezension von: Löneke/Spieker: Reinliche Leiber. In: Bulletin for the History of Medicine 72 (1998) 335.

* Dornheim, Jutta: Zum Zusammenhang zwischen gegenwarts- und vergangenheitsbezogener Medikalkulturforschung. Argumente für einen erweiterten Volksmedizinbegriff. In: Barthel, Günther (Hrsg.): Heilen und Pflegen (Hessische Blätter für Volkskunde und Kulturforschung, NF 19). Marburg 1986, 25–41.

Dornheim, Jutta: Erkundigungen und Erkundungen. Interaktionsmuster in Gesprächen über Befinden. In: Bausinger, Hermann (Hrsg.): Redeweisen. Aspekte gesprochener Sprache. Festgabe für Arno Ruoff (Studien und Materialien, 5). Tübingen 1990, 311–347.

Dornheim, Jutta: Unterschiedliche Kulturbegriffe und ihre Bedeutung für Theorien der transkulturellen Pflege – Ein Beitrag zu den Grundlagen der Pflegewissenschaft. In: Charlotte Uzarewicz (u. a. Hrsg.): Transkulturelle Pflege (curare Sonderband, 10). Berlin 1997, 11–32.

Dornheim, Jutta: Medikale Kultur: Ein interdisziplinärer Zugang zum Verhältnis von Gesundsein, Kranksein und Pflege. Unveröffentlichte Habilitationsschrift, Bremen 2000.

Fritz, Kathrin: Gesundheit als Lebens-Aufgabe. Sozialisation und Disziplinierung der bürgerlichen Frau durch populärmedizinische Ratgeber des 19. Jahrhunderts. In: Schweizerisches Archiv für Volkskunde 89 (1993) 51–68.

Gajek, Esther: Von Mutterglück und Busenqualen. Erzählte Erinnerung an die Zeit des Stillens. In: Drascek, Daniel u. a.: Erzählen über Orte und Zeiten. Eine Festschrift für Helge Gerndt und Klaus Roth. Münster etc. 1999, 59–83.

Grabner, Elfriede: Volksmedizin: In: Brednich, Rolf W. (Hrsg.): Grundriß der Volkskunde, 2. Aufl. Berlin 1994, 493–518.

Haas, Walburga: Vom gesunden Leben auf dem Lande. Eine theoretische und empirische Arbeit zu Gesundheit und Krankheit in der Gegenwart. Frankfurt a.M. etc. 1996.

Habermann, Monika: »Man muß es halt glauben«. Magische Heilformen aus Klientenperspektive. Eine in der Bundesrepublik Deutschland durchgeführte, medizinethnologische Studie. Berlin 1995.

Hampe, Henrike: Zwischen Tradition und Instruktion: Hebammen im 18. und 19. Jahrhundert in der Universitätsstadt Göttingen (Beiträge zur Volkskunde in Niedersachsen, 14). Göttingen 1998.
Hauser-Schäublin, Brigitta; Kalitzkus, Vera; Petersen, Imme; Schröder, Iris: Der geteilte Leib. Die kulturelle Dimension von Organtransplantation und Reproduktionsmedizin in Deutschland. Frankfurt a. M./New York 2001.
Hirschfelder, Gunther: Essen und Kultur. Kulturgeschichte der Ernährung von der Steinzeit bis zur Gegenwart. Frankfurt a. M./New York 2001.
Holmberg, Christine: Patientenwelten im Großklinikum: Religion, Krankheit und Patienten. In: Simon 2001, 197–212.
Kalitzkus, Vera: Der Tod im neuen Gewand. Eine ethnologische Untersuchung in Deutschland. In: Alsheimer 2001, 29–44.
Kopp, Andreas: Das Pfuhler Hausbuch. Transkription und Kommentierung einer volksmedizinischen Handschrift aus dem Ulmer Raum (Ulmer Kulturanthropologische Schriften, 10). Ulm 1998.
Lachmund, Jens; Stollberg, Gunnar: Patientenwelten. Krankheit und Medizin vom späten 18. bis zum frühen 20. Jahrhundert im Spiegel von Autobiographien. Opladen 1995.
Löden, Sönke; Scheer, Uta: Als in Göttingen die Cholera nicht ausbrach. Zur Seuchengeschichte Südniedersachsens in der zweiten Hälfte des 19. Jahrhunderts. In: Löneke / Spieker 1996, 174–190.
Löneke, Regina; Spieker, Ira (Hrsg.): Reinliche Leiber – Schmutzige Geschäfte. Körperhygiene und Reinlichkeitsvorstellungen in zwei Jahrhunderten. Göttingen 1996.
Loux, Françoise: Folk Medicine. In: Bynum, William F.; Porter, Roy (Hrsg.): Companion Encyclopedia of the History of Medicine Bd. 1. London/New York 1993, 661–675.
Maier, Uta: Zwischen Apotheker und Scharlatan – Zum Laborantengewerbe im westlichen Erzgebirge. Dresden 1996.
Mentges, Gabriele; Christel Köhle-Hezinger: Der neuen Welt ein neuer Rock. Studien zu Kleidung, Körper und Mode an Beispielen aus Württemberg (Forschungen und Berichte zur Volkskunde in Baden-Württemberg, 9). Stuttgart 1993.
Metz-Becker, Marita: Der verwaltete Körper. Die Medikalisierung schwangerer Frauen in den Gebärhäusern des frühen 19. Jahrhunderts. Frankfurt a. M./New York 1997.
Metz-Becker, Marita: Hebammenkunst gestern und heute. Zur Kultur des Gebärens durch drei Jahrhunderte. Marburg 1999.
Metz-Becker, Marita: Patientenwelten und medikale Alltagskultur um 1800 am Beispiel der sectio caesarea. In: Alsheimer 2001, 45–55.
Niem, Christina; Simon, Michael: Nachwort und Resümee. In: Alsheimer 2001, 123–132.
Obrecht, Sibylle: Grenzgänge. Das »immunologische Selbst« und die ersten Herztransplantationen Ende der 1960er Jahre. In: Alsheimer 2001, 57–75.
Paul, Norbert; Schlich, Thomas (Hrsg.): Medizingeschichte: Aufgaben, Probleme, Perspektiven. Frankfurt a. M./New York 1998.
Piller, Gudrun: Krankheit schreiben. Krankheit und Sprache im Selbstzeugnis von Margarethe E. Milow-Hudtwalker (1748–1794). In: Historische Anthropologie 7 (1999) 212–235.
Pulz, Waltraud: »Nicht alles nach der gelahrten Sinn geschrieben« – das Hebammenanleitungsbuch von Justina Siegemund. München 1994.
Roelcke, Volker: Medikale Kultur: Möglichkeiten und Grenzen der Anwendung eines

kulturwissenschaftlichen Konzepts in der Medizingeschichte. In: Paul/Schlich 1998, 45–68.
Schärli, Jacqueline: Die Heile Welt der Blütentropfen: Funktion und Bedeutung der Bachblütentherapie als Beispiel einer alternativen Heilmethode. Eine Ethnographie (Zürcher Beiträge zur Alltagskultur, 7). Zürich 1998.
Schenda, Rudolf: Volksmedizin – was ist das heute? In: Zeitschrift für Volkskunde 69 (1973) 189–210.
Schlumbohm, Jürgen (u. a. Hrsg.): Rituale der Geburt. München 1998.
Schneider, Ingo: Volksmedizin zwischen Tradition und Moderne. Von SpruchheilerInnen und MagnetiseurInnen im Montafon. In: Schweizerisches Archiv für Volkskunde 89 (1993) 87–100.
Schweizerisches Archiv für Volkskunde 89 (1993), H. 1 (Themenheft Medizin).
Schwibbe, Gudrun: Laientheorien zum Krankheitsbild »Krebs«. Eine volksmedizinische Untersuchung. Göttingen 1989.
Schwibbe, Gudrun: Sicherung und Besserung. Zur Behandlung von »Wahnsinnigen« im Göttingen des beginnenden 19. Jahrhunderts. In: Alsheimer 2001, 77–104.
Silberzahn-Jandt, Gudrun: Gesundheit und Kultur – eine Bestandsaufnahme der Forschungssituation am Beispiel der Abschlußarbeiten. In: dgv-Informationen 108:3 (1999) 22–28.
Silberzahn-Jandt, Gudrun: Vom Ekel in Krankheits- und Heilungsprozessen. In: Simon 2001, 187-196.
Simon, Michael: »Volksmedizin« im frühen 20. Jahrhundert. Zum Quellenwert des Atlas der deutschen Volkskunde. Habilitationsschrift Münster 1996.
Simon, Michael: Veilchenwurzel und Zahnband. Zum Problem der 1. Dentition in der »Volksmedizin«. In: Ambatielos 1997a, 137–148.
Simon, Michael: Symbole helfen heilen. In: Brednich, Rolf Wilhelm; Heinz Schmitt (Hrsg.): Symbole: Zur Bedeutung der Zeichen in der Kultur. Münster etc. 1997b, 58–67.
Simon, Michael (Hrsg.): Auf der Suche nach Heil und Heilung. Religiöse Aspekte der medikalen Alltagskultur (Volkskunde in Sachsen, 10/11). Dresden 2001.
Specht, Susanne: Die Marterpein des Grueß und Stein – Steinleidende in Leichenpredigten. Ein Beitrag zur medikalen Kultur der Frühen Neuzeit. Magisterarbeit Marburg 2000.
Stolberg, Michael: »Mein äskulapisches Orakel!« Patientenbriefe als Quelle einer Kulturgeschichte der Krankheitserfahrung im 18. Jahrhundert. In: Österreichische Zeitschrift für Geschichtswissenschaften 7 (1996) 385–404.
* Stolberg, Michael: Probleme und Perspektiven einer Geschichte der »Volksmedizin«. In: Wiesemann, Claudia; Thomas Schnalke: Die Grenzen des Anderen. Medizingeschichte aus postmoderner Perspektive. Köln etc. 1998, 49–73.
Stollberg, Gunnar: Haben messende Verfahren die Lebenswelt der Patienten kolonisiert? Überlegungen anhand von Autobiographien. In: Volker Hess (Hrsg.): Die Normierung von Gesundheit. Messende Verfahren der Medizin als kulturelle Praktik (Abhandlungen zur Geschichte der Medizin und der Naturwissenschaften, 82). Husum 1997, S. 125–135.
Ude-Koeller, Susanne: »Als nichts mehr half…«. Motive zur Therapiewahl. In: Sieg, Sabine (Hrsg.): Blick-Wechsel: Horizonte des Heilens. Patientenwünsche und -wahrnehmungen (Begleitheft 4 zur Ausstellung »Horizonte des Heilens«). Celle 2000, 15–35.
Wedemeyer, Bernd: Starke Männer, starke Frauen: Eine Geschichte des Body-Building. München 1996
Wiebel-Fanderl, Oliva: Herztransplantation als erzählte Erfahrung. Ein Beitrag zum

Spannungsfeld von Krankheit und Heilung aus subjektiver Sicht. In: Ambatielos 1997, 149–166.

Wiebel-Fanderl, Oliva: Herztransplantation als erzählte Erfahrung. Der Mensch zwischen kultureller Tradition und medizinisch-technischem Fortschritt. Köln/Wien 2001.

Wiegelmann, Günter (Hrsg.): Volksmedizin in Nordwestdeutschland. Heilmagnetismus – »Besprechen« – Erfahrungsheilkunde. Münster 1994.

Wolff, Eberhard: »Eine gesunde Concurrenz sei für das Publicum stets von Vortheil«. Der homöopathische Arzneimittelmarkt zwischen Apotheken und Laienvereinen. In: Dinges, Martin (Hrsg.): Homöopathie. Patienten, Heilkundige, Institutionen. Von den Anfängen bis heute. Heidelberg 1996a, 102–131.

Wolff, Eberhard: »Volksmedizin« als historisches Konstrukt. Laienvorstellungen über die Ursachen der Pockenkrankheit im frühen 19. Jahrhundert und deren Verhältnis zu Erklärungsweisen in der akademischen Medizin. In: Österreichische Zeitschrift für Geschichtswissenschaften 7:3 (1996b) 405–430 (Themenheft »Kulturen der Krankheit«).

Wolff, Eberhard: Einschneidende Maßnahmen: Pockenschutzimpfung und traditionale Kultur im Württemberg des frühen 19. Jahrhunderts (Medizin, Gesellschaft und Geschichte, Beihefte 10). Stuttgart 1998a.

* Wolff, Eberhard: Volksmedizin – Abschied auf Raten. Vom definitorischen zum heuristischen Begriffsverständnis. In: Zeitschrift für Volkskunde 94 (1998b) 233–257.

Wolff, Eberhard: Perspektiven der Patientengeschichtsschreibung. In: Paul/Schlich 1998c, 311–334.

Wolff, Eberhard: Verehrt – Verflucht – Verwertet. Die Bedeutung von Tieren für die menschliche Gesundheit. Ausstellungsdokumentation Zürich 2001a.

Wolff, Eberhard: Beschneidung zwischen »religiöser Weihe« und »richtigen chirurgischen Prinzipien«. Jüdische Ärzte in der Reformdebatte 1830 bis 1850. In: Simon 2001b, 139–196.

Zinn-Thomas, Sabine: Menstruation und Monatshygiene. Zum Umgang mit einem körperlichen Vorgang. Münster etc. 1997.

Zinn-Thomas, Sabine; Stolle, Walter: Menstruation: Monatshygiene im Wandel von 1900 bis heute. Eine Ausstellung des Hessischen Landesmuseums Darmstadt Außenstelle Lorsch. Darmstadt 1998.

Dietz-Rüdiger Moser

Volksschauspielforschung

1. Begriffsbestimmung und -abgrenzung

Unter der Bezeichnung »Volksschauspiel« versteht man jene Arten eines von Laien für Laien in der Landessprache dargebotenen Rollenspieles, die inhaltlich oder von ihrer Verwendung her in den überlieferten Festkalender eingebunden sind. Diese Definition besagt, daß es sich beim »Volksschauspiel« um bräuchlich vollzogene Darstellungen handelt, nicht um »Volkstheater« oder um »Festspiele«, um Darbietungen fester Ensembles oder um mehr oder weniger improvisierte Aufführungen sogenannter Kleinkunstbühnen. Die Gattungsbezeichnung »Volksschauspiel« ist seit 1794 belegt, entstammt also jener frühen Phase der »Volksforschung«, in der genaue begriffliche Festlegungen noch fehlten. Sie meinte deshalb zunächst auch etwas anderes als heute, nämlich die kleinen Spektakel der Seiltänzer, Taschenspieler, Marionettenvorführer usw., d.h. Darbietungen des Schaustellergewerbes, die zwar noch immer einen Forschungsgegenstand des Faches abgeben, aber teils von der Volkskunst-, teils von der Gewerbeforschung oder von den Museen her erfaßt werden (vgl. Fahrendes Volk 1981). Die Bestimmung des Volksschauspieles als kalendermäßig und damit in gewisser Weise als liturgisch gebundenes Brauchspiel hat sich um die Mitte des 20. Jahrhunderts durchgesetzt (Kretzenbacher 1951; Schmidt 1962, 12) und kann heute als allgemein akzeptiert gelten.

Der Definition gemäß, daß es sich beim Brauch um »kollektive Handlungen mit Regelmäßigkeitscharakter« handelt, »die der sozialen Kontrolle unterliegen« (M. Scharfe), gehören zum Volksschauspiel ebenso das kontrollierte kollektive Handeln wie der Regelmäßigkeitscharakter, der sich aus der Einbindung der Spiele in den Rhythmus des Jahreslaufes ergibt. »Kollektiv« bedeutet in diesem Zusammenhang, daß das Volksschauspiel die für das Theater typische funktionale Trennung zwischen Akteuren und Zuschauern nicht kennt. Vielmehr beruht es auf dem gemeinsamen Vollzug des darzustellenden Geschehens, nicht auf einer Auseinandersetzung mit den jeweiligen Spielinhalten durch ein rezipierendes Publikum. Das Volksschauspiel stellt sich insofern neben die liturgischen Formen der Kultverrichtung, bei denen es »grundsätzlich nicht um bürgerliche oder bäuerliche Kunst, sondern um Religion« geht (Kretzenbacher 1951, 8). Hierin liegt ein wesentlicher Unterschied gegenüber dem »volkstümlichen« oder »Volkstheater« (= Theater für die große Menge, für Jedermann), das nicht nur mit der Partnerschaft von Darbietenden und Empfangenden rechnet, sondern sowohl in der Stückauswahl als auch in der Darstellungsweise auf das »spielende Publikum« (B. Brecht) Rücksicht nimmt. Das »Volkstheater« mit seinen zahlreichen Erscheinungsformen, bis hin zum »Bauerntheater«, bildet einen Forschungsgegenstand der Theaterwissenschaft und der Literaturwissenschaft und berührt die Volkskunde nur am Rande.

Die obige Begriffsbestimmung des Volksschauspiels erklärt jedenfalls, warum in den Gesamtdarstellungen des Gebietes immer auch die Formen des reinen Spielbrauches mitberücksichtigt werden, z. B. Umzüge und Heischevorgänge (Schmidt 1962). Die Frage, wann solche Bräuche die Schauspielstufe erreichen, wird unterschiedlich beantwortet. Während einige Autoren die Maskierung als bestimmenden Faktor betrachten, weil mit ihr die Übernahme einer Rolle verbunden ist, halten andere das Hinzutreten eines festen, wiederholbaren Textes für das entscheidende Kriterium. Die Grenzen bleiben jedoch fließend, so daß die Fage, ob ein bestimmter Gegenstandsbereich zum Volksschauspiel im engeren Sinn gerechnet werden muß oder nicht, jeweils neu zu diskutieren ist. Das in den letzten Jahren von der Germanistik her verstärkt erforschte Jesuitendrama beispielsweise scheidet trotz mancher Wechselwirkungen schon deshalb als Volksschauspiel aus, weil zu ihm in der Hauptsache lateinische Texte gehörten und obendrein die Aufführungstermine im Herbst vom Schuljahreswechsel, nicht aber vom Festkalender her bestimmt wurden (Valentin 1978, Wimmer 1983). Die an den Jesuitenkollegien der zweiten Hälfte des 18. Jahrhunderts üblichen allegorischen »Schlittaden« jedoch, die in der Fastnachts- oder Vorfastnachtszeit in Form öffentlicher Umzüge mit szenischen Darstellungen auf Schlitten abgehalten wurden, lassen sich durchaus als Volksschauspiel verstehen, da sie nicht nur funktional an den überlieferten Festkalender gebunden waren, sondern weil auch die programmatischen, gedruckten Texte in der Landessprache, die sie benutzten, ihren Verlauf bestimmten und insofern für ihre Gestaltung konstitutiv waren (D.-R. Moser 1988). Das Merkmal der Terminbindung an den Festkalender begründet im übrigen auch die in den Darstellungen übliche Mitbehandlung der mittelalterlichen volkssprachlichen Spiele, die nahezu ausnahmslos in den christlichen Kalender integriert waren. Da die Funktion über die Gattungszugehörigkeit entscheidet, können Spiele ohne primären Kalenderbezug durch Terminbindung zu Volksschauspielen werden, so wie umgekehrt die ursprüngliche Kalenderbindung selbst dann noch als Zuordnungskriterium in Betracht gezogen werden muß, wenn diese Bindung aus äußeren Gründen aufgegeben wurde, wie etwa im Fall des Oberammergauer Passionsspieles (und seiner Parallelen), das vom Thema her an die Liturgie der Karwoche gebunden bleibt, also als Volksschauspiel anzusehen ist, obwohl es erst nach dem Ende des Osterfestkreises, d. h. nach Ablauf der Pfingstoktav, aufgeführt zu werden pflegt. Soziologische Merkmale, wie die Aufführung eines Rollenspieles durch eine bestimmte Bevölkerungsgruppe oder -schicht, haben für die Begriffsbestimmung keine Bedeutung. »Volksschauspiel« erfaßt in der Regel Menschen aller Altersstufen, aller Schichten und insofern auch aller Bildungsgrade. Gewisse Unterschiede betreffen allenfalls die Mitwirkung von Frauen, die erst seit Anfang des 18. Jahrhunderts allgemein üblich wurde, da bis dahin das alte augustinische Gebot, daß die Frau in der Kirche zu schweigen habe *(mulier taceat in Ecclesia,* nach 1. Kor 14, 34), auch ihre Mitwirkung im kirchen- und liturgienahen Spielbrauch verhindert hatte.

2. Forschungsgeschichte

Die systematische Erforschung des Volksschauspieles begann vergleichsweise spät, da das beobachtbare Spielrepertoire der Idee einer letztlich geschichtslosen, weil aus kollektiven Ursprüngen herkommenden »Volkspoesie«, wie sie die Romantik mit ihrer Idealisierung der Volksüberlieferungen vertrat, nur schwer unterzuordnen war. Im Jahre 1815 veröffentlichte *Jacob Grimm* einen Sammelaufruf, der dementsprechend nur die Forderung nach Aufzeichnung der Puppenspiele »von altem Schrot und Korn« enthielt. Die Aufzeichnung und Analyse von Schauspielen größeren Formates, zumal der Spiele an den Kalenderfesten, ergab sich erst als Folge der Sammlung und Aufbereitung von Volksliedern, die seit dem Mittelalter einen festen Bestandteil der Volksschauspiele gebildet hatten. Den Zusammenhang zwischen Volkslied- und Volksschauspielforschung belegen Sammlungen wie die des Fohnsdorfer Kameralverwalters, d.h. Steuerbeamten und Statistikers, *Johann Felix Knaffl* aus der steiermärkischen Landesaufnahme unter Erzherzog Johann von Österreich vor 1813. Sie enthielt neben zahlreichen Volksliedern auch ein Weihnachts- und ein Paradeisspiel im galanten Stil, wurde aber erst spät gedruckt (Geramb 1928) und blieb deshalb zunächst ohne Nachfolge. Auf breiter Ebene setzte die Volksschauspielforschung erst um die Mitte des 19. Jahrhunderts ein, lange nach dem Beginn der wissenschaftlichen Beschäftigung mit traditionellen Märchen, Sagen, Liedern und Bräuchen. Der Anstoß ging im wesentlichen von der Germanistik aus, die seit *Franz Joseph Mone* (»Altdeutsche Schauspiele«, 1841) und *Johann Andreas Schmeller* (»Passionsspiele« der »Carmina Burana«, 1847) zwischen dem Drama des Mittelalters und den Volksschauspielen der eigenen Zeit Verbindungen entdeckte und sich dadurch angeregt sah, auf dem Weg über die Erforschung des Volksschauspieles einen weiteren Zugang zum Verständnis des mittelalterlichen Dramas zu erlangen. Maßgebend wurde hier vor allem die Sammlung der »Weihnacht-Spiele und Lieder aus Süddeutschland und Schlesien« des Germanisten *Karl Weinhold* (1853). Wenig später entdeckte der Preßburger Germanist *Karl Julius Schröer* in Oberufer altertümliche Volksschauspiele protestantischer Provenienz, über die er in einer Studie »Deutsche Weihnachtsspiele aus Ungarn« in den Sitzungsberichten der Wiener Akademie berichtete

(1857, Ausgabe 1862). Diese Veröffentlichung löste eine rege Sammeltätigkeit aus, deren Ergebnisse an den Spielen von Oberufer, insbesondere an dem dortigen Paradeis- bzw. Christi-Geburt-Spiel, gemessen wurde. Das war z. B. der Fall bei der Sammlung von *August Hartmann,* »Weihnachtslied und Weihnachtspiel in Oberbayern« (1875), dem wenig später ein Band »Volksschauspiele. In Bayern und Osterreich gesammelt« (1880), ebenfalls von August Hartmann, folgte. Dieser Band enthielt außer Spielen der Weihnachts- und Osterfestzeit auch Äußerungen »mimischen Volksbrauches«, Scherzspiele, Schwänke, geistliche und weltliche Historien, Heiligenstücke und Ritterschauspiele, und er teilte neben vollständigen und gekürzten Texten sowie den zugehörigen Liedern und Melodien auch Beiträge zur Spielgeschichte einzelner Orte mit, leistete also einen wesentlichen Beitrag zur Erforschung des Kontextes der Spiele. Andere wichtige Textsammlungen stammten von *Wilhelm Pailler* (»Weihnachtslieder und Krippenspiele aus Oberösterreich und Tirol«, 1881–1883), *Anton Schlossar* (»Deutsche Volksschauspiele in Steiermark gesammelt«, 1891), *Johann Josef Ammann* (»Das Passionsspiel des Böhmerwaldes«, 1892), *Joseph Eduard Wackernell* (»Altdeutsche Passionsspiele aus Tirol«, 1879), *Adalbert Jungbauer* (»Das Weihnachtspiel des Böhmerwaldes«, 1911), u. a.

Starke Anregungen zur Erforschung des Volksschauspieles gingen auch von den Großspielen aus, insbesondere vom Passionsspiel in Oberammergau (entstanden 1634), in dem man das neu entdeckte geistliche Schauspiel des Mittelalters noch in lebendiger Tradition antreffen zu können glaubte. Außerdem fühlte man sich durch das Massenspiel unter freiem Himmel und durch die chorischen Elemente dieses Spieles an das Volkstheater der Antike erinnert. Zugleich sah ein so erfolgreicher Schauspieler, Hoftheaterdirektor und Theaterhistoriker wie *Eduard Devrient* (1801–1877) »in diesem merkwürdigen Volksschauspiele, von dem man gar nicht genug reden und schreiben« könne, damit die Aufmerksamkeit recht allgemein darauf gerichtet werde, »zugleich den Keim eines *Zukunftstheaters* des deutschen Volkes«, das von vielen, über das ganze Reich verteilten Stätten aus »große Epochen der Geschichte des Gesamtvaterlandes wie der einzelnen Stämme, das Leben unserer Kriegs- und Glaubenshelden und die Wunderwelt unserer Sagen« Gestalt werden lassen und so »den religiösen Sinn und die nationale Begeisterung, wie die mittelalterlichen Mysterien, wie die griechischen Tragödien« wecken und befeuern sollte. »Wenn aber«, prophezeite Devrient dann, »doch einmal der Tag der Verheißung anbricht, wo die deutschen Stämme sich wieder als *ein* Volk fühlen und alle Kräfte frei und fröhlich regen werden […], dann wird man auch des Ammergauer Passionsspieles gedenken und alles dessen, was daran zu knüpfen ist« (zit. nach H. Moser 1938, 7). Diesen »Tag der Verheißung« sahen manche Autoren dann mit dem Oberammergauer Passionsspiel von 1934 gekommen, als man dessen Dreihundertjahrfeier mit großem Pomp beging. Es war diese Grundhaltung nationalistischen Überschwanges, die es mit sich brachte, daß allenthalben begeisterte junge Männer Feldforschungen zu unternehmen begannen, um zu verhindern, daß – wie *Herder* es einmal formuliert hatte – »die Reste aller lebendigen Volksdenkart mit beschleunigtem letzten Stürze in den Abgrund der Vergessenheit hinabrollten«.

Neben die Sammeltätigkeit trat schon bald die Untersuchung der Spieltexte, die wiederum in der Hauptsache von der Literaturwissenschaft und mit deren Methoden betrieben wurde. Die Filiation der Texte, ihre vermutete Abhängigkeit voneinander, ihr Aufhau, ihr Inhalt, ihre Geschichte und bald auch ihr Kontext, die Aufführungsbedingungen und Aufführungsformen, fanden das Interesse der Forschung. Maßstäbe setzten dabei die Arbeiten von *Johannes Bolte* über das Danziger Theater im 16. und 17. Jahrhundert (1895) und über drei märkische Weihnachtsspiele des 16. Jahrhunderts (1926), *Richard Maria Werner* mit einer Studie über den Laufener »Don Juan« (1891) und *Adalbert Jungbauer* mit seiner schon erwähnten Arbeit über das Weihnachtsspiel des Böhmerwaldes. Einzeluntersuchungen erschienen darüber hinaus in den seit der Jahrhundertwende aufkommenden volkskundlichen Zeitschriften. Später gingen Impulse zur vergleichenden Untersuchung der Volksschauspiele von *Leopold Schmidt* (»Formprobleme der deutschen Weihnachtsspiele, Emsdetten 1937), *Leopold Kretzenbacher* (»Lebendiges Volksschauspiel in Steiermark«, Wien 1951, »Frühbarockes Weihnachtsspiel in Kärnten und Steiermark«, Klagenfurt 1952, »Passionsbrauch und Christi-Leiden-Spiel in den Südostalpenländern«, Salzburg 1952) und *Anton Dörrer* aus (»Tiroler Umgangsspiele«, Innsbruck 1957, u. a.). *Hermann Bausinger* machte zudem mit einem Sammelband »Schwäbische Weihnachtsspiele« (Stuttgart 1959) auf Spielüberlieferungen in Württemberg und Baden aufmerksam.

Eine wesentliche Erweiterung des Blickfeldes hatte sich schon vor dem Ersten Weltkrieg durch Feldforschungen in den deutschsprachigen Siedlungsgebieten des Auslandes ergeben. Zwischen 1903 und 1914 trug *Josef Ernyey* vom Ungarischen Nationalmuseum in den damals oberungarischen Bergstädten (Kemnitz, Schemnitz, Bistritz, Pukkuntz, Libethen, Königsberg, Dilln und den zu ihnen gehörigen Dörfern) 36 Volksschauspiele, zumeist nach Spielhandschriften des 19. Jahrhunderts, zusammen, die dann 1932–1938 mit einem vorzüglichen Kommentar von *Geza Kurzweil* und *Leopold Schmidt* veröffentlicht wurden. Nahe dem westungarischen Grenzgebiet konnte wenig später *Karl Horak* im Burgenland zwölf Volksschauspiele aufzeichnen, darunter in Apetlon »Die Komödie vom letzten Gericht«, eine mündlich überlieferte Bearbeitung der »Tragoedia des Jüngsten Gerichtes« von Hans Sachs aus dem Jahre 1558. Die wichtigsten Sammlungen in den deutschsprachigen Außensiedlungen Galiziens, der Bukowina, der Batschka, des Banates, Syrmiens und Slawoniens, Böhmens, Mährens und der Slowakei stammen von *Alfred Karasek* und seinen Mitarbeitern (Josef Lanz, Karl Horak, u. a.). Sie wurden zwischen 1960 und 1984 in der »Schriftenreihe der Kommission für ostdeutsche Volkskunde« in Marburg, mit teilweise recht knappen Kommentaren versehen, veröffentlicht.

Erste zusammenfassende Darstellungen des Volksschauspieles erschienen in den dreißiger Jahren des 20. Jahrhunderts. Hatte der von *John Meier* betreute Sammelband »Deutsche Volkskunde« (1926) diesen Gegenstandsbereich noch gänzlich ausgespart, übernahm *Hans Moser* einen eigenen Artikel »Volksschauspiel« für Adolf Spamers »Deutsche Volkskunde« (Bd. I, 349–387) und veröffentlichte 1938 eine monographische Darstellung zum selben Thema in der Reihe »Das deutsche Volkstum«. 1936 folgte *Carl Niessen* mit einer Abhandlung »Das Volksschauspiel und Puppenspiel« in Wilhelm Peßlers »Handbuch der deutschen Volkskunde« (Bd. II, 429–481). Nach dem Zweiten Weltkrieg legte dann *Leopold Schmidt* unter dem Titel »Das deutsche Volksschauspiel« eine bis heute nicht ersetzte Dokumentation »zeitgenössischer Zeugnisse vom Humanismus bis zur Gegenwart« vor (Berlin 1954), der er 1962 sowohl eine zusammenfassende Darstellung »Volksschauspiel« für Wolfgang Stammlers Sammelwerk »Die Deutsche Philologie im Aufriß« (Bd. III, Sp. 2755–2779) als auch seine Monographie »Das deutsche Volksschauspiel« folgen ließ. Dieses Standardwerk, eine Art bibliographisches »Handbuch«, widmet sich vor allem den Spiellandschaften Deutschlands, Österreichs und der Schweiz, behandelt darüber hinaus aber auch die Hauptgattungen und die wichtigsten Stoffe und Motive des Volksschauspieles, eingeteilt nach den Jahreslauf- und nach den Erzählstoffen. Auf dieser Basis konnte Leopold Schmidt dann auch den Sammelband »Le Théâtre populaire européen« (1965) betreuen. Bibliographische Hinweise, vor allem für den Grenzbereich zwischen Volksschauspiel und Drama des Mittelalters, bot *Rolf Steinbach* (»Die deutschen Oster- und Passionsspiele des Mittelalters«, 1970, 225–313), während *Dietz-Rüdiger Moser* einen Überblick über das Volksschauspiel, ebenfalls mit bibliographischen Hinweisen, in der zweiten Auflage des »Reallexikons der Deutschen Literaturgeschichte« (Bd. 4, 1984, 772–786) veröffentliche. Weitere bibliographische Auskünfte geben die in regelmäßiger Folge erscheinenden volkskundlichen Bibliographien, einzelne Spezialbibliographien, einschlägige Forschungsberichte und Rezensionen (vgl. Moser 1984, 773 [Nachweise]).

Verschiedene Anregungen zur Erforschung des Volksschauspieles gingen von den Nachbarwissenschaften der Volkskunde (Europäischen Ethnologie) aus, nicht nur von der Literaturwissenschaft, sondern auch von der Kunst-, der Theater- und der Musikwissenschaft. Von Seiten der Kunstwissenschaft wurden etwa die Wechselbeziehungen zwischen szenischer und bildlicher Darstellung aufgegriffen, wenngleich ohne eindeutiges Ergebnis. Immerhin ist nicht auszuschließen, daß beispielsweise in die bildlichen Darstellungen des »volkreichen Kalvarienberges« Anregungen aus der Spielpraxis eingegangen sind (Roth 1958), so wie in die Spielpraxis charakteristische Bildtopoi, etwa des »Vesperbildes« oder der »Pietà«, in szenische Darstellungen Mariens mit dem toten Christus auf dem Schoß weiterwirkten, z. B. in Oberammergau. Oft ließen sich die Spielleiter durch prominente Bildvorlagen beeinflussen, so wenn man

– wiederum in Oberammergau – 1890 das Abendmahl genau dem Gemälde Leonardos da Vinci im Refektorium zu Santa Maria della Grazie in Mailand (im Stich von Raffaelo Morghen) nachbildete (D.-R. Moser 1987, 117, Abb. 15–16). In der Regel ergaben sich die Übereinstimmungen jedoch aus der Verwendung der gleichen (oft theologischen) Leitschriften, die deshalb bei der Analyse immer mit zu berücksichtigen sind. Von seiten der Musikwissenschaft wurde vor allem Grundlagenforschung betrieben. So veröffentliche *Ernst August Schuler* 1951 das gesamte über Mittel- und Westeuropa verstreute Material zur »Musik der Osterfeiern, Osterspiele und Passionen des Mittelalters«, nämlich 689 teils lateinische, teils volkssprachliche Gesänge, deren Verbreitung in den einzelnen Spielen bis in das 16. Jahrhundert Einblicke in deren verwickelte Traditionsbeziehungen ermöglichte. *Walther Lipphardt*, Verfasser einer Untersuchung über »Die Weisen der lateinischen Osterspiele des 12. und 13. Jahrhunderts« (1948) veröffentlichte seit 1975 in sieben Bänden die mehr als tausend Texte der lateinischen Osterfeiern und Osterspiele und vermittelte so einen Eindruck von dem breiten Fundament, auf das sich die jüngere Spielpraxis stützen konnte. Die Bemühungen der Nachbarwissenschaften erbrachten auch wesentliche Erkenntnisse über die Aufführungspraxis, die Trägerschaft und die Funktionen der Spiele. Unter dem Eindruck spekulativer Erörterungen ihres Alters und ihrer Herkunft gewann schließlich die archivalische Forschung an Boden, die an der völligen Historizität der Spielgattungen und Darstellungsformen keinen Zweifel ließ (vgl. H. Moser 1991). Als Konsequenz hieraus ergab sich zuletzt eine stärkere Berücksichtigung der Intentionalität der verschiedenen Arten des Volksschauspieles, seiner Rolle in übergeordneten Konzepten, z. B. der religiösen Unterweisung oder der staatspolitischen Erziehung, und seiner Bedeutung für die an ihm als Akteure oder Zuschauer beteiligten Rezipienten.

3. Forschungsziele und -probleme

Grundsätzlich geht es der Volksschauspielforschung um die Frage, welche Bedeutung die verschiedenen Arten des Rollenspieles für die Alltags- und Festgestaltung breiter Bevölkerungsschichten zu bestimmten Zeiten und an bestimmten Orten besessen haben oder besitzen und wie sich diese Bedeutung erklärt. Zur Beantwortung dieser Frage sind umfassende Bestandsaufnahmen nötig, die nicht nur die Spiele selbst, sondern auch deren gesamtes Umfeld betreffen. Dabei geht es in erster Linie um die Spieltexte, ihre Herkunft, Inhalte, Anlage, Struktur und Aussage, dann aber auch um die Spieler und alle am Spiel beteiligten Personen, d. h. die Initiatoren, Spielleiter, Darsteller und Darstellergruppen, Requisiteure, Helfer, Förderer und Interessenten, sowie schließlich auch um die Art und Weise des Spielens, wozu etwa die Herkunft und der Gebrauch der Masken, die Aufführungs- und Darstellungsformen, die

Gebärden und alles, was damit in Zusammenhang steht, gezählt werden können. Die Erforschung der Funktion der Spiele innerhalb einer Gruppe oder eines bestimmten Gebietes, eines konfessionellen oder politischen Verbandes usw. erfordert nicht nur die Feststellung der äußeren Tatbestände, z. B. der Orte und der Frequenz der Darbietungen, der Verwendung von Spielen im Rahmen von Erziehung und Unterweisung usf., sondern auch die Erfassung der subjektiven Einstellungen all derer, die am Spiel aktiv und passiv beteiligt sind, und der Wirkungen, die von ihm ausgehen. Welche Bedeutung man z. B. dem Luzerner Osterspiel beimaß und wie man es bewertete, belegen die entsprechenden publizierten Gesandtschaftsberichte nach Rom, die ebenso wie Tagebücher, Stammbücher, Jahresberichte oder die erst zum geringsten Teil ausgewerteten Diarien der Jesuitenkollegien von Augsburg, München, Eichstädt, Bamberg usw. als Quellen der Kontextforschung in Betracht gezogen werden müssen. Die Vielfalt der Aufgaben führt in der Praxis zu einer Auffächerung der Forschung, bei der – auch aus wissenschaftsgeschichtlichen Gründen – einige Fragestellungen deutlich zurücktreten. So ist in der Vergangenheit die philologisch-historische Untersuchung der Spieltexte sehr viel weiter vorangeschritten als die Erforschung des Spielermilieus, die auch die Einbeziehung sozialwissenschaftlicher Fragestellungen erfordert. Grundsätzlich zu erwarten und zu berücksichtigen ist die interdisziplinäre Erforschung des Volksschauspieles als eines transnationalen, in unterschiedlichsten Bereichen weiterwirkenden Phänomens.

Lebhafte Diskussionen löste vor allem das *Ursprungsproblem* aus, das in der Regel eher weltanschaulich als quellenmäßig zu klären versucht wurde. Im Mittelpunkt der Erörterungen stand dabei die Frage, ob es möglich sei, durch textimmanente Analysen der überlieferten Spiele oder auf dem Weg über die Betrachtung der ihnen eigenen Aufführungsarten zu gesicherten Aussagen über Vor- und Frühformen der jeweiligen Gattungen zu gelangen. Das Hauptaugenmerk wurde dabei auf die germanischen Grundlagen von Spielen gelegt, die erst für das Mittelalter oder die frühe Neuzeit belegt sind, weniger auf die antiken Wurzeln, die im Hinblick auf die weite Ausstrahlung der griechisch-römischen Kultur ebenfalls Beachtung verdient hätten. Den Ansatzpunkt dieser Überlegungen bildete die kirchliche Akkomodationstheorie, die besagt, daß im Zuge der Christianisierung die vorgefundenen autochthonen Brauchformen so weit wie möglich integriert worden wären. Der an sich plausible, im 19. Jahrhundert vor allem durch *Jacob Grimms* einflußreiche »Deutsche Mythologie« vertretene Gedanke, daß es bei dieser Sachlage möglich sein müsse, durch Schichtenanalyse und durch die Beseitigung der christlichen Überformungen die bodenständigen Grundlagen fassen oder zumindest erschließen zu können, scheiterte jedoch an der Überschätzung der Menge und Eigenart des Akkomodierten, an der Überbewertung der Traditionsdauer und an der methodischen Schwierigkeit, Vor- und Außerchristliches von Eigenchristlichem zu trennen. Wesentliche Argumente für das Postulat einer germanisch-romanischen Kontinuität, wie der von Otto Höfler 1934 und Robert Stumpfl 1936 postulierte Zusammenhang zwischen »dämonischen Männerbünden« der Germanen einerseits und den »Rotten« der Handwerksgesellen, die im Mittelalter an der Spielpraxis der Städte als Trägergruppen beteiligt waren, andererseits, ließen sich leicht durch den Hinweis auf innerkirchliche Traditionen entkräften, wie den Ausschluß der Frauen von der liturgischen Praxis, der bis in das kirchennahe Brauchspiel weiterwirkte. Dennoch hält die Debatte über eine germanisch-romanische Spielkontinuität bis heute an. Zuletzt hat *Rainer Warning* (»Funktion und Struktur. Die Ambivalenzen des geistlichen Spiels«, 1974) die These vertreten, daß erst das geistliche Spiel die Kontinuität des »Paganen« gesichert habe. Ihm wurde von *Friedrich Ohly* in einläßlicher Weise widersprochen (Romanische Forschungen 91, 1971, 111–142).

Auch die Hypothese etwa *Maximilian Rudwins* (1920), daß im Zuge der Städtebildung ländliche Bräuche, insbesondere Fruchtbarkeitskulte, urbanisiert worden wären und man deshalb aus einzelnen städtischen Brauchspielen durch Abbau der Überschichtung diese Grundformen ableiten könnte, ließ sich nicht schlüssig beweisen. Immerhin bildete auch diese Hypothese Tradition: Mit einem Fortleben »phallischer« und anderer heidnischer Kulte im mittelalterlichen Spiel rechnete noch eine Untersuchung von 1979 *(Herman Pleij,* Het gilde van de Blauwe Schuit). Genauere Erkenntnisse über die wahrscheinlich nicht sehr erhebliche Rolle, die den überlieferten Bräuchen bei der Neubegründung von Spieltraditionen zugefallen ist, dürfte von einer systematischen Erforschung der Innovationsanstöße und -ziele zu erwarten sein, die weithin noch geleistet werden muß. Innovationszentren bildeten im Mittelalter die Klöster und Klosterschulen, insbesondere der Benediktiner, in der Neuzeit die Städte, von denen das Spiel auf die ländlichen Gebiete ausstrahlte.

Unter den *Trägern des Volksschauspieles* finden in erster Linie die Spielleiter Interesse, die gewöhnlich nicht nur für den Ablauf der Aufführungen verantwortlich sind, sondern die auch durch bewußtes Festhalten an den überkommenen Texten und Darstellungsformen die Tradition sichern; nicht selten treten sie in Personalunion als Regisseur, Bühnenbildner, Requisiteur, Maskenbildner und Darsteller in Erscheinung, wie der Fall des Sterzinger Malers und Regisseurs Vivil Raber belegt, der zwischen 1510 und 1535 25 Spiele sammelte, abschrieb und zur Aufführung brachte (Bauer 1982). Daneben untersuchte die Volkskunde die Funktion der ausübenden Gemeinschaften (Bruderschaften, Gesellschaften, Zünfte, Kindergruppen, usw.). Auch einzelne Spielerschicksale werden beachtet, zumal wenn sich an den Lebenswegen der Mitglieder von Spielerfamilien oder -gruppen die handwerkliche Weitergabe der Darstellungskunst von einer Generation an die nächste beobachten läßt. Die sozialen Voraussetzungen des Wanderschauspielwesens, z. B. der Illmitzer Bergleute oder der Laufener Schiffer, stehen im Mittelpunkt von

Milieuuntersuchungen, die darüber hinaus auch der Analyse der kulturellen, ökonomischen und technischen Faktoren des Spielgeschehens dienen. Schließlich setzt sich die Volksschauspielforschung auch mit den Spielanlässen, Spielgelegenheiten, Spielorten und mit der Darstellungsweise auseinander. Sie berücksichtigt einerseits das Auftreten kleiner Spielertruppen vor und in den Häusern, z. B. bei den Sternsinger- und Dreikönigspielen, auf der Tenne oder in Tanzhäusern, andererseits die größeren Spiele auf eigens errichteten Bühnen, Prozessionswagen und -schlitten oder in Theaterhäusern (etwa in Flintsbach oder Endorf) und auch die Großspiele in den Kirchen und auf den großen Plätzen der Städte, wie sie z. B. für Luzern, Villingen, Donaueschingen, Frankfurt usw. belegt sind. An den Darbietungen selbst interessieren sie die Masken, Kostüme und Gebärden, die Requisiten und – soweit vorhanden – die Bühnenaufbauten, ferner die Dramaturgie und die Inszenierungsweise, etwa die Verwendung der Rezitation mit dem Versusschritt oder das Revuespiel mit Selbstvorstellung der Akteure, jedoch nur in ihren typischen Formen und soweit sie keinen Anspruch auf künstlerische Individualität erheben. Insofern werden auch stereotype Theatereffekte (Drachenkampf, Duell, Feuerzauber usw.) und Szenarien beachtet, selbst wenn sie nur als Zeitmoden und Übernahmen von großen Theaterinstituten im Volksschauspiel Verwendung finden, wie im Fall der zuerst auf den Jesuitenbühnen erprobten und dann in das Volksschauspiel übernommenen »lebenden Bilder« (Tableaux vivants) im 18. und 19. Jahrhundert oder der Ritter- und Räuber-Dramatik des 18. und frühen 19. Jahrhunderts (Goethes »Götz von Berlichingen« 1773, Kleists »Käthchen von Heilbronn« 1810, Uhlands »Ernst, Herzog von Schwaben« 1818), die in den Stücken des Josef Schmalz für Kiefersfelden und Thiersee, Buch und Brixlegg eine späte Nachblüte erlebten.

4. Quellen- und Forschungsmethoden

Ihrem Selbstverständnis entsprechend, bemüht sich die Volksschauspielforschung um die Erfassung aller Spieltexte, ferner um eine möglichst lückenlose Zusammenstellung aller Spieldaten und um die Aufbewahrung und museale Dokumentierung der in der Spielpraxis benutzten Masken, Kostüme und Requisiten. Eine zentrale Sammel- und Dokumentationsstelle für das Volksschauspiel fehlt, doch besitzen die größeren volkskundlichen Archive und Museen, z. B. in Berlin, Freiburg, Nürnberg, München, Wien, Salzburg und Basel, entsprechende Materialien, insbesondere Handschriften und Rollenbücher. Breiten Raum nimmt die Erfassung der Daten ein, die sich nicht nur auf die Feststellung von Aufführungsorten, Terminen, Teilnehmerzahlen, Initiatoren, Akteuren, Zuschauern usw. erstreckt, sondern auch auf die Sammlung von sekundären Bezeugungen in Reisebeschreibungen, Tagebüchern, obrigkeitlichen Erlassen und Eingaben. Diese Quellen bilden die Grundlage für die Kenntnis der älteren Spielpraxis, bis hin zur Aufklärung. Im 19. Jahrhundert mehren sich gedruckte Spielprogramme und Aufführungsberichte, und in der Gegenwart werden Volksschauspiele zunehmend auch in Ton- und Filmaufnahmen festgehalten (vgl. Brednich 1979). Wo eine Spieltradition bereits erloschen ist, wie in Apetlon, sucht man durch die Aufzeichnung von Erinnerungen der Überlieferungsträger ein ungefähres Bild der einstigen Spiele und ihrer Darstellungsweise zu erlangen. Entsprechende Aufnahmen besitzt das Phonogrammarchiv der Österreichischen Akademie der Wissenschaften in Wien. Ähnlich wie die angloamerikanische Oral-History-Forschung geschichtliche Tatbestände erforscht, hat man auch hier in einigen Fällen den Verlauf abgekommener Großspiele zu rekonstruieren versucht.

Gesamtausgaben von Volksschauspieltexten, so wünschenswert sie wären, liegen bisher nicht vor. Nur wenige Spielorte, wie z. B. Sterzing, haben eine Edition aller hier jeweils nachweisbaren Spiele erfahren. Bei der Herausgabe der Volksschauspieltexte wird wegen der besonderen Bewertung jeder einzelnen Darbietung auf eine genaue Wiedergabe der Vorlagen geachtet, so daß Rekonstruktionen und Emendationen gewöhnlich unterbleiben. Der Nachteil dieses Verfahrens besteht darin, daß die entsprechenden Texte oft eine Menge sinnentstellender Fehler enthalten, wie etwa der Vergleich des Apetloner Gerichtsspieles mit seiner Vorlage erweist. Zur originalgetreuen Wiedergabe der Vorlagen tritt dann die Beschreibung aller zum Spielverlauf gehörigen Einzelheiten der Gestaltung, von der Ausstattung der Mitwirkenden über die Aufführungsart und die Requisiten bis hin zu den äußeren Gegebenheiten der Trägerschaft, der Finanzierung, der Entlohnung usw. Der Umstand, daß die meisten Volksschauspiele anonym tradiert werden und im Gebrauch Abänderungen und Verschleifungen unterliegen, macht genaue Übersichten über die Streuung einzelner Spiele, ihre Abhängigkeiten voneinander und ihre Wechselbeziehungen zueinander nötig. Dabei erweist sich die Anwendung der sogenannten geographisch-historischen Methode der finnischen Schule der Erzählforschung auch auf diesem Gebiet als nützlich. Ihr Prinzip beruht auf der Kombination von Filiationsanalysen mit kartographischen Dokumentationen der Belegorte. Dieses Verfahren läßt in der Regel einige Schlußfolgerungen über die ursprüngliche Anlage eines Spieles, seine Innovationszentren und seine Diffusionswege zu. Außerdem bemüht sich die Volksschauspielforschung um die Erhellung der »Innengeschichte« (L. Schmidt) der Spiele, d. h. um die Kenntnis ihrer Stellung innerhalb des kulturellen Gesamtgefüges der eigenen Zeit und ihres Verhältnisses zu vergleichbaren Erscheinungen der Hoch- bzw. Individualkunst. Eindringende Interpretationen, die auf die Funktion der Spiele bei der Prägung und Erhaltung von Weltanschauungen, also von Mentalitäten, eingehen wurden, sind nur ausnahmsweise erarbeitet worden, z. B. im Fall des Oberammergauer Passionsspieles, obwohl sie ein wichtiges Hilfsmittel für die funktionale Bewertung der Spiele darstellen. Als Hauptmethode zur inhaltlichen

Erschließung der Volksschauspiele kommt der Vergleich der Stoffe und Motive in Betracht, bei dem die einschlägigen Lexika der Folkloristik (Stith Thompson, Motif-Index of Folk-Literature, 1–6, ²1966) und der Literaturwissenschaft (E. Frenzel, Stoffe der Weltliteratur, ²1963, und E. Frenzel, Motive der Weltliteratur, 1976, F.A. Schmitt, Stoff- und Motivgeschichte der deutschen Literatur, ²1965) gute Dienste zu leisten pflegen.

5. Geschichtliche Grundlagen

Die ältesten Volksschauspiele, die sich bis zur Gegenwart in der Spielpraxis erhalten haben, reichen stofflich bis in die frühe Neuzeit zurück. Meist handelt es sich um Bearbeitungen der Spiele von Hans Sachs, deren Druckfassungen seit dem Ende des 16. Jahrhunderts bis an die äußersten Grenzen des Sprachraumes gelangten und vielfach nachgespielt wurden, auf katholischer Seite in entsprechenden Bearbeitungen. Da diese Spiele selbst auf älterer Tradition beruhten, ergeben sich über sie auch indirekte Verbindungen zum Drama des Mittelalters. Die Mehrheit der in Gebrauch stehenden Spiele muß jedoch als bedeutend jünger angesehen werden. Ein relativ großer Bestand rührt überhaupt erst aus dem 17. und 18. Jahrhundert her, so daß auch von hier aus vor der Annahme hohen Alters oder gar einer germanisch-romanischen Kontinuität gewarnt werden muß. Die meist (und nicht sehr treffend) als »Renaissance-« und »Barockspiele« bezeichneten Volksschauspiele der Reformations- und Gegenreformationszeit nahmen jedoch Anregungen der mittelalterlichen und der antiken Spielpraxis auf. Zwar läßt sich von einer unmittelbaren Weiterführung der antiken Schauspieltradition durch das Mittelalter nicht sprechen, da die Kirche das ererbte Theaterwesen als »Pompa Diaboli« verworfen hatte (Jürgens 1972, Schnusenberg 1981). Wohl aber ergab sich eine indirekte Fortsetzung, insofern als die Kirche seit dem 13. Jahrhundert zur szenischen Darstellung vornehmlich des Bösen auch auf das Festwesen der römischen Spätantike zurückgriff, wie es in der Literatur beschrieben worden war, etwa bei Macrobius. Darüber hinaus führte auch die Antikenrezeption des Spätmittelalters zur Wiederentdeckung der klassischen Schauspielformen, z.B. der Triumphzüge der Imperatoren. In der italienischen Renaissance entwickelten sich »Trionfo« und »Pompa« zu zentralen Formen nicht nur der Darstellung wirkender Mächte (Petrarcas »Triumphe« der Liebe, der Keuschheit, des Todes, des Ruhmes, der Zeit und der Ewigkeit, seit 1352), sondern auch der Hervorhebung herrscherlicher Macht, und drangen so schließlich auch in den Festbrauch ein. Die neueste Renaissance-Forschung, die sich von den Vorstellungen eines *Jacob Burckhardt* (»Die Cultur der Renaissance in Italien«, 1869) entschieden absetzt, hebt hervor, daß nicht säkulare und antireligiöse Ziele der Grund für diese Wiederentdeckung der Antike waren, sondern der »die materialistischen Tendenzen der Zeit bekämpfende, leidenschaftliche Versuch, den nach dem Bilde Gottes geschaffenen Menschen durch Wissenschaft und Weisheit aus Dankbarkeit und Verantwortungsbewußtsein gegenüber dem Schöpfer und seiner herrlichen Schöpfung im Hinblick auf das Bild Gottes spirituell emporzubilden« (Wuttke 1987, 4). Es ist deshalb kein Zufall, daß die kirchlichen Fronleichnamsprozessionen, die unter starker Beteiligung der Zünfte und der religiösen Bruderschaften durchgeführt wurden, sowie die sonstigen kirchennahen Spielprozessionen, bis hin zu den jesuitischen »Schlittaden« des 18. Jahrhunderts, ebenso wie die Prunkbegräbnisse diese Tradition der »Triumphzüge« fortsetzten.

Im übrigen hatte die Kirche in ihrem Bestreben nach Veranschaulichung der Heilsgeschichte schon früh, nämlich seit den im 9. Jahrhundert aufkommenden »Quem queritis«-Tropen der Messe des ersten Ostertages, die Möglichkeiten szenischer Darstellungen genutzt und breit entfaltet. Die auf der liturgischen Festfeier beruhenden Spiele des Oster- und später auch des Weihnachtskreises waren zwar in den Klöstern aufgekommen und zunächst nur für deren Insassen bestimmt gewesen, doch nahm bald auch das Glaubensvolk der Laien in immer größerem Ausmaß an ihnen teil. Die Erweiterung des Geltungsbereiches führte zur Aufnahme volkssprachlicher Elemente in die zunächst überwiegend lateinischen Spieltexte. Zuerst wurden für die teilnehmende Gemeinde deutsche Lieder eingeschaltet, dann folgten (in verschiedenen, sich überschneidenden Prozessen) Übersetzungen einzelner Textabschnitte, bis schließlich in den Großspielen der lateinische Text ganz verdrängt wurde. Am längsten hielt er sich noch in den Dirigierrollen der verantwortlichen Spielleiter, die oft selber einer Klostergemeinschaft angehörten. Mit dieser Öffnung zur Volkssprache verband sich die Tendenz zur Erweiterung des Stoffes, bei der auch dem Publikumsgeschmack Rechnung getragen wurde. Das Osterspiel um die Auferstehung Jesu Christi nahm Elemente der Leidensgeschichte mit auf und wandelte sich so zum Passionsspiel. Das Passionsspiel selbst bezog, auch unter dem Einfluß des franziskanischen Strebens nach einer »passionis Christi compassio«, mehr und mehr Einzelheiten ein, so daß die Texte anschwollen und die Spieldauer, z. B. in Valenciennes, auf mehrere Tage anstieg. Die Stoffe, die hierbei herangezogen wurden, stammten entweder aus den neutestamentlichen Apokryphen oder aus den Visionen der Mystikerinnen, gelegentlich auch aus den großen Legendenkompilationen der Zeit, vor allem aus der »Legenda aurea« des Jacobus de Voragine und aus dem Passional. Als Konsequenz dieser Ausdehnung ergab sich bald die Notwendigkeit zur Übertragung einzelner Szenen in den Spielbrauch des Fronleichnamstages, dessen Hauptthema, die Verherrlichung der Kirche von ihren geschichtlichen Voraussetzungen an bis zur Gegenwart, für die Darstellung aller Aspekte der Heilsgeschichte Raum bot. Auch äußerlich führte die stoffliche Expansion der liturgischen Feier zu Veränderungen. Da der Kirchenraum für die Darstellung der Erweiterungen nicht mehr ausreichte, wurde das Spiel zunächst vor die Kirche, dann auf die Marktplätze der Städte verlegt, die dadurch für die Zeit des Spieles zu einer Art Kultraum erhoben wurden und zugleich den Zuschauern dazu verhalfen, die eigene Lebenswelt in das Heilsgeschehen zu integrieren, wie es der Betrachtungsmethode des hl. Ignatius von Loyola (»Exercitia spiritualia«, 1548) entsprach. Das Simultanprinzip der kirchlichen Feier blieb auch bei diesen Großspielen (z. B. in Luzern) erhalten.

Eine ähnliche Entwicklung erlebte die Feier der Geburt Christi mit ihrem Mittelpunkt, der Anbetung des Kindes. Hier ergaben sich Anregungen zur Entfaltung einerseits aus dem Erfolg der Krippenfeier des hl. Franziskus von Assisi in Greccio (1223), der es um die Vergegenwärtigung des Menschseins und der Armut Jesu Christi ging, andererseits aus dem Wunsch der Kirche, den theologischen Zusammenhang zwischen Sündenfall und Erlösung möglichst anschaulich hervorzuheben. Diesem Anliegen kamen die Paradeisspiele, die unmittelbar auf den 24. (Adam und Eva-Tag) und den 25. Dezember (Tag der Geburt Christi) Bezug nahmen, und zum Teil auch die Weltgerichtsspiele entgegen. Den Grundgedanken dieser Spiele bildete das Argument, daß der Erlöser aus dem Geschlecht der Erlösungsbedürftigen hervorgegangen sei. In Tendenz und Thematik standen den Weihnachtsspielen die Legenden- und Mirakelspiele nahe, die durch ihre Bindung an den Festtag des jeweiligen Heiligen voll in den Jahreslauf integriert waren. In der Aufführungsweise unterschieden sie sich jedoch von den Spielen der Hochfeste durch ihre Konzeption als dramatisch aufbereitete Bühnenspiele, die schon deshalb von Theatereffekten stärkeren Gebrauch machen konnten, weil sie nicht an einen biblischen Text gebunden waren.

Während die Entwicklung der Passions- und Weihnachtsspiele aus der Liturgie der christlichen Kirche und ihrer Funktion im Rahmen religiöser Massenunterweisung im wesentlichen geklärt erscheinen, sind die Auffassungen über die Entstehung, Zweckbestimmung und gesellschaftliche Funktion der Fastnachtsspiele geteilt. Der älteren Auffassung, daß es sich bei ihnen grundsätzlich um weltliche Spiele gehandelt hätte, ja um die einzige Gattung weltlichen Theaters des Mittelalters, hält die neueste Forschung entgegen, daß die liturgischen Zeiten (K. Ruh) Fastnacht und Fastenzeit auf der Grundlage des Zwei-Staaten-Modells des hl. Augustinus eingeführt worden seien und die Brauchspiele der Fastnacht in diesem Rahmen der Darstellung einer »Civitas terrena« gedient hätten, nämlich der anschaulichen Demonstration des Denkens und Verhaltens innerhalb einer »Cupido-Gemeinschaft« diesseitsorientierter Menschen (D.-R. Moser 1986). Die Fastnachtsspiele müßten insofern als geistliche Spiele verstanden werden, die das aus kirchlicher Sicht negativ beurteilte Treiben der Welt zum Thema hatten und somit eine starke Integrationsaufgabe erfüllten. Die Entstehung der textierten Spiele wird in diesem Konzept dem Umstand zugeschrieben, daß die zur Lasterdarstellung im Fastnachtsbrauch verwendeten allegorischen Zeichen für die Darstellung bestimmter alltäglicher Verhaltensweisen nicht ausgereicht hätten, so daß eine Ergänzung durch Reihen- und Handlungsspiele nötig geworden sei. Daß die spätmittelalterlichen Fastnachtspiele die Realität des Alltagslebens in oft burlesker Übersteigerung spiegeln, bleibt dabei unbestritten. Durch die erhaltenen (von J.-M. Valentin und E. Szarotta nur teilweise erfaßten) etwa 400 neuzeitlichen Fastnachtspiele des Jesuiten- und des Benediktinertheaters, nicht selten über antike Lustspielstoffe, dürfte das kirchliche Interesse an der Gattung zumindest für das 17. und 18. Jahrhundert erwiesen sein.

Die Reformation veränderte die überkommene Volksschauspiellandschaft erheblich. Da Martin Luther die mit apokryphen Szenen ausgeschmückten Brauchspiele an den Kalenderfesten, zumal wegen ihrer Integrationsfunktion für die römische Kirche, ablehnte, wurden sie in den protestantischen Gebieten durch die neu entstehenden Kirchenordnungen verboten. Neben den Fastnachtspielen bekämpfte man vor allem die Prozessionsspiele des Fronleichnamstages, des (nach Luther) »allerschädlichsten« Jahresfestes. Dagegen fanden die antiken Theaterstücke eines Martial, Catull, Juvenal, Virgil, Terenz usw. Billigung, weil in ihnen Lebensweisheiten von überzeitlicher Gültigkeit dargestellt würden: »*Terentius, Homerus et similespoetae sind keine munch gewesen, sonder haben gesehen, wie es den leuten gehet*« (M. Luther, Tischreden Bd. I, 119, 31–33, Nr. 285, 1532). Die Auffassung, daß es dem Christen aber um mehr gehen müsse, nämlich um das Gesetz Gottes, bewog Luther bald dazu, biblische Geschichten, vor allem solche des Alten Testamentes, für die Spielpraxis zu empfehlen, um so auch der Schuljugend das Wort Gottes nahezubringen. Das Buch Judith z. B. sei von den Juden so aufgeführt worden, »*wie man bei uns die Passio spielet*«, um damit Gottvertrauen, Frömmigkeit und Heilszuversicht zu erwecken. In der Folge kam es auf evangelischer Seite weithin zu einer Ablösung des Volksschauspieles alter Prägung durch das Schultheater, dem dann als Reaktion das Ordensdrama der katholischen Seite nachfolgte. Dennoch wurde die Tradition der Schulspiele an den Kalenderfesten nicht völlig aufgegeben. Vielmehr entstanden einerseits aus dem Schülerbrauch des Kurrendesingens die Umgangsspiele mit dem Stern am Dreikönigstag, die rasch überkonfessionelle Bedeutung erlangten, da sie sich auf dieselben Perikopen stützten, andererseits – auf der Grundlage der mittelalterlichen Weihnachtsspiele, aber in neuer Darstellung und Funktion – die Adventsspiele mit dem erwachsenen Christkind, bei denen es nun aber nicht mehr um die Vergegenwärtigung des Heilsgeschehens, sondern primär um die Katechisation der Kinder in den Grundfragen der evangelischen Glaubenslehre ging. Auf katholischer Seite begegnete man dieser Entwicklung mit entsprechenden Nikolausspielen, deren Aufgabe in der Popularisierung der vom Tridentinum neugefaßten katholischen Glaubenslehre bestand. Wie diese Nikolausspiele, die sich z. B. in Unterentersbach (Baden) oder in Mitterndorf (Steirisches Salzkammergut) bis heute erhalten haben, stammen auch die meisten Hirten-, Krippen- und Dreikönigsspiele aus der Zeit der Gegenreformation. Der Einfluß der italienischen und spanischen Missionsorden (Benediktiner, Kapuziner, Jesuiten), die etwa bei den Hirtenspielen unmittelbar an die entsprechenden Eklogen des Juan del Encina (1468–1529) anknüpften, erwies sich für ihre Verbreitung als sehr erheblich.

Vor allem führte die Auffassung der Jesuiten, daß man die räumlich und zeitlich fernliegenden biblischen Geschichten in die eigene Lebenswelt der Gläubigen übertragen müsse, weithin zu einer Neubegründung von Spieltraditionen, bei denen das Bestreben, die Glaubensinhalte mit dem Wissens- und Erlebnishorizont der Betroffenen zu verschmelzen, deutlich hervortrat. Die Erfahrung des Todes z. B. bildete den Anlaß für die spielhafte Darstellung der Passion und der Auferstehung Jesu auf Friedhöfen (Maria Rast, Oberammergau). Hinzu kam das Bemühen, der von lutherischer Seite vertretenen Gnadenlehre einer Rechtfertigung des Menschen allein aus dem Glauben *(sola fide)* die katholische Auffassung von der Rechtfertigung des Menschen durch das Sakrament der Buße und durch die Gnadenmittlerschaft der Heiligen entgegenzusetzen. So wurden Spiele über Dismas, den rechten Schächer, in Umlauf gebracht, mit denen man darlegte, daß dieser nicht, wie die Protestanten meinten, »allein aus Gnade«, sondern wegen bestimmter, in der Jugend erworbener Verdienste (Versorgung des Jesuskindes bei der Flucht nach Ägypten) noch am Kreuz gerettet worden sei. Den Angriffen der Gegner auf das Beichtgebot und dem Vorwurf einer ständigen Verletzung des Beichtgeheimnisses durch die katholischen Geistlichen wurden Legendenspiele über den hl. Johannes von Nepomuk entgegengesetzt, die darauf hinwiesen, daß ein katholischer Priester eher den Tod erleiden als das Beichtsiegel brechen würde. Einige Spiele, vor allem an marianischen Wallfahrtsorten, stellten die Wirksamkeit des Glaubens an die »Miterlöserin« und »Mediatrix gratiarum« Maria dar, während wieder andere die Aufgabe der Darstellung menschlicher Laster übernahmen. Soweit dabei apokryphe Stoffe der Heilsgeschichte Verwendung fanden, stammten sie gewöhnlich aus dem »Großen Leben Jesu« (1681) des Kapuzinerpaters *Martin von Cochem,* der seinerseits manches aus den »Meditationes Vitae Christi« des Franziskaners Johannes de Caulibus (vor 1330) übernommen hatte. Viele dieser Spiele wurden zuerst an den Lateinschulen erprobt, bevor man sie auch in volkssprachlichen Fassungen einer breiteren Öffentlichkeit vor Augen führte. Durch Terminbindung und Übertragung an selbständige Spielergemeinschaften entwickelten sie sich häufig zu lokal gebundenen Volksschauspielen.

Große Bedeutung erlangten für die Volksschauspieltradition der Folgezeit die Spiele des *Hans Sachs,* die überlieferte Kalenderfeststoffe im Sinne der evangelischen Glaubenslehre neu gestalteten. Wegen ihrer sprachlichen und dramaturgischen Qualitäten wurden diese oft (und nicht sehr treffend) als Renaissance-Spiele bezeichneten Stücke nach entsprechender Bearbeitung auch von katholischen Spielgemeinschaften übernommen. Ihre Ausstrahlung reichte bis in die Alpenländer sowie bis nach Schlesien, Ungarn und in das Elsaß; zeitlich erstreckte sie sich bis in das 20. Jahrhundert. Besonders beliebt waren die *Tragedia von schöpfung, fal und außtreibung Ade auß dem paradeyß* (1548), die *Comedia [über] die entpfengnuß vnnd gehurdt Johannis und Christi* (1558) und »*Der gantz passion*« (1560), eine dramatisierte Evangelienharmonie (aus den Berichten aller vier Evangelisten), auf der u. a. das von den Benediktinern bearbeitete Admonter Passionsspiel beruht.

Einen starken Einschnitt in der Volksschauspieltradition bewirkte die Aufklärung, in der es zu scharfen Angriffen gegen die szenische Darstellung der biblischen Geschichte und infolgedessen zu zahlreichen Aufführungsverboten kam. Das Generaledikt des Bayerischen Geheimen Rates gegen die Passionsspielaufführungen vom 31. März 1770 stützte sich auf die Meinung des Tegernseer Benediktiners und Schulreformers Heinrich Braun, daß »das größte Geheimnis unserer hl. Religion nun einmal nicht auf die Schaubühne« gehöre. Die Ausdehnung des Verbotes auf alle anderen Arten des Volksschauspieles im Jahre 1794 ließ die Spielpraxis, von wenigen Ausnahmen abgesehen, erlöschen. In der Folgezeit blieben die Auffassungen der geistlichen und weltlichen Behörden geteilt. Während sich die Unter- und Mittelinstanzen bald wieder bereit zeigten, Spielkonzessionen zu erteilen, lehnten einige kirchliche Oberbehörden die Volksschauspiele weiterhin aus grundsätzlichen Erwägungen ab. Die Gemeinden, denen die traditionellen Kalenderfestspiele verboten wurden, sahen sich deshalb meist nach einem Ersatz um und fanden diesen in historischen Festspielen oder im volkstümlichen Theater der Wiener Vorstadttheater-Prägung. Neben die kleinen, örtlich begrenzten Brauchspiele, die ihrer geringen Bedeutung wegen unbeanstandet blieben, und neben die von den Verboten meist ausgenommenen größeren Fronleichnamsprozessionen nach spanischem Muster trat jedoch als Sonderform das durch Ausnahmebewilligungen ermöglichte Passionspiel von Oberammergau, das nicht nur ein breites Publikum anzog, sondern auch Anregungen des oberschichtlichen Theaterwesens aufgriff: die unter dem Einfluß der französischen Gartenarchitektur des Barocks (Versailler Hecken-Theater-Anlage) entwickelte Bühnen- und Darstellungsform des Oberammergauer Spieles orientierte sich zunehmend am Stil des Münchner Hoftheaters. Der Erfolg gerade des »Nationalspieles« (E. Devrient) von Oberammergau kam auch anderen Spielorten mit weit zurückreichender Tradition, wie Erl und Thiersee, zugute und veranlaßt zahlreiche Nachahmungen. Die Spielgemeinschaften von Endorf, Höritz, Kirchschlag, Metnitz, Neumarkt, Reichenau bei St. Lorenzen, Selzach, Sömmersdorf, St. Margarethen, St. Peter a. Kammersberge, Ötigbeim, Thaining, Vilgertshofen, Waal usw. übernahmen von Oberammergau entweder die Texte (von P. Anselm Mannhardt 1730, P. Ferdinand Rosner 1750, P. Othmar Weis 1811, P. Alois Daisenberger 1860) oder die Aufführungsform, vor allem die typologischen Vorbilder zu den Szenen der Heilsgeschichte.

Die Suche nach Ersatz für die aus religiösen Bedenken zurückgedrängten Volksschauspiele führte an vielen Orten zur Entstehung von

Theatervereinen, deren Kern in der Regel die bis dahin frei agierenden Spielergemeinschaften bildeten. Vielfach versuchten sie, das Spielen zu institutionalisieren, etwa durch die Schaffung fester Theaterhäuser, die sogar in kleinsten Gemeinden errichtet wurden, nicht selten auf Subskriptionsbasis und fast stets ohne finanzielle Unterstützung seitens der Behörden. Das Repertoire der Theatervereine umfaßte neben einem Grundbestand religiöser Spiele auch Stücke der Ritter- und Räuberromantik, nationale und patriotische Festspiele (auch im »Naturtheater« der Freilichtbühnen) sowie in zunehmendem Maße Heimatspiele, die bald nicht mehr nur der eigenen Identitätsfindung galten, sondern unter dem Einfluß des Folklorismus auch als Mittel der Darstellung des »Exotischen« Verwendung fanden. Die 1891/92 aufkommenden Spiele z. B. des »Schlierseer« und später des »Tegernseer Bauerntheaters«, des »Komödienstadels« und ähnlicher »Volkstheater« haben in dieser Verbindung von Heimatspiel und Folklorismus ihre Wurzel. Sie bieten affirmatives Theater einer »Volkskultur aus zweiter Hand« (H. Moser), das auch von kommerziellen Absichten getragen wird.

Daneben gewann zeitweilig das Wandertruppentheater Bedeutung, das u. a. die Hanswurstiaden, Possen, Zauberkunststücke und »Volksstücke« des Wiener Vorstadttheaters populär machte. Dieses »Theater niederen Stils«, das im Gegensatz zum Bildungstheater der Oberschicht problemfreie Unterhaltung darbieten wollte und sich insofern selbst als Theater für die Unterschichten verstand, war in der Regel Schauspieler- und Ensembletheater und lag deshalb auf einer anderen Ebene als das von Laien getragene Volksschauspiel. Stofflich und inszenatorisch übernahm dieses populäre Theater z.T. Elemente der Commedia dell'Arte und der barocken Schul- und Ordensdramen, die aber mit ihren mythologischen Aufzügen, Allegorien, Illusionsbühnen und Verwandlungsausstattungen ebenfalls dem oberschichtlichen Theater näherstanden als dem traditionellen Spiel der (Glaubens-)Gemeinschaften an den Kalenderfesten. Im Zuge der Demokratisierung und der Verbesserung des Bildungswesens gelangten schließlich auch Werke der klassischen Schauspielliteratur (von Goethe, Kleist, G. Hauptmann, E. v. Wildenbruch) auf die Bühnen der Volkstheater, während das anspruchslose Unterhaltungstheater der Unterschichten allgemein an Anziehungskraft verlor, bis es in jüngster Zeit von den Fernsehanstalten wiederentdeckt und in immer neuen Varianten überkommener Klischees ausgestrahlt wurde.

Von einer vollständigen Ablösung des traditionellen Volksschauspieles durch das volkstümliche Theater kann jedoch nicht gesprochen werden, da auch im 19. und 20. Jahrhundert die Brauchspiele an den Kalenderfesten teils wieder aufgenommen, teils systematisch neu eingeführt wurden. Die Erneuerung des Kölner Karnevals 1823 und dessen Nachahmungen in Mainz 1838 sowie im übrigen Rheinland und bald auch den benachbarten Ländern gaben z. B. den Anstoß für das Wiederaufleben der Fastnachtsspiele, etwa in der Gestalt der Kölner »Divertissementchen« mit Spiel und Gesang, während die Brauchspiele des Martins- und des Dreikönigsfestes in verschiedenen Wellen durch die Volksmissionen propagiert und verbreitet wurden, in neuester Zeit vor allem durch das »Päpstliche Missionswerk der Kinder« in Aachen und in Wien. Daneben führte auch die Jugendbewegung zur Rückbesinnung auf das aus der Tradition aufgezeichnete Spielgut der älteren Zeit, das in zahlreichen Bearbeitungen für Laienspielgruppen erneut in Umlauf gesetzt wurde und so einen volkskundlichen Rücklauf erlebte.

6. Aktualisierung

Neue und starke Impulse erhielt die Volksschauspielforschung inzwischen durch die im Erscheinen begriffene, auf insgesamt vier Bände angelegte Textausgabe von Karl Konrad Polheim und Stefan Schröder, die unter dem Titel »Volksschauspiel« (Paderborn 2000) in Band I und II Passionsspiele, in Band III Weihnachtsspiele und in Band IV Paradeis- und Schäferspiele darbietet, während ein fünfter Band ergänzend Karl Konrad Polheims gesammelte Untersuchungen zu Wesensart, Geschichte und Funktion des Volksschauspieles enthalten wird. Die Edition beruht auf einer Auswahl von Stücken aus der dem Volksschauspiel gewidmeten Forschungsstelle Bonn, deren Materialbestand rund 900 Spieltexte, Rollenbücher und Liedaufzeichnungen umfaßt. Den Texten aus Bayern, Tirol, Kärnten, der Steiermark und Oberösterreich, die bisher sämtlich unveröffentlicht waren, stammen überwiegend aus dem 19. Jahrhundert. Ihrem Abdruck im vollen Wortlaut folgt jeweils ein eigener kritischer Apparat. Text- und spielgeschichtliche Erläuterungen sind nicht beigegeben, doch soll dieses Desiderat durch die bereits angekündigte eigene Studie von Stefan Schröder: Die Textgeschichte geistlicher Volksschauspiele, erfüllt werden. Der unbestreibare Wert dieser Edition liegt darin, daß er für die Wirkungsgeschichte von Autoren wie Hans Sachs oder der Spielverfasser aus den Orden (vor allem der Benediktiner und der Jesuiten) eine neue Grundlage schafft, von der aus auch eine veränderte Beurteilung des Bildungshorizontes der Rezipienten in den berücksichtigten Gebieten möglich werden wird.

Was das Spielen selbst angeht, ist zu sagen, daß die zunehmende Säkularisierung der Öffentlichkeit, selbst in traditionell eher konservativen Gebieten, etwa des bayerischen Raumes, inzwischen auch deutliche Auswirkungen auf die Spielpraxis selbst gezeitigt hat. Beim Passionsspiel von Oberammergau ließ sich in der Neuinszenierung des Jahres 2000 eine deutliche Hinwendung zum Volkstheater beobachten, die sich nicht nur in den äußerst wirkungsvoll durchgestalteten Massenszenen, sondern auch in bemerkenswerten Texteingriffen zu erkennen gab: Nicht mehr der überlieferte Bibeltext gab das »Maß aller Dinge« ab, sondern der Regieeinfall, dem der biblische Text gegebenenfalls völlig untergeordnet wurde. Besonders deutlich wurde diese Entwicklung nicht nur darin, daß die den Verdacht des Antisemitismus begünstigende Schriftstelle »Sein Blut komme über uns und unsere Kinder« (Mt 27,25), die noch zehn Jahre zuvor durch den Kardinal-Erzbischof als »unverzichtbar« wieder in den Spieltext hineingeschrieben worden war, nun endgültig verschwand, sondern daß beispielsweise nun in der Schlußszene Maria Magdalena als »›Apostola Apostolorum‹« in einem weitgehend neu geschriebenen Schlußmonolog die Osterbotschaft verkündet. Ebenfalls in Abkehr von der biblischen Überlieferung wird in der Szene der drei Frauen am Grabe der Engel nicht mehr in, sondern vor dem Grab mit dem Christus der Hortulanus-Szene gleichgesetzt. Der alte »Quem queritis«-Tropus der Messe des ersten Ostertages erscheint zwar dem Wortlaut nach nur wenig verändert, und es folgt auch noch die entscheidende Erklärung des Engels: »Er [= der Heiland] ist nicht hier, er ist auferstanden, wie er vorhergesagt hatte [non est hic – resurrexit quia praedixerat]«, aber dann wendet sich Maria Magdalena dem Engel zu, nicht dem Herrn, von dem sie meint, daß er der Gärtner wäre, und spricht diesen Engel mit dem Wort »Rabbuni« an, worauf der Engel (nicht der Herr!) mit der (in der Bibel dem »Rabbuni – Herr« vorausgehenden) Anrede »Maria« antwortet und sozusagen episch fortfährt: »Gehe hin zu seinen Brüdern und sage ihnen: Noch ist er nicht aufgefahren zu seinem Vater […] zu seinem Gott und zu eurem Gott.« Dies bedeutet – bei allem Verständnis für Modernisierungen – doch einen starken und letztlich problematischen Eingriff in die biblische Überlieferung, weil es das Wort des Auferstandenen selbst ist, das Maria überzeugt: »Noli me tangere – rühre mich nicht an, denn ich bin noch nicht aufgefahren«, usw. Die Bibel wird hier erkennbar als Steinbruch für die Theaterregie genutzt, die dabei aus der traditionsreichsten Szene der ganzen Oster- und Passionsspielgeschichte – der johanneischen Noli-me-tangere-Szene (Jh. 20,17) aus dem Winchester-Tropar und tausend benediktinischen Osterfeiern und Osterspielen seit dem 8./9. Jahrhundert – einfach dieses »Noli me tangere« hinauskatapultieren zu dürfen glaubt. Die Veränderung geschah, weil hier und in anderen Szenen das Theatralische das Biblisch-Historische verdrängte. Darin aber liegt das eigentlich Bedenkliche der an sich eindrucksvollen Inszenierung, daß sie den Bibeltext als eine Art Libretto oder Bühnenrodel mißversteht und das meidet, was dem Passionsspiel von Oberammergau einst, unter dem Münchner Kardinal Faulhaber, noch die »missio canonica« eingetragen hatte, die Anerkennung als Mittel der gewissermaßen lehramtlichen Verkündigung: Texttreue und Authentizität. Daß sich das Spiel mehr und mehr in Richtung auf das Volkstheater zubewegt, ließ sich auch an dem eher folkloristisch, ja geradezu komisch inszenierten Auftritt des Königs Herodes ablesen, von dem man allerdings weiß, daß er (in offenbar als nicht ernstzunehmend empfundener Unmännlichkeit) der Salome verfallen war und sich dadurch zum Harlekin gemacht hatte. Der an den Münchner Kammerspielen ausgebildete Oberammergauer Regisseur Christian Stückl wurde inzwischen eingeladen, im Jahre 2002 den Salzburger »Jedermann« Hugo von Hofmannsthals zu inszieren, den er in einer öffentlichen Verlautbarung für »viel katholischer als das Passionsspiel von Oberammergau« erklärte. Man kann in dieser Gleichsetzung von Passionsspiel mit Freilicht-Bühnenspiel ebenso ein Indiz für die zunehmende Verschmelzung von Volksschauspiel und Volkstheater sehen, wie in dem Umstand, daß man in bestimmten Arrangements den Besuch des Passionsspieles von Oberammergau mit dem Besuch des Musicals »Ludwig II. – Sehnsucht nach dem Paradies« von Stephan Barbarino (mit der Musik von Franz Hummel und in der Choreographie von John Caraffa) verknüpfte. Die Verherrlichung des »Märchenkönigs« im eigens errichteten Musical-Theater Füssen und in Sichtweite der in Scheinwerfer getauchten Silhouetten von Schloß Hohenschwangau und Schloß Neuschwanstein, also »an den Originalschauplätzen«, trug zudem durchaus religiöse Züge. Dieser Eindruck wurde noch verstärkt durch die im April 2001 neben dem Musical-Theater in einem eigenen Campanile aufgehängte »König-Ludwig-Glocke«, die dem Gesamtensemble einen kirchenähnlichen Charakter verlieh.

Überhaupt scheint die Entwicklung dahin zu gehen, daß sich das öffentliche Interesse breiterer Bevölkerungsschichten mehr und mehr vom liturgisch gebundenen Volksschauspiel (wie in Oberammergau oder Ötigheim) zum freien Musical-Theater hin entwickelt. Charakteristisch für diesen Trend ist nicht nur die durchgängige Schaffung eigener Theaterbauten für das Musical, wie sie ihr Vorbild schon in den alten Theater-Stadeln der Volksschauspiele haben, sondern sind auch das En-suite-Spielen sowie die semiprofessionelle Darbietung der Stücke selbst, deren Mehrheit von Andrew Lloyd Webber stammt und die in jeweils landessprachlichen Aneignungen auf die Bühne gebracht werden: »Cats« (1981), »Das Phantom der Oper« (1986) »Sunset Boulevard,« (1993) usw... In Deutschland werden die Musicals zumeist von »Stella Entertainment« veranstaltet – www.stella.de – und als »Events« (ähnlich wie das Passionsspiel in Oberammergau mit Pauschalarrangements usw.) angeboten, zur Zeit (April/Mai 2001): »Der Glöckner von Notre Dame« (Berlin), »Das Phantom der Oper« und »Mozart« (Hamburg), »Starlight Express« (Bochum), »Tanz der Vampire« nach Roland Polanski und »Cats« (Stuttgart), das mit märchenhaften Versatzstücken arbeitende Musical »Tabaluga & Lilli« von Peter Maffey (Oberhausen) und andere mehr.

Ungebrochener Akzeptanz erfreut sich demgegenüber unter den jahreszeitlichen Brauchspielen weiterhin der Karneval mit seinen unterschiedlichen regionalen Ausgestaltungen als Fasching, Fasnet oder Fastnacht, über deren bei aller Freizügigkeit doch deutlich geregelten Verlauf der »Bund Deutscher Karneval (BDK)« wacht (Präsident Franz Wolf, Köln). Im BDK sind derzeit 4.300 örtliche Fastnachtsvereine mit insgesamt etwa 2,5 Millionen Mitgliedern, zumeist aktiven Fastnachtern, zusammengeschlossen, deren Verbindung untereinander durch die Zeitschrift »Deutsche Fastnacht« (bisher 85 Ausgaben) hergestellt wird.

International wirkt ferner die »Närrische Europäische Gemeinschaft« (NEG) mit derzeit sieben Mitgliedsstaaten (Niederlande, Belgien, Frankreich [vorwiegend mit Elsaß und Lothringen], Deutschland, Österreich, Schweiz und Liechtenstein (insgesamt 10000 Gesellschaften, 8 Millionen Mitglieder). Forschungsgeschichtlich bedeutsam wurde im Zusammenhang mit der Herleitung der »liturgischen Zeiten« (Fastnacht und Fastenzeit) aus dem Zweistaaatenmodell des hl. Augustinus von Hippo die Einsicht, daß der für die Verbreitung der Narrenidee im Spätmittelalter einflußreiche Herausgeber des »Narrenschiffes«, Sebastian Brant, im selben Jahr 1494 und beim selben Verleger J. B. Olpe in Basel auch eine Augustinus-Ausgabe veranstaltete, der er die Anregung zur Beschreibung einer Welt irdischer Gesinnung, eben jener »civitas terrena«, unter dem Bild der Narrheit entnahm.

Literaturverzeichnis

Bauer, Werner M.: Sterzinger Spiele. Die weltlichen Spiele des Sterzinger Spielarchivs nach den Originalhandschriften (1510–1535) von Virgil Raber und nach der Ausgabe Oswald Zingerles (1886) (Wiener Neudrucke, 6). Wien 1982.

Brednich, Rolf Wilhelm: Die Altweibermühle in der Wolfacher Fastnacht (Publikationen zu wissenschaftlichen Filmen. Sektion Ethnologie, Serie 9, Nr. 3). Göttingen 1979.

Dörrer, Anton: Tiroler Umgangsspiele. Ordnung und Spieltexte der Bozener Fronleichnamsspiele und verwandter Figuralprozessionen vom Ausgang des Mittelalters bis zum Abstieg des Aufgeklärten Absolutismus (Schlern-Schriften, 160). Innsbruck 1957.

Fahrendes Volk. Spielleute, Schausteller, Artisten. Ausstellung der Städtischen Kunsthalle im Rahmen der Ruhrfestspiele Recklinghausen. Katalog. Recklinghausen 1981.

Geramb, Viktor von (Hrsg.): Die Knaffl-Handschrift. Eine obersteirische Volkskunde aus dem Jahre 1813 (Quellen zur deutschen Volkskunde, 2). Berlin 1928.

Hastaba, Ellen: Theater in Tirol – Spielbelege in der Bibliothek des Tiroler Landesmuseums Ferdinandeum. In: Veröffentlichungen des Tiroler Landesmuseums Ferdinandeum 75/76 (1995/96) Innsbruck 1997, 233–243.

Jürgens, Heiko: Pompa Diaboli. Die lateinischen Kirchenväter und das antike Theater (Tübinger Beiträge zur Altertumswissenschaft, 46). Tübingen 1972.

Kretzenbacher, Leopold: Lebendiges Volksschauspiel in Steiermark (Österreichische Volkskultur, 6). Wien 1951.

Kretzenbacher, Leopold: Frühbarockes Weihnachtsspiel in Kärnten und Steiermark. Klagenfurter und Grazer Weihnachtsspieltexte des frühen 17. Jahrhunderts als kulturhistorische Denkmäler der Gegenreformation in Innerösterreich (Archiv für vaterländische Geschichte und Topographie, 40). Klagenfurt 1952.

Kretzenbacher, Leopold: Passionsbrauch und Christi-Leiden-Spiel in den Südostalpenländern. Salzburg 1952.

Liebhart, Wilhelm: Das Passionsspiel von Altomünster. In: Amperland 36:2 (2000) 239–244.

Mehler, Ulrich; Touber, Anton H. (Hrsg.): Mittelalterliches Schauspiel. Festschrift für Hansjürgen Linke zum 65. Geburtstag. Amsterdam 1994.

Mertz, Peter: Wo die Väter herrschten. Volkstheater – nicht nur in Tirol. Wien/Köln/ Graz 1985.
Moser, Dietz-Rüdiger: Volksschauspiel. In: Reallexikon der Deutschen Literaturgeschichte, 2. Aufl., Bd. 4, Berlin/New York 1984, 772–786.
Moser, Dietz-Rüdiger: Fastnacht – Fasching – Karneval. Das Fest der »Verkehrten Welt«. Graz/Wien/Köln 1986.
Moser, Dietz-Rüdiger: Das Passionsspiel von Oberammergau in der Bayerischen Literaturgeschichte. In: Literatur-Theater-Museum. Acta Ising 1986. Hrsg. von Helmut Kreutzer und Dieter Zerlin. München 1987, 92–117.
Moser, Dietz-Rüdiger: Maskeraden auf Schlitten. Studentische Faschings-Schlittenfahrten im Zeitalter der Aufklärung. München 1988.
Moser, Dietz-Rüdiger: Sebastian Brant und Augustinus von Hippo. In: Literatur in Bayern 50 (1997) 1–8.
Moser, Hans: Volksschauspiel. In: Ders. und Raimund Zoder: Deutsches Volkstum in Volksschauspiel und Volkstanz (Deutsches Volkstum, 3). Berlin 1938, 1–136.
Moser, Hans: Volksschauspiel im Spiegel von Archivalien. Ein Beitrag zur Kulturgeschichte Altbayerns (Bayerische Schriften zur Volkskunde, 3). München 1991.
Nied, Ernst Georg: Almenrausch und Jägerblut. Die Anfänge des berufsmäßigen oberbayerischen Bauerntheaters vor dem Ersten Weltkrieg. Diss. phil. (Münchener Beiträge zur Theaterwissenschaft, 17). München 1986.
Polheim, Karl Konrad (Hrsg.): Das Admonter Passionsspiel 1–111. Paderborn/München/Wien/Zürich 1980.
Polheim, Karl Konrad: Volksschauspiele 1–5, Bd. 1–2: Passionsspiele; Bd. 3: Weihnachtsspiele; Bd. 4: Paradeis- und Schäferspiele; Bd. 5: Studien zum Volksschauspiel und mittelalterlichen Drama. Paderborn / München u. a. 2000–2002.
Prieler, Edith M.: Das Drama von Himmel und Hölle. Vokschauspiel und Jenseitsdarstellung. In: Sommerakademie Volkskultur 1995/96, Wien 1997, 199–214.
Prieler, Edith M.: Volksschauspiel in Lassnitz. Textdokumentation und liturgie-theologischer Kommentar. Anif/Salzburg 1996.
Roth, Elisabeth: Der volkreiche Kalvarienberg in Literatur und Kunst des Spätmittelalters. Berlin 1958.
Schmidt, Leopold: Das deutsche Volksschauspiel in zeitgenössischen Zeugnissen vom Humanismus bis zur Gegenwart (Deutsche Akademie der Wissenschaften zu Berlin. Veröffentlichungen des Instituts für Deutsche Volkskunde, 7). Berlin 1954.
* Schmidt, Leopold: Das deutsche Volksschauspiel. Ein Handbuch. Berlin 1962.
Schmidt, Leopold: Le théâtre populaire européen. Paris 1965.
Schnusenberg, Christine: Das Verhältnis zwischen Kirche und Theater. Dargestellt an ausgewählten Schriften der Kirchenväter und liturgischen Texten bis auf Amalarius von Metz 775–852 (Europäische Hochschulschriften, Reihe 21, 141). Bern/Frankfurt a.M. 1981.
Schwarz, Reinhold: Das Passionsspiel von Waal. In: Jahrbuch des Vereins für Augsburger Bistumsgeschichte e.V. 33 (1999) 357–368.
Tillis, Steve: Rethinking Folk Drama. Westpoint, Connecticut/London 1999.
Valentin, Jean-Marie: Le théâtre des Jésuites dans les pays de langue allemande (1554–1680) I–III (Europäische Hochschulschriften, R. 1, 255). Bern/Frankfurt a. M./Las Vegas 1978.
Valentin, Jean-Marie (Hrsg.): Volk-Volksstück-Volkstheater im deutschen Sprachraum des 18.–20. Jahrhunderts. Akten des… Kolloquiums, Nancy, 12./13. November 1982 (Jahrbuch für Germanistik, Reihe A, Kongreßberichte, 15). Bern/Frankfurt a.M./New York 1986.

Wimmer, Ruprecht: Neuere Forschungen zum Jesuitentheater des deutschen Sprachbereiches. Ein Bericht (1945–1982). In: Daphnis 12 (1983) 585–692.

Wuttke, Dieter: Das Jahr des Lorbeers. Zum 500. Jahrestag der Dichterkrönung des Conrad Celtis. In: Literatur in Bayern 7 (März 1987) 2–9.

Zimmer, Heidi: Die Apetloner Komödie des letzten Gerichtes und die Herkunft ihrer Lieder. In: Jahrbuch des österreichischen Volksliedwerkes 2/43, 1993 (1994) 29–43.

Dieter Kramer

Museumswesen

Vordergründig interessieren sich Volkskundler für Museen, weil sie dort bedeutende Berufschancen erwarten. Verfolgt man die Stellenanzeigen, dann werden Europäische Ethnologen/Kulturwissenschaftler/Volkskundler am ehesten für Freilicht-, Stadt-, Regional- und Geschichtsmuseen gesucht. Sie müssen sich dort freilich auch in Konkurrenz mit Kunsthistorikern oder Historikern begeben. Aber wichtiger sind Museen für die Kulturwissenschaft aus anderen Gründen: Wenn Kulturwissenschaftler davon überzeugt sind, daß sie mit ihren Erkenntnissen etwas aussagen können über Charakteristik, Möglichkeiten und Perspektiven menschlichen gesellschaftlichen Lebens, dann werden sie in den Museen wichtige Medien finden, diese Erkenntnisse den kulturellen Öffentlichkeiten zu präsentieren. Museen (Freilichtmuseen eingeschlossen) vermitteln an einer Nahtstelle von Wissenschaft und Öffentlichkeit auf populäre Weise kulturwissenschaftliche Kenntnisse und Erkenntnisse und wirken mit bei der Gestaltung von (regionalen, lokalen) »Identitäten«, Selbstverständnissen und Geschichtsbildern. Nicht zuletzt deswegen unterhalten Gebietskörperschaften (Staaten, Kommunen usw.) oder gesellschaftliche Kräfte (Religionsgemeinschaften, Stiftungen, Mäzene) überhaupt so aufwendige Einrichtungen wie Museen.
Gleichzeitig liegen in den Museen wichtige Quellen kulturwissenschaftlicher Forschung: Historische Prozesse und Zustände, die sich nicht aus gedruckten oder ungedruckten, aus schriftlichen oder bildlichen Quellen erschließen lassen und die auch nicht »in situ« am Objekt (etwa in der Haus- und Siedlungsforschung) erforscht werden können, müssen vielfach aus den in die Museen verfrachteten »Sachzeugen« erschlossen werden (Kramer 1976; Ottenjann 1985; Köstlin/Bausinger 1983). Das setzt zweckdienliche Vorkehrungen voraus, diese Sachzeugen angemessen zu bewahren. Für alle genannten Aufgaben sind personelle und materielle Ressourcen kontinuierlich bereitzuhalten.
Es wird erkennbar, daß Museen unter verschiedenen Aspekten betrachtet werden müssen: Jedes Museum ist gleichzeitig (und die Reihenfolge der Aufzählung ist beliebig)
– Kultur- und Bildungsinstitution,
– Forschungseinrichtung,
– Sachzeugen-Archiv,
– zweckrationale Organisation (Verwaltungseinrichtung).
Jedem dieser Bereiche sind spezifische Probleme zugeordnet. Bevor wir

im folgenden sie jeweils für kulturwissenschaftlich-volkskundliche Museen abhandeln, müssen Abgrenzungen und Gemeinsamkeiten der Museen insgesamt thematisiert werden.

2. Facetten der Geschichte des Museumswesens

2.1 Unterschiedliche Motive bei der Gründung von Museen

Die leitenden Interessen bei der Gründung und Gestaltung von Museen wandeln sich. Was an Sachzeugen warum im Museum gesammelt und präsentiert werden soll, das ist in mannigfaltiger Weise dem Wandel unterworfen. Was uns heute Bildung, das war dem Renaissance-Gelehrten in seinem »Studiolo« der Wunsch nach Selbstfindung durch das historische Objekt oder Vorbild (z.B. in der programmatisch rezipierten Antike) (Natur und Antike 1985, 258f.; Roth 2000). Krzysztof Pomian (1988) hebt die symbolischen Bedeutungen des Sammelns im sozialen Umfeld hervor: Sammlungen enthalten nicht nur Kunstwerke und Sachzeugen, die den Geschmack von Individuen spiegeln; sie sind als Zeichenträger auch eine anthropologische Tatsache von eigener Bedeutung.

Verschiedene, z.T. später wieder verschüttete Ansätze spielen in der Geschichte des Museumswesens eine Rolle. »Musealisieren« wird heute meist als Bewahren von Dingen, die sonst verloren gehen würden, verstanden. »Musealisieren« bedeutet aber auch, etwas durch die Verfrachtung in die öffentlich zugängliche Institution Museum überhaupt erst jedermann (oder vielen) zugänglich zu machen oder eine Öffentlichkeit herzustellen für (und damit die Aufmerksamkeit lenken auf) etwas, von dem man überzeugt ist, daß es wichtig oder interessant für das Publikum ist und womit man dieses beeinflussen, anregen, bilden oder unterhalten will.

Musealisierung besitzt immer »sinnstiftende« Bedeutung (Sturm 1991, 98): Nur weil Menschen oder Gesellschaften überzeugt sind, daß ihnen Museen nützlich und wichtig werden können, richten sie welche ein. Immer wenn Gesellschaften oder bedeutende Gruppen von Menschen sich neu orientieren, ihr Selbstverständnis überprüfen und neue Wege beschreiten wollen, vergewissern sie sich ihres Standortes in der Natur, in der Geschichte, in ihrem Umfeld. Oft entstanden in der Moderne daraus museale Institutionen mit je spezifischen thematischen Ausprägungen. Zu manchen Zeiten spielten diesbezüglich die Künste als exponiertester Ausdruck einer Kultur eine besondere Rolle, etwa wenn in der Aufklärung fürstliche Kunstsammlungen zu Bildungszwecken der Öffentlichkeit zugänglich gemacht wurden oder wenn im revolutionären Frankreich das Musée Napoléon die bedeutendsten Kunstwerke aller Zeiten und Völker in der Hauptstandt jenes Landes vereinigen sollte, das sich an der Spitze des Fortschritts wähnte (Grasskamp 1981). Romantische und spätromantische Museumsgründungen sowie die Schöpfung von Nationalmuseen in den neuen europäischen Nationalstaaten des 19. Jahrhunderts waren Bestandteile der Konstruktion neuer Nationalitäten. Im Germanischen Nationalmuseum Nürnberg geschah dies in einer charakteristischen Verschränkung: Die Ansprüche einer neuen Kulturgeschichte, mit der die Staaten- und Herrschergeschichte ersetzt oder zumindest relativiert werden sollte, verbanden sich mit dem Wunsch nach Abstützung der neuen deutschen Nationalität durch ein als gemeinsam deklariertes kulturelles Erbe (Deneke/Kahsnitz 1978). Später (z. B. für das liberale deutsche Bürgertum nach 1848) waren Naturwissenschaften und Technik besonders wichtige Felder der Selbstvergewisserung und Zukunftsorientierung, die auch in den Museen ihren Ort fanden (Kuntz 1976).

2.2 Der historische Sinn und die Kompensation von Verlusterfahrungen

Der »historische Sinn« fordert anscheinend in besonderem Maße zur Musealisierung auf. Humanismus oder Romantik präsentieren stolz die endlich wiedergefundenen Vorbilder der Vergangenheit, an denen man sich neu orientieren und seiner selbst vergewissern wollte. Nietzsche (Vom Nutzen und Nachteil der Historie für das Leben, 1874) legte nahe, Geschichte bedenkenlos im Kontext der eigenen Lebensinteressen zu interpretieren. Karl Marx forderte mit dem Bild vom »Alp der toten Geschlechter«, der auf den Lebenden lastet, dazu auf, Geschichte immer wieder kritisch zu durchmustern. Und im postmodernen Diskurs werden Gewinne und Verluste im Prozeß der Modernisierung bilanziert. Immer aber steht eine eigene Interpretation von Geschichte und Kulturgeschichte an. Der Historiker Joachim Ritter (1974) sieht in der Geschichte »Erinnerungsorgane« im Kontext der Modernisierung, mit denen eine konstruktive Auseinandersetzung mit der Vergangenheit vorgenommen wird, aber auch der Ausgleich von Verlusterfahrungen praktiziert wird. Andere sehen, angeregt durch ihn, in den Museen Institutionen der Kompensation, die ein kritikfähiges unpathetisches »Ja zur modernen Welt« (Odo Marquard, zit. nach Sturm 1991, 29) als Anpassung an eine als zwangsläufig und unvermeidlich empfundene Modernisierung ermöglichen. Gern beruft man sich auf die Hypothese, Modernisierungsdruck erzeuge Museen, so wie Hermann Lübbe meint: »Durch die progressive Musealisierung kompensieren wir die belastenden Erfahrungen eines änderungstempobedingten kulturellen Vertrautheitsschwundes« (Lübbe 1983, 56; vgl. Wirtz 1989).

Aber neben diesen Motiven für die »Musealisierung« gibt es andere, bei denen die Museen nicht nur Institutionen der vergangenheitsbezogenen nostalgischen Kompensation sind, sondern auch als Simulationen und als symbolische Produktion von neuen Realitäten betrachtet werden. Sie sind dann nicht nur Interpretation der Wirklichkeit, sondern auch deren Ersetzung und Neukonstitution (Sturm 1991, 69f., bezogen auf Baudrillard; Zacharias 1990). Der Unterschied zwischen Simulation und Wirklichkeit scheint sich zu verwischen; eigentlich aber wird der nach wie vor dominanten Alltags-Wirklichkeit nur eine neue Facette hinzugefügt, die (wie in anderen Fällen der Tourismus) »kleine Fluchten« und spezifische Erlebnisse ermöglicht. Manche Museologen befürchten, daß die Museen sich in naher Zukunft am Standard der Freizeit- und Erlebnisparks messen lassen müssen. Schon jetzt veranstalten »Disneyland« und andere Themenparks Ausstellungen mit »authentischen« Objekten und werden so zu Kulturinstitutionen (Gleiter 1999), und auf der anderen Seite nähern die Museen (besonders die Freilichtmuseen) sich dem Standard des Freizeitparks an (vgl. MacDonald 1987 und das 1998 eröffnete National Museum of New Zealand, Te Papa).

Die Blüte des Museumswesens ist freilich auch abhängig vom Wohlstandsniveau. Kompensations- und Simulationstechniken in den Museen gediehen besonders gut in einer Situation, in der in den westlichen Instustriestaaten nennenswerte Gruppen der »Zweidrittelgesellschaften« über gute Ausbildung, freie Zeit und ungebundene freie Kaufkraft verfügten. Wegen der Prosperität blühten Museen, und weil es eine Nachfrage für sie gab, konnten sie auch in Kommunen und Regionen als »Standortfaktor« im Rahmen der »Erlebnisgesellschaft« (Schulze 2001) und des Wettbewerbs um touristische Besucher (Heinze 1999) gewichtet werden. Museumsarchitektur war so mit sehr hohen Investitionen wichtige öffentliche Bauaufgabe der 80er Jahre. Museen werden, sieht man auf diese Praxis, damit zu schmückenden Accessoires einer Gesellschaft sich ausdifferenzierender Kulturkompetenzniveaus und »Lebensstile«. Freilich: Was die Besucher mit den Museen anfangen, unterscheidet sich oft genug immer noch von dem, was Museologen oder Politiker sich vorstellen. Das ist gut, denn so entsteht aus Widersprüchen heraus Innovationspotential.

2.3 Museen als Institutionen kultureller Öffentlichkeit

Das musealisierende Interesse kann freilich auch motiviert sein vom Selbstzweifel des Fortschrittsdenkens. Schon naturwissenschaftliche und technische Museen passen nicht in das Schema der Musealisierung als Simulation oder Kompensation, genausowenig wie Museen für zeitgenössische Kunst. Museen sind nicht nur Orte für Relikte oder für Traditionsgüter, und deshalb wird etwas auch nicht erst dann museumswürdig, wenn es die Stufe des Mülls oder des Zivilisations-Abfalles hinter sich hat (Thompson 1981; Fehr in Schwencke 1986). Es gibt genügend Fälle, in denen nicht Geschichtliches und Obsoletes als Erinnerungsstück ins Museum kommt, sondern noch Gültiges dort plaziert wird, um die sinnlich-gegenständliche Auseinandersetzung im

Sinne der »Veröffentlichung« damit zu ermöglichen: Etwas wird in einem Museum präsentiert, weil man es normalerweise nicht sieht (wie z. B. ein im Verborgenen arbeitendes Werkzeug wie ein Bohrkopf), in dieser Gestalt nicht sieht (wie ein unfertiger Rohling eines Objektes oder ein deformiertes, abgenutztes, durch außergewöhnliche Ereignisse verändertes Objekt, das als Zeuge eines Unfalles, als Mahnung dient), oder nur anderswo (weit weg oder unzugänglich) sieht, oder nicht mehr sieht, weil es sich um Musterstücke, Entwürfe oder untergegangene Vorstufen aus »Suchbewegungen« handelt. In all solchen Fällen stellen Museen Öffentlichkeit her. Und immerhin gilt für ein Sachzeugenarchiv wie für jedes Archiv auch, daß es nicht nur die tendenziell überflüssigen, im Alltag nicht mehr benötigten Dokumente enthält, sondern auch die im Streitfalle entscheidenden rechtsverbindlichen bzw. definitive Aussagen erlaubenden Original-Dokumente.

Die ersten allgemein öffentlich zugänglichen Museen und Sammlungen waren, auch wenn sie fürstlichen Ursprungs waren, mit diesen Zielen der Herstellung von Öffentlichkeit dem Bildungsideal der Aufklärung verpflichtet. Sowohl in der Spätaufklärung zu Beginn des 19. Jahrhunderts als auch in den volkspädagogischen Reformbewegungen zum Ausgang des 19. Jahrhunderts wurden als »Museum« neben solchen Sammlungen auch gegenwartsbezogene Orte der kulturellen Öffentlichkeit bezeichnet, oft weit ab von unserem heutigen Verständnis. Es gab »Museen«, die Bibliotheken, Lesesäle oder Treffpunkte engagierter Personen waren. Für das liberale Bürgertum der zweiten Hälfte des 19. Jahrhunderts wurden Museen Instrument der (produktiv in die Gesellschaftsentwicklung einbezogenen) Volksaufklärung (Kuntz 1976). Und noch die Heimatmuseen sind in vielen Fällen Mischformen, bei denen es nicht nur um die lokale und regionale Verwurzelung geht, sondern auch um die Stärkung der Fähigkeiten, mit eigenen Kräften an den eigenen Problemen des Ortes und der Region arbeiten zu können (Haefs 1984). Das verleiht ihrer Konzeption als komplexes »Mehrsparten«-Museum heute neue Aktualität. Die Bewegung der »New Museology« (Hauenschild 1988; Hudson 1987), in der sich das regionsbezogene Konzept »Ecomusée« und das »Community Museum« nordamerikanischer Prägung treffen, kann in manchen Traditionen das Heimatmuseum als Vorläufer sehen (Zukunft 1982; H. Hoffmann 1999).

Verloren gegangen ist heute die Selbstverständlichkeit, mit der einst von Emanzipation und Aufklärung gesprochen wurde. Vor zwanzig, dreißig Jahren ging es darum, die Sozialgeschichte der arbeitenden Menschen und die politische Geschichte des Kampfes um Demokratie und soziale Gerechtigkeit in die Museumsarbeit einzubringen. Auch dahinter stand vielfach ein evolutionistisches, an »Fortschritt« orientiertes Geschichtsbild. Die Postmoderne hat, wo sie denn für die Neuorientierung in der Gegenwart interessant geworden ist, die »Dialektik der Aufklärung« neu entdeckt. In ganz anderem Maße noch als die Vertreter der Frankfurter Schule 1944 erbleichen die Menschen heute vor der Gefahr, daß die »vollends aufgeklärte Erde strahlt im Zeichen triumphalen Unheils« (Adorno/Horkheimer 1944/1987, 25). Das Museum von heute und morgen wird die Widersprüche, die Sackgassen und die Dialektik der Moderne aufgreifen, darunter auch die offenen Potentiale und unabgeschlossenen Entwicklungen dieser Moderne.

Versteht man so Museen als Institutionen zur Herstellung kultureller Öffentlichkeit, dann werden sie zu Orten, in und mit denen die Menschen sich darüber verständigen, wie denn die Standards des guten und richtigen Lebens in Zukunft aussehen sollen. Das Museum ist ein Teil jenes Prozesses, in dem definiert wird, was denn den Menschen wichtig und lebenswert ist, was sie konkret unter Fortschritt verstehen und wie sie Wohlbefinden und Sicherheit definieren wollen. In der internationalen Museumslandschaft (die sich in der UNESCO-Zeitschrift »Museum« gut verfolgen läßt) gibt es unterschiedliche Schwerpunkte: Die These von der kompensatorischen Rolle prägt eher die (mittel-)europäische Diskussion; in der nordamerikanischen Praxis spielen die Museen als freizeit- und wirtschaftsrelevante Institutionen eine Rolle, während sie in vielen außereuropäischen jungen Staaten stärker als Identitäts- oder Entwicklungsagenturen (»Zukunftswerkstatt«) gewichtet werden. Mit solchen Akzentunterschieden und entsprechenden Wandlungen muß man rechnen.

3. Zur Abgrenzung verschiedener Arten von Museen

3.1 Mehrsparten-Museen und Naturkunde-Museen

Feste Einrichtungen, die wissenschaftlich geleitet sind, Sachzeugen beherbergen, erforschen und öffentlich zugänglich machen, sind Museen. Ein Museum ist nach der Definiton von ICOM (International Council of Museums, eine Unterorganisation der UNESCO) »a non-profit-making, permanent institution in the service of society and of its development, and open to the public, which acquires, conserves, researches, communicates, and exhibits, for purpose of study, education and enjoyment, material evidence of man and his environment« (zit. nach Lübbe 1983, 51). Freilichtmuseen gehören dazu, Ausstellungshallen ohne eigene Sammlungen nicht. Sie spielen freilich im Kulturbetrieb eine zunehmende Rolle, sind aber für ihre Leihgaben auf die Existenz von Museen und Sammlungen angewiesen.

Museen sind Mehrsparten-, Universal-, Komplex- oder Verbundmuseen, wenn sie sich nicht an bestimmten Wissenschaftssparten orientieren, sondern enzyklopädischen Anspruch entwickeln. Dieser kann universell sein (wie bei manchen Museen der Aufklärungszeit, die ein Abbild des Universums bzw. der Erde insgesamt sein wollten), oder sich auf eine bestimmte Region beziehen, dabei integrierend mit ganzheitlichem Ansatz die Zusammenhänge von Natur, Kultur und

Geschichte thematisierend (wie »Heimatmuseen«). Häufig werden Museen nach Sparten unterschieden, die sich in groben Zügen an die Wissenschaftseinteilung halten. Bei den für die Europäische Ethnologie und Kulturwissenschaft interessanten volkskundlichen, ethnographischen und kulturgeschichtlichen Museen sind Abgrenzungen eher schwierig. Gegenüber den naturwissenschaftlichen Museen ist die Grenzziehung dann nicht mehr einfach, wenn eine spezifische geographische Einheit im Zentrum steht, die nicht ohne ihre natürlichen Grundlagen zu begreifen ist. Auch wenn ein thematisches Museum spezifischen Formen des Natur-Stoffwechsels (z. B. Bergbau, Landwirtschaft) gewidmet ist, läßt sich ebenfalls nicht ohne Naturwissenschaft auskommen.

3.2. Kunst- und Geschichtsmuseen

Die scheinbar problemlose Abgrenzung historischer und kulturwissenschaftlicher Museen gegenüber Kunstmuseen wird durchbrochen, wenn »Inszenierung« als ästhetisches Arrangement eine Ausstellungsgestaltung mit Sachzeugen selbst zur Kunst macht (Paatsch 1990). »Autorenmuseen« (Plessen in Korff/Roth 1990, 179) mit subjektivem Zugang entwickeln sich in diesem Übergangsfeld. Zur gleichen Zeit wird heutzutage gern die »ästhetische Rationalität« als Korrektiv zu der durch die Aufklärungs- und Fortschrittskritik kompromittierten instrumentellen Vernunft gewertet (Fehr in Schwencke 1986, 121). Gegenüber kunsthistorischen Museen ist die Abgrenzung auch deswegen offen, weil traditionellerweise regions- oder sozialgruppenspezifische ästhetische Produktionen zur Volkskunde gezählt, umgekehrt aber auch Künste allgemein stärker als Ausdruck und Produkt von kulturspezifisch zu begreifenden ästhetischen Prozessen verstanden werden.

Besonders schwer ist die Abgrenzung kulturwissenschaftlicher Museen gegenüber historisch-kulturgeschichtlichen vor allem auch deswegen, weil Europäische Ethnologie bzw. Kulturwissenschaft und Sozial- und Kulturgeschichte vielfach zu verschmelzen scheinen. Es gibt – außer Memorialmuseen, bezogen auf herausragende Ereignisse (Schlachten, Friedensschlüsse) oder Personen – fast keine »historischen« Museen im engsten Sinne, die sich nur auf Geschichte beschränken, eher gibt es eine gewisse Skepsis der etablierten Geschichtswissenschaft gegenüber den Museen (Korff/Roth 1990, 26). In der Regel sind es kulturgeschichtliche Museen, in denen die kultur- und alltagsspezifischen Ausprägungen verschiedener Epochen als Illustration oder Konkretisierung allgemeiner Geschichte oder als Bereich mit eigenen, die allgemeinen Trends kommentierendem, korrigierendem oder relativierendem Anspruch auftreten.

3.3. Die Spezifik des Kulturellen

Die Orientierung auf Kulturgeschichte erschwert es außerordentlich, die Spezifik des Kulturellen abzugrenzen. Alltags- oder Sozialgeschichte scheint vielfach mit dem kulturwissenschaftlichen Zugang identisch. Das Besondere in den kulturwissenschaftlichen (volks- und völkerkundlichen) Museen wird dann nur im Objektbestand gesehen, der bezogen ist auf bestimmte (untere) Sozialschichten und deren Lebensweise, ausgeweitet von den einst dominierenden Bauern auch auf Arbeiter und Randgruppen oder auf »Alltagsleben« allgemein (vgl. Brückner in Deneke/Kahsnitz 1977; Brückner/Deneke 1976; Scharfe 1982; Volkskunde im Museum 1976; Bauer/Gockerell 1976). Die entsprechenden Objektbestände werden dann in kultur- oder sozialgeschichtliche Interpretationszusammenhänge gestellt.

Nimmt man jedoch den kulturwissenschaftlichen Anspruch ernst, dann bezieht man sich auf die spezifischen Ausformungen von kulturgeleitetem Handeln. Kulturen müßten verstanden werden als strukturierte Gestaltungen von Lebensweisen, unterschieden durch Werte, Normen, Standards und Symbole. Kulturen können sich in relativer Autonomie entfalten wie bei den Stammesgesellschaften, die Schwerpunkt der Ethnologie waren. Auch für die Völkerkunde-Museen gibt es eine eigene Museumsdiskussion, die zu derjenigen der Kulturgeschichte und Volkskunde kaum Kontakt besitzt (Kroeber-Wolf/Zekorn 1990; Zwernemann 1991; Harms 1990; Kraus/Münzel 2000). Sie sammeln unter dem Gesichtspunkt »Ethnien und Kulturen«, weniger dem des Alltags. Inzwischen beginnen die Bindungen enger zu werden: Ein Museum der Europäischen Kulturen ist 1999 in Berlin aus dem Museum für Volkskunde und der Europa-Abteilung des Museums für Völkerkunde hervorgegangen.

»Eine Kultur besteht aus den von den Mitgliedern einer bestimmten Gesellschaft sozial erlernten Weisen des Denkens, Empfindens und Handelns. Mit Hilfe des Enkulturationsprozesses bewahren Kulturen ihre Kontinuität.« So definiert Marvin Harris (1989, 30). Er bezieht sich dabei freilich nur auf eine relative kulturelle Statik, mit der wir uns nicht mehr zufriedengeben, wenn wir die Dynamik und gestaltende Kraft kulturgeleiteten Handelns betonen. In geschichteten und reich gegliederten komplexen Gesellschaften wie denjenigen Europas beobachten wir das Neben- und Miteinander verschiedener kulturspezifischer Ausprägungen der Lebensweise im Kräfteparallelogramm von hegemonialer Kultur und rivalisierenden Kulturen oder als Netzwerk von Gesamt-, Sub- und Teilkulturen.

Kulturwissenschaftlich-volkskundliche Museen hätten zu zeigen, wie Menschen spezifischen materiellen (natürlichen, historischen, ökonomischen, politisch-sozialen) Bedingungen ihre kulturelle Prägung vermitteln, oder, integral gedacht, wie kulturelle Systeme und Strukturen in inniger Verschränkung mit sozialen, ökonomischen und politischen

Strukturen bzw. Systemen die je spezifische Gestaltung einer Lebenswelt herstellen, die Dynamik ihrer Veränderung eingeschlossen. Das bezieht in europäischen Verhältnissen Kulturgeschichte ein, legt aber das Schwergewicht auf die unterscheidenden kulturellen Systeme der Werte, Standards und Symbole. Die Zusammenhänge des Kulturellen mit den materiellen Verhältnissen werden dabei nicht geleugnet, aber es wird davon ausgegangen, daß sie sich wechselseitig beeinflussen und nicht eins das andere determiniert.

3.4. Freilichtmuseen

»Freilichtmuseen sind wissenschaftlich geplante und geführte oder unter wissenschaftlicher Aufsicht stehende Sammlungen ganzheitlich dargestellter Siedlungs-, Bau-, Wohn- und Wirtschaftsformen unter freiem Himmel und in einem zum Museumsgelände erklärten Teil der Landschaft. Sie sind für die Öffentlichkeit zugänglich und dienen gleichermaßen konservatorischen wie auch individuell bestimmten wissenschaftlichen und edukativen Zwecken. Ihre Aufgabe darf aber nicht der materielle Profit sein oder die Förderung von Interessen, die nicht unmittelbar Aufgaben des Museums sind.« So definiert ICOM 1982 in einer Neufassung der ICOM-Deklaration zu Freilichtmuseen (Fünfundzwanzig Jahre 1993, 93).

Zweifellos gehören Freilichtmuseen zu den ältesten und wichtigsten Teilen volkskundlichen Museumswesens (Ottenjann 1985; Zippelius 1981; Bitsch 1985), und die skandinavischen Freilichtmuseen mit Skansen in Stockholm als erstem (gegründet 1891 als Element skandinavischer Selbstvergewisserung) gelten mit Recht als Prototypen einer ganzen Gattung (Rehnberg 1957). Sie waren immer Attraktivitäten ersten Ranges und haben früh Erlebnis, Vergnügen und Erkenntnis (vielleicht vielfach reduziert auf affirmative Identifikation) beim Museumsbesuch verbunden – auch mit einflußreichen Techniken der totalen Rekonstruktion. Nordamerikanischen Freilichtmuseen ähneln mehr und mehr Freizeit-Themenparks und produzieren heute synthetische Welten der vollendeten Illusion, indem sie das Betreuungspersonal in stil- und anwendungsgetreue Bekleidung aus der Zeit des jeweiligen Themas stecken (Kagelmann 1999).

Mit Freilichtmuseen verbinden sich zahlreiche spezielle Fragen des Umganges mit Sachzeugen, z. B. das Problem des »Verbrauchs« der bei Handwerksvorführungen usw. benutzten Geräte, oder die Auseinandersetzungen mit der Denkmalpflege, ob und wann man Baudenkmäler in Freilichtmuseen translozieren soll, oder die Frage, wie weit moderne Bautechniken bei der Rekonstruktion von Bauten verwendet werden können, usw. Diese Museen haben dazu beigetragen, alte Handwerkstechniken so vorzuhalten, daß sie bei der in den 70er Jahren beginnenden Stadt- und Dorferneuerung im Geiste der Denkmalpflege verfügbar waren. In ihrem integralen Ansatz haben sie ferner früh begonnen, neben den Gebäuden und Geräten auch den Anbautechniken und Nutzpflanzen einstiger Landwirtschaft Beachtung zu schenken und so Erfahrungswissen für den Übergang zu nachhaltigen Formen moderner Landwirtschaft und biologischen Landbaues bereitgehalten. Von Freilichtmuseen, die Denkmäler der auf Ackerbau, Viehzucht und Kleinhandwerk orientierten vorindustriellen Welt sind, gibt es Übergänge zu solchen mit technischen Kulturdenkmälern etwa der Wasser- oder Windkraftnutzung. Mit der in Großbritannien entstandenen Industriearchäologie entstand ein eigener Zweig der Industriemuseen, meist »in situ« und unter Einschluß von Sozialgeschichte (Zukunft 1982).

4. Bildungseinrichtung Museum

4.1. Wandel des Bildungsbegriffes

In den 70er Jahren wollten viele Museen in der Bundesrepublik Deutschland ein Ort des Lernens sein. »Lernort kontra Musentempel« hieß eine wichtige Tagung im Frankfurter Historischen Museum 1970 (Spickernagel/Walbe 1976). Als später der Eindruck entstand, Museen seien nur noch eine Unterhaltungsveranstaltung für die dekorativen Bedürfnisse privilegierter Lebensstile in der Prosperitätsgesellschaft, wollten manche Museen Ort des Pläsiers und Lernort gleichzeitig sein. »Prodesse aut delectare« ist jedoch kein Entweder-Oder, sondern ein »Sowohl-als-auch«. Kulturelles Tun ist lustvolles Aneignen von Welt, ist positiv besetztes »exploratives Verhalten« und persönlichkeitswirksame Unterhaltung. Erst wenn allein ökonomische Interessen privater oder öffentlicher Betreiber hinter dem Unterhalten stehen, wird der Nutzen als Funktion der Künste auf Profit reduziert. Nicht »Disneyland«, sondern anregungsreicher Ort kultureller Öffentlichkeit, der mit seinen spezifischen Mitteln wuchert, wäre die angemessene Interpretation der Funktion des Museums.

Zum Selbstverständnis des Museums gehört notwendigerweise der Publikumsbezug: Sammeln, wenn es kein pathologisches Syndrom ist, bezieht sich nicht nur auf Themen, sondern auch auf ein entweder virtuelles Publikum (solange die Sammlung magaziniert ist) oder – mehr oder weniger bewußt zielgruppenspezifisch – auf reales Publikum bzw. reale Besucher. Mehr oder weniger intensiv bezieht sich das Museum ferner auf Vermittlung: direktiv, wenn es um vorher formulierte Ergebnisse geht, non-direktiv, wenn der Besucher die Chance hat, seine eigene Interpretation des Gesehenen zu entwickeln. Das »Autorenmuseum«, bei dem eine einzelne Person sich zu Ausstellungskonzeption und Sammlung bekennt (vgl. Plessen in Korff/Roth 1990), ist auf jeden Fall eine ausgeprägt non-direktive Form, weil der Museologe bewußt seine subjektive Interpretation dem Besucher offen zur Diskussion stellt.

4.2 Welche Inhalte werden vermittelt?

Die Themen, denen sich ein Museum widmet, können (vermittelt durch die historische Situation seiner Entstehung) durch den Träger vorgegeben sein. Aber mit den gängigen Prinzipien der Freiheit der Wissenschaft vereinbart sich heute nur die thematische Vorgabe, nicht die inhaltliche: Sie scheitert an dem Berufsethos der Wissenschaftler. Das Museums darf nach der zitierten ICOM-Definition als wissenschaftliche Institution keinen ausformulierten direktiven Staats- oder Erziehungsauftrag besitzen, es kann auch keine Agentur zur Vertretung der von ihm selbst oder von anderen definierten »objektiven« Interessen eines unmündig gehaltenen, direktiv manipulierten Publikums sein. Auch »Wissenschaftlichkeit« determiniert nicht das Ergebnis, denn Wissenschaft ist ein offener diskursiver Prozeß. Die in Museen und anderen Kulturinstitutionen tätigen Wissenschaftler behaupten nicht, im Besitz einer universellen Vernunft oder Wahrheit zu sein; sie möchten freilich ernst genommen werden mit dem, was sie besten Wissens und Gewissens vertreten. Museologen kommunizieren mit den Besuchern und der Öffentlichkeit über Dinge, die ihnen wichtig sind. Indem sie ihre Verantwortung der Wissenschaft und dem wissenschaftlichen Diskurs gegenüber betonen, verwahren sie sich und ihre Institution gegen politische, ökonomische oder programmatische Instrumentalisierungen. Statt den Besucher autoritär mit einer »Wahrheit« zu konfrontierten, ermutigt das Museum zur Auseinandersetzung mit Interpretationen. Schon die Auswahl der Themen und Objekte strukturiert, interpretiert und wertet (ICOM-Kodex 1999).

Um diese Relativität der Aussagen durchschaubar zu machen und zum diskursiven Umgang zu ermutigen, sind Formen des sich selbst in seiner Arbeit thematisierenden Museums denkbar: Es erweckt nicht den Eindruck einer gültigen Perfektion, sondern macht mit dem Hinweis auf Wissenschaft, Werkstätten und Magazine den Prozeß erkennbar, in dem seine Interpretationen und Ergebnisse zustandekommen. Üblicherweise sieht der Besucher immer nur das fertige Produkt Ausstellung, und das erweckt den Eindruck einer runden, vollkommenen Sache. Die Unvollkommenheiten und Subjektivitäten, die wegen der Sammlungsgeschichte und wegen der Wissenschaftssozialisation der Mitarbeiter notwendigerweise vorhanden sind, bleiben dem Besucher dabei verborgen.

Museen brauchen sich nicht opportunistisch den Besuchern anzubiedern. Nicht allein die Zahl der Besucher ist ausschlaggebend für die Qualität ihrer Arbeit. Schließlich gibt es neben den Museen ja auch noch die Kulturindustrie. Sie hat jenseits aller elitären Kulturkritik ihre eigene Legitimität und ist trotz ihrer strukturellen Begrenztheit oft genug auch wichtiges Korrektiv. Aber ein Museum ist als Non-Profit-Unternehmen und als Einrichtung mit einem öffentlichen Auftrag sowie als Institution des freien kulturellen Diskurses etwas anderes.

4.3 Präsentationsformen und Museumspädagogik

Die Atmosphäre eines Museums soll den Besucher bereits beim Eintritt empfangen, ohne daß er sich aktiv darum bemühen muß. Der erste Blick, ja eigentlich schon die vorbewußte Erfahrung kann dafür maßgeblich sein. Dazu bedarf es nicht unbedingt einer inszenierten Wirklichkeit (die ja auch bei sorgfältigstem und verantwortungsbewußtestem Vorgehen bereits eine Interpretation ist), sondern dies kann auch geschehen durch ein – natürlich genauso interpretierendes – Arrangement von komprimierten visuellen Botschaften. Das Museum spricht zu jenem Besucher, der nicht als Kenner bereits privilegiert ist, durch seine »Regie«, durch die Art, wie es sich selbst und mögliche Rundgänge organisiert (Pöhlmann 1988; Ogniberi 1988).

Mit Recht kann man ein Museum kritisieren, das sich nur als didaktische Maschine versteht. Es kommt weniger auf Information (die oft schnell wieder vergessen wird) als auf Erlebnis und Erkenntnis an. Erkenntnis ist mehr als ein Abstraktionsprozeß, sie ist ein Aneignungsprozeß: Indem ich etwas Neues mit den Sinnen (nicht abstrakt) verknüpfe mit anderem, was schon zu mir gehört und schon Teil meines Bewußtseins, meiner Erlebensgeschichte und meiner Erfahrung ist, wird es etwas für mich, neuer Bestandteil meiner selbst. Prozesse der persönlichkeitswirksamen Aneignung sind am ehesten im Gespräch mit den Rezipienten und dem diskursiven Umgang mit den Objekten möglich (Sprigath 1986). Dem im Kontext moderner Kommunikationstechnologien (Auer 1986) erhobenen Anspruch, »kommunikative Maschine« zu sein, sollte ein Museum sich eher verweigern. Der Besucher soll die Chance haben, sich selbst etwas zu erarbeiten und einen dynamischen Aneignungsprozeß in Gang setzen zu können. Elektronik und Bildschirm können dazu nützlich sein, aber Vertiefung und Dynamisierung des Erlebnisprozesses im Museum können sich auch anderer Mittel bedienen. Auf jeden Fall darf die technische Ausrüstung nicht aus ihrer dienenden Rolle heraustreten.

Größe, Aufwand und Raumwirkungen können eine Ausstellung leicht an den Rand der Aufnahme- und Kritikfähigkeit des Besuchers bringen (Schuck-Wersig/Wersig 1986). Detlef Hoffmann plädiert daher für kleine, überschaubare Ausstellungen, in denen der Besucher Gelegenheit zum zwanglosen »Arbeiten« mit den Angeboten der Museologen hat (in Schwencke 1986, 137f.). Über die begrenzte Belastbarkeit der Museumsbesucher (vgl. Klein 1990; Klein / Bachmayer 1981) sollte man sich keine Illusionen machen. Nicht zuletzt deswegen ist es legitim, Museen als Einrichtungen mit einem angenehmen Ambiente zu planen (Goldmann / Kramer 1988).

So läßt sich allgemein über die Bildungs- und Vermittlungsformen des Museums nachdenken. Speziell ist die Museumspädagogik (zentrale Museumspädagogische Dienste für mehrere Museen oder – meist favorisiert – entsprechende Stellen oder Dienste in einem Museum) nur ein

Teil des Prozesses. Kein Museologe kann sich mit dem Hinweis auf sie vor seiner Verantwortung für die Beantwortung der Frage, was denn warum und wie ausgestellt bzw. gesammelt wird, dispensieren. Museumspädagogik arbeitet vornehmlich bezogen auf Zielgruppen und konkrete Vermittlungsprozesse, bringt (idealiter) schon in den Prozeß der Konzeption einer Ausstellung oder eines Museums ihre Gesichtspunkte mit ein und klagt immer wieder die selbstformulierten Ansprüche des Museums in der jeweiligen Praxis ein (vgl. Hense 1990; Lepère 1990; Liebich/Zacharias 1987; Weschenfelder u. a. 1981).

5. Das Museum als Sachzeugen-Archiv

5.1. Die Objektbindung

Die besondere Chance des Museums liegt in der »Objektbindung« (Ottenjann 1985; Siuts in diesem Band). Museen fungieren als »Kulturarchiv« vor allem für solche Dinge, die nicht in Bibliotheken oder Archiven verbracht werden, aber Zeugniswert besitzen. Die Sammlung des Museums ist seine Substanz, ohne die auch Forschen und Vermitteln nicht realisierbar sind. Die Objekte, die originalen »Sachzeugen« besitzen unabhängig vom Besucher und von der Inszenierung des Museums ihre eigene Geschichte. Erst durch das sachgerechte Bewahren und Dokumentieren des Kontextes von Entstehung, Verwendung und Erwerb wird es möglich, immer wieder mit neuen Fragen an sie heranzutreten. Alles, was das Museum kann, ist dafür die besten Voraussetzungen herzustellen. Zum Sachzeugen-Archiv gehören einschlägige Hilfsmittel für Konservierung und Restaurierung sowie entsprechende Werkstätten und Aufbewahrungstechniken (vgl. Auer 1978; Hilbert 1981/1987; Kühn 1974; Lapaire 1983; Mühlethaler 1988; Pöhlmann 1988; Brandschutz 1980). Gerade bei kulturhistorischem Material ist der Umgang mit den Objekten beim Restaurieren oft genug auch Erkenntnisquelle.

Magazine sind heute teure Bestandteile eines Museums, zumal wenn man daran denkt, daß sie, überraschungsfreien Verlauf der Geschichte vorausgesetzt, ja immer anwachsen und nicht kleiner werden (auch weil Museen in der Regel nur Objekte erwerben, nie verkaufen). Ehe dies zum Anlaß kulturkritischen Raisonnierens gemacht wird, sollte jedoch auch berücksichtigt werden, daß ja in der jüngeren Geschichte der Industriestaaten die Quantitäten fast aller materiellen Güter kontinuierlich gewachsen sind: Verkehrssysteme, Städte, Waffensysteme usf. Weshalb soll es nicht auch immer mehr musealisierte Kulturgüter geben?

Unter dem Eindruck eines modischen und erfolgsorientierten Ausstellungswesens hat ein kanadischer Museologe (MacDonald 1987, 213 f.) gemeint: »Collections have suddenly become something of a burden to museums. Most museum directors now feel like directors of geriatric hospitals whose budgets are devastated by patients whose survival for another day depends on expensive, high-technology support systems [...]. Sixty per cent of most museum budgets are spent on life-support systems for the ›reserve‹ collections«. Aber natürlich lebt ein Museum von seinen Sammlungen, und während der Ausstellungsmacher einer Idee folgt und die Objektliste dafür zusammenrecherchiert, läßt der Kustode sich von der Kenntnis und der sinnlichen Präsenz seiner Objekte zu Interpretationen, Ausstellungen und Präsentationen inspirieren. Aus der Kenntnis der Sammlungen erwachsen ihm die Themen, und er leistet damit einen Beitrag zur Erschließung neuer Erkenntnis- und Erlebniswelten aus den Sachzeugen der Kulturen.

5.2 Sammelprogramm und Bestandsbildung

Die Sammlungen von Museen haben ihre eigene, oft höchst bewegte und immer auch für die Interpretation wichtige Geschichte. Von mehr oder weniger bewußten Programmen sind die oft genug sehr unterschiedlichen Bestandteile einer Sammlung geprägt. Auch heute wird ein Museum seine Sammelaufgabe nicht vornehmlich im Auffüllen von Lücken sehen. Dann hätten neue Vorstellungen über gegenwartsbezogene Alltags-Sammlungen oder andere Themen wenig Chancen. Bestandsbildung (in der Praxis zu wenig diskutiert und oft auf »Sammeln« reduziert) gehört einerseits zum Kapitel »Sachzeugen«, ist andererseits aber auch Bestandteil der Wissenschaftsarbeit. Zweifellos läßt ein Museologe sich inspirieren von der Materialität der Sachzeugen und entdeckt in ihnen wichtigen Quellenwert. Andererseits aber fragt er auch nach der Systematik und läßt sich damit von der Wissenschaft selbst leiten. Er fragt, was denn aus wissenschaftsimmanenten Gründen als Sachzeugen zu sammeln wäre.

Gerade kulturwissenschaftliche Museen müssen sich in besonderem Maße fragen, auf welche Weise sie denn die aktuelle Gegenwart dokumentieren. Neben dem »Sammeltrott« in traditionellen Bahnen gibt es Museologen, die sich trösten mit dem Hinweis auf Sammler, von denen man ja gegebenenfalls alles erwerben könne und die dabei behandelt werden wie Mittel zum Zweck. Und es gibt agnostizistische Positionen, die sich auf den lähmenden Hinweis beschränken, daß man, wenn man den Alltag der Gegenwart dokumentieren wolle, am besten ein ganzes Kaufhaus mit allen Waren als Museum ankaufe. Andere entwerfen perfekte komplexe Sammelprogramme, die dann in der Praxis nie durchgehalten werden können.

Die schwedische »Samdok«-Programmatik im Nordischen Museums in Stockholm legt in Abschnitten von zehn Jahren repräsentative Querschnitte durch die Alltagskultur. Andere Überlegungen (Entwurf 1979, 18) beziehen sich eher auf problem- oder themenspezifische Sammelprogramme. Das Prinzip »Forschendes Sammeln« hat sich in der Praxis der kulturgeschichtlichen Ausstellungen herausgebildet: Am Anfang steht die »Entwicklung einer Fragestellung« (Könenkamp in Alltagskultur 1980, 11), von der aus das Durchdringen des Themas, das Sammeln des Materials, die didaktisch motivierte Auswahl und die Ausstellungsgestaltung parallel stattfinden. Dieser Prozeß geht von der (an sich banalen) Einsicht aus, daß bewußte Auswahl notwendig ist, weil eine museale Dokumentation keine Verdoppelung der Wirklichkeit ist. »Forschendes Sammeln« läßt sich darüber hinaus noch pluralisieren, indem man aus der Perspektive verschiedener Akteure und Gruppen sammelt.

Kulturelle Prozesse lassen sich nicht allein durch die Veränderung von Objektivationen wahrnehmen. Die in ihnen materialisierten Beziehungen und gesellschaftlichen Prozesse sind für die Analyse unerläßlich. Bilanzen und Eigentumsverhältnisse, Produktionsbedingungen und Handelskontakte sind für sich kulturell relevant und Triebkräfte, deren Bedeutung nicht unmittelbar aus den Objekten erkennbar wird. Aber kulturelle Entwicklungen z.B. in der Kulturindustrie sind ohne sie nicht zu verstehen. Oft genug ist ihre Analyse erst der Schlüssel, mit der sich die leitfossilienhafte Bedeutung mancher Objekte (Fielhauer in Köstlin/Bausinger 1983, 196) oder Innovationen zu begreifen ist (und nicht umgekehrt). Hat man sich aber auf Inhalte festgelegt, so gehört es zur museologischen Routine, den Kontext der Objekte nach Herkunft, Vorbesitzer, Nutzung usf. möglichst exakt und ausführlich zu dokumentieren. »Forschendes Sammeln« erschließt nicht nur für neue Themen die entsprechenden Objektgruppen, mit denen man sie dokumentieren kann, es forscht auch ähnlich wie ein Ethnologe bei der Feldforschung. Und schließlich gehört zum Sachzeugenarchiv die ordnungsgemäße Inventarisierung der Materialien, heute meist EDV-gestützt. Sie ist Voraussetzung für jede wissenschaftliche Arbeit und gleichzeitig unerläßlich für die Sicherung der Vermögensbestände der Sammlung dem Träger gegenüber.

6. Die Wissenschaftseinrichtung Museum

Bei der Bestandsbildung und beim »forschenden Sammeln« sind in der Kulturforschung Wissenschaft und Museumsarbeit eng miteinander verknüpft. Das Museum erforscht aber auch seine Bestände und ihr Umfeld immer wieder neu und unter neuen Blickwinkeln. Sammlungen, die als Zeugnisse der Nationalgeschichte, als Beispielsammlungen für »Volkskunst« oder als Belegstücke für Formen und Typologien zustandegekommen sind, werden z.B. später in sozialhistorischen Kontexten oder als Zeugnisse der Veränderungen des Mensch-Natur-Stoffwechsels interpretiert, usf.

In der klassischen Volkskunde stehen Forschungseinrichtung Museum und Wissenschaftsgeschichte in einer engen Wechselbeziehung (vgl. Brückner/Deneke 1976). In vielen Bereichen war die Wissenschaft lange Zeit so auf Objektivationen und Typologien fixiert, daß sie alles auf sie fokussierte. Selbst bei der Beschäftigung mit Arbeit und Gerät (Jacobeit 1965) standen die Objekte im Vordergrund. Der soziale Prozeß der Arbeit mit seinen geschlechts- und klassenspezifischen Ausprägungen und die Analyse der Technik und des Wirkungsgrades des Stoffwechsels der Menschen mit der Umwelt traten demgegenüber in den Hintergrund. »Technische bäuerliche Zivilisation« und »technische Volkszivilisation« sind interessante Stichworte, unter denen heute einfache Technologien vorindustrieller Lebensweise zu untersuchen wären (Cibinium 1979).

Das durch nichts ersetzbare authentische Objekt selbst ist in seiner Komplexität Erkenntnisquelle. Aber auch der diskursive Umgang mit dem Objekt als Sachzeuge ist nur mit wissenschaftlichem Handwerkszeug möglich. Aus all diesen Gründen ist eine enge Kooperation zwischen Museum und Universität sinnvoll. Die Formen der wissenschaftsgestützten Interpretation von Sachzeugen müssen und dürfen jenen Formen des Umganges nicht im Weg stehen, die sich auf den ästhetischen oder symbolischen Wert beziehen. Gerade weil das Museum auch mit der Sinneserfahrung Erlebnisse und Erkenntnisse vermitteln will, bleibt diese Ebene wichtig.

7. Die Organisations- und Verwaltungseinheit Museum

7.1 Trägerschaften

Als Institution geht das Museum seinen Weg vom fürstlichen Kabinett zur modernen, nach öffentlichen oder privatwirtschaftlichen Kriterien der Effizienz (gemessen an den formulierten Zielen, nicht allein am Ertrag) geleiteten Verwaltungs- oder Non-Profit-Unternehmensorganisation. Museen besitzen unterschiedliche Träger. Ein-Mann-Museen in privater Trägerschaft sind z. B. Liebhaber-Museen von der Art der »Heimatmuseen« in jener ersten Phase ihrer Entstehung, in der sie noch nicht Sache der Kommune geworden sind. Andere private Träger können gewerbliche Anbieter sein, bei denen die Erwirtschaftung von unternehmerischem Gewinn wichtiger, wenn auch nicht alleiniger Zweck ist (z. B. Oldtimer-Museen). Wieder andere Museen sind Public-Relations-Filialen von privatwirtschaftlichen Unternehmen (z. B. Museen von Automobilfirmen). Solche Museen unterscheiden sich durch ihre Zielsetzung und ihre Abhängigkeit beträchtlich von Institutionen der kulturellen Öffentlichkeit. Bei Stiftungs-Museen wird die relative Unabhängigkeit durch Stiftungsrecht und Fachkompetenz abgesichert. Öffentliche Stiftungen werden vielfach eingerichtet, um die Finanzierung durch verschiedene Träger (z. B. Bund/Länder/Gemeinde) zu ermöglichen. Die meisten Museen in Deutschland besitzen einen öffentlichen Träger (Kommunen, Länder, in wenigen Fällen Bund).

Sehr viele Museen sind Teil der Kommunalverwaltung, und zwar als
- eigenverantwortliches Amt
- Organisationseinheit eigener Art, die in Fachangelegenheiten autonom (d. h. einem Amt gleichgestellt) ist, in Personal-, Organisations- und Finanzangelegenheiten vom Kulturamt betreut wird;
- Verbund mehrerer Museen desselben Trägers innerhalb einer Generaldirektion mit Amtscharakter;
- Abteilung des Kulturamtes (»sie ist für professionell geführte Museen nicht zu empfehlen«) (Museen 1989, 20).

Im Rahmen von Verwaltungsreformen werden seit Ende der 80er Jahre mehr und mehr Museen (teil)privatisiert bzw. in Stiftungen umgewandelt, bleiben aber auch dann im Prinzip Non-Profit-Unternehmen mit öffentlichem Auftrag.

Streitpunkt ist oft die Frage, wieweit Museen inhaltlich souverän in ihren Entscheidungen sein können. Für die Sammeltätigkeit wird üblicherweise die Autonomie der Museen anerkannt: »Alles, was die für ein Museum fachlich und politisch Verantwortlichen zu Sammlungsgebiet erklärt haben«, ist »Kulturgut« (Museen 1989, 24). Insofern sie wissenschaftliche Institutionen sind, können Museen das Privileg der Wissenschaftsfreiheit beanspruchen und sich in Fragen der Inhalte als nicht weisungsgebunden verstehen.

7.2 Marketing und Management im Museum

Kulturinstitutionen, damit auch Museen, gehören nicht zu den Pflichtaufgaben der Kommunen. Öffentliche Museen sind darauf angewiesen, daß Kommunen (oder andere Gebietskörperschaften) im Rahmen der freiwilligen Leistung Kultur sich zur Unterhaltung und ausreichenden Finanzierung bereitfinden. Weniger als alle anderen Kulturinstitutionen tragen Museen zur Deckung ihrer Kosten bei (Museen 1989, 20; Treff 1997). Nur positive öffentliche Resonanz und Akzeptanz bei den Verantwortlichen sichert die ausreichende Ausstattung der Museen. Deswegen gehört es für ein Museum zu den wichtigsten Maßnahmen des »Social Marketing«, diese Resonanz herzustellen, besonders in Zeiten sparsamer öffentlicher Haushaltsführung. Als Organisation mit bestimmbaren Zwecken kann ein Museum wie jede andere Organisation Prinzipien der wissenschaftsgestützten Unternehmensführung (Management) anwenden. Entscheidend wichtiger Punkt ist allerdings die Frage: Was ist die Spezifik der zu erbringenden Leistung? Vergißt man, daß die klassischen Aufgaben des Museums nicht neben den wirtschaftlichen Aufgaben stehen können, sondern das Zentrum sein müssen, dann tappt man in die »Marketingfalle«: Die Orientierung an Wünschen und Bedürfnissen der Museumsbesucher, an Besucherzahlen oder an Umsatz und Rendite läßt übersehen, daß die Leistungen der Museen im Kulturprozeß an den Inhalten und Wirkungen zu messen sind. Fragt man nach den allgemeinsten Kennzeichen dieser Ziele, so wird man sie in jenem Konzept der »kulturellen Öffentlichkeit« finden können, das einen Platz im System der gemeinschaftlichen Gestaltung von Lebensverhältnissen zwischen opportunistischer Besucherorientierung und wissenschaftlichem Elfenbeinturm markiert.

Management und Marketing brauchen präzise Zielsetzungen (möglichst quantifizierbar), und sie müssen ein entsprechendes Kontroll- und Steuerungsinstrumentarium entwickeln, um das Erreichen der Ziele überprüfen zu können. »Kontakt – Wahrnehmung – Beeinflussung – Reaktion« (Müller-Hagedorn 1990, 14) kann beim Museum nicht in einen Kaufakt münden, sondern allenfalls in den Besuch, wichtiger noch in Akzeptanz und in den Erfolg beim Plazieren von Themen in der Öffentlichkeit. Voraussetzung für Resonanz in Medien und Öffentlichkeit ist gezielte Öffentlichkeitsarbeit mit professionellen Standards, und auch die wirkt sich optimal positiv nur dann auf das Museum aus, wenn sie in langfristiger Strategie mit einem akzeptierten allgemeinen Image gekoppelt ist. Museumsbesuch steht primär bezüglich der Zeitbudget-Anteile und des Interesses in Konkurrenz zu anderen Aktivitäten, weniger bezüglich der knappen Kaufkraft. Kulturkonsum als Wahrnehmung von kulturellen Angeboten und als Partizipation ist in hohem Maße steigerungsfähig und elastisch.

7.3 Privates Engagement in öffentlichen Museen

Zur Erschließung von Ressourcen für die Museumsarbeit gehört die Anbindung an »rentable« Unternehmungen: Verpachtete Museumsshops handeln mit museumsnahen Waren; die Museums-Gastronomie als eigenständig attraktiver Teil lebt von der Attraktivität des Museums, kann aber auch als angenehmer Aufenthaltsort gleichzeitig so interessant sein, daß sie um ihrer selbst willen aufgesucht wird und auch repräsentative Veranstaltungen das museumsspezifische Ambiente schätzen. »Die Bewirtung im Museum orientierte sich lange Zeit an den eher bescheidenen Ansprüchen der Stammbesucher. Immer mehr Museen erkennen die Chance, durch attraktive Raumgestaltung und das Speise- und Getränkeangebot ihren Besucherservice zu verbessern. Viele Leute treffen sich lieber in der Cafeteria eines Museums als in einem herkömmlichen Café oder Restaurant.« (Museen ... 1989, 33). Auch die Vernetzung mit anderen öffentlichen Institutionen wie Schulen, Erwachsenenbildung, Bibliotheken trägt zur Akzeptanz des Museums bei. Mäzenatentum und Sponsoring spielen schon traditionell in Museen eine gewisse Rolle. Gerade Sponsoren aber, die ja eine Gegenleistung für ihr Engagement erwarten, sind nur dann zu gewinnen, wenn die Museen selbst so attraktiv sind, daß sie für die Ziele der Sponsoren (Werbung, Imagepflege usf.) interessant sind. Je stärker und selbstbewußter das Museum, desto geringer ist dann auch die Gefahr, daß es beim Sponsoring in Widerspruch zu seinen Zielen und seiner eigenen Würde gerät.

Zweifellos würden ohne die Arbeit vieler ehrenamtlich tätiger Personen zahllose kleinere Museen überhaupt nicht existieren. Unter den nichtprofessionellen Gründern von Orts- und Heimatmuseen sind viele »großartige – knorrige und oft nicht einfache – Männer«, »mit ihrer Heimat auf das engste vertraut, sie besaßen die nötigen Kontakte zur Bevölkerung und das notwendige Wissen über das, was sie sammelten.« (Lühning 1992, 137). Die Professionalisierung von Museumstätigkeit in Design und Wissenschaft ist dagegen gekoppelt mit der Gefahr der »Egalisierung und Vereinheitlichung in Aufbereitung und Darstellungsweise« (Lühning 1992, 140). Privates Engagement im öffentlichen Museum ist es auch, wenn einzelne Gruppen aus dem potentiellen Publikum aktiv und inhaltlich in die Ausstellungsvorbereitung einbezogen werden (Feidel-Mertz/von Wolzogen 1980). Ausstellungen, die von vornherein als Formen der Kooperation von Publikum und Museologen konzipiert sind, gehören auf jeden Fall neben dem üblicherweise nur beachteten Sponsoring zum Spektrum der »Public Private Partnership« für das Museum.

Für die Wissenschaftsarbeit der Museen können (ebenso wie für das Sammeln von Alltagskultur und Zeitgeschichte) neue Ressourcen durch das gezielte Einwerben von »Volonteers«, unbezahlten freiwilligen Mitarbeitern, gewonnen werden. Heimat- und Lokalmuseen sind oft ohne solche freiwilligen Helfer in keiner ihrer Funktionen zu betreiben. Aber sie können für die Vermittlung und sonstige Tätigkeiten nur dann sinnvoll eingesetzt werden, wenn sie von den Museen entsprechend ausgebildet, motiviert und betreut werden. Die Investition von Personal in solche Betreuung kann sich für das Museum leicht »bezahlt« machen, weil nicht nur die Arbeitskapazität, sondern auch die soziale Basis außerordentlich verbreitert wird. Es gibt allerdings auch Grenzen: Kustoden, die empfindliche und wertvolle Objekte zu betreuen haben, werden freiwillige Helfer ungern oder überhaupt nicht ins Magazin lassen. Und wenn nach amerikanischem Vorbild »gebildete Damen mit viel Freizeit arbeitslosen Berufsanfängern die Chance wegnehmen, sich über Führungen ein paar Mark zu verdienen und so in den Betrieb hineinzuwachsen« (Kuntz in Bimmer 1983, 7), dann kann dies auch nicht der richtige Weg sein.

Rekrutierungsfeld für finanzielle Unterstützungen und für freiwillige Mitarbeiter bei den etablierten Museen sind die »Fördervereine«, bei denen abzuwägen ist zwischen dem für ihre »Pflege« notwendigen Arbeitsaufwand und dem zu erwartenden Nutzen für das Museum (Museen 1989, 56).

8. Schluß: Einheit und Vielheit

Alle vier eingangs genannten Aspekte des Museumswesens sind untrennbar miteinander verbunden. Freiheit und Selbstbestimmung als wissenschaftliche und vermittelnde Institution setzen die Trennung der Verantwortung für die verschiedenen Bereiche der Museumsarbeit bei konzeptioneller Integration voraus. Damit ist nicht nur gemeint, daß die verschiedenen Sparten ihre Eigensphäre haben müssen, sondern daß auch die Funktionen des Museums insgesamt auf geregelte (freilich nach Bedürfnis und Erfahrung revidierbare) Weise zusammengehen: Wissenschaft, Ausstellung, Nebennutzungen (Shops, Gastronomie usf.) haben ihren jeweiligen Platz, aber keine dieser Sphären dominiert die andere. Es gibt nicht nur »Eigenzeit«, sondern auch »Eigensinn« der verschiedenen Sparten und Bezugssysteme wie Ausstellung, Sammlung und Dokumentation, Wissenschaft, Tourismus, Marketing. Keine dieser Sparten darf einer anderen vorschreiben, was sie zu tun hat; aber jede muß auch ihre eigene Tätigkeit reflektieren und ihren Eigensinn den anderen gegenüber sichern. Geschähe dies nicht, wäre stromlinienförmige Effizienz unter ökonomischen oder politischen Vorzeichen schnell die Folge. Und dann wären Museen weder wirkliche Bildungs-, noch ernst zu nehmende Wissenschaftsinstitutionen, und schon gar keine Sphären freier kultureller Öffentlicheit.

Literaturverzeichnis

Adorno, Theodor W.; Horkheimer, Max: Dialektik der Aufklärung. In: Horkheimer, Max: Gesammelte Schriften 5, Frankfurt a. M. 1987, 1–288.

Alltagskultur, Die ~ der letzten 100 Jahre. Staatliche Museen Preußischer Kulturbesitz, Museum für Deutsche Volkskunde. Berlin 1980.

Auer, Hermann (Hrsg.): Chancen und Grenzen moderner Technologien im Museums. London u. a. 1986 (Deutsches Nationalkomitee des Internationalen Museumsrates ICOM)

Auer, Hermann (Hrsg.): Raum, Objekt und Sicherheit im Museum. Bericht über ein internationales Symposium ... 1976. München u. a. 1978

Bauer, Ingolf und Nina Gockerell (Hrsg.): Museumsdidaktik und Dokumentationspraxis. Zur Typologie von Ausstellungen in kulturhistorischen Museen (Veröff. zur Volkskunde und Kulturgeschichte, 2). München 1976.

Bimmer, Andreas C. (Hrsg.): Europäische Ethnologie in der beruflichen Praxis (Marburger Studien zur vergleichenden Ethnosoziologie, 12). Bonn 1983.

Bitsch, Helmut: Freilichtmuseen und Öffentlichkeit – untersucht an bayerischen Beispielen. Diss. München 1983/1985.

Brandschutz in Baudenkmälern und Museen. Hamburg 1980.

Brückner, Wolfgang; Deneke, Bernward: Volkskunde im Museum (Veröff. z. Volkskunde und Kulturgeschichte, 1). Würzburg 1976.

Cibinium. Studien und Mitteilungen aus dem Freilichtmuseum der bäuerlichen Technik (Muzeul Brukenthal – Sibiu). Sibiu 1974–1983.

Deneke, Bernward; Kahsnitz, Rainer (Hrsg.): Das Germanische Nationalmuseum Nürnberg 1852–1977. München 1978.

Deneke, Bernward; Kahsnitz, Rainer (Hrsg.): Das kunst- und kulturgeschichtliche Museum im 19. Jahrhundert (Studien zur Kunst des neunzehnten Jahrhunderts, 39). München 1977.

Entwurf für einen Museumsentwicklungsplan der Städtischen Museen in Frankfurt am Main. Im Auftrag des Dezernats Kultur und Freizeit der Stadt Frankfurt am Main 1979.

Feidel-Mertz, Hildegard; von Wolzogen, Wolf-Heinrich: Das aktive Publikum. In: Hessische Blätter für Volks- und Kulturforschung NF 10 (1980) 38–61.

Fünfundzwanzig (25) Jahre ICOM-Deklaration über Freilichtmuseen. Tagungsbericht Ungarn 1982.

Gleiter, Jörg H.: Exotisierung des Trivialen. Japanische Themenparks. In: Voyage. Jahrbuch für Reise- & Tourismusforschung 1999 (Künstliche Ferien – Leben und Erleben im Freizeitreservat), 48–66.

Goldmann, Margarethe; Kramer, Dieter: Ein Museum für die neunziger Jahre (Dokumentationen Nr. 33 der Kulturpolitischen Gesellschaft). Hagen 1988.

Grasskamp, Walter: Museumsgründer und Museumsstürmer. Zur Sozialgeschichte des Kunstmuseums. München 1981.

Haefs, Hanswilhelm (Hrsg.) Die deutschen Heimatmuseen. Frankfurt a.M. 1984.

Harms, Volker u. a. (Hrsg.): Völkerkundemuseen 1990. Festschrift für Helga Rammow. Lübeck 1990.

Harris, Marvin: Kulturanthropologie. Ein Lehrbuch. Frankfurt a.M./New York 1989.

Hauenschild, Andrea: Neue Museologie. Anspruch und Wirklichkeit anhand vergleichender Fallstudien in Kanada, USA und Mexiko (Veröff. aus dem Übersee-Museum, D 16). Bremen 1988.

Heinze, Thomas (Hrsg.): Kulturtourismus. Grundlagen, Trends und Fallstudien. München/Wien 1999.

Hense, Heidi: Das Museum als gesellschaftlicher Lernort. Aspekte einer pädagogischen Neubestimmung. Frankfurt a. M. 1990.

Hilbert, Günter S.: Sammlungsgut in Sicherheit. Teil 1: Sicherungstechnik und Brandschutz. Teil 2: Lichtschutz, Klimatisierung (Berliner Schriften zur Museumskunde, 1, 6). Berlin 1981, 1987.

Hoffmann, Hilmar (Hrsg.): Das Guggenheim-Prinzip. Köln 1999.

Hudson, Kenneth: Museums of Influence. New York u. a. 1987.

ICOM Kodex der Berufsethik. In: Museumskunde 64:1 (1999) 98–110.

Jacobeit, Wolfgang: Bäuerliche Arbeit und Wirtschaft. Berlin 1965.

Kagelmann, H. Jürgen: Trends in Freizeit- und Erlebniswelten. In: Voyage. Jahrbuch für Reise- & Tourismusforschung 1999 (Künstliche Ferien – Leben und Erleben im Freizeitreservat), 112–116.

Klein, Hans-Joachim; Bachmayer, Monika: Museum und Öffentlichkeit. Fakten und Daten – Motive und Barrieren (Berliner Schriften zur Museumskunde, 2). Berlin 1981.

Klein, Hans-Joachim: Der gläserne Besucher. Publikumsstrukturen einer Museumslandschaft (Berliner Schriften zur Museumskunde, 8). Berlin 1990.

Korff, Gottfried; Roth, Martin (Hrsg.): Das historische Museum. Labor, Schaubühne, Identitätsfabrik. Frankfurt a. M./New York/Paris 1990.

Köstlin, Konrad; Bausinger, Hermann (Hrsg.): Umgang mit Sachen. Regensburg 1983.

Kramer, Karl-S.: Überlegungen zum Quellenwert von Museumsbeständen für die Volkskunde. In: Volkskunde im Museum 1976, 133–148.

Kraus, Michael; Münzel, Mark (Hrsg.): Zur Beziehung zwischen Universität und Museum in der Ethnologie. Marburg 2000.

Kroeber-Wolf, Gerda; Zekorn, Beate (Hrsg.): Die Zukunft der Vergangenheit. Diagnosen zur Institution Völkerkundemuseum (interim, 10). Museum für Völkerkunde, Frankfurt a. M. 1990.

Kühn, H.: Erhaltung und Pflege von Kunstwerken und Antiquitäten. München 1974.

Kuntz, Andreas: Das Museum als Volksbildungsstätte (Marburger Studien zur vergleichenden Ethnosoziologie, 7). Marburg 1976.

Lapaire, Claude: Kleines Handbuch der Museumskunde. Bern/Stuttgart 1983.

Lepère, Monika: Wir entdecken unser Landesmuseum. Bonn 1990.

Liebich, Haimo; Zacharias, Wolfgang: Vom Umgang mit Dingen. Ein Reader zur Museumspädagogik heute. München 1987.

Lübbe, Hermann: Der Fortschritt und das Museum. In: Rodi, Frithjof (Hrsg.): Dilthey-Jahrbuch für Philosophie und Geisteswissenschaften 1 (1983) 39–56.

Lühning, Arnold: »Museales Glück im Winkel?« Gedanken zur gegenwärtigen Museumsszene. In: Kieler Blätter zur Volkskunde 24 (1992) 135–145.

MacDonald, George F.: The Future of Museums in the Global Village. In: Museum 155 (1987) 209–216.

Mühlethaler, Bruno: Kleines Handbuch der Konservierungstechnik. Bonn/Stuttgart ⁴1988.

Müller-Hagedorn, Lothar: Einführung in das Marketing. Darmstadt 1990.

Museen, Die. Besucherorientierung und Wirtschaftlichkeit. KGSt Gutachten 1989 (Kommunale Gemeinschaftsstelle für Verwaltungsvereinfachung). Köln 1989.

Natur und Antike in der Renaissance. Liebieghaus, Museum alter Plastik. Frankfurt a. M. 1985.

Ognibeni, G.: Ausstellungen im Museum und anderswo. München 1988.

Ottenjann, Helmut (Hrsg.): Kulturgeschichte und Sozialgeschichte im Freilichtmuseum. Oldenburg 1985.

Paatsch, Ulrich: Konzept Inszenierung. Inszenierte Ausstellungen – ein neuer Zugang für Bildung im Museum? Ein Leitfaden (Arbeitsgruppe für empirische Bildungsforschung). Heidelberg 1990.

Pöhlmann, Wolfger: Ausstellungen von A–Z. Gestaltung, Technik, Organisation (Berliner Schriften zur Museumskunde, 5). Berlin 1988

Pomian, Krzysztof: Der Ursprung des Museums. Vom Sammeln. Berlin 1988.

Rehnberg, Mats: The Nordiska Museet and Skansen. Stockholm 1957.

Ritter, Joachim: Aufgaben der Geschichtswissenschaft. Frankfurt a.M. 1974.

Roth, Harriet: Der Anfang der Museumslehre in Deutschland. Das Traktat »Inscriptiones vel Tituli ... « (1565). Berlin 2000.

Scharfe, Martin (Hrsg.): Museen in der Provinz (Untersuchungen des Ludwig-Uhland-Instituts, 54). Tübingen 1982.

Schuck-Wersig, Petra; Wersig, Gernot: Die Lust am Schauen oder Müssen Museen langweilig sein? Plädoyer für eine neue Sehkultur. Berlin 1986.

Schulze, Gerhard: Suggestionen und entgangener Gewinn. Zur Transformation der Erlebnisgesellschaft. In: Voyage. Jahrbuch für Reise- & Tourismusforschung 2001 (Reisen verändert die Welt – aber wie?) (im Druck).

Schwencke, Olaf (Hrsg.): Museum – Verklärung oder Aufklärung. Kulturpolitisches Kolloquium zum Selbstverständnis der Museen (Loccumer Protokolle, 52/1985). Rehburg-Loccum 1986.

Spickernagel, Ellen; Walbe, Brigitte: Das Museum. Lernort contra Musentempel. Gießen 1976.

Sprigath, Gabriele: Bilder anschauen, den eigenen Augen trauen. Bildergespräche. Marburg 1986.
Sturm, Eva: Konservierte Welt. Museum und Musealisierung. Berlin 1991.
Thompson, Michael: Theorie des Abfalls. Stuttgart 1981.
Treff, Hans-Albert (Hrsg.): Museen unter Rentabilitätsdruck. Deutsches Nationalkomitee des Internationalen Museumsrates (ICOM) 1997.
Volkskunde im Museum. ... Perspektiven musealer Sammel- und Darbietungspraxis. Geschichte und Problematik des »Volkskundlichen« in kulturhistorischen Museen (Veröff. zur Volkskunde und Kulturgeschichte, 1). Würzburg 1976.
Weschenfelder, Klaus; Zacharias, Wolfgang: Handbuch der Museumspädagogik. Düsseldorf 1981.
Wirtz, Rainer: Gehört Geschichte ins Museum? In: Zeitschrift für Volkskunde 85 (1989) 67–84.
Zacharias, Wolfgang (Hrsg.): Zeitphänomen Musealisierung. Das Verschwinden der Gegenwart und die Konstruktion der Erinnerung. Essen 1990.
Zimmer, Annette (Hrsg.): Das Museum als Nonprofit-Organisation. Management und Marketing. Frankfurt a.M./New York 1995.
Zippelius, Adelhart: Das Rheinische Freilichtmuseum und Landesmuseum für Volkskunde in Kommern. Geschichte und Ausblick (Führer und Schriften..., 21). Bonn/Köln 1981.
Zukunft, Die ~ beginnt in der Vergangenheit. Museumsgeschichte und Geschichtsmuseum. Frankfurt a.M. 1982.
Zwernemann, Jürgen (Hrsg.): Die Zukunft des Völkerkundemuseums. Ergebnisse eines Symposiums des Hamburgischen Museums für Völkerkunde. Münster/Hamburg 1991.

Einführungswerke in
die Volkskunde/Europäische Ethnologie

Bausinger, Hermann: Volkskunde. Von der Altertumsforschung zur Kulturanalyse. Darmstadt: Carl Habel Verlag, 1971. 2. Aufl. Tübingen: Tübinger Vereinigung für Volkskunde, 1999.

Bausinger, Hermann; Jeggle, Utz; Korff, Gottfried; Scharfe, Martin: Grundzüge der Volkskunde (Grundzüge, 34). Darmstadt, Wissenschaftliche Buchgesellschaft, 1978. Dritte unveränderte Auflage Darmstadt 1993. Vierte durchges. und um ein Vorwort erw. Auflage Darmstadt 1999.

Bringéus, Nils-Arvid: Der Mensch als Kulturwesen. Eine Einführung in die europäische Ethnologie. Aus dem Schwedischen übersetzt von Pirkko Hösch (Veröffentlichungen zur Volkskunde und Kulturgeschichte, 44). Würzburg, Bayerische Blätter für Volkskunde, 1990.

Gerndt, Helge: Kultur als Forschungsfeld. Über volkskundliches Denken und Arbeiten. München: C.H. Beck, 1981. Zweite erweiterte Auflage München 1986.

Gerndt, Helge: Studienskript Volkskunde. Eine Handreichung für Studierende (Münchner Beiträge zur Volkskunde, 12). München, Münchner Vereinigung für Volkskunde, 1990. Dritte Auflage Münster u. a.: Waxmann, 1997.

Greverus, Ina-Maria: Kultur und Alltagswelt. Eine Einführung in Fragen der Kulturanthropologie (Beck'sche Schwarze Reihe, 1982). München, C.H. Beck, 1978. 2. Aufl. Frankfurt a. M. 1987 (Institut für Kulturanthropologie und Europäische Ethnologie. Notizen, 26).

Kaschuba, Wolfgang: Einführung in die Europäische Ethnologie. München, C.H. Beck, 2000.

Weber-Kellermann, Ingeborg; Bimmer, Andreas C.: Einführung in die Volkskunde / Europäische Ethnologie. Eine Wissenschaftsgeschichte (Sammlung Metzler, 79). Zweite erweiterte und ergänzte Auflage. Stuttgart: Metzler, 1985.

Wiegelmann, Günter; Zender, Matthias; Heilfurth, Gerhard: Volkskunde. Eine Einführung (Grundlagen der Germanistik, 12). Berlin: Erich Schmidt, 1977.

Wiegelmann, Günter: Theoretische Konzepte der Europäischen Ethnologie. Diskussion um Regeln und Modelle (Grundlagen der Europäischen Ethnologie, 1). Münster: Lit-Verlag, 1991.

Kurzbiografien der Autorinnen/Autoren

Assion, Peter (1941–1994), geb. in Walldürn/Baden, Studium der Germanistik, Romanistik, Politischen Wissenschaft und Volkskunde in Heidelberg und Berlin (FU). 1969 Promotion, 1975 Habilitation in Heidelberg. 1969–1980 Leiter der Badischen Landesstelle für Volkskunde in Freiburg i. Br. 1980–1991 Professor für Europäische Ethnologie an der Universität Marburg. 1991 Berufung auf den Lehrstuhl für Volkskunde an der Universität Freiburg i. Br. 1992–1994 Vorsitzender der Kommission für ostdeutsche Volkskunde, 1993–1994 Leiter des Johannes-Künzig-Instituts für ostdeutsche Volkskunde in Freiburg i. Br. Forschungsschwerpunkte: Brauch- und Erzählforschung, Sozial- und Kulturgeschichte des 19. Jahrhunderts, Auswanderung und Migration, Arbeiterkultur, Gegenwartsvolkskunde.

Baumhauer, Joachim Friedrich, geb. 1954. Studium der Volkskunde, Kunstgeschichte und Völkerkunde in Hamburg. 1983 Promotion »Johann Kruse und der neuzeitliche Hexenwahn«. Wissenschaftlicher Mitarbeiter am Landwirtschaftmuseum Lüneburger Heide in Hösseringen und am Heimatmuseum Springe. Ausbildung zum Fachzeitschriftenredakteur. Freier Schriftsteller, Redakteur und Lektor. Publikationen zu Volksglauben, dörflichem Wandel und Hausforschung.

Bickel, Beate, geb. 1959, nach Berufsausbildung Studium der Volkskunde und Germanistik in Göttingen. 1989 Magistra der Volkskunde bei Prof. Dr. Rolf Wilhelm Brednich mit einem Thema aus der Handwerksforschung. Mitarbeit am Bergbaumuseum Borken/Hessen, bis 1993 Volontariat am Westfälischen Freilichtmuseum Hagen – Landesmuseum für Handwerk und Technik, bis 1996 freiberuflich tätig, seit 1996 beauftragt mit Betreuung und Dokumentation der »Nordhessischen Volkskundesammlung Willi und Lina Krug« unter der Dienstaufsicht der Staatlichen Museen Kassel. Ausstellungen und Publikationen vor allem zum Thema Handwerk, zuletzt »›Lehrjahre sind keine Herrenjahre!‹ – Zur Ausbildung im alten Handwerk« (Kassel 2000).

Bimmer, Andreas C., geb. 1943 in Hamburg, Studium der Volkskunde, Soziologie und Erziehungswissenschaften in Hamburg, Kiel, Münster und Marburg. Promotion 1972, seitdem tätig als wiss. Mitarbeiter bzw. Akademischer Oberrat am Institut für Europäische Ethnologie/Kulturwissenschaft der Philipps-Universität Marburg. Forschungsschwerpunkte: Fest und Brauch, Familie, französische und ungarische Ethnologie, Wissenschaftsgeschichte der Volkskunde, Verhältnis Soziologie-Ethnologie. Vorsitzender der Hessischen Vereinigung für Volkskunde. Mitarbeit an der Internationalen Volkskundlichen Bibliographie, Herausgeber der Hessischen Blätter für Volks- und Kulturforschung.

Bönisch-Brednich, Brigitte, geb. 1960, Studium der Volkskunde, Kunstgeschichte sowie Ur- und Frühgeschichte in Göttingen, Magister 1987 mit einer Arbeit über Gebrauchskeramik der 1950er Jahre in Göttingen, Promotion 1994 mit dem wissenschaftsgeschichtlichen Thema »Volkskundliche Forschung in Schlesien« in Marburg 1994. 1996/97 Forschungsaufenthalt in Neuseeland, 2000 Habilitation mit der Arbeit »Deutschland –> Neuseeland. Eine ethnographische Migrationsstudie 1936–1996«. Privatdozentin an der Universität Göttingen, seit 2000 Gastprofessorin an der Victoria University in Wellington. Forschungsschwerpunkte: Wissenschaftsgeschichte, Sachkulturforschung, Migrationsforschung, Politische Anthropologie.

Böth, Gitta, geb. 1952, Studium der Europäischen Ethnologie in Marburg und Göttingen, Promotion 1979 zur Kleidungsforschung. 1979–1981 Volontariat am Rheinischen Landesmuseum für Volkskunde Kommern, 1982/1983 Visiting Research Worker im Ulster Folk and Transport Museum Holywood (Nordirland), Projektarbeit am Textile Department. 1984–1988 wiss. Mitarbeiterin im Niedersächsischen Freilichtmuseum Cloppenburg, u. a. Betreuung des Projektes »Historische Kleidungsforschung in Niedersachsen«. 1988–1999 wiss. Referentin am Westfälischen Freilichtmuseum Hagen, Landesmuseum für Handwerk und Technik, u. a. Betreuung und Dokumentation sowie Erstellung von Ausstellungen zu handwerklichen Themen. Seit 1999 in der Volkskundlichen Kommission für Westfalen in Münster im Forschungsgebiet »Kleinadlige Lebenswelten«. Lehraufträge an den Universitäten Bremen, Dortmund, Göttingen, Münster und Tartu (Estland).

Brednich, Rolf Wilhelm, geb. 1935 in Worms, Studium der Volkskunde, Germanistik und Geschichte in Mainz und Tübingen, Promotion 1960, Staatsexamen 1962, 1960–1962 wiss. Mitarbeiter an der Germanischen Sektion der Akademie der Wissenschaften in Mainz, 1962–1981 wiss. Mitarbeiter am Deutschen Volksliedarchiv in Freiburg, zuletzt als Hauptkonservator. Seit 1969 Lehraufträge an der Universität Freiburg, 1973 Habilitation, 1976 apl. Professor, von 1981–2000 Inhaber des Lehrstuhls für Volkskunde an der Universität Göttingen. Bis 1982 Herausgeber des Jahrbuchs für Volksliedforschung, seitdem Hauptherausgeber der Enzyklopädie des Märchens und Mitherausgeber von Fabula. Zeitschrift für Erzählforschung. Von 1991–1999 Vorsitzender der deutschen Gesellschaft für Volkskunde. Forschungsaufenthalte in Kanada 1972–1981, 1996/1997 in Neuseeland. 2000/2002 Gastprofessor an der Victoria University in Wellington/Neuseeland. Forschungsschwerpunkte: Erzählforschung, Medienforschung, Lied- und Balladenforschung, Auswanderungsforschung und Bildforschung. Zahlreiche Veröffentlichungen in Buch- und Aufsatzform. Jüngste Buchveröffentlichungen: Denkmale der Freundschaft. Die Göttinger Stammbuchkupfer – Quellen der Kulturgeschichte, 1997; Die Hutterer. Eine alternative Kultur in der modernen Welt, 1998.

Daxelmüller, Christoph, geb. 1948 in Bamberg, 1967–1979 Studium in Würzburg, Rom und München, 1974 Magister artium, 1979 Dr. phil., 1975–1982 wiss. Assistent am Institut für Deutsche Philologie, Volkskundliche Abteilung, der Universität Würzburg, 1982–1985 Hochschulassistent am Seminar für Volkskunde der Universität Göttingen, 1985–1990 Professor für Volkskunde an der Universität Freiburg, 1986 Gastprofessor an der Universität Zürich, von 1990–1998 Inhaber des Lehrstuhls für Volkskunde an der Universität Regensburg, seit 1999 Ordinarius für Volkskunde in Würzburg. Arbeiten zur Magieforschung, zur barocken Traktatliteratur, Bibliographie barocker Dissertationen zu Aberglaube und Brauch, ferner zur Erzählforschung, zur jüdischen Alltagskultur und zur Wissenschaftsgeschichte der jüdischen Volkskunde in Mittel- und Osteuropa. Jüngere Buchveröffentlichungen: Zauberpraktiken. Ideengeschichte der Magie, 1993; (Hrsg.): Tod und Gesellschaft – Tod im Wandel, 1996: Neuhrsg. des Handwörterbuchs des deutschen Aberglaubens, ³2000.

Gyr, Ueli, geb. 1945 in Sierre/VS (Schweiz), Studium der Volkskunde und Romanistik in Zürich und Grenoble. Promotion 1978 (»Die Fremdthematik im Werk von C.-F. Ramuz«) und Habilitation 1987 (»Lektion fürs Leben«). 1973 Assistent, 1981–1995 Oberassistent und Lehrbeauftragter am Volkskundlichen Seminar der Universität Zürich, seit 1995 Inhaber des Lehrstuhls für Volkskunde und Leiter des Seminars, dazu ab 1996 ständige Lehrverpflichtung an der Universität Bern. Forschungsinteressen: Theorien und Methoden der Volkskunde, Fachgeschichte, interkulturelle Kontakte, Alltagskulturen, urbane Lebenswelten und Stadtforschung, nonverbale Kommunikation, Tourismus, Bräuche, Folklore und Folklorismus, Nahrung, Alltagsästhetik u.a.m. Herausgeber der Zeitschrift »Schweizerisches Archiv für Volkskunde« und (gemeinsam mit Walter Leimgruber) der »Zürcher Beiträge zur Alltagskultur«.

Hartmann, Andreas, geb. 1952 in Freiburg i. Br. An der dortigen Universität Studium der Volkskunde, Ethnologie und Musikwissenschaft. Promotion 1984, von 1986–1992 Hochschulassistent am Seminar für Volkskunde der Universität Göttingen, Habilitation an der Universität Marburg, seit 1998 Professor für Volkskunde an der Universität Münster.

Hugger, Paul, geb. 1930, unterrichtete lange Jahre als Gymnasiallehrer in Basel, habilitierte sich 1971 an der dortigen Universität in Volkskunde. Von 1982 bis 1995 lehrte er als Ordinarius für Volkskunde an der Universität Zürich. Huggers Buchpublikationen betreffen Gebiete wie

Gemeinde- und Stadtmonographien, Industrialisierung ruraler Raume, Hirtenkulturen und Festkultur (Fasnacht). Hugger ist Hrsg. eines zweibändigen Handbuchs der schweizerischen Volkskultur, eines Werkes zur Kinderkultur und der Reihe »Das volkskundliche Taschenbuch« (»ethno-poche«), welche unveröffentlichte autobiographische Texte publiziert.

Jeggle, Utz, geb. 1941. Studium der Volkskunde und Geschichte in Tübingen, Bonn und Wien. Seit 1981 Professor für Empirische Kulturwissenschaft an der Universität Tübingen. Schwerpunkte der wissenschaftlichen Arbeit: Regionalgeschichte der Juden, Ethnographie des Dorflebens, Heimatkunde des Nationalsozialismus und Erinnerungskultur. Jüngere Veröffentlichungen u. a.: Der Kopf des Körpers, 1986; Judendörfer in Württemberg, 1999.

Kramer, Dieter, geb. 1940 in Rüsselsheim, Studium der Ev. Theologie, Germanistik, wiss. Politik und Europäischen Ethnologie/Volkskunde in Mainz und Marburg. Promotion über ein Thema zur Geschichte der Erwachsenenbildung in Hessen, Habilitation in Wien 1987 mit einer Arbeit zur historischen Arbeiterkultur. 1968–1976 wiss. Mitarbeiter im Fachgebiet Europäische Ethnologie/Volkskunde an der Universität Marburg; 1977–90 im Dezernat Kultur und Freizeit der Stadt Frankfurt a.M. als Mitarbeiter von Hilmar Hoffmann. Seit 1990 Kustos im Museum für Völkerkunde der Stadt Frankfurt, zugleich Professor für Volkskunde an der Universität Wien. Buchveröffentlichungen u. a.: Freizeit und Reproduktion der Arbeitskraft, ²1977; Der sanfte Tourismus, 1983; Museum als soziales Gedächtnis, 1988; Tourismuspolitik, 1990; Von der Notwendigkeit der Kulturwissenschaft, 1997.

Kuntz, Andreas, geb. 1952, Diplom 1976 bei Wolfgang Klafki, Promotion 1979 bei Ingeborg Weber-Kellermann in Marburg. Zahlreiche Ausstellungskataloge (Schramberg, Düsseldorf). 1990 Habilitation in Hamburg, seit 1991 Vertretungsprofessuren in Bamberg, Bayreuth und Freiburg i. Br., dort seit 1999 Professor am Institut für Volkskunde. Veröffentlichungen u. a.: (gemeinsam mit Beatrix Pfleiderer): »Fremdheit und Migration« (1987); (gemeinsam mit Albrecht Lehmann): »Sichtweisen der Volkskunde« (1988); »Arbeiterkulturen« (1993); »Lokale und biographische Erfahrungen. Studien zur Volkskunde« (1995); »Der Dampfpflug« (1979, ²2000); »Das Museum als Volksbildungsstätte« (1980, 1996); »Technikgeschichte und Museologie« (1981); »Biographische Objekte« (in Vorbereitung).

Lipp, Carola, geb. 1950, Studium der empirischen Kulturwissenschaften, Germanistik und Politikwissenschaften. Bis 1987 Lehraufträge und wissenschaftliche Mitarbeiterin am Ludwig-Uhland-Institut der Universität Tübingen. Seit 1989 Professorin am Seminar für Volkskunde der

Universität Göttingen. Arbeitsschwerpunkte im Bereich der Frauen- und Geschlechterforschung, der historischen Gemeindeforschung und der Alltags- und Gruppenkulturen. Derzeitiges Spezialgebiet Politische Kultur und Protestforschung. Rund 70 Veröffentlichungen in diesen Bereichen sowie zu methodischen Fragestellungen des Faches. U. a. Alltagskulturforschung im Grenzbereich von Volkskunde, Soziologie und Geschichte (1993); Medien populärer Kultur. Erzählungen, Bilder und Objekte in der volkskundlichen Forschung (Hrsg., 1995); Kulturgeschichte und Gesellschaftsgeschichte – Mißverhältnis oder glückliche Verbindung? (2000); Schwierigkeiten mit der Volkskultur (2001).

Mohrmann, Ruth-E., geb. 1945; Studium der Volkskunde, Geschichte und Germanistik in Marburg, Kiel und München. 1969 Staatsexamen in Kiel, 1975 Promotion in Kiel, 1976–1986 wissenschaftliche Mitarbeiterin im Sonderforschungsbereich 164 »Vergleichende geschichtliche Städteforschung« an der Universität Münster, 1986 Habilitation in Münster und Ernennung zur Professorin, 1988–1993 Professorin an der Universität Bayreuth, seit 1993 o. Professorin und Direktorin des Seminars für Volkskunde/Europäische Ethnologie an der Universität Münster, Vorsitzende der Volkskundlichen Kommission für Westfalen. Forschungsschwerpunkte: Alltagsgeschichte, Sachkultur (historische Wohnforschung), Brauchforschung, Rechtliche Volkskunde, Historische Quellenkunde. Veröffentlichungen u. a.: Volksleben in Wilster im 16. und 17. Jahrhundert (1977); Alltagswelt im Land Braunschweig (1990); ca. 60 Aufsätze in verschiedenen Fachzeitschriften und Sammelbänden.

Moser, Dietz-Rüdiger, geb. 1939 in Berlin, studierte in Berlin (FU), Kiel, Saarbrücken und Göttingen Musikwissenschaft, Germanistik, Kunstgeschichte und Volkskunde. Promotion in Göttingen 1968 mit einer Arbeit über die Musikgeschichte der Stadt Quedlinburg. 1968–1972 Assistent am Institut für ostdeutsche Volkskunde in Freiburg. 1978 Habilitation im Fach Volkskunde an der Universität Freiburg. 1978–1984 Heisenberg-Stipendiat. Seit 1981 Professor für Volkskunde. Lehrtätigkeit an den Universitäten Heidelberg, Münster und Berlin (FU). Seit 1984 Lehrstuhlinhaber, seit 1985 auch Vorstand des Institutes für Bayerische Literaturgeschichte an der Universität München. Seit 2000 Inhaber des Lehrstuhls für Bayerische Kulturgeschichte und Direktor des Instituts für Bayerische Geschichte der Universität München. Veröffentlichungen u. a.: Die Tannhäuser-Legende, 1977; Verkündigung durch Volksgesang, 1981; Fastnacht – Fasching – Karneval, 1986; Bräuche und Feste im christlichen Jahreslauf, 1993; ^{2}2002; Max und Moritz waren Bayern, 2000. Zahlreiche Aufsätze in Fachzeitschriften. Herausgeber der Zeitschrift »Literatur in Bayern« (seit 1985) und der Schriftenreihe »Kulturgeschichtliche Forschungen«.

Müns, Heike, geb. 1943 in Bad Doberan, Studium der Germanistik und Musikwissenschaft in Rostock, Promotion 1983 im Fach Volkskunde an der Akademie der Wissenschaften der ehemaligen DDR; 1969–1977 Diplomlehrerin in Rostock, 1979–1983 Wiss. Aspirantin an der Akademie der Wissenschaften in Berlin; 1983–1991 Wissenschaftliche Mitarbeiterin an der AdW im Wossidlo-Archiv (Institut für Volkskunde) in Rostock; seit 1992 wissenschaftliche Mitarbeiterin, seit 1999 Wissenschaftliche Direktorin am Bundesinstitut für Kultur und Geschichte der Deutschen im östlichen Europa in Oldenburg. Seit 1983 Lehrbeauftragte an der Universität Rostock, seit 1994 an der Universität Oldenburg. 1. Vorsitzende der Kommission für deutsche und osteuropäische Volkskunde in der Deutschen Gesellschaft für Volkskunde 1994–1998, 2. Vorsitzende seit 1999; Herausgeberin des Jahrbuches und der Schriftenreihe der Kommission. Forschungsschwerpunkte: Lied- und Brauchforschung, Alltagskultur, Wandermusikanten, Wissenschaftsgeschichte.

Röhrich, Lutz, geb. 1922 in Tübingen; Promotion 1949 in Tübingen; Habilitation 1954 in Mainz, apl. Prof. 1959 in Mainz, 1967 o. Prof. in Freiburg. Bis 1990 Direktor des Instituts für Volkskunde an der Universität Freiburg und des Deutschen Volksliedarchivs in Freiburg; seit 1990 Prof. em. Preise: Chicago Folklore Prize 1974; Oberrhein. Kulturpreis Basel 1984; Grimm-Preis der Univ. Marburg 1985; Pitrè-Preis Palermo 1985. Mitherausgeber: Enzyklopädie des Märchens, Handbuch des Volksliedes (gemeinsam mit R. W. Brednich und W. Suppan 1973–75), Deutsche Volkslieder. Texte und Melodien (gemeinsam mit R.W. Brednich 1965/67). Buchveröffentlichungen u. a.: Märchen und Wirklichkeit (1956, [5]2001); Sage und Märchen. Erzählforschung heute (1976); Lexikon der sprichwörtl. Redensarten ([5]1980; Taschenb. [4]1986; Neubearbeitung 1991; Taschenb. [2]2001); Der Witz (1977, Taschenb. [2]1980); Sage ([2]1971); Sprichwort (1977); Wage es den Frosch zu küssen. Das Grimmsche Märchen Nr. 1 in seinen Wandlungen (1987, [2]1999). Herausgeber der Schriftenreihe »Artes populares. Studia Ethnographica et Folkloristica« (seit 1976, bisher 22 Bde.)

Roth, Julia, geb. 1943 in Sofia. Studium der Slavistik und Osteuropäischen Geschichte in Freiburg, M.A. 1972, Dr. phil. 1978. Bulgarisch-Lektorin an den Univ. Freiburg und Münster (1973–83); seit 1990 Lehrbeauftragte für Interkulturelle Kommunikation an der Univ. München. 1991 Gastprofessur am Dept. of Anthropology in Berkeley, 1994–96 an der Univ. Klagenfurt und 2001 an der Fairleigh Dickinson University, NJ. Arbeitsschwerpunkte: Modernisierungsprozesse in Ost-/Südosteuropa, Interkulturelle Kommunikation. Forschung: 1984–90 zur südosteuropäischen Popularliteratur (DFG); 1991–97 Projekt zur Entwicklung des Studiengangs Interkulturelle Kommunikation an der Univ. München; 1999–2001 VW-Projekt für Curriculum in Interkultureller Kommunikation an russischen Universitäten. Interkulturelle Trainings und Beratung in Wirtschaft und öffentlichem Bereich.

Roth, Klaus, geb. 1939 in Hamburg. Studium der Anglistik, Geographie und Slavistik in Hamburg und Freiburg, Staatsexamen 1967; Volkskunde-Studium bei Lutz Röhrich. 1969 MA in American Folklore, Indiana University; 1975 Dr. phil. Freiburg; 1976–82 Wiss. Assistent am Volkskundlichen Seminar in Münster; seit 1982 Professor am Institut für dt. und vergl. Volkskunde der Univ. München. 1988 und 1991 Gastprofessur am Department of Anthropology, Berkeley. Forschungsprojekte: Popularliteratur Südosteuropas (DFG), Alltagskultur im sozialistischen Dorf (DFG), Deutsch-türkische Kommunikation am Arbeitsplatz (Forarea), Europäisches Theater in Südosteuropa (DFG), Sozialistische Alltagskultur (Forost). Vizepräsident der Südosteuropa-Gesellschaft, München; Leiter der Fachkommission für Volkskunde des Herder-Forschungsrats, Marburg; Mithrsg. der Enzyklopädie des Märchens, Göttingen; Hrsg. der Münchener Beiträge zur Interkulturellen Kommunikation und der Zs. Ethnologia Balkanica.

Schempf, Herbert, geb. 1937. Studium der Rechtswissenschaft, Germanistik und Volkskunde. Nach der 2. juristischen Staatsprüfung 1967 zunächst Staatsanwalt, von 1989 bis 2000 Vorsitzender Richter am Landgericht in Stuttgart. Zahlreiche Veröffentlichungen zum Thema der Rechtlichen Volkskunde, zur Rechtsgeschichte und Rechtsarchäologie, aber auch zum geltenden Recht. Mitarbeiter an der Enzyklopädie des Märchens und der Internationalen Volkskundlichen Bibliographie.

Schenda, Rudolf (1930–2000), studierte in Amherst/Mass., München und Paris Romanistik und Anglistik. Promotion mit »Die französische Prodigienliteratur«, München 1961. 1960–62 arbeitete er als Lektor an der Universität Palermo. 1962–1973 als Assistent, Universitätsdozent und a. o. Prof. am Ludwig-Uhland-Institut der Universität Tübingen (Habilitation 1969: »Volk ohne Buch«, 1970, ²1977). 1973–1979 o. Prof. und Direktor des Seminars fur Volkskunde an der Universität Göttingen; von 1979 bis zu seinem Eintritt in den Ruhestand 1995 hatte er den Lehrstuhl fur Europäische Volksliteratur an der Universität Zürich inne. Wichtigste Veröffentlichungen: Das Elend der alten Leute, 1972; Die Lesestoffe der Kleinen Leute, 1976; Lebzeiten 1982, ²1983; Folklore e letteratura popolare, 1986; Sagenerzähler und Sagensammler der Schweiz, 1987; Von Mund zu Ohr. Bausteine zu einer Kulturgeschichte volkstümlichen Erzählens in Europa, 1993; Das ABC der Tiere, 1995; Märchen aus der Toskana, 1996; Giambattista Basile: Das Märchen der Märchen. Das Dekamerone, 2000. Schenda war Mitbegründer und bis 1991 Mitherausgeber der Enzyklopädie des Märchens und hat jahrzehntelang an der Edition von Fabula. Zeitschrift fur Erzählforschung mitgewirkt.

Schenk, Annemie (1935–1998), Studium der Germanistik, Romanistik und Volkskunde in Marburg, Freiburg und Poitiers. Staatsexamen und

Promotion in Marburg. Bis 1981 wissenschaftliche Mitarbeiterin an der Philipp-Universität Marburg im Institut fur Europäische Ethnologie und Kulturforschung. Zahlreiche Veröffentlichungen zur interethnischen Forschung in Südosteuropa. Zuletzt: Europäische Kulturlandschaft Siebenbürgen, 1995.

Schepping, Wilhelm, geb. 1931 in Neuss. Schulmusikexamen an der Musikhochschule Köln, Studium der Musikwissenschaft, Germanistik, Philosophie, Psychologie und Pädagogik an der Universität zu Köln; beide Lehramtsexamina für Musik und Germanistik. Promotion in Musikwissenschaft (mit Germanistik und Philosophie), Dissertation über die Wettener Liederhandschrift. Zehn Jahre Gymnasialdienst (Musik, Deutsch); seit 1968 Hochschullehrer: Professuren für Musikpädagogik – Schwerpunkt Musikwissenschaft – an der Päd. Hochschule Neuss, der Universität Düsseldorf, als Lehrstuhlinhaber an der RWTH Aachen und der Universität zu Köln; dort 1992 bis 1999 (emerit.), auch Direktor des Instituts für Musikalische Volkskunde. 1976–82 Geschäftsführer und 1982–1986 Vorsitzender der Kommission für Lied-, Musik- und Tanzforschung in der Deutschen Gesellschaft für Volkskunde. Forschungs- und Publikationsschwerpunkte: Lied-, Sing- und Brauchforschung; geistliches Volkslied; Volksinstrumente; Liedmonographie und Liedbiographie im gesellschaftlichen Kontext; oppositionelles Lied im Dritten Reich; Lied und Singen im Medienzeitalter; Neues Geistliches Lied; Dialektlied; Volkslied- und Volksmusik-Theorie.

Schilling, Heinz, geb. 1942 in Seligenstadt am Main, Studium der Volkskunde, Germanistik und Politikwissenschaft in Frankfurt a. M., Magister 1968 (über Massen-Medien des 16. Jahrhunderts), Promotion 1971 (»Wandschmuck unterer Sozialschichten«). Danach für ein Jahrzehnt Rundfunkredakteur. Rückkehr an die Universität (Akad. Oberrat): Habilitation 1993 in Kulturanthropologie und Europäischer Ethnologie in Frankfurt a. M. (»Neue Dörflichkeit. Urbanisierung ohne Urbanität im Rhein-Main-Gebiet«). Außerplanmäßige Professur 1998. Leitete 16 mehrsemestrige studentische Projekte, daraus zahlreiche Veröffentlichungen. Lehr- und Forschungsschwerpunkte: Urbanität; Region, Grenze und Nachbarschaft; Peripherie und Zentralität; Identitäten und Mentalitäten; Geschichte und Geschichtlichkeit; Basic Anthropology. Jüngste Veröffentlichung: »Die Kultur der Kleinbürger«. Wien/Köln/Weimar 2001. Mitherausgeber der Reihe »Kulturanthropologie Notizen«.

Sievers, Kai Detlev, geb. 1934, Studium der Geschichte, Volkskunde und Kunstgeschichte, Promotion 1961, Habilitation in Volkskunde 1968, Professor am Seminar für Volkskunde der Universität Kiel 1972–1996. Forschungen auf dem Gebiet der Wissenschaftsgeschichte der Volkskunde (Aufklärung), des Festwesens (19. Jahrhundert und Gegenwart), des Armenwesens, der Sozialen Frage im 19. Jahrhundert (bürgerliche Sozialpolitik, Überseewanderungen, Wohnungsfrage), ethnischer Minderheiten (Bund Deutscher Nordschleswiger in Dänemark) und des völkischen Heimatschutzes. Seit 1969 Mitherausgeber der Kieler Blätter zur Volkskunde.

Siuts, Hinrich, geb. 1932 in Stargard/Pommern, Professor em. für Volkskunde an der Universität Münster. Er studierte 1951–1956 in München, Tübingen und Kiel, Promotion bei Kurt Ranke mit der Arbeit »Bann und Acht und ihre Grundlagen im Totenglauben«. Anschließend arbeitete er fünf Jahre als Assistent am Deutschen Volksliedarchiv in Freiburg. 1962 wechselte er als Assistent an das Volkskundliche Seminar in Münster zu Bruno Schier und habilitierte sich 1965 mit der Schrift »Die Ansingelieder zu den Kalenderfesten«. 1982 veröffentlichte er »Bäuerliche und handwerkliche Arbeitsgeräte in Westfalen«. Forschung und Lehre vor allem auf den Gebieten Volksgesang und Volkserzählung, Kleidung, Volk und Recht, Landwirtschaft und Museologie.

Tolksdorf, Ulrich (1938–1992), Studium der Germanistik, Volkskunde, Philosophie und Geschichte an den Universitäten in Kiel, Innsbruck, Freiburg und Zürich. Nach der Promotion seit 1966 Tätigkeit am Germanistischen Seminar der Akademie der Wissenschaften und Literatur zu Mainz an der Universität Kiel und Leiter der »Kommission fur ostdeutsche Volkskunde«. Bearbeiter und Herausgeber des »Preußischen Wörterbuchs«, des »Jahrbuchs für ostdeutsche Volkskunde« sowie der »Schriftenreihe der Kommission für ostdeutsche Volkskunde«. Volkskundliche Forschungsschwerpunkte: Nahrungsforschung, Flüchtlingsforschung und Erzählforschung. Wichtigste Buchveröffentlichungen: Volksleben in den Ermländersiedlungen der Eifel, 1967; Essen und Trinken in Ost- und Westpreußen, 1975; Eine ostpreußische Volkserzählerin, 1980; Ermländische Protokolle, 1991.

Warneken, Bernd Jürgen, geb. 1945; Studium der Germanistik, Allgemeinen Rhetorik und Philosophie in Tübingen und Heidelberg. 1975 Promotion, 1983 Habilitation; seit 1986 Akademischer Rat und seit 1990 apl. Professor am Ludwig-Uhland-Institut für Empirische Kulturwissenschaft der Universität Tübingen. Seit 1987 im Vorstand des der Universität Tübingen angeschlossenen »Forschungsinstituts für Arbeit, Technik und Kultur«. Publikationen u. a. zur Literaturtheorie, Kulturtheorie, Arbeiterkulturgeschichte, populärer Autobiographik, Körpergeschichte. Neuere Schwerpunkte: Methodologie der Feldforschung; Geschichte der deutschsprachigen Ethnographie.

Wolff, Eberhard, geb. 1959, Dr. rer. soc., wissenschaftlicher Mitarbeiter des Medizinhistorischen Instituts und Museums der Universität Zürich sowie des Instituts für Geschichte der Medizin der Robert Bosch Stiftung, Stuttgart. Studium der Empirischen Kulturwissenschaft (Volkskunde) und Politikwissenschaft in Tübingen. Promotion ebendort 1995. Volkskundliche und medizinhistorische Forschungen und Veröffentlichungen sowie Ausstellungsarbeit, vor allem im Überschneidungsbereich beider Disziplinen. Aktuelle Arbeitsbereiche: Die Bedeutung der Tiere für die menschliche Gesundheit, die Rolle der Medizin im Wandlungsprozeß des Judentums im frühen 19. Jahrhundert (DFG-Projekt, Stuttgart), Aufbau eines »Bircher-Benner-Archivs« für außerschulmedizinische Heilweisen in Zürich.

Namenregister

Aagard, Herbert 180f.
Aarne, Antti 525
Abel, Wilhelm 146, 245
Abraham, Karl 187
Abrahams, Roger 395
Achenwall, Gottfried 12f., 22
Adelman, M.B. 391
Adorno, Theodor W. 11, 666
Adler, Guido 587
Alber, Wolfgang 603, 608
Albrecht, W. 587
Alembert, Jean d' 165, 180
Alexander, Dorothy 211
Allweier, Sabine 251
Alsheimer, Rainer 398, 414, 619
Althaus, Hans-Joachim 92, 264, 341
Althabe, Gérard 298
Alzheimer-Haller, Heidrun 343
Amann, Jost 164, 180
Ambatielos, Dimitrios 619
Amira, Karl von 425
Amlung, Ullrich 65
Ammann, Johann Josef 640
Ammon, Ulrich 259
Anderegg, Jean-Pierre 296
Andersen, Lars-Ole 621
Anderson, Robert T. 300
Andrásfalvy, Bertalán 369, 383f.
Andree, Richard 42, 506
Andree-Eysn, Marie 506
Anesa, Marino 297
Applebaum, Herbert 403
Arensberg, Conrad M. 292, 303
Ariès, Philippe 323
Arndt, Ernst Moritz 40
Arndt, Johann 503, 548
Arnheim, Rudolf 207
Arnim, Bettina von 38
Arnim, Ludwig Achim von 38
Asadowskij, Mark 91, 522
Asante, Molefi K. 395
Assion, Peter 62, 103, 113, 139, 145, 162, 164, 230, **255–289**, 492, 521
Atteslander, Peter 82f., 85
Auer, Hermann 672f.
Auer, Ludwig 553
Aufermann, Jörg 566
Aufseß, Hans von und zu 42
Augustinus, hl. 496, 650

Baader, Franz Xaver von 44
Baaske, Andrea 608
Bach, Adolf 256
Bachleitner, Reinhard 473
Bachmann-Geiser, Brigitte 609
Bade, Klaus J. 382
Bader, Karl Siegfried 423, 436

Bachmayer, Monika 672
Bächtold-Stäubli, Hanns 336
Baedeker, Karl 472
Bäumker, Wilhelm 604
Baer, Angela 570
Bahl, Anke 580
Bake, Rita 186
Balke, Lotar 227f.
Ballhaus, Edmund 88, 95, 190
Barth, Christian Gottlob 553
Barthes, Roland 227
Basedow, Johann Bernhard 180, 545
Bastian, Adolf 42
Bastian, Ulrike 526
Bauche, Ulrich 145, 163
Bauer, Ingolf 668
Bauer, Michael 180
Bauer, Werner M. 645
Bauman, Richard 395, 516, 536
Baumann, Max Peter 591f., 605, 608
Baumgart, Markus 576
Baumgarten, Karl 104, 111, 140
Baumgartner, Jakob 492
Baumhauer, Joachim Friedrich **101–131**
Bausinger, Hermann 11, 26f., 55, 61f., 79f., 87, 223, 230, 259f., 266, 277, 279, 294, 336, 369f., 394, 398, 402, 414, 456, 460, 476, 480, 516, 518f., 529, 532, 535f., 568, 575, 587,– 589, 641, 661
Bayerl, Günther 180
Beall, Karen F. 212
Bebel, August 182f., 273, 317
Bebel, Heinrich 498
Bebermeyer, Gustav 68
Bechdolf, Ute 347, 349, 573
Bechstedt, Christian W. 183
Beck, Stefan 283, 478, 580, 621, 623
Becker, Albert 336
Becker, Erich 292
Becker, Horst 65, 317
Becker, Rudolf Zacharias 546
Beckermann, Theodor 187
Beckmann, Uwe 178, 188
Bedal, Konrad 101, 103–106, 113f., 146
Beer, Bettina 373
Behrend, Fritz 55
Beissel, Stephan 507
Beitl, Klaus 70, 438f., 493
Beitl, Richard 77, 337
Bellwald, Werner 478
Ben-Amos, Dan 392, 516, 519
Bendix, Regina 340, 393, 475
Beneder, Beatrix 350
Benedikt, Gertrud 332
Benker, Gertrud 141, 203
Benscheid, Anja 175
Bentzien, Ulrich 156, 161f.

Benz, Ernst 382
Beradt, Charlotte 65
Berelson, B. 86
Berger, Hartwig 86, 90
Bernhard von Clairvaux 501 f.
Bernot, L. 297
Bertarelli, Achille 203
Berthoud, Gérald 296, 300
Besseler, Heinrich 589, 594
Bettelheim, Bruno 516, 527
Beutel, Michael 477
Bickel, Beate 171–200
Bidlingmaier, Maria 343
Bimmer, Andreas C. 311–328, 341, 445–468
Binder, Beate 332, 343
Bitsch, Helmut 669
Bitterli, Urs 18
Blancard, R. 297
Bloch, Iwan 185
Blohm, Anne 330
Blumenbach, Johann Friedrich 19
Bluntschli, Johann Kaspar 48
Boberach, Heinz 67
Bock, Gisela 331 f.
Bock, Sabine 120
Bockhorn, Olaf 264, 296, 299
Bodenstedt, Andreas 240 f.
Bødker, Laurits 524
Boehm, Fritz 55, 202
Böhme, Franz Magnus 593
Bönisch-Brednich, Brigitte 251, 368
Boekenoogen, G.J. 203
Böth, Gitta 221–238, 346
Bogatyrev, Petr G. 227, 519
Boissevain, Jeremy F. 295
Bolte, Johannes 202, 521, 641
Bolten, Jürgen 397
Bomann, Wilhelm 139, 156, 162
Bonfadelli, Heinz 571
Borch-Nitzling, Alexander Frh. von der 573
Borchardt, Knut 271
Bormann, Regina 332
Boross, Marietta 379
Bose, Fritz 587
Bottigheimer, Ruth B. 339
Bourdieu, Pierre 134, 278, 282, 332, 480, 332, 480
Bouvier, Jean Claude 297
Bozon, Michel 298
Bräker, Ulrich 548
Bräuer, Birgit 377 f.
Brakensiek, Stefan 213
Brandes, Edda 609
Brandt, Willy 275 f.
Brant, Sebastian 658
Braudel, Fernand 133
Braun, Hartmut 587 f., 606
Braun, Karl 464, 619

Braun, Markus 294
Braun, Rudolf 368
Braungart, Wolfgang 212
Brecht, Bert 638
Brednich, Rolf W. 20, 64, 77–100, 103, 113, 139, 145, 187, 201–220, 516, 531, 535, 592 f., 600 f., 647
Breidenbach, Joana 398, 414
Brekke, Nils Georg 215
Brenner, Otto 57
Brentano, Clemens 38
Brepohl, Wilhelm 257 f.
Breuer, Dieter 492, 506
Brilli, Attilio 471
Bringemeier, Martha 222–224, 229, 343, 589, 597
Bringéus, Nils-Arvid 167, 201 f., 204 f., 214 f., 241
Brislin, Richard W. 408, 413
Brockpähler, Renate 602
Brodmeier, Beate 186
Bröcker, Marianne 607, 608
Brouwer, Cornelis 591
Bruckbauer, Maria 66
Brück, Ulla 460
Brückner, Wolfgang 53, 146, 203–205, 212–214, 221, 225 f., 229, 456, 492, 503, 516, 569, 668, 675
Bruegel, Pieter d. Ä. 208
Brüggemann, Beate 292
Brunold-Bigler, Ursula 520
Brunner, Heinrich 425
Brunner, Otto 172
Bruns, Albrecht 187
Brusson, Jean-Paul 298
Bubmann, Peter 604
Buchner, Jutta 464
Buck, Anne 228
Bücher, Karl 45, 57
Büld, Bernhard 188
Burckhardt, Jacob 648
Burckhardt-Seebass, Christine 221, 225, 227, 234, 343
Burke, Peter 10
Burnett, John 265
Burns, Thomas A. 534
Butler, Judith 346–348

Calame-Griaule, Geneviève 536
Cammann, Alfred 89, 522
Campe, Joachim Heinrich 545
Cantauw-Groschek, Christiane 481
Carlen, Louis 432
Carstensen, Jan 161
Casmir, Fred L. 392
Centlivres, Pierre 295
Chalvon-Demersay, Sabine 298
Chasseguet-Smirgel, Jeanine 56 f., 63
Chassid, Jehuda ben Samuel 491
Chen, Guo-Ming 391

Chesi, Valentin 186
Chmielewski-Hagius, Anita 620
Chodowiecki, Daniel 164, 180
Chombart de Lauwe, Paul-Henry 298
Chorherr, Edith 492
Christiansen, Broder-Heinrich 184
Citovics, Tamara 344
Clausen, V.E. 203
Cohen, Erik 475
Cole, John W. 295, 301
Collier, Mary J. 392
Conring, Hermann 12
Conze, Werner 273, 319
Cook, James 19
Cox, H. L. 156, 161, 381
Crettaz, Bernard 296, 300

Dadder, Rita 413
Dahlén, Tommy 402
Dahles, Heidi 350
Dahms, Geerd 120
Danckert, Werner 588
Dankert, Harald 575
Dascher, Ottfried 179
Daun, Åke 325, 398, 401
Davids, Jens-Ulrich 86, 575
Davis, Natalie Zemon 186
Daxelmüller, Christoph 141, 367, 424, 451, 491–513, 516, 532
De Blécourt, Willem 621, 623
Dechmann, Manfred D. 93
Degérando, Joseph-Marie 18
Dégh, Linda 339, 522, 531
Degreif, Uwe 350
Deichmann, Inke 621
Deißner, Vera 31, 331
Delaruelle, Étienne 506
Delaporte, Yves 227
Deneke, Bernward 141, 165, 663, 675
Dettmer, Hermann 141, 213
Deutsch, Walter 599, 606
Devereux, Georges 88, 301
Devrient, Eduard 640, 653
Dickens, Charles 552
Diderot, Denis 165, 180
Diederichs, Eugen 202
Dilly, Caspar 208
Dieterich, Albrecht 56 f.
Dinges, Martin 630
Dirlmeier, Ulf 133, 136
Dodd, Carley H. 391, 406
Dölker, Helmut 431
Dörrer, Anton 641
Doná, A. 296
Dornheim, Jutta 333, 620, 623 f., 627
Dosch, Gabi 575
Dougherty, Janet W. 401 f.
Douglas, Mary 241 f.
Doyle, Conan 554
Drolshagen, Ebba 347

Duchartre, Pierre-Louis 203
Duden, Barbara 348
Dülmen, Richard van 133, 492
Dünninger, Hans 440
Dünninger, Josef 448, 516
Duerig, Walter 497
Dumas, Alexandre 552
Dundes, Alan 208, 350, 398, 516 f.
Duvignaud, Jean 455

Eberhart, Helmut 264
Ebertz, Michael N. 506
Eck, Reimer 17
Eggers, Petra 186
Ehn, Billy 297, 398
Eibner, Franz 593, 597
Eichler, Ulrike 213
Eicke, Dagmar 342
Eitel, Claudia 573
Eitzen, Gerhard 104, 111
Ek-Nilsson, Katarina 350
Elias, Norbert 146, 249 f.
Elkar, Rainer S. 178, 184
Ellenberg, Heinz 105, 119
Ellinghaus, Gert 575
Ellwanger, Karen 346, 349
Elsener, Ferdinand 429 f.
Emig, Brigitte 261
Emmerich, Wolfgang 35, 55 f., 60, 63, 65, 182, 265, 270
Emsheimer, Ernst 609
Endres, Werner 183
Engels, Friedrich 46 f., 270, 273 f., 317
Engelsing, Rolf 274
Engling, I. und H. 185
Enzensberger, Hans-Magnus 473
Erasmus von Rotterdam 249
Eriksen, Thomas H. 398, 404
Erixon, Sigurd 297, 451
Erk, Ludwig 38
Erlach, Friedrich Karl von 38
Erlinger, Hans Dieter 578
Erne, Andrea 341
Ernyey, Josef 641
Ersch, J.G. 182

Fabri, Johann Ernst 11
Falkenberg, Regine 460
Fehling, Detlev 518
Fehlmann-von der Mühll, Maja 325
Fehr, Hans 210 f.
Fehring, Günter P. 136
Fehrle, Eugen 62–64, 68, 505
Feidel-Mertz, Hildegard 679
Feifer, Maxine 475
Fél, Edit 146, 159, 162, 300
Fellerer, Karl Gustav 587
Fendl, Lisa 479, 481
Ferraro, Gary P. 392, 396
Ferry, Gabriel 554

Feulner, Adolf 135
Fichte, Johann Gottlieb 44
Fielhauer, Helmut Paul 263 f., 271, 675
Fink, Christian 474
Finkel, Billie Laura 347
Firth, Raymond 291
Fischer, Friedrich Christoph Jonathan 22 f.
Fischer, Georg 9
Fischer, Hans 85, 480
Fischer, Helmut 522, 531
Fischer, Hermann 575
Fischer, Johann Heinrich 22
Fischer, Wolfram 189
Fischer-Kohnert, Barbara 120
Fließ, Ulrich 213
Floerke, Friedrich Jacob 181
Floerke, Heinrich Gustav 181
Foltin, Hans-Friedrich 480, 571, 577 f.
Forkel, Martina 147, 330
Forster, Georg 19
Foth, Albrecht 430
Foucault, Michel 566 f.
Fraenger, Wilhelm 203
Frahm, Eckart 603, 608
Francis, Emerich K. 372
Franz von Assisi, hl. 491
Franz, Adolph 507
Frazer, James George 41
Freckmann, Klaus 104
Freud, Sigmund 59, 530, 534
Frey, Jürgen 608
Frey-Vor, Gerlinde 573 f., 578
Freytag, Gustav 47
Friedl, Ernestine 295
Friedl, John 295, 300
Friese, Friedrich 24
Friess-Reimann, Hildegard 331
Fritz, Hermann 592 f., 597
Fröhlich, Sigrid 171
Früh, Sigrid 339
Führ, Eduard 273
Fürst, Paulus 202
Fuchs, Werner 91
Furrer, Benno 120

Gaál, Károly 162, 296
Gaitzsch, Wolfgang 167
Gajek, Esther 621
Gans, A. J. 298
Garavel, J. 297
Garovi, Angelo 439
Gatterer, Christoph Wilhelm Jakob 15 f.
Gatterer, Johann Christoph 14 f.
Gebhard, Torsten 156
Geertz, Clifford 403
Geiger, Klaus 86, 568
Geiger, Theodor 446
Geisberg, Max 202
Gennep, Arnold van 367, 459, 463
Georges, Robert A. 89

Geramb, Viktor von 103, 139, 293, 639
Gerhard, Ute 186
Gerndt, Helge 61, 78–80, 92, 146, 205 f., 226 f., 373 f., 398, 454, 520–522, 529
Gerstner-Hirzel, Emily 522
Gestrich, Andreas 182
Gierke, Otto von 425
Gieske, Sabine 330, 345–347
Giordano, Christian 393, 398
Girgensohn, Karl 507
Girtler, Roland 79, 93
Gläntzer, Volker 120, 137, 139, 142, 144 f.
Glaser, Hermann 263
Glaser, Renate 567
Glatzel, Hans 246
Gleiter, Jörg H. 664
Gleitsmann, Rolf-Jürgen 180
Glinka, Hans-Jürgen 90
Gniza, Erwin 589, 598
Gockerell, Nina 668
Göbel, Karin 235
Göhring, Heinz 397
Görres, Joseph 39, 552, 594 f.
Goethe, Johann Wolfgang von 533, 568, 594, 597 f.
Göttsch, Silke 339, 348
Götz, Irene 96, 283, 908
Goldmann, Margarethe 672
Goldschmidt, Anne 607
Goldstein, Kenneth S. 89
Goodman, William Louis 163
Gorsemann, Sabine 479
Gosmann, Ulla 347
Gothein, Eberhard 47
Grabner, Elfriede 620, 630
Gräter, Friedrich David 592, 596–598
Granlund, John 297
Grass, Nikolaus 492
Grassi, Carmelo 426
Grasskamp, Walter 662 f.
Greber, Josef M. 163
Greverus, Ina-Maria 71, 298, 342, 397 f., 400, 454, 477
Griebel-Kruip, Rosemarie 492
Grießinger, Andreas 173
Grimm, Jacob 37 f., 63, 78 f., 92, 424 f., 429 f., 521 f., 595, 639, 644
Grimm, Wilhelm 37 f., 521 f.
Grisanti, Cristoforo 297
Grob, Marion 234
Grober-Glück, Gerda 339
Gröwer, Karin 281
Großmann, G. Ulrich 101, 104, 120
Grothe, Heinz 535 f.
Gruber, J. G. 182
Gruehn, Werner 507
Grundmann, Herbert 506
Grunewald, Elke 282
Gruppe-Kelpanides, Heidemarie 454

Namenregister

Gudykunst, William B. 392, 395 f., 402, 406, 413
Gündisch, Konrad 365, 384
Günter, Bettina 332
Günter, Heinrich 506, 532
Günter, Janne 300
Günther, H. 606, 608
Günther, Hans F. K. 505
Guirdham, Maureen 392
Gumperz, John 395, 407, 410
Gustavsson, Anders 492, 495
Gyr, Ueli 397 f., **469–489**, 570

Haas, Walburga 621
Habermann, Johann 548
Habermann, Monika 620
Habermas, Jürgen 474
Habermas, Rebekka 344
Haefs, Hanswilhelm 665
Hähnel, Joachim 105
Händler, J. C. 183
Hävernick, Walter 143
Hagemann, Gustav 139
Hahn, Walter von 163
Haid, Gerlinde 599, 605, 608
Hain, Mathilde 76, 222, 227, 343
Haist, Karin 332
Hall, Edward T. 394 f., 401, 405 f., 412
Halle, Johann Samuel 180 f.
Hallenberger, Gerd 578
Halliday, M. A. K. 242
Hampe, Henrike 347, 620
Hampe, Theodor 202
Hand, Wayland D. 536
Handschuh, Gerhard 118
Hangen, Hedwig 143
Hannerz, Ulf 403
Hansen, Niels 120
Hansen, Wilhelm 142, 156, 161, 180, 208, 338, 608
Hanssen, Georg 32
Harkort, Fritz 532
Harms, Volker 668
Harms, Wolfgang 211
Harnisch, Wilhelm 293
Harris, Marvin 668
Hartinger, Walter 460
Hartmann, Andreas **9–30**, 215, 234,
Hartmann, August 640
Hartwig, Otto Ludwig 181
Harvolk, Edgar 205
Hasse, Max 143
Hauenschild, Andrea 665
Hauffen, Adolf 366
Hausen, Karin 335, 343
Hauser, Andrea 333
Hauser-Schäublin, Brigitta 621
Havekost, Frauke 346
Hazelius, Arthur 46, 188
Heckmann, Friedrich 371 f., 381, 384

Hegel, Georg Friedrich 44, 596
Hegewald, Raimund 608 f.
Heidrich, Hermann 91, 145
Heilfurth, Gerhard 70, 78, 155, 259, 367
Heimann, Ingrid 346
Heimann, Walter 588 f., 592 f., 597
Heine, Heinrich 63
Heineberg, Heinz 299
Heinrich der Löwe 521
Heinze, Karen 346
Heinze, Thomas 664
Heitz, Paul 202
Held, Claudia 213
Heldmann, Anja 347
Helfert, Alexander von 366, 382
Hellpach, Willy 256
Helm, Rudolf 222
Hengartner, Thomas 299
Hengstenberg, Gisela 350
Hennig, Christoph 477, 479 f.
Henning, Friedrich-Wilhelm 271
Henning, Rudolf 103
Hense, Heidi 673
Henßen, Gottfried 91, 522, 537
Hentig, Hans von 437
Hentz, Ludwig 375 f.
Herder, Johann Gottfried 10, 12, 18 f., 36 f., 587, 593–598, 600, 641
Hermeking, Marc 398, 415
Herz, Dieter 576
Hesse-Lehmann, Karin 373
Hettlage, Robert 371
Heumann, Georg Daniel 212
Heurck, Em. van 203
Heyne, Moriz 138
Hickethier, Knut 567
Hilbert, Günter S. 673
Hildebrand, Maria 605, 607
Hildebrand, Rudolf 57
Hills, Jeanette 208
Hilscher, Elke 213
Hinnenkamp, Volker 397, 407
Hinz, Sigrid 135
Hirschberg, Walter 155
Hirschfelder, Gunther 618
Hobsbawm, Eric 393
Hoche, Johann Gottfried 546
Höfler, Otto 62, 645
Höher, Peter 146
Hömberg, Erentraud 475
Hoerburger, Felix 587, 604, 607
Hörger, Hermann 496
Hofer, Tamás 146, 159, 162, 300
Hoffmann, Carl Otto 181
Hoffmann, Detlef 665, 672
Hoffmann von Fallersleben, August Heinrich 38
Hoffmann-Krayer, Eduard 57–59
Hofstede, Geert 397, 401, 408 f.
Holbek, Bengt 398

Holmberg, Christine 620–622
Homans, Georg C. 446
Homoet, Christiane 161
Honko, Lauri 398, 517, 524, 530
Honolka, Hanno 398
Hoppe, Jens 572
Horak, Karl 606, 608, 641
Horkheimer, Max 11, 566, 666
Horna, Richard 426
Hornbostel, Ernst Moritz von 587
Howard, John 21
Howes, David 398
Hubensteiner, Benno 492
Huber, Cécile 345
Huber, Friedrich 87
Huber, Kurt 66
Hudson, Kenneth 665
Hugger, Paul 158, 166, 264, **291–309**, 460, 463
Humboldt, Alexander von 33
Humburg, Norbert 521
Hymes, Dell 395, 402

Ilien, Albert 296
Ipsen, Gunther 294
Ichikawa, Y. 186
Isambert, François-André 506

Jacobeit, Sigrid 209
Jacobeit, Wolfgang 57, 138, 155f., 162, 209, 222, 261f., 676
Jacobsen, Hans-Adolf 364
Jacobus von Voragine 547, 649
Jahn, Friedrich Ludwig 39
Jakobson, Roman 519
Janata, Alfred 155
Janzen, Dörte 332
Jaspers, Friedrich W. 142
Jeggle, Utz **53–75**, 87, 90, 259, 296, 340, 461f., 476
Jensen, Adolf 506
Jobst, Alfred 503, 505
Johann, Erzherzog von Österreich 33, 639
Johannes de Caulibus 652
Johannes von Nepomuk 652
Johler, Reinhard 464
Joho, W. 184, 189
Jolles, André 515, 525
Jonach, Ingrid 396
Jones, Michael O. 89
Joußen, Wolfgang 563
Jürgens, Heiko 648
Jungbauer, Adalbert 640f.
Jungbauer, Gustav 368
Junker, Almut 231

Kahsnitz, Rainer 663
Kaiser, Hermann 145
Kalinke, Heinke 334
Kalitzkus, Vera 621, 623

Kammerhofer-Aggermann, Ulrike 476, 478
Kant, Immanuel 499
Kapeller, Kriemhild 461, 476
Kapfhammer, Günther 92
Karasek, Alfred 641
Karlinger, Felix 532, 536
Karmasin, Helene 251
Kartari, Asker 282, 393
Kaschuba, Wolfgang 264 f., 281, 329, 404, 471
Kaspar, Claude 470
Kaspar, Fred 146
Katschnig-Fasch, Elisabeth 143, 278, 332
Katz, Elihu 565
Kaufhold, Karl Heinrich 189
Kaufmann, Otto 331, 338
Keim, Christiane 332
Keller, Bernhard 185
Keller, Eugen von 397
Keller, Peter 475
Kentler, Thomas 474
Kerkhoff-Hader, Bärbel 82, 183, 234
Kettemann, Otto 166
Keul, Alexander 478
Kienitz, Sabine 343, 345, 348, 350
Kilian, Ruth 190
Kimminich, Eva 592
Kindermann-Bieri, Barbara 521
Kirchenwitz, Lutz 608
Kirschbaum, Engelbert 207
Kjellberg, Anne 234
Klages, Ulrich 119, 121
Klapper, Joseph T. 565
Klein, Hans-Joachim 672
Klessmann, Michael 507
Klintberg, Bengt af 531
Klocke, Bernhard 143, 162
Klötzer, Wolfgang 176
Kluckhohn, Florence 94, 395, 400f., 403,–405
Kluge, Friedrich 92
Klusen, Ernst 587–590, 592f., 595–597, 599f.
Knaffl, Johann Felix 293, 639
Knapp, Georg Friedrich 45
Knapp, Karlfried 391, 396
Knapp-Potthoff, Annelie 391, 396
Knebel, Hans-Joachim 474
Knecht, Michi 282, 348
Knies, Karl 44
Koch, Christiane 342
Kocka, Jürgen 264
Köck, Christoph 478, 480
Köhle-Hezinger, Christel 232, 283, 332, 343, 463, 503, 618
Koelbl, Herlinde 142
Könenkamp, Wolf-Dieter 118, 222, 230, 271, 675
König, Gudrun 333

Namenregister

König, René 78, 89, 223, 249, 292, 318
Köstlin, Konrad 67, 117f., 234, 269, 398, 438, 464, 476, 477, 481, 661
Kohl, Johann Georg 33
Kohl, Karl - H. 398f., 401f.
Kohlmann, Theodor 213, 235, 297
Kohls, L. Robert 413
Kokkelink, Günther 120
Kopiez, Reinhard 602
Kopp, Andreas 621
Koren, Hanns 139, 493
Koresaar, Ene 346
Korff, Gottfried 71, 118, 188, 259, 264, 266f., 275, 281, 446, 476, 492,494, 667
Korth, Johann David 181
Kosel, Franz-Josef 166
Kossarski, Ludwig 181
Kotics, Joszef 339
Krafeld, Franz Josef 607
Kraft Alsop, Christiane 332
Kramer, Dieter 256f., 261, 263–265, 268f., 472, 476–479, **661–683**
Kramer, Karl-S. 68, 84, 104, 136, 145, 159, 172, 174, 423, 433–435, 453
Krasberg, Ulrike 334
Kraus, Michael 668
Krauß, Friedrich Salomon 367
Kreilinger, Kilian 117
Kreisel, Heinrich 135
Kretzenbacher, Leopold 207, 429, 532, 637, 641
Krieg, Beate 331
Krippendorf, Jost.. 470, 478
Kriss, Rudolf 66, 505f.
Kriss-Rettenbeck, Lenz 205, 432f., 496, 501f.
Kroeber, A. A. 400
Kroeber-Wolf, Gerda 668
Krohn, Kaarle 517
Kronbiegel, Karl Friedrich 25
Krüger, Kirsten 578
Krünitz, Johann Georg 165, 181
Krug, Annette 233
Krug-Richter, Barbara 345
Kruse, A. 187
Kubina, Eva-Maria 475
Kuczynski, Jürgen 133, 208f., 262, 265, 267
Kübler, Hans-Dieter 575
Kühberger, Anton 478
Kühn, Christiane 573f.
Kühn, H. 673
Kühnel, Harry 135f.
Künßberg, Eberhard Frh. von 424f., 432, 434, 439
Künstle, Karl 207
Künzig, Johannes 89, 537
Kuhn, Walter 368
Kunt, Ernő 215
Kuntz, Andreas 163, 166, **171–200**, 264, 281, 663, 665, 679

Kurzweil, Geza 641
Kutter, Uli 11
Kutzschenbach, Gerhard von 88

Ladmiral, Jean-René 412
Lachmund, Jens 619
Laiblin, Wilhelm 516
Lammel, Inge 261
Lamothe, Marie-José 164
Lamprecht, Karl 47
Landau, Georg 42f., 102
Lange, Albrecht 227f.
Langewiesche, Dieter 264
Langhans, Herbert 607
Lankheit, Klaus 213
Lankisch, Michael von 22f.
Lanz, Josef 641
Lapaire, Claude 673
Laslett, Peter 319
Lasswell, Harold D. 563f.
Lauffer, Otto 13, 58, 103, 222
Lauterbach, Burkhart 271, 283, 479
Lazarsfeld, Paul L. 86, 565
Leach, Edmund 406
Le Play, Frédéric 317
Leeds-Hurwitz, Wendy 394–396
Lehmann, Albrecht 91–93, 120, 187, 264, 296, 298, 369f., 374, 516, 536
Leibfried, Erwin 536
Leimgruber, Walter 302, 347
Leithäuser, Thomas 474
Lenhart, Ludwig 491
Lenk, Carsten 567
Lepère, Monika 673
Lerch, Dominique 213
Lessing, Helmut 474
Letsch, Mandy 572
Lévi-Strauss, Claude 87, 239, 241–243
Levin, Deena R. 391
LeVine, A. 403
Lévy, Pierre 579
Lévy-Bruhl, Lucien 57
Lewis, Oscar 302f.
Liebich, Haimo 673
Linder-Beroud, Waltraud 592, 596
Lindloff, Axel 188
Lindner, Rolf 88, 280, 282, 299, 398, 415
Lipiansky, E. M. 412
Lipp, Carola 263, 265, **329–361**, 571
Lipp, Franz C. 141
Lipp, Wolfgang 477
Lipphardt, Walther 643
List, Friedrich 44
Lixfeld, Gisela 269, 349
Lixfeld, Hannjost 62, 533
Löbert, Horst W. 118
Löden, Sönke 621
Löfgren, Orvar 146, 297, 325, 393, 398, 479, 481
Löffler, Klara 479, 481

Löneke, Regina 347, 618
Lönnqvist, Bo 227–230
Losacker, Ernst 164
Ludewig, Thomas 381 f.
Lübbe, Hermann 663, 666
Lühning, Arnold 156–158, 161, 679
Lüthi, Max 515, 525 f., 536
Luhmann, Niklas 475
Luiken, Jan 164
Luther, Martin 497, 525, 651
Lutum, Paula 178, 186, 331
Lutz, Gerhard 11, 436
Lutz, Ronald 282, 478 f.
Lynch, Kevin 579
Lysaght, Patricia 343

MacCannell, Dean 475, 479
McCombs, Maxwell 565
MacDonald, George F. 664, 673
Macpherson, James 597
Mader, Joseph 11
Maho Awes, Abdurachman 575
Maier, Uta 620
Maisel, Witold 426
Maletzke, Gerhard 214, 391 f.
Malinowski, Bronisław 87
Mandel, Birgit 480
Mann, Thomas 53 f., 63
Mannhardt, Wilhelm 40–42, 92, 338, 365 f., 448, 450
Mannheims, Hildegard 84, 143, 161, 177
Manzoni, Alessandro 554
Marfurt, Bernhard 534
Markefka, Manfred 326
Markmiller, Fritz 569
Markowski, Richard 408
Marlitt, Eugenie 554
Marquard, Odo 663
Martin, Judith N. 391, 394, 397, 406, 411, 413
Martin von Cochem 652
Martischnig, Michael 69
Marx, Karl 46 f., 63, 273 f., 317, 663
Mascher, Ekkehard 609
Maschmeyer, Dietrich 120
Massin, R. 212
Matter, Max 79, 163, 182, 190, 301, 476
Matthes, Joachim 507
Matthiä, August 19
Maus, Heinz 67
Mauss, Marcel 134
Maximilian, König von Bayern 34
May, Karl 555
Mead, Margret 87
Mehl, Heinrich 118
Meier, Ernst 596
Meier, John 66 f., 589, 594, 596 f.
Meiners, Uwe 146, 161, 231
Meitzen, August 103
Mendras, H. 297

Mensching, Gustav 505 f.
Mentges, Gaby 231 f., 234, 346 f., 348, 618
Mercier, Louis Sébastien 26
Meringer, Rudolf 57, 103, 138 f.
Merkel, Ina 464
Merkel, Johannes 526
Merten, Klaus 86
Messenger, John C. 295
Messmer, Elisabeth 296
Mestemacher, Jürgen H. 161
Metken, Sigrid 212, 345
Mettler, Marina 480
Metz-Becker, Marita 331, 345, 347, 621, 623
Meyer, Elard Hugo 92
Meyer, Hans 55
Meyer-Büser, Susanne 346
Mezger, Werner 575
Michaelis, Johann David 17
Miedauer, Lore 347
Mistler, Jean 213
Mitterauer, Michael 319, 325, 342
Möller, Helmut 11, 172, 319
Möller, Horst 11
Mörth, Regina 346
Möser, Justus 10, 12, 26, 102, 137 f.
Mogk, Eugen 57 f.
Mohrmann, Ruth-E. **133–153**, 174, 176 f., 299
Mohrmann, Ute 324, 463 f.
Molitor, Hansgeorg 500 f.
Mone, Franz Joseph 639
Montaigne, Michel de 18, 595
Montesquieu, Charles 18
Moosmüller, Alois 283, 393–414
Moravio, Sergio 18
Morin, Edgar 302
Morone, Tommaso 282
Morsak, Louis C. 434
Moser, Dietz-Rüdiger 453, 460, 519, **637—660**
Moser, Hans 25 f., 68, 84, 205, 423, 435, 452 f., 455 f., 476, 640, 642 f., 654
Moser, Johannes 282
Moser, Oskar 139, 463
Moser-Rath, Elfriede 339, 515 f., 536
Mosse, Georg L. 67
Mühlberg, Dietrich 10, 68, 263, 272
Mühlethaler, Bruno 673
Müller, Adam Heinrich 44
Müller, Gudrun 460
Müller, Heidi 235, 331
Müller-Hagedorn, Lothar 678
Müller-Jacquier, B. - D. 396, 397, 411
Müller-Staats, Dagmar 331
Müns, Heike **381–385**
Münster, Sebastian 18
Münzel, Mark 668
Musiat, Siegmund 324

Nadig, Maya 333
Nakayama, Th. K.: 391, 394, 397, 406
Narr, Dieter 11, 503
Naumann, Hans 54, 59f., 203, 294, 340, 423, 506
Nave-Herz, Rosemarie 326
Nebel, Gerhard 469
Neiss, Oliver-Magnus 573
Nettekoven, Lothar 474 f.
Netting, Robert 295
Neukum, Michaela 190, 213
Neuland, Dagmar 232
Neuloh, Otto 240, 472
Neumann, Christina 233
Neumann, Siegfried 516, 523, 537
Niederer, Arnold 325, 397 f.
Niedermüller, Péter 413
Niem, Christina 628

Niemann, August Christian Heinrich 31 f.
Nieritz, Gustav 553
Niessen, Carl 642
Niethammer, Lutz 92, 182, 271
Nietzsche, Friedrich 663
Noll, Adolf 187
Noll, Günther 587, 603, 607 f.
Novák, Petr 608

Oberfeld, Charlotte 521
Oberschnitzki, Doris 186
Obrecht, Sibylle 623
Oetke, Herbert 607
Ognibeni, G. 672
Ohlsen, Birgit 347 (s. auch Bräuer)
Ohly, Friedrich 645
Olrik, Axel 515, 525 f.
O'Kane, Françoise 296
Orin, Elliott 393
Ortner, Sherry B. 344
Osenbrüggen, Eduard 435
Ott, Sandra 295, 300
Ottenjann, Helmut 141 f., 145, 161, 178, 208, 244, 661, 669, 673
Otterbach, Friedrich 608

Paatsch, Ulrich 667
Pailler, Wilhelm 640
Panofsky, Erwin 206
Pasquino, Pasquale 13
Paul, Norbert 625
Peesch, Reinhard 156, 158
Pentikäinen, Juha 522
Percy, Thomas 597
Pesch, Dieter 164
Peßler, Wilhelm 62, 64 f., 103, 119
Pestalozzi, Johann Heinrich 545
Petermann, Kurt 608
Peters, Johanne 533
Peters, Uwe Hendrik 533
Pettonet, Colette 298

Petzoldt, Leander 215, 536
Peuckert, Will-Erich 66 f., 257
Pevetz, Werner 296
Pfaff, Fridrich 92
Pfister, Friedrich 505
Pieske, Christa 203 f., 213
Pingaud, Marie-Claude 297
Piper, Otto 495
Pitt-Rivers, J.A. 295
Planck, Ulrich 294
Plath, Helmut 142
Plato, Alexander von 91
Pleij, Herman 645
Pöhlmann, Wolfger 672 f.
Pöttler, Burkhard 579
Polheim, Karl Konrad 655
Polívka, Georg 521
Pomian, Krzysztof 662
Pommer, Josef 595
Pontoppidan, Erik 504
Porter, R. E. 392, 400
Posselt, Franz 21 f.
Prahl, Hans-Werner 472, 474
Preußler, Susanne 347
Probst-Effah, Gisela 603, 608
Propp, Vladimir 525
Prosser, Michael H. 395
Pulz, Waltraud 347, 620

Queri, Georg 339

Raber, Vivil 645
Radbruch, Gustav 438
Ränk, Gustav 140
Rager, Günther 576
Rahner, Karl 495, 507
Ranke, Friedrich 516
Ranke, Kurt 524
Rasmussen, Holger 188
Rassem, Mohammed 293
Rath, Claus-Dieter 247 f., 571
Ratschow, Carl Heinz 497,–500
Ratzel, Friedrich 42
Réau, Louis 207
Redfield, Robert 291, 295, 297, 302 f.
Regener, Susanne 342, 349
Rehbein, Franz 182
Rehbein, Jochen 392, 394, 397
Rehermann, Ernst Heinrich 532
Rehnberg, Mats 671
Reichwein, Adolf 66
Reinert, Kirsten 343, 347
Reinert-Schneider, Gabriele 603
Reininghaus, Wilfried 177
Reis, Gaby 331
Reissinger, Gottfried 163
Reith, Reinhold 173 f.
Remberg, Annette 463
Renckstorf, Carsten 566
Renzsch, Wolfgang 173

Rhamm, Karl 103
Richter, Dieter 526
Riedmüller, Thomas 576
Riehl, Wilhelm Heinrich 10, 34–36, 43, 46, 54, 93, 246, 289 f., 316 f., 335 f., 447
Riehle, Rainer 292
Riese, Katharina 348
Ritter, Joachim 663
Rittershaus, Winfried 599
Rivière, Claude 464
Roche, Daniel 143
Rodekamp, Volker 166
Röder, Annemarie 376 f.
Roediger, Max 55
Röhrich, Lutz 214, **515–542**, 592
Rölleke, Heinz 521, 525
Roelcke, Volker 623 f., 627
Römhild, Regina 477
Rörig, Maria 139
Rösener, Werner 136
Rogge, Jan-Uwe 575
Rolshoven, Johanna 482
Rooth, Anna Birgitta 209
Roscher, Wilhelm Georg Friedrich 44
Rosenbaum, Heidi 268, 281, 319, 326
Rosenberg, Alfred 61, 65, 505
Rosenfeld, Hellmut 203, 532, 536
Roth, Elisabeth 642
Roth, Günther 261
Roth, Harriet 662
Roth, Julia **391–422**
Roth, Klaus 84, 143, 145 f., 161, 177, 381, 384 f., **391–422**
Roth, Martin 667
Rottmann, Julius Friedrich 22 f.
Rousseau, Jean-Jacques 18, 595
Rudwin, Maximilian 645
Rühle, Otto 258, 274
Rüther, Wolfgang 120
Ruh, Kurt 650
Rumpel, Sabine 343
Rumpf, Max 256
Runge, Irene 324
Ruppert, Wolfgang 263
Russo, Kurt W. 402

Saal, C. Th. B. 174
Sachs, Hans 180, 533, 641, 648, 652, 655
Sackstetter, Susanne 333
Sahagún, Bernardino de 18
Salaman, Raphael Arthur 163 f.
Salzmann, Christian Gotthilf 545
Samovar, Larry A. 392, 400
Sandgruber, Roman 133
Sangl, S. 190
Sartori, Paul 448–451
Sauermann, Dietmar 161, 331, 338
Saulnier, René 203
Saussure, Ferdinand de 227
Savigny, Friedrich Carl von 37

Schade, Oskar 173
Schadwinkel, Hans T. 164
Schäfer, Carl 103
Schäfer, H. 606, 608
Schäfer, Harald 566, 577
Schärli, Jacqueline 621
Schaminet, Caroline 569
Scharfe, Martin 79, 203 f., 264, 298, 423, 432, 446 f., 456, 460, 492 f., 498, 504, 566, 637, 668
Scheer, Uta 348 f., 621
Scheid, Eva 332
Schelling, Friedrich Wilhelm Joseph 44
Schelsky, Helmut 318
Schempf, Herbert **423–443**
Schenda, Rudolf 91, 203 f., 211 f., 323, 516, 520, 522, 532, 536, **543–561**, 566, 620
Schenk, Annemie 143, **363–390**
Schenk, Michael 564
Schepers, Joachim 161
Schepers, Josef 103 f., 111, 139
Schepping, Wilhelm **587–616**
Scheuch, Erwin K. 474
Schiek, Gudrun 88
Schiffauer, Werner 282, 398, 405
Schier, Bruno 103
Schiller, Gertrud 207
Schilling, Heinz 213, 478, **563–585**
Schilling, Michael 211
Schimany, Peter 473
Schindler, Margot 431
Schivelbusch, Wolfgang 471
Schlaginweit, Hans 213
Schlee, Ernst 140
Schlehe, Judith 398
Schleiermacher, Friedrich Daniel Ernst 498 f.
Schlich, Thomas 625
Schlichting, Frank 142
Schlieper, Friederich 187
Schlingensiepen-Pogge, Alexandra 500
Schlösser, Hermann 479
Schlossar, Anton 640
Schlözer, August Ludwig von 13 f., 32
Schlumbohm, Jürgen 619
Schlumpf, Hans-Ulrich 95
Schmeling, Hans Georg 143
Schmeller, Johann Andreas 639
Schmid, Camill 296, 300
Schmid, Christoph von 553
Schmidt, Erich 9
Schmidt, Johann Peter 23
Schmidt, Leopold 81, 159, 207, 293, 423, 447, 532, 637 f., 641 f., 647
Schmidt, Maria 143
Schmidt-Scherzer, Reinhard 474
Schmidt-Wiegand, Ruth 136, 158, 163
Schmitt, Christoph 571, 577
Schmolke, Anneliese 607
Schmoller, Gustav 44 f.

Namenregister

Schneider, Ingo 620
Schnusenberg, Christine 648
Schönberger, Klaus 280, 579
Schöne, Anja 332
Schönhuth, Ottmar Friedrich Heinrich 553
Schöning-Kalender, Claudia 143, 282, 334, 345
Scholz, Sylka 333
Schreiber, Georg 66, 492, 505
Schriewer, Klaus 282
Schröder, Hans Joachim 187
Schröer, Karl Julius 639
Schröder, Stefan 655
Schröter, Christian 576
Schroubek, Georg R. 367, 536
Schrutka-Rechtenstamm, Adelheid 343, 477
Schuck-Wersig, Petra 672
Schürmann, Thomas 464
Schulenburg, Wolfgang 187
Schuler, Ernst August 643
Schultz, Alwin 138
Schultz, Hans Jürgen 495
Schulz, Johann Abraham Peter 598f.
Schulze, Gerhard 664
Schurian-Bremecker, Christiane 480
Schuster, Dora 186
Schutt-Kehm, Elke 208
Schuurman, Anton J. 143
Schwarz, Gerard 172
Schwägler, Georg 319
Schwedt, Elke 461
Schwedt, Herbert 90, 294, 369, 453, 461
Schwencke, Olaf 664
Schwerin, Claudius Frh. von 425
Schwibbe, Gudrun 621f.
Schwibbe, Michael 86, 214, 339
Schwietering, Julius 78, 139, 222, 294, 589
Schyia, Lothar 120
Scriver, Christian 548
Seedorf, Wilhelm 156
Seeliger, Matthias 175
Segalen, Martine 324, 464
Segler, Helmut 607
Seidel, Joachim 141
Seidenspinner, Wolfgang 461
Senefelder, Alois 2
Senti, Alois 522, 537
Sherzer, Joel 395
Shojaei Kawan, Christine 339
Shorter, Edward 319
Sibilla, Paolo 297
Sieder, Reinhard 325
Sievers, Kai Detlev **31–51**, 438
Sigerus, Emil 366
Silbermann, Alphons 134
Silberzahn-Jandt, Gudrun 332, 346, 618, 620
Simmel, Georg 223, 242, 406

Simon, Michael 617, 619, 622f., 628
Simon-Muscheid, Katharina 186
Simons, Gabriel 158
Singer, Marshall R. 392
Siniveer, Karel 608
Siuts, Hinrich 71, **155–170**, 176, 178f., 190
Skalweit, August 171
Smith, Adam 44
Soder, Martin 258
Solms, Wilhelm 522
Sombart, Werner 223
Spamer, Adolf 58–60, 63, 66, 78, 202f., 214, 256, 506
Specht, Susanne 622
Spickernagel, Ellen 670
Spieker, Ira 342, 347, 618
Spieß, Karl 222
Spindler, George D. 295
Spode, Hasso 470, 472
Spohn, Thomas 121
Sprengel, Peter Nathanael 181
Sprigath, Gabriele 672
Stachow, Helga 280
Stagl, Justin 13, 17f.
Starosta, W. J. 391
Steffens, Katharina 331
Steinbach, Franz 103
Steinbach, Rolf 642
Steinbiß, Florian 608
Steinecke, Albrecht 472, 474
Steinhausen, Georg 202
Steinitz, Wolfgang 69, 260f., 594
Steinmetz, Horst 609
Steinthal, Lazarus 55
Stemmrich, Daniel 273
Stengel, Walter 143
Stephani, Claus 334
Steppat, Stefanie 331
Sterr, Lisa 349
Stibbe, Claudia A. 208
Stiewe, Heinrich 119f.
Stille, Eva 231
Stockmann, Doris 587, 609
Stoklund, Bjarne 297
Stolberg, Michael 619f., 623, 627
Stollberg, Gunnar 619, 627
Stolle, Walter 231, 621
Stolte, Andreas 190
Stopp, Klaus 178
Strack, Adolf 57, 59, 256
Strassner, Erich 536
Straten, Roelof van 206
Strauss, Walter L. 211
Strobach, Hermann 262, 588, 592
Strodtbeck, F. L. 395, 401, 403–405
Ströbele, Werner 576
Ström, Åke V. 505
Strübin, Eduard 293
Stürmer, Michael 174
Stula, Hans 213

Stumpfl, Robert 645
Sturm, Eva 662, 664
Sturzenegger, Hannes 213, 566
Sue, Eugène 552, 554
Süßbrich, Ute 572
Sulz, Josef 608
Suppan, Wolfgang 587, 590, 592–594, 603, 605 f., 609
Sydow, Carl Wilhelm von 517, 524
Sytowa, Alla 203
Szarotta, E. 651
Szeczepanski, Jan 91

Takalo, Maria 522
Tárkány Szücz, Ernő 426
Tenfelde, Klaus 264
Terrail, Ponson du 554
Tertilt, Hermann 282
Tessedik, Sámuel 20 f.
Teuteberg, Hans J. 133 f., 137, 142, 145, 240 f., 244, 246–248, 299
Theuwissen, J. 163
Thiem, Marion 477
Thode-Arora, Hilke 394, 398, 415
Thöne, Albrecht W. 67
Thomas, Alexander 397, 408, 412 f.
Thomas von Aquin 497
Thomas, Keith 498
Thomas, M. 392
Thomas, William I. 91, 461
Thomas-Ziegler, Sabine 213
Thomasius, Christian 551
Thompson, Edward P. 264 f.
Thompson, Michael 664
Thompson, Stith 525, 648
Thoms, William John 524
Thurnwald, Richard 374
Tillmann, Doris 120
Tillhagen, Carl-Herman 522
Tilmann, Raban 494
Tobler, Beatrice 572
Todorov, Tzvetan 18
Todtenhaupt, Anja 572
Tönnies, Ferdinand 48, 446
Tokarev, S.A. 241
Tolksdorf, Ulrich **239–254**, 369 f., 522
Tomkowiak, Ingrid 477
Trachsler, Walter 162
Tränkle, Margot 144
Trager, George L. 394
Treff, Hans-Albert 677
Trepp, Anne-Charlott 344
Treue, Wilhelm 180
Trier, Jost 103, 139
Troels-Lund 138
Trosse, Sabine 346
Tschofen, Bernhard 251
Tuomi-Nikula, Outi 398
Tüskés, Gábor 492
Tutt, Änne 607

Ude-Koeller, Susanne 621–623
Uffer, Leza 522
Uhland, Ludwig 38, 57, 595
Ulmann, Bettina 190
Urry, John 475
Utesch, Gisela 332
Uther, Hans-Jörg 537

Valentin, Jean-Marie 638, 651
Valvasor, Johann Weichard 24
Vanja, Christine 186
Vanja, Konrad 215, 235, 350
Vansina, Jan 516, 529
Veblen, Thorstein Bunde 223, 250
Veckenstedt, Albert Edmund 43
Veit, Ludwig Andreas 491
Velter, André 164
Verdier, Yvonne 241 f.
Verk, Sabine 332
Vester, Heinz-Günther 398, 475 f.
Vico, Giambattista 10
Vilfan, Sergij 426
Villadary, Agnès 455
Vincent, David 265
Virchow, Rudolf 45, 188
Völger, Gisela 342, 350
Voges, Wolfgang 91
Vorländer, Herwart 91
Voskuil, J.J. 146
Voß, Johann Heinrich 38
Vovelle, Michel 506
Vulpius, Christian August 554

Waal, Henri van de 209
Wackernell, Joseph Eduard 640
Wagner, Kurt 294
Wahrlich, Heide 477
Walbe, Brigitte 670
Waldis, Barbara 334, 394, 398, 415
Wallmann, Johannes 492, 501
Walpole, Horace 554
Walter, Paul 188
Warburg, Aby M. 206
Warneken, Bernd Jürgen 55, 71, 96, 264, 268, 280–283, 576, 579
Warning, Rainer 645
Warth, Eva 349
Watzlawick, Paul 406
Weatherill, Lorna 143
Weber, Max 45, 223, 446
Weber-Kellermann, Ingeborg 41, 66, 70, 208, 223–225, 227, 261, 314, 317–320, 322, 338, 341–343, 346, 349, 366, 368, 370 f., 373, 446 f., 450 f., 460, 600
Weber-Reich, Traudl 343
Webber, Andrew Lloyd 657
Wedemeyer, Bernd 618
Wehse, Rainer 89, 339, 525
Weigel, Christoph 180
Weigel, Karl Theodor 64

Namenregister

Weinberg, Daniela 295
Weinhold, Karl 43, 55–57, 639
Weinhold, Rudolf 156
Weinlich, Edith 350
Weiß, Eugen 163
Weiss, Richard 67f., 78, 104, 139f., 183, 257, 447, 503f.
Welck, Karin von 342, 350
Welz, Gisela 478
Wenk, Silke 67
Wensky, Margret 186
Wenz, Martin 120
Werckmeister, Johanna 331
Werner, Kerstin 331
Werner, Richard Maria 641
Wersig, Gernot 672
Weschenfelder, Klaus 673
Wesoly, Kurt 186
Wesselski, Albert 517, 519
West, Candice 348
West, James 295
Westenrieder, Lorenz 12, 20, 25f.
Weyers, Dorle 334
Whitehead, Harriet 344
Whyte, William F. 94
Wiebel-Fanderl, Oliva 622f.
Wiegandt, Ellen B. 295
Wiegelmann, Günter 71, 136, 145, 155f., 161f., 162, 178, 241f., 244, 246–248, 294, 298f., 331, 338, 340, 436, 620
Wieland, Dieter 116
Wienker-Piepho, Sabine 574
Wiese, Gisela 120
Wiese, Leopold von 294
Wiese, Rolf 120
Wijsenbeek-Olthuis, Thera 143
Wildhaber, Robert 207
Wimmer, Otto 207
Wimmer, Ruprecht 638
Winter, Heinrich 104
Wiora, Walter 587, 592, 596, 601
Wirtz, Rainer 663
Wischermann, Clemens 133, 142
Wissell, Rudolf 172, 176, 178
Wittel, Andreas 70, 96

Wöhler, Karlheinz 473
Wohlfeil, Rainer 206
Wojak, Andreas 92
Wolf, Eric R. 295, 301
Wolff, Eberhard **617–635**
Wolzogen, Wolf-Heinrich 679
Wossidlo, Richard 57, 89
Woude, Ad van der 143
Wundt, Wilhelm 449, 506
Wurmbach, Edith 143
Wurzbacher, Gerhard 291, 294, 318
Wuttke, Dieter 649
Wylie, Laurence 94f., 295

Yoder, Don 371
Yoo, Tai-Soon 334

Zacharias, Wolfgang 664, 673
Zaepernick, Gertraud 213
Zappe, Manuela 373
Zekorn, Beate 668
Zellinger, Johannes 505
Zender, Matthias 155, 506
Zenetti, Lothar 604
Zerges, Kristina 215
Zerrenner, Heinrich Gottlieb 546
Zerwas, Hans-Jörg 183
Ziegler, Matthes 505
Ziessow, Karl-Heinz 244
Zimmer, Jochen 277
Zimmerman, Don H. 348
Zimmermann, Gerd 496
Zimmermann, Harm-Peer 48
Zimmermann, W. Haio 120
Zinn-Thomas, Sabine 231, 347, 621f.
Zipes, Jack 516
Zippelius, Adelhart 103, 669
Znaniecki, Florian 91
Zoll, Ralf 294
Zonabend, Françoise 325
Zschokke, Heinrich 546
Zukrigl, I. 414
Zull, Gertrud 331
Zupfer, Wolf Dieter 88, 264
Zwernemann, Jürgen 668

Sachregister

Abenteuertourismus 480
Aberglaube 23, 256, 623
Abschied vom Volksleben 79, 224
Abtreibung 348, 623
Adventsspiel 651
Ährenkleid 207
Ästhetisierung des Essens 251
Agrargeschichte 136, 155
Agrarromantik 224
Agrarrevolution 245
Ahnenerbe der SS 66, 103
Akademie-Preisfragen 21
Akkomodationstheorie 644 f.
Akkulturation 294, 296, 300, 334, 369, 374 f., 398, 405, 617
Aktionsforschung 88, 302
Alkoholismus 266, 618
Allgemeiner deutscher Schulverein 364
Alltag, Alltagskultur 26, 57, 69, 78, 94 f., 133, 205 f., 208 f., 251, 258, 261 f., 293, 304, 340, 399, 454, 480, 567, 668, 674
Alltag in den Medien 570 f.
Alltägliches Erzählen 535 f.
Alltagsgeschichtsschreibung 263
Alltagskleidung 233
Alltagswissenschaft 69
Alphabetisierung 211, 544 f.
Alpentourismus 470, 472, 478
Alpenvereine 472
Altenburgische Bauern 24 f.
Altenforschung 323
Alternativmedizin 623
Altertumskunde 40, 155, 504 f.
Altertumsvereine 42
Altertumswissenschaft 78, 505
Amerika 18, 371
Amerikanische Kulturanthropologie 295 f., 344, 394
Amor und Psyche 518
Amt Rosenberg 66, 103, 505
Amulett 620
Anciennität des Volksliedes 597 f.
Andachtsbild 202, 204, 494
Anekdote 535
Anfänge der Volkskunde 9 – 30
Angestellte 45, 279, 283
Angst 406
Angst vor dem Feld 88, 301
Anonymität des Volksliedes 595 f.
Anschreibebücher 161, 165, 178
Ansichtskarte 481, 543
Anthropologie 19
Apokryphes Volkslied 597
Apodemik 13 – 15, 17
Arbeit 70 f.
Arbeit und Gerät 157, 676
Arbeit und Rhythmus 45, 57, 164, 272

Arbeit und Volksleben 259
Arbeit und Wirtschaft 57
Arbeiteralltag 271 – 273, 280 f.
Arbeiterautobiographie 270, 536
Arbeiterbewegung 49, 56, 257 f., 260 – 270, 273 – 277, 281, 341
Arbeiterbildungsverein 274
Arbeiterfamilie 281 f., 316
Arbeiterforschung **255 – 289**
Arbeiterklasse 47, 261, 265
Arbeiterkultur 70 f., 255 – 289, 331, 341, 481
Arbeiterliedforschung 261
Arbeitermemoiren 270, 536
Arbeitersiedlung 273
Arbeitervereinskultur 267, 275 f., 280
Arbeitervolkslied 261
Arbeiterwohnkultur 133, 272 f.
Arbeitserinnerungen 535
Arbeitsgeräte 155 – 170
Arbeitskreis für Hausforschung 102
Arbeitskreis Rundfunk 567
Arbeitslosigkeit 282, 326, 575
Arbeitsmigration 282, 334, 370, 393
Archäologie 120
Archetyp 517
Archivquellen 83 f., 108, 120, 142 f., 175 – 179, 233 f., 569, 643
Armut 282
Átány 146, 300
Atlas 76
Atlas der deutschen Volkskunde (ADV) 62, 70, 77, 93, 156, 338, 439, 451
Aufklärung 11 f., 14, 21, 31 – 33, 49, 102, 137, 224, 500, 653, 662, 665
Aufmaß 106 f., 124 f.
Ausländer 608
Ausländerpädagogik 397
Auslandsdeutsche 363 – 390
Ausrufergraphik 212
Auswahlverfahren 82
Auswanderung 45, 92, 368, 414, 452
Authentizität der Medien 565
Authentizität in der Volkserzählung 521 f.
Authentizität beim Volksschauspiel 656
Autobiographie 91, 142, 265, 322, 535, 556

Badereise 471
Bänkelsang 207, 212
Bahrprobe 427 f.
Barockdissertationen 424
Barockzeit 9 f., 429, 491, 495, 504, 515
Basel 298
Baudenkmalpflege 116
Bäuerliche Arbeitsgeräte 155
Bauen und Wohnen 101, 108, 120, 139
Bauernaufklärung 24

Sachregister

Bauernbefreiung 37, 40, 45
Bauernhaus 101, 137
Bauernlegen 40
Bauernmöbel 141
Bauernstand 35, 45, 58, 221 f., 255
Bauerntheater 638
Bauhandwerk 113, 121
Bavaria 34
Befragung 17 f., 32, 92 f., 109, 143, 157, 232, 234, 301, 318, 322, 338, 440, 450, 453, 522, 556, 624
Bekehrungserzählung 500
Beobachtung 18, 22, 32 f., 35, 93 f., 143, 174, 232, 297, 301, 322, 343, 410 f, 448, 452
Bergbaukultur 259
Berlin 188, 235, 263, 271, 299, 479
Berliner Verein für Volkskunde 43
Betriebskultur 171, 186, 278 f.
Bibliothèque Bleue 550, 553
Bild als Dokument 205–209
Bild als Instrument 209–214
Bild als Text 201
Bildarchiv 209, 322
Bilderbogen 202 f., 212 f., 549 f.
Bilderhandel 205, 212
Bildforschung **201–220**
Bildpublizistik 210 f.
Bildquellen 135, 141 f., 164, 201–220, 234, 322, 345, 520, 642 f.
Bildungsreise 471
Biographien 182 f.
Biographische Methode 91, 186 f., 302 f., 319, 333, 535
Biologie der Volkserzählung 516
Biologismus 337
BIOS 182
Blasmusik 605 f.
Bauer Montag 173
Blockblau 112
Brauch und Recht 432 f.
Brauchforschung 336 f., **445–468**
Brauchpflege 451, 457 f., 462
Brauspiel 637
»Brauchtum« 458, 462
Brauchtumsblick auf die Frau 337 f.
Buch, Buchbesitz und -lektüre 554 f.
Buchdruck 544
Bürgertum 36, 316, 342
Bürgerhaus 101
Bürgerliche Kleinfamilie 313–315, 342
Burschenschaft 436

Chapbooks 550
Charivari 436 f.
Christliche Ikonographie 207
Cloppenburg 141, 178, 188, 190, 229
Comics 527, 549
Community Museum 665
Computer 572, 579

Cris de Paris 212
Crossdressing 347
Cyberkultur 579

Dach 111 f.
Darbietungsmusik 589, 602, 606
Darwinismus 42
Datenerhebung 82
DDR-Volkskunde, s. Volkskunde der DDR
Demonstrativer Konsum 240
Demoskopische Erhebungen 453
Demokratische Volkslieder 69
Dendrochronologie 107 f.
Deutsche Gesellschaft für Volkskunde 70, 92, 95, 264, 329, 476, 567 f.
Deutsche Sagen (Grimm) 37, 521 f., 527 f.
Deutsches Volksliedarchiv 70, 589
Devotio moderna 498
Dienender Gegenstand (Lied) 590
Dienstboten/innen 331
Diffusion 146
Dignität des Volksliedes 596 f.
Dinganeignung 332
Dingbedeutsamkeit 159 f., 190
Dinge als Zeichen 146, 160
Direkte Kommunikation 568 f.
Diskothek 607
Diskursanalyse 9–11, 21, 407
Disneyland 664
Dispositiv-Theorie 566 f.
Dokumentation von Geräten 157 f.
Dokumentenanalyse 83 f.
Dorf 259, 291–309
Dorferneuerung 116, 669 f.

Ecomusée 665
EDV, s. Elektronische Datenverarbeitung
Eherecht 315
Einblattdrucke 202 f., 548 f.
Einfache Formen 428 f., 515, 526
Eintopfkult des NS 60, 67
Elektronische Datenverarbeitung 135, 143, 234, 675
Elementargedanke 42
Emanzipation der Frau 35, 174, 223 f., 334, 341
Empirische Sozialforschung 79, 83, 87, 91, 144, 453
Empirische Kulturwissenschaft 68, 70, 77, 190
Encyclopedia Cinematographica 95
Endo-Küche 243
England 228, 264 f.
Enkulturation 405
Entnazifizierung 68
Enzyklopädie des Märchens 70, 208, 340, 515, 536 f.
Enzyklopädien 165, 179–182
Epinal als Bilderbogenstadt 213
Epische Gesetze 515, 526

Erfahrungsgeschichte 91
Ergologie 155–170, 191
Ergonomie 155
Erinnern und Vergessen 92
Erinnerte Geschichte 91
Erlebnisgesellschaft 480, 664
Ernährungsverhalten 239–241
Erntebrauch 41, 338, 450
Erster Mai 267, 275
Erzählen zwischen den Kulturen 415
Erzählerforschung 522 f.
Erzählforschung 208, 261, 339 f., **515-542**
Eselshochzeit 436 f.
Essen und Trinken 239–254
Eßkultur 249
Ethik der Forschung 45, 94, 284, 410
Ethnische Identität 365, 369–374, 405
Ethnische Minderheiten 363–390
Ethnische Stereotypen 370
Ethnizität 371, 404
Ethnographie des Nationalsozialismus 67
Ethnographischer Blick 15, 94
Ethnologie, s. Völkerkunde
Ethnologie Française 298, 324
Ethnologie Urbaine 298
Ethnomedizin 629
Ethnonationalismus 381
Ethnopsychoanalyse 40 f., 98, 301, 333
Ethnos 371
Ethnozentrismus 72, 375, 405, 412
Evolutionismus 42
Examensarbeiten zur Medienforschung 571–574
Examensarbeiten zur Gesundheitsforschung 618
Evolutionismus 42
Exempel, Exempelforschung 531 f.
Exo-Küche 243
Exotismus 397
Expeditionen 17–19
Ex Voto 432

Fabel 536
Fabulat 431, 524
Fachhallenhaus, s. Hallenhaus
Fachwerk 102 f., 106 f.,110 f.
Falkensteiner Tagung 70, 95 f.
Familie 35, 48, 311–328, 335 f., 394, 577
Familie auf dem Bildschirm 566
Familienbräuche 458–460
Familienforschung 123, 261, **311-328**, 415
Familiengeschichte im Handwerk 182
Familienfernsehen 577
Familienrituale 321, 459
Farbe am Bau 115
Fastnacht 208, 437, 453 f., 657 f.
Fastnachtsspiel 650 f., 654 f.
Feiertagschristus 207
Feldforschung 87–92
Fernreisen 480

Fernsehen 563–585 passim, 654
Festforschung 454 f., 460
Festspiele 637
Film 82, 95, 158, 165, 188, 190, 210, 234, 349
Finnische Methode, s. Geographisch-historische Methode
Firmenkataloge 164
Flüchtlinge 67 f., 92, 296, 334, 369 f.
Flurnamen und Recht 431
Flugblatt 210–212, 549
Folklore 456, 524, 591
Folklore Fellows Communications 515, 518
Folklore juridique 424
Folklorisierung 519
Folklorismus 68, 455–457, 461, 476, 522, 591, 607, 654
Forschendes Sammeln 674 f.
Forschungsethik 94
Fotografie 95, 142, 161, 188, 210, 234, 322, 349, 573
Fragebogen 17 f., 33, 41, 47, 450, 556
Franken 84
Frankfurt a.M. 71, 454, 477 f., 566
Frankreich 180, 203, 227, 242, 249 f., 295, 296–298, 303, 324, 455, 506
Französische Revolution 31, 37, 314 f., 546
Frauenalltag 330 f., 342
Frauenarbeit 159, 186, 331, 338
Frauenarbeit im Handwerk 186 f.
Frauenbewegung 330, 340 f.
Frauenforschung 226, **329–361**
Frauengeschichte 342
Frauenkleidung 224, 227, 376
Frauenstereotypen 339
Freilichtbühne 654
Freilichtmuseum 103, 116–123, 188, 661, 669 f.
Freizeit 277, 292, 326, 454, 469, 568
Freizeit- und Erlebnispark Museum 664, 669
Fremdenverkehr 470
Fremdheit 392, 397
Fremdsprachendidaktik 397, 407
Fremdwahrnehmung 405
Frömmigkeitsforschung **491–513**
Fronleichnamsprozession 649
Fruchtwechselwirtschaft 245
Funktionalismus 78, 104, 138–140, 227, 294, 401, 452, 589 f.
Funktion von Arbeitsgerät 158
Funktionsäquivalent 82

Gameshow 578
Ganzes Haus 35, 172, 183, 186
Ganzheitliche Darstellung in der Gemeindeforschung 291
Ganzheitliche Darstellung in der Handwerksforschung 191

Sachregister

Gastarbeiterforschung 370
Gasthaus 350
Geburt 347, 463, 619, 623
Gefängnis 21, 25
Gefügeforschung 103, 105
Gegenwartsvolkskunde 69, 87, 134, 143, 228, 271, 439
Geistliche Hausmagd 202, 214
Gemeindeforschung 79, 94, **291–309**
Gemeinschaft 48, 224, 227
Gemeinschaftsgut, Primitives 54
Gender und Kultur 415
Genderforschung 329–361, 573
Genovefa-Volksbuch 553
Genreanalyse 516, 523
Geographie 10, 13–15, 101, 105, 240
Geographisch-historische Methode 517 f., 647
Geographische Methode 77 f.
Geräteforschung **155–170**, 208
Germanen, Germanenkontinuität 38, 40, 63, 102, 446, 450, 644 f.
Germanische Altertumskunde 155
Germanisches Nationalmuseum 42, 663
Germanistik 492, 638 f.
Gerontologie 324
Gerücht 536
Geschichtsphilosophie 10
Geschichtsforschung 14 f.
Geschichtsvereine 42
Geschichtswissenschaft 47, 91 f., 182, 206, 667
Geschlechterforschung **329–361**
Geschlechterfrage 280 f.
Geschlechterrollen 35, 335, 338, 340, 553
Geschlechtsidentität 348
Geschmacks-Konservativismus 246 f.
Gesellenbücher 174
Gesellenwandern 173 f., 471
Gesellschaftstanz 591, 606–608
Gesinde 35
Gesprächsanalyse 407
Gestaltheiligkeit 54, 159
Gesundheit und Kultur 619, 625
Gesundheitsforschung **617–635**
Gesunkenes Kulturgut 54, 59 f., 519 f., 527, 596
Gesunkenes Rechtsgut 423 f.
Gewährsmannprinzip 19, 89 f.
Gewerkschaften 173, 184, 266, 270, 273 f., 276 f., 281
Gewürze 247
Globalisierung 393, 396, 404, 414 f., 476
Globalisierung der Sachkultur 415
Göttingen 14–17, 21, 32, 95, 574
Going native 301
Gottschee 363, 366
Grammatik der Kultur 402
Grand tour 471
Grausamkeit im Märchen 526

Graz 33, 139
Grenzbegehung 434
Grimm-Philologie 521 f.
Grippe-Pandemie 630 f.
Großfamilie 313 f.
Großstadtvolkskunde 25 f., 256
Grundbedürfnisse 134, 239–254
Gruppenlied 593

Haberfeldtreiben 437
Habitus-Analyse 282
Hagen 190
Hallenhaus, niederdeutsches 46, 103, 114, 122
Hamburg 145
Handlungswissenschaft 32
Handwerk 136, 171–200, 255
Handwerk und Museum 188
Handwerkerbiographie 182 f.
Handwerksfamilie 319
Handwerksforschung **171–200**
Handwerksgeräteforschung 163–167
Handwerksgeschichte 171–175
Handwerksgesellen 173
Handwerkskundschaften 178
Handwerksredlichkeit 172
Handwörterbuch des dt. Aberglaubens 337, 451, 505
Harte Methoden, s. Quantitative Forschung
Harz 15 f.
Haspel-Press 576
Hausarbeit, weibliche 332
Hausbuch der Zwölfbrüderstiftung 164, 180
Hausforschung 43, 46, 49, **101–131**
Hausfrieden 435
Hausgeographie 105
Hausgeschichte 105, 121–123
Haushalts- und Wirtschaftsfamilie 313 f., 342
Hauslandschaften 105
Hausrat 103, 138 f., 377–380
Hauswesen und Tagewerk 139
Hauswirtschaft 45
Hebammen 347, 620
Heftchen 550–554
Heftchenroman 575
Heiligenbild 549
Heiligenlegende 207, 531 f.
Heilpraktiker 620
Heimatsinn 368
Heimatkunde 293
Heimatmuseum 665, 676
Heimatvertriebene 67 f., 92, 296, 334, 369 f.
Herausfordern aus dem Haus 435 f.
Hermeneutische Methode 85, 333, 410, 517, 557, 618
Herrenverhältnis des Volkes zum Lied 594
Herrgottswinkel 115

Hessentag 454, 456 f.
Hinterglasbild 205
Historisch-archivalische Volkskunde 84 f.
Historisch-philologische Methode 49, 77 f., 463
Historische Schule 37, 44 f.
Historischer Materialismus, s. Materialismus
Historisches Denken 14
Historisierung der Alltagskultur 251
Hochzeitsbräuche 22, 24, 324, 449, 463
Holzbau 109
Hosenmode der Frau 223
Humangenetik 623
Humanismus 10, 17
Hungersnöte 245
Hygiene 231
Hymnologie 603
Hypothesen 36 f., 146, 239, 302, 410, 556 f., 595, 645, 663

Iconclass 209
Idealisierung des Volksliedes 597
Ideologie 35 f., 61 f., 186, 189, 317, 337, 364, 453, 472, 575
Ikonographie 206 f., 349, 716
Ikonographie des Weiblichen 349
Ikonisierung 211
Imagerieforschung 201–220
Imbißkultur 249
Indikatorfunktion von Objekten 81, 146, 206, 226 f., 251, 273, 318, 323, 346, 375
Individualität 59, 64
Industrialisierung 56, 115 f., 171, 174 f., 184, 248, 271 f., 294, 315, 546
Industriearbeiter 45, 255
Industriearchäologie 670
Industriegesellschaft 47
Industriekultur 263
Industriemuseen 670
Industrieproletariat 262, 274
Industrieschule 21
Industrievolk 258
Informalisierung der Nahrungsaufnahme 250
Inhaltsanalyse 86, 206, 214, 557, 577 f.
Innovation 146, 225, 292, 580
Innovationszentren 162, 645, 647
Institut für Realienkunde Krems 135, 209
Instrumentalmusik 606–608
Integration der Heimatvertriebenen 334, 370, 381
Interkulturelle Kommunikation 384 f., **391–422**
Interkulturelles Lernen 411 f.
Internet 579 f.
Intersexualität 347
Intensivinterview 90
Interethnische Forschung 363–390
Interkulturelle Kompetenz 411

Interviewleitfaden 89–93, 165
Interviewverfahren 89–92, 301 f., 319, 333 f., 350, 410, 452 f., 535, 556, 599, 624
Inventare 86, 108, 142 f., 146, 161, 177, 234, 293, 378, 548, 556
Island 479
Italien 297

Jeans-Forschung 225
Jesuitendrama 638
Journal des Luxus und der Moden 224
Judentum 383, 491
Jugendbewegung 364, 472, 605, 655
Jugendforschung 323
Jugendweihe 464

Kalender 520, 545, 550 f., 621
Kalenderminiatur 142, 208
Kameralistik 10, 12, 15, 31, 102, 293
Kapitalismus 45
Karaoke 608
Karneval, s. Fastnacht
Kartoffelnahrung 244
Kartographie, s. Atlas der dt. Volkskunde
Kathedersozialisten 45 f.
Katholische Frömmigkeit 491
Keramik, Keramikforschung 81, 183, 380
Kiel 32, 48
Kinder- und Hausmärchen (KHM) 37, 521 f.
Kinderkleidung 231, 318
Kinderspiel 208, 318, 434
Kindertänze 607
Kindheitsforschung 208, 323, 325
Kioskroman 86, 553
Kirche, Küche, Kinder 315
Kirchenlied 603
Klassenkampf 46, 262
Klatsch 338
Kleidung als Indikator 81, 226 f., 375–377
Kleidungsforschung 208, **221–238**, 345 f.
Kleinbürgertum 35, 46, 183 f., 224, 258, 319, 323, 472, 552, 554 f., 694
Kleinfamilie 313–315, 342
Kleingewerbe 45
Knaben Wunderhorn, Des 38
Knaffl-Handschrift 293, 639
Kochkunst 246–248
Körperkulturforschung 345 f.
Körperlichkeit 231 f.
Kognitive Anthropologie 401 f.
Kollektiver Ursprung des Volksliedes 595
Kolportage 212 f., 548–550
Kommission Frauenforschung 329
Kommission Tourismusforschung 476
Kommunikationsmodell 81 f., 214, 406
Kommunikationswissenschaften 395, 406
Kompensationsfunktion des Tourismus 474
Kompensatorische Funktion von Märchen 526

Sachregister

Kompensatorische Funktion von Museen 663 f.
Konfliktforschung 265, 292, 370, 415, 627 f.
Konstruktivismus 384, 404, 575
Kontextforschung 392, 522, 557, 580, 601
Kontinuität 27, 68, 72, 102 f., 155, 445, 450, 453, 505, 520, 534, 645, s. auch Germanenkontinuität
Kontrafaktur 604
Kopftuchdiskussion 334
Korndämonen 41
Kornfege 161
Korrespondentenverfahren 93, 522
Kosmographie 18
Kostümkunde 221
Kraft durch Freude 472
Krankheit 617–635
Krankheitsvorstellungen 622
Kreativität 59 f., 179, 283, 374, 474, 523, 566
Krebserkrankung 621 f
Krems 135 f., 209
Kriegsgefangenschaft 536
Krise der Männlichkeit 350
Küche als kulturales System 239
Kultur und Kommunikation 399
Kultur und Lebensweise 255, 452
Kulturanalyse 18, 78, 82, 201, 251, 507, 575
Kulturanthropologie 15, 71, 394–396, 401
Kulturarchiv Museum 673
Kulturbegriff 400, 630, 668
Kulturethologie 80
Kulturfixierungstheorie 146
Kulturgeschichte 34, 46 f., 58, 80, 138, 202, 263, 619, 668 f.
Kulturgut, gesunkenes 54, 59 f., 519 f., 527, 596
Kulturhistorische Methode 47
Kulturindustrie 260, 566, 575, 671
Kulturkontakt 370, 374, 391, 398, 408, 415
Kulturkonflikt 274, 370, 391, 415
Kulturlandschaft 104, 117, 694
Kulturlernen 395, 402 f., 405, 412
Kulturpessimismus 43, 49
Kulturraumforschung 80, 103, 162, 381
Kulturrelativismus 401 f.
Kulturschock 407 f.
Kulturvergleich 22, 24, 342, 404, 414
Kulturwandel 300, 302, 374, 623
Kundschaften 178
Kunstgeschichte 134 f., 179, 201, 205 f., 221, 506, 642 f.
Kunstlieder im Volksmund 596
Kurrendesingen 651

Laienheiler 620
Laienspiel 655
Land und Leute 12 f., 16, f., 448

Landarbeiter 45, 155, 262 f., 450
Landhandwerk 163 f, 171, 176, 188
Landleben 24, 208, 221
Landschaftszerstörung 478
Landwirtschaft 32, 113, 122, 155–162, 171, 245, 262, 338, 670
Landwirtschaftliches Gerät 156–163
Leben in überlieferten Ordnungen 447
Lebensbaum 207
Lebensgeschichte 186 f., 319, 535
Lebensgeschichtliche Quellen 84
Lebenserinnerungen 84, 91, 322, 535
Lebensstilanalyse 251
Lebensweise 255, 261–263, 299, 304, 400
Lederhose 225
Legenda aurea 547, 649
Legende, Legendenforschung 207, 531 f.
Leibeigenschaft 40
Lernort Museum 670
Lesen von Bildern 210 f.
Lesenlernen 543
Leserforschung **543–561**
Lesestoff-Forschung 39, **543–561**
Lesesucht 546
Lettland 382 f.
Liederhandschrift 592
Liedflugblatt 592
Liedforschung **587–616**
Lieferungsroman 555
Lindenstraße 578
Linguistik 406 f.
Literaturwissenschaft 85, 500, 506, 515, 525 f., 535, 552, 638, 641
Lithographie 212 f.
Little community studies 291–309
Liturgiewissenschaft 507
Longue durée 184
Lubok 203, 550

Mädchenkleidung
Männerbünde 350
Männerforschung 348–350
Männerkleidung 376
Märchen, Märchenforschung 516, 523, 525–527
Märchenfilm 577
Märchentypenindex 525
Mahlzeit 241–243, 248–250
Magie 689
Mainz 453
Mannhardt-Befragung 41, 92, 338, 365 f., 450
Manufaktur 174
Marburg 318, 322, 454, 577 f.
Marketing im Museum 677 f.
Marxismus 274 f., 493
Massenkommunikation 568 f.
Massenkulturanalyse 575
Massenmedien 563–585
Massenquellen 85 f., 205

Massentourismus 474
Massivbau 109
Maskierung 638
Materialismus, Historischer 46, 462
Materielle Kultur 136, 155
Mechanisierung 49, 157, 160, 245, 471
Medien im Alltag 570f.
Medien und Geschlechterforschung 348–350
Medienforschung **563–585**
Medienrezipienten 564
Medienwirklichkeit 576
Medical Humanities 618
Medikalkultur-Forschung **617–635**
Medizinalberichte 109
Meisterehre im Handwerk 172
Memorat 429, 523, 530
Mensch und Tier 464
Menstruation 622
Mentalitätsforschung 72
Methoden der Volkskunde **77–100**
Methoden der Bildforschung 206f., 214
Methoden der Erzählforschung 517f.
Methoden der Familienforschung 321f.
Methoden der Geschlechter- und Frauenforschung 332–334
Methoden der Gemeindeforschung 301f.
Methoden der Hausforschung 104–106
Methoden der Interkulturellen Kommunikation 409–412
Methoden der Kleidungsforschung 232–234
Methoden der Lesestoff- und Leserforschung 555–557
Methoden der Rechtlichen Volkskunde 439f.
Methoden der Volksschauspielforschung 646–648
Methoden der Wohn- und Wirtschaftsforschung 140–144
Methodenbewußtsein 77
Methodenpluralismus 87, 232f.
Mexiko 295, 302f.
Migrationsforschung 370
Migrationstheorie 42
Mikroanalyse 571
Minderheiten 96, 363–390
Mittelalter 40, 135f., 491, 532, 639f., 648
Mittelalterarchäologie 136
Möbel, Möbelforschung 135, 141, 378f.
Mobilität 271f., 292, 294, 370, 393
Mode 223, 229, 249, 446
Mode und Tracht 221ff.
Mode und Tradition 224
Moderne Sagen 531
Motivindex 525
München 25, 34, 84, 213, 398, 454
Münchner Schule 68, 71, 84f.
Mündlichkeit – Schriftlichkeit 518–520, 544, 568, 574, 592f.
Münster 70, 86, 103, 139, 178, 190

Multikulturalismus 393, 396, 404
Musentempel Museum 670
Musealisierung 662f.
Museum, Museumswesen 81, 161, 188, 213, 226, 233, 235, 269, 661–683
Museum als Zukunftswerkstatt 666
Museum und Universität 676
Museumsmanagement 677f.
Museumspädagogik 672f.
Musikalische Volkskunde 587
Musikethnologie 587
Musikfolklore 588
Musikforschung **587–616**
Musikwissenschaft 587
Musterbücher 164, 179
Mutterboden der Kulturnation 56
Mutterschaft 347
Mythologie 40f., 450, 505, 644

Nachbarschaft 291, 437
Nachrichtendrucke 551
Nahrungsforschung **239–254**
Nahrungsmittel 243–246
Nahrungsprinzip im Handwerk 172
Namensdebatte 70
Narrativer Dokumentationsfilm 95
Narratives Interview 90, 319, 334, 410f.
Nation, Nationalismus 35, 39, 42, 47, 49, 54–56, 363, 383
Nationalcharakter 19
Nationalgeist 20
Nationalmuseum 663
Nationalmuseum, Germanisches 42, 663
Nationalökonomie 43–45
Nationalromantik 33
Nationalsozialismus 53, 55, 60, 61–67, 103, 184–186, 188f., 257, 276, 294, 317, 337, 364f., 472, 505, 624
Nationalstaat 393
Natur und Kultur 59, 64, 294, 404f., 667
Naturfreunde 473
Naturgeschichte des Volkes 35
Naturtheater 654
Neoregionalismus 291
Nettiquette 579
Netzwerk Gesundheit und Kultur 619
Neuruppin 213
New Museology 665
Newe Zeitung 551
Nikolausspiel 651
Nonverbale Kommunikation 228, 397
Nonreaktive Verfahren 83
Nord-Süd-Unterschiede 145, 162
Normen 438, 447, 449, 536, 578
Not- und Hülfsbüchlein 546
Novation, s. Innovation

Obdachlosigkeit 282
Oberammergauer Passionsspiel 638, 640, 647, 653, 655f.

Sachregister

Oberuferer Weihnachtsspiele 639 f.
Objektanalyse 81–83, 106, 134 f.
Objektivationen 400
Objektivität 88, 90, 142, 303, 330
Öffentlichkeit und Museum 664–666
Österreich 33, 103, 135, 138, 296, 364, 367, 382, 599, 639
Ohrring 350
Onaniegeschichte 619
Oral History 91 f., 271, 319, 535
Oralität 518–520, 568, 574, 592 f.
Ordensdrama 651 f.
Ordnungsgedanke in der Volkskultur 433 f., 447
Organisationsethnographie 283
Organisches Wachstum 38, 44, 61
Organtransplantation 622 f.
Ortsmonographie 291–309.
Osterspiele 643, 649
Ost-West-Vergleich 456

Pädagogik 240, 454, 460
Pädagogisierung des Volksliedes 597
Paradeisspiel 650
Paris 26, 298, 324
Parodie beim Lied 604
Partizipation in der Feldforschung 94
Passionsspiel 638, 640, 647, 649, 653, 655 f., s. auch Oberammergauer Passionsspiel
Patientenbriefe 619
Patriarchat 140, 258, 314–316, 322, 330 f., 341
Peinlichkeitsschwelle 250
Performanz 89, 516, 522
Pfalz 35
Pfennig-Magazin 552
Pflug 158, 161
Phänomenologischer Ansatz in der Liedforschung 598 f.
Politischer Folklorismus 456 f.
Popularität beim Lied 593
Popularmusik 572, 588, 608
Populäre Druckgraphik 203
Populäre Lesestoffe 39, 543–561
Polarisierung der Geschlechtscharaktere 343
Politische Ikonographie 383
Polyhistorismus 10
Popularität 592
Popularität des Volksliedes 593 f.
Positivismus 202
Postsozialistische Länder 381
Prälogisches Denken 57
Pranger 433
Prestigeprodukte 82, 240, 245, 380
Preisschriften 21
Primitives Gemeinschaftsgut 54
Primitivität 59 f.
Printmedien 570, 572–574

Probenächte 22
Prodigien 549
Produktionstheorie 519, 595
Proletariat 257, 262
Protestantische Frömmigkeit 491, 503 f.
Protoindustrialisierung 174 f.
Prozeß der Zivilisation 250, 516
Psychoanalyse 59, 301
Psychologie 397, 407 f., 530
Psychologische Methode 56, 78

Qualitative Forschung 79 f., 480, 572
Quantitative Forschung 79, 85 f., 108, 177, 234, 297, 318, 410 f., 452, 577
Quellen volkskundlicher Forschung **77–100**
Quellen der Arbeiterforschung 270 f.
Quellen der Familienforschung 321 f.
Quellen der Handwerksforschung 175–183
Quellen der Hausforschung 106–109
Quellen der Kleidungsforschung 232–234
Quellen der Wohn- und Wirtschaftsforschung 140–144
Quellen der Volksschauspielforschung 646–648
Quellenanalyse 84 f.
Quellenkritik 85, 141, 143, 177, 206

Randgruppen 96
Rasse 64, 314
Rassismus 63 f., 257, 326
Rattenfänger von Hameln 523
Raumaneignung 298 f., 332
Reaktive Verfahren 87
Realienkunde 136, 233
Rechnungsbücher 178
Recht der kleinen Leute 438
Rechtliche Volkskunde 423–443
Rechtliches in der Volksdichtung 426–431
Rechtsaltertümer 424 f.
Rechtsarchäologie 424 f.
Rechtsbrauch 461
Rechtsethnologie 426
Rechtsgeschichte 423
Rechtslegende 429
Rechtssage 428 f.
Rechtssoziologie 423
Rechtssprachgeographie 439
Rechtswissenschaft 423
Rechtssprichwörter 429–431
Reformation 9, 210, 503 f., 516, 545, 648, 651
Regionale Differenzierung 145, 222
Regionale Identität 457
Regionale Kost 246
Regionalforschung 92
Regionalisierung 414
Regionalisierung der Küche 246
Reiseberichte 13 f., 16 f., 19, 22, 109, 142, 424

Reisefotografie 480
Reiseführer 472, 479
Reisen, Reisekultur 469–489, 479
Religion 491–513
Religionspsychologie 507
Religionssoziologie 507
Religiöses Singen 603 f.
Reliktgebiet 145, 162, 569
Reliktforschung 222, 293, 569, 598
Repertoireanalyse 516
Reproduktionsgraphik 213
Reproduktionstheorie 519
Research up 96
Restudy 302 f.
Rettungsgedanke 77, 103
Revolution von 1848 344
Rezeptionstheorie 595 f.
Rites de passage 459, 463
Ritualbegriff 463
Rock und Kamisol-Formel 34, 54, 340
Rollenverhalten in der Feldforschung 94
Rollenkonflikte in der Feldforschung 90
Roman 554 f.
Romantik 31, 35–40, 49, 56
Rügebräuche 339, 432, 436 f., 446
Ruhrgebiet 257 f., 272
Rumäniendeutsche 365 f., 377–380
Rural sociology 294
Rußlanddeutsche 363

Sachkulturforschung 46, 135 f., **155–170**, 183, 336 ff., 345 f.
Sachzeugenarchiv Museum 665
Säkularisierung 494
Sage, Sagenforschung 521, 527–531
Sagenbildung im 20. Jahrhundert 531
Sammeln von Museumsgut 662, 674 f.
Sammeln und Bewahren 77
Samplebildung 82
Sanfter Tourismus 478
Schausteller 637
Schlager 575, 591, 602
Schleswig-Holstein 32 f., 84, 156 f., 161
Schlittade 638, 649
Schmelztiegeltheorie 371
Schreibersche Bildwerke 164
Schriftliche Befragung 92 f.
Schriftlichkeit - Mündlichkeit 518–520, 544
Schulen 545 f.
Schulmedizin 622, 626, 628
Schultheater 651
Schwangerschaft 336
Schwank, Schwankforschung 533
Schwank und Witz als Schwundstufe 524
Schweden 146, 204, 228, 295
Schweiz 67 f., 293, 295 f., 325, 476–478
Selbstreflexive Methode 301, 333
Semiologie 227
Sender-Empfänger-Modell 563

Serielle Quellen 85 f.
Sexualreformbewegung 343
Sexualität 336, 341, 347 f., 459, 618
Siebenbürger Sachsen 365 f., 377–380
Silhouette 208
Singen, Singsituation 589, 602
Singforschung 600–603
Sinnbilder, Sinnbildforschung 61, 64
Sippe 313 f.
Sitte 336, 446
Sittlichkeit und Religion 494, 499–501
Sitz im Leben 81, 516
Sitzordnung 140, 249, 322
Skandinavien 297, 325
Skansen 188, 669
Soap Operas 578
Sorbische Volkskunde 228, 324
Soziale Differenzierung 256
Soziale Kontrolle 291, 446
Sozialdemokratie 56, 189, 257, 261, 268, 270, 273 f., 275–277
Sozialfürsorge 32
Sozialgeschichte 71, 133, 264–273
Sozialgeschichte der Familie 312–314
Sozialhygiene 45
Sozialismus 393, 426
Sozialkultur der Familie 320 f.
Sozialpolitik 35 f., 45
Sozialreportage 270
Soziologie 134, 223, 259, 293 f., 317 f., 438, 445 f., 454, 588
Soziologisch-funktionalistische Methode 78
Souvenir 481
Spätaufklärung 33
Spielkarte 203
Spielzeug 323
Sprachinselvolkskunde 363–390
Sprachwissenschaft 136, 163
Sprichwort 208, 522
Staatswissenschaft 10, 137
Stadiongesänge 602
Stadtforschung 25 f., 94, 119, 134, 165, 256, 291–309 passim, 454, s. auch Großstadtvolkskunde
Stadt-Land-Beziehungen 145, 224
Stadtquartier-, Stadtteilforschung 292, 297 f.
Stadttourismus 478
Ständebücher 179 f.
Stammesgedanke in der Hausforschung 102 f.
Statistik 10–12 f., 16, 34, 137, 293
Statusprodukte 245, s. auch Prestigeprodukte
Steckbriefe 234
Steintragen 433
Stereotypen, Stereotypenforschung 370, 405
Stoffheiligkeit 159
Straßendemonstration 268

Sachregister

Straße 345
Strukturalismus 227, 452, 515, 525
Stube 114 f., 140, 377–379
Studentenbewegung 69 f., 259
Stundenbuch 142, 208
Subjektivationen 400
Subjektivität 88, 92, 301, 599
Sühnekreuz 427
Symbole 186, 227, 244, 281, 337 f., 345
Symbolischer Interaktionismus 401–403

Tageszeitung 210, 233, 235, 270, 440, 520, 547, 552, 568–570, 572, 575 f.
Tagewerk 139
Talkshow 578
Tanzforschung 606–608
Tanzmusik 606 f.
Technikgeschichte 155
Technologie 15, 155
Technologische Literatur 179–182
Teilnehmende Beobachtung 35, 94, 301, 410
Tepoztlán 302 f.
Territorialität 405
Testamente 142 f.
Theatervereine 654
Theaterwissenschaft 638
Thematisches Bewußtsein 90
Theologie 495, 504
Tiefenpsychologie 516
Tiefeninterview 90, 94, 599
Tischordnung 140, 249
Tischsitten 249, 464
Tod und Trauer 463 f., 621, 652
Töpferei, s. Keramik, Keramikforschung
Tools and Tillage 156
Tools and Trades 163
Topographien 32, 109, 137, 142
Totentanz 203
Tourismusforschung 461, **469–489**
Tradierung von Arbeitsvorgängen 158
Tracht, Trachtenforschung 221 f., 229 f.
Traditionen 222–225, 255 f., 321, 336, 365 f., 445, 492, 519 f., 592
Translozierung ins Museum 118, 121–127, 669
Transplantation 622 f.
Transportrevolution 245
Transsexualität 347
Trennung von Arbeits- und Wohnbereich 315
Triebgebundenheit 59
Triumphierender Gegenstand (Lied) 590
Triumphzüge 648 f.
Trivialliteratur 543–561 passim
Tübingen 69, 71, 79, 204, 225, 264, 298, 343 f., 566, 574–576, 579
Two-step-flow-Konzept 567

Übergangsriten 459, 463
Überreste 84, 102

Umbenennung der Volkskunde 69
Umsingen 594
Umspunnenfest 476
Umweltverträglicher Tourismus 478
Umzugsmusik 605 f.
Ungarndeutsche 365, 375–377, 381–384, 461
Unehrlichkeit 172
Untergangsthesen beim Volkslied 601
Unternehmenskultur 71, 96, 283
Unterwäsche 231
Urban legends 531
Urbanisierung 43, 115, 292, 299 f., 366
Urhaus 102
Urheimat der Ostdeutschen 368
Urlaub 469 f.
Ursprungssehnsucht 63
Ursprungssage 428, 523, 529
Ur- und Frühgeschichte 136, 505
Uses-and-gratifications-Modell 565 f.

Variabilität 516, 519
Variabilität beim Volkslied 592–594, 605, 608
Vaterlandskunde (Schweiz) 293
Verbürgerlichung des Arbeiters 259 f.
Verein für das Deutschtum im Ausland 364
Verein für Socialpolitik 45, 183
Vereine 291, 602
Verelendung 36, 45
Vergleichende Forschung 80, 373 f.
Vergleichende Religionswissenschaft 505
Verhaltensforschung 80
Verhütung 348
Verklärung des Landlebens 24
Verlagssystem 174
Vernetzung der Weltbevölkerung 391
Verstädterung, s. Urbanisierung
Verwandtschaft 394
Video-Dokumentation 302
Vierlande 145
Vierter Stand 36, 256
Virtualität 580
Visuelle Anthropologie 95, 210, 574
Völkerkunde 10, 72, 156, 398, 505 f.
Völkerkunde-Museum 668
Völkische Ideologie 61 f.
Völkerpsychologie 41–43, 54, 506
Volk ohne Buch 546
Volksaufklärung 545 f., 665
Volksbegriff 46, 588
Volksbildung und Frömmigkeit 502 f.
Volksbuch, Volksbüchlein 39, 550–554
Volkscharakter 20, 26
»Volksdeutsche« 364
Volkslied 37 f., 89, 138, 515–542, 587–616
Volksdichtung und Literatur 518–520
Volksdichtung und Recht 426–431
Volksfrömmigkeit **491–513**

Volksgeist 37, 39 f., 43, 425
Volksideologie 61 f.
Volkskultur 34, 59, 68, 81, 84, 183, 255, 260, 297, 432–438, 519, 654, 691
Volkskunde-Begriff 10 f.
Volkskunde der DDR 69, 260–263, 324, 343, 464
Volkskunde der Heimatvertriebenen 67 f., 369 f., 451
Volkskunde des Proletariats 257
Volkskunde im 18. Jahrhundert **9–30**
Volkskunde im 19. Jahrhundert **31–51**
Volkskunde im 20. Jahrhundert **53–75**
Volkskundeatlanten, s. Atlas
Volkskundlicher Film, s. Film
Volkskunstforschung 71, 155, 205
Volksleben 26, 31, 45, 68
Volkslied 33, 38, 42, 69, 260 f.
Volksliedästhetik 597
Volksliedforschung **587–616**, 639
Volksmarxismus 275 f.
»Volksmedizin« **617–635**
Volksmusikforschung 604–609
Volksmusiksintrumente 609
Volkspoesie 37 f., 639
Volksprosaforschung 515–542
Volksrechte 425
Volksschauspielforschung **637–660**
Volksseele 40, 44, 54, 56–58
Volkstanz 456, 591, 606–608
Volkstheater 637 f., 654–657
Volkstum 39
Volkstumsideologie 61–67, 364 f.
Volkwerdung 65
Volkswirtschaft 32, 470
Vorhalle der Staatswissenschaft 34
Vorurteile 87, 247, 323, 405, 575
Votivbild, Votive 205, 432, 496, 620
Vulgus in populo 58, 60

Wallfahrt 432 f., 496
Wanderschauspieler 654
Wandervogel 472
Wandschmuckforschung 202, 204, 213, 566
Wegsperre und Lösung 439 f.

Weiche Methoden 79 f., 187, 332–334
Weihnachten 208, 318, 321, 459, 493
Weihnachtsspiel 639–641, 649 f.
Weißenburg als Bilderbogenstadt 202, 213
Weistümer 108, 424 f.
Weltausstellung 116 f.
Weltgerichtsspiel 650
Wien 299
Wirkungsforschung 553 f., 563 f.
Wirtschaften **133–153**
Wirtschaftsgeschichte 44, 133
Wissenschaftlicher Film, s. Film
Wissenschaftsgeschichte der Volkskunde 9–30, 31–51, 52–74, 221 f.,
Witz, Witzforschung 398, 480, 523, 533–535, 570
Wöchnerin 337–339
Wohnen **133–153**, 177, 273, 278, 332, 377–380
Wohnen und Wirtschaften **133–153**
Wohnkultur 114, 135, 144, 146, 272, 299, 332
Wohnkultur von Siebenbürger Sachsen 377–380
Wörter und Sachen 136, 138, 156, 158, 163, 234
Würzburg 190, 342
Wunderhorn, Des Knaben 38

Zeichencharakter von Bräuchen 447
Zeichenhaftigkeit von Dingen 81, 146, 206, 226 f., 346, 373
Zeitschriften 551 f.
Zeitschrift für Volkskunde 43, 55
Zeitungen 210 f., 551 f., 568–570
Zersingen, Zurechtsingen 594
Zillertal 476
Zivilisationsprozeß 250, 516
Zivilisationskritik 251
Zivilisationstheorie 146
Zürich 566, 568
Zunft 172 f.
Zunftfreiheit 189
Zypern 478
Zweite Kultur 262

ETHNOLOGISCHE PAPERBACKS REIMER

Silke Göttsch / Albrecht Lehmann (Hg.)
Methoden der Volkskunde
Positionen, Quellen und Arbeitsweisen
der Europäischen Ethnologie
336 Seiten mit 1 Abbildung
Broschiert / ISBN 3-496-02704-5

Hans Fischer (Hg.)
Ethnologie
Einführung und Überblick
Vierte, überarbeitete Auflage
VIII und 424 Seiten
Broschiert / ISBN 3-496-02649-9

Bettina Beer / Hans Fischer
**Wissenschaftliche Arbeitstechniken
in der Ethnologie**
Eine Einführung
162 Seiten, Index, Abbildungen
Broschiert / ISBN 3-496-02690-1

Hans Fischer (Hg.)
Wege zum Beruf
Möglichkeiten für Kultur- und
Sozialwissenschaftler
21 Berichte
250 Seiten
Broschiert / ISBN 3-496-00943-8

Hans Fischer
**Lehrbuch der
Genealogischen Methode**
222 Seiten mit 38 Abbildungen und 1 Falttafel
Broschiert / ISBN 3-496-02600-6

REIMER

REIMER ETHNOLOGISCHE PAPERBACKS

Michel Panoff / Michel Perrin
Taschenwörterbuch der Ethnologie
Begriffe und Definitionen zur Einführung
Dritte, überarbeitete Auflage
302 Seiten mit 5 Karten
Broschiert / ISBN 3-496-02668-5

Klaus E. Müller / Alfred K.Treml (Hg.)
Ethnopädagogik
Sozialisation und Erziehung
in traditionellen Gesellschaften
Eine Einführung
Zweite überarbeitete Auflage
292 Seiten, Register
Broschiert / ISBN 3-496-2590-5

Klaus E. Müller / Alfred K. Treml (Hg.)
Wie man zum Wilden wird
Ethnopädagogische Quellentexte
aus vier Jahrhunderten
ca. 250 Seiten mit ca. 5 s/w-Fotos
Broschiert / ISBN 3-496-02718-5

Brigitta Hauser-Schäublin /
Birgitt Röttger-Rössler
Differenz und Geschlecht
Neue Ansätze der ethnologischen Forschung
279 Seiten
Broschiert /ISBN 3-496-02631-6

Brigitta Hauser-Schäublin (Hg.)
Ethnologische Frauenforschung
333 Seiten mit 20 Abbildungen
Broschiert / ISBN 3-496-00492-4

REIMER

ETHNOLOGISCHE PAPERBACKS REIMER

Beatrix Pfleiderer / Katarina Greifeld /
Wolfgang Bichmann
Ritual und Heilung
Eine Einführung in die Ethnomedizin
Zweite, vollständig überarbeitete und erweiterte
Auflage des Werkes *Krankheit und Kultur*
268 Seiten
Broschiert / ISBN 3-496-02544-1

Edmund Ballhaus / Beate Engelbrecht (Hg.)
Der ethnographische Film
Einführung in Methoden und Praxis
291 Seiten, Glossar
Broschiert / ISBN 3-496-02552-2

Technologie und Ergologie in der Völkerkunde
Band 1
Begründet von Walter Hirschberg
Hrsg. von Christian F. Feest und Alfred Janata
Vierte, grundlegend überarbeitete Auflage
320 Seiten mit 273 Abbildungen
Broschiert / ISBN 3-496-02654-5

Band 2
Hrsg.von Christian F. Feest und Alfred Janata
290 Seiten mit zahlreichen Abbildungen
Broschiert / ISBN 3-496-00127-5

Waltraud Kokot / Dorle Dracklé (Hg.)
Ethnologie Europas
Grenzen · Konflikte · Identitäten
384 Seiten
Broschiert / ISBN 3-496-02608-1

REIMER

REIMER ETHNOLOGISCHE PAPERBACKS

Ulrich Köhler (Hg.)
Altamerikanistik
Eine Einführung in die Hochkulturen
Mittel- und Südamerikas
664 Seiten mit 52 Abbildungen
Broschiert / ISBN 3-496-00936-5

Erwin Orywal / Aparna Rao /
Michael Bollig (Hg.)
Krieg und Kampf
Die Gewalt in unseren Köpfen
196 Seiten
Broschiert / ISBN 3-496-02585-9

Michael Kuper (Hg.)
Hungrige Geister und rastlose Seelen
Texte zur Schamanismusforschung
213 Seiten mit 8 Abbildungen
Broschiert / ISBN 3-496-00493-2

Regina Bendix
Amerikanische Folkloristik
Eine Einführung
269 Seiten
Broschiert / ISBN 3-496-02565-4

Peter Heine
**Ethnologie des Nahen
und Mittleren Ostens**
Eine Einführung
209 Seiten und 3 Karten
Broschiert / ISBN 3-496-00967-5

REIMER

ETHNOLOGISCHE PAPERBACKS

REIMER

Thomas Schweizer
Netzwerkanalyse
Ethnologische Perspektiven
VIII und 229 Seiten mit 15 Tabellen, 20 Grafiken
und 2 Karten
Broschiert / ISBN 3-496-00969-1

Thomas Schweizer / Margarete Schweizer /
Waltraud Kokot (Hg.)
Handbuch der Ethnologie
664 Seiten
Broschiert / ISBN 3-496-00446-0
Leinen / ISBN 3-496-02508-5

Hartmut Lang
**Wissenschaftstheorie
für die ethnologische Praxis**
Zweite, vollständig überarbeitete und
erweiterte Auflage
IX und 203 Seiten
Broschiert / ISBN 3-496-02545-X

Wolfdietrich Schmied-Kowarzik /
Justin Stagl (Hg.)
Grundfragen der Ethnologie
Beiträge zur gegenwärtigen Theorie-Diskussion
Zweite, überarbeitete und erweiterte Auflage
XVI und 480 Seiten
Broschiert / ISBN 3-496-00432-0

Martin Rössler
Wirtschaftsethnologie
Eine Einführung
218 Seiten mit 14 Abbildungen und Register
Broschiert / ISBN 3-496-02685-5

REIMER